华中师范大学政治学一流学科建设成果

俄罗斯农村调查

第1卷

徐勇 邓大才 主编

白文昌 主译

裴湘琳 徐洪亮 白雨鑫 译

中国社会科学出版社

图书在版编目(CIP)数据

俄罗斯农村调查. 第1卷/徐勇，邓大才主编；白文昌主译；裴湘琳，徐洪亮，白雨鑫译. —北京：中国社会科学出版社，2021.11
　　ISBN 978-7-5203-8504-6

Ⅰ.①俄… Ⅱ.①徐…②邓…③白…④裴…⑤徐… ⑥白… Ⅲ.①农村调查—研究报告—俄罗斯 Ⅳ.①F351.2

中国版本图书馆 CIP 数据核字（2021）第098111号

出 版 人	赵剑英
责任编辑	冯春凤
责任校对	张爱华
责任印制	张雪娇

出　　版	中国社会科学出版社
社　　址	北京鼓楼西大街甲158号
邮　　编	100720
网　　址	http://www.csspw.cn
发 行 部	010-84083685
门 市 部	010-84029450
经　　销	新华书店及其他书店
印刷装订	北京市十月印刷有限公司
版　　次	2021年11月第1版
印　　次	2021年11月第1次印刷
开　　本	787×1092　1/16
印　　张	40.75
插　　页	2
字　　数	964千字
定　　价	328.00元

凡购买中国社会科学出版社图书，如有质量问题请与本社营销中心联系调换
电话：010-84083683
版权所有　侵权必究

《俄罗斯农村调查》编辑与翻译委员会

主　　　编　徐　勇　邓大才

主　　　译　白文昌

编辑委员会成员（以姓氏笔画为序）

　　　　　　丁　文　万婷婷　邓大才　石　挺　田先红　白文昌
　　　　　　冯春凤　任　路　刘义强　刘金海　刘筱红　李华胤
　　　　　　肖盼晴　吴春宝　张大维　张利明　张启春　张晶晶
　　　　　　陆汉文　陈亚军　赵剑英　郝亚光　胡平江　徐　刚
　　　　　　徐　勇　徐　剑　徐增阳　黄凯斌　黄振华　熊彩云

翻译委员会成员（以姓氏笔画为序）

　　　　　　王　欢　王骁骞　白文昌　刘肖岩　吴迎春
　　　　　　娜塔莉娅·克罗姆什卡　索菲亚·贡科
　　　　　　安东·科列依明诺夫　徐丽红　徐　睿　黄雅婷

翻　译　顾　问　娜塔莉娅·克罗姆什卡

本　卷　译　者　裴湘琳　徐洪亮　白雨鑫

本　卷　校　对　刘　彦

目 录

编译说明 …………………………………………………………………………（ 1 ）
总序 ………………………………………………………………………………（ 1 ）
导读 ………………………………………………………………………………（ 1 ）

村社信息采集纲要 ………………………………………………………………（ 1 ）
阿尔汉格尔斯克省 ………………………………………………………………（ 1 ）
 谢穆任村社 ……………………………………………………………………（ 1 ）
 克里维茨村社 …………………………………………………………………（ 4 ）
 尼科利村社 ……………………………………………………………………（ 9 ）
 波卢格村社 ……………………………………………………………………（ 12 ）
 波戈列利村社 …………………………………………………………………（ 19 ）
 波皮拉洛夫村社 ………………………………………………………………（ 22 ）
 科夫茨基乡的村社 ……………………………………………………………（ 26 ）
 上别列兹尼茨村社 ……………………………………………………………（ 32 ）
 上孔村社 ………………………………………………………………………（ 50 ）
 大尼索尔村社 …………………………………………………………………（ 63 ）
 乌斯季瓦日村社 ………………………………………………………………（ 77 ）
 特鲁凡奥戈尔村社 ……………………………………………………………（ 82 ）
 谢列茨基村社 …………………………………………………………………（ 89 ）
 钮霍茨基村社 …………………………………………………………………（ 98 ）
 拉平村社 ………………………………………………………………………（ 104 ）
 恩多古布村社 …………………………………………………………………（ 108 ）
 苏姆奥斯特洛夫村社 …………………………………………………………（ 112 ）
 扎恰奇耶夫村社 ………………………………………………………………（ 116 ）
 列温诺夫村社 …………………………………………………………………（ 120 ）
 霍尔莫夫村社 …………………………………………………………………（ 127 ）
 克拉斯诺戈尔村社 ……………………………………………………………（ 132 ）
 波戈斯科戈尔村社 ……………………………………………………………（ 137 ）
 卡尔波戈尔村社 ………………………………………………………………（ 144 ）

皮利涅姆村社 ………………………………………………（150）
　　库洛伊村社 …………………………………………………（156）
　　村社调查报告概要（一） …………………………………（161）
　　村社调查报告概要（二） …………………………………（179）
弗拉基米尔省 ……………………………………………………（211）
　　弗拉基米尔省工厂村社 ……………………………………（211）
沃洛格达省 ………………………………………………………（224）
　　安德罗诺沃村社 ……………………………………………（224）
　　乌斯特韦利村社 ……………………………………………（231）
　　热尔诺科夫乡的村社 ………………………………………（238）
　　耶利扎罗夫村社 ……………………………………………（243）
　　罗斯季洛夫乡的村社 ………………………………………（248）
　　韦尔霍拉利村社 ……………………………………………（254）
　　潘菲洛夫村社 ………………………………………………（262）
　　斯捷普林乡的村社 …………………………………………（268）
　　韦杰尔科夫乡的村社 ………………………………………（273）
　　拉缅乡的村社 ………………………………………………（279）
　　谢缅措夫乡社 ………………………………………………（285）
　　新尼科利村社 ………………………………………………（292）
　　加夫里利采夫乡的村社（1） ………………………………（297）
　　加夫里利采夫乡的村社（2） ………………………………（302）
　　特罗伊茨村社 ………………………………………………（309）
　　附注 …………………………………………………………（316）
　　沃洛格达省地方用语表 ……………………………………（331）
维亚茨基省 ………………………………………………………（334）
　　斯洛博达县斯图洛沃乡国有农民土地占有概况 …………（334）
喀山省 ……………………………………………………………（337）
　　维金—斯霍多达村社 ………………………………………（337）
　　奇普丘吉村社 ………………………………………………（342）
　　穆利马村社 …………………………………………………（347）
　　休克耶沃村社 ………………………………………………（351）
　　博戈罗茨克村社 ……………………………………………（356）
　　调查后记 ……………………………………………………（361）
科斯特罗马省 ……………………………………………………（362）
　　波戈列洛夫村社 ……………………………………………（362）
诺夫哥罗德省 ……………………………………………………（369）
　　扎欧杰尔村社 ………………………………………………（369）

普斯科夫省 ……………………………………………………………（393）
 波罗克村社 ……………………………………………………（393）
梁赞省 ……………………………………………………………（412）
 穆拉耶文乡的村社 ……………………………………………（412）
 普斯滕村社 ……………………………………………………（490）
辛比尔斯克省 ……………………………………………………（501）
 温多尔村社 ……………………………………………………（501）
特维尔省 …………………………………………………………（535）
 布拉兹诺夫村社 ………………………………………………（535）
图拉省 ……………………………………………………………（550）
 托尔霍沃村社 …………………………………………………（550）
 斯塔鲁欣村社 …………………………………………………（560）
哈尔科夫省 ………………………………………………………（567）
 莫拉霍夫"乡村协会" …………………………………………（567）
后记：1877—1878 村社调查概况 …………………………………（583）
附录 1 …………………………………………………………………（595）
附录 2 …………………………………………………………………（606）

编译说明

本卷收录了调查提纲《村社信息收集纲要》、57篇调查报告。经编译委员会商量，就本卷出现的资料编撰、文字表述、表格处理、内容统一等问题，进行如下处理。

1. 编撰办法

本卷资料来自于俄国自由经济学会、俄国地理学会在1877—1878年启动的村社调查项目，分别收录在《乡村土地公社资料汇编》（1880年）、《农民公社历史资料》（1991年）、《阿尔汉格尔斯克省土地公社调查资料》（1884—1889年）、《俄罗斯财富》（期刊）、《维亚茨基省公报》等出版物。俄文原文资料的具体文献信息，请参见附录2。调查报告的资料出处将以脚注形式在每份报告的标题处注明。

在本卷编撰过程中，我们并未局限于原出版物的编排顺序，而是将所有调查报告以省为单位重新编排，并根据19世纪末俄罗斯帝国各省的首字母进行排序，以方便阅读、研究。

2. 专有名词翻译

原文含有较多俄语古旧词语及19世纪俄国农民俗语、方言词语，难以准确译出。译文采取音译，并以俄语标注，供读者参考使用。

3. 地名翻译

原文中一部分19世纪俄国省、县、乡、村社的名称难以找到官方或约定俗成的译名，我们根据简洁的原则采取音译。附录1为本卷地名的中俄对照表，供读者参考使用。

4. 单位问题

原文主要使用了俄罗斯旧制的度、量、衡、面积等单位，在此我们列出俄制单位与公制单位之间的换算关系，读者可以此作为参考。

	俄制	公制
长度单位	1俄里（верста） =500俄丈（сажень） =1500俄尺（аршин）	1俄里=1066.8米 1俄丈=2.134米 1俄尺=0.711米

续表

	俄制	公制
面积单位	1 俄亩（десятина） =2400 平方俄丈 =80×30 或 60×40 俄丈	1 俄亩≈1.093 公顷
重量单位	1 普特（пуд） ≈1 俄斗（мера） =40 俄磅（фунт） =1280 洛特（лот）	1 普特≈16.38 千克 1 俄磅≈4093 克 1 洛特≈12.8 克
容量单位	1 俄石（четверть） =64 俄升（гарнец）	1 俄石≈209.91 升 1 俄升≈3.28 升 * 指测量粮食等固态颗粒物

5. 原文名词不一致导致的问题

原文中有部分地名、人名前后不一致，这主要是由农民生活用语、地方俗语与官方名词存在差异所致。在大多数情况下，我们在译文中对此加以统一；当原文旨在强调农民口语表达的地方，则在译文中予以保留。

刘彦
2019 年 11 月

总　　序

以社会形态探讨社会的质的规定性及其政治效应，是马克思主义的重大贡献。在马克思看来："人们在自己生活的社会生产中发生一定的、必然的、不以他们的意志为转移的关系，即同他们的物质生产力的一定发展阶段相适合的生产关系。这些生产关系的总和构成社会的经济结构，即有法律的和政治的上层建筑竖立其上并有一定的社会意识形式与之相适应的现实基础。"[1] 社会形态是由社会的基本单元所构成的，正如有机体是由细胞构成的一样。从基本单元入手可以更深入细致地认识和理解社会形态及其政治效应。得到恩格斯高度肯定的摩尔根认为："基本单元的性质决定了由它所组成的上层体系的性质，只有通过基本单元的性质，才能阐明整个的社会体系。"[2] 马克思非常善于从社会的基本单元的角度理解一个民族和国家的整体社会形态和政治基因。

人民公社曾经是20世纪中国社会的基本单位。人民公社制度从产生到废除，在中国延续达20多年时间。"公社"一词在中国人心中有着十分深刻的印象。而公社制度产生前的1950年代，正是中国向苏联学习的年代。在作为苏联主体的俄国，有着世界最为漫长的村社制度。在许多人看来，村社就是公社，因而与中国的人民公社制度有着千丝万缕的关联。而在相当长时间，学界对于村社制处于十分陌生的状态。即使是1980年代之后，出现了一些有关村社制的研究，但也是十分零碎的，且运用的是第二手资料。

20世纪中国面临的最大任务，是从传统农业国家向现代工业国家的转变，面临的最大问题是农村和农民的改变。古老的农村要变，已成为共识；如何变，则众说纷纭。面对这一重大问题，本应有充分的理论准备。只是暴风骤雨的变革浪潮，对于在"破"之后"立"什么，缺乏足够的理论准备，以致在实践中出现的巨大偏差。已经进入宪法的人民公社制度在延续20多年后不得不废除。由此也可以看出，任何一项重大变革都需要有足够的理论准备，理论准备的重要内容是基础理论，基础理论的基础又在于掌握第一手资料的基本调查。

在20世纪，由于激烈的变革，人们缺乏足够的条件进行基础理论研究。到了21世纪，人们有了一定的条件，平心静气地进行基础理论研究。基础理论研究必须认真回顾总结历史，必须进行比较，以发现事物运动的规律。其前提则是充分掌握第一手材料。伴随

---

[1]《马克思恩格斯选集》第3卷，人民出版社1995年版，第32页。

[2][美]路易斯·亨利·摩尔根：《古代社会》上册，杨东莼、马雍、马巨译，商务印书馆1977年版，第234页。

世界现代化进程中产生的大型农村调查的翻译和研究因此成为我们的重要工作。其中便包括俄国农村调查。

在世界现代化进程中，俄国走出了一条独特的道路，其深刻原因是俄国有着在世界上存续时间最长，对民族和国家命运影响最深的村社制度。俄国国策宣布："村社是俄国人的特点，侵犯村社就是侵犯特殊的俄罗斯精神。公社是自古以来就存在了的，它是凝结俄国人民生活的水泥。"[1]恩格斯则认为："各个公社相互间这种完全隔绝的状态，在全国造成虽然相同但绝非共同的利益，这就是东方专制制度的自然基础。从印度到俄国，凡是这种公社形态占优势的地方，总是产生这种专制制度，总是在这种专制制度中找到自己的补充。不仅一般的俄罗斯国家，并且连它的特殊形式即沙皇专制制度，都不是悬在空中，而是俄国社会条件的必然和合乎逻辑的产物。"[2]马克思认为，俄国农业公社的"一个基本特征，即土地公有制，一看就很清楚是构成集体生产和集体占有的自然基础"[3]。马克思高度肯定和评价俄国农业公社的这一基本特征。正是从这一基本特征出发，马克思认为，农业公社是符合通过公有制解决资本主义私有制不可克服的矛盾这一时代发展的历史方向的，是会"下金蛋的母鸡"。俄国没有必要抛弃公社传统走西方私有化道路，而可以利用公社实现跨越式发展，走出一条非西方的社会主义发展道路。"俄国可以不通过资本主义制度的卡夫丁峡谷，而把资本主义制度所创造的一切积极的成果用到公社中来。"[4]村社制度是俄国现代化进程的历史基因，也规制了俄国现代化的道路。

俄国的村社制与其社会主义的命运密切相关。而俄国是世界上的第一个社会主义国家，对世界，特别是社会主义国家有着深刻影响。中国在土地改革后，实行集体化，在集体化进程中产生人民公社制度，与俄国的影响有着紧密的联系。正因如此，对俄国农村调查的翻译很早便进入我们的视野。在21世纪的头十年里，在我校社科处处长石挺的引见下，我与我校俄语系主任刘永红结识，并委托他牵头组成人员进行翻译。后来，我们约请了我校历史文化学院专门从事俄国村社研究的罗爱林教授做学术顾问，还专门拜访了相关的专家。

当我们进入实际工作之后，才深刻感受到调查翻译的难度。一是难以找到合适的调查文本；二是从事翻译的人员尚有许多其他工作。翻译的进度因此十分缓慢。2015年后，在邓大才院长的具体推动下，我们重新调整了翻译工作计划，增加了调查人员，并委派专人到俄国收集资料，邀请俄国专家来我校讲学。特别是我们约请到吉林大学的张广翔教授参与翻译工作，大大提高了翻译工作的进度。本大型调查的第1卷便是张教授团队的作品。

尽管这一大型调查工程的翻译和研究是一项难度很大的工作，但我们还是愿意以坚持不懈的努力去推动这一世纪工程的进展，后续的翻译和研究成果不断问世。

---

[1] 谢·尤·维特：《俄国末代沙皇尼古拉二世》上卷，新华出版社1983年版，第396页。
[2] 《马克思恩格斯全集》第18卷，人民出版社1964年版，第618—619页。
[3] 《马克思恩格斯全集》第19卷，人民出版社1993年版，第437页。
[4] 《马克思恩格斯全集》第19卷，人民出版社1993年版，第437页。

我们向参加这一工程的人员表示真诚的谢意和致敬！为这一工程作出任何贡献的人士都将镌刻在这一工程史册之中！

徐 勇

2020 年 3 月 20 日

导　　读
（第 1 卷）

本卷收录的俄国村社资料基于俄国自由经济学会第三分部、俄国地理学会所编写的《村社信息收集纲要》调查而得，调查报告于1877—1880年间陆续完成，主要以俄国欧洲部分的乡村为调查对象。除省（或乡）统计委员会、地方自治局之外，不少学者、神职人员、教师、学生、领地地主等也参与了村社资料搜集工作。这项调查被俄史学家视为历史上首次关于村社的系统性田野调查，共计145份调查报告，是研究19世纪末俄国土地关系变迁、乡村自治的重要资料。本卷收录于后记的译文《农村公社实地研究的初期》较为详细地介绍了该调查的始末及进展。

除《乡村土地公社资料汇编》等少量编纂于1880年代的出版物外，在近一个世纪的时间里，绝大多数的调查报告尘封在档案馆——现今的俄罗斯历史档案馆（圣彼得堡），直到1980年代，才重新回到苏联史学家的研究视野。这批档案馆资料涵盖了751个俄罗斯土地重分村社和32个白俄罗斯家庭村社。1984年，苏联科学院苏联历史学院的 Л. И. 库楚莫娃博士等人启动了村社调查报告的整理出版工作，共出版5卷本，里面含有阿尔汉格尔斯克省123个村社的资料，以及沃洛格达省的15篇村社调查报告。

一　《村社信息收集纲要》概要

1878年夏，俄国地理学会、俄国自由经济学会先后发布了《村社研究纲要》（编者：В. И. 恰斯拉夫斯基）、《村社信息收集纲要》（编者：О. Л. 巴雷科夫、А. В. 波洛夫佐夫、П. А. 索科洛夫斯基）。1878年秋，俄国自由经济学会政治经济农业统计部组织重新修订《村社信息收集纲要》，俄国地理学会也遂使用新版纲要。本卷收录了《村社信息收集纲要》修订版，共计155个问题，涵盖了村社的基本信息（村社名称、所在地、土地所有权/使用权、村社成立时间及组织变迁、人口）、土地使用方式、土地重分规则、农业生产及经济制度、税收、村社成员关系、村社间交往等。

二 本卷收录的调查报告概况

本卷共收录了 13 个省的村社调查报告，其中详细描述了总计 76 个乡村土地公社。调查的省份包括阿尔汉格尔斯克省、弗拉基米尔省、沃洛格达省、维亚茨基省、喀山省、科斯特罗马省、诺夫哥罗德省、普斯科夫省、梁赞省、辛比尔斯克省、特维尔省、图拉省、哈尔科夫省，主要集中在俄欧洲地区。调查方法以实地调查为主，调查员多为当地的居民，如乡文书、地方自治局官员、农民等，他们基于经验实践、访谈、查阅档案、直接观察等方式收集资料。

本卷收录的部分调查报告以"一问一答"的形式书写而成，即依次回答调查提纲的问题，并标明了问题序号。余下的调查报告均经过调查员或原出版物的审阅人编撰，为成文报告。由于以调查提纲为指导，调查报告的内容和结构较为统一。较为详细的调查报告通常分为村社构成、村社土地重分、土地重分制度、村社经济事务制度、村社耕种情况、赋税与徭役、村社成员法律关系等章节；较为简短的调查报告无章节划分。

三 各省调查概要

1. 阿尔汉格尔斯克省

阿尔汉格尔斯克省的村社调查由该省统计委员会统一组织，调查报告分发给各乡的统计委员会，部分调查任务由乡文书承担。调查报告交由省统计委员会评估。本卷主要收录了阿尔汉格尔斯克省的 25 个村社调查报告以及数十个村社的概要，涵盖了该省的 7 个县、28 个乡。调查报告所涉及的村社数量为 12 省之最，有利于横向比较村社各项制度，以及研究村社间关系。村社规模不一，有由多个村庄构成的村社（如尼科利村社），也有由单一村庄构成的村社（如波戈列利村社）。

因海河、森林资源丰富，较多无耕地的移民迁居至此而后逐渐形成村社（如科夫茨基村社），村庄依山势、河流而建。渔区的占有、维护、租赁和公用，以及狩猎资源的分配，是阿尔汉格尔斯克省村社较为特殊的公共事务。村社报告较为详尽地描述了捕鱼狩猎方式。村社内部的管理制度差异较大。对于土地重分规则、农户的份地处置权、耕种放牧、水井使用以及农户分家等，各个村社都有不同的规定；但村社的赋税制度类似，大多数村社实行连环保制度。

2. 弗拉基米尔省

本卷仅收录了一篇弗拉基米尔省的公社制度报告，是本卷唯一一篇关于工业区村社土地占有制的调查报告。该报告首先阐述了弗拉基米尔县农民弃农务工的原因，即人均份地面积不足、土地贫瘠，难以保障农民的口粮需求。当地的手工业历史较为悠久，逐渐出现大型工厂替代传统的合作社（"劳动组合"）和小作坊的趋势。报告以渔猎工人合作社、捕捞海豹合作社、拉船工合作社等为例指出，这一趋势逐渐瓦解了村社及传统合作社集体互助的价值观念，进一步加重了资本对农民的盘剥。尽管弃农务工成为主流选择，但调查者发现，当地仍有坚定维护公社制度的村庄，如梅柳舍沃村农民认为公社是避免破产的最好办法，且不愿外出务工。虽然条件不利，但公社制度还是在工厂区的一些村庄内得到保留，报告以雷利赫村为例详叙了工业区的村社制度。雷利赫村位于城市近郊，村民几乎都在工厂或作坊工作，除牧场外的所有土地均已出租。调查报告介绍了该村的草场经营（包括雇佣割草工、分配干草、放牧等）、赋税分配、宅院地划分等公共事务管理办法。

3. 沃洛格达省

本卷收录了15篇沃洛格达省乡村公社的调查报告，其中8篇描述了单一村社；7篇以乡为单位，综述了该乡的村社概况。调查报告多在1878年冬—1879年春完成，部分报告日期不详。调查报告集中描述了沃洛格达县、格里亚佐韦茨县、乌斯秋格县的村社，体现了俄欧洲北部土地村社的一个重要特点，即村社通常由多个村庄构成。调查员包括村土地测量员、县农民事务办工作人员、乡长、乡文书、乡陪审员、乡代表等。每份调查报告包括村社构成、土地使用方法、土地重分、经济事务制度、土地耕种与产品分配、赋税与徭役、村社成员法律关系、对外来人员的规定、村社土地占有制与农户土地占有制的更替，共8个部分，以"一问一答"的形式书写。

根据库楚莫娃博士等人的《编纂说明》（附于该省村社调查报告后），调查报告涵盖了沃洛格达省的三个自然经济区，分别是农业经济区、手工业—农业经济区、手工业区。因地理位置、气候条件的差异，三个经济区的农耕条件不同，在一定程度上影响了村社经济发展和土地使用制度。《编纂说明》还介绍了沃洛格达省的农村人口类型、宗教信仰等信息，并补充了1877—1887年土地占有普查的数据结果，为深入研究调查报告提供便利。

4. 维亚茨基省

本卷仅收录了一篇维亚茨基省的乡村公社制度报告。调查报告介绍了斯洛博达县斯图洛沃乡国有农民[1]土地占有概况。该乡农民共计9385名，皆为俄罗斯族，信仰东正教，纳税人口为3627人。169个村社均由单一村庄构成。报告较详尽地介绍了斯图洛沃乡土地重分规则。通常在村社纳税人口发生变化时，重分土地，且通常会调整份地的地界。为尽量平均分配土地，土壤质量和位置是分地的考量因素。农户主通常会获得家族（父辈）曾耕种的份地。宅院地按户分配，每户面积基本一致。实行轮作制耕种，农民会积极采取措施来施肥养地、改进耕种工具。县里也会在改进种子等方面提供协助。报告还介绍了该乡农民祈祷丰收的习俗。

---

〔1〕 国有农民：14—17世纪俄国农民的一种类别，其特点是直接向国家交纳赋税而不依附僧俗封建主。

5. 喀山省

本卷共收录了5篇喀山省的村社调查报告，涵盖了2个由单一村庄构成的村社，以及3个由多个村庄构成的村社。资料收集和出版工作由喀山省统计委员会秘书 H. H. 维切斯拉夫承担。调查报告主要包括村社构成、土地使用与重分、村社经济事务、耕种、赋税、村社成员法律关系六个部分，行文统一，有利于对比研究。作为补充资料，作者也用大量图表和数字展现了各村社的人口、家庭及阶层、土地面积、经济状况、赋税额、宅院等统计数据。

6. 科斯特罗马省

本卷仅收录了一篇维亚茨基省的乡村公社调查报告。调查报告介绍了该省基涅什马县结赞乡波戈列洛夫村社的基础情况、土地使用、村社公共经济及耕种、赋税、村社成员的法律关系等。在土地重分方面，报告较为详尽地介绍了不同类型农用地（耕地、草场、林地、牧场）的份地划分方法、基于课税人口彻底重分土地的规则以及份地调整办法。农民们认为重分土地对收成不利，村社因此尽量减少土地重分的次数。值得指出的是，波戈列洛夫村同茨比克村共同组建了茨比克"乡村协会"，两个村社一起缴纳税费，其成员都是同一地主的临时雇佣农民。调查报告也讲述了两个村社的共同公共事务，如共同使用谷仓，并承担谷仓的修缮工作。

7. 诺夫哥罗德省

本卷仅收录了一篇诺夫哥罗德省的乡村公社调查报告。调查报告介绍了该省克列斯捷茨县扎欧杰尔乡的扎欧杰尔村社，篇幅较长、内容详尽。作者 A. M. 米哈连沃用具体的例证描述了不同类型土地（宅院地、耕地、垦荒地、宽谷、田地、草场、低湿林地、沼泽地、菜地等）的重分原因、流程和办法（如抽签地划分、土地人口计算、村社成员分组、抽签、土地划界），也较全面地描述了村社内部各种公共事务治理办法，如牧养牲畜、搭建围栏、修理桥梁/道路等。值得指出的是，调查报告对农户的家庭人口、份地、劳动分扣与经济生活、赋税等做了详细记录，加之作者观察细致，记录了农户的生活实践及交往细节，为了解俄国村社农户及其真实生活场景提供了资料。调查报告还详述了农民解决村社土地占有制弊端的一些措施。

8. 普斯科夫省

本卷仅收录了一篇普斯科夫省的乡村公社调查报告。调查报告介绍了该省波洛霍夫县别廖扎乡的波罗克村社，主要包括村社的构成、土地使用及重分、耕种及经济事务、赋税与徭役以及村社成员法律关系，内容较为翔实。从调查报告来看，波罗克村与其旁的谢缅诺夫卡村是两个独立的乡村土地公社，隶属同一个"乡村协会"。尽管村社实行自治，但在村社土地问题上——哪怕是村社内部的土地管理事宜，通常需要村长和两个村社的共同村会来讨论、裁决。这一情况在本卷村社调查报告中较为少见，或许同这两个村庄历史上属于同一个地主家庭有关。此外，调查报告还提及了村社农民为当地土地所有者（地主）打工的状况。

9. 梁赞省

本卷收录了两篇梁赞省的调查报告，其中《穆拉耶文乡的村社》在所有调查报告中篇幅最长，受到学界的广泛关注。本文作者 П. 谢苗诺夫对所调查的乡有着 30 多年的生活、观察经验，在调查期间也亲自走访了村社管理人员和普通农民，调查份地，并阅读了法规、家庭登记表、收支簿、税额通知书、合同书、乡法院和村会决议等资料。穆拉耶文乡共有 14 个村庄，部分村庄因内部居住点分散、农奴改制办法不同被分割为 2—3 个村社，最终形成了 20 个村社。尽管文化风俗、生活习惯相近，但该乡村社在土地所有方式、赋税方式等方面有着较大的差异。调查报告首先介绍了穆拉耶文乡的整体人口、产业、行政区划等，接着以部分村社为例介绍了农民的经济情况（农耕及副业收入、生活支出等），然后详尽根据调查提纲的结构介绍了村社的土地使用、经济事务、赋税及村社成员关系。

第二篇调查报告依据调查提纲的结构，描述了梁赞县索罗钦乡普斯滕村社的方方面面。根据该调查报告，普斯滕村社在分配份地时严格强调公平、均等原则，因此促成土地重分规则的调整；尽管如此，在实际测量、划分土地时，存在着因私利而导致土地分配不均的现象。公平、平等原则也较深地影响了普斯滕村社的公共事务（如放牧、管理水井、维护教堂）管理。村社通常将农民分为 4 组，以便后者平等地承担公共工作。此外，调查报告也详细地描述了村社的集体观念和村社内部成员的关系，引用作者的话，"一方面是深入地、几乎无意识地追求团结、'平均'和利益一致；另一方面又有着道德败坏的蛮横专断和经济压迫"。

10. 辛比尔斯克省

本卷收录了一篇辛比尔斯克省的村社调查报告。调查报告介绍了该省辛比尔斯克县温多尔乡的温多尔村社。作者细致描述了土地的使用和重分、村社经济事务、耕种情况、赋税与徭役、村社成员法律关系与村社外来人员情况，同时也就所描述的现象进行分析和讨论，如探讨了村社富农对贫农的隐形剥削、分家对村社农业经济的影响、土地村社占有制的利弊等。

11. 特维尔省

本卷收录了一篇特维尔省的村社调查报告，调查对象是该省奥斯塔什科夫县萨姆什乡布拉兹诺夫"乡村协会"的五个村社：普鲁克村社、布拉兹诺夫村社、格罗沃特村社、萨姆什基那村社、巴洛夫尼克村社。五个村社均由单一村庄构成。由于五个村社的土地管理模式、农耕方式、公共经济事务制度、赋税制度和习惯风俗基本一致，作者在概括叙述了五个村社共同特点的同时，并以某一村社的具体情况为例加以说明。与此同时，作者也强调，五个村庄之间无土地关系或基于土地的赋税关系，因此应当将其视为独立的村社。在调查报告的最后，作者详列了五个村社的农户名单，其中包括户主姓名、纳税额、宅院地位置等信息，从中可以了解 1877—1879 年随着农户分家而产生的纳税额分配、宅院地分配变化。

12. 图拉省

本卷收录了两篇图拉省的村社调查报告，分别介绍了图拉县托尔霍沃乡的托尔霍沃村社，以及切尔县布列季欣乡斯塔鲁欣村。前者为单一村庄构成的村社，农民人数较多，共计 301 个纳税人，土地面积为 445 俄亩 228 平方俄丈；后者因占有人不同而被划分为两个村社，且人口数量较小，分别为 38 人和 7 人，土地面积分别为 118 俄亩 1740 平方俄丈、21 俄亩。通过比较两份调查报告，斯塔鲁欣村的两个村社在土地重分和使用、税收、公共事务管理与内部成员关系上几乎一致，且两个村社之间的经济交往（如互助）和村务联系较为密切，但与托尔霍沃村社的差别较大。

13. 哈尔科夫省

本卷收录了一篇哈尔科夫省的村社调查报告，调查对象是皮扬县下杜万乡莫拉霍夫"乡村协会"的两个公社，即莫拉霍夫村社、托里村社。村社报告遵循调查提纲的结构书写，描述了两个村社的构成、土地使用与重分、放牧与耕种、公共设施（水井等）、赋税、村社成员关系等。值得指出的是，该调查报告两处涉及到本卷其他调查报告鲜有提及的村社情况：首先，在土地使用方面，两个村社因土地较少而向地主租地时，会实行类似"占有—使用"方式来开垦新的耕地。这种土地占有方式多出现在西伯利亚地区，而本卷调查报告多为欧俄地区的乡村公社，或因此鲜有提及。其次，作者采访了村社农民对将土地村社占有转变为农户占有的态度。

四 使用本卷资料时的注意事项

通过阅读本卷所收录的调查报告，读者可以了解 19 世纪中后期俄罗斯村社形态与内部生活。但仍有以下注意事项，需要提醒专业研究者在使用材料时特别留意：

1. 部分调查报告的作者并非专业调查员，他们在调查村社制度的过程中难免受个人立场的影响而有所局限。

2. 本卷所收录的调查报告高于当时俄罗斯调查机构的平均水平，但受调查年代的历史局限，原文一些信息和数据的准确性，有值得商榷之处。

刘彦
2019 年 11 月

村社信息采集纲要[*]

本纲要由俄罗斯皇家自由经济协会第三分会制定，且俄罗斯皇家地理学会认可并使用了该纲要。

一 村社构成

1. 村社及其所在乡、县、省的名称。

纲要和本书使用"乡村公社"（сельская община）一词，而非法令惯用语"乡村协会"（сельское общество）。二者虽名称类似，但意义并非完全等同。

1861年2月19日亚历山大二世签署了废除农奴制的法令。根据颁布的法令，"乡村协会"，不同于行政组织"乡"，是大俄罗斯省的公社，是基于公社份地的农民生产同盟。但在"乡村协会"建制过程中，废除农奴制的法令并未全面贯彻，主要是受限于两个条件：纳税人数不少于21人和就地原则。那些规模较小的、纳税人数不足21人的村社被合并为一个"乡村协会"。相反，那些由多个地主共同掌管的大村社则被分割为若干个"乡村协会"。这一情况还发生在分布分散的、根据继承权分配的代役租领地上。继承者们只对农民进行分割，领地各处的农民继续按照原来的方式在村庄的共同重分土地耕种。鉴于此，允许同一村庄不同处的农民合并组建一个"乡村协会"。但是，这项合并法令是否在所有地方都落实到位，就不得而知了。最终，所有地方——甚至是在不实行村社土地占有制（而是土地分段占有制或农户占有制）的地区——都组建了"乡村协会"。鉴于上述原因，在纲要和本书中通常使用"乡村公社"（сельская община）一词，更为准确。

不过，农民并不知道关于"村社"这些表达。希望在调查中能够注意：农民如何称呼自己的村社。一些研究人员还使用其他名词来指称村社，如"米尔"（мир）、"沃布契哈"（вобчиха）等。

2. 村社农民享有何种土地权？临时雇佣农民[1]、租户、佃农能否成为土地所有者？他们原属于哪一乡村住户类别：原契约农奴、原国有农民、原领地农民、原矿区农民，还是其他类别？

---

[*] 资料来源：巴雷科夫 О. Л.，波洛夫佐夫 А. В.，索科洛夫 П. А.（编）：《乡村土地公社资料汇编》，圣彼得堡：俄国自由经济学社、俄国地理学社1880年。

[1] 编者注：临时雇佣农民（временно‐обязанные）指废除农奴制后仍需为领主服务若干年的农奴。

3. 村社是否很早就已形成？其内部结构曾发生哪些变化？

想要弄清楚这些问题，必须参考历史文献和询问当地农民。在那些由于移民而形成的新居住地，尤其建议由当地农民来讲述这些历史。俄罗斯历史学家叶菲缅科称，沃罗涅日省和萨马拉省多数村庄的农民都记得，有的村社是从其他省迁居而来形成的，有的是从本省的大村落划分出来的。俄罗斯各地的外来人口在村落周边落户，形成了百人村或小村落，如今也建制为土地公社。

4. 村社的构成如何，是由一个村落（村庄、村镇等）、还是村落的一部分、或是若干个村落构成？

5. 若村庄内有数个村社，那么是何时、因何种原因进行了村社划分？

在绝大多数出现这一情形的村庄中，定居其上的农民属于不同的领主。

6. 由若干村落组成的村社是由一个大村社和从中迁移出来的若干居民点（新居民点、小农户、独立农庄等）构成的，还是由当地数个大、小村落构成？这种村社是何时形成的，又是如何形成的？

第一类村社主要存在于俄国北部地区（载于《古俄国和新俄国》1876 年第 10 期，《尼科利斯克尼县和当地居民》）。第二类村社不仅存在于俄国北部地区，还存在于一些中部省份，如雅罗斯拉夫尔省（详见俄罗斯民间文学家亚库什金的文献资料）。奥洛涅茨省通常 20 个、30 个甚至 50 个小村落（每个村落有 2—3 户）共同组成一个村社。比如，尤卡夫斯基村社由 22 个村庄组成（载于《祖国纪事》1874 年第 2 期，拉洛什：《奥洛涅茨省的村社》）。

7. 村社的土地属于全乡吗？

沃洛格达省乌斯秋格县戈罗季谢乡的全部土地归整个乡所有，该乡的人口数量为 2000 人（载于《莫斯科报》1876 年第 31 期，奥斯特罗乌莫夫：《沃洛格达省乌斯秋格县和托季马县村农民与土地关系》）。根据亚库什金收集的资料显示，上述乡社分布在雅罗斯拉夫尔省，如雷比普斯克县的尼古拉科尔姆乡（90 个村庄）和波戈列里乡（50 个村庄）。不久前该省国有农民组建了村社，但未对村庄和村镇的土地进行重新划分。在 1867 年开始统一管理国有农民和临时雇佣农民后，向国有农民发放所有凭证的措施以及乡界的调整都影响了乡社的划分和新村社的产生。该类乡社最典型的代表是如今的乌拉尔军垦土地。这里的所有农用地（6 万平方俄里）不隶属于某个哥萨克村镇，而归整个军队所有，该军队共有 113000 人。

乡社是何时、如何形成的？它的面积和人口密度是多少？

土地是否在隶属于乡社的各个村庄之间重新划分？

8. 村社共有多少人口？如果由若干村庄构成，且这些村庄是从一个大村落中划分出来的，那么这个大村落的人口数量有多少？每个划分出的村庄又有多少人口？

9. 乡社管辖的土地面积是多少平方俄亩呢？如果村社由若干村庄构成，那么各村庄之间距离多远？

10. 哪些农用地归乡社所有？各类农用地的面积是多少？农用地类型有：宅院地、打谷场、菜地、花园、大麻田、菜园、啤酒花种植田、牧场、牛舍、耕地、林地、割草场、采石场、渔场等。

二 村社土地使用方法

A. 占有方法

11. 农民是否可以采用特定的占有方法[1]来使用村社土地？即村社的每个成员是否都能够按照自己的意愿使用某处任意数量的空闲地？

占有—使用方式出现在西伯利亚的一些地区（载于《西伯利亚报》1877 年第 20 期，《西伯利亚村社土地占有制》）。这里所有的土地为村社成员共有：农民使用自己垦荒的土地，并按照自己的意愿垦荒并使用无主地。类似的占有—使用方法还出现在欧俄北部的一些地区（拉洛什、奥斯特罗乌莫夫、波塔宁）。

12. 在这种自由使用村社土地的条件下，是否划分出部分土地用于村社所有成员共同使用？是否对某一部分土地不进行定期重分？从何时起、出于何种原因农民开始重分部分土地？

在托博尔斯克省一些土地资源丰富的地区，村社成员可按照自己的意愿使用土地，村庄附近供牲畜放牧的土地属于整个村庄的公共财产，不能由个人独占。（参见 1859 年亚库什金发表的文章）。在库班省，只有距离宅院地最近的地方用作公共牧场。农户主按照自己的意愿在其余的土地中选择合适的地方耕地、割草（参见《1875 年库班州记事》）。在哥萨克部队居住的捷列克河流域尼古拉耶夫斯基镇，用于集体播种的土地在年满 17 岁的哥萨克人之间分配。此外，哥萨克人有权在未被占用的土地上以及不适宜耕种的土地上进行耕种，这种占有方式被称为"自由选民主义"。（参见《捷列克河流域哥萨克军队惯行调查数据》，出自《高加索资料集》，1878 年，第四版）。在沃洛格达省乌斯秋格县戈罗季谢乡，距离村落最近的土地定期重新划分，允许自由开垦边远地区的土地（奥斯特洛乌莫夫）。奥洛涅茨省洛杰伊诺耶波列县尤卡夫"乡村协会"根据村会[2]的决议，对耕地和部分割草场进行重新分配，其余的土地供村社所有农民自由使用（拉洛什）。

农民可以自由使用哪些土地？农民被剥夺了哪些农用地的使用权？已被收回的土地是否存在重新被允许使用的情况？

13. 农民是否可以无限期使用其自主垦荒占有的土地？

14. 在允许自由垦荒占有土地的村社，是否会通过村会决议来限制这一权利？

在乌拉尔军区，每个哥萨克流民都有权在领地范围内收割干草，但要由部队管理委员会提前确定好收割时间。在收割日期到来之前，哥萨克流民应该向管理委员会报告，自己想要收割哪个村庄的干草。如果他选择了别村的割草场，那么他就失去了在本村割草的权利。割草的时间是提前定好的。过去，农民担心失去收割权，没有任何人去擅自收割别村

---

[1] 编者注：本卷译文一些地方也将"占有—使用"方式翻译为"侵占"。

[2] 编者注：村会（сельский сход）是俄国农民实行乡村（村社）自治的管理—监督机构，通常是由乡村自治官员和农户主（一家之主）组成。

的干草。收割程序如下：在规定的日期，收割人在他选择的地方进行收割，而且必须在这一收割区域内。因为如果他突然扩大收割范围，那么在他还没有割完全部的干草之前，他的邻居很可能会割他的干草，这样一来，他就会失去大量的干草（索科洛夫斯基：《农奴制前俄罗斯农民的经济生活与东南部草原的开拓》，第 257 页）。军队人员可以按照自己的意愿耕种土地，但不可出现下列情形：（1）非军队人员协助垦荒；（2）开垦草场、林地和划定为牧场的土地（载于陆军总长呈文，1875 年 10 月 31 日，№1291）。

15. 如今如何划分通过占有—使用得到的土地？

必须收集每个村社成员使用土地的准确信息。如果实在无法收集到这些信息，则需要列举出一些实例，如面积最大的土地和面积最小的土地。需要了解该土地的使用面积是否会发生改变？该土地是村社的农民亲自耕种还是雇佣他人耕种？雇佣工人的数量是多少？是否存在无土地者，又是什么原因导致他们无法使用土地？

16. 是否有重分土地的提议？由富农提出还是由贫农提出的？出于何种原因？

B. 村社土地重分

宅院地

17. 所有的宅院地都可以通过遗产按户继承使用吗？是否对宅院地进行定期重分？若定期重分，哪种类型的宅院地会被列入重分范围内？

18. 是否有重分宅院地的情况？何时进行划分、以何种方式？又是从哪些类型的土地中划分出宅院地？若有新迁来的农户，又该如何划分？火灾之后是否需要重新划分宅院地、又是如何划分的？

19. 每个农户所划分得到的宅院地（如大麻田、菜地等类型）是位于一处，还是分布在不同的地方？

20. 是否会根据其上种植的作物种类来划分宅院地（如黄瓜地、大麻地、白菜地、打谷场、啤酒花地等等）？

在莫斯科县，划分宅院地的情况比较常见。每位农户主都会分得自己家房子附近的一定面积的土地，在重新划分时只会增加或减少土地面积，而不会调换土地。同样，耕地的划分也是如此。每次土地重分的差异也只显现在面积增减上。不少村庄的一些宅院地已被划分为一个个菜园地，且不允许菜园地细碎化。因此，为满足有权（按人数）要求增加宅院份地的农户，通常会拿二倍的耕地来补齐，且通常是临近宅院的耕地。（奥尔洛夫：《莫斯科省统计资料汇编》，第一卷）

21. 此外，是否会根据土壤质量、地理位置等其他因素划分宅院地？每个农户分得不同等级土地的依据是什么？

22. 如果存在定期重分宅院地的情况，那么多长时间划分一次？是与耕地重分同时进行，还是另择时间？

耕地

23. 一整片耕地会划分成多少块田地？农民把这些田地称做什么，"斯麦纳"（смена）、"卢卡"（рука）？

24. 是根据土壤特点还是其他因素来划分每一块田地？如何指称这些分割后的小块地？如何测算和划分田地？分割后的小块地是否还继续细碎化？其名称是什么？每块田地划分出多少片小块地？它们都是什么形状？

根据已有资料，在大多数地方，会根据土壤的不同特点将土地划分成若干大块田地：或是由于土质不同；或是由于土地坡度不同；还可能是由于距离村庄的远近不同。除此之外，还存在划分出特殊份地用作牲畜啃青的情况。

在文献中通常把这种田地称为"圈地"，这个名称也保留在当前的纲要中。另外，在其他各地也有不同的叫法：楔形地、长形沙丘、丘陵地、克鲁什、山岗地、切列贝、耶米、卡里达……在某些地方，圈地还被进一步划分为更细碎的地，它们被叫作坡垄、维列杰瓦、齐斯拉、抓阄地（参阅第65个问题）。

信息采集者有必要将各地所有的叫法都记录下来，以便尽量对该叫法追本溯源。

关于圈地的形状，А. 巴斯尼克夫（《土地公社》，第二卷，第121页）指出，农民把正方形和梯形的圈地称作条形地、单程地、扎普特基，把三角形的圈地称为楔块地或外缘地，梯形圈地称为特瓦里拉，有时也称为外缘地，所以这些名称会迅速让人想起圈地的形状，一方面是指称圈地的形状，另一方面是指称圈地进一步分割后的细碎地。由于不同的名称容易让测量员混淆，所以，信息采集者必须始终确认它们的含义。

除了被划分为圈地，田地有时会被先划分为面积较大的块地（柱状地、椭圆形地、方形地等）。

研究如何将柱状地划分为圈地非常重要。信息采集员首先要仔细察看，然后对每个柱状地进行登记。测量每块圈地和每块条形田的尺寸，尽可能地画出该柱状地的位置图。

25. 土地划分方式是由来已久并沿用至今吗？还是当农民发现原划分圈地或柱状地的方式并不适用于当今情况后要求重新划分？最近一次的重新划分圈地和柱状地是在何时、出于何种原因？

在一些村庄里，农民从地主手中获得份地以取代原有土地，那么在这种情况下，具体是如何重新划分出新的圈地和柱状地？

26. 相邻的柱状地和圈地是如何分界的？用小路还是田界隔开？田界的宽度是多少，是否能够让犁具通过？如果柱状地或圈地之间没有田界，如何识别出其边界，农民如何走到自己的条形地？田界的名称包括：林禁区、界限、地界、浅滩、界标、头巾地，这些名称有着怎样的含义？划出土地界限的田界是否还有其他的名称？

现已知道，在普斯科夫省和特维尔省，"межить"一词的含义是，用地界将条形田隔开。在奔萨省"бродить"一词的意思是，划定的界限上铺设草地。在阿尔汉格尔斯克省"обсекать"一词是指在森林里开辟小路（见叶菲缅科纲要第14页）。

27. 将土地划分为条形田时，以什么为划分基准？是根据名册人口，还是现有人口，抑或是劳动力人口？随着农奴制改革的进行，划分基准是否发生变化？又是由于什么原因更改了划分基准？

不同地区的农民如何划分土地？是根据在册人口数、课税单位、男性人口、总人口、家庭人口、拥有土地的人口、纳税额度以及拥有犁的数量等因素吗？请尽量准确解释这些术语在该地区的含义。

"条形田"（полоса）一词有两种不同的含义：（1）条形田是指根据村社公认的土地划分基准所划出的一块土地，也就是说，在按人口数量划分土地的地方，条形田指的是一个人在一处所获得的土地；在按照课税单位划分土地的地方，条形田指的是每个课税单位在一处所耕种的土地。（2）条形田也指土地的总和（即无论是按人口、课税单位或其他方式划分，条形田是在一处划分给一家农户的所有土地）。在此纲要中"条形田"一词使用第一种含义，如无特殊说明，不代表第二种含义。

28. 如果按劳动力数量划分土地，从几岁起可获得村社份地？是否需要满足婚配条件？是否有年龄限制，即到了一定年龄后失去继续使用份地的权利？

未成年人和老人的土地份额是不是更少一些？

29. 耕地通常需要进行重新划分吗？重新划分包括哪些类型？

不同类型的重新划分经常会混淆，因为"重新划分"（передел）一词往往代表完全不同的意义。应该明确区分以下三种情况。

（1）第一种情况：彻底式土地重分，在重新分配土地时，农民所有条形田的数量均发生变化；重新测量所有条形田的宽度，村社对所有土地重新分配（参见第30个问题）。

（2）第二种情况：条形田的数量并未改变，农民之间彼此互换土地。这种土地重分是通过抓阄的方式实现的，因此可称为抓阄式土地重分（参见第31个问题）。

（3）第三种情况：同第二种情况一样，条形田总数不发生改变时，某些农户采用其他方式（而非抓阄的方式）重新分配条形田。也就是说，一些农户的条形田数量会增多，而另一些农户的条形田数量会相应地减少（参看第32个问题）。

为了避免发生混淆，针对以上三种情况，做如下表述：第一种情况称之为"彻底式土地重分"（коренной передел），第二种情况称之为"抓阄式土地重分"（жеребьёвка），第三种情况称之为"全新式土地重分"（переверстка）。

还存在一些混合重分方式的状况，即同时出现两种或两种以上的土地重分方式。例如，全新式土地重分与抓阄式土地重分同时进行，或者还有其他无法预见的土地重分方式。

30. 彻底式土地重分是按照固定的日期进行，还是根据实际需要进行？在人口数量发生重大变化的情况下，会进行彻底式土地重分吗？最近的一次或两次彻底式土地重分是在何时进行的？

如果村社的土地所有单位发生改变，那么不可避免要进行彻底式土地重分。如果是根据在册人口数量进行土地重分，那么在进行新一轮人口普查时，或者在更改土地划分基准时，将进行彻底式土地重分。如果土地按劳动力数量划分，当村社批准增加新的劳动力数量且没有储备用地时，或当全新式土地重分也无法让村民们满意时，那么一定会进行多次彻底式土地重分（参见第32个问题）。

Г. 叶菲缅科在自己的纲要中提及了土地重分期限的相关问题。当作物栽培体系（撂荒地、熟荒地、二等地、四等地等等）发生变化，农民们迁居到生产气候条件完全不同于前的地方（比如从省中心迁到省东北），土地重分的方式和期限会发生相当大的变化。前农奴或前地主农民重新划分土地的方式，区别于周围的前国有农民。民族差异对土地重分也产生了重大影响。

总的来说，乌克兰人不喜欢村社土地占有制，乌克兰一些省（如切尔尼科夫省）的土地占有制是政府直接确定给前国有农民，当地很少进行土地重分。在萨拉托夫省的德国人（除了不了解土地重分的门诺宗信徒）接纳了俄罗斯的村社土地占有制，从而频繁进行土地重分。在叶卡捷琳宁施塔特移民区，每8—10年进行一次土地重分，但每四年就会通过抓阄来交换地段；在达尔离茨基乡的移民区，由乡长每4—12年进行一次土地重分；沙夫卡乌津移民区每6年进行一次土地重分（进行土地重分的想法是由穷人提出的）；波米索夫移民区每年都要进行土地重分。在喀山省的科兹莫杰米扬移民区，农民也使用村社土地，但很少进行土地重分。

31. 如果村社进行抓阄式土地重分，那么多久进行一次，每年一次还是每隔几年一次？

32. 农户主（即根据村社指示或命令管理农户的人）之间多久进行一次条形田的全新式土地重分？是否存在这样的规律：当一些农户的劳动力数量或家庭人数增加时，其条形田数量增加，反之，人口数量减少的农户其条形田的数量也会相应减少？

希望能够对村社情况进行翔实的调查，村社是否会违背农户意愿或在农户没犯错的情况下收回农户的份地，在这种情况下，从谁那里收回了份地，原因是什么？

33. 重分土地的基准（如按赋税、人口等方式划分）是否发生过改变，如在土地改革期间或改革之后？为何会改变重分土地的基准？

34. 条形田的大小是多少？最宽的和最窄的条形田分别宽多少俄尺、长多少俄丈？按人数、劳动力数量，还是按照总的划分单位进行划分？分配到农户主的条形田数量为多少？最少时有多少，最多时有多少？

35. 通过圈地和抓阄得到的条形田都是什么形状的？不同形状的条形田有特殊的名称吗？

条形田在这里的含义与上一个问题提到的条形田含义相同。

通过抓阄，农户会获得不同形状的条形田，而且同一个圈地的所有条形田走向都是一致的，且它们都是平行的。每个农户所获得的土地，通常有下列名称：条形田、单程地、扎普特基、楔形地、外缘地、特瓦里拉。由于圈地的形状各异以及抓阄的结果不同，这些名称彼此之间也发生替换（А. 帕斯尼科夫，《公共土地使用权》，第二卷，第121页、第132页）。

36. 用什么来分界农户的条形田？

根据大多数人的反馈，通常情况下，一个农户拥有的所有条形田都会分配在同一个地方。每户的土地以不同的方式彼此分隔。在雅罗斯拉夫尔省的伊利因乡，许多村庄通常用小路来分界条形田；而在有36个村庄的特洛伊茨乡，只有伊万科瓦村用小路将条形田隔开。若不用田间小路来分隔条形田，则通常用垄沟将条形田隔开，垄沟相对来说会更深一些。还有另一种划分条形田的方法：农户在条形田边缘处留下更短、更窄的小道，在其中间开垦出一条清晰的垄沟作为田界，因此，田界通常不会和条形田一样长（А. 帕斯尼科夫，《村社土地占有制》，第二卷，第140页）。

根据里奇科夫的说法，在阿尔汉格尔斯克省霍尔莫戈雷县，有时也不需要开垦所有的中间地带，垄沟会被一小片未被开垦的小道隔开，这条小道也是为了隔离条形田而专门留下来的。

37. 土地重分时是否为村社新生成员预留出一些份地？

38. 当这些预留的储备地还未被村社新成员使用时，村社如何管理这些份地？

为免于多次重分土地的麻烦，同时也为了不让这些预留的储备地被闲置，莫斯科县的一些村社将其划分为份地（3 块到 8 块不等，取决于村社的规模），这些份地按需或是为大家共同使用、或是每年再重新分配、或是租赁给经济条件较好的农民。由于这些土地在未被分配之前，没有人义务为其施肥，所以一般情况下这些土地最为贫瘠。

39. 村社是否不定期重分某些耕地？重分结果维持多久？若是重分施过肥的土地，则是否应遵循一些特殊规定？

在一些地区，尤其是俄罗斯欧洲部分的省，例如在奥廖尔省的奥廖尔县及克罗梅县，村社通常会划分出一块不算大的土地，而这块土地不会被重新分配。每位村社成员都能够分得这块地的一部分，并有义务给它施肥。这些土地有时被称作"施肥地"。弄懂这些问题至关重要，例如，村社基于何种考虑来选定施肥地？是倾向于选择靠近村庄的土地，还是侧重于选择贫瘠的土地？需要了解这些村庄关于施肥地、不被定期重分的土地的详细信息。

在其他地方，不被定期重分的土地并非只是某块特定的施肥地，还包括定期施肥的村庄周边土地。因此，在进行土地重分时，只会分配那些距离村庄较远且未施肥的土地。

在奥廖尔省奥廖尔县的巴克拉诺夫乡，只有在农民不再给这块土地施肥时，村社才会重分这块土地；只要农民给自己的份地一直施肥，该块地就不会被划为需要重分的土地。一旦农民停止给自己的土地施肥，这块地就会被重新分配。农民有权继续使用自己施过肥的土地，而无人施肥的土地，则需要被重分（载于《自由经济协会的著作》1878 年，波罗夫佐夫：《村社相关的问题》，第 473 页）。

如果村庄存在相近的习俗，希望能对其进行更加详尽的描述。

40. 村社中是否有闲置地？闲置地的面积多大，是裸地还是荒草地？村社如何使用这些闲置地？每个成员是否可以不经村社批准，自由挑选并开垦闲置地？还是由村社来进行划分和分派？是否存在村社以租赁的方式完成闲置地的垦荒作业，然后再重分开垦后的闲置地？

41. 若垦荒作业还包括平整林地、沼泽地，这类地的使用权是否由垦荒者独享，使用期限为多长？在这期间，垦荒地的占有者是否有权参与其他土地的重分？这种权利的期限为多久？

在沃洛格达省乌斯秋格县戈罗季谢乡，"麻布地"是少数农户独立开垦林地的成果，在农户未能得到相应的劳动报酬前，不可从他们手中拿走"麻布地"。只有当村社认可他们的垦荒是必要的，这些"麻布地"才会并入村社土地。在奥格涅茨省洛杰伊诺耶波列县的尤加夫村社，农户可使用自己独立平整的干草地，使用期为一年。不过，村会可以决定提前重新分配这片土地。

草场

42. 是否重分草场？是每年还是每隔几年重分一次？

43. 是否像将耕地划分为条形田一样，根据土质优劣将草场分成不同的块地？这些草场块地的名称是什么？

44. 若重分草场，是否每次都会根据牧草长势圈定新的割草地带？如果划分的割草地带边界不变，那么农民们是通过抓阄还是按顺序交换割草地块？

在阿尔汉格尔斯克省申库尔斯克县的几个村社中，每年抽签分配草场。在割草时节之前，一般在八月十四、十五日左右，全村开始商定何时开始翻整土地。在这一天，所有农户的户主都要去草场，找出去年抽签决定的边界，并用地界桩标记出来。每个签代表着不同的地块，每一块草场需要一百人来割草。共有十二个签，也就是说有一千二百人要参与割草。从每一百个人中选出一人作为代表，参与分配割草任务。去年抽到收割最南边草场的那一百个人，今年就要把这些草场交出来，由去年抽到最北边草场的那一百个人来接管、收割。去年抽到第二块草场的人，今年就要在第三块草场进行割草，依此类推。十二个年头之后，曾经割最北边草场的人如今又换到最南边的草场，完成一个循环。签儿的数量与割草的人数是对等的。签儿预先被分成了一百份，然后每个人都抽自己的签儿，把所有的一百个签儿放在一个大袋子中，并在袋子里打乱顺序，再由每个人按照顺序一一抽签。第一个抽到签的人便带着签儿用木桩划定边界，接着是第二个人，后面的人依此类推。

在沃洛格达州尼科利斯克市附近的阿克谢奇耶夫县，村社草场大小不一、分布分散，因而难以平均分配草场。村社会给每个人分配大小合理的草场。为了全体成员的方便，将村社成员分成三队，每队再分为两组。每一队指定一部分草场，有时一组成员都分配在一块草场上；当草场面积较小，一组成员需负责多个小草场的工作。有的草场很小，用不上四个人就能完成割草工作。割草队都是由各个家庭组成的，但割草地带每年都在各个家庭间重新分配。割草队来到自己的地段，寻找旧的边界（石头标记）。然后，抽签决定割草队伍的顺序（谁排前面、谁排后面），以花代签。确定好顺序后，割草队为每个人标出割草地块。人们在完成自己地块的收割任务后，会继续割草。割草顺序要么重新抽签决定，要么按此前的顺序。直到最终草场无法再分割成所需数目的割草地块，剩下的地就由大家一起来收割，割完的干草再分成数垛。

45. 条形割草地块的名称是什么？最为狭长的条形草地宽度为多少？如何对其进行测量？

46. 是否存在如下情况：一些草场在个别农户自主割草后被纳入重分的土地范畴？是否有人给荒地（沼泽地）除草？（对比第 41 个问题）

47. 若不重分草场，则村社成员是否一起割草？割草后如何分配干草？

有时农民不分配草地，而是一起割草并自行分配干草。如果村庄中有类似的情况，希望可以更加详尽地描述割草的流程（谁来指定割草日期，农民们是否都来割草等）以及分配割草地的规则。农民基于哪些因素选择割草方式？他们单独割草还是大家一起割草？这是否取决于草地的面积？农民们习惯于把草场分配成若干个小的条形草场，只留下很小的不易分割的部分，例如草场最边缘的地带，他们就会一起为这种边缘地带来除草。我们发现，农民们尽量把大部分的草场分配给个人，而只留小部分的草场一起收割，在更早些时候，他们是否是由于干草的优劣因素而做出这种决定？还是另有原因？

在沃洛格达省尼科利斯克县，村社给大家分配收割到的干草。干草根据等级分为优劣两种，分别堆成数个草垛。参与割草的成员分成两组，选出两个老人，并给他们两种树枝，一个拿着稠李枝，另一个拿着柳枝或者桤林枝。老人们要往草堆中混插这两种树枝。这样做是为了每组成员得到的草垛都优劣参半。若余下最后一个草垛，则用木棍来平均分配（波塔宁：《乡村和新俄罗斯》，1876 年，№10）。

林地

48. 村社是否有林地或者灌木林，如何使用？是否被划分为份地？若不分配森林资源，农民是否可以自由采伐林木，还是需要从村社获取采伐林木的权限？还是由村社统一规划、砍伐森林，并给成员分配所伐的树木或灌木？在分配时，个体农户间的分配额是否相同？如果分配额不同，原因是什么？

为了给出这部分问题的答案，应该参照俄罗斯北部村社为狩猎野禽而制定的森林开采规则。

49. 村社是否禁止采伐森林？如何禁止采伐？为何禁止采伐？

禁止采伐是恢复已采伐森林的最好手段。禁止采伐的时限可以根据森林的受损情况长达 10 年、20 年，甚至更久。禁伐森林带着宗教的色彩，人们从教堂里搬来圣像、神幡，牧师吟唱着"感念上帝的无上荣耀"，围着禁伐的森林绕行一周。牧师环绕过禁伐的森林之后，开始祈祷并宣告这片森林已被禁伐了。在这种庄严的仪式之后，就算是从森林里折去一个小枝条的行为，都被视为一种罪恶；剩下的任务，就是防止牲畜破坏森林了（摘自 1856 年《俄罗斯座谈》，第二卷《俄罗斯农耕年代》；梁赞省，В. 谢利瓦诺夫，第 26 页）。

牧场和其他农用地

50. 农民们是否拥有自己的牧场，是自有的还是租用的？还是农民仅可在空地、草地、收割过的庄稼地、林地放牧自己的牲畜？农民每次是在哪里放牧？各类别农用地上的放牧频率为多少？

51. 若无专用牧场，在闲置地被翻耕、草场和耕地还未收割的时期，农民把牲畜赶到哪里放牧？

52. 如果某种农用地进行放牧，是否取决于三区轮作制的变化？

在一些村社中，闲置地在未被施肥前属于官地，或者一些农民在闲置地上种了亚麻、黑麦等，则两年内都不能在此放牧牲畜，这是因为农民已在一些土里种了春播作物，但还没到收获时节。若秋播作物还间种了燕麦、大麦和亚麻，在所有作物收割完毕前，均不可进行放牧。

53. 若有专门用于放牧的土地，那么如何命名这些土地？牧场（выпуски）、放牧地（поскотины）、牛犊舍（телятники）、牧地（выгоны）和放牧场（пастбища）的含义有何区别？区别是在于使用面积的大小、距离村镇的远近、用途等方面吗？

54. 每个农户是否有权将自己的牲畜赶入公社的畜群中？是否存在数量限制？村社允

许成员们在非村社牧场上放牧？还是说所有人都必须把自己的牲畜赶入公社畜群中？如果所有成员都必须在公共牧场上放牧，那原因是什么？

55. 无地农民是否拥有与农户主同等的放牧权利？他们是否受到一些条件限制？具体是哪些限制？

56. 除了以上提到的农用地，是否还有其他的农用地类型：捕鱼区、采石厂、亚麻和大麻浸泡场地、公共牲口饮水处、公共水井等？如何利用这些农用地？

三 土地重分方法

57. 若村社未规定土地重分的固定日期，那么通常谁会要求重分土地？

通常是由贫农，还是富农或是所谓的剥削者们提出土地重分的申请？为什么是由这些人提出？同一村社成员之间是否存在着对土地重分是否必要的争议？如果存在，那么是在什么样的情况下、因什么原因产生争议的？（叶菲缅科纲要，第 18 页）

58. 土地重分的申请通常向谁提出（向村长或是长老们）？

在问题 1 的说明中已指出，村社并不完全等同于行政意义上的"乡村协会"。在隶属于较大"乡村协会"且没有村长的小村社里，以及有村长但按行政功能划分成若干个小"乡村协会"的大村社里，村会由谁来领导？

59. 哪些人可以参与土地重分大会？是每个农户的户主们来参会，还是也允许其他人参会（例如，无土地的贫农）？

60. 按照当地习俗，在什么情况下妇女可以参会（例如，寡妇）？

61. 若农户主不在家，由谁代替他去参会？妻子是否能代表农户主参会？

62. 按照惯例，对出席土地重分大会的人数是否有一定的要求？例如，需要 2/3 的户主出席会议？

63. 拟定土地重分决议书时，是否要求所有与会者都达成意见一致，或是大部分与会者同意即可？请详述具体规则。

若村社会拟定书面决议，则最好搜集决议书副本。

64. 村长和富农们是否会对大会决议施加影响？是哪些方面的影响？

65. 是村社成员之间直接划分条形田，还是先把村社划分为小组？这个小组规模有多大，名称是什么（维吉、百人组、十人组、五分之一组、四分之一组、三分之一组、抽签队、罗兹尼克等）？每个小组是否有特殊的名称，或是按数字加以区别，如：第一组、第二组等？农户如何联合在小组？是按照街道、宅院的位置顺序，还是根据共同决议、财产等其他因素？

66. 从何时起开始将村社划分为小组（维吉、罗兹尼克等等）？若分组方式发生变化，那么是在何时，出于何种原因？

需要了解在那些不久前进行了彻底式土地重分的地区，其土地分配方式是否发生了变化？发生了什么变化？同样还需要了解，在农奴制改革后未进行彻底式土地重分的地区，是否在农奴解放以前就没有土地重分？为何会划分成一定人数的小组（维吉、抽签队、罗兹尼克）？

67. 若村社不划分小组（如维吉、罗兹尼克等），那么所有应重分的土地是否在所有农户间抽签分配，还是每块土地的重分均经过专门的抽签决定？在第一种情况下，是否所有应重分的土地都在一片地上？而在第二种情况下，是否每个农户所分的土地位于不同地点？

68. 村会是否委派特别授权的公职人员（税务官、文书、地方官、人头税代理员）按户分配土地，还是村社直接在村会上分配土地？如果村社中有这类公职人员，那么他们有报酬吗？

69. 是否会请专门的测量员（制绳工、土地丈量员等）来划分土地？他们的职务名称是什么，报酬如何？谁负责检查、验收他们的工作？

70. 用什么工具（杆子、沙绳、镰刀、犁、脚、草鞋等）测量、划分耕地和草地？每种测量工具在当地的具体名称是什么？为了方便辨认，农民是否会为自己的条形田做上特殊的标记？

在雅罗斯拉夫尔省的一些村庄里，盛行如下区分农户土地的习俗：农户借助木犁犁出十字、圆圈或八字形等图形，而且每家每户使用的独特标记，都是祖祖辈辈传下来的。有时这些标记不会出现在耕地里，而是会出现在田间小道上，或许这就是我们俗称的"地头儿"（波斯尼柯夫《村社土地占有制》第 2 卷，第 140 页）。

71. 农民使用哪些土地度量单位？在各个地方出现的名称——百一顷、100 俄丈、俄亩、1/4 俄亩、80×80 俄丈、沙绳、木犁耕——都代表什么意思？农民是否借用播种量、产量或是耕作时间等来估量土地面积？

在阿尔汉格里斯克省，人们常说，某人有一俄斗或四俄斗土地。在乌克兰，日耕量指一人可以耕作的土地面积（约为四分之三俄亩），乌普鲁克（упруг）指日耕量的三分之一。在雅罗斯拉夫尔省，耕作区是指可以用木犁进行四次轮作的区域。在卡卢加省，列哈指播种者播种的间距，通常是三步的距离（叶菲缅科纲要，第 15 页）。

72. 一年中什么时候进行土地重分（关于三种土地重分类型，参见问题 29）？是否规定每年土地重分的时间？

73. 每种类型的土地重分是如何进行的？

上述问题涉及了有关进行彻底式土地重分的许多细节。希望能从那些亲自经历过土地重分的农民口中，了解到最近一次土地重分的详细过程，以此作为本问题的答案。土地重分过程的任何细节都不是多余的。例如，应当描述哪些物品是用来抽签的，有哪些种类，各有什么标志，都放在哪，农民是否会通过木棒来进行抽签等等。需要尽可能地详细描述土地重分的整个过程。

此外，应该对抓阄式土地重分（参见问题 80）和全新式土地重分（参见问题 31）进行详尽的描述。

74. 是否会出现擅自耕种他人土地、破坏耕地界线（田间小道）的情况？人们如何看待此类违规行为？是否有与此相关的迷信或说法？

75. 对于破坏耕地界线的违规行为，需要向谁提出申诉：长老们、村会还是乡级法院？对此类违规行为是否有相应的处罚？处罚形式是什么？

76. 村社共有多少个农户合伙拥有份地？这些份地的名称是什么？

一些供一人、两人、三人和四人耕种的土地都有特殊的名字，例如，在某些地区，一人份耕地被称为"戈比"，某些地区则称之为"四分之一份耕地"；两人份耕地被称为"吉格洛"；四人份耕地则被称为"德鲁格纳特卡"等（《雅罗斯拉夫尔省统计委员会纲要》，1875 年）。

A. 波斯尼科夫说：在雅罗斯拉夫尔省，在多数情况下，村社里没有一人份土地，即完全没有户主单独拥有一份土地，但在一些小村子里可能会有极少数的这类户主。当然，每个地区每户的平均人口数各不相同，但根据雅罗斯拉夫尔省的官方数据和对其他地区的观察来看，每户最少的份地，除去特殊的一人份地，便是两人份地。毫无疑问，在不同的地区，拥有两人份地的农户对更大面积份地的看法也是不同的（《村社土地》，Ⅱ，第 142 页）。

77. 如果不是所有户主都能在土地重分抽签中获得份地，那么他们是否有其他获得土地的方式？

在一些省份，对于在土地重分时没有获得份地的农户主，通常会分给他们一些闲置地，称为"七份地"，但这类地不再是通过抽签分配，而是根据选择进行分配（叶菲缅科纲要，第 21 页）。需要详细了解，为什么这些户主在土地重分时没有获得份地。

78. 如果有的农户没有分到和其他农户面积相等或是土质相同的条形田，那么除了重分所获的土地，是否还会额外再分给他们一小部分土地？这些额外增加的土地部分叫什么？例如："列什卡"（лешка，当所得份地与其他农民的份地面积不同时补发的土地）、增划地、纳库卡（накунка，当所得份地与其他农民的份地土质不同时补发的土地）？

79. 与重分耕地相比，草场、林地和其他农用地是否有其他重分方法？（参见第 44 个问题的备注）。

80. 在按照人数进行土地重分后，是否还留有备用耕地或草场？会留下很多吗？留备用地的目的是什么（为了今后分给村社的新成员或新生儿吗）？如果备用耕地过多，村社会采取什么应对措施，例如批准整个村社会共同使用备耕地或是将其租给更富裕的农民吗？

四　村社经济事务制度

81. 农民们如何饲养马匹？是否会白天黑夜轮流饲养，或是雇用专人来饲养？村社雇用牧人、牧人助手的条件和方式是什么？农民之间如何分摊牧人费用？如何支付？如何解决牧人的伙食问题？在什么条件下会租用和饲养村社的牛以及其他畜牲？

82. 如何看护村社的林地，轮流站岗还是雇用护林员？

83. 村社是否围有栅栏？栅栏安置在哪里（在村子周围、在田地周围等）？如何在农民间分配栅栏，是根据土地数量还是牲畜数量？村社是否制定了强制性规定？比如是否对栅栏的形状以及高度做出规定？如果牲畜冲出栅栏，则造成的损失由栅栏的主人还是由牧人来负责？

84. 有哪些制度是用来维护和管理村社建筑（如商店、学校、磨坊）和基础设施（如桥梁、道路、堤坝、水井、沟渠等）？

沃洛格达省的索尔维切格县共有 93 家村社磨坊，这些磨坊通常都会租出去，但有时是由村社专门委派磨坊主来管理磨坊事务。（《周刊》，1877 年，№44）。

85. 村社成员是否共同承担改良土地的工作？村社是否为排干沼泽地里的水或将田地和渗水地隔开而挖设沟渠？是否伐除灌木林？是否连根拔除树桩？是否开垦荒地等等？

86. 这些工作是由农民自己承担，还是雇人来完成的？如何分工和分摊费用？这些工作有多大规模？

是农民共同完成这项任务，还是按人口或税赋分配任务，凭个人自觉来完成分派的任务？

在雅罗斯拉夫尔省罗斯托夫县的乌格基乡，雅基莫沃村（居住着国有农民）所耕作的区域和其他村子之间，有一个巨大的草原沼泽带。为了给这片沼泽地排水，农民们挖了一条长度约为五俄里的沟渠。这项工作由农民们自己完成。这项工作的价值有多大，是可以判断出的，因为这条沟渠的一次清理工作，就需支付 720 卢布。据农民所说，在排干了水的沼泽地里，干草的收割量增加了一倍。雷比普县的科普里奥乡下设 51 个村庄（3000 人），经常会花费大量资金用于改善村社经济事务。科普里奥乡曾在几年前花费了 200 卢布来排干沼泽地，用以保障 30 俄亩的粮食和三叶草种植。最近又在那开垦了 11 俄亩的耕地，为此花费约 460 卢布。这些工作都是根据科普里奥村农民的决议完成的。根据第 10 次人口普查结果，参与决议的农民共计 137 名。该乡每个村子里都有人工排沼后新开垦的耕地（雅库什金，《通用法典》，1875 年，第 1 卷，第 XⅦ 页）。

87. 村社是否出租土地或村社其他财产（村社代役租条例）？得到的收入如何分配？

88. 村社是否会租用土地，农民之间如何分摊土地租金和使用权？其中，在租用牧场时，是平均分摊租金还是根据放牧的牲畜数量来分摊租金？

89. 是否存在整个村社共同购买土地的情况？又如何在农民间分配土地租赁费用呢？村社有没有其他获得土地的方法（赠予、交换、占用等）？所获得的土地是否会被村社征用或者按户进行分配？

90. 是否存在村社所有成员共同受雇于某些工作的情况（修理铁路等）？

91. 农民是否曾经或仍然拥有公有土地？出于何种目的又是如何进行了土地分配？农民自己做主还是权力机关主导？共分配了多少土地？如果领导部门管理公有土地，农民是否能够能借助约定俗成的办法完善和补充管理规则？谁制定了工作制度并进行管理？如何在农民中分配工作？公有土地的收入是否能够用于公共支出？例如，用于补充食品商店的供应、慈善事业以及支付拖欠的税款，或者将全部或部分收入分配给农民？采取什么措施来整治一些怠于耕作或经营不善的农民？农民如何看待公有土地？如果他们不再耕作，原因是什么？

阿特卡尔县科洛科尔切夫乡的村社将公有土地作为粮食储备地，以防粮食歉收、绝收和其他自然灾害。按照乡会的决议，每个纳税人播种一平方俄丈的秋播作物和春播作物，每 30 个纳税人耕作一俄亩的土地。无论是丰收年还是歉收年，该乡平均每年收获近 325

普特的粮食（《萨拉托夫斯基州报》，1878 年，№97）。在楚契科夫村，根据领地管理者的建议，在农奴制时代就从农民的份地下划出 300 俄亩土地，用于筹集公有资金。村社集体收割这 300 俄亩土地的粮食。一部分的粮食会用于预防粮食歉收，移交给商店储备，剩余的粮食则会用来出售，所得收入或贷给穷苦的人，或放贷给榨油厂和大麻纤维厂。在农奴解放后，农民的粮食占有量达到了 19000 俄石，这使得农民有能力赎买份地。除此之外，几乎每家农户都有设备完善的榨油坊。

五　村社土地耕作与产品分配

92. 是否存在这一情况：村社不分配土地而是将土地交给集体耕种，收获后分配粮食？如果存在这种经营模式，是很早以前就形成的吗？又是如何产生的？

1876 年，切尔尼戈夫省格列科夫卡农庄租下了当地的领地，所有人共同耕种、收割、磨小麦，然后共同分配种粮和麦秆。他们还一起割草（有超过 100 俄亩的耕地和草场）。到 1877 年，农民们以这种方式经营已超过一年。实践证明，这种经营模式很成功，他们找到了适合自身的、公平便利的经营制度。在共同劳动和分配粮食的过程中，也没有出现任何争吵和怨言（土地评估材料来自于《切尔尼戈夫省地方自治局数据》第 1 卷，第 137 页）。斯摩棱斯克省的一些地区成功实行村社集体形式的劳动组合，他们集体收割并分配干草（《国家记录数据》№2，1879 年 A. 恩格里加尔特：《村庄》）。

93. 类似的村社经济事务是如何开展的？在这种情况下，是否会建起某种特殊的村社建筑？是否拥有村社共同的生产工具和家畜？

94. 谁负责安排工作？如何为农民分配工作和粮食？是平均分配，还是根据其他因素分配？额外的工作或付出是否能获得更多的粮食？

95. 如果不共同管理整个村社，那么类似的经济事务能否将一些农户联系在一起？又是根据什么理由和意愿将农民们团结在一起？

六　村社耕种情况

96. 村社作物的耕作体系是什么：三区轮作制、二区轮作制、多区轮作制、刀耕火种制、生荒耕作制还是熟荒耕作制，轮作又是如何进行的？农耕情况较好还是较差，这在多大程度上取决于村社土地所有（而非其他因素）？就农耕而言，村社土地所有有哪些优势和弊端？农民可以使用哪些常见的方法消除弊端？村社是否采取办法改进耕作制度或者改良工具（犁、脱谷机、清粮机等）？

村社的反对者认为，村社管理土地的最大弊端就是阻碍农民的进取心和节俭作风。频繁的重分土地是农民粗放耕种、不重视施肥的原因。狭长的条田不利于横向作业。各户的条形田交错分布，为了从一块条形田走到另一块，农民不得不多些时间，并留出大量土地作为可供通行的田垄，但杂草会逐渐遍布田垄，并向条形田蔓延。在没有田垄的土地上，农民只好从他人条形田上穿过，耕作时也将他人的田一并犁翻。村社土地占有制决定了土地耕种的强制性原则，规定了播种作物的种类、开工与收工的时间，这瓦解了农民改善经济状况的主动性。村社土地占有制导致农民聚居在较大的定居点，致使他们与耕地的距离变远，继而不利于经济的发展。

村社的拥护者认为，不存在这些弊端，或者这些弊端不是村社土地占有制造成的（而是另有原因），或者这些弊端并没有他们想象的那么严重。农民会自主地消除或规避这些弊端带来的有害影响，所以重新分配并不妨碍村社提高土壤肥力。此外，还有一些例子表明，村社将精心施肥的田地留给其持有人（来自奥廖尔省波罗夫佐夫先生的信息）。相反，在长期没有进行土地重分的村社，家庭劳动力与纳税人的人数比例失衡，即家庭的生产力与支付能力之间的平衡遭到破坏（叶菲缅科纲要，第36页）。波罗夫佐夫认为，狭长的条形田不利于耕作，但毫无疑问，这种不便利可以克服，并不会严重阻碍农业的发展。小土地所有者在为自己劳作，这种精细的分垄耕种，会让耕作者付出更多的劳动。此外，为了减少条形田狭窄且数量众多所造成的不便，农民采取了以下措施：通过交换或租赁的方式从农户主手里获得相邻的条形田；同一村社小组的农户间达成互换土地协议，将此前分布在不同抽签地的条形田换置为同一处；村社将所有耕地分为两部分，再将每一部分的土地在村社半数农民之间平分。这大大节约往返不同条形田所需的时间，而农户对此也无抱怨。强制性的共同轮作制和固定的开工/收工时间制度，在大多数情况下，不取决于村社土地所有，而是取决于放牧的需求。恩格里加尔德地区的农耕制度体现了村社土地所有的优势，因为工作时间和工作流程由那些最聪明的、最有经验的农户来制定，而不是由各个农户主观决定。村庄的密集型居住并非由村社土地占有制决定，而是完全取决于当地的地理地形条件。俄罗斯中部大部分村庄都位于陡峭的河岸山坡，与河谷地带交错。为了取水方便，居住区沿河而建。

最好能够详细描述农民经济的优缺点，调查出村社土地占有制和其他因素对农民经营的影响。如果村社附近居住着独户农民（例如，拥有四分之一土地权的原国有农民、独户农庄等其他小面积土地的持有者），那么最好能详细比较不同类型农民的轮种、施肥质量、牲畜数量、生产工具、翻耕深度、产量等情况。哪种土地制度——农户占有制和村社土地制——更有利于在农民中传播改善生活/劳动的方法？请比较农民村社与邻近中小土地所有者的经济状况。

在描述村社的农民经济时，下列问题也值得注意：牧草（三叶草、紫云英、蒂莫西）栽培是否实行类似农作物的轮种制？是否使用厩肥或其他肥料？是否总是将厩肥运到同一地点，还是轮换堆放在田地的不同地方？若如此，多少年一个循环？

97. 是否有农民采取了某些措施改进传统的播种、施肥等耕种方式？

98. 是否针对改进措施进行过推广试验？如果试验失败了，原因是什么？

99. 如果村社的部分农民由于家庭衰落而落后于一般家庭的经济水平，村社是否会采取一些措施来帮助破产的农户、弱者或经营不善的农民？村社的帮助体现在哪些方面？

100. 村社内部是否存在互助？主要是出现在哪些类型的劳动中？以何种形式展开

互助？

在彼尔姆省沙德林县，几乎所有比较繁重的工作都会互助完成，没人帮忙的情况是不多见的。来这里帮忙的人能够达到100人，有些甚至来自遥远的村庄。每个接受过帮助的农民，在被请去帮忙时也必须去帮助邻居。这种互相帮助在妇女之间很常见，例如纺麻、切卷心菜、剪毛线等。

在科斯特罗马省，从初秋至圣诞节前，纺麻的农民会从一个小屋搬到另一个小屋去帮助彼此（《俄罗斯财富》，1879年，No1）。最好能描述清楚，有哪些请求帮助的方式？在请帮工时，农民会使用哪些谚语、俗语？是否有与帮工相关的歌曲？农民如何看待互助？他们是否将互助视为必要的习俗？在什么情况下，需要找帮工？

101. 哪种情况下，森林保存得更好：由村社共同使用还是分配给农户？

七 村社赋税与徭役

102. 村社需缴纳下列赋税：国家税、地方自治税、地主税和村社税。村社人均赋税额、总赋税额分别是多少？人均缴纳的赋税、每个类别的人均税款分别是多少？一俄亩土地的赋税额为多少？

103. 在重分土地时，是否会同时重分赋税？在不进行土地重分的年份，是否重新分配赋税？

104. 如果土地重分和赋税重分一起进行，是先重分土地，还是先重分赋税？

105. 按照什么基准计算人均税额：人口、劳动赋役（徭役）或其他？

萨拉托夫省彼得罗夫县的维雷巴耶夫"乡村协会"根据定额税人口数量分配赋税，定额税人口每年根据以下方式确定：15岁男子算作1/2人，16岁男子算作1人，17岁男子算作1又1/2人，18岁及以上算作2人，60岁及以上算作1人。不同乡村协会的计算方式不同。根据此类计算方法得到的人口数量通常被称为定额税人口，所有税款由定额税人口分担，定额税人口也被称为村社人口，不同于纳税人口。该村社的纳税人口为568人，而定额人口在1877年仅有534人。所有的统计数据都是根据最新结果计算的，每年都会重新计算新的数据。阿梁申村社等一些村社使用纳税人口数来计算人均税额，但根据农户的劳动力数量来分配纳税名额（特里罗格夫：《国民经济中的纳税人口》//《祖国纪事》，1879年，No2）。在彼尔姆县乌斯特—哈雷夫乡，人均税额以课税人口为单位来计算，每个课税人口拥有5俄亩土地，1876年缴纳税款11卢布50戈比，1877年缴纳税款11卢布50戈比，1878年缴纳税款11卢布72戈比。课税名额根据村社成员的经济能力来分配，所有的农民被分为5类，后附的表格显示了1876年、1877年和1878年该乡土地和税款分配情况（《彼尔姆省报》，1879年，No13—14）。

根据税额通知书的统计，彼尔姆县乌斯特—哈雷夫乡的课税人口如下：1876年，526户、1182人；1877年，528户、1188人；1878年，538户、1184人。家庭类别划分如下：

	各类家庭数量			各类家庭所分配到的课税名额			各类家庭赋税总额（代役租、人头税、1876—1878年间的土地赎买税）		
	1876	1877	1878	1876	1877	1878	1876	1877	1878
1. 使用土地但由于贫困、无父无母等原因无法缴纳赋税的家庭	10	8	8	—	—	—	—	—	—
2. 贫困家庭或独身者	179	180	198	164	162	176	1820.4 卢布	1863 卢布	2039.26 卢布
3. 中等家庭	245	254	241	584	638	622	6482.4	7381	7289.26
4. 较富有家庭	82	78	79	420	368	372	4662	4232	4359.84
5. 无耕地者	10	10	12	14	15	16	65.8	76.5	89.44

106. 是否按照村社所分配土地的面积来分配户主所需缴纳的赋税？或者按照家庭劳动力、富裕情况（即每户的支付能力）来分配赋税？

从问题105的图表来看，在彼尔姆县乌斯特—哈雷夫乡，除了少数使用土地、但由于贫困、无父无母等原因无法缴纳赋税的家庭以外，其他家庭按照拥有的土地面积缴纳赋税。无地家庭无需缴纳土地赋税。

在乌斯特—哈雷夫乡，土地和赋税根据农户的经济能力（而非纳税人口）进行分配，这是因为多人口家庭不能总是获得与家庭人口相应的大面积土地，并承担相应的赋税。例如：根据村社的分摊方式，四口之家的农户主应缴纳1.5个人头税；两口之家的农户主缴纳1.25个人头税——他们没有能力缴纳更多的赋税。相反，三口之家的农户主可能需缴纳6个人头税；四口之家的农户主需要缴纳5.5个人头税。

随着农户支付能力的变化，村社会减少或增加农户所承担的税额。在萨拉托夫省库滋涅茨克县的阿梁申村社，1874—1876年三年间，部分农户的税额比例发生了变化。有一个农户1874年缴纳4.5个人头税，1875年缴纳5个人头税，1876年缴纳5.5个人头税。这是由于家中未成年的男孩子具有劳动潜力，村社每年都以半个人口税为单位来增加税额。另一个农户1874年缴纳3个人头税，1875年缴纳2.5个人头税，1876年缴纳2个人头税。这是由于家庭人口老龄化使该家庭的劳动力降低，村社每年都会降低税额。第三个农户1875年缴纳3.5个人头税，1876年缴纳2个人头税。这是因为如果家里有人去储备物资的仓库当管理员，村社就会为这个家庭免除一个人头税来作为奖励；此外，农户年长可为其免去半个人头税。第四个农户在1874—1876年间缴纳2.5个人头税。这是因为：即使家里只有两个强壮的劳动力，也必须依据四口之家的份额缴纳人头税，但若户主有视力障碍或者耳背，或兄弟中有严重的聋哑情况，村社只会征收2.5个人头税。纳税制度的巨大变化也是伴随着土地重分而出现的。

107. 无耕地者是否完全无需缴纳赋税？有这种情况时，谁为无耕地者缴纳人头税？

108. 与土地重分的方式相比，赋税分配方式是否有特殊之处？

109. 谁为已经去世的或被流放的纳税人（但仍然登记在册）缴纳赋税：是他们的家庭、雇佣者，还是村社？在何种情况下，村社会承担起他们的纳税责任，如何分配税款和赋役：是所有农民均摊，还是由富农承担？"不在册"纳税人、"空"纳税人、"亏损"纳税人、"重负"纳税人分别指代什么？村社如何为那些土地荒芜的农户缴清赋税？

在萨拉托夫省彼得罗夫县内，死亡或无劳动能力的村社成员被称为亏损纳税人或重负纳税人，而村社将赋税按比例公平地分配给劳动能力更强的户主。新加入村社的成员被称为新纳税人，替代亏损纳税人的位置，而后将亏损纳税人从亏损名单中撤出。没有亲人并且已经去世的纳税人被称为空头纳税人。

110. 当火灾、牲畜因疫病死掉、劳动力减少等因素导致农户经济暂时衰退时，是否暂时全部或部分减免他们的赋税？是否仍保留他们的份地，还是收回一部分？在类似的情况下，村社如何分配减免户主的那部分赋税（参照上述问题）？

111. 老人、寡妇、孤儿等人是否拥有免费土地？谁替他们缴纳赋税？

112. 缙绅、村长、公职人员在缴纳赋税时是否享有优待？村社如何分配这些人应承担的赋税？在重分土地时，是否多分给他们部分土地作为工作酬劳？

113. 如何分配现役军官的税款和赋役？

114. 在农户未缴纳赋税之前，出于担心其不缴纳税款，村社是否采取连环保等强制性措施？如扣下他们的护照直至缴清税款？农户主是否能够出售自己的农产品，是否还有其他的赚钱渠道？

115. 若逾期不缴纳税款和承担赋役，村社采取什么措施对待欠税人？比如说，是否给他额外增加临时工作？是否收回其土地，是否出售其财产？出售财产的比例是多少？妻子的财产是否可以出售？

在彼尔姆县乌斯特—哈雷夫乡，将未按期纳税者的部分土地重新划分给按期纳税者。1876年，3个不按期纳税者的3俄亩地划分给了2个按期纳税者；1877年，8个欠缴税款者的5.5俄亩地划分给了5个按期纳税者；1878年，将7个欠缴税款者的6俄亩地划分给了7个按期纳税者。若欠税者日后如期补缴税款，土地将会归还给他们。

116. 针对上述两个问题，谁来采取措施？乡政府还是村会？

117. 是否存在这种情况：由于追缴不顺或无追缴措施而导致整个村社不得不为欠款者代缴赋税？村社是否会让所有成员分摊欠缴税款，还是按照连环保请警察局采取相应的处罚措施？

大约两年前，在彼尔姆省萨利卡姆县德米特里乡，村社利用连环保制度追缴数年的代役租欠款（近8000卢布）。在这种情况下，很多人不得不出售自己的牲畜和财产，才能如期缴款，因此又陷入贫穷。

根据其他地方（梁赞省和科斯特罗姆省）的消息可知，在一些小村庄里，由于或多或少会对欠缴税款者实行强制性措施，村社从来不会将欠款分摊给村社的成员。

118. 村社如何处理从欠缴税款者那里收回的土地？

八 村社成员法律关系

119. 如果村社由数个小村庄组成（参照问题5），并且在村庄间重分土地，那么每个村庄对所分得的土地享有哪些权利（如土地租赁权等）？整个村社享有哪些土地权？

120. 如果村社出现了占有—获得土地的情况（参照问题10），那么农户是否能使用那些未被占用的土地，并自由支配、租用、抵押、交换、出售、继承土地？是否仅允许村社成员这样占用土地，还是外来人员也有占用权？为此是否需要征得村社的同意？

121. 在村社内重分土地时，农户主享有哪些土地使用权？

农户主可以给自己的条形田修建围栏吗？

农户主可以不遵守村社的经营模式吗？比如采用三区轮作制在春播作物地播种秋播作物，或者相反，在秋播作物地播种春播作物。

农户主是否需要根据村会规定的时间开工？还是村会未规定开工时间，每个户主可自行决定劳作时间？

农户主是否有义务给分配获得的条形田施肥？

农户主是否可以出售自家的厩肥？是只能卖给村社内部人员，还是也可以卖给外来人员？

拥有村社耕地的农户主可以出售自己的所有牲畜吗？

122. 农民对自己分配而得的土地享有哪些支配权？可以将其租赁、对分、典当、更换、"出售"转交给村社成员或村社外来人员吗？是否需要征得村社的同意？

"出售"村社土地是否意味着农民"出售"自己在村社中的份地？农民如何区分"短期"出售和"永久"出售？

萨拉托夫省彼尔姆县的很多农民短期出售土地，即在一定期限内将村社的份地出租给同村社成员或外面的收购商。通常仅有农奴主才可出售农奴，但库滋涅茨克县边杰尔乡则是进行农民人口公开买卖。只有无家可归的人或者流离失所的家庭才会卖身来谋生。在萨拉托夫省彼尔姆县的特罗亚茨—维雷巴耶夫村有88个独身户主、90户人家，其中共有8户人家出售人口。这个村庄还有34个无家可归的人、5户没有住处的家庭，都在卖身。萨福金乡有92户出售人口，别古钦乡——102户，莫奇卡萨乡——108户（特里罗格夫：《国民经济中的纳税人口》//《祖国纪事》，1879年，№2）。

123. 村社是否有权违背农民意愿将土地强加给农民？通常发生在什么情况下？为什么会出此下策？是因为土地的利益不足以补偿土地税吗？

124. 农户主在出让土地时，是否需要征得其他家庭成员的同意？后者有权向村社提出申诉吗？

125. 村社能否限制农民支配自己宅院地的权利？宅院地能否出让给村社其他成员或者外来人员吗？是否需要征得村社的同意？

126. 村社如何参与村社成员的继承事务？是否对继承村社土地做出了规定？对女人和幼童的继承事务有什么特殊的规定？

127. 因死亡、高龄、疾病而需要更换农户主时，村社在农户主选举过程中有什么作用？村社是否会撤换不尽职责的农户主？村社撤换农户主的情况，是仅发生在农户主不对村社负责的情况下吗？在家庭成员投诉户主使家庭生活混乱不堪时，村社是否采取相应的措施？

128. 村社如何参与农户分家？是很轻易地同意分家，还是尽力劝说？哪些分家理由是村社认定的正当理由？最近三年出现了多少次分家的情况？

希望能收集到关于下列问题的详细信息：村社大户家庭和小户家庭的人口数量各为多少？在大户家庭里，有多少户提出了分家请求但遭到村社拒绝，为什么？分家后的家庭成员之间在财产上保持着怎样的关系？在那些单氏族的村庄里，农户之间是否存在某种特殊的财产关系？我们在尼科利斯克县、沃罗格达省、彼尔姆省发现了很多这样的村庄，它们的名称就是这个家族的姓氏，如卡尔尼拉达、杰尼夏达、米库拉达、伊万内奇。

129. 那些隶属于村社的退休或长期休假士兵享有哪些土地使用权？士兵的妻子、寡妇和孤儿又享有哪些土地使用权？

130. 那些无耕地、但因拥有或租住宅院而注册在某村社的人员是否享有免费使用养殖场、牧场、林地的权利？

131. 使用村社土地、但不履行纳税义务会有什么后果？

132. 是否存在因欠缴税款而土地被收回的情况？无论何时，村社都可以从户主那里收回土地吗？出于缴纳税款、承担赋役和使用土地等考虑，村社有时需要将某农民的份地转给他人，是否存在关于土地转让的乡规民约？村社能否永久收回村社成员的土地使用权？这通常发生在什么情况下？

133. 农民对村社分配的林地享有什么权利？是否有权将树林出售给他人？在使用捕鱼场、养蜂场、苔藓地、采石场等农用地时，农民享有什么权利？

134. 村社成员去世后，其他村社成员是否可以继承他的土地？通过什么方式继承？在什么情况下可以继承？在无继承人的情况下，是否可以由其他村社成员继承，还是存在其他具体规定？

希望能够了解到无继承人的情况。如何确定财产无人继承？下列情况是否属于无继承人？（1）完全没有血缘关系亲属；（2）血缘关系亲属进入其他阶层、村社、家庭；（3）血缘关系亲属仍在同一村社，但已经分家。

在研究宅院地的继承权问题上，发现了非常有趣的事。在梁赞省的一些村庄，只有居住在宅院地的家庭成员才具有对宅院地的继承权。如果没有符合该条件的继承人，那么宅院地就会成为闲置地，列入村社集体土地之中进行重分。因此，不仅是从村社迁出到其他阶层、村庄、村社的家庭成员没有继承权，甚至是搬迁到村社其他农户居住的原家庭成员也不具有宅院地的继承权；包括结婚组建新家庭并离开原生家庭的女婿、女儿，分家的儿子或兄弟。这些人不能够继承宅院地，是由于他们已经有了固定住所，不需要再有一处住所。村社将这些土地列为闲置地，是为了防止新成立的家庭再次分家、分割家庭财产。

135. 自立门户的家庭成员是从原生家庭获得份地，还是另外从村社中获得份地？在领养子女或收养弃婴的家庭中，孩子在自立门户时，从家庭还是村社那里获得土地？

136. 正式成为村社成员的条件是什么？是否需要缴纳费用（入社费）？是否需要在村社工作一定时间后才能被列入村社名册？村社如何给他们划分土地（是划分给他们从离村庄较远的土地，还是将条形田划拨给他们）？如果能提供建筑材料、种粮、贷款、税款赋役方面的福利，是否对入社有帮助？

137. 退出村社的农民应该把土地转交给谁？在什么期限内，按照何种程序转交土地？若将土地上交村社，村社如何处理这些土地？从农民手中收回的土地是转交到其他户主、对外出租、还是重分？

根据村社条例的第130页，退出村社的农民上交土地的程序和期限，以及收税方式（如，由劳役租制转为代役租制）都取决于地方风俗。若产生争议，上交土地的期限将最终由县级米尔会议决定。在此基础之上，1861年，沃罗涅日省新霍皮奥尔斯克县级米尔会议根据当地情况，形成了关于退出村社普遍认可的管理约定。三月一日和十月一日是上交土地的日期（叶菲缅科纲要，第29页）。

138. 若原地主农民赎买土地，且原国有农民已经按照《土地赎买法令》第165条全额缴纳了代役租，则是否要将赎买的份地划分在同一处？如果不划分，这些份地是否会被重分？

《土地赎买法令》第165条规定：在彻底偿清赎买贷款之前，未经村社同意，不允许将从村社获得的土地分配给其他农户。如果户主有意愿申请获得土地，可以向县财政部门缴足该块土地应付的所有贷款，村社应分给缴纳贷款的农民相应面积的份地。申请的地段尽可能在同一个地方，由村社自行裁决。在土地划分之前，农民继续使用村社分配的那部分土地，无需支付赎买费用。1877年，圣彼得堡县巴勒卡洛夫乡的三个农户赎回了自己的份地，其中一个不顾他人的反对，已经卖掉了自己的份地。

139. 是否有村社农民在别处购买土地为个人所有？这类情况是否常见？这些农民是否同意将自己的份地变为公有土地，或是除了购买的土地，他们还保留自己在村社的份地？这些农民是否只从事农耕，是否还从事其他行业？

140. 是否只有拥有村社份地才可参与村会、乡法庭、村法庭工作，并谋求村长、会计、征税员等职位？

141. 基于村社土地占有制，村社成员是否承担共同的责任？例如做彼此的见证人、担保人；帮助同一村社生活困难的农户；在出生、婚礼、葬礼上提供帮助；共同灭火、对抗洪水灾害；等等。

乌斯特—哈雷夫乡的村社为穷人或者不幸遭受重大损失的家庭提供帮助。由于火灾、兽害、参军等原因而无法缴纳土地税款，村社提供以下形式的帮助：在一定时间内为农户提供一定的税收优惠或完全减免赋税，保留他们原有的耕地数量不变。出现这种情况的家庭遍布整个村社（《彼尔姆省概要》，1879年，№14）。在圣彼得堡县巴勒卡洛夫，1878年，米尔分发四个购买证，每月凭购买证可在店铺获得五卢布。此外，寡妇和孤儿在使用宅院地时无需缴税。

142. 在除缴纳赋税外的其他情况下，村社成员之间是否存在连带责任？

应关注那些人数小于40人的村社，他们是否在缴税方面也不存在连带责任？

九　村社对外来人员的规定

143. 是否允许无权参与土地（宅院地、林地、牧场）重分的非村社人员使用土地？使用土地的条件是什么？例如未在村社登记的退伍军人、外来的手工业者、牧师、教师及居住在村社的外来人员？

144. 是否有为村社里去世的非村社人员免费提供棺材木料的传统？

145. 居住在村社的外来人员是否需要缴纳公社税？是在双方同意的基础上收取公社税，还是强制收缴？若是强制收缴，外来人员是否因额外承担了公社税而有权参加村会？

十　村社间关系

146. 是否存在多个村社共同使用土地的情况？这些村社是否隶属于同一个乡村协会、乡？形成这种土地占有制的原因是什么？

莫斯科省谢尔普霍夫县哈顿乡的村庄共同拥有383俄亩的草地。在早些时候，全乡共同收割干草，而现在草地对外出租（《莫斯科省农业信息统计汇编》，第二卷，第56页）。

十一　村社土地占有制与农户土地占有制[1]的更替

147. 是否出现村社土地占有制与农户土地占有制之间的更替？

148. 这一转换发生的条件是所有人一致同意，或是至少征得大多数农户的同意，还是受下列因素影响：富农的阴谋、大多数贫农的意见、村社调解员等领导者的意见和建议？

149. 若变更为农户土地占有制是出于农民自己的意愿，那是什么促使他们产生这种愿望？是希望不再重分土地、优化农作方式？还是仅仅为了不承担连带责任？同样，也请详细了解促使农民希望从村社土地占有制转变为农户土地占有制的原因？

巴雷科夫指出，科斯特罗马县别洛列琴斯基乡阿尔捷姆米村社的农民——土地所有者如此划分村社份地：18个有纳税能力的农民划出一块份地，供他们自己共同使用，其余的欠税人根据人口数量每人分得一块单独的份地。

雅罗斯拉夫省统计局称，该省的一些村社曾决定从村社所有转变为农户土地所有，但是决议"只停留在文书上，以免除农民之间连带责任。实际上，这些村庄按古老的方式管理土地，并偶尔对土地进行重新分配"。其他地区也制定了类似的决议，以避免承担连带责任（索科洛夫斯基：《俄罗斯北部村社的历史特点》，第106页）。

150. 如果村社按农户土地占有制重分土地，则农民如何才算真正拥有村庄土地？农户土地占有制是否只是表面工作，实际上还是实行村社土地所有且仍然进行土地重分？或是分给农户的土地不再进行调整？

151. 在变更为农户土地占有制的进程中，原村社土地所有所导致的条形田细碎交错的情况是否有所改变？农民们是否试图将每个农户的土地集中在同一地方，合并成较大面积

---

〔1〕 编者注：农户土地占有制（подворноеземлевладение）也称为土地分段占有制（участковоеземлевладение），在该土地制度下，农民家庭可永久获得土地。

的土地？村庄的规模是否发生变化，也就是说，农民是否搬迁到小村庄或是独立的农庄？与周边仍实行村社土地占有制的村庄相比，变更为农户土地占有制的村庄有什么变化，是变得更好，还是经济情况和农民福利条件都不如从前？这些变化体现在哪些方面？农户土地占有制产生了怎样的影响？对富农、中农和贫农分别产生了哪些影响？各农民阶层对这种转变是否满意？

152. 农民何时缴纳赋税、履行赋役：是在转变为农户土地占有制之前还是之后？

153. 变更为农户土地占有制后，是否一些宅院人去房空？在这种情况下，如何处置闲置的宅院地？

154. 变更为农户土地占有制后，分家的情况是否比原来少了？是有能力购置新份地的家庭成员才能分家，还是村会允许自由分家，也允许分割宅院地？

155. 村社农民如何看待享有农户土地所有权的农民邻居？为什么一些村社农民支持村社土地所有？在他们看来，较之农户土地占有制，村社土地所有的优点是什么？

阿尔汉格尔斯克省

谢穆任村社[1]

在距离霍尔莫戈雷山脉一百俄里左右的霍尔莫戈雷县（阿尔汉格尔斯克省），坐落着8个名字各异的村庄。它们靠近位于莫斯科驿路的富饶商业村叶梅茨村，都隶属叶梅茨乡。

这些村子分别是谢穆任村、卡尔戈利茨基村、伊撒布宁村、扎博尔村、诺沃米什科夫村、别利科夫村、菲林村和伊瓦切夫村。它们共同组成了一个土地公社，也可称为"村社"。为了简便起见，我将按照上述提及的第一个村庄名称（谢穆任）来指代这一村社，或"村社团"（состав）——后者是根据霍尔莫戈雷县当地流行的农民俚语来定义的。在阿尔汉格尔斯克县，"村社团"一词可用"家庭公社"（печище）一词来替换——在阿尔汉格尔斯克县的许多村子里都在使用，例如在瓦尔杜什卡村、沃兹涅谢尼耶村、乌伊姆村、利夫利村、小科列尔村、大科列尔村和扎罗维村等。

这8个村庄的农民作为一个独立村社的成员，共同享有属于他们的土地。目前，这片土地的面积在不断增加，同个人劳动所开垦、但尚未分配的土地一起，达到了150俄亩耕地，还包括不多的草场。如果根据最后一次人口调查的数据来推测全乡的人口数量，这片土地会分配给260个男性纳税人，因此，每个纳税人应分得0.58俄亩的耕地和0.56俄亩的草场。同时，值得指出的是，上述提到的耕地面积还包括超过10俄亩由个体家庭开垦的土地。此外，该村社共计有16俄亩被开垦为草场的土地。由此可见，至少有26俄亩是个体家庭劳动开垦的土地，尚未进行重分，也不属于农民份地，因而应当从全体成员的土地总数中删去，而这意味着，本来就极其低微的人均份地比例（农民之间按照这一比例分配土地）会减小更多。

这块被开垦的土地一部分是农民从国家林业部门租来的，使用权为40年，一部分是通过村社决议从村社的空闲土地中租来的，除了份地以外这是获得土地的唯一方式，村社中不存在"占有—使用"土地方式，也没出现过买卖土地的情况，这是由于谢穆任村社的周围仅坐落着与其土地制度相同的其他土地公社，且没有拥有土地的私人所有者。

严格来说，整个霍尔莫戈雷县的农民们都没有份地，因为这里没有地主，也没有他们

---

[1] 资料来源：巴雷科夫 О. Л.，波洛夫佐夫 А. В.，索科洛夫 П. А.（编）：《乡村土地公社资料汇编》，圣彼得堡：俄国自由经济学社、俄国地理学社1880年。

存在过的痕迹。国有农民没有分到土地，便会使用从前属于国家的、但逐渐由农民自己开垦出来的耕地和草地。

1858年之后，村社土地重分仅与国民人口普查一同进行过，也就是说，在第10次人口调查之后，没有进行过土地重分。农民正在等待新一轮的人口调查，以便与往常一样，再次进行土地重分。土地重分通常按以下方式进行。整块耕地按照贫瘠程度划分为三个等级，每一位纳税人都能在每一个等级中分得一定份额的土地。同时，农民们试图不将这些份额划分得过小，而是在同一处给村社的每个成员——纳税人划分更多的土地。但是，以这种方式分配土地，农民除了考虑到土地贫瘠程度外，还考虑到土地和村庄之间的距离。1858年之前，土地都被分为几大块，每户固定管理着自己的那块土地；但在1858年，为了更平均、更公平地分配土地，所有的田地都被分成相对较窄的条形田，这些条形田已经在纳税人之间进行了分配，这样做是为了基本上让所有人都能平均分享到土地。这种耕地的最大面积为——长40多俄丈、宽5俄丈，而最小面积——长7—8俄丈、宽2俄丈。在土地重分期间，原有的地界（会不断地拓宽，但通常情况下，不会超过半俄尺）会被抹掉，土地被重新划分成条形田。

草场重分与耕地重分相比存在一些差异，是在两次人口调查期间进行重分。只有部分草场——也就是最差的那部分（主要是长满了苔草的低地）——仍然未进行重分，而最好的那部分草场每年都会进行重分。草场也是根据它们的贫瘠程度并采取"抽签"的方式在纳税人之间进行重分的。在人口调查期间对耕地进行了重分，与此同时还对宅院地、大麻田、菜地等土地进行了重分，这些田地已纳入耕地之中。宅院地不进行重分，如果村子里没有宅院地，通常会在闲荒地或是赋税地里划分出新的宅院地。为分配土地，村会通常会雇佣一位专门的分配员，报酬为每一纳税人9戈比左右。分配员负责丈量土地，并在专人的监督下进行土地分配。这些专人从村会中选出，也就是所谓的"明白人"，他们不会获得任何劳动报酬。他们的劳动通常是由村会批准，并且村会通常不会对他们完成的工作进行严格的核查。允许其他成年家庭成员，主要是男性成员，代替户主参与决定有关土地重分事宜的村会，但同时也允许妇女来参会，一般是妻子来替外出的农户主开会，或是寡妇因家中无成年男性成员而参会，无地的贫农通常不会出席此类会议。

村社所有的土地都会被重分，不会为将来可能的新生人口或从其他村社迁来的外来注册人口预留土地。只有在下列条件下，才允许农民在两次土地重分期间更换所注册的村社：(1)农民在第一次分地时未要求分地；(2)农民将进入无户主的、且仍在使用土地的家庭（这种情况大多发生在农民娶了该家庭的一位女性，并搬去与其家庭同住）。外来注册在该村社的农民通常会获得失去一位成员的家庭所主动让出的土地。不要求重新登记的人在村社工作或赎买土地，但同样也不会提供给他任何帮助和优待，但会经常要求他们请客喝酒。

退伍士兵和长期休假的士兵获得了与其他人数量相同的份地。村社还免除了他们需要缴纳的赋税。离开家庭的成员不会从村社分得土地，而是从他们已经脱离的家中分得自己的份地。将要离开村社的农民，如果他们在村社里没有家庭，那么就要将土地归还给村社，否则，这块地将永远留下来。禁止不属于村社的外来者同村社的其他成员一样使用土地，甚至是使用不在农民间重分的土地。

村社的生产体系是三区轮作制（隔两年的第三年）。但黑麦和大麦几乎都要播种。通常只给那些能收割到黑麦的田地进行施肥。无论是在农田耕作制度上还是在农具方面，从未采用过任何改进措施。农户们彼此分开独立耕种自己的土地。不过，每逢节日和粮食、干草的收获期，人们通常都会为"宴席"而忙碌。村社通常不会向生产下降的家庭提供任何援助。

通常田间耕作何时开始没有固定的日期，因为任何人都可以随时开始。

虽然农民可以不再采用村社的耕作制度，但从未尝试这样做过，况且这样做还有诸多不便，比如说，必须要把自己的地围起来，以防牲畜破坏。是否给自己的田地施肥取决于户主本人，因为他有权出售自己的牲畜和厩肥，不过，通常不会出现出售厩肥的情况。同时，户主也可以抵押、交换以及以对半分成的方式出租自己的那块地，无需征得村社的同意。不能永久出售土地或是永久继承土地。但是不管怎样，在划分土地时，当家人——或是这里所说的"户主"——都必须征得家人的同意。如果户主私自划分土地，那么他的家人可以向村社提起申诉。每个农民都能同其他人一样，根据土地的数量在田地和牧场周围围起栅栏。任何一个家中养牛的人，一夏天都要支付给牧人费用，平均每头牛20戈比，并且还要和牧人一起轮流喂养许多天。在这些天里，每头牛都会由他照看喂养。如果牲畜冲破了栅栏，与其去责备牧人，还不如去责备那些如此粗心大意围栅栏的人。况且牲畜通常都无人看管四处行走。它们都是在春天汛期之后被放入牧场，然后每逢粮食收获期，即收割期，再将它们放入一个专门的牧场。可见牲畜是在牧人的看管下被放去吃草的。没有归属于整个村社的、特殊的良种牲畜，属于个体家庭的良种牲畜会被放到有其他牲畜的地方吃草，这也是为什么牲畜会在无人看管的情况下进行交配，并通常会比适宜交配的年龄早很多。这样做的直接后果是良种牲畜会减少。每个户主——哪怕他甚至没有土地——都能将他现有的牲畜全部赶出去吃草。

居民总数共计超过260人，应缴纳的国家税和公社税为1960卢布。人均赋税额7卢布40戈比，每俄亩土地应缴纳的赋税额为7卢布15戈比。

这些赋税包括：人头税——510卢布72戈比；省土地税——每俄亩平均6.5戈比，共计31卢布92戈比；省土地税收的人均赋税额为1卢布95戈比，共计518卢布70戈比；代役租——425卢布60戈比；国家土地税每俄亩平均0.1卢布，共计3卢布38戈比；开办学校的费用，每人平均6.5卢布，共计17卢布29戈比；公社税——453卢布53戈比。在村社内分配赋税时，每个纳税人都被看作是一个单位，每年都会分配赋税。村社经常会由于户院无人居住以及人头减少而代为缴纳钱款，而这部分钱款通常是所有纳税人平均分摊。有地的人会为无地的人缴款；由于某种原因而走向衰败的农户们不能免缴这些费用。村和乡里被选举出来的负责人也不能免缴任何费用。在征税时，后者有时（已经在缴税期限结束以后）会拍卖农民的财产用来偿还欠款，但无论是在征税期限结束前还是结束后，村社几乎从未采取过强制性缴税和还款的措施。

当普通的追缴措施没有取得成效时，村社会要求所有的纳税人平摊欠款。当整个村社或是村社的大部分人无钱还债时，那么农民——同时也是（甚至主要是）他们推选出来的领导者——会去向当地或是相邻村社的富农们借一大笔钱，这通常需要偿还相当大的利息。任何情况下都不会从欠债人手中强行收回土地。

Л·利奇科夫

克里维茨村社[1]

  克里维茨村社位于霍尔莫戈雷县的维利科德沃尔乡。维利科德沃尔乡有两个"乡村协会"，一个是拉古利"乡村协会"，另一个就是斯图皮诺—克里维茨"乡村协会"。记载中记录这两个"乡村协会"一共有13户人家，拉古利"乡村协会"有9户人家，一共528人，每人占有1200—1530平方俄丈的耕地、1100—2100平方俄丈的草场。斯图皮诺—克里维茨"乡村协会"有4户人家，一共255人，每人占有1331平方俄丈的耕地、2721平方俄丈的草场。克里维茨村社有9个村子，占地全长5—6俄里，村社里所有的居民被分成了4组，第一组55人，第二组62人，第三组65人，第四组73人。

  1853年土地分配之后，已经过去23年了，很多农户都已经有了怨言，他们的儿子之前去服兵役，但是土地并没有留在他们手里，因为他们家缺少成年劳动力，所以对村社益处不大，而且他们可以不参加村社选举，也不用履行其他义务。鉴于此，村社开始根据1853年的记录对土地进行重新划分，但这个记录并不准确，当时的测量员为了讨好大会成员，做了假。1877年土地分配是按照现有实际人口进行的，仿照之前也找了一个测量员，测量员根据每组实际人数做了专门的土地划分规划。但是这样划分的土地不均匀，一部分是人均2000平方俄丈，另一部分是人均900—1200平方俄丈。因此村会制定了新的规定，并选了一个新的测量员。再从每组里选出一个机灵的人，和测量员一起进行土地划分，使四个组所有人的份地都相等。测量员和各组选出来的助手都要把测量的土地做记录，之后交给大会。土地被分成了三个等级，每人占有一等地693平方俄丈，二等地307平方俄丈，三等地331平方俄丈，一共是1331平方俄丈。除了这些还剩了3000平方俄丈的土地，用于找平大家的土地。这样如果有谁家多了20—30俄丈土地，就不用把多余的再分出去了。

  没在村里定居的成员没有份地。每组分得的土地都被分成了4块，测量员要把每一块都标上编号记录下来。在划分多余土地时，原土地所有者可以把自己想要的那部分留下，所以这部分土地大小不一，分成的块数也不同。在分配这些土地时，采取就近原则，把临近成员份地的部分划给该成员。格列里切夫组的农民有部分份地位置较远，一共有25000

---

[1] 资料来源：米涅卡 Г.：《阿尔汉格尔斯克省乡村土地公社农民公社历史资料》，阿尔汉格尔斯克省印刷厂，1882—1886，卷2。该卷所包含的村社报告于1882—1883年提交给阿尔汉格尔斯克省统计委员会。

平方俄丈土地。他们在村里三个等级的土地一共有10000平方俄丈，为了方便耕种，他们就和别人交换土地，用附近的地和别人较远的地交换，他们在较远处就有12000平方俄丈。和别人交换之后，土地就都在一个地方了，然后再在组内划分。他们用村里三个等级土地的20年使用权，交换了远处的土地。由于他们的份地位置较远，所以村社给予他们补偿，他们可以五年不参与选举，而且村社还从储备木材中拿出一半给他们盖房子，并要求所有人都要帮他们运送木材。

大部分土地被划分成了400平方俄丈，最大的1500平方俄丈，最小的50平方俄丈。长10—130俄丈、宽1—20俄丈。根据清单所示，每人的所有土地为1476平方俄丈，测量时要把土豆田、大麻田和其他1853年后农民擅自征用的土地都算在内，当然其中不包括使用权还没到期的备耕地。这种有使用年限的备耕地，之前都是每组自行分配的。只有田界不算在份地面积里。重新划分时，发现了有20000平方俄丈的土地测量和之前有差异。有不到100个人的份地面积不够，大概要补100—400平方俄丈，这些土地可以播种3俄斗的种粮。

而且由于怀疑之前1877年土地划分的准确性，1882年村社又制定了新的土地测量规定，并把每家农户的土地面积记录下来。原来的记录只是按照顺序记录了每户的所有土地。虽然重新测量之后发现了之前测量的结果还是准确公平的，但这给了村里的恶霸可乘之机，他们把原来自己家附近分走的一等地拿了回来，把二等地分给了别人。但由于村社里关于分配问题一直争论不休，因此在组内制定了土地划分的新版最终协议，以便将来每个小组都能独立管理其所有事务。

克里维茨村社类似的现象也很有趣，几个村社因土地重分而连接在了一起，但由于土地管理问题，他们又解体了，变回以前独立的村社，但这种情况比较少，通常是在大部分土地少的人抗议时，才会发生这种情况。

大部分土地采用的是三区轮作制。土地休耕之后种黑麦，然后施肥种大麦。在黑麦收成不稳定的时候，就连续五年施肥种大麦，等到土地长满杂草的时候就休耕养地。

村社里只有不到三分之一的农户精心种地，其余大部分人都外出打工了。因为他们的土地数量不多，只有1331平方俄丈，他们也没有足够的牲畜粪来肥田。为了保障土壤质量，1000平方俄丈的土地至少要180车肥料，而一大群牲畜产出的肥料还不到20—25车。为了弥补肥料的不足，就用冻土代替肥料，把它晒干之后，让牲畜把它踩碎，之后运到地里。条件好的农户一个人能储备不到60车肥料。村社里还有人把土地租给别人种，一人份土地租金为15卢布。但这种方式使土地质量每况愈下。有些农户把土地租给别人种，并在收获时给他们一半的粮食，但这种情况要满足以下条件：所有税款由土地所有者缴纳，而劳作者则要耕地、播种、收割、打谷、运肥，还要整理菜地、收集木杆木桩、砍柴运柴、喂牲畜干草等。收获之后，他们还要把粮食磨成粉，要用冻土施肥，大约要用35车粪肥。

因为税是由土地所有者缴纳，因此劳动力要从自己的收成中拿出一部分给土地所有者，大约要7普特的粮食，具体多少要看土地质量而定。一般是比较富裕的农民才会采用这种方式，因为他们的牲畜数量多，厩肥够用。要想采用这种方式的话，需要村长担保作证，以保证双方契约的可靠性，负责缴纳赋税的村社不阻碍土地所有者离开村社。如果组里有非常贫困或者酗酒成瘾的人，组长有可能会收回他们的土地，分给组里其他申请份地的人，在下次重新分配之前，他们可以一直使用这些土地。在刚开始制定协议的时候，有人会贿赂组长，以求得到更多土地，但有时，在其他组的支持协助下，被剥夺土地的人也有可能会拿回自己的土地。上次土地测量之后，发现有 7000 平方俄丈的土地完全荒芜了，这种情况是绝不能姑息的，因此村社把荒芜的土地都留给那些犯错的人，与此同时，如果他们有好土地，也要收回。

总体来说，庄稼收成还可以，可以用来缴纳赋税，人均收成大概 25—35 普特。每人要交 3 卢布 89.25 戈比税款，还要向公社缴税 1 卢布 3.75 戈比。要是不精心种地，那么人均收成不会超过 15 普特。当然，有的农户收成比播种量多不了多少，这种土地称为三等地，很少施肥，而且耕地时也翻得很浅，不超过 1 俄寸深。但也有的农户十年来存了 100 俄石粮食。耕地的质量都差不多，都由亚砂土和砂质黏土组成。秋天黑麦收割完之后要翻地，但通常都比较难翻，尤其是高地和空地。这些土地的土壤比较松散，秋风一吹，就把土壤中有益的成分都刮走了，而春天的时候又比较潮湿，只能等到临近村社的种子都发芽的时候，他们才能开始播种。而优点在于，如果让马来翻耕这些土地就很容易很方便了。在村社最贫瘠的土地上种黑麦，如果不施肥，那即使是最好的种子，两三年之后也就长不出什么了。

打粮食时，打出的种粮都放在一起，不分等级，因此种子发芽的速度都不同，同一块地里粮食穗的成熟度也不一样。由于人们不常翻地，所以很多地方的地都坑坑洼洼的，播种之前也不耙地。在贫瘠的地里种燕麦，不种大麦。粮食收割完以后，不在晒草架上晾，而是打成捆晾干，但这种方式在气候潮湿的时候会使粮食变质。之后在谷仓里用棒子敲打成捆的粮食，使其脱粒。谷物干燥室建得不合标准，而且常发生火灾。

上次土地重分时对耕地和草场都进行了重新分配。为此，所有小组都参与了草场测量，他们按照土壤和草的质量把草场分成了四个等级。每个人都占有一等草场 456 平方俄丈、二等草场 811 平方俄丈、三等草场 764 平方俄丈、四等草场 690 平方俄丈，一共是 2721 平方俄丈的草场。在组内抽签决定哪块草场归谁。此外，还剩下了一部分份地，这部分份地不参与分配，由村社租出去，每年的租金归教会所有。村里的草场每年都以这种方式进行重新划分，每个小组每年所占土地的位置和之前都不相同。因为这些草场距离村子的远近是不同的。每年组与组之间抽签分配土地时，不仅土壤质量要一样，而且分得的地也要平均。因此，所有的草场都被分成了块状，每组占有的块数都是相同的。

每组按人数抽签分配土地，比如组里有 71 个人 28 个家庭，那么就做 28 个签，户主从签桶中抽一个签，留在自己手里，签上是几号，那他就占几号土地。从份地边界开始算，最边上的就是 1 号，份地大小和家庭人数计算，如果一家 5 口人，那么他们占有的份地长为 100 俄丈，宽 10 俄丈，一个人的家庭份地长 100 俄丈，宽 2 俄丈。每个农民的草场都分布在 13 个地方。我们还发现在 1853 年分配时，从其中一个组里找了一个测量员测量划分土地，但这个人徇私舞弊，把质量不好的土地全分给了寡妇或村社里其他无依无靠的人。

　　有的组里的草场不方便划分，所以他们就决定共同使用草场。割草的时候，从每两个人中选出一个人工作，或者交 70 戈比，就不用干活了，这个钱用来给干活的人买酒。收割完的草也以抽签的形式分配。一共 55 个人，5 个人一组分成 11 组，做 11 个签，抽签分配这 36 捆草垛。家里人口少的农户合并抽一个签，根据抽签的序号，按顺序分配草垛，从最边上开始分。若是有两个人共分一个草垛，那就自行商量谁把自己所占的一部分卖给另一方。每次分配时都会专门留下一部分干草，这部分不参与分配，而是对外出售，卖的钱拿去买酒，大家一起喝。所有的户主，包括寡妇都能参加这个酒宴，酒宴上，无论家里人口多少，分到的酒都是一样多的，每个家庭，也都只能有一个人来参加酒宴。如果村社里有影响力的人或是村里的恶霸不喝酒，他们可以把自己那份酒给别人，或者带回家，但是女人没有这个权利。

　　每个人能分到七八捆干草，每捆 30—35 普特。收成好坏的区别主要在于收割时间的早晚。通常收割期是从 7 月 20 日到 8 月 30 日，从四等草场开始收割，最后收一等草场。北部的草熟得晚，农民们打算等草完全熟了，或是快播种时再收割优质干草。相邻的草场之间区别也很大，其中一部分是 8 月末收割，另一部分则收割较早，因此，他们的高度、茂盛程度和草的质量都不一样。晚收的草占大多数，一般是冰草、小冠花。从土壤质量上来看，四等地不如一等地，但由于地势原因，四等地比其他地封得晚，由于从 7 月末开始农民们要在四等地上放牧，所以这些草场来不及播种，而草根还留在地里，被牲畜踩实了。通常只有最贫困的农户才在 8 月初就收割一等地的草，因为把干草卖了他们就有钱了。而富农要等到 8 月末才割草，因为从 9 月 1 日起，草场就全面开放放牧了，村社里大约有 200 头牲畜都会在草场里放牧。如果草场没被冻坏的话，那么晚些时候收割不会破坏植被，也不会降低草的质量。早收的草，在脱粒之后要仔细晒干。也可以花钱雇人割草，一人份的草场雇一个人，工资为 3 卢布。村社干草的价格时常变化，初秋时，富农和车站长要储备干草，那时一捆干草是 3—5 卢布，而到了春天就涨到了 7 卢布。但是贫农一般 2 月份才开始卖干草，所以一捆价格才 1 卢布 50 戈，自己还要负责运送，要是买家自己承担运输费用，那价格可能会跌到 1 卢布以下。

　　一般来说，村社的干草数量足够。但我们要考虑到，村社里饲养的牲畜数量比耕地所需的数量少，所以牲畜的饲料，都是一半干草一半秸秆混合的。这比霍尔莫戈雷附近地区的情况更差。干草也因此被碾碎了，所以价格比霍尔莫戈雷低。这意味着干草很快就会不够了，而每年干草外销会对当地农业和畜牧业造成更大损害。

　　克里维茨村社的草场份地有一个很明显的现象，这使该村社与拉古利斯村社完全不同。从很久之前，该村社的草场就在全乡的村社之间分配。草场中间有几条很宽的小路，这些小路就是村社之间的界限。克里维茨村社几乎位于该乡的中心，该村社的草场在德维纳河的对岸，村庄对面。小路把这些草场和邻村的草场隔开，路的一边是拉古利"乡村协会"，另一边是斯杜平教区。拉古利"乡村协会"的农民们占有并使用了克里维茨村社最中心的份地，这些人不是邻近村社的，而是从更远的地方来的：奥谢列茨基村社、大德沃尔村社、卡里亚涅恩村社和切尔涅茨基村社，这些村社和克里维茨村社中间还隔着两个村社，分别是孔祖夫村社和卡热恩村社。这块地不在拉古利"乡村协会"旁边，而在伊奇卡夫村社和斯杜平村社边上。对于这种现象，农民的解释是：最开始这块地是克里维茨村社的，但后来该村社有农民把女儿嫁到了拉古利"乡村协会"，并把这块地当作嫁妆给女儿了，久而久之，这块地就属于拉古利"乡村协会"了。

但由于时间久远，很多现象都已经找不到法律依据了。之前国家财务部存在的时候，从卡热恩村社的农民份地中拿出了一部分耕地，从孔祖夫村社拿出一部分草场，把这些地分给了林务员。后来国家财务部没了，这些地就又回到了原土地所有者的手里。孔祖夫村社从拉古利"乡村协会"的一个富农那里租了一块草场，但没有人知道这块地到底是属于谁的，租金又给谁了。那时孔祖夫村社的农民很需要干草，他们的人均干草量都不超过5捆。所以即使土地的使用期限变化无常甚至很严苛，农民们也都会严格遵守。克里维茨村社的一些农民，空闲时间会去10俄里外的河边或溪边割草，每个人大概能割近8捆干草。更多情况下，他们不去割草，而是开垦那块地，往往能得到之前几倍的干草。但无论是需要干草的孔祖夫村社，还是克里维茨村社，都没有干涉和使用这片草场的权利，尽管他们很想这么做。

很久以前，风俗渐渐变成了习惯，这个村社的制度也就因此形成了。因此，很多有利的纯村社性质的制度很难取代原来的村社制度。克里维茨村社有一个粮仓，但由于农民们都不在意，所以并没有起到什么作用。农民们把自己最劣质的粮食放在那，乡里也不管，冬天下雪仓库就关了，等到春天雪化了，里面的粮食都潮了，发芽了，也就糟蹋了。

除了种庄稼，克里维茨村社的农民还有别的营生。（1）采石。他们通常在德维纳河岸边采石，这些石头采出后，用于建造地基，做墓碑的底座等。而且，人们对这类石头的品质的要求很高，这个行业发展很好，但现在从事这个行业的人并不多。能干的人一天能赚1卢布。（2）捕鱼。农民们在德维纳河里捕鱼，利润最大的鱼类是小体鲟，一个人一年靠捕小体鲟能赚600卢。捕鱼这个行业是近15年来才发展起来的，现在有5—10个家庭在农闲时间都从事这个行业。最先开始捕鱼的是沃洛格达省和维亚茨基省的农民，他们两个人一条船，带着索具划船到德维纳河。在这捕鱼是要交钱的，每条船要给这片水域的所有者25卢。但后来当地农民觉得这行赚钱不少，所以从他们那学会了捕鱼的技术，还开会决定了禁止外来人在这捕鱼，把他们赶出了这片水域。

克里维茨村社有93家农户有份地，4家农户没有份地。有份地的农户中有10家全家都去圣彼得堡打工了。其中还有42家没有马，种地的时候，他们就从别人家里租马干活。村里没有份地的老人、无儿无女的寡妇靠在别人家里打工养活自己，夏天别人外出干农活，他们就给人家当保姆。冬天就缝制或编织手套、袜子拿去卖，有些热心的农民还会给他们带一些小面包。村里的人觉得乞讨或者靠别人接济是可耻的，但还是有五六个人，他们完全没有劳动能力，只能乞讨为生。

养马能带来很大收益，用马给别人耕地，一人份的地能赚13卢，也可以用马运东西。村里还有人打猎抓野禽，或替工厂伐木。所有的这些副业，都能给农民们带来很大收益，因此他们都很认真地经营自己的副业。耕地的产量是不同的，优质地能产12普特的粮食，但更多的是劣质地，能产不到5普特的粮食。因此，那时有部分农民把粮食卖给缺粮的人。基本上每年村社都会卖给霍尔莫戈雷村社300普特粮食。副业对农业的发展不利，这里有10人都有副业，其中大部分都是15—30岁的男人，其余的是年纪大一些的男女，女人通常是去圣彼得堡做保姆。轻松容易的薪水吸引了大家，都去了首都打工，也习惯了那里纵情享乐的生活，很多人就在那里打工生活直到去世，他们的土地也荒废了，有时候他们也会回到家乡，但回家的路费也会给他们的副业造成损失。还有一些盖房顶的工人自己组成劳动组合去圣彼得堡打工，他们的工资让自己家里人过上了满意的生活。

尼科利村社[1]

尼科利村社位于申库尔斯克县的维利科尼古拉乡。这个村社有22个村子，4个新村，现有人口为514名男性、524名女性，其中纳税人口为：408名男性、444名女性。这里的农民有的是前土地管理部门的人员，按规定他们也有份地。他们有499俄亩700平方俄丈的耕地、670俄亩876.5平方俄丈的草场、16俄亩1308平方俄丈的宅院地、517俄亩1421平方俄丈的备耕地，共计1793俄亩1905.5平方俄丈。

除了这些，农民们还经林业局的批准，在森林里开垦出了59俄亩1360平方俄丈的备耕地、428俄亩2100平方俄丈备耕草场，人们拥有这些土地的40年使用权。但后来制定章程时，有85俄亩草场没有算在内，因为已经过了40年使用期限，使用权已经转移了。

上一次土地重新分配是在1876年。经过激烈的争吵，大会决定按实际人口分配土地，男女都一样。按照原来的人口是每人能分2.75块地。重新分配后，每个人都保留自己原有的土地，只是如果有人家里人口数量减少了，那就要拿出相应数量的土地给人口增加的家庭。优质的草场被称作"四分地"，因为村社的草场被分成了4部分，每89—110个人共用一部分。每年轮换使用草场，第四年就又轮回来了。耕地分成了148块，每块长70—780俄丈、宽20—350俄丈。而且耕地还分为三个等级，最差的耕地通常位于篱笆、森林旁边，或者在低洼不平的地方，春天的时候秋播作物都被雪或水泡烂了，而春播作物因为种得晚又基本还没熟。草场也分成了3等：（1）在瓦加河边，经常被淹。（2）在比较干燥的高地，长出的草很纤弱。（3）在河边湖边的空地上，这些草场被分成了长条状，大块的长70—180俄丈、宽1—2俄丈。每人能分到一块大的。小块的有两种，一种长15—660俄丈、宽0.5—1俄丈，每人占6—13块。另一种长60—100俄丈、宽0.5—1俄丈，每人占2—6块。加在一起，一个人能分得1俄亩450平方俄丈的耕地和1930平方俄丈的草场。收割完的干草堆成垛之后，用木杆把草垛固定住，每根杆相距两三个步长，每垛大概重9—16普特，每人能得到10—16垛干草。

如果15—17俄斗的种粮能播种一俄亩土地的春播作物，那播种一俄亩的秋播作物则需要7—9俄斗的种粮。种春播作物的土地秋天要翻耕一次，初雪的时候要耙地，用碎苔

---

[1] 资料来源：米涅卡 Г.：《阿尔汉格尔斯克省乡村土地公社农民公社历史资料》卷2，阿尔汉格尔斯克省印刷厂，1882—1886。

原施肥，一人的份地大概需要 20—30 车的苔原，等到春天的时候再施一次肥。要是种大麦的话，则需要用 4—30 车的马、羊厩肥来施肥。种燕麦的话，需要的肥料就更多了。春播作物的播种和收获都在五月份。如果要种秋播作物，那么要根据土壤情况和长草情况给土地松土三次到四次。农民们会采用不同的方式给土地施肥，有的用牛粪，等到冬天、斋月期和雪化之后都要翻地。有的除了用厩肥，还用苔原施肥，大约要用 20—40 车。翻三四次地之后，大部分土地都会在彼得罗夫日开始播种，大约 7 月 15 日开始到 8 月 1 日结束。若风调雨顺的话，来年 7 月 25 号粮食就能成熟。割下来的粮食要扎成竖捆晾干，黑麦大概扎 10 捆，春播作物扎 6 捆。之后找一个平坦的地方进行脱粒、筛选。部分谷物要手动磨粉，因为水磨机在 4—12 俄里的地方，太远了。一般平均收成能达到秋播作物：5—6 成、春播大麦：4—5 成、燕麦：3—4 成。如果在森林里新开垦的耕地上种地，牛粪够用的情况下，富农的收成能达到黑麦：3 成、春播燕麦：3—4 成，一俄亩耕地需要 7—8 俄斗的黑麦种粮，10—16 俄斗的燕麦种粮。

富裕农民自家产的粮食够吃全年，差一些的能吃到第二年四月，最穷的只够吃到 12 月。因此有三分之二的农民需要买粮吃，1882 年时一普特黑麦面粉是 1 卢布 35 戈比、一普特大麦是 1 卢布—1 卢布 30 戈比、一普特大麦面粉是 1 卢布 20 戈比—1 卢布 60 戈比、一普特小麦是 1 卢布 40 戈比—1 卢布 70 戈比、一普特小麦面粉是 1 卢布 50 戈比—1 卢布 90 戈比、一普特燕麦是 70—95 戈比、一普特燕麦面粉是 90 戈比—1 卢布 25 戈比。干草的价格很不稳定，秋天 8—13 普特干草的价格为 1 卢布—1 卢布 40 戈比，到了春天，同样的干草就能卖到 2—3 卢布。1882 年一普特黑麦秸秆价格不到 25 戈比，而其他年份，一车黑麦秸秆才 60 戈比。

村社里养了 152 匹马、254 头奶牛、184 头公牛、119 头小牛、31 匹小马和 472 只绵羊。初春的时候，把牲畜赶到休耕地和春播地上放牧，但一般也就放一两个星期。从五月中旬到九月中旬，在森林里放牧，按牲畜数量给这片土地的所有者费用，每头 15 戈比，一年一共 50 卢布。每个村子都雇了放牧人，所有村子加起来雇了不到 20 个人。按牲畜数量给放牧人结算工资，小村子一般每头牲畜 10—15 戈比，一共放牧人 2—5 卢布，大村庄每头牲畜付 15—30 戈比，一共 10—35 卢布。除了粮食和衣服，收获期时，村民还要给放牧人 3—25 磅黄油，5—60 个鸡蛋，秋天时还要给他烤面包、馅饼和面粉，每样大概都是 10 普特。农民们要是放马的话，就在森林放，按每匹成年马 15 戈比给土地所有者结算费用，马驹不算。冬天和夏天的时候，把黑麦秸秆截成两三段给牲畜做垫子，要是没有黑麦秸秆，那就用针叶树枝。冬天，马、羊和牛犊都吃干草，有角牲畜吃干草或苔草和秸秆的混合饲料。在斯列坚和叶夫达基耶夫的集市上，马驹 35—90 戈比一匹，成年马 20—50 卢布一匹。刚生完崽的奶牛一天能产 6—12 罐牛奶，质量一般的奶能卖 15—18 卢布，质量好的卖 20—30 卢布。富农家里通常养 2—4 匹干农活的马、1—2 匹不干活的马、3—6 头奶牛、3—7 头年纪不大的公牛和 5—12 只绵羊。

该村社有 122 户人家，新建农户 6 家，非居住用建筑 362 间。这里有劳动能力的男人有 268 个、女人 298 个，没有劳动能力的男人有 228 个、女人 226 个。有 196 个男人和 8 个女人识字，318 个男人和 516 个女人不识字。这里有 34 个大家庭，这些家庭人口很多，每家大概有 6—14 个人，还有 120 个小家庭，每家有 1—6 个人。

这里其他行业发展得不是很好，外出打工的大概只有 19—64 人，每个人能赚 5—60 卢布。一部分人在附近的两个湖里捕鱼，这两个湖归别人所有，所以他们要交钱才能捕，一年大概要交 1—40 卢布，他们几个人合伙租用，一个人大概要交 20 戈比到 1 卢布。通常他们喜欢捕狗鱼、鲈鱼和鲤鱼，他们把鱼卖给申库尔斯克省的居民，一普特大概 80 戈比到 4 卢布。这里有 6 家皮革加工厂，有 9—12 个人在这打工，一年一个人的工钱是 8—40 卢布。还有两家皮革生产厂，有 3—5 个人在这工作，每个人能赚 5—20 卢布。还有一个人在打铁厂工作，工资是 4—10 卢布。这里还有 5 家羊皮加工厂，有 5—10 个人在这打工，每个人的工资是 3—12 卢布。村社里还有两个风磨，但是都停用了，还有 4 个焦油炉，有 6—10 个人在那工作，每年每人能赚 10—50 卢布。除了这些以外，村社还有人从事手工业，比如编篮子之类的。还有不到 15 个人砍柴卖钱，一个人大概能赚 3—25 卢布。

农民们需缴纳的费用如下所示：人头税 1 卢布 78.5 戈比，向村社缴纳 3 卢布 40 戈比，向公社缴纳 1 卢布 48 戈比，一共是 6 卢布 65.5 戈比。从第 10 次人口调查以后就没有人搬走，但有三个新搬来的人，他们没有份地，只缴纳人头税、乡税和村税，一共是 3 卢布 25.5 戈比。此外，村社里有 12 个人即将入伍，有 14 个人是现役军人，这些人不需要交人头税，人头税每人 1 卢布 68 戈比，那一共就是 43 卢布 42 戈比，现役军人还不用向公社缴税，每人 1 卢布 41.5 戈比，14 个人就是 19 卢布 81 戈比，这些费用全由村社缴纳。村里还有 4 户贫农，特别困难户和带着孩子的寡妇共有 5 户，他们基本靠接济、乞讨生活，但他们都有份地。

由于村社地势较低，所以曾被洪水淹过，1881 年春汛爆发时，有 11 个村庄被淹了，洪水还冲走了 16 俄里长的篱笆，造成了 691 卢布的经济损失。有 5 间谷物干燥室、2 个车站、1 个棚子、1 个啤酒作坊被冲走了，还冲毁了 3 个车站和一间房子。皮革厂被冲得移了位置，这些一共造成了 23 卢布的经济损失。洪水还卷来了大量沙子，把其中 3 个村庄里最好的 1 俄亩 1400 平方俄丈的草地给淹没了，全年损失了 98 卢布，还有 2 俄亩 1300 平方俄丈的秋播地被洪水浸泡了，造成了 71 卢布的经济损失。除此之外，申库尔斯克省的邮政通道被严重冲毁，所以村社要拿出半俄亩草地来修建新的通道，村社也因此每年损失了 14 卢布。

对尼科利村社来说，这种突然的灾害造成的损失更严重，它从国家份地部门分出去以后，没有拿到伐木区的份地，所以无论是建房子用的木材还是建篱笆用的木杆、木桩，都需要用钱买。而且，林业局的措施和手续每年都日趋严格，森林管理人员的要求也非常严格，农民们没想到即使是持证伐木，也总是被罚款，因为在所伐木材的长度、宽度上，林业局的人总是能找出错来，这让他们很绝望。允许每人砍伐不少于 6 立方俄丈的木材用于烧火，但并非所有人都有这项权利，有的人即使有钱也买不到木材。此外，最近克尔高杰尔林场附近的采伐区已经完全停止向农民们提供木材了，而国家林场又离得很远，因此最近修建房屋、建造篱笆和房屋供暖等都极其困难。所以 1882 年在村社内部选出了两个人，派他们去上级政府申请划分伐木区，这样人们就可以在原来的伐木区里砍伐木材。

村社成员在农业方面要承担以下责任与义务：（1）要保持所有土地周围的围栏完好无

损。(2)修整乡间土道。(3)晚上在储粮仓周围要有岗哨，4个村子的农民轮流巡逻站岗，站岗时要佩戴独特的标识。(4)每个村庄都是大家一起打井，井深1.5—3俄丈。开大会时，要三分之二以上的户主出席才可以，分家也要经过大会允许。近两年来，有五家农户分家了。有些村庄地势较低，有被洪水淹没的危险，所以村社为他们选了新的地址，在那建新房子时村社成员都要帮忙。户主如果去世了，他的妻子或姐妹就是这个小家的下一任户主，份地留给她们，但公社会经常警告她们，如果份地荒废了，或者她们不缴税，公社就会收回份地。类似这样的家庭，村社里不超过6家。

波卢格村社[1]

波卢格村社位于梅津县尤拉姆乡，这个村社只有一个村子。截至1881年12月1号，这里有75名男性、91名女性，其中原国有农民中的现有人口包括62名男性、56名女性。这里拥有128俄亩760平方俄丈的土地，其中有47俄亩1200平方俄丈是耕地，80俄亩1960平方俄丈是草场。

宅院地是以继承的方式使用，不参与分配。菜地和大麻田都属于耕地的一部分，村社会就近分配，把每家附近的耕地分配给他们方便耕作。耕地按照离村远近和土壤质量分成了三个等级。种地时不用春播秋播轮着种，可以想种什么种什么。上次土地分配时把地都分成了小的长条状，每个人有1500俄丈耕地，也就是不到7条。

1858年土地分配之后，过了19年，就只重新分配过一次土地，就是1876年，当时乡里所有村社都按实际人口进行了土地重新分配。尽管很多成员都不愿意，但波卢格村社也还是进行了重分。当时决定以后每19年进行一次土地分配，但也只是根据每户家庭人口数量的增减来调节土地的增减。没有人记得原来的分配方式。所有的耕地都参与分配，无一例外。当有人必须减少份地时，他可以在每个等级的份地中自行挑选地块进行取舍。但是不可以用低等地代替高等地。如果拿出去的份地施过肥了，原土地所有者也不会得到额外的报酬。无人继承的份地和农民自愿归还的份地由村社管理，在下次土地分配之前，村社会把这些地租出去，租金归村社所有。条状的份地最窄的长25俄丈、宽5俄尺，最宽的长80俄丈、宽6俄丈。地与地之间有3—5俄寸宽的边界。村社没有空闲的土地。1876年之前，也就是上次分配之前，有很多地因为之前粮食歉收都荒芜了，但在重新分配时，村社决定这些荒芜的土地还分给其原土地所有者，近五年来这些荒地都已经复耕了。

草场和耕地一样要重新分配。按面积把草场划分成若干块，并起名叫"草场"。在重新分配时，不再重新分割草场，就按原来划分好的面积大小进行分配。如果有人必须减少份地，那他可以自行挑选拿出哪块，但拿出的草场，不是按其面积大小计算，而是按产草

---

[1] 资料来源：米涅卡 Г.：《阿尔汉格尔斯克省乡村土地公社农民公社历史资料》卷2，阿尔汉格尔斯克省印刷厂，1882—1886。

量计算。为了避免产生争吵，大会决定拿出来的土地都以拍卖的方式决定其归属，谁出的干草多，这块地就归谁。村里每个人的草场大概能产53垛干草。最窄的草场份地长10俄丈、宽8俄尺。波卢格村社没有专门放牧的牧场和养殖场，但农民们也不会在耕地里放牧。

初春割草之前，在森林里放牧，也没有人看管，所以有过丢牲畜的情况，它们可能是走到沼泽地里，陷进去出不来了。草地收割完以后，把这些草堆成垛，之后围起来。然后所有的农民都把牲畜赶到一起，运到梅津河对岸的草地里去放牧。农民们通常用船来运这些牲畜，每艘船上载10头大牲畜。在草地里放牧也没有人看管，但是农民们雇了一个守夜人，到了晚上这个人就把奶牛赶到棚子里，然后生火，并轻轻敲打木板赶走野兽。因为最近那有熊出没，它们把畜棚的顶毁了，然后钻进去攻击牲畜，但它们不攻击棚外面的牲畜。守夜人的工资近6卢。这片草地里有一个小湖。冬天村社会雇一个人在梅津河上凿冰洞来饮牲口，他每个星期日工作，村里每户人家都会给他准备烤面包，除此之外他没有其他工资，而且为了能做这份工作，他还要给村社送半桶伏特加。

土地分配时要召开村会，如果丈夫不在，那就由妻子代替参加，每家的户主也要参加，寡妇也可参会，但通常她们自己就回避了。如果户主不在，也可以由其兄弟、儿子或其他家庭成员代替出席。大会要求三分之二以上的户主出席会议，任何决策都要大部分人同意才能实施。大会上人人平等。人们会在成员间选出一个测量员来测量土地，每个人会付给他10—15戈比。在测量土地时无法避免徇私舞弊的行为，这个测量员当着大家的面很公平公正，但背后也做了各种骗人的勾当。测量员还写过一本关于土地测量的书，叫"四分之一俄亩"。划分土地时，他不会专门指定哪块土地来分割。草场被分成条状份地之后会在其周围插上木桩或种上灌木作为边界。农民们会将各自的份地围起来，留一个小门，120平方俄丈的土地需要1俄斗的种粮，240平方俄丈的马林果田需要半俄斗种粮。现在还没确定具体的土地分配时间。

村社里有份地的农户家庭人口情况如下：

家里人口数量（人）	1	2	3	4	5
农户数量（户）	9	11	6	3	3

公社要求每个人都要在田边建13俄丈的围栏，每年播种之后，农民们自己就会检查一下围栏是否完好，如果发现哪里的围栏破了，就会马上告诉那片围栏的建造者，让他修好。如果他拒绝修整围栏，那么就会用树枝抽他以示惩戒。如果有牲畜冲破了围栏，那相应的损失由围栏的建造者来承担。

公社的粮仓等建筑、运输通道和桥都要修缮。农民们按家庭人口数量交实物贡赋。经林业局许可，在森林里开垦出了2俄亩2200平方俄丈的土地，有40年的使用权。每年公社都把地租出去，租金不到30卢，都归村社的小教堂所有。

这里主要种春播作物，秋播作物种得很少。土地施厩肥，然后播种，直到土地贫瘠了再休耕养地。夏天时，休耕地根据土壤质量翻三次到五次。这里无论是村社还是个人家，在耕种和轮作方面都没有采取任何改良措施。

波卢格村社在协作方面比其他村社发展得好，特别是在收粮和运肥的时候，大家都互相帮助。在粮食收完的时候，受帮助的人家会挨家挨户邀请帮助他们的人吃饭。工作结束基本也就到晚上了，帮工们就哼着歌去人家家里吃晚饭，晚饭过后，向主人表达了谢意之后就各自回家，以后再邀请别人到自己家吃饭。

初雪过后，人们就开始往地里运肥，女人们通常会请有马匹、马车和枪的人帮忙运送，从早上三四点一直干到晚上。她们请帮忙的人吃饭时没有酒和茶。所有接受了别人帮助的人，在别人需要帮助的时候也一定要去帮忙。

波卢格村社和旁边的克斯拉姆村社在行政关系上属于一个"乡村协会"，他们每年要向国家缴纳税款341卢布95戈比。这些税按土地面积均摊，一俄亩土地要交1卢布28.25戈比，波卢格村社一共要交164卢布49戈比，克斯拉姆村社要交177卢布46戈比。这样计算的话，波卢格村社每人要交2卢布16.5戈比，克斯拉姆村社每人要交2卢布22戈比。此外每人还需向公社缴纳63戈比。村社里所有农民都有份地，即使有谁的地荒了，税也不会减少，老人、寡妇也要交土地税。对于不缴税的人，村社里有一个措施来应对他们，就是不给他们证件，不让他们离开，公社也不会替他们缴税。旁边的村社如果有人欠税，村社就会收回他的份地，给更需要的人，接收者不仅会付这块地的土地税，还会按约定给村社一些钱。所有土地的所有者都有自己份地的绝对使用权：（1）可以将自己的份地围起来。（2）可以不按村社的耕种制度种地。（3）自行决定什么时候种地。（4）可以把地租给别人，也可以和其他成员交换份地，并且不需要经过公社同意。可以卖自己家产的粪肥和牲畜，虽然可以这么做，但很少有人会卖，而且这么做还会受到村社其他人的责备。不经公社同意，不可以将宅院地租给任何人。村社无权干涉遗产的支配权和户主的选举。自1874年起农民分家已经不需要经过村社批准了，但近三年来，并没有发生类似的情况。退伍军人和寡妇有权拥有份地，并且不用缴税，他们的赋税由村社承担。

村社还没发生过把某个人的份地暂时或永久收回的情况。脱离家庭单过的成员和养子养女可以从其所属家庭获得份地。如果有人想加入该村社，拿钱没有用，应该拿酒，请大家吃饭喝酒，他拿的酒越多就越有机会加入村社，大家会给他一定时间备酒。村里实行连环担保政策，但缴税和还欠粮的问题不包含在内。

波卢格村社有31户人家，虽然种地是居民的主业，但也只有丰收年时，农民们种的粮食才够吃，而且余粮还不能卖，因为贫农还差3个月的粮食。收成一般的时候，普通农民差4个月的粮食，而贫农则缺8个月的粮食。歉收年时，富农缺4个月的粮食，而贫农的粮食只够吃两个月。每年都是8月20日左右收割粮食。村社里基本没有种植蔬菜，也没有贸易和实业公司。

居民的大部分收入都用来买粮和缴税了，他们赚钱的方式还有：（1）在距村子100俄里的梅津县卢萨诺夫的锯木厂打工，一个月大概15—20卢布。（2）每年春天时都有人去佩扎河和瓦尔舒湖的支流里捕鱼，河流大概有400俄里长，他们在那待到7月1日才回来，运气好的话能赚35—40卢。（3）此外，村社每年还会养15头牛拿去卖掉，大概能卖550

卢。除上述副业，没有其他的了。村社里一共养了51匹马、137头牛、190只绵羊，有四户人家没有马。没有农户家里没有牲畜。

从第10次人口调查以后，就只有一个单身汉搬去别的村社了，他有制砖的手艺，并靠着这个手艺在那个村社里定居了。他家里的其他人还留在原来的村社，而且把他那份份地还给村社了。1875年，旁边巴格列利乡的一个农民和该村社一个独居农民的女儿结婚了，所以他就加入了这个村社，并且村社还把他岳父的一部分土地给了他。

该村社1882年初的欠款情况如下：（1）1866年以前欠国家712卢，1866年又欠了143卢50戈比。（2）欠村里粮仓24.5俄石7俄升的粮食。这些都是粮食歉收年间欠的。当时靠乞讨生活的只有一个无亲无故的老太太。

记录中还提到在波卢格村社周边还有三个村社，分别是：季格利亚村社、大德沃尔村社和克斯拉姆村社，他们都位于梅津县尤拉姆乡。我们不打算去谈他们在村社体制方面的相似之处，因为基本一样。所以我们主要是谈谈他们各自的特点和区别。

季格利亚村社只有一个村庄，这里的实际人口包括119名男性、144名女性，纳税人包括92名男性和103名女性。这里拥有110俄亩1200平方俄丈土地，其中包括53俄亩1845平方俄丈耕地、56俄亩1755平方俄丈草地。耕地按土壤质量分成了三个等级，一等地有25俄亩1267.5平方俄丈，二等地有18俄亩1792.5平方俄丈，三等地有9俄亩1185平方俄丈。1876年，按实际人口分配土地，当时实际人口为105人，所以每人1229平方俄丈土地。土地被划分成长条状，大小为：长18—104俄丈，宽2—14俄丈。每个人占有六七块。最小的草场份地宽不到6俄尺，长不到12俄丈，这样的份地叫作"零散地"。村社还有一片农用地，是罗丘加河的一部分，人们可以往里面放渔栅捕鱼。村社把捕鱼的地方分成了三部分，大家轮流交换使用，三年一换，捕到的鱼按参与捕鱼的人数分配。

上次土地划分时农民们是用国家耕地单位计算的，4俄斗是600平方俄丈，2俄斗是300平方俄丈，1俄斗是150平方俄丈。村社有份地的农户家庭人口情况如下：

家里人口数量（人）	1	2	3	4	5	6
农户数量（户）	5	14	8	4	4	2

每个人要在份地周围建24俄丈的围栏，而且全公社的人要一起在草场周围建7俄里的围栏来保护草场。该村社的播种、施肥等体制也和上述村社的一样。但是当地节日的庆祝活动给农业带来了消极影响，过节的时候人们都醉醺醺的。这里一年有四个节日，每个节日村里都要花费将近200卢布，四个节日就是800卢布，平摊到每户人家头上就是21卢布62戈比，而当时全村的税款才270卢布。农民们普遍认为风俗很重要，所以没有人不过节，有些人甚至卖了家里必需的牲畜，就是为了凑钱过节。

村社要向国家缴纳154卢布15戈比的赋税，分摊到土地上就是每俄亩1卢布39.25戈比，人均税额1卢布54戈比，还要向公社交73戈比。这里没有新成员到来，也没有人搬走。近三年来，有三家农户分了家。

季格利亚村社有 37 户人家。这里的居民也和波卢格村社的居民一样，除了种地，还从事一些副业。有些人捕些鸟兽能赚 10—20 卢布，还有人每年都养近十头头，杀了卖掉能赚 350 卢布。

村里养了 69 匹马、156 头牛、263 只绵羊。这里有十户人家没有马，有一户人家什么牲畜都没有。截至 1882 年初，村社欠债情况如下：1866 年前共欠了国库 896 卢布，1866 年欠了 350 卢布 68 戈比，另外还欠了村里 36.5 俄石的储备粮。村里有四个人以乞讨为生，其中两个是老年寡妇，另两个是小孩。

大德沃尔村社的情况和上述村社很像。这里有 68 个居民，有 56 俄亩耕地，113 俄亩 1800 平方俄丈草地，一共是 169 俄亩 1800 平方俄丈。

农户家庭人口情况：

家里人口数量（人）	1	2	3	4	5	6
农户数量（户）	17	3	5	2	2	2

每人要缴人头税 3 卢布 47.5 戈比，还需要向公社缴纳 63 戈比。

虽然该村社的土地质量和数量比上述两个村社好，但这里只有一半的人安享此福，精心种地，剩下的人成天酗酒，不好好种地，这也是农业逐渐衰败的主要原因。有些人的地甚至已经完全荒芜了，因此 1880 年村社把一个农民的土地收回了，因为他消极怠工，而收回的土地就转给出价最高的人。该村社有不少村霸，他们对大会的决定有很大影响。丈夫、父亲或其他亲属去世了的女人可以保留份地，但村社经常威胁她们说要收回份地，所以她们不得不买酒去贿赂村社的人。这里还有五个以乞讨为生的人，其中有两个老太太、三个小孩子。

克斯拉姆村社有一个村庄，实际人口包括 89 名男性、83 名女性，纳税人包括 65 名男性和 83 名女性。该村社拥有 46 俄亩 1200 平方俄丈耕地、89 俄亩 600 平方俄丈草场，一共是 134 俄亩 1800 平方俄丈。此外，还有一些人在森林里有备耕地，一共是 47 俄亩 60 平方俄丈，使用权是四十年。

虽然宅院地不进行重新分配，但是 1873 年发生火灾以后，除了村长和乡长的房子，剩下的房子都被烧毁了。重新建房时，就按法律规定的房子间距来建造。因此额外占用了原来宅院上面的土地，占用了 1800 平方俄丈。因为原来那片地是种亚麻和大麻的，所以大麻和亚麻现在可以种在耕地里，还可以拿出一部分草场用于放牧。

耕地根据其质量和离村远近分成了三等，每个等级的地都划分成长条状的小块，一等地有 80 块，二等地有 130 块，三等地有 82 块。1876 年土地分配时，每个人分得 1338 平方俄丈的土地。长条状份地长 25—60 俄丈、宽 4—10 俄丈。这种份地有时一个人可以分得近 7 块，3 个人分得近 15 块。草场也分成这样的长条状小块，这种份地被称作"零散地"，长近 12 俄丈，宽不超过 2 俄丈。村社使用的是国家的林场，这就减少了农民要交的税款，每户能分到 7 根原木、4 立方俄丈木柴、20 根木杆、30 根木桩和 1 立方俄丈干树枝。大会考虑每户的迫切需求后决定分配的数量。6 月中旬之前，牲畜和马在草地上放养，6 月中旬到割草之前，就把它们赶到森林里去，无人专门看管，只是肯定不会让它们到耕地里去。

按照上次土地划分的情况，一个人的份地需要 13 俄斗 3 俄升的种粮（度量单位为 4 俄斗）。一个人的草场能收 70 堆或 18 垛干草，一垛重 10—15 普特。1 俄斗的种粮可播种 100 平方俄丈土地，2 俄斗的种粮可播种 200 平方俄丈土地，而 4 俄斗种粮能播种 400 平方俄丈的土地。

重新分配的具体时间还没有确定，但上次重新分配是在秋天收完粮食之后进行的。如果在转移土地时，这片地已经种了秋播作物，那么明年收获时，所得的粮食就由原土地所有者和现土地所有者各一半。

有份地的农户家庭人口情况：

家里人口数量（人）	1	2	3	4	5
农户数量（户）	9	12	10	2	2

1876 年土地分配之后还剩下了 822 平方俄丈土地，能播种 8 俄斗种粮，其中有 5 块长条状耕地，还有产 15 堆干草的草场。在下次分配之前，村社会把这些地租出去，每年租金 4 卢布 25 戈比。

耕地和草地周边都要建围栏，这些任务会分配到每个人身上，每个人要在耕地边建 70 俄丈的围栏，在草地边建 28 俄丈的围栏。公社注重人们建的围栏是否坚固，且高度应为 2 俄尺。如果围栏建得足够坚固，可以用 15 年。

农民们要缴纳实物贡赋用于修桥建路。6 月初时，会派两队人，每队 10 人开始修桥建路，秋天 9 月份时，还会派出一队人进行收尾工作，大概要干三五天。村社的粮仓等建筑的修缮工作由村社出钱。此外，冬天时村社还要负责在一条 7 俄里运输线路上建路标，起提示作用。这项工作就由甲长轮班进行。

村社里还有公社的盈利项目，有一块六人份的草场，每年都租出去，租金大概不到 40 卢布，全归小教堂所有。

春汛泛滥的时候，所有人要一起收庄稼、建运输桥。应承担这项任务的村社要从公共款项里拿出 15 卢布分给干活的人。

当地的农业情况非常差。1873 年发生火灾之后，农民们的全部家当都被烧毁了，直到现在很多人还心有余悸。当地村社主要种春播作物，但有些富农也会种 2 俄斗的秋播作物种子，还在院子里种 10—30 磅的大麻和亚麻。条件好的农民给一俄亩土地施 200 车厩肥，这样三四年之后，土地就会恢复到原来的好状态了。当地的土地并非完全荒废，5 年之内还能有收成，之后就要休耕养地了，但不是所有人都按照这个做法来做，总有人不听。更勤奋的农民不满足于现状，他们不想只用秸秆和针叶树枝给牲畜垫圈，为了提高粪肥产量，他们把所有的薄木片和废料都堆到一起垫圈。村里的农具主要是犁，犁带有两个铁支架，还有一个带链钩的耙和犁拴在一匹马身上。通常每年5月1日开始播种春播作物，没有意外的情况下，一周就能完成。收割一般是8月15日之后开始，一直干到9月初才能结束。割下来的粮食放在晒草架上晾干，之后放到有谷物干燥室的粮仓里，或没有干燥室的木屋里。用棍子把麦秆的穗打掉，用桦树皮缝制工具清理粮食上的残留物。一般7月中旬开始收割草地，到8月中旬结束。农民们用弯把镰刀割草。干草在晾干时没有被雨浇到就是绿色的，这些草给马、小牛和绵羊吃，被雨浇了点的草就会变成灰色的，而长时间被雨浇了的干草就是黑色的，就只能混着秸秆给奶牛吃。冬天时，每个农户都会根据自己储备的干草数量，留下相应数量的牲畜，其余的都杀掉。尤其是绵羊，基本就留不到5—7只。1881—1882年，草长得不好，所以干草的价格疯涨，根据干草的质量，一垛7—10普特的干草价格是3—5卢布。10—15磅一捆的大麦秸秆卖20—25戈比，旁边的达拉戈尔乡和拉姆波日尼亚乡在这方面就远不及这里，这里的干草比其他地方都丰富。农民们秋天时还会储存一些白松林里的苔藓当作奶牛的饲料，当然这不会影响到所产牛奶的质量。

村里建新房子快竣工的时候会找人帮忙。通常只邀请朋友和亲人来喝酒吃饭。如果割草时也找别人帮忙了，那就只能在过节的时候请人家吃饭了，因为其他时间大家都忙着自己的工作。

1882年，村社交了148卢布50戈比国税，其中每俄亩土地缴税1卢布19.25戈比，每个人的人头税为1卢布83.5戈比，每个人还要向公社交71.25戈比。原来每人1卢布的省土地税取消了，所以现在国税的费用降低了，1881年上半年还没取消时，一共收上来了47卢布97戈比。村政府和乡政府都不享有特殊优待，尤拉姆乡乡长每年工资为24卢布。过去15年，由于粮食歉收积累了大量欠款，但1869—1871年都还上了，也没有让大家平摊。已经入伍的下级军官，根据军人赋税的新法令他们和其他村社成员一样拥有份地，并且他们退伍一年后要把之前欠的税款缴清。

上次土地分配时，有两个村社成员没有得到份地：其中一个家里有两口人，另一个家里只有自己一个人，他们没在这里定居，而是住在旁边。他们中有一个人欠了国库38卢布，村社每年要替他交3卢布。农民们都可以在梅津河里捕鱼，除此之外，村社里没有其他可盈利的特殊农用地了，农民们几家合用一张大渔网捕鱼。还有一些农民在森林里有自己的猎区，他们在那设陷阱和索套捉野禽，这种猎区只能通过继承的方式获得，通常是父亲留给儿子继承。

村社的经济状况如下：这里有31个宅院，其中一个宅院住了两家人。这里的居民主业是耕地，但只有大丰收年时，所有居民自己产的粮食才够吃。收成一般时，富农的粮食够吃，普通农民则缺三四个月的粮食，贫农缺六七个月的粮食，所以村里要额外买800普特粮食。歉收年时，富农缺半年的粮食，而贫农的粮食只够吃四个月。这种情况下，村里要买2000普特粮食。

村里有两户人家有磨房，一家是水磨，另一家是风磨，但靠这个得来的收入也不超过5卢布。

这里的居民还有其他赚钱的行当：可以在 190 俄里外的梅津县锯木厂工作，除了冬天，剩下的月份每个月都能赚 1—20 卢布。5 月份的时候，有两个人去佩扎河和瓦尔舒湖里捕鱼，大概要两个月才能回来，他们每个人大概能赚 30—40 卢布。2 月份有近 15 个人去克达夫河附近打猎，他们和当地人组队一起去，运气好的话能赚 25 卢布甚至更多。秋天时，有 6 个人在森林里打猎，能赚 10—20 卢布。此外，村里每年卖牲畜还能赚 600 卢布。最近，还有一个人带着证件去圣彼得堡打工，一年能赚 30 卢布。村社里养了 44 匹马、127 头有角牲畜和 135 只绵羊。这里每家都有牲畜，但 1882 年有四户人家没有马。

村社欠了国家 850 卢布，还欠村里粮仓 37 俄石粮食。乡集会规定，这些钱要根据欠债人的实际情况来还。村里还有一个女人被她父亲赶出家门了，她就带着女儿乞讨为生。

波戈列利村社[1]

波戈列利村社位于梅津县波戈列利乡。该村社由原国有农民组成，一共有 29 户人家。当地传说，之前这个村社叫齐基恩村社或是贝达诺夫村社，但是由于后来这里发生了火灾，村子都被烧了，烧毁了约 70 家宅院，所以就改了名字。有一个关于大海的传说也与此有关，在那之后有些农户家里从 10 个人变成了 1 个人，还有很多人都搬到附近的村社去了，搬到阿扎波利村社的人最多。

现在这个村社只由一个村子组成，但这个村子也分成了两部分，相互间隔 100 俄丈。第一部分在干燥的高地，起名叫"松林"，第二部分目前只有新盖好的房子。村子的第二部分没有水井，饮牲口只能到梅津河边去饮，但梅津河离这 200 多俄丈，而且梅津河到这的路是条沙道，很难走。全村社一共 84 个男人，其中 60 人是纳税人。这有 135 俄亩 395 平方俄丈土地，分布在 7 俄里范围内。

耕地按照土壤质量分成了三等：一等地有 6 俄亩 1056 平方俄丈、二等地有 13 俄亩 416 平方俄丈、三等地有 11 俄亩 1178 平方俄丈，一共是 31 俄亩 350 平方俄丈。每个人能分到 885 平方俄丈的耕地，能种将近 1.5 俄斗的种粮。上次土地分配是在 1875 年，当时确定了以后每十年重新分配一次。这次分配因为人口增多了，所以份地面积就小了，上次是每人 1500 平方俄丈，能种 2.5 俄斗种粮，而这次减少到了每人 885 平方俄丈。

土地被划分成长条状，从 10 平方俄丈到 600 平方俄丈（长 20 宽 30）大小不等。大块的被称作"带状"，小块的称作"楔形""小门""后院"。除了公有的土地，有 6 户人家在森林里还有自己的备耕地，一共有 12 俄亩 10 平方俄丈耕地，而且他们已经获得了 40 年的使用权。

该村社的草地分布在梅津河附近的岛上，有维利基岛、科涅韦茨岛、耶尔卡岛和卡圣岛。草场没有按质量等分，而是平均分配到每个成员身上，每人 1 俄亩 541 平方俄丈

---

[1] 资料来源：米涅卡 Г.：《阿尔汉格尔斯克省乡村土地公社农民公社历史资料》卷 2，阿尔汉格尔斯克省印刷厂，1882—1886。

草场。这里大部分人都在森林里开垦了一部分土地作为自己的草地，并拥有近40年的使用权，所有人加起来一共有101俄亩646平方俄丈的草地，其中有35俄亩还没开垦完全。

春天农民们在牧场放牧，而秋天就在割完草的草地里放牧。

由村长召开土地分配大会，参会的户主应不少于三分之二。无亲属的人也会参加，而且不同阵营的人还会引诱他加入到自己的阵营之中，并承诺会给他份地，此外，他们也会吸引参会的女人，主要是有经济能力的寡妇加入自己的阵营。任何决策都要大部分人同意才能实施，当票数相等时，就看村长支持哪方。土地分配时，不用雇专门的测量员，而是在所有成员中选出一个有文化的人，让他来负责这项工作，而且也没有什么报酬。上次土地分配时，没有进行土地测量，是按照1858年的测量结果分配的，当时的分配结果是在波戈列利村社和其他村社的人员都在场时得出的。如果有人破坏田界，可以向村长申诉，待查明属实之后，就移交给乡法院审理。法院会判给原告相应的补偿，被告则会被乡理事会拘留6天。波戈列利村社的草地周围没有建围栏。

村社成员们自己拿东西修桥修路，也可以雇人修，每人负责15—20平方俄丈。

该村社的农业状况不好，这里的农民基本都种春播作物，极少部分土地种秋播作物。这里的耕地不多，草地也少，所以畜牧业发展得也没有其他村子好。这里的土地土壤质量不好，需要经常大量施肥。大部分土地都是两三年就施一次肥，每600平方俄丈土地施100车厩肥。每当毁林开荒、收割粮食干草和初冬往地里运肥的时候，都需要找人帮忙。主人家会请帮工吃午饭，工作结束之后还会一起喝茶，之后在一起吃晚饭，但饭桌上是不会有酒的。

至于国税的问题，根据国家部门发的税额通知书，要求波戈列利村社和其他两个村庄：大别列兹尼茨基村庄和小别列兹尼茨基村庄组成一个村社。1882年这个村社的税费情况如下：

1. 人头税　　171卢布1戈比
2. 代役租　　94卢布50戈比
3. 教育税　　8卢布19戈比
4. 粮债　　　63卢布
5. 国土税　　2卢布22戈比
6. 省土地税　<u>27卢布60戈比</u>
　　　　　　366卢布52戈比

但1881年缴纳的国税还剩了10卢布31戈比，因此今年下半年的税减少了，一共要交356卢布20戈比的国税。村会要根据三个村子的土地数量分配这些赋税，而每个村子要交的钱由有份地的农户承担。这其中不包括享有优惠的人和现役军人。村社里共有317俄亩土地要缴税，所以每俄亩土地1卢布12.5戈比。

最终分配结算如下表：

村庄名称	每俄亩	上半年				下半年				全年	
^	^	人数	个人税额		村庄税额		人数	个人税额		村社税额		卢布	戈比
^	^	^	卢布	戈比	卢布	戈比	^	卢布	戈比	卢布	戈比	^	^
博利舍别列兹尼齐村	94	33	1	36	44	88	33	1	84.5	60	88.5	105	76.5
马洛别列兹尼齐村	92	35	1	25	43	75	35	1	71	59	85	103	60
波戈列利村	131	81	—	77	62	37	82	1	3.75	85	7.25	147	44.25
总计	317	149	—	—	151	—	150	—	—	205	80.75	356	80.75

因此，上半年 149 个人缴纳了 151 卢布的赋税，下半年 150 个人缴纳了 205 卢布 80.75 戈比，全年共缴纳 356 卢布 80.75 戈比。除此之外，村长按照评估报表，并根据已售出的木材量对户主收取木材税。除了需要缴纳 147 卢布 44.25 戈比的国家税之外，波戈列利村社还需要缴纳 54 卢布 18 戈比的公社税，总计 201 卢布 62.45 戈比。

像村长和乡长这样的公职人员在缴税方面没有优惠，只是会免除他们自身的实物贡赋。

虽然村社不剥夺欠税人的土地，但是这些无支付能力的人也要将自己的份地租出去。在一个村镇里有 6 个这样的户主出租自己的草场，如果他们不出租全部草场，只是出租其中的一部分，可以不经村社同意直接办理。出租草场的对象不限于自己村社的成员，还可以租给相邻村社的农民。出让土地需要征得家庭成员的同意，如果对此存在异议，则有权向村领导或者村社反映。一旦丈夫去世，份地就留给妻子，无论她有没有儿子，都保留份地直到下次进行土地重分之时。如果父母双亡，留下一个年仅几岁的孩子，那么这个孩子会连同他家的份地一同交由心地善良的户主来照顾，如果村社成员剥夺他们的土地，那么孩子只能去乞讨，不过这种情况很少发生。村社已经十年不参与农民分家的事情了。但是对于想分家的儿子，身为一家之主的父亲不会总是让步，反而会对他说："你既没有粮食，也没有家，你想去哪儿？"分家的儿子们通常要组建另一个家庭，一点点地置办东西，建立自己的事业。

村社农户家庭的人口情况：

家里人口数量（人）	1—5	5—7	7—10	10—15
农户数量（户）	11	12	4	2

对于缺乏耕地的村社,村民们会采取各种措施保障其粮食供给。除了村储备库会储存83 俄石 3/8 俄斗粮食之外,借贷处也会储存 1046 普特 29 俄磅的粮食。按照每人 4 俄斗大麦的标准从储备库借粮食播种,直到下一次收获时再还回来,夏季劳作的时候可以从借贷处借到 3 普特粮食。在波戈列利村社除了两户之外,所有户主都可以从借贷处里借粮食。当地黑麦面粉的价格是每普特 1 卢布 60 戈比,4 俄斗大麦是 4—5 卢布。还有很多别的方法来保障供给:(1)从事不同的职业。很多人去做木匠,干一些细木工的活儿,如:做桌子、椅子、长软椅、双人床、冬夏两用的板车,这些东西不仅销售到梅津市和其他临近城市,还会承包出去。(2)5 个户主出资开设驿站。(3)1 个户主经营皮革工坊。(4)3 个户主在彼得堡的证券市场工作。(5)3 个户主有自己建的森林蜂场,天气变暖的时候就要去看一下捕兽器。村社通常不干涉这些特殊农业用地的经营。

波皮拉洛夫村社[1]

根据当地的传说,波皮拉洛夫村社(位于梅津县多罗戈尔乡)是建立在一片荒漠之上,是由从诺夫哥罗德市徒步而来的旧教派信徒在两百多年前建立的,当时的旧教派信徒是受到俄国宗教的分裂运动(17 世纪中叶)的迫害到这里来的。后来,来了很多移民,居民数量增加了很多,但是移民没有自我牺牲精神。为什么这个村社叫"波皮拉洛夫村社"?好像是因为该村社是在荒漠中形成的。

村社由一个村组成,有 35 名男性,40 名女性,共 75 人(纳税人包括:42 名男性,47 名女性,共 89 人)。村社的耕地面积为 28 俄亩 1050 平方俄丈;草场面积为 61 俄亩 600 平方俄丈,共 89 俄亩 1650 平方俄丈,因此,最后一次重新划分土地的时候,人均 14 俄石作物、52.5 垛或 52.5 堆草(垛和堆都是度量单位,1 垛为 60—100 捆)。按照耕地和草场的质量将其划分为三个等级。耕地分布在距离梅津河右侧河岸 2 俄里处,在地势低且平坦的地方,由三大片地组成:第 1 片地有 100 块条形耕地;第 2 片地有 50 块条形耕地;第 3 片地有 150 块条形耕地,总共 300 块条形耕地。最后一次重新划分土地是按照乡大会的决议进行的,因此,波皮拉洛夫村社和其他村社的家庭出现亏损,就只能依靠现有的家庭成员进行生产,或开辟耕地、或将部分土地划分给新增人口。在这种情况下,如选不出专门的办事员,农民们按照家庭人口数量自行分配土地。只有需要记录"生产分配册"时,才以 3 卢布为薪酬雇用抄写员。

条形耕地划分为 2—12 俄丈宽、20—80 俄丈长的土地,并以 0.5—1.5 俄尺宽的地界相互隔开。每人分得 5 块条形耕地。农民沿着地界开拓出通往自己耕地的通道,也就是在沿着围栏两俄丈宽的地方,这里没有被耕种过而且长满杂草。围栏设立在条形耕地的末端,每个户主都会在围栏杆上刻下自己独有的标记,以避免和别的户主之间产生争执和

---

[1] 资料来源:米涅卡 Г.:《阿尔汉格尔斯克省乡村土地公社农民公社历史资料》卷 2,阿尔汉格尔斯克省印刷厂,1882—1886。

误会。

耕地面积是以播种作物的数量来确定的，单位是俄斗：1 俄石的种子耕种 150 平方俄丈土地（1 俄亩约使用 12 俄斗的种子）。重新划分不同份额的土地，确保每个人得到的粮食都包含三个等级，而划分土地时，恰好是一个农民能得到一等粮食 4 俄石、二等粮食 4 俄石、三等粮食 5 俄石，共 13 俄石。

运厩肥给土地施肥。150 平方俄丈的土地大概需要 15—20 车肥料，这些肥料不在春天使用，而是下初雪的时候运到地里。过 4—5 年后，耕地会休耕，然后火烧秸秆，再翻耕 5 次。

如果地里只种春播作物，则春寒会冻坏农作物的根。寒潮通常是从梅津河或者斯科马洛师河的方向过来的，刚好所有耕地都分布在两河之间。

村庄里既没有菜地，也没有大麻田，居民屋和其他建筑占据的土地被称为"宅院地"，这些土地不进行重新划分。根据建筑章程，乡管理局不会对新建筑占地进行重新分配。

草场分布在梅津河左岸，基姆扎河（萨莫列茨河）后面最大的草场坐落在距离村庄 5 俄里的平坦地带，每当汛期的时候，河水涨潮高度能达到 1—2 俄尺（0.71—1.42 米）。这些草场有不同的名字：布头草场、腰带草场、手套草场。像耕地一样，草场也被划分成三个等级，每个等级都进行了重新划分（1876 年），一等草场 20 垛草，二等草场 18 垛草，三等草场 14.5 垛草，共计 52.5 垛草。这种计量单位是很早就设定好的，可以表示为：一垛草大概重 2 普特，一堆是 5 垛，一车是 2—2.5 堆。

把干草垛成草垛（多指长方形的草垛），并且用垛心杆（栽在土里，起稳固周围垛草作用）固定，用短木桩一端插入草垛、另一端沿着线插入离草垛 1—1.5 俄尺的地里，草垛高 1.5 俄丈甚至更高。草垛两边有长短不一的短木桩来支撑，所以防风。秋天的时候会把这些草垛用杆子围起来，每个户主都会在杆子上刻下自己的家族标记来表明这是他的私有财产。

这些草场宽 5—50 俄丈、长 15—100 俄丈不等。每人分得 4 块草地。不同的草场之间有地界，可以在地界上钉上短木桩或者挖坑，或者在灌木丛上用打结的树枝隔开。

除此之外，村社还有 1 俄亩耕地和 6 俄亩草场，是由伐木还耕或者晒干的沼泽地和湖泊形成的，个别户主享有 40 年的使用权（从 1874 年开始）。

波皮拉洛夫村社的农民没有私人牧场。每当春季汛期时，就把牲畜赶到地里，等把洪水排放完之后，再把牲畜赶到距离村庄 3 俄里处的村社牧场。这个牧场位于梅津河右岸，长 7 俄里，宽 1—3 俄里。春天的时候用小船把马运到这里吃草，一直到 6 月 15 日，收割干草后，从 8 月 15 日直到深秋，再来放牧一次，间隔的这段时间马也可以到牲畜所在的草场放牧。牛、马以及羊没有牧人的监管也是可以的，整个夏天都会待在这个牧场里，不会用牛犊栏来把它们隔开。梅津河用来饮牲口，冬天的时候，在冰面上凿两个冰窟窿，一个家用取水，一个用来饮牲口。不存在专属某个人的冰窟窿。户主之间轮流清理冰窟窿，一昼夜饮马或者饮牲口两次是合理的（也就是一天打开冰窟窿两次）。

选出来的公职人员不享受任何特殊优待，他们在职期间仅可以免除修缮房屋和道路的工作。

除了种地之外，村社居民的主要收入来源还包括：（1）在梅津河捕大马哈鱼。捕鱼用长140俄丈的大渔网。大渔网的单边翼网长达100俄丈，双边翼网长达200俄丈。有12人从事渔猎，收入能达到250卢布，1882年只有8个人从事这项工作，收入是24卢布，随着大马哈鱼捕获量的减少，其价格也从每普特8—10卢布上涨到14—16卢布。渔场位于距离村庄1俄里的地方；（2）用流钩，也就是一层层的钩来捕比目鱼，这是一条很长的绳索，上面系了100—150个细铜丝做的钓钩（鱼钩），这种钓钩上没有手艺人打造的那种倒钩。钓钩固定在长约1.5俄尺的线上，线系在边长1俄尺的网眼上。在梅津河畔，用小而密的渔网捕获小鱼和小白鲑鱼，然后切块用来做诱饵。每个流钩上有10个小钩，这些小钩缠到石头上有1俄磅的重量。流钩的一端固定在木桩上，而木桩钉入地面，深度达2俄尺，另一端固定在2普特重的石头上，然后把石头平缓地放入水中，直到它沉底。在春天要选择那些水流湍急、泥沙细小的水域，在秋天则选择平静幽深的水域。暴雨天和强海风天抓到的比目鱼的重量由30俄磅到1普特不等。捕鱼期通常开始于6月10日，结束于8月25日。一天检查三次流钩，换三次诱饵。两个人捕鱼，平均每人捕鱼15—20普特，这些鱼只用作特殊用途。除此之外，每年去梅津河湾捕比目鱼的人有8个，河湾距离村庄150—180俄里。他们坐小船出发，结束捕鱼工作后于7月8日之前返回。用大渔网捕渔，平均每人能捕获10—15普特的比目鱼。

（3）春季捕鱼结束后，4个人还可以去距离村庄120—200俄里的其他水域捕鱼，直到7月1日结束。考虑到天气状况，每个人能捕获5—12普特的鱼。

（4）从1872年开始大约5人去涅西河和姆格拉河入海口和距离村子120—150俄里的海域内捕宽突鳕鱼。这种捕鱼从10月开始，到12月结束，每人可挣5—40卢布。有5—10人收购宽突鳕鱼，价格是1000条宽突鳕鱼7—10卢布。这种捕鱼流程如下：每个渔民来到捕鱼的地方就先在有流动海水的上方凿个冰窟窿，然后把带鱼钩的钓鱼线绑上铅锤放到水里，铅锤上挂好鱼饵（一小块儿白鲑鱼或者高白鲑鱼）。把这些东西放到距离水底四分之一的位置。宽突鳕很强壮，能咬掉鱼饵，所以渔民要抓紧鱼线，然后把鱼从冰下面拽出来，要用小铲子刺宽突鳕的头，让它把鱼饵吐出来，所以用一个鱼饵可以抓几条鱼。经常发生这种情况：一条鱼咬住鱼饵，另一条鱼咬住第一条鱼的尾巴，一下子就能把两条鱼拉出来。所有必需的渔具都要渔民预先在家准备好：3俄丈长、由兽毛制成的渔线，有30根兽毛那么粗，一段系上到钳子上，一端系到铅锤上；重1.5俄磅、形状像小杆儿一样的铅锤水平悬挂着，这个小杆上有三个小洞，可以穿过0.25俄尺长的线，线上系着鱼饵；捕鱼会用到两把小铲子，当宽突鳕鱼被拉出冰面的时候，用小铲子刺它的脑袋；还有绑着木杆的铁冰镐、麻绳鞋（雪橇）用来把鱼拖到小木屋；刀、斧子、5—10俄磅的鱼饵。这些渔具价格是2卢布，而技术好的渔民一个月可以挣40卢布。

（5）梅津县科伊健乡给农民派发分成制的贷款（14—15世纪俄国封建地主给予破产农民的贷款、粮食或农具，农民接受之后即成为分成制农奴），所以2月头几天，村里有6个人去距离居住地120俄里的冬季海岸捕鱼，这被称为"科多夫斯基海上渔猎"。在前几年，这对他们的帮助是很大的，每人贷款达50卢布，但从1870年开始，渔猎开始不景气了，有时过了一个月都没有任何收获，不过好在渔民安全回来了。从 3 月 15 日开始有人去阿布拉莫夫角捕鱼，被称为"乌斯季亚海豹渔猎"，但是近些年捕捞量也有所减少。据农民所说，随着制材厂在梅津河的建立，野兽们逐渐不会聚集在白海海湾了，厂里排出的浓烟、灰尘蔓延在整个海面上，让拥有灵敏嗅觉的凶猛海洋生物都感到非常害怕。

（6）有一个户主从事锻造业，并且拥有自己的铁匠铺，能挣 20—30 卢布；有两个人从事木匠工作，一年可以挣 25—50 卢布。最后，还有一个人获得了圣彼得堡护照，长住那里。

修缮梅津市到平涅日市长达 15 俄里的驿路也是村社农民所必须履行的义务之一。这次修缮工作由多罗戈尔乡里的所有人共同负责。每年修缮三次——春天，在播种结束之后；夏天，在收割干草之后；秋天，也就是 10 月最后几天，两周内派 40 个人来完成。这项工作是在县警察局的警察、村警和村长的监督下进行的，然后村社的成员轮流在村庄和村里的仓库附近值夜班。

在波皮拉洛夫村社，在收割庄稼、改林还耕和砍柴的时候有互助的习俗。甚至邻近的多罗戈尔村社和 5 俄里外的季莫谢利村（该村人口约 15—30 人）都来帮忙。要款待这些前来帮忙的人，要负责 5 个人的午饭、2 个小时的午点（下午茶）、7 个人喝的茶和伏特加、8 个人的晚饭，然后他们尽情地喝酒、唱歌，然后各自回家。

所有人交给国家和村社的款项共计 108 卢布 50 戈比，其中每人缴纳的税额为 3 卢布 10 戈比，"什一税"（封建时代古罗斯及西欧教会向农民征收的，占总收入十分之一）为 1 卢布 21 戈比。其中不包括森林税和保险费，因为这些税款的分布是不均衡的，首先要根据森林木材修整的数量，其次是取决于建造物的价值。在每年的 1 月份分配税额。一直到 1874 年，兵役税、服兵役后享有的优惠都是由整个村社共同承担，但是农民在借粮所欠缴的税款 50 戈比除外。支付期限是 6 月下半月（7 月 1 日之前的半月），和 12 月下半月。若户主死亡，村社会把土地交由他的妻子来掌管，如果她没有耕种能力，会将土地划分给他的亲戚，赋税随着土地一同转移。为避免耕地荒芜，禁止户主售卖全部牲畜。村社不干涉成员分家，但 1860 年之后出现了一种情况：一个户主的儿子娶了一个拥有优质土地的寡妇。

村社之前从未接收过新成员，而 1876 年有个人离开了村社，搬到尤罗马斯卡亚乡的岳父家里。根据成员签订的离开协议，他的土地收归公有，进行重新分配。

波皮拉洛夫村社共有 75 人，按年龄分布如下：35 个成年人、30 个年轻人、10 个老年人。村庄里的建筑包括：13 个房屋、4 个粮仓、5 个（打谷前用的）谷物干燥房、男女澡堂各 10 个、1 个铁匠铺，共 43 个建筑物。

由于 1867 年这里发生一场火灾，几个农民不仅失去了自己的家，还失去了所有财产，但即使他们完全破产了，也没有得到任何帮助，他们也应缴纳赋税。

牲畜包括 40 头牛、35 匹马、100 只羊。所有家庭都有牲畜和马，没有人当乞丐。收获的粮食足够满足居民的粮食需求，捕获的猎物也足够缴税。

科夫茨基乡的村社[1]

克姆县科夫茨基乡有三个村社：坎达拉克村社、科夫茨基村社和克纳热古布村社。

坎达拉克村社是农民对它的称呼，这个村社包括一个村庄和费多谢新村（从原址迁出新成立的），新村位于距该村庄 10 俄里处的地方。根据原住民所说，最近一批人在这里出现是在 70 年前，那时水里有各种各样的小鱼——大西洋鳕、白鲑鱼，当然还有很多鲱鱼。坎达拉克湾沿岸地区第一批居民是由芬内人和拉普人组成，之后还有诺夫哥罗德移民定居在这里。村社现有 402 人，其中坎达拉克村有 184 个男人、189 个女人；费多谢新村有 16 个男人、13 个女人（纳税人包括 202 名男性、216 名女性，共 418 人）。没有耕地，只有 23 俄亩 1200 平方俄丈的草场。除此之外，根据坎达拉克村的规划可知，这里共有 83 块宅院地，每一块长宽都是 10 俄丈；3 俄亩的菜地；60 俄亩的捕鱼区。1854 年克里米亚战争时整个坎达拉克村都被烧光了，之后村庄制订了新的规划方案，并且根据该方案来建造房屋。这个方案并没有指出用作菜园的土地，但是指明可以在建筑用地之外的空闲地，或者宅院地来盖菜园。

尽管这里现在不能种庄稼，但是整个坎达拉克沿岸地区都保留了以前的耕地痕迹，这些痕迹有可能是第一批诺夫哥罗德移民者或者索洛韦茨基修道院的修士们留下的。如今这些土地用来割干草。大部分草场分布在坎达拉克湾沿岸，靠近费多谢新村的地方，海湾分成 4 条弯道，面积共计 50 俄亩，因为草场的质量不一样，所以每年户主们都要从某个弯道辗转到另一个地区，以此平衡村社成员之间的收益。某一年重分草场时恰逢 2—3 周的"大斋"，村社就派了几个农民去摩尔曼斯克打鱼。在这种情况下，一个地段的掌权者很难只根据"户主们不一起割草，他们都是单独作业，然后把干草垛成 1 普特的草垛。割完草之后，将每垛干草分装，如果由于有的户主的草垛比较干瘪，有的户主的草垛比较厚实而产生分歧的话就通过测量重量来解决分歧"这样的描述就了解一个地方。除了村社的草场，还有 2 俄亩 400 平方俄丈的耕地，使用权为 40 年，意思就是说，40 年期未满时，禁止村会将土地收回村社。5 月到 9 月 1 日，也就是收获菜地里的芜菁的时候，村民们会到森林里放牧牲畜。整个村社一起雇佣放牧人，放牛能挣 50 戈比，除此之外粮食供应也由牛的所有者轮流承担。

村社的主要农用地取决于村民的生活方式和所交的税款，包括捕鱼在内：

（1）捕白鲑鱼主要依靠尼瓦河和科利维茨河里的围栏。这些围栏可出租以给村社带来收益：第一次出租收取 200 卢布，第二次收取 100 卢布。但是这些围栏设立在整个河面上，已经违反了 1870 年 1 月 6 日通过的法律。因为通常要考虑到，是在河面宽距的 1/3 处使用绞盘，以免竭泽而渔，因为鲑鱼洄游到上游产卵时，必然经过这些围栏。

---

[1] 资料来源：米涅卡 Г.：《阿尔汉格尔斯克省乡村土地公社农民公社历史资料》卷 2，阿尔汉格尔斯克省印刷厂，1882—1886。

(2)坎达拉克村的村民表示,自己村社合法占有自己村庄附近的白海沿岸水域。因此,1881年秋天,他们暴力抢走费多谢新村的居民在坎达特河口捕到的所有鱼。受害人向法院申诉,但是被告却表示,每到秋天费多谢新村就会邀请坎达拉克村在指定地点捕捞集中在一起的鱼,但是在1881年的秋天,他们破坏了村社的秩序,未经坎达拉克村的同意就捕捞了所有的鱼。

鲱鱼是当地最重要的捕捞鱼类,春天在叶戈里耶夫斯克捕鱼有下列条件:4月上半月,村社里捕鱼用的大拉网共有20条,分别在四个海湾使用。每个海湾分配50个人或者50个组最合适。然后抽签决定谁在哪一个海湾捕鱼(与割草的形式相似)。大概4月10日或者15日,村民把大渔网运到大拉网所在的地方,那里有一群人组装大拉网,他们以此为生,那里的木房子也有这样的用途。首先把小鱼网放到冰面下试试,看看下方水域有没有鲱鱼。在冰面上凿出一个大洞之后,把渔网以半圆形抛到水里,也就是渔网的左、右翼网分别固定在冰面上。

让石头沉入水底,上面缠着又薄又干净的松木条,尺寸像不太大的桌布一般。用白石头比黑石头好,在混浊的水底能反衬出掉下去的一切东西。冰窟窿旁边也会设立2—3人的岗哨,他们会观察鲱鱼是否出现。只要鲱鱼一出现就扔鱼饵下去,鲱鱼就会成群聚集在河岸,然后鱼就会填满整个渔网,在这个时候,渔夫就会抓住翼网,然后把装满鲱鱼的渔网拽出冰面。

往圆木桶里放入一些鱼,鱼的重量达30俄磅,一桶鱼定价为20戈比,其中包括木桶的成本为4—6戈比。在叶戈里耶夫斯克捕鱼期间,任何人无权在他人的水域内捕鱼。用大拉网把捕到的鲱鱼从水里拽出来,然后在冰上倒成一堆。鱼在阳光的照射下放一周会变质,在把鱼放到大圆桶里腌之前,要按照渔夫人数把鱼分成相应等份。这件工作可能要用去一周时间,那所有的鱼就都变质了。因此,北方沿海地区的鲱鱼经常会腌坏,完全不能储存。冰面解冻之后,一直到深秋都可以在渔场捕鱼,没有什么别的限制。夏季捕鱼的时候,渔夫会去属于自己水域的同一个区域(10—25条小船上,100个男人和女人组成的队伍带着那些富裕的村社成员的25张大渔网)。舵手通常是男人,在船靠岸的时候也会安置岗哨(观察者),他会观察水面,而一大群渔民分布在岸边,他们分坐在篝火旁边,男人织着渔网,女人织着袜子、连指手套和毛织衬衫。守卫发现上游出现了凶猛的海洋生物,也就是欧鳇、环斑海豹和其他海洋生物把鲱鱼逼到岸边,鱼儿开始游窜,舵手带着三个桨手勇敢又麻利地跳到小船上,第四个桨手留在岸边,拿着渔网的一侧翼网,把它从岸边解开,以弧形抛向水中。翼网由厚厚的椴树韧皮纤维制成或者由树根做的长30俄丈的绳子制成。当渔夫使劲抛出渔网,小船连着另一侧翼网紧贴在岸边,这时把渔网拉向岸边,所有人都忙着这件事儿,并且机敏地观察渔网里有没有鱼。

当发现网眼里有鱼的时候,另一条船就驶离岸边,围着第一张渔网以一庹长的距离打圈撒下另一张。用两张渔网能把大量鲱鱼拽到岸边,并用捞网把它们从大渔网里捞出来。捞网是长柄勺的形状,上边的筐或者兜子是渔网的一部分做成的。装满鲱鱼的船重量能达到100普特(1638公斤)。鲱鱼游向浓稠如浆的海里或者连绵的浅滩,在那儿捕鱼的时候把长杆子垂直插入地面,深得像埋在地里一样,这时,鲱鱼根本就跑不掉了。捕鲱鱼的时候用了多少大渔网？多少人直接参与了捕鱼？收获量如何？捕到的鱼要平分：按照参与捕捞的人数，分成相应的等份。只有舵手或者渔网的主人能从自己的捕获量中得到三份，两份是直接从大渔网里分的，第三份就是和所有渔民分到的一样。妇女和男人分的一样多。村社参与捕鲱鱼的权利是根据整个村社渔场的所属权来规定的。这项权利非常实用，不然每个人都想在鲱鱼出现的时候就撒自己的网，就会产生纠纷，结果鲱鱼都游走了，渔网也扯破了。还有一种情况是在摩尔曼斯克岸边捕获三趾鸥（渔夫们分成6—12人一组出发，每组一条平底捕鱼帆船，用大渔网捞大西洋鳕、毛鳞鱼等白海鲱鱼的鱼饵）。如果一个地方聚集了5—50条平底捕鱼帆船，那么每条船都会系一网毛鳞鱼，如果船还没放好的话，渔夫就会把捞到的毛鳞鱼（饵）放到海里，耐心地等待自己出海的排序，而不和别人共用一条船。

村社的经济事务制度。夏天，农民会把马牵到没有牧人的海岛上放牧。村社没有种牛，但户主有种牛，所以母牛与公牛交配一次户主收费1卢布20戈比。村社没有在田地和菜地四周设围栏，每个户主自行斟酌是否共用田地，因为要考虑到牲畜对庄稼和草坪的破坏是无法预计的。租赁村社的农用地，如栅栏和白鲑渔场，村社会将从中获得的收益平分给所有纳税人，恰恰就是这些人填补了国家和村社的税收。

每个纳税人承担的赋税如下：

人头税	1卢布75戈比
代役租	75戈比
学校税	6.5戈比
土地税	50戈比
共计	3卢布6.5戈比
公社税	83戈比

除了森林税31卢布31戈比之外，村社上缴国家的税共计527卢布15.75戈比。所有赋税由纳税人均摊。已经去世或者无支付能力的成员的税款用农业用地的租金抵上，所以，欠缴税款的事不会发生。在村社成员服役期间，他的税款和赋役由他的家庭承担，而他的家庭和其他成员一样，平等地使用农用地。

一些农民家里没有牲畜，所以他们就把自己的草场租给别人，不需要什么特别的条件也无需征得公社的同意。村社接纳新成员进来的时候一定会聚宴畅饮，至少要用到2桶酒，但是新成员买酒没有任何优惠。村社成员退出村社的情况很少发生。作为村社成员连环保的一分子，要为行为不端的农民支付法院裁定的押送他们去村社的路费。除了村社成员，农民中还有外乡人：53个男人、65个女人，他们被称为"外乡人"。他们有义务在冬天为村社修路。乡村教士也会有一块和其他人一样的草场。

坎达拉克村有80个农户，费多谢新村有16个农户。坎达拉克村的菜地每年收获120俄斗芜菁，新村8俄斗。代役租收入属于村社，除了已经标注好的尼瓦河和科尔维察河的租金 300 卢布之外，白鲑鱼渔场租金 45 卢布，有野兽的地段租金 20 卢布，鲱鱼渔场租金 40 卢布，共收入 405 卢布。

鲱鱼是村里主要的粮食来源，根据 1881 年的记载可知，村社有 3500 卢布。夏天的时候，要从阿尔汉格尔斯克市运来所有的食品。除此之外，从春天开始每年约 30 人去摩尔曼斯克捕鱼，每年所获收益为 60—100 卢布。89 个农户没有马，11 个农户没有鹿。村社所有的牲畜包括：7 匹马、30 头母牛、10 头牛犊、1 头公牛、200 只羊、400 只鹿。

村社其他营利项目如下：（1）捕获凶猛的海洋生物——环斑海豹，有 35 个人从事这项工作。9 月 1 日之后，环斑海豹开始从北冰洋游到白海，再到坎达拉克湾，它是冲着这里秋天就结上厚厚的冰块来的。猎人们像拖雪橇一样把重达 8 普特的来复枪和小船拖到这儿，然后在岛上散开，他们在岸边坐等这些野兽的出现并且射杀它们。从 9 月 1 日到 11 月 1 日的两个月间，每个优秀的猎手都能打到 30—50 卢布的猎物。连着皮的环斑海豹肉每普特最少卖 2 卢布 20 戈比。每只环斑海豹能提炼 1—3.5 普特油脂。在坎达拉克村社边上进行射击野兽的训练，村社认为这片水域是私有财产，因此，如果在这里出现了不属于村社的外乡猎手，而且他们还带着自己的来复枪和小船，那么当地的猎手可以把他的枪和打到的猎物抢过来。这种情况被视为：他人领地不可侵犯。

（2）有几个居民用渔民的鹿来拉货。3 月，用鹿运货去摩尔曼能挣到 150 卢布。养鹿业发展得也不好，主要是因为春天的时候，在无人监管的情况下，鹿从冻原上下来会迷路，然后就死了；剩下的鹿跑到芬兰边界线那里，跑到当地的移民流放犯那里，或者破坏了当地居民的牧场，然后被射杀，所以我们也是这样"报答"从芬兰那边跑过来的鹿，射杀它们。为了消除此类纠纷，1839 年，为这些越境的鹿发布了一些规定，为了避免破坏芬兰边境线附近的草场，所以要在菜地里放牧，而这些菜地周围要围上 10 肘高的栅栏。但是这些规定没人遵守，直到现在依然存在鹿被射杀的情况。

3. 获取绒鸭毛。女人们从事这项工作，5 月 6 日开始工作，直到彼得节（俄历 6 月 29 日）才结束。她们共有 20 条小船，各自环岛散开，她们破坏鸭巢，取出鸭蛋，有时候还很过分——用木棍把绒鸭打死，过早的把它们的绒毛拔掉。这种贪婪的狩猎行为一年比一年少，因为绒鸭越来越少，显然，它们离开了这个地方。这些就是村社的主要收入来源。

1881 年，有一户人家改编到摩尔曼斯克海岸的开拓者行列中。

根据政府的粮食借贷情况可知，村社欠缴税款为 296 卢布 63 戈比。村社有 3 个男人、5 个女人和 6 个孩子靠乞讨为生。

科夫茨基村社由分布在科夫茨基河岸的村庄组成。水质好的鲑鱼渔场能产出最好的鲑鱼，质量和克马河（别洛耶湖）的鲑鱼一样好，众所周知，克马河的鲑鱼售价是每普特 28 卢布（秋季捕鱼期），从很早以前就吸引了居民来到这里买鲑鱼。大概是诺夫哥罗德统治时期，这些地方成了贵族的盈利用地。这里还保留着索洛韦茨修道院的建筑。占据天然优势的科夫茨基村社由来自科列利亚克的无耕地农民组成，他们是被这里沿岸的小鲱鱼吸引来的。如今已经形成独立的村社（它的土地不属于乡里），村社现有 197 名男性、205 名女性，共计 402 人（根据第 10 次人口调查：202 名男性、209 名女性，共计 411 人）。农民的房子和建筑集中在科夫茨基河口处，河岸左侧是入海口的河岸洼地，一部分建筑沿着河岸分布。

村社的宅院地和菜地的面积共计4俄亩，草场面积154俄亩，渔场50俄亩。这里的人不耕田，草场也是像坎达拉克村社一样由农民们轮流使用。在私人财产中，开出了2俄亩的草场。用来放牧的牧场位于距离村庄4俄里的森林里，村社雇用放牧人，薪酬为45戈比，参照坎达拉克村社放牛的薪酬来结算工资。类似的方式和条件同样也适用于捕获鲱鱼。

村社把科夫茨基河租给别人捕鲑鱼，租期是3年，每年的净利润为1200卢布。每年11月197个人平分这笔钱，不限年龄。在鲑鱼渔场区、河两岸安装长达70俄丈的栅栏。但是安装栅栏会用到5块份地，而且这项工程会花费村社350卢布。当栅栏安装完成之后，出了钱的那些人，即栅栏的建造者们首先去这些水域，沿着这些地方走3遍，检查栅栏上有没有洞。水里的工作非常寒冷，他们只有在烧热水时才能取一会儿暖。某一天，他们又去检查鱼篓子，确保每次卖掉2条鲑鱼的收益是自己的，剩下的都要上缴村社，这个时候，村社就摆上宴席，用酒来款待他们。下海捞珍珠的3个人喝酒免费，他们既安装栅栏，也参与份地内渔场建设的工作，即把石头从水底捞出来，放到栅栏的底部固定，因此为他们提供伏特加和澡堂是拯救他们免于冻坏的唯一利器。

村社其他的盈利项目被称为"科尔托姆基"，也就是能够产出肥美的鲑鱼和鲱鱼的渔场，共有23个。村社采取拍卖的方式将渔场租出去，拍卖会通常在1月下半月进行，能给村社带来200卢布的收益。

农民的马在韦利基岛上放牧，无人看管。只有夏天的时候，他们才会花10卢布雇人看管一下，他们只会看顾农户自己的马。村社没有共有的种牛，所以母牛与公牛交配一次，公牛的主人收费90戈比。

科夫茨基村社商品粮库设有夜间岗哨，这是必需的，作为一种村社职位，岗哨由从村社里选出来的某个成员担任。

村社每年人均缴纳的税款如下：

人头税	1卢布75戈比
代役租	75戈比
学校税	6.5戈比
土地税	50戈比
共计	3卢布6.5戈比
公社税	83戈比

村社上缴国家的税款共计530卢布14.5戈比，不包括23卢布1戈比的森林税。

除了村社成员，村里还居住着一些村社外来人员：9个男人、12个女人。

村社里有68个农户，菜地每年能收获芜菁110俄斗、马铃薯7俄斗。按照代役租条款村社可得到的收入包括：科夫茨基河的租金1200卢布、渔场的租金200卢布，共计1400卢布。从阿尔汉格尔斯克市购入粮食来满足居民的粮食需求。主要的收入还包括捕获鲱鱼，1881年捕鲱鱼的收入达到2000卢布。除此之外，约10个人去摩尔曼斯克捕鱼，每个人挣70卢布。

52个农户没有马，27个农户没有鹿。

村社所有牲畜如下：16匹马、50头母牛、8头小牛犊、2头公牛、340只羊、60头鹿。

1881年，有一户人家改编入摩尔曼斯克的开拓者行列中，村社已经很久没有接收新成员了。村社欠缴税款中粮食税所占份额是271卢布4戈比。

村里有4个女人、3个小男孩、5个小女孩靠乞讨为生。

克纳热古布村社，这个村社的名字由一些村庄的名字组成，这些村庄分布在坎达拉克村和科夫茨基村之间的海湾或小河湾处，沿着从克马河到科拉河的大道上。在彼得大帝1697年颁布的手谕中指出，诺托泽尔村社和松格利村社的拉普人享有合法的渔场使用权，那些位于科拉河的木结构边防城堡下的所有村庄改编后，不仅分布在坎达拉克海湾南岸，如坎达拉克村、克夫达村、克列特村；还分布在海湾北岸，如古布斯村（乌姆布斯克乡）。但是这些改编的村庄中并没有克纳热古布村，表明那个时候它还没出现。这个村庄里多半是克列拉人。村庄的名字是根据当地的民间传说而得，据说这里曾经居住着一个公爵，然后博亚尔就把这个居住点结合民间传说命名为波卢博亚尔村和博亚尔村，坐落在克列特到克马市的路上。

克纳热古布村有68名男性，67名女性，共131人。有1俄亩500平方俄丈的宅院地、2俄亩的菜地、6俄亩的草场，以及40俄亩的渔场，村社所有的土地中，草场已经完成了重新划分，这奠定了后面两个村社分布的基础。村社私有草场的面积为1俄亩900平方俄丈。

从5月1日到9月6日，牲畜到距离村庄7俄里的森林里放牧，这使牧人十分劳累，他们受雇于村社，放牧每头母牛户主需支付40戈比。

除了当地的农业之外，村社主要的盈利来源是春季和秋季捕获鲱鱼，这通常是在村社旁边的小河湾或海湾进行的，因此这里的捕获量比临近的两个村庄的捕获量要大。农用地的使用顺序和捕鱼的方法在上面都已经做了说明。

把马放到森林里去放牧，没有牧人看管，没有共有的种牛，所以每头母牛与公牛交配，公牛的主人可以收取80戈比。

每人需缴纳的国家税包括：

人头税	1卢布75戈比
代役租	75戈比
学校税	6.5戈比
土地税	50戈比
总计	3卢布6.5戈比
公社税	83戈比

需缴纳的所有税款共计173卢布60.5戈比。税款全部缴清，因为已经去世的农民、贫穷的农民和服兵役的人一样都要承担鲱鱼渔场的租金。

最近两年村社新登记了三户人家。他们为了回馈村社，需要用酒款待其他成员。没有人退出村社。在村社居住的外来人员中有 25 个男人、30 个女人。

克纳热古布村有 62 个农户。每年菜地收获芜菁 120 俄斗、马铃薯 6 俄斗。按照代役租条款村社可得到的收入包括：鲑鱼用地的租金 50 卢布、鲑鱼渔场的租金 25 卢布、猎场的租金 30 卢布，共计 105 卢布。

村社的粮食是由临近两个村社来供应的，谷物从阿尔汉格尔斯克市购买。村社的主要收入来源是鲱鱼，1881 年捕捞鲱鱼挣了 3000 卢布。没有农民在农闲季节外出做零工。

有 50 户人家没有马，29 户人家没有鹿。

从事畜力运输的波莫里亚人春天去摩尔曼，村社每年能挣到 170 卢布。

村社里欠缴的粮食税款为 66 卢布 25 戈比。有 1 个男人、2 个女人、3 个小男孩、4 个小女孩靠乞讨为生。

克纳热古布村社和科夫茨基村社在村社里设立了两个自治驿站，每年要花掉科夫茨基村社 995 卢布和克纳热古布村社 950 卢布。这些钱是从直接税收里拨用的，并且由所有参与运送邮件的农民平摊。除了三个在编的村社的所有农民之外，还有一些人在冬季的时候做腌渍鲱鱼用的大圆桶。这样的木桶每年要生产到 70000 个，每只桶的价格是 4—6 戈比。

上别列兹尼茨村社[1]

上别列兹尼茨村社位于梅津县列舒孔乡（农民们称它为"上别列兹尼茨村"或者"上别列兹尼科"），村社由私有农民和原国有农民组成。没有人知道村社是什么时候形成的、如何形成的、它的名字从何而来。近来，村社的结构并没有发生变化。

该村社包括一个村庄和距离村庄 3 俄里且只有两户人家的新村，在行政关系上村社包括两个村和一个新村，但是没有人知道村社是什么时候形成的，几个占据份地的村子构成了一个行政村社。

村庄自主划分、使用土地的农民，不受村社其他村子的影响。基于土地占有权所设立的村社或"乡村协会"有权根据自己的规定处置土地，不受隶属同一行政机构的其他村社或"乡村协会"的影响。上别列兹尼茨村社占有份地的男性人口共 186 人，村社里有 184 名男性、196 名女性，共 380 人。村社所占土地如下：耕地 111 俄亩 1440 平方俄丈（约 121.64 公顷）；草场 165 俄亩 10 平方俄丈（约 179.85 公顷），共计 276 俄亩 1450 平方俄丈（约 301.5 公顷）。虽然村社所拥有的森林和水域并不进行重新划分，但所有农民都有使用权。通常，比较尽责的农户在森林里都有自己专有的"小路"，也就是陷阱区，他们选好利于捕猎的地方之后安置捕兽器。村社共有 11 个陷阱区，都是户主自己选定的。这些农业用地占据村社方圆 10—40 俄里的地方，那里有 100—500 个捕兽器、诱捕器和套

---

〔1〕 资料来源：米涅卡 Г.：《阿尔汉格尔斯克省乡村土地公社农民公社历史资料》卷 3，阿尔汉格尔斯克省印刷厂，1882—1886。

索，这些陷阱是秋天的时候用来抓鸟的。诱捕器是放在树洞上的，用木盖子盖上，木盖用小绳连接着，（当鸟拉下诱饵时）木盖就把鸟压住了；套索是由12根马鬃毛拧成的，把它固定到杆子上，杆子扎入地面，套索另一侧系到地面的木棍上，鸟飞下来的时候就会发现食物，把头塞进绳扣里吃诱饵，然后就被抓住了。这些陷阱区父子相传，所以会出现以下情况：一个家庭里有好几个人都在用这些陷阱区，当他们彼此转让自己的陷阱区时，接受转让的那个人要支付给其他家庭成员每人2—6卢布。陷阱区是根据其地理位置、捕获量和捕捉器的数量来定价的。转让自己的部分陷阱区，然后在森林的空闲地上设置新的陷阱区，而这些新的陷阱区同样可以当作遗产来继承。每个猎人都牢牢记住，并且十分了解自己的"小路"，绝不可能和别人的搞混。出于对传统的信守不渝、天生的荣誉感和对他人财产的尊重，猎人不敢检查，更不敢清理别人的陷阱区，尽管这些地方已经被清理上千次了。村社完全不会对此进行干涉，而且对于使用陷阱区的户主们来说，这是他们的私人财产。河流、小溪和湖泊大家想用就用。但是湖泊属于村社，那些之前将其据为己有的人被限制使用。在其他地区有两个农户一直占有整个湖泊，但是捕到的鱼非常少，只够自己家吃的，考虑到扎沃洛特内大渔网非常大，需要安排两三个人完成这项工作。1个这样的大渔网由10个小鱼网做成的，每个小鱼网长3俄丈，网眼两指宽，它们连接在一起共30俄丈长，15俄丈深。悬臂下面有一个大袋子（也就是大渔网的兜状网底，在网底每间隔1.5俄尺放上一块石头固定住，然后把网放进水里）。绳索上方系着木头做的浮子。由两个工人把大渔网从船里拽出来，朝与河岸相反的方向走，第三个人留在另一侧岸边，抓住一侧翼网。把大渔网从船里拽出来之后扔向河岸。

鱼通常都会游向兜状网底（袋子），它们在网里跳动着，然后工人们就知道了鱼的位置，在大渔网里发现鱼之后，工人们就用桨把它们赶到兜状网底里，这样鱼就跑不掉了。还有一种捕鱼方式是用火把照明来叉鱼。通常是在秋夜里进行的，在船头固定上高1.5俄尺的短木桩，在短木桩上固定一个铁制羊角叉，上面带着直立向上的锯齿，锯齿中间放着几块干燥的、涂满松脂的树根或小树桩，然后点燃它们。渔民拿着2.5俄丈长的鱼叉靠近火把站着，他们紧紧盯着仿佛沉睡着的鱼，远远地看到鱼的时候，就给划船的同伴一个暗示，然后自己把叉子狠狠地刺向水中的狗鱼、江鳕、茴鱼等其他大鱼，然后把叉子上的鱼拿下来放到船上。

村社里不存在通过"占有—使用"的方式占有草场和耕地的情况，因为所有土地都划分为份地了。

宅院地按户继承，不进行重新分配。每个户主在房子旁边或者不远处设置菜地、大麻地，并将其纳入公有土地的范畴，但是过去和现在都没有重新划分过这些用地。新迁入的居民在未被占领的空闲地上盖房子。如果建筑章程允许的话，火灾后需要在原址重建，否则的话就需要在乡缙绅指定的空闲地上重建，根据他们的决议确定重建的事宜。建筑重建的时候，必须遵守相关法律，房屋需间隔6俄丈，因此不得不在原址的基础上多占据一部分耕地。如果新建筑占了别人的耕地，那么必须强制夺回他相同面积、等级的土地。

由于建筑法和火灾章程越来越严格、警察严格执法，因不遵守建筑章程而产生的罚款使农民感到绝望。根据法院的裁定，他们把自己的家从一个地方迁移到另一个地方，结果导致村社人数减少。

上述村社的村庄占据着梅津河旁、山区附近长1俄里、宽70俄丈的土地，中间有两个相隔0.5俄里的警察分局。村庄里有两排房子，中间街道上什么也没有，房子后面是耕地。

耕地被划分成三个等级：一等地是优质耕地，二等地是质量一般的耕地，三等地是劣质耕地（农民们称其为"次级"），确定三类土地不仅要依据土地距村庄的距离，还要考虑耕地的质量，因为同一区域的土地并不完全一样，每块地划分成大小两块儿，土壤肥沃程度不同。按照土地质量将其重新划分为三个等级，每个成员都能得到每一等级指定大小的土地，一等地土地不足时，不足的部分用两倍二等地或三倍三等地代替。不过现在有些户主通过给劣质耕地（三等地）施肥，把劣质土地变成优质耕地，但是由于进行了重新分配，所以这块土地还是按照之前的分类，属于三等地。

土地划分关键在测杆（每根测杆代表4平方俄丈土地），每30测杆等于1俄丈，而每俄丈等于是120平方俄丈土地。但不是根据土地面积而是根据土壤肥沃程度来平分土地，农民和分配员根据测量结果来重新划分。

土地的名称是：格列德尼、科利措、戈尔卡和扎德卡。相邻土地间由未开垦过的土地也就是由地界隔开。农民非常重视土地，所以他们在重新划分的时候都会把地界留得很窄，宽不超过1俄尺，但是耕地末端的土地、栅栏旁边的土地、距离村庄很远且宽仅2—5俄丈的耕地都是未经开垦的，是特意留下的，每个人都可以将其纳入自己的耕地之中。冬天这段路可以使用轻型平板雪橇（乡村用以运劈柴等）——克连基来代替四轮大车，这种雪橇长1.5俄丈。这些离村很远的耕地和村里的耕地不同，安装着用6—7个杆子搭成的晒草架来晒干大麦，黑麦有两排，分别占两个杆子，其中最远的杆子在1俄里内，晒干的庄稼还晾在那儿的架子上。

1881年4月，村社进行土地重分，且只在现有男性人口之间进行，重新划分只是一个暂时性的决议，因为现有人口只统计到1881年4月4日。这段时间之后出生的男孩没有份地，而且也不会将去世的人从重新划分的名单中剔除，直到进行下一次土地重分。随着农奴制改革的进行，土地重分的单位也不会改变，而人均份地则会因为男性人口增加而有所改变，如1876年，土地重新划分给161个人；1881年，土地重新划分给186个人。因此，随着人口扩增，人均份地减少，每个人分得13俄丈23测杆的土地，播种则需要3俄斗的种粮。

1876—1881年的重新划分根据家庭人口增减的数量来增划或者减划土地，因此大部分耕地还是保留在之前的土地所有者手中。

重新划分时，不在编的家庭通常得到的都是多余部分且质量不好的土地，这些土地由之前的土地所有者指定，之前的土地所有者完全不想把自己中意的或是施过肥的土地划分出去，但是重新划分地界的时候，不会改变公有土地的数量，也不进行抽签来分地。村社不进行彻底式的土地重分。最近一次土地重分是在1881年，距离1876年的重新划分已经过去了5年，但是1858年第10次人口调查之后到现在，18年间从未进行过土地重分。最近一次划分是由一件事引起的：有几个家庭的人都去世了，他们无法耕种土地，所以把土地转让给有能力缴税的富农来耕种，同时进行重新划分还因为一些家庭的成年劳动力过剩，却没有从村社那里得到相应的份地。当然，占有他人份地的那些人在进行重新划分的时候应该上缴所占土地，他们非常不愿意重新划分土地。村社规定了重新划分的时效为5年之后，也就是1886年到期。重新划分只是重新划分耕地，也就是说，当个别家庭人口增加的时候，男性所获耕地就会相应减少。村社最大的一块耕地长200俄丈、宽5俄丈，中等大小的土地长100俄丈、宽3俄丈，最小的土地长达60俄丈、宽达1.5俄丈。划分给农户的土地份额，包含1块大的土地、两块中等大小的土地、两块小的土地，共5块，两个人得到10—11块耕地，5个人得到20—27块耕地。犁沟被叫作"牲畜圈"，犁沟把土地分成两部分或三部分，这种分割通常是山区，犁沟用来引流融化的雪水。村社的耕地被称为"条形田"，通常一个户主的所有耕地都集中在一个地方，与邻居的耕地用地界隔开。

重分土地时，村社不会单独留出份地给新加入村社的成员。施过厩肥的土地也要进行重分。三等土地，也就是劣质土地靠近森林，这里的雪长期不化，由于播种也比较晚，在成熟的过程中会受到早秋寒的影响。当然，每个农户都努力保留自己的份地，尤其是那些恢复过来的土地，这样的土地长出来的作物成熟的比较早，而且通常是在移居者的附近。如果重划分的土地被移交给别人，那么接收者要和之前的农户一起收割，收割的时候还要把每个禾捆堆都堆平均。如果一块土地已经施过厩肥，那就不需要再施肥了，因为前一个户主会自行斟酌选择划出的土地。村社没有空闲地。虽然在1876年重新划分之前有不少土地都在歉收年间荒废了，但是重新划分时决定把它们留给以前的主人，在1881年重新划分之前的5年间，这些土地又被重新开垦了。除了村社的土地，大部分户主都有自己的伐开地，是他们自己或者他们的祖先在森林里清理出来的。1876年土地重分时，划分的耕地有40年的使用权，其中包括公共的份地在内，但根据1882年的管理方案，这些耕地又重新划归给原来的户主，现在这些份地不会重新划分。一些人对这次划分的情况并不满意，但是在大会上，他们的声音被那些对这件事感兴趣的人压下去了。这样的耕地有8俄亩737平方俄丈。没有人在荒芜的草地上割草。村社没有雇人翻耕未开垦的土地，然后再重新划分开垦过的土地的传统。

1876年土地重分之后过了5年，也就是1881年6月，草场和耕地同时进行新一次的重分。

大部分草场（包括两块天然小草场）都是由小面积的耕地组成的（宽不超过4—5俄丈），沿着叶茹加河（库洛伊河）分布，占据着河岸和森林之间的区域。草场不按照质量划分类别或等级，也就是说，所有草场的质量都一样。1858年重新划分之后，草场之间的界限一直到现在都没有改变过，因为一些家庭男性人口减少了，所以就从他们那里收回一部分土地划分给男性人口增多的家庭。

面积最小的耕地长达30俄丈、宽3俄丈，中等大小的耕地长50俄丈、宽10俄丈，最大的耕地长150俄丈、宽20俄丈。每人分得一块大耕地、一块中等耕地、两块小耕地，共四块；两个人分得八块，耕地的名字分别是托波尔（斧子）、西卡伊和维德林。除了村社的草场之外，大部分的农户都有自己的伐开地，是他们自己或者他们的祖先从林地中清理出来的。1876年，部分草场重新划分之后，户主拥有40年的使用权，但根据1882年的管理方案，这些草场也像之前的耕地一样重新划归给原来的户主。村社里这样的草场有 72 俄亩 59 平方俄丈。

草场已经全部进行重新划分，但是不会所有人一起收割干草，每个农户自己收割自己的干草，有时也可以雇别人来帮忙。收割青草晒干后，把它们堆成一堆，然后垛成垛——长方形草垛，草垛彼此间用垛心杆隔开，这些垛心杆刺入地面 1 俄尺深，间隔 1.5 俄尺。这样的干草垛重 7—10 普特。

干草垛顶风，所以为了避免干草被吹跑，就用长的、短的木桩把干草垛从两面支撑住，每个草垛用四个木桩，一侧用两个，木桩长度是 1.5—2 俄尺。秋天的时候，这样的草垛要用 3 个杆做的围栏围起来，围栏高 1 俄丈，每个农户都在自己的杆上刻上家族标记。这些草垛堆在地上直到冬天，每个农户都在春汛前把草垛运回家。伊林节（7 月 20 日）这一天所有居民会同时出发收割干草。

村社里有最大的针叶阔叶林。这里大面积生长着阔叶树、松树和云杉，还有白桦树、欧洲山杨、稠李和花楸。小树生长在距村庄 1 俄里的地方，而那些高大的树木则距村庄 5—6 俄里。

在村会上，国家根据每个农户的需求低价提供相应数量的木材。在建造新房屋或者修缮建筑时，农民会根据林业部门的许可证采伐木材，不过需要根据木材量全额付款，每棵云杉树 20—99 戈比，每棵阔叶树 40—43 戈比。虽然是凭许可证来采伐木材，但是在查验过程中经常会量错所伐森林的面积，所以农民需要为此交罚款。

近来，距离最近的砍伐区和国有林区的禁伐期也结束了，而距离最近的可以流放木材的河不到 5 俄里，但是河离村子比较远。因此，对于农民来说整个运送过程非常困难，根本无法把木材运出去。猎人们免税在森林里捕鸟和野兽。村社不会占用禁伐林。

上别列兹尼茨村社的农民没有私有牧场，且没有租用其他牧场。每年雪融化之后，就把牲畜赶到天然牧场里放牧，直到 6 月下半月，到牧场收割干草时才会把牲畜赶到森林里去。收割完毕之后，牲畜又被赶到天然牧场里放牧，直到第一场雪的到来。

不到地里放牧牲畜，因为黏土地会被踩坏，结成硬块，而且耕种土地的时候很难弄碎，除此之外牲畜还会毁坏秋播作物，它们会吃掉作物的芽或者把它们踩坏，因此作物要很长时间才能成熟，而且会遭受早秋寒的影响，通常需要重新播种一次。通常先收割距离最近的草场，收割完之后放牧牲畜。牛犊和其他牲畜一起放牧。村社里的所有农户和其他无耕地的农民一样，有权决定是否在牧场里放牧牲畜。牲畜在没有牧人且无任何监管的情况下放牧。

村社没有水井，尽管梅津河距离村社超过半俄里，但还是需要从河里取水。冬天，水面上有三个冰窟窿用来取水：一个家用，一个用来饮牲口，一个用来洗衣服。冰窟窿用界石围住，防止雪滑进去，并且每天早晚各清理一次。不用支付清洁员任何费用，不过每个周日和节日，使用冰窟窿的人都要从家里给他拿一个大烤饼（约 1 俄磅烤面包），因此村社要给清洁员约 25 普特面包。为了能在那么寒冷地方待下去，清洁员向村社讨了一桶伏特加，然后和他们一起慢慢地喝。

根据 1858 年人口调查可知，村社没有规定重划分后土地的使用期限。

有人向乡缙绅提交了重分土地的申请，根据缙绅的命令，村长召开村会。乡大会是讨论重要事务的场所，通常在秋天和冬天召开，这个时候暂时离开的农民们也回家了，也不用干农活，参加大会的都是农户，而无土地的贫苦农民和无耕地者只会在以下情况才允许参会：希望在重新划分时得到一些土地，或者希望能要回之前因为某些原因被剥夺的土地。女人也可以参会，不过多半是拥有自己的土地且有耕地能力的寡妇，或者是将来有权得到份地的寡妇。在户主缺席大会的情况下，他的妻子和年满21岁、不超过60岁的其他家庭成员可以代替他出席。护照签发人可以把自己的大会投票权转让给邻居。为了拟定土地重分的决议，必须得到有大会投票权的2/3的户主的同意，否则决议就不能实施。解决村社其他事务也需要进行投票，如果有分歧且票数相等的话，就看村长的意见了。有两种人能影响大会的决议，一种是有儿子但还未得到份地的农民；另一种是家庭男性人口减少，应该将土地还给村社的农民。富农对决议的影响也很大，贫农给他们干活，所以根本不敢违抗他们的意思，在大会上也只能一直支持他们，尤其是那些管理村社土地的土豪，他们一直强取豪夺农民的田地，在1881年重分土地的时候他们喝了两桶多伏特加。

最近一次重新划分是在1881年，每人分得的土地如下：13平方俄丈（23测杆）的耕地，需要3俄斗的种粮；17平方俄丈（16测杆）的草场，能收获12—20垛干草。

村社不划分成小组。

村社成员彼此协商好，在不同区域使用相同等级、同等质量的耕地和草场。由于1876—1881年没有测量过土地，而且当时是根据1858年的测量数据进行重分的，所以为了进行重划，村会要从农民中选出全权代理人和专门的测量员。1881年重新划分期间，重新核对了草场面积，也就是农户在村会上上报自己所收割的干草数量，并把数据登记在册，但是数据不一定准确，也不一定可信，因为有些人会故意少报自己的干草垛数量，希望得到更多的份地，但是因为其他人上报真实的数据，所以出于公正给这些人的份地面积较小。除此之外，干草的测量单位是草垛。垛干草的时候，一些人的草垛宽度是1俄尺，另一些人的是1.5俄尺，这就引起了民众对划分不均的抱怨和不满。1886年重新划分时，村社想测量实际土地的面积。这次重新划分雇了专门的操作员，薪资是每人18戈比，共花费33卢布42戈比，他们记录数据并根据数据划分土地。尽管操作员和其他农民都亲吻圣象以示自己的公正无私，但是事情并没有顺利地进行下去。重新划分要根据两本"划分册"来进行，一本用于重分耕地，一本用于重分草场，划分册上有操作员的签名，并且一直保留在他们那里，因此一旦农民对划分有什么争议，就可以到操作员那里询问。

村社按照以前的方式用10俄丈长的绳子测量土地，两个人拿着绳子的两端，前面的人在绳子末端把小棍插入地面，后面的人用小棍把放在地上的绳子弄平，棍子的数量就表示这段距离的长度。个别户主的草场用灌木丛和短木桩隔开，如果分界线上没有这些东西就钉上木头橛子。如果草长歪了而且越过了地界的话，就用大镰刀在地界上割草来设置小道儿或者刈割道。村社耕地用粮如下：4俄斗种粮能播种4平方俄丈18测杆的土地；2俄斗种粮能播种2平方俄丈9测杆的土地，1俄斗种粮能播种1平方俄丈4.5测杆的土地。半俄斗种粮能播种17.25测杆的土地，草场收割情况如下：每26测杆收割一垛干草（7—10普特）。所有草场同时进行重新划分。

村社出现了一些状况：任意占用他人耕地、错误设置小道儿和刈割道、在收割过的草地上斜着插入短木桩、收割和偷拿别人的干草。受害者们去找村长申诉，村长会公正的查明事情原委，然后把案件移交乡法院处理。乡公所判处被告拘留7天，或者让他们为村社劳动7天，又或者是用白桦树条鞭打15下。

村社占有份地情况如下：23个家庭拥有1块份地、16个家庭拥有2块份地、7个家庭拥有4块份地、5个家庭拥有5块份地、1个家庭拥有6块份地。如果有些人的耕地面积比其他人的小，或者质量比其他人的差，那么就单独划分其他土地给他，这称为"增划地"，增划的是质量相同的土地，如果划分给他的是质量不同的土地，就称之为"补充地"。

重新划分其他农用地的方式和划分耕地的方式一样，没有什么特别之处。村社在重新划分时不会保留部分耕地和草场作为备用地。有一些农民在得到份地之后就改编到其他村社，这时他们就要把自己的份地进行拍卖性租赁，得到的钱留作村社共用，例如用于雇用牧场看守人。

因为放牧牲畜时没有任何监管，所以经常发生一些状况，牲畜不是陷入泥泞，就是被狼或熊咬死。村社周围有很多森林，熊会钻进去。农民们很有经验，而且马的嗅觉非常敏锐，能从很远的地方察觉到熊的出没，晚上农民会用一匹马当岗哨，熊从背风的一面悄悄靠近马群，然后袭击这只守卫马，这只马受到惊吓而嘶叫，其他的马被它的叫声吵醒瞬间跑掉。为了避免这种情况发生，前些年村社会雇佣牧人，除了按马匹计算工资之外，农户还要轮流给他们提供食物和外衣，大约10月1日结束放牧，这时要给放牧人提供烤面包，每户提供1—2俄磅面包，根据牲畜的数量，提供的面包大概有2—3普特。为了避免"牧场中邪了"（迷信）的情况发生，放牧期结束之前，任何人无权出售牲畜或屠杀牲畜留作家用。

如果牲畜被野兽叼走的话，农户不用付给牧人报酬。如果牧人没有办法保证牲畜免遭野兽的袭击，那么他就没有留在村社里的必要了。秋天时，牲畜会跑很远，农民要花很长时间才能找到它们。

以前村社买公牛要花25卢布，经过选举这份工作被委托给某个农户，冬天的时候村社要支付给他18卢布，公牛与母牛交配时户主需支付20戈比，这些钱也属于村社资产。如果公牛因此而被杀掉，那么牛肉只给那些无偿地养了它多年的农户食用。现在村社没有种牛，所以为了配种去相邻的大尼索尔村社买牛，但还是会受到当地养公牛的农户的指责。

村社不设立和雇用轮班岗哨来防护森林，因为森林归国家所有，并且由护林员和巡查员来防护。

村社在耕地和天然草场的周围分别设置了栅栏和篱笆。最近一次重新划分后，每个人的份地上有22俄丈的栅栏和2俄丈的篱笆，共24俄丈；除此之外，还有整个村社一起制作用来保护天然草场的篱笆，长达200俄丈。栅栏和篱笆高2俄尺，用6—7个杆子制成。农户在篱笆尽头的杆子上刻上自己的标记，这些做好的篱笆可以保留12年，如果发现篱笆坏了，或者高度不够，那么同村社的人就会用树条抽打做篱笆的人。如果牲畜弄坏了篱笆，糟蹋了庄稼，那么这块地的主人需要为此负责；如果牲畜渡河破坏了别人的耕地，那就只能怪牲畜了。

村社里有村储存商店，用村社所收的税款来维持其运营。粮食的分配和征收工作由村社选出的粮食监管员来负责，并且是在村长的监督下进行的。村社里没有学校、铁匠铺和面粉厂。

叶茹加河（库洛伊河）上的运输工作需要花费村社的税金，这项工作每年花费村社近30卢布。驿道和乡道的修缮工作可作为赋役由农民承担，每年要从10个拥有份地的农民里选3个人去完成这项工作，分别是6月播种结束之后选两个人、9月收完粮食和牧草之后选一个人。这项工作是在县警察局的低级警官和村长的监督下进行的。10个院子为一组，这种划分不是根据街道，也不是根据院子的排列顺序，而是根据相互协商的方式划分的，这种方式是很早之前就确定下来的。只有在人口减少的时候"十人组"的顺序才会改变，重新划分时，十人组多出来的人重编入人口减少的十人组里，以此来平衡十人组的人数。

除此之外，村社还有一项义务——沿主干路每3俄里设置路标来指明路况。这项工作由十人组轮流完成。

在1846—1847年，根据林业部门的许可，村社统计得出诺沃普里霍德内岛的草场长1俄里、宽300俄丈，这就是为什么这个草场的名字是"村社希娜"。在某个固定的日子，村社成员一同耕种这块土地，用在这块土地上收割的干草卖掉的钱来买宴会所用的伏特加。每户人家一天只能出一个人，但是收割干草一天需要两个人。收割的干草垛成一样的草垛，每个草垛重10—15普特，这块草地上大概有250—300个草垛。因此也需要进行抽签：有几块地需要收割干草，就要做几个标记，把这些标记分成几组，以此确定户主的排列顺序，当然每个得到小块儿草场的人都要做好自己的标记。一年后有几个人自行协商更换了自己的分组，在分家的人身上最常发生这种情况。

除了上述情况之外，村社的耕地都不是共有的，也不会合力耕种土地。

重新划分草场时，划分出四块草地，面积不等且分布在不同的地方，归小教堂所有，每年这些土地都会进行拍卖性租赁，能挣约20卢布，租金也归小教堂所有。

村社不会将自己的全部土地进行租借或者租赁，也不会去买地。所有成员不会一起雇佣。

农民没有劳役租。

几个农民在林地和草场里有伐开地。这样的伐开地有时是家族里几个兄弟一起清理出来的，分家的时候在不突破村社底线的基础上占有草场：分家的人把收割好的干草按人数分成相应等份，一年之后他们可以自行协商更换地段。到1876—1881年重新划分之前，人们还发现草场上有几个家庭在共同劳作。村社没有什么像牲畜那样的共同财产，如建筑、农业用具和机器等。每个农户独立经营。

村社根据土地质量采用轮作制：劣质土地的轮作顺序是黑麦、谷物（大麦）和休耕，优质土地轮作顺序——黑麦、3次谷物（大麦）、（4年后）休耕，有时超过4年才会休耕。耕地比较少的家庭不会休耕，他们连续耕种4—5年，虽然每年都会施厩肥，但是收成越来越少，劣质土地通常需要重新播种一次。给土地施肥是在黑麦地休耕之后、播种春播作物的时候，播种春播作物的土地第二年也只能播种春播作物，因为每年的粪肥只能给1/3的土地施肥，剩下2/3的土地未来两年不能施肥。开垦休耕地要翻耕4次，有的翻耕5次，然后给全部土地施肥。粪肥不够的话，就运来黑钙土或者从街边拉来一些废料、苔藓和针叶树枝，也就是一些枯枝和小树枝。冬天的时候，断裂的小树枝落在牲畜圈的干草上，它们受潮受热膨胀软化，使黏土变得非常柔软，这能带来往年两倍的收成。这样的土壤不贫瘠，而且能带来五六年的丰收，然后土地就要休耕，但不是所有人都能遵守这样的轮作制度。

480平方俄丈的土地需要60—75车厩肥。从5月初开始播种春播作物，播种持续一周半。7月播种秋播黑麦。用有两个犁尖、没有耙的木犁纵向耕地，播种完成之后就把耙套到一匹马上来翻耕。为了春天播种工作能快速进行，秋天之后先耕一次，然后春天全部翻耕完。一个工人一匹马一天耕种960平方俄丈的土地：村民们雇人来耕地，每人耕种480平方俄丈土地的薪资是1卢布30戈比—1卢布80戈比。这份工作只会交给成年劳动力不足或者没有马的家庭。被雇用的人不好好耕地，经常需要重新播种，但是收成也不好，利润很少。

只有不超过1/3的农户勤勤恳恳地种地，因为大部分人都酗酒，除此之外，还有别的盈利项目，因此庄稼收成差距很大，勤勉的农户收获量有5—7成，懒惰的农户收获量不到两三成，因此这个时候就会有一些人将粮食出售给那些歉收的农户。

风调雨顺时，大麦2.5—3个月就能成熟，秋播作物7—11个月成熟，春播作物2—7个月成熟。收割季是8月15日到9月初，用镰刀收割粮食。熟过头的黑麦在收割时通常都会造成浪费。割麦人三天能收割480平方俄丈的土地，雇用割麦人需要支付2卢布。村社通常是从根部收割庄稼，那些还没完全成熟的作物最怕夜寒，后来为了催熟这些作物，就把收割好的作物堆成禾谷堆，谷类作物有10个禾谷堆，其中5捆黑麦，然后把作物倒挂在户外的长杆上晾干。多雨雪的季节，打谷场里用粗杆子打谷，结果种粮被磨碎，打好的谷物特别的潮。收割好的作物要放在晒草架上通风晾干，然后送到有谷物干燥房的打谷场里打谷。但是最近也有一些比较富裕的农民在木房里打谷。这些谷物干燥房不符合建筑要求，而且经常发生火灾。用木棍把麦穗从麦秸上打下来。每人每天能打谷500—600捆。打谷完之后，经常会尘土飞扬，垃圾成堆，用白桦树皮编织的筛子清理这些碎屑。女人把谷物倒进去，不断地摇晃直到不再飞出任何碎屑。用这种方法每人每天能清理1俄石谷物。把干净的谷物保存在粮仓里。

因为没有钱，大部分农民只能用手工小磨把粮食碾碎，只有富农才会用水磨和风磨。

村社所有草场都分布在河岸边，在海拔低的地方春汛就相当于施肥了，这些地方的草长得很好。春天时冰雪消融，牲畜会在草场上待很长时间，不停地吃草、踩踏青草，这严重影响了草的生长，对于牲畜来说，最难度过的就是6月15日到8月15日这段时间，此时牧场还没有收割青草，牲畜只能到森林里放牧，但是那里几乎没有草，而且村社周围遍布针叶林。7月20日伊林节前后开始着手割草，8月中旬结束。

大部分情况下干草的质量取决于收割的时间，过早收割干草就要仔细地将其晒干并且需要经常查看。一块份地就是一个工人4—5天的工作量，而雇用工人的花销因时节的不同而不同：夏初，5—6卢布；夏末，3—4卢布。用短把镰刀割草，男人能割6俄石，女人能割4—4.5俄石。青草是给马、牛犊、幼鹿和羊提供的饲料，所以在晒干的时候不能淋雨，长时间淋雨的话草会变成灰色，就只能当母牛的饲料了。牲畜完全能靠一种饲料度过8个月，只有用马拉货的时候才会给马喂点儿大麦。牛吃大麦秸秆，只有在母牛产奶的时候才会给母牛吃干草。有一种饲料是白色的针叶林苔藓，从秋天就开始储备，只给牛喂，是为了让母牛能更好地产奶。受收成和季节的影响，干草的价格变化很大。初秋，富农会囤积干草，贫农为了生活需要按照每垛1卢布60戈比的价钱卖掉自己的干草，但春天时同等质量的干草价格为5—6卢布，所以贫农只能将自己还未收割的干草提前出售，有时一垛干草不超过1卢布20戈比—40戈比，晚春时节，这些人经常不得不免费把自己的牲畜出让给富农。一捆大麦12—20俄磅，秋天的价格为6戈比，但春天的时候更贵，特别是1884年的春天，每捆能卖到25—40戈比，一捆20—30俄磅的黑麦价格为5—8戈比，能卖上25—30戈比，每个人剩下的作物也不够，没有多余出售的。在这种情况下，农民们只能折树枝、收集森林里的红色苔藓给牲畜当饲料。

由于今年所有地方的饲料都严重不足，所以马的价格下跌到前所未有的最低水平。一岁的小马驹卖1卢布25戈比；半岁小马驹卖50戈比—1卢布；老马能卖2—3卢布，因为一张马皮能卖到3卢布，但几乎没有人愿意买。如果没有饲料的话，那么至少有5—6匹马无法度过这个冬天。因此每个农户为了能让牲畜度过寒冬都会囤积干草，如果有多余的牲畜就把它杀掉。特别是贫农的羊，绝不可能超过5、6只，而每个富农都有15只羊，每个贫农最多有1匹马、1头母牛，但不是所有贫农都是这样的，而每个富农有2、3匹马，2—4头牛。

由于以下原因农业在村社的地位不是很高：首先耕地不能保障农户的生活，他们的份地太少，肥料也不够，而且受当地土壤质量的限制，收获的干草根本不够养活那些牲畜。例如一匹马一年需要30垛干草、一头母牛一年需要2.5垛干草、一只羊一年需要1.5垛干草。

翻耕两块份地并且给份地施肥至少能养活1匹马、4头母牛、10只羊，同时两个人能分到30—40垛干草，因此为了养活1匹马、4头牛和10只羊，还需要购入20—35卢布干草，当然这还要看农民的经济能力。当然，一些富民可以清理伐开地，但是贫农只能在农闲时节外出打零工补贴家用，把家里的农活交给妻子，结果土壤就越来越贫瘠。

其次，丰收年间的粮食都很难满足所有农民的粮食需求，更何况经常歉收。歉收原因就是泥泞的黏土需要很多的肥料、冷冽的气候、寒冷的东风和北风、短暂且多雨的夏天，还有夜寒经常毁掉农民的全部希望。最后，由于离海比较近，导致农民无法干农活，而且冬天、春天和夏天的时候临海区的所有居民都要去海上捕鱼。除此之外，还有一些农民去彼得堡市和阿尔汉格尔斯克市打零工，但是众所周知，他们本来挣的钱就不多，还要从中抽取一部分贴补家用，所以会出现一些状况：有一些人被押解回乡，这段押解的过程花费近20卢布，这个钱要从被押解的农民身上征收。因此，一些份地通常会荒废，这个时候耕种土地的责任就落到孱弱的女人身上了。

自古以来的节日传统也严重影响了农业经济的发展，这些节日助长了老百姓们的纵饮无度，这样的节日包括伊万节（6月24日）、伊万斋（8月29日）和谢肉节，但由于其他村庄的原因，两年前已经取消谢肉节了。第一个节日花费村子480卢布，这对穷人家的影响非常大，因为富农可以提供1俄石大麦来酿酒，但是穷人只能提供0.25俄石的大麦。当粮食出口的时候，1俄石大麦最少卖7、8卢布。第二个节日是在秋天收获季之时，花费村社约250卢布。穷人只能为节日提供半桶伏特加，而富农提供1桶或1桶半伏特加，他们慷慨地好像卖水一样，要知道一桶酒能卖6、7卢布。没有人敢摆脱这个根深蒂固的传统，有些农户甚至会卖掉对自己非常重要的牲畜来准备节日盛宴。

整个村社都竭力提高作物栽培质量，但是之前并没有对农具和机器进行完善升级，也没有实行牧草轮作制。个别农民甚至没有尝试过一些更好的播种方式，即使这种播种方式已被其他农户证实过了，如轮作制、施肥和翻耕的方式。村社农民的经济不会低于平均水平。因为当农民因火灾或其他灾祸而导致经济水平下降时，就会有一些农民自愿帮助受难者，比如帮忙伐木并且将木材运到受难者需要盖房子的地方。

在帮忙收割粮食和干草的时候，村社里经常会有答谢宴。

这些答谢宴通常是在工作时间内进行，根据工作时间的长短，农民们一天吃3、4次饭，据当地人所说，他们有3、4份地，早上4—5点，在第一份地处提供早餐；9—10点，在第二份地处提供午餐；午饭和晚饭之间，在第四份地处提供两三个小时的午点；工作结束之后，晚上9—10点，在第四份地处提供晚饭，晚饭有用大麦粉做的小圆面包，大家都很喜欢吃，吃晚饭的时候会喝掉半桶或大半桶的伏特加，当然是一圈一圈地喝，玩各种游戏、唱歌，然后各自回家。答谢宴时通常也会发生争吵和打架。

除此之外，农民们还有一种特别的答谢宴形式，是在房子快要竣工的时候举行的。户主只邀请朋友、亲戚和熟人来参加，并且和他们开怀畅饮。村社所有的答谢宴都是在晚饭后，无论是男人还是女人都会被劝酒，前两次都是大杯酒，第三次会换成高脚杯。总的来说，答谢宴的性质和形式没什么特别的规定，像其他村社一样完全由农户自己决定。

村社上缴516卢布85.75戈比的国家税、161卢布95.5戈比的公社税，共计678卢布80.25戈比。平均每人3卢布83.5戈比（2卢布92戈比给国家，91.5戈比给乡里），每俄亩地缴税2卢布46戈比。除此之外还要支付森林税和保险费，因为这两种税规格不等：森林税要根据流放木材的数量确定，保险费则是根据建筑的价值确定。有两个缴税期限，分别是7月1日前的半年和12月之前的半年。在每年1月份的村会上分配税款和赋役。土地和赋税不同时进行分配，但是赋税的分配单位是个人，且只在好几年没进行过土地重分的地方进行。划分单位是拥有份地的男性人口，也就是说划分是在两个村子之间进行的，它们组成一个村社，按照每个村子的纳税人数量来确定村子所占有的份地数量，但是那些享受优待的、现役兵、之前履行过兵役的退伍兵要排除在外。税款平均分配，但是不考虑每户人家的劳动力、富裕程度和缴税能力。虽然整个村社都必须缴税，必须向村社提供实物贡赋，但是无耕地的农民无需缴税。分配税款和分配土地的方式相同。

已经去世的人和发配到西伯利亚的人的税款和赋役由占有其份地的家庭成员承担。任何疾病和环境原因都不能成为降低或免除赋税的理由，村社不会剥夺农民的土地使用权或部分土地。即使是老人、寡妇和孤儿也没有免费的土地。

乡缙绅、村长和其他公职人员在职期间不用上缴实物贡赋，哪怕乡缙绅家里有8个人，而其他公职人员家里只有一个人，也不用上缴。这些人是选举产生的，他们履职期间的赋税由村社承担。除此之外，乡里给缙绅的薪资是每月近15卢布，村长的薪资是每年近36卢布。

不能选择用土地来代替薪资。

在任职期及短期休假第一年的低级军官和之前服过兵役的退伍兵在使用土地时不用交税，税款由村社承担。

由于农户间存在连带责任，村社不会采取强制性措施对待那些没有缴税的农户，虽然担心他们不缴税，但也不能延迟发放可以让他们暂时离开的通行证，也不能限制农户变卖财产和去外乡打零工。

如果农户不给自己的土地施肥，那么在重新划分的时候就会把没有施肥的土地分给他作为惩罚。所有人都有权接受或者不接受分给他的土地，但村社也有权不顾农户意愿而给他指定土地。

村社不采取措施应对欠缴税款或者延期缴税的人，因为最近几年，村社所有成员全都缴纳了税款，因此，没有将欠缴的税款分配给其他成员。

根据村长的建议，欠缴的税款由村社承担。没有进行重新划分的那几年土地变得荒芜，还有一些土地因欠缴税款而被村社收回，然后转交给更需要这些土地的农民，或者是给需要土地的农民提供更高的报酬和更多的伏特加，但是此举并没有考虑到农民的劳动力和资金状况。把那些不足以缴税的土地进行出租，赚的钱用作村社日常开销，如果没人愿意租这些土地的话，就把它分给那些有剩余劳动力的家庭。上述两种情况下，接收土地的农民就要承担相应的土地税款。总的来说，耕地较少的家庭乐意租那些无缴税能力者的份地。

耕地和草场不是公有的。得到份地的农户有以下权利：（1）不按照村社惯用的耕种制度耕作，因为农民不分秋播地和春播地，所有人都是想种什么就种什么；（2）用栅栏把自己的耕地围上，但是基本不能实现；（3）自己决定劳作时间；（4）按对分制把土地短期出租给村社成员。村子里有很多农户都把自己的草场租出去，所有人都可以这么做，如果只是出租一部分土地而不是全部土地的话，就不需要征得村社的同意。草场不仅仅可以出租给同村社的成员，还可以出租给相邻村社的成员。如果家庭人口较少或者有人去世的话，那么村社会按照对分制把部分土地转交给富农，然后平分收成，而且所有税款由耕种土地的人承担。农民可以自行协商交换草场，把自家草场交换到更方便的地方。当然，拥有同等份地的农户之间、不同村社的户主之间也可以交换份地。穷人从富农那里借粮食和钱的时候，通常用干草作抵押。

尽管允许出售自家的厩肥和牲畜，但实施起来却很困难，因为会受到村社的指责。

为了避免耕地荒芜和欠缴税款累积太多，村社可以不顾农民的意愿把需要缴税的土地指定给男性人口增多的家庭，还可以收回懒散懈怠的农户的土地。户主分家的时候需要得到其他家庭成员的同意，否则的话他们有权去村领导、乡领导和村社那里申诉。村社不会限制农民处理自己宅院地的权利,也不限制他们把耕地划给村社其他成员或者社外人员。就成员的财产继承问题,村社制定了以下继承规则:如果重新划分之后占有份地的户主去世了,如果他既没有婚生子也没有私生子,那么他的妻子、姐妹和年幼的女儿就可以使用土地直到新一轮的重新划分。村社比较关心的是孤儿的舅舅作为监护人是否合格,所以会监督核查他的行为。如果有人投诉一个家族的户主说他消极懈怠的话,那么村社就会重选一个户主,一直到现在都没有发生过户主因为懈怠和行为淫荡被换掉的情况。最近3年有5户人家分成了11户,分家不需要征得村社的同意,但是1874年(实行兵役制)之前分家都必须要征得村社的同意。分家的通常是兄弟,他们会把所有财产按家庭人口数量分成相应等份,然后抽签决定每个人得到的财产。如果儿子想分家,但是父亲不同意的话,那么他也可以拒绝分家,父亲会从财产中分出一部分、提供食物来帮助儿子。村社家庭人口情况统计如下:小户人家(1—4人)45户,中户人家(5—7人)28户,大户人家(8—11人)11户。

乡里的天然草场在很早以前就已经划分好了,这些草场间彼此用界限隔开,同时,在上别列兹尼茨村社的牧场中间是一些农户的草场,而这些农户分别属于斯摩棱斯克村社、乌斯季瓦日村社和大尼索尔村社。据农户所说,以前这些草场属于上别列兹尼茨村社的农民,后来农民的女儿嫁到了上面三个村社,而这些草场就作为嫁妆重新划出去了。约200年前,有个农民举家迁出上别列兹尼茨村社,搬到了距离村社3俄里的库里科沃村社,直到现在他们都属于原村社的成员,他们保留了自己的份地和庆祝节日的传统,每逢节日时,农民带着伏特加和啤酒去宴请老百姓。

那些隶属于村社的退休的、永远休假或者暂时休假的低级军官和其他人一样平等地使用土地。在他们任职期间,由其家人和亲戚管理他们的土地,直到他们回到家乡。寡妇、孤儿和老兵可以使用丈夫、父亲和其他亲戚死后留给他们的土地,直到新一轮重分,但是为了避免土地荒芜,村社可以随时收回这些土地,并以各种各样的借口对他们进行敲诈勒索,这就是在为那些吸血鬼服务!

有些农民没有耕地但是有一块宅院地,有些农民没有耕地,甚至还在租房子,即使是另一个村社的成员也可以免费使用牧场和人工牧场,但只有在这个村社登记的农民才能使用森林。那些疏忽懈怠的农户欠缴的税款大部分用收割的干草来补偿,即使是这种情况,也不会变卖女人的嫁妆。尽管主要是根据家庭的男性人口数量划分耕地,但是曾经发生过且现在依然存在一些特殊情况,所以户主之间达成了土地协议,这些户主的儿子都未成年并且劳动力薄弱,还有些户主没有儿子但是有成年的女儿。因此份地可以保留至下一次重分之时或由户主自己决定如何处理,这种土地的交接是在下半年进行的,新的土地所有者从第二年1月开始缴纳所持份地的赋税。

村社不会剥夺欠税人的土地,但是1881年最后一次重新划分时,有两个村社成员没有得到土地:其中一个成员家里只有两个人,另一个家里只有一个人,而且他们在故乡没有任何产业,也不和他们的家族在一起生活。

除此之外,还有一个划分份地的问题——有三户人家没有得到相应人口份额的土地:第一户有3个人,第二户有2个人,第三户有1个人。一块份地被划分给两个贫穷的寡妇，而不是把它从村社财产中划出去，因为照顾高龄和残疾的成员是村社的责任。

根据林业管理局的规定，农民们从9月1日到3月15日按照指定数量砍伐森林，农民们经常彼此借木材，但是不允许公开买卖。

湖泊是村社的公共财产，但基本上都是最先占用它的人在使用，而河流则是谁想用就用。

对于无人继承的财产，村社会收回耕地和草场进行重新划分，而其余的财产则分给原户主的亲戚，不管他的亲戚是否富裕，在哪里定居，这些财产都会分给他们。如果原户主没有亲戚的话，这些财产就收归村社所有。

新分家的成员从原来的家里分得土地，村社不会单独给他们划分土地。养子或者养女拥有的土地来自村社，而不是来自养育他们的家庭，弃儿也是如此。他们只有租赁才能得到完整的土地，如果他们不租土地的话，村社就会从所有的土地中抽取最贫瘠、最劣质的土地划分给他们。岳父去世之后，女婿无权占有岳父的份地，除非得到村社的同意。村社新接纳的成员需要向村社交10卢布，除此之外，还有一个传统是要求新成员用两桶伏特加来款待其他成员。村社不会提供给农户任何材料来经营产业，也不会借给他们种粮、钱或者提供任何赋役上的优惠。若成员迁出村社，他的土地要永远留在村社。

只有拥有土地使用权的农民、勤恳种地的农民、有家的农民、不酗酒的农民、能维持生计的农民、不触犯法律的农民才能出席乡大会、村会、乡法院，被选举为乡缙绅、审判员、村长等其他公职人员。总的来说，尽管很多人都担任过这一职务，但是乡缙绅是从那些更可靠的农户中选出来的，它代表着更多的责任，而且可以免于支付30卢布的公共事业税。经常发生一人连任三年缙绅的情况，结果他剥削穷人的钱迷失了自己的方向（成为无可救药的酒鬼）。

被选举的人不能永远满足上面说的那些要求。比如，一个名叫伊万·科热夫尼科夫的农民是一个很愚蠢的人，因为他在担任乡文书之前犯了渎职罪，根据阿尔汉格尔斯科市议院于1866年通过的犯罪条例第66条，他被刑事法院和民事法庭开除公职。此间科热夫尼科夫被乡大会选为1884年的乡审判员，除此之外，他还是乡公所的文书助理，因此科热夫尼科夫同时身兼两职，一个是选举而来的职位，一个是雇用的职位，毫无疑问，他收两份工资。

村社成员彼此关心，互相提供实物贡赋，还必须为承包和供应粮食的人做担保人。除此之外，遭遇困境的时候他们必须互相帮忙割草或者收粮食、灭火、救水、完成火灾后房屋的重建工作。村社有连环保，除了用于缴纳赋税外，还要返还从乡里的"借粮处"借来的粮食。夏季农忙的时候，从村粮食储存商店借出粮食用来种地。

若公职人员在任职期间盗用国家公款或者公共资金，村社要为此承担相应的责任，还有连环保，就是让村社承担押解犯人回乡产生的费用。

一些非村社成员使用未进行重分的土地和牧场：不在编制的退伍兵、外来的工匠、神职人员、教师。总的来说，不对在村社居住的社外人员设置任何附加条件，他们和同村社的人一样平等地使用耕地。这些人在使用宅院地时也无需向村社支付相应的费用。

在村社居住的外来人员无需缴纳公社税，但他们同样无权参加村会，会上要完成分配赋税的工作。

几个单独的土地公社独立掌管某些农业用地。

因为耕地和草场被划分成份地一直是在同村社的人之间进行的，所以从未有过土地从村社所有转变到村庄所有，以及从村庄所有转变到村社所有的情况。

村社共有84块份地，有62个庭院，因为很多人虽然已经分家了，但还是住在一起，所以份地比院子的数量多，比如说村里有17栋房子，每个房子都住着两户人，一户家里有三个人，一户家里有四个人。

虽然种地是农民的主要收入来源，但即使是在丰收年，收获的粮食也不能保障所有人的生活。收成达到6—7成的时候就可以满足家庭所需了，剩余的部分可以卖给别人。对于中等家庭来说，剩余的粮食能维持一两个月，对于穷人来说能维持3—4个月，因此村里还需要购入近350普特粮食。收成一般的话（3—3.5成），只有条件好的农户可以自给自足，条件一般的家庭就有两三个月缺粮，而穷人得缺四五个月的粮食，因此村里需要购入近590普特粮食。歉收的时候收成只有2—2.5成，条件好的户主需要买半年的粮食，条件差的户主只能靠着这点收成过三四个月，这时村社需要购入2050普特的粮食。

除了种菜，村社里没有其他盈利的种植项目。

村社有两个单齿风力磨粉机，归个别农户所有，用它磨面粉只能满足家庭所需，把它租出去的话，每台机器每年租金不超过10卢布。此外还有两个皮革作坊，农民自己加工皮革，每个人能挣70—100卢布。村社还有一个赚钱的途径是：重新划分土地时划出4块面积不详的草场用作小教堂（不设祭坛）开销，每年都会进行拍卖性出租，一次20卢布。

但粮食的收入、其他农业领域和工业领域的收入不足以满足居民日常所需，也不够缴纳赋税。因此居民一直都需要采取一些措施来保障粮食供应，如村里的储备库存储着300俄石的粮食，这些粮食可以当种粮借出去，到收获的时候再还回来，每人借4俄斗大麦，乡借贷处储备近2000普特的面粉和黑麦，在夏忙的时候，这些粮食可以维持家庭所需，根据家庭人口分配，每户2—10普特，乡救助处也有2000卢布储备金，这些钱可以借给农民用来维持家庭和畜牧业的支出，农民提供可靠的担保从救助处借钱，每个担保人交10卢布押金，然后救助处借给每个人近60卢布，一年的利息是6%。

在便于渔猎的地方，稍微勤勉一点的农户会去打零工或者狩猎来贴补家用。

零工能带来非常可观的收入，但是打零工的人非常多，因此他们只能选择在夏天家里农活比较多的时候离家打零工，或者是提高干农活的工人的报酬，这样去打零工的人就少了。

春天来了，这些人聚集在鲁萨诺夫梅津木材厂（距离村社160俄里），他们把木材浮运到木材厂然后让外来船只装载，每年至少8个人去那儿工作4—5个月，每个人每月能挣12—20卢布。除此之外，这里还进行大规模的狩猎，属于村社的广袤的森林为此提供了有利条件，狩猎分别在春季和夏季进行。

但是需要指出的是，这里的狩猎不合规定，猎人们都有来复枪，而且他们都是单独行动，来复枪管里面的火石锁扣连着弹簧和扳机，扣动扳机就会有个小棍儿压到锁针，小棍儿是木头或者石头做的，上面有小刻痕，锁针弹开后，子弹以非常快的速度射了出去。在沃洛格达省的克列先斯基交易会上，猎人花 3—4 卢布可以买到这种配置的来复枪。

猎人们多半是想捕获到野兽和鸟，主要是花尾榛鸡和松鼠。约 11 个人捕鸟。收割完干草和粮食之后再去打猎，这次狩猎从 9 月 1 日开始，一直持续到下大雪。每个猎人在自己的陷阱区放置 100—500 个套索和夹子，春天狩猎时通常也会用到枪，因此猎人们可以在同一时间得到两只猎物。不同年份捕获的野兽量也不同，每个人大概能抓到 100—200 只猎物。大约 10 月 1 日开始下雪的时候，这次狩猎就可以停止了，只是还有 9 个人拿着枪继续狩猎直到下大雪，也就是 11 月 15 日左右。持枪的猎人的捕获量既取决于自己的能力，也取决于猎狗的灵敏度，在猎松鼠的时候猎狗起关键作用，这就要求猎人要有责任心和良好的技术。

说句公道话，大部分猎人都是神枪手：他们无论身处哪个高度，都可以击中松鼠，但是由于没有考虑到保持灰鼠皮的完整，所以通常会打中松鼠的脸。射击时通常要有一个支架，可以是木桩，但是也有几次是直接拿在手上射的，不过这样很难射中松鼠。有经验的猎人如果瞄准了某个点，自己手中的枪便会稳如磐石。除了打猎，其他的猎人偶尔在节日的时候休息一下。如果被打中的松鼠卡在了树枝上，猎人也不会为了得到松鼠而伐树，即使砍掉的树可以用来做桅杆。打鸟和松鼠的时候，猎人们通常会带着自己的莱卡狗，莱卡狗对着树上的鸟狂叫，鸟儿不为所动，看都不看它一眼，这时猎人在离鸟还有 40—60 步的时候开始慢慢靠近，然后再朝着鸟开枪，因为猎人很珍惜弹药，所以会固定垫板来瞄准。用羽毛或者鸟的骨头做的小块食物来捕获花尾榛鸡，因为花尾榛鸡不太能听得到莱卡狗的叫声。

年份好的时候猎人能收获 100—200 只猎物，不好的年份只有 50—70 只猎物。春猎开始于 2 月最后几天，这个时节最上面的雪层在光照下不断融化成水、冷冻结冰，冰层不断变硬，猎人可以制作长滑雪板帮助自己在结冰的草地上移动。这个时候就可以捕获松鼠了。猎人会收集材料来制作窄型轻雪橇，这种雪橇的滑轨又窄又软，且长 1 俄丈，猎人把雪橇系在身后拉着走。即使猎人在森林里找足材料再出发，也来得及去 100 多俄里的之外的地方打猎。解冻天气比较有利于打猎，如果早春之后天气还没有解冻，那么猎人会在 3 月末或 4 月初出发。

年份好的时候，每人秋猎比春猎多挣 20—30 卢布。

因为这几年森林里的野兽比较少，所以猎人也是一年比一年少。猎人住在森林里专门给他们盖的小木屋里（长宽都是 2 俄丈），他们早上很早就出门，吃完饭就外出打猎一整天，直到日落时分才回小木屋。

偶尔迷路的时候，猎人们只能穿着薄薄的无领上衣在户外过夜，为了不在零下 25℃—30℃ 的寒冷中被冻僵，猎人们通常整夜生火或者砍树让自己暖和起来。

也许一场大风暴或一场病能把猎人困在小屋里。猎人经常不得不把打到的猎物卖给富农，富农利用猎人的贫穷，以很低的价格买下他们的猎物。此外大部分猎人都在富农那里签了永远的债约（债契规定在还清债务之前，人身隶属于债权人，如果到期无力还债，便成为债权人的终身奴仆），他们高价从富农那里买粮食、盐、火药、子弹等，用自己打猎得到的猎物来偿还，而富农们低价买他们的猎物，价钱甚至低于自由猎人的猎物价格。因此，贫农占全部居民的 2/3 以上，他们都希望能摆脱这种困境，而且几乎从来没有休息过。同时，一些富农收购商一直在当地销售日常用品，挣了很多钱。主要在平涅日市的尼科利交易会、阿列克谢耶夫交易会、沃洛格达省的克列先交易会进行贸易，这些交易会每年都会举办，时间如下：第一次 12 月 4 日—12 月 15 日，第二次 3 月 15 日—3 月 25 日，第三次 1 月 6 日—1 月 15 日。这些交易会是出售地方商品和买入日常所需品的唯一途径，由于偏远地区没有这么方便的交易方式，所以这些交易会变得更加重要。尼科利交易会正好是农民们清算交易费用的时候，这时当地生产者和消费者可以面对面交流，至少在某种程度上可以不用经过收购商。因此，在物质交流方面，这些交易会对居民是非常有利的，很大地影响了村社成员的日常生活。

除此之外，每年都有 4—7 个人为了参与"科多夫斯基渔猎"来到距村子 170—210 俄里的冬季沿岸。从 2 月中旬开始，他们加入了（梅津县）科伊坚乡多尔戈谢利村的渔民队伍，有几年每人能挣到 30—75 卢布。他们每年 3 月 25 日去阿布拉莫夫渔猎，去乌斯季耶捕海豹崽。

与上别列兹尼茨村社或者其他村社的农民一起去海上渔猎是沿海居民最主要的营生。捕获的猎物有环斑海豹、格陵兰海豹、髯海豹、海象、海豹和白鲸，这些动物都是从北冰洋游过来的，它们要在海岸繁殖。

从 2 月中旬开始，渔民在白海北岸渔猎这些海洋动物，这个时候雌性海洋动物会爬到冰面上，有时会待到 5 月。

渔民们成群结队地驾着货运帆船出发，船里放着必需品和备用滑木，因为整个渔猎过程都要拖着船，所以收获越多，船就越重。

这种渔猎方式要求渔民力气大，胆子大，因为危机随处可见，海风多半会把冰带到很远的海面上，即使在那儿你能自救，但捕获的海洋动物也会死掉。

刮西风和西北风对渔猎最有利，夏天的时候，西南风会阻碍渔猎。海洋生物通常是成群结队地出现在了无人烟的地方。户主全力支持渔猎。

渔猎分小组进行，大部分小组都是 4—5 个工人加上一个户主组成的，户主做指挥并且担任舵手。

渔猎结束后，每个渔民都能得到自己的那一份捕捞物，被称为"晚饭"，户主的那份捕捞物被称为"午点"，占整个捕捞量的 2/3，渔猎工人能得到 1/3 的捕捞物，第一次参加渔猎的工人得到的捕捞物只是其他工人的 1/3，有时候会更少，这完全由他们事先商定。

总的来说，这种情况完全取决于谈好的条件，其中包括户主对渔猎工人的承诺。渔猎的收获主要是动物的皮和脂肪，其他的东西就直接扔到海里，渔民得到的那一份都卖给自己的户主，每块皮连着脂肪能卖 4—9 卢布。有几年渔民 2—3 周能挣 25—75 卢布，有时候甚至更多，但还有一种情况是，待了四五周什么都没打到，他们只能一无所获地回家了。有时要用长达 1.25 俄丈的大口径来复枪来射击野兽，虽然枪很重，但是大家都知道，猎人们都是神枪手。

因此，海洋渔猎不适合单个猎人，对人们的日常生活也能产生良好的影响，这让渔民们相互协作共同实现目标。

年份不好的时候，即使渔民卖掉所有东西，也不够买渔具和支付生活花销，因此他们会欠债，这个时候他们就不得不贷款买粮和其他必需品。有种情况对渔民非常不利：他们分散在离村子很远的地方，无法把自己的产品直接运到贸易市场，所以他们不得不求助于收购商，希望收购商能把那些其实是渔民们捕来的东西便宜卖给他们，但是通常要花3倍的钱去买。

一旦渔民因为捕鱼不顺或别的原因去借贷，那么他就几乎不可能摆脱这些债务，因为这时他失去了给自己的商品定价的机会，只能是别人给多少他就要多少。可以说，近几年收购商严重影响了野兽价格的波动，如之前每张动物的毛皮卖4—5卢布70戈比，而1884年却卖到9卢布。

10个人伐木并把木材运到梅津木材厂，冬天的时候，他们能干四五个月，每个人能挣20—40卢布。

开放了浮运木材到工厂的航线，每年约10个人去距居住地150—300俄里的地方工作两三个月，这段时间每人能挣20—28卢布。

从事家庭手工业的农民如下：第一个人是鞋匠，第二个人是裁缝，还有一个拥有自己的铁匠铺的铁匠，他们每个人能挣10—45卢布。除此之外，村社每年卖20头牛给屠宰场，总价值达到600卢布，还有3、4匹马。牛首先是卖给同乡的收购商，有些人把肉拉到平涅日市的交易会上卖，牛肉的价格完全取决于收购商的需求，也就是好牛肉每普特2—3卢布，差牛肉每普特1卢布—1卢布5戈比；马的价格很大程度上取决于粮食的收成和饲料的质量：好马能卖到120卢布，中等的马能卖到65卢布，劣马不会超过3—7卢布。除此之外，还有3—5普特黄油可以卖，每普特8—9戈比。村社里有人养羊，养羊业能给居民带来不少的收益。如果羊毛质量不好的话可以用来做农民穿的呢子，每俄尺50—60戈比，而绵羊的毛皮每件可以卖到1卢布10戈比。

村社里有人根据证件和许可证外出打工三年，其中包括四个男人和一个女人搬到了彼得堡，两个男人和一个女人搬到了阿尔汉格尔斯克市，男人每年能挣50多卢布，女人每年能挣20多卢布。

女人外出打工的非常少，因为家里所有农活都需要她们承担。

夏天雇用女工每个人薪资为10—15卢布，提供伙食，工作时间是两个半月到三个月，从7月1日到10月1日。

村社共有111匹马，有一户人家有50头鹿，有20户人家没有马，只能雇用邻居的马来耕地，有两个农户没有份地，有两户共用1匹马。

村社一共有150头家畜、250只鹿。由于饲料不足，现在牲畜的价格比前几年都低得多，所以牲畜的数量在急剧减少。

年迈的或没有子女的寡妇没有份地，只能靠给别人打工过活，例如夏天的时候，她们可以当保姆或者家庭看护，在妈妈离家干农活的时候帮忙照看孩子，冬天的时候用纱线织罩子或者手套，善良的农民偶尔会给她们送些粮食，被称为"亡灵册"（为了在安息日的时候纪念逝去的人），尽管不劳而获被认为是可耻的，但是还是有一些人靠乞讨为生。

最近一次人口调查是在1858年，但是1882年从村社迁出一户人家，他们举家迁到了彼尔姆省沙德林县。

因为耕地较少，所以村社很愿意把那些因为无所作为而被免职或解雇的成员迁出去。1876年和1884年村社接纳了两个新成员：其中一个成员和一个有土地且非常富裕的女继承人结婚了，所以他的岳父也一同迁入了这个村社；另一个是出身牧师家庭、转入预备役的上等兵。

由于1866—1868年粮食歉收，所以农民需要借粮，由此欠缴的税款达到703卢布12戈比。以前，这些欠缴税款每年从借债人那里收取，根据村会规定，每卢布税款利息是10戈比，现在按照交易会的规定来征收补足税款，每半年向每个纳税人收取25戈比，也就是每年50戈比。

村社里有9个人靠乞讨为生，其中有4个年迈的女人，她们没有工作能力也没钱；5个年幼的孤儿；2个男孩；3个女孩。

上孔村社[1]

上孔村社位于梅津县列舒孔乡，村社农民都是由原国有农民组成的。没有人知道村社是怎么形成的，什么时候形成的，这个名字从何而来，最近一段时间村社的结构也没有什么改变。尽管有几个村庄占据几块份地，形成一个行政村社，但是土地公社还是由一个村庄组成。重新划分后占有份地的农民完全独立于村社里的其他村庄，他们根据占有土地的情况形成一个特别的团体，这个团体有权支配土地，并且不受任何同村社人的干扰。

村社拥有份地的纳税人数为70人，现有人口为67人，村社有71名男性、83名女性，共154人。村社共有132俄亩500平方俄丈土地，其中包括40俄亩250平方俄丈耕地和92俄亩250平方俄丈草场，除此之外，村社农用地还包括水域、森林，这些农用地面积无法确定。在小河里和湖里抓鱼只够自己吃，为此两三个人说好了制作一个"扎沃洛特内大渔网"，然后捕获的鱼大家平分，因此一些个别农户会给小河和湖泊周边扎上栅栏。

农民在广袤的森林里设置陷阱区是为了春猎时捕鸟。这类农用地主要有两块，都分布在距村庄10—60俄里的地方，占了方圆5—30俄里的区域，每个陷阱区有200—300个捕捉器。在陷阱区设置捕兽器、夹子和其他设备来捕猎完全和大尼索尔村社一样。父亲可以把陷阱区传给儿子，如果有一个人继承了陷阱区，那么这个人就要支付给其他家庭成员每人2—6卢布，然后他就能占有全部农用地，其他人有权将空闲的森林地段划作自己的农业用地。这些农用地算他的个人财产，村社不会对此进行干涉。

村社不会用侵占的方式占有草场和耕地，因为所有的土地都被重新划分为份地。

宅院地按户继承，不进行土地重分。房子边上或者附近的菜地和大麻田被划归到公有耕地。

---

〔1〕 资料来源：米涅卡 Г.：《阿尔汉格尔斯克省乡村土地公社农民公社历史资料》卷3，阿尔汉格尔斯克省印刷厂，1882—1886。

宅院地不进行重分。

一些家庭成员在空闲地上定居，火灾后想在原址重建必须要符合建筑章程，否则乡缙绅只能划出一块新的地方来盖房子，并且需要签发许可证。但是有些建筑违反规定，所以建房子的时候要向户主征收罚款，或者勒令他们在新的地方盖房子，这会导致经济衰退。粮仓、澡堂和打谷场分别建在了房屋的前后，距离房舍40俄丈，但是还有一些离房子更近，是以前就建好的，并没有得到地方政府的许可。

根据质量不同将耕地划分为四个等级，第一等是优质土地，第二等是中等土地，第三等是中下等土地，第四等是劣质土地。每块土地按照土壤肥沃程度划分成大大小小的几部分，所有土地都划分给农民，而且每个人都得到四个等级的相同大小的土地；一等地不足的话，用两倍的二等地、三倍的三等地或者四倍的四等地代替。份地以平方俄丈为单位，同时也以480平方俄丈为单位（0.5俄石粮食播种480平方俄丈土地）。土地名称如下：诺什卡、秋里哈、卡拉希哈、坚涅斯科夫。

相邻的土地用0.25—0.75俄尺宽的界线隔开，条形耕地宽两俄丈，为了方便耕种和收割，村民们清理出通向耕地的小路，但是不会过度耕种这些地，要保留原有的草场来割草。

1876年5月之后村社划分了耕地，耕地的划分单位是条形田，且只划分给1876年4月10日前登记在册的男人。

重新划分土地时，农民们可以自行协商更换相同等级、相同面积的土地，因此人口增多的家庭需要增划相应的土地，而人口减少的家庭需要划出部分土地给人口增多的家庭，增划和减划的土地不通过抽签来确定归属问题。重新划分出的土地有一定使用期限。

1876年重分土地时，有几户人家去世了，所以他们的土地就闲置了，这些土地由富农使用，但是他们也要为此承担赋税，这些土地之前没有好好施肥，没有好好翻耕，所以经常引起众人的不满，但这些人在得到份地的时候也没有承担起自己的责任。与此同时，有些家庭里的成年劳动力没有得到份地。下一次重新划分是在10年后。

重分土地划分的是无人继承的土地或是欠缴税款积累过多的土地，这个时候村社有权强制收回土地，并把土地划分给能承担赋税的人。这种情况只发生过一次，就是在1877年，被剥夺土地的是一个军人，当他从父亲那里继承了土地之后就去服兵役了，尽管他是一个私生子，但也有土地继承权，1882年，被夺走的份地又还给他了。

面积最小的耕地长30—60俄丈、宽4—8俄丈，中等的耕地长50—80俄丈、宽25—30俄丈，最大的耕地长80—150俄丈、宽35—60俄丈，每个人得到七块耕地：一块大的、两块中等大小的、四块小的，两个人能分得近15块耕地。

每块土地划分成两块耕地、三块牧场，彼此用犁沟隔开。融雪的时候，多山地区牲畜饮水更方便。通常一个户主的所有耕地都会划到一块儿。

重新划分时，村社不会单独划出一些份地留给那些村社新生成员。所有耕地都进行重新划分。耕地分为四等，劣质土地靠近森林，那里的雪通常要很晚才能融化，粮食的播种和作物的成熟也比较晚，而且还经常遭遇春寒。当然，每个户主都想保留自己的份地或者留下已经施过肥的优质耕地，而且这些耕地离村庄比较近，作物成熟的也比较早。

如果重新划分的时候赶上播种季，那么接收土地的人就和之前的户主一起收割作物、平分收成。

村社没有空闲地。尽管最近一次重新划分时有很多歉收年间荒芜的耕地，但是新一次土地重分时就把这些份地留给之前的户主，近 8 年都是由他们翻耕。

村社里有一些虽然繁茂但是生长很慢的森林，这些森林不划为份地。成员对于毁林为耕的土地拥有 40 年的使用权。

村社里一直有雇人耕地的传统，但是重新划分之后这种传统就没有了。毁林为耕的土地只划分给一部分人，耕地面积是 13 俄亩 2049 平方俄丈。1876 年重分之后，这些伐开地被划为份地，但是 1882 年，这些耕地不进行重新划分，而是还给之前的户主。这引起一些人的不满和指责，他们担心这样会削弱他们在村会上的影响力。

1876 年 5 月，草场和耕地同时进行重分，使用期限是 10 年。

天然草场按照草地质量和地理位置划分为四个等级，第一类是优质草场，第二类是中上等草场，第三类是中等草场，第四类是劣等草场。最近一次重分之后，草场的界线没有改变，因为男性人口减少的家庭的土地被划分给男性人口增多的家庭。

上孔村社的草场沿瓦日卡河分布。耕地划分为份地，份地的面积是确定好的，但是要考虑到从草场上收割的干草数量。

面积最小的耕地长 8—12 俄丈、宽 2—13 俄丈，中等大小的耕地长 30—50 俄丈、宽 15—30 俄丈，最大的耕地长 60—130 俄丈、宽 40—50 俄丈，每人分得的份地如下：2 块大的、5 块中等的、7 块小的，共 14 块土地，两个人能分得近 30 块土地，土地名称如下：拉姆巴斯、波列马和涅姆库尔卡。

大部分农户除了拥有自己的草场之外，还有伐开地。

1876 年重新划分时恰逢 40 年使用权到期，草场被划为份地，但是 1882 年，草场和耕地都归还给了之前的户主。这样的伐开地共有 67 俄亩 2386 平方俄丈。村社没有荒芜的耕地。所有的草场都进行了重分，但是不一起割草，每个农户都自己收割自己地段上的干草或者雇人帮忙。把收割好的干草放到牧场上晒干，晒干之后就把干草垛成长方形的草垛，每垛草用短木桩隔开，短木桩高 1.5 俄尺斜刺入地面，彼此间隔 1—1.5 俄尺，每垛干草的重量是 15—20 普特。长方形草垛两侧有大大小小的短木桩来支撑，所以比较防风，每垛用 4 个短木桩，每侧有 2 个，长度是 1.5—2 俄尺。春天的时候，把这些干草垛用栅栏围起来，栅栏是用 3 个长 1.5 俄丈的杆子做成的，每个户主都在杆子上刻上自己的家族标记。为了避免春汛，冬天的时候就把干草运走了。伊林节前后（7 月 20 日），整个村社一起把草场上的草清理干净。

村社四周的森林属于国家财产：小树林距离村社 0.25 俄里，建筑用地距离村社 5—7 俄里，根据村社协议，每个农户每年上缴少量税款就可以使用一定数量的木材。村会根据每个农户的需求来确定木材数量的分配，然而有时候乡文书偏袒某个户主，连续两三年都给他 60—100 棵树，而一些贫农可能两三年都得不到一棵树。任何人砍伐树木都不得超出村社规定的数量，但是如果农民非常需要木材的话，可以根据林业管理局的许可证全额支付木材费用。以前的采伐工作经常出现一些问题，如量错砍伐森林的面积，这时农民就要交罚款。

除此之外，国有林场的最近一次砍伐季也结束了，森林进入休林期，所以建造和修缮房舍、取暖和栅栏等装置是非常困难的。每个农户都要伐木。猎人需要在森林里安装捕捉器，盖小木屋也需要木材，但是他们既没有得到村社的许可，也没有给国家交税，所以他们能砍伐的木材非常有限。

农民没有私有牧场，也不雇佣牧人帮忙，从5月中旬到7月中旬，牲畜到天然牧场里放牧，而从6月15日到8月15日到森林放牧，天然草场的草收割完成之后就放到那里，直到秋天下雪的时候再运走。不会在耕地上放牧牲畜，因为这个时候秋播作物正在发芽，土壤也比较疏松，如果放牧的话翻耕就非常不方便了。不给牛犊配置专门的人工牧场，它们和其他牲畜一同放牧。村社所有的农户，包括无耕地的农民都有权在靠近村子的牧场里放牧自己的牲畜，这份权利不受任何规则的限制。

没有放牧人，所以牲畜不受任何监管自由放牧。

村社有四口水井，这些水井都是之前挖好的，现在还有两三个农户在合力挖水井。

使用水井遵循以下规则：挖水井的两三个兄弟共用水井，当有一个人从家里搬出去，搬到了村子的另一头，那么他就可以使用离他最近的水井而不用支付任何挖水井的费用。

因为人口增多，水井里的水不够用了，所以有些人去瓦日卡河取水，冬天的时候在河面上打通了三个冰窟窿，一个家用取水，一个用来饮牲口，第三个用来洗衣服。

冰窟窿用界石隔开，防止雪掉进去，有专门的清洁员来清理，每天早晚各清理一次，每周日村社成员会给清洁员送烤好的面包，每个成员给他30—39俄磅烤面包，整个冬天，他能收到25—30普特面包。清洁员由村社选出，不用支付给他任何其他的费用。

1858年的人口调查并没有规定土地重分的期限。如之前所说，1876年最近一次重分引起了一些户主的不满，因为他们有的儿子没有得到相应的份地。但是因为占据他人土地是违反重分原则的，所以首先要宴请自己的邻居、亲戚和其他在村会上有影响力的人，请他们喝酒，一起畅饮伏特加，目的是为了让他们站到自己这一边。农民必须要向乡缙绅提交重分的申请，然后缙绅会指示村长组织召开大会。只有户主可以参加大会，他们希望保留自己所拥有的土地或者把之前因为某些原因被剥夺的土地还给他们。

村社允许女人参加大会，多半是有土地且有耕地能力的寡妇，那些没有土地的女人同样有获得份地的权利。

如果户主缺席的话，他的妻子或者家里年长的成员可以代替他出席，当然必须年满21岁，年龄无上限。大会决议必须得到会上2/3以上户主的支持。而起草土地重分的协议必须得到2/3以上的有大会投票权的户主的同意，否则协议无效，村长也不会同意。

最关心土地重分的农民和富农对土地重分的决议有很大的影响，村长在其中不扮演任何角色。最近一次重分后，每人得到耕地1440平方俄丈，需要3俄斗的种粮播种；草场1俄亩1005平方俄丈，能收获30—35垛的干草。

村会不从村社中选择专门的执行人来划分土地，所以村社花30卢布雇佣专门的分配员来分配耕地，测量员也不是通过选举产生。测量员和村社成员一起重新划分土地，由他记录数据，并提交给大会，大会根据他记录的数据来进行土地划分。测量员会亲吻圣象来证明自己公正且毫不偏私,但通常情况下还是存在一些问题,所以分配很难顺利地进行下去。测量员不是选出来的,是花钱雇来的专业人士,土地划分情况被记录在一本册子上,上面还有测量员的签名,这本册子被称为"划分册"。

用 10 俄丈长的绳子来测量土地,两个人拿着绳子的两端,拿着绳子前端的人把一根小棍刺入地面,拿着绳子后端的人和这个小棍儿对齐,然后把绳子扯直,棍子的数量就是所测量土地的大小,提前测量某一个地方的长宽,然后就能确定这一区域的面积。农民根据播种谷物的数量来确定耕地的面积:4 俄斗粮食能播种 480 平方俄丈土地。个别户主的草场由灌木丛隔开,可以把一些灌木丛的小枝条系到一起连成线,如果在耕地边界没有灌木丛的话就在耕地末端和中间钉上短木桩,割草割出一个刈割道来隔开草场,用大镰刀把割道的边界割整齐。

俄斗是耕地的用粮单位,4 俄斗种粮能播种 480 平方俄丈土地,2 俄斗种粮能播种 240 平方俄丈土地,1 俄斗种粮能播种 120 平方俄丈土地,半俄斗种粮能播种 60 平方俄丈土地,面积的单位是平方俄丈,把割好的草垛成草垛,1 俄亩草场有 20 个草垛。

用 3 俄尺长的绳子来测量菜地和围栏。

同时划分所有的秋播作物地、春播作物地和休耕地,但是没有规定具体什么时候进行重分。

如果耕地刚刚施过肥,就不用再施肥了,因为前一个户主会选择一部分耕地上缴进行重分。村社还有一些人违反规定:他们擅自耕种他人耕地、破坏草场的边界、破坏刈割道和直割道、弄歪或移动地界上的短木桩、去别人的草地割草、偷运别人的草垛。如果在做这些事的时候刚好被人撞见的话,那么就会引起争执。原告去乡缙绅和村长那里申诉,缙绅和村长首先会查明事情的真伪,然后会把这件事交由乡法院审理。乡法院根据被告的违规情况而不是亏损量来判决,有时候把原告拘押在乡管理所 7 天,有时候用白桦树条抽打 20 下。但多数情况下乡法院的判决并不能达到其目的,也不能准确地执行下去。虽然审理的是一些不重要的案件,但是通常也会有盛宴,法院用伏特加宴请原告被告。乡文书在乡里非常有影响力,他们需要验证乡管理所的文件的真伪,他不得不用半俄升或一俄升的伏特加来款待成员,因为乡缙绅还有其他的公职人员大部分都不识字,所以他们把自己的工作交给编写员,由编写员来处理所有事情。

如果某人抽签得到的耕地面积或质量和其他人的不一样,那么如果是耕地不足的话就单独划一部分土地给他,这叫作"增划地";如果是耕地质量不符的话,就做出相应的调整,这叫作"补充地"。

划分草场和其他农用地的方式和划分耕地的方式相同,没什么特别之处。

重分之后村社并没有单独留出耕地和草场的储备地,有时候会出现一种状况,重分后得到份地的农民改编进入别的地方,那么村社所有成员平分他的份地,最近六年中没有发生过这种情况。

因为村社没有放牧人,所以牲畜经常丢失,不是陷入泥泞,就是被森林里的熊吃掉,特别是最近一段时间频繁发生类似的情况,如 1883 年有 12 头牛被野兽拖走吃掉。

不把牛犊圈单独围起来。

没有共用的种牛，农民轮流喂种牛，所以使用种牛的时候不需要支付任何费用。用来喂种牛的饲料没什么特别的要求，喂的时间也不固定，但通常户主会养3、4年，然后杀掉，剩下一头牛留给另一个人。

村社在耕地、菜地周围设置栅栏，在天然牧场周围设置篱笆，因此每个人分得80俄丈的栅栏和20俄丈的篱笆，共100俄丈。除此之外，整个村社还设有50俄丈的篱笆用于保护草场。所有栅栏的高度应该都是两俄尺，是用同等高度的枞树杆做的，每个户主在栅栏末端的杆子上刻下自己的标记。一旦发现栅栏做得不好或高度不对，经常是不经任何审理和调查就用白桦树条来惩罚犯错的人。如果牲畜穿过栅栏造成损失，那么由不好好做栅栏的农户承担责任；如果牲畜渡河破坏耕地或草场的话，那么由牲畜的主人来承担责任。

就农事来说，村社成员承担的责任是：(1)修缮耕地和天然草场附近的围栏；(2)修缮驿道和乡道；(3)农户之间轮流值班守夜；(4)村社所有人共同制作水井上的木井架，水井深3—4俄丈。建造和修缮村社的建筑和村储备商店的工作由农民通过上交实物贡赋的形式来承担。选出来的检察员在村长的监察下分发和征收粮食。

每年会从十个人（十人组）里挑3个人来修缮驿道和乡间大道，也就是六月播种结束后派两个人；秋天的时候，也就是9月再派一个人，这项工作是在低级县警和村长的监督下进行的。

农户自行协商，每十个人组成一组，但不是按照农户之间的顺序，例如一个十人组来自两个家庭，平均每个家庭5个人，一组春天时派去工作，一组秋天时派去工作。除此之外，冬天雪层较厚的时候，村社还需要在4俄里长的乡道上设置路标，这项工作由十人组轮流承担。

村社不统一采取措施来提高土地质量，如挖沟槽来排沼泽泥潭里的水、把土地围起来防止水灾、设置灌木丛分割线。

村社没有统一耕地然后把农活分给众人的传统。村社没有特殊的建筑、农业用具、资金和牲畜。

村社采取三区轮作制进行作物栽培，但是不分秋播地和春播地。2/3的耕地播种春播作物，1/3的耕地休耕，休耕之后，一部分耕地第二年播种秋播作物，之前休耕的地方播种春播作物，2/3的耕地中前一年播种春播作物的第二年还是播种春播作物，之前是秋播作物的地方再播种春播作物，剩下的1/3春播作物地连续3—5年播种春播作物，收成不好就休耕。播种春播作物的话，一俄亩需要2.5俄斗粮食，播种秋播作物的话，一俄亩需要1.5俄斗粮食。播种春播作物的土地只翻耕一次，有时翻耕两次，播种秋播作物的时候需要翻耕三次。秋播作物地结束休耕之后用牛羊粪来施肥，然后再播种春播作物，因为粪肥能带来丰收，所以收成也比往年好得多。因此，之前播种春播作物的地方第二年施过马粪再播种春播作物，马粪不是一直都对收成有益。因此，每年有1/3的土地施过肥，而剩下2/3的土地没有施肥，每块耕地每三年能施肥两次。一些户主为了改善耕地会施肥然后休耕，夏天的时候再翻耕至少3—5次。冻原和针叶林地区肥料不足的时候，也就是这些地区枯枝和树叶太少，就把从街上收来一些碎屑和木片与干草混合在一起，秋天的时候铺在牲畜圈里，这些肥料通常留到下一年秋天，然后把所有的肥料都运到地里，这一年收成会比往年多两倍。每俄亩地需要200—250车粪肥。施过肥的土壤层也不会消耗的太厉害，直到第五年收获之后就需要休耕，但不是所有人都遵守这个规定。

通常5月初开始播种春播作物，播种会持续一周半。秋播黑麦大部分是在7月末进行，这个时候土地变的足够干，就用犁来翻耕，这段时间是播种秋播作物和春播作物最好的时节。用没有耙的双头木犁来翻耕土地。

早期开垦土地的时候，很多草都发芽了，有时候草比庄稼还多。播种期不超过10—12天。为了加快春天干农活的速度使收成更好，秋天之后还会翻耕一次，这被称为"地下作业"，因为春天的时候只翻耕一次。

一个工作人员翻耕960平方俄丈的土地；雇佣别人来翻耕的话，每俄亩地需支付6卢布50戈比。但是通常工作人员翻耕的都不好，所以收成也不好。

好好耕地的农户不超过1/7，因为大部分农户都酗酒，所以收成也不一样：好的农户收成有7成，不好的农户收成不超过3成。若风调雨顺，大麦需要10—12周能成熟，能收获3—7成，秋播作物从秋天开始播种，因为这个时候寒流还没到来，所以第二年收成能达到7—11成。8月中旬开始收割，9月初收割结束，农民用镰刀收割作物。

通常，还没成熟的作物从根部开始收割，因为害怕夜寒会损伤作物，然后作物会慢慢成熟，为此要把作物堆成竖堆，大麦有10堆，黑麦有15捆，然后把作物倒挂在户外的长杆上晾干。天气潮湿的时候，禾捆会放到打谷场里，用粗杆子敲打，结果导致种粮被敲碎，无法发芽，打谷也变得很困难。收割作物时，一些熟过头的黑麦免不了会直接掉到地上造成浪费。

一个割麦人一天能收割120平方俄丈土地、1俄斗粮食，雇人的话，每俄亩支付工人6—7卢布。大麦和黑麦都会放在带有谷物干燥房的打谷场里烘干，谷物干燥房建的不合格，经常发生火灾，但也只有富农才有带干燥房的打谷场，其他人都是在小木房里将其晾干，然后在院子里和棚子里打谷，只需要一些棍子就可以了。

一个人一天能打谷500—600捆。打谷之后，要用圆筛子把谷粒从干草和碎屑中筛出来，筛子是用铁丝交错编织制成，用木板固定四周。筛子在打谷场门口过磅，农民迎着风把一些谷物倒进筛子里，然后摇晃筛子，谷物就直接掉出来了，而碎屑就直接飘到很远的地方了。还有一种清理谷粒的方法是：把谷粒倒入白桦树皮做的大袋子里，然后左右摇晃直到把谷粒摇出来，只有女人做这项工作。一个女人一天能筛1俄斗粮食。把清理好的谷粒储存在仓库里。富农用水磨来磨粮食，穷人只能用手工小磨。富农自己翻耕和播种土地，穷人则按照一定的价格把自己的土地出租给别人。

村社里几乎所有草场都是沿着梅津河岸和瓦日卡河岸分布，每年春汛的时候就能自动灌溉滋养了，这里的草长得特别好，春天和秋天的时候，牲畜在这些草场上放牧，它们会踏坏、吃掉青草，结果就会造成损失。

对牲畜来说最难度过的6月15日到8月15日，这时牲畜在森林放牧，森林里的草还没长高，甚至在一些昏暗的地方，雪还没有融化，除此之外，森林里的泥泞地段和熊也威胁着它们的生命。在伊林节前后收割干草，天气好的时候，8月中旬收割就能结束。每人要垛30—35个草垛，每个草垛为15—20普特。干草的质量主要取决于收获的时间，因此农民可以等到草完全成熟的时候再收割优质牧场的草。

一个人割一块份地的草要花 5—7 天，而雇一个人需要支付 5—6 卢布。

村社里干草的价格经常变化：初秋的时候，富农通常会储存干草，穷人迫于生计以每垛 1—1.5 卢布的价格把自己的干草贱卖了，而深秋时节，农民却要花 3—4 卢布的价钱买同样质量的干草，但是穷人不得不以每垛 90 戈比—1 卢布 20 戈比的价格提前卖掉自己还未收割的干草。春天时这些人不得不低价卖掉自己的牲畜。农民用短把镰刀割草给牲畜当饲料，男人能割 1.5 俄丈干草，女人能割 1—1.25 俄丈干草。

马和羊只喂一种干草的话能度过 8 个冬月，只有用牲畜拉货的时候才会给它们喂一些大麦，喂牛吃大麦饲料。秋天储存起来的白色针叶林苔藓也可以用来当饲料，这种饲料是专门为母牛和公牛准备的，只不过对产奶没有什么帮助。

尽管该村社的土地质量和面积都比别的村社好，但是农民的经济还是中等水平。尽管种地是村民们的主要工作，但还是远远不能保障生活，特别是贫农只有一种经济来源，更无法保障生活。原因如下：

首先村社的畜牧业发展不好，村民的发展资金不足，没有好牧场和天然牧场来放牧牲畜；同时当地的土壤层也需要施肥。除此之外村社缺马，还缺乏翻耕土地和运送商品的劳动力。上孔工厂建造的也不符合规定，农民靠当地的牲畜自给自足，尽管这种品种的牲畜生长缓慢，但是它非常有劲，而且它的习性就是在山区活动。

其次，即使是丰收的时节，收获的粮食也不能满足全部居民的需求，甚至寒冷的气候还会导致歉收。除此之外，男人外出渔猎也会影响种地，因为男人离开的时候，所有的农活都留给了不能胜任的女人。

当地的老人也对本就不景气的经济产生很大的影响，每逢节日，他们更加助长了人们酗酒的风气。

这样的节日一年有四次：每一次村民都要花费近 200 卢布来购入伏特加、面包和饭菜，因此四次节日共花费村民近 800 卢布，平均每个农户 28 卢布 46.25 戈比，这个时候还要缴纳人头税和其他赋税共 245 卢布 63.5 戈比。

没有人敢摆脱这种根深蒂固的传统，为了准备节日宴会，一些人甚至卖掉了牲畜。

酒馆老板垄断了所有地方，农民们根本没办法和他们对抗，任何利民措施从一开始就面临着无果的结局。

村社里种着黑麦、大麦、亚麻和大麻，但是这些作物都有特殊用途。菜地里有：土豆、芜菁、萝卜和白菜，但是数量不多。

村社没有对工具和机器进行改良来提高耕地效率，也没有实行牧草轮作制。虽然其他农户都实行了轮作制、施肥和翻耕土地的方法，但个别农户还是没有进行一些改良的尝试。

没有农民能从整体的经济衰落中脱身。有时发生火灾或其他不幸的事情之后，经济就会陷入短暂的衰退，这时就会有一些农民提供实际帮助，他们会帮忙伐木并把木材运到盖房子的地方，等等。

据说，遭受火灾的农户通常会沿着村庄给遭了火灾的人募捐。

在收割作物和干草、毁林为耕和毁林为草时，村社都会有答谢宴。

8月下半月或者8月末的时候，富农会让姑娘、女人和少年来帮忙，也就是请他们帮忙收割剩下的作物。每次答谢宴要邀请15—25个人。出席宴会的规定和上别列兹尼茨村社一样；因此人们常说："不要叫我的名字，只要给我面包就行了"；"面包什么样，事情就是什么样"；"吃的越杂，越不知道怎么干活了"；"为了一块食物也要洗手"；"嘴巴越大的人吃得越多"；"不为食物干活"；"吃点东西能缓解饥饿"；"不吃饭不帮忙，一吃饭忙翻天"。还有一些特别形式的答谢宴，只在新盖的小木屋举行，只邀请朋友、亲戚和熟人，和他们一起纵情畅饮。答谢宴通常在节日进行，因为其他时间大家都忙着自己的农活，这种帮忙不是必须，所以完全取决于来帮忙人的意愿，当然每个受过这种帮助的人，在帮助过你的人邀请你帮忙的时候就必须答应。

村社需缴纳198卢布97戈比的国家税、46卢布56.5戈比的公社税，共计245卢布63.5戈比，因此每个人每年需缴纳2卢布97戈比的国家税、69.5戈比的公社税，共3卢布66.5戈比。每俄亩地缴纳1卢布50.75戈比的国家税、35.5戈比的公社税，共计1卢布86.5戈比。

森林税和保险费不包含在内；这两种税额分配不均，前者根据浮运木材的数量分配，后者根据建筑物的价值分配。缴税期限是：上半年在7月1日，下半年在12月31日。

每年1月重新分配赋税。

赋税的划分单位是有份地的男性，这并没有考虑到劳动力、每个农户的富裕程度和缴税能力。所有有份地的村社成员替没有耕地的农户缴纳赋税。

分配赋税的方式和分配土地的方式相同，没什么特别之处。

每个已经去世的在编人员和被流放到西伯利亚的人的赋税由占有他份地的家庭成员来承担。村社会把被农户荒芜的土地交由更需要的农民耕种，如果没人愿意租这些土地，那就把土地给那些劳动力较多的家庭，以上这两种情况，接收土地的人都必须支付所有费用。村社不接受以经济状况或疾病作为降低或免除税款的理由，即使欠缴税款，村社也不会剥夺或减少这些成员的土地。老人、寡妇和孤儿使用土地时也需要缴税。

缙绅、村长和其他公职人员在任期间免除实物贡赋，其中缙绅全家都免除实物贡赋，而其他公职人员则是个人免除。除此之外，乡里给缙绅的工资是每个月15卢布，村社一年给村长近30卢布。选公职人员时不用耕地来代替薪资。

低级官员的税款和赋役在他们任职期间以及退休后第一年均由村社承担。

由于连环保的原因，村社不会采取特别的措施强制懒散的农户缴税，这非常令人担心，因为他们没办法按时缴纳税款。村社允许农户把自己的商品卖给外乡人、去外乡打零工挣钱等。即使村民在缴纳税款之前暂时离开，村社也会准时发放给他们证件。最近15年间，当缴税和服役的期限已经过去的时候，村社也没有采取什么措施来处理欠税人。根据村长的建议，村社开始采取相应的措施。

村社所有成员平摊欠缴的税款，即使在追缴不顺或者没有采取追缴措施的情况下，也没有必要剥夺欠缴税款的人的土地，一旦发生收回土地的情况，那么所有占有份地的成员平分这些土地，同时也要承担土地的赋税。

占有土地的每个户主都有相应的权利：(1)可以不按照村社的农耕制度耕作，因为村社不分秋播地和春播地，户主可以在方便的时候耕种；(2)单独把自己的土地围起来，但是这通常很难做到；(3)什么时候方便什么时候开始干农活；(4)将自己的土地进行短期出租、对分、抵押给本村社或其他村社的成员。成员不能永久出售土地或者将其作为遗产转让或出售。草场不仅可以出租给同村社的成员，还可以出租给相邻村社的农民。当贫农从富农那里借粮食的时候，用干草作抵押。从秋天开始，贫农经常把草场出租给更富裕的农民，租金就是一半的收成。农户彼此交换草地的时候，必须考虑到个人的劳动能力。当然，这种交换是在拥有同样份地的农户之间进行的，同样也可以在不同村社的成员间进行。

重新划分的时候，村社可以强制农户接受之前的户主没有好好施肥的土地。把土地出让给别的农户时必须得到其他家庭成员的同意，否则其他成员有权去乡管理机构、村领导和村社那里申诉。村社不会限制农民支配宅院地的权利。

土地的继承遵循以下原则：户主去世之后，如果他没有婚生子或者私生子的话，那么他的妻子、姐妹和女儿有权使用份地直到下一次重分。但是为了避免土地荒芜和不缴税款的情况发生，村社可以随时从她们那里夺回土地，但这也同样导致了土豪以各种借口勒索她们。如果家庭成员去世的话，户主没办法自己种地，就只能把土地转交给其他能承担赋税的农户，结果自己却要乞讨为生，尽管这是一种可耻的寄生行为。如果户主年迈、生病或者去世的话，村社不会干涉家族选举新的当家人，如果家族里没有年长的成员，村社就会选出一个监护人代管家族事务，并且定期监督他的行为。但是村社不会因为家庭成员抱怨当家人处理事务混乱无序、玩忽职守就换掉当家人。从1874年开始村社已经不干涉分家的事情了，村民彼此协商分家的事情，不用经过村社的同意，如果有人想分家，村社也不会拒绝。兄弟分家的时候，会把所有财产划分成相应部分，然后抽签决定每一部分的所属权。父亲可以拒绝儿子想要分家的请求，不把财产分给儿子，甚至还可以要求儿子来帮自己的忙。最近6年，有5户家庭分家了，但是分家时通常都会发生争执和辱骂。

村社人口统计如下：小户人家（1—5个人）23户，中等人家（5—8个人）2户。大户人家（8—9个人）9户。已经分家的成员之间、从一个家族中发展出来的成员之间没有什么财产关系。

村社共有34块份地，28户人家，因为已经分家的人经常还住在一起，所以份地数量比家庭多，村里有两栋房子各住着三户人家，有四栋房子各住着两户人家。

退伍老兵隶属于村社，虽然他们无限期休假，但还是和其他农户一样有权使用土地。重分时士兵得到了土地，但是鉴于家里没有男人，也没有婚生子和私生子，那么士兵的妻子、寡妇和孤儿就可以保留份地直至下一次土地重分，为了避免发生土地荒芜和拖欠税款，当重新划分到期之时，村社有权从他们那里收回土地。

通过以下方式对拥有耕地却没有缴税的农民追缴赋税：(1)用动产和不动产补偿欠缴税款；(2)欠税人或者他的家庭成员会去外乡打工挣钱补足欠缴税款；(3)卖掉对欠税人来说不是生产必需的那部分动产和不动产补足欠缴税款，女人的嫁妆不得出售；(4)从欠税人那里收回部分或者全部土地直到他履行完所有义务再还给他。

1876年最近一次重分时，有一户人家没有得到两人份的土地，也就是说这户人家在家乡没有任何的产业，但是他们已经在这合法居住很久了。根据村社的决议，每个农民每年能得到一定数量的木材，木材也可以借给别人，但是禁止私人买卖。

农民去世之后，其财产转给他的亲戚，哪怕他们无法承担赋税，无人继承的财产需要上缴村社，也就变成了村社的财产。

村社的宅院地被划分给了农户，由他们代代相传，自由支配，使用土地不受任何人的影响。如果这些土地无人继承，那么就需要设立专门的管理机构，管理机构可以直接行使村会的权利。宅院地作为一种遗产，只有在无人继承的时候才会交由村社支配。

分家的人从自己原先的家里分到土地。养子养女从村社中得到土地，而不是从收养他们的家庭里分到土地，同样的，弃儿也是从收养他的村庄里得到土地。如果农民没有重编入岳父所在的村社，那么在岳父去世之后农民无权继承他的遗产，除非得到岳父所在村社的同意。

村社新接纳的成员一定要准备大半桶或一桶的伏特加、凉菜或者腌渍鱼来款待所有成员。耕地是从公共土地中划分出来的，每次抽签时份地都是相等的部分。村社不会提供任何帮助来购置生活用品。从村社迁出的农户要把自己的土地永久上交给村社，村社有时将这些土地租出去一段时间来增加村社的收入，而这些土地的赋税由村社承担，某些情况下，这些土地也会划分成几块份地。

农民不会赎买和分割份地，也没有人在家乡买地来作为个人财产。

想被选举为乡长、审判员和其他公职人员，然后参加乡大会、村会和乡法院的工作，必须拥有土地且勤勉耕耘、有自己的家、不饮酒、生活上有保障而且或多或少更勤恳些。乡缙绅是从一些更富有的农户中选出来的，但是如果他们想要免除赋税的话，就需要支付给村会30—50卢布用作村社资金。顺便提一句，缙绅在任期间经常贪别人仅有的钱财酗酒。

村社成员共同的义务包括：实物贡赋，还有做担保人的义务，必须为承包和供应粮食的人做担保，这对他们来说是可以做到的，帮助遭遇困境的同村社成员割草、收粮食、救火、救水、火灾后房屋重建。除了缴纳税款之外，连环保的义务还有如期返还乡借粮处借来的粮食，这些粮食是村储备库里的播种粮。除此之外，一旦发生盗用公款或者财产的情况，村社就要承担责任为其补足款项，这种情况经常发生。

除了没有登记在册的退伍老兵、外来的工匠、神职人员、教师和外乡人之外，所有人都可以使用没有纳入重分的土地和牧场，但是这些人使用宅院地和森林的时候不用向村社支付费用。

居住在村社里的社外人员可以免除村社的赋役，但这些人也无权出席村会，村会上决定分配赋税等相关事务，所以社外人员不能参与其中。

个别土地公社没有农用地。

不存在把土地从村社所有转变为村庄所有，以及从村庄所有转变为村社所有的情况，因为村社所有耕地、草场从很早之前就重新划分成了份地。

村社共有28户人家、15个打谷场、17个澡堂、28个仓库。

尽管种地是村民们的主要收入来源，但即使是大丰收的时候，收获也只有 7 成，收获的粮食足够保障生活。一般情况下能收获 4 成粮食，条件好的农户可以自给自足；条件一般的农户有两三个月缺粮；而穷人则是缺四五个月的粮食，因此村庄需要购入近 700 普特粮食。收成不好的时候只有两成半的收成，所以条件好的农户需要购入半年所需的粮食，条件差的农户只能依靠自己的粮食度过三四个月，这时村社需要购入近 2015 普特粮食。

除了种菜，村社里没有其他的盈利项目。

村社里有三个单齿水磨，归个别农户所有，每台水磨每年能挣 30—45 卢布；还有一个风磨，磨碎的谷粒有专门的用途；两个铁匠铺，每个铁匠铺每年能挣 15—100 卢布；两个家庭皮革作坊，有两个人从事制革工作，每人每年能挣 70—150 卢布；一个熟羊皮小作坊每年盈利近 15 卢布。

村社没有代役租收入项目。

收获的粮食、其他农业领域和工业领域的收入远远不能支撑日常生活所需，也不足以缴纳税款，因此大部分居民都去打零工、去渔猎。虽然渔猎能给农民带来不小的收入，但是做这个的人不多，因为只能夏天去渔猎，而这个时候正赶上农忙季，所以只能是家里有多余劳动力的才能去。如果渔猎的收入远高于雇用工人干农活的支出，那么农民就会雇人干农活然后自己去渔猎。每年春天的时候有 2—4 个人乘船去鲁萨诺夫梅津木材厂工作，他们会在那里待三四个月，每人每月能挣 10—15 卢布。

当地广袤的森林促进了狩猎行业的发展，但是这里的狩猎非常不合理，只有那些有燧发来福枪的人有优势。主要猎物是花尾榛鸡和松鼠。收割粮食和干草后，从 9 月之后开始用诱捕器和捕捉器捕鸟。这里的野兽非常多，所以在不同的年份每个猎人都能捕捉 60—150 只猎物。10 月 1 日前后开始下雪了，所以森林里的打猎活动也要结束了，这段时间只有有武器的猎人才能继续打猎，大概有 3 个人，这些人直到 11 月中旬下大雪才停止狩猎。年份好的时候，每个猎人能收获 100—200 只猎物；年份不好的时候最有经验的猎人能打到的猎物也不超过 58—60 只。3 月初开始猎松鼠，与此同时，表层雪在阳光的照射下融化成水，冷冻结冰，这时猎人们可以在冰上滑着长滑雪板，拖着 1 俄丈长的窄型轻雪橇到处走，上面装着猎人所有的物资。这段时间猎人们去距离村庄 100 俄里以内的地方打猎，他们待在森林里直到消耗完所有物资才会离开。

如果早春时节冰雪还未消融，4 月猎人们会再去打一次猎。这次打猎的意义不大，但是年份好的话每个人能挣 20—35 卢布。

总的来说，最近几年当地的狩猎行业衰退得很厉害，因为鸟和野兽逐年减少。猎物可以出售给当地的收购商，也可以出售给从平涅日县来这里收购野味的农民，这些农民沿着冬天清理出来的道路出发，他们在平涅日市的尼科尔斯克交易会和阿列克谢耶夫交易会上销售这些野物。

1883 年和 1884 年一对花尾榛鸡能卖 40—50 戈比，而每张松鼠皮能卖 10—12 戈比。

12 月 4—16 日的尼科尔斯克交易会和 3 月 15—26 日的阿列克谢耶夫交易会是当地买卖生活必需品的唯一途径。

除此之外，大概三四个人从村里出发去距离 190 俄里的冬季海岸参加克多夫海洋渔猎活动，参与这种渔猎的主要是梅津县多尔戈谢利乡和科伊坚乡的农民，有的年份每个人能挣 30—75 卢布。每年 3 月 25 日之后，都有人去阿布拉莫夫角和乌斯季亚河捕海豹崽。

捕获海洋动物是沿岸居民的主要收入来源，这里有环斑海豹、格陵兰海豹、髯海豹、海象、海豹崽和欧鳇，它们每年从北冰洋游到岸边来繁殖。2 月初到 3 月可以捕获这些海洋动物，因为这段时间雌性动物会到冰上产仔。渔民坐船来捕捞，船上载着生活物资并且装上了滑木，整个渔猎过程都要拽着渔船，因为所有的捕捞物都在船里。渔猎要求渔民要非常有力量并且勇敢无畏，因为海风是非常危险的，可以把他们带到离冰面很远的海上，即使在那儿你能自救，但捕获的海洋生物也会死掉。西风和西北风是对渔猎最有利的风向，夏天的时候，西南风会阻碍渔猎。渔猎通常是成群结队的进行，并且每一组人由 4 个工人、1 个户主组成，户主承担舵手的责任，户主全力支持工人渔猎。渔猎结束之后，他们平分所有的捕捞物，不过是户主拿一半，而另一半由其他四个人平分。

第一次参加渔猎的少年只得到成年人的 1/3，剩下 2/3 归户主所有。主要的海产品是皮和油脂，其他的东西都要扔到海里。工人们得到的那一份几乎总是卖给户主。年份好的时候每个人能挣 70—100 卢布，但有的时候他们待四五周也是无功而返。有时渔民连续几年都非常不幸，这时他们即使把自己的东西都卖了也不足以购买渔具和渔猎时的物资，他们就不得不去借贷。总的来说，这里的渔民不得不忍受不可抗力的影响，哪怕是富农的渔猎捕捞量受了影响，最终也是由渔民来承担后果。主要的原因是渔民住的非常远，他们很难把自己的产品直接运到人们买卖日用品的市场上，所以只能通过收购商，他们把自己的捕捞物低价卖给收购商，却要以三倍的价格买日用品。

一旦渔猎不顺或者因为别的不幸而开始借贷，农民基本就不能摆脱债务了，因为他失去了决定自己商品价格的权利，只能是别人给多少他要多少。同时，收购商根据当地所需从村民那里收购产品，囤积起来获得更大利润。收购商能极大地影响猎物的价格，比如，早些时候每张皮的价格是 4—5 卢布 70 戈比，而在 1883 年和 1884 年，每张皮能卖到 9 卢布。

与挪威进行贸易往来的农民相对较少。

有 3 个人在梅津木材厂工作，他们负责流放木材，航线会开放两个半月到三个月，每人能挣 25—30 卢布。有两个人是纤夫，他们工作七八个月，每个人能挣 30—70 卢布。

村社还有四个裁缝、两个木匠、一个教区教堂的看守人，除了每年挣 50 卢布之外，每周日农户还给他送烤面包，因此每年他能收到 20 普特烤面包。有两个人制革，每人每年能挣 70—150 卢布；一个人制作熟羊皮，一年挣 15 卢布；3 个人磨面粉，每年能挣 30—45 卢布；两个人从事锻造业，每人每年挣 15 卢布；另一个人能挣 100 卢布。

除此之外，村社每年卖出 7 头牛，总价近 250 卢布，还有一两匹马，牲畜买卖多半在平涅日市的交易会上进行，牲畜的交易价格取决于收购商的人数和他们对牲畜的需求量，好马每匹能卖 70—120 卢布，不好的马能卖 25—50 卢布。优质牛肉每普特 2 卢布

20 戈比，质量一般的牛肉每普特 1 卢布 50 戈比。从事养羊业能给居民的生活带来不少的收入，粗羊毛可以制成农民穿的灰色呢子，每俄尺卖 60—70 戈比，而每张羊皮卖 1 卢布 50 戈比。

村社有 4 个男人和 1 个女人领了证件和许可证去彼得堡打了三年工，每个人每年能挣 60—200 卢布。但是经常发生的情况是，离家去彼得堡的人不仅不给家里寄钱，还荒废了土地，自己只是喝酒，过放纵的生活，把他们押解回来需要花费 20 卢布，这个费用也要从他们身上追缴，哪怕他们的农业已经荒废了。女人出去的很少，因为她们要承担大部分农活。雇佣女工干农活一个夏天需要支付 12—18 卢布，她们负责准备面包和饭菜，工作时间是两个半月到三个月，从 7 月 1 日到 10 月 1 日。

村社共有 38 匹马，有三个农户没有马，三个农户中还有一个农户没有份地，只能靠乞讨为生。高龄无耕地的、无儿无女无耕地的寡妇要靠给别人打工来谋生，夏天的时候，有些母亲要去干农活，所以寡妇可以去她家里当保姆或者家庭看护，冬天的时候纺纱、缝衣、编织长袜子和手套。有时候善良的农民会给她们送点粮食；还有几个人挨家挨户乞讨度日。

村社共有 90 头牛（包括母牛、公牛和牛犊）、115 只羊，有一户人家什么牲畜都没有。

自从 1858 年人口调查以来，1864 年村社里有一个人迁入邻村，因为他娶了邻村一个寡妇，得到了一块份地。因为土地比较少，所以村社也很高兴有成员迁出去，而且可以毫无顾忌地取消他们的权利。1866 年和 1880 年村社新接纳了两个成员，其中有一个人娶了一个女继承人。

村社欠缴税款共计 217 卢布 69.5 戈比，这笔欠款是因为 1866—1868 年作物遭夜寒而歉收，所以不得不从借粮处借粮给农民所产生的。

村社里有四个人靠乞讨为生，其中包括一个年迈的男人、两个女人和一个孩子。

大尼索尔村社[1]

大尼索尔村社位于梅津县尤拉姆乡，由原国有农民组成。根据当地的传说，村社是在 300 年前形成的。伊凡雷帝时期因为遭受宗教分裂运动的迫害，诺夫哥罗德帕尔金和雷日涅夫徒步来到这里。后来因为有新的移居者来到这里，所以村民人数倍增，村社也有了一个名字"大尼索尔"，因为村社分布在梅津河岸的山脚下。

从占有土地这方面来说，村社由一个村庄组成，但是可以处理五个村庄的行政事务。但所占的土地只属于这一个在编的村社：这些土地不属于旁边的村子，而其他村社的土地在行政上也属于乡里，与这个村社无关，这些土地不进行重新划分。村社共有 114 俄亩 70

---

[1] 资料来源：米涅卡 Г.：《阿尔汉格尔斯克省乡村土地公社农民公社历史资料》卷 3，阿尔汉格尔斯克省印刷厂，1882—1886。

平方俄丈的土地，其中包括 47 俄亩 670 平方俄丈的耕地，66 俄亩 1800 平方俄丈的草场。村社现有 139 名男性、139 名女性（纳税人是 54 名男性、49 名女性），共计 275 人，有劳动能力的有 70 个男人、72 个女人，没有劳动能力的有 66 个男人、67 个女人，其中 109 人有份地。

每块份地包括 1035 平方俄丈耕地，播种需要 3 俄斗种粮，1498 平方俄丈草场能收割 10—11 垛干草（每垛干草重量为 10—12 普特）。

无法确定村社所拥有的水域和森林的面积。农户在河里和湖里捕鱼自己吃。为此有两三个成员约定共同制作"反绱大渔网"（即外翻的大渔网），每个大渔网由十个三俄丈长的小鱼网组成，参与捕鱼的人分成人数相等的组，捕获的鱼也平分。除此之外，小河周围被一些农户用 3—6 俄丈长、2 俄丈高的栅栏围起来了，把松枝编成的圆形鱼篓放到水里，鱼篓长 2.5 俄尺，深 0.75 俄尺，里面放上鱼饵，鱼就会钻进鱼篓里出不来了。

村社坐落在一大片森林之间，占地几十俄里，当地农民的祖先将这片森林称为"乌戈季亚"（农用地），也就是秋天用来捕野兽和鸟的陷阱区。这些陷阱区分布在距离村民 5—100 俄里的地方，共 15 处，每处占地 5—30 俄里，每个户主都有一个陷阱区。他们每天都检查自己领地上的捕捉器、诱捕器和套索。如果陷阱区离村庄很近，那么户主晚上可以回家过夜，如果离得比较远，他们就带着食物出发，那里有专门让人过夜的小木屋。每个陷阱区都有 400—500 个捕捉器用来抓松鸡，这种捕捉器由 15 根马鬃毛做成，一端系到塞子上，塞子插上松软的地面，早上鸟儿飞到这里，把头悄悄探进环扣里吃诱饵，然后就被抓住了。

这些陷阱区可以作为遗产来继承。经常是已经分家的人共同使用一个陷阱区，如果有一个人占有整个陷阱区，那么他就需要付给其他成员钱，具体金额则根据地段、条件和捕捉器的数量决定。那些出让陷阱区的人可以在空闲的森林里开设新的陷阱区。

村社存在通过"占有—使用"方式占有草场的情况。每个成员都可以使用这些土地，不过需要把这些土地清理干净，与那些生长较慢的树隔开。

割草期时不收割靠近农村的牧场和人工草场，也不对其进行翻耕。自由使用村社的土地并不代表所有成员共有这些土地。1876 年重新划分的时候，有一部分土地被擅自占用且被据为己有，强制收回这些土地之后将其纳入公共份地，然后平分给男性人口增多的家庭，还有一些户主的土地位置非常好，所以他们想保留这些土地直到下次重分，这时会送给村社半桶以上的伏特加来贿赂他们。

草场和耕地上有一些生长缓慢的小树林，以前这样的土地非常多，但是后来村社决定把这些土地划给个人，期限是 15—20 年，因为他们给村社送了很多伏特加。到期之后，土地将再次归村社所有，村社将其划分给把份地出租出去的人。重新划分时，将土地划分成份地，如果几年都没有进行重分，那就要对这块土地进行拍卖性租赁，挣的钱用于教堂或者村社开销。因此，承租人一定会用近 1 桶的伏特加来设宴，大家一起开怀畅饮。这样的宴会村社所有成员都会出席，但是寡妇例外，参加宴会的每个人都可以喝酒，每个人只能喝一杯，但是每个家庭都有一个爱喝酒的人开怀畅饮。如果他们不喝的话，那些有势力的人和土豪就会把他们的酒给别人或者拿回家，但是不喝酒的女人就没有这种权利。

根据村会决议可知，村民自由使用土地不受任何规则的限制。草场面积近15俄亩，且大部分都在森林、小河附近和其他不同的地方，根据村社统计，耕地共计4俄亩，草场近5俄亩，共24俄亩。面积最小的耕地长1.5—2俄丈，宽0.5—1.5俄丈；面积最大的耕地长5—22俄丈，宽5—8俄丈。耕地的面积一直都没有改变。户主自己耕种或者雇人耕种。家里没有多余劳动力就没办法占领那些无人耕种的土地，其他人的难处则是缺少牲畜。

村社里有几个人提出希望将这些土地划分成份地，这些人中有人没有份地，有人有份地但希望得到更多的土地。

宅院地按户继承，不进行重分。菜地、大麻田都属于耕地，每个农户自行处理房子附近的土地。宅院地过去、现在都不进行重分。新接纳的村社成员在空闲的土地上盖房子。如果不违反建筑章程的话，也可以在发生过火灾的原址重建。如果乡缙绅和村长不允许在原址重建，他们就会拒绝签发建筑许可证。以前，地方政府从未签发过任何文书表明农民可以随意建造房屋，但是年复一年，建筑章程和消防章程越来越严格。

村社登记在册的村子里有两排庭院，庭院之间的间隔处什么都没有。庭院后面有耕地被栅栏围着。谷物干燥房、打谷场、仓库和澡堂盖在庭院后面，距离住宅区40俄丈，村子旁边还有一些类似的建筑是以前就盖好的，当时还不需要专门的建筑许可证。

耕地分为三个等级：一等地是优质耕地，二等地是中等耕地，三等地是劣质耕地。通常所有耕地或者土地的质量都是不一样的，因此需要把每块土地分成质量不同的一大一小两部分。重新划分之后，每个人得到的份地包含不同等级的不同大小的土地，但这是不可能做到的，因为有些户主只想要相同等级的份地，所以他们将其他等级的土地上缴，当然村社也同意了，若一等地的份地不足可用两倍二等地或者三倍三等地来代替。

根据播种粮的重量来确定份地面积，4俄斗种粮能播种480平方俄丈土地，2俄斗种粮播种240平方俄丈土地，1俄斗种粮播种120平方俄丈土地。

耕地名称为科什基诺诺温卡、斯特列尔卡、罗济科瓦、戈尔莫奇克、梅克耶和格鲁鲍耶，相邻的耕地由地界隔开，也就是那些不翻耕的长条形土地，长度和耕地长度一样，宽度是0.25俄尺，通常耕地的两侧都有地界，为了方便翻耕土地和收获粮食需要设立专门的通道通向耕地。

村社最近一次重分土地是1876年4月（1858年第10次人口普查之后过了18年），未来十年会进行人口普查统计男性人口，所统计的是1876年1月1日之前出生的男性，在此之后出生的男性不分配份地，也不会收回在此之后死亡男性的份地。土地重分的单位是男性人口，随着农奴改革的进行，划分单位不会改变，但是每个人得到的份地会发生变化。根据第10次人口调查册可知村社的土地被划分给89个人，而1876年重新划分时有118个人，因此每人得到的份地变少了。老人和小孩连一小块地都没有。

村社所有的耕地都不是永久划分的，都有使用期限。重新划分时只有几块份地有所改变，因为户主们把这些土地上交给了村社，所涉及的事务仅限于农民相互协商，彼此更换相同等级、相同份额的土地。因此，由于家庭人口增多，需要给户主增划相应数量的土地，对于家庭人口减少的农户则是减划部分土地给人口增多的家庭，但通常也有增划或减划土地的情况发生。不是每一块土地都通过抽签来分地。最近一次重分的原因是：有些家庭人口增加了，而且还有几户家里有人去世了，他们自己无法种地，所以他们把份地移交给能承担赋税的富农，但是这些土地耕种和施肥的情况都不是很好，所以很容易荒废。除此之外，这些农民还逃避身为当家人的责任。同时，其他有成年劳动力的家庭没有足够的土地，不能给家庭带来任何收益。当然，那些占有他人份地的人和那些应该被剥夺土地的人都不想进行土地重分。

如果土地完全无人继承或者户主自愿归还，又或者土地欠缴税款太多的话，村社可以不顾土地所有者的个人意愿而剥夺这些土地，村社将这些土地重新划分给成员，并由其承担赋税并补足欠缴的税款。1882年有九次村社收回土地的情况，主要是因为不按时缴税、不好好耕地致使土地荒废、欠缴税款累积过多。如果户主暂时离开的话，土地移交给能缴税的人耕种，以避免土地贫瘠。这些土地被纳入份地之列。

面积最小的耕地长20—45俄丈、宽1.5—7俄丈；中等面积的耕地长25—27俄丈、宽12—17俄丈；面积最大的耕地长27—480俄丈、宽15—25俄丈。每个人分得的相应份地是3块大的、2块中等大小的、3块小的，共计8块土地，两个人分得的份地是16—17块地，六个人分得40块土地。通常一个农户的所有土地都归拢到一个地方。重分时，村社并没有留备用份地给村社新生成员和人口增加的家庭。

三等地靠近森林，这里的雪长时间不化，因此播种也很晚，而且作物也经常受早秋寒的影响。无论份地是否施肥、离村远近，每个人分到的土地，都必须是相同的。当然每个户主都非常想要并且想一直占有村子附近的份地，这些份地都是施过肥的优质土地，而且这些土地上的作物成熟得也很快。

如果重分土地时赶上播种期，那么得到这块份地的人就和以前的户主一起收割，两个人平分收成。村社没有空闲的土地。尽管最近一次重分之前有很多欠收年间荒废的耕地，但是这些土地在进行重分时被划分给了之前的户主，并且在最近八年内进行了翻耕。除此之外，村社还有7俄亩1067平方俄丈耕地是森林里的伐开地。根据林业管理局的规定，农民们拥有伐开地40年的使用权，村社指定伐开地的位置和面积。通常村社会雇人翻耕伐开地，然后就不用再开垦了。

草场和耕地的划分同时进行，下一次重分是在10年后，也就是1886年。

草场根据地理位置和青草的质量分为三个等级：一等地是优质草场，二等地是中等草场，三等地是劣质草场。

重分之后草场的分割线就不能改变了，男性人口减少的家庭的部分土地被重新划分给人口增多的家庭，而且必要的时候还可以减划或者增划部分土地。

大尼索尔村社的天然草场和草地分布在梅津河左岸、佳夫索拉河和科姆沙河附近的森林里，天然草场距离村庄半俄里，草地距离村庄20—25俄里。每个人得到的草场是根据收割的干草量划分的，每个人的草量必须相同，但是所得草地面积有可能不同。面积最小的草地长20—47俄丈、宽6—12俄丈；中等面积的草地长12—17俄丈、宽35—60俄丈；面积最大的草地长50—700俄丈、宽40—96俄丈。每个人分得两块最大的草地、一块中等面积的草地、两块最小的草地，共5块；两个人能分得10—11块；五个人能分得23—

26 块。除此之外，村社里还有近 55 俄亩 1015 平方俄丈的草地，是几个农户从林地中清理出来的伐开地（草地），这些农民有 40 年的草地使用权。

荒地不割草。

所有草场都要重分，但是不一起割草。每个户主都自己割草或雇人割草。把割好的草晒干然后垛成长方形草垛，而且每个草垛都用高 1.5 俄丈的短木桩隔开，短木桩彼此间隔 1 俄尺，草垛的重量是 10—12 普特。

为了防风，每个长方形草垛两侧用长短不一的短木桩固定，每个草垛使用四个短木桩，一侧两个，长度是 1.5—2 俄尺。每个户主都在自己草垛旁的杆子上刻下自己的标记。秋天时草垛用杆子围起来，整个冬天都在那里放着，但是春汛前要把干草运回家。7 月 1 日—10 日之间，村社所有农民同时收割干草。

村社附近有森林，小树林距离村庄半俄里，而建筑木材林距离村庄 4—5 俄里。但是森林是属于国家的，所以除了家庭所需的定量木材，农民们无权砍伐更多的树木。为了建造新房和修缮老屋，农民们凭林业管理局的许可证到森林里伐材，支付木材的全部费用。但是由于林业管理局审查程序一年比一年严格，而且守林员也越来越严苛，测错所砍伐木材的长度和粗细都要受罚，农民们陷入绝望。国有林区砍伐季结束后，森林进入休林期，这时建造和维修房屋、供暖、设围栏是非常困难的。猎人可以免费在森林里的陷阱区设置捕捉器和建造小木屋（长宽分别为 2 俄丈）。这些陷阱区距离村子 60—100 俄里，在这里储存和运输木材也非常困难，不得不用小艇分批运送，相对于湍急的水流，农民更愿意选择潮湿的沼泽地带来运送木材。

这些林子离村庄很近，而且有守林员看守，农民需要交税才能伐木，税款是木材总价的 1/3。

村社既没有私有牧场，也不租用牧场。5 月中旬会到森林里放牧牲畜，那儿长着很多小青草，放牧一直持续到 8 月中旬，也就到了收割干草的时候了，而 8 月中旬牲畜开始到公共牧场里放牧，直到下第一场雪。不会到耕地里放牧牲畜，因为这个时候秋播作物正在生长，牲畜会造成很大损失，它们吃作物幼苗，使疏松的土结成块，这种结块非常不利于翻耕，而黑麦受到早秋寒的影响很晚才成熟。没有给牛犊准备专门的人工牧场。村社有 6 口水井，是由三四户人家协商挖好的。水井用于家用。一个家庭里两三个兄弟挖了一口水井，在分家的时候，一个人搬到了村子的另一边，但他还是有权使用自己附近的水井，只不过搬家的这个人还需要支付 2—4 卢布给挖井人，或者为挖井人工作几天。因为水井供水不足，所以几个人就从梅津河和埃尔采马小河取水，冬天的时候会在两条河上砸两个冰窟窿，一个用于家用取水，一个用来饮牲口。为了防止雪落进去，会在上面盖上界石，并且一天清洁两次，早晚各一次，由专门的清洁员来清理，所有使用冰窟窿的农户每周日都要给他送来 10—12 俄磅的烤面包。整个冬天他能收到近 5—6 普特面包，不用给他付钱，有时候村社会给清洁员半桶伏特加来取暖。

根据 1858 年的人口调查结果进行重新分配，村社并没有规定划分期限。重新分配必须要向乡缙绅提交申请，缙绅命令村长召开村会，并且在农户之间进行土地重分。大会上，那些无地的贫苦农民可以申请拥有部分土地或者返还因某些原因被收回的土地。

一些女人也可以参加村会，主要是有自己的土地而且有耕地能力的寡妇，一些之前没有土地的人也有权得到份地。如果户主去世了，由户主的妻子和年长的家庭成员代为出席，可以是年满 18 岁的成年人或者老人，年龄无上限。会议的决议必须得到 2/3 的参加大会的户主的同意。

除了对这件事感兴趣的农民对重分决议有影响之外，还有一些土豪也有一定影响，村长在这方面没有任何作用。

村社没有划分成小组。农户间不通过抽签来分地，耕地和草场划分成相应的数量，而且每一块份地都包含所有等级的土地且大小相等。为了重新划分土地，村社雇佣专门的操作员，参与最近一次重分的共有 118 人，操作员挣 16 卢布。村社没有选专门的测量员。1876 年重分时没有测量土地，所以是根据 1858 年登记册上的数据进行划分的，但有一本登记册没有在大会上展出，由于划分土地存在不公平的现象，所以同村社的农民们会亲吻圣象以示公正，保证自己绝不会偏心那些占有一些份地、播种了部分作物和准备收割干草的农户（因为得到这些份地可以平分收成）。土地重分很不顺利，一些农民占有一些空闲地。因此 1882 年新一轮重分时，村社重新测量了所有的土地面积，并且将每个农户所占有的土地面积登记在册。根据登记数据对每人占有土地的面积和位置进行清点，但是刚出生的人和已经去世的人不记录在内。重分时，村社会花 22 卢布来雇佣新的操作员，他和村社所有成员一起测量土地，并且在大会上公布记录的数据，根据这些数据来分配土地。因此一些人会得到上一次重分时被剥夺的部分土地，而且包含靠近房屋的优质土地，如果农户多占了土地就需要返还多占的部分。

尽管操作员当众亲吻圣像以示分配的公正性，但重分还是不顺利，这也就是造成纠纷的原因。重分土地的登记册上有操作员的签名，以前这本登记册被称为"四分之一俄亩"，而现在被称为"划分册"。

村社没有选专门的测量员来重分土地。无论是耕地还是草场，无论是面积大的土地还是面积小的土地，其测量单位都是平方俄丈，也可以用播种粮的重量和收割干草的数量作为划分单位。个别农户的草场由灌木丛隔开。如果没有灌木丛的话，那么在耕地末端和耕地中间钉上木桩。采取以下方式在草场上割出几条长长的平整的地界线：一个人站在耕地一端地界上的木桩旁边，另一个人从耕地另一侧直着朝第一个人走来，踩出一条小道儿（足迹），之后把踩坏的草收割干净割出刈割道。村社耕地所需种粮的单位是俄斗，4 俄斗种粮播种 480 平方俄丈土地，2 俄斗种粮播种 240 平方俄丈土地，1 俄斗种粮播种 120 平方俄丈土地，1/2 俄斗种粮播种 60 平方俄丈土地。草场的单位是草垛（重 10—12 普特），1 俄亩草场收割 18 垛干草。1 俄丈绳等于 3 俄尺，用于测量土地附近的菜地和耕地旁篱笆的长度。

重分耕地的时候恰逢播种秋播作物或者春播作物的时节，要和以前的土地所有者一起收割并且收获的粮食要平分。如果土地刚刚施过肥的话就不用再施肥了，因为选择上缴哪一块土地完全取决土地所有者自己的意愿。当然，土地按照等级进行划分，但是每个农户所拥有同一等级的土地可能不在同一个地方。

有时会出现以下情况：擅自耕种他人土地、因为错误铺设地沟和刈割道不规则而破坏草场地界、割草割出界外、移动界桩、收割别人草场里的干草、偷运别人草垛里的干草。如果犯错者在现场被逮了个正着，那么受害者会自行收拾他们。受害者会向村长控诉，村长会从知情人那里调查事情的真伪，然后出于公正将案件移交至乡法院。由法院裁定、追缴相应的损失，有时将犯人拘留在乡公所1—7个昼夜，并且用树条鞭打近20下，但是这些处罚大部分不能准确的执行下去或者达不到惩戒效果。如果乡法院不用伏特加慷慨地款待发生争执的双方，那么这些案件也就不用审了。乡里最有影响力的人是编写员，如果他在乡公所里为某人作保或者作证的话，那么那个人必须给他半俄升的伏特加（半俄升=0.6升）。因为被选上的缙绅和其他公职的人员大部分都是不识字，当他们因自家农活暂时离职时，由编写员代行其责，管理乡里的全部事务。

村社的份地占有情况如下：拥有一块份地的有8户；拥有两块份地的有16户；3块份地的有10户；4块份地的有5户；5块份地的有1户；6块份地的有1户；7块份地的有1户；8块份地的有1户。重分之后，拥有最贫瘠土地的农户也成为了村社的成员。如果某人抽签得到的土地和其他人的土地面积不符或者质量不等的话，那么要增划他所短缺的相同面积或相同质量的土地给他，单独增划给他的这块土地被称为"增划地"，如果增划劣质土地给他的话，那么这个人就会得到更多土地，而这些土地被称作"补充地"。

重分之后，村社就没有储备耕地和草场了。如果重分之后得到份地的农民重编入其他村社，那么他的份地由村社所有成员平分。最近6年这种情况只发生过一次。

村社没有牧人，所以牲畜放牧时都无人看管，因此牲畜经常陷入泥泞。除此之外，最近一段时间，森林里的熊不断增多，每年会有两次到三次牲畜被熊咬死的情况，因为靠近村子、周围有栅栏的牧场面积非常大，所以一两个牧人根本看不过来。村社没有公有的种牛，只有几个户主有种牛，他们把公牛留下来配种，对这些户主不征收任何费用。有个农户养牛养了两三年后本来应该转交给另一个人养，结果这个户主把牛杀掉了，因此村社居民都是轮流养种牛的，但是养牛的时间不固定，而养牛所用饲料也没有什么特别的要求。

村社在耕地和菜地周围设了栅栏，在天然草场周围设了篱笆。每个人承担的份地上有27俄丈长的栅栏和9俄丈长的篱笆，共36俄丈，栅栏和篱笆应该是由7个高2.25俄尺的云杉杆子搭成的。

每个农户搭建完栅栏后就在杆子上刻上自己的标记。如果发现杆子上的标记刻的不好或者位置不对，那么可以不经审理和调查就用树枝惩罚他。如果牲畜跨越栅栏，造成损失，那么责任由栅栏被破坏的户主承担（因为他没有做好栅栏），如果牲畜渡河而造成损失，那么由牲畜的主人承担责任。

村社成员应该承担的义务有：（1）修缮耕地和草场周围的栅栏；（2）派人修缮驿路和乡道；（3）村社所有农户轮流值夜班；（4）维护带井架的水井，这些水井由村社合力挖掘，深达3—4俄丈。所有农民都有义务看守村储备库、建造和修葺村社共有的建筑。村社选出来的看守人在村长的监督下分发和征收储备库里的粮食。村社没有公立学校、铁匠铺和磨坊。

村社每年会从10个人里派3个人来修缮驿路和乡道：春天的时候，也就是每年6月派两个人；每年秋天9月派1个人，这项工作在警察和村长的监督下进行。

每个"十人组"里的人不是按照农户的排列顺序分组的,而是按照相互之间的协定分组,轮班如下:十个人组成两户(每五个人是一户),其中一组6月派人,而另一组9月派人。村社没有采取任何措施改良土壤。

耕作制度是三区轮作制。

村社不分秋播地和春播地。2/3 的耕地播种春播作物,剩下的 1/3 耕地休耕,休耕之后,这 1/3 耕地播种秋播作物,而第二年播种春播作物;之前播种春播作物的 2/3 耕地,其中一半耕地继续播种春播作物,秋播作物地继续播种秋播作物,而剩下的 1/3 耕地耕种春播作物,这样连续耕种 3—5 年之后,土地进入休耕期。

每俄亩土地播种 2.5 俄斗的春播作物、1.5 俄斗的秋播作物。春播作物地翻耕一次,个别情况下翻耕两次,秋播作物地翻耕三次。秋播作物地结束休耕之后要用羊粪和牛粪来施肥,厩肥能带来大丰收。那些连续两年播种春播作物的土地用马粪来施肥,马粪对丰收不是很有用。因此,每年只有一半耕地施肥,剩下的一半耕地第二年之前都不施肥的。有几个户主为了提高土地质量就先给土地施肥然后将土地休耕,夏天的时候再翻耕 3—5 次,还有几个农户翻耕次数更多。厩肥不够的话可以用苔原和针叶来代替,也就是针叶树的软枯枝和小树枝,通常可以和麦秸放在一起,大部分大麦秸都是堆在牲畜圈里直到第二年秋天,经过一个冬天之后,树枝就会软化,下初雪的时候就可以运到地里施肥,这对软化土层非常有帮助,收成也是往年的两倍。一俄亩耕地需要 250—300 车的厩肥。五月初或者五月中旬开始播种春播作物。通常在 7 月土地足够干的时候播种秋播黑麦。适宜耕种的土地符合以下条件:抓起一把土攥紧,然后把它扔出去,如果泥块掉在地上散开了,也就是没有结成块的话,就证明土地适合耕种。用没有耙的双头木犁来纵向翻耕土地。翻耕干燥的土地会长出来很多草,而且因为它的外形和扫帚非常像,所以这种草被称为"扫帚草",有时候这种草比作物还多。播种之后耙田。为了春天干活更快、收成更好,秋天之后土地只耕种一次,因此春天的时候就只是翻耕。一个农民带着一匹马一天能翻耕 960 平方俄丈的土地。雇人耕地一俄亩支付 5 卢布 50 戈比—6 卢布 50 戈比。由于当地居民非常喜欢喝酒,只有不超过 1/3 的农户勤勉地耕地,所以土地的产量也是相差很大的:优质土地的产量达 7 成,劣质土地的产量不足 3 成,因此还有些人把自己的粮食卖给收成不足的农民。若风调雨顺,大麦 9—11 周就能成熟,产量为 3—7 成,而秋播作物能收获 7—11 成。

8 月中旬开始用镰刀来收割作物。一个割麦人一天能割 1 俄斗的粮食,也就是 120 平方俄丈土地的粮食,雇人收割的话每俄亩支付 6、7 卢布。

趁作物还没成熟的时候就进行收割防止寒潮来袭,把收割的作物堆成禾捆堆,大麦有 10 捆,黑麦有 15 捆,然后把一捆捆作物倒挂到长杆子上,穗子朝下在阳光下晾晒。多雨雪的季节作物会放到打谷场里用粗杆子来打谷,因此种粮会受伤,磨成粉也比较困难。大麦和黑麦会放到带有谷物干燥房的打谷场里烘干,但是这样的打谷场只有富农才有,而且谷物干燥房建造的也不合乎规范,这就是经常发生火灾的原因。大部分农民在木房子里晾干谷物,然后在棚子里用自制的简易工具来打谷。一个人一天能打谷 500 捆。用稠李树编织的圆筛子来筛粮食。

还有手动清理粮食的方法:用白桦树皮编成一个口袋,把粮食倒进去左右摇晃让麦粒流出来。

一个人一天能脱粒 1 俄石的粮食。在粮仓里脱粒。多半是用手工磨，把粮食磨成面粉，因此每天早上要准备好一天的工作量，只有富农才能用得起水磨，而村社里只有两个水磨。

几乎所有天然草场都是沿着河岸分布，每年春天这些地势比较低的地方水位会上涨，就会自动给这一带草场施肥，所以这里的草本来应该长得很好，可相反的是这一地带的草长得却不是很好，因为春天时，邻近的上别列兹尼茨村社的牲畜会长时间踩踏草场，导致这里的草长势不好。秋天的时候牲畜自己会跑来吃草，导致草场收成不好。当农民意识到牲畜会踏坏青草，就会换到靠近村子的牧场里继续放牧。对牲畜来说最难度过的是 5 月 5 日到 6 月 5 日，因为这段时间森林里没有草，而一些没有阳光的地方甚至雪都没有化，村社附近还有泥沙地和沼泽地。有几个来自上别列兹尼茨村社和马隆伊索戈尔村社的农民占据了这个村社草场中间的份地，而这些份地不属于任何一个村社。

对此，大尼索尔村社的农民是这样解释的：这些草场属于以前的开拓者，当他们把女儿嫁给上别列兹尼茨村社和马隆伊索戈尔村社的农民时，这些草场作为嫁妆交给了自己的女婿。因为收割时间不同，所以干草的质量也不一样。优质草场要等到草完全成熟才收割，事实上，干草收割主要可分为两类，一种是在 7 月末收割，一种则收割的更早些。较早收割的青草要仔细晾干，经常需要用粗杆子拍打。一块份地需要一个人割 3—4 天，雇人的话要支付 3—4 卢布。村社里干草的价格变化很大，完全取决于收成和季节，初秋时，富农和储藏站的站长就会储存干草，而穷人迫于生计只能出售草垛，每垛草售价 1 卢布 50 戈比，而春天的时候他们却要花 2—3 卢布买回同等质量的干草。秋天之后，有时候穷人不得不出售还未收割的干草，每垛 1 卢布 20 戈比，而春天的时候，干草价格上涨，穷人负担不起，又不得不低价出售牲畜。使用短把镰刀来收割干草。

冬天的 7 个月里给马和羊喂同一种干草，只有用马拉货的时候才会喂它少量大麦（谷类），用大麦秸秆来喂牛。

村社的小农经济处于中等水平，这主要是因为每个人的份地都很小。村民的主要收入来源是种植业和畜牧业，他们没有使用划分给他们的土地，因为这些土地的土壤层被急流破坏了，同时村社承担全部人头税。由于干草不足、牲畜越来越少，这就更需要提高耕地质量。其次，即使是丰收的时候，粮食也不足以保障所有村民的生活。更何况还经常歉收（尽管最近十五年间没有歉收），歉收原因如下：冰雹会打坏作物；雨会淋透作物；作物因干旱而枯死，平均每十年有三四次歉收。最难熬的是 7 月，这时没有夏季运输航线，储备的粮食也无法从码头运到村社里，村民们就只能饱受饥饿煎熬，最后粮价高涨，使所有居民陷入贫穷。由于有储备粮，所以多次贸易不会造成歉收。缺乏运输航线会造成粮食价格上涨，比如说平时黑麦面粉和大麦面粉价格约每普特 2 卢布 50 戈比，而在 1843 年、1858 年、1852 年、1855 年、1856 年、1857 年、1862 年、1863 年、1864 年、1865 年、1866 年、1867 年、1868 年，同样的钱只能买到很少的面粉。导致这种状况的原因是作物或多或少受寒潮影响而歉收，而政府的一系列措施也不能保障居民的生活。歉收年间有三个粮食储备库出售粮食——管理储备库、委员会储备库和村储备库。根据村社的规定从这三个储备库里发粮食给农民，而农民用还没有收获的粮食的 2/3 来还债。歉收的时候，村民会按 1∶3 的比例在粮食里掺入杂质，也就是烂木头渣，这样他们才能摆脱饥饿，生活得更久。农闲渔猎对农业发展非常不利。一些人为了发大财会去阿尔汉格尔斯克或专门去彼得堡打工，但是去那里的人大部分都是从事服务行业，不过他们沉迷于放纵的生活，当他们回到家乡的时候自己的份地已经荒废，把这些人押解回来需要花费 20 卢布，这个费用也要从他们身上追缴，哪怕他们的农业已经衰败了。但是也有一些人生活得还不错，所以就用自己挣的钱补足这些费用。

当地有很多存在已久的传统节日使地方经济衰退得很厉害，因为这些节日助长了大家酗酒的陋习。

这样的节日一年有三次，每个节日需要花 210 卢布来买伏特加、面包和饭菜，因此三个节日花费近 630 卢布，平均每户出 15 卢布，这时还需要缴纳人头税 299 卢布 43.5 戈比。每个农民都无法摆脱这种已经根深蒂固的庆祝传统，甚至有人不得不卖掉非常重要的牲畜来准备节日宴会。

村社没有采取措施提高种植水平，没有施行牧草轮作播种制，也没有改良工具和机器。个别农民也从不尝试提高农业经济、施行轮作制、提高施肥效率和改善耕作方式。没有农民想让自己的经济衰退，但是经常发生一些不幸的状况使农业经济陷入短暂衰退期，比如火灾，这个时候农民就需要盖新房子，几个同村社的成员会帮忙伐木，然后把木材运到盖房子的地方。火灾受难者会沿着邻村挨家挨户为受灾者募捐。但是村社没有采取任何措施来强制懒散的农户缴税或者提高贫农的经济状况。收获时节或者毁林为耕的时候，村社就会聚集 15—25 个人来帮忙，有男人也有女人。邻村也有人愿意来帮忙。大概是早上五点的时候，帮忙的人会在户主家一起吃早饭，然后和户主一起开工。大概两点的时候吃午饭，再工作到晚上八九点，大家在户主家唱歌，吃晚饭。晚饭有大家喜爱的食物，名字叫作"菲利亚"，是用大麦粉做的小圆面包，上面抹上黄油。除此之外，户主还会用伏特加来款待来帮忙的人，大概需要半桶或者大半桶伏特加。答谢宴上这些人经常会争执，甚至打架。这种帮忙不是义务的，完全是自愿的，当然每个享受过这种帮助的人，在帮助过你的人邀请你帮忙的时候就必须答应。

村社需缴纳 225 卢布 73.5 戈比的国家税、73 卢布 73 戈比的公社税，共计 299 卢布 43.5 戈比，因此每个占有份地的男人每年需要缴纳 2 卢布 23.5 戈比的国家税、67 戈比的公社税，共计 2 卢布 90 戈比。每俄亩土地需缴纳 1 卢布 98 戈比的国家税、55 戈比的村社税，共计 2 卢布 53 戈比，但是这些税款并不包含森林税和保险费，因为这两项税款分布不均：森林税取决于浮运木材的数量，而保险税则是取决于建筑的价值。每年一月分配赋税，但是不与分配土地同时进行，新的土地划分是在好几年没有进行过划分的地方进行。先分配土地附带的赋税，划分单位是有份地的男性人口。因为每个男人拥有份地的数量不同，所以承担的税款也是不一样的，但是这种划分没有到考虑每家每户的劳动能力、富裕程度等其他特殊情况。无耕地的农户完全不用支付任何税款、人头税和给村社的实物贡赋，而有份地的村社成员必须缴纳这些人头税和赋税。

已经去世的和发配到西伯利亚的纳税人的人头税和赋税由其所属家族承担，如果家里什么人都没有的话，那么他的土地上交给村社，并且由村社承担赋税。村社新接纳的成员视为"新增人口"，从村社迁出的人视为"减少人口"，没有亲人的逝者被视为"空白人口"。

如果遭遇火灾、疫病致使牲畜死亡、劳动力减少等其他状况造成小农经济短暂衰退，那么农户就不能摆脱困境了，或者说他们终身都需要缴纳人头税和其他赋税，但是即使在这种情况下也不会剥夺或减少他们的土地。即使是老人、寡妇和孤儿使用土地也需要缴税。

在服役和缴税方面乡缙绅、村长、储备库看守人和其他公职人员不享受任何优待，哪怕缙绅全家共有10口人，而其他公职人员家里只有1口人，他们在任职期间都可以免除实物贡赋。选出这些公职人员的时候，村社会为其承担赋税。除此之外，乡里给缙绅的薪资是一年近30卢布，不会用一些特别的土地来代替薪资。

低级军官任职期间不用追缴第一年的人头税，而且所有的赋税都由村社承担。因为连环保的原因，村社不会采取任何追缴措施强迫懒散的农户缴税，虽然很担心他们没办法按时缴税，但在他们暂时离开的时候也不会扣押他们的证件直到缴税才发给他们。

村社不会干预农民变卖自己的财产，也不会干涉他们到邻村打工挣钱等等。最近十二三年间村社没有采取任何措施来对付欠税人，也没有设定任何追缴税款的期限，因为几乎所有成员都按时缴纳税款。只是在1882年有九块土地被收回，因为这些土地耕种得不好，农户没有按时缴纳税款，而且农户暂时离开的时候把土地交给私人处理，结果导致土地变得越来越贫瘠，直到荒芜，同时他们在家乡没有任何动产和不动产。应对欠税人采取的措施是：(1)用欠税人的不动产来补交税款；(2)用欠税人和其家庭成员挣的钱补缴税款；(3)变卖动产补交税款，首先选定的是对农业不太重要的部分动产（甚至是女方的嫁妆）；(4)根据所欠税款的数额全部或部分剥夺欠款人土地，这些土地将归还给村社，直到他们把欠款补齐才会返还给他们。还有一些措施是村长提出来的，整个村社共同讨论通过了。由于农户对此很关注，地方政府对此也十分警惕，所以即使没有采取措施追缴欠款或者追缴不成功，也不会让成员平摊欠缴税款。村社收回欠税人的土地，然后分成等份分给其他有份地的人，他们需要为此缴纳赋税。这些农民就不得不每年支付5卢布的欠缴税款（共36卢布86.25戈比），这笔欠款是1866年前后歉收那几年，费多拉·里什科尔借粮食欠下的。

大尼索尔村社的土地关系组成仅限于一个村子，不涉及其他村社，虽然行政上也是属于同一个乡，但是每个村社都有独立自主的权利。村社之间的天然牧场是很早以前就划分好的，草场之间也有界线隔开（尽管马隆伊索戈尔村社和上别列兹尼茨村社的农民占据了牧场中间的份地）。占有空闲地的农民不能自由支配这些土地，也不能将其租赁、抵押、调换、出售和作为遗产转交，哪怕这些处理方式都能给村社带来收益，也不能这样做，因为农民拥有的土地权利是有期限的，原土地所有者收割完干草之后，第二年土地的使用权就转移到另一个人身上，草场所有者自行协商处理收割事宜。对于得到的份地，每个户主享有完整的权利，比如说他可以：(1)不按照村社的耕作制度进行耕作，因为村社不分秋播地和春播地，户主可以在方便的时候耕种；(2)单独把自己的土地围起来，但是这通常很难做到；（3）在方便的时候干农活；（4）将自己的土地进行短期出租、对分、抵押，也可以不经村社同意和其他村社成员交换份地。但是永久性地将土地作为遗产来继承、出售或上缴的话，便不再享受任何权利。允许买卖厩肥和牲畜，这不会受到村社的指责。重分时，村社可以不顾农户的意愿将之前施肥不好的土地指定分配给他。

分家的时候划分土地必须要征得其他家庭成员的同意，否则他们可以找乡长、村长和村社申诉。

村社制定了继承土地的规则：如果划分时户主得到份地之后就去世了，而且他没有婚生子和私生子，那么他的妻子、姐妹和女儿有权使用土地直至下一次重分。为了避免耕地荒芜和不交税，村社可以从户主那儿收回土地，但这也是土豪们用来敲诈勒索的借口。经常发生的一种情况是：重分时户主已经得到了份地，但是家里有人去世了，他自己无法耕种土地，就把土地转交给有能力缴纳赋税的人，而他自己只能挨家挨户地乞讨，虽然乞讨是一种可耻的行为。在户主衰老、生病和去世之后，村社不会干涉家族里另选户主，但是如果家族里没有较年长的人的话，村社会选出一个监护人来代管，并且时常监督他的行为。

村社不会因为户主懒散、不尽责或者其他成员抱怨家事处理得不妥当就将户主换掉。最近几年，也就是1874年之后，村社没有采取任何措施参与农户分家。最近6年没有发生过分家。

村社有30户小户人家家里有1—7个人，还有12户家里有8—12个人。已经分家的人之间、同村的农户之间（这个村是从一户发展起来的）没有任何财产关系。已经退役的、无限期休假的士兵和其他户主一样拥有土地的使用权。有些农民没有耕地但是有一块宅院地，还有一些农民不仅没有耕地甚至还在租房子，哪怕这些农民属于另外一个村社，他们也可以免费使用养殖场和人工牧场。

农户可以凭借林业管理局发放的许可证每年一次砍伐一定数量的木材用作家庭所需，并且农民需要为此支付费用。农民无权公开售卖这些木材，只能以借贷的形式转交给其他人，除此之外，村社有三个水源：博布罗瓦、韦利卡亚、乌济希纳。这些水源每年换着用，整个村子共21户，第一年，一半的村民使用一个水源，第二年就换成另外一半的村民来使用。21户居民每年抽签决定每户使用哪一个水源。每个水源有7户使用，这7户相互之间协商好组成一组，然后抽签：先做三个签子，然后把它们放进手套里，而且一个人拿着三个签打乱几次，然后给另一个人，他再重新打乱一次，然后把手套放在指定的地方。成员去世后，由村社来继承其宅院地。根据宅院地的继承法规定，只有之前在这片土地生活过的家庭成员才能继承宅院地，如果没有这样的人，就由这户人家的亲戚和年纪较长的家庭成员来掌管，如果也没有亲戚的话宅院地就会闲置，然后由村社重新分配。如果农民没有任何血亲，那么他的财产就无人继承。

重新分家的成员从自己家族里获得份地，村社不会专门划分份地给他们。养子养女和弃儿一样，不从村社获得土地，而是从收养他们的家庭获得土地。村社新接纳的成员一定要准备5—10卢布或者一两桶伏特加、凉菜或者腌渍鱼来款待所有成员，整个村社一起畅饮伏特加。

村社把公有土地划分成相应等份分给村社新接纳的成员。但是村社在经济上不帮助新成员：既不提供建筑材料和资金，也不借种粮和提供任何赋税上的优惠。已经迁出村社的农民将自己的土地交由村社进行重新划分，而村社有时将这些土地进行租赁，一年租金5—12卢布，所有赋税由村社承担，而收到的钱归村社所有，有时也会将这些土地划分为份地。

村社里没有农民赎买和分割份地。所有农民都占有村社的公共土地，没有人购买土地来作为私人财产。只有拥有土地使用权的农民、勤恳种地的农民、有家的农民、不酗酒的农民、能维持生计的农民、不触犯法律的农民才能出席乡大会、村大会、乡法院，被选举为乡缙绅、审判员、村长等其他公职人员。

在缴纳赋税和偿还从村储备库和乡借粮处借来的粮食方面都实行连环保。除此之外，一旦发生公职人员盗用公款或财产的情况，村社会为其承担责任，但是这种情况很少发生。村社里的外来人员和其他人一样可以使用无需重分的土地，但是在使用宅院地和林地时，他们需要为此付给村社一定费用。

居住在村社内的村社外来人员无需缴纳公社税，但也不能参加村会。

有个别土地公社没有任何农业用地。

不存在土地从村社所有转变为村庄所有以及从村庄所有转变为村社所有的情况，因为耕地和草场都要重新划分为份地。

这个村社由一个村组成，共有42户，有3户是新迁入的，还有32个澡堂、37个仓库、22个带谷物干燥房的打谷场。

丰收的时候，富农会出售粮食，尽管只能卖出去一点粮食，条件一般的家庭有两个月缺粮食，而穷人则缺三个月的粮食。收成一般的时候，富农能自给自足，条件一般的家庭缺三个月的粮食，穷人则缺半年的粮食。歉收的时候，富农也能自给自足，条件一般的家庭缺半年的粮食，穷人恐怕只能等到大斋，也就是三四个月之后才有吃的。村里没有其他种植营利项目。村社里有两个单独的水磨，归个别户主所有，工人磨面粉每年每人能挣15—35卢布，还有一个风磨，磨的面粉农民自己吃。还有两个风磨和一个铁匠铺已经完全无法工作了。

村社没有代役租等营利项目，同时从其他农业和工业领域收集的粮食和获取的利润不足以保障农民日常生活，也不够缴纳赋税。因此，农民会在当地或者外出从事渔猎工作。村民主要从事的工作是：在鲁萨诺夫梅津木材厂上班，木材厂距离村庄150俄里，闲暇时农民去那里上班，每人每月能挣10—15卢布，如果家里有剩余劳动力的话，农民整个夏天都会待在那里。有几个人会待两三个月直到河流解冻，给木材厂砍伐、搬运、浮运木材，这段时间每个人能挣25—40卢布。整个冬天，在科姆希河、扎拉兹纳和丘布拉斯河岸绵延着大尼索尔密林，森林里有供人借宿的小木屋，有三个人整个冬天会待在木屋劳作，每人能挣20—25卢布，还有5—8普特烤面包。在平涅日交易会、尼科尔斯克交易会、阿列克谢耶夫交易会上约10人从事运输货物的工作，每人挣7—10卢布。两个人挖井，每人能挣10—15卢布。5人受雇修缮驿道，工作期限是9月10日到11月15日，每人能挣 2—7 卢布，大斋的时候还要抓松鼠、兔子和鸟，但是打猎的收获量非常不确定，完全取决于这一年猎物的数量，收购商还要根据粮食收获的情况决定猎物的价格，通常一对花尾榛鸡 35—40 戈比；每只松鼠 10—12 戈比；每只兔子 15—20 戈比。最近一段时间有 22 个人打猎，每人能挣 30—70 卢布。除此之外，之前还有 4 人去距离村庄 170 俄里之外的冬季海岸渔猎海洋生物，这种活动被称为"科夫茨基海洋渔猎"，渔猎工人是来自多尔戈谢利乡和科伊坚乡的农民，前几年每人能挣近 30 卢布，但是 1870 年之后，几乎没有什么收获，三四周之后，渔民一无所获地回家了。

3 月 15 日之后渔民会去阿布拉莫夫角和乌斯季亚河捕海豹，但是去的人一年比一年少。据渔民所述，梅津河木材厂建造之后，海洋生物就没办法游到白海了，而且经常遭到那些嗅觉灵敏的野兽的攻击。

居民的家庭手工业情况如下：4 个人在三家皮革作坊制皮革，每人能挣 70—150 卢布。2 个人用水磨磨面粉。一个人从事制作木轮的工作，一年能挣 50—70 卢布。1 个人制靴子，能挣 20—30 卢布。2 个人看守拘留室，每人能挣 10—20 卢布。3 个人当马车夫，每人每年能挣 100 卢布。1 个人把房子租出去，每年租金是 50 卢布，还有 1 个人做陶罐，每年能挣近 50 卢布。

除此之外，村社每年卖出近 15 头牛，总价达 450 卢布，还有两三匹马，这些交易多半是在平涅日市的尼科尔斯克交易会和阿列克谢耶夫交易会上进行的，马的价格取决于粮食的收获情况和饲料的质量：好马能卖 60—100 卢布，而农民从中能获利 25—45 卢布。

牛肉每普特 1 卢布 80 戈比—2 卢布 50 戈比。村社的养羊业能给居民带来不小的收益。羊毛虽然粗糙，但可用作家用：可以用来做农民穿的灰呢子，也可拿来出售，每俄尺 50—60 戈比，每张羊皮 1 卢布 20 戈比。

有两个男人和一个女人领了证件和许可证去彼得堡工作，每年每人能挣 60—80 卢布；还有两个男人和三个女人去阿尔汉格尔斯克市工作，每年每人挣 20—40 卢布。

村社里 57 户人家有马，10 户人家没有马，其中有一户人家没有份地，要靠乞讨为生。高龄无耕地的、无儿无女无耕地的寡妇要靠给别人做帮工来生活，夏天的时候有些母亲要去干农活，所以寡妇可以去她家里当保姆或者做家庭看护，冬天的时候纺纱、缝衣、编织长袜子和手套。有时候善良的农民会给她们送些粮食，还有几个人靠挨家挨户乞讨度日。

村社有 62 头母牛，公牛和牛犊共 77 头，共 139 头家畜，有 252 只羊，有两户人家没有牲畜。

1875 年有一个农民迁出了村社，因为他娶了维利科德沃尔村社里一个有钱无子的农民的侄女，因此迁到了那里居住。最近几年（1876 年前几年）有三个农民从邻村迁入这个村社，有两个人都是因为娶了这个村社的女儿，他们的岳父都没有儿子，所以就把岳父接到自己家来，他们也就迁入了这个村社。还有一个农民娶了一个贫穷的寡妇，然后搬过来和她一起生活了。

村社欠缴税款共计 605 卢布 16.25 戈比，这笔欠款是因为作物遭夜寒而歉收的那几年从借粮处借粮给农民所产生的（1862 年、1863 年、1864 年、1865 年、1866 年、1867 年和 1868 年）。

村社有三人靠乞讨为生，是一个男人、一个女人和一个孩子。

乌斯季瓦日村社[1]

因为村社结构都基本一样的，此处只描述该村社的特别之处。

乌斯季瓦日村社位于梅津省列舒孔乡，由一个村庄构成，实际人口包括：117 名男性，121 名女性（纳税人为 104 人），共有 238 人。村社的名字来源于瓦日卡河河口梅津支流，但何时占据河口处已不为众人所知，所以无法找到第一批定居点的痕迹。村社共有 243 俄亩 1146 平方俄丈的土地，其中耕地 55 俄亩 1746 平方俄丈，草场 187 俄亩 1800 平方俄丈。

村社所属的林地中有设捕捉器的狩猎区，能干的人家有 2—3 个狩猎区，有些甚至有 10—25 俄里长。每个狩猎区最多有 450 个捕捉器。村社中这样的狩猎区大概不到 4 个，人们通过继承获得其使用权。如果一家的狩猎区需要分给几个人，那么通常情况下由其中一个人获得全部使用权，并就占用份额付给其他人每人 2—10 卢布。出现过户主为了方便狩猎，交换狩猎区的情况，甚至在不同村社的成员之间也可进行交换。总的来说，狩猎区更像是户主的私有财产，村社对此不进行干预。

村社成员在河流和小溪中捕鱼吃。由 2—4 个人撒网捕鱼，此外还使用炬火捕鱼。这里有狗鱼、江鳕鱼、茴鱼等大型江鱼。

在 1876 年最近一次重分之前，村社中依然采用侵占的方式使用公社土地。

找到林中空地或荒地的人可以不经村社同意，将其用作割草场，但只能使用一个夏天。如果空地面积很小，则可以在土地重分前无限期使用。但许多户主出于嫉妒，提出了停止他人占用这些土地的请求，因此 1876 年此类土地被列入平均分配的公共份地之中。

耕地按照质量分为 3 等：上等耕地离村落和瓦什卡河最近；中等耕地位于高处和山坡；劣等耕地是离村落 1—1.5 俄里远的荒地、海拔 200 米以下的低地和紧靠森林光照不足的土地。

条形地的名称如下：切列皮哈、墓地旁、达尼洛夫希纳、小溪后和布列索夫希纳。条形地的地界不宽于 1.5 俄尺，一些地方有横穿条形地的通行、翻地和收割用的特殊过道，宽 1.5—2 俄丈，在条形地上建了六七竿长的小段篱笆用来风干大麦，黑麦则放在两排竿子上，风干后的谷物也堆成垛放在那里。

1876 年 4 月村社进行了耕地的分配，同年 6 月分配了草场，将纳税人的土地分给了当

---

[1] 资料来源：米涅卡 Г.：《阿尔汉格尔斯克省乡村土地公社农民公社历史资料》卷 3，阿尔汉格尔斯克省印刷厂，1882—1886。

时（即 1876 年 3 月 31 日）的村社成员。

每份地分配给一名男性成员。下一次村社土地重分按规定应在 10 年后，即在 1886 年进行。小的条形地长 30 俄丈、宽 1.5 俄丈，大的长 125 俄丈、宽 4 俄丈。一人份地中包含 7—15 块这样的条形地。

村社中没有空闲地。虽然在 1876 年土地重分前的歉收年曾有不少荒废的耕地，但在重分时决定将其留给原来的使用者，最近 8 年他们重新开垦了那片地。村社中有 10 俄亩 256 平方俄丈的耕地是从林地中开伐出来的。这些耕地又叫作伐开地（毁林开荒地），在 1876 年分配时被划入公共份地中，1882 年根据上级指令重新归还给之前的使用者。荒地上没有割草场。

草场分为 3 等：上等草场位于每年过水的地方；中等草场位于退水后的水沟和丘陵处，由激流冲击形成；劣等草场位于地势低洼处，因长期存水草长得差。分配时，草场同耕地一样，条形地的总数量不变，只是进行重新分配。村社的草场位于 3 片草地，最远的草地距离村落 10—15 俄里，被称为边远地。划分的刈草场宽度小于 1.5 俄丈，长度小于 200 俄丈。人均 15 块到 25 块条形地，具体数量视面积大小而定，名称分别为：尤什科沃、莫尔若韦茨、帕鲁斯尼察、村社希那、扎维斯科伊和乌帕日。

将割下的草和晾干的草堆成垛，草垛间隔至少 1 俄尺，高 1.5 俄丈，每垛重 7—12 普特。

草垛用 3 竿 2 俄尺高的篱笆围住，防止牲畜接近。村社在伊林节的前一周内开始割草。

此外村社中有 109 俄亩 221.5 平方俄丈的割草场是从林地中开伐出来的（毁林开荒）。在 1876 年重分时也被划入公共份地中，但在 1882 年归还给了原来的土地所有者。

村社的林地生长在梅津河与瓦什卡河支流的岸边，它们归国家所有。这些树林对毁林开荒者来说非常有吸引力，因此尽管这里位置偏僻，相当大面积的林地也已被砍伐。

自 1870 年开始，每年储备 2.5 万—5 万根松树、落叶松原木，鲁萨诺瓦锯木厂距梅津市 25 俄里，每年将加工好的薄木板出口至国外。面积小的林地距村庄 1 俄里远，建筑木材林距村庄 4—5 俄里远。

村社中没有水井，尽管瓦什卡河边地势陡峭，人们还是从那里打水。冬天在河上凿出 3 个冰窟窿，四周围上桩子，防止积雪堵住冰洞。人们每天早上和晚上清理冰碴，特定的清理员在每周日和节日工作，人们每户给他一个馅饼（大约 1 俄磅），因此（换算下来）村社每年给清理员 30 普特粮食。清理员由村社选出，未对其报酬作出规定。

村社中没有专门的牧场也不租赁牧场，放牧牲畜的条件和上孔村社相同，也没有牧人。

1816 年重分时人均耕地为 1320 平方俄丈（3 俄斗种粮能播种 960 平方俄丈的土地），草场 1 俄亩 965.5 平方俄丈（20 个干草垛，每垛重 7—12 普特）。村社雇用操作员进行土地重分，每人付 40 戈比。土地重分期间，人们给操作员送来 0.25—0.75 桶的美酒，如果操作员不喝酒，就给他白面包。最近一次重分时村会选出 2 个懂行的人帮助操作员，并监督他准确测量，当选人应宣誓。然而，划分并不总是公平公正的，尤其是划分草地时。土地重分的情况记在两个簿子上，一本记录耕地，另一本记录草地，在大家的见证下由操作员签字，保存在某个农民那里，需要查明情况时可取出浏览。使用 10 俄丈长的绳子测量土地。每 960 平方俄丈的土地上，播种 1 俄斗或两袋子大麦，等量的黑麦可用于播种 1400—1920 平方俄丈土地。

村社中分到 1 块份地的人家有 18 户，2 块份地的有 17 户，3 块的有 5 户，4 块的有 4 户，5 块的有 3 户，6 块的有 1 户。没有备用的耕地及草场。若有成员退出村社，他的份地将被公开租赁，获得的租金归村社使用。

人均分配耕地和草地周围的栅栏，最近一次重分时每人分到了 21 俄丈的栅栏和 19 俄丈的篱笆，共 40 俄丈。此外草地围栏归全村社使用，村社成员的义务与上面提到的村社相同。

根据 1882 年的决议，将一块 3 俄亩 960 平方俄丈的空闲耕地租给一位户主，租期为 9 年，租户每年向村社缴纳 10 卢布租金和 1 桶伏特加供大家饮用。

租期届满后，该地块将归所有农民共有。个别村社人员出于嫉妒，已经提出停止让该户主继续使用此类土地的申请。50—60 年前在诺沃普利萨德岛上整个村社共同清理出了一片草地，因此将其称为村社草地。

经全体成员同意，本地教堂将名下的永久地块出租用来维持教堂运转，租期为 3 年，租金不超过 130 卢布。作为公共事务的一部分，教堂将其三分之一的土地租给村社，收取 130 卢布。每户派出一个劳动力收割干草。可收割 200（垛）干草，平分给参加劳动的人。

村社中似乎没有公认统一的播种制度。一些人连续 5—7 年播种大麦，另一些人则连续耕种四五年后休耕，其他人在第三年休耕。土壤贫瘠时实行二区轮作制，即第一年休耕，第二年种大麦。土壤极度贫瘠时实行四区轮作制，即一年休耕，一年秋播，连续两年种大麦。因此在土地上划分的条形地状态不同，春播地旁既有秋播地，又有空闲地。大多只播种春播作物，富裕一些的农户还会播种 1 俄斗到 3 俄斗的秋播作物，半俄斗到 1 俄斗的大麻和 30—50 俄磅亚麻。土地少的人家不播种秋播作物、亚麻和大麻。他们 4—7 年不休耕，每年都播种，给土地施肥，尽管收成因此一年不如一年。在收割黑麦、作物春播之后给休闲地施肥，之前收割春播作物且收成差的土地，第二年仍继续播种春播作物，所以每年为四分之一的土地施厩肥，而其余四分之三的土地 4 年不施肥，因此同一块土地 4 年之后会再次施肥。

将休耕地翻地 3 次到 4 次，有些人翻 5 次。休耕之后播种秋播和春播作物，春播一直是在秋播之后进行。480 平方俄丈的土地要施 60—70 车厩肥。如果农民不按照这样的方式进行劳作，这些地大多会荒废，这也促使穷人在农闲时干零工补贴家用。春播一般从 5 月初开始，持续一周，越冬黑麦在 7 月末播种。

耕地时使用带有两个铁犁刀的木犁，可以耕出纵向的垄沟，播种后的耙地工作则需将耙固定在马具上，用一匹马来拉。

收割期不早于 8 月 15 日，在 9 月初结束。用镰刀收割作物，放在栅栏上风干，之后在打谷场的干燥房里脱粒，如果没有干燥房则在木房进行。打谷时使用木制棍棒，用桦树皮做的笸箩将脱完粒的粮食从碎屑中清理出来。人们尽量在清理后继续打谷,这样效率较高。秋天潮期到来前没来得及打谷的同一批作物,以及打算把秸秆谷糠喂给牲畜的新鲜谷物将在冬季脱粒。而那些剩下过冬的作物,通常会被雪覆盖,天暖时融化的雪水会使垛内的谷物腐烂。清理后的谷粒存放在粮仓中。

在伊林节前的一周内开始割草,8月中旬结束。割草时使用大镰刀和短把镰刀,一个男人割6俄石,一个女人割4—4.5俄石。在风干时未被雨淋的干草喂马、牛犊和绵羊。被雨淋湿一点的干草是灰色的,完全浇透的干草则是黑色的,这些只适合喂母牛,干草中还会掺大麦秆。人们保留干农活所必需的牲畜,只有几家人会在已有的干草和秸秆数量不够时把牲畜卖掉。

牲畜的价格取决于季节和收成。各类牲畜的繁殖年龄大约为:公马3—7岁、母马3—12岁,公牛2—7岁、母牛2—15岁,公羊2—6岁、母羊2—7岁。1882年和1884年在草长得不好、收割期和晾草期天气不好的情况下,干草的价格大幅上涨,1垛(约7—12普特)干草价格为3—8卢布,秋冬两季一捆(10—18俄磅)麦秆甚至能卖10戈比,春天价格涨到40—50戈比,黑麦秆秋天也是10戈比一捆,春天能卖35—40戈比。所以,人们不得不到储备较多的村社去购买秸秆和干草。秋天时牛羊可以将白松林的青苔作为食物。

村社的生产经营正处于最凄惨的状态,生产一年比一年贫乏。

居民的酗酒问题非常严重,成为经营衰落的主要原因。地理位置条件也对此产生了不小的影响。

村社需缴纳362卢布85.5戈比的国家税,每俄亩地1卢布91戈比,人均赋税为3卢布90戈比。公社税人均1卢布3.5戈比,共计101卢布43戈比。

尽管老人、寡妇以及孤儿没有免费的土地,但在1876年重分时,一位没有孩子的寡妇得到了一块免费的三等地,可一直使用直至下次土地重分。

所有公职人员在职期间免交村社的实物贡赋,乡长一家都可以免交,其他公职人员只有本人免交。乡长年薪为180卢布,其中包括办公所需费用。此外乡长可以得到乡公所旁100平方俄丈的土地,种植蔬菜、土豆和芜菁。经乡长同意,有时乡公所的看守者会在这块土地上种植大麦。除月俸外,还会分给公职人员半桶到1桶伏特加,给不喝酒的人白面包。

服兵役者前三年,即1875—1877年的赋税和贡赋由其家人缴纳。但自1878年起,村社同意全村社成员共同承担这些赋税。此外,村社还替他们承担了修路工作,他们的家庭不参与选举工作。因此,与上孔村社相同,现在村社中的退伍军人和现役低级官兵,在退伍1年后仍享受这些优待。纳税期限到来之前,村社不对那些可能无法按时缴税的户主采取任何强制措施。这种情况下,乡公所不会做出让其离开村社的决定。

自1870年以来,各类税费由村社的所有成员全额上缴。

无人户的土地、从欠税额较大无法偿清者收回的土地、从无支付能力的欠税者那里收回的土地将被公开出租,所得的租金将用于公共支出,所有赋税和贡赋由村社全部成员共同承担。土地较少的人家愿意以承担赋税为条件获得更多土地,但他们并不享有这种权利。

村社中有一个村子中的34户人家占有土地，但5俄里之外有一个6户人家组成的新村，其中有12人拥有份地，他们是乌斯季瓦日村社的成员，拥有该村社草场的使用权。新村的建立时间不详。

村社中由1—5人组成的小家庭共36户，5—8人的中等家庭共11户，8—12人的大家庭共4户。重新回到村社的成员不需支付费用，但通常会要求他们大设酒席，款待全村人，送给每人一桶到一桶半伏特加，给不喝酒的人送些白面包。

1882年，因连环保村社不得不偿清了村长盗用的319卢布，1884年偿清了粮食看守人盗用的419卢布。

在村社的草地和耕地中间，有几个下孔村社和上孔村社的农民占用的地块。这说明类似的草场和耕地以前属于乌斯季瓦村社的农民，但在女儿出嫁时当作嫁妆归给了邻近的村社。

村社中划分的份地共51块，但一共有40户人家，其中8间房子中各住着2人，1间房子中住着4个人。此外，3间房子供当地的教士使用，1间房子供乡公所使用。木制教区教堂和礼拜堂各1座。2间房子是空的，其中一间是因为住在那儿的人都去世了，另一间刚刚建成。

耕作虽然是居民的主要工作，但若不做其他短工，居民们就无法靠种地满足基本的生活需求。

只有在大丰收的时候，粮食可收6成，足够供养所有居民。收成一般时，粮食有4成，富裕人家会收获足够的粮食，一般人家会缺1—2个月的粮食，贫穷人家会缺3—4个月的粮食。因此人们需要购买至少300卢布、重约300普特的粮食。收成差的年份大约能收获2.5—3成，粮食最多的人家也需要买2个月的口粮，粮食少的人家勉强能够吃6个到7个月，此时村社需要购入550普特粮食。有些年份作物完全不能生长，村社居民不得不全年购买粮食，总计约2500普特。没有类似于蔬菜栽培这类高利润经营项目。

乌斯季瓦村社有两家卖手工业商品的店铺，一家是葡萄酒批发行，另一家是火药店。除了一家店外，所有这些作坊都属于梅津的二等商人伊万·鲁日尼科夫。不知道这些店铺的收入准确是多少，但根据人们的叙述可以了解到，鲁日尼科夫在这里的贸易总额大约有6万卢布，因此推算出，其利润应该不少于2000—3000卢布。

村子坐落在高山上，相较于其他村子，该村落位于列舒孔乡的中心。此外村旁流淌着梅津河和瓦什卡河，春天可以沿河将木材流送到锯木厂。自从1874年上文中提到的作坊开业以来，总会有村社外来人员来到这里，因此乌斯季瓦村社比邻近村落热闹得多。

与上孔村社相同，这里的居民除了田间耕作以外，还以渔猎等副业为生。四月份约有13人离开，去100—300俄里以外的地方，为工厂流送木材，每人收入为22—30卢布。冬季约有3人持续2个到3个月为同一家工厂伐木、运送木材，每人收入为20—45卢布。

2月份有4—5个人去190—200俄里以外的地方（克多夫）捕鱼，有时每人收入为70卢。每年的3月，一些人去乌斯季因捕雪兔。

秋季时约有 4 人捕猎鸟兽，收入为每人 10—35 卢布。春季捕雪兔的人均收入为 10—15 卢布。冬季时偶尔还会捕熊。秋冬雪下得足够厚时就能发现熊洞，2 个到 3 个人拿着大口径火石枪乘雪橇去熊洞。有时能打死几只熊，熊皮每张能卖 8—20 卢布，参与猎熊的人均分收入。

乡里一个其他村社的农民住在该村社 25 俄里外，以桦树皮为原料（从桦树皮中）提炼焦油。剥桦树皮的工作在 6 月进行。剥树皮时用斧子将其切割至韧皮，然后用手轻揭，树皮就自动从树上卷下来了。经过 12 年到 15 年，树皮会重新长出来，这种树皮被称为"继树皮"。虽然这种树皮适合蒸馏，但提炼出的焦油数量和质量远不如第一层树皮，售卖时被人们叫作"半焦油"。

1 立方俄丈的桦树皮约为 90 普特重，可提炼出 15 普特焦油。将 1 普特桦树皮送到工厂可以卖 10—15 戈比。在陶釜中蒸馏焦油，每个陶釜可以容纳不超过 2 普特的桦树皮，焦油厂中设有 3 个陶釜。用长 4—6 俄尺的杨木管冷却蒸汽。蒸馏焦油的工作只在秋冬进行。当地居民以每普特 2 卢布的价格售卖焦油，1 年可得到 200 卢布以内的收入。此外，每年卖牲畜可赚 250 卢布。

近期有 8 个男人、3 个女人去圣彼得堡打工，有 1 个女人去阿尔汉格尔斯克打工，男人打工一年的收入不超过 30 卢布，女人不超过 15 卢布。

村社中有 58 匹马，没有马的 7 户人家劳作时只能从邻居家租马。

村社中有 117 头牛、130 只绵羊。有一户人家没有任何牲畜。

1876 年一位成员退出村社，进入上孔村社，娶了一位拥有较好土地的继承人。1870 年至 1873 年，村社接纳了两位新成员，一位是书记的孩子，另一位是教堂司祭的孩子，他们的父亲在当地任职。

1862 年至 1868 年，村社因国家粮库贷款产生的欠缴税额为 256 卢布 61.75 戈比。根据村会的决议，为补交欠税每年需多征收 10% 的税费。

6 个人以乞讨为生，其中包括 1 个老人、1 个女人和 4 个年幼的孤儿（女孩）。

特鲁凡奥戈尔村社[1]

特鲁凡奥戈尔村社位于平涅日县特鲁凡奥戈尔乡，有传言称村社名字来自于这里的第一位居民特里丰，最近刚刚从特里丰奥戈尔更名为特鲁凡奥戈尔。该村社为乡（行政）中心，乡公所位于此地。乡中还有 3 个"乡村协会"，即米赫耶夫、乌斯季波琴和高戈尔，其中共包含 19 个单独的土地公社，在占用土地和上缴实物贡赋方面有着或多或少的特殊习俗。

---

[1] 资料来源：米涅卡 Г.：《阿尔汉格尔斯克省乡村土地公社农民公社历史资料》卷 3，阿尔汉格尔斯克省印刷厂，1882—1886。

"乡村协会"及下辖土地公社的名称	据最新人口调查的男性人数	1876年重分时的人数			村社中耕地与割草地面积		人均份地面积	
		男性农民	士兵	总计	俄亩	平方俄丈	俄亩	平方俄丈
一　米赫耶夫"乡村协会"								
1	乌斯季叶茹加第一土地公社	34	23	2	25	53	600	1	2112
2	乌斯季叶茹加第二土地公社	19	28	2	30	47	—	1	2174
3	别列兹尼茨基土地公社	33	33	1	34	74	50	2	425
4	瓦尔舍戈尔土地公社	44	40	3	43	84	—	2	—
5	米赫耶夫土地公社	12	18	2	20	36	—	1	1920
6	佩奇戈尔土地公社	88	83	7	90	139	1770	1	1234
7	奇金土地公社	32	24	2	26	69	1200	2	2163
8	阿戈耶夫土地公社	26	19	—	19	30	180	2	2212
9	特鲁凡奥戈尔土地公社	121	132	2	134	253	182	1	1970
二　乌斯季波琴"乡村协会"								
1	高戈尔土地公社	33	32	2	34	69	1200	2	2150
2	扎奥泽尔土地公社	114	108	7	115	247	130	2	356
3	马特沃尔土地公社	66	66	3	69	133	1400	2	268
4	普列斯基公社	19	21	1	22	60	—	2	1745
5	尤别尔戈土地公社	55	59	3	62	111	1400	1	1918
三　高戈尔"乡村协会"								
1	维赫托夫土地公社	20	24	—	24	46	1200	1	2150
2	普里卢茨基土地公社	18	24	—	24	42	1800	1	375
3	波奇泽尔土地公社	155	163	4	167	322	2020	1	2249
4	托罗斯年土地公社	32	33	2	35	56	600	1	1171
5	乌斯季波琴土地公社	75	82	3	85	148	1800	1	1788

将特鲁凡奥戈尔乡的所有土地公社一一列举后，可以看出1858年人口调查时，分到土地的男性纳税人，包括士兵，共有996人。土地重分后18年，即1876年，分到土地的男性纳税人已有1058人。由此可知，人口的净增长只有62人，具体地说，特鲁凡奥戈尔

村社增长了 13 人、波奇泽尔斯基村社增长了 12 人、尤别尔戈村社增长了 7 人，其他村社的人口增长不明显。在 1876 年土地重分时进行的人口调查显示，乡中男性纳税人数增至 1237 人，因此 8 年内人口增长了 179 人，应当指出的是，丰收促进了近年的人口增长。可以注意到，特鲁凡奥戈尔村社自 1858 年至 1876 年，人数从 121 人增到 134 人。如今村社中已有 197 位男性了，但是土地却未增多，因此，将已使用土地 40 年（及以上）土地者的土地收回，共 16 俄亩，计入村社公有份地中，根据政府决议，应将其返还给原耕地的主人。所以，特鲁凡奥戈尔村社再次分配土地时，人均份地面积将为 1 俄亩 500 平方俄丈，相较于上次减少了 1470 平方俄丈。因此，村社农民一直选择将那些土地收回，坚信会因此而一直占用那些土地。

特鲁凡奥戈尔村社的居民将草场的份地分为 4 块，每 1 块对应 34 人，一共 136 人，包括乡里的 2 个无继承人的农民。草场分配不受乡领导和村领导的干涉，需单独上缴赋税和其他费用、实物贡赋，还要每年上缴伏特加和资金。上文提到的 2 个人只是为了均分 4 块地凑整。因此 1876 年土地重分前 10 年时，给 134 人划分了份地，遗漏掉了这两个人。这次重分没有测量土地，根据以前的土地记录进行划分。土地记录的登记册由一位村社里的农民保存，未经村社授权，不得给任何人阅读，更不可能给别人摘抄出来。草场未记入登记册。

那些在人口调查时人数有所增减的家庭，经双方同意再次均分份地。也就是说，人数减少的家庭将自家土地按份分给人数增多的家庭，当然，他们会将质量较好的土地留下。

特鲁凡奥戈尔村社的草场位于各村社的草场中间，与佩奇戈尔村社、波奇泽尔村社和米赫耶夫村社相邻，分布在 15 个地方，距住宅 0.5—2.5 俄里。草场的名字分别为：尤什科夫、马雷、伊谢维察、克里韦茨、扎鲁奇耶夫尼察、波斯科季纳、济姆尼克、韦利科耶、普季洛韦茨、韦尔霍维耶、谢列多维克（收回的土地）、布鲁卢加、图罗缅、库库什基和列皮夏。这 15 处的草场都被划成 4 份，通过抽签分给相应的户主。其中，第一部分叫作耶夫斯特拉托维切伊，第二部分叫卢基纳，第三部分为罗戈瓦，第四部分是谢尔比宁斯卡亚。再将每部分的草场分给 34 个人，按照人头数量划分为小块。这样波斯科季纳的每个户主拥有 8 小块土地，村社中共有 49 位户主，因此这块草场上共有 392 小块地，其间用绳结隔开，尤什科夫草地上每个户主分到 2 小块草场，共有 98 小块；伊谢维察草地上每个户主 5 小块，共 312 小块；扎鲁奇耶夫尼察草地上同样为 312 小块；济姆尼克草地上每个户主 6 小块，共 294 小块；韦利科耶草地上每个户主 12 小块，共 588 小块；普季洛韦茨草地上同样为 588 小块；韦尔霍维耶草地上每个户主 7 小块，共 343 小块；谢列多维克草地上每个户主 4 小块，共 192 小块；布鲁卢加草地上每个户主 1 小块，共 49 小块；图罗缅草地上每个户主 3 小块，共 147 小块；库库什基草地上每个户主 1 小块，共 49 小块；列皮夏草地上每个户主 5 小块，共 245 小块。计算后可知，每个户主一共得到了 75 小块割草地，总计 5925 小块，其间用木桩划分。在某些地方，1 个人得到的小块地不超过 5—6 平方俄丈，而在最大的地方，8 人份的地能达到 350 平方俄丈。这种分配方式使村社的所有户主不得不在同一天割草，例如在伊谢维察草地上很难找到位于中央的小块地，在寻找时，一两位户主会破坏邻近的割草地。更不用说，每年春汛时平涅日河的冰块会将划分地界的绳结破坏掉。因此，草地所有者不得不记住谁的地在谁的旁边，以此按序划分土地。如果拥有 1 人份地的人出于某种原因没有赶上割草的话，他本就狭小的草地就会因为邻居的割刈变得更加狭窄。其他地方也按这种方式在同一天割草，之后收集干草的工作也同时进行。如果两家的份地相邻且人数相同，那么其中一家农户可以一起割两家份地的草，比如将济姆尼克草地上两家的草都割了，另一家将普季洛韦茨草地上的草都割掉，第二年两家调换位置。尽管这里地势平坦，镰刀也方便使用，但人们还是使用短把镰刀割草。人均能割下 20 垛以内的干草，每垛 4—5 普特，长势好的年份每人能割 80—100 普特，有时也比这少。1883 年每垛草能卖到 3 卢布，而今年秋天的售价为 40—50 戈比。无法测量草地，只能通过草垛的数量来掌握草地的大小。草地的清理工作由村社中的 23 个户主完成，因此这些人会比其他人富裕一些。

通常从伊林节就开始割草，顺利的话在 8 月 10 日前结束。干草被送往同一个地方，按户主的顺序放在木桩间，被公共篱笆围住。

春天在草场上放牧，6 月 10 日之后由牧人放牛羊，马干完活后在森林和其他地方散放。割草后初雪前，再次将所有牲畜放到割过草的地上，但母牛仍由牧人放牧，公牛、马和牛犊散放。

放牧人按每头牲畜 10 戈比收费，但村社按牧群付费。1884 年牧人的收入为 28 卢布，但之后户主们按牲畜放牧的数量计算。而牧人将这 28 卢布换成了半桶酒。此外，户主应为牧人提供伙食，放几只牲畜就提供几天，并给他鞋和外套。牧人自行雇佣助手。如果放牧放得好，村社中的每位户主应尽可能多地分给牧人粮食。

村社中共有 51 匹马、74 头母牛、12 头公牛、23 只牛犊、186 只羊。受干草长势差的影响，牲畜数量与 1883 年相比减少了三分之二，那时牲畜售价极低，母牛一头 8—10 卢布，能干活的马 5—15 卢布，瘦弱的马和马驹免费赠送。今年干草收成好，牲畜的价格涨了 2—3 倍。

这里位于平涅日河沿岸和远处林边的草长势应该非常好。但春天去那里吃草的牲畜将小草连根拔起，极不利于青草的生长。

此外，农民不得不提前很久进行割草，以免遇到类似 1883 年的强降雨。由于平涅日河水流湍急，特鲁凡奥戈尔村社割草地的土壤每年都会发生变化，它们脱离岸基，被沙子掩埋。在此处生长的有冰草、韦塞尔草、山车轴草、红色和白色的毒豆（金莲花）、狼把草等等。很多地方生长着切列米斯草，这种草对牲畜的食用草有害，应当将其连根拔掉，否则它会比其他草先长出来，抑制其他草的生长。女人们，尤其是少女，也对草地造成了不少破坏，根据习俗，在一些节日，例如伊万诺夫节，她们会去草地用铁镐挖拉拉藤，给呢子和粗麻布染色。

草地旁的栅栏和篱笆人均 28 俄丈，一共有 5 处，所以 49 户人家共计有 6860 俄丈栅栏。6 月中旬将牲畜赶出草地时，由村社修理篱笆。某些地方的篱笆不是平均分配的，这会引起一些争论。但出现争论时，人们一般都会自己解决，不会闹到村里。村社中的贫困人口在缺钱或缺粮时，还会在秋冬将一部分草地借给较为富裕的人，借函中写明所借割草地的位置，是几人份，每垛干草价格为 40 戈比，一半用来偿还债务，另一半归借方所有。

借条由村长或村社作证。很少有人违反借条的条件。贫困的人将自己未来的干草提前卖掉，这样一来，就不得不卖掉那些没草吃的牲畜，而牲畜对于生产来说又是必不可少的，因此，这最终会导致生产经营的衰败。

1876年的耕地重分是按如下方式进行的。村社做出重新分配的决议，决议中有村社户主的名单，上面记载着以前的纳税人和重分前的现存人口。由于村社中增加了13人，所以就算某些家庭的人数未发生变化，也必须将自己的土地划出一份，分给新增的人。负责核对土地的农民由选举产生，经村社授权。他应当将土地按应划出的量划分成平分俄丈，并将所有田地记录下来。耕地根据土壤质量分为3等。人均占用一等耕地530平方俄丈、二耕地642平方俄丈、三等耕地253平方俄丈，共计1425平方俄丈。

重分耕地时遇到了与重分草地相同的情况，有2块份地属于已经去世的人。这两块地没有计入公共地中，但村将将其连同草地一起租了出去。第一块份地由4块耕田和4块草地组成，被村社中的一位农民租用，除贡赋外，每年交给村社18卢布的租金。第二块份地的租用者除贡赋外，每年上交四分之一桶的伏特加。此外，重分后，因租用第二块份地的农民欠缴税款，村社将地收回。重分时有50平方俄丈的土地未计入公共地之中。因此这块田上的划分标准与其他地方不同。如果条形地相邻的两户人数和耕地等级都相同，那么为了方便可以交换地块，也就是说其中一家在一块田上占用两家的地，另一家占用下一块田上的地。这样就避免了在不同田地间辗转的麻烦。有时田地甚至相隔200俄丈以上。有些条形地可达600—800俄丈，一般的条形地100—200俄丈，较小的10—50俄丈。

由于土壤质量不同、地势及位置有差异、有些地块被山谷隔开，条形地的长度不一，为5—100俄丈，宽为2—10俄丈。所有土地被分为1206块条形地，位于村落周围，被小溪、道路、牧场分隔开来。一等地的名字分别为科洛杰什内、格尼利内、奥西诺夫齐和索普卡。二等地名字为列姆戈拉、奥克索沃。三等地为赫罗姆措维、霍尔姆、扎沃斯特留奇耶、拉茨卡亚路旁的地和岛上的地。种植洋葱、土豆和卷心菜的菜地不计入耕地总数。考虑到房子的位置，这些菜地都被安排在房屋周围。有些人的条形地数目与别人不同，这是由于新增人口从其他户主那里得到份地，人们将占用的小块地划给新人，将较大的条形地留给自己。例如：

人数——条形地数
1——4
1——10
3——12
3——23
8——79
6——20

那些1858年重分时人数未发生变化的家庭保留了最好的份地。如果将这些份地出租的话，除赋税外每年可带来20卢布的收入，而那些在近年重分时划给新增人口的份地，租金不会超过上述价格的三分之一。

村社需缴纳642卢布的国家税，每俄亩地应收取1卢布99戈比，按人均计算则为3卢布 82 戈比，向两位士兵收取 1 卢布 89.75 戈比。此外，每人需缴纳 97.5 戈比的公社税，人均上缴的所有税费共计 4 卢布 79.5 戈比。村长也需缴纳公社税，但低级官兵无需缴纳。

1884 年村社欠缴 19 卢布 78 戈比的税费，欠款由于 1866 年的粮食借贷产生。

村社中实行二区轮作制，休耕后种植黑麦，之后连续种一两次大麦。收割大麦后进行施肥，然后再种三四年大麦，收割后休耕。

村社中没有轮流田。这里优先种植大麦，因为大麦的占地面积要比黑麦少两倍，而且成熟期也更短。此外，还种植亚麻、大麻、芜菁和萝卜，但由于土地不足，种植的数量都非常少。

应该注意的是，以前种植芜菁尤其是种过大麻的田地就相当于休耕地了，在种植亚麻过后，土壤的肥力大幅下降，导致收成不好，这就是不让农民们在最好的田上种亚麻的原因。大麦在一俄亩的土地上播 16—17 普特或 20 俄斗的种粮。因此，算上毁林开荒地，村社中人均每年播种大麦 12—16 俄斗或 12 普特，人均每年播种黑麦 2 俄斗或 2 普特。

近年来，大麦的收成为 3—5 成，黑麦为 5—6 成。因此，人均收获 60—64 俄斗或 50—60 普特的粮食。今年是 1884 年，16 年过去了，由于 8 月的寒冷，作物收成损失了三分之一，其他地方种植的作物在 9 月 15 日之前收获。春播从 5 月初开始，秋播自 7 月 20 日到 26 日之间开始，在 8 月末进行收割。作物被捆成捆，堆成竖堆，头朝上立在田里晾晒。每个竖堆中有 8 捆到 9 捆大麦，或者 10 捆黑麦，立在木桩周围，在它上面还会放一捆作物，叫作堆头。当播种量较大而劳作人数较少时，农民们会请来亲朋好友帮忙。当地人将这叫作"来吃粥"。劳作结束后，主人会准备晚宴和伏特加，之后主人会拿着灯笼上街，帮手们唱着歌回到自己家。

黑麦在晾晒过后堆成堆，而大麦在晾过后还要分别挂在桩子上风干，然后再堆成堆。冬天或者需要粮食时，人们将其运至谷物干燥室，在打谷场里用木板脱粒，在那儿人们还用簸箕将谷粒从杂质中筛出，留下最好的种粮。一些户主有水磨机，用它将谷物磨碎，每磨 4 俄斗需要付 10 戈比。

前些年大部分农民的粮食能够自给自足，不超过四分之一的户主在 7、8 月时向邻居借粮或者购买粮食。

1883 年时，4 俄斗（即 3 普特 20 俄磅）大麦面粉的价格为 3 卢布，黑麦面粉的价格为每普特 1 卢布。干草的价格在一年中变化了几次，秋天时每普特干草价值 10 戈比，春天时在同一个村社，每普特可以卖到 60 戈比到 1 卢布。同一年中，不到 1 普特的一捆黑麦秆甚至能卖到 40 戈比。

耕地四周被围栏围起，围栏也和份地一起按人均分配，因此每个人分到 30 俄丈以内近处（家里的）围栏，10 俄丈以内的远处（新的）围栏。被围栏围起的面积一共为 10 俄里 360 平方俄丈。

特鲁凡奥戈尔村社的草地不足，导致农民们养的牲畜数量无法供应足够的粪肥。因此，将粪肥与红色的沼泽冻土混合，这样 8 人份地的粪肥就能达到 50 车，在粪肥中还放切碎的针叶。

秋天时从沼泽地带挖冻土，放在森林中凝固，冬天时以土层的形式从林中运出。200

平方俄丈的条形地上施15车添加了红色沼泽冻土的粪肥就足够了。由于每户的牲畜棚很密集，秋天将肥料堆成堆，春天时分别运到田里。

村社中没有人出租耕地。

村社中有3位家中有小孩的寡妇，但她们没有份地，靠当富裕人家的侍女养活家庭。

在生产事务中规定了村社成员有修驿路的义务，每10人中出1人，每年3次，修乡间土路时也是如此。

村社中有84名男性劳动力，识字的有6人，年龄低于18岁的未成年共70人，其中识字的有21人。识字的6人有特鲁凡奥戈尔学校的结课证明。60岁至90岁的老人有10位。女人有149人，其中识字的有1人。

耕种是村社居民的主要生产活动，除此之外，一些居民还从事其他的工作：13名户主经营地方驿站，每人可赚15—20卢布；1人将房子租给学校，每年赚25卢布；1人将房子租给乡公所的警察，每年赚20卢布；1人将房子按每年15卢布的价格租给警察；1人为护林员，每年赚50卢布；2人为铁匠，每人赚10卢布。每6人组成一个劳动组合来捕鱼，他们拥有30—40俄丈的渔网。在这里可以捕到鲑鱼，特别是白鲑鱼、茴鱼、狗鱼和鲈鱼。捕鱼时每人可赚5—10卢布。1884年捕到的鲑鱼非常多，2、3天的时间内劳动组合可以捕30卢布的鱼，每条重30俄磅到1普特，每普特价值3卢布到3卢布50戈比。但是很少能赶上这种捕鱼丰年。村社中没有渔产丰富的湖。这里捞上来的鱼大部分都是人工繁殖的雄鲑鱼，味道和鲑鱼几乎没有区别。

村社中有3人捕鸟捕兽，每人可获得20—30卢布。1人做靴子，每年可赚10卢布。村社中共有29人从事手工业和做合同承包工。其他人被私人雇佣做家务或者送邮件。

捕兽（松鼠）捕鸟活动从9月开始，深冬积雪较深时结束。人们用燧石枪和圈套捕猎。圈套的布置方法如下：捕猎人贮藏花楸栗，将浆果放在陷阱上，砍下两个V形树枝，在里面放置圈套，树枝末端挂上花楸栗。鸟看到浆果，从一个树枝跑到另一端，就中了圈套。

村社中有几位农民送邮件，因为村子坐落在皮涅日斯基—梅津斯基驿路上。通往平涅日河上游克夫罗利的路也从这里出发，那里坐落着韦尔科利斯基修道院。路过这里的人不少。

此外，村社居民还通过卖掉多余牲畜和油、羊毛等牲畜制品补贴微薄的收入。近期，村社中不超过3个人靠乞讨为生，一般来说，村社鄙视乞讨者。

在这里外出打工还不流行。1883年只有3人外出做短工，主要是去阿尔汉格尔斯克养牲畜，有15人去了平涅日的市场工作。

当地居民中没有人从事贸易：村社中的小卖部和酒馆属于平涅日商人沃洛斯内。

特鲁凡奥戈尔村社的庆祝活动可分成狂欢夜和饮酒节：1）4月23日纪念当地礼拜堂中的圣乔治圣像；2）5月9日圣尼古拉日，纪念他的圣像；3）6月23日，伊万诺夫日；4）7月20日，圣伊利亚日，纪念他的圣像；5）8月18日，圣弗罗尔和拉夫尔日；6）9月14日，荣举圣架节，纪念另一个礼拜堂中的石制十字架；7）11月3日纪念圣乔治。在节日前夜来临前，农户们挨家收集麦芽（12普特以内），在村社指定啤酒厂中酿啤酒。节日当天，在礼拜堂祷告和供献啤酒以后，人们一起喝酒狂欢，街上、礼拜堂里都有啤酒。每个人都带着自己用的杯子，还有家里人的，或者请别人喝。之后人们回到自己家吃午饭，饭后聚在一起慢慢喝酿的啤酒，教堂所有的僧侣轮流去农户家里，农户应当请他们喝酒。每年为节日酿啤酒需要用 100 普特粮食，不包括酿造伏特加所需的粮食。

被逐出村社的人一般会将自己的份地按以下条件出租：在乡长见证下，按书面条件租出土地，自己交付土地赋税，获得土地的人自己耕种土地，自己播种收割，应当给土地所有者一半收成，履行实物贡赋，出租人使用草地，或者按照约定收取租金，粮食的干草和谷糠归承租人所有。他还应当寄出身份证明。收成好的年份，这种契约保证了被逐出人 5 年到 10 年的粮食，但这完全取决于承租人是否守诚信。

村社中经常出现租用荒地的情况，个别户主租用 10 年、20 年甚至 40 年，村社就此在村长的见证下颁布决议，租用者设宴款待。

当村社成员意见出现分歧时，通常不会闹到村领导那里，而是彼此商量，私下解决。如果发生了大型盗窃或损害事件，就请来"十人组"，也就是几位户主，揭发犯错者，说服他给予受害者相应赔偿，只有当调解无效时，才将案件移交至乡法院审理。

近期，分家不需经过村社的监督和同意，在村社中出现过 12 次不经村社同意的分家情况，但重新分家的户主参加村会，并拥有同等的表决权。

谢列茨基村社[1]

谢列茨基土地村社位于霍尔莫戈雷县谢列茨基乡，由原国有农民组成。除该村社外，谢列茨基"乡村协会"还下辖有 6 个村社，这些村社占用土地，互相独立，自主管辖，它们是：申格村社（56 人）、里波洛夫村社（84 人）、米亚库尔村社（56 人）、乌斯季梅赫连格村社（97 人）、科诺克村社（25 人）和乔格尔村社（131 人）。但其他村社占用土地和分配的制度和谢列茨基村社相同，因此这里只描述谢列茨基村社。没有人知道该村社的成立时间，但据老人们回忆，村社中土地的使用规定和农民的日常生活状态从未发生改变。村社由 11 个村子组成，它们分别是：莫克耶夫村、尤兰金村、尤尔金村、克柳奇尼科夫村、纳戈尔村、尼基福罗夫村、巴夫洛夫村、赫尔戈尔村、列奇科夫村、上维索科波利村和下维索科波利村。没有从主要的村子中迁出的迹象，而且，不论是根据民间传说，还是以前的制度，从最大的克柳奇尼科夫村到最小的列奇科夫村，都是同一时期开始独立发展的。

谢列茨基乡中现存的村社从建立开始就独立占用土地，这得到了长者们的证实。

村社中有 414 人，325 名纳税人。位于村社两边的莫克耶夫村和下维索科波利村之间

---

[1] 资料来源：米涅卡 Г.：《阿尔汉格尔斯克省乡村土地公社农民公社历史资料》卷 3，阿尔汉格尔斯克省印刷厂，1882—1886。

距离3俄里。

村社的全部土地由耕地、草地、建筑用地、谷仓及打谷场、大麻田、牧场和林地组成。村社占用的耕地面积为195俄亩676平方俄丈,草地和宅院地从未重新测量过,因此无法了解其面积。由于土地过少,这里不能通过侵占的方式使用土地。宅院地中的建筑用地和谷仓视为农民的个人财产,可以继承。所有农用地从不参与重分。重分时将菜地(篱笆)和大麻田算作耕地进行分配。

现在作为牧场的土地归整个村子所有,也就是说,同一个村子的所有农民都是牧场的所有者,其他村子无权得到该牧场,但实际上人们并不严格遵守这一规定。

据悉,农民对林地的使用权只包括每年根据家庭需要砍伐一定量的树木,还有在方便的地方开拓伐开地(毁林开荒地)。建筑用地发生火灾后,按照受灾人的意愿,可在以前的地方重新建造房屋。

人们将不同种类的田地叫作"变化田"。村社中的土地不按优劣划分,所有的土地,不论是最好的还是最坏的,全都一起测量,但耕地和开垦荒地这两种地分别计算。

重新测量土地时,尽管一块田里的条形地很多,但人们不测量整块田,而是分别测量条形地。这是为了列出每位户主占用土地的数量,如此一来就能马上知道应该将多少土地分给别人了。

农民们说,这里有根深蒂固的习俗,除非在迫切需要下,每一位土地所有者无论如何都不会放弃自己的条形地,而在测量土地、重分土地时,更换条形地是避免不了的。测量以后,应当按照土地和分配人的数量计算出每位户主应该得到几块地。原土地所有者自己决定,将哪些多余的土地分给别人,但他们出于某些原因,一般都是将那些不好的土地分出去。这个习俗的害处可以通过以下事实体现。1882年重分时,在上维索科波利村和下维索科波利村出现了多余的土地,但是,另一边距这里3俄里远的莫克耶夫村等地出现了土地不足的现象,缺少的土地和多余的土地数量几乎一样,于是莫村的农民就分到了前两个村子的土地。由于耕地距离太远(3俄里,新荒地约4.5俄里),很不方便,得到土地的农民应该按约定把土地租给原土地所有者,尽管租金不多。不同土地所有者的条形地间的地界通常宽四分之一俄尺。

为了往返于条形地,农民可以在需要的地方留出足够宽的通道。大部分的通道都是从土地一头到另一头的,因为所有条形地都以同样长度依次分布。

最近一次重分时,土地被分给414个人。从第10次人口调查时起,土地分配的单位没有发生过改变。一位使用者在某块田地上占用的土地叫作条形地。条形地的面积决定农民在田地中应得的土地数量。现在,如果重分时不需要将同一块条形田分成几份,那么地界将不会发生变化。

农民按照条形地的数量将土地分划出去,尽可能地避免将一块条形地分成几份。在必要情况下进行重分。1858年第10次人口调查后的第一次重分发生在1882年,期间经过了24年。如今重分没有固定的期限,而是视具体情况而定。

平时不为新增人口分配土地,也不收回死者的土地,土地的变更只在重分时进行。根据老人们的说法,分配土地的单位一直不变。

最窄的条形地长为 1 俄尺，宽为 74 俄丈，长度为 13 俄丈的条形地[1]，其最大宽度为 11 俄丈。大部分条形地长 45—60 俄丈，宽 3—7 俄丈。人均约占用 8 块这样的条形地，但不能准确地说明，因为不存在标准的条形地。条形地的形状一般为矩形，也有三角形，等边的和非等边的，还有完全不规则的形状，这完全取决于地形位置。条形地的形状差别没有特殊意义，分配者按自己的想法测量形状不规则的条形地。

村社中没有备用份地。施过肥的条形地和其他地一样平均分配，但在这种情况下，得到施肥条形地的人应当按照每车粪肥 10 戈比的价格补偿原土地所有者。除了某些农民荒芜的土地以外，村社中没有空闲的土地，造成农民消极耕种的原因如下：距离太远、被水淹没，以及土壤肥力低，等等，但这些土地在特定的重分时还会分给荒废土地的人，不论他是否愿意。除非得到了林业部门的采伐证，农民才可以不清理空闲地、长满树木的林地和沼泽。

草地和耕地同时重分。重分时，以前的草地界线不发生变化。草地的重分遵循以下步骤：首先，向每位农民询问村社中所有的草地，并将其重新记录，这样一来，就能掌握纳入重分的所有草地，这些草地归村社所有，之后在村社成员之间分配，但这期间，草地内部的组成部分不发生变化。重分时，原土地所有者没有任何优先权。农民们先聚集在一起，划分人告诉他们，根据评估，当前有什么样的草地，以前这片草地上能割下 18 堆干草，之后划分人询问，现在谁拥有多少堆干草，最后该草地归占有干草最多的人所有。像这样对所有的草地重新评估时，计算全村社有多少堆干草，再根据现有人数分配，每个人（分配单位）得到 23 堆干草。假如得到干草的户主家中有 3 口人，他们得到了 69 堆干草，评估时他又是这片草地上干草最多的人，那么这些草地将在下一次重分前将归他使用。草地的评估具有武断性，因为农民可能会任意增加干草的数量，而不是按照每人 23 堆干草的标准，他们希望分配时可以自己选择，将多余的草地分出去，尽管执行分配的条件是口头的，但划分人仍应当严格遵守，可以通过事先交易来预防这种情况的发生。分配条件如下。前一次划分时共有 325 人，每人 18 堆干草，现在村社中共 414 人，由此推算出人均不到 15 堆，但许多草地的产量应该更多。以人均 15 堆为标准，农民们的评估不能比这个高。但当四分之三的草地评估完成后，人均已经分到了 15 多堆，因此可以推算，评估全部完成后，人均数量应该增加到 20 堆。而实际数量比 20 堆还要多，增加到了每人 23 堆。如果有人故意占用多余的草地，多余的草地就会归到最好的草场中。村社的草地分布在河岸边，不能像其他地方一样用木桩或其他工具十分准确地测量和分配，因为在几俄丈的长度内，宽度差距很大，草的质量也不一样。这是由于在汛期时某些地方未被沙子填满，而另一些地方被沙子掩埋而造成的。此外，还受到以下因素的影响：有时某些草地被小栅栏围起来，将食草牲畜隔开，因此这样的草地长得比未隔开的好；还受到草地与居住地的距离、运送干草方式等等的影响。

这种草地重分方式的优点在于不会出现不满与抱怨，因为每个人的草地都是自己挑选的，或者在没有达到要求的情况下放弃选择草地。不测量草地中的条形地，可以用干草堆

---

[1] 编者注：此处逻辑不通，但原文就是这样。有可能是作者把长度和宽度弄混了。

的数量替代其长宽。最小的草地为 1 堆，在乔格拉河沿岸的一小块草地；最大的草地为 72 堆，位于叶姆察河沿岸。划分单位——堆的重量也不是固定的，因为如上所述，在评估中不仅要考虑干草的数量，还要考虑其他情况。

在其他地方，草地上如果能割下 3 堆干草，即 3 垛或 2 车，大约重 60 普特，大多数地方一垛干草重量约为 5 普特，因为一车能运 5 普特。不是所有人都知道边远的草地，例如乔格拉河边 25 俄里远的草地，因此没有提高草地价值的基础，而那些知道其他草地的人约定好谁也不说，他们就额外拥有一块或几块这样的草地。在最近一次重分时，如上文所述，每人分到的干草量为 23 垛，后来查明，村社中几乎所有农民人均有约 4 垛，即 120 普特。如果有一些人，因为上文所述的原因，拥有的草地数量较多，那么这只是例外。干草通常不够喂养牲畜，基本上能全部用光。除了根据许可证采伐的伐开地，没有农民自己伐木清理出的草地。可以在荒废的土地上割草，但这块地将和其他草地一起重新均分。

林地中没有分配猎区，每个人可以随意选择适合自己打猎的位置。但如果有人在某段时间占用了林地中固定的地方，布置了陷阱和套索（捕鸟用），那么其他人就无权在同一位置放置自己的工具。第一位占用者可以在此情况下通过乡法院维护自己的权利。这样的地方叫作"陷阱区"（布置陷阱的地方），长约 5 俄里，宽度不一。捕兽的陷阱归设置者所有，可被继承，有的已经传了三代。好的猎手靠捕猎可以在秋天赚 50 卢布，中等猎手可以赚到 15 卢布。

村社中没有专门的牧场，直接在林地和湖边放牧，那些由于土壤潮湿柔软，无法运出干草的地方通常不会割草，也就成为放牧的首选。每个村子都分别雇了牧人。

那些四周都被围起的长草的地方叫作"牛犊栏"，它与牧场和放牧地的区别在于，它属于一个或几个人，在有特殊需要时使用：有时不能在林中放马，因为平时需要它们干活。就算是无土地者，他的放牧权也不受任何常规规则的限制，也就是说，任何人都可以决定是否将自己的牲畜放在牧群中。

除了上述土地以外，村社没有其他农用地。大麻在任意一个方便的水洼里浸泡。每个户主基本都有自己的水井，水井不足的地方，3 家或者更多人共建一个水井。

一般来说，当某户增添了男性人口，并感觉土地不足时有必要进行土地重分。

首先，农民若认为有土地重分的必要，可在村会上提出。在村会上只讨论土地重分，不涉及其他问题时，村领导不会出席。通常，村会在个别人对重分的坚决要求和抱怨下予以让步。

村会讨论重分事宜时只有有土地的户主参加，无土地者无权表决。有土地的寡妇和丈夫不在家的妇女可以参会。但她们一般只是听着，不干涉公共事务，完全遵从村社的决定。根据 1861 年《关于脱离农奴依附关系的农民的一般法令》第 54 条规定，做出土地重分的决议至少需要征得村社中三分之二的户主同意。

在最近一次的重分时，所有土地，包括耕地和草地，按照 1881 年 9 月 17 日前的人数平分，不考虑此后发生的人数变化，9 月 17 日做出了重新测量土地的决定。每人支付 35 戈比雇用划分人计算并划分土地。为了监督测量的准确性，每个村子的户主可以和划分人一起去田间。应当由当地的村民测定土地，划分人只应准确记录。但计算和分配土地的准确性完全取决于划分人是否诚信，农民们文化程度不高，没有能力检验数据是否正确。划分人在重分结束后为每位户主记录单据，记录户主得到的耕地、条形地名称和以俄丈计算的尺寸。收到记录单据以后，户主应付给划分人不少于三分之二的钱，剩下的钱应在收到草地记录单据时付清。划分人将记录单据交给农民，再在公共记录簿上写上同样的信息以供查询，在下一次重分前保存。村长对村会的决定没有特殊的影响，甚至不在村会上表决。农民们选择他当村长，不是因为他品行端正，明辨事理，而是考虑到他的经济状况和为社会做出的贡献。履行义务时，村长明白自己不会永远是村长，因此尽量不引起其他人的不满，总是支持多数人的意见，争取适应主流。恶霸们在村会上的影响力较大，在其他地方这样的人一般是富农，而在这里，他们是社会地位最低的人和醉鬼。为了在村会上掌握主动地位，应该能喊能吵，最好是能一针见血地戳中任何反对者的痛处，让他们不得不闭嘴。

这些人的出现导致那些正派的人完全不参与公共事务，但关系到所有人重大利益的土地重分事务除外。

不参与公共事务的原因还包括不想为自己树敌。解决分配赋税的问题时，这些人坚信，如果记录人是诚实的，那么他们就不会吵闹，如果记录人不诚实，那么他们就会干扰事务。

人们使用长10俄丈的绳子测量条形地。没有特殊的计量器，户主间的条形地也没有大的差别。分配土地时以平方俄丈为单位，这里不使用16+16俄丈的绳子。

日常生活中，农民将给面积约为600平方俄丈的土地播4俄斗的种粮。但分配时不使用俄斗作为单位。未规定在一年中的何时重分土地。秋天收割后分配耕地，春天时分配草地。

没有发生过擅自翻耕他人条形地的情况。村社中没有备用地。

村社中有1块份地的农户有11家，2块份地的有46家，3块份地的29家，4块的29家，5块的12家，6块的8家。

村社中一般不放马，偶尔在不需要用马时将他们放到树林中，割草后将干草用围栏围住以后，可以在无人照看的情况下在草地上放马。牧场上村社的有角牲畜分为4组，第一组规模最大，从下维索科波利村到尼基夫洛夫斯基村，共约90头牲畜，第二组是克柳奇尼科夫村和纳戈尔村，约有70头牲畜，第三组是克柳奇尼科夫村的农民和教士僧侣们的牲畜，约25头，第四组为尤兰金村、尤尔金村和莫克耶夫村的47头牲畜。第一组的放牧费用为每头牲畜55戈比，第二组、第三组均每头牲畜60戈比，第四组每头牲畜50戈比。一个或几个拥有共同牧场的村子雇用一个放牧人，在节日时，农民们通常聚集在小酒馆，雇用放牧人以后，他们会一起喝一杯。放牧人自行雇用助手，通常是小男孩，费用约为一个夏天5卢布。所有农户轮流为放牧人和他的助手供饭，放多少牲畜就供多少天，还要给他们衣服穿，但靴子放牧人应当自备。不雇用放绵羊的人。

村社中没有共用的公牛，私有的公牛每次配种费用为40戈比。

田地四周的栅栏按照农民在该田地中占用的土地数量分配。首先测量需要设置的栅栏面积，根据栅栏的长度和土地面积将其分成100平方俄丈或1000平方俄丈，然后计算出每100平方俄丈的土地分到的栅栏长度，比如5俄丈，再根据农民的土地数量分配栅栏。篱笆围在5根杆子上，高度约为1.5俄尺或1.75俄尺。

如果牲畜冲破围栏，破坏了田地，在这之前围栏已经损坏，那么由围栏的主人承担责任；如果围栏是完好的，牲畜破坏过围栏，则由牲畜的主人承担损失，放牧人在任何情况下都不承担责任。在牲畜失踪或困在某处时，放牧人也不用对此负责，他只需和牲畜的主人一起寻找牲畜，但找不到的话也不需要赔偿。放牧人不负任何责任无疑会损害与农民的关系，第一，这证明了放牧人玩忽职守，第二，放牧人对待牲畜过于粗鲁。在经过泥泞的小路和坏木桥时，放牧人残忍地用杆子打落后的牲畜，打到蹄子会伤害牲畜的腿。农民自己也不敢对放牧人提意见，怕他伤害自己的牲口，这些放牧人大多都是干坏事的专家。农民们的迷信可以从这件事看出，今年克柳奇尼科夫村的放牧人，因为玩忽职守、对牲畜粗鲁，而且对待牲畜主人的态度非常傲慢，因此没有人想雇用他。尽管如此，没有一个农民敢直接表示不满。不敢辞退该放牧人的原因还有，前一年夏天刚过时雇用了新的放牧人，但牲畜们好像不喜欢他，在他的追赶下四散跑开，还是原来那个被拒绝的放牧人采取了行动才把牲畜追了回来，因此今年农民们不敢再辞退他了。

村社中没有村社建筑和设施。没有人守卫两个公共的粮食商店。村社不得出租任何土地和财产，也不曾购买土地。没有共用的播种地。

村社的耕作制度为三区轮作制。村社的生产经营还算过得去，由土地的数量和质量决定。至于某些方面对土地所有方式的影响，公正地说，该村社历来使用的土地公社所有的制度比分段所有制度要好，因为这里不像其他地方那样遇到一些共同的问题。第一，重分时农民自行选择分出的土地，因为在使用土地时，他们都尽力为土地施肥，希望土地永远属于自己。第二，强制耕作确实是一种有益的做法，因为是在最勤奋理智的农民的带领下开始耕作。花费在前往条形地路上的时间无足轻重，没有什么可讲的。但是，把村社按3俄里的距离划分，比消除因新增人口土地偏远带来不便的好处更多，如果村社不由单独的一个村子组成，那么至少要分成三份，每次将土地按实际人数分配，让每个村社在其村庄附近拥有同样独立的土地权。不便之处在于，土地距离太远不利于主人修建围栏，而当地的户主抱怨他们不修围栏，后者不得不因经营不利而放弃土地。没有放弃共同的耕作方式，也没有尝试改善耕作方式。

个别户主或寡妇家的生产经营衰落，多半是因为怠工或缺少生产工具。但村社既不会强迫他们工作，也不会帮扶贫困的人。总之，每个农民都只在乎自己的利益，村社中甚至出现过欺负无助者的情况。

村社中有"帮忙割草"和"女人帮忙"的情况。

前者从字面就能看出，这是割草结束前的帮助。农民根据割草期最后一天未割的草和能割草的人数，计算出应该请来多少人帮忙，工作完成后请帮手们吃饭、喝茶、喝酒。但这和普通的帮忙不一样，因为请来的人一般是亲戚，而富人家会雇工人劳作。帮忙割草和一般割草的不同之处在于，这里的主人更喜欢伏特加，付的钱比一般情况更低。女人帮忙与帮忙割草的情况基本相同，只不过来帮忙的是妇女或女孩，她们同样是被草场主人请来的，工作完成后也会请她们喝酒，在村子里边唱边逛，有时人们会醉得不像样子。

喝醉的姑娘们并不比妇女少，农民不认为这不体面，而是将其视作无伤大雅的娱乐。因此女人们都愿意去帮忙，尽管没有收入。实际上，喝醉并不代表居民道德败坏，而是由于风俗习惯决定的。

每个人分摊 2 卢布 96.75 戈比的国家税，1884 年的公社税为每人 96 戈比。赋税分配按照 399 人计算，因为有 15 人服兵役，无需缴纳赋税。

赋税不按俄亩计算，因为草地的面积不明。

每年计算分配的赋税。按实际人数来计算。

分摊赋税时不考虑经济状况、工作能力以及其他情况。无土地者不缴纳税费。

如果土地占有者死亡，或者出于某些原因外出（除列举的情况外），可以将土地留给其他家庭成员，谁也不能剥夺这项权利。如果家庭成员没有劳作能力，可以自行决定将土地转给别人，或者村社将土地收回分给别人，话虽这么说，实际上没有成文规定。无人的农户由该户最后占用土地的人上缴赋税。

没有任何不幸能够成为免缴赋税的正当理由，但村社不会收走他们的土地，除非他们自己放弃。

村社中没有免费的土地。公职人员不享有任何优惠政策。现役军人的赋税由整个村社平摊。

对未按期缴税的人，村社不会采取任何强制措施或激励措施。村政府受到限制不会强制追缴税款。因此每年 1 月 1 日都会剩下约 2000 卢布的欠缴税款。

最近 3 年出现过 2 次大家为个别欠税人缴税的情况。第一次发生在 1881 年，当时沙皇下旨废除省土地人头税，村社应当收到国家退回的一半赋税，每人 92 戈比。但这些钱用来补交公共欠税。第二次发生在 1883 年 5 月 15 日，最高宣言豁免了 1883 年 1 月 1 日以前的人头税欠款。谢列茨基村社应当缴纳在此之后的欠款，每人约 50 卢布，但这些人也拖欠了其他的税费。只有几个成员欠税，但其他成员是他们的担保人。村社中未发生过税警因连环保追缴欠税的情况。

如果在 10 年之前有过追缴的强制措施，那么税警会直接找欠税人，不会来找村社。未发生过收回欠税人土地的情况。

农民在土地重分时有权：（1）将土地租给同村社的成员；（2）在需要时在条形地四周建造围栏；（3）在不对田地中其他土地造成损害的情况下，可以不采用村社的耕作体系。但如果有人突然打算在春播田上播种黑麦，这种做法是非常轻率的，因为其他地块上种的是春播作物，收割以后将在这片田上放牧，没有人会注意这块特殊的条形地。农民们自行决定何时开始劳作，但大家一般尽量在同一时间完成收割或割草。否则未收割的作物会被牲畜吃掉。人们也没有义务施肥。

农民们有权卖掉所有的牲畜、粪肥及所有财产。村社无权强制户主占用土地，这种情况也不会发生，因为永远有人愿意占用空闲的土地。

放弃土地需要征得所有家庭成员的同意。户主可以不经村社同意将自己的土地交给村社外来人员。但村社可以收回村社外来人员的土地，将其分给想要土地的本村社成员。

村社中土地的继承遵守如下规定：户主死亡后，如果他们的妻子和女儿有耕作能力，则可将土地继承给她们，否则她们可以不经村社同意，将土地转给他人，村社只能在没有直接继承人的情况下任意支配死者的份地。任何时候村社都不能干涉当家人的选举，不曾出现过因其他家庭成员不满换掉当家人的情况。

村社也不干涉分家，分家只取决于相关人员自己的意愿。如果相关人员对此有意见，可以去乡法院解决，但这种情况非常少见。

通常在家庭成员一致同意下分家，家中有人想要分家，户主就自愿分给他们应得的土地，因为他们知道如果不同意分家，那些人会做出不利于生产经营的事，到最后还是不得不妥协。以往3年中，谢列茨基村社的144户人家分家情况如下：

1881年有5户分家，1882年有6户分家，1883年有5户分家。分家的原因通常是家庭成员意见不合，晚辈不尊重长辈，不听长辈的话。虽然不能否认有人是出于正当原因分家，但这只是少数的例外。现在谢列茨基村社没有一户人家有5个劳动力，有4个劳动力的家庭只有2户，有3个劳动力的有15户，有2个劳动力的有32户，只有1个劳动力的有82户，其他家庭中没有劳动力。这里的劳动力指18岁到55岁的人，其中不包括服兵役的人。退役军人和无限期休假军人的土地权利与其他农民相同。

村社中未发生过占用土地的农民以无支付能力为理由拒绝上缴全部赋税的情况。若出现这种情况且劝阻无效，可以按照1861年《关于脱离农奴依附关系的农民的一般法令》第188条规定，收回拒缴税者的土地。

一般不会留下无人继承的财产，如果出现的话通常归教会所有。

有人继承的财产完全归继承人所有，村社绝对不会干涉。分家的成员从原来家庭中划出自己的土地，村社不为他们划地。如果村社收养了养子，就会分给他土地。

重新回到村社的成员不需要承担任何义务。将无人继承的土地分给他们，如果没有这种土地，就在新一轮重分时分给他们公共份地。一般按照第一种便利的方式分给他们土地，但在这之前，养子应住在收养他的家庭中，虽然还未分给他们土地，但仍需按实际人数缴纳税款。退出村社成员的土地归其家人使用，如果家人不想承担他的份地，那么村社自行将土地转给愿意替退社者缴纳赋税的人，尽管这个人已经不存在了，也就是说省税务局的税额通知书上虽然少了一个人，但是仍上缴一人的税款，因为村社缴税数量不按纳税人数量计算，而是按实际人口数量，所以成员退出村社以后分摊税款时，计算的实际人口数量不减少。

村社中的所有农民只使用村社分配给他们份地。

在乡大会、村会和乡法庭任职的人必须拥有土地，努力勤勉地经营土地，有定居所，为人冷静，品德端正，忠于职守。

村社成员之间没有互相保障的义务，除了发生火灾时所有人一起救火，其他情况下这里的人不像其他地方一样互相帮助。除上缴赋税外，连环保在任何情况下都不适用。就连缴税时，农民也会为不替别人担保而感到高兴。

在村社中居住的外来人口和其他农民一样使用林地和牧场，当然也不能违反建筑林的伐木规定。虽然是暂时的，但村社中居住的人都有权在河流湖泊中捕鱼。为死者做棺材的木材是免费的。外出服兵役的人不需承担村社的赋役，同样也无权参与赋役增减的事务。

村社中没有和其他村社共有的农用地。

村子中里一共有 130 户。

村社中每年都会缺少粮食，缺少的粮食和收获的粮食差不多一样多。在 1883 年这样的歉收年，大多数农民的粮食在新年之前就用尽了。

收成最好时粮食也不够用，最富足的农户从 5、6 月份开始没有粮食吃，中等富裕的农户从 2、3 月份开始缺粮，最贫困的人家 1 月就没有余粮了。收成一般时，富裕的农户从 4 月起没有余粮，中等家庭从 1、2 月起缺粮食，贫穷的人 12 月起就没了粮。收成最差时，富裕的农户从 3 月甚至 2 月起没有余粮，中等家庭从 1 月起缺粮，贫穷的人 11 月起就没有粮食。村社中只存在田间耕种的生产经营方式。

村社中不存在代役制。农民们收获的粮食、从其他生产活动和手工业获得的收入，不够支持生活需要和缴纳税款。

谢列茨基村社中有两个铁匠和两个鞣皮工，他们为个人工作，前者每年赚 15 卢布，后者赚 30 卢布或者更多。除了农业建筑以外，这里还有 5 个小卖铺。

外出打工的现象在这里很常见。居民们去圣彼得堡或其他地方打工，或者为商业公司伐木。

伐木业维持着全村社农民的生计。

1882 年到 1883 年的伐木工作开始得很晚，1 月才开始。农民们在这之前生活非常贫困，尤其是在中梅赫连格村社和那些粮食已被用尽的地方。完全没有钱缴纳税款，人们尽力劳作，只能保证自己和牲畜的温饱。

这里的草长得非常少，因此乡内没有一个人的干草足够支撑一年，人们不得不购买干草。大部分农民的干草在 1 月就用尽了。所以在最艰难的 1882 年和 1883 年，农民们将割的草抵押给富人，将自己的牲畜卖掉。有人离开中梅赫连格村社去某地赚"粮食"钱，有的人直接上街乞讨。最终，当伐木工作需要工人时，大家都争着去工作，但需要的人很少，因为这里的林场不允许砍伐更多的树木。工人们互相抢活干，得到的工资却是最低的，招工的管事人马上利用农民们的贫困，付给他们极低的工资。但农民们肯定会接受工作，冬天时工作也仅仅能保证自己的温饱。那时的贫困导致村社现在负担着巨额的欠缴税款，约为 3000 卢布。如果以后这里不再需要伐木工人，那么农民就被迫忍受贫困。在 1882 年以前，伐木业还很繁荣，每个有马和向导的伐木工在冬春两季能赚 100 卢布，那时人人都想当伐木工，农民们过着小康生活。

每个离开村社去圣彼得堡的人都从事了与船舶相关的工作，夏天给家里寄回 50 卢布，干得好的纤夫（当地人的叫法）能寄回 100 卢布。因为所有的家事都需要留在家里的妻子和青年操持，所有寄回来的钱全部补贴家用。这里的女人们能干男人的活，耕田割草不比一般的男人差。

村社中有 20 人在林中捕鸟捕兽，每人秋季大约能赚 20 卢布。此外，谢列茨基村社的许多农民在冬天从事从阿尔汉格尔斯克到圣彼得堡的马车运输业，夏季从当地商人那里运货到卡尔戈波尔和维捷格拉，大约 25 人从事这一行业，他们每人有 3 匹到 6 匹马，冬天每匹马能赚 30 卢布左右。

最近 3 年有 60 人到 77 人离开村社外出做短工，其中有五分之四是男性，他们多半去彼得堡，男人们在那儿从事航运，女人们去当侍女。

村社中有 35 户没有马，他们都占用份地。此外，10 户无马的人家由寡妇操持家事，她们在村子中当女工来养活孩子，年老体衰的人靠乞讨为生。

村社中的每个农民都有一头母牛，有些人的牛更多，全村社的牲畜数量约为 207 头。没有牲畜的农户也没有土地。

个别成员离开村社或接纳新成员的主要原因为嫁娶，人们叫作"接纳家人"。

村社需要承担 1200 卢布的欠缴税款。

村社中的赤贫人口包括 3 名成年男性、5 名女性和 17 个孩子。

钮霍茨基村社[1]

钮霍茨基村社位于克姆县钮霍茨基乡，由原国有农民组成。无人知晓村社的建立时间。使用村社土地的规定近期没有改变。

该村社由钮赫恰村、奥特托莫泽罗村和位于村落 30 俄里外的乌克科泽罗新村组成。如上文所述，没有人知道这些村落和村子的建立时间。乌克科泽罗新村于 1881 年建立，钮赫恰村的一位居民来到这里，开垦并占用了这片土地。

村社土地只属于该村社，因此占用土地的农民们组成了一个特殊的协会，农民有权自行支配自己的土地，不受任何同一协会者的干涉。

村社中有 680 名男性纳税人，741 名女性纳税人，实际人数有 782 名男性，938 名女性。具体情况如下：

	纳税人数		实际人数	
	男性	女性	男性	女性
钮赫恰村	628	688	720	863
奥特托莫泽罗村	50	51	60	72
乌克科泽罗新村	2	2	2	3
总计	680	741	782	938

该村社占用的土地中，有 176 俄亩耕地和 688 俄亩草地：

---

[1] 资料来源：兹纳缅斯基 И. Ф.：《阿尔汉格尔斯克省乡村土地公社农民公社历史资料》卷 4，阿尔汉格尔斯克省印刷厂，1889。

	耕地面积/俄亩	割草地面积/俄亩
钮赫恰村	149	632
奥特托莫泽罗村	25	52
乌克科泽罗新村	2	4
总计	176	688

此外，村社还拥有水域和林地，但其面积无法估算。

钮赫恰村和乌克科泽罗新村的小溪、河流、湖泊中能捕鱼，可以自己家吃，也可以出售。2个到4个人在春天设置栅栏，在那儿放置捕胡瓜鱼的器具。此外，还用渔网可以捕不同种类的鱼。捕到的鱼在参与者间平分。农民们将鱼（鱼干或咸鱼）拿到奥涅日县换粮食，那里1普特鱼可以换5普特大麦。

村社中不采用侵占的方法使用草地和耕地，而是将土地划分成份地。

宅院地按户继承，不参与重分。种植土豆、芜菁和萝卜的菜地位于房屋附近，属于耕地。耕地重分与位于耕地上的宅院地的重分在1881年进行。再次加入的成员将房子建在空地上。发生火灾的宅院地不参与重分，如果建筑规章允许，则在原来的位置翻修烧毁的建筑，如果违反规定，乡长和村长为重建划出新的位置，并开出许可证明。

村社中的耕地被分成几块田地，再根据土质划分成或大或小的条形地。每个农民共有625平方俄丈的土地，其中一等地不足的部分由2倍面积的二等地或3倍面积的三等地补充。钮赫恰村里的条形地名为：卡梅拉尼哈、萨尔季、科捷利哈、维索基奥博德（高地弧形地）、斯维亚塔亚戈拉（圣山）、戈尔内奥博德（山地弧形地）、列杰里哈、雷布内奥博德（河边弧形地）、叶里季哈、伊格纳季哈、沃尔科沃、弗拉索沃、奥斯特罗夫（岛）、瓦尔多戈拉、波卢泽尔希纳、多尔戈伊、梅列什基、京科夫希纳、卡拉科普基；奥特托莫泽罗村里的条形地名为：科列利、穆拉舍夫、西马诺夫、列特尼克里亚日等等。

将田地划分成有名字的条形地是古老的传统，并一直传承至今。应当注意的是，这些条形地下划分的小块土地也有自己的名字。

邻接的田地被宽0.5俄尺的田界隔开。耕地和收获时留出宽1—3俄丈的田界（当作街道的条形地）通向田地。来到自己的田地或者条形地以后，农民们用篱笆圈出一块菜地，把它称作栅栏地，去那里劳作生产，如果农民不得不去栅栏地以外的条形地，那么就要通过远处地（未翻耕的、故意被草皮覆盖的地方）或者隔开条形地的田界到达那里。一些农民在条形地周围挖了地界沟，1.25俄尺深，约1俄尺宽。

村社最近一次土地分配发生在1881年，以条形地作为划分单位，将纳税人的土地分给所有现有人口。自农民改革以来，分配单位未曾发生变化，变化的只有人均份地。没有对所有田地进行过彻底的重分。田地的重分只发生在农民之间，他们按照相互约定交换条形地，人口增加的农户需要更多的条形地，人口减少的农户将地分给新增的人。抽签分配的方法以前没有采用过，以后也不会采用。条形地的形状各异，有又窄又长的地（长20—50俄丈，宽1—3俄丈），有几人份的宽条形地（长50俄丈以上，宽度可达10俄丈），还有楔形、圆形等等。条形地间被宽 0.25—0.5 俄尺的窄田界隔开，田界上一直都长着草，便于分辨。

村社中的荒地面积不小，但很难确定具体面积。荒地既包括空地，也包括杂草丛生的地方。虽然有些农民把这些荒地（位于钮赫恰村 3 俄里外的"斯维亚塔亚戈拉/圣山"）开垦出来用于耕种，但在 1881 年重分时，一半的耕地都作为公共份地分出去了，因此开垦荒地的农民得不到什么好处，而且引起了农民的抗议。这是可以理解的，因为村社未对清理荒地做出任何干预。如今，毁林开荒需要征得村社的同意，由村社确定开荒的面积和位置。在钮赫恰村，开荒地只能作为草地，而在奥特托莫泽罗村可以作为草地和耕地。开荒地可以被开荒人占用 40 年，此外开荒人和其他村社成员一样，有权参与其他公共份地的重分。

没有整个村社开垦荒地，然后按耕地分割的习惯。

除了属于奥特托莫泽罗村和水域旁的草地以外，大部分草地位于白海沿岸。这些草地全部被先人划分成了十份，最远的距村落 30 多俄里，最近的距村落不到 7 俄里，每年按顺序在农民间交换，每个农民知道自己的草地或抽签地的位置（一开始划分草地时，可能按照抽签的方式分配给农民）。每个人占用一片草地，长度视位置而定，每年可以收割 2 车或 40 普特的干草。草地所在的位置名字如下：扎切尔波沃、维赫鲁切伊、鲁伊加、远特鲁别茨卡亚湾、亚瓦尔德鲁切伊、维库斯、纳沃洛克、德温斯科伊等等。

水域旁的草地和部分农民个人开垦的草地不参与重分，后者只由开垦者及其继承人占用。

村社中没有共同割草，然后平分干草的习惯。

村社中有广阔的针阔叶混交林：这里生长着松树、云杉、白桦、山杨、稠李和花楸。矮树丛位于距钮赫恰村 2 俄里、距奥特托莫泽罗村不到 1 俄里的地方，建筑林距钮赫恰村 10—20 俄里，距奥特托莫泽罗村 4—8 俄里。由于这些树林归国家所有，每位户主每年根据村社决议，只在农民税费降低时有权使用一定数量的木材。在村会上根据每位户主的真实需要来确定使用木材的数量。建造新房或修葺旧房的农民需要得到林业部门的采伐证，并且支付全部的木材费用。手工艺人制作捕捉器和建造木房使用的木材是免费的。被陷阱区占用的地方，即放置捕鸟套索、捕捉器的地方完全归陷阱的主人所有，乡法院保护其所有权不受其他手工业者侵占。

村社中没有特定或租用的牧场。春播之前有积雪时，将牲畜放到田地里。之后，放牧人将钮赫恰村的马赶到海边放养，在 9 月 1 日之前短暂休息。然后农民将马赶到自己的草地，在初雪之前自行放牧。奥特托莫泽罗村的马整个夏天都在林地放养，夏天以后农民将它们赶到自己的草地。在几位放牧人的看管下，牛在距村落 3—5 俄里远的不同地方放养。没有专门放养牛犊的地方，它们和母牛一起放养。村社中的所有户主都有权将自己的牲畜赶到放牧地，不受任何限制。

村社中钮赫恰河和白海交汇处的农用地，按一年 100 卢布的价格租给了农民，租金用来补贴当地教区的教堂。

村社未规定按照 1858 年人口调查进行的土地重分期限。若有土地重分的必要，需要向乡长提出申请，乡长再命令村长召开村会。商议重分的村会主要由农民户主参加。但有时无家的贫农、无地农民和女人（主要是寡妇）也能参会。前者只在想要保留占用的土地，或者要求返还之前被收回的土地时参会。而女人只能在拥有自己的生产经营，并且占用耕地的情况下参会。村会至少需要得到三分之二有表决权的户主同意才能做出重分土地的决议。做出其他有关村社的决议只需要得到大多数人的同意。一方面，那些家里有儿子且儿子还未分到土地的农民对村社决议的影响更大。另一方面，富农们，也叫作土豪，几乎能对土地分配为所欲为。

村社不划分成组或份（译者注：有耕地的小型纳税单位）。在1855年首次重分时，土地不是根据人数平均分配，而是根据农民的能力：谁能耕种更多的土地，就从想要转让部分土地的人那里购买，因此某些农民的土地数量就增多了。但随时间推移，所有土地，不论是耕地还是草地，各等土地都按照实际人数平均分配。抽签分配条形地的方法从未实行过，以后也不会采用该方法。最近一次重分时，村社雇用了专门的划分人，付给他约100卢布。不选出专门的重分测量人。村社中耕地和草地都按照平方俄丈来测量，同时考虑到播种的数量和干草堆的数量。耕地的标准为俄斗，即在480平方俄丈的土地上播种4俄斗种粮。若被分到的土地上已经播种了作物（就像最近一次9月进行的重分），那么现土地所有者和原土地所有者一起收割作物，并按约定的份额分配粮食。

擅自耕作他人条形地的情况在村社中非常少见。如果发生了这种情况，由于错误标记每块条形地边界或错误分配了土地，那么必须重新进行土地划分。这种情况的受害者向村长申诉，村长查证情况是否属实，然后将案件提交至乡法院，由其判处有罪者一定处罚。

草地的重分规则与耕地相同。村社没有不参与重分的备用耕地及备用草地。

为了照看牲畜，村社雇用了专门的牧人和助手（从5月至9月）。农民们为放牧人提供衣物，按照每匹马一夏天60戈比付钱。放牧人自行雇用助手，一般是小男孩，费用为一夏天5—7卢布。

村社没有共用的种牛。一般农民租个人家的公牛配种，每次20—30戈比。

村社中不轮流守林或雇用守林人，因为林地归国家所有，有专门的护林人和巡查员。

村子周围和田地周围没有村社栅栏，村社中没有栅栏。农民们为了保护田地不被牲畜糟蹋，将自己的田地围上篱笆，如果牲畜损坏禾苗，由牲畜的主人负责。

村社中的村社建筑包括村储备商店和村学校，由村社费用支持其运作，按人头分摊费用。在村长的监督下选出一位公共粮食看守人分发及征收粮食。村社以每年100卢布的价格租用了私人房屋作为村学校。村社中共有4台水磨机，钮赫恰村3台，奥特托莫泽罗村1台，这些机器都属于农民，每年向国家上缴一定比例的费用。

村社成员还有义务修整驿路和乡间土道，每年从10人中派遣3人，由甲长轮流为冬天的道路安置路标。

村社不为改善土地情况而共同劳作，例如挖渠排干沼泽、围地抗洪、清理灌木等等。

村社不租用土地，也不购买土地。也没有全体村社成员共同雇佣某人劳动或完全不分配土地，全村社共同劳作然后分配粮食的习惯。

农民没有公共播种地。

村社实行二区轮作制。村社的生产经营状况不佳。耕种虽然是此处居民的主业，但完全不足以维持土地较少或土地肥力较差的农户生活，因为干草能够养活的牲畜数量不能为这里的土壤提供足够的粪肥。为了正常劳作、施足够的肥，一人份地至少需要养1匹马、1头牛和3只羊。但某些农民要么没有马，要么没有牛，其他有这些牲畜的人也常常没有足够的干草，长势差时不得不购入20—30卢布的草料，显然所有人都负担不起。当然，那些富足的农户可以开辟伐开地，但贫穷的农户不得不为了补贴家用作手工业短工，由妻子进行耕作，这使他们的土地肥力完全耗尽。

丰年时收获的粮食甚至也不够供养所有的居民，因为这里黏土质和沙土质土壤需要相当多的肥料，干燥的气候使荒歉的情况经常出现。此外，有些农民离开村社从事海洋捕捞业，对耕作产生了不好的影响，因为这样一来，栽培作物和耕翻土地的任务就落在了女人身上，她们没有力气做重活，因此有时不得不把自己的份地以让出一半收成的条件，让给体力好的农民们。

村社中没有改善生产，没有完善工具设备，也不共同轮作或种草。有的农民甚至不尝试按村社中通用的轮作、施肥和劳作方式进行改善。

没有农民在生产经营衰退时从一般水平中脱颖而出。如果衰退时某些生产遭遇不幸，那么农民们会为受害者提供力所能及的帮助，一般会给些东西。发生火灾时会砍树并将木材运到建房子的地方。

村社需要缴纳2167卢布7戈比的国家税、778卢布99戈比的公社税，共计2946卢布6戈比。每人每年分摊3卢布1戈比的国家税和1卢布83.75戈比的公社税。此外还要负担林业税和保险费。上半年的缴税期限为7月1日，下半年为9月1日。每年2月村社在村会上按照纳税人数分配所有的赋税。土地和赋税不同时分配，但在不重分土地的年份也要分配赋税。赋税分配单位为有份地的男性，所有的费用在由两个村子和一个新村组成的一个"乡村协会"的纳税人之间分摊，每个村子和新村需要纳税的现有人口也不包括离家的现役军人，即使他们的亲属愿意承担份地。

所有赋税都是平均分配，不考虑劳动力情况、富裕程度和每户的支付能力。分配赋税的规定和分配土地的规定相比没有什么特别之处。

逝者和流放犯的赋税由占用其份地的家庭成员代为缴纳。农民的经营暂时衰落并不能成为少缴或免缴赋税的原因，村社不会收回他们占用的全部或部分土地。老人、寡妇和孤儿不能免费占用土地。

村社中乡长、村长及其他公职人员在任期间不享有缴税优惠，只有一定数额的薪金。没有用土地代替薪金的情况。

低级军官服役期间及退役后一年内可免缴税费使用土地，由村社代为缴纳。

由于实行连环保，村社不在缴税前对懒散的户主采取强制措施，可能也担心他们不缴纳赋税，但在缴纳足额的税费前村社也会为他们开出暂离证明，村社不监管农民售卖产品或从事其他的工作。村社不在缴税或派遣赋役的期限内对欠税人采取措施，虽然近年还有一些农民欠税，但最终所欠税额由乡法院追缴，没有在村社成员间分摊欠税或收回欠税者土地的情况。

没有不参与分配的耕地或草地。每个被分到村社土地的农民可以：（1）将自己的条形地围起来；（2）不遵守村社的生产经营体系，例如，没有秋播和春播作物的轮作田，也可以播种农民想要播种的任何作物；（3）在任意时间开始劳作；（4）在一定时期将土地出租或抵押给同村社的成员。村社中很多人出租自己的草地或根据个人利益自愿调换草地。虽然户主有权决定出售粪肥和牲畜，但至今没有这种情况，类似的行为还会受到村社的指责。

村社可以不顾个人意愿，将需缴纳赋税的土地强加给增添了男性的人家，也可以收回懒散农民的土地，以免土地荒废或累积土地欠税。出让土地时，户主必须征得其他家庭成员的同意，否则他们有权向乡领导和村社提出不满户主支配土地的意见。村社不限制农民支配自家宅院地，他们不仅可将其出让给同村社成员，甚至还能出让给社外人员。

村社中继承村社土地的制度如下：如果土地的占用者过世了，且家中没有男性，他的妻子、姐妹和幼年的女孩只能在土地重分前使用她们的份地，然而村社随时可以收回她们的土地，避免出现无法缴税的情况。村社在任何情况下都不能干涉当家人的选举，从未出现过由于其他家庭成员的抱怨而换掉懒惰或犯错误的当家人的情况。村社同样也不参与分家，这只取决于分家人的意愿。近3年中，有7个家庭分成了15个独立的门户。

村社中1—3人的小户人家共66户，3—6人的中户人家共119户，6—18人的大户人家有105户。

分家时，财产在兄弟间平均分配，但需取得彼此的同意。如果儿子想脱离父亲自立门户，经过父亲的同意，他能得到父亲分出的部分份地，相反，若违背父亲的意愿，父亲不仅可以拒绝分出土地和家庭财产，甚至还能要求其补贴粮食。

村社中无限期及暂时休假的低级军官，拥有与其他农民相同的土地权利。女人们（士兵妻子、寡妇和孤儿）虽然能在重分前使用其亲人留下的份地（这种情况下由村社承担赋税），但村社随时可以收回她们的土地。

没有耕地但有宅院地的农民、甚至还在租房子住的农民以及其他村社的农民都可以无偿使用牧场和放牧地。但林地只能由登记进入该村社的人使用。村社中未曾出现占用土地但完全无力支付税费、承担赋役的农民，如果出现了这种情况，他们会受到各种形式的追缴，甚至会暂时剥夺他们部分或全部占用的土地，但不是永久性的剥夺。

农民每年可经林业部门允许采伐一定数量的木材，农民只能互相借用木材，不允许公开售卖。

村社占有的湖只由很久以前占用它的人使用。特定位置的河流可以任意使用：乌赫塔河口处（与钮赫恰河交汇处），此处以外的河流出租给别人捕捞鲑鱼。

绝户的财产中村社只有权支配耕地和草地，其他财产归其他亲属所有，若无亲属，财产则归村社所有。

分家者从原来的家庭中分出土地，村社不专门为他们划分土地。养子从收养的人家获得土地，弃儿从收养他们的村子获得土地。

村社的新成员不缴纳任何费用，也不参与村社的任何劳动。村社除了拨给他们耕地以外，不帮助他们购置其他的生产用具。退出村社者的土地永远归村社所有。村社中没有农民购买土地以归私有。

参加乡集会、村会、乡法庭及乡长村长等公职人员竞选的人不仅需要占用土地，而且还得是各方面的模范户主。

村社成员间由于村社占有而需承担的责任如下：互为证人、担保人，在农民生活困难时期互相帮助。除了缴付税费和承担赋役以外，村社中不实行连环保。

居住在乡里的社外人员可以和有地农民一样使用牧场，但他们不缴纳公社税，也无权参加有关缴纳、分摊公社税的村会。

某些土地村社完全没有共用的农用地。因为很久之前，所有土地划为人均份地分给了成员，没有重新变为共用地的土地。

村社中共有265家农户，其中钮赫恰村244户，奥特托莫泽罗村20户，乌克科泽罗新村1户。钮赫恰村的非住宅建筑有114座，奥特托莫泽罗村有25座。

耕作虽然是当地居民的主业，但甚至在少见的大丰收时，收获的粮食也无法供养所有居民。收成一般和较差时，较富裕的农家和贫困农家也会忍饥挨饿。收成差时，粮食仅能维持3个到4个月。

村社中没有蔬菜栽培这类利润较大的行业，也没有贸易、手工业和农业商店。村社中代役租和盈利的生计只有按100卢布出租的钮赫恰河段。

这些产业发展得都很艰难，无法保证居民的生活，此外几乎不存在任何的生产经营和手工业分支，为了补贴家用缴纳赋税，当地居民在当地做工或外出从事副业。农民可以在当地的河湖中捕鱼，外出可以去摩尔曼斯克从事渔业或林业。近3年离开村社从事各类行业的约有1630人。

村社中共有牲畜：马320匹，母牛和牛犊430头，绵羊625只。有6户人家没有马，5户人家完全没有牲畜。

1886年，有2人自愿退出村社，他们的2人份地在离开后归村社共用。村社中接纳了2名新成员，其中一名娶了奥特托莫泽罗村的女人，由于可使用岳父的份地，未向村社索要份地。

由于1866年、1868年和1882年荒歉，村社共有4386卢布32.5戈比的欠缴税款。

村社中有55人赤贫，只能靠乞讨为生。

拉平村社[1]

拉平土地村社属于拉平乡，克姆县的苏姆奥斯特洛夫"乡村协会"，由原国有农民组成。村社成立的时间和方式不详，近期未发生制度变化。

村社的土地占用者由"拉皮纳"村的居民组成。村社土地只归一个村社所有，因此占

---

[1] 资料来源：兹纳缅斯基 И. Ф.：《阿尔汉格尔斯克省乡村土地公社农民公社历史资料》卷4，阿尔汉格尔斯克省印刷厂，1889。

用土地的农民们建立了一个专门的"协会",有权自行处置土地,不受同一"乡村协会"的成员(苏姆奥斯特洛夫村社和恩多古布村社的农民)干扰。

村社中共有纳税男性 73 人、女性 88 人,实际人数男性 111 人、女性 118 人。

村社登记拥有耕地 76 俄亩,其中优等地 20 俄亩,中等地 35 俄亩,下等地 21 俄亩;草地 80 俄亩,其中优等地 25 俄亩,中等地 35 俄亩,下等地 20 俄亩。村社没有打谷场、菜园、花园、白菜地、啤酒花田等农用地。放牧地和牧场有 6 俄里长。耕地距离村社 6 俄里,草地距离村社 20 俄里。村社在附近的河流和湖泊中捕鱼。每年春秋捕鱼人将这些湖和部分河划分成"特列季",全村社一共有 4 个湖,第一个是维尔莫泽罗湖,第二个是维尔霍维耶湖,第三个是皮亚洛泽罗湖,第四个是库拉什湖,这四个大湖还包含了 5—7 个小湖。每个"特列季"中有 20 个渔场。渔场是在湖泊或河流中选出的捕鱼的地方,一般在秋天捕捞,在那里撒的网周长达到 40 俄丈。春天时使用长 1 俄丈、高 0.75 俄尺的小鱼笼捕鱼。捕获的鱼一部分供当地人食用,一部分用来售卖。

村社中不采用侵占的方式使用草地和耕地,所有土地都划分成人均份地。但由于份地面积较小,许多农民每年都会毁林开荒,可在 40 年的期限内使用伐开地。

宅院地按户继承使用,不参与重分,宅院地也不参与重分。重新迁入的成员在空地上建房子。若不违规,建筑需在原位置翻修或进行火灾后的重建。若违规,则由乡长确定重建的新位置,并开出许可证明。翻修建筑时须遵守房子间隔 6 俄丈的法律规定,因此经常发生宅院地不得不占用部分耕地的情况。

被前人划分成几个部分的村社耕地叫作"轮圈地",其中包括一定数量的田地和条形地。这些轮圈地名为:卡布鲁什基(包含 7 块田地)、菲拉托夫希纳(5 块田地)、温德鲁克萨(7 块)、费金(4 块)、戈列雷山(3 块)、诺沃帕什(3 块)、戈列利哈(3 块)、奇普哈(5 块)、布雷兹加洛夫希纳(2 块)、石头栏(10 块)、佩特鲁希哈(6 块)、波波克(3 块)、后田(18 块)、老村(4 块)、加马里哈(3 块)、古贝(3 块)、波波维哈(3 块)、扎列奇耶(18 块)、拉夫罗娃浅滩(1 块)和库济耶马(2 块)。轮圈地中的田地(条形地)被宽 0.25—1 俄尺的田界隔开,田界上不能过车和犁,因此农民需要绕到大地界上才能到达自己的田地,然后打开栅栏进去劳作。

村社中最近一次重分发生在 1858 年。条形地的分配单位为纳税人口。自从土地改革以来分配单位未曾变化,由于男性人口增加,变化的只有人均份地的面积,因此,许多份地面积极大减少的农民,最近坚持要求按实际人数重分土地。(没有给老人和青年使用的小份地。)

村社中不采用抽签分配耕地的方式,也没有重新划分过条形地。村社只在户主自愿返还土地或户主加入其他"乡村协会"时占用土地。

条形地的形状各异:有又窄又长的(宽 1.5—2 俄丈,长 10—15 俄丈),有较宽的几人份地(宽 4—5 俄丈,长 10—15 俄丈),还有楔形的。每个户主的条形地不在同一位置(轮圈地),条形地间被窄田界分隔开。

在 1858 年最近一次重分时未留出分给村社新生成员的备用地。重分时对于施肥的耕地没有特殊规定。如果被分到的土地上已经播种了作物,那么现土地所有者和原土地所有者一起收割作物，再平均分配。

村社中无空闲地。

草地和耕地最近一次同时重分在1858年。前人将草地根据质量和位置分为不同等级，有专门的叫法。最窄的草地宽7俄丈。除了公共分配的草地外，大部分户主拥有自己伐开林木得到的草地。这些自伐地在40年内由个人使用，不参与重分。

村社中没有成员共同割草，然后分配割下的草的习惯。

村社中有广阔的针阔叶混交林，但由于林地归国家所有，每位户主每年根据村社决议，只在农民税费降低时有权使用一定数量的木材。在村会上根据每位户主的真实需要来确定使用木材的数量。

手工艺人制作捕捉器和建造木房使用的木材是免费的。村社中没有禁伐林。

村社中农民们有专门的牧场和放牧地。自5月20日至9月15日，有专门的放牧人将有角牲畜赶到牧场，9月15日以后至初雪前在田地上放牧。没有专门放牛犊的牧场，它们和其他牲畜一起放养。村社中的所有户主都有权将自己的牲畜放在牧场上，不受任何限制。放牧人除了按天按牛计算的薪资以外，还能得到1俄磅的奶油和一直照看牲畜的50卢布。马从5月25日起至9月15日放养在林地中，无人看管，9月15日以后农民将它们赶到自己的草场上。

村社未对按1858年人口调查占用土地的重分期限做出规定。

若有土地重分的必要，需要向乡长提出申请，乡长再下令召开村会。近期提出重分申请的户主们是由于家中增添了男性人口，份地严重不足。那些重分后现有人数减少的户主反对重分，担心会把自己的土地分给那些土地不足的人。

该村社重分的规则和条件与上述村社相比没有不同之处。

耕地以播种4俄斗种粮的480平方俄丈为标准面积。

村社中没有擅自耕种他人土地和完全破坏田界的行为。

村社中占用1块份地的人家有11户，2块份地的人家有15户，3块份地的人家有5户，4块份地的人家只有1户。他们没有专门的称呼。

村社中在田地周围有篱笆。每户在自己的条形地周围设置篱笆，高度应达到1.75俄尺。若出现牲畜破坏篱笆进入田地损害禾苗的情况，由篱笆的主人负责。

村社建筑包括乡公所和村储备商店，前者由全乡支持运作，后者由3个村子组成的"乡村协会"运作。在村长的监督下由协会选出守粮人，负责粮食的征收和发放。

每年从占用土地的10人中派遣3人修整驿路和乡间土道。此外，由甲长轮流为冬天的道路安置路标。

1878年所有村社成员受雇参与了苏姆斯基—波韦涅茨基驿路的建设。除此之外，没有进行过改善土地状况、挖渠排水等共同工作。

村社不曾共同租用或购买土地，也不曾不分配土地共同劳作，然后分配粮食。

村社采用二区轮作制：土地休耕后播种黑麦，之后播种几次大麦，然后再次休耕。

从秋天开始为田地施肥，每播种1俄斗大麦需要施10车粪肥，播种等量的黑麦需要两倍的粪肥。用犁和耙翻耕土地，播种大麦要翻3次田，播种黑麦有时需要翻7次。条件较好时大麦在两个半月到三个月内成熟，收成约5—8成，黑麦收成为4—8成。

村社不一同改善生产，不完善工具设备，也不共同轮作或种草。有的农民甚至不尝试按村社中通用的轮作、施肥和劳作方式进行改善。

没有农民在生产经营衰退时从一般水平中脱颖而出。如果衰退时某些生产遭遇不幸，那么农民们会为受害者提供力所能及的帮助，一般会给些东西。

农民们只在田地收割作物或在草地割草时为他人提供帮助，劳作结束后主人会设宴款待帮忙的人。

村社的赋税情况为：国家税119卢布72戈比，公社税118卢布26戈比，共计237卢布98戈比。人均分摊国家税1卢布64戈比，公社税1卢布62戈比，共计3卢布26戈比。此外还需缴纳林业税和保险费。上半年的缴税期限为7月1日，下半年为9月1日。按照纳税人数分配所有的赋税，先在苏姆奥斯特洛夫"乡村协会"的村会上在3个村间按纳税人数分成3份，然后各村社再按占用土地的实际人数分配税费。

所有税费都是平均分配，不考虑劳动力情况、富裕程度和每户的支付能力。无地农民完全不需要上缴各种税费、实物贡赋或承担赋役，村社替其支付。逝者和流放至西伯利亚的苦役犯的税费由占用其份地的家庭成员代为缴纳。生病或经历火灾、丢失牲畜、劳动人数减少等不幸的农民并不能暂时免交全部甚至部分税费。老人、寡妇和孤儿不能免费占用土地。

村社中乡长、村长及其他公职人员在任期间除了获得一定数额的薪金外，只能免缴实物贡赋，由村社代为上缴。

低级军官服役期间及退役士兵可以免缴税费使用土地，由村社代为缴纳。

由于实行连环保，村社不在缴税前对懒散的户主采取强制措施，不曾出现过村社成员不按时上缴赋税的情况，因此也不在所有村社成员间分摊所欠税额。

没有不参与分配的耕地或草地。每个被分到村社土地的农民可以：（1）将自己的条形地围起来，但一块轮圈地被不同户主占用的情况除外；（2）不遵守村社的生产经营体系，例如，在春播田播种秋播作物或相反；（3）在任意时间开始劳作；（4）在任意时间以任意方法为自己的土地施肥；（5）出售粪肥或所有牲畜，但这类情况至今还没有在村社中出现过；（6）将土地按对分收成的方式定期出租给同村社或其他村社的成员。村社中很多人出租自己的草地或根据个人利益自愿调换草地。也经常出现以对分收成为条件，将土地交给更富裕的农民的情况，税费由在该地劳作的人支付。

虽然村社有权不顾个人意愿，将需缴纳赋税的土地强加给增添了男性的人家，也可以收回懒散农民的土地，以免土地荒废或累积土地欠税，但这些情况未曾发生过。也不曾发生户主不顾其他家庭成员反对出让土地的情况，否则其他家庭成员可以向村社提出不满户主行为的意见。

村社中农民有权支配自家的宅院地，他们也可将其出让给同村社成员，甚至还能出让给社外人员，村社不对此作出干预。

村社不参与成员继承的事宜，也不干涉户主过世后当家人的选举，同样也不参与分家。分家一般发生在兄弟间，他们将财产按分家人数平分，然后抽签决定。如果儿子违背父亲的意愿想自立门户，父亲不仅可以拒绝分出任何财产，甚至还能要求儿子提供帮助。近3年只有2户分家。村社中共有42户人家：1人独立成户的有3家、2人的有2户、3人的有4户、4人的有6户、5人的有6户、6人的有7户、7人的有4户、8人的有5户、9人的有4户、10人的有1户。

村社中没有退役士兵，无限期休假军人和寡妇能和其他成员一样使用土地，因此他们自行承担应缴的税费。

村社中不曾发生收回欠税者土地并转给他人的情况。

没有耕地但只有宅院地的农民，甚至还在租用房子的农民以及其他村社的农民也可以无偿使用牧场和放牧地。但林地只能由登记进入该村社的人使用。农民只能经林业部门允许，采伐一定量的木材。农民只能互相借用木材，不允许公开售卖。绝户的财产中村社只有权支配耕地和草地，其他财产归其亲属所有，若无亲属，财产则归村社所有。

分家者从原来的家庭中分出土地。养子从村社获得土地，不从收养的人家划分土地。登记加入村社的新成员从村社划出耕地和草地，这些份地从多出份地的农户或从其他退社的成员手中收回。村社不帮助他们购置生产用具，新成员也不享有赋税优惠。

退社者的土地归村社所有，由村社支配。村社中没有农民购买土地以归私有。

参加乡大会、村会、乡法庭及乡长村长等公职人员竞选的人必需占用村社土地，公职人员需为人正直，有责任心。

村社成员间由于村社占有而需承担的责任如下：互为证人，在从村社资本中贷款时互为担保人，承包和交货时同样互相担保，但数额不超过15卢布。

连环保除了上缴税费和承担赋役外，还包括偿还来自村储备商店的粮食借贷。

居住在乡里的社外人员可以使用重分范围以外的土地，也能和有地农民一样使用牧场，但他们只能在向村社缴纳费用的前提下使用林地和宅院地。他们不缴纳税费，也无权参加村会。

耕作虽然是当地居民的主业，但在大丰收时粮食仍无法供应所有的居民。收成一般时，每年缺少450普特的面粉，农民从波韦涅茨（奥洛涅茨基省）和苏姆斯基城郊购买面粉。

村社中没有蔬菜栽培这类利润较大的行业，也没有贸易、手工业和农业商店。

由于粮食短缺，且完全没有其他生产分支和手工业商店的收入，农民们为了养家糊口缴纳税费，不得不从事林业和马车运输业。

恩多古布村社[1]

恩多古布土地村社属于苏姆奥斯特洛夫"乡村协会"，位于克姆县拉平乡，由原国有

---

[1] 资料来源：兹纳缅斯基 И. Ф.：《阿尔汉格尔斯克省乡村土地公社农民公社历史资料》卷4，阿尔汉格尔斯克省印刷厂，1889。

农民组成。居民们不知道该村社的建立时间，近期未发生村社土地使用和农民日常生活的变化。

该村社的土地占用者为恩多古巴村的村民。村社土地只归一个村社所有，因此占用土地的农民们建立了一个专门的"协会"，有权自行处置土地，不受同一"乡村协会"的成员干扰。村社中共有纳税男性 60 人、女性 65 人，现有男性 73 人、女性 76 人。村社共有耕地 57 俄亩，其中优等地 10 俄亩、中等地 20 俄亩、劣等地 27 俄亩；共有割草地 63 俄亩，其中中等地 23 俄亩、优等地和劣等地各 20 俄亩。此外村社还拥有林地和水域，所有农民都有权使用。

其他农用地，例如打谷场、花园、大麻地、白菜地、啤酒花田等，村社中几乎没有。牛羊的放牧地和牧场有 5 俄里长。耕地在村社周围约 3 俄里长，不同位置的草地长度为 1—15 俄里。

捕鱼活动主要在"苏姆湖"进行，也在其他邻近的湖中捕鱼。湖中有捕鱼的惯用地点，叫作渔场。在那里撒网捕鱼。捕鱼一般在秋季进行，那时每个渔场被划分为 4 个"特列季"，可以捕捞 300 普特各种各样的鱼，一部分供当地人食用，一部分用来售卖。冬季捕捞数量很少，只有秋季的五分之一。

村社中不采用侵占的方式使用草地和耕地，而是将土地划分成人均份地。但由于份地面积较小，许多农民每年都会毁林开荒，可在 40 年的期限内使用伐开地。毁林开荒的流程如下：

第一年在拟定位置采伐林木，第二年将地燎干净，第三年"火烧木"，就是收集未烧尽的木头，把它们堆成堆再烧一次，然后把烧过的地方弄平、施肥，着手耕种。

目前村社中所有伐开地面积共 46 俄亩，其中 33 俄亩用作耕地，13 俄亩用作草地。

宅院地按户继承使用，不参与重分。菜地记入耕地中，位于农民的房屋旁边。宅院地也不参与重分。重新迁入的成员在空地上建房子。若不违规，建筑需在原位置翻修或进行火灾后的重建。若违规，则由乡长确定重建的新位置，并开出许可证明。

属于村社的耕地被前人划分成几个部分，叫作轮圈地，其中包括一定数量的田地和条形地。这些轮圈地名为：科罗日诺伊（其中包含 7 块田地）、博尔（6 块）、纳沃洛克（8 块）、科科斯特罗夫（4 块）、米季霍夫希纳（7 块）和纳沃洛克（13 块）。

田地和条形地也有自己的名字，被宽 0.25—1 俄尺的田界隔开，田界上不能过车和犁，因此农民需要绕到大地界上才能到达自己的田地，然后打开篱笆进去劳作。大地界将两块相邻的轮圈地隔开，宽 2 俄尺到 3 俄丈不等，大部分都被草地覆盖，对着条形地的一侧设置了 6—8 杆的障子，用来晾干大麦。

村社中最近一次重分是在 1858 年。从那以后土地分配单位未曾变化，由于男性人口增加，变化的只有人均份地的面积，因此，许多份地面积极大减少的农民，最近坚持要求重分土地，并将分配单位从纳税人数改为实际人数。重分定于 1888 年秋天进行，但不确定重分结果能持续几年。

村社中不采用抽签分配耕地的方式，虽然人口调查以后有的农户实际人数有很大增长，有的农户人数减少，但村社也没有重新划分过田地。村社只在户主加入其他"乡村协会"时占用土地。

条形地的形状有两种：一种是较窄的（宽4—5俄丈，长7—10俄丈），有较宽几乎成正方形的（边长15—20俄丈）。同一轮圈地中的条形地很少属于同一户主，大多数户主的条形地不在同一轮圈地，条形地间被窄田界分隔开。

村社中没有空闲地。村社没有雇人开垦土地然后将其进行划分的习惯。

草地和耕地最近一次一起重分是在1858年，下一次重分将在1888年春天进行。割草地（草地）大多数分布在河湖岸边，其间相隔一段距离，村社林地中也有割草地。前人将草地根据质量和位置分为不同等级，有专门的叫法。除了公共的割草地外，有些户主拥有自己伐开林木得到的草地，在40年内由个人占用，不参与重分。这些自伐地共13俄亩。村社中没有成员共同割草，然后分配割下的草的习惯。农民们自己割草或者雇人割草。割下的草在割草地晾干，然后搂成一堆，垛成高1.5俄丈的草垛。草垛在冬天之前堆放在割草地上，冬天到来后农民将干草运回家。

村社中的针阔叶混交林归国家所有。林地的使用规定与拉平村社相同。该村社中也没有禁伐林。村社中有专门的牧场和放牧地，自5月25日至9月15日在那里放养牛羊。没有专门放牛犊的牧场，它们和其他牲畜一起放养。牲畜由放牧人看管，放牧人除了按天按牛的数量计算的薪资以外，还能得到每头牛1俄磅的奶油和约15卢布的钱。村社中在牧场放牧的习惯如下：放牧人将面粉做的小面包和每头牛的毛料，在放牧之前分给"牛群"中的每头牛，然后主人将自己的牛留在牛群中，在放牧期间无权售卖自己的牛。村社中的所有户主都有权将自己的牲畜放在牧场，不受任何限制。

马从5月25日起至9月15日放养在林地中，无人看管，9月15日以后农民将它们赶到自己的割草场。

村社未对按1858年人口调查占用土地的重分期限做出规定。近期，很多家中增添了男性人口，份地严重不足的户主向乡长提出了重分申请，下一次重分将于1888年秋天进行。

耕地以播种4俄斗种粮的480平方俄丈为标准面积。

村社中没有擅自耕种他人土地和破坏田界的行为。村社中占用1块份地的人家有16户，2块份地的人家7户，3块份地的1户，4块份地的1户，5块份地的1户。

人口调查以后未曾给农民们增划土地，也不曾重分割草地、林地和其他农用地。

村社没有共用的种牛。一般农民租个人家的公牛配种，每次30戈比。

村社中不轮流守林或雇用守林人，因为林地归国家所有，有专门的护林人和巡查员。

村社只在田地周围设置篱笆。由于有放牧人看管，未曾出现过牲畜破坏篱笆进入田地损害禾苗的情况。

村社不租用土地，不购买土地，也没有不分配土地共同劳作，然后分配粮食的习惯。村社不共同进行改善土地情况的劳作，例如挖渠排干沼泽、清理灌木等等。

村社采用二区轮作制：土地休耕后播种黑麦，之后播种大麦。从秋天开始为田地施肥，每播种1俄斗大麦需要施10车粪肥，播种等量的黑麦需要两倍的粪肥。用犁和耙翻耕土地，播种大麦要翻2次到3次田，播种黑麦有时需要翻4次到7次。最近一次大麦的收成为6成，燕麦5成，黑麦6成。村社不一同改善生产，不完善工具设备，也不共同轮作或种草。有的农民甚至不尝试按村社中通用的轮作、施肥和劳作方式进行改善。

村社承担的国家税为98卢布40戈比，公社税为97卢布20戈比，共计195卢布60戈比，人均分摊的国家税为1卢布14戈比，公社税1卢布62戈比，共计3卢布26戈比。此外还需上缴林业税和保险费。上半年的缴税期限为7月1日，下半年为9月1日。在苏姆奥斯特洛夫"乡村协会"的村会上按照纳税人数分摊税费和赋役。所有税费都是平均分配，不考虑劳动力情况、富裕程度和每户的支付能力。无地农民完全无需上缴各种税费、实物贡赋或承担赋役。

逝者的税费由占用其份地的家庭成员代为缴纳。

生病或经历火灾、丢失牲畜、劳动人数减少等不幸的农民并不能暂时免交全部甚至部分税费。老人、寡妇和孤儿不能免费占用土地。

公职人员在任期间除了实物贡赋外，不享有赋税的优惠。低级军官服役期间及退役士兵可以免缴税费，由使用他们土地的人或者村社代为缴纳。

村社按时上缴税费和派遣赋役，因此不对不缴税者采取强制措施。

没有不参与分配的耕地或草地。每个分到村社土地的农民可以：(1)将自己的条形地围起来；(2)不遵守村社的生产经营体系，例如，在春播田播种秋播作物或相反；(3)在任意时间开始劳作；(4)在任意时间以任意方法为自己的土地施肥；(5)出售粪肥或所有牲畜；(6)将土地按对分收成的方式定期出租或抵押给同村社或其他村社的成员，或根据个人利益自愿与同村社成员交换土地。

虽然村社有权不顾个人意愿，将需缴纳赋税的土地强加给农民，也可以收回懒散农民的土地，但这些情况很少发生。近期只发生过一次，村社从一位农民处收回了几近荒芜的土地，把它分给了实际人数远多于份地数量的农户。

村社不参与成员继承的事宜，也不干涉户主过世后当家人的选举，同样也不参与分家。近期只有1户分家。村社中共有25户人家：1人独立成户的有1家、2人的有2户、3人的有1户、4人的有2户、5人的有6户、6人的有2户、7人的有4户、8人的有4户、9人的有2户、13人的有1户。

村社中没有退役士兵，无限期休假军人和寡妇能和其他成员一样使用土地，因此他们自行缴纳赋税。

村社中不曾发生收回欠税者土地并转给他人的情况。

绝户的财产中村社只有权支配耕地和草地，其他财产归其亲属所有，若无亲属，财产则归村社所有。

分家者从原来的家庭中分出土地。登记加入村社的新成员从村社划出耕地和草地，这些份地从多出份地的农户或从其他退社的成员手中收回。村社不帮助他们购置生产用具，新成员也不享有税费和赋役优惠。

退社者的土地归村社所有，由村社支配。近期有1名农民退社，登记成为苏姆斯基市民，他留下的土地分给了3个人，他们应当承担税费及赋役。村社中没有农民购买土地以归私有。

参加乡大会、村会、乡法庭及乡长村长等公职人员竞选的人必需占用村社土地（但村社中没有无土地农民），公职人员需为人正直，有责任心。

村社成员间需承担的责任如下：互为证人，在从村社资本中贷款时互为担保人，承包和交货时同样互相担保，但有一定限额。连环保除了上缴税费和承担赋役外，还包括偿还来自村储备商店的粮食借贷。

村社中没有社外人员，但若有的话，其居住情况和使用宅院地的条件和上述村社成员相同。

耕作虽然是当地居民的主业，但远不能供应所有的居民。每年收成一般，缺少350普特的面粉，农民主要从波韦涅茨购买面粉。畜牧业的状况也不好：牛羊共60头，马20匹，有一家人没有任何牲畜。

村社中没有蔬菜栽培这类利润较大的行业，也没有能贴补农业的贸易和手工业商店。因此村社居民只能靠捕猎、渔业和马车运输业养家糊口，缴纳赋税。

苏姆奥斯特洛夫村社[1]

苏姆奥斯特洛夫土地村社属于苏姆奥斯特洛夫"乡村协会"，位于克姆县拉平乡，由原国有农民组成。村社的建立时间不详。该村社的土地占用者为苏姆奥斯特洛夫村的村民。村社土地只归一个村社所有，因此占用土地的农民们建立了一个专门的"协会"，有权自行处置土地，不受同一"乡村协会"的成员干扰。村社中共有纳税男性44人、女性50人，现有男性58人、女性56人。村社共有土地80俄亩，其中耕地43俄亩、草地37俄亩。此外村社还占有林地和水域，其面积很难计算，水域不参与重分，但所有农民都有权使用。村社中没有其他农用地，例如打谷场、花园、大麻地、白菜地、啤酒花田等。牛羊的放牧地和牧场的长宽有6俄里。耕地位于村社周围，约5俄里长，不同位置的草地长度为1—20俄里。

捕鱼活动主要在苏姆奥泽罗湖进行，湖长15俄里，宽10俄里，也在其他湖中捕鱼。春秋捕鱼时将这些湖分为高、中、低三个"特列季"，每个特列季中有数个渔场，在那里捕鱼。捕鱼的大渔网周长120俄丈，小渔网周长30俄丈。捕捞的各种鱼（狗鱼、鲈鱼、拟鲤等）重达400普特，大部分用来售卖，当地1普特鱼售价为60戈比到1卢布40戈比。

村社中不采用侵占的方式使用草地和耕地，而是将土地划分成人均份地。但由于份地面积较小，许多农民都会毁林开荒，可在40年的期限内使用伐开地，村社中这样的土地共15俄亩。

宅院地按户继承使用，不参与重分。宅院地也不参与重分。重新迁入的成员在空地上

---

〔1〕 资料来源：兹纳缅斯基 И. Ф.：《阿尔汉格尔斯克省乡村土地公社农民公社历史资料》卷4，阿尔汉格尔斯克省印刷厂，1889。

建房子。若不违规，建筑需在原位置翻修或进行火灾后的重建。若违规，则由乡长确定重建的新位置，并开出许可证明。

属于村社的耕地被划分成 32 块田地，前人给它们起了名字。每块田地再下分成条形地。田地被宽 3—5 俄丈的地界隔开，上面长着草，部分地界宽 0.5—1 俄丈。车和犁完全可以通行。田地中的条形地属于不同的农民，被长草的窄田界分隔开。

最近一次重分发生在 1858 年，从那以后土地分配单位未曾变化，由于男性人口增加，只有人均份地的面积发生了变化，因此，许多份地面积极大减少的农民，最近坚持要求重分土地，并将分配单位从纳税人数改为实际人数。重分定于 1888 年秋天进行，但不确定重分结果能保持几年。

村社中不采用抽签分配耕地的方式，虽然人口调查以后有的农户实际人数有很大增长，有的农户人数减少，但村社也没有重新划分过田地。在此情况下，村社不曾不顾个人意愿收回农民的土地，成员只要不退社，就可以一直使用土地。

条形地的形状有两种：一种是较窄的（宽 7—10 俄丈，长 25 俄丈以内），有较宽几乎成圆形的（边长 50 俄丈）。一人份地包括 10—15 块窄的条形地，或者包括不到一块宽的条形地。同一户主的条形地很少位于同一位置，大多数户主的条形地不在同一块田地，条形地间被窄田界分隔开。

在 1858 年最近一次重分时未留出分给村社新生成员的备用地。重分时对于施肥的耕地没有特殊规定。村社中没有空闲地。虽然目前有几块荒芜的耕地，但它们仍属于土地的主人。

村社没有雇人开垦土地然后将其划分的习惯。

草地和耕地最近一次一起重分是在 1858 年，下一次重分将在 1888 年春天进行。割草地（草地）大多数分布在河湖岸边，其间相隔一段距离，村社林地边也有割草地。前人将草地根据质量和位置分为不同等级，有专门的叫法。除了公共的割草地外，还有大多数户主拥有自己或他们的长辈伐开林木得到的草地。这些自伐地共 12 俄亩。村社中没有成员共同割草，然后人均分配割下的草的习惯。农民们自己割草或者雇人割草。割下的草在割草地晾干，然后搂成一堆，垛成高 1—1.5 俄丈的草垛。草垛在冬天之前堆放在割草地上，冬天到来后农民将干草运回家。

村社中有广阔的针阔叶混交林，但由于林地归国家所有，每位户主每年根据村社决议，只在农民税费降低时有权使用一定数量的木材。在村会上根据每位户主的真实需要来确定使用木材的数量。建造新房或修葺旧房的农民需要得到林业部门的采伐证，并且支付全部的木材费用。按采伐证检查采伐数量时经常遇到多砍的情况，有时农民需要交大额罚款。手工艺人制作鸟兽捕捉器使用的木材是免费的。村社中没有禁伐林。

村社中有专门的牧场和放牧地，长宽 1—6 俄里。自 5 月 25 日至 9 月 15 日，专门的放牧人在那里放养牛羊。

没有专门放牛犊的牧场，它们和其他牲畜一起放养。牲畜由放牧人看管，放牧人除了薪资（按每天每头牛或每半天每只牛犊计算）以外，还能得到每头牛 1 俄磅的奶油和约 15 卢布的钱。村社中在牧场放牧的习惯和上述村社相同。村社中的所有户主和无地农民都有权将自己的牲畜放在牧场。

马从5月25日起至9月15日放养在林地中，无人看管，9月15日以后直至初雪前，农民将它们赶到自己的割草场。

村社以前有一台水力磨面机，近期以120卢布的价格卖给了一户人家，每年付10卢布，每年可磨300普特面粉。

村社未对按1858年人口调查占用土地的重分期限做出规定。若有土地重分的必要，需要向乡长提出申请，乡长再命令村长召开村会。近期，很多家中增添了男性人口且份地严重不足的户主向乡长提出了重分申请，下一次重分将于1888年秋天进行。但这必然引起那些现有人数减少且需要返还土地的户主的不满。这类农户村社中共有5家。

耕地以播种4俄斗种粮的480平方俄丈为标准面积。

村社中占用1块份地的人家有8户，2块份地的人家5户，3块份地的1户，4块份地的1户，8块份地的1户。人口调查以后未曾增划土地。

近期不曾重分草地和其他农用地。人口调查以后没有留下备用耕地和备用草地。发生过几位农民加入其他"乡村协会"的情况，他们留下的土地归村社所有，由村社支配。

村社没有共用的种牛。一些农民有自己家的公牛，夏天和其他牲畜一起放养。一般农民租个人家的公牛配种，每次要付15俄磅的干草。

村社中不轮流守林或雇用守林人，因为林地归国家所有，有专门的护林人和巡查员。

村社只在田地周围设置篱笆。每个农民在自己的条形地周围设置一定高度的篱笆。由于有放牧人看管，一般不会发生牲畜破坏篱笆进入田地损害禾苗的情况，如果发生这种情况，则由放牧人负责。

村社不租用土地，也不购买土地。没有全村社成员受雇进行共同劳作的习惯。但1878年全村社成员受雇参与苏姆斯基—波韦涅茨基驿路建设除外。村社不共同进行改善土地情况的劳动，例如挖渠排干沼泽、清理灌木等等。没有不分配土地共同劳作，然后分配粮食的习惯。

村社采用二区轮作制：土地休耕以后播种黑麦，之后播种大麦。从秋天开始为田地施肥，每播种1俄斗大麦需要施10车粪肥，播种等量的黑麦需要两倍的粪肥。用犁和耙翻耕土地，播种大麦要翻2次到3次田，播种黑麦有时需要翻4次到7次。

最近一次大麦的收成为6成，燕麦5成，黑麦6成。村社不一同改善生产，不完善工具设备，也不共同轮作或种草。有的农民甚至不尝试按村社中通用的轮作、施肥和劳作方式进行改善。

导致该情况的原因如下：一些份地较少的农民还没有足够的粪肥施肥，当地气候形成的沙质土壤导致农民无法避免荒年，而且许多农民外出从事手工业，对耕作产生了不好的影响，因为这样一来，栽培作物和耕翻土地的任务就落在了女人身上，她们没有力气做重活，因此有时不得不把自己的份地以让出一半收成的条件，让给体力好的农民们。

村社中不改善生产，不完善工具设备，也不共同轮作或种草。有的农民甚至不尝试按村社中通用的轮作、施肥和劳作方式进行改善。没有农民在生产经营衰退时从一般水平中脱颖而出。如果衰退时某些生产遭遇不幸，那么农民们会为受害者提供力所能及的帮助，一般会给些东西。

村社承担的国家税为72卢布16戈比，公社税为71卢布28戈比，共计143卢布44戈比。人均分摊国家税1卢布64戈比，公社税1卢布62戈比，共计3卢布26戈比。此外还要承担林业税和保险费。上半年的缴税期限为7月1日，下半年为9月1日。按照纳税人数分配所有的税费和赋役，先在苏姆奥斯特洛夫"乡村协会"的村会上在3个村按纳税人数分成3份，然后各村再按占用土地的实际人数分摊税费。无地农民完全无需缴纳各种税费、实物贡赋或承担赋役。逝者的税费由占用其份地的家庭成员代为缴纳。生病或经历火灾、丢失牲畜、劳动人数减少等不幸的农民并不能暂时免交全部甚至部分税费。老人、寡妇和孤儿不能免费占用土地。

公职人员在任期间除了获得一定数额的薪金外，只能免缴实物贡赋，由村社代为上缴。

低级军官服役期间免缴税费，由占用其份地的人代为缴纳，若没有的话由村社缴纳。

村社成员一直按时缴纳赋税，因此不曾对不缴税者采取强制措施，也不曾在成员间分摊欠缴税款。

没有不参与分配的耕地或草地。每个分到村社土地的农民可以：（1）将自己的条形地围起来；（2）不遵守村社的生产经营体系，例如，在春播田播种秋播作物或相反；（3）在任意时间开始劳作；（4）在任意时间以任意方法为自己的土地施肥；（5）出售粪肥或所有牲畜，不过村社不支持这个行为；（6）将土地按对分收成的方式定期出租或抵押给同村社的成员，或根据个人利益自愿与其他成员交换土地。

村社有权不顾个人意愿，将需缴纳赋税的土地强制分给增加了男性人口的农户，也可以收回懒散农民的土地，以防土地荒芜。近期只发生过一次类似的情况。出让土地时，户主必须征得其他家庭成员的同意，否则他们有权向乡领导和村社提出不满户主支配土地的意见。村社不参与成员继承的事宜，也不干涉户主过世后当家人的选举，同样也不参与分家。近期只有1户分家。

村社中共有18户人家：1人独立成户的有2家、2人的有1户、3人的有2户、4人的有4户、5人的有1户、6人的有2户、7人的有3户、8人的有2户、21人的有1户。

村社中没有退役士兵，无限期休假军人和寡妇能和其他成员一样使用土地，因此他们自行缴纳赋税。没有耕地但只有宅院地的农民、租用房子的农民甚至是其他村社的农民也可以无偿使用牧场和放牧地。但林地只能由登记进入该村社的人使用。

农民只能经林业部门允许，采伐一定量的木材。农民只能互相借用木材，不允许公开售卖。

绝户的财产中村社只有权支配耕地和草地，其他财产归其亲属所有，若无亲属，财产则归村社所有。

分家者从原来的家庭中分出土地。如果村社有无人占用的份地，那么登记加入村社的新成员从村社划出份地。村社不帮助他们购置生产用具，新成员也不享有赋税优惠。

退社者的土地归村社所有，村社将其分给新成员或者份地不足的农户。村社中没有农民购买土地以归私有。

参加乡集会、村会、乡法庭及乡长村长等公职人员竞选的人不仅需要占用土地，而且还得是各方面的模范户主。

村社成员间由于村社占有而需承担的责任如下：互为证人，在从村社资本中贷款时互为担保人，承包和交货时同样互相担保。连环保责任除了上缴税费和承担赋役外，还包括偿还来自村储备商店的粮食借贷。

耕作虽然是当地居民的主业，但和上述村社一样，远不能供应所有的居民。收成一般时，每年至少缺少 200 普特的面粉，农民从波韦涅茨市购买面粉。另一个农业分支为畜牧业，状况也不好。全村社共有牛 60 头，绵羊 35 只。村社中没有蔬菜栽培这类利润较大的行业，也没有能贴补支出的贸易和手工业商店。因此村社居民只能靠捕猎、渔业和马车运输业养家糊口和缴纳赋税。

扎恰奇耶夫村社[1]

扎恰奇耶夫土地村社位于霍尔莫戈雷县扎恰奇耶夫乡，距阿尔汉格尔斯克市 177 俄里，坐落在恰恰河左岸的沃洛格茨基驿路上，当地的地名为扎恰奇耶河科罗巴尼哈，村社因此而得名。村社居民是原国有农民，对占用的土地享有临时义务权。村社建立的确切时间不详。传说该村社由从诺夫哥罗德省来的伊瓦什科和萨姆松建立，根据以前的文件显示，1800 年之前村社名为伊瓦切夫，自 1801 年更名为尤什科夫，1861 年后更名为扎恰奇耶和科罗巴尼哈。该村社的土地占用者来自一个包含了 9 个村子的大村落：叶尔绍夫村、梅德韦金村、科洛托夫村、奥博图罗夫村、尤金村、尤什科夫村、马拉舍夫村、皮亚金村和列霍瓦戈拉村。村社土地只归一个村社所有，因此占用土地的农民们建立了一个专门的"协会"，有权自行处置土地。

村社中共有纳税男性 203 人，有份地的实际人数为：198 名男性、228 名女性。未成年且不占有份地的有 19 人。村社占有的所有耕地和草地共 404 俄亩。

所有宅院地按户继承，不参与重分。菜地和大麻地记入耕地中，位于农户的房屋附近。多出宅院地的农民们曾经将其划出或用其交换了一小部分耕地。最近一次重分是在 1880 年。有些农户在测量了宅院地之后将余出的部分交给了村社。

重新迁入的成员在空地上建房子。若不违规，建筑需在原位置翻修或进行火灾后的重建。若违规，则由乡长确定重建的新位置。如果重建的房子占用了别人的耕地，那么就从自家的耕地划出等质等量的土地给他。

扎恰奇耶夫村社的耕地由 46 块田地组成，每块田地都有自己的名字，例如多马尼诺、克列斯库尼亚、塔尔哈尼察、恰索文（小教堂田）、莫纳斯特尔（修道院田）等等。田地被分为三等：一等地为最优质的，二等地为中等的，三等地为最差的。等级划分标准既包

---

[1] 资料来源：兹纳缅斯基 И. Ф.：《阿尔汉格尔斯克省乡村土地公社农民公社历史资料》卷 4，阿尔汉格尔斯克省印刷厂，1889。

括土地距离村落的距离，也包括土壤质量。此外，所有耕地还按照人均份地的数量分为三组，因此每组有 66 块份地，每块份地中的各等土地数量相近。为了方便又将这些组分为 2、3 部分，每部分 22 块或 33 块份地（一般是小块田地上的）。这些组的名字如下：（1）科罗巴纳（房屋周围的田地），（2）维利科德沃拉（位于中间的田地），（3）尼日涅科纳（最边远的田地）。测量田地的长宽，按人数计算人均的土地面积过后，每组的农民们抽签。抽签按以下流程进行：每位户主的签是 2 戈比硬币（为了有所区分，硬币的年份不同），将所有签放在帽子里，小女孩或者小男孩抽签，最先抽到的分到最远的份地，然后分到中间的，以此类推。在抽签之前还会约定好，会为抽到土质差的农民附加土地，称为"补充地"。除了上文提到的 46 块田地以外，农民还占用"开垦地"，即以前的农民们从森林中开垦出来的伐开地，经历 40 年的个人占用以后，归全村社所有。这些开垦地除了按村名命名以外（科罗班村、大德沃尔村和下孔村），还有特殊的名字，例如捷连季耶瓦、科拉切瓦、西罗季纳等等。农民同样按实际人数划分开垦地，但区别在于，这里的地不按俄丈计算，而是按照播种大麦的数量，人们说某个农民占用多大的开垦地。土地划分单位为优等地 500 平方俄丈，根据土地等级变化，例如差等地的单位不是 500 平方俄丈，而是 700 平方俄丈、750 平方俄丈甚至更多。同一田地中的条形地按以下方法隔开：每个户主根据自己的条形地形状，在其边界打下 4—6 俄尺高的桩子，在它周围留下一定空间不耕种，这就叫作条形地的边界。有些农民在条形地周围留下一条窄的长草的边界，叫作田界。

条形地的边界可以作为道路，宽 1.5—3 俄丈，这样的道路在村社中有 6 条。每块田地都围着篱笆，篱笆旁留下一条宽 1—1.5 俄丈的土地以便部分农民通行。

条形地的分配单位为实际人口，在上一次 1880 年重分之前，分配单位是纳税人口。下一次重分定于 15 年后，即 1895 年。

田地的重新划分取决于农民们互相交换条形地。一个农户由于增添人口增加了条形地，而另一个农户因人口减少，应当将地分给人数增加的农户。最窄的人均份地宽 2 俄尺，长 30 俄丈，最宽的为 6 俄尺、长 80 俄丈，大多数条形地宽 3—5 俄尺，长 40—65 俄丈。每户占用的条形地最少 10 块，最多 17 块，平均 13 块。条形地位于边缘地带和建筑物旁的农民们可以获得附加地，当地人将其叫作"纳纳斯托"。条形地的形状各异，取决于田地的形状，如果田地的边是直的，那么条形地也是直的，如果田地是其他形状，那么条形地也是相应的形状。

重分时村社不为新生成员留出备用地。对于施肥的耕地没有特殊规定。如果分到的土地上已经播种了作物，那么现土地所有者和原土地所有者一起收割作物，再平均分配。村社中无空闲地。除了村社耕地以外，大部分户主还有毁林开荒地，这些耕地在 40 年以内归开垦者占用，过后归全村社所有，和其他耕地一起划分成人均份地。现在，根据上级命令，这些地重新返还给了原土地所有者，已经不再参与重分了。

草地和耕地在 1880 年一起进行了重分。

草地按人均份地数量分为 3 份，每份也同样根据草的质量分为 3 种：第一种叫作格拉季，是草最平整的草地；第二种叫作克洛奇耶，是有碎块且草质不好的草地；第三种叫作诺瑟尼，位于德文纳河岸边，春汛时会被沙子覆盖，因此这里的草很少，不能用来喂养牲畜。草地以割下的草垛为计算单位，草垛重量为15—40普特。重分前统一规定草垛的重量应为30普特。在计算所有的干草以后，将3种草等分成份。用不同年份的20戈比硬币抽签分配草地，由中间人确定谁占用哪块草地。在重分前不能交换草地。如上所述，每部分还可以再分成小块，每小块包含22份人均份地。每份份地里包含所有3种草地。每小块也用抽签的方式分配草地，但农民们可以互相交换。小块的划分（22块份地）方式如下：割草之前，农民们找到草地的界限，叫作"谢季"（打了桩的地方），测量草地的宽度，计算人均分到多少平方俄丈，然后抽签，由中间人确定谁占用哪块草地。

最窄的草地宽度不到1.5俄尺。除了村社的草地以外，大多数农民拥有自己或长辈开垦的伐开地。这些草地不参与重分。没有不参与分配的草地，村社也不共同割草，每个农户自己割草或雇人割草。割下的草在割草地晾干，然后搂成一堆，垛成草垛。草垛在冬天之前堆放在割草地上，冬天到来后农民将干草运回家，以防降雪提前弄湿干草。一般在7月20日开始割草。

村社中有广阔的针阔叶混交林，但由于林地归国家所有，户主只在农民税费降低时有权使用一定数量的木材。在村会上根据每位户主的真实需要来确定使用木材的数量。

建造新房或修葺旧房的农民需要得到林业部门的采伐证，并且支付全部的木材费用。没有供村社使用的禁伐林。

村社有专门的牧场，叫作"雷维"。牧场长为3俄里，宽1.5—3俄里，地势极为平坦，位于开垦地和田地之间，距村落半俄里远。每年有积雪时，将牲畜放到草地上吃草，在6月1日以前放养，无人看管。之后把牲畜赶到牧场和林地，在9月1日之前由放牧人照看，放牧人除了薪金以外还能得到奖金。9月1日以后初雪以前，再将牲畜赶到草地（奥塔维）。没有专门放牛犊的牧场，它们和其他牲畜一起放养。村社中的所有户主都有权将自己的牲畜放在牧场，不受任何限制。

最近一次重分是在1880年，由那些有了儿子，但还未分到份地的户主发起，但占用他人土地的人反对重分，最终前者不得不设宴款待。

若有土地重分的必要，需要向乡长提出申请，乡长再下令召开村会。

一般只有户主可以参加商议重分事宜的村会，但无地农民在想要保留占用的土地，或者要求返还之前被收回的土地时也可参会。拥有农业的女人（主要是寡妇）也能参会。户主不在村社时可由其妻子或年满21岁的儿子代为参加。

村会至少需要得到总数三分之二有表决权的户主同意才能做出重分土地的决议，否则决议无效。只有利益相关方能对决议产生影响，村长和富农不能影响重分事宜。

如上所述，田地和条形地分为3部分，其中包含66块份地：卡罗班村的部分、大德沃尔村的部分和下孔村的部分。每部分下的小块地中包含22块份地。划分小块地的方法如下：村落中有一条直路，路两旁是房屋，村落最上边是第一部分（卡罗班村），中间是第二部分（大德沃尔村），最下边是下孔村部分。

重分时，村社雇用了专门的划分人，付给他一定数额的薪金。不选出专门的重分测量人。村社中耕地和草地都按照俄丈来测量，同时考虑到播种的数量和干草堆的数量。为了区分相邻的草地，农民们在草地边打上木桩，桩上有代表自己家的标记。

村社中没有擅自耕种他人土地和破坏田界的行为。村社中占用 1 块份地的人家有 15 户，2 块份地的人家 10 户，3 块份地的 23 户，4 块份地的 11 户，5 块份地的 3 户，6 块份地的 3 户。如果某个农民分到的条形地与别的条形地面积不同，那么需要再单独划分出土地，叫作"补充地"。村社中没有不参与重分的备用地。曾有几位成员加入了其他"乡村协会"，他们的土地归村社所有，由村社支配。

村社中雇用了专门的放牧人和助手照看牲畜（牛羊）。放牧人除了按天和牛羊数量计算的薪金外，还能得到一直照看牲畜的钱，每只 25—30 戈比。放牧人自行雇用助手，费用为 5—7 卢布。马无人看管。村社没有共用的种牛。一般农民租个人家的公牛配种，每次近 50 戈比。

村社中不轮流守林或雇用守林人，因为林地归国家所有，有专门的护林人和巡查员。

村社在田地周围、田地之间和草地周围设置篱笆。篱笆按实际人数和份地一起分配，每人分到 90 俄丈长的篱笆。篱笆应由 6 根杆子组成，高 2 俄尺。若出现牲畜破坏篱笆进入田地损害禾苗的情况，由扎篱笆的人负责赔偿牲畜造成的所有损失。

村社中的村社建筑包括村储备商店和村学校，由村社费用支持其运作，按人头分摊费用。

村社实行三区轮作制。没有秋播和春播的轮流田。约有一半的土地播种春播作物，剩下的一半田在秋播以后休耕。休耕后的第二年进行春播，春播的土地休耕后进行秋播。农民生产经营状况一般。村社中不改善生产，不完善工具设备，有的农民甚至不尝试按村社中通用的轮作、施肥和劳作方式进行改善。

村社在收获和割草、收草时互相帮忙。在 8 月下旬或月末，富农会请同村人在一天内一起将剩下的作物收割完，或者在草地上收干草，按照当地的说法是请人收尾。需要 10—12 人帮忙。劳作结束后主人宴请所有的帮手，有茶、咖啡、酒和晚餐。最后玩各种游戏，然后帮手们唱着歌回家。

村社承担的国家税为 747 卢布，公社税为 190 卢布，共计 937 卢布。人均分摊的国家税为 3 卢布 95 戈比，公社税为 1 卢布 1 戈比，共计 4 卢布 96 戈比。每俄亩土地需要缴纳各种税费共 2 卢布 32 戈比。此外还需缴纳林业税和保险费。税费和贡赋在每年 1 月进行分配。缴税单位为占用土地的实际男性人数。无地农民的赋税由占用土地的村社成员缴纳。逝者和流放犯的税费由占用其份地的家庭成员代为缴纳。农民的经营暂时衰落并不能成为少缴或免缴税费的原因。乡长、村长及其他公职人员在任期间只能免缴一人份的实物贡赋。士兵服役期间及退役士兵可以免缴税费，由村社代为缴纳。

近期，村社成员足额上缴所有税费，因此在缴税期限前不对未缴税者采取强制措施，也不在成员间分摊欠缴税额。

每个分到村社土地的农民有权：（1）不遵守村社的生产经营体系，例如，在春播田播种秋播作物或相反；（2）在任意时间开始劳作；（3）在任意时间以任意方法为自己的土地施肥；（4）出售粪肥或所有牲畜；（5）将土地出租或以获利（常为谷物，当地人叫作"波瑟皮尤"）的形式出让给他人。

村社不参与成员继承的事宜,也不干涉户主过世后当家人的选举,同样也不参与分家。近3年只有3户分家。

退役士兵和无限期休假军人和其他成员一样使用土地,服役期间他们的份地由其他家庭成员占用,直到他们回到家乡。无地的士兵、寡妇和孤儿自己养活自己。他们中有3人靠乞讨为生,4人自食其力。

分家者从原来的家庭中分出土地。养子从村社获得土地,不从收养的人家划分土地。村社新成员只能得到农户中去世男性的绝户份地,或者得到只有女儿的父亲留下的份地。退社者丧失土地权利,他们的土地归全村社所有,由村社支配。

列温诺夫村社[1]

了解村社并研究其特点在科学研究和实践方面有着重要的意义。基于这一目的,俄国自由经济学会制定了村社资料搜集纲领;正是基于这一纲领,我省统计委员出版了一系列有关阿尔汉格尔斯克省村社情况的书籍。由于缺少对平涅日县(除了特鲁凡奥戈尔村社)的详细介绍,特此出版本书作为补充。上述材料和早期出版的关于村社的介绍都是描述阿尔汉格尔斯克省村社共同特点的丰富材料。

平涅日县列温诺夫乡库宗涅姆"乡村协会"的列温诺夫村社位于平涅日河右岸,距最后流入北德维纳河的入口处47俄里。距它较近的公社有:平涅日河上游4俄里处的戈尔村社;位于河对岸1俄里处的丘格村社;而位于平涅日河下游9俄里处的佩图霍夫村社已经归属于韦勒赫涅帕连格"乡村协会"。上述村社是由个体农民和原国有农民构成的。村社何时形成,为何称其为村社,也无人知晓。大约在200年前列温诺夫村社只由4家农户构成,其中有三户人家存留至今。从其他地方迁居过来的情况很少,最近一段时间这种情况不超过2—3起。所以有充分证据假设,现在村社居民已经增加到了242人且由住在39所住宅内的49个家庭组成,居民数量也是自然增长的。按照土地所有制,村社是由一个与其有着共同名字的村庄组成。如上文提到的,位于平涅日河右岸的村社,占地长约400俄丈,宽达200俄丈,澡堂和谷场距平涅日河岸上的住宅处很近。从河对岸延伸出一片田野,距住宅300多俄丈,其后面是一条流入平涅日河的丘普列格河。住宅成两排分布,其构造呈直线且设计也很合理,同时,住宅新到让人觉得惊讶,这是因为1881年的秋天发生了一次火灾,除了四座比较边缘的住宅(从每头儿数平均每两家),整个村庄被烧成了灰烬,也被摧毁了。据当地村民介绍说伦诺夫斯基村庄的房屋建造特点是两个房子共有一个房顶,当然,这在发生火灾时是不安全的,而现在建造房屋时要求两两房屋之间相隔6俄丈。村社里总共242人,其中包括115名男性和127名女性。村社土地只归村社所有,因此根据土地所有制而组成类似独立社会的村民有充分的权利自行处置土地,不会受到来自同社人的任何干涉,在该村社领地范围内共有205俄亩925平方俄丈的土地,其中包括

---

[1] 资料来源:兹纳缅斯基 И. Ф.:《平涅日县农村土地公社》,阿尔汉格尔斯克省印刷厂,1895。

耕地46俄亩1925平方俄丈、草原106俄亩1377平方俄丈和其他肥沃土地52俄亩23平方俄丈。除此之外，还有森林和江河湖海占地。河流有：平涅日河和丘普列加河；小河有：流入丘普列河的谢尔格河、乌拉斯河、拉赫图尔克河；还有海。在这里能够钓到各种各样的鱼，这些鱼一部分自家使用，另一部分像从平涅日河钓的大马哈鱼则在集市上出售。除了日常用大鱼网、撒网、捕鱼篓子等工具捕鱼外，还有在温暖的秋夜照明叉鱼的捕鱼法。丘普列加河和其支流在春雨时节是适于流送的河流。河流两岸生长着一排排树，这些树被农民砍伐后根据委托人预定送往锯木厂。在这片广阔距村社不远的森林里可以捕获到各种各样的鸟类和动物，鸟类有：花尾榛鸡、雌雷鸟、黑琴鸡；动物主要是松鼠，但最近松鼠的捕捉量在减少，农民认为这是因锯木厂需要一年一年砍伐的树木越来越多。除了松鼠外，捕获的动物还有貂鼠、狐狸，偶尔会遇到熊、狼獾和水獭。

在村社不存在耕地和草地的特定使用方法，因为所有的土地都会划分成人均份地。由于分得的土地不多，许多农民在耕田和割草期到来之前去伐开地。截止至今列温诺夫村社所有的伐开地累计14俄亩1717平方俄丈，其中包括3俄亩1447平方俄丈的可耕地，也就是适宜播种的土地和11俄亩269平方俄丈的割草区。被农户继承下来的宅院地由他们使用，不会再重新分配，也不会变成宅院地。菜地（用来种土豆、芜菁、萝卜的）和之前的大麻田都已成为耕地的一部分，并且它们通常位于主人家附近，但也有将大麻、土豆、萝卜和芜菁种在离主人家很远的地方的情况，原先那里是种大麦的。

发生火灾后大约在1881年，如果建筑条例没有限制的话就会在原址上翻修建筑，如果建筑条例有所限制的话，乡长或村长就会检视新处所，并且开展检视新处所的活动，该活动帮助管理农民事务的官员决定是否允许在此建造建筑。在翻修建筑的时候，总会占用部分耕地，在这种情况下，需要从自己的份地里匀给被占地农民同等大小和质量的耕地。

归村社所有的耕地还被先人分成了几部分，称为轮圈地和生荒地。每块轮圈地和生荒地首先被划分成几块田地和条形田，其次，轮圈地和生荒地的面积大小不同。面积小点的是生荒地，面积大点的是轮圈地。下面是轮圈地的名字：大轮圈地、哈尔科夫轮圈地、秋科沃轮圈地、列皮谢轮圈地、库特尼轮圈地；生荒地的名称有：瓦西利耶荒地、秋利格荒地、帕普耶瓦荒地等等。单独块地的名称有：普洛斯基亚田地、莫斯季奇内亚田地、多尔吉亚田地、沃西科夫斯基亚田地、米京斯基亚田地、克列皮谢田地、切特韦尔季田地、扎德沃里耶田地、索科洛夫尔田地、卡缅卡田地、斯特拉利哈田地、布尔德里田地等。

按照耕地质量可将其分为三类：（1）最好；（2）中等；（3）差。因为同一块田野上土地的质量是不同的，所以每块田野根据其优点分成零碎的部分和大的部分，在这种情况下，每个村社成员按人头就会获得不同种类同等质量的土地。相邻的田野和条形田由狭窄的、宽度不超过0.5俄尺的田界隔开。为了去田地里翻地并耕作空地，不要留下劣质土地，避免去自家田地时经过他人土地而将其毁坏，每个农民必须同时开始田间劳动，同时，运输工作也需在早春完成。没有提前给土地施肥的话就不用将其运出并开始播种。如果单块田地的宽度不妨碍横向耕地，那么耕地时既可横向耕也可纵向耕。一般也同时开始在同一个轮圈地上收割谷物，与此同时，在田野上支起用来晾干谷物的晒禾捆架，从土地上收割庄稼直至来年春天。

最近一次划分村社土地是在 1889 年，按现有人口，即决议编写期内的现有男性人口数量进行分配。随着农奴制改革的开展，划分单位并没有改变，只是人均份地额发生了变化。村社里不存在彻底式土地重分。全新式土地重分就是农民之间互换条形地。给人口增加的家庭增添相应数量的条形田，按照户主的选择和要求，人口减少的家庭分给人口增加的家庭一定数量的条形田，在这种情况下土地状态一般非常糟糕。

最大的条形田长达 120 俄丈，宽达 5 俄丈；最小的条形田长达 25 俄丈，宽达 2 俄丈；条形田的形状也是多种多样的，有窄长的，在这种土地上根本不可能有横向的耕地；有宽型的、楔形的、圆形的等。每个人分得的土地数量为 2—5 块不等。每个户主拥有的最新的土地并没有在一个地方，而是在不同的轮圈地，由于这些土地有重复的分界线而促使了该地区人口的增长。在重新分配土地时，如果村社里每位成员分得的土地质量和面积不相同，那么，缺少的土地将会在其他地方补足给他们，这就是所谓的附加地。

在重新分配时，村社不会给新生村社成员保留份地。

不排除有重新分配施过厩肥的耕地的情况，但是如果土地是用于耕种的，就很少会进行重分，若进行重分的话庄稼的收成需要均分。除了公共耕地外，一些户主，正如我们前面所提到那样，有自己开垦林地而得来的耕地，在村社，这样的耕地共有 3 俄亩 1447 平方俄丈，其中最大的耕地可达 1200 平方俄丈。最近一次划分草地是在 1889 年与划分耕地一起进行的。草地主要位于平涅日河和丘普列加河沿岸，位于两河和村社之间的位置。根据草地的所在位置和质量，将其分为三类，在分地时每个人都将会被分到这三类土地。每人共分得 4 货车干草或者按每车 15—20 普特来算的话，大约 60—80 普特。草地叫着不同的名字，这些名字都是祖先留下来的，例如菲利普波沃克草地、切尔努赫草地、克鲁奇草地、帕利尼克草地、科久尔草地、列皮谢草地、多尔古什草地、别列若克草地、亚佐夫草地、曼尼洛沃克草地、列戈戈托克草地等。最长的条形草地长为 40 俄尺，最小的条形草地长为 10 俄尺，宽 5—10 俄尺不等，最大的耕地，其干草收成不到两货车。村社内不存在农民共同收割干草然后再分干草的情况。村社的每位成员要么是自己剪羊毛要么就是在个人的帮助下剪羊毛。剪完的草就地烘干，之后堆在一起，也就是所谓的草垛，草垛有 1.5 俄尺高。就在收割干草的地方放置草垛直到冬天农民将其运回家。除了公共草地外，一些农民有自己从林地中开垦而来的土地。在村社这类土地共计有 11 俄亩 269 平方俄尺。在村社周围林立着大片针叶林和阔叶林。小森林位于距村社 1 俄里处，而大的材林距村社 6 俄里多。因为这些森林是公有的，所以每个农民每年只有权使用固定数量的林地以减少农税，在这种情况下，在村会分配土地所得的物料后，农民根据自身需要来获取这些物料。过去，从 1892 年 2 月 3 日到皇帝批准狩猎权利之前，每位手艺人可以免费使用森林中的木材来做捕鸟器和建造木房，并且被他们占领的地儿，或者称之为下陷阱、放捕鸟器来捉鸟的地儿完全归他们私人所有。

在这些条件下，在森林中捕猎为农民带来了可观的收入，这些收入足以来支付农民应缴纳的税款，但是关于捕猎的新法令终结了之前用于砍伐森林的方法，这大大降低了上述行业的盈利，尽管与此同时也及时体现出了大量增加林中鸟兽所带来的好处，并且在不久的将来，这些农民有可能再次从捕猎行业中获利。

在村社，除了平涅日河沿岸和距农村 3 俄里处的地方外，没有专门的牧场。从 5 月中旬到 6 月中旬牲畜会被放到草地上吃草，之后到 8 月 15—20 日左右，被放到森林或指定的牧场。从草地上收完草以后，牲畜将会再次被放到草地上，直到下霜冻之时。在放牧有角家畜时有角家畜会跟在牧人后面，牧人也为自己雇了个助手。牧人的雇用条件如下：在牧人放牧期间，食用农民为其准备的粮食并且放牧每头牲畜可获得 35—40 戈比，这些钱，一部分正好是雇用工资，其他部分根据农民的需要来分配；在雇用期结束的时候将送上馅饼，摆上酒席。在放牧时，对于牛犊没有特别的对待，他们和其他牲畜一起放放。放马时无需牧人在旁看守，因此不乏马儿丢失的情况。它们在不同地方被放的日期与有角牲畜一样。村社里有七口水井，井水供农民全年使用，井水清澈且非常好喝。河水用来洗衣物，为此，河里还开凿了一个冰窟窿，有时会用标杆围起来。

现在来看一下重新分配的程序或者更确切地说是土地分配程序。列温诺夫村社分配土地是每十年进行一次，最近一次分配正如上文所提是在 1889 年的秋天。快到土地重新分配的时候，农民将注意力转向召集村会的村长，村会由（农家）户主组成，同时使用份地的寡妇也参会。需要征得村会上三分之二有投票权的成员的同意才能为重新分配土地制定决议并将其合法化。若户主缺席会议，则准许其妻子和家里年长的成员参加会议，户主只需向村长提交关于将自己村会参与权或投票权转交给家庭某成员的申请即可。村会关于土地分配的决议将会受到来自两方面的影响：一方面是，有儿子但是其儿子还未获得份地的农民；另一方面是，所有富有且擅自使用村社土地的农民。在这种情况下，那些想要高质量土地的普通农民摆上的红酒将会在村会上发挥不小的作用。个别成员将会向主管农民事务的官员抱怨，尽管有必要从滥用职权的角度来审视这一问题，但官员仅根据法律从诉讼程序的角度来看待这个问题。两户人家分配土地则不会通过抓阄的方式来进行。所有的土地，既包括耕地也包括草地，按照其不同种类均等分给现有的农民。在最后一次分配土地的时候村社会从每人那里收取 25 戈比来雇用一个特派员，负责将土地和条形田的名称、它们的尺寸、农民人数等等记录到书里。条形田的测量和划分全由农民来操作。在村社，无论是耕地还是草地其长度由绳子（10 俄丈长）来测量，宽度由沙绳来测量，在这种情况下，由于条形田的类型不同，其宽度和长度也不同。个别户主条形田的边界非常窄，并且在土地的中间和最后都有户主标记的木桩。在列温诺夫村社，对于耕地来说其测量有测量标准，及二分之一俄石，大约 600 平方俄丈，换句话说在村社每人平均获得四分之三或八分之七俄石，大约 920 平方俄丈的土地；对于草地来说每人平均获得 4 货车的草地，共 1415 平方俄丈。在村社擅自翻耕其他条状耕地的情况是非常少见的；这种情况出现的话，也是出现在前不久家族分家时还未来得及准确划清地界的家族成员之间。经常还会遇到这样的情况，就是割草的时候地界被破坏和割草割出界外，这些绝大多数是由于不正确的割草方式造成的。受害者就这件事会向乡法院提起申诉并呈交知情者在场并由村长编写的证明。

在上述村社里，有 1 块份地的农户有 19 家，2 块份地的农户有 11 家，3 块份地农户有 11 家，4 块份地有 5 家，5 块份地有 1 家和 6 块份地有 1 家。

关于公共经济事务上，列温诺夫村社并没有展现出特别之处。上文提到的有角牲畜，由牧人放牧，牧人能够获得一定数量的酬金。村社没有公共的牛，一些农民有自己的公牛，这种公牛在村社共 2 头，这两头公牛被带去与母牛交配时将获得 40—50 戈比。没有人定期看守公社，公社也没有雇用看守森林的护林员，因为森林属于公家并由看守人和护林巡逻员看守保护。村社田地周围会被围栏围起来，称之为菜园。草地周围有围栏，根据现有使用份地的人数来划分这些围栏，其高度不能少于 1.5 俄尺，同时安装这些围栏需要 5—6 个竿子。如果牲畜破坏了围栏并损害了禾苗，装围栏的人将承担这个责任，补偿受害者由牲畜造成的所有损失。村社的建筑，如粮食储备商店、为蒙难者帕拉斯克娃而建的小教堂都是在公社税款的支持下建立的。过去，大约 20 年前，在列温诺夫村社有一所由全乡资助的乡村学校，但是，该学校存在不到三年就关闭，这是因为列温诺夫乡村庄的一些农民以自家孩子离学校远不去上学为理由拒绝继续交钱来资助该学校。其实在列温诺夫村社和附近的一些村社里的农民对基础教育的需求大到如果学校重新开放的话，他们将会根据声明准备交纳自己那份资助学校的资金。现在，到了上学年纪的列温诺夫村社的孩子去离他们不远的教区学校上课，该学校位于距列温诺夫斯村 12 俄里处的库宗涅姆村。但是需要注意的是，由于学校不被重视及其较远的距离致使来这里上学的列温诺夫村社孩子的数量非常有限。

在村社，像列温诺夫乡需要连续不断来完成的筑路差役，这种情况下，夏季航线包括两个通过平涅日河的渡口的维修费需要从每个人身上收取 45.5 戈比；而冬季航线——23.5 戈比；除此之外，用于道路建设的木材砍伐和运输费用将从每个人身上收取 5—7 戈比不等。整块公共土地不会被出租出去，不存在后者购买的情况。也不存在这种情况：村社里的所有成员被同时雇佣到某个工作岗位或者在没有重分整块土地的情况下大家一起耕种然后分享收成。用于改善土地的工作有：挖渠来排除沼地的水、清除灌木丛等等。整个村社没有开展过这种工作。

村社实行大田两区轮作制的：黑麦播种期过后，接着就是在土地上播种 3—5 次的大麦，之后又到了黑麦播种期。从秋天起就开始运输用作田地肥料的畜粪，或者在万不得已的情况下从早春就开始运输。在这种情况下播种一个二分之一俄石大小的大麦要使用掉 10 车的畜粪，而播种黑麦——需要使用两倍数量的畜粪。除了畜粪外，用作土地肥料的还有所谓的苔原植物。耕地工具是犁和耙，在快要播种大麦的时候，土地要被耕 3 次；而在播种黑麦之前，土地要被耕 4 次或 5 次。种庄稼尽管是最主要的任务，但是远不能保障那些份地少或者肥料不够的农户。

一方面，平均每块份地的播种和完全施肥至少需要 1 匹马、2 头牛、3 只羊；另一方面，列温诺夫村社的 22 个户主没有马，11 个户主没有任何牲畜，就会明白村社的耕种状况是多么不尽人意。村社只有少数人才可以吃到自家种的粮食，这种情况也只有收成令人满意的时候才会出现。同时，最近四年粮食收成不尽人意，这是因为农民在那段时间由于丢失了牲畜并且吃光了属于村社的粮食储备而负债累累，除了欠居民粮食委员会债之外、还欠乡粮食所还有个人的钱。属于上述情况的还有，在村社农民之间可以感受到牲畜的饲料严重不足，又适逢 1894 年庄稼歉收，自由买卖的干草价格非常昂贵，毫不夸张地说列温诺夫村社的经济状况在当时是非常不理想的。

恶劣的农业经济在很大程度上受到了当地盛行已久的漫长节日的影响，村社通常庆祝四个这样的节日，即：复活节后第九个星期五、8月15日、11月21日和谢肉节。虽然庆祝这些节日耗费了大量的金钱，但没有农民敢于违背根深蒂固的习俗，有些人甚至把自己必需的牲口卖掉，只是为了准备好节日的酒食。从明年开始，村社的谢肉节庆祝活动将和平涅日县的其他地区一样被取消，这在不久的将来可能会导致其他节日的减少。在这种情况下应当指出的是，平涅日县的农民们最近才开始意识到庆祝节日及节日前夕的荒谬，这可以从村民大会一次又一次提出要废除与狂欢和酗酒有关的节日中得到证实。

村社的庄稼种植没有引进更好的农业技术，也没有采用改良的农具和先进的机械，作物轮作和牧草栽培方面也普遍没有推行新的技术和工具。就具体的农民个体来说，甚至没有一个人尝试过比村社中普遍实行的作物轮作制度、施肥方法和耕耘方法更先进的制度和方法。村社中的村民仅在干这些活儿的时候才用得着帮手，比如在田里收庄稼、在草场收干草的时候，在这些活儿干完的时候，帮忙的人可以受到主人的款待。

村社纳税数目如下：国家税207卢布43戈比、公社税127卢布4戈比，共计334卢布47戈比，平均每人缴纳国家税1卢布87戈比、公社税1卢布14戈比。这不包括林业税和保险税，因为这两种税的计算方法不同，林业税是按照休假前的森林资源数量计算，而保险税则是按照建筑的价值计算；除此之外，每人还应付75戈比的筑路差役费。前半年的纳税期限为6月1日之前，后半年的纳税期限为1月1日前。不论每家劳动力多少、富裕与否、支付能力大小，所有税费平均分配。无地农民可以免于纳税，不用承担村社劳役和实物赋税，可由村社替他们纳税和承担劳役。如果死亡人口、外出人员以及流放犯的份地被家族成员占有，则他们的税费和劳役由家族成员承担。村社中还没有发生过因某种疾病和灾祸——如牲畜大批死亡、工人减员等而使农民免于缴纳部分或全部税款的情况。官员在任期间没有税收优惠，只能免除部分实物赋税，这部分赋税由村社代为承担。乡领导和村长的工资应当每年公开，除正常薪水外无特殊份地。

由于村民之间存在连环保，在税费缴纳时间来临之前，村社没有对懒散懈怠的户主采取强制措施；但如果有欠缴的税款，就对未如期缴款的债务人采取以下措施：（1）以欠款人所拥有的财产收入作为对欠缴税款的补偿；（2）出售债务人的部分非必需财产；（3）选择部分份地，然后把份地转交给无地户主，或者给富人，无论给谁，这块地的赋税和劳役都必须由获得土地的人承担。此外，还应替欠税土地的原土地主付他所欠的一部分钱。

每一个通过这种方式获得土地的户主都可以：（1）用围栏把自己的土地围起来；（2）不采用村社的生产制度，例如，在播种春作物的土地上播种冬作物，或者相反；（3）自行决定什么时候开始工作；（4）自行决定给自己所获得的土地施肥的时间和使用土地的方式；（5）出售自己院子里的厩肥和牲畜；（6）出租自己的部分或全部份地，这种情况下，必须征得村社的同意，而村社应当根据法律做出决议。关于村社土地的继承问题要遵循以下规定：当家人死后，他的妻子、姐妹和女儿在土地再分配之前拥有土地，这种情况下，他就没有了合法或不合法的男性继承人。当家人衰老或得病的时候，或当他死后，村社不得对家族当家人的选举施加任何影响，村社可以替缺少年长成员的家族选择监护人，还应在村会上定期检查监护人的工作。最近一段时间，村社中不存在因未如期交款，或因家族成员对家族混乱的投诉而由村社更换当家人的情况。由村会决议决定家庭分产，村会还可以因某种理由而不同意家庭分产，擅自分产在村社中是极为罕见的现象，而且如果儿子违背父亲的意愿分家的话，父亲可以为自己向他索取帮助。

村社中共有49个家族，其中小家族（1—3名成员）14个，中等家族（3—6名成员）22个，大家族（6—13名成员）13个。

农民死后，他的财产将移交给他的亲属，无论亲疏，没有继承人的农民，或者所谓的"绝户"，他们的财产将由交由村社充公。分配给个体户的宅院地始终归其使用，只有在他绝户后才收归村社使用。新分离出的家族成员可以从以前的家族那里获得份地，被收养的人可以从整个村社那里分到土地，而不是从收养他的家族里获得土地。

新成员如果愿意归附到村社，就可以分到耕地和草场，一开始分到的耕地和草场面积很小，而且他分到的份地要么是从有余地的其他人那里收回的，要么是出于某种原因而闲置的无主地。完全脱离村社的农民，应当把土地还给村社，村社照例把土地分给需要份地的人。

村社成员之间的责任包括：从乡救助所、承包人以及供应方进行贷款时担任担保人；生活困难时期村社成员应提供帮助，例如发生火灾时、盖新房时，但此类情况极少发生。连环保的义务，除了按期缴纳税费之外，还包括按期偿还从农村商店和乡粮食所贷来的粮食和贷款。当选者任职期间，如果发生了挪用公款和社会资金的情况，村社应当为此负责，1893年就曾有一名乡长因挪用公款被告上法庭，但他却没有能力还上被挪用的款项。

尽管种庄稼是村社村民的主业，但正如上面所说，种庄稼即使在丰年也无法保证村民的粮食需求。农业生产的另一项活动——畜牧业情况也不容乐观。列温诺夫村社现在的畜牧业情况可以通过下面的数字资料来说明：共有牲畜159头，其中包括32匹马、42头有角牲畜和85只羊，换句话说，平均每8个人一匹马、每6个人一头牛、每3个人一只羊。在过去15—20年前，据村民称，村社中牲畜的数量是现在的两倍，这直接表明饲料的缺乏及其他一些原因导致了近年来村社牲畜数量的下降。蔬菜栽培，即土豆、芜菁、萝卜、大麻等经济作物的种植业在村社中没有形成，因为这些作物的收成仅供当地使用。村社中没有任何的贸易机构和工厂，只有两座风磨，磨碎粮食仅供家用，还有一座干馏炉，每年能干馏焦油不超过40普特。在各种原因综合影响下——即村民的收成无法满足自己对粮食的需求，农业生产其他领域的落后，以及村社中贸易机构和工厂的缺乏——当地居民为了满足自己的需要和缴纳赋税，不得不从事一些副业，其中包括林业，即砍伐森林并将木材运到位于阿尔汗格尔斯克市的锯木厂，此外还有狩猎业和捕鱼业。

村社中大部分村民都在从事林业活动，但只有拥有马的户主才能获得多少还算让人满意的收入，而村社中很多农户家里是没有马的，他们甚至挣不够一年的粮食钱，更何况，砍伐下来的原木的最近价格降到了40—50戈比。从事林业的工人工资通常在每人10—50卢布。共有12个人进行狩猎，每个人的收入为8—15卢布，他们主要捕捉花尾榛鸡和松鼠。工资如此低的原因之一是捕猎物的价格低廉，因为工人们通常会对本地的富农买主们做出让步。大多数时候，渔产品都成为了当地人的食物，用于出售的只有鲑鱼，鲑鱼的捕捞量多少取决于水的深度，也就是说，水浅的河流里，能捞到很多鲑鱼，反之就很少。村社里有两张捕鲑鱼用的渔网,归 8 个人所有,平均每张网分到 4 个人。每个人的平均收入为 20—50 卢布。

在本文的最后援引列温诺夫村社农民欠缴的税款数目是很恰当的,因为这些数目可以证明列温诺夫村社目前的经济情况远未达到理想状态。村社共有 242 名成员,欠款总数如下:据统计,1894 年欠村民粮食委员会 1656 卢布 36.5 戈比;欠备用粮库 117 俄石;欠乡粮食所 327 普特 20 磅粮食和 100 卢布。

霍尔莫夫村社[1]

根据阿尔汉格尔斯克省税务局每年寄给波德博尔乡政府的税收记录,波德博尔乡的温格斯克"乡村协会"还包括马里耶格尔村社。马里耶格尔村社又包含以下村庄:霍尔莫夫村庄、下奥泽罗克村庄、季库申村庄、切尔尼利尼科夫村庄、捷利韦罗夫村庄、松波利村庄和列姆邦涅梅村庄。在当时,根据阿尔汉格尔斯克省税务局的税收记录,上述每个村庄都是一个单独的村社,每个村社的农民有全权处理归自己所有的土地,同村社的人不得干扰。这种土地占有制至今仍存在。上述村庄唯一的联系:村社每十年需要重分一次公共草场,每个村庄通过抽签获得草场,并有全权处理该草场,但没有使用其他村庄所拥有的草场的特权。在划分草场时上述村庄不作为一个整体参与划分,因此根据现有的村社的定义可将上述村庄看成是单独的村社。

本文介绍的是霍尔莫夫村社,根据土地占有情况由一个与村社同名的村庄构成。该村社是由个体农民和原国有农民构成的。村社何时形成,无人知晓。村社的名称大概和村社所在的地区有关,霍尔莫夫村社大部分地方都处于平涅日河水平面以上。该村社位于平涅日河左岸,夏天到平涅日城要走 10 俄里,冬天要走 6 俄里。离它最近的一些村社:沿平涅日河而下的马里耶格尔村社,距它 2 俄里,普罗克申斯克村社和奥利金斯克村社,距它 4 俄里,而平涅日河上游离它 1 俄里的波德博尔村社已经属于波德博尔乡皮利耶戈尔斯村社的管辖地。宅院地所占土地总共约 2 俄亩,长约 90 俄丈,宽约 60 俄丈。菜地(种植土豆、蔓菁和萝卜)用地不算在宅院地所占土地中,而属于耕地,每家每户都有 200 多俄亩耕地。澡堂和谷仓都在房子附近,澡堂在霍尔莫夫村的一个山坡的一角,而谷仓在澡堂对面,距住宅区 60 多俄丈。村社共 78 人,其中男性 38 人,女性 32 人,其中 6 个人(2 男 4 女)住在山坡另一侧,村社土地全部属于村社,因此,如上所述农民有权自行处理土地,同村社的人不得干扰。土地(包括份地)总面积为 47 俄亩 8 平方俄丈,其中耕地面积为 16 俄亩 2240 平方俄丈,草场面积为 30 俄亩 168 平方俄丈。份地不大,所以很多农民将森林开发成耕地和草场。如今霍尔莫夫村社被开发的土地共 11 俄亩 1340 平方俄丈,其中耕地 2 俄亩 1085 平方俄丈,草场 9 俄亩 255 平方俄丈。在同村社人的共同努力下库洛戈尔斯基的纳沃洛克地区 3 俄亩 475 平方俄丈的草场成为了优质草场。

---

[1] 资料来源:兹纳缅斯基 И. Ф.:《平涅日县农村土地公社》,阿尔汉格尔斯克省印刷厂,1895。

村社周围的森林和流经的河流（平涅日河及其支流翁加河）都是农民可开发利用的经济来源。他们可以从河湖中捕捞到各种鱼，如大马哈鱼、白鲑鱼、茴鱼、狗鱼、鲈鱼等，这些鱼既可满足当地生活需求又可卖到平涅日城。森林中的树木种类和数量并不是很多，因此村社的农民很难伐木再运送到阿尔汉格尔斯克的工厂，猎户只能捕一些鸟兽，此外村社中大量农民砍伐树木并将木材运往平涅日城。

宅院地实行按户继承制，不用重新分配，也不属于宅院地。满足建筑规定方可在宅院地上重新建造房屋；若不满足规定则不能建造，而且建筑物本身要符合村里的规定，建筑物之间应间隔6俄丈。

根据土地质量和到村庄的距离可将耕地划分为三类。平均每个人占有土地1270平方俄丈，其中第一类土地794平方俄丈，第二类土地或中等土地296平方俄丈，第三类土地即下等土地186平方俄丈。总耕地面积为40640平方俄丈，换算为16俄亩2240平方俄丈，其中第一类土地10俄亩1409平方俄丈，第二类土地3俄亩1409平方俄丈，第三类土地2俄亩1140平方俄丈。当时这种被划分的土地被称为"圈地"和"田地"，这些特别的土地名称现在依然存在。每一块田地都按照土地质量划分成大大小小的部分（条状），农民间的这种田地划分是为了确保三类土地可以平均分成相等的部分。第一类土地不够时可以多划分第二类和第三类土地以确保土地总体质量相等。圈地还有戈尔基圈地、扎德沃尔尼亚圈地、波利亚圈地、措尔内圈地、卡梅什尼基圈地、戈罗季谢圈地等名称。单独的田地又有卢达、克鲁格利察、克林克里维亚、科连尼斯特亚等名称。除了所提及的归农民所有的圈地之外还有一种土地被称为"生荒地"即不久前被农民开垦出来供全村社使用的森林周边的土地。生荒地也有奥辛诺韦茨、院外生荒地、秋里尤科夫卡、低地等名称。田地和被划分的条形田被狭窄的地界隔开（1/4—1/2俄尺宽），农民要到达自家的条形田需穿过分隔两块相邻的份地的迂回地界。田地或圈地形状不同，所划分的条形田也不同，如果前者是笔直的，那么条形田也是笔直的，如果他们是楔形的，那么条形田也是楔形的。最近一次划分是在1885年根据现有人口划分的，下一次划分在十年后，也就是1895年。村社内没有彻底重分所有田地。田地的重分就是农民根据彼此的约定交换条形田，这样一来一方因人口多而获得相应的土地，而另一方因人口减少而失去相应的土地。因此就会产生增划和让出的条形田，已经耕种的土地不参与分配。被重新划分的条形田只能是无人继承的土地、土地所有者自愿交给村社的土地或者欠下大量税款的土地。在最后一种情况下村社可以收回土地所有者的部分土地并把它重新分配给缴清国家和村社款项并缴纳了实物赋税的农民。

在最近一次划分时村社没有留出多余的土地以备人口数量的增加。如果被划分的土地已经种满庄稼，那么获得这块土地的人需要给土地原主人等价的羊毛，这种情况比较少。村社中没有空地，只有极少的荒地。通常村社不召集所有人一起开垦荒地。

最近一次的草场划分同耕地划分在同一时间进行，下一次划分将在1895年的秋天。村社的草场分布在不同的地方，远的离村社的距离超过15俄里，近的只有0.5俄里。除了霍尔莫夫山和古洛伊河畔完全属于霍尔莫夫村社的草场外，该村社的农民同以下村庄拥有公共草场：马里耶格尔村庄、霍尔莫夫村庄、下奥泽罗克村庄、季库申村庄、切尔尼利尼科夫村庄、捷利韦罗夫村庄、松波利村庄和列姆邦涅梅村庄。这些草场的名称包括：利蒙诺夫卡旁的奥布罗夫草场、平涅日河河畔温格斯克教堂对面的普尔察达草场、斯梅坦涅茨对面的卢格草场、尤里耶夫·纳沃洛克的杰多沃草场和桑波利亚对面的奥斯特洛夫草场。平均每个人可以从草场分得 20 普特的干草。所提到的草场或者新增的土地（包括原生草场）先根据每个村社的人口划分给各个村社，归村社所有的土地再根据村社内参与分配的人数再次划分，因此平均每个人分得相同数量的三块份地，此外再划分出草场。村社每十年都要重新抽签分地，但是同一块土地二三十年间都属于同一个村社的情况也不少。谈到份地中的草场时应该注意，很多农民或他们的祖辈都在森林周边开垦出自己私有的草地，总面积达 9 俄亩 255 平方俄丈。每个农民到季都要自己或雇人剪羊毛。只有在库洛戈尔斯基纳沃洛克地区被开垦的土地上才需要集体打理。其流程如下：割草期到来时每家每户派一两个人共同割草，按劳计酬，把晒干的草搂成捆，之后开始抽签。签是由某种木材做成的小木标，每家每户的签的木材材质不同。扎成捆的干草上会依次放上每户人家的签。然后签被放在帽子或手套中，摇晃后倒出，先倒出的是哪个签那么对应的农户就获得第一捆草，签被第二个倒出的农户获得第二捆草，以此类推。所有签都被倒出后，剩下的草再按照同样的方式再次划分。除此之外霍尔莫夫的纳沃洛克草场还有约 2 俄亩大的特殊牧场，村社里只有这个牧场只用来牧马。每年冰雪消融时牲畜就会被赶到草场，到 6 月初它们被迁到森林，8 月末再次回到草场，直到初雪降临时。放牧时牲畜没有人看管，因此时常有走丢的情况，尤其是在森林内放牧时，森林沟壑纵横，山丘遍布，十分危险。因为基岩层中有白垩层系的遗留物和石灰岩，因此常常可以看到顶层土壤崩塌，形成道道壕沟。上述村社的农业用地还包括泡麻池，也就是用来浸泡大麻和亚麻的地方，各村社成员都有权使用泡麻池。

　　如上所述，最近一次划分耕地和草场是在 1885 年，下一次划分是在 1895 年，新的划分由村长召开村会进行。集会的参与者主要是每户的户主，无地农民（在现在的村社中没有无地农民）和妇女（一般是主持家务从事耕种的寡妇）也可以参会，户主无法参会时可以委托他人代为参加，委托人一般是他的妻子、年长的家庭成员。集会决议要满足以下要求：在处理关乎土地的问题时，获得有投票权的参会人的支持票超过 2/3，决议才有效，其他问题上票数过半即可。不存在抽签投票的方式。通常，根据约定，分给村社成员使用的土地数量要相等。最近一次土地（耕地）的丈量是由村社集资雇人完成的，丈量与其他村社共用的草场时也需要雇人完成，但是报酬由参与分草场的各村社农民支付。测量工具是约 10 俄丈长的绳子，而且耕地宽度需要多次测量。每个农民的草场都由小木桩隔开，木桩上有特殊标记，耕地的测量标准包括 4 个部分——500 平方俄丈约等于 5 个俄亩单位。而在草场测量中这种单位表示的是草场之间的间隙（7—10 普特）。村社中很少有耕种他人份地的情况，一旦发生这种情况受害人可以求助于村长，村长会将诉状和诉讼双方的证物交给乡法院，乡法院进行定罪惩处。

　　村社农户共 10 家，有两份份地的农户有 2 家，三份份地的有 5 家，四份份地的有 2 家，五份份地的有 1 家。

　　在农村事业建设方面村社成员应履行以下义务：（a）维护草地和草场周围的围栏；

(b) 每户家庭的户主夜间轮流站岗；(c) 改善驿站和乡间道路状况；(d) 修复消防器械，确保火灾发生时可以使用。村社建筑有：距离霍尔莫夫村 6 俄里的乡村学校、乡粮食基地、乡委会、乡存储仓库，前三个建筑由全乡（由三个村社组成）维护；最后一个由村社（由 16 个村庄组成）维护。在 1875 年，根据林业部门签发的票据整个村社除了两个农户以外，清理了库洛戈尔斯克的纳沃洛克地区的 3 俄亩 475 平方俄丈的草场。除了上述情况之外，村社内没有共同耕种土地或雇佣任何劳动力的情况。村社禁止土地出租和买卖。

村社实行大田两区轮作制：在休耕期之后种黑麦，在此之后种几次大麦，然后土地再次进入休耕期。从秋季开始要往地里上粪，时间不能晚于早春，没有及时上粪的土地也需要播种。一块土地上种 1/4 的大麦需要 10 车粪，而种数量相同的黑麦所需的粪是种大麦所需粪肥的两倍。耕地所需的工具是木犁和耙。耕种大麦需要犁 2 次到 3 次地，而黑麦需要 4 次到 6 次。在良好的生长条件下，大麦的生长期为 2.5 个至 3 个月，黄熟期需要 4 个至 10 个月甚至更多，而黑麦需要 5 个至 15 个月。近几年粮食的收成并不理想，收成没有增多，成熟期依然还是 4 个至 6 个月，因此农民需要在乡粮食基地和乡存储仓库借粮或买粮。村社并没有改良耕种方式和耕种工具，也没有在轮种制和牧草种植中普遍投入使用。农民个人仍采用村社通用的方式，并没有尝试改良自己的用具。只有在收割粮食和收集干草时该村社成员才用帮工。干完农活之后农民会款待帮工。但是需要注意的是，请帮工收割和款待他们并非村社强制，而由户主自行决定。

村社应缴纳国家税 76 卢布 23 戈比、公社税 50 卢布 22 戈比，共计 126 卢布 45 戈比，平均每人应缴纳国家税 2 卢布 11.25 戈比，村社税 1 卢布 39.5 戈比。除此之外，个人还要支付木材税和保险费。村社成员所需承担的这两项费用不同，木材税（全村社共缴 6 卢布 23.75 戈比）应根据售出的木材数量缴纳，而保险费按照房屋价值（4 卢布 19.5 戈比）缴纳。木材税应在上半年 7 月 1 日前缴纳，而保险费应在 1 月 1 日前缴纳。

在温格斯克"乡村协会"的会上分配国家税和公社税，总费用由村社根据其所包含的 16 个村庄中的纳税人人数分摊。每个村庄所承担的费用由土地所有者均摊。所有的税费都应均摊，不受劳动力、富裕程度和农户偿还能力等因素的影响。逝世的人或暂时离开的人所拥有土地可归其家庭成员使用，同时家庭成员须承担相应税费和劳役。公职人员在职期间不享受税收优惠，只能免缴其所承担的实物税。此外，村长应当作年度汇报，村长只领薪水不享有特殊份地。村社实行连环保制度，通常不对没有缴税能力的人采取强制措施。总之，需要注意的是，该村社及时上缴全部赋税，因此不存在村社成员欠款的情况。

村社中没有公共的耕地和草地。每一个拥有份地的户主都有以下权力：(1)根据自己的条形田建造围栏。但无权围住整块地，因为一块圈地上有各农户家的条形田；(2)不采用在村社中通用的耕作体系，即在秋播地里播种春季作物或相反，将在春播地里播种秋播作物；(3)一般情况下各村社成员在同一时间开始耕种，但也可根据个人意愿选择开始劳作的时间；(4)可以根据自己意愿确定土地施肥的方式和时间；(5)出售粪肥，但是目前还没有人这样做；(6)将个人土地租给村社其他成员使用。这种转租需要与农民签订协议。

村社有权利不考虑成员意愿要求新增男丁的家庭多承担一份赋税和劳役，也有权收回懒散逃税的成员的土地，但村社还未出现这种情况。户主出让土地须征得其他家庭成员的同意，否则家庭成员有权向村社提出申诉。村社土地继承顺序如下：在没有法定或非法定（私生）男性继承人的情况下，户主死后土地由其妻子、姐妹和女儿继续使用，直到下一次土地重分。如果户主年迈有疾病或去世，则村社不能干涉家庭分产，也不能干涉选择新户主。如果儿子违反父亲的意愿分家，则父亲完全有权拒绝将任何财产分给儿子，甚至可以要求儿子作出补偿。

在霍尔莫夫村社一共有 10 户家庭。小型家庭（2—3 人）有 2 户，中型家庭（3—7 人）有 3 户，大型家庭（7 人及以上）有 5 户。农民有权支配自己的土地，还可以将土地出让给村社成员和其他人，不受村社限制。户主去世后，全部财产都由他的亲属继承。若无继承人，其财产应当充公，所分配的土地应收归村社。若继承人尚且年幼，则土地和全部财产会被监管。村社应从继承人身边选择一个品行端正、经济充裕的监管人。

重新分家后从家庭中分离出去的成员可从原来家庭分得土地。养子的土地应从村社中分得，而不是收养他的家庭。没有加入自己岳父村社的农民在岳父去世后不能占有其土地。如果想要占有，需要征得其岳父所在村社的同意。村社新成员可分得剩余的或是空闲的耕地和草场。村社不对农户的安置提供任何帮助：不提供建筑材料，不提供税收优惠和劳役减免。离开村社的农民应将土地交由村社处置。农民不能将土地作为私有财产。

村社成员共同承担的义务如下：担任乡备用基地贷款、承包以及供应的证明人和担保人，同时要帮助生活困难的村社成员。除了缴纳税款，农民在向乡粮食基地和乡存储仓库全数归还粮款时也承担连带责任。此外，如果公职人员挪用国家或是村社公款，但不能自行采取办法补上相应数额时，这笔费用应由村社承担，但是这种情况很少见。

最后我们来谈一谈村社农民的经济状况。一个农耕区的富裕程度或多或少与两个农业领域有直接关系：耕种业和畜牧业。当然各种农副业对农民的生活也有重要影响，比如：森林狩猎业、林业、马车运输业等。但是这些短期的行业仅能给农民生活提供一点补贴。霍尔莫夫村社第一大农业领域——耕种业已处于成熟阶段。除了歉收的年份，所囤积的粮食不仅可以满足农民一年的所需，而且一些农户尚有大量盈余。这不仅仅因为该村社拥有大量农业份地（人均 1270 平方俄丈），极大地超过了平涅日城，还因为耕地多分布在丘陵地带，因此粮食比其他地区成熟得早。村社平整土地后，新增了 1400 平方俄丈耕地，这极大地促进了农业重要领域的发展。村社的畜牧业同样处于较为成熟的状态，囤积的牧草和草场上收割的干草不仅能够满足已有牲畜所需，而且还有剩余，可以用来售卖。与此同时，在平涅日城其他地方部分甚至是全部户主没有牲畜或者缺牛少马，但霍尔莫夫村社的每个农民都农畜齐全：马、牛和羊都有。村社共有 64 人，现有牲畜数量如下：14 匹马、20 头牛和 32 只羊。由于霍尔莫夫村社距平涅日城较近，畜牧产品（肉、皮毛、毛织品）和相应的奶制品（奶油、牛奶）都有销路。离平涅日城较远的村社则无法通过这个方式来提高其成员的经济水平。没有农活时，农民从事不同种类的行业，因地制宜增加经济来源。几乎村社的所有农民都从事捕鱼业。捕鱼带来的产品不仅能满足当地需要，而且还能进行销售。捕鱼工具有渔网、鱼栅、鱼篓等。村社中有 2 个渔网，其中一个供三个农户使用，另一个归农民私人拥有。每年捕获的大马哈鱼超过 25 普特，平均每普特能卖到 8 卢布。每人每年通过大马哈鱼就能赚 50 多卢布。除了大马哈鱼，村社还捕捞白鲑、茴鱼、狗鱼等其他鱼类。在平涅日城有相当多的农民从事伐木业，平均每人能赚 30—70 卢布。有一部分人从事森林狩猎业。这个行业经济效益不高，因为在村社所辖的山林中野禽并不多。两人从事马车运输业（主要到阿尔汉格尔斯克纳乌莫夫），平均收入为 15—25 卢布。只有一个农民从事陶瓷生产业，在室内工作，生产材料为黏土、碎石等。其平均收入取决于需求量，一般在 15 卢布及以上。

克拉斯诺戈尔村社[1]

同属于波德博尔乡大德沃尔"乡村协会"的萨拉斯卡村、克拉斯诺戈尔村、大德沃尔村、费奥多洛夫村（也叫赫德列夫村）和乌斯奇瓦尔巴利村组成了一个土地村社，也就是克拉斯诺戈尔土地村社。过去上述每个村庄都自己组成了一个单独的土地村社，但自 1857 年以来，他们都通过自愿协议加入到了一个村社之中，这是因为一些村庄拥有的耕地多，而另一些村庄则拥有的耕地少，从而实现了土地的统一分配。

上述村庄的形成时间没有准确的资料，我们只能说每个村庄的存在时间至少在 300—400 年。直到 1780 年，当沃洛克管辖区成立时，平涅日镇的所在地，以沃洛克教堂（大波戈斯特教堂）和布尔辛斯卡亚村的名字而闻名。在平涅日市，包括在阿尔汉格尔斯克省的常规县镇中，最初独立存在的布尔辛斯卡亚村后来与该市合并，一部分居住在该村的农民进入了小市民阶层。对于布尔辛斯卡亚村的其余居民来说向小市民阶层的转化并不受欢迎，所以他们在 1840 年至 1874 年迁移到塔夫拉日斯科村，成为该村社的居民。但除了这一现象之外，还应该注意到另一种现象，在市政府的建议下，当地向小市民阶级过渡的居民几乎成为了平涅日市的基础，这是克拉斯诺戈尔村社非常典型的特征。波德博尔乡大德沃尔公社的其他一些村社中也发生了类似的转变，这说明，事实上，与阿尔汉格尔斯克省的所有其他地区相比，该辖区人口中的小市民阶级占比很大。被观察的村社中，大德沃尔村和乌斯奇瓦尔巴利村发生了上述转变，目前，大德沃尔村有 2 户人家、乌斯奇瓦尔巴利村有 8 户人家被列为小市民阶级，总人数为 57 人。

要解释某个村庄的名称，除了与该地区的特点或地理位置有关的数据外，还可以关注存在于该村庄的民间传说。塔夫拉日斯科村庄的名字来自它所在的"峡谷"区域；乌斯奇瓦尔巴利村庄——位于沃伊巴拉河口的位置，沃伊巴拉河（Войпала）这个名称在农民中有以下传说：以前河边有座山，有一个老爷爷和一个老奶奶在爬山时，老奶奶跌跌撞撞地对那个男人喊道："哎哟，我倒了"，结果这条河就得到了奥伊巴拉（ойпала）这个名称，后来又叫作沃伊巴拉河（Войпала）。克拉斯诺戈尔村这个名字与它处于高地的位置相关，

---

[1] 资料来源：兹纳缅斯基 И. Ф.：《平涅日县农村土地公社》，阿尔汉格尔斯克省印刷厂，1895。

这个高地与一个农民的绰号克拉斯诺（крестный）有关，他是所有新生儿的教父，大德沃尔村的名称源于一个大家族，家族里住着许多人，他们为这个村庄做出了巨大的贡献；最后，费奥多洛夫村（赫德列夫村）的名称，正如故事中说的，来自费奥多尔村的女孩，她和其他农民与完全独立的住户一起进行土地分配。

土地被分配给家里没有女儿结婚的农民，有时会分到相当大面积的土地，而这当然与女主人的品行和道德品质有直接关系，这种情况在从前人口较少的时候是很常见的。在这里，有一个女人叫费多拉，她从她父亲那里得到一块土地，供她使用，因为她是村里唯一的一个没有结婚的，所以村庄名字源自这个姑娘。

该村社位于平涅日河右岸，距平涅日镇0.5俄里，平涅日河上游距克拉斯诺戈尔村社0.5俄里的鲍里索夫村社与纳扎利耶夫村社也属于波德博尔乡的大德沃尔"乡村协会"。村社内有作为宅院地和农耕地的肥沃土地，以及城镇周围使用的贫瘠土地，其总面积为190俄亩，长1.25俄里，宽1.5俄里。

村社中共有268名农民，分布情况如下：

村庄名称	男性	女性	总计
萨拉斯卡村	47	45	92
克拉斯诺戈尔村	36	27	63
大德沃尔村	40	37	77
赫德列夫村	10	10	20
乌斯奇瓦尔巴利村	10	6	16
总计	143	125	268

虽然村社周边也有土地属于住在大德沃尔村和乌斯奇瓦尔巴利村的小市民阶级，但是，农民根据他们的土地所有权，构成一个独立的村社，并有权完全自行决定如何处置他们的土地，且不受同一村社的其他成员以及居住在该村社的小市民阶级的干涉。分给农民并计入村社的土地总量共193俄亩76平方俄丈，其中包括56俄亩1752平方俄丈的耕地，136俄亩724平方俄丈的草场，人均耕地面积达1116平方俄丈，人均草场面积2681平方俄丈。除了分配的土地外，克拉斯诺戈尔村社的很大一部分农民都有自己的土地——是从耕地和草场周围的森林里开辟出来的，村社中的这种土地面积达48俄亩711平方俄丈，草场用地达40俄亩2147平方俄丈，耕种用地达7俄亩964平方俄丈。宅院地属于遗产地，不再分配。菜地和大麻田不属于宅院地，属于耕地的范畴，每个户主最后可以分到100平方俄丈或更多的土地。

在恢复建筑时，若建筑章程允许则应在原址翻新，否则应根据已确定的规则重新寻找新的地点。

以下数据显示了该村社土地上的房屋和其他建筑物的数量：

	住宅	粮仓	打谷场和谷物烘干房	澡堂	磨坊	打铁场
萨拉斯卡村	19	10	16	12	1	—
大德沃尔村	9	4	4	9	—	1
费奥多罗夫村	3	3	3	3	—	—
乌斯奇瓦尔巴利村	3	1	1	2	—	—
克拉斯诺戈尔村	3	2	2	3	1	—
总计	37	20	26	29	2	1

该村社的耕地位于村庄周围，长期以来被划分为几个部分，称为轮缘；后者又被分成更小的部分——区或带。这些地区都有特殊的名字即借用了祖先的名字，像轮缘名字有：诺索瓦、博罗维耶、波别列日耶、克列皮谢、冉拉维茨、奥列尼黑、波德索尼耶、戈留申黑、罗曼尼黑、希黑、茨维列夫基、普里斯隆、切特维尔季、扎奥焦尔基等等；区域名字有：斯捷潘诺娃·诺维娜、普里斯隆、拉希季和、布吉、加加里、波德罗申娜等。

根据土壤质量，土地可以分为三个等级，在这种情况下，人均可分得所有等级土地1116平方俄丈。个体农民之间的土地分配既可以通过多样化也可以通过相互协议来实现，许多农民不情愿，或者更确切地说，他们没有从位于另一个村庄的第一类土地中得到利润，他们满足于第二等级甚至是第三等级的土地，如果只有后者靠近他们的家园或在其他土地旁边，这是他们想要的。正如他们所说，更好的是第三等级，比第一等级近，但距离也很远，相反，其他农民只使用一等土地，尽管人均数量略低于有较低等级土地的农民。应该指出，克雷斯诺戈尔斯克村社的一个特点，是在土地的使用上存在"带外"所有权，这是由于该村社小市民阶级人口的存在。虽然人数不多，但几乎在每一圈农民的土地中都有小市民阶级，这样的小地方，虽然在农民和平民中间没有引起相当大的混乱，但在目前看来，这种现象也有不利之处。未来，随着人口的增加，鉴于条形田被分割成小块，这种"带外"的所有权对农民和小市民阶级来说都是不利的。分给农民的田地或条形田被1俄尺或1/2俄尺宽的草带隔开，为了耕种土地农民必须通过这些命名的街道与周边相邻的田地分开。农田的形态极其多样，取决于轮缘的形状，如果轮缘有一个直接的方向，那么农田（条形田）就是直的，有的条形田是楔形和弧形的。1857年，按照纳税人的数量进行了第一次耕地分配，为期18年，下一次土地分配是按照划分时的现有人口数量分配，耕地分配和干草地分配预计在1895年秋季，为期10年。在村社中没有进行土地再分配，同样的划分，或者称之为"交换带状田"，是农民经双方协议彼此交换条形田，因此，有的农户因为添新丁而增加了适当数量的土地，还有些农户家中有人去世，收回其相应数量的土地转分给人口增多的农户。如果土地交换时村社成员所分得的土地规模、土地质量和其他人是不一样的，只要他同意，缺失的那部分土地会在别的地方补偿回来，这种增加的土地称之为"零块土地"。

分配时的荒废地通常留给使用他们的户主，特别是许多在20—25年前就荒废的土地，现在只有懒散的农民才会有这种情况。如果有完全无继承人的土地所有者，或者土地所有者自愿将土地返还村社或积累了大量欠款，以及一些农户家庭成员数量减少或其他农户有家庭成员增加的情况，在这些情况下，除了共同部分之外，还有私人部分，也就是所谓的减少赋税和增加赋税。除了一般的可耕地，如上所述，有些农民还拥有从森林里开垦出的耕地。村社中这样的土地面积为 7 俄亩 964 平方俄丈，分配给 20 个住户，分配到的土地面积最大的为 1 俄亩 100 平方俄丈，最小的是 170 平方俄丈。

分配耕地和分配草地的方式和时间相同。属于村社的草场和耕地在不同的地方，最远的草场在 40 俄里外，最近的距离耕地 1/2 俄里。根据它们的位置和质量，草场分为三个类型，每个人通常三种类型的草场都有，一般来说，人均 2681 俄丈草场。除了根据草场位置产生的通用名称外还有祖先留下的个别名称，如：罗格维茨草场、耶洛维茨草场、勒木其内草场、马斯里哈草场、瓦洛图哈草场、卡贝伊哈草场、戈尔基草场、查列维内草场、马克鲁申草场、恰布鲁索瓦草场、佩塞尼查草场、扎克拉伊内草场、诺斯卡草场等等。最大的条形草场面积可达 2000 平方俄丈，最小的只有 10—15 平方俄丈。人们通常认为每个农民的农田都在不同的地方，但也有一种情况，即根据自愿协商，有些农民的土地在一个地方。如果有的土地带不规则，会有多出的或划出的部分，这种增加的土地就是"零块土地"。过去，大约 30 年前，克拉斯诺戈尔村社的农民通过侵占方式使用草场，草场位于索夫波利斯基纳乌莫夫、流入鲫鱼湖的拿索尼哈河沿岸，整个村社共同使用这些草场。目前，像鲫鱼湖及其拿索尼哈河沿岸地区的土地用于租赁，租赁的湖以其丰富的鱼类资源而闻名，和一些农民一样，草场的租户来自上述村社的平涅日镇的小市民阶层。正如林业技术员和农民所说，一部分草场已经荒废了。

除一般的干草场外，农民们还有自己从林地中清理出的干草场，面积达 40 俄亩 2147 平方俄里；大部分的草场是私人的，只有一小部分是集体的，面积最大的草场为 8 俄亩 150 平方俄丈，面积最小的为 240 平方俄丈。

位于村社周围的林地距离河流很近，这里给农民提供了丰富的生产各种工艺品的资源。在森林中，除了砍伐木材以供销售外，还可以捕获各种野兽和鸟类，可以湖上徒手捕鱼，既可以供当地人食用，也可以售卖。

此外，农民有权每年使用一定数量的林地，减少税收，这是家庭需要的。这种情况下，根据每户家庭的实际需要在村会上进行资源分配，对于新建房屋和建筑物修葺，农民们根据森林部门的许可使用森林，而且要承担其全部费用。森林工业，即在该村社中用于商业的锯木厂，可以说是不发达的，因为周围的森林质量不太适用于此目的。

克拉斯诺戈尔村社农民可以支配的公共土地上，有牧场（养牛的牧场）和泡麻池，那里有亚麻和大麻。在牧场下有两个草场：夫谢波利斯基草场和库拉戈尔斯基草场，夫谢波利斯基草场位于平涅日河畔，起于瓦伊巴河，面积达 20 俄亩；库拉戈尔斯基草场位于赫德列夫村对面的斯捷潘诺娃岛上。上述牧场对于平涅日的市民和克拉斯诺戈尔村及其邻近村社的农民来说都是公用的，但应该指出的是，近年来上述草场越来越多的空间开始被据为己有，因此，经常从农民那边听到抗议抓捕将草场据为己有的市民。无论是牛还是马，从春天开始吃草直到第一场秋雪的到来，虽然在这段时间，一部分牛马去了森林，一部分牛马去了最近的水地草甸。近年来没有雇用专门的牧人，以前，总是用 25 戈比雇用一位牧人来放牧各种牲畜。没有专门的牛犊和绵羊牧场,它们与其他牲畜一起吃草。村社所有成员使用泡麻池的权利是相同的,不受任何条件限制。

耕地和草场的划分方式是:到了划分土地的时候,农民找到村长,村长负责组织村会,村会通常由农户户主组成,但也有使用土地的寡妇参加。若使土地分配通过决议并具有合法性,就需要大会上有投票权的全体户主中三分之二的人同意,若户主缺席,户主的妻子和年长的家庭成员在集会上有权投票。

公社为分配土地雇用一名有一定学识的人将轮缘名称、条形田名称、草场名称、它们的面积、每个村庄的人口数量以及每个户主增加或减少的土地面积写进一本特别的书里,每人需支付一定费用(最近一次分配时每人支付15戈比)。同样,农民测量条形田和草场的尺寸。耕地和草场长度为10俄丈,宽度通常也有几俄丈。耕地通常有3—4俄丈宽,耕地带会被一些窄边分开,草场被木桩分开,每个住户都有特殊标记。

克拉斯诺戈尔村社的经济事务制度不具有典型特征,与列乌诺夫村社和霍尔莫夫村社相比,克拉斯诺戈尔村社没有经济事务制度和村社法律成员的关系,因此重复出现农村土地信息收集方案中所提到的问题,该村社对此仍然没有答案。

村社实行大田两区轮作制,轮作之后,通常在下面留出整个轮缘的育种地,然后播种黑麦,然后在3—4年的时间里,种上大麦,然后再次轮种。肥料,除了普通的粪肥外,还需要劳动力,种植四分之一的大麦需要8—10车肥料,黑麦是前者的两倍。庄稼收成和作物生长和成熟过程中的土壤质量和天气条件有直接关系;大麦的最高产量为8—10成,黑麦为12成,黑麦的中间产量为5—7成,大麦最低产量3—4成,黑麦为4—5成。耕种虽然是村社人口的主要活动,但它仅在丰收年份能保障村民的粮食,在贫困年代,很大一部分人不得不购买口粮。农业的另一个分支——畜牧业,处于中间位置,根据所收集的数据,有关不同种类牲畜的数量信息如下:

村名	马	牛	羊
克拉斯诺戈尔村	12	13	31
萨拉斯卡村	25	33	71
大德沃尔村	17	12	60
赫德列夫村	3	7	14
乌斯奇瓦尔巴利村	2	3	7
总计	59	78	183

换句话说,村社里5个人一匹马,4个人一头牛,2个人一只羊。对此应当指出,6个使用土地的农户没有家畜,10个农户没有马,12个农户没有牛。蔬菜栽培,也就是种植土豆、芜菁、萝卜、大麻,没有特殊的盈利农产业,因为收获的农作物主要供当地人食用。

当然,在这种条件下,农业经济不能满足居民的全部需求,特别是给予适当的机会,付清所有未付的款项、税款，鉴于此，居民被迫以其他方式维持生活。

森林狩猎村社雇用 5 人，每位猎户平均收入 10—25 卢布，他们猎捕榛鸡、松鸡、黑琴鸡和一些松鼠。7 个人去捕鱼，捕鱼活动在平涅日河或森林里的湖里进行，捕鱼需要鱼篓和 3 个渔网，森林湖面积不大，有 30 俄亩，主要是小鱼。这些农副产品不仅供当地人食用，还会去平涅日镇上售卖。农副产品年平均收入 25 卢布。森林产业发展水平较低，主要是工厂砍伐树木，而从事森林业的只有 7 人，其中两人属于市民阶级，人均收入 40—100 卢布。砍柴进行售卖的共有两人，人均收入 30 卢布。此外，有 9 个人就职于私人和国家部门，两个人是护林员，一位是警察，两位是县警察局办事员，一位是兵役机关警卫，一位是县法院陪审员，一位是文书官，一位是负责商业准备和接待的官员。从事这些职业的人人均年收入 84—350 卢布。此外，村社中有一个铁匠铺，可以给其主人每日创收 10 卢布；两个风磨坊，每日收入 10—15 卢布；一个树脂蒸馏厂，每日可收入 20 卢布；三个砖厂，9 个工人每日可生产 9 吨砖，每日创收高达 250 卢布；还有一个羊皮厂，在住房生产数额达到了 40 卢布。最后，还应指出，有两位看炉工，年人均收入 100 卢布，还有一位修盖屋顶工人，每年收入 40 卢布。

村社需缴纳：国家税 250 卢布 41 戈比，公社税 117 卢布 73 戈比，共 368 卢布 14 戈比，国家税人均 205.25 戈比，公社税人均 96.5 戈比。此外还要交纳 23 卢布 5 戈比的森林税和 18 卢布 44.5 戈比的保险费；二者的分配是不均衡的，前者在森林资源分配到每户的数量上是不均衡的，后者是结构价值上的不均衡。上半年交纳税款期限是 7 月 1 日，下半年是 1 月 1 日。所有的费用根据拥有土地的人口数量平等分配，无地人口无需缴纳任何费用，并且无需履行村社义务或本应履行的义务，村社会承担这些义务。

最后介绍以下户主的数量和克拉斯诺戈尔村社的家庭组成：共有 44 个农户，其中使用一份地的有 11 户，两份地的有 14 户，三份地的有 6 户，四份地的有 7 户，五份地的有 4 户，六份地的有 1 户。此外，村社中的 8 个孤儿和 4 个赤贫农也有份地。村社家庭组成如下：小家庭 11 户（1—3 人），中等规模家庭 17 户（3—7 人），大家庭 6 户（8 人以上）。

波戈斯科戈尔村社[1]

平涅日县苏尔—谢尔盖乡的波戈斯科戈尔土地村社由 5 个村庄组成：扎波尔村庄、克利莫夫村庄、亚克申村庄、杜金村庄、安尼基耶夫村庄，这几个村庄在 1861 年前都有单独土地村社。波戈斯科戈尔这个名称与最后一个教堂的高度位置相关。暂无该村社中每个村庄的确切形成时间信息。但这些村庄的存在时间不少于 350—400 年，在此指出，村庄里约 300 年前就建造了教堂。民间没有流传的传说能够解释其他村庄名称的来源。从前，苏尔—谢尔盖乡是由上述村社和临近的季莫申乡、亚鲁舍夫乡一同组成一个村社，最初的村社理事会在舒洛缅尼村，后来在尤勒金斯科村。1861 年这两个乡从现在的苏尔—谢尔盖

---

[1] 资料来源：兹纳缅斯基 И. Ф.：《平涅日县农村土地公社》，阿尔汉格尔斯克省印刷厂，1895。

乡中独立出来，形成了比留切夫乡，这个名称源自最初乡理事会所在的村庄，现在在波戈斯科戈尔村里。比留切夫乡按照村民的申请改名为苏尔—谢尔盖乡（1895年6月2日颁布的省农事法令），他们希望他们的后代永远铭记普罗托伊叶列·奥安恩·伊利伊奇·谢尔吉耶夫，他为他们，特别是同乡，在粮食和金钱上提供了大量的帮助，并在波戈斯科戈尔村北部建造了宏伟的教堂，为教会牧师提供了房屋，为在模范教区学校学习的孩子提供了栖身之地。

40年前，波戈斯科戈尔村社的所有5个村庄中，只有26户人家，目前共计41户。除了经同意从其他地方迁移过来的农户外，没有其他的情况。经统计推算，现在波戈斯科戈尔村有265位村民，其中男性131人，女性134人，人口增加的主要方式依靠自然增长。该村社位于平涅日河左岸，距离韦尔科利斯基修道院42俄里，该修道院位于亚鲁舍夫乡边界处，距离平涅日镇220俄里；宅院地的总面积约为30俄亩，换句话说，建筑物周围有很多空地，延伸长度为1俄丈，宽150俄丈。村社中有43个可供居住的房屋，64个不可居住的房屋，其中包括26个粮仓、24个澡堂、14个打谷场。公有土地只属于村社，因此农民作为一个单独的团体，有权自行决定处置土地，而且同村村民不会对此进行干涉。村社共占有149俄亩600平方俄丈的土地，其中耕地面积63俄亩600平方俄丈，草场面积86俄亩。此外，大部分农民都有自己开采出的森林地，村社中此类土地面积达51.5俄亩，其中耕地面积20俄亩，草场面积31.5俄亩。村社周围和靠近河流的地方有大量的针叶林和落叶林，都是属于农民的，还有可回收利用的物品都是他们的财产，在平涅日河及其支流：苏拉河、亚夫佐拉河、库洛斯河、皮尤拉河以及纳扎罗沃湖（3俄里处）、维泽利斯基湖（12俄里处）可以捕捞各种鱼类，例如：狗鱼、茴鱼、江鳕、一些主要供当地人食用的鲑鱼。猎户在森林里捕获鸟类和野兽。大量的木材林分布在离村社很近的地方，有助于这里的林业发展，给村民带来了可观的收入。除此之外，每个户主有权在减少农民税的情况下，每年根据自己的需要使用一定数量的木材。每年向村社提供原木301立方俄丈、木杆860立方俄丈、木桩1290立方俄丈、木柴172立方俄丈、干柴43立方俄丈，平均每户原木生产量为7立方俄丈（每立方俄丈原木4.5戈比），木杆20立方俄丈、木桩30立方俄丈、木柴4立方俄丈、干柴1立方俄丈（这些木材每立方18戈比），尽管需要指出的是根据每个农民的实际需要来分配森林资源。原木和木材半成品需要在3月15日之前生产出来，其他材料在9月1日前生产出来。不只是上述村社，还有平涅日县城，不止一次委派护林人迫使农民短期内将木材准备好并运出，农民向当地的森林人提出申请，要求延长期限，主要原因是在截止日期之前完全无法生产出当年所需的木材，并且因为每年的第一个月农民需要去很远的地方采伐干草，发展林业，也就是说，为了商业部门的森林砍伐和局部森林捕猎，完全出于自身的角度提出申请并找到准备木柴的时间，将截止日期延长至4月15日。平涅日县农民的经济条件是依靠间接收入，大多数的居民依靠林业或森林捕猎挣钱，既能提高农民的物质福利，又能使农民有机会在履行货币义务和自然义务的同时，定期派遣农民，使农民的生产与家庭需要的木柴生产正好吻合。应该注意的是，每年的头几个月里，农民们都会用很长时间从遥远的地方运来干草，而这些地方通常距离他们50俄里或更远。因此，当木柴在最后期限即4月15日前，应考虑到农民需要或使用更少的时间工作或留下牲畜饲料,这当然不能反映他们的经济状况,特别是当在春夏时节不运输干草且不生产农产品时,就可以在规定的时间内生产木柴。

若生产木柴的截止时间延期至 9 月 1 日,就应在春季的月份砍伐树木,不能对公家财产造成损害,同时,也不可由于农民未能及时准备好木柴而在未指定的时间内进行砍伐。春季砍伐的木材以 1 俄尺长的木墩的形式留在伐木场,等待护林员的检查,然后在 9 月 1 日之前按照林业主管的指示进行砍伐。

属于波戈斯科戈尔村社的土地在以前就被划分为几部分:轮缘地和未开垦的处女地。二者的区别在于土壤的质量。通常轮缘地的耕地土壤为 1 等级或 2 等级,荒地的土壤为 3 等级或泥浆土,此外,荒地相比轮缘地所处位置较远,在距离村社 4 俄里或更远地方。轮缘地分布在三个地方,一部分在平涅日河左岸,另一部分在平涅日河右岸,波戈斯科戈尔村对面,这部分土地由该村社尤尔金村的村民轮流耕种,第三部分土地在苏拉河那边。轮缘地没有特殊的名称,它们借助所在地来区分,如:杰列文斯基、扎苏尔斯基。荒地以前就有自己的名称,并保存至今,如:玛勒金斯卡娅处女地、亚昆尼奇金纳、里亚布哈、奥斯特罗夫。坑地和曲线地上大多是稠李灌木、大麻、斜叶榕、河流、含沙黏土等。根据土壤质量,如上所说,分为三个等级:一等顶级,二等中级,三等荒地。因为轮缘地的土地质量不尽相同,按照土地的肥沃程度被分成大小不一的部分。村社居民通常会得到相同数量的一等和二等土地,还有三等级的荒地。虽然应该注意的是,只有在村庄轮缘地上所有农民才有土地。在其他轮缘地是不会有土地的,比如,有人的土地在扎苏尔斯基,在平涅日河那面没有土地。相反,事实上,不是在不同地方提供少量土地,而是为了减少在不同地方耕种田地所需的时间。无论是轮缘地中个别户主的条形田,还是荒地,彼此被狭窄的田边(窄边 0.25—0.5 俄尺宽)和插进垄沟里的尖尖的木桩分开。为了通行,在轮缘地和荒地里有特殊的道路,称之为小道或边界。

1887 年秋,村社进行了最近一次土地分配,根据 9 月 1 日前现有人口进行分配,农民改革以来分配单位没有改变,只改变了人均土地份额。村社中并没有对土地进行彻底式重分、私有重分或全新式重分,而是农民彼此之间根据相互协议交换条形田。在这种情况下,一些农户由于人口增多,也增加其土地数量,而另外一些人口减少的农户将其部分土地转移给人口增加的农户。值得注意的是,原土地所有者有权保留质量最佳的土地,同时给予新有土地使用者劣质的、施肥较少的土地。通常在交换时会将荒地留给那些之前使用过的农户们。那些黍田会交给村社的新成员,但是他们要和前土地拥有者共同剪羊毛,平分收获的庄稼,是很少见的现象。虽然在土地划分协议中提到,这种现象已经有 10 年了,但是,在土地收归国有、土地荒废和一些农户欠税的情况下,在这段时间内,赋税可能会增加或减少,在这种情况下闲置地会转移给最需要的农民,同时这些农民也有能力耕种土地并支付土地的公社税和国家税。村社里的耕地分布在不同的地方:(1)苏拉河河口,位于平涅日河和苏拉河中间,名为"河口",每个地带都有名字:里德涅马、梅斯、先金斯科、扎博里耶、伊霍利涅马;(2)苏拉河外,共同的名称"外苏拉河"下还有个别名称:亚克申草垛、萨温斯基草垛;(3)根据河流命名:苏拉、亚夫佐尔、库洛斯等,最远的草场距村社 30 俄里;(4)远处的草场称之为"科伊多米耶",一部分沿河流分布,一部分在苏泽木，最远的地方在50俄里外甚至更远。根据所在位置和质量，所有草场分为三类：第一类是河口草场和外苏拉河草场，或者称之为家庭草场；第二类是杂散草场，第三类是偏远草场。

农民侵占使用远方的草场，他们只有在重新划分的时候，才将草场留给以前使用它们的农民，这类草场就变成了第三类草场，尽管收集到的干草的质量可以被认为是最高级别的草场。

根据收集干草的数量，即在这个地方收集了多少车干草，可以测量家庭草场的宽度并将其划分为条带状，将杂散草场和偏远草场划分为楔形状。如果农民不同意获得某部分干草，会进行抓阄，有时面积会增加或减少。

菜地和大麻地是耕地的组成部分，每个户主根据支付能力的大小和地块的大小，从分配给他的100多平方俄丈的土地中划分出菜地和大麻地。通常土豆会在一个地方种植，其他植物在不同地方种植，大麻在黑麦后种植，芜菁、萝卜、大麻在休耕地内种植。

村社里距居民70俄丈处有一个牧场，长8俄里，宽12俄里，牧场的土壤部分是沙质土，部分是沼泽地，上面生长着一种很小的植物，可以为农民提供燃料。1894年村社村民采用了一些方法排干牧场的水，但结果不尽如人意。农民利用水渠排水，但是那时普罗托伊叶列·奥安恩·伊利伊奇·谢尔吉耶夫没有给这个项目拨款。同时，如果排水达到了预期状态，则不需要很多时间和人力，农民就可以得到巨大的好处，当牲畜在草场上时，不仅可以在牧场上获得养牲畜的牧草，而且还可以使他们的牲畜不会陷进草场上的沼泽地里。现在，从5月中旬开始将牲畜放牧到草场上，在那里放牧到6月10日，这给草场带来了严重的伤害，因为草地上的草被践踏得很厉害，在收割时，它无法达到预期的收成和质量。然后，从6月10日到8月15日，会把牲畜赶到指定的牧场，牧草收割结束时，会重新进入草场或较远的草场，会在那里一直吃草直到下第一场雪。

村社里没有专门的牧人，由于牧场上的牲畜没有牧人看守，所以每户人家会派一个人去偏远牧场，大部分情况会派青少年去放牧牲畜。村社里的其他农用地上有为大麻和亚麻开凿的水井和泡麻池。共15个水井，井水甘洌，泡麻池下面有湖，占地长度达60俄丈。所有村社村民有平等的权利使用水井和泡麻池，并且不受任何条件限制。

分配耕地和草场的方法没有特殊性。每隔十年进行一次重新分配，村民向村长提出组织村会的申请，通常参会的是农户户主，虽然也有使用份地的寡妇参会。如果户主的妻子和年长的家庭成员已经到了法定年龄，则可代替无法出席的户主参会，前提是户主已经向村长说明，将他们的投票权移交给他们的一个家庭成员。为了保证土地分配决议的合法性，必须通过2/3的拥有大会投票权的户主同意，反之决议无效。至于村社其他事务决议只需大多数人同意即可。除了不会抽签分配杂散地和偏远地外，其他条形田都要通过抽签的方式分配。所有的耕地和草场按照现有人数分配，通常每人分到的三种等级的土地面积是均等的。在最后一次土地分配时，村社里每人支付10戈比雇用里一位技术员，技术员的职责是计算每块土地面积，计算每位农民应分得多少土地和什么样的土壤，在特别的书上记录土地名称、条形田名称、土地面积和人口数量，每位农户都有单独的记录单。农民自己测量条形田，借助10俄丈长的铁链测量耕地带的长度，宽度也有几俄丈。没有测量家庭草场的长度，宽度是几俄丈；根据评价和干草量划分杂散草场和偏远草场。

测量农耕地的度量单位为 500 平方俄丈 0.5 俄石，换句话说，人均 1154 平方俄丈土地，人均获得一等土地的面积为 595 平方俄丈，二等土地的面积为 425 平方俄丈，三等土地的面积为 134 平方俄丈。草场土地测量——人均从 1664 平方俄丈里得到 5 大车干草。1862 年评估草场土地时，共收获 1183 车干草，共 20000 普特，每车 15—20 普特。根据农民的评价和描述，每车干草的质量差异在于，一方面是由于使用耕地的方法耕种草场，一部分这样的土地没有达到一般土地的质量；另一方面，达到预期的对草场进行精确测量是不可能的，并且会隐藏这种土地真正的数量。

村社中所有使用份地的共计 41 户，其中拥有 1 块份地的有 6 户，2 块份地有 11 户，3 块份地有 9 户，4 块份地有 5 户，5 块份地有 7 户，6 块份地有 2 户，7 块份地有 1 户。

就村社经济事务而言，波戈斯科戈尔土地村社与上述村社相比并无什么特别之处。没有牧人放牧牲畜，村社没有共用的公牛，现在农民也没有公牛，因此母牛会去相邻村社交配。村社中没有雇用轮流守卫看护森林，因为森林属于公有，由森林巡查员和护林人看守。村社轮缘地和荒地被围栏包围，菜地和草场周围也是围栏，高度不低于 1.5 俄尺。每人重新分配到 32 俄丈的菜地，此外，村社牧场围栏长 3 俄尺。如果牛破坏了围栏践踏了菜地，那么菜地主人应承担责任，并承担所造成的损失。村社中有以下建筑：农村商店、人民教育部农村学校、乡镇粮食办公室，一个村社的所有村庄负责维持并修缮这些建筑，按照人口的数量分配公社税。

波戈斯科戈尔村除了上述学校外，还有一所二级制教会学校，这所学校是在奥安恩·谢尔吉耶夫的资金支持下建造的。很漂亮的房子，豪华的家具，还为孩子们提供教科书和安身的地方，并且为孩子们准备好生活费和衣服，这吸引了大量的学龄儿童。

教会学校负责人表示，学校每月花费 300 多卢布，但实际上花费的金额要比这高得多。一学年有 86 名学生，其中女生 39 名，已经从二年级毕业的有 6 名；教育部学校的老师表示，教育部学校同学年招收 49 名男学生和 5 名女学生，其中 4 名男同学和 1 名女同学参加了考试。与教育部学校对苏尔—谢尔盖乡农民的好处和价值无关，在该教区，你需要注意对学生的个人观察，观察他的智力发展和知识掌握情况，男孩子们在这方面比教会学校的女学生更优秀，因为所有的学龄儿童由于生活费和衣服转到了教会学校，所以教育部学校在不久的将来会倒闭，我们不得不为这个事实感到惋惜。但是，塞翁失马，焉知非福。拉韦利斯卡耶村，位于亚鲁舍夫乡，和苏尔—谢尔盖乡相邻，几乎全是分裂主义者，那里没有学校，因此有大量的、没有接受过教育的学龄儿童。随着苏尔—谢尔盖乡的学校关闭，并将其移至亚鲁舍夫乡，该乡将拨放所需款额，将会带给该村社居民极大的好处，不仅使孩子接受了教育，也减少了分裂主义追随者的数量。该村社和苏尔—谢尔盖乡的筑路义务都是按合同执行的，每年人均需要为修整夏季驿道和维持冬季驿道支付 60 戈比。此外，农民有责任观察维护需要砍伐和运送木材的乡间道路。

整个村社没有出租土地、购买土地的情况。村社中没有这种习俗，根据该习俗，其所有成员将共同参与某些工作或共同耕作土地及分配产品。为了改良土地，做了以下工作，如：挖沟渠排沼泽地的水、清理灌木等。整个村社，除了外排牧场沼泽底的水外没有采取其他的措施。村社没有优化作物栽培制度也没有改进的工具,没有引进轮种法和牧草栽培制。一些农民甚至没有尝试在作物轮作方式、肥料和土地耕作方法等方面做任何改进。

村社采用大田两区轮作制:在种植黑麦之后,根据土壤质量,接连几年种植大麦,然后土地再次进入休耕期。通常,秋天给远处的土地施粪肥,在早春时节给近处的土地施粪肥,播种大麦时需要30多车粪肥(每车15—20普特)。耕种土地时用的工具是木犁和耙。种大麦的时候需要翻两遍地,种黑麦则需要4—5遍。通常从远处的、位于平涅日河和苏拉河畔的土地开始耕种,为此农民让马把耕种工具运过去,马儿在河边一直忙于耕种工作,运送工具,然后到最近的村社轮缘地。

该村社所有赋税共计390卢布38戈比,其中国家税240卢布85.5戈比,公社税149卢布52.5戈比,人均国家税为2卢布35.5戈比,人均公社税为1卢布20.75戈比。森林税和保险费不包含其中,森林税和保险费的分配是不均匀的。森林税(22卢布90.5戈比)按照发放至每户人家森林资源质量分配;保险费(28卢布5.5戈比)根据建筑物的价值分配。上半年支付日期是7月1日前,下半年是1月1日前。除森林税和保险费之外所有的税费平均分配,既不考虑劳动力,也不考虑农户家庭的富裕程度和支付能力。无地农民完全不用承担所有的赋税和劳役,村社替他们承担。为死者缴纳税费的义务由使用其土地的家庭成员承担。像乡长、他的助手、粮食管理员这些官员,在他们任职期间,在缴纳税款方面是没有优惠的,只是不用交纳实物赋税。此外,乡长和他的助手享有极其有限的年薪,没有特殊的份地。对于不按时交税或欠税的人,村社采取以下方法:(1)用欠税人的动产或不动产偿还所欠的税款;(2)售卖家庭中不必要的部分财产;(3)收回部分土地,通常转交给土地不足的农民,新的土地主人代替原土地主人交纳赋税和履行义务。

每个户主可以在所分配的土地上:(1)不遵守村社的农业秩序,例如,在春播地里耕种秋播作物;(2)可以自己确定开始务农的时间,虽然这种情况不常见;(3)可以决定如何、何时给自己的土地施肥;(4)可以出租部分甚至全部土地,前提条件是需征得村社其他村民同意,并形成具有法律效力的协议。村社土地继承有如下顺序:在户主死后,如果没有男性继承人,无论合法还是不合法,那么,他的姐姐们和女儿使用土地直到进行新一轮土地分配。只有在无人继承的情况下村社才能够继承农民的宅院地及财产,即在土地和财产所有者没有任何亲戚的情况下。户主死后,村社里的年长者会亲自为孩子选择监护人,并处理遗产,监护人要定期去村会上讲述自己在监护期间的行为。按照村会的决议进行家庭分产,在特定条件下,可以不按照决议进行。从家庭中分离出的人可以从原家庭土地中获得份地。擅自分配土地在村社中不常见,儿子可能会违背父亲的意志,会拒绝财产或父亲的帮助。最近5年间,有过3次家庭分产的情况,其中有一次是擅自分配的。新成员,或是收养的孩子,在登记入社时,会从全村社的土地中分出份地,最初分配的土地面积不等。村社将人口减少的农户的土地分给人口增加的农户。

村社成员的相互责任如下:作为村社贷款的担保人,同样需要帮助同村遇到困难的同乡,比如遇到火灾。除了交纳赋税的义务外,在偿还从村里商店或粮食办公室借的粮食或资金贷款方面都有连带责任。此外,若发生挪用公款的情况,村社要为在此期间他们选出的官员承担责任。

在与同村社拥有土地的农民的相同条件下，允许村社外来人员使用如牧场这类没有重新划分的土地，例如，外来的手工艺者、商人、神职人员、教师等。这些人使用宅院地有一定的前提，如，为村社交纳一定的费用。这些人员不必缴纳公社税，因为他们无权参加关于增加和分配公社税的村会。

关于波戈斯科戈尔土地村社的农民经济问题，首先应注意的是，无论是苏尔—谢尔盖乡，还是波戈斯科戈尔村社，都能够保障居民生活。有来自奥安恩·谢尔吉耶夫的资金和粮食支持，村社里耕地业和牧业两个主要农业经济蓬勃发展，还推广了大规模森林采伐、森林狩猎。近几年平涅日区当地工业基础建筑的经济福利方面有如此有利的条件，是很少见的。但欠税人的数量确实是与之相对的。波戈斯科戈尔村社由41户人家组成，共265位居民，欠税情况如下：农村储备商店大麦约800普特。村民粮食委员会185卢布48.75戈比，乡粮站147卢布，村社资金115卢布，村会上未缴纳森林税和公社税共计129卢布40戈比。根据农民自己解释，这种情况的原因主要是人们对服装的热情越来越高，已经养成了喝茶吃蛋糕的习惯，而对大多数农民来说，部分原因是不活动和过度懒惰。确实，看每逢过节时苏拉人民漂亮的女性代表，最深的印象就是她们在服装上花越来越多的钱，服装的颜色不同，样式多样，这在农民看来是很奇怪的。苏拉人民非常喜欢喝茶，在开放航路之前，全乡都没有卖糖的。居民也会花很多钱买酒。1893年前波戈斯科戈尔村曾有一个红酒铺，根据农民在决议中的申请，红酒铺已经关闭了，但是在临近的亚鲁舍夫乡拉韦利村，有一个曾经是比留切夫乡的村民重新开了酒铺。在拉韦利村也有像波戈斯科戈尔村一样的酒铺，销量也很大。但由于消费超过了从中获得的收入，这家店的老板和店伙计被迫放弃了拉韦利村的酒铺。现在新的酒铺掌柜，除了在营业执照和商业资料方面有支出外，还需支付给店伙计高额年薪（175卢布），村社也同意他重新开酒铺，当然，不能忘了自己的个人利益。如果酒铺卖出了一千多维德罗的酒，在这种情况下可以卖8000卢布，这是拉韦斯里村社和苏尔—谢尔盖乡的农民对红酒的需求，超过村社一半的居民的需求。但这也是该村社居民浪费钱的体现。在接下来的6—7年里，波戈斯科戈尔村需要大量的劳动力建造不同的建筑，但让苏拉人民羞愧的是，只有部分居民参加了这项工作。主要的工作人员来自于其他地区，因此大量的工资都到了别人的手中。

耕种业与畜牧业相关，虽然是村民的主要工作，发展也很顺利，但是只有在丰收年才能保障村民的粮食需求。在歉收年间，部分拥有土地份额很少或土地施肥不够的农民，不得不向农村商店贷款或购买粮食。村社内可耕种土地面积63俄亩600平方俄丈，人均1154平方俄丈，如果将平整出的森林土地（20俄亩）与份地结合，那么波戈斯科戈尔村的村民人均可分得土地1525平方俄丈，平涅日地区不是很多人能够拥有这些数量的土地。其他农村地区的数据显示，村社的畜牧业发展情况如下：村社内有39匹马、81头牛和135头羊。2户人家没有牛，8户人家没有马。按村民数量平均下来，7个人一匹马，3个人一头牛，2个人一只羊。

农民偷懒当然不是一个普遍现象，大部分农民都想满足自己的需要，缴纳免服兵役的费用，为此他们做各种不同的工作来挣钱。有15名家庭主妇伐木挣钱，1894—1895年，总共储备3000根原木，人均所得30—70卢布。7个人储备薪柴，每劈柴及搬运1立方米薪柴，可得 2 卢布 30 戈比，锯断木柴可得 60 戈比。薪柴储备为 62 立方米，还有别村的村民也在储备薪柴。

8 人从事狩猎工作，人均所得约 10—20 卢布，以前主要猎取花尾榛鸡，现在抓黑琴鸡，猎取松鼠的数量十分有限，一对花尾榛鸡曾经可以卖到 22—23 戈比。随后，两人开始锯木头来建房子（人均 50 卢布），这项工作主要在夏天进行，这项工作招助手在已有材料的基础上昼夜工作，薪资约为 30—40 戈比。还应该指出，三人在从事森林工作，其中两人是森林巡查员，每人的薪资为 268 卢布，一人是护林人（118 卢布），一人是乡里文书（300 卢布），还有一人是教堂守卫员（120 卢布）。最终，村社土地状况如下：有水力磨面机的磨坊，磨坊主每年收入为 25 卢布；皮革厂，只存在了两年，属于一名从申库尔斯克县搬来的农民，它的布局很简单：一间放有炉子和几个大桶的仓库。产品是黑色鞣制皮革，原料主要是马皮和母牛皮，每年可以生产 400 多件，每件价值为 70 戈比—1 卢布 50 戈比。

最后，简单介绍一下在波戈斯科戈尔村开设一家公共商店的必要性。在波戈斯科戈尔村开一家这样的商店并不是新鲜事了，只是由于缺乏必要的资金而拖延了这项工作的执行。但目前，据我们所知这一想法即将实现。善良的苏拉的天才和庇护者伊奥恩·谢尔盖耶夫帮助了他的同胞，并且他决定拨出必要的资金来开一家公共商店。这家商店对农民产生的好处与意义无法描述。现在波戈斯科戈尔村 265 位村民实现并开设了三家商店，包括各种商品，正在建第四个商店，那店铺收入也不少，虽然那时的需求不能令人满意，并不是因为所有商品的价格都过高，而是商品质量通常令人担忧。当然，随着一家公共商店的开业，贸易开始走上正轨。首先，质量不合格的商品将被淘汰，因此商品价格将大幅下降。将会促使归伊奥恩·谢尔盖耶夫所有的船直接从阿尔汉格利斯克或沃洛格达运送所有货物。最后虽然半数金额被目前的商店店主获得，用于造福村社……是的，公共商店对于村民有着巨大的意义，如果在波戈斯科戈尔村没有延迟开设这样的商店，那么在不久的将来，会给苏尔—谢尔盖乡的村民及对其相邻的季莫申和亚鲁舍夫乡的村民带来更好的生活。

卡尔波戈尔村社[1]

尼基京乡包括乌斯京村、图皮科弗村、安尼西莫夫村、弗拉西耶夫村、第一尼基京村、第二尼基京村和格里申村，它们共同组成了卡尔波戈尔土地村社。

在 1851 年的第九次全国人口普查之前，上述所有村庄——或者叫作"家庭公社"——都是按照各自的土地所有制度形成了一些独立的土地村社，但由于一些村庄人口增加（在 1851 年人口普查前，卡尔波戈尔村共有 147 名男性，其中包括 6 名士兵）造成的份地不足使得它们合并成了一个村社——卡尔波戈尔村社。关于上述各个村庄建立的时

---

[1] 资料来源：兹纳缅斯基 И. Ф.：《平涅日县农村土地公社》，阿尔汉格尔斯克省印刷厂，1895。

间，只有第二尼基京村较为特殊，它是在第一尼基京村的一户居民迁出后建立起来的，当时村里只有两户人家，民间没有任何传说流传，因此它们如何得名我们也无从知晓了。我们只能指出，过去这些村庄的房屋建在另一个地方，也就是在临近平涅日河的岸边，距离它们现在位置的半俄里处。有一些原因使得村庄迁移，他们占用的土地是可耕地——一级土壤。随着人口的增加明显可以感觉到土地不足，而如今划出的用于建设宅院地是沙土，根本不适合种植粮食，位于平涅日河岸边火灾后重建的复活教堂（150 年）也可以证明，这样的迁移约150 年前曾发生过。最近一段时间村社的变化体现在行政关系中。1861 年之前，包含着卡尔波戈尔土地村社的尼基京乡只是名为艾诺戈尔的村级行政单位，后者在行政关系上隶属于米哈伊洛夫区管理局，米哈伊洛夫区包括尼基京乡、米哈伊尔乡和特鲁凡奥戈尔乡。

该村社的迁出和迁入情况十分稀少，只有两个农民从弗拉西耶夫村迁到流入平涅日河的皮尤拉河沿岸地区，建了个名为"比赫捷玛"的新村落，类似迁移的情况近年来不超过四五次。从其他地方迁入的情况也有限，根据数据统计，在最近五六十年内卡尔波戈尔土地村社的人口增加了近一倍。目前村庄人口总数为 404 人，其中男性 205 人，女性 199 人，呈现较高的自然增长。村社分布在平涅日河右岸，距离平涅日市 133 俄里，空间上长1.75 俄里，中部宽 200 多俄丈，两侧宽度不到 0 俄丈，澡堂和谷仓主要位于住宅的后面，尽管有一部分也位于住宅前面——位于从河岸绵延的田地后面。下面是各村庄居住建筑与非居住建筑数量的数据：

建筑类别 村名	住房	谷仓	澡堂	粮仓	锻工车间	磨坊	板棚
乌斯京村	8	4	6	7	1	1	1
图皮科弗村	22	10	12	30	0	1	0
安尼西莫夫村	13	7	12	13	0	1	0
弗拉西耶夫村	2	2	3	3	0	0	0
第一尼基京村	15	9	12	21	0	2	3
第二尼基京村	2		1	2	0		
格里申村	7	8	10	11	2	0	0
总计	69	40	56	87	3	5	4

此外，村社还有教堂、学校、火药库、酒库、葡萄酒馆、两家布店和三家杂货铺、两家粮店和两个乡售粮处。村社的土地只归村社所有，因此有自己的土地的农民就像组成了一个单独的村社，有权按照自己的意愿支配土地。村社农民的份地总计有 257 俄亩 942 平方俄丈，其中耕地 105 俄亩 502 平方俄丈，草场 152 俄亩 440 平方俄丈，现有的农民中每人最多的有 1328 平方俄丈，最少的有 1902.5 平方俄丈。除了上述土地，许多农民有自己或祖辈伐林开荒出来的土地，享有 40 年的使用权。这类土地如今在村社中共有 82 俄亩

826 平方俄丈，其中耕地 14 俄亩 2029 平方俄丈，草场 67 俄亩 1197 平方俄丈。按照地理位置可以把耕地划分为山地和新地，按照土质分为三种：顶层土、中层土和无效土，需要注意的是，只有在戈尔内和科贝林斯基城镇外的山地，才存在着这种划分。新地也就是后来伐林开发的土地，从 1867 年起开地人使用 40 年期满土地便转给村社使用，新地上分布着第三种的无效土。现存的新地名称有：基奇哈新地、丘兰尼哈新地、博洛特尼察新地、戈列乌哈新地或者中等新地、别利亚耶夫斯卡亚新地等等。山地耕地总计为 72 俄亩 1523.5 平方俄丈，新地为 28 俄亩 2278.5 平方俄丈，也就是农民人均份地为 1 俄亩 1500 平方俄丈，人均草场为 20.5 平方俄丈。上述的土地有一半荒废了，因为有一些耕地离住所很远，无法将粪肥运到田地里，没有肥料就不会有收成。山地上个别的田地的名称很久以来存在着争议并且在某种程度上名字起源于土质和地理位置，例如：戈尔基（俄语意为小山）、卢戈维耶（草场的）、日丹诺维、卡利特基（篱笆门）、戈洛代（挨饿）、德沃里夏（庄园或农舍遗址）、卡缅努希（与石头相关）、波措松内亚等。以前在单独的家族村社里各类土地分布不均匀，例如在某一块土地上有三种土壤，而其他的土地上只有一种或两种，这是因为在分地时，农民为了自己家的新生儿会把一些劣质的、施过肥较少的土地给别人。因此，尽管现如今所有人分得的土地数量相同，但一些农民的优质土地比别人多，而劣质的第二种和第三种土地比别人少。据此可以发现，个别一些农户的田地分布在不同的地方，并且分布的土地不仅属于家族村社，还是新地，但是新地上的所有土地都是第三种无效土。用窄垄将临近的田地和地带隔开，宽度为 0.25 俄尺到 1 俄尺，在山地和新地都有不到 1.5 俄丈宽的路可以通行，山地上有不到 15 条这样的路。山地和新地用不到 2 俄尺高的围栏围住，并且新地的围栏下面是灌木树枝，上面是针叶树枝；山地的围栏是用树干围成，有 5 个到 7 个树干那么高。田地的形状十分多样，有的是窄长形，有的呈短宽形，有的曲线形，有的弧形，有的方形。最长的田地长达 150 俄丈，宽 3 俄丈，短的田地长为 10 俄丈到 15 俄丈。

1886 年春天是村社最后一次同时划分耕地与草场，从划分给所有人变成划分给签订合同前在世的男性。土地分配的单位没有随着农民改革改变，但分到的份地在急剧减少。在现行的划分方式下，通常要经过十年农民可以根据双方土地合同交换田地，并且会给新添人口的农民家庭增加一定数量的土地，而其他人口减少的家庭相应地则会被收回土地，但是原土地拥有者有权留给自己最好的、更优质的土地。除公共划分外还是私人划分，即减少或增加赋税。在遇到一块无主地或者荒废地，或是个别土地拥有者没按时缴纳国家税和公社税的情况下会增加赋税。在这些情况下出现的闲置土地经村社同意可转给那些最需要土地同时会按时缴纳国家税和公社税的农民。

归属于村社的草场主要位于平涅日河流经的两个河滩——舍托戈尔斯基河滩和瓦伊穆日基河滩。舍托戈尔斯基河滩绵延 3 俄里，瓦伊穆日基河滩 2 俄里。在这两处河滩上卡尔波戈尔土地村社和其他如克夫罗利齐村社、舍托戈雷村社、涅姆纽然涅村社、瓦伊穆然涅村社、艾纳戈雷村社、采尔科戈雷村社的农民共同拥有草场，因此除了交替占有，还可以发现一个情况，某些地方的割草区只是一些不规则形状的小圈，由此可能使农民们在割草时产生争执。除了上述草场，农民使用的草场还有位于沼泽地的，从村社延伸 8 俄里，虽然不是每年都使用这类草场，这取决于当年的天气条件，这些草场根据人口数量分为四部分，特定的农民群体使用某一部分草场的时间不会超过一年。每部分草场在割草时，会同时派出一些人，通常两人一组一起割草，根据割草人数划分草场。如果农户主在割草期前不提出自己所需割草人员数量或没有卖出自己的份额给别人，那么会丧失所有收干草的权利。

根据割草场的质量和地理位置，可以将草场分成三等，按照现有人数，所有草场平均每人分到的面积为1902.5平方俄丈。河岸边低洼处的草场形状各异，最长的一块有500俄丈，最短的有10—15俄丈。草场除了有根据地理位置确定的通用名之外，还有从古代一直保留至今的别名，比如：普里卢克、梅德韦季察、列托波拉、大奥斯托日叶、扎奥泽里耶、奇先宁内、波列温内等。

按户继承宅院地，不进行再分配，也不对宅院地进行重新分配。如果建筑物进行了翻新或遭受了火灾，若不违反建筑章程，则可在原址重建，反之，如果违反了建筑章程，则应在新的由乡领导或村长选择的自由土地上进行建造。菜地和大麻种植地包含在耕地内，通常位于房屋附近，每个户主分配的土地中这类土地占到100平方俄丈以上。森林面积广，而且距离村社不远（高耸入云的森林距离村社5—6俄里），这使得当地有条件发展大规模的林业生产和狩猎活动，除此之外，农民们也有权为满足自身需要而大规模地开采森林，同时，村会根据每个家庭的实际需要决定开采出来的森林资源的分配，通常，为了能够少缴税，每家每年要生产出7根原木、4立方薪柴、20根木杆、30根木桩和1立方树枝。如果要盖新房或维修旧房，农民可以凭林业部门的凭证以全价购买木材。

村社中没有特殊的草原牧场和租来的森林牧场，应当注意，雪融化的时候，就没有牧人看着牲畜吃草了，牲畜们就冲到草地上，它们在草地上待到6月5—10日，然后被赶到森林里，草地上收割所谓的"再生草"的时候，牲畜们就从森林里再次回到草地，然后在草地上吃草直到下第一场雪。

村社的其他农用地包括泡麻池和水井，泡麻池是浸泡亚麻的地方，村社里共有3片大麻种植地、5口水井，而且其中一口完全属于一位农民的个人财产。人们只有夏天才用井里的水，冬天从两口不冻泉那里取水，这两口泉距离村社0.5俄里，其中一口井的水用作饮用，另一口用来洗衣服；上面所说的泉水水质好于河水和井水，但泉水从草地间流过，道路不畅，使得人们夏天很难用到泉水。

耕地和草地的分配方法与上述村社相比并没有什么特别之处。为了分配土地，村会在最后一次分配时以5卢布的工资雇用一位专门的土地分配者，其职责就是将每块土地分成块状、计算一个人、两个人等应获得几块和什么样的土地并将田地、生荒地的名字、它们的尺寸和现有数量记录到指定的书籍里。带状耕地的测量由农民自己来完成，在这种情况下，带状耕地的长度借助绳子（10俄尺）来测量，而宽度由一些几俄尺长的工具进行测量。最后一次分配时，村社土地被分成193块，有60个户主，其中获得一块份地的有8个户主；两块的有12个户主；三块的有17个户主；四块的有11个户主；五块的有7个户主；六块的有4个户主；七块的有1个户主。

对于耕地来说土地测量包含0.5俄石，播种面积达500平方俄尺的范围，或者换句话说在卡尔波戈尔村社每人分得约八分之十一俄石的播种地；对于草地来说土地测量包含 6 车从 1902.5 平方俄尺草地割下来的干草。

公社的经济事务体制也没有什么特别之处。有角牲畜和马不用牧人放牧，没有公共公牛，也没有私家的公牛，因此为了母牛的交配，不得不将其驱赶至隔壁村社，每次交配需花费 23—30 戈比。

田地和草地周围设有围栏，围栏（在生荒地和草地周围）的高度应该不低于 1.5—2 俄尺，每人获得 40 俄尺的菜地。村社里的公社建筑，像农村商店、乡粮食店、人民教育中学都被人们支持并修复：农村商店是由卡尔波戈尔村社建造并修复；人民教育中学由四个公社和一定数量的教堂组成的整个乡建造并修复，有多少土地所有者，就要缴纳多少公社税。学校里有两个年级，有教做皮靴技艺的手工业班级。在学年开始的时候一年级学生有 53 人，其中女生 13 人；二年级学生有 9 个男生；在学年末的时候一年级学生有 40 人，其中女生 10 人；二年级也还是有 9 个人；整个班毕业的学生也只有 3 人；在手艺班级学习的有 7 人，他们买必要材料需花费 99 卢布 92 戈比，而卖的东西可获得 102 卢布 50 戈比。筑路差役将会由承包商来负责，还有夏季和冬季驿路的修理费每年每人 50—65 戈比不等。农民负责监督国家道路的维护，砍伐森林并将必要的木材运出。村社里有私人酒馆，酒馆每年需向卡尔波戈尔村社缴纳 225 卢布的建馆准许费。自 1896 年以来，卡尔波戈尔村以及平涅日县其他地方的私人葡萄酒馆将被村社酒馆所取代，像尼基京乡、米哈伊尔乡、特鲁凡奥戈尔乡、尤罗利斯基乡的农民已经就此编写了相应的决议。

村社中没有其他收入项目，整个村社也没有出租土地的情况，也没有租赁社外人员土地的情况。无论是村社，还是农民个人，都没有为改善土地、完善器具而努力，村社中未引进轮种制及牧草栽培制。

村社采用大田两区轮作制，土地休耕之后开始种黑麦，随后连续种几年大麦，再然后仍然休耕。首先春天开始给土地施肥，在播种时节到来完成施肥，但秋季也根据降雪情况来施肥。为种 500 平方俄丈的大麦，需施 20 车的肥料（每车 15—18 普特），在山地上种黑麦不需要施肥，而在荒地上种植则需要大量肥料，比大麦所需的肥料还要多。

种黑麦需要翻 3—4 次地，大麦仅需一次，偶尔两次，在顺利的情况下，大麦 10—12 周即可成熟，5—10 周可收获，秋播作物秋天开始种，第二年才可以成熟，几乎与大麦同时成熟，这样收成经常多出几倍，甚至 7—12 倍。由于担心夜间低温，经常也会把不成熟的作物连根拔除，之后作物就可以成熟，为此需要将收好的作物分开捆好，穗儿朝下放在户外的晒草架上。

卡尔波戈尔村社的全部债务有 555 卢布 81 戈比，其中包括国家税 363 卢布 26.5 戈比、公社税 192 卢布 54.5 戈比，人均国家税 1 卢布 87.25 戈比，人均公社税 99.25 戈比。所有征收款项根据土地拥有者数量平分，不按劳动力数量、富裕程度和户主的支付能力来计算。无地农民完全不用承担赋税和徭役。死人及离开者的赋税，由使用其份地的家庭成员来缴纳，他们还需要承担其实物赋税。除国家税和公社税外，农民还要缴纳森林税和保险费，森林税为 33 卢布 34.5 戈比（根据每户得到的木材量），保险费 31 卢布 4.5 戈比（根据建筑的价值)。对不能履行义务的缴纳人和欠税者,村社采取以下措施:(1)从欠税人的动产和不动产中收取所欠款项;(2)变卖其部分财产(不是生产所必须的财产)和(3)选取其一部分份地,转给其他农民,让这些农民为其缴清所欠款项。尽管1891年作物歉收,但收成对该村社农民而言,并不算悲剧,起码足够用于缴清欠税,上面提过的其他村社情况更为糟糕。即便如此,作物歉收使许多农民最后一段时间去向住户生产委员会求助,还向当地作物储备处求助。在歉收年间,村社欠款情况如下:住户生产委员会140卢布3.25戈比,村储存商店54.25件,乡作物储藏处21普特34磅面粉和67卢布7.25戈比。

人均1328平方俄丈土地,这与下列情况有关,许多农民有自己的伐开地,农业的主要部分——耕种业在卡尔波戈尔村社处于十分重要的地位。实际上,在丰收年,收获的粮食不仅可以满足当地人的需求,还可以用来售卖。在1891—1892年,由于歉收,不仅仅是尼基京村的许多村民,还有其他纳乌莫夫的村民不得不购买粮食。另一农业经济分支——畜牧业,与平涅日乡的其他地方相比,也令人十分满意,畜牧业的数据如下:

村名	人口数量	牛	马	羊
乌斯京村	31	14	7	34
图皮科弗村	121	26	14	98
安尼西莫夫村	78	29	13	69
弗拉西耶夫村	19	8	3	17
第一尼基京村、第二尼基京村	75	39	13	69
格里申村	80	26	11	54
总计	404	142	61	341

从中可以看到,一匹马还不够7人分,3人一头牛,1人分不到一只羊。农业不能满足居民粮食供应和运送的所有需求。由于要满足自己的需求并缴纳税款,大部分农民注意到不同的工作和行业。森林业,也就是为商人准备木材,雇用10个人,需要准备1500立方原木,平均每人可以挣到40—80卢布;8个人进行森林狩猎,平均每人25—30卢布;猎到700只松鸡和雄黑琴鸡;近年来捕捉松鼠的数量大大减少,工资很少,共捕捉到了80只松鼠。人们捕鱼只是满足自身的需要,只有3个人是为了售卖。在平涅日河里借助大渔网、小鱼网、笼式张网捕鱼,可以捕获到白鲑、茴鱼、圆腹鲦和一些大西洋鲑。10个人用马车拉货,主要是到平涅日城,人均可挣得20—25卢布;6个人是公职人员:两名护林巡查员;一位守林人;一位文书官;一位教堂看守人;一位周理事会护卫人员。还有,3个人是皮鞋匠,收入20卢布;一位裁缝(30卢布);两位细木工(70—100卢布);6人在砖厂工作,他们也是砌炉匠(20—30吨砖可以挣100—150卢布);两位铁匠(30—40卢布)。最后,村社有5个磨坊,其中只有3个在使用,1个树脂蒸馏炉(产量极其有

限），这些工作挣到的钱很少。在卡尔波戈尔村庄有集市（1月1日、3月25日和复活节前的星期日），集市上不仅有附近村庄的商人，还有来自阿尔汉格利斯克和平涅格的商人，可以买卖各种商品，并且大部分商品会在一天内卖光。

皮利涅姆村社[1]

皮利涅姆村社由列弗申村、耶尔舍夫村、图皮科夫村、切列米科夫以及隶属于米哈伊尔乡纳乌莫夫村社的彼得罗娃山村组成。过去，所有的这些村落都有按照自己土地制度管理的独立村社，但据当地农民称，自1830年以来他们由于想要平衡农民人均份地的数量，所以统一加入了皮利涅姆村社。因此一方面由于人口增加，另一方面个别村庄之间土地分配极不均匀，在一定时间内，许多农民难以继续生存。在管理方面，村社由上述5个村庄组成，但村庄的形成时间以及名称的由来在民间没有任何传说。采用皮利涅姆村的土地制度，村社也正是由此得名。该村社位于平涅日河左岸，距离平涅日市95俄里。村社的宅院地总面积为7俄亩1245平方俄丈，其中包括列弗申村的1400平方俄丈（长40俄丈，宽35俄丈）、耶尔舍夫村的1125平方俄丈、图皮科夫村的1俄亩1500平方俄丈、切列米科夫的2俄亩1800平方俄丈，以及彼得罗娃山村的2俄亩220平方俄丈。每个村子按年龄划分的人口数量以及居住房屋和非居住房屋的数量分布如下：

建筑类别 村名	居民房	粮仓	烘干房	澡堂	磨坊
列弗申村	3	6	1	3	1
耶尔舍夫村	3	2	1	3	—
图皮科夫村	8	6	5	6	
切列米科夫	19	14	6	11	—
彼得罗娃山村	14	14	8	9	1
总计	47	42	21	32	2

村社的人口增长速度可以从以下数据来判断：在1834年获分配土地的现有人口数量仅为70，1858年人口调查数量为87，最近一次1886年土地划分时人口数量为116，而目前有已有138人，其中外出人员包括在内。这样一来，在60年期间村社的人口数量几乎翻了一番，而且没有从其他地方迁入的人口，因此人口的增长是通过自然增长实现的。

---

[1] 资料来源：兹纳缅斯基 И. Ф.：《平涅日县农村土地公社》，阿尔汉格尔斯克省印刷厂，1895。

阿尔汉格尔斯克省　151

| 村名 | 按照年龄划分的居民人数 ||||||||||| 外出人员 ||||
| | 8 岁前 || 8—13 岁 || 13—21 岁 || 21—53 岁 || 55 岁以上 || 总计 || 暂时外出 || 永久外出 ||
	男	女	男	女	男	女	男	女	男	女	男	女	男	女	男	女
列弗申村	3	1	—	1	—	—	4	5	—	2	8	8	—	—	—	2
耶尔舍夫村	1	3	1	1	5	1	3	5	—	—	10	10	2	—	—	—
图皮科夫村	6	7	3	5	4	4	12	10	1	1	26	27	2	—	—	1
切列米科夫	13	8	8	10	6	7	16	20	4	9	47	54	—	3	7	2
彼得罗娃山村	8	6	7	5	6	3	12	22	4	1	37	37	6	2	1	5
总计	31	25	19	21	22	15	47	62	9	13	128	136	10	5	9	9

　　此外，村社内有两座教堂，其中一座名为圣帕拉斯克娃教堂，1715 年建立并于 1817 年净化，另一座名为圣十二使徒教堂，于 1799 年建成并自 1872 年 8 月 1 日起用作国家教育部学校。村社土地只属于一个村社，因此农民根据自己的土地所有权形成了一个单独的团体，并且有权自行处理土地，而不需要其他村社成员的任何干预。村社土地分配总数为 223 俄亩 1292 平方俄丈，其中包括耕地 73 俄亩 1584 平方俄丈以及草场 149 俄亩 2108 平方俄丈。除此之外，大部分农民拥有从林地中平整出来的耕地和草场，这类耕地面积总数为 51338 平方俄丈，草场面积总数为 23534 平方俄丈。

　　耕地按照位置可划分为外缘地和荒地，按照土壤质量可划分为三个等级，其中一等耕地每人分得 717 平方俄丈，二等耕地每人分得 294 平方俄丈，三等耕地每人分得 513 平方俄丈。目前有名称的外缘地有：彼得山，"大田地"；荒地有：奥斯塔什哈、普斯托西、沃斯卡利哈、奥扎特基等等。每块外缘地和荒地又被细分为田地和耕种带，并长期以来具有独立的名称，例如普利亚姆丘克、普利戈雷别列霍德内亚、帕里才维、卡巴茨基亚、霍尔莫维、扎德沃尔涅耶、帕博伊谢、斯卡米利哈、奥谢列德什等等。个别住户的田地和耕种带被狭窄的边界分隔开来（宽达半俄尺），在外缘地和荒地中也存在这种既可用作通往田地进行耕种的特殊通道，也可用作边界的土地。耕种带的形状极其多样化，这取决于田地、外缘地和荒地的形状。最长的耕种带长达 170 俄丈，而最短的只有 20 俄丈，耕种带宽度为 2—9 俄丈，每人分得的耕种带数量也不相同，通常为 5—8 个。

　　村社最近一次土地划分是在 1886 年的秋天，由按现有人口划分转变至按截止划分时间未死亡的现有人口划分，自农民改革以来土地分配单位没有变化，只有人均份地发生变化。

　　村社中不存在彻底式土地重分，部分重分或所谓的全新式土地重分是由于在划分时间之前这些住户中有离开村舍的人口，由于这些缺失的人口相应的耕地数量也有所改变，并且原来的土地所有者仍有权转卖贫瘠土地及少数施肥过的土地从而获利，而保留下来的优质地，称作根地或者继承土地。虽然在有关土地划分的决议中规定这类土地的使用期为10年，但是在此期间赋税额可能会增加或减少。在土地无人继承、土地荒芜、个别户主拖欠土地税款的情况下，按照村社决议通常把土地转移给缺少土地的农民，他们除了支付国家税、公社税、实物赋税，需要缴清原土地所有者的剩余欠款之外，还要承担一些义务。

在划分时荒地留给以前使用它们的户主，如果在播种之后将土地移交给村社的新成员，那么所得收成平分。

属于村社的草场主要位于平涅日河沿岸的两个河滩——尼日涅公斯克姆河滩和扎尔耶茨克姆河滩上，并且尼日涅公斯克姆河滩的草场收割范围延伸至5俄里，扎尔耶茨克姆河滩的草场收割范围延伸至4俄里，人均15垛干草，达75普特，每垛干草约5普特。除上述两个河滩之外，皮利涅姆村社农民还使用其他位置用作草场，例如流入平涅日河的耶如加河岸、波洽河岸、西亚河岸以及距离村社7俄里远的名为"才列民"的地区（陆地）。在河流沿岸，由于偏离村社，并非所有的住户都使用草场，不想要自己那份草场的农民通常会把它卖给其他农民，每人可获得10—15戈比。

至于"才列民"地区的草场，由于它们位置分散、地方小，被分为几个部分（三部分），并且每个部分每年都将村社住户三分之一的农民群体派遣至此，一起收割草之后按照参与者数量均分三分之一的干草，非参与者将其份额转移给其他出力最多的农民。

河滩上的部分耕地带和草地有祖先留下的名字，例如：扎雷维亚、别斯恰卡、杜拉奇哈、林巴格瓦、戈尔噶、库里加、拉弗格瓦、奥斯特洛夫等；它们被木桩隔开，并且每个户主在木桩上都有自己特殊的标记。最长的耕地带长达160俄丈，最短的只有20俄丈，其宽度为1—3俄尺，人均数量不同，但据观察，每个户主都有一部分长耕地带可供使用。

宅院地是按户世袭的土地，不再进行分配，宅院地也是如此。如果没有受到建筑条例的限制，可在原址翻修建筑物，否则，需要在有明确的决议通过的情况下，由乡长或村长寻找新场地，并提交至农民事务官员批准。菜地和大麻田属于耕地，通常位于住宅附近，占用每个户主所分土地的100—250平方俄丈。菜地中除了平时常种植的土豆、芜菁和萝卜之外，还种植白菜。村社周围是广阔的森林以及几条河流（平涅日河以及它的支流波洽河、耶如加河），这为农民提供了便利的致富条件。在河里可以捕到各种各样的鱼类，例如：茴香鱼、白鲑鱼、大马哈鱼，而且除了普通的捕鱼方法之外，农民还采用夜间照明叉鱼的方式。而在离村社不远的森林中（用于砍柴的小森林距离村社1俄里，可以伐木用作建筑房屋的大森林距离村社5俄里）为农民进行大规模的森林狩猎提供了可能。

此外，为了满足家庭需要，农民有权使用在村会上根据每个人的实际需要分配所得的森林来减少赋税，如果要盖新房或维修旧房，农民可以凭林业部门的凭证以全价购买木材。

村社没有专门的牧场和租来的牧场；每到雪融化时，农民把牛群赶到草地上，在那里放牧直到6月5日，然后再赶到森林里；割草后，再把它们赶到草地上进行放牧，直到下雪。在过去的3年中，村社没有雇用放牧人，但是在早些年雇用放牧人时，除了每天获得牲畜的看护工资外，还有40—50戈比的奖励，并在放牧结束后可得到馅饼、小圆面包等食物。村社中还有水井和泡麻池，泡麻池是用来浸泡亚麻和大麻的地方。村社中一共有10

口井，但是可供常年使用的只有两口井，通常无论是饮用还是洗衣服，农民们都使用河水，冬天他们会在河面上凿出冰窟窿，周围用标杆标识。村社的泡麻池不多，但就其大小而言，位于尼日涅公斯克姆河滩被称为"长湖"的泡麻池就几乎可以供全村社使用。

村社中的所有成员在使用水井和泡麻池时享有同等权利且不受限制。最后一次划分耕地和草场是在1886年的秋天，期限为10年，划分时农民们到村长那里参加由他召集的村会，村会由户主参加，使用土地的寡妇也可以参加，对于此类决议必须在征得三分之二的有权在集会上投票的户主同意之后才具有法律效力，否则决议视为无效。在划分条形田时不采用抽签的方式，无论是耕地还是草场，都根据现有人数进行划分，以便每人拥有相同数量的各种等级的土地。尽管实际上这一种情况并没有很好地维持下来，因为在转让土地时，原来的土地所有者有权保留下来优质土地，转卖贫瘠土地及少数施过肥的土地而从中获利。村社最后一次分配土地是雇用了专门的分地人员，他们的职责是对每个农田进行评定，在农民中统计他们每人拥有多少土地，并在一本特别的书中记下土地的大小、名称以及每人分得土地的数量，土地宽度用一俄丈的尺子测量，长度通常用10根一俄丈长的绳索或者钢链由农民协助进行测量。最后一次土地分配中，所有土地一共被划分给116人，其中分到份地的住户有43户，在这43户中只获得一块份地的有5户；获得两块份地的有17户；获得三块份地的有13户；获得四块份地的有3户；获得五块份地的有3户；获得六块份地的有2户。

该村社的经济事务制度并没有任何特殊之处。没有牧人放马、放牛羊等带角牲畜，村社没有公有的公牛，但一些农民有私人的公牛，公牛的所有者在每次配种时可以从母牛所有者那里获得30—40戈比。在森林保护方面没有轮班警卫和雇用人员，因为雇佣产生的是公家花销，所以森林中只设有森林巡查员及护林员。村社的菜地都用围栏围起来，而牧场则是用篱笆墙围起来的；围栏和篱笆墙的高度不能少于1.5—2俄尺，并且根据每个农民拥有的土地数量进行分配。如果牲畜冲破围栏并造成损坏，围栏的主人应对此负责，受伤的人可在乡法院提起诉讼，牲畜的主人为牲畜渡河造成的损坏承担责任。村社的公共建筑，例如村社商店以及学校依靠两方面的支持与维护：一方面是属于皮利涅姆村社的纳乌莫夫斯卡娅公社的农民；另一个是由纳乌莫夫斯卡雅和谢伊莫格尔斯卡雅两个公社组成的整个乡，公社税由每个分得土地的农民分摊。

学校每年花销的总额为305卢布66戈比，其中包括教师工资180卢布，宗教课程教师工资30卢布，教师的教学用品费用24卢布以及室内取暖和照明费用71卢布66戈比。虽然应该指出，米哈伊尔乡的农民事实上除了每人负责上交6戈比的学校常规税收之外，只负责承担学校房屋取暖和照明的费用。在皮利涅姆村社的学校中，1894/1895学年的学生总人数为52人，其中包括40名男性和12名女性，有5人已经毕业。在米哈伊尔卡雅乡内，除了国家教育部的学校之外，距其12俄里远还有一所位于洽戈里斯基村的教区学校，主要招收谢伊莫格尔斯卡雅村社的农民孩子。村社农民的职责除了要照看商店的运营情况，为其补充粮食以及维护现有的水井之外还包括担任夜间警卫，这一职责由所有户主轮流承担。村社以及整个米哈伊尔乡的筑路差役通过承包的方式执行，且夏季大路的维修和冬季的维护每年每人平均花费40戈比。除此之外，农民还需要负责在经过运输从森林中砍伐的木材的碾压之后对乡间土道的维护。村社中没有租赁土地的情况，也没有所有成员都会被雇用在一起开展某种工作或一起耕种土地分配产物的情况。村社没有改良作物栽培制度也没有引进改良的工具，甚至个别农民在轮作方式、肥料选择和耕种方法等方面都没有尝试与村社普遍接受的相比更加完善的方式。村社采用大田两区轮作制，即休耕之后播种黑麦，然后种植 4—5 次大麦，然后再次休耕。田地的粪肥在每年的秋天、早春以及用犁播种的时候运出，所占大小或者更确切地说所占空间达 600 平方俄丈，粪肥达 30 车。播种黑麦前夕通常不需要运粪肥，在大麦的播种前夕，田地被翻松 1 次，很少翻松 2 次，而播种黑麦前要翻松 4—5 次，在天气条件好的情况下，大麦在 10—12 周内成熟，5—10 周可收获，黑麦则需 7—11 周才可收获。

皮利涅姆村社的总赋税额为 394 卢布 69.75 戈比，其中包括国家税 260 卢布 83.75 戈比和公社税 133 卢布 86 戈比，其中人均国家税为 2 卢布 25 戈比，人均公社税为 1 卢布 15.5 戈比。森林税（29 卢布 74.5 戈比）、保险费（12 卢布 17.5 戈比）以及土地清算费（11 卢布 98 戈比）均未算入，这些费用并不是平摊，森林税是根据是砍伐木材的数量征收，保险费是根据建筑物的价值征收，土地清算费是根据个体农民需要清算的土地数量征收。纳税日期上半年截止到 7 月 1 日，下半年截至次年 1 月 1 日。国家税和公社税按照农民拥有的土地数量平均分配，不考虑财富程度、劳动力的构成以及个体的支付能力。无地农民无需缴纳所有的税款和实物赋税，由整个村社为他们缴纳。去世人员和外出人员的税款由使用他们份地的家庭成员缴纳，对于税款未缴清的人员和村社的无住房人员采取以下措施：（1）从无住房人员拥有的动产和不动产所得收入中扣除；（2）出售一部分非不动产财产；（3）抽取一部分份地，通常转让给那些缺少土地的农民，并且由他们履行支付欠款的义务。

在村社土地的继承事务中，有以下规定：如果他们没有法定男性继承人或私生子，在农民死后，他的土地在新一轮土地分配之前由妻子、姐妹和女儿使用。为了村社的利益，农民及其宅院地的财产只有在家族完全灭亡的情况下可以转移，即当土地和财产的所有者没有亲属时。在一个家庭成员去世后，家庭中若没有年长的成员，村社为幼儿和剩余的财产选择监护人，监护人需定期在村会上接受审查。

村会决议允许家庭分产，但在某些情况下也会禁止分产，按照自己意愿进行分配是最近比较少见的现象，在这种情况下，家庭中年长的成员可以拒绝把财产分给其他家庭成员，甚至父亲有可能需已获得财产分配的儿子的帮助。最近三年内这样的分配只有 3 例。目前村社中的家庭总数为 44 个（有一个家庭不使用土地），其中有 1—3 人的小型家庭数量为 8 个，有 3—7 人的中型家庭数量为 25 个，有 7 人以上的大型家庭数量为 11 个。登记加入村社的新成员以及养子可以从村社获得土地，其中最初的分配不是从村社的所有土地中划分，而是从他们以前的家庭的土地中进行划分。离开村社的农民留下的土地由村社支配给那些土地分配不足的农民。

村社规定村社成员之间的相互职责如下：个人可作为村社贷款的担保人，可作为公证人，为单人户度过艰难生活提供帮助。在缴纳赋税、返还从村庄商店和粮仓借到的面包和现金贷款方面存在连带责任，若发生挪用公款和村社资金的情况，村社要为在此期间他们选出的官员承担责任。

不属于村社的外部人员同样只能使用不能重新分配的土地，例如牧场、泡麻池等，除非得到村社的许可，并且向村社缴纳相应的费用，否则宅院地也不能使用。外部人员不缴纳公社税，因此他们也无权在村会上就缴纳和分配公社税的问题进行投票。

种植业和畜牧业是村社的主要任务，其分配的土地数量（人均1524平方俄丈）远远高于上述村社的数据，至于村社中的牲畜数量，数据显示，3人分得一头奶牛，6人一匹马，至少2人一只绵羊，事实证明，与平涅日县的其他地区比较而言，皮利涅姆村社的农业发展程度很高。牲畜数量数据如下：

村名	居民数量	有角牲畜	马匹	绵羊
列弗申村	16	8	3	16
耶尔舍夫村	20	5	4	10
图皮科夫村	53	17	9	48
切列米科夫	101	24	16	47
彼得罗娃山村	74	40	9	72
总计	264	94	41	193

但当地居民在耕地业、畜牧业以及其他农业方面获得的财富仍不能承担国家税和公社税的所有费用以及人口的其他需求，尤其是在收成不好的年份，因此农民们不得不寻找其他可以获得收入的短工或副业，其中林业是首选。林业从业人员为30人，其中包括15个户主，15个工作人员，共获得2300根原木和500根湿柴木，总额为1300卢布，平均每根圆木50戈比，每根柴木30戈比。有5人从事狩猎工作，每人收入达15卢布。他们猎杀花尾榛鸡、黑琴鸡、松鸡和松鼠，他们的收入不高，因为当地的富裕农民买主给出的价格很低。有7人从事捕鱼业，捕捞所得主要供自己食用，只有一小部分捕捞物用于出售，除普通方法捕捞外，还通过夜间照明叉鱼的方式捕捞，这7个人还有一个专门捕大马哈鱼的渔网。在获得外来工资的人员中，有两名警察、一名兽医和一名接生婆，除此之外按照居住地任职的有两名护林巡查员、两名守林员、一名皮利涅姆学校教师以及一名兽医。此外，有3个人从事砌炉灶或者砌烟囱的工作，每个烟囱80戈比，每个炉灶4卢布；有6个人从事裁剪工作，每人平均收入25—30卢布；还有一名鞋匠，收入为10卢布。

最后，村社内有两个水磨，水磨所有者可获得20卢布的收入，还有一个小商店和一个葡萄酒店，其所有者每年向纳乌莫斯基村社上交35卢布的开店许可费。

最后我认为有必要指明目前农民在居民食品委员会、当地商店有欠款总额，从中可以判断出对于皮利涅姆村社的农民来说，收成不好的年份并没有像记录的那样造成了悲惨的后果。因种子和大麦所欠食品委员会的债务总额为233卢布66戈比，需向粮仓上交92普特3.75俄磅、向商店上交137俄石17俄升。

库洛伊村社[1]

索夫波里乡由库洛伊村社、索夫波里村社和卡利耶波里村社组成，乡内共有7个村社，其中索夫波里村社、韦勒赫涅公村社、科涅谢里村社、契日果尔村社和黑尔伯里村社共同组成索夫波里村社，而库洛伊村社和卡利耶波里村社分别由单独的库洛伊村社和卡利耶波里村社构成。这一部分主要介绍由库洛伊村和奥列霍夫村——确切地说是由一些农民从奥列霍夫村迁出后在一块荒地发展出来的小村落构成的库洛伊村社。库洛夫斯基村社位于流入梅赞斯基湾的库洛伊河沿岸，距离平涅日市30俄里，其中一面冬季离它最近的村社是索夫波里村社，距离为44俄里，夏季是卡利耶波里村社，距离为90俄里；另一面，即平涅日河方向离它最近的村社是索科洛夫村社和那扎里耶夫村社，归属于波德博尔乡的大德沃尔"乡村协会"，距离为24俄里。村社的名称来源于它在库洛伊河沿岸的位置，至于命名这一村社的时间在民间并没有任何记录，只知道库洛伊村以前叫作库洛伊园，这一名称一直延续到1845年，属于平涅日市的库洛伊市民通过请愿任职一些市政厅关于森林发放和实物劳役的工作被列为国有农民，并被分配到索夫波里乡，从而形成了库洛伊村社。根据最近一次人口调查，村社总人口数为320人，而现在已经增加到410人（男195，女215），其中住户总数为69户。宅院地所占据的空间总面积，或者更确切地说，包括正在建设的占地面积超过5俄亩，其中长度延伸至250俄丈，宽度为40—60俄丈。

库洛伊村社中农民所有土地包括：牧场65俄亩、耕地70俄亩2030平方俄丈以及草场156俄亩1868平方俄丈，共计292俄亩1498平方俄丈；平均每人分得耕地1156.5平方俄丈、草场1俄亩160平方俄丈。除了分配所得的土地之外，许多农民都有自己的土地，这些土地是他们和祖先在森林、耕地、草场通过自己的劳动而获得的，并且由于村社畜牧业发达，因此农民主要从事在割草前夕伐林开地的工作。伐林地的总面积为141俄亩1678平方俄丈，包括用作草场的139俄亩530平方俄丈，其中有59俄亩2205平方俄丈的伐地林自伐开之后40年使用期已经期满。村社周围是巨大的针叶林和阔叶林并且村社附近有几条河流（库洛伊河以及它的支流科尔达河、奥尔玛河和波尔塔河），整个湖泊系统（科尔多泽罗湖、果科沙尔斯基湖、斯特留果娃胡、多尔果耶湖、西果泽罗湖、嘎拉文斯基湖、波尔托泽罗湖、贝筛果泽罗湖、斯塔尔果娃湖）使得农民有机会利用它们来获得大量财富。如果除索夫波里乡之外，整个平涅日县的经济程度与作物收成好坏直接相关，并且每个收成不好的年份除了当年有不好的结果之外还会对后面几年产生影响，那么对于索夫波里乡的居民，尤其是对于库洛伊村社的居民来说，粮食缺乏虽然是一种常见的现象，但不会造成太大影响。村社经济富裕主要是依靠林业，即给梅津城的商人们伐木和储备木材。极少数住户不从事林业工作，林业的发展使得即使在收成不好的年份农民也能通过自己的方式应付过去。正如下文所述，去年林业贸易

---

[1] 资料来源：兹纳缅斯基 И. Ф.：《平涅日县农村土地公社》，阿尔汉格尔斯克省印刷厂，1895。

的总收入为 5000 卢布，明显地证实了林业贸易对仅有 69 个住户的村社意义重大。森林业本身的发展与在梅津县的两个锯木厂——鲁萨诺夫锯木厂和鲁日尼科夫锯木厂密切相关，公司通过他们的代理人在索夫波里乡的边界大规模地进行伐木，同时也考虑到了沿着流入梅津斯基湾的库洛伊河漂流的便利性。捕鱼业对于农民来说也一样重要。上述河流和湖泊中盛产各种鱼类，例如大马哈鱼、白鲑鱼、茴香鱼、狗鱼等，除了一般的捕捞方法（大鱼网、罗网）之外，几乎所有农民还会使用夜间在照明下叉鱼的方式捕鱼。

关于渔业的统计数据将在下文给出，这些河流和湖泊的鱼类资源长期以来吸引了许多捕鱼者，其中不仅有索夫波里乡的农民，还有巴德博尔乡、尤罗里乡等其他乡的农民。为了更好地捕鱼，渔夫被安置在专门的小屋里，这里深受渔夫的喜爱，它对于渔夫来说不仅仅是可以节省时间的暂时住所，因为捕鱼的地方与住所的距离相对较远而要花费很长时间（长达两周或更长时间），而且它可以当作一个用来放置食品、鱼和渔具的仓库。捕鱼业所获得的收益总是很多，以至于捕鱼者不仅可以支付国家税和公社税，而且还可以支付其他需求的费用。自 1895 年以来，情况发生了变化。1894 年 12 月 21 日，根据森林部同年 10 月 15 日颁布的第 25665 号规定，第一林场列斯尼奇姆市与阿尔汉格尔斯克市奇恰戈夫签订了合同，其中由科尔德以及湖泊系统构成的上、中、下科尔德，总面积为 2539.6 俄亩用来代役租赁，他们 12 年的使用权被转交给奇恰戈夫，每年费用为 42 卢布并且奇恰戈夫有权保护代役租赁地免受他人未经许可捕鱼使用，并可为其向法院提起诉讼。第一林场列斯尼奇姆市的领导对必须上交出农民使用了几十年的土地使用权用于代役租赁这一情况有什么想法我们并不了解，但无论如何，他并没有考虑农民的利益，即使是根据最近的所有数据，列斯尼奇姆市也不应该采取这一措施。代役租赁每年可获得 42 卢布进入公库，但据农民所说，虽然如果他们准确知道交易条件，并且将物品转租给外人的结果会得到同意，租户也是采购木材的商人代理，只允许那些为他做采伐工作的农民使用河流，而禁止所有其他的农民使用河流，除非农民加入他的采伐工作（在索夫波里村边界这样的森林采伐承包商只有 2 个），甚至在沿着科尔德河乘行也被禁止，导致科尔德河附以及其他水域的渔民们都被迫或完全放弃捕捞，或者选择到达不禁止捕鱼的地方，这种情况下他们不仅要携带食物，还要携带捕鱼用具，有时还要绕很远的距离行进。因此，上述代役租赁除了导致本可以获得可观工资的渔民的减少，还导致农场雇用的农民对采伐承包商极度不利的依赖。为了消除上述破坏农民利益的现象，违反列斯尼奇姆合同的相关规定是极为必要的。这与本合同第 6 条并不矛盾，顺便说一下，其中规定：若国库需要，国家财产管理部门随时有权要求租户返还所有或部分租地。

村社所有的耕地根据其位置分布划分为外缘地和荒地，每块外缘地和荒地都有祖辈留下来的名称，如别列果维耶、费多罗威、斯达雷耶、莫纳斯德尔申纳、巴特拉科夫申纳、捷列特尼克、安东诺夫申纳、诺威尼内、瓦利亚伊哈、瓦西列夫斯卡雅、波利亚诺夫申纳、库什尼科娃等等，根据土壤质量分为两个等级：顶级（1 级）和次级，人均份地 1156.5 平方俄丈。每块外缘地和荒地又细分为田地和耕种带，每份田地和耕种带也有祖辈留下来的名称，如普利斯罗内、克诺普利亚尼克、扎古门尼克、涅姆纽日斯基、诺威恩基、卡里特基、库特尼亚、赫拉莫娃等，田地和耕种带中地块相互交界的位置由宽达半俄尺的边界分隔开，外缘地和荒地由已命名的街道隔开，有时宽度达 2 俄尺。村社土地最后一次划分在 1887 年，由按照现有人口进行划分改为按照拟定决议前现有的男性数量进行划分，土地使用期为 10 年。自农民改革以来土地分配单位没有变化，只有人均份地随着人口数量的增加而越来越少。村社中不存在彻底式土地重分，同上文提到的皮利涅姆村社一样，部分重分或所谓的全新式土地重分的出现是由于一些农民有多余的土地，他们通过转卖这些土地而获利，并且这些土地大多为劣质土地和不太肥沃的土地，而他们一般会将根地保留下来。再分配时荒地留给以前使用它们的住户，如果它们被播种之后被移交给村社的新成员，那么成本与原土地所有者一起被移除，并且收成也要被平分。在最后一次分配时，由于村社内的茨冈人巴乌洛夫一家 7 口人常年外出，他们分得的土地被租给一些农民，收取的费用供村社使用。村社中除了上述再分配的情况之外，在土地再分配期限到来之前还会出现土地赋税增加或减少的情况，通常在无人继承土地、个别住户未缴清土地税款并由大量欠款的情况下，土地赋税才会发生变化。

　　草场在 1887 年同耕地一起最后一次被划分。草场位于各个地方，根据收获的干草质量被划分为两类：干草场和苦苴场，每人平均分得草场 1 俄亩 160 平方俄丈。部分草场由于地处偏远，会被村社租给本村社农民或者其他村社的农民（例如沃伊斯帕里茨姆村社和库洛格拉姆村社的农民）来获得一些租金，用作村社花销或者用来维护村社的驿道，或者用来满足村社的其他需求。除了一些草场根据其地理位置而获得名称（根据库洛伊河、波尔塔河等）之外，还有一部分的草场的名称是祖辈留下来，例如杰皮诺、科班茨、科里乌西、库斯果维、达拉乌西、丘哈利基、古比西。最大的草场面积达 1500 平方俄丈，最小的只有 15—25 平方俄丈，其中每人可分得 9 车干草或者 200 普特的干草，每辆车可装下超过 20 普特的干草。除了土地分配外，由于畜牧业的发展，人均获得的干草数量并不能满足饲养牲畜的需要，因此许多农民除了使用分得的干草地之外，还在索夫波里乡进行劳作，这里由于有大量的河流和湖泊，沿岸有许多干草甸，他们还在割草前夕清林开地，目前该区域的土地面积略小于整个分配的草场，总面积为 139 俄亩 530 平方俄丈。大多数清林开地的工作都是个别农民在方便的时候做的，只有最开始的极少部分是由集体完成的。

　　宅院地是按户世袭的土地，不再重新分配，宅院地也是如此。菜园和大麻地也算入耕地中，通常由农民安置在他们的房屋附近，根据农民所有的土地数量分配给他们，最多可达 100 平方俄丈。村社周围的森林，除了方便农民进行森林贸易和狩猎之外，还能满足农民的家庭需要。在交过减少的农民税费之后，近几年每年可获得 483 根原木、1380 根细木、2070 根木桩、276 立方俄丈木柴和 69 立方俄丈树枝，建造新房屋和维修旧房屋的全部费用需要根据当地森林护林员的凭证来获取。

　　属于村社的其他土地还有牧场和水井，村社共有 5 口井，但井水只能用于清洗衣物和地板，做饭和煮茶农民是不用井水的，因为它同河水一样都是有锈的水，他们用的是距离村社不远的湖中的水（克鲁格罗耶湖）。河水和井水的上述属性是因为这些水来自组成库洛伊河的小河之一（贝罗耶河），它源自贝罗戈湖，流经相当大的沼泽地区，有很重的铁锈味道，并且在整个冬季尽管极度寒冷也不会冻结，这很可能是由于水中含有大量的盐导致的。历史上在该村社的土地上曾经存在盐厂，其建筑物的痕迹一直保留到现在。根据农民的讲述，这种盐场最初属于国库，第一次年度产盐量达到20000—30000普特，而且库洛伊盐场产的这些盐不仅供平涅日、梅津斯基和现在的别巧尔斯基地区的居民使用，还供阿尔汉格尔斯克省的其他县上的居民使用，甚至有些地方设置了专门储存盐的公库。随着时间的推移，盐的产量逐渐减少，后来由于从国外大量进口盐导致当地盐的价格大幅下降，从而也导致了盐场的关闭，最后盐场由公库所有转变成由一位在梅津县有制材厂的商人——鲁萨诺夫所有。最后一段时间盐厂的生产量如何下降可以通过以下事实来判断：在1871年，据了解，该工厂已停产，仅开采了430普特的盐，而起初由于盐的价格很高，盐场的生产量在每年可以获得超过10000卢布的国库收入，而村社的居民也因此获得了稳定而又高的收入。

与其他村社相比，库洛伊村社中耕地和干草地的分配方式并没有什么特殊之处，在村社成员的相互义务，农民土地和财产的继承以及他们使用公共土地的权利等方面也没有什么特别的地方。关于库洛伊村社中共同经济事务的制度方面，可以指出以下内容：有牧人放马放牛，牧人除了能从牲畜主人那里获得每天的报酬之外，还获得村社给的35卢布，在放牧结束后，农民会送给他各种各样的礼物，例如鱼、羊毛、馅饼和面包。村社有一个专门放牛的牧场，占地达2俄里，每逢除草时才可以在草地上进行放牧，其余时间放牧一般都在牧场和森林中，在其他村社中可以在收割过的份地上放牧，而在库洛伊村社并不会这样。在大约10年前的，村社从霍尔摩格尔县用公社资金买了一头公牛来改善品种，它被转移到村社的一个成员家中饲养和照顾，但是两三年后公牛被卖掉了，因此现在用私家公牛为母牛配种，公牛所有者每次可获得30—40戈比的报酬。

村社现有的商店和几个乡级粮仓由村社的公社税收来维持，公社税由分得土地的居民均摊。道路差役可以承包，也可以通过缴纳实物来履行，并且村社中每年对夏季和冬季的驿道维护费为40—50卢布；至于道路差役，1894年每天由8个步行工人和3个赶马车的工人履行，总额约为60卢布。所有住户轮流执行夜间警卫的职务，也叫警卫差役，由一个人步行进行，全年的费用约为70卢布。

除了所有农民使用的公共土地外，村社还可支配代役租地，其中包括捕鱼用地和重新分配期间剩余的村社土地。每年有村社收取捕鱼用地租金15卢布、土地租金55卢布，所获的租金都用在公共需求上，例如雇用牧人、公共建筑保险和道路差役。每年村社还要在居民中选择出担任以下职务的人，例如教堂领事、教堂守卫、消防长、乡村警察和5名警察甲长，警察甲长同时还要担任农村甲长的职务，村长和粮食监察员任期为3年，每6年从村社成员中选出一名乡长（任期3年）。除了乡长从乡里获得薪水之外，上述所有职位都不能从村社获得任何薪水。

国民教育在村社中处于最不利的地位，因为村社中不仅没有部长学校（整个索夫波里乡都没有），也没有教区学校，尽管就其居民人数而言，村社代表着一个人口稠密的地区，但是它与有学校的地方分开，距离相当远。农民们认为现有的识字学校并没有给居民带来任何好处，因此，短时间内在库洛伊村社建立一所教区学校成为一种迫切需要，并且部分费用由农民自己承担。

库洛伊村社的总赋税额为430卢布63.5戈比，其中包括国家税343卢布49.5戈比和公社税 87 卢布 14 戈比，人均国家税 2 卢布 28.25 戈比，人均公社税 59.5 戈比。除此之外农民要缴纳森林税、保险费和清算费，森林税（34 卢布 56 戈比）根据采伐的森林材料数量分摊，保险费（29 卢布 45 戈比）按照建筑物的价值均摊，以及清算费——按照清算土地的数量均摊。国家税和公社税按照给予的土地数量平均分配给农民，既不考虑农民劳动力，也不考虑个体农民支付能力的程度；无地人员完全免除缴纳所有税费；去世人员和外出人员的税款由使用他们份地的家庭成员缴清；对于税款未付清的人员和村社中无住房人员采取以下措施：从无住房人员拥有的动产和不动产所得收入中扣除，或者出售一部分非不动产财产，或者抽取一部分份地，通常转让给那些缺少土地的农民，并且由他们履行支付欠款的义务。

村社采用大田两区轮作制，即休耕之后播种黑麦，然后种植几年大麦，然后再次休耕。每到秋季、冬季和早春用粪肥给田地施肥，粪肥使用量达 40 俄斗，除了粪肥之外还使用苔藓和云杉针作肥料，在大麦的播种前夕要翻松 1 次田地，少部分翻松 2 次，而播种黑麦前要翻松 4—5 次。该地区的气候条件导致大部分土壤是沼泽和黏土的性质，因此仅在极少数年份里才或多或少能收获令人满意的粮食产量，由于土壤多为黏土，即使是轻微的霜冻，收成就只能达到一般以下的程度，因此，虽然种植业是居民的主要活动，但只有在温暖多雨的夏季并且要在粮食成熟期间没有任何霜冻的情况下花费的时间和劳动力才不算白费，并为人们提供食物方面的支持。

在该村社中农业经济的另一个分支——畜牧业是完全不同的情况，从收集的数据来看，村社中人口总数为 410 人，有 113 头有角牲畜，103 匹马和 230 只羊，换句话说，平均每 4 人分得一头牛，每 4 人分得一匹马，不到两人就可以分得一头羊。通过将这些数据与上述村社的数据进行比较可以看出，没有一个村社像库洛伊村社这样有这么多的马（按人均所得来看），这不仅因为该村社中有大量牧场，还因为该村社的发展需要更多的马作为必要的货物运输工具来维持。在畜牧业发展程度相对较高的库洛伊村社中没有饲养牲畜的住户比例很小，总的来说，村社中有 4 户没有马匹，有 3 户没有牛，有 2 户完全没有牲畜。

粮食收成和土地劳作获利不能保障居民的生活，这迫使农民们寻找其他可以获得收入的短工或副业来满足他们的需求和缴清赋税，其中主要是林业、狩猎业和捕鱼业。在村社的所有住户中只有 13 户不从事林业贸易，并且这里除了没有马的住户之外，还有一些住户由于他们的工作性质（护林员、巡查员、站长）不能或没有机会进行劳动，村社中剩下的很大一部分居民都能获得可观的收入，有的住户的工资甚至达到了 200 卢布以上。1894—1895 年，所得圆木的数量已经超过 10000 根，现有的圆木采伐运输的价格为 45—55 戈比，且村社的整体收入总额超过 5000 卢布。也有很大一部分人选择从事渔业劳动，并且捕获的鱼既可用于当地使用，也可用于出售，农民们选择组合劳动的方式来抓捕大马哈鱼，有一些组合多达 8 人。每年春天可以捕获纯大马哈鱼多达 150 多条，可得大约 400—600 卢布，大马哈鱼的数量很多，但是已经不新鲜，这类鱼叫作雄鲑鱼，在夏季和秋季捕获，并且在秋天多使用夜间照明下叉鱼的方式捕获。虽然雄鲑鱼的价格明显低于纯大马哈鱼的价格，但捕获这种鱼所得的收入仍然可观，有时甚至超过了捕获纯大马哈鱼所得的收入。除了大马哈鱼之外，农民们还捕获其他种类的鱼，例如白鲑鱼、茴香鱼、狗鱼。每年捕捞量为 200—300 普特不等，考虑到现有的价格为每普特 2—3 卢布，我们可以发现这种农民可以通过捕鱼获得相当可观的收入（500—700 卢布）。1894—1895 年有 19 人从事狩猎工作，他们捕获了 570 只花尾榛鸡、175 只黑琴鸡以及 80 只其他的禽类；除此之外有 4 名猎户（19 人当中）捕获了 45 只松鼠、6 只水獭和 1 只貂。狩猎的总收入约为 300 卢布，换句话说，平均每个猎户可以获得 20 卢布的收入。

不考虑库洛伊村社中有些农民通过私人活动来获得微不足道的收入，这里我们只指出，有 3 人从事林业工作，4 个人在地方驿站工作，每人的收入为 60—200 卢布不等。

总之，我认为还有必要指明目前农民在居民食品委员会、当地商店的欠款总额，从中可以判断出对于皮利涅姆村社的农民来说，收成不好的年份并没有像记录的那样造成了悲惨的后果。向食品委员会上交的种子和大麦发放的债务总额为 233 卢布 66 戈比。

最后，让我们总结一下库洛伊村社农民的所有欠款信息：应向商店上交 63 俄石 7 俄升，向粮仓上交 40 普特 10 俄磅以及向居民粮食委员会上交 48 卢布 25.75 戈比。尽管过去 4 年由于粮食收成不好导致村社的耕地状况令人不满意，但是各种欠款数量并不大，这说明由于村社中现有的各种贸易使得农民劳动获得大规模的成功，因此该村社在经济方面远远好于平涅日县的许多其他村社。

村社调查报告概要（一）[1]

阿尔汉格尔斯克省统计委员会
1880 年 11 月 27 日

在 1879 年 11 月 16 日举行的阿尔汉格尔斯克省统计委员会大会上，应俄国自由经济学会的要求，为 9 篇收录在《乡村土地公社资料汇编》的优秀村社调查报告发放了奖金。与此同时，还决定明年会继续为优秀的村社调查报告发放奖金。金额按作品质量而定。为此，委员会还要求公社的中间人将纲要分发给其他乡，并按照委员会要求将俄国自由经济学会寄来的 20 份新出版的纲要也一并发给其他乡。这些乡委员会按统计委员会的要求，选出了 18 个作品，各自提交给俄国自由经济学会第三部门。大会委托我对提交上来的作品进行比较评估，并为优秀作品的作者发放奖金。我想请大家着重注意一下作品中对我们省村社农民生活习惯的描述。

（1）阿尔汉格尔斯克县克赫特村社：据乡文书记载，这个村社有 486 个纳税人，实际总人口为 548 人，有 1014 俄亩土地，其中耕地 312 俄亩、草地 701 俄亩。记载写

---

〔1〕 资料来源：米涅卡 Г.：《阿尔汉格尔斯克省乡村土地公社农民公社历史资料》卷1，阿尔汉格尔斯克省印刷厂，1882—1886。

得很详细，涵盖了日常生活中的方方面面。重新分配土地时，菜地和牛舍也要参与分配。把耕地划分为几部分，每部分分成三个等级，分别是一等地、二等地、三等地。等级是按离村庄远近以及土地质量来确定的。我们一般是按照每户家庭成员的增减情况进行土地的增减。如果哪家一等地的面积不够，那就再划分出2倍的二等地和3倍的三等地给他作为补偿。记载中提供了一个特别清晰的土地测量的概念，还附有几何图纸，并对如何在当地土地上进行测量做出了解释：将256平方俄丈的土地均分成4块（每块64平方俄丈），然后再分成两块（32平方俄丈），再分成两块（16平方俄丈），再分为两块（8平方俄丈）。此外，记载中在描述其他规则之前，会先对当地人道德精神进行描述。这里的领导完全没有权威，没有影响力，有问题也不敢做出回应，因为他们是最贫穷的人选举出来的。但是村里的恶霸在村社分配大会上有很大影响力，村民们叫他们"毒瘤"。草地通常是按干草的收获量来分配，但每当这时恶霸们就会使用一些骗人的伎俩。因为自己的耕地收成不好，所以他们就从其他的耕地上获取或转移收成。休耕地采用三区轮作制，土地轮作4次。而256平方俄丈的土地则需要20车畜粪做肥料。春播和秋播之后，土地数量少的农户不休耕，连续四年不断地播种施肥，虽然这样做收成可能还会一年不如一年。那些去圣彼得堡打工的人，大多数不会把土地留给自家耕种，而是交到别人手里，这导致土地荒废并且不良耕种的风气会更加严重。可惜仍没有查明出现类似现象的原因。有的贫农耕种自己的休耕地，而在缺少猎人时他们就去打猎，荒废自己的土地。这些荒芜的土地不会按照能力和资金来分给其他人耕种，而是分给那些生产酒的人。丈夫、父亲或其他亲人都去世了的女人在重新分配之前可以保留份地，但公社为了防止土地荒废，有权随时收回份地。而这也是为了防止有人找借口掠夺土地。有份地的士兵和寡妇可免赋税，只需要缴纳实物贡赋。他们每个人有0.57俄亩的耕地和1.28俄亩的草场，不交税的话，收入最高能达到6卢布16.5戈比。在村社的其他农用地中，有一片在外来岛上的水域，但它不属于可分配的土地，是村社的共同财产。

虽然在我们的文化中，财政因素的参与及其意义是一个长期具有争议的问题，但这个问题对于农民的村社、土地关系的产生和维持有重要意义。然而，研究者对该理论知之甚少，也没有足够的事实来证明自己的观点。与此同时，村社的教育进程也照常进行。卡伊达库尔村社正是这种情况。1874年之前，在行政关系上这是一个村社，但在土地关系上，被分成了两个村社，分别是上卡伊达库尔村社和下卡伊达库尔村社。下卡伊达库尔村社土地少，但拥有的选票多，所以他们制定了税收的规则，即上卡伊达库尔村社的居民比下卡伊达库尔居民每人多交1卢布70戈比，虽然从土地分配的角度来看，这样的税收规则是很公平的，但这还是导致了1880年村社行政关系的破裂。

由于对克赫特村社优点的描写，作者获得了25卢布的奖金。

（2）德米特里·舒尼金是阿尔汉格尔斯克县巴特拉克耶夫村社的文书。他写的记载中有些地方很模糊，不连贯。作者没有真正明白村社的含义。穆季尤加河岸边的6

个村庄、距卡迪河 3 俄里的 3 个村庄同属这个村社，从那再远 20 俄里就是属于库亚的地方了，再远 25 俄里是科兹利河岸边的村庄。当然，在记载中没有进一步描述村社的情况，只描写了穆季尤加河和卡迪河岸边的 9 个村庄的居民都使用村社的份地，而库亚和科兹利河边的村庄有自己的土地。种庄稼的土地叫耕地，根据第十次人口调查的结果，每人分得 430 平方俄丈的份地，一般由 3—5 块土地组成。虽然记载中写道，为了分配土地，将土地按其质量划分成了三个等级，但遗憾的是，并没有记录最主要的分配方式。记录中的一些描述也不太清楚，例如："村社成员的土地都集中在一个区域里，每块地都起了不同的名字，并按原有方式划分给他们。"同样不清楚的还有第 119 章："村庄之间的土地没有参与分配，因为所有村社土地所有者的土地面积都不同，任何村庄都没有权利分割土地，只有村社才有这种权利。"让人不解的是，土地分配要在与会者都同意的情况下才能进行，难道指的是所有人一致同意吗？在第 71 章描写了农民们所采用的独特计量单位。为了防止土地荒芜，已经荒废的耕地，只有在下次再分配时才能拿回。记载中对村社草场的分配过程描写得更为详细。

大部分草场被称为边缘的沼泽地，位于离这里 12—20 俄里的穆季尤加岛上和小溪边。草地被分为四部分，每一部分分成三份，再将每份草地分为 4 个二分之一份。按照纳税人数来划分草地，因此在第八次人口调查时一个二分之一份草地能分给 8 个纳税人；在第九次人口调查时一个二分之一份草地能分给 11 个纳税人；而在第 10 次人口调查时一个二分之一份草地能分给 13 个纳税人。哪块土地分给谁是抽签决定的。四分之一份土地七年调换一次。以抽签的方式决定将四分之一份的土地分给谁，同样也是按照抽签的方式决定将三分之一份的土地和二分之一份的土地分给谁。到了移交土地的时候，选出两个移交人和两个接收人进行移交。分成三份的土地以木桩为田界，分成二份的土地以没割草的地带为界。虽然，也要把条形田一分为二，但不需要考虑在同一地区要有草地的问题。因为草的质量不同，所以所有的草地上都有条形田。所有村社都在伊林日前后开始割草，大概要割一周左右，因为那时的海面风平浪静，海浪也小，不会淹没草地。为了防止秋天洪水泛滥，割下来的草会运到一个屋子里，这个屋子在两艘货船之间。库亚和科兹利河边的村庄有自己的土地，他们自己决定什么时候割草，在这个临海的村庄里，农业的地位很低，种地的收入还不够缴纳一半的赋税，而每个人大概要缴纳 9 卢布 14.5 戈比的赋税。因此这里有很多付不起税的人，他们会把地租出去，这样税款就由公社来承担。如果有人入伍了，那么税款也由公社来承担，而他们的土地则交给他们父母管理，父母每人还可以得到 1 卢布 59 戈比。要是有的家庭主要劳动力去世了，又没有可以接替他的成年人，孩子又还小，那么他们也可以把土地租出去，赋税也由公社承担。这个村庄里有一种其他村庄没有的很独特的情况。如果村社的新成员同意承担赋税，那么就可以把出租的土地分给他们。村社里有 110 人份的土地被租出去了，包括村社的共有地、71 个退休人员或没有支付能力的人及 29 个现役军人的土地。如果我们能知道记载里所说的退休人员指的是什么人，以及建筑和道路费用是由村社支付还是分摊到纳税人身上就更好了。当然退休人员和没有支付能力的人不用支付这笔费用。虽然记载中有的地方含糊不清，但也不能否认作者在这方面的辛苦付出,他做了很多努力,应该给予8卢布的奖金。

(3)霍尔莫戈雷县提交的记载是由乡文书格里戈罗夫斯基所写,记载中分别描述了下孔村社、上孔村社、博列茨基村社、普克申村社、克特罗夫村社和塔克捷耶夫村社的情况。这些村社的经济条件和成员关系大致相同。这里共有491个纳税人,有276俄亩1946平方俄丈土地、140俄亩的备耕地。这些村社上一次进行土地分配是在1877年的人口调查之后。记载中指出了这里划分土地的特点,即划分开但不分成小块。耕地由田地和荒地组成,荒地的位置更远。无论是高地、平原还是低洼处的土地,每个位置的土地都会均匀分给每个人。不分秋播地还是春播地,所有的土地都没播种,因此想种什么都可以。如果有人想把自己的地给别人,也无需得到公社的批准。我们有些怀疑,大会做出的关于土地分配的决议,只是根据大部分人的意见而制定的。

大会里有些人被收买了,有人给了他们每人7—10戈比,所以就制定了这样的分配方式。在分配时,如果地里已经种了秋播作物,那这块地的收成就由新老土地所有者平分。如果分出去的土地已经施肥了,那么根据肥料的质量,原土地所有者可以得到一定的补偿,按每车肥5—10戈比计算。人们还注意到一个很罕见的情况,就是农民们不在地里放牧。草地以俄丈为单位,或用树桩来测量计算,由旁边土地的所有者来划分面积,不用分割草地。在草场工作时,我们常遇到村里的其他人,因此洽索韦恩村社、布卡洛夫村社和下孔村社的草地是大家一起收割的,然后再按人头分配。我们还注意到一个未解释清楚的地方,就是在普克申村社、克特罗夫村社和塔克捷耶夫村社有一个共同的岛屿,那里的庄稼由大家共同收割,然后按现有人口分配。村社里有很多人都看到了这个岛,不只是这一个村社,连临近的村社都看到了。这种现象还是第一次出现。记载中描述的这个村社具有纯农业的特点,它的经济状况让我们更好地了解到当地人均份地的数量、人均赋税和每俄里土地赋税的数额。

国家税税额

	土地	人均税款	每俄里税款
(1)下孔村社	1486俄丈	5卢布80戈比	5卢布15戈比
(2)上孔村社	1330俄丈	5卢布58戈比	5卢布2戈比
(3)博列茨基村社	1300俄丈	4卢布1.25戈比	3卢布75戈比
(4)普克申村社	1261俄丈	4卢布72.75戈比	5卢布40戈比
(5)克特罗夫村社	1582俄丈	6卢布71.5戈比	6卢布50戈比
(6)塔克捷耶夫村社	1334俄丈	4卢布53.5戈比	5卢布50戈比

所有村社的人都要向公社缴纳2卢布税款。无地者无需缴税,其余人都要缴纳。孤儿

和寡妇没有土地。无人继承的份地会分给愿意承担其赋税的村社成员。举一个不常见的例子，1877 年，有三个农民无力缴纳赋税，因此他们的土地被暂时收回，分给其他人了。这些人会把他们所欠的税款全部缴清。当地村社雇用放牧人的习俗也很特别。通常是雇牧人放牧有角牲畜，所有人会轮流给他食物和衣服，根据牲畜的数量，按照每只牲畜 30—50 戈比给放牧人结算工资。如果是放绵羊的话，价钱不同，按每只绵羊 10—12 戈比结算工资，并且不提供食物和衣服。虽然这篇记载没有其他的那么出色，但我们也不能否认他的努力，我觉得可以给予 8 卢布奖金。

（4）申库尔斯克县提交的是乌斯季帕杰恩乡舍拉什村社的记载，是由一个农民伊万·格里高利耶夫斯基·利亚金所写。该村社的土地位于离其他村社 11 俄里的地方，在那还有其他村社的土地（不到 48 俄亩）。该村社有 52 块田地，每块 4—20 俄亩不等，有 57 块林边草地，每块 300 平方俄丈到 2 俄亩不等。根据土壤的质量土地被分为单程地和环耕地。把单程地分成两部分或三部分，再把每二分之一份地划分为两个四分之一份地，把每个四分之一份地划分成两个八分之一份地。这是按照村里的人口数量来划分的。例如谢苗诺夫斯基村有 81 个人，把这些人分成三组，每组 27 个人。彼得罗夫村有 80 个人，把他们分成四组，每组 20 个人，两个八分之一份地可分给 10 个人。以同样的方法把环耕地也分成这么多部分，再以抽签的方式决定哪一部分给哪个成员。单程地的大小为 5—15 平方俄丈。每个人能分到 40—90 平方俄丈不等。一人份的最小土地宽 2 俄尺，长 10—150 俄丈，大小为 8—40 平方俄丈到 15—200 平方俄丈不等。虽然从上一次人口调查之后再没进行土地重新分配，但是从 1863 年起，一共进行了近 40 次减税。也就是说，对于人口少的家庭的土地和村社给大家庭附加的土地有优惠政策。在双方都同意的情况下，可以交换土地，使双方的土地都更集中。在乌斯季帕杰恩乡和维利科尼古拉乡都存在这种重新分配的方式，而在其他村社则是按现有人口进行重新分配。个别家庭开垦了村庄附近的空地，在第一次土地分配时，这些土地归到了共有财产里。虽然记录里记载了有些穷人出于嫉妒不同意这么做，但他们的意见并未予以采纳。宅院地和菜地在重新分配时只是进行增减，但不会像田地一样大规模变动或交换。在其他村庄，每个人有不到 150 平方俄丈这样的土地。各村庄之间的草地，必须要共同分配。有些个别村庄，每年都会划分一次。我们彼得罗夫村庄就是如此，根据村社的划分方式，草地被分成二分之一份草地、四分之一份草地和八分之一份草地。每两年交换一次八分之一份草地；每四年交换一次四分之一份草地；每八年交换一次二分之一份草地，这样，一个 5 口之家在 16 年内就可以用遍所有草地（不到 50 俄亩）。不过这并不是公共的规矩。也有一些村庄既有无需按照人口调查进行分配的草场，也有公共草场。

这个村庄的居民被分成了四组，每组 20 个人。他们每两年交换一次土地，因此 8 年就可以把所有土地都交换一遍，再开始新一轮的交换。如果草地被分为三部分，那么 3 年就可以轮换一遍了。将每块土地分为三部分或四部分，收集的干草再按照人数分配。（每垛干草 15—30 普特)。在干草堆中包括 4—30 垛干草,把这些干草垛在地里间隔摆放,用木杆固定住。最后这条表述不清楚,而且,记录中的另一处说把村社的草地分成堆,然后抽签决定谁要哪部分。耕地末端的草地叫切割地,它和耕地一起划分。村社里每个人要缴纳 9 卢布 16 戈比的赋税。其中每俄亩土地缴税 1 卢布 33 戈比。在征收欠税时,不可以变卖女人的财产。公社不对不认真工作的户主采取特殊的强制措施,但是会分给他们未经施肥的土地作为惩罚。再分配的时候,把他们原来那块土地还分给他们。无论他们接不接受公社分给他们的份地,公社都有权强制他收下土地,以防他们让公社为其养家。但是如果这些人还有其他的工作能保障生活,那么别人就会很乐意接收他的土地。

(5)奥涅加县提交的是科科林乡波罗日村社的记载,是由乡文书伊万·帕霍莫夫所写。该村社的纳税人包括:208 名男性、242 名女性,实际人口为 240 名男性、308 名女性。有 381.5 俄亩土地,其中耕地为 103 俄亩,草地为 240 俄亩。根据土地的地理位置将其分成了三部分,分别在山区、乡里和小河边。每部分都有 6 组,所以三部分一共 18 组。村社现有的居民被分成了几十组,每组 13 个人,每组以最有威望的人的姓来命名。按这种方式把所有人都分成组,每一部分有 80 人,每组 13 个人。因此,每部分会剩 2 个人没有组。各组成员之间的院子不在一条路上,也不都挨着,而是通过彼此间的约定紧紧连在一起,这种约定非常牢固,好像很久之前就已经达成了一样。组内的成员也很固定,除非组里某家有新增人口,否则是不会改变的。再次重新分配时,这个组里多出来的人就会分给人数减少的组。就以这样的方式平均大家的土地。至于份地,在重新分配之前,即使有人离开了,土地也不会被转移,而是再加进来一个人使土地平均。还有的土地在边缘、角落或斜坡上,不好划分,虽然不是最好的地,但它们的面积大,这样的地一般分给每部分剩下的那两个人。把后加进来的人留在组里,就是为了使原土地所有者的地保留下来,不将其转移到他人手里。土地被划分得很零散,这迫使很多人不得不和其他人合作,在双方同意的情况下交换份地,使得自己的土地更集中。一人份的地长 30 俄丈、宽 0.5 俄丈。而一块长 80 俄丈、宽 3 俄丈的草地可以分成 15 份到 25 份份地,干草的直割道宽 2 俄尺。虽然从上一次人口调查以后,村社就没有再重新划分过土地,但是人口增加了的家庭曾要求过增加土地面积。这时村社会把那些付不起税或不认真种地的人的土地分给他们,如果没有这样的人,那么村社就会从人口少的家庭里收回一两份份地给他们。地方集会的特点就是寡妇不可以出席会议,因为女人不能作为家庭的代表。村里的恶霸对大会的决定有很大的影响,如果村长和他们达成共识,那么就没有人能阻止或反对他们。草地的面积不是以俄亩和俄丈来计算的,而是看能割多少车干草。在茂密的森林里,把收获的干草扎成捆,然后再平均分给每个组。但是后来改成按家庭人口分配了。大会允许农民毁林开荒,把开垦出的土地用做草地,而且赋予他们 10—20 年的使用权。期限结束后就把草地还给公家并缴清税款。村社里一共有 9 块草地,把这些地分成三部分,每部分三块。两组使用同一片草地,每组轮流交换,3 年时间草地就可以交换完一轮。农民们在草地上共同劳作,并一起规定了一个割草日。每家提供一个劳动力来割草和收草。划分土地时，用栅栏把份地隔开，抽签决定从哪边开始分土地，并按照家庭人数分配土地。遗憾的是这一部分和下一部分都没弄清到底是怎么一回事。收集好的草分成一样的草垛，按人数分配，如果草垛数量和人数不同，那么就把剩下的草垛分给孕妇。分配的时候，要用符号标记自己的草垛。每个人都用独特记号来标记自己的草垛。

对当地风俗习惯的描写也很详尽。放牧人除了可以拿到每头牲畜40戈比的工资之外，午餐时还能从每家得到2—4磅的烤面包和0.5—1.5磅的黄油。一共能得到6、7普特的面包和2普特黄油。10月1日放牧结束时，还能得到7普特的烤面包和鱼肉馅饼作为离别礼物。放牧人还可以找一个助手，通常是10—15岁的少年，他的工资由放牧人自己给，大约是8—10卢布，另外还会给他2普特的面包和15—20磅的黄油。村社还会雇人放牛，放牛的工资不按牛的数量来算，而是每个人出一部分钱，一年一共给放牧人18卢布。放牧结束之前，任何人都不可以贩卖或宰杀牲畜，以防有野兽袭击。当地土地的耕种制度为：一半的地种春播作物，四分之一的土地种秋播作物，余下的四分之一先休耕，然后种秋播作物。第二年，之前种春播作物的那一半土地，其中一半还种春播作物，另一半休耕两年。种秋播作物的四分之一土地改种春播作物，余下的四分之一土地秋播作物。土壤不好种子就不发芽。收割完黑麦，就种春播作物，然后施肥，之前种春播作物的土地明年继续种春播作物。因此，每年都会给三分之二的土地施肥，剩下的三分之一休耕一年。休耕地一般要翻土三次，还有人翻五次，所有的地都施肥，如果肥料不够，那就运来一些黑土和能使硬的黏质土壤软化的废料当肥料。这样土地的收成会是平时的两倍。村社里有份地的农户，家里只有1口人的有11户；有2口人的有28户；3口人的有39户；4口人的有6户；5口人的有3户；6口人的有2户；8口人的有1户。当地的粮食单位有：大袋（104.8升）、中袋（52.4升）、小袋（12.1升）。如果土地种大麦，那么1000—2000平方俄丈土地能产1俄斗或2袋大麦，而要是种黑麦，要想达到一样的产量，那就需要2000平方俄丈到1俄亩的土地。这里人均缴税6卢布39.25戈比，其中5卢布9.75戈比是国税，74.5戈比给乡里，这里包含了每俄亩4卢布47.5戈比的税款。没有地的农民不需要交这些钱，村社替他们交。士兵、寡妇和孤儿有权拥有土地，如果村社替农民缴纳人头税和代役租，那么农民也需要缴纳公社税并上交实物贡赋。

我们很想知道，修改后的法令对服兵役会有怎样的影响，村社风俗习惯是否会因此发生变化。例如，1875年和1876年是由村社替现役军人交税。1877年村社决定，现役军人的赋税由其家人缴纳。但也免除了他们选举的职责，此外，村社还承担了现役军人的部分工作。1874年前，村社是不允许农户分家的，因为他们是根据家庭人员名单来分配赋税的，但自从法令改了之后，已经有9家农户没有经过大会批准就分家了。不管农民愿意与否，村社可以强制规定土地所缴纳的赋税和实物贡赋，还可以收回那些不认真耕种的人的土地，以防止他们欠税。公社还很关心孤儿的情况，他们会监督负责照顾孤儿的叔叔，并给他们一定的回报。现在还不清楚的只有兄弟继承法的具体细节。描述中说道："如果只剩下两兄弟或侄子，而他们还住在其他院子里，那么就把份地给他们中的一个人，这样村社就不会干预这部分土地。"该作品的优点就是其内容十分全面、详细，值得最高奖金 25 卢布。

（6）梅列耶夫村社位于奥涅加县巴萨特乡，该记录是乡文书伊万·加奇金所写。当地的居民并不太知道村社的名字，他们把这里称作小村子。这里有 17 个纳税人，现有人口为 24 名男性、27 名女性。有 26 俄亩 600 平方俄丈耕地。村社有 3 块田地和 5 块荒地。位置靠后的一块土地按土壤质量被分成了两部分。1849 年把这些土地划分开了，而 1858 年人口调查之后，就只是根据家庭人口数量的增减而调整土地面积。对土地划分实施的方式描述得并不清楚，甚至有些矛盾。例如，描述中有一处说：土地划分是按顺序来的，但另一处说：是按照农民的意愿分的。该村社把土地划分成长条状，每块地长 27—109 俄丈、宽 4—24 俄尺，而草地则是 4 俄丈。收获的干草数量按车计算，再平分给大家，但是有两块草地是不分的，每年这两块草地都从其中一半农户手里转移到另一半手里。但遗憾的是，记录中没有说村社如何分配地里收获的干草。耕地轮作的方式是三分之二土地播种，另三分之一的土地休耕养地。但常见的是刚收完大麦，就又马上种了秋播黑麦。一俄亩土地能产 52.4 升大麦，26.2 升黑麦。放牧时，通常是临近的几家村社一起雇一个放牧人，按每头牲畜 40—60 戈比一起结算工资。此外，在彼得罗夫日的时候，放牧人还能得到 3 磅的圆面包，每个面包还配有 0.25 磅黄油。秋天时，还能得到一个大圆面包。所有人都打扮好，拿着酒杯，少倒些酒一口喝掉，谁不喝谁就是老油条。村社没有公共的公牛，有公牛的人家把牛牵出来和母牛交配可以得到 20 戈比。在这里冬天时要交一个很特别的税，因为冬天要凿冰窟窿来饮牲口，每户人家都要给凿冰洞的人一些面包，村社中有两块份地的农户数量为 3 户；有 3 块份地的农户数量为 2 户；有 5 块份地的农户数量为 1 户，人均缴税 7 卢布 84 戈比，还有 50 戈比的木材税。现役军人的赋税由村社缴纳，院子荒芜了也由村社负责，但以下 7 种情况下的土地，会被分给村社的其他成员，即分给那些沿街叫卖的人。

（7）这份记载的作者自愿提出要把巴萨特乡其他村社的记载也提交上去。我觉得，主要描述其他村社生活特殊突出的方面就足够了。而他又提交了关于斯皮罗夫村社、叶夫多基莫夫村社和格涅瓦舍夫村社的记载。斯皮罗夫村社有 25 个纳税人，现有人口为 25 名男性、29 名女性。叶夫多基莫夫村社有 57 个纳税人，现有人口为 59 名男性、86 名女性。格涅瓦舍夫村社有 9 个纳税人，现有人口为 16 名男性、15 名女性。这三个村社的农户家庭人口情况如下：斯皮罗夫村社：家里 1 口人的农户有 1 个；2 人的有 3 个；3 人的有 3 个；4 人的有 1 个；5 人的有 1 个；叶夫多基莫夫村社：家里 1 口人的农户有 8 个；2 人的有 13 个；3 人的有 5 个；4 人的有 2 个；格涅瓦舍夫村社：家里 2 口人的农户有 3 个；4 人的有 1 个。

这些村社也把土地分为田地和荒地两部分，荒地的位置更远。叶夫多基莫夫村社有

9块田地和2块荒地。格涅瓦舍夫村社有1块田地和3块荒地。然后把地划分成份地。后来又说根据土地的特点将其划分成份地，但这不明确，因为老居民已经不记得是何时划分的土地了。关于这点记载中描述得并不清楚，甚至还有些前后矛盾。上一次土地划分是在1853年，但叶夫多基莫夫村社从1849年开始就没再进行土地划分，只是根据家庭人口的增减来调整土地面积。斯皮罗夫村社最窄的一块土地长35俄丈，宽3俄尺，叶夫多基莫夫村社最窄的一块土地长85俄丈，宽仅有1.5俄尺，而格涅瓦舍夫村社最窄的土地长115俄丈，宽3俄尺。叶夫多基莫夫村社赋予了成员们15年的荒地开发使用权，但由于地理位置偏远，土壤质量又不好，所以即使期限到了，村社也不会收回这片荒地，大家依然可以使用。斯皮罗夫村社的草地被分成了三部分，人们在每一部分上都有一块属于自己的份地。这些地要轮流使用，今年用这块，明年就用旁边那块，以此类推。

但关于轮换使用的问题记载中描写得不清楚，是因为打算重新分配草地，所以要验收草地面积或草的产量吗？叶夫多基莫夫村社按照人口数量把草地分成了四部分，每14个人共用一片草地，但因为村社里一共有57个人，所以其中有一片草地是15个人共用。每个人都有自己单独的一小块草地。每一块草地再分成四部分，每年交换一次。到了约定好的日子，每家都出一个劳动力，大家一起收割最远的那片草地。把割下来的草堆成重量相等的草堆，要把苔草和好草区分开，再根据人数平均分配。确定好每个人的草垛数量和草的质量，每个家庭的代表都要想一个独特的符号，用来标记自家的草垛，同时在把马和工人派到草地上时，也要让自己的家人知道。

当各户都基本想好自家的特殊符号时，堆草垛的人就开始检查，看符号的数量和家庭数量是否一样。然后由最年长的人先把符号放在选好的草垛上作为标记，然后剩余的人再做标记。这样做经常会发生争吵甚至会打起来。这时候，草垛就会被运走，放到公共草堆里，根据纳税人口数量按宽度来分配草堆，并且这些草堆彼此间都是有区别的。剩下的三块草地要一起收割，要么就像斯皮罗夫村社一样，逐年交换，自己解决。格涅瓦舍夫村社有6块草地，农民们共用同一块土地，其余土地转给别人耕种。

农民们使用的那块草地不参与轮换。叶夫多基莫夫斯基村社还有渔场，人们在河上建渔栅捕鱼。渔场是村社划分出的四部分农用地之一，每年也参与轮换，这样三年后每个人就都使用过渔场了。捕上来的鱼按人数分配。捕鱼的那条河宽8俄丈，每年春汛之后禁捕。配备守卫人员，两人一组，每天检查两次渔网是否完好。这份记录写得很详尽仔细。如果还有什么可提高的地方，那就是可以更全面一点，描述一下居民生活的经济状况，无论是好的方面还是不好的方面，或是对当地居民的影响都可以。我认为这部作品值得奖励20卢布。

梅津县提交了四篇记载。

（8）科伊纳乡科伊纳村社的记载是由乡文书安德烈·费德罗夫·拉赫马宁所写。这个村社包括科伊纳村的198家农户、3个村庄和两个新村，这两个新村一个有2户人家，另一个有3户人家。还包括萨苏里斯基的83户、新村的10户、科斯基的90

户、新村的 2 户和乌斯奇尼泽姆斯基村的 48 户人家。一共拥有 813 俄亩 1510 平方俄丈土地。显然,作者没有明白村社的含义,如果两个村之间相隔 3—12 俄里,而新村更是远在 30—300 俄里以外,那么这些村庄不能算作一个村社。所以下面的描述不能算作是对哪个村社的记载,只能说是这些村庄机制相同,生活环境相同。描述中也没有说明土地分配的过程,只是提到了上一次分配是在 1877—1879 年。当时人均份地为 720 平方俄丈,能种 1.5 俄斗种子,之前第 10 次土地分配时,人均份地为 960 平方俄丈,能种 2 俄斗种子。

有关土地分配的决议都是经过大会多数人同意的。如果寡妇有自己的产业,那么也可以参加大会。在分配时,一般要雇用土地测量员,每个人要付给他 10—15 戈比,土地划分常用的单位是四分之一俄亩,即长 9 俄尺,宽 3 俄尺,现在叫四分之一俄丈。大的宽田地叫条状耕地,小的叫楔形耕地、后院地和篱笆门。条状耕地的大小、一个人占多大面积土地等问题,记录中并没有提及。如果重新分配土地,那么每个人都要交还一部分土地,原土地所有者有权选择要留下哪部分土地,而接受者只能让步。在这里很少种秋播作物,大家基本都种春播作物。在分配新的草地时,不需要切分,原来的边界也不变,但是需要减少份地的人可以自行决定分走哪部分。上一次土地划分时,大部分农民都同意每十年进行一定土地重分。

村社成员有义务说明每个人的田地周边有 5 俄丈围栏,菜地附近有 3 俄丈低水槽。大家一起建围栏把地保护起来。很少有描述表明农民们没有轮班干活,而是一起建造了桥上和路上的公共设施。村社里每个人都有水井的使用权。一口井供 10 户人家使用。如果土地分配时,有成员要把井迁到村子的另一头,那他就侵犯了其他人的权利,要缴纳 3—5 卢布。在收庄稼时,同乡的人相互帮助是很平常的事情。一般是这么个流程:早上集合之后喝点酒,过 5、6 个小时吃午饭,下午 2 点吃点心,喝酒,酒不能少于三杯,晚上 8 点吃完饭,酒也是一定要有的,而且要喝很多,但这个时候留下的基本都是女人了,因为男人早在下午吃酒食时,就已经结束了这一天的工作。在这里除了种地,打猎也深受人们的青睐。猎人们要严格遵守打猎的规则。每个人都有自己的一片猎区,如果这个人去打猎了,那么其他人就不可以去他的地盘。猎区只能以继承的方式获得。如果家里有人要离开,那么可以按照商量好的价钱,把这块地转给别人。

该村社家里只有 1 口人的农户有 13 户,2 口人的有 38 户,3 口人的有 38 户,4 口人的有 42 户。每个人需要缴纳的全部税款为 5 卢布 3 戈比,其中有 4 卢布 28.75 戈比是国家税,74.25 戈比是公社税,其中每俄亩土地需要交税 2 卢布 87.25 戈比。因此,无地者不需要缴这部分税。没钱付税的人也可以在不经公社同意的情况下,把地转让给那些愿意为其交税的人。当他们没有钱交税或不种地的时候,公社有权把地收回。此外,没有孩子的寡妇,其土地也会被收回。对于孤儿、未成年人来说,他们可以选择把土地还给公社,然后自己靠乞讨生活,又或者如果他们愿意的话,就把他们和土地一起交给一个好人来照顾。近三年有 12 个人从这里搬去了西伯利亚边境地区,由此看来土地并没有什么特殊的价值。这些人离开以后,公社会把他们的土地分给地少的农民,当然他们要补交税款。这篇记载虽然达到了我们提出的要求，也解答了其中的问题，但遗憾的是，这里很多地方写得不清楚、不全面，又自相矛盾，因此功过相抵。所以我认为，相较于其他记载，这个只能得 10 卢布奖金。

（9）列舒孔乡列舒孔村社和谢利申村社的记载是由乡文书伊万·阿夫杜舍夫所写。这份记载也不清晰，不知道写的到底是哪个村社。因为提到的每一个村社好像都是独立的，甚至还有几个不同的村社。正如我们下面所看到的：列舒孔村社有 8 个村庄，470 个居民。斯马列恩斯基村社有 2 个村庄，328 人。谢利申村社有 4 个村庄，422 人。又或者这部作品记录的是这几个村社的共同特点。上一次土地划分是在 1876 年，当时由于人口增多引起了很多状况。一些家庭把土地转让给了更富裕的农民，条件就是要替他们缴税。但是这些人缴纳的税款不全，所以造成了很大的问题，他们因此欠了 232 卢布的税款。

当然，可能这些人不是自愿掌管这些土地的。在记载里完全没有弄清楚这个村社现有的土地分配制度。针对 65—67 章的问题，我们发现这里写得很不清楚，好像是在乡成员之间直接分配土地，也不需要抽签，谁付多少钱就给他多少土地。有的土地宽 3—4 俄尺，最宽的有 12 俄丈，而这样的土地，一个一口之家居然有 6 块，一个八口之家有 37 块。在重新分配给新户主的土地时，要按照原户主的指示来选择土地。当地土壤质量不是很好，因此一俄亩土地两到三年内需要 140 车肥料。当地不允许牲畜在田地里吃草。列舒孔村社规定每十年就要交换一次草地。谢利申村社有一个村庄叫采那高尔斯基村，那里的草地不按俄丈计算，而是以车为单位。

这些草地是在森林里开垦出来的，40 年后都归为公共财产，但在卢萨姆斯基村，过了年限以后，还是会把草地留给原来的所有者。这里有很多风俗习惯和上述村社是一样的，例如：猎区土地的使用权、不经公社同意转让土地、遗留土地转让付费等问题。冬天需要请专人在河边饮牲口，他们靠这个赚钱，节日时还能从雇主那得到面包。

土地赋税情况如下：

	人头税		土地税/俄亩
列舒孔村社	3 卢布 88.5 戈（国家税）	81.5 戈（公社税）	2 卢布 34.5 戈
斯马列恩村社	4 卢布（国家税）	75.5 戈（公社税）	3 卢布 3.75 戈
谢利申村社	3 卢布 50.75 戈（国家税）	60.5 戈（公社税）	2 卢布 12.5 戈

这些村社的宅院数量：

列舒孔村社：1 口人的 48 户；2 口人的 65 户；3 口人的 28 户；4 口人的 26 户；5 口人的 12 户；6 口人的 4 户；7 口人的 3 户。

斯马列恩村社：1 口人的 47 户；2 口人的 34 户；3 口人的 27 户；4 口人的 18 户；5

口人的12户；6口人的1户。

谢利申村社：1口人的29户；2口人的35户；3口人的33户；4口人的19户；5口人的8户；6口人的8户；7口人的4户；8口人的3户。

要是能解释说明一下记载中提到的：列舒孔村社是按拥有的土地数量分配赋税，而其他村社是按人数分配赋税，就更好了。如果这不是笔误，那么关于这些区别的解释说明，在记载中应该占据更大的篇幅，而不仅仅只是提了一句。这篇记载的不足不在于作者的不认真，而是他没有明白我们所提要求的真正含义。这可能使得他在自己的作品中加入了科伊纳村社调查报告中的相关描述，因为这两部作品不仅相似，有的地方甚至还有一样的答案。因此，这部作品的描述很全面，但不明确。出于对作品的尊重和对作者的鼓励，我认为应该给予6卢布奖金。

（10）乌斯季齐列姆村社、扎梅日内村社、涅利茨村社和克里瓦梅日村社位于乌斯季齐列姆乡。每一个村社都管理着几个村庄，加起来一共有48个村庄，这些村社只有在行政问题上才有联系。但记录中没有提及这方面，也没表明这是哪个村社的记载。这里上一次土地分配是在1863年，每个村社的土地面积分别是：乌斯季齐列姆村社有3557俄亩1952平方俄丈的土地，居民人数为1043人；哈巴里茨基村社有576俄亩1200平方俄丈的土地，居民人数为370人；扎梅日内村社有525俄亩1200平方俄丈的土地，居民人数为221人；涅利茨村社有353俄亩的土地，居民人数为138人；克里瓦梅日村社有108俄亩的土地，居民人数为87人。1俄亩土地能种10普特的春播作物，他们不种秋播作物。记载中没有提及土地分配的方式，只是说了"只有纳税人能分得土地，而且土地分配与家里原有的土地和纳税人数量无关，是按照每家有多少劳动力来分配的。"记载的其他地方还提到了土地分配有不公正的现象，因为富人拥有的权利比穷人多。

很难说其他方式又有多公平，因为这是第一次出现村社将剩余土地留作储备地的情况，在有新成员时，就把这些储备地分给新成员，也就是说这些土地不归任何人所有。从一俄亩草地割下来的干草被分成70份儿，一份儿就是7车，每车大约20普特。村里每个人要缴纳5卢布的国家税，1卢布10戈比的公社税，其中每俄亩土地缴税3卢布78戈比。无地者无需缴纳上述税费，只需缴纳赋役税。在此之前我们也发现了一个现象，近三年分家的农户已经增至10户。对这部作品的评价比较低，大家可能觉得，作者已经理解并完成了上级的要求，但他仅用寥寥几字回答了所提出的问题，总而言之，很敷衍。因此，这部作品并没有让我们了解到什么实质的东西。

（11）普斯托泽尔乡的记载是由乡文书伊万所写。该乡地理位置偏远，这里特殊的经济条件使我们很感兴趣，我们想知道，他们为什么把村社建在这么偏北的地方。但遗憾的是记载中的内容并没有给我们答案，不是作者不想，而是他能力有限，表达得不清楚，也不明确。这个乡有17个村庄，4个新村，一共有2198人。他们被分成了三个村社。这里的人不种地，土地另有用处。草地按收获的草量划分，把收割下来的干草分成份儿，一份儿是 10 马车，每个人 1.5 份儿。由于不种地，因此人们就在附近的河里发现了赚钱的方法。1858 年，全乡的人划分了所有的水域，每个村社都把自己的水域分成了三部分，每年轮换，这样三年就能轮换一遍。

伯朝拉河和所有的湖泊都位于距普斯托泽尔 30 俄里处，因此该乡方圆 30 俄里范围内都是其领土。每个水域内都设有渔网，该渔网由 30 个小网组成，长 8 俄丈。每个人都是根据家里有多少人，就交多少小网，然后把它们织成大网，捕鱼时也只拿相应数量的鱼。村社成员轮流使用这些拉网和带浮漂的网，每一百个人一组，一年内他们共用同一张拉网，明年就给下一组，这样七年就会轮回来了。带浮漂的网是三年轮换一次。

每个人都有权利把自己的那份水域出售给别人。通常有钱人把穷人手里的水域使用权买来，这样穷人们就不能捕捞珍贵的红鱼了，但他们还可以去其他地方的河里捕鱼。这种使用权的贩卖，一般一次不会超过一年，因为它的价格经常变动，这或多或少和上一年的捕捞量有关，要想把整张网的使用权买下来，大概要 50—200 卢布。该乡人均赋税 6 卢布，其中有 68 戈比是公社税，这和卖使用权的价格差不多。无人继承的和已离开的人的份额也会被卖掉，因此，该村社不会在这方面欠税，也不会无力缴纳国税。孤儿会以不同的方式保留他们的份额，他们每年都会把自己的那份卖出去，直到他们成年。虽然这篇记载也有很多问题和缺点，但我们也给他 5 卢布鼓励一下。

在今年提交至委员会的所有作品中，这是篇幅最小的一份作品。除了凯姆县和平涅日县，其余所有县的作品都是乡文书写的。很遗憾，其他人没有响应大会的提议，虽然我们可以寄希望于当地的牧师和老师，让他们参与这一课题的研究，但大会把这一提议发表在县公报上，就是想让大家广泛参与进来，这个课题很贴近人民，能给大家带来启发，但纲要上都没提及这一点。我认为利奇科娃的作品很值得一看，他不在乎有没有酬劳，仅仅是出于对课题的兴趣，他研究了霍尔莫戈雷县的很多村社，向大会提交了关于这些村社的记载，以便俄国自由经济学会第三部门做进一步的调查研究。我并不打算讨论这些问题，因为这不是我的任务，我只是大概地指出他们所描述的村社的优点。当然，愿意研究这一问题的人对此会很感兴趣。

柳博沃村社和上瓦尔杜什卡村社位于阿尔汉格尔斯克县的里卡索夫乡，他们提交的记载是最详细最全面的。记载里并没有提到村社这个词，但村社的概念都通过"公社"表达出来了。在上一次人口调查时，曾尝试过在三个村社之间平均分配土地，这三个村社就是：柳博沃村社、中瓦尔杜什卡村社和下瓦尔杜什卡村社。但是人们没有达成共识，最后还是各自分配自己的土地。很多人提出了重新分配的想法，但是遭到了富人的强烈反对，因为这对他们很不利。他们通过租赁或代役制的方式，从穷人手里积累了很多土地，一旦重新分配，那这些地就都要交还给公社。所以只有在土地面积不变的情况下他们才同意重新分配。土地的数量以平方米为单位来计算，并根据人口数量分配，近而确定了份地的面积。家里有人离开的农户要把多的土地分给别人，接收者可以自行选择要哪块。上一次分配时，大会选出了一个专门划分土地的人，同时也选了几个懂行的人来监督土地划分,并给他做帮手,这些人要承诺不对村社说谎。该村社的特点是,土地不按土壤质量或距离划分,也没有木桩之类的作为界标。土地宽度不能少于3俄尺,也没有界标,但为了不在地里走来走去,所以两块地中间留出来一条小路。在重新分配土地时,如果土地已经播种了,那么分得土地的人就要给原土地所有者种子费,如果土地已经施过肥了,则不需要给钱,因为他们是自愿的。这里的耕地体系没有什么明确的轮作制度。

有的地连种6、7年春播作物,有的5年休耕一次,有的3年休耕一次。因此,能看到不同种类的地交错在一起,春耕作物旁边可能是秋播作物,又或者是休耕地和菜地。所以,牲畜不可以在地里吃草。当然还有别的原因,如果它们在地里吃草,很可能把地踩坏,结成一个个硬块,就会很难划分。播种时,300—350平方俄丈的土地需要4俄斗的种粮。草地的分配方式和耕地类似,不需要分成不同等级。因为有的农民在森林里有自己的备耕地可以当作草地,备耕地一般是几户一起开垦,在这种情况下要按照大家共同的想法来使用它。收割下来的干草就按参与的人数进行分配。在旁边的下瓦尔杜什卡村社常有这种情况:在达成共识的前提下,两个家庭和三个农户交换使用其共用的草地,每年交换一次。村社会雇放牧人来放牧,他们的工资按牲畜的数量结算,但是,如果谁的牲畜在放牧时被野兽咬死了,那么这个人就可以不付他那部分的钱。如果谁的牲畜冲出围栏踩坏了庄稼,那么围栏的建造者要负这个责任。

每到收获的时候,村社成员之间会互相帮忙。大家还会一起喝酒吃饭,当然不是非吃不可。柳博沃村社有两户人家是从其他村社搬过来的,他们搬过来已经有20年了,就相当于村社之间的纽带,他们至今还留着原来镇上的东西,节日也是按原来的形式庆祝。二十多年前,也有几家农户从柳博沃村社搬到了下瓦尔杜什卡村社,他们还是原来村社的成员,也留着原来的份地。村社里每年也都有交不起税的人。使用土地的人每年缴税7卢布6戈比,这里不包含木材税。无力缴税的农户的土地会被租出去。在柳博沃村社只靠种地来赚钱是不够养家糊口的。自己种的粮食都不够吃到1、2月末,更穷一些的农民,他们的粮食甚至都不够吃到斋月的。夏天阿尔汉格尔克的劳动合作社和在它附近的其他工作才是最有效的赚钱方式。但是尽管如此,这22户人家里(共46人),还是有2户人家没有干活的马,还有3户人家一头牲畜都没有。

谢列茨基村社位于霍尔莫戈雷县谢列茨基乡。在这个村社里有一种独特的土地使用方式,就是如果有空地或杂草丛,未经村社允许大家也可以使用,但是只能使用一个夏天。如果有的家庭人数减少了,那么在村社收回其多出的土地时,他们可以自己选择交还哪块,当然,大家总是会选择交出质量差的土地。农民们很珍惜土地,划分土地时,在土地与土地之间仅仅留不到1俄寸的边界。在这里还有一个特殊的现象,播种时,人们会在休耕地种上芜菁,这会完全改变这里所采用的三区轮作制。这里的草地不按面积计算,而是按草垛数量计算,但是为了避免矛盾和争吵,人们会举行一个拍卖会,拍卖不同位置的草地,谁出的草垛数量多,这块草地就归谁。可能是因为草地是按照人口数量平分的,并且草场份地都作有标记。

该村社有11个村庄,他们平均分配所有的土地和赋税。而且这里的平均分配指的不是几何面积相等，而是产量相同。虽然土地是以俄丈为单位计算，一共为256平方俄丈，但到了土地分配的时候，只看土地的产出条件，面积不重要。大体上每个人能分得0.58俄亩耕地，3俄亩草地，人均缴税6卢布3.5戈比，人均每俄亩缴税7.2戈比。村社会把无人继承的土地租出去。村社成员的不动产只能由其该村社的亲属继承，其余财产可由外人继承。

亚科夫列夫乡的村社有：（1）韦尔霍夫新村；（2）小奥尔泽尔基村社；（3）大奥尔泽尔基村社。这些村社里还有一种占领土地的方式。如果有人在森林里发现了一块空地，那么在重新分配之前，这块地可以归他使用，当作耕地或草地都可以。但如果这块地不大，那么也可以一直由他掌管。在分配土地时，不分什么菜地或宅院地，所有的这些都统称为土地参与分配。而且土地总体的数量不会变，只是如果有人离开了，那么就把他的土地给人口增加了的家庭。原土地所有者可以选择留下自己最喜欢的那块地。草地就在河的沿岸，在森林与河岸之间，宽度不超过一俄丈，而且这里的草地也没有按质量划分等级。沙滩草地位于多沼泽的地带，以前的时候，大家都是一起来收割，然后按人数平均分配。村社里雇的放牧人按牲畜数量结算工资，此外，每户人家还会轮流给他食物和衣服，但是不会给他帽子和裙子。如果需要，他还可以自己雇一个助手。如果有牲畜踩坏了庄稼，那么就由放牧人，或者把庄稼围起来的那个人负责。

不轮换使用湖里捕鱼的地方，而是一直都归同一群人用。因为这个地方位置偏远，离公路也不近，所以这种方式就好像是对这里的一种特殊补偿。这里的农民为了在冬天时有一条路能通向外面，所以每年都会雇两三个人，让他们在三四天内用脚踩出20俄里的路。因为居民很穷，所以农民入职当官也不会超过一两年，之后就会因为穷而被村社罢免。虽然很多收入是靠种地得来的，但是由于无力缴税者的土地比较贫瘠，所以他们的地基本没有人愿意接管，也不愿意为其缴税。如果村社发现某一家的户主懈怠撑不起家，那么村社就会建议这家换一个管事的人。

梅德韦多夫乡的哈夫罗戈尔村社有5个村庄。土地分配规则和上述的村社差不多。草地不按质量或远近分成不同等级和种类，甚至在6年前划分土地时，也没有重新分配。但是，村社希望明年能按现有人口重新分配一下土地。

该乡的另一个村社——平吉甲村社由三个村庄组成，它从上一次人口调查以后就没有再重新分配土地。只是有时在农户之间调整一下土地面积。

针对不同质量的土地，该村社制定了不同的轮作制度。贫瘠的土地先种黑麦，再种谷物，然后休耕养地，按这个顺序循环。肥沃的土地按黑麦、谷物、谷物、谷物、休耕的顺序循环。该村社的三个村庄情况如下：安德烈耶夫村有21名男性，19名女性，有10俄亩354平方俄丈耕地，11俄亩60平方俄丈草地。此外，还有3俄亩备耕地，2俄亩备耕草地。尼基福罗夫村有19名男性，22名女性，有8俄亩1800平方俄丈耕地，8俄亩1800平方俄丈草地。还有5俄亩备耕地，1俄亩备耕草地。乌斯特里茨基村有49名男性，53名女性，有28俄亩450平方俄丈耕地，31俄亩600平方俄丈草地和16俄亩备耕地，4俄亩备耕草地。

尼科罗—科斯科申村社位于扎恰奇耶夫乡。该村社的草地被分成了三部分。村社把村民分成三组，每组分得一部分土地，每年都要轮换一次土地，这样第四年的时候就回到了最开始的状态，接着再开始新一轮轮换。

莱蒙诺索夫乡的博戈亚夫连—乌赫托斯特罗夫村社以前和特罗伊茨基—乌赫托斯特罗夫村组成了一个村社，后来分开了。他们共同进行行政管理，但在土地方面还是两个独立的村社，各自保留自己的土地。1851年，大会决定把这两个村社合并为一个村社，在1858年人口调查时，这一决议才正式得到批准。但1876年，由于近年来博戈亚夫连村社的人口增长过快，因此该村社向大会提出申请，要求独立出去，解体该村社，同时还要求把在其附近的48俄亩土地分给自己。但特罗伊茨基村社不同意，因此，这件事交给了国家财政部解决，财政部最终决定不分割土地，由两个村社共同使用，这一决定对特罗伊茨基村社很有利。

在这我们还发现了一个特殊的现象：布亚科夫"乡村协会"是一个由国家财政部建立的公共行政单位，其中一个村社由于其成员在村会上拥有绝大多数的选票，所以使得其他村社不得不听从于该村社的决定，当然这个决定是对该村社自己有利，而不利于其他村社。他们也因此为自己争得了48俄亩土地。这从另一方面来看，政府高层对于村社的权利和意义的评价不统一，因此，现在这个决定完全就是两种现象混到了一起所产生的："乡村协会"是公共行政单位，而村社则是由人们的经济历史生活创造的。

对于土地合并和划分的现象，要仔细研究它的原因和动机，最重要的是弄清楚村社关系的性质，以及历史、农业、行政和财政因素对它的影响。我认为，国家财政部以前的案例对此会有很大帮助。博戈亚夫连村社在土地分配时，把土地按质量分成了三类，每一类土地村社成员都能分得一部分。然而，如果农户通过施肥，将自己三等地的产量提高到一等地的产量，那么再分配的时候，这块土地还会分给他。这里耕作制度都是一样的。只种春播作物，肥沃的土地要连续播种5年到8年。村社新来的成员要向村社交20卢布，但是也要等到有空地的时候，才会给他分土地。

叶梅茨克乡有三个村社，分别是：梅兰多沃村社、普里卢克村社和叶梅茨克村社。切尔尼亚耶夫斯科戈尔乡的哈罗布里齐村社是由四个村社合并而成，还有一个丘赫钦村社。这里的每一个独立村社都以其组成部分命名。除了建了房子的地方，余下所有土地都参与分配。重新分配时，土地的数量和边界是不变的，变的是每个家庭占有的土地数量，它会随着家庭成员的增减而增减。耕作采用的是三区轮作制，先种春播作物并施肥，然后种黑麦，之后休耕，按这种方式轮作。哈罗布里齐的草地分为三个等级，分配时不是按人分，而是按组分配，每组都会分得三个等级的草地，也就是说，每个等级的土地都要分10—15份。每组占哪一部分要抽签决定，然后组内成员自行把自己组和其他组的区域分开。我们在邻近村社也能看到很多不同的风俗习惯，例如，他们雇用放牧人时，除了要按牲畜数量结算工资外，放牧人还能从雇主那轮流得到食物，而且放多少牲畜，就能在那里住多少天。

在梅兰多沃村社放牧人除了能得到食物，人们还会给他衬衣，而在普里卢克、哈罗布里齐和叶梅茨基除了帽子和裙子，余下的衣服都可以给他穿。在叶梅茨基和梅兰多沃区域内有一个湖，人们发现了它的特殊用途。在其他地方，四个农户共用一个湖。在这一地区，我们看到又有一些新村社出现了，这些村社是由较大的村社分裂而成的。在1845年以前，整个切尔尼亚耶夫斯科戈尔乡是一个村社，而哈罗布里齐也属于这个村社。下列数据是该乡1858年不同村社的份地面积。

村社名	人数	俄亩	平方俄丈	人均面积（俄亩）
波卢博洛特纳村社	7	12	1200	1.5
安德柳果夫村社	10	32	1200	3
杜博拉韦恩村社	68	165	1750	3
雷萨高尔村社	22	32	1387	1.5
卢基恩村社	44	49	1200	1
丘赫钦村社	68	67	—	1

村社的划分一直持续到现在，正如我们所看到的，1878年，杜博拉韦恩村社被分成了两个村社：杜博拉韦恩村社和卢基恩村社。

总而言之，我们越了解人们生活中的各类现象，就越能体会到村社在道德和经济水平方面对我们国家居民的意义和影响。让我们感到惊讶的是，迄今为止，在我们的科学领域很少有人研究这些历史和农业的现象。甚至可以说，我们是因为几个外国旅行者（例如：巴龙·卡克特卡乌杰恩和麦肯吉·华莱士）的研究和指引才开始注意到这些现象的。他们甚至预料出我国未来生活中最重要的因素是什么。这些现象是村社产生的重要原因，虽然这些现象在西方早已消失，但很多以前的事实证明了这些现象的存在。50年代末，关于村社的问题成了最受瞩目的课题之一，并发表在了现代刊物上。这个课题到现在已经有了完整的文化体系，由于当时出现了农民改革，所以这一问题具有非常重要且实际的意义。

虽然我们有这一领域最优秀的人才，但有些人为此感到高兴，有些人却并非如此。当时所发表的作品都是抽象理论与推论的产物，人们没有事先进行研究，也并不了解这些现象是如何在人们生活中产生并扎下根来的。1861年2月19日，为起草条款而成立的编辑委员会从争论中得出了实际的结论。无论是过去还是现在，俄罗斯人在村社上始终存在两种观点，而该委员会的成员持其中一种观点。我们的学者科维林说，委员会重要的作用在于，当社会中某一观点的分歧达到极致时，他们强烈的道德责任感能使他们经受住考验，不倒向任何一方。他们完全知道他们所面临的任务有多重要，在达成共识之前，双方的观点完全对立，他们要找到最佳的平衡点。

在事情的利弊没有彻底查明之前，不要试图改变人们固有的思维，也不要把有争议的东西强加给人们。编辑委员会以事实为依据：存在土地村社所有方式的地方，公社就保留了下来，而土地分段所有方式取代土地村社所有方式的地方，也有是公社的。完全公平合理又实际的决策应该是惠及全民的。在那之后，村社土地分配的拥护者和反对者之间的争吵还在持续。不仅文化代表之间有意见分歧，政治家之间也是存在分歧的。

1872年，俄罗斯政府开始研究农民和农业生产的现状，国家财政部搜集了很多俄罗斯欧洲部分的资料，社会各界人士对此也都纷纷发表了自己的见解。我们要把目光聚集在有思想的人和刊物上，从本质上来讲，这关系到个人、集体和国家的利益。有些人认为，村社的土地分配是农业和经济发展及成功的主要障碍，因为人们缺乏主动性、动力和自主性，也不注重节约。其他人则认为这是我们地理条件的必然结果，是对无家可归的人和无产阶级的可靠保障。这个问题巧妙地运用了对自己有利的社会主义文学，这使得争论变得更为激烈。我们想在法律关系的基础上建立村社。

这些争论并没有把问题理清，而是使人们对它的理解更加混乱，其中甚至还包括根据西欧的思想和方式形成的概念。最近，我们的科学文化才走上了一条真正的探索之路，探索不同条件、不同地方下的村社生活和村社关系的表现。同一时间，出现了两个收集村社资料的纲要，一个是由"皇家地理学会"制定的，另一个是由"皇家经济协会"制定的，而且叶菲缅科还提出了第三种纲要。这一切都清楚地表明了，我们的学者、土地所有者和实干家都有研究村社本质的想法和需求。我们越了解这些现象，就越会相信村社的效力和生命力，就越会发现，村社为农户的经济、法律甚至道德方面的生活都创造了条件。所有村社的拥护者和反对者都不否认，所有合理的法律、行政和特别经济方案都应该把这些现象考虑在内。

随着对村社关系的探究，我们也找到了一些合理的、俄罗斯固有的方法，并且还有当时的一些回复和数据，这使我们的官方资料更丰富了，但遗憾的是，很少有人相信这些。的确，虽然从委员会提供的记载数量来看，并没有很多人参与进来，但这些记载比我们省的文学作品更加珍贵，更有价值得多，这些文学作品里并没有什么新事物，甚至曲解了很多已知的事实。提交上来的记载没有让人很满意，但问题出在纲要本身，该纲要主要是出于纯粹的经济和农业方面的考虑，因此，很多问题都有些重复，我们忽略了非常宝贵的村社数据，没把它们作为问题的一部分。所以，如果委员会还要继续收集村社的资料，为其拨款，那么我觉得应该对纲要进行一下补充。虽说有些问题是地理学会提出的，例如：

(1) 村庄里农户的数量。

(2) 收获的粮食能满足整个村庄的粮食需求吗？如果有余粮的话，那么在丰收年和歉收年各能剩多少？一般出售什么样的粮食，出售多少？

(3) 如果粮食不够，那么差多少？（按以下几种情况分别阐述：对于富农、中农、贫农来说。收成好、收成一般、收成不好的时候）

(4) 有没有可盈利的农业领域，例如蔬菜栽培等？

(5) 村社里有没有贸易、工业和农业企业，收入如何？这是属于村社还是个体农户的？

(6) 有没有代役制或其他盈利项目？他们需要向村社交什么吗？

(7) 农户收获的粮食够自己吃吗？从其他领域得来的收入够缴税吗？

(8) 如果粮食不够怎么办呢？村社里有其他的地方产业或者短工可以赚钱吗？农民们要做什么样的工作？在哪？做多久？做这些能得到什么？

(9) 有多少人出去打工赚钱了？从他们的护照和车票上都能看出，他们去了哪、做了什么工作。

(10) 村庄里有没有农户家里没有马？有多少这样的人？他们有没有份地？如果没有，那他们以什么为生？

(11) 村社里有多少牲畜？有没有家里没有牲畜的农户？

(12) 有没有农户离开村社？如果有，那么是什么时候？有多少？为什么？有什么条件吗？有没有新成员进来呢？

(13) 有人欠税吗？他过得怎么样？什么时候开始的？为什么会欠税？

(14) 有多少男人、女人和孩子以乞讨为生？

我们要感谢利奇科夫，感谢他的配合，感谢他为委员会提供了这么多村社的信息，我们要推选他为阿尔汉格尔斯克乡统计委员会的成员。同时决定给予克霍特乡文书卡萨列夫奖金 25 卢布；卡卡林乡文书帕霍莫夫奖金 25 卢布；巴萨特乡文书甲齐吉恩奖金 20 卢布；科伊纳乡文书拉赫马宁奖金 19 卢布；帕特拉克耶夫卡乡文书舒尼基恩奖金 8 卢布；格利戈罗夫乡文书塔纳舍夫奖金 8 卢布；列舒孔乡文书阿夫杜舍夫奖金 6 卢布；普斯托泽尔乡文书伊万诺夫奖金 5 卢布；乌斯季帕坚恩格斯乡农民伊万·利亚奖金 15 卢布，共计 122 卢布。关于奖金发放的问题，要根据省土地费用预算管理第 9 条，上报给省执行机构。

明年还会举行该活动，并为优秀作品发放奖金，奖金数目视实际情况而定。为了更好地在该地区乡村牧师和老师之间宣传村社的这一决定，他们把要求按相同的格式印在了省公报上，并分发到各个乡理事会，以便于对以后交上来的作品做出评价，并给予奖金。统计委员会还号召全体人民，如果谁想参与，可以向当地委员会索要俄国自由经济学会的纲要，目前纲要样本已寄出，但因为其中大部分纲要都发往不同的地区，因此尚未收到任何回复。该号召与上述的 14 个问题印刷在了一起，并分发给了乡理事会和所有公立乡村学校。

村社调查报告概要（二）[1]

阿尔汉格尔斯克省统计委员会
1881 年 12 月 21 日

出席会议的有：省长：巴拉诺夫；副省长：姆泊涅伊科；与会成员还有：至圣者：纳法奈尔；副省长：戈利钦公爵；还有戈拉杰纳恩、科尔、皮拉茨基、安吉米阿诺夫、普罗托波波夫、普拉卡别乌斯、贝克尔；大祭司：波波夫、普洛特尼科夫、波德维索茨基、格里涅维茨基、涅维亚多姆斯基、科兹洛夫、列夫列夫、科斯莫夫斯基、梅勒、莫纳科夫；

---

[1] 资料来源：米涅卡 Г.：《阿尔汉格尔斯克省乡村土地公社农民公社历史资料》卷 1，阿尔汉格尔斯克省印刷厂，1882—1886。

秘书：桑丘尔斯基。

（1）省长秘书对村社调查报告的分析和奖励工作做出了汇报。报告内容如下：

这已经是村社调查报告分析报告会的第三年了，根据自由经济学会第三部门的纲要和号召，收集到的所有信息都会被送往统计委员会。这次报告，除了汇报村社调查报告的分析和挑选工作之外，我还将阐述一下所有记载中所描写的村社的特征。因为，我希望我的报告能够代替原本的描述，为以后的研究者做个参考，因为有很多的记载描写得都不清晰，很矛盾混乱，更不用说文学层面上的缺点，很多真相往往隐藏在各种矛盾的描述下，而这些描述必须从其他来源得到核实。我就是想为大家总结一下。

虽然这项工作要耗费大量的时间，但这很值得。因为在一堆没有用的东西中有时仍然可以发现很有价值的小碎片。而且我越做越发现，这些记载中所描述的才是我们所熟悉的村社，而其他文学作品中的描述，很多仅仅只是基于一个现象，甚至是凭空捏造的。那些都是没有经过调查核实的，在没有任何基础的情况下构建了一幅图景。只有贴近人们生活的人才知道村社日常生活的情况，因为他们就生活在这样的环境下，这也就是为什么我说这些村社的记载非常有意义。借助于这些记载，就可以制定出一个最科学的研究方法和研究系统，在人民的经济关系和生活条件方面，也是如此。

今年交上来的作品相对来讲，不如往年有趣。其中很多都是梅津县和克姆县交上来的，这两个县的土地比德维纳河和瓦加河边的土地粮食产量低。这些作者依照提出的纲要，把注意力都放在了人们在土地所有制这一方面的关系上，但这并不是很重要的因素，他们忽略了其他更应该注意的重要领域，例如村社关系在各行各业中的体现以及对其成功发展的影响等。

克拉斯诺博尔村社位于梅津县。该村社的记载是乡文书罗加乔夫所写。这个村社里有4个村庄和2个新村，一共1261人。有3200俄亩草地，600俄亩耕地，全长66俄里。

在该记载的第七章我们能看到这样一句话：克拉斯诺博尔村社的土地被划分成份地，再分给其他村社。但是，一个村社是不能从其他村社里分得土地的，其他村社也不会允许别人这样做。很明显，作者把行政单位"乡"和"村社"弄混了。土地数量的划分只在村社内部进行。虽然这份作品不符合标准，但作者本身是明白的，他也想让我们知道这个乡所有村社的共同特点。我们发现，那里不仅草地分布的范围很广，鱼塘也遍布整个乡，7—10俄里远的地方也有耕地，放牧地位于6俄里远的地方。虽然种地是人们主要的工作，但是这里也只种粮食，整个乡的菜地不到10俄亩，而宅院地占50俄亩。

村里的土地根据土壤质量被分成了两类：优良地和劣质地。优良地一般位于高地，农民们还用济良语给它起了个名字，叫"克列斯华尔兹"。劣质地一般位于低处，被称为"纳夫利和克"。如果土地位于山上，那么在南面山坡的地要比其他地方的更好。

土地之间划出了0.5俄尺宽的地作为边界。划分完的土地大小不全相同，最大的有0.5平方俄亩。

从上一次人口调查后，已经有21年没有重新分配过土地了，因此记载里对土地分配的风俗描写得并不清楚、不详细也不明确。村社的土地是按播种时所需的种子数量计算的，然后再按现有人数平均分配。但也要补充说明一下：考虑到土地的情况，要按已知人数分配土地，使每家的份地和人数相符，不受其所处位置的限制。记载对这个地方描写得也不清楚，和第 34 章相矛盾。第 34 章写道：村社的土地没有被划分成长条，而是分成了单独的、大小不一的土地，分配的方式也不清楚。第 29 章写道：村社没有专门制定土地再分配的规则，大部分家庭都保留自己原有的土地，然后根据家庭人口数量的变化增减土地。也不会采取抽签的方式。类似的方式在第 44 章描写分配草地的内容里也提到过。

割草场被称为草场或草地，把从地里割下来的草分成堆儿，一堆儿是 40 垛草，这些是一个人的分量。在分配的时候，每个人都应该分到这么多的干草。

农民们捕鱼的规则也很有意思，他们隔 24 小时或几小时捕捞一次，按网数计算。书中第 70 章还说道：村社土地以俄丈为单位划分。而第 71 章中却说：村社土地按所需的种子数量划分成方形。这两种说法不同，我们也不清楚如何更改使其一致。

每个宅院拥有的土地份数也不确定，因为大部分都是几个家庭生活在一个宅院里，他们各自拥有自己的份地，而把他们算作一家是不可能的，有将近三分之二的宅院占有 2—4 份份地。在克拉斯诺博尔乡也有几个家庭生活在一个宅院里的情况，我们还不知道这种情况是如何产生的。还有一个有趣的规矩，女人是不允许参会的。除了人口调查、土地被水冲走或被沙子掩埋，其余情况下是不重新分配土地的。

在人们共同经营的业务中，我们注意到了以下的风俗习惯：人们一般会用 2 俄尺高的木桩把地围起来，但这也只能挡住有角的牲畜。至于小的牲畜，村会规定夏天不可以把牲畜放到外面去。如果有牲畜被放出来了，来到了地里，那么地的主人可以用枪打死它，而牲畜的主人还要付给他人 5 戈比的弹药钱，而且还要为被踩坏的庄稼负责。可是，很多人并不支持村会的决议，也不积极响应。其实村会早就允许把草地旁边的沼泽地里的水排出去，但是由于大家玩忽职守，所以一直没有着手开始。但当大家收割粮食、干草，并把干草运回家，又喝了酒时，就会开始帮着排水。

种地是人们的主要工作，但只种庄稼养不活一家人，因此，只有贫农还保留着原始种植和耕作的方法。记载中没有把农耕体系解释清楚。居民们获得粮食的方法，除了种地，还有打猎、养牲畜和捕鱼，但只有很少的一部分人能捕鱼。

每人要缴纳 4 卢布 20 戈比国家税，1 卢布 30 戈比公社税，受灾的人和无劳动能力的人也需缴纳，虽说赋税并不多，但 1878 年和 1879 年，国家还是要求村社替无支付能力的成员缴税，不过最多不超过 500 卢布。村社会让欠税者用劳作来偿还税额，或者把部分甚至全部土地上缴，但一般不会超过一年。或者还可以变卖自己的财产，但女人的财产不可卖。

为了让村社成员能缴纳赋税，村社把土地支配权完全下放给成员们，哪怕他们把土地租给其他村社的成员也是可以的。农民们可以自行决定是否分家，也不需要征得村社同意。可惜的是，记载里并没有显示这方面的数据。村社把农民自己的农用地使用权下放给他们，他们可以和其他村社的人交换土地，或把土地租给他们都行（除了耕地和草地）。目前不清楚的只是不知道哪些土地会被分给新成员，根据描述所说，所有人的土地都是一样的，而且之前也已经说过，所有的土地都参与分配，没有例外。

交上来的所有记载都有描述得不清楚的缺点，很多都被我们忽略了，只记住几个，其中有一个很有意思的是说：在佩切尔斯基有一个很远的几乎隔绝了的地方，那儿的起源可以追溯到 200 年前。有两个外来的农民，他们来自莫赫切恩斯基，原本住在伊日马河左岸，后来他们想在河右岸找到一个更适合居住的地方，也就是他们现在的居住地——克拉斯诺博尔村。他们就这样搬到了伊日马村社旁边。由于描述得实在不够清楚，所以我们只给了这个作者 3 卢布的奖金。

皮列姆村社位于列舒孔乡。该村社的记载是乡文书阿夫杜舍夫所写。这个村社的纳税人包括：91 名男性、85 名女性，现有人数为 154 名男性、141 名女性，一共 295 人。其中有 149 人拥有份地。该村社一共有 257 俄亩 1800 平方俄丈土地，其中耕地有 112 俄亩 104 平方俄丈，草地有 145 俄亩 1696 平方俄丈。

无论村社规定的土地数量是多少，人们都有侵占更多土地的方法，一般是占用树林和灌木丛里非放牧区的空地。这种地方一般可以使用到下次土地分配之前。1876 年土地重分配时，很多人拿着伏特加去讨好村会的人，成功地留下了他们侵占的土地。至于那些没送酒的人，他们的土地被分出了一部分归到了公有土地里。

记载中还说到，如果有空地的话，村社会按照公社的规定租出去 15—20 年，租金归村社和教会所有。而且，如果谁第一个发现新土地，那么他就可以自由使用这块地一年。因此，那些没有这种特权的人想分割这块土地，因为这样在按照家庭人数分配土地之后，他们的土地就会增多。

至于宅院地和院子旁边的菜地，上次分配土地的时候，这些地没有参与分配，还留在原来的所有者手里。上一次土地重新分配是在 1876 年，当时把那年 10 月 3 日前现有的人员都算在内了，同时大会也决定在下一次人口调查之前不再重新分配土地。虽然上次土地重分之后，一个人的份地从 1858 年的 1200 平方俄丈，减少到了 960 平方俄丈，但是这都是根据所有家庭成员的增减而变化的，已经尽可能保留原有的土地所有权了。

耕地按土壤质量分成三个等级，并以所需种子的多少来计算分配大小，480 平方俄丈土地需要 4 俄斗种粮，210 平方俄丈的土地需要 2 俄斗种粮，120 平方俄丈土地需要 1 俄斗种粮，60 平方俄丈需要半俄斗种粮。记录中没有说这些土地是否已经分成了条状或是圆形。大块的土地一般长 55—76 俄丈，宽 12—46 俄丈；小点的长 25—57 俄丈，宽 6—8 俄丈。如果一等的份地不够，那可以用两倍的二等地或三倍的三等地来代替，总之每个人三种等级的土地加起来一共有 1906 平方俄丈（就是 7 俄斗）。最小的条状地长 25 俄尺，宽 4—5 俄尺，最大的长 75—80 俄尺，宽 12—15 俄尺。这样的条状地（第 34 章中称之为田地）按宅院的人口数量划分，一般是 7—48 人。

如果分配土地时，分出去的土地已经播种了，那么收获时，由原土地所有者和现在的所有者一起收割，并平分。

草地也和耕地一样分成三个等级。只是计算单位不同，草地按 2 平方俄丈计算，窄的条状草地长 15—25 俄丈，宽 4—6 俄丈；宽的长 127—145 俄丈，宽 25—40 俄丈，每个人大概占有 8 块草地，三个等级加在一起一个人大概有 2535.5 平方俄丈草地，大概能产 30 垛干草（1 垛干草重 10—15 普特）。

不超过 55 岁的农民和单身的人，或者是有自己产业的寡妇，如果他们想要份地或是归还其原有份地，大会是允许的。下次分配时，会雇一个专门划分土地的人，每个人要给他15戈比，一共22卢布35戈比。划分土地的人还有四到六个帮手，他们宣誓要忠诚对待村社的工作，他们不需要参与其他公共服务。虽然计算划分土地时是当着大家的面进行的，但也不能排除会有耕地、草地划分不均的情况。1876年土地划分时，为避免土地被分的过于分散，于是村社留了95平方俄丈的耕地和454平方俄丈的草地作为储备地。草地会租出去，如果没有人愿意租，那就定一个日子，再从每10个人中选一个人，大家一起割草。

收割之后，把干草堆起来，每堆间隔1俄尺。每个户主按自己家庭成员的数量，占好干草垛份额，并轮流用各自不同的符号把自己的干草垛标记出来，放到一起。卖草赚得的钱（或在第一种——租出去的情况下，从承租人那里得来的钱）由他们自己决定是否交给教会。此外，已离开的农民的土地也会被租出去。

村社每年夏天都会花15—20卢布雇人放牧。除了工资，农户们还会轮流给他食物和衣服，例如：衬衫、长袍、腰带、帽子和皮鞋。每一家都要暂时养着他，他放多少牲畜就要供他多少顿饭，一天大概三顿。在10月份放牧结束时，放牧人还能从每家得到1—1.5磅的鱼肉馅面包，0.25磅的羊毛，一共能拿到3—5普特面包，0.75—1普特羊毛。放出去的牲畜，户主随时能要回来卖掉或杀掉，而这部分牲畜的放牧钱和其他人一起平摊。

村社每年还会雇一个在河上凿冰洞的人，这个人每天早晚都要在梅津河边凿出冰洞来饮牲口。每个星期日，每家每户都拿出来些面包一起给他，一个冬天大概一共能得到30普特面包。

村社里有两个水域能捕鱼，大家轮流使用。所有的村庄被分成两组，分别在水域两端捕鱼，每年交换一次地点。每天早晚农民们都会去鱼梁处捕鱼，然后大家一起分。

耕地和草地周围的围栏也是大家一起修建的，每个人要建7—11俄丈（围栏高2.25俄尺）。运输通道和桥梁的修建也是分配到大家头上的，6月份每10个人中要选出2个人，而9月份每10个人中则要选出1个人来参与修桥修路。

皮列姆村社的耕作体系为：一半的土地种春播作物，四分之一的土地种秋播作物，剩下的四分之一土地休耕养地，休耕之后种秋播作物。第二年，种春播作物的一半土地中有一半还种春播作物，另一半有可能已经连种3—6年了，所以要休耕养地。原来种秋播作物的那四分之一土地，改种春播作物，剩下的四分之一种秋播作物。所有农户也可以不遵守这个规则，想种什么或者想休耕都可以。施肥的时间一般是在第一年的农作物收割完，第二年的农作物播种之后开始，所以按照上面的体系，一般要给一半或四分之三的土地施肥。而先休耕之后种秋播作物的土地则不施肥。但的确也有农民不这么做，他们给所有土地都施肥，即使是休耕地也施了4、5次肥。而这些改善了的土地的产量是普通土地的两倍。480平方俄丈的地需要76车的肥料，在这片地上种大麦，产量约为4俄斗或3普特，要是种秋播黑麦，那产量只有1俄斗，不到30磅。

收成好的时候，大麦能收获12成，黑麦能收获6成，但也有只收回来种粮的时候，特别是当土地已经连种几年，非常贫瘠的时候。更不好的时候，农作物甚至全部冻死了，这取决于村社的地理位置。土地收成最差的是穷人，因为他们没有牲畜，也就没有肥料。

再差一些的就是连耕种工具都没有，需要向其他人租用耕种工具的人，而这种人一般也只管自己眼前的利益，不在乎土地会不会受损。因此针对这类情况，村社会收回他们大部分土地，并租出去。

整个村社需要缴纳500卢布25戈比的国家税、91卢布71.25戈比的公社税，一共是591卢布63.25戈比。因此分摊到每个人身上就是每人需缴纳3卢布45戈比的国家税，63.25戈比的公社税，一共4卢布8.25戈比，其中每俄亩土地缴税2卢布30.25戈比。没有地的农民不用交这些税，去世的人和发配到西伯利亚的人，他们的税由家人缴纳，现役军人和退伍军人如果有份地，那他们的税由村社代缴。

该村社农民分家不需要征得村社同意，近3年有4家农户分家了。村社里有7—11口人的家庭有11户，有3—7口人的家庭有17户，有1—3口人的家庭有24户。

除了种地，农民们还可以从事其他行业，例如打猎，打猎可以获得食物、松鼠皮和貂皮。森林里有一块半径约为150俄里的地专门打猎用，这块地别人不可以用，每个猎人在这里都有自己的猎区，猎区只能通过继承获得，例如父亲传给儿子。分家的时候，可以将猎区转让出去，但是接受者要花钱买。而把地卖了的人可以去森林里买一块新的猎区来打猎。如果猎区是和另一个村庄的院子连着的，那么他就要向邻近的农户购买水井的使用权，大概要花1—4卢布，因为水井是大家一起挖的，是三四户家庭的共有财产。每家的菜地主要是种芜菁，或者叫蔓菁，菜地一般也是要通过继承才能得到的，而且也只能由和菜地原所有者住在一起的直系亲属继承，否则就归村社所有。住在其他村社的家庭成员，甚至是儿子，只要不住在一起就没有继承权。村社会用这些土地建新的院子。

村社里达成的所有契约，都有一个特点，那就是一定会有伏特加。村社里雇放牧人的契约中就有一个条件，就是要提供半桶以上的伏特加酒。还有冬天雇凿冰洞的人、村社新成员登记入册、无人继承的土地出租或留作储备、给原土地所有者保留土地等，这些情况下都要有伏特加才行。

这个村社的经济状况并不好。在丰收年，富农收获的粮食能吃到5、6月份，而贫农的只够吃到3月初。歉收年时，富农的粮食能吃到1月，而贫农的只够吃到11月中旬。该村社有47户人家，在丰收年时，还要额外买50俄石粮食，而歉收年时要买200俄石，要是赶上了颗粒无收的时候，就要买400—500俄石粮食，黑麦和大麦的价格每普特要2卢布多。因此，1863—1868年村社颗粒无收时，欠了1600卢布的外债。所以这时候农民就要打工赚钱，例如从2月10日到4月10日，有4个人在靠海200俄里范围内捕捉野兽；9月中旬到11月中旬，有16个人在15—100俄里范围内捕捉鸟和松鼠；在8月末9月初，有6个人在海上3俄里内捕捞大马哈鱼等各类鱼，全年一共有24个人在这捕鱼，把鱼都捕捞尽了。有12个人在森林里伐木，并运到锯木厂；有9个人在锯木厂里工作。这些工作的工资都不同，平均下来一个人能赚25—30卢布。村社里还有4户人家没有马，其中有一家甚至没有份地，有两家没有牲畜。村里一共养了76头奶牛、49头公牛、36头小牛、150只绵羊和12只鹿。有1个男人、3个女人和6个孩子，一共10个人以乞讨为生。

该乡的文书还提交了关于列舒孔乡村社的记载。

乌利采利斯基，当地称作莫纳斯德利（修道院）。

这个名字源于一个民间传说，传说 1614 年的时候，来了一个叫约夫的人，他带着 39 个人来到了这里，他们开垦土地，建了一个修道院，又建了村社。约夫一直在这里生活到 1628 年，他走了之后，他们建的村社也就解散了。

这个村社的现有人口为 28 人，纳税人有 25 个，而总人口一共有 62 个，男女各 31 人。这里有 9 俄亩 1624 平方俄丈的耕地，12 俄亩 2250 平方俄丈的草地，耕地被划分成长度超过 100 俄丈的份地，最小的不到 860 俄丈，最大的地宽 5—22 俄丈。草地被分成了长 10—64 俄丈，宽 2.5—29 俄丈的份地。

这里的耕地分成了三个等级，最不好的位于森林里，那里积雪覆盖时间较长，春天时到处是水洼，无法早期播种，而即使播种了，也容易受冻害。此外，村社里还有 50 俄亩生长繁茂的灌木丛，公社允许把那里的土地开垦出来留作备耕地，农民们一共开垦了约 29 俄亩 964 平方俄丈土地。

该村社上一次重分土地是在 1876 年。当然，村会也是经过了激烈的争论，才做出了这项决定。一方认为土地划分是完全没必要的，而另一方则坚持要进行划分。因为这项决议要村会上三分之二的人同意才能执行，所以他们还给集会里最有声望的人送礼，一共送了两三桶伏特加。来参加大会的人除了本村社的，还有皮列姆村社的人。土地划分导致了这样一种情况，有一些无人继承的穷困家庭把土地转给了有钱人，条件就是要给这些地缴税。而这些有钱人得到土地之后，也不施肥，也不精心种植，仿佛这不是自己的土地，这最终也导致了土地荒芜，土壤变得非常贫瘠。鉴于这种情况，村会决定在 10 年之后，也就是 1886 年重新分配土地。

土地划分成条状之后，最小的长 100—120 俄尺、宽 4.5—6 俄尺，最大的长 849 俄尺、宽 19—22 俄尺。每个人分得 4 块这样的土地，一块大的，一块中等，两块小的。两个人分得 8 块。草地按质量分成了四个等级。质量好的在河岸边，春汛时容易被淹。质量不好的位于高地。这些草地划分成条状份地，最小的长 10—11 俄丈、宽 0.5—6.5 俄丈，最大的长 30—64 俄丈、宽 18—29 俄丈。这些大小不一的草地每个人分得 6 块，两个人分得 13 块。此外，村社里有些农民自发去森林里开垦出了一片地做草地，这些土地不参与分配，一共有 49 俄亩 1796 平方俄丈。

该村社 6 月中旬之前在草地里放牧，6 月中旬到 8 月 15—20 日收割草地之前在林地里放牧。为了防止破坏黏土质量，人们不会让牲畜到耕地里去。村社不雇放牧人，所以农户在放牧方面也花了不少时间。

每个人有 960 平方俄丈耕地、1391 平方俄丈草地，这些草地能收 9 垛干草，每垛重 9—11 普特。

分配土地时，村社会请一个外来人员来分配土地，这样可以防止有的人欺骗大家，为自己谋私利。每人需要付给他 23 戈比作为报酬，一共是 6 卢布 44 戈比。村社里占一份土地的家庭有 2 户，占两份的有 6 户，占三份的有 1 户，占五份的有 1 户，占六份的有 1 户。

重分土地时，只是在原有的土地上进行增减。如果有人的土地比其他人少，那就再分给他一块质量相同的土地，这叫"附加地"。如果有人的土地质量比其他人差，那就再分给他质量好的土地以保证其产量，这叫"补充地"。

村社的土地平均分给每个成员。近六年来，就是以这种方式在成员间分配土地的。这里的耕地轮作机制和之前的村社都一样。一俄亩的耕地需要 2.5 俄斗春播作物的种粮和 1.5 俄斗秋播作物种子。种春播作物的土地要松土一次到两次，种秋播作物的地要松三次。在第二年秋播作物收割完，春播作物播种后进行施肥，一般是用羊或其他牲畜的粪便作肥料，这样更有效力。而连续两年都种春播作物的土地要施马粪肥。每年大概要给一半的土地施肥。有些农民想改善土壤质量，他们就在夏天的时候松土三次到五次，给地施肥，然后休耕养地。冬天要给牲畜做垫子，材料一般用大麦的秸秆、针树叶和小树枝。下第一场雪的时候，把肥料运到地里去，一俄亩土地大约要 250—300 车肥料。第一次耕地叫开荒，一般是在土地还不是很湿润的时候进行，第一次翻地用犁，第二次要在犁上绑上耙再翻地，这叫复耕，第三次叫再耕，播种之后再掩土。因为春天很短，所以一般从秋天就开始翻耕土地，这样春天就只重耕一遍就可以了。春播作物一般在 5 月中旬播种，秋播作物在 7 月播种，那个时候土地比较干，用犁一翻就散开了。

如果天气好，大麦 9—10 周就能熟，能收获 3.5—4 成。为了防止粮食被冻，农民们常常在庄稼还未成熟之前就把它摘下来，挂在阳光充足的地方，让它再长一长。因为不是每家都有带盖的谷仓，所以到了打谷和晾干的时候，有的人就在自己的小木屋里把谷物晾干，在棚子里打谷。磨粉的时候，大部分人是用手摇磨粉机来磨粉。如果想要雇人耕地，那一俄亩要支付 5.5—6.5 卢布，一个人加上一匹马一天能耕 1 俄斗种子的地。这个村社 10 年间有 3—4 次粮食歉收。1843 年、1845 年、1852 年、1855 年、1857 年、1862 年、1863 年、1864 年、1865 年和 1867 年都是粮食歉收的年份。每逢这时候，黑麦和大麦的面粉价格能达到 2—3.5 卢布一普特，甚至更高。因为人们发现地里粮食歉收时，已经是 6 月份了，那个时候无法从码头运粮食过来。

所以那个时候面粉里都会掺杂三分之一的白色苔藓和树上的腐烂物。有些居民锁上门去乞讨，或者去变卖财产，把地转给富农，然后自己搬到西伯利亚其他地区，他们听说那些地区粮食高产，打算搬去之后隔 10—15 年回来一次，或者干脆就不回来了。还有一些人由于没有种粮，就把他们的土地转给富裕的村社成员。这些田地对富农养殖牲畜有很大帮助，因为村社的草地春汛时容易被淹没，不过这些地春天时会被牲畜踩坏的。村里没有其他牧场，到了 6 月中旬，草地上的草基本都没有了，森林里也只有一点点，这时牲畜就要挨饿了。干草的价格也是变化无常的，不仅是每年都有变化，有时甚至同一年的春天和秋天价格就会差很多。例如，秋天的时候 12 捆干草卖 60—80 戈比，而到了春天时，同样数量的干草就可能卖到 6—9 卢布，这就迫使很多人不得不贱卖了自己的牲畜。因此，只有马和羊在冬季是有干草吃的，而小马一般喂面粉、谷壳和碎干草制成的混合饲料，喂到 3 岁时，就卖掉。马的价格随着粮食和饲料的价格变化而变化，在平涅日—尼科尔斯克和阿列克谢耶夫斯基的集市上，曾经卖到过 65—110 卢布，也卖到过 25—50 卢布。当地的奶牛每头初产能达到 8 大杯牛奶，质量一般的能卖到 15 卢布，好的卖 20—30 卢布。集市上的肉一普特大概 1.5—2.5 卢布。养羊只能满足自家的需求。富裕的人家能养很多牲畜，有 2—3 匹干活的马，不干活的也有 4 匹，产奶的牛有 4—6 头，小牛有 6—7 头，还有

20—30只羊。

打猎也是一件充满了不确定性的事情。每个猎人在森林里都有自己的猎区，一般位于20—120俄里远的地方，是半径为10—25俄里的圆形猎区。他们自己会建一个小木屋，秋天的时候每天都会过去，在那放四五百个捕兽器，拿着枪打野兽和鸟。两只花尾榛鸡能卖上25—35戈比，一只松鼠能卖上8—12戈比。

还可以用渔网在河里捕鱼，可以两三个人把10张网连在一起，形成一个3俄丈长的大网，然后按照提供的网的数量分配鱼的数量。每个人还可以自己在河里建一个鱼梁。

村社成员要一起解决耕地和草地等农业问题。每个人要建12平方俄丈的菜地，15平方俄丈的围栏一共是27平方俄丈。菜地之间的间隔为3俄尺，用7根塔形的杆来搭围栏，其高度为2.25俄尺。如果有人建得不好，或围栏高度不够，那么就由其他成员帮忙完成，但这是有惩罚的，由帮助他的人自行决定用柳条抽他多少下，一般是5—25下。而牲畜对菜地和河造成的损失，由其主人承担。

冬天时需要在河里凿冰洞，一天饮两次牲口。一般会请专门的人来做这项工作，农户们就负责每天轮流告诉他有多少牲口，要饮几天。

村社共用的牛不用成员喂养，但有些较富裕的农户，会轮流喂养村社的牛，直到将其卖掉或杀掉，他们也从不会向村社要酬劳。

所有人一共要缴纳79卢布74.75戈比国家税、9卢布52戈比公社税，一共是89卢布26.75戈比，分摊到每个人头上就是3卢布18戈比，一俄亩土地缴税4卢布5.25戈比。每年1月中旬缴税，无地者无需缴纳，但受灾的人和穷人要正常缴纳税款。

乡长及其家人可以免缴实物贡赋，其他官员只能免自己一个人的实物贡赋，他们的家人没有这个权利。近10年来，村社不必采取措施来惩治欠税的人。这些措施中包括收回他们部分甚至全部的份地，转给能为其缴税的人，让欠税人或其家人以劳动偿还，或者变卖一些非必需的财产，当然，女人的财产不能变卖。村社不干预分家。近3年来村社里有4个家里有6—8口人的家庭，有8个有1—6口人的家庭。

当家人去世之后，如果家里只剩女人和孩子，那么女人是户主，她有保留份地的权利，不过，为了防止她们不交税款或者荒废土地，村社会威胁她们说要把土地收回来。士兵、农民的寡妇和孤儿，如果没有份地，可能就会十分贫穷或需要靠乞讨为生。但他们还有宅院的使用权，她们可以继续住在那里。村社新来的成员要请大家喝酒吃饭。成员们会给火灾受害者提供帮助，帮他们砍木材，运木材，使他们免受洪水侵害，还帮他们收割粮食，对久病的女户主也会提供这样的帮助。1878年，由于连环保，有一个农民不得不替别人支付了319卢布的税款。

现在我们看一下这个村社的经济状况，这个村社里有8户人家，在丰收年时，收获的粮食足够所有人吃，甚至还能剩下15俄石。但平均来看，有6户人家3、4月份的粮食产量不达标，才不到16俄石。歉收年时，一共才收了55俄石粮食，还不够吃6个月的。这里没有工业或贸易产业，只有一个水磨，但那是私人的，每年能赚20—30卢布。除了本土的行业之外，这里的人也都从事上文提到过的临时工作。很多人在11月到7月之间替梅津县的木材厂砍伐木材、输送木材。他们在圣彼得堡找了各种各样的临时工作。近3年来有三个男人离开村庄去彼得堡工作了,每人 70 卢布;有 18 个人运送木材,每人 19 卢布;有 12 个人伐木,运输木材,每人 15 卢布;有 4 个人猎鸟和野兽,每人 30 卢布。

这个村社里有 16 匹马、23 头奶牛、9 头公牛、13 头小牛,一共 45 头有角牲畜,还有 60 只绵羊。有一户人家没有马干农活,村里还有小孩子靠乞讨为生。

两年前,有一个村社成员在没有任何特殊条件下离开了村社,这种情况只出现过一次。1820 年,有一个女人因为只有一个女儿,没有儿子,所以女婿把她一起接过来住了,从那以后村社就没有接收过新成员。村社里唯一的欠款就是 1862—1867 年,因为粮食歉收,买粮食欠了 294 卢布 9.5 戈比。

上述两篇列舒孔乡村社的记载是交上来的所有作品中篇幅最长的,我们不能否认作者的努力和他想要和我们分享信息的心情。如果记载中总能看到重复的地方,矛盾、不清楚的地方,或是语法和逻辑关系完全不正确的地方,那也不是作者的问题。虽然这篇记载和皮列姆村社的记载一样,在关于土地分配和捕鱼以及合作者的关系等方面没有解释清楚。但在其他方面,例如,农耕和居民日常生活,描述得比其他作品都要详细。在这方面,它更详细地描述了农民的境况、他们的相对富裕程度、他们的活动和生活条件。因此,无论有多少缺点,我觉得公平来讲,这两份作品每份要奖励 15 卢布,也就是一共 30 卢布。

克德瓦沃姆村社位于梅津县,该村社的描述是由乡文书格里戈里·赫拉姆佐夫所写。

村社位于伊日马河旁边,在克德瓦河出口处,所以村社也因此而得名。这个村社分出了两个区,"老区"和"新区",两个区相隔一俄里。该村社有 94 个男人,107 个女人。根据上次人口调查时的土地分配情况,每人占有 2 普特 30 磅种粮可播种的耕地,也就是 570 平方俄丈(一普特种子能播种 213 平方俄丈 1 平方俄尺土地)。这里的耕地根据土壤质量分成了三个等级:上等、中等、下等。每个人占有的这三个等级的土地数量都是相同的。全村社的总土地数量是 22 平方俄丈 780 平方俄尺,能种 258 普特 20 磅的种粮。上次的土地分配受到了恶霸的影响,有些成员间的土地分配是不均衡的。无论是在耕地部分,还是在指定的地区,都是如此。土地与土地之间有一俄尺未开垦的地作为边界,这些土地都用济良语取了不同的名字。最小的土地长 18 俄丈、宽 1.5 俄丈,也就是 26 平方俄丈 2.5 平方俄尺,能种 5 普特种粮。最大的土地长 150 俄丈、宽 24 俄丈,也就是 1224 平方俄丈 2 平方俄尺,能种 17 普特种粮。所有的耕地被分成了 73 块大小相同的份地。

村社的草地就在河边,从 1 俄里的地方一直延伸到 20 俄里远的地方。收割完干草,按照数量把他们分开,以垛和堆为单位,一堆是 40 垛。

拉干草的马车叫"拉草车"。每个人分得 1 堆 1 垛的干草,换算成土地单位就相当于 1 俄亩 2280 平方俄丈草地。因此,每个人的份地是 1 俄亩 2397 平方俄丈(一垛等于 117—120 平方俄丈草地)。一共有 164 处草地,其中最小的是 117 平方俄丈,只能收割出一垛干草,最大的能收割 4 堆干草,面积为 7 俄亩 1820 平方俄丈。

第 9 次人口调查中,11 户人家的土地情况如下:

户	人数	地数	条形田数量
1	7	9	11
2	7	7	15
3	15	22	16
4	15	9	22
5	8	6	12
6	3	4	7
7	6	3	19
8	20	5	26
9	10	3	20
10	1	4	2
11	2	2	5
总计	94	73	164

上一次土地划分是在1860年，当时有两个新来的男人加入了村社，村社要给他们份地，所以就从两个家庭里抽取一部分土地转给了他们。因此，只有其他9家的土地没有被夺取，保存完整。这次分配之后，耕地从原来的73块变成了77块，草地也从164块增加到175块。同时村社决定，在下次人口调查之前，不再进行土地划分。"根据睦邻协议，我们不会损害任何人的利益，在下次人口调查之前，我们也不会再进行土地分配。"很多人都等不及下一次分配了，因为他们家里有18口人，而份地却只有两三个人的量，但是村社的决议还保有效力，当然，人口减少了的家庭不愿意重新分配土地，因此，1880年没有土地的人都去服兵役了。现在村社里有188个男人、210个女人，一共有41户家庭。他们占有187俄亩218平方俄丈耕地，22俄亩780平方俄丈草地，一共是210俄亩498平方俄丈土地，分摊到每个人身上就是2俄亩566平方俄丈土地。

此外，村社还有一片林地，村社有其40年的使用权，很多人在森林里毁林开荒，开垦出了1俄亩800平方俄丈的耕地，5俄亩500平方俄丈的草地，一共是6俄亩1100平方俄丈。从1860年起，就已经从森林里开出了10俄亩690平方俄丈的耕地，23俄亩95平方俄丈的草地，一共33俄亩785平方俄丈。由于耕地数量不多，所以他们从不休耕。春天的时候给土地施肥，每年给土地松土两三次。肥料一般都是从各自家里和马路上搜集的废料。每个人要缴纳3卢布65戈比的国家税、1卢布7戈比的公社税，还需向教区缴8戈比，一共要缴纳4卢布80戈比的赋税。

至于社会机制、成员们的家庭状况、法律关系，文中几乎没有提到，这也是这篇记载的一个实质性缺点。

到了夏天收割粮食、春天储备木柴时，克德瓦沃姆村社有的成员会请帮手一起劳动。通常有钱人和做生意的人才会这么做。因为劳动之后，要请大家吃饭。当地的风俗是，请吃饭时一定要有酒。晚饭时，无论男女，都用大杯喝酒，喝完最后一杯，主人会送给每个人一高脚杯的酒，大家可以选择送给别人或者自己带回家。如果不要酒，那主人会给些钱作为补偿，男人能得到20戈比，女人得15戈比，或者是印花布、粗麻布、鞣好的黑皮子、白面包或是粮食。晚饭以后，大家就开始唱歌，一直唱到后半夜。

无人继承的土地不是总会分给那些有权利接收的人，而是给那些能从他们身上得到好处的人。有时这些土地会被分成几部分再分给其他人，由这些人为土地缴税。除了士兵以外，任何人都要交税，士兵的税由村社承担。

克德瓦沃姆村社和该乡同名，是这里的 8 个村社之一，根据第 10 次人口调查显示，这里有 377 名男性、401 名女性。这里的经济状况和其他村社差不多。主要种植大麦，黑麦的种植面积不超过三分之一，且都是在备耕地上种植的。虽然条件好的时候收成能有五六成，但是全村社也只有 5 个家庭能满足自家的粮食需求，而且这些家庭除了公有的份地，还有不少备耕地，所以粮食才够吃。对村社最有帮助的是借贷处，那里每年都会发放 250 普特的借贷粮。这样每个人能得到 2.5 普特粮食，借贷期限截至 10 月份。春天时能贷 23 俄石（184 普特）的作物，借贷期限截至收获之前，但前段时间借贷处发生了火灾，损失了 2000 普特的储备粮，因此无法向人提供帮助了。

每年 6 月份时，切尔登的商人会运来一次粮食，大约有 1000 普特。这些粮食都在三四个农户手里，他们 3 月份以前就说好了要去借贷这些粮食。他们把粮食发放给同村的人，让他们用捕来的鸟兽、皮货抵粮食。当然粮食的价格和皮货的质量都是这些人说了算的。穷人们基本还不清粮食的欠款。

从当地的生产资料来看，有 36 个无法自给自足的农户，在收成好的时候，除去自己收获的粮食，富一点的家庭还要借 40 普特粮食；收成不好的时候，富裕的家庭要借 100 普特粮食，一般的家庭要借 60—140 普特。而穷困的家庭，特别是那种家里人口多，但劳动力很少的家庭，每天都按磅计算来买粮食。户主靠给邻居打短工为生，而妻子就挨家挨户讨吃的喂孩子。歉收年间，他们就全家一起离开这里，去托博利斯基省富裕的地方乞讨。他们的土地转给富农，或者等回去的时候再种。如果未来几年没有发生这样的事情，那是因为近 11 年来，没有注意到类似我们那种粮食歉收的情况。

菜地里只种土豆，而且种的不多，所需种子量不超过 15 磅。此外，对农民们最有利可图的行业是打猎、捕鸟兽。人们把希望都寄托在这个行业上。然后把赚来的钱拿去缴税或买粮食。所有的居民，小到 10 岁，大到 60 岁，从 9 月 15 日收完粮食和干草后，就开始捕鸟赚钱补贴家用。每个家庭在森林里都有自己的猎区，这块地一般是通过继承获得，或者也可以花 1—10 卢布来购买。在猎区里放捕兽器捕捉黑琴鸡，放多少视情况而定，一般是 100—600 个。这样的捕兽器或者陷阱都是用木板做的，只要轻轻一碰，就会把鸡压住。有的猎区离村庄很远，所以人们会在那里建造 2—4 个小木屋，这样他们就可以在那里过夜了。这些木屋大概有 30 个，都归村社所有。捉花尾榛鸡要用专门的马鬃做捕捉器，放在地上就可以了。冬天时，也可用这种方式捉松鸡，不过能不能捉到，能捉到多少也要看每年鸡的数量，大概都在 100—400 只。等到 10 月 1 日下雪之后，大家就停止捕捉鸟兽，进入狩猎期了，这时候大家就用当地制造的火石枪当武器，村社里这样的枪手大约不到 100 个。人多的家庭可能有三四个枪手，人少的家庭枪手也少。打猎可以一直打到深冬 11 月中旬的时候。猎人能否顺利得手，除了靠自己精准的眼力，还要靠猎狗灵敏的嗅觉。猎到的猎物其实大部分都是松鼠，好的时候，一年能打到 150—800 只松鼠，不好的时候连

50只都不到。除了松鼠,猎人也常打花尾榛鸡,好的时候一年能打100—300对,不好的时候也就不超过25—100对。厉害的猎人一年能赚100卢布,中等的能赚50卢布,差一点的能赚25卢布。赶上好的年头,村社里所有的猎人加起来能赚1300卢布,一般的时候能赚600卢布,不好的时候能赚200卢布。

冬天的时候,还有很多人在村社里拉货赚钱。除了秋天,春天时也有其他赚钱的方法。3月初,表层的雪受阳光照射融化了,而又由于气候寒冷,结成了冰变得很硬,这时候猎人们就又可以踩着长雪橇去森林里猎松鼠了。雪橇又窄又长,差不多有2俄丈,他们把必备的粮食和物品放在雪橇上,把狗拴在雪橇上,让它拉着东西跟在后面。他们到森林里找松鼠,直到把带的粮食都吃完才结束,他们在森林里到处走,一共走了差不多几百俄里。如果3月份雪没有化,那他们就4月份再出去。这个工作虽然没有什么意义,但好的时候一年能赚500卢布。

近3年来有4个男人离开村社去托博利斯基省的科诺夫工厂去做短工,除了他们之外,村社里没有其他人外出工作。因为,他们的收入其实也不高,他们的家人从没收到过他们的钱用于贴补家用。

村社应该把冬天拉人、拉货的收入也列入当地收入之中。当地的居民和沃洛格达省、切尔登县、彼尔姆省都有贸易往来。有20个人凭单月的证件去跑运输,还有3个农户负责管理当地的自治站,费用为180卢布。一个家庭跑运输一年能赚10—40卢布,村社里从事这个工作的人加起来一年能赚500卢布。

根据村社里牲畜的数量,就能看出这里畜牧业的发展状况。算上小牛,这里一共有185头有角的牲畜,有113匹马。村里所有的家庭都有牲畜,但是有两户没有马,所以干农活的时候,就租别人家的马。

尽管该村社的支付能力有限,但在歉收的1807—1808年,村社只欠了88卢布32戈比。其中还包括士兵欠的16卢布88戈比。这些欠款不全是因为借粮食欠的,还因为有些士兵的亲戚很穷,就把士兵的地拿去使用了,但是他们又付不起所有的税款和费用。这个村社里还有一个女人以乞讨为生。

克德瓦沃姆村社的记载是格里戈里·赫拉姆佐夫文书所写,这篇记载不连贯也不全面。可能是作者没有理解纲要里的要求。他描述得不清楚,我们只能从其他方面猜测他想表达什么。所以,我们不能根据他举出的那些用来证明村社经济状况的例子来评价这篇记载。作者为写这篇记载付出了很多辛苦,他本身也想解释清楚这些事情,要是这些也在评价的范围内,我会申请奖励他5卢布。

沃日戈尔乡位于梅津县,该记载是乡文书格里戈里·波波夫所写。这篇记载没给我们提供什么有用的信息。作者很有耐心地把委员会提出的问题都誊抄在了他的记载上,这占了这篇记载的大半部分,他也一一对问题作出了回答,但都是很简短且没什么实际意义、似是而非的答案。没有解释清楚村社内部的机制、存在什么秩序等问题,这里面涉及到的都是整个乡的内容,而不是某个村社。记载中没有提到这个村社的经济状况,也没有说村社中还有什么其他行业。唯一令我们感兴趣的就是农民份地的问题。这个乡里有5个村子:①拉多姆村;②普斯滕村,距拉多姆村三俄里;③沃日戈尔村,距拉多姆4俄里;

④列博村，距拉多姆14俄里；⑤舍科米亚村，这是个新村，距沃日戈尔60俄里。

这里的耕地和草地都按其质量分成了三个等级。下面这个表向我们展示了，1876年划分土地时，每个村庄的土地信息及数量。

村名和土地等级	农户数	人数纳税人数	人数实际人数	公共土地数量 耕地		草地		总计		宅院地		人均份地 耕地	草地	总计	人均税收 卢布	戈比
拉多姆村	30	71	89	俄亩	平方俄丈	俄亩	平方俄丈	俄亩	平方俄丈	俄亩	平方俄丈	平方俄丈				
一等地				20	—	11	—	31	—	—	—	539.25	291.5	835.25	—	—
二等地				12	—	3	—	15	—	1	—	312.5	89.5	397	—	—
三等地				2	1278	2	300	4	1578	—	—	70.5	58.5	129	—	—
总计	—	—	—	34	1278	16	300	50	1578	1	2000	922.25	439.5	1361.25	4	26
普斯滕村				—	—	—	—	—	—	—	—	—	—	—		
一等地	17	44	51	2	—	7	—	9	—			94	329.5	423.5		
二等地				15	—	7	—	22	—			706	329.5	1035.5		
三等地				12	32	5	—	7	32	—		565	255	820		
总计	—	—	—	29	32	19	—	48	32	1	600	1365	914	2279	4	60
沃日戈尔村				—	—	—	—	—	—	—	—	—	—	—		
一等地	66	170	200	27	1200	32	—	59	1200	—	—	340	334	674	—	—
二等地				28	—	20	—	48	—			336	240	576		
三等地				27	633	16	2130	44	463			327	202.5	529.5		
总计	—	—	—	82	1833	68	2130	151	1563	4	1400	1003	776.5	1779.5	4	52
列博村				—	—	—	—	—	—	—	—	—	—	—		
一等地	25	64	86			5		5		—		—	139.5	139.5		
二等地				25	—	14		39	—			657.75	390.5	1088.25		
三等地				17	1355	4	1470	22	425			89.25	128.5	617.75		
总计	—	—	—	42	1355	23	1470	66	425	1	1700	1187	658.5	1845.5	4	6
舍科米亚村				—	—	—	—	—	—	—	—	—	—	—		
一等地	11	30	36			14		14				—	433.5	433.5		
二等地				3	—	3		6				17.75	200	217.75		
三等地				5	1915	2	2100	8	1615			386.5	191	577.75		
总计	—	—	—	8	1915	19	2100	28	1615	1	1950	403.75	1324.75	1727.5	4	75

村里的宅院地是建房子用的。农民们没有单独的菜地，但是有公共的菜地，里面种了亚麻、大麻、土豆、芜菁和萝卜。耕地位于不同的区域，也起了不同的名字。这样的地在拉多姆村有 65 块，普斯滕村有 32 块，沃日戈尔村有 101 块，列博村有 42 块，舍科米亚村有 22 块。每块地根据所处位置的不同，起了相应的名字。农户之间进行土地分配自古就有，一直延续至今，这里上一次进行土地分配只是在家庭成员人数有变动的农户之间做了调整。所有的土地都被划分成了长条状，最小的长 10—20 俄丈、宽 3—4 俄丈，最大的长 100 俄丈、宽 20 俄丈。草地和耕地一样都要进行重分。该村社没有专门放牧的地方，草场关闭之后，就把牲畜都赶到森林里去。只有耕地是不会让牲畜靠近的，因为地里一直都有粮食，春秋农作物交替耕种，怕牲畜把粮食踩坏了。土地重新分配时，不会雇专门的测量员，土地测量和检查都由农民们自己完成。

村社没有雇用放牧人，也没有设立专门的岗哨来看管这些牲畜。地里的围栏也是根据每家的人数分配的，一般是用高 2 俄尺的木杆制成，一个人 6 根。如果因为菜地失修而导致有牲畜把地踩坏了，那么就由当时看菜地的人来负责。

除了现役军人和官员，其余所有人都要缴税，现役军人和官员的地留给他们的家人使用。

村社给予成员们一年、两年甚至更长时间的土地使用权，而且不需要征得公社同意。同样，农民们分家也无需征得公社同意，但近 3 年来，只发生过一次分家。军人和其他人一样享有土地使用权，但寡妇和孤儿分到的土地只有农民的一半。去年有一个人整天酗酒，游手好闲，所以村社把他的土地都没收了，分给了其他人，土地税也由他人缴纳。

除了种庄稼，这里的居民还用渔网捕鱼，一般是 4 个到 6 个人为一组，合作捕鱼。还有人在皮日马河附近采石，或者在秋天的时候，去森林里自己的猎区打猎。

由于存在一些不足，所以这篇记载没有达到获奖的标准，但是作者很用心，这篇记载有整整 20 页，所以可以奖励 3 卢布。

佩斯村社也在梅津县，这个村社的记载是由乡文书萨哈罗夫所写。

这篇记载也和其他的差不多，作者没有真正理解村社的含义。因为这里一共描写了 6 个村庄和一个新村，这些村子全长 40 俄里，有 370 个纳税人，全部人口为 405 人，共拥有 660 俄亩 510 平方俄丈土地，其中耕地有 220 俄亩，草地有 440 俄亩 510 平方俄丈。

正如我们所见，这个村社并没有土地重新分配的机制，只是每当农户家庭人口有变动时，土地也随之增减。上一次人口调查之后，进行的第一次土地划分是在 1879 年，同时也决定了以后每 10 年进行一次土地划分。

记载中并没有清楚描述已知的份地和成员们手里的份地是按照什么样的规则进行划分的。其中一个地方说道：每个村子的土地都分成几大部分，例如，拉齐尤日村的土地被分成了 5 个面积较大的部分，再把每部分分成 15 个小份，每个人占两份。我们还看到了这样的说法，佩斯村社的土地按土壤质量分成了三个等级。一等地是纯黑土地，或是掺杂着沙子、泥灰岩和松软的黏土的黑土地，或者混着沙子的硬质黑土地也是一等地，这些地很难开垦，但都很肥沃。二等地的土壤里含有灰沙土，或者是砂质黏土和含石头较多的沙土，由于地理位置的原因，部分土壤较干燥。三等地的土壤主要是沙质黏土，还混合着泥炭和黑土，比较湿冷，也被称为灰化土壤。150平方俄丈土地需要1俄斗的种粮，每个人能分到5俄斗种粮，也就是为750平方俄丈的土地播种。150平方俄丈土地所需的肥料为15车，土壤质量好的土地每3年一施肥，土壤质量不好的土地就两年施一次肥。夏天的时候，还给休耕地松土3—5次，然后种秋播作物或春播作物，一年以后再施肥，四年以后再次休耕。经济情况不太好的农民一般会连续五年播种，在秋天收完粮食之后给土地施肥，再松一两次土，这样做对土地损害较大。土地严重恶化之后，贫困的农民就离开村社去西伯利亚打工，他们不会把自己的地留给家里人，而是转给其他人，这些人根本不会精心种植土地，甚至会放任土地荒芜下去。

大部分的草地都在梅津河、佩萨河、拉秋加河岸边，或在小溪边和沼泽旁，离村庄大约20—40俄里。草地的划分是根据收获了多少车干草来进行的，一个人大概能分到17—25普特的干草。在分配草地时，居民有可能会上当受骗，而恶霸在这里扮演了很重要的角色。这经常能看到他们强占草地，或者歪曲事实，甚至把你标记草地边界的木桩挪走。特别是有40年的使用权的森林空地，这对村里的恶霸来说是十分有利可图，所以在进行分配的时候，他们就给负责人送酒，谁送的多，谁就能得到林地。

草地根据其质量也分成了三个等级。一等草地位于干燥的平原，土壤肥沃，盛产三叶草、梯牧草和其他营养丰富的草类。二等草地位于耕地之间，易受洪水侵害。三等草地位于凹凸不平、生长繁茂的灌木丛中，土壤为砂质黏土或砂土，易受泥沙和潮湿条件的侵害。

最窄的草地份地长40俄丈、宽1俄丈，最宽的长200俄丈、宽80俄丈。最窄的耕地长20俄丈、宽0.75俄丈，最宽的耕地长100俄丈、宽8俄丈。

丈夫或父亲去世的女人，在重新分配之前，可以把他们的份地留在自己手里，但是公社有权随时收回她们的土地，以防土地荒芜。这也就给了村里的恶霸们敲诈勒索的借口，他们会向女人们讨酒喝，否则就收回土地。

下面的表格清楚地表明了佩斯乡各村的土地数量，以及居民需缴纳的税款：

村庄名	纳税人数	实际人数	份地 俄亩	份地 平方俄丈	每人 税款		每俄亩 税款		农户数量
拉秋日村	120	131	1	1385	3卢布	81.5戈比	2卢布	14戈比	50
佩斯村	137	143	1	138—	3卢布	99戈比	2卢布	70戈比	50
马拉佩斯村	26	34	1	1345	3卢布	18戈比	1卢布	71戈比	10
格利亚尼诺夫村	31	31	1	1450	4卢布	16.5戈比	3卢布	7戈比	7
巴特拉格耶夫村	26	35	1	1342	3卢布	9戈比	1卢布	61戈比	8
涅波村	30	31	1	1445	7卢布	4戈比	2卢布	95戈比	10
总计	270	405							135

除了上述的费用，居民每人还要向公社缴纳88戈比的木材费和保险费，这是按现有人口分配的。

有些农民在森林里毁林开荒，增加了自己的份地量，特别是1873年，那时毁林开荒已经逐渐形成了一种趋势。截至目前，已经从林地里开垦出了100俄亩耕地，200俄亩草地。

军人也有份地，但他们不用交税，他们的赋税由村社承担。

该村社不雇用放牧人，只是建了围栏防止牲畜跑去别的村社。从6月20日到8月15日草地是封上的，这期间就在森林里放牧。

每当割草，收割亚麻、大麻、亚麻及清理羊毛的时候，这里的人们都会互相帮忙。应某个户主的呼唤和邀请从20俄里外的地方赶过来。通常在早上5点干活之前先吃饭，中午12点吃午饭，晚上6点吃晚饭。晚饭一定会有酒，每个被邀请来的人，不论男女老少，都要喝半瓶伏特加。吃晚饭时，男女主人还会给客人们倒一杯红酒，每个人都只喝一点，剩下的倒在一个容器里。当红酒发完了，晚饭也快结束的时候，真正的酒宴就开始了，把之前的红酒拿出来，各种酒都倒在一起，开始喝酒、唱歌、跳舞，一直到后半夜两三点。他们从小到大已经习惯酗酒了。因为这是唯一的娱乐方式，过节的时候，所有人汇聚到一起，把孩子也叫上，从早上就开始喝酒，到了下午就已经醉了，那时候就开始跳舞，一直玩到凌晨。

佩斯乡的经济状况不好，即使是在丰收年，当地产的粮食也不够吃。丰收年的时候，大概缺400普特的粮食，歉收年的时候缺1600普特的粮食。农民们只能从平涅日的集市上买粮吃。邻近的沃洛格达省（乌斯丘日县）粮食价格都涨到了2卢布一普特。全乡135户人家，只有不到5家不需要买粮食。

该乡的主要收入来源为替梅津的木材厂伐树，一年能赚5000卢布。猎松鼠、捉鸟、卖兽皮和捕鱼这些行业，一年能赚700卢布。猎人们在梅津河上游300俄里处打猎，通常都是秋天去，要去两三个月才回来。梅津河上游是捕鱼的地方，人们通常去那捕鱼要停留一个半月。有时出去打工的人会去整整一年，大约有10个男人、12个女人，他们去西伯利亚赚钱，在西伯利亚打工的收入是最高的，每人一年能赚200卢布。

这里养了300头奶牛、20头公牛、60头小牛、200匹马、40匹小马、800只山羊和405只绵羊。

特别贫困的农户家里是没有牲畜的，这里大约有10个成年人和15个小孩靠乞讨为生。1866年和1867年都是歉收年，那两年为了买粮食，乡里欠了9196卢布89戈比的债。这笔债每年的利息为1卢布10戈比。

佩斯乡提交的记载有很多不足之处，也没有完成委员会提出的要求，我们能看出，作者没有完全理解这些要求。文中很多地方描述得不清楚甚至相互矛盾，我们能感觉到作者的用心，但可能他也交不出更好的了。所以我决定给他4卢布奖金。

克姆县提交上来的是萨罗茨乡韦列姆村社的记载，是由乡文书利普金所写。

这个村社有123个纳税人，占有4俄亩耕地，20俄亩1200平方俄丈草地。有69亩建房地，已经使用一部分了。这里只在人口调查时才划分土地，但也不会改变土地的大小界限，全凭自愿把离开的人的土地转给新来的人，当然，一般是质量不太好的地。

虽然土地没有按土壤质量分等级，但所有人的土地也不都在一块地上，这都是之前划分土地增增减减的结果。条形田长 10—20 俄丈、宽 1.5—3 俄丈，并用 0.5 俄尺宽的小沟作为边界。

草地离村子不远，在人口调查时参与分配，也和耕地一样要施粪肥。海岸边的草地每三年划分一次。很久以前就开始把海边的 5—10 块土地，每块分成 12 小块。快到 2 月份进行分配的时候，农民们在互相同意的前提下，把土地连在一起。这样他们的土地位置就不会改变，而其他人的土地已经发生变化了，因此他们的土地要么三年不变，要么就三年之后只在自己成员之间进行内部交换。2 月份还要召开村会，会上抽签进行土地分配。一张纸能做 10 个签，上面写着土地的名字，像"尤卡夫卡""伊万诺夫的地"等。签上面放一个帽子，每个人摸一个签。抽签之后得到的土地先不登记上，而是先留几个月。等到 5 月份时，这些人又聚在一起，按照约定各自保留土地，或者把土地划分成条状再分配，因为每个人的土地质量是不同的。这样的条状土地一般会以 5 俄丈未收割的草作为边界。

人口调查时会召开土地分配大会，有份地的寡妇可以参加，户主不在的情况下也可以让他们的兄弟、儿子或妻子代表他参加。村社会雇两个代理人进行土地划分，哪家家庭人口有变动，他们就去哪家，这都是经大会批准的，他们每人每天的工钱是 1 卢布。

这里的耕地只种大麦，耕地和草地每年都要施肥。土地份数及农户数量关系如下：

土地份数	5	4	3	2.5	2	1.5	1
农户数量	2	3	3	7	2	20	26

大会雇放牧人放牛，他的工资按奶牛数量和小牛数量的一半结算。农户们要供放牧人饭吃，供多少天也要按奶牛数量和小牛数量的一半来算。放牧时会先付他一半工资，剩下的一半结束时再给。此外，要是赶上了彼得罗夫节，放牧人还能得到黄油，能得到多少要看他放了多少牛。大会还会雇人放马，工资都是事先商定好的，收粮食的时候，就由有马的农户每个星期日收割粮食。贩卖牲畜和牲畜受袭都不用放牧人负责。关于在土地周围建围栏的问题和土地被踩坏的担责问题还没有明确规定。

村社需要缴纳 684 卢布 77.21 戈比的国家税、934 卢布 46.5 戈比的公社税，分摊到每个人头上，每人需缴纳 5 卢布 56.5 戈比的国家税、2 卢布 3 戈比的公社税，共计是 7 卢布 59.5 戈比。每俄亩土地的税是 10 卢布 27 戈比。村社让富有的人替贫穷的人缴税，或是由想占用他们土地的人代缴。已经去世的农民也属于穷人，因为他的家人也交不起税，甚至他就没有家人。旁边萨罗茨乡的石仁斯基村社对于这种情况制定了另一种措施：在召开村会期间，村社会把这些人的土地进行拍卖，把得来的钱拿去缴税，如果不够，那就从村社在不同行业中赚来的钱中拿出一部分补齐税款。现役军官的赋税由村社承担，他们的土地留给其家人使用。

村社把份地、房子和院子的土地使用权完全交给了成员们。根据记载的描述，每个农户都可以把自己的土地转给别人，甚至也可以转给其他村社的人。但关于房子和院子是否可以转给他人，记载中描述得并不清楚。农民们是否分家并没有人干预，我们还发现，有的农户已经分家了，分成了两三家，但还住在一个房子里。关于这种情况，记载中应该更详细地描述一下，而不是简单地一笔带过。

记载中还提到了村社外来人员在村社里的生活状况，村社有时不经过他们同意就把他们选为了甲长，但是他们可以不缴税。

这篇记载写得很清楚了，但篇幅太短了，关于居民的经济生活、有什么其他赚钱的行业，一点都没提，而且，从文中的描述来看，土地在这个村社不是最重要的，种地也不是居民们最主要的工作。更令人感兴趣的是对其他当地产业和收入的描述，及村社体制对其产生的影响，究竟是促进了它们的成功，还是阻碍了它们的发展。这些方面的问题我们都很感兴趣，这可以让我们对村社有进一步的了解。可是，记载中完全没提到这些问题。所以我觉得应该给 12 卢布奖金。

钮霍茨基村社位于钮霍茨基乡，提交上来的记载是由乡文书库钦所写。

这里有 630 个纳税人，占有 795 俄亩 340 平方俄丈土地，其中有 161 俄亩 340 平方俄丈耕地，634 俄亩草地。耕地按照土壤质量和距离远近分成了 24 份，不只是现在，从很早以前，土地就开始划分成不同种类和尺寸，还起了各种各样的名字。这些土地被河道、沼泽或牲畜走的小路隔开，形成了宽 0.5 俄尺的田埂，大约能种 5 俄石的种子。这些地在重新分配时有什么作用，记载里没有说清，只是暗示说，不同大小的土地可能是由以前的份地尺寸不同导致的，而这些土地现在归一部分人所有，他们只是在人口调查时，根据家庭人口数量变化来调整土地面积。记载中的其他地方指出，农户所占有的土地不都在一块土地里，因为每块地的土壤质量都不同。上一次土地划分是在人口调查时进行的。记载中这部分描写得不清楚，只提到，所有的土地都是在村社成员之间按家庭纳税人口来分配，将公社的所有居民分为 8 组。

这当中有 4 组每组 80 人，剩下的 4 组是每组 78 人。土地按照质量好坏平均分到这 8 组人手里，保证每个纳税人都能分到 610 平方俄丈土地，可播种 3 俄斗的种粮。如果哪一组多人了，那么多的那个人就要去少人的组里，而他在另一组得到的份地就称作乔迁地。不过我们从其他地方能看出来，这种情况还没发生过。如果家里有人离开了，那么土地也要相应减少，但他们不会从大块的土地里分割，而是从一些边边角角的零碎地里分割，可以自己选择划分出去的土地，所以人口增加的家庭拿到的土地一般都是质量最差的。村社组内成员在经过商讨之后，和村子人口较多的一侧的成员联合起来，剩下的三组离得比较远。小尺寸的土地为 200 平方俄丈，中等的是 500 平方俄丈，大的为 1000 平方俄丈，这些土地一般是 2—15 个人共同使用。

草地也和耕地一样，在人口调查的时候划分。草地位于海岸边，记载中并没有说清草地是如何分配的。我们能知道的是，村社成员交替使用草地，每年轮换一次，将草地分成和村社成员数量相等的份数，每年轮换使用，但不是连着用，轮换七次，在第八次时，要让每十个人中有一人能得到条形田。村社里有八组，每组 80 人，因此 80 年之后使用第一批土地的人就把所有土地都用过了。所有这些地一共有 640 块，除了分配的这些土地之外，还有 10 块土地，这 10 块就租出去，每年一人份的土地租金为 30—50 戈比，而且也可以留作储备地，以防在涨潮时发生草淤塞其他草地的情况。

这些条形草场最窄的不到 18 俄丈。

除了公共草地，大部分农民还有自己的草地，那是他们自己或老一辈们在森林里开垦出来的，就在小河边，那还有个湖。这些地是不参与分配的，虽然有人不满这种现象，并向村社提出申诉，但是村社的人也想在分配前留住自己的地，保护自己的利益，因此这些人的意见都被压下去了。

户主参加分配大会，由于这个村社没有光棍和无家可归的人，所以如果户主缺席大会，那么他的妻子也不可以参加，还有寡妇，即使有份地，也不可以参加大会。村社一半以上的户主都会参加大会，而要想解决什么事情，必须要出席会议的多数人同意才行。

村社会雇两个专门测量划分土地的人，再从每组里选出一个人，他们一起划分土地，专业人员的工资由村社支付。份地一般是按所需的种粮的重量来分的，例如半俄斗种粮是 100 平方俄尺的土地，1 俄斗种粮是 200 平方俄尺，2 俄斗种粮是 400 平方俄尺，4 俄斗种粮是 800 平方俄尺。在秋收之后开始测量和划分土地。

村社里的土地份数及其相应的农户数量：

土地份数	1	2	3	4	5	6	7	8
农户数量	61	75	72	25	10	5	1	2

这里通常在林地里放牧，而秋收之后，就把马赶到草地里去，把牛赶到田地里。村社会雇一个放马的人，按马的数量结算工资，一匹大马是 60 戈比，一匹两三岁的小马是 30 戈比。有角牲畜被分成四群，雇四个放牧人，工资也按牲畜数量结算，一头奶牛 30—50 戈比，一头小牛 15—25 戈比。放多少牲畜，农户们就要管放牧人多少天的饭，还能得到 1 磅的黄油，此外，他们还能得到鱼肉馅饼、鱼、鳕鱼油和鱼头。放牧人和农户之间签订协议的第一条就是：放牧的时候，农户们不可以打牲畜，不能贩卖牲畜，即使牲畜死了也不能剥皮，以防发生疫病。

这里的轮作机制是：四分之三的地种春播作物，剩下的四分之一休耕。休耕之后连着两三年种黑麦，之后种春播作物。休耕时要施肥，种了两年地也要施肥，所以，基本上有四分之三的土地是同时施肥的。在休耕的时候还要给土地松土三次到五次，次数越多，土地越好。记载中说到，村社的耕地越来越差，因为很多力气小的农民，由于自身原因，他们无法种那么多地，因此他们就减少劳动，本该翻两三次土的，他们就翻一次，他们养的牲畜的粪肥也只够给三分之一的土地施肥，因此土地越来越差。如果穆尔曼没有捕鱼业，只靠种地既不能让他们养活自己，也不够他们缴税。穷人把他们荒废的地转给别人耕种，条件就是要好好耕种，让这些土地的质量能变好，而他们自己去捕鱼，在他们回来之前，这些土地可以一直用三四年。但更常见的是他们就放任土地荒芜，自己去俄罗斯河岸捕鱼。还有人在使用期限内把自己的一半土地租给其他村社的人。

村社要向国家交 1264 卢布 89 戈比的人头税、510 卢布的代役税、12 卢布 85 戈比的国税、1326 卢布的省税、44 卢布 20 戈比的教育税、918 卢布的公社税，还有粮食债 50 戈比、省土地税 119 卢布 29.75 戈比，一共是 4535 卢布 14.75 戈比。摊到每个人头上就是 7 卢布 20 戈比，每俄亩土地的税是 5 卢布 70.5 戈比。这些钱每年都要交。无论是受了灾的人还是贫苦农民都需缴纳。不交钱也不会收回土地，因为没有人是自愿承担赋税的。有的农民把自己的地转给别人，前提就是他们要给地缴税。政府的官员也没有优惠待遇，乡长一个月工资也就 6 卢布。

在今年之前，现役军人的赋税是由村社缴纳的，但是现在不行了，现在是谁使用他们的地，谁就缴税。退伍军人也要缴税，但不用交实物贡赋。该村社没有寡妇和孤儿。这些规定是 1861 年粮食歉收，欠了一大笔债之后制定的，后来村社就开始执行这些规定。但村社有时会给富有的、家里很多劳动力的农户施加压力，不经他们同意就把无人继承的土地转给他们，并让他们缴税。当然，每户最多分摊一个人的赋税。想要把地转给别人或交换土地要和全家人商量好，否则如果有人申诉，就要把土地退回给原主人。如果寡妇带着小孩，那可以把丈夫的份地暂时留给她，但也要自己缴税，并且不可以让土地荒芜。父母不在了的孤儿，如果他的亲戚愿意照顾他，村社就会把他送到亲戚那里。近 3 年来，发生过 17 起这样的事，村社不会干涉农民分家，在分家时，要按人数，把原来共同的宅院地也划分出来。儿子带着自己的小家从父亲的房子里分出来，兄弟从兄弟的房子里分出来。在父亲死后，如果兄弟之间分家，那么除共有土地外的所有土地不能按兄弟家的全部人数来分配，而是在兄弟之间平均分配。

土地分配时，弃儿的土地是从公共土地里划分，而养育他的人，不需要把自己的地分出去。离开的人的土地，在重新分配之前，就留在原土地所有者的手里，但如果这些地要租出去，所得租金的一半或三分之一要当作税款交给村社。重新归到村社的份地都已经付清了全部税款。而只有在拒绝缴纳所有税款的情况下，才可以放弃土地。

至于对这篇钮霍茨基村社调查报告的评价，我们不能否认这里有很多优点。里面写了很多有价值的、现实的村社居民情况，但是，有一些内容写得很不清楚。最明显的就是，村社土地划分制度是如何确定的，村社成员间的其他关系，以及村社里有没有其他行业都写得很不明确。从表面来看，这篇记载写得不清楚，还有很多矛盾的地方，但是由于作者的全心全意和努力，我觉得可以奖励 10 卢布。

尤什湖村社位于尤什湖乡，关于这个村社的描述是由那尼卡姆斯基乡的一个农民伊万·费德罗夫·萨文所编写的。

这个村社有 72 户人家，一共 231 个纳税人。占有 387 俄亩草地，259 俄亩耕地，105 俄亩宅院地。（村社全长 55 俄里？这是指的不是整个乡吗？）他们把自己的村社称为"村子"。

这篇记载描述得很不清楚。关于土地分配的机制，以及它是以什么为基础而建立的，这些问题都没解释清楚，只是说了从上次人口调查之后就再没划分过土地。

土地划分成条形田，大块的按本地语言叫"一份儿"，分给每个农户的土地分布在三个地方。土地与土地之间还有 20 俄寸未开垦的地做边界，这样方便农民们把车和犁开到自己的田里。大部分的地长为 150 俄尺，宽为 90 俄尺。最窄的草地宽 2.5 俄尺。

这里寡妇可以参加土地分配大会，丈夫若不在，也可以让妻子代替其参加。大会要求至少三分之二的当家人都必须参加会议。土地的测量和划分一般都由村社来负责。

记载中还说，人们经常要去远一点的草地上割草。一般都是土地相邻、质量相同的农户约好一个日子，两三个人一起去。每家出几个人，要看地有多少，农民们要自己割草，之后再分成堆，一堆大约是一车的数量，然后按人数分配。冬天时，每个人负责把自己的那份草运回家。

5 月 9 日到 9 月 14 日，村社会雇放牧人放牧，按每头奶牛 75 戈比结算工资，放牧人的食宿问题和其他地方一样。村社没有公共的公牛，只有几家农户自己养的公牛，其他人如果需要公牛干活，可以花 50 戈比向这些人租用。

村社居民每人要缴纳 3 卢布 72.25 戈比的国家税、90.5 戈比的公社税，一共是 4 卢布 62.75 戈比，其中每俄亩土地的税额是 3 卢布 2.75 戈比。所有和土地相关的费用都没有优惠政策，并且每个人都需要缴纳。但是也有的人会把土地转让给富农，并让他们为土地缴税，这种情况大会的决议中也有提到，拿走土地的人必须要承担为土地缴税的义务。村里的居民死后如果只留下了还未成年的孩子，那么村社会暂时收回他们的土地，等到孩子成年后再还给他们。如果有人欠税，村社就会把他全部或部分土地租出去，得来的租金用于缴税，如果还不够，那就给他们一个期限必须还上，或者让他们工作赚钱抵债。现役军人的税款由村社承担，并且为其保留份地。

文中很少提到居民在土地方面的权利。如果没有欠税，那么在重新分配之前，居民有权利把自己的土地或继承来的土地出租、交换或者转让给村社其他成员，甚至是村社外来人员。这不需要经过村社同意，但为了顺利交接土地，还是需要征得村社同意，不过，无论是出租还是其他的转让方式，都不能超过自己份地的一半。家里遭遇变故的人，例如火灾、牲畜病死或户主去世，也是如此的。文中所说的"卖掉"一词，也不是永远卖掉的意思，而是在一定期限内出让。从第 113 章可以看出，宅院地也是可以转让的，即使村社没有批准也可以转让给其他人，但这也是要申请的。

村长有时会在没有征得土地所有者同意的情况下，从他们的草地或耕地中划出一部分，给有需要的人建院子，这些人会给原土地所有者相应数量的酬金做补偿。但如果是从某家农户灌木丛荒芜的土地中划分出一部分，那他就不会得到任何酬金。

记载中提到，有些农户会以一车 10 戈比的价钱贩卖粪肥，而在第 110 章中却否认了有些懒人暗中卖粪肥的事情。

村社里还有其他行业，比如在河里、奎托湖或涅科湖里捕鱼，但在这方面还没制定具体规则。

分家的体制是比较自由的，当儿子成年了，结婚有了自己的家庭以后，如果要分家，那么怎么分也是他们自己决定的。1861 年曾有一个家庭要分家，分成了三户独立的家庭，其中有两家搬去了距尤什湖村 20 俄里的新村，叫作索巴斯·瓦拉克村。

一般是从富农家里选出村长和村长助手，但他们并不想担任这个职务，因此他们经常为了摆脱这个职务而给村社 100—200 卢布的贿赂。

村社里的农户和份地数量：

份地份数	1	2	3	4	5	6
农户数量	17	22	15	11	5	2

这个村社有 48 匹马、90 头奶牛、3 头公牛、27 头小牛和 70 只羊，但这些牲畜不是平均分配的：有 17 户人家没有任何牲畜，有 24 户人家没有马。虽然这些农户家里都有份地，但他们也不种，他们中的大部分生活在海岸边的村子里，以砍柴为生，或者还有的人去摩尔曼斯克打工了，在那一个夏天能赚将近 50 卢布。村社里还有 3 个男人、12 个女人和 17 个孩子以乞讨为生。

从很久以前，村社里就有人去芬兰做小生意。每年 5 月 20 日到 7 月 20 日，约有 150 人（而走正规途径去的有 17 人），他们带着各种各样的纺织品和来自殖民地的商品去芬兰卖，其中有 40 人是老板，剩下的都是工人，他们每周能赚 10 芬兰马克。每个人的包里大概有 200—400 卢布的商品。他们回家后就成了最懒散的人，什么活都不做，慢慢地自己的财产都花光了，就开始乞讨。这样的贸易都是悄悄进行的，因为这种贸易没有执照，在芬兰这就相当于走私。

尤什湖村社的记载无论是在内容方面，还是描述方面都没有其他村社的好。它不符合我们提出的要求，而且对于村社土地关系机制、农民土地划分等问题也没有做出说明。同时，研究村社为什么同意异族人住在我们北部地区也很有意思。如果委员会的纲要不能清楚地向作者说明我们的要求，那么就会有更多的问题没有答案。去年我向委员会提交的关于记载评价的报告，能够很好地确定和说明哪些信息应该包含在记载里。然而，按照作者撰写的时间来看，他没有参考我的报告。据他所说，纲要册子在他手里的时间很短，他没办法检查写的是否有遗漏，也没办法让委员会再给他寄一本。这篇记载有的地方语言上有错误，有的地方描述不清晰、矛盾，也很难让人理解，还有的地方只能根据文中的暗示来猜测作者想表达什么。关于现行法律中大家众所周知的问题，例如木材法和农村美化设施中的不同条令，文中也只是在描述人民风俗习惯时简单提了一下。但是，后一点也可以适用于许多其他的描述，作者根本不想知道，法律是怎么制定的，因为这是众所周知的事情，我们希望能够了解法律本身是如何运用的，以及它伴随着什么样的人民风俗习惯和机制。由于上述提到的问题，对这篇记载我难以给他评什么奖，但出于对作品的尊重，可以奖励 4 卢布。

奥涅日县提交上来的作品，是关于基扬茨乡基扬茨村社的记载，是由乡文书彼得·叶夫谢耶夫所写。

这个村庄的起源传说可以追溯到约安娜·格罗茨尼时代，当时被击溃的人从诺夫哥罗德逃到了这里，占领了这片海滩。不过这个传说也提到了，诺夫哥罗德当地的每个人，都背着一个藤条编的背篓，当然，约安娜四世之后这个风俗就没有了。这个村社里只有一个村子，村社的名字源于基扬达河，流向基扬达湖。这里的纳税人包括 326 名男性，332 名女性，现有人口为 385 名男性，405 名女性。占有 1094 俄亩 900 平方俄丈土地，其中有 210 俄亩 885 平方俄丈耕地，884 俄亩 15 平方俄丈草地。

耕地根据其土壤质量和条件被分成了 3 个等级，每个等级都有自己的名字和尺寸，并以俄丈为单位（细绳为 30 俄丈）。1876 年分配土地时，按现有人口分配，每人一等地 630 平方俄丈，二等地 450 平方俄丈，三等地 500 平方俄丈，一共是 1 俄亩 70 平方俄丈。测量员把土地分成了条状份地，大部分长为 40 俄丈、宽 3 俄丈，最宽的长 100 俄丈、宽 60 俄丈。人口数量少的家庭能分到 5—10 块条状份地，人口多的分得 15—20 块。这种分法以前就有，现在一般都是根据家庭人数变化进行土地的增减调整。份地与份地之间有条未开垦的地作为边界，一般是宽 0.5 俄尺到 0.5 俄丈，或者还有的是以沟槽为界限，并插入木桩。

大部分草地不是按面积计算的，而是看它能产多少干草。在林地里不方便分配，草地按干草垛数量计算，两垛为一车。村社所有人员被分成了 7 组，每组 55 人，这七组的名字分别为：达苏基、基扬茨、扎博洛茨基、韦尔霍夫斯基、谢尔西内、尼佐夫斯基、扎卢奇耶夫斯基。把所有的干草分成相等的七部分，抽签决定哪部分给哪组，然后再按人数分配。每组会从颇具影响力的成员中选出一个领导，并在他的指导下进行分配。草地以俄丈为单位计算，土地被分成了长 50—200 俄丈、宽 10—100 俄丈的条状份地，份地之间还有边界，并按实际人口分配。只有海边的草地才遵循这种分配机制。

在 1876 年分配土地时，制定了一个草地分配机制，在大会上会询问所有人，他们草地的收成是多少，然后记录在册。当然，不是所有人上报的数量都是真实可靠的，有些人会故意少报，这样村社就会多给他分些土地，其他人如果上报真实的数据，那么相对来讲就会吃亏。每车干草相当于两垛，而实际上每垛也不是完全相等的，因为一些农民习惯把草垛堆成 1.5 俄丈宽，而其他人则习惯堆成 1 俄丈宽。常常有人因此而抱怨不满。村里的恶霸对土地分配影响很大，他们几乎可以控制土地划分，还趁机勒索农民，向他们要酒食。

村社农业机制有以下特点：村社没有共用的公牛，村社会从共用的草地里分出 3 车干草给自己养牛的农民。教堂的守夜人在每个星期日，以及过节的时候，可以从农户那得到一磅左右的烤面包。冬天如果雇了凿冰洞的人，那么也要给他粮食吃。守夜人一年大概能得到 60 普特粮食，凿冰人能得到 20—60 普特粮食。

这里的土地轮作机制为：一半的地种春播作物，四分之一种秋播作物，剩下的四分之一休耕。到了第二年，原来种春播作物的地其中一半还种春播作物，种秋播作物的改种春播作物，休耕地种秋播作物，还有四分之一的地已经连种两年春播作物了，所以要休耕养地。黑麦收割完以后，进行施肥，在曾经播种春播作物的土地上第二年仍然播种春播作物。因此，每年大概有三分之二的土地都要施肥，剩下的三分之一不施肥，休耕一年。休耕的土地一般要松土三次以上，有些甚至还会施肥。如果粪肥不够，那就用房子周围收集的碎屑、废料和黑土来代替，这会大大软化黏质土壤。施过肥的土地收成是贫瘠土地的二倍。1 俄石的大麦种子能种 1000—2000 平方俄丈的地，而 1 俄石的黑麦种子则能种 2000 平方俄丈到 1 俄亩的土地。

每个人要缴纳 4 卢布 91 戈比的国家税、1 卢布 54.5 戈比的公社税。根据新条令，现役和退役的军人也占有份地，但他们只需要交实物贡赋，其余的税由村社承担。在他们返乡之前，土地由家人照看。根据兵役法令，入伍军人的所有税款也都要交，他们退伍之后的一年内什么都不用交。

关于村社的经济状况我们可以知道，农户们产的粮食并不够养活自己，因为他们的地少，或者肥料不够。他们所拥有的干草不够喂养牲畜，所以肥料就不够，土壤质量也就不达标。一匹马一年要吃 12 车干草，一头奶牛要吃 8 车干草，一只羊要吃 1 车干草。两人份的土地，要想有足够的肥料，那至少要养一匹马和三头奶牛。但两个人能分得的干草就只有 19 车，所以要额外买 10—29 卢布的干草来喂牲畜，这显然超出了所有农户的承受范围。

人口数量多，或者是富裕的家庭，可以开垦备耕地进行耕种，备耕地有 40 年的使用权。而穷人一般会选择外出打工补贴家用，而把当家权交到妻子的手里。他们大部分人的土地都已经很贫瘠了，每年也只能收获少部分种粮。

基扬茨村共有 15 个农户，这里没有经贸或工业企业，但是他们会捕鱼赚钱，每年大概 5 卢布。

居民自己地里产出的粮食不但不够自己吃，甚至还不够缴税。但这里有些副业可以帮助居民们维持生活，例如，在基扬达河口捕鱼，这个地方离村子就 4—5 俄里远，而巴克洛夫斯基村捕鱼的地方远在 35 俄里之外。每年大概有 6 个月的时间捕鱼，每个人能赚 20—200 卢布。此外，近 3 年还有很多人出去打工挣钱，大概有 200 个男人、50 个女人。其中 110 个男人和 45 个女人去了奥涅格的锯木厂工作，另外 95 个男人和 5 个女人则去了索洛克。男人一般锯木头和制作木板，女人就做一些零活。

村社养了 150 匹马、250 头奶牛、130 头小牛和 620 只羊。这里每家都有自己的牲畜，但有五个农户没养马，每到做农活时，就向邻居租马干活。此外，还有 20 个人以乞讨为生，其中有 1 个男人和 9 个女人年纪很大，他们没有劳动能力也没钱生活，其余的都是年纪很小的孤儿，有 5 个男孩、5 个女孩。

村社里没有新来的成员，也没有退休人员。由于 1867 年粮食歉收，所有人的收入还不到 3000 卢布，因此欠了 934 卢布 31.25 戈比的粮食债。

基扬达村社的记载写得很清楚很详细，比其他作品都要好。但唯一不足的就是篇幅太短了，没有把社会关系和村庄的经济情况完全描述出来。作者考虑到纲要的内容，把描写的重点都放在了回答问题上，而几乎没有描述村社的土地关系。在基扬达村社，只种地无法满足农民们的需求，所以这里还有一些其他的行业，例如捕鱼业。这对村民们来说有很重要的实际意义，而且捕鱼业从很早之前就已经有了。因此，应该着重详细地描写这些行业的生产机制、在参与者之间是如何分配的，以及这里的土地关系机制。但作者只是稍微提了一下这些行业。这不只是这一个作者的问题，克姆县、梅津县以及其他地方记载的作者也都如此。当一个地方缺乏耕地，或耕地产量不高，那么我们就应该把注意力转移到其他能养活居民的行业，以及这些行业的生产和收入分配的规则上。还要关注促进这些行业发展的条件是什么，以及所有行业的收入大概是多少。

记载里也没有说明村社成员之间的法律关系，不过这可能也没什么特别的。综合来看，鉴于他的优点，我觉得可以奖励他 15 卢布。

克列里村社位于奥涅日县克列里乡。这个村社的记载由乡文书巴哈莫夫编写。据说，这里之前是一个修道院客栈，周围其他村的居民来到这里定居生活，慢慢地就形成了一个村社。这里有 236 个纳税人，其中 107 名男性、129 名女性，实际人口为：149 名男性、189 名女性。这里有 337 俄亩 1730 平方俄丈土地，其中耕地 73 俄亩 160 平方俄丈、草地 264 俄亩 1570 平方俄丈、宅院地 7 俄亩 800 平方俄丈、打谷场 0.5 俄亩。这些土地中有 113 俄亩 1490 平方俄丈的土地是备耕地。

每当人口调查时，就会重新分配土地，之前是按照每户的纳税人数进行分配，但在上次 1879 年的人口调查时，是按照实际人口进行分配的。那次分配没有完全重新分配，只是按照每家人口数量的变化而进行份地的增减，因此大部分的土地还是留在原土地所有者手里。土地划分的主要目的是按照每家男人的数量分配相应数量的土地。但也有其他情况，比如有人和其他家庭达成契约，自愿将自己的一部分土地转给他们使用，这种一般都是转给家里有小孩子要养且劳动力相对较少的家庭，或者是转给家里没有那么多儿子要养，但是劳动力都是女人的家庭。这种契约是经过村社同意的，在下次重新分配土地之前都有效。

耕地用围栏隔开分成了三部分：高山地、低洼地和山坡地。除了公有土地，还有森林里开垦出来的备耕地，这些备耕地一共不到 14 俄亩，有 40 年的使用权。这些耕地会分给农民们，所有者会给自己的地起个名字。在 1879 年划分土地和第 10 次人口调查土地重分时，这些备耕地的使用期限就已经结束了。但是由于使用这些土地的家庭都是人口数量多的家庭，因此，即使到期了，这些地也还一直留给他们使用。这种土地划分的方式自古就有，并不是按耕地远近分的，而是根据高地、低洼地和山坡地这三个地方的土壤质量，以及每年春汛时被淹的情况决定的。

土地被分成条状份地，用宽一些的深槽为界限，并在份地的末端插入木桩，木桩上都有农户的独特标记，用来辨认这是谁的地。条状份地的边缘有田界和小路，农民们可以通过这条小路去自己的份地。夏天的时候，可以用木质的雪橇代替大车通过这条路来运东西。份地的边界上都建了围栏，在条状份地的对面有两个区域，农民们会在那里晒大麦，黑麦一般会堆成堆来晒。晒好的粮食打成捆，放在离这 2.5 俄里的地方。条状份地长 15—90 俄丈、宽 1—5 俄丈。草地也和耕地一样划分，这些草地分给了 8 组人，其中三组每组 19 人，其余五组每组 18 人。尽量把每组的人数和草的质量拉平。分组的情况靠抽签决定，之后在组内按每家的人数分配草地。草地和耕地一样，会在份地的末端插入木桩做边界，木桩上会有每个农户自己独特的标记。其他地方会在份地边缘挖一条 0.5 俄尺宽的深槽做边界。最窄的份地宽度不超过 1.3 俄丈，最宽的宽 10 俄丈。

农户们在彼此同意的情况下组成一组，小组以组内最有威望的人的姓命名。土地质量相同的农民，可以通过协商交换土地，方便自己工作，不过土地多的农户从不这么做，而且只有组内的成员之间才可以这么交换。土地重分时，划出了三块土地分给教会，大约有 1 俄亩 1500 平方俄丈，因此这几块土地的名字为叶戈里耶夫西那。以前，大家会选一个节日，一起种这部分份地，然后一起喝酒庆祝，但现在变了。现在通常是把割下来的干草卖出去，赚的钱拿出一部分给工人结算工资，剩下的都给教会。除了教会的这部分土地，剩下的都划分给农户了，而且也不会集体耕种。

通常草地从 6 月末开始就封闭了。在草地封上之前，人们在草地里放马，封上之后就去森林里放牧，大家会在森林里围起来一个约 1.5 平方俄里的地方，用于放牧。其他的牲畜在干草收割之前，在森林里放牧，村社会雇放牧人照看它们。用于贩卖和宰杀的牲畜，不和其他共有的牲畜放在一起，村社会雇放牧人看管它们，以防牧场被破坏。8 月 15 日之后开始收割干草，并堆成草垛，然后就在这片草地里放牧。收割干草时，大家商量好由近至远进行收割，这样可以把用于放牧的草地更快地清理出来。耕地上从来不放牧，以防牲畜把地踩坏，也防止它们把田界上长的草吃掉。

一般在秋天和冬天召开商讨村社重大事件的村会，那个时候外出的农民也都回家了。大会要求出席的户主不能少于三分之二，寡妇和女人不能参会，外出的农民可以让邻居转达自己的意见。土地划分的协定要大部分出席的人同意才能实施。但是，富农对这个决策会有很大的影响，因为穷人都欠他们的钱，所以他们害怕和债主意见相左。村社不会花钱雇人来划分土地，一般会委托村里比较聪明的人来测量划分土地，其他人和村长会监督他们工作。通常人们使用一根 9 俄尺的杆子来测量土地。两个人抬着这根杆子，前面的人在地里插一个棍子，然后两个人把这根杆子和棍子插入的地方对齐放平，在杆子后端也插一个棍子，之后都拔出来，按地上的洞来计算土地的长和宽，这样就可以确定土地面积了。农民们还会标记上土地面积及其对应所需的种粮数量：一袋是 4 俄斗粮食，半袋是 2 俄斗粮食，半俄斗是 4 俄升。有的农民对于村长和一些人破坏土地边界的行为不满，他们的申诉会专门记录在一个本上，本上还记载着所有土地划分之后的尺寸。村社有份地的农户家庭人口情况如下：

人口数（人）	1	2	3	4	5	6
农户数（户）	10	19	24	4	1	1

村社里一共划分出了 59 块份地，但一共有 51 个院子，因为有的家庭分家了，但是还住在一个院子里，村子里有三户家庭家里有三个户主，有两户家庭家里有两个户主。

村社还会雇放牧人来放牧，以每头牛 40 戈比的价格结算工资，此外，农民们还要轮流给放牧人提供食物，一共要提供多少，要看放牧人要放多少牛，两头牛就算一顿饭。如果赶上彼得罗夫日，每个人还会给他 2—6 磅的烤面包和 0.25—1 磅的黄油。到了 10 月 1 日放牧结束的时候，还能得到上述同样数量的面包和鱼肉馅饼。放牧人自己还可以雇一个助手，通常都是十一二岁的孩子，而且要分给他 2 普特的面包和约 0.3 磅的黄油，还要付给他 7—10 卢布的工资，所以放牧人如果放 122 头牛，那么最终能拿到近 40 卢布的工资。村里公共的牛要用公款购买，每头 15 卢布。冬天时每家要轮流养牛，自己家有几头就要养几天。

农户的份地都用篱笆隔开了，如果有牲畜撞开了篱笆，把地踩坏了，那么这个损失要由建篱笆的人来承担。村落之间的道路和桥使用实物贡赋来修缮，每年拥有份地的人平均有两天要来修路和桥。

根据 1880 年大会作出的协议，居民们清理了延多比耶夫小河和两俄里的草地，由于潮湿，那里长满了青苔，干草收成只有之前的三分之一。这项工作要求在 294 天内完成，农民们轮流工作，一人两天，并且以后每十年就要清理一次。

土地采用三区轮作制。1881 年时，公共的耕地一共是 73 俄亩，其中 5.5 俄亩种黑麦，42.5 俄亩种春播作物，2 俄亩种土豆，1.5 俄亩种芜菁和萝卜，还有 21 俄亩的预备休耕地，先种亚麻和大麻。第二年一部分休耕地种黑麦，另一部分种大麦。前一年种黑麦和春播作物的，之后也种大麦。

播种的地要连续两年施肥，休耕地不用施肥，因此，每年大概有三分之一的土地要施肥。不过，富农家养的牲畜比较多，所以他们的休耕地也会施肥。一般来说，外出打工对种庄稼有负面影响，因为男人都出去打工了，把耕地这种工作留给了女人，这已经超过她们的能力范围了。而且村社里其他人一般不会帮忙种地。

村社要交国税、土地税，还要向公社缴税，一共大概是 829 卢布 40.75 戈比，平均每个人交 5 卢布 68.25 戈比，其中有 4 卢布 43 戈比是国家税，有 69.5 戈比要交给乡政府，55.5 戈比要给村社。这里有耕地和草地一共 224 俄亩土地，每俄亩土地交税 3 卢布 70.25 戈比，属于国家税的一部分。通常每年 1 月份计算人均税额。去世者的土地由其家人使用，使用土地的同时，也要为其缴税。宅院地会分给更需要的人，如果没有人自荐，那就分给有更多劳动力的家庭，或是承担更多赋税的家庭。无论发生什么情况都要缴税。

现役军人的税由家人缴纳，村社可以免除他们的公共服务和实物贡赋。但是，退伍军人要缴纳全部税款和实物贡赋。欠税人的土地不会被村社占用，欠税人的债务也不会分摊到村社成员头上，这些都是村社机制中的有利条款。

村社赋予居民们完全自由的土地使用权，但是奥涅加河边的草，要 7 月 20 日之后才能割，具体原因记录中没写。

村社里还有这样的情况：如果有的家庭人口数量很少，或者人口数量减少了，那么他们就要把土地分出去一半，和别人共用，收获的粮食要平分，需缴纳的税款也平分。但是村社不允许划分宅院地。

以前没有出现过更换户主的情况，但 1881 年 3 月 4 日，有一个户主由于行为不端被大会判为有罪，因此他的土地就转给了他的妻子和孩子，户主也因此改变了。

近 3 年有 4 个农户分家了，分成了 9 个家庭，在 1874 年以前，也就是实行一般兵役赋税之前，这是一定要公社批准的，但现在不需要了。兄弟间分家的时候，财产均分，抽签决定谁拿哪部分。父亲有权拒绝分给儿子财产，甚至可以要求儿子提供帮助。在第十次人口调查以后，大会决定只有原土地所有者被流放做苦役的情况下，他的土地才会被收回或分给别人。如果转给别人的话，一般是下半年进行转让，从第二年 1 月开始，接收者就要为土地缴税了。没如期还款的人要拿干草抵债。通常穷人欠富农钱时，也拿 30% 的干草做抵押。对于村社里无人继承的财产，其土地由村社支配，剩余的就分给该户其他亲属，不分关系远近或距离远近。村社新来成员不需要交钱，但是要请大家吃饭喝酒。离开的成员会把土地留给亲属，或者愿意承担土地赋税的人，在下次重新分配土地之前，他们都有使用权。

科列里村社一共有51户人家，还有纺织品和殖民地进口产品的商铺以及烟草店和铁匠铺。这些店都是个人的，纺织品和殖民地进口产品的商铺一年能赚150卢布，烟草店和铁匠铺一年能赚25卢布。

每年收获的粮食都不够吃，收成好的时候，要额外买1000普特粮食；收成一般的时候，要买2000普特粮食；收成不好的时候，要买2300普特粮食。这些粮食都是从旁边的卡尔波戈尔县买的。这里没有代役制，所以为了养家糊口，也为了缴税，很多农民都外出打工赚钱。每年大概有70个人要外出打工，大到60岁小到12岁的都有，他们主要从事拉纤或者木材流送。一部分人沿着奥涅加河给奥涅日的锯木厂送木材，还有人去更远的地方打工，例如奥格涅茨基省、沃洛格达省、诺夫哥罗德省和圣彼得堡等。这些人通常3月份出发去打工，早一批的是7月份回来，晚点的就9月、10月或11月份才回来。7月份回来的大概能赚25—40卢布，晚回来的能赚30—80卢布。每年或每周农民们打工花的粮食和伙食费用都不同。

此外，村社还在奥涅加河上建了浮栅，用于减缓木材流送速度。这个浮栅要16个男人和16个女人历时两周完成，或者他们也可以选择付钱请别人来做，一男一女为一组，一组交7卢布。这种情况下一般都是老人来做。村社还会找三个人负责在浮栅附近巡逻，每个人一个月能赚8卢布。村里有7个人常年在锯木厂打工，家里的活都留给了女人。雇一个女工一个夏天要花12—20卢布，为其提供伙食，在播种的时候工作半个月，之后7月1日—10月1日再开始工作。

村里有122头奶牛、50匹马、154只羊。所有人都有自己的牲畜，但有4户没有马，到了干农活的时候，他们就向邻居租马，还有两户有公用的马。此外，有3个女人靠乞讨为生，其中一个智力有问题。

从上一次人口调查开始，有两个人离开了村社，搬到旁边的马尔丁乡了。他们在那里结了婚，娶了两个继承了份地的女人。一般来说，因为村里土地少，所以如果有成员要走，村社是很愿意的，因此村社很容易就放他们走了。1880年时，这里遭了雹灾，所以有些人的收成受了影响，从村里的储备仓库拿了36俄石粮食，这是没法收回的。除此之外，这里没有其他欠债人。

科里亚村社的记载，说实话，作者很用心地回答了纲要中提出的问题，并且回答得很好很清晰。但我希望他对于当地的机制和风俗描写得更详细一些。作者发现了一些现象，但并没有解释这一现象出现的原因，所以很多地方描述的不明确。这也就是为什么这篇记载内容涉及很广泛，但也没有满足我们的求知欲。可能如果少下点功夫也会比这篇记载传达的信息量更大，可以重点关注这里和其他村社不同的特点，更详细地说明地方机制。综上所述，我觉得可以奖励作者15卢布。

去年大会提出了14个附加问题，对此尔莫戈尔县雅科夫列夫乡的乡文书做出了回答。他的回答没有根据俄国自由经济学会的纲要进行，只是对该乡经济情况做了描述。这是我们省最穷的一个乡，所以这个简述也不会给谁造成损害。

该乡的土地情况如下表所示：

村庄名	农户数	人数 纳税人数	人数 实际人数	土地面积 耕地 俄亩	土地面积 耕地 平方俄丈	土地面积 草地 俄亩	土地面积 草地 平方俄丈	人均土地面积 耕地 俄亩	人均土地面积 耕地 平方俄丈	人均土地面积 草地 俄亩	人均土地面积 草地 平方俄丈
1. 韦尔霍夫新村（离主村30俄里）	17	35	48	29	—	69	—	—	1450	1	1500
2. 阿巴杰尔斯卡村（含5个村）	22	70	73	46	—	137	—	—	1530	1	120
3. 舒卡捷尔村（含9个村）*不同村社的份地不同	65	160	169	73	—	253	—	?	—	—	—

表中第一个村子的草地都位于河边，不按面积大小划分，而是按产草量进行划分。第二个村子的草地大部分都在林地里，在沼泽和大坑的附近，还有少部分在林地对面的河边。第三个村子的草地在20—30俄里之外的地方。虽然在这里种地是人们的主业，但每年产的粮食也不够，收成好的时候，每家要额外买25—50普特粮食，收成不好的时候每家要买50—75普特粮食。

除了粮食作物，芜菁、萝卜和土豆产得也少。该乡没有工业或贸易企业，也没有代役制。

这里的农民还靠砍伐和树木、给木材厂运送木材补贴家用。两个成年人和两匹马就可以制成400根圆木，甚至更多。平均每100根圆木60卢布，而木材运输一般是几个人组成一个团体一起送到奥格涅茨基和圣彼得堡。他们一般从4月1日工作到11月1日。成年劳工能得100卢布，少年和老年劳工能得65卢布。近几年，有不到65个人外出打工，只有冬天才回来。此外，还有不到25人去邻近的奥涅日县打工，他们通常6月1日去，11月1日回，一个夏天能赚15—20卢布。外出打工是他们养家糊口、缴税的唯一途径，但是对耕地损害很大。男人都出去打工了，把农活全留给了女人。地里土壤很贫瘠，需要大量施肥，细心耕种，但这对于女人来说很难，所以很多家庭的收成一年比一年少。虽然村里有几家靠种地致富的农户，但这只是凤毛麟角，大部分人的土地都越来越荒芜。而且畜牧业也逐渐衰落了，因为很多农户缺少牲畜，所以他们也没有足够的肥料给耕地施肥。

这三个村庄一共有不到200头有角牲畜、145只羊和90匹马。有10户人家没有牲畜，其中有4户甚至没有自己的房子，他们夏天就出去打工，冬天就给富农砍伐木材、运输木材。有20户人家没有马，其中3户把自己的地给富农耕种，并让他们替自己缴税，剩下的17户在干农活时，就向别人租马，每个人3卢布。

因为村子实在太穷，所以很多人要搬走。1858年，从韦尔霍夫村搬走了5家，一共13个纳税人，从舒卡杰尔村搬走了3家，一共8个纳税人。但是搬走也是有条件的，要搬走就需要把所有人之前欠的钱补齐，这不是谁都能接受的条件，所以只能谁接受谁搬走。村子欠的钱每年都在涨，现在加起来有1793卢布14戈比，这主要是1867—1869年欠的钱。此外，之前也欠了不少粮食贷款，1857—1869年一共欠了8688卢布57戈比，1866—1868年欠了2739卢布63戈比。为了还上这笔巨债，每个人每年要交1卢布，但是离还清还差太远。如果不再发生灾害，那么债就不会再增多，反之则还会增加。

由于村里的这种情况，所以靠乞讨为生的人不少，有15个小孩、14个无子女的老人。冬天时，他们就乞讨，夏天时去放牧，老太太一般就去替人看孩子。

我们就先评论到这里，很遗憾地说，委员会3年来的努力并没有取得很大成功，没有描述清楚我们北方村社有哪些优势。这也可能是因为这个问题比较新，我们在日常生活中接触的不是很多，而且也很少有人自己就能想明白这一复杂的现象，这一现象和日常生活、法律习俗和人们思想息息相关。

如果有学者3年前开始研究村社相关问题，并查阅皇家的所有相关资料，那么到现在可能他们就会出一本选集，里面涵盖了不同省份的11个村社。而我们也用了3年，仅我们一个省就收到了30份记载，涵盖了个县里的60个村社。

县名	提交记载/份	含村社/个
阿尔汉格尔县	3	3
霍尔莫戈雷县	4	24
申库尔斯克县	2	4
奥涅日县	5	9
克姆县	5	5
皮涅日县	1	5
梅津县	10	10
总计	30	60

这些记载给我们提供了大量数据，用于比较俄罗斯各地区村社各方面的情况和价值。但是我们现在不想谈这个，这实在是太广泛了，不能一带而过。我现在想说的就是，我们越熟知村社里人们生活的各种现象，就会越了解村社在社会、道德和经济领域的重要意义和影响。但如果我们记得，这个团体是由五分之四以上的俄罗斯人组成的，也可以说，村社并不是自古就有的，只是在艰难时刻出现并且保留了下来，它有着美好的未来，那么人们生活中这种独特的生活方式，对于法学家、政治家、历史学家和经济学家来说就具有重大意义。我们不应该带着在西欧历史影响下产生的思想和有偏颇的理论来了解村社，我们很容易在不足够了解事实的情况下，就马上得出结论。因此对村社的研究，应该成为我们

所有科学研究和调查中不可缺少的一环，也是历史学家研究前人生活时的重要部分，以及经济政治学家在建立未来社会机制时的参考。

因村社而产生的社会生活条件和村社成员之间的关系都非常重要，而因这些产生的结果对于人们生活的整个体系来说都有重大意义和效果，所以不能仅仅把它当作是个人的权利和利益。一个著名的法学家认为，村社建立了公共的社会法则，这不仅涉及了个人利益，还涵盖了公共利益和福利。只有对人们生活有深入的了解，我们才能知道村社的规则是多么强大而有力，它和人们的法律、农业和道德生活联系的有多密切。为了使法律具有可行性且合乎实际情况，因此要考虑到人们生活的各方面，还要以对这些关系的研究和了解为基础。

根据委员会主席助理对上述作品的评价，我们最终确定，获得奖金的乡文书为：列舒孔村的阿夫杜舍夫获得 30 卢布、科罗林村的巴哈莫夫获得 20 卢布、基扬茨村的 П. 耶夫谢耶夫获得 15 卢布、萨罗茨基村的利普金获得 12 卢布、钮霍茨基村的库钦获得 10 卢布、科德瓦沃姆村的赫拉姆佐夫获得 5 卢布、佩斯村的萨哈罗夫获得 4 卢布、克拉斯诺波尔村的罗加乔夫获得 3 卢布、沃日戈尔村的波波夫获得 3 卢布，还有巴尼卡姆村的农民 B. 萨文获得 4 卢布。一共是 106 卢布，至于奖金的发放，那要根据省地方自治会预算的第九条，上报给省管理委员会，由省管理委员会发放。

弗拉基米尔省

弗拉基米尔省工厂村社[1]

由于十分缺乏工业带村社的相关资料，我们认为有必要来分析一下工厂村落的公社土地占有制情况。现在这里正面临着最大的外部破坏压力，各方各面都要受到工厂制度的限制，还有很多完全反对公社的观点。因此，这些实际情况，也使许多在最不利的历史条件下认为公社仍然是稳定的、并愿意捍卫村社制度的人紧紧地团结在了一起。

在描述公社的实际状况之前，我们要先来简单介绍一下该省工业带农民的经济情况。在这一地带，农民的土地占50%—70%，因此，在这片土地上，农民的利益是最主要的，所有的经济保障都取决于小农户和庄稼汉的情况。我们并未看见他们不断向前发展，相反我们开始隐约地感觉到，农业现在离我们所憧憬的那种未来理想状态还差之甚远，而这种深深的苦恼也开始令我们感到担忧（详见农民份地和费用的统计情况）。

现状的确令人担忧。虽然公社土地占有制在工业带也随处可见，但我们仅以弗拉基米尔省公社土地占有制的一些相关数据为例。人均拥有的肥沃份地面积为3.7俄亩，这一数据不包括原国有农民和皇室封邑农民的份地（4.3—4.6俄亩），这是因为大部分居民都是领地农民（64%）。这种人均份地面积在多大程度上能够保障农民的粮食需求？让我们看一下弗拉基米尔省各县家庭的收支情况。家庭A拥有两块份地、5口人，需花费36卢布购买黑麦粉。家庭B共7口人，分到4块份地，需卖掉12卢布的燕麦，并购买价值11卢布的面粉，也就是说，仅剩下1卢布来支付其他所有的开支。家庭C有6口人，有18俄亩份地和13俄亩购置的田地，仍需要卖掉粮食来换取面粉。他家的燕麦和家畜共卖了35.5卢布，但买粮食共需要93卢布。家庭D有6口人、4块份地，卖掉三袋燕麦和一普特的豌豆的收入为4卢布，而家庭支出却需要50卢布。

根据上述数据可以明显发现，耕种份地的收入无法满足农民的需求，甚至无法解决温饱问题。土地贫瘠，因此需要足够数量的、施肥较好的草地、放牧场和份地，才能够保障家里的粮食需求，此外，若不是土地条件特别糟糕，宅院地和耕地的总和不应该小于8俄亩。正如我们所见，原国有农民的份地平均额还达不到这个数字，原领地农民的份地额仅

---

[1] 资料来源：阿利金 C. K.：《农村土地公社研究材料：弗拉基米尔省工厂村落公社土地占有制的概况》，《俄罗斯财富》1879（1）：2—16。

是这一数字的一半。然而，农民还需要缴纳赋税、地租、赎金。

弗拉基米尔省每俄亩土地的赎买价格如下：

原	国有农民	185.1 戈比或卖出价 100 戈比
原	皇室封邑农民	206.2 戈比或 111.4 戈比
原	领地农民	304.4 戈比或 164.3 戈比
平均		231.9 戈比

但 231.9 戈比这一平均值并不是非常准确，实际价格要比这一数值高得多。这是因为：首先，尽管支付费用已经计入整个省的总额之中，但国有农民、皇室封邑农民、领地农民的人数并不相同，因为领地农民占居民总人数的三分之二；其次，领地农民的土地赎卖金额比国家农民的代役赋税高 64%；最后，在计算平均值时，并未将份地数量不同、土地数量不同等因素考虑在内。按照从土地上得来的收入比率来确定农业的状态才是更加准确的，原国有农民的这一比率达到 168%，原领地农民的这一比率达到 276%。

收入额也需要修正，因为收入额是估算的。只有当农民的收入能够完全满足家庭的需求时，才出现这样的收入额。但正如上述的四个家庭，很多家庭并不会出现收入。

因此，根据上述村社拥有土地和使用土地的情况，我们只能得出一个结论：仅凭土地不仅无法负担得起赋税，甚至无法满足农民迫切的需求。如今，村社的发展正处于举步维艰的状态，最主要的原因就是土地现在已经不再能够吸引农民了，农民已开始弃农务工。

再看看现在，农民都是受形势所迫而离开土地、离开村社，开始经营副业。手工业和打零工这两个副业彼此紧密联系、相互依存，因此没有必要把这两者看作是两个独立不同的工作——连斯基姆早已在文章中对这两者的共性做出了解释。甚至在弗拉基米尔省的所有工厂里，手工业的发展都明显在走下坡路。人口的密度、销售中心的位置等因素对手工业的衰落造成了一定的影响，但连斯基姆也表示，这些因素只是手工业走向衰落的前提，并非是手工业走向衰败的原因。他认为，随着农奴制的出现，手工业才开始走向衰落，当时农民生产的食品以及农民本身都变成了物品、劳动力和机器，当时大生产业所需人力支持和小生产者所需财力支持的压力并存。一些数据表明，如果没有这种人力和财力支持，个别手工业者可以结合成为劳动社，形成大生产业，并保留所有小生产者的利益。但是如今，手工业者也是工厂工人，他们不仅要在工厂里工作，还要在家里工作，有的时候甚至不是在家里，而是要在那些宽敞明亮的工作坊里工作。工作坊有很长的平房，窗户很小，由富有农民建造。

这类手工业者与工厂工人在经济方面的差距在于，在机器生产的市场价相同的情况下，由于生产工具不完善且成本更贵，与工厂工人的酬金相比，手工业者收到的报酬要少一些。例如，家庭作坊的织布工每月工资为 2 卢布到 3 卢布，而工厂的织布工每月的工资为 8 卢布到 10 卢布。家庭作坊的织布工仅在波克罗夫县莫罗佐夫村的尼科利工厂就达 14000 人。不仅织布工手工业者的状态是这样，其他所有的手工业者情况也都如此。详见下列数据：制手套工人每个月的工资是 4 卢布 80 戈比（戈尔巴托夫县）；制革工人每月的工资是 6 卢布到 8 卢布（瓦西利斯县）；制桶工人、细木工、大车匠、铁匠每年的工资是

5 卢布到 115 卢布（雅罗斯拉夫尔省）；砌石工、粉刷工、修炉工的工资每年不到 50 卢布；剥皮工人每年的工资为 40 卢布到 120 卢布（弗拉基米尔省舒伊斯县、维亚兹尼克县）；织布工每月 50 戈比到 1 卢布 60 戈比（弗拉基米尔省）；纺毛技师、制毡工人每年 26 卢布到 31 卢布；鞋匠每年 40 卢布到 60 卢布；裁缝每年不到 55 卢布。

工资如此低是由于手工业者受到发展中的大工业资本家的极度压迫，这些资本家手上有生产资料，相对遥远的市场也对他们开放。近五十年，蒸汽、棉织工业和纺纱工业不断发展，没有任何东西能够完全摧毁弗拉基米尔省的生活，但从居民的手中夺走过去唯一盈利的手工业。所以，手工业者来的工资越来越少，他们的出路就是去工厂工作或者外出打零工。但工厂里的人手已经足够了，至少在伊万诺沃—韦兹涅先斯克市、舒伊斯县、捷科夫、敦尼洛夫、科赫姆等工厂中心地带，工人人数已经十分充足。那就只剩下外出打零工这一条路可走了，而外出打零工一般情况下也要形成手工业合作社。

为了弄清楚手工业合作社对人们价值观的影响，我们需要对其进行简要介绍。手工业合作社的基本原则是互助性、团结性，他们在食物和工资分配上平等，同工同酬。总而言之，合作社的基本原则是由公社的价值观迁移而来。但是这样的合作社现在非常少见，多位于郊区，并远离尚有农民发展机遇的工业中心。合作社可以根据自己的倡议，支配自己的劳动及劳动产品。据波塔宁先生（参见其书《尼科利县及该县居民》）或佩切尔斯基先生的描述，这些合作社的每个成员都对合作社的习俗有全面的了解，并且完全遵守这些风俗习惯，因此在这里以法律的形式来规定成员的关系是完全多余的。

若真的存在某种鱼龙混杂的现象，若是有那些一定要捣乱并要破坏合作社良好开端的刺头儿，现在哪儿还可能会出现合作社独立的活动呢？举几个例子。例如，阿尔汉格尔的渔猎工人合作社是捕捉海鱼和大型海洋生物的合作社。只有三分之一的捕捞物归合作社所有，剩下的三分之二要上交给资本家。但是这三分之一的捕捞物中，近 20% 还要上交给负责他们饮食的主人。剩下的钱才由合作社的各成员平分。在捕捞海豹的合作社中，成员们拽回住宿处多少海豹皮，就能够得到多少海豹皮。若分配完全按照合作社社长的要求，社长能够得到二分之一到五分之三的捕捞物，这实际上也是在破坏合作社的基本原则，而合作社剩余捕捞物的出售价格也要比市场上便宜 2 到 3 倍。最典型的例子就是梅津区河口的捕捞海豹合作社。大概 25 年以前，合作社所有成员平均分配捕捞物。现在梅津区的任何一个居民都可以加入这个合作社。合作社分为三个，包括科伊达合作社、多尔戈谢利耶合作社、夏姆扎合作社，但是由四个无耻剥削社员的社长管理。由于这些规章制度，合作社的"分家"，导致在捕捞过程中合作社互相干扰，因此，自然而然，除了富农之外，其他所有人都不占优势。

捕鳇合作社相对来说遇到了一些困难，需要大量的资金支持，现在仍处于不利地位，且完全依靠那些能够为合作社提供资金的富农（渔网 400—700 卢布，修理费 50 卢布，需由合作社承担），近三分之二的捕捞物上交给富农，劳动社成员能够得到 19 卢布到 25 卢布。在其他的合作社中，社员分享的并不是捕捉物，而是分享赚来的钱，这样一来，对资金的依赖也就更加明显。富农只挑那种一定重量的鱼，然后再自己定一个价位。为了偿还债务，农民把赚来的钱付给那些奴役他们的富农。后者给他们一些消费品、捕鱼的绳索、小船。不难理解，在这种条件下，合作社成员哪怕只是欠了富人 60 卢布，也需要很长时间才能够还上一部分。亚麻商品合作社（阿尔汉格尔斯克）已经有社长了，社长有权以罚款的形式惩罚社员的粗鲁行为或其他过错，甚至开除他。在装载工合作社，负责管理的社长可以按照自己认为合理的方式为合作社成员发放工资。在保证每个成员每月的工资不超过 10 卢布的前提下，可以给某个人涨工资。然而这其实已经违反了合作社的公平原则。在拉船工合作社，每个人的薪资都完全取决于社长，而社长的命运也掌握在雇主手里。

可能这些例子也足够说明情况了。在搜集俄罗斯合作社资料的时候，就发现最可悲的是：除了部分特殊情况外，大多数情况下，合作社都会丧失自己最开始的特点，不再独立自主，而是落到资本家的手里。在资本家的压力下，合作社成员间也会出现竞争，集体性和互助性的原则也会逐渐消失。在很多中心省份，组织合作社的零活工作也远不够完善。以当前的经济形势看，在每个生产领域中，一方面来说，资本家将所有的资金都用于斗争，而其他工人为了维持自己的家庭，要用自己的双手劳动，还要忍受着饥肠辘辘。这种情况不仅会对合作社造成破坏，还会导致合作社的彻底崩台，并促进无产阶级的发展。从打零工到成为无产主义者究竟是不是一件伟大的事呢？打零工的人初夏时节就不再耕作而是去赚钱，那么他们还能用自己的土地做些什么呢？在 24 个省打零工者的数量大约为 1294812 人，占俄罗斯农村劳动人口的 14%。

在弗拉基米尔省的零工数量（根据官方数据显示）为 130000 人。这一数字比实际人数少得多，因为没有将工厂的零工计算在内，200 个工厂的零工数量达到了 80000 人。如果说零工手工业中，合作社已经面临着被摧毁的压力，那么工厂生产受到的影响实则更大。无论合作社有多么强的经济依赖性，都还是会坚持公用性的原则，且成员们还会保持个体独立性，零工工人并没有和土地断绝联系，在合适时机可能也会回归到公社生活之中来。既然工人已经没有土地了，那么这种公社关系的基础自然而然也会跟着动摇，继而破坏人民的公社观念。

工厂公社现在处于这样的一种状态：要么就是正在和土地失去联系，要么就是已经失去和土地的联系了。至少在弗拉基米尔省，早就看不到印花工、织布工、精纺工等工人回归农耕的现象了。这些工厂具有明显的农村性质，内部至今保留着合作社的基础。合作社的每个成员仍然不像在工厂工作的工人那样每天丧着脸。在工厂里，工人什么也不是，在技术专家或工厂的资助者没有发明出来机器之前，工人只是执行自己功能的机器的一部分，要靠苦役般且薪水微薄的劳作来维持工厂的运转（工厂的月平均薪酬不高于 8 卢布，还不管食宿）。

工厂的所有智慧也都用来促进劳动生产，而那些念头和希望都只好寄托于拥有最基础的生活资料：今天工作是为了明天不要被饿死。工人的劳动是否被重视取决于他的个人能力。他们受生产体制约束，这种生产体制的资本就是过去握在公社工人手中的资料。而现在，资本对于工人来说，就像葡萄对于狐狸一般。庄农和手工业者的经济违约金迫使农民去工厂干活，因此市场上的工作者过多，这也撼动了发展和保留公社情感的基础。

工厂现在已经几乎丧失了公社的特点，也和公社固有的相互性完全背道而驰。

上面所描述的农民现状是否只是包括手工业者和零工，如果是这样，那么应该将工厂工人计入何处？这也证明根据目前的经济形势，人民的公社价值观以及公社本身可能会因受到对立制度的冲击而瘫痪，甚至完全土崩瓦解。尤其是针对工人或者工厂业十分发达地区的其他工作者，虽然当前形势的严重程度还不足以完全摧毁公社，但这些不利条件现在暂时会导致工厂的农民不再从事商业，而是继续务农。

但在工厂中也存在完全相反的例子：受非公社制度的影响，农民反而比以往更加坚定地接受公社，认为公社是唯一能够避免完全破产的一种方式，最终，公社就完全开始直接与其他行业，主要是工厂的零工进行斗争。为此必须要给予农民更多的保障，能够让农民得到原来大多数情况下得不到的东西。例如，梅柳舍沃村内部极其封闭的公社生活也是十分美好的（这一村庄距舒伊斯县捷伊科夫村4俄里远）。和邻村的农民相比，这里原来的农民能够得到最大最好的份地和足够数量的森林，当时所有村子的周边地区大概有30俄里，卡列特尼科夫工厂约有4000名工人，吸收了所有的新生劳动力。

梅柳舍沃村里一名工人都没有。大部分人在了解到工人的生活状态之后，大概也希望自己不要过那样的生活。首先，关闭酒馆并且禁止酒馆营业；其次，谁在村子里嘴里叼个烟卷，就要把谁关起来。而且应该指出的是，梅柳舍沃村没有一个异教徒。在这个村子里的老人多次说，他们宁可杀了自己的儿子们，也不会让他们去工厂，尽管很多家庭都有多余的人手。询问梅柳舍沃村的男人："为什么家里也用不上他的儿子，但又不让他去工厂工作？工厂的工作可要比农活清闲而且工资都是净赚呀！"他冷笑了一声然后用讽刺的语气回答说："我们吗？我们不是那条路上的人（这里说的那条路不是村子里的路，而是村子旁边的路）。农耕才是我们的活儿。况且在工厂工作真的更好吗？连个厚呢子大衣都没有？我们的粮食还是一直都有的，看这就是！"

梅柳舍沃村的生活十分封闭，和赶集时将面粉运往的捷伊科夫村以及其他旁边的村子一点联系都没有。当时所有人对梅柳舍沃村都十分尊重和敬仰。例如，梅柳舍沃村过去的一个工作者以该村一个农民的名义在捷伊科夫村收集了7把斧子和锯，所以这个农民就必须去捷伊科夫村里挨家解释，现在那些斧子和锯都已经不在他那里了。这里的公社保留得最好，甚至在村子里一个富农都没有，所有人都过着小康生活。还要顺便提一下，梅柳舍沃村砍掉了村子这个地段上的森林，砍伐过程非常节俭而且很合理，这也使任意一个林区工作人员都为之震惊。不少人将农业发展不好归咎于公社土地占有制，但这一事实刚好反驳了这类观点。

总之，在工业区，尽管有许多不利的条件，但公社制度还是得到保留了，尽管和农业公社相比还是存在一些差距。下面就是其中的事实之一。

我们收集到了雷利赫村（位于弗拉基米尔省舒伊斯县伊万诺夫乡）的情况数据。这一村庄距离伊万诺沃—韦兹涅先斯克市仅有一俄里远，该市以工业闻名，被称为"俄罗斯的曼彻斯特"。这里的农民——现在为舍列梅捷夫领主的代役租农民——已经一百年没种过地了。至少，老人们都已经记不起曾经有过耕种的情况。织布手工业，主要是织细平布，可能当时在村子里占主要地位，发展出了家庭作坊—小工厂产业，又在近五十年内被旁边富裕城市（原来是伊万诺夫村庄）的大型工厂所收购。在印染厂（手工坊）存留的小型厂房里还能发现原来生产的痕迹，被卖掉的大部分厂房都已经拆除了。这些工厂属于雷利赫村的拉平、博罗文科夫、卡缅涅维等农民。现如今，所有村民或是在伊万诺沃—韦兹涅先斯克市的工厂工作，或是外出打零工，比如在莫斯科等地方——但三个村民除外，其中两个人栽培蔬菜，第三个人经营面粉生意。

他们三人从舍列梅捷夫领主那里获得121俄亩1274俄丈土地。最新的人口调查显示，雷利赫村共有77人，人均份地为1.5俄亩。除了牧场之外，所有土地——包括耕地和菜园地——都被村里租出去了。春汛时被淹没的草地现在又作为菜园重新耕作了。割草场位于雷利赫村和米库利希村居民共同的土地上，彼此间的距离为6—7俄里。土地共有上应该是过去乡镇公社留下的痕迹，而不是地主按照其个人意愿分配份地的结果。这是因为：在雷利赫村和米库利希村之间还有其他村子的土地。不管如何，都应该让米库利希村及其邻村们共同使用牧场，而不是让米库利希村和相隔几俄里外的雷利赫村共同使用土地。还有一种可能，即米库利希村与位于其和雷利赫村之间的村庄从未组成过乡公社，但在不久前合并为同一个村社。

雷利赫村的村长管理共同的土地，也就是说，他要按照两个村子的决议出租土地，收租金然后再上交报表。按照最近调查的赋税量将租金的比例份额偿还给米库利希村的农民。割草场仍可共同使用。因为雷利赫村的农民全年都在工厂工作，他们自己既不割草也不收草，他们共同选择代理人，甚至都不从某个村子里的农民中挑选（1878年选了一个不属于这一阶层的酒馆老板作代理人），并委托他照顾割草者和干草工。后来，所有的花费都以赋税额度平分：雷利赫村为41卢布，米库利希村为16卢布。1878年，要从每个人的赋税额中扣除72戈比，一共扣除了41卢布4戈比；所有工作的支出为40卢布；剩下1卢布4戈比用来奖励酒馆老板。这样一来除了一些干草之外，每个家庭还能得到什么呢？

干草堆的仓库管理施行以下的制度。在干草工里面挑选两个体重差不多的女性，她们负责叠放踩实干草堆。周围最近的地基应该有3俄丈长，从顶端到地基用3俄丈的绳子来测量，因此干草堆的高度就几乎是3.5俄尺，重量为25普特到30普特。这种干草堆被称为"立着的干草堆"。干草堆很少按照它们的质量进行分类，因为所有干草的质量几乎都是相同的。在为干草堆分类之前，派人轮流看管干草，每次派3人到4人。

分组办法如下：每两个来自各个家庭的代表进行抽签（几乎一直是使用铜币进行抽签）。把签放到帽子里，一个人晃帽子，另一个人把签取出来。谁抽中了这个签，这人就立刻要去了解相关的事宜（刺实植物的树枝、嫩牙、灌木等等），分干草堆，草堆的数量大概是每两个家庭分到2—3个草堆，两个人先把两人份的分出来，然后再平分出自己的那部分。已经没有任何花销和差役且在家庭中也没有经济支持的老人们，也和所有人一样，能够得到相应份额的干草；寡妇能够得到原本属于他死去丈夫的那部分干草，即正常平均分配；会根据干草收成的情况给孤寡老人分配两垛干草。管理者把干草堆平分给所有人之后，还剩下10个草堆，有时候会多一些，有时候会少一些，这部分草堆就作为公社资本。分配完之后几乎会将所有草堆立刻售往伊万诺沃—韦兹涅先斯克市。那里对干草的需求量很大，或是卖给租地的菜农。基于以上两个事实，在共同的领地上租出去的土地和割草场最终也促进了雷利赫村和米库利希村公社关系的形成。

我们现在来看一下雷利赫村内部的公社制度。该村位于山上斜坡的长道上，共有43个农户，其中10个农户属于其他村社。根据最近的调查显示，现在该村共有77人，每户分得宽10俄丈沿街地、长40—45俄丈的院后地，这些地可作为遗产继承。这些份地和打谷场很少被圈起来，因为村子的位置好，没有任何被牲畜踩踏的危险，所以只有两个巷子里的打谷场被圈了起来，而且是要按照土地所有者自己的意愿来进行。他们的干草归户主完全所有且由于没有家畜大部分干草都对外出售。如果公社成员有两块或者三块份地，但公社里其他成员所分得的份地额都是相同的，那么该成员就要按照比例支付一定的费用，尽管我们的土地空间大，但菜园等农用地的费用也要根据土地的具体条件来确定。如果大家认为家庭内部分配是必须的，对家庭十分有益或是有其他的正当理由，那就给所有人在带有打谷场的房子下或在村子尽头或是在村子中间有空地的地方平分份地。

近二十年只有一次家庭内部分配的情况。在这种情况下，如果公社成员不住在村子里，而是在其他地方赚钱，那么该家庭也能享有所有的权利；如果整个家庭都不住在村子里且没有能住的房子，那么原本按户分配的份地就要被收回，但份地的原所有者仍享有其他收入的权利。房子的所有者和其他社会活动者每年向该村支付不到10卢布的租金，用于租赁带打谷场的完整份地，这个份地的草堆对他们也是有用的，使用公共井的水每年也要支付不到1卢布。退休士兵和永久休假士兵与公社其他人员一样拥有享有按户分配份地的权利。若公社的男性成员去世，那么带着男孩的妻子可继续享有丈夫原来的权利；若妻子没有孩子或者带着女儿，如果不离开公社，那么她仅能够免费使用家里的份地，若有特殊情况村里会帮助她，例如，在分配公社草堆时，如上所述（在村子里有一个这样的单身寡妇）。村子里的所有居民——包括非本社成员——都有义务轮流守夜，每次两个人，每家出一个人，一个人会在街上巡查，另一个人在村子周围巡查，按照顺序第二天再由下一户人家看守，只有村长可以不去看守。

村子里有专门放养牲畜的牧场，这些牧场并没有隔开，因为没有必要隔开。在中午休息的时候把牲畜赶到河岸上。放牧人是大家一起雇用的，大家一起出钱雇用牧人和牧人助手放牛，不管村子里一共有多少头牛，每放30头牛要给他们俩每人2卢布，一般牛的数量能够达到30头，有时还达不到，但也允许非公社成员的牲畜进入牧场——商人伊万诺夫斯基的母牛和马，30头收2卢布（完全没有小家禽）。在这种情况下，如果牲畜的数量少于等于30头，那么公社负责放牧，也就由公社承担费用；如果牲畜的数量大于30头，那么就要自己支付额外的费用，也是30头收2卢布。放牧者以个人的名义租房子，自己也有吃的，但还去村民那要吃的，早晚都要去村子里要一圈饭，每个养牛或养马的人都必须要给他点吃的，根据需求和共同协议的要求放牧者还需为他们放公牛。牧场的畜粪放在堆粪池内，公社自己雇用收粪人。公社成员养牛的数量是不受限制的，想往牧场里放多少头牛就可以放多少。大概5年前牧人还不能从非村社成员的手中得到工资，但当时牧人可以使用堆粪池。但当开始限制制造印花布的数量之后，这种形势对牧人来说就不利了，可能这也是发生变化的原因。

在其他涉及整个村庄的事情上也能体现出农民的公社价值观，例如，与通往加列林和亚·加列琳工厂的道路平行的沟渠被挖通了，是为了圈起草地使其不受其他工厂排放出的垃圾和外来物污染，这些污染曾经使牲畜患上了疾病。1878年，三口水井都进行了重新整顿、清洗。所有这些活儿都是雇人干的，因为农民们经常在工厂工作。在工作闲暇时间，例如在复活节前的一个礼拜，如果这段时间河水漫出岸边，就会重新出现这一现象，即农民就会组成劳动社，把所有捕获物都卖出去，然后平分收入，用来购买柴火和木材。

现在我们来看一下公社的收入和支出，我们首先分析一下1875年8月15日到1877年11月1日社长的收支账本，从而来分析农村公社制度某些方面的问题。以下是整个未删减的账本。

收入			支出		
1875 年 8 月 15 日—1876 年 3 月 4 日					
	卢布	戈比		卢布	戈比
菜农的租金			夫罗洛夫的票据	25	
扎维亚洛夫	156		米库利希村民的租金	72	48
西佐夫	227		1875 年下半年的人头税和地方赋税	97	5
扎库林	6		1875 年下半年的保险费	32	22
卡缅涅夫（雷利赫村农民）	68	50	邮局转钱手续费	1	38
宅院地租金 商人夫罗洛夫	20		自治县税费	2	20
士兵科尔佩夫	4		赋税	289	
戈列林内存放柴火的费用	90		乡镇花销	68	55
古斯金 1876 年上半年小酒馆的收入	55		雷利赫村的农民拉季翁多次因偷窃而上诉的诉讼费	2	26
保险费	12	90	道路填土费用		75
总计	639	40	给卡什皮科夫的费用（社长助手）	4	
			加米涅夫及博罗文科夫就公社事务前往公社审判处的费用	7	15
			给布京	1	10
			给马托林		50
			办公费用	1	50
			1876 年上半年的人头税和地方赋税	100	11
			1876 年上半年的自治县税费	3	41
			自治省税费	1	9
			1876 年的保险费	62	44
			根据 1874 年 12 月 29 日乡镇的决定给予伤病军人的补贴，每人 2 戈比	1	54
			支付人头税的手续费	1	72
			还债	55	
			给予永久释放士兵卡什宁科夫的费用	1	
			总计	831	45
			截至 1876 年 3 月 5 日负盈利	192	5

续表

收入			支出		
1876年3月5日—1877年10月10日					
	卢布	戈比		卢布	戈比
按户租金			1876年3月5日前的欠款	192	5
士兵科连涅夫	8		这部分欠款的利息	20	
菲利波夫	4		就公社事务前往公社审判处的费用	7	10
季莫费耶夫	8		给甲长的费用	5	
季蒙宁	5		邮局转钱手续费	1	38
科罗温	7		埋葬阿列克谢·奥叶多特奇发的费用	10	
斯塔罗斯京	5		雇佣放牧人的酬金		90
波雷金	5		消防器材	5	65
梅尔察洛瓦亚	2		就公社事务前往公社审判处的费用	4	30
士兵列别杰夫·罗季翁庄园的租金	10		给斯拉夫人（两次）	6	
卡缅涅夫花园庄园的租金	4		制定土地措施新计划的费用	4	80
古谢夫庄园的租金	1	90	8月15日设节日圣像的费用	17	
商人夫罗洛夫	20		1876年的地租	450	
杜德金	58		乡镇花销	77	
奥耶多特切沃打谷场	1	25	在乡里连院收入770卢中的支出	2	31
公共干草	7		1876年下半年的人头税	113	49
公共黏土	30		人头税邮局手续费	1	9
扎维亚洛夫的草	25	10	米库利希村的租金	106	40
从公社社员罗季翁那里收路费	2		按照三个收据给区警察局局长的费用	11	4
别罗夫修炉工的黏土	10		尤霍夫的菜园欠债	50	
1876年收取菜农的租金 卡梅佩夫	77	75	夫罗洛夫商人的长杆钩	20	

续表

收入			支出		
1876年3月5日—1877年10月10日					
	卢布	戈比		卢布	戈比
尤霍夫	370				
扎库林	10				
博罗文科夫（雷利赫村）	23				
扎维亚洛夫	170				
西佐夫	192				
乡里的旧多余连院	7	70			
古斯金的小酒馆1876年下半年的收入	55				
根据1876年3月12日决议保险的收入	65	34			
共计	1185	4	共计	1094	13
总收入	90	91			

收入			支出		
1877年10月10日—1877年11月1日					
	卢布	戈比		卢布	戈比
1877年10月10日前的余额	90	91	给为尤霍夫村放牛牧人的费用	6	30
1876年的地段租 金菲利普波夫	4		道路填土费用		75
1877年的地段租 金菲利普波夫	5		1877年的人头税	200	20
科尔涅夫士兵	8		地方自治县税费	9	8
列别杰夫士兵	10		地方自治省税费	1	39
古谢夫	4		保险费	61	54
科罗温	7		邮局手续费	2	89
帕雷金	8		1877年的地租	475	
季蒙宁	5	50	乡镇花销	78	54
梅尔察洛瓦亚	2		伤病军人的抚恤金	10	
奥·卡缅涅弗花园的租金	4		同上	1	54
伊古姆诺维	2		用于斯拉夫委员会	1	
杜德金	40		军人家庭补贴	1	

续表

收入			支出		
1877年10月10日—1877年11月1日					
	卢布	戈比		卢布	戈比
切尔诺夫屠宰场的租金	20		伤病军人的抚恤金	1	
加列林内	110		制定土地措施新计划的费用	3	
公共干草	11		租赁簿		45
尤罗夫草	11		给甲长的费用	6	
收粪人	6		公众陪审员	2	50
雷利赫村布京	15		合约证明		85
原村长	10		罚款		62
古斯金1877年小酒馆的收入	110		娜塔莉娅祖布科夫的保险费		90
收菜农的租金：扎维亚洛夫	150		1877年给为尤霍夫村放牛牧人的费用	4	50
卡缅涅夫	70		给土地测量员的费用	6	
尤霍夫	267	25	隔离感染鼠疫的牛的费用		80
日尔诺夫	146	25	米库利希村的租金	128	80
博罗文科夫	23		设节日圣像的费用	17	
扎库林	30		村长两年费用	100	
西佐夫	190				
1877年的保险收入	61	54			
总计	1421	45	总计	1121	65
总收入	284	80			

1877年的欠款		
扎维亚洛夫的菜园租金	7卢布	75戈比
卡缅涅夫的菜园租金	4	75
扎维亚洛夫四匹马的租金	8	
西佐夫两匹马的租金	4	
公共黏土	15	
斯克沃尔措夫菜园的租金	20	
杜德金的租金	10	

续表

1877 年的欠款		
保险费	6	42
总计	75	92

从 1877 年 10 月 10 日到 11 月 1 日的村长账本中，可以看出，用于雷利赫村的必要花销为：

人头税	200 卢布	20 戈比
地方自治县税费	9	8
地方自治省税费	1	39
保险费	67	96
代役租	475	
乡镇花销	78	54
转钱手续费	2	89
总计	835	6

按总人数 77 人计算，即平均每人 10 卢布 86 戈比，或者按 1.5 俄亩份地计算，则每俄亩份地 7 卢布 24 戈比。

这个收支明细中包括村子里的一些财务往来，本身就已经说明了公社的体制，但是只有下列的这些支出是公社所固有的：诉讼费、给卡什尼科夫士兵的费用、埋葬阿列克谢·奥叶多托奇的费用、陪审团费用、娜塔莉娅·祖布科夫的保险费（她是拖家带口的寡妇）、和过去相比已经有所减少的扎维亚洛夫（他是其他村社的成员，妻子去世）的菜园租金、给卡缅涅夫的菜园租金——由于火灾（1877 年时第一次给的金额不是 170 卢布而是 157 卢布 75 戈比，第二次给的金额不是 77 卢布 75 戈比而是 74 卢布 75 戈比）。这些花费只有在平等且互帮互助的公社中才能够得以解释，受到理解。平等和互帮互助的原则已经贯彻到了人民生活整个经济体制之中，在此基础上，也在不断地发展和培养人民的自觉性，尽管受到带有完全相反原则（该原则可以称做是人性原则和利益竞争原则）的主要体系各种不利条件的影响，这种人民自觉性也仍保持至今。诉讼费就尤为体现这一点。这个罗季翁已经多次因为盗窃而打官司了，经常会被叫上法庭，公社了解他，所以就给了他一些诉讼费用，因为他是个好人！好村长！除了公社，哪里还能够有类似的事儿呢，哪里还能够把犯罪视为"跟随内心，凭良心的事儿"呢，哪里还能为犯罪行为而辩护呢？

对于所描述的公社土地占有制的实际情况，在俄罗斯的整个工业带中不可能没有任何质疑的声音，问题在于这里已经有一处土地公社并未直接使用。也正是在我们提到的捷伊科夫、科赫姆以及其他的村庄内设有织布厂、纺纱厂、印染厂。这些村子离工厂中心很近，村民通常分为两部分——耕田的农民以及工厂的工人，而这些在工厂工作的人再也不会回到农村去种地了，除了在个别特殊情况下——生病、衰老、残废，在工厂中的生活过于庸碌无为。

这就是公社教育下的农民的现状，他们是土地持有者而不是庄稼人，他们在工厂里工作了几年。工厂里反对公社所有的观点，正是在这种情况下公社价值观可能会受到破坏甚至逐渐消失，虽然现在列出的事实足以证明这种价值观现在是极其稳定的。下面的这一事实也能够证明这种价值观的稳定性。公社的宴会、手足情谊，以及上面波坦宁所提到的那些事实（尼科利斯克县及其居民，130—140页），古时候出现过这种现象，而现在只有北方仍存在这样的现象。但是在一些工业带上的个别小村子里这些现象延续至今。例如，在距捷伊科夫5俄里的佩尔申村庄里，每年的节日，都会由公家出钱，备好啤酒，准备好大量的牛肉和面包，把吃的喝的都摆在街上的桌子上。大概在年前三周的时候，临近的村子就迎来了赶集的日子，从佩尔申村庄里选出人，拄着长拐杖，戴着帽子，把帽子套在长棍子上，举到桶或大车上，然后大声喊：东正教的信徒，快来听一听，快来听一听。在佩尔申村庄每逢节日就会出现这般情景，我们若是想让别人施舍点面包给自己吃，大家也会尊重我们，无需做任何解释，这一事实本身已经十分有说服力了。

沃洛格达省[1]

安德罗诺沃村社

1878 年 11 月 23 日
编者：B. M. 瓦西里耶夫

一　村社构成

1. 沃洛格达省格里亚佐韦茨县潘菲洛夫乡安德罗诺沃村。"村社"一词已经不时兴，此地的农民们将其所在的集体称为"公社"，公共事务由"村会"决定。

2. 这里的农民在 1867 年缴纳赎金以后，都是自由人。

3. 公社由莫申尼科夫村和安德罗诺沃村的一部分组成。

4. 安德罗诺沃村由三个分支组成，分属三个不同的公社，其中一个分支甚至从属于其他管理部门（这是因为以前归属于不同的所有者）。此村的分支之一拥有一半的土地，另外两支占有另一半土地，但总人口数量是前者的两倍。

7. 公社现有 53 名男性，其中莫申尼科夫村 24 人，安德罗诺沃村 29 人。

8. 村社共有 238.5 俄亩土地，就是说格里亚佐韦茨县人均 4.5 俄亩土地。据 1861 年法案，该村社的人均份地面积是格里亚佐韦茨县之最。村庄的耕地各不相同。草场与牧场混合，但都按人数平均分给每个村庄。

农奴制背景下，村庄拥有自己的耕地和草场，共同使用牧场，也就是牧区。当弄明白莫申尼科夫村拥有几乎全部的份地、耕地和草场时，安德罗诺沃村想立刻按照人口数量将共同的牧场划分至每个村庄。在制定法定文书时，在登记这些村庄之前，7 个农户想得到公社的份地，其中 5 个农户来自安德罗诺沃村，2 个农户来自莫申尼科夫村，所以，拥有上等耕地和更好草场的莫申尼科夫村，仅得到 8 俄亩的牧场。而拥有上等耕地和较差草场

---

[1] 沃洛格达省所有村社的资料均来自于库楚莫娃 Л. И.，安菲莫夫 A. M.，利特瓦克 Б. Г.（编）《农民公社历史资料（1861—1880）》卷 5，莫斯科：苏联科学院苏联历史学院 1991 年版。

该书涵盖的村社资料原稿保存于俄罗斯历史档案馆（圣彼得堡），为公版资料。因原稿为古俄语手写体，翻译难度较大，2019 年初，编者拜访了俄罗斯科学院苏联历史学院，申请参考这套丛书编译"俄国村社调查"，得到了院领导的肯定。在此，向俄罗斯科学院苏联历史学院的支持，表示由衷的感谢。

的安德罗诺沃村，得到了约 45 俄亩牧场。安德罗诺沃村中的牲畜数量未变，而莫申尼科夫村饲养着 1.5 倍多的牲畜，租用着地主邻居的牧场。

9. 每个村庄的宅院地、打谷场与菜地有约 3.5 俄亩，人均拥有 1.5 俄亩耕地、2 俄亩草场、1 俄亩牧场。莫申尼科夫村没有得到牧场，得到了草场，而安德罗诺沃村正相反，牧场面积大于草场面积。两个村庄人均播种黑麦 4—5 俄斗。

二 村社土地使用方法

A. 土地侵占

当地的土地刚好够现有居民使用，所以该方法并不适用。

B. 村社土地重分

10. 可继承土地包括：宅院地、菜地和打谷场，此处应附带说明一下。公知是如何理解土地遗产一词的。当这块土地的主人活着并为该地交税的时候，没有人敢试图夺走他的土地。在农户主去世且没有子女的情况下，其妻子只能得到坐落着房屋的土地及房屋周边的部分土地（她交税的那一部分）。土地重分后获得逝者份地的那个人，将同时得到他的打谷场、菜地和一部分宅院地。在任何情况下，土地都不会分给他的兄弟或近亲，因为他们不是土地继承人。公知们认为，农民的遗产只能是一些动产、建筑、牲畜和一些家当。公社会将土地转给那些在重分土地后因子女长大从而家庭劳动力增多、耕地不足的家庭。如果死者去世后留有子女，那么子女拥有对所有土地以及宅院地的继承权，这是为了让他们的母亲能维持生计并缴纳赋税。否则，耕地将被转移，但是宅院地仍留给未来的所有者，即劳动者。私有农民是指那些可以使用土地、但无土地所有权的村社成员。

11. 宅院地重分与耕地重分同时进行，在 1861 年法案出台且经法定文书确认以后，将村口到耕地之间的地区划给进入村社的农户们作为宅院地。在宅院地对面划分出打谷场，后面是菜地。如果自立门户的新家庭没能自行在村巷里建起宅院，那么就以同样的办法给他们划分土地。那些从大家族里独立出来的新农户主非常珍视他们待惯了的地方，不仅仅是因为已经习惯了这里的便利，还因为父辈以及他们自己在这里生活和死亡，孩子们也在这里出生。只有在一种情况下，农民们不会由于更换宅院地而感到特别遗憾，那就是在极度贫穷的情况下，一个紧密团结的村庄要求所有人变更宅院地。如果没有达成一致的协议，到时就抓阄重新划分土地，有时巷子还会更宽，街道更为便利。如果由于某人的疏忽大意而造成了火灾，那么整个公社会将他赶出村庄。排除祸患后，人们再次划分村庄，努力使自己重建的房子靠近村庄中央，几乎挨着旧房子建。尽管公社自己意识到这种分布可能会给村庄带来危险，也知道管理部门并不允许，但实际上管理部门很少会发现这样的情况。为了保全耕地，农户主自己也睁一只眼闭一只眼，否则建房子就要占用耕地。

16. 在根据法定文书重分土地后没有再重新分配。

17—19. 农民们极力避免土地完全重分或是"暗箱操作"，这种情况很少发生。最后两次重分是这样的：第一次是在 1858 年第 10 次人口调查后根据赋税额进行重分，最后一次重分是根据法定文书进行的分配。通常是在人口调查后完全重分土地并消除地界。再次声明，在沃洛格达县和格里亚佐韦茨县这两个相邻的县，根据法定文书，临时雇佣的农民和私有农民没有进行"暗箱操作"。在1881年土地重估或是第一次人口调查以后，农民期待土地重分，因为这次会根据现有人口和新生人口来重分土地。

20. 不采用抓阄的方式分配耕地。

21. 不是按固定规划把条形田分配给农户主们，常常根据需要程度进行分配，而需要程度由公社村会来判定。例如，有过这样的情况，有一个老人拥有两块地（分完地以后儿子去世了），于是村会决定将土地收回，并转给只有一块地的年轻农户主（该农户主在人口调查以后生了3个儿子）。还有许多例子：（1）老人去世；（2）农户主上了年纪后，可以向村会提交申请，拒绝接受份地。如果多个村社成员都想要这块土地，那么由村会通过决议来确定将土地转给谁。在所有的转让中，无论是强制性的还是自愿的转让，都没有任何的现金结算，也不会考虑到转让的份地曾是第一位农户主赎买来的，需在10年内交付赎金，并清偿部分资本债务。在土地转让过程中，仅考虑转让时间，如果春天进行转让，那么在春播和割草以前需支付2/3，在播种黑麦的时候原来的农户主再支付剩余的1/3。

22. 根据当地的土壤情况，在割草场中将每块土地都分成或大或小的"坡地"，随后划出单独的条形田，每个农户主都可以获得相邻的份地，就是说，两人份的条形田比单人的宽两倍。田地的坡度通常是不同的。

23. 将地形、坡面朝向、土地质量以及与住宅的距离考虑在内。

24. 自古以来就将田地分成坡地。

25. 分隔坡地的地界非常宽，可以容纳木犁和大车自由通行。

26. 以纳税人为单位将土地划分成条形田。

27. 在法定文书实施以前，以"份地"或额定两人的赋税为土地分配单位。允许年满18岁的已婚人士以及有未成年子女的多人口家庭拥有份地。如果不想结婚，那么为了获得份地，他的姐妹或母亲就要每周工作3天。法案以及按照人口数量转让土地的政策出台以后，土地分配单位就不再是份地，而是承担村社责任的"个人"。

28. 人均条形田的宽度不超过1.5俄丈，坡地的长度由30俄丈至100俄丈不等。

29. 条形田被深深的垄沟或是狭窄的田埂隔开。

30. 所有的土地都划分给纳税人，无一例外。

32. 所有种植黑麦的土地都要施肥，否则不会长出庄稼，没有粪肥就没有收成。

33. 无闲置地。

草场

35. 莫申尼科夫村的草场非常干净，所以每年划分一次，而安德罗诺沃村的草场上长着浓密的灌木丛，所以长期经常对其进行划分，以便在土地彻底重分前，定期清理草场。

36. 根据草地质量将其划分成若干块。

37. 每年重分一次草场，每次都是新的地块。

38. 条形草场又称作"小块耕地"，为了方便掉头，最窄的地方约2俄尺（度量单位——镰刀把）。

林地

39. 在该公社，每个村庄都有一片林地。他们这样使用：根据需要将林地间的空地按人数划分成条形田。

牧场和其他农用地

40. 农民们有自己的牧场，还有租来的放牧地。绵羊、牛犊和马先在休耕地上吃草，然后吃收割过的庄稼地和草场上的再生草。

41. 专门用来放牧的地方叫作牧场，又叫"牧区"。

42. 每个农户主都有权将自己的牲畜赶到畜群里。

43. 无地农民没有合同不能放牧，夏季除了支付给牧人的费用外，农民还要向村社支付约 2 卢布（= 1/2 桶伏特加酒）。

三　土地重分方法

44. 只有在进行人口调查以后才能彻底重分土地。

45. 所有拥有土地的农户主参加村会。

46. 只有在农户主缺席且需要交税的情况下，妇女才可以参加村会。

47. 村长对村会的影响不大，总的来说，村会上大吵大嚷的人比较少，不过村社成员还是达到了自己的目的。"富农"就完全是另一回事了。富农很聪明，哪有不聪明的富农呢，他们可以影响村社中弱势的一方，他们更喜欢物质钱财。首先，富农几乎都是屠夫，在节日到来之前，若同村人没钱，他将肉赊给同村人；秋天，贫农需要缴纳代役租，富农再从他们那低价买来一头牛，如果没什么可卖的话，富农有时候甚至会赊账。下一次卖东西的时候再给优惠。说实话，整个村社从来不会偏袒富农，村会对于公共事务的决议是很公平的。最近一段时间，"农村富农"被一些新型作家过度夸大了。对于农民来说，更恐怖的是村子间的地主庄园，没有了土地农民们的生活很艰难，甚至将来农村人口也会减少。

这些重要的土地已经被个别富裕的农民所购买，不会很快转移出去。这就是我们应发现的农民被剥削的地方。一般来说，没有最高权力干预的农民选举才是合理的选举。如果所有拥有表决权的人去村会，并替换下事先决定的村社选民，那就更好了。不能像现在那些乡长一样，为了使自己再次入选用几桶伏特加酒去影响选举。当选举涉及其他阶层时，例如，在公开的地方自治会议上，县常任领导总是选举出那些不代表农民利益的人，他们对农民漠不关心，农民对此也无可奈何。

48. 用绳子测量条形田，用镰刀把儿测量草场（镰刀把儿为两俄尺）。

49. 莫申尼科夫村（24 人）一开始将每个坡地分成 4 块，每块地进行"六等分"，所以按照协议每块地分给 6 个人。

50. 村社中拥有 1 块份地的，共有 9 人；拥有 2 块份地的有 13 人；拥有 3 块份地的有 4 人。此外，在最后一次土地重分的时候，有 3 块地划归村社（其中 1 块地是由于农户主去世，另外两块地是由于农户主根据协议拒绝了份地并迁到城里）。

四 村社经济事务制度

51. 白天马在围栏里活动，晚上被赶到户外。雇佣牧人看管牲畜，并按牲畜数获得报酬。每个农户主根据牲畜在牧人那里的天数轮流请牧人吃饭。

52. 按土地数量划分村庄、田地和牧场周围的围栏；牧场四周的围栏按牲畜数量划分。牲畜的主人要承担牲畜毁坏围栏带来的损失，而看护围栏的人也要受到别人的谴责。

53. 公社的建筑物是一家粮仓，由选举出的门卫和文书负责经营，村社负责维护，所有人轮流看守。人们共同修筑桥梁和道路。

54. 整个村社共同挖了一条沟渠来风干割下来的草。

55. 雇佣劳动产生的费用按人口数量分摊。

56. 租牧场的费用按照放养的牲畜数量分摊。

57. 农奴制时，领主曾负责管理3俄亩用于补充粮仓的公用耕地。然而，由于施肥不均，农民对此并不满意，所以该制度一经提出就立即被废除了。

五 村社土地耕作与产品分配

58. 在农民自己的土地上，不存在村社耕作与产品分配问题（因此，农民按照对分制从领主那里拿到宅院地和耕地，他们耕作土地，并分得成份的谷物和干草）。

59—61. 无。

六 村社耕种情况

62. 作物栽培制与其他地区相同，是大田三区轮作制。休耕地要经常施肥，当然，要根据现有粪肥的数量而定。

63—66. 无。

67. 农民不会出售自己的肥料。也有例外，如果一个富人因不种地剩下了肥料，如果不在附近租地的话，就会将肥料卖给邻居。

68. 村社的公共林地保存得更完好一些。那些分给家庭的林地，在有需要的时候，会被砍伐卖掉。

七 村社赋税与徭役

		卢布	戈比
69.	(a) 人头税（每人1卢布94戈比）	102	82
	(b) 国家土地税	2	74
	(c) 赎金（每人7卢布50戈比）	397	60
	(d) 省、县土地税	39	68
	(e) 保险	18	30
	(f) 管理费（每人35戈比）	18	90
	(g) 村长工资	5	—

（h）乡村警察费用	—	53
（i）路段费用	8	10
（j）跨河大桥维修费	—	53
（k）教区教堂供暖费（10 戈比）	5	30
（l）税民兵役制（15 戈比）	7	95
（m）交税	1	—
（n）交给警察的住房税	—	80
共计	609	25

每人平均 11 卢布 50 戈比。

1 俄亩土地 2 卢布 55 戈比。

70. 每年都会重分赋税与徭役，在村会当天缴清。通常是这样的：先是计算不同种类款项的总数，然后再根据份地数量分配。

71—72. 以份地为单位分配赋税与徭役。

73. 通常是拥有土地的人缴纳人头税。若无地农民被登记在册，他也要自己交税，否则不给他们发护照。

74. 无。

75. 如果有人退出村社或去世，那么由接受其土地的人来缴纳赋税。如果省城的人去世，人头税由整个村社承担。

76. 无免费土地。

77. 在缴纳赋税方面，乡长和村长没有任何特权。

78. 如果军人保留了自己的份地，在其服役期间所欠的赋役由其家人承担。

79—83. 像其他地方一样，虽然村社里有贫农，但是他们努力工作来交税，或是在极其贫困的情况下会卖掉粮食和干草，迄今为止没有采用任何强制性手段。如果多子女的贫困家庭有很多份地，交不起赋税，那么可以自愿将一部分土地转给同村社的居民。

84—85. 无。

八　村社成员法律关系

86. 该章节的所有问题都可以这样回答：我们的农民特别保守，不会在自己的土地上进行实验与创新。

不允许围起自己的条形田，任何一个农户主都不会有这样荒谬的想法，这样他们可能会失去庄稼。如果这块地是秋播地，可能会涝死，冬天的菜地就是这样……春天雪长时间不融化。如果是春播地，春天许久未融的冰雪会影响耕地和播种的正常进行，所以谷物也不会成熟。

农民不会违反公认的村社经济制度，在收割庄稼的时候不能将牲畜放到地里来。

没有固定开始劳作的日期，什么时候都可以开始。割草期除外，因为每年割草之前都会重分草场。

可以卖掉所有的牲畜，但前提是他留在农村已无事可做。

87. 可以出租所有物，但禁止变卖或是作为遗产来继承。

88. 如果农民将自己的房屋或住所、过冬的房间卖给村社的外来人员，需要征得公社同意。如果公社同意将土地给外来人员使用，则需要每年支付一定的费用。

89. 请参阅第 14 条。

90. 无。

91. 如果是家庭内部自愿分家，公社不会干预。当不能达成一致的分家协议时，就可以去找公社，由村会来决定。村会不会阻碍分配。以前人们想分家，是不想成为多子女家庭而承受更多的赋税。但这一影响因素已不存在，现在人们想分家，主要是不想替他人干活：年轻农户主多多少少有点难相处，不想供养长辈。从农奴制下解放时有 16 个家庭分 10 块地，需要指出的是上述 16 个家庭中有 4 家是单身汉，所以没有人一起分地。分家请参阅第 68 条。

92. 退役和永久休假的老兵、士兵和他们的遗孀无权拥有土地，如果他们想要土地，可以给他们宅院地。服兵役期间的人保有土地权，由他们的亲戚使用土地并代为缴纳赋税。

93. 没有耕地只有宅院地的人不能免费使用牧场，林地也不得免费使用，需要购买。

94 和 95. 无相关案例。

96. 不是一蹴而就，而是逐渐将村社的林地划分成条形田，然后每人都有权管理林地，劈柴烧炉子或是出售等。

97. 村社是唯一剩余公有土地的所有者和直接继承人。土地是不可侵犯的资产，禁止出售，禁止抵押，只能使用。

98. 自立门户的家庭成员从以前的家庭获得耕地，划分所有耕地没有剩余。

99. 村社不接纳新成员。若有人依据法律在村社附近购买非村社占有的土地，则其可登记在村社。

100. 没有单独的赎买地。

101. 村社没有农民购买土地作为私人财产。

102. 必须使用村社土地才能参加村会。

103. 尽管没有这样的义务，但是村社会在自己的成员发生不幸的时候，给予优待条件。会帮助灭火：所有人都将保护自己村庄免于危险视为自己的责任。此外，如果附近几俄里发生火灾，他们也认为自己有义务赶到现场，不会袖手旁观。

104. 无连带责任。

九　村社对外来人员的规定

105. 不允许。

106. 普遍做法是，如果死者去世后没找到薄木板，那么其他有木板的人会无偿赠予木板，用于制作棺材。

107—108. 无。

十　村社土地占有制与农户土地占有制的更替

109—116. 在沃洛格达省由村社占有过渡到农户占有是难以想象的。耕地、草场与牧场处于不同的、有时甚至彼此相隔很远的位置。将土地分块以后，要给每个人优质土地，这样他的耕地才能产粮食。不施肥我们就没有粮食，所以要养牲畜，夏天要在牧场放养牲畜，并为冬天储备干草。因此，除了耕地，每个人都需要草场和牧场。那么如何划分地块呢？只能将一片地先分成三块：一块耕地、一块草场、一块牧场。如果连续施肥几十年，牧场里就会长出庄稼来，要把牧场变成耕地，需要大量的劳动和成本。对于那些长久处于饥饿状态的土地所有者来说，最好放弃土地。

农民的不幸就是耕地不足。土地数量不变，而要养的人口和费用反而增加。土地银行好像为土地所有者提供了帮助，但收效甚微，只是暂时减缓了土地向小土地所有者的转移。现在需要重申一下，只有真正下田劳作的人，才能看作是农业劳动人口。只有充分投入劳动，土地才会有好的收成。村里的常住人口都认为，一旦农民获得足够家庭耕种的土地，他们就不会去当工人。当然，与被别人剥削相比，耕种自己的土地是更有利的。村社需要决定对国家而言最重要的是什么：是保证一小部分相对富裕的人——大私有者的利益，还是保证那些构成国家力量的大部分雇工的利益。

在将这份基于村社资料收集提纲所做的"答卷"发送回您处时，请允许我指出，我未回答提纲上的一些问题，是因为这些问题并不适用于该公社，甚至不适用于该地区。

如果俄国自由经济学会需要更多的补充信息，我愿意回答他们所提出的问题。

土地测量员瓦西里·米哈伊洛维奇·瓦西里耶夫
通讯地址：沃洛格达省格里亚佐韦茨县潘菲洛夫乡沙波金诺村
1878 年 11 月 23 日
（苏联国立历史档案局宗 91，目录 2，案卷号 784，第 420—433 页）

乌斯特韦利村社

1878 年 12 月 12 日
编者：B. 别尔林诺夫斯基

一　村社构成

1. 沃洛格达省维利斯基县乌斯特韦利乡乌斯特韦利村社。
2. 此村社农民拥有土地私有权。
3. 此村社由以下几个村庄组成：1）久科夫村、2）穆拉维耶夫村、3）佩图霍夫村、4）菲利亚耶夫村、5）戈罗季谢村、6）帕尔金村、7）卢钦斯基村、8）奥夫相尼科夫村、9）涅克柳多夫村、10）阿尔贡诺夫村、11）科切夫村、12）戈洛夫科夫村、13）普列索夫村、14）维斯塔夫卡村。

5. 像上文中提到的，乌斯特韦利村社由 14 个大大小小的村庄组成，没有迁出迹象。村社形成时间未知，1784 年总体测定地界时，建立了这个村社。该村社由久科夫村等上述村庄构成，被称作"维利斯基乡"。

6. 村社土地不归整个乡所有。

7. 乌斯特韦利村社有 452 个纳税人，现有男性 532 人，女性 562 人。

8. 乌斯特韦利村社拥有 1612 俄亩 1996 俄丈肥沃的耕地，459 俄亩不适宜耕种的土地。村庄间距离如下：维斯塔夫卡村距离菲利亚耶夫村 10 俄里、菲利亚耶夫距离佩图霍夫村 1 俄里、佩图霍夫村距离穆拉维耶夫村 1 俄里、穆拉维耶夫村距离久科夫村 2 俄里、久科夫村距离普列索夫村 2 俄里、普列索夫村距离戈洛夫科夫村 1 俄里、奥夫相尼科夫村距离科切夫村 50 俄丈、科切夫村距离阿尔贡诺夫村 1.5 俄里、阿尔贡诺夫村距离涅克柳多夫村 1 俄里、涅克柳多夫村距离奥夫相尼科夫村 100 俄丈、帕尔金村距离卢钦斯基村 50 俄丈、卢钦斯基村距离戈罗季谢村 3 俄里。

9. 乌斯特韦利村社纳入重分的土地包括：宅院地 32 俄亩 950 俄丈、耕地 695 俄亩 369 俄丈、草场 342 俄亩 1070 俄丈、柴用灌木丛 542 俄亩 2007 俄丈，肥沃土地共计 1612 俄亩 1996 俄丈。

二 村社土地使用方法

A. 占有方法

10. 乌斯特韦利村社中没有"占有—使用"土地的方法。

B. 村社土地重新分配

宅院地

14. 所有种类的宅院地都可以按户继承。在奥夫相尼科夫村只重分过菜地。

15. 没有重分宅院地的案例。

16. 奥夫相尼科夫村重分菜地是由于缺乏空闲便利的建筑空间，因此不得不占用菜地，菜地被占用盖房屋的人，可以从邻居那里得到一部分土地。

耕地

18. 自上次人口普查以来，没有进行过耕地重分。

19. 在每次人口调查以后进行的土地重分都会引起条形田界限的变更。最后一次土地重分是在 50 年代末。

21. 上次为乌斯特韦利村社的农户主划分条形田，是在耕地全部重分之时，即 50 年代末。

22. 土地重分时，每片地都被分成块（段），然后每块地又分成条形田，农户主可以得到一块地上的条形田。每片地上的地块数都不同，某些地中的地块数常常达到 20 块。

23. 在土地划分成块（段）的时候要考虑到：土地质量、土地平坦程度、距离村庄的远近。

24. 1857年，一些土地被划分成新的地段。此次分配是由于瓦戈河水泛滥冲毁土壤形成沙堆，以及雨水冲刷肥沃的土层使得土壤贫瘠引起的。

25. 地块之间用3—4俄寸的界限划分开，有些以深沟为界。农民沿着犁沟在条形田间穿行，在万不得已的时候可以直接穿过条形田。

26. 按纳税人数将土地划分成条形田。

27. 自农奴制改革时起，土地分配单位没有发生过变化。

28. 条形田宽5俄丈至2俄尺，长50俄丈至3俄丈。

29. 条形田之间用犁沟划分开。

30. 土地重分时没有为村社新生成员预留土地。

32. 重新分配耕地没有将任何一部分土地排除在外。

33. 乌斯特韦利村社肥沃的可开垦耕地没有剩余。

草场

35. 每年都会为各个村的农户主重分草场。

36. 根据草地质量将草场分成几个部分，每部分又称作半俄顷。

37. 份地边界不发生改变，农民轮换土地。

38. 草场条形田无特殊名称，最窄的有1俄尺。

39. 乌斯特韦利村社无茬地。

40. 每个村庄都有草场，整个村子共同割草，最后所有农户主们一起分干草。这些草被称作"公共干草"。公共干草占用的地方很小，所以不参与土地重分。农民约定好通常在割草季时在半俄顷土地上割草。不是所有的农户主都定期去割草，因为草量很小，不需要大量的工人。割好的草分发给村庄里的农户主们，不包括没去割草的人。如果天气很好，就不会把干草码成垛，然后根据纳税人数给农户主划分草场，于是将其分成差不多大小的小堆，干草被分成与村庄纳税人数同等数量的堆，然后由农户主抓阄分配。家里有3个人的可分到3堆，家里2个人的分到2堆，以此类推。如果收割完干草以后有阴雨天气耽误了划分，那么就先收到仓库里冬天再依据此方法分配干草。

林地

41. 村社成员可以随意砍伐柴用灌木丛。

牧场和其他农用地

42. 没有专门的牧场。在休耕地里可以放牧，牲畜吃割下来的草和茬地，根据农民与封建领地部门和城市之间的专门协议，也可以在领地和城市的郊区放养牲畜。

43. 农闲期时，可以在与农民份地相连的领地和城市的郊区放牧。

45. 每位农户主都有权将自己的牲畜赶到畜群里。

46. 此村社无地农民不得饲养牲畜。

47. 除上述列举的之外无其他农用地。

三　土地重分方法

48. 因为自农奴解放以来没有进行过土地重分，所以村社没有明确的分配方法。

49—69. 无。

四　村社经济事务制度

70. 农民的马无人看管。

71. 公社林地不受保护。

72. 在乌斯特韦利村社，耕地和草场四周是公社的围栏，按照纳税人数量进行分配。围栏高度统一为 2.5 俄尺。如果由于围栏不牢固，导致牲畜毁坏了围栏，修建围栏的农户要为牲畜祸害庄稼所造成的损失负责。

73. 村社的建筑中有一家粮仓，由专门的管理员、管家管理，专门的守卫人员看护，守卫人员有 3 人。他们按月看守商店。这些人都是选举产生的。一位管理员每年能得到 19 卢布 80 戈比的报酬。

74. 整个公社没有采取改良土地质量的措施。

76. 村社没有代役制。

77. 久科夫村和普列索夫村的农民租用城市的牧场，作为补偿修整了 2 俄里的驿道，这本是城市的责任。其他村庄的农民为放牧租用了领主的林地，必须保护林地，使其完好无损。守卫人员由村民选举产生，无偿保护林地。

78. 整个村社都没有购买土地的案例。

79. 没有雇用村社成员从事任何工作的案例。

80. 以前在领主制下，普列索夫村的农民实行劳役租制。根据封建领地管理部门的命令制定劳役制度。耕种面积如下：戈洛夫科夫村 1 俄亩、科切夫村 1 俄亩 1501 俄丈、阿尔贡诺夫村与涅克柳多夫村 5 俄亩 1562 俄丈、菲利亚耶夫村 2 俄亩 1940.75 俄丈、奥夫相尼科夫村 10 俄亩 1450.5 俄丈、普列索夫村 2 俄亩 2187 俄丈、久科夫村 2 俄亩 969 俄丈。农民没有运用普通的方法来发展和补充既定规则。劳役租制专门管理员制定工作制度。劳役租制下分配的工作是根据公社决议按照需要的粪肥数量为土地施肥，公社决议需要得到领地管理部门的批准。为了劳作能取得丰收，每俄亩耕地都相应有一定数量的工人。丰收以后将粮食送交粮仓，秸秆对于农民来说是很有用处的。剩余的粮食会被出售，按照信贷规定的利息转换成款项，形成资金，主要用于歉收年份给农民发粮食。每年耕种收入的 10% 都是出售粮食所获得的利润。对于那些逃避公共耕作和懒散的农民，领地管理部门会采取一些激励性和改造措施。农民数量不够就必须雇用工人劳作。农民将共同耕种土地视为一种徭役地租。公共耕地没有分给农民，而是根据农民法令的第 33 条第 2 项的规定保留下来，这些农民是根据封建领地管理部门的规定在君主、宫廷、领主的土地上劳作的农民。

81. 无。

五　村社土地耕作与产品分配

82. 整个公社没有开垦土地的传统。

83—84. 无。

六　村社耕种情况

85. 村社实行大田三区轮作制。此种作物栽培制没有使整个村社得到改善。村社没有实行牧草轮作制。每隔两年为所有耕地施肥。村社里没有改良的工具和机器。

86. 在农业生产中，没有农民采取任何改良措施。

87. 没有尝试过改良措施。

88. 公社没有采取任何措施扶持穷困农户，既没有救济弱者，也没有强制那些懒惰的人劳动。这样的人会得到自己一些邻居的帮助。

89. 会帮助他们。通常会派他们做些工作：收割庄稼、将粪肥运送到地里、收割干草。主要安排他们在农民休息的节日期间工作：如，帮忙买伏特加、酿造啤酒、做些下酒菜。这些救济是由一些富农提供的，他们能提供令人满意的酒食来款待这些帮工，帮工将救济视为节日，并自得其乐。

90. 没有农民出售粪肥的案例。

91. 农民的林地为村社共同所有。

七　村社赋税与徭役

92. 乌斯特韦利村社的赋役有：国家税、土地税、公社税，村社需要交2333卢布23戈比的国家税（包括1520卢布98戈比的赎金），交土地税284卢布76戈比，公社税418卢布89戈比，共计3036卢布88戈比。平均每人需纳税6卢布71.75戈比，其中包括：国家税5卢布16戈比、土地税63戈比、公社税92.75戈比。平均每俄亩可耕地要缴纳1卢布88戈比的费用。

93. 每年在收到公社的税额通知书后，会立刻组织缴税。不进行土地分配，像上文已提到的，要在人口调查结束后才能分配。

94. 无。

95. 纳税人数为赋税分配单位。

96. 按照拥有土地的纳税人数来分配赋税，但没有考虑到农户主的支付能力。

97. 无地农民无需交税。由使用他们土地的农户主来代为交税。

98. 缴纳赋役程序如下：收到税额通知书后村长会立刻召开村会，农户主是主要的参与人员，根据当地传统，当农户主的孩子到一定年龄，可以从事任何农业活动的时候，就可以参加村会。农户主出席人数不少于村会总人数的2/3时，村长宣读税额通知书和之前计算好的账单，其上记载着每位纳税人应交的税款，期间人们可以检查村长的账单。然后村长出示根据往年情况拟定的公社税预算，同样按纳税人数征收。在这之后会拟定决议书，由所有参加村会的农户主签字。少数不同意村社费用支出某一条款的村民，可以在村会上发表自己的意见，如果没有得到大部分农户主的支持，就无权反对公社，也就是说，无权向县级部门提出抗议。

99. 离开的人与其空院的赋税由使用他们土地和院子的人缴纳。农奴解放时，他们的经济状况暂时衰退，没有缴纳所有赋税。搬迁到其他村社和乡或者去世的人，被称作离开的人。此村社中不使用"假的"或是"虚假人口"这些词。

100. 老人、寡妇、孤儿等人没有免费的土地。

101. 乡级和村级管理人员不享有任何赋税方面的特权。

102. 军人在服役期间的赋税,由使用其土地的农民或其家人代为交税。

103. 此公社没有代替任何村社成员交税的案例,所以公社对那些不可靠的纳税人没有采取任何强制性措施。

104. 公社没有相应针对欠税人的办法,在交税日期截止前税款都会结清。因为富裕的邻居们会替贫困的欠税人交税,而那些欠税人会用还现金、打短工或是将部分农用地交给邻居短期使用的方式来还债。

八 村社成员法律关系

108. 村社有权支配所有土地,单个村庄对农户主的土地没有任何处置权,这是建立在公社土地公有制基础之上的,例如:土地重分、开垦褶皱地块、村社土地永久性分配等。这些是整个村会,即村社的管辖范围,不归单个村庄管辖。

110. 如果围栏没有妨碍相邻条形田的主人,农户主有权围起自己的条形田。农户主可以不遵守村社的耕作制度,也就是说,可以在秋播地上种春播作物,反之亦然。只要没有给邻居造成损失,农户主可以随时开始耕作。农户主可以不给自己的条形田施肥,这种情况下他也不会再播种,因为乌斯特韦利村社的土地没有肥料就不会丰收。因此,没有土地所有者出售粪肥或全部牲畜的案例,尽管他们有权出售粪肥和牲畜。

111. 此村社的农民往往在没有获得公社许可的情况下将土地租给邻居,尽管他们没有这样的权利,他们也没有权利在没征得公社同意的前提下将自己的地块出售或是作为遗产转让给村社成员。

112. 在征用土地时,需要征得那些有权针对土地分配向公社申诉的其他家庭成员的同意。

113. 农民无权将自己的宅院地让与其他的村社成员、外来人员。

114. 当未成年人成为继承人时,公社会参与其内部成员的遗产相关事宜。参与方式仅限于:挑选监护人、监督他们的行为以及未成年人将土地临时转让给其他农户主的情况。没有具体关于妇女和未成年人继承公社土地的规定。

115. 在上一任农户主去世或衰老时,公社不会干预新农户主的选定,没有更换懒散、不尽责农户主的案例。

116. 公社不参与任何分家,只为双方拟定正式说明,即制定允许分家的证明。公社一般不会阻碍此证明的制定。最近3年共有7起分家案例。

117. 在第10次人口调查后入伍的退休和长期休假的低等士兵,可以分得土地;而那些在第10次人口调查之前入伍的士兵不能分到土地。在拥有土地的低等士兵去世后,他们的妻子和孩子仍然有使用公社土地的权利。

118. 有宅院地但没有耕地的农民,可以免费使用草场、牧场和林地,但要征得公社同意。

119. 对于那些不交税的农户主，公社可以收回全部或部分土地。

120. 没有因欠税剥夺土地的案例。公社可以在农户主收割庄稼的时候收回土地。

121. 每个农户主的柴用灌木丛归公社所有，不进行划分（见第47条）。

122. 没有村社继承其成员遗产的案例。只有没有任何血亲的农民才会被认为其财产无继承人。

123. 自立门户的新农户主从原来的家庭中获得土地。养子和弃儿可以使用收养他们的家庭的土地。

124. 新加入村社的成员不与公社签订任何契约。公社不提供任何帮助，由那些接纳新成员的家庭拨给其土地。

125. 退出村社的农民，其土地仍然属于他们的家庭。

126. 以前没有根据第165条法令赎买土地的案例。去年11月，一个农民向财政部交纳土地赎买费用，但公社还没有为其分配赎买的土地。

127. 在乌斯特韦利村社，没有农民购买土地作为私人财产。

128. 为了具备参加村会和乡集会的资格，并当选为村长和收税人，必须利用一部分村社土地。

129. 由于共同使用土地，村社成员有共同的责任，即充当证人、担保人并帮助同村人扑灭火灾。

130. 除纳税外，连环担保人的义务还包括，防止私自砍伐领主林地及避免引发火灾，领主林地是农民们租用的用于放牧的林地。

九　村社对外来人员的规定

131. 未加入村社的人，不得使用村社土地。

132. 村社中没有免费为死者提供棺材木的惯例。

133. 在村社中居住的外来人员不履行公社义务。

十　村社间关系

134. 乌斯特韦利村社与其他村社不共有农用地。

十一　村社土地占有制与农户土地占有制的更替

135—143. 乌斯特韦利村社没有从村社占有到农户占有，以及从农户占有到村社占有的过渡。

维利斯基县农民事务办常任委员 B. 别尔林诺夫斯基
1878年12月12日
（苏联国立历史档案局宗91，目录2，案卷号784，第192—201页）

热尔诺科夫乡的村社

1879 年 1 月 1 日
编者：库兹涅佐夫

一 村社构成

1. 沃洛格达省格里亚佐韦茨县热尔诺科夫乡下属的村社有：列温村社、博布罗夫村社、大扎米申村社、米金村社、斯卢多夫村社、第 1、2、3 库夫托列沃村社、季罗维托夫村社、坎涅夫村社、米舒金村社。

2. 国有农民、私有农民和临时雇用的农民。

3. 列温村社有 28 个村庄、博布罗夫村社有 26 个村庄、大扎米申村社有 13 个村庄、米金村社有 18 个村庄、斯卢多夫村社有 2 个村庄、第 1 库夫托列沃村社有 2 个村庄、第 2 库夫托列沃村社有 1 个村庄、第 3 库夫托列沃村社有 2 个村庄、季罗维托夫村社有 1 个村庄、米舒金村社有 1 个村庄。

4. 有一个村庄从属于几个村社的情形，例如，库夫托列沃村从属于 4 个村社、米舒金从属于 3 个村社。这是在很久以前划分的，因为这些临时农奴拥有的土地分布在不同的村社。

5. 无。

6. 村社土地不归整个乡所有。

7. 列温村社有 1440 人、博布罗夫村社有 1252 人、大扎米申村社有 958 人、米金村社有 935 人、斯卢多夫村社有 81 人、第 1 库夫托列沃村社有 109 人、第 2 库夫托列沃村社有 19 人、第 3 库夫托列沃村社有 36 人、季罗维托夫村社有 20 人、米舒金村社有 28 人、坎涅夫村社有 26 人，没有由若干村庄组成的村社。

8. 村社土地情况：列温村社占地 11629 俄亩 1200 俄丈、博布罗夫村社占地 10049 俄亩 626.75 俄丈、米金村社占地 7950 俄亩 668.75 俄丈、大扎米申村社占地 8222 俄亩 278.75 俄丈、季罗维托夫村社占地 90 俄亩、米舒金村社占地 126 俄亩、第 1 库夫托列沃村社占地 490 俄亩、第 2 库夫托列沃村社占地 85 俄亩、第 3 库夫托列沃村社占地 162 俄亩、坎涅夫村社占地 117 俄亩、斯卢多夫村社占地 360 俄亩。村庄间距离由 0.5 俄里至 8 俄里不等。

9. 村社土地中的农用地包括：宅院地、牧场、打谷场、菜地、耕地、草场、林地、河流以及一些不固定的空地。

二 村社土地使用方法

A. 占有方法

10—13. 无"占有—使用"土地的办法。

B. 村社土地重分

宅院地

14. 没有重分过。

15. 许多村庄通常是在建筑物重建的时候重分宅院地，主要是在发生火灾以后，根据农民们的决议书，在相邻的耕地划分出新的宅院地。

16—17. 无重分。

耕地

18. 不经常进行土地重分。

19. 上次重分土地是在第 10 次人口调查的时候。

20. 几年之后，在人口数量发生变化的时候会重分土地。

21. 当工人数量增多或减少的时候会根据人口数量划分条形田。

22. 每片地被划分成条形田，称为秋播地、春播地与休耕地，每种地又被划分成小条形田，而后将小条形田划成地块分给农民，这些地块往往不在同一位置，经常由 4—8 个部分组成。

23. 根据土壤质量、土地平坦度、地块之间的距离将土地划分成小条形田。

24. 分配是在很久之前进行的，一直保留至今，但常有这样的情形，即在第 10 次人口调查后农民间自愿协商将土地分成新的条形田。

25. 没有进行分配，根据法律确认条形田，农民穿过一条隔开所有条形田的大路走到自己的条形田，还会经过为便于去相邻的条形田而修建其他的道路。

26. 按照纳税人数。

27. 不变。

28. 条形田的宽度与长度各不相同。

29. 用犁沟（分界）。

30. 没有剩余。

31. 没有这样的土地。

32. 无例外。

33. 没有空闲的土地。

34. 无。

草场

35. 某些村社每年会根据位置进行土地重分。

36. 将草地划分成块，也称作条形田。

37. 根据草的质量抓阄分配草场。

38. 草场条形田有各种各样的名称，例如，根据所处位置，即河流小溪等天然界限来命名，也就是说，会根据后者的名称来命名，最窄的条形田宽 10 俄丈。

39. 无。

40. 人们共同割草，随后将其分成垛，称为"草垛"。

林地

41. 平均分配给农民的林地和灌木林,称为"斜坡地"。

牧场及其他农用地

42. 有畜牧场和放牧场。在清理过的田地、收割过的庄稼地和草地上放牧。
43. 不会这样放牧。
44. 根据规模大小和距离宅院地的远近划分为畜牧场与放牧场。
45. 每位农户主都有权放牧。
46. 无地农民在放牧的时候会受到特殊条件限制。
47. 无。

三 土地重分方法

48. 如果家庭人口数量增加,又没有确定的土地重分时间,每位农户主都可以申请进行土地重分。
49. 农民到村社办事要经由村长才能进行。
50. 村会由农户主们组成。
51. 妇女不准参加村会。
52. 如果农户主缺席,允许家庭里年纪稍大的人参加村会,不允许其妻子参加。
53. 村会农户主出席人数不得少于2/3。
54. 必须征得2/3农户主的同意。
55. 只有一位村长。
56. 由公社进行土地分配。
57. 没有选举。
58. 用俄丈来计算耕地,用镰刀把儿来测量草场。
59. 土地度量单位:俄丈,但衡量耕地要根据播种的数量而定,用一种1俄斗的小筐来测量。
60. 将不同的村庄划到村社,而村庄由各个农户组成。
61. 每次人口调查以后每位农民都会分得一部分公社土地。
62—69. 无此类情况。

四 公社经济事务制度

70. 没有守卫看管马匹,每个村庄分别雇佣牧人放牧小型牲畜,根据牲畜数量付款,没有公用的牛。
71. 每个村社雇用守林人担任守卫人员。
72. 在村庄、田地周围分布着公社的围栏,围栏高2俄尺,如果牲畜破坏了围栏,牲畜主人要为造成的损失负责。
73. 村社会根据需要程度调整资金。
74. 为改善公社分配的耕地,部分农民会采取一系列措施,例如:沟渠引水、清理灌木丛、掘出树根等。

75. 村庄农民自己进行劳作。

76. 不上交。

77. 没有开始做。

78—80. 无。

五　村社土地耕作与产品分配

81—84. 不存在此类情况。

六　村社耕种情况

85. 村社中的一些村庄，实行大田三区轮作制，对田地进行普遍施肥，第三年在原地重新施肥。不存在其他的情况。

86. 不存在这种情况。

87. 没有过这种情况。

88. 无。

89. 以短期雇用并给予适当报酬的形式进行援助。

90. 无。

91. 这两种方式同样保存下来。

七　村社赋税与徭役

92. 国有农民每人每年要交国家税、公社税 8 卢布，临时雇用农民要交 11 卢布。自由农民要交 3 卢布，不按俄亩计费。

93. 尽管不经常进行土地分配，但每年都会重新进行赋税的分配。

94. 不同时进行。

95. 以人数为单位进行分配。

96. 按照公社分配给农户主的土地数量进行赋税的分配。

97. 没有取消人头税，取消了其他的税费。

98. 没有发现相应的土地分配特点。

99. 在人口减少的情况下，该项赋税由公社移交土地的一方负责，前者也不会免于交税，赋税是按照人均份地数量来分配的。

100. 没有免费的土地。

101. 有实物赋税优惠。

102. 士兵在服役期间可以免交公社税。

103. 交税日期截至目前，公社不会采取鼓励性措施。

104. 为了防止欠税，采取了各种各样的措施，例如，土地税优惠、将土地转让给有能力支付税费的家庭。

105. 当发生类似的情况时，主要是村会采取措施解决。

106. 有过这样的情形，根据决议不如期缴款人的税款由公社所有成员分摊。

107. 在极特殊情况下，公社会给贫苦的家庭优惠的土地，并把欠税人的土地转给更可靠的农户。

八 村社成员法律关系

108. 变更权归整个村社占有。

109. 不存在占有方法，有关土地的一切争端由公社解决。

110. 没有进行土地重分，农民没有围上自己的条形田。不存在违反公社既定制度的情况，也不存在固定开始田间劳作的时间，农户主可以按照自己的意愿将自己家的粪肥和牲畜出售给他人。

111. 农民对自己的土地拥有有限的权利，即可在家庭内部作为遗产转让，而在其他的方面则需要得到公社的批准。

112. 需要公社的命令。

113. 村民使用自己的住宅居住地不会受到公社的限制。

114. 没有过此种情形。

116. 按照农民整体意愿进行划分，最近3年没有重新划分。

117. 所有的士兵、他们的遗孀、孤儿、妻子都同村社农民享有同样的待遇。

118. 没有地块不能免费使用。

119. 不缴纳税款会引发的后果，见《村社农民条例》，但这种情况很少发生。

120. 不会因欠缴税款而强占土地。如果前者拥有附属土地，那么根据决议，村社可以将其转让给其他更可靠的纳税人。但是因为乡公社剥夺了村社的此项权利，这种情况未发生过。

121. 没有发生过这样的情况。

122. 不继承。

123. 包括养子在内，如果人口调查后可以拥有自己的土地，新分出的成员从他们以前的家庭中获得土地。有这样的情形，从已故成员那里获得土地，同获得村社分配的土地一样，不受限制。

124. 根据决议，新成员进入村社不必交钱和赎金，公社将已故或迁去其他地方成员的土地分配给新成员们，再次入社的成员不享有赋税优惠，类似的情形也得不到公社的帮助。

125. 退出村社成员的土地归原村社处置，村社依据村民的决议将土地转给新入社或分家单过的其他成员，他们的劳动者数量与土地数量不相适应，土地不足。

126. 没有过这样的情况。

127. 村社中有大约20个农民在别处买了土地作为私人财产，他们也保留着公社分配的土地并只从事农业生产活动。

128. 必须使用村社土地。

129. 除了婚姻、葬礼与生育外，村社成员还有其他责任。

130. 无。

九　村社对外来人员的规定

131. 不允许。

132. 没有这样的情况。

133. 不参与（任何事务）。

十　村社间关系

134. 热尔诺科夫乡下属的两个村社共同管理农用地，是由于割草场代役制度征收代役租而形成这样的管理情况。

十一　村社土地占有制与农户土地占有制的更替

135. 大扎米申村社由同一县下的罗斯季洛夫乡划归至热尔诺科夫乡。

136. 这种过渡是按照政府全体成员的一致意愿进行的。

137. 为了平衡乡与乡之间的权力，鼓励从一个地段至另一地段的过渡。

138. 宅院地的绝对所有权。

139. 在过渡到农户占有时，按照土地占有制对土地进行的细分保持不变，不会将土地分为小型单个的农庄。

140. 无论是过渡之前还是之后，土地所有权保持不变。

141. 没有空闲的庭院。拥有足够数量的土地来继承分配，但院落之间没有区别。

143. 没有遇到特殊情况。

乡长库兹涅佐夫
1879 年 1 月 1 日

（苏联国立历史档案局宗 91，目录 2，案卷号 784，第 370—419 页）

耶利扎罗夫村社

1879 年 1 月 10 日
编者：沃洛格达县农民事务部常任委员瓦西里耶夫

一　村社构成

1. 沃洛格达省沃洛格达县斯帕斯基乡耶利扎罗夫村社。
2. 农奴制取消后农民仍需为领主服务一段时间。
3. 由两个村庄组成。
5. 没有外迁的村庄。

6. 土地只归村社占有。

7. 三十七。

8. 166 俄亩 1200 俄丈。村庄之间距离 1 俄里。

9. 宅院地、耕地和一些长有小灌木丛的荒地，还有一些柴用林和收割过的茬地。

10. 无。

二 村社土地使用方法

A. 占有方法

10. 不存在通过占有—使用获取土地的情况。

B. 村社土地重分

14. 只有住宅和菜地附近的土地可以按户继承，其他的农用地需进行重分。

15. 没有重分过宅院地。从耕地中划分出新的宅院地。

16. 除了上述第 14 条以外，土地全部进行重分。

17. 宅院地与耕地同时进行重分。

耕地

18. 几乎每年都会重分土地。其中包括从一位农户主到另一位农户主的土地转让。而且，农民的土地所有权发生变化，条形田保持不变。

19. 没有完全意义上的土地重分，只是土地从人口减少的家庭转移到人口增多的家庭。上一次土地重分是在 8 月份。

20. 按照需要而定。

21. 无。

22. 根据土地质量与距离村庄的远近，给每个农户主划分了不同部分的条形田。

23. 根据每个家庭的农户主数量，将田地划分成条形田。

24. 很久以前分配的耕地，现在也发生了变化，例如有的地方长出柳林，长满苔藓。

25. 田里有用于通行的道路，但不直接通向每块条形田或是单个农户主的领地。用桩子或 4 俄寸的界标来标记出穿过相邻条形田到达自己条形田的通道。

26. 根据现有人数。

27. 无。

28. 无。

29. 见第 25 条。

30—34. 无。

草场

35. 每年按照草的质量重新划分条形草场。

36—37. 无。

38. 划分的条形草场最窄的地方有 1 俄丈。

39—40. 无。

林地

41. 根据份地数量和林地质量，将灌木林划分为条块。这种分配长久有效，每个人采伐自己的地块，最后在砍伐光的情况下，可以租用别处的木柴。

牧场及其他农用地

42. 伊林节以前，在牧场放牧，随后在田间放牧。

43. 无。

44. 放养所有牲畜的地方，叫作牧场。

45. 每位农户主都有权放养自己的牲畜，不受限制。

46. 用酒招待村社以后，无地农民也可到公共牧场放牧。

47. 无。

三　重分方法

48. 家庭人口数量增多。

49. 人人都可以向村长申请进入村社。

50. 农户主有权参加村会。

51. 在重新分配土地时，如果土地重分与寡妇们有直接利害关系，则她们可以参加村会。

52. 邻居可以代替农户主出席。如果没有邻居，妻子才可以代为出席。

53. 无。

54. 需要 2/3 的投票。

55. 乡长对村会的影响不大，主要是一些利益相关者，他们为了使最后决议对其有利在村社进行运作。

56—57. 无。

58. 主要采用目测法。

59. 只有一个土地度量单位——俄亩。

60. 无。

61. 农民通过娶妻可以获得一定份额的公社土地。随着年龄的衰老会收回其份地，而供养老人的责任由其家庭承担。

62. 无。

63. 在耕作秋播地的前些天，即春天通常会进行耕地重新分配。

64. 无。

65. 用插进地里的桩子来标记自己的条形田。

66. 无。

67. 会将投诉发送至村社，即村会上，如果对结果不满可以向乡法庭上诉，不允许进行处罚。

68—69. 无。

四　村社经济事务制度

70. 没有专人看守马，雇佣牧人来喂养，费用根据每个人所拥有的牲畜数量来确定，没有公用的牛。

71. 公社林地不受保护。

72. 田与田之间有围栏或是篱笆，灌木林周围都是一些有角牲畜，如果牲畜破坏了围栏，那么围栏的检查员要对此负责。围栏没有标准高度，但是各处的围栏都一样高。

73. 粮仓由仓库管理员在村长的监督下经营。

74—76. 无。

77. 租赁。

78—80. 无。

五　村社土地耕作与产品分配

81—84. 无。

六　村社耕种情况

85. 大田三区轮作制。没有进行任何改良措施。没有进行牧草栽培。两年后的第三年就结束收割。没有先进的农具。

86—89. 无。

90. 非常少见，但也有买卖现象。

91. 无。

七　村社赋税与徭役

92. 村社赋役，包括国家税、土地税、地主税、公社税。国家税每人 1 卢布 17 戈比、土地税每人 20 戈比、地主税每人 8 卢布 17 戈比、公社税每人 1 卢布。

93. 分配赋税与分配土地同时进行。

94. 从土地开始分配。

95. 以纳税人数为分配单位。

96. 按照公社分给农户主的土地数量分摊赋税。

97. 无地农民免征土地税。

98. 无。

99. 不在册人的赋役由接受土地的人代为支付。失火或是失去牲畜的受害者需自己支付赋税，村社不会给予援助。

100. 无。

101. 官职人员在交税方面不享有任何优惠。

102. 根据相应的土地数量为每人分配土地。

103. 在交清税款前，村长不会为不可靠的纳税人开具退休证明。

104. 公社不受理特殊情况，特殊情况由村长负责处理。

105. 不分摊税款，欠交税款会保留到秋天，在谷物脱粒以后通过村长用粮食补欠款。

106. 无。

107. 不会收回欠税人的土地，这无异于将其发放到公社。

八 村社成员法律关系

108. 每位农户主都有权出租自己的土地，但从来没有出租整个村社或村庄土地的情况。

109. 无。

110. 有出租权。不可能用围栏围住自己的条形田，因为村社会在田里放牧，那时候牲畜就会毁坏围栏。不允许个别农户主违背既定的作物栽培制度，因为如果在春播地种了秋播作物，那么其成捆的作物都会被牲畜踏坏。每个人都可以按照自己的意愿开始劳作，开始劳作的时间没有明确的规定。每个人都有义务为自己的田地施肥。允许出售粪肥。允许出售所有的牲畜。

111. 可以不经村会允许转让自己的土地。但不得出售。

112. 无，不需要。

113. 无。

114. 关于父女和未成年人的继承权没有特别的规定，但村社自行裁定是否授予继承权。

115. 无。公社不参与家庭分产。

116. 可申请分家，公社不会阻碍分家。

有 15 个小家庭。1 个多人口家庭。村社从没阻碍过分家。分家后，原家庭成员之间的财产关系不予保留。

117. 永久休假和退役的士兵与普通农民享有平等的土地权利，寡妇和孤儿们是否能获得土地，这需要村社进行裁定。如果土地非常少，而申请的人却很多，那么寡妇就只能得到宅院地和菜地。

118. 可以。

119. 每个人都要为不缴纳税款而负责，村长会采取措施收缴税款。

120. 没有因欠税而失去土地的案例。

121. 农民有林地的砍伐权和出租权。

122. 在任何情况下，公社都可继承剩余的空地。

即使有在其他阶层的远方亲戚，农民也会认为财产无人继承。

123. 如果份地数量对于弃儿及其收养家庭来说过少，家庭成员们会再次分家，有时会退出村社。

124. 新入社的成员用酒来招待村社，公社不会收钱也不会强迫他们为公社劳作。公社也不会给予他们任何援助。

125. 没有向村社交付土地的截止日期和规定。公社会更倾向于将剩余的土地直接分给那些由于家庭状况亟须土地的人。

126. 在赎买土地时，会分给那些有意者地段。但有些人希望保留原有的土地使用方式，并且与其他农民一起参与土地重分。

127. 在该村社，购置了其他土地的农户主不会拒绝分配给自己的份地。只专门从事农业生产。

128. 必须要有一定数量的村社土地。

129. 在扑灭火灾和修复村庄道路方面，人们有共同的责任。

130. 无，不存在。

九 村社对外来人员的规定

131. 只有本村社中没有人想要这某块现成的土地，才允许外来人员拥有该土地。

132. 没有这种惯例，但他们也不会拒绝。

133. 外来人员不得在村社中居住。

十 村社间关系

134. 无，不存在关系。

十一 村社土地占有制与农户土地占有制的更替

135. 无，没有过。

沃洛格达县农民事务部常任委员瓦西里耶夫
（苏联国立历史档案局宗 91，目录 2，案卷号 784，第 202—208 页）

罗斯季洛夫乡的村社

1879 年 2 月 19 日
编者：乡长 A. 阿拉波夫、乡文书古谢夫

一 村社构成

1. 沃洛格达省格里亚佐韦茨县罗斯季洛夫乡社由下列"乡村协会"构成：巴尔萨金、扎普鲁德诺夫、皮罗戈夫、克罗欣、索佩尔金、博布罗夫、斯卡林、修道院旁的斯洛博茨、诺沃谢尔科夫、沃洛萨托夫。

2. 拥有国家土地的国有农民有 4641 人。农民曾在农奴制下使用 187 俄亩土地。向政府交纳赎金从农奴制中解放出的私有农民有 19 人。

3. 根据宅院划分了土地村社。拉普申村社：巴尔萨金、扎普鲁德诺夫、皮罗戈夫、克罗欣。奥布诺尔村社：索佩尔金。博布罗夫村社：博布罗夫。尼科利村社：修道院旁的

斯洛博茨村社、沃洛萨托夫、诺沃谢尔科夫村社。

4. 私有农民村庄：尼基京村、斯科罗霍多沃村、罗斯洛夫村、翁尼亚科沃村、索科洛沃村、阿加尔科沃村、库索欣诺村、利亚蓬诺沃村、阿尔捷莫沃村、波波夫村、库普里扬诺沃村。有村庄被分为多个村社，这是因为耕地处在不同地方，且非同时获得。

5. 村社周围没有新村。

6. 公有土地属于"乡村协会"，见上文第3条。

7. 这些村社共有4847人。

8. 如第3条所示，该村社下属的村庄共有42940俄亩土地，村庄之间的距离有52俄里。

9. 村社土地（私有土地除外）的类型与农用地：宅院地、耕地、草场、林地。占地面积分别为：宅院地有334俄亩484俄丈、耕地有8246俄亩1498俄丈、草场有2559俄亩1141俄丈、林地有31799俄亩1677俄丈。334俄亩484俄丈的宅院地包括打谷场、菜地、花园、麻田、卷心菜地、啤酒花园。

二 村社土地使用方法

A. 占有方法

10—13. 该乡社不存在"占有—使用"土地的办法。

B. 村社土地重分

宅院地

14. 宅院地不能继承使用，除了宅院地可以继承以外，其他的土地据人口调查参与土地重分。

15. 无，从耕地中划分出新的宅院地。

16. 宅院地类型包括：菜地、麻田、卷心菜地、啤酒花园，在进行新人口调查的时候根据现有人口数量重新划分。

17. 宅院地的重分与耕地重分同时进行。

耕地

18. 在新人口审计、即人口调查的时候重新分配耕地。

19. 在人口调查时重新分配农用地，根据农民人口的增减变更界限。最后两次农用地重分是在1850年和1858年。

20. 土地重分不是每年一次。

21. 经所有者—农户主双方许可，根据工作者人数的增减情况为农户主重新划分条形田（在人口调查期间）。

22. 分配是在本村庄农户主中进行的，将每块田划分成小块条形田。

23. 不会将田地划分成圆圈、楔形、长条形，因为土地的质量各不相同，所以分成小块的条形田。

24. 在1858年人口调查后进行了农用地分配，此后没再重分过。

25. 条形田之间的地界可以容纳大车或木犁通行。

26. 以纳税人口数量为分配单位划分条形田。

27. 未改变。

28. 依据区域情况均匀划分条形田。

29. 用地界（区分）。

30. 没有剩余。

31. 没有备用份地。

32. 条形田的划分不属于耕地重分范畴，即使条形田已经施过粪肥，也要参与共同分配，不遵循其他条款。

33. 无。

34. 无。

35. 根据人口调查结果分配部分土地，可使用至下一次人口调查，部分土地分配每年进行一次。

36. 当地有这样的惯例。每年将草场划分成条状，称为条状地或是条形地。

37. 每年在划分割草场的时候都会分成新的带状或是条形土地，由农户主们抓阄获得土地。

38. 带状地或是条形地的宽度各不相同，要视当地情况而定。

林地

39. 林地虽然在村社里，但归国家财产部门管理，所以砍伐树木要根据管理部门的预算、村会的分配决议才能进行，处于保护区内的要根据现有人数使用，不能全村一起砍伐。

40. 无。

牧场及其他农用地

41. 每个村庄都有自己的牧场或是畜牧场，牧场上既有大型牲畜也有小型牲畜，这些牧场主要位于田地附近。

42. 该村社没有专门用来放牧的村庄。

43. 村社中的每个村庄都有牧场，可以放农民的所有牲畜，没有专门为小型牲畜准备的牧场，所有牲畜一起放养。

44. 每位农户主都有权将自己的牲畜赶到畜群里，没有数量限制。

45. 没有无地农民。

46. 无。

三 土地重分方法

47. 不分配林地，砍伐树木的额度要根据国家财产管理部门的预算在每年村会上分配给申请者们。

48. 如果农户主对林地有特别的需求，那么需要得到国家财产管理部门或当地林业员的许可。

49. 所有农户主参加村会，外来人员不参与。

50. 妇女、寡妇不准参加村会。

51. 缺席农户主的妻子不需要参加村会，一些现有农户主会参加。

52. 根据现行法令，需要 1/2 的农户主出席村会，若讨论更重要的事情，则需要 2/3 以上的农户主出席。

53. 农用地重分决议的制定需要得到所有出席村会农户主的同意，以及不少于 1/2 农户主的签字。

54. 未经村会出席者们的同意，无论是村长，还是一些土豪们，本身在村会上都没有任何影响力。

55. 没有其他的委托人，根据所有农户主协商一致的协议重新分配土地。

56. 没有专门的测量员。

57. 用杆和绳子测量。

58. 除了国家税以外，不对农民征收公社税，在划分农用地的时候不使用百、俄丈等名称，不用作物测量土地。

59. 土地最初按三分之一的比例分给村社成员，随后按照双方约定，依据人口数量分给各个村庄，以后直到进行新的人口调查之前，分配形式保持不变。

60. 将一定份额的公社土地分配给每位男性纳税人，不受年龄限制，可以一直使用到土地重分的时候，也就是说，直到下次人口调查前都可以使用。

61. 不会保留应分给青少年和老人的土地，在土地重分的时候他们与村社其他成员同样享有份地。

62. 没有每年都进行重分的土地。

63. 在划分农业用地的时候，每条条形田都要进行抓阄。

64. 用沟或是绳子标记出来。

65. 没有人擅自耕种别人的条形田，大家对于分配所得的土地非常满意。

66. 如果在该问题上有任何争议，由村会负责解决。

67. 村社中拥有一份耕地的有 251 户、两份地的有 506 户、三份地的有 983 户、四份地的有 514 户、五份地的有 53 户，该土地被称为份地。

68. 没有专门的制度规定草场和林地的分配。

四　村社经济事务制度

69. （专门）雇用牧人来看守大小牲畜，还有其他从崽畜中培养种畜，根据现有牲畜数量付给牧人报酬和饲料。

70. 由村会选举出专门的看守员保护林地。

71. 公社没有公共围栏，围栏是由农户主根据人数自己修建的，没有诸如围栏应该什么样、多高这种强制性的规定。根据现行法令，牲畜主人应为牲畜毁坏农用地造成的损失负责。

72. 雇佣工人来维护公社的建筑和其他设施。

73. 整个村社没有公共项目。

74. 没发生过。

75. 公社中没有代役租条款。

76. 没有租用农用地的现象，农民满足于自己的份地。

77. 没有整个村社都获得土地的案例。

78. 无。

79. 过去没发生如今也不存在。

五　村社土地耕作与产品分配

80—83. 该乡社没有针对村社土地耕作与产品分配的规定。

六　村社耕种情况

84. 实行大田三区轮作制，作物栽培制没有发生过变化，没有引进一般的牧草栽培轮作制，田里施粪肥，在每隔两年的下一年重新施肥，整个村社没有引进一些耕作用具和机器（犁、脱粒机、簸谷机）。

85. 在劳作方法上，没有农民在轮作制、施肥这种常规农业生产领域相应引进一些改良措施。

86. 无。

87. 农业生产没有衰退。

88—89. 无。

90. 适用于那些拥有份地的人。

七　村社赋税与徭役

91. 村社的赋役每年收缴一次：国家税为28402卢布4.25戈比、土地税为4689卢布19.75戈比、公社税为285卢布74戈比，共计35576卢布98戈比。村社中每俄亩土地应付84戈比。

92. 每年分摊一次赋税，根据人口调查重分耕地，并继续使用至下一次人口调查。

93. 根据人口调查数量一次性划分农用地。

94. 在分配赋税时以纳税人数作为分配单位。

95. 根据实有土地人数分摊赋税，并不是根据劳动力和富裕程度。

96. 没有无地农民。

97. 没有遇到过。

98. 在劳作者数量减少或其他情况下，会收回部分份地转给更值得信赖的、劳动力充足的农户主，由该农户主交税，在任何情况下都不给予其他优惠。

99. 无。

100. 乡长、村长和其他公职人员，都是经过选举产生的，享有因公社需要而收取赋税所带来的优惠。

101. 军人在服役期间应支付的赋税按村社成员人数分摊。

102. 没有连带责任。

103. 通过出售欠税人财产或收回欠税人部分份地并将其转给具有支付能力的人的方式来追缴欠款。

104. 根据村会（农村权力机关）的决议采取上文第 103 条和第 104 条中提及的措施。

105. 因欠款人懒散所欠缴的税款不会让村社占有人来分摊。

106. 根据协议会将那些懒散欠款人的土地转给更可靠的村社成员。

八　村社成员法律关系

107. 没有临时重分的农用地，也就是说，除人口调查以外不会重分土地。各个村庄本身是自由的，但未经村社同意村庄无权处置土地（出租等）。

108. 不存在农用地占有方法。

109. 公社按照人口调查重分农用地，每位农户主都有权使用份地直至下一次人口调查。

农户主无权单独隔开自己的条形田。

任何农户主都无权违反既定的三区轮作制度。

每位农户主按照惯例在一定的时间内耕作，村会不规定开始劳作的时间。

每位农户主按照自己的意愿给条形田施粪肥。

粪肥是用于自己的条形田的，不会出售。

每位农户主都有权独立处置自己的牲畜。

110. 获得村社土地的农民，未经村社同意，无权租借、平分、抵押、变更、出售和作为遗产继承，以上这些都需要得到同村社人的同意。

111. 每位男性家庭成员分得的份地只能供自己粮食生产使用，未经村社同意，不得转让。

112. 获得村社农用地和宅院地的成员，未经村社同意，不得转让。

113. 对村社土地的继承权没有明确的规定，据人口调查获得土地的村社成员有权使用该地，不经村社同意，妇女和未成年人不得继承土地。

114. 没有发生类似的情况。

115. 村社不允许分家，尽管如此也经常发生自愿分家的情况。

116. 退役和无限期休假的士兵享受人头税优惠，人头税为 2 卢布 27 戈比，他们的遗孀和孤儿不享有优惠。

117. 没有只拥有一块宅院地的农民。

118. 各种不幸（牲畜减少、火灾和其他）和农户主的懒惰都会造成农民欠缴税款这一后果。

119. 很少剥夺欠款人的土地，只有在极端情况下，才会剥夺欠款人的土地，一般情况下会根据村会决议将该土地转给更可靠的村社成员，由该成员缴纳所有的赋税，并不是永久性地剥夺所有份地。

120. 不会分配给每位农户主单独的份地，共同使用林地，没有渔场和其他农用地。

121. 村社不会继承自己成员的遗产。

122. 新分出的成员从原来的家庭分得土地。在人口调查时公社会给养子和弃儿分配土地，在人口调查之前可以使用收养他们的家庭的土地。

123. 新成员加入村社的前提条件是，他们要同村社其他成员一样，根据当地土地占有制为自己的份地交税，除了向备用商店借粮食用于播种最后的一部分收成以外，他们的农业生产活动不享受任何优惠。

124. 退出村社的成员的土地由村社管理。

125. 没有单独的赎金。

126. 有农民购买土地作为私人所有，除此之外他们还拥有村社土地，用来种庄稼。

127. 村社成员都有权参加村会，也有权竞选乡长和村长。

128. 村社成员之间有共同的责任：担任证明人、担保人等等。

129. 无。

九 村社对外来人员的规定

130. 不属于村社的人，不得使用村社土地。

131. 没有上述的相应惯例。

132. 居住在村社中的外来人员无需纳税。

十 村社间关系

133. 没有共同所有的农用地。

十一 村社土地占有制与农户土地占有制的更替

134—142. 村社没有关于土地占有制（村社土地占有制与农户土地占有制）变更的相关规定。

乡长 A. 阿拉波夫

文书古谢夫

1879 年 2 月 19 日

（苏联国立历史档案局宗 9，目录 2，案卷号 784，第 291—321 页）

韦尔霍拉利村社

1879 年 3 月 17 日

编者：乡陪审员别洛鲁科夫、乡文书蓬诺马列夫、乡长普柳斯宁

一 村社构成

1. 沃洛格达省乌斯秋格县采利亚科夫乡韦尔霍拉利村社。

2. 该村社的农民拥有土地权，该村社农民属于原国有农民。

3. 此村社由 23 个村庄组成，每个村有 1—15 户。

4. 没有由几个村社构成一个村庄的情况。

5. 此村社有 23 个村庄，没有主村和新村，该村社是什么时候形成的、如何形成的，已经无迹可寻。因此在进行总体划界时，将该地划为了一个村社。

6. 该村社土地不归整个乡所有。

7. 该土地村社有 566 名男性、672 名女性，共计 1238 人。

8. 该村社有土地 17627 俄亩 771 俄丈，村庄间距离 1—10 俄里不等。

9. 该村社拥有的农用地类型如下：宅院地、打谷场、菜地，包括大麻地、卷心菜地、马铃薯地和啤酒花地，共 74 俄亩 1535 俄丈，耕地 206 俄亩 2166 俄丈，草场 68 俄亩 980 俄丈、牧场 543 俄亩 1200 俄丈、林地 16489 俄亩 1145 俄丈、河流、湖泊、沼泽和道路共 245 俄丈 944 俄亩，共计 17627 俄亩 771 俄丈。

二　村社土地使用方法

A. 占有方法

10. 该村社不存在占有方法。

11. 村社中不允许随意使用土地。

12. 无人占用空地。

13. 对此没有一般性条例的相关规定。

B. 村社土地重新分配

宅院地

14. 任何类型的宅院地不得继承，在必要时可以重分所有类型的宅院地。

15. 没有重分过宅院地，从与村庄相邻的牧场中划分新的宅院地，如果村庄附近没有牧场，就从耕地或菜地之中划分。

16. 该村社从未重分过其他类型的宅院地，例如菜地、大麻地、卷心菜地和打谷场等。

17. 没有重分过农用宅院地，根据当局决议可以与耕地重分同时进行。

耕地

18. 该村社长久以来并未进行彻底的耕地重分。村社中的某些村庄经常会发生这样的情况，即在某户人口增多，而另一户人口减少的时候，会按人口数量将后者的土地划分并转给前者，如果该地无法与自己原有耕地相连，且邻居也不同意交换，那么就单独耕种该地，不允许破坏原有的界限。

19. 重分耕地时，不重新划分条形田。

20. 但在重分耕地时，会调整条形田的地界。例如，一位农户主的耕地过多，而另一位农户主的耕地不足，那就从前者那里分出一部分土地给后者。

21. 在村社中的某些村庄，几乎每年都会重分条形田，也就是说，会给那些人口数量增多的农户半人份、一人份、两人份地块，反之，对于那些人口数量减少的农户，会相应减去一些土地。

22. 过去每块土地都被不同的柱子或杆分割成几块，每根柱子都代表着一块按照纳税人数分给农户主的条形田。

23. 在用细柱子和杆划分条形田的时候，也考虑到了土地质量、平整程度等各种因素，村庄附近的耕地质量比村后耕地质量好得多，因此将条形田划分成各种各样的条带，每个农户主都会分到较好的、中等的、较差的条形田。这样平均分配谁也不得罪。

24. 很久之前就这样划分条形田，至今未曾改变。不知道是什么时候划分的，什么人划分的。

25. 用可容纳木犁通行的部分道路和宽田界来分隔条形田。

26. 以纳税人为单位，按照男性纳税人数将耕地分成条形田。

27. 自农奴制改革以来，分配单位未曾改变。

28. 条形田尺寸不一，就是说，宽度由 0.5 俄丈至 5 俄丈不等。长度由 20 俄丈至 200 俄丈不等。

29. 条形田之间用窄窄的界限分隔，在一些地方还会用小木桩做标记。

30. 在重分土地时并未给村社新生成员预留土地。

31. 村社没有备用份地。

32. 所有耕地都参与土地重分，必要时会在同一基础上重分所有耕地。

33. 村社没有空闲地，农民可以使用未列入国家财产的柴用林和建筑用木材，根据村会决议规定的数量砍伐家用所需的林地、木柴、杆、小木桩来支付一半的税，即农民按照人数定额向国家缴纳林地税。

34. 开垦荒地、清理林地、沼泽地排水需要得到林业管理部门的许可，开垦荒地、清理林地、沼泽地排水的许可有效期为 40 年。此外，这些人有权按照人口调查时计算的人数，参与其所居住村庄的其他土地重分。

草场

35. 除非有特殊需要，否则不会重分草场，如果村庄人口数量增加并有新成员加入，才可以重分。

36. 草场也像耕地一样，被划分成数个部分，根据干草质量，分为两类。

37. 草场地块的边界很少变更，大部分农民轮流交换草场，被称为"交替"。

38. 条形草场又分为五种类型，最窄的草场宽为 3 俄丈。

39. 一部分草场由农户主个人清理，清理过后可以使用 12 年不参与土地重分。

40. 有一部分不分配的草场，整个村庄一起收割，在按照纳税人数将干草分成草垛后，再按照每人土地的俄尺或俄丈数来确定草垛大小，割草要经过村庄所有住户的一致同意，根据割草场的面积每户派出一两个工人来割草。

林地

41. 为了使用不同的池塘、河滩地和谷地，农民们按人口数将林地和灌木丛划分成条形地带，并在这些条形地带单独播种亚麻，用挖好的坑作为地界，用细高木杆子和砍伐过的林地与树桩作为特殊标记和记号。

牧场和其他农用地

42. 每个村庄的农民都有专门的牧场或牧区用于夏季放牧。
43. 该村社有专门的牧场。
44. 专门用来放牧的地方叫作放牧地，没有分成不同的小牧场。
45. 每位农户主都有权将自己的牲畜赶到牧场。
46. 无地农民也会将牲畜赶到自己所居住村庄的牧场上，尽管他们并没有这项权利。
47. 除了上文中提及的，该村社农民没有任何其他的农用地。

三　土地重分方法

48. 任何有重分土地需要的农民都可以申请重分土地。
49. 农民要向当地村长提交重分土地申请。
50. 农户主们参加重分土地的村会，无地农民不允许参加。
51. 允许寡妇以申请者的身份出席，但在村会上无投票权。
52. 到法定年龄的长子可以代替缺席农户主出席村会，他们的妻子不能参会。
53. 按照当地惯例，有关土地重分的村会至少需要总农户主人数的 2/3 出席。
54. 制定土地重分决议时，必须征得村会参会者一半以上的人同意，若出现平票，则村长具有决定权。
55. 村长和乡绅对村会决议没有任何影响。
56. 如果村会没有选出任何受委托人和代理人来重分土地，那么公社就在村会上按照自己的决议重分土地。
57. 村会没有选举出任何专门的土地测量员。
58. 一般使用 10 俄丈长的绳索以俄丈为单位来测量条形田和草场，将测量后的条形田分为单人份地和双人份地等等。
59. 农民惯用的用来测量份地的单位通常是 10 俄丈的绳索和俄丈。
60. 按照每个村庄农户主共同商定的决议将条形田分别分配给村社成员，在一定时间内分配结果保持不变。
61. 农民自 18 岁起，无需结婚就可以获得一定份额的公社土地，并一直使用直至去世。
62. 没有为青少年和老人准备的小块地。
63. 在划分条形田时未采用任何抓阄方式，而是根据土壤质量优劣，按照农民的共同决议分配土地。
64. 农民没有给他们的条形田做任何特别的标记，一些人只是起了名称，例如，独院条形田、大条形田、小条形田、后条形田、拐角条形田等等。
65. 耕作时多占别人条形田的现象是非常罕见的，农民们根本不能容忍破坏地界的行为。
66. 就破坏条形田地界可以向唯一的乡法院申诉，乡法院会对此进行处罚。根据罪行判处拘留、为期 1 天至 7 天的公共劳动、鞭打 20 下。

67. 村社中共有165户，土地不是按户划分，而是按照人口调查人数划分的，所以每块份地没有专门的名称。

68. 草场、林地和其他农用地的重分方法与耕地重分方法完全相同。

四　村社经济事务制度

69. 农民的马没有专人看守，夏天会在牧场（牧区）放养马和牛羊，会用专门的围栏围住牧场。该村社没有公共的牛和其他种畜。

70. 公社森林由护林员和消防员保护，他们由当地居民选举产生，任期3年，没有任何奖励和报酬。

71. 整个村社的田地、草场、牧场四周都是公社的围栏，就是说，牧场是按照土地所有数量而不是牲畜数量分配给农民的，围栏的高度应使马不能跨越围栏，牲畜的主人应为自己的牲畜跨越围栏并毁坏田地或草地所造成的损失负责。

72. 公社粮仓由村社经营，从农民中选出商店管理员负责管理，任期3年。桥梁、泽间小路和其他乡间道路的修建是整个村社的农民在村长监督下完成的。该村社没有其他的公共建筑。

73. 公社没有采取任何措施改良土地。

74. 整个村社没有任何工作。

75. 不得租借、出租或租赁土地以及其他村社财产。

76. 不得出租整个村社的土地。

77. 没有购买整个村社土地的案例。

78. 没有雇用整个村社的成员来完成某项工作的案例。

79. 该村社农民从未有过公共耕地。

五　村社土地耕作与产品分配

80. 在没有重新划分土地的情况下，不存在整个公社共同开垦土地的案例。

81. 没有公有的产业、耕地工具和牲畜。

82. 无。

83. 单个的农户不会为了类似的经济生产而联合起来。

六　村社耕种情况

84. 村社实行大田三区轮作制，此种作物栽培制没有使整个村社的状况得到改善。村社没有实行牧草轮作制。每年对休耕地上的作物根部施加粪肥作为肥料。

就是说，整片休耕地都需要施肥，因此，每三年就需要重新施肥，整个村社状况没有得到任何改善，村社没有改良的农具和机器。

85. 一些对作物栽培制进行改良的农民和采用普通方式栽培的农民在作物轮种、施肥和耕种上采用的方式是不同的。

86. 没有尝试过改良措施。

87. 村社中有一些农户因收入下降而导致村社整体水平差距明显，这些人大部分懒惰且酗酒，公社通过村长向乡法院提出申诉，要求对犯错的农户给予惩罚，除此之外公社不会采取任何其他的措施。

88. 该村社常常以让农民工作的方式来救济他们，将粪肥从院子运送到地里；割草和收割干草；收割庄稼和加工亚麻。救济的过程是这样的：需要别人帮忙干活的农户提前一天去村子里，招几个男工或女工，第二天早上他们在农户家里集合，在那里工作一整天。晚上的时候，他们一起享用农户为他们准备的丰盛晚餐，农户还会为他们提供伏特加和啤酒，他们几乎会喝一整个晚上，除此之外，还会跳舞、唱歌，组织各种娱乐活动。这些来帮忙的人并不指望能有什么报酬，他们工作一整天为的只是农户的盛情款待。

89. 该村社中没有使用土地的农民出售粪肥的案例。

90. 只有那些划分成家庭地块或者份地的林地才得以保存下来。

七　村社赋税与徭役

91. 韦尔霍拉利村社的赋税主要有：国家税、土地税、公社税，需要缴纳的各种类型的费用分别为：50卢布90戈比的国家税、58戈比的土地税、87戈比的公社税，每年每个男性纳税人共计需要缴纳7卢布35戈比。而从566个纳税人征收的税款，其中国家税为3339卢布40戈比、土地税为328卢布28戈比、公社税为429卢布42戈比，共计4160卢布10戈比。平均每俄亩可耕地要缴纳国家税19戈比，土地税1.5戈比，公社税2.75戈比。

92. 村社赋役分配与土地分配同时进行，每年重分一次赋税，每年土地从一个农户主转移到另一个农户主，需要缴纳的税款是相同的。

93. 首先在村会上开始分配土地，然后根据每个农户分得的土地数量，制定赋税分配方法。

94. 以纳税人数作为赋税分配单位。

95. 公社按照每户分得的土地数量分配赋税，而不是按照每户的劳动能力和支付能力分配。

96. 无地农民无需交税。由使用他们土地的农户主代为交税。

97. 与土地分配方法相比，分配赋役的方法没有任何特别之处。

98. 公社会为人口数量减少的农户缴纳税款。对于那些由于各种不幸事件导致收入暂时下降的农户也同等对待，费用由村社内所有农户平摊。

99. 老人、寡妇、孤儿等人没有免费的土地。

100. 乡长、村长和其他管理人员不享有任何赋税方面的特权。

101. 军人在服役期间的赋税，由使用其土地的农民代为缴纳。

102. 收税人、村长和乡长会对那些有可能不缴纳赋税的农民采取激励措施。

103. 针对未按时缴纳赋税的欠税人，公社采取以下措施：将欠税人非日常生活所需的财产出售，或从欠税人的土地收入中扣除欠款，最后，没收欠税人本人或者其家庭成员的工资。

104. 上述两条措施需征得村会批准才能实施，或根据其决议实施。

105. 如果欠款没有追缴回，那么公社根据村会的决议，按照村社内所有纳税人的数量平摊欠款。

106. 公社处理欠税人土地的流程如下：首先，收回欠税人的部分耕地，当欠税人不按时交税时，则没收其全部耕地，并根据村会的决议将土地转交给有能力缴纳赋税的农民。

八　村社成员法律关系

107. 各村社间永不重分土地，同时禁止土地外租。

108. 村社中不存在"占有—使用"土地的方式。

109. 村社土地不会重新分配，但允许农民围起自己的条形田，允许在春播地种秋播作物，反之也允许在秋播地种春播作物，播种日期没有限制，什么时候都可以开始。

每个农民都应为其分配所得的条形田施肥。

自家院子里的粪肥不允许卖给任何人。允许农户将自己的所有牲畜出售给村社耕地所有者。

110. 农民没有将分配给他们的土地出租、分配、抵押、变更、出售和继承的权利。

111. 未经该村会认可和同意，禁止向任何人转让土地。

112. 未经该村会认可和同意，农民不得私自处理其宅院地。

113. 公社土地不可继承，仍由公社掌管。

114. 当农户主离世、年龄过大或身患疾病需更换农户主时，公社不会干预新农户主选拔。但如果农户主未缴纳税款，则公社会采取相关措施。

115. 公社不参与分家，因此，在村会的许可下，近3年内没有发生农民自主分家的情况，在过去3年到15年间该村社内也没有自主分家的情况。

116. 村社内退役兵和永久休假的老兵以及士兵，寡妇和孤儿享有与农民同等的土地使用权。

117. 没有耕地但有宅院地而且还租用住宅的农民，尽管租用的住宅属于村社，但不得免费使用村社的牧区、牧场和林地，但也有这样的农民，他们在其所居住村庄的牧场上免费放牧。

118. 如果农户主没有交税，则可能导致以下后果，首先，村会会收回他们的部分土地，然后，由于未按时交税，公社甚至会收回全部土地并转让给其他有能力缴纳税款的富裕农民。

119. 几乎每年都有因欠税而收回部分土地或耕地的情况，这种情况通常发生在年初。

在转让土地时，土地所有者有义务为其使用的土地支付国家税、土地税、公社税，并服徭役。此外，有过一件公社剥夺农户土地的案例，因为15年来该农户既没有支付国家税、土地税，也没有支付公社税，更没有服徭役，该农户把土地视为己有，无视在1859年他的土地经判决已上交国家管理部门的事实。

120. 其中包括农民对公社林地的使用权，农民可以按照自己的意愿将林地用于家用，但是没有买卖林地的权利，该村社没有渔场、蜂场和采石场。

121. 村社成员死后村社不会继承他的任何财产，如果该成员没有直系亲属，那么他的遗产就会充入所在教堂的公库。

122. 自立门户的新农户主从原来的家庭获得土地，养子从收养家庭获得土地。

123. 新加入村社的成员需满足以下条件，即某个村庄存在闲置地和无人居住的土地，除了为该土地缴纳赋税外，新入社成员无需向村社缴纳其他任何费用，同时，村社不提供任何帮助，不给予任何优惠。

124. 退出村社的农民可在一年当中的任何时候将土地转交给其亲属或村社，同时村社依据决议将土地转给该村社其他愿意为此缴纳赋税的农民。

125. 村社中不存在单独购买土地的情况。

126. 该村社中有17名农民购买了土地作为私人财产，他们也不会拒绝村社分配的份地，除购买的土地外，他们保留了公社份地用于从事专门的农业生产。

127. 为了参加村会和乡法庭而使用村社土地是没有任何必要的。但是为了当选村长、收税人和其他职位，就必须使用村社土地。

128. 村社成员之间不存在连带责任。

129. 连环保制度仅用于纳税和向粮仓支付粮食贷款。

九　村社对外来人员的规定

130. 未加入村社的人，在任何条件下都不得使用未分配的土地。

131. 村社免费为死者提供棺材木，其中也包括外来人员。

132. 居住在村社内的外来人员无需缴纳赋税，同时也不得参加村会。

十　村社间关系

133. 韦尔霍拉利村社与其他村社间没有共有农用地。

十一　村社土地占有制与农户土地占有制的更替

134. 韦尔霍拉利村社没有从村社占有到农户占有，以及从农户占有到村社占有的过渡。问题136—143不适用于该村社。

村长普柳斯宁
乡陪审员别洛鲁科夫
乡文书蓬诺马列夫
1879年3月17日

（苏联国立历史档案局宗91，目录2，案卷号784，第209—218页）

潘菲洛夫村社

日期不详
编者：乡长宰采夫，乡文书苏欣

一　村社构成

1. 沃洛格达省格里亚佐韦茨县潘菲洛夫乡潘菲洛夫村社。
2. 私有者权利。
3. 此村社由以下两个村庄组成。
4. 其中之一的古柯西莫瓦村庄从属于几个村社。经过继承和买卖以后，该村庄曾属于不同的所有者，但无从知晓具体情况。
5. 原来的土地所有者——地主没有迁出，仍在村庄中居住。
6. 所有土地都属于潘菲洛夫村社。
7. 潘菲洛夫村社共有 84 人。
8. 潘菲洛夫村社拥有 384 俄亩 600 俄丈的土地。村社中两个村庄间的距离为 5 俄里。
9. 潘菲洛夫村社土地类型如下：宅院地、打谷场、菜地、牧区、牧场、耕地、割草场和林地；宅院地占地约为 10 俄亩、打谷场占地 4 俄亩、菜地占地 1.25 俄亩、牧区和牧场占地 21 俄亩、耕地占 133 俄亩、割草场占地 28 俄亩、林地占地 196 俄亩。

二　村社土地使用方法

A. 占有方法

10. 潘菲洛夫村社中不存在土地占有—使用。潘菲洛夫村社的土地全部分配给该村社成员，除了指定的用于放牧的牧场（牧区）不能被划分外，未经村社同意，农民不得私自使用牧区土地。
11—13. 同上述第 10 条。
14. 宅院地包括菜地和打谷场，不会重分。
15. 不会重分宅院地。从离村庄最近的耕地中划分出新的宅院地。
16. 不重新划分。
17. 在上述条例中已提到，不会重新划分宅院地。
18. 如上述第三种情况中所提到，由于农户人口数量发生变化，常常会重新划分耕地。
19. 重分土地不会改变条形田之间的界限。
20. 根据第 18 条（由于农户人口数量发生变化），在必要时，可在不改变条形田界限的前提下重新划分土地。
21. 没有明确的条形田分配时间，一般是人口数量增加的农户会分得人口数量减少农户的条形田，这一分配要根据村社决议而定。

22. 根据土地面积和土地平坦度，每片地直接被划分成条形田，农民的耕地交错。

23. 如上所述，通常将土地划分为小块条形田（坡地）。潘菲洛夫村社占有的田地都是相同的，因此该村社的条形田没有特殊的名称。一部分条形田有名称，例如，"农村条形田"，该条形田的名称与土地之间没有任何意义和联系，只不过是从很久以前就这样称呼。

24. 上述第22条中的土地分配方式已存在很长时间并一直保留至今。

25. 每隔三四个条形田，就要设地界以便农民在田间穿行，地界的宽度为1俄丈。

26. 以纳税人数作为土地分配单位进行划分。

27. 不变。

28. 条形田的尺寸宽2俄尺至3俄尺不等，长20俄丈至50俄丈不等。条形田的尺寸划分是根据土地质量决定的。

29. 条形田之间用犁沟分界。

30. 无剩余。

31. 参照上一条。

32. 无例外。

33. 潘菲洛夫村社没有空闲土地。

34. 上述第33条中，潘菲洛夫村社没有闲置地，暂时未使用的土地原样搁置。

草场

35. 草场通常被划分成固定的几块儿，被称为"十块儿"，也就是把草场分成十人份。

36. 如上述所说，根据每块草场的质量将其分为若干个"十块儿"。

37. 条形田大小不变，农民每年轮流交换土地。

38. 各个条形田的名称根据其所在地区而命名，例如：清理割草场地区的条形田被称为"清理区"，"干草覆盖"地区的条形田被称为"覆盖区"等，最窄的地方有2俄尺。

39. 没有这样的草场。

40. 每个人都会分得一块未割草的条形田。

林地

41. 林地和灌木也被划分成了若干块，只允许在自己的地块上伐木。

牧场及其他农用地

42. 农民拥有牧区和牧场，他们可以在牧场里放牧。

43. 在上一条中已经提到农民拥有牧场。

44. 牧场（或当地牧场）有大小和远近的区别，牛犊舍更小一些且更靠近村庄。

45. 无论农户主拥有多少牲畜，都有权将自己的牲畜赶到畜群里。

46. 为每头大型牲畜向村社支付1卢布后，农民才有权利放牧。

47. 无。

三　土地重分方法

48. 任何需要土地的人都可以申报获得份地。

49. 可向村长进行申报，而后由村长上报至村社。

50. 一些农户主进行申报。

51. 不允许。

52. 允许妻子和直系亲属代替缺席的农户主出席村会，前提是村会的内容是关于分配税款的相关事宜。

53. 按照法律要求农户主必须在场，根据潘菲洛夫村社惯例，几乎全员参加村会。

54. 土地划分必须征得2/3以上农户主的同意。

55. 村长在村会上负责法律保障、维持大会秩序等。富农对村会不产生任何影响。

56. 不选举全权代表，由公社负责土地分配。

57. 不进行选举。

58. 用俄丈来测量耕地，使用镰刀作为工具进行割草。

59. 在潘菲洛夫村社中，根据播种数量测量耕种方式，例如，每人播种1/2个季度的黑麦和1个季度的燕麦，而谷物用一种1俄斗大小的小筐来测量。

60. 如上所述，根据每个农户主家庭人口数量，直接在公社成员之间分配条形田。

61. 不按照惯例确定土地分配时间，而是村社酌情规定土地分配时间。

62. 无。

63. 不存在重新划分。

64. 由于上述已经提到，不会每年都重新划分土地，所以对这一问题的回复是相同的。

65. 一部分人在自己的条形田地界上做了标记，目的是将自己和别人的条形田区分开来。

66. 出现过由于疏忽而耕种他人条形田的情况，农民不会因这种失误而获得任何赔偿。

67. 没有地方会受理上述提到的由于疏忽而耕错地的投诉，那个耕错别人地的人会自愿地把自己的一部分耕地转让出去，一般来说，这种情况农民都会私下进行解决。

68. 有一块地的农户有4户，有两块地的农户有16户，有两块半地的农户有4户，有三块地的农户有10户，有四块地的农户有2户。这些地块被称为"人头地""份地"。

69. 参照第35—36条和第41条。

四　村社经济事务制度

70. 马匹完全不需要守卫看管，公社雇用牧人看管其他的牲畜，根据牛和其他种畜的数量来计算付给牧人的报酬。

71. 林地由村社的守林人轮流看管。

72. 根据每个农户家庭人口数量，在田地周围划分公社围栏，同时公社在空地上修建围栏，根据现有的农户主数量和土地数量进行划分。没有诸如围栏应该什么样、多高这种强制性的规定。

73. 在潘菲洛夫村社中只有一个由公社出资建造的商店，村社其他公共设施如桥梁、木排路等，由公社集体负责修复。

74. 存在一个深为 300 俄丈的沟，用于建割草场。

75. 公社出资挖沟，挖建所有沟需花费 18 卢布。

76. 不给任何东西。

77. 没有开始。

78—80. 无。

五　村社土地耕作与产品分配

81—84. 无。

六　村社耕种情况

85. 仍然实行大田三区轮作制，不对土地进行牧草栽培。对作物逐一施加粪肥，第三年原地重新施肥。不使用优化工具。

86—87. 无。

88. 农民收入未减少。

89. 村社对一些农民提供援助，主要以粮食为主。让一些农民和妇女去工作，在日常工作结束时，他们会获得食物作为报酬。

90. 但有极少数农民将他们的粪肥出售给邻近的租户。

91. 粪肥非自用也非村社公用。

七　村社赋税与徭役

92. 村社的赋税与徭役包括：国家税、地方自治税、公社税，其中国家税 774 卢布 29 戈比、地方自治税 62 卢布 88 戈比、各户和村社农民强制地方自治保险税 30 卢布，还有各项公社税 29 卢布。一年共计 897 卢布 47 戈比。平均每人应缴纳 10 卢布 68.5 戈比。其中国家税 9 卢布 21.75 戈比、地方自治和保险税 1 卢布 11.75 戈比、公社税 35 戈比，人均每俄亩 2 卢布 33.5 戈比。

93. 如第 18 条和第 21 条所述，非定期进行土地重分，且十分少见，但是每年都需承担赋税与徭役。

94. 如上所述，土地和赋税不是同时分配的。

95. 以个人作为分配赋税和徭役的单位。

96. 根据人口调查的人数，农户主之间分摊税款。

97. 无土地者不免人头税。

98. 所有人一律分摊赋税与徭役，就算有村社决议也不能例外。

99. 去世者的赋税由在其之后拥有其土地的人缴纳，因为所述村社农民的经济情况没有明显的衰退，所以也没有类似的分配情况。这里所说的去世者是指死前拥有土地的去世者，在村社中没有虚假上报的去世者。

100. 无。

101. 不使用。

102. 军官需缴纳的赋税由使用其土地的人来支付。

103. 不接受逾期缴纳赋税的人，因为在所描述的公社中，没有逾期纳税者。

104. 完全无。

105. 在极端情况下，提醒政府成员及时付款。

106. 没有出现过这种情况。

107. 没有这样的违约者。

八　村社成员法律关系

108. 村庄间的土地不进行分配。

109. 如第 10 条所述，不存在占有—使用土地的方式。

110. 不对土地进行重新分配，也不能对土地进行重新分配。没有固定开始劳作的日期，每个人可以在想开始劳作之时进行劳作。没有任何义务必须给自己的耕地施肥，可按照自己意愿施肥。

111. 在法律上受限。

没有全公社的同意就不能重新分配。

不存在出售公社土地的案例。

112. 不存在转让土地的案例。

113. 在所描述的公社中，特别是在转让土地时，农民的土地权利不仅受公社限制，而且受法律限制。

114. 继承土地以外的财产——在某些情况下只需要公社建立监护机构。

地方自治公社由其自行决定处置，并且不设立特殊规则。

115. 不存在这种案例。

116. 公社不参与家庭内分产，大部分家庭分产是按照自家的条件进行。在过去三年中共有两例家庭分产。

在该村社中有 15 个大家庭、21 个小家庭，无论是大家庭还是小家庭，一般都是在父母的参与下进行分产的，大多数情况下分产者之间会保持着财产关系。否则，在分产时，每个人得到预先约定的部分财产，或者根据已达成的条件得到部分不可分割财产。

117. 在军队服役过的军官，在《废除农民农奴制最高宣言》颁布后进入军队，即可得到所分配的土地，退役后，他们仍享有与农民同等的土地权利。所有其他人，根据公社的决议，不保留土地权。士兵、寡妇没有土地权，对已故父母有土地的孤儿保留其土地权利。

118. 无。

119. 没有批准不付款的案例。

120. 没有因欠缴费而剥夺土地权的案例。

公社可以随时收回土地。土地从一个农民转移到另一个农民手中没有基本的约定和规则，通常公社会按照某人的要求转移土地，并同时转移所有的赋税。

121. 可以自行决定如何使用份地中的森林，可以向外出售。

122. 不继承。没有无继承人的财产。因此在这个问题上没有通用的规则或继承规则。

123. 离开家的人员主要从他们原家庭的土地中获得土地。没有给养子女和弃儿分配土地的案例。

124. 一个新迁入到村社的成员不承担任何责任，同时公社也没有帮助他的义务，如果他接受在该村社劳动，那么公社会从土地多的农户那里分出一部分土地给他。

接受新成员分土地的案例非常罕见。

125. 从村社迁出的农民要向公社上交土地，公社再将土地酌情转移给其他成员。

126. 没有单独赎买份地的案例。

127. 无。

128. 拥有土地的农户主才有资格被选中参加集会和任命官职。

129. 在某些情况下村社人员有共同义务，例如，帮助同村社的极贫户，或在发生火灾、洪水和其他灾害后抚养遗孤。

130. 不存在。

九　村社对外来人员的规定

131. 不允许。

132. 无。

133. 村社中的外来人员不履行公社的义务，也不用交税。

十　村社间关系

134. 所描述的村社和相邻村社中不存在这种关系。

十一　村社土地占有制与农户土地占有制的更替

135. 不存在。

136. 由于136—143系列问题都是对问题135的延续，这里仅就问题139做一补充。村庄未曾分割为成数个小村庄或分化出一些独立农庄。

乡长宰采夫
乡编写员苏欣

（苏联国立历史档案局宗91，目录2，案卷号784，第6—79页）

斯捷普林乡的村社

沃洛格达省格里亚佐韦茨县斯捷普林乡的村社

日期不详

编者：乡长佩图霍弗，乡编写员莫罗佐夫

一 村社构成

1. 沃洛格达省格里亚佐韦茨县斯捷普林乡共有 14 村社，分别是：斯捷普林村社、兹维亚金村社、切勒涅茨村社、科比亚科夫村社、克洛昆诺夫村社、第二波克罗夫村社、第三波克罗夫村社、瓦修果夫村社、缅斯尼科夫村社、科布林村社、涅京宁村社、涅恰扬村社、克里沃金村社和涅扎罗夫村社。

2. 农民：国有农民，临时雇用的农民和个体农民。

3. 斯捷普林村社包括 13 个村庄，兹维亚金村社—12 个村庄，切勒涅茨村社—14 个村庄，科比亚科夫村社—7 个村庄，克洛昆诺夫村社—4 个村庄，第二波克罗夫村社—1 个村庄，第三波克罗夫村社—1 个村庄，瓦修果夫村社—3 个村庄，缅斯尼科夫村社—1 个村庄的一部分，科布林村社—2 个村庄，涅京宁村社—4 个村庄，涅恰扬村社—1 个村庄，克里沃金村社—3 个村庄，涅扎罗夫村社—2 个村庄。

4. 农民退出农奴制。

5. 没有这样的村社。

6. 不属于。

7. 斯捷普林村社—630 人，兹维亚金村社—476 人，切勒涅茨村社—778 人，科比亚科夫村社—329 人，克洛昆诺夫村社—86 人，第二波克罗夫村社—62 人，第三波克罗夫村社—217 人，瓦修果夫村社—103 人，缅斯尼科夫村社—24 人，科布林村社—96 人，涅京宁村社—103 人，涅恰扬村社—29 人，克里沃金村社—148 人，和涅扎罗夫村社—82 人。

8. 斯捷普林村社—3391 俄亩 163 俄丈，兹维亚金村社—2350 俄亩，切勒涅茨村社—3268 俄亩，科比亚科夫村社—1882 俄亩 461 俄丈，克洛昆诺夫村社—406 俄亩 1137 俄丈，第二波克罗夫村社—279 俄亩，第三波克罗夫村社—955 俄亩 1952 俄丈，瓦修果夫村社—344 俄亩，缅斯尼科夫村社—108 俄亩，科布林村社—426 俄亩 712 俄丈，涅京宁村社—436 俄亩 75 俄丈，涅恰扬村社—92 俄亩 1438 俄丈，克里沃金村社—624 俄亩 1204 俄丈，涅扎罗夫村社—337 俄亩 317 俄丈，村庄与村庄之间的距离约为 1 俄里到 10 俄里。

9. 每个村社的草场都无法具体划分。宅院地、打谷场、菜地、耕地、草场和林场都

二　村社土地使用方法

A. 占有方法

10—11. 不允许。

12—14. 无。

15. 不重新分配。必要情况下从田地中划分出新的宅院地。

16. 重新分配菜地和打谷场。

17. 在有需要的情况和土地重新分配的情况下。

18. 两次人口调查期间没有变化。

19. 存在占有一使用方式，最后一次重新分配是在最后一次人口调查时进行的。

20. 人口调查时。

21. 在人口调查期间根据人口数量重新分配条形田。

22. 每一块土地划分为三个份地，称为"条形田"，分别是：前部条形田，中部条形田和后部条形田。

23. 根据土地的便利条件，田地被划分为份地，称为"条形田"。

24. 根据最后一次人口调查时的现有人数。

25. 用道路，界标（和火烧木）分开，界标和火烧木可以通过牛马车。"条形田"靠标志点识别划分。

26. 按照纳税人数将土地划分为"条形田"。

27. 没有改变。

28. 无法确定"条形田"的宽度和长度。

29. 用垄沟和标志点标记。

30. 无剩余。

32. 不排除。

33—34. 无。

草场

35. 一些村社每年重新分配草场。

36. 为方便起见将草场分为几个部分，分别称为"柱状田"和"条形田"。

37. 每次按照草地的质量进行重新分配。

38. "条形田"也被称为"柱状田"，宽度最窄的地方只有一镰刀宽。

39. 无。

40. 割完的干草，按堆分开放置。

林地

41. 树林和灌木丛按人数分配。

牧场和其他农用地

42. 有牧场和草场，还有收割干草和粮食后的土地上也可以放牧。

43. 在人口调查期间分派的土地称为牧场。

44. 每个农户主都有赶自家牲畜的权利。

45. 无土地者没有权利放养牲畜，需要支付一定的费用。

46. 无。

三 土地重分方法

47. 需要土地的人民根据缺地数提出申请，但公社不能在两次人口调查之间重新分配土地。

48. 找村长。

49. 来自农户主。

50. 不允许。

51. 一般情况下农户主都是男性，妻子不能做农户主。

52. 所有家庭成员都必须出席集会。

53. 必须要有2/3农户主的投票。

54. 只有村长才能实施。

55. 没有专门的分地员和税务员，一律由公社分配。

56. 不选。

57. 用俄丈测量耕地，用镰刀测量草场。

58. 划分村庄，村庄按农户排列规则连接。

59. 在两次调查之间，将公社土地分给农民。

60—61. 无。

62. 抓阄分配每一块"条形田"。

63. 标记标志点。

64. 没有过。

65. 存在按照草的质量重新分配草场的规则：

（a）林地；

（b）根据需要。

四 村社经济事务制度

66. 马无需派人看管。村社每个村庄都雇用牧人和牧人助手，根据牲畜数量确定支付金额和喂养量，村社的公牛也由村社保管。

67. 每个村社都选出一名守林员，放哨守卫其安全。

68. 有，并且在村庄中被圈出，按公社所规定的土地质量设围栏，菜地围栏高度是7杆，防止牲畜误入造成损失。

69. 通过他们所属的村社。

70. 公社改良土地。整个村社都没有挖沟来排干沼泽或用围栏防洪水。此外，公社还清理灌木和拔树桩。

71. 由村民亲自做这项工作。

72—76. 无。

五　村社土地耕作与产品分配

77. 不存在。

78. 无。

六　村社耕种情况

79. 大田三区轮作制。没有改良作物栽培体系。没有进行牧草栽培。每个村庄都给土地施肥。第三年在原地重新施肥，需撒遍农田上的所有"条形田"。整个村社都没有优化工具。

80—84. 无。

85. 无论是个人土地，还是村社土地，农民都很爱惜。

七　村社赋税与徭役

86. 村社赋税包括：国家税、地方自治税、土地所有税、公社税；每人每年向村社缴费：国有农民缴费7卢布50戈比—8卢布；临时雇用农民缴费8—12卢布；个体农民缴费7—8卢布。

87. 根据需要每年重新分配赋税金额。

88. 以人为单位分配赋税与徭役。

89. 农户主之间的赋税与徭役随着分配给他们的土地数量增加而增加。

90. 人头税不予免税。

91. 无。

92. 经营去世者土地的人为去世者缴纳赋税，经营不利的农场也不予免税，而且每一个农户主都要按人头缴税。

93. 无。

94. 缴纳实物赋税享有优惠。

95. 在村社中军官也不予免税。

96. 不接受。

97. 没有这种情况。

98. 不分摊。

八　村社成员法律关系

99. 最后一次人口调查之后就没出现这种情况。

100. 村社不予参与，土地被转移给其家庭成员。

101. 没有这种情况。

102. 分家是根据农民总章程的规定进行的，但无法确定三年内在村庄中有多少分家案例。

103. 退役士兵和无限期休假士兵在使用土地时，应与村社农民遵守相同的规则。

104. 不能免费使用牧场。

105—109. 没有这种情况。

110. 根据村社决议新加入的成员没有义务缴税或劳动。成员从所加入的村社获得土地。但是村社不会提供任何帮助和优惠。

111. 在离开村社后，土地仍归村庄使用，村社自行决定转让给需要土地的农民。

112. 无。

113. 村里有150个农民购买土地作为个人财产，但他们仍使用公社的土地。

114. 土地的使用必须遵循所有土地所在村社的规范。

115. 农民与村社在所有规范上承担共同责任。

116. 不存在。

九 村社对外来人员的规定

117. 不允许外来人员使用土地。

118. 没有习俗。

119. 不参与。

十 村社间关系

120. 潘菲洛夫乡的斯捷普林村社、兹维亚金村社、切尔涅茨基村社和夫帕德申斯基村社共同拥有尼科利别墅。

十一 村社土地占有制与农户土地占有制的更替

121. 将整个夫拉德申斯基村社都划入潘菲洛夫乡。

122. 由于村社离乡镇遥远，或者村庄与所在乡镇之间隔着湖不便管理时，在所有村民一致同意下可以进行此类过渡。

123. 村民都拥有分配所得的庭院土地。

124. 在过渡过程中，土地的划分方式保持不变。村庄的大小不变，村庄没有分成小型和独立的小村庄。

125. 缴纳赋税相同。

126. 没有出现。

乡长佩图霍夫
乡编写员莫罗佐夫

（苏联国立历史档案局宗91，目录2，案卷号784，第80—135页）

韦杰尔科夫乡的村社

日期不详
编者：村长多加达耶夫

一 村社构成

1. 沃洛格达省格里亚佐韦茨县韦杰尔科夫乡由四个村社组成：尼佐夫村社、兹维亚金村社、库拉波夫村社和罗加切夫村社。

2. 村社农民：尼佐夫村社有 39 名个体农民；罗加切夫村社 17 名个体农民；库拉波夫村社有 321 名个体农民。尼佐夫村社有 768 名国有农民；罗加切夫村社有 535 名国有农民；库拉波夫村社有 88 名国有农民；兹维亚金村社有 506 名国有农民。

3. 个体农户包括的村庄数量：尼佐夫村社有 6 个村庄；库拉波夫村社有 12 个村庄；罗加切夫村社有 2 个村庄；国有农民包括的村庄数量：尼佐夫村社有 16 个村庄；库拉波夫村社有 6 个村庄；罗加切夫村社有 10 个村庄和兹维亚金村社有 12 个村庄。

4. 该乡村庄中所居住的农民都属于同一村社。

5. 个体农民及国有农民，都由几个村庄组成，村庄数量见第 3 条。无迁出者。

6. 无。

7. 尼佐夫村社中有 747 人，库拉波夫村社中有 409 人，罗加切夫村社中有 552 人，兹维亚金村社中有 506 人。没有农民搬迁至其他村庄。

8. 村社个体农民拥有土地的数量：尼佐夫村社为 227 俄亩 427 俄丈；库拉波夫村社为 1689 俄亩；罗加切夫村社为 88 俄亩。村社国有农民拥有土地的数量：尼佐夫村社为 5910 俄亩 2007 俄丈；库拉波夫村社为 161 俄亩 2355 俄丈；罗加切夫村社为 1494 俄亩 620 俄丈；兹维亚金村社为 10696 俄亩 1001 俄丈。各个村庄之间的距离有 0.5 俄里至 3 俄里。

9. 分配给农民的土地都是农用地，但闲置地无法分配。

二 村社土地使用方法

A. 占有方法

10—13. 无。

14. 宅院地不通过遗产继承，宅院地也不进行重新分配。

15. 不重新分配，如有需要，将从村庄旁的耕地上划分出宅院地。

16. 不重新分配。

17. 不重新分配宅院地。

18. 不管是个体农户还是国有农户都不重新分配。

19. 两次人口调查期间不进行土地重分。

20. 庭院和条形田只在人口调查期间重新分配，并且在农民人口出生或死亡的情况下，根据村大会决议结果，采取一人份或半人份的方式分配他们的土地，根据需要采用具体的分配形式，而不是根据条形田的数量。

21. 根据土地质量将每块土地划分为几个部分，农民在不同的部分获得一定比例的土地。

22. 将每块土地划分为几个部分，首先根据质量划分，其次根据与所住村庄的距离划分。

23. 人口调查期间土地分配保持不变。

24. "条形田"只分配给人口数量足够的村庄，"条形田"宽度不超过半俄尺（一俄尺等于0.71米），在分配到较少土地的村庄时用其他藤架、水井、地窖等代替，每个份地上都有道路供农民自由通过。

25. 根据纳税人数进行土地分配，如果家庭成员增加或减少，根据村会的决议，按人口数量选择将一部分土地从人口少的家庭转移到人口多的家庭。

26. 无。

27. 进行人均分配，条形田的宽度最大为1.5俄尺，最小为1俄尺，长度为30俄丈到100俄丈不等。

28. 村庄使用的藤架标志。

29. 无剩余。

30. 不保留土地就不用遵守任何规范。

31—32. 无。

草场

33. 只有一些村庄每年都重新分配草场，其他村庄草场位置常年保持不变。

34. 有草场。草地分成几部分，用记号标记，并用特定测量工具将一定量的土地划分给农户主。

35. 农民通过抓阄来划分草场。

36. 用特定工具将草场划分成条形状，用记号标记，窄的条形草场为1.5俄尺。

37—39. 无。

林地

40. 农民可以在任何地点砍伐任意数量的树木，不受限制，但只能自用，无权出售。

牧场和其他农用地

41. 随处都有放养牲畜的单独牧场。

42. 因为有独立牧场，所以所有牲畜都可以在此处放养。

43. 放牧的地方叫作"牧放地"，是从其他的农用地中划分出来的。没有单独的牛犊圈。"牧放地"是在村庄的同意下建立的。

44. 每个农户主都可以将自己的牲畜赶到上述牧放地上放牧，没有任何限制。

45. 根据特殊协议拥有牧场。

46. 无。

三 土地重分方法

47. 每个在一块田地上分配到的人均土地比别人少的农户主，都对土地分配感到不满。

48. 在集会上从村长和小组长开始，然后所有人循环发言讨论。

49. 来自一些农户主。

50. 他们有发言权，但没有投票权。

51. 若农户主缺席，可由其家人或他亲自委托的其他人代替出席。允许其妻子参加集会，但没有投票权。

52. 集会中至少要有一半的农户主参加。

53. 必须有一半有权参加集会的农户主参加，并征得他们的同意。

54. 村长和乡绅需出席，因为他们决定决议的性质和公正性。

55. 在集会上不选择特定人员进行土地分配。

56. 不选举专门的测量员，土地的划分要在农户主在场时进行。

57. "镰刀"和"俄丈"，其中镰刀的长度是 3 俄尺。

58. 土地重新分配是按照第 58 条的指定测量工具进行划分，农民根据划分出的份地数丈量土地。

59. 最初将土地划分为几部分，无名称，但之后可以重新进行分配，新的分配可以取代原来的分配。

60. 不是按照农民的年龄给农民划分土地，而是根据他的纳税能力，不是必须结婚才可以得到土地，随着年龄的增长土地使用权并不会中止。

61—62. 无。

63. 不重新分配耕地，因此也不抓阄。

64. 每个农户主用特殊方法标记自己的"条形田"。

65. 无。

66. 村会和乡法院有权逮捕罪犯。

67. 每个农户都独立使用土地。

68. 无。

四　村社经济事务制度

69. 农民会雇用一名专门的牧人来保护牲畜，雇用牧人的条件如下：包吃包穿、付薪水、分配牲畜数量。没有公社所有的动物。

70. 有守夜人。

71. 按照土地所有权比例分配给农民的庄园、田地、牧场周边都有围栏，围栏的高度不限。围栏所属者应为牲畜毁坏农用地造成的损失负责。如果是由于牧人的疏忽而导致牲畜闯入围栏，那么损失由牧人承担。

72. 商店是唯一的公共建筑物，村社集会也不会单独选人去维护公共建筑物，桥梁由周边村庄维护。该桥位于尼佐夫村社，维系着整个乡的交通运输。

73—74. 无。

75. 没有公共财产出租的情况。

76—79. 无。

五　村社土地耕作与产品分配

80. 不存在。
81. 没有单独的村社经济，公共建筑以及牲畜。
82. 因为没有村社制度，所有不雇用工人。
83. 无。

六　村社耕种情况

84. 在纲要第一条中提到的村社中，使用三田轮作制的耕作制度，作物栽培体系中没有进行改良。没有进行牧草栽培。没有播种过牧草。田间施肥用粪肥，粪肥在种完粮食后运出。没有公共工具。
85—88. 无。
89. 在肥料剩余的情况下，农民可向当地人出售肥料。
90. 林地不进行分割，因为无法划分成份地。

七　村社赋税与徭役

91. 这个问题的答案在纲要末尾注释说明。
92. 每年都会根据拥有土地数量的清单对赋税及徭役进行重新分配。
93. 根据拥有土地的数量重新分配赋税及徭役。
94. 当缴纳赋税时，要考虑分配给农民的土地数量。
95. 根据分配的土地数量收取赋税。
96. 一般来说，人们按土地数量交税，但不包括无地农民。所有获得土地的人都不予免税。
97. 无。
98. 如果人口流失，赋税由使用其土地的人缴纳。人口流失是指家庭里有人去世或转移到其他地方居住。
99. 无。
100. 乡镇和农村自治会官员在任职期间仅免缴人头税。人头税是村社中所有人都必须缴的税。
101. 整个村社。
102. 如果由于经营不当导致破产，那么在付款到期日，将通过集会的决议将土地转移给其他人。
103. 通过抵押和出售财产来弥补欠款且不扰乱农民的日常生活，或者通过集会决议将其交给其他农户主，用劳动薪酬补贴欠款。
104. 村政府和集会。
105. 在极特殊情况下，整个村社都有债务，即，没有财产来补欠款，或因衰老和残废而无法用劳动薪酬补贴欠款。
106. 通过集会的决议转移给其他人。

八　村社成员法律关系

107. 自人口调查以来没有进行过土地重新分配。

108. 不存在占有—使用土地的方式。

109. 没有重新分配土地。

无。

务农工作没有时间限制，但农民需统一时间一起开始。

有义务。

不能。

110. 分到土地的农民可以出租土地和用于己用，但无权出售、抵押、继承土地。

111. 当转移农户主的土地出租和自用时，必须征得农户主家属的同意，但不得向村社申诉。

112. 只有农户主能够进行土地暂时转让，村社不用参与，但在任何情况下都不得出让土地。

113. 村社不参与土地继承的事务，也不为继承事务制定任何规则。土地所有者在适当缴纳税款情况下，死后土地仍归其家人所有。否则，将根据集会决议转移给其他人。

114. 村社不能影响布尔什维克党选举，但是如果布尔什维克党员玩忽职守或家庭混乱，那么村社可以影响选举。

115. 由于一般大家族内会发生家庭分产，因此村社不会遇到任何障碍。近三年在村社中发生过的家庭分产：

尼佐夫村社：17 例；兹维亚金村社：22 例；库拉波夫村社：10 例；罗加切夫村社：14 例。

116. 与农民等同。

117. 不能。

118. 土地可以出让和转让给与农户主同属一个村社的人员。

119. 只在极端情况下才会没收土地，但是这种案例非常罕见。如果将土地转让给他人，则需起草决议，并且接收土地的人需承担所有土地的赋税。

120. 不能将林地单独分给任何农户主，不允许出于个人需要而砍伐树木。农民不能使用渔场或其他农用地。

121. 拥有土地的农民死后，该村社只收回属于他的一块土地，将其余的土地转移给其亲属。

122. 从家庭中分出的成员，即使是养子和弃儿也应在以前家庭分得土地，而不是使用村社的土地。

123. 按照法院决议村社可以接受新成员，但不给他们分配土地，如果土地是闲置地，才会分配给他们。

124. 迁出村社的农民在收到遣散协定后应立即将土地转交给村社，由村会决定转移给其他人。

125. 无。

126. 购买土地作为个人财产的农民在以下村社中的数量为：尼佐夫村社—45 人；库拉波夫村社—83 人；兹维亚金村社—25 人；罗加切夫村社—45 人；农民得到分配的土地，在土地上主要从事农耕。

127. 没必要。

128—129. 无。

九　村社对外来人员的规定

130. 除了与农民平等使用土地的基层官员外，其他人不允许拥有土地。

131. 无。

132. 不参与，但需要通过特殊协议收取税费。

十　村社间关系

133. 无。

十一　村社土地占有制与农户土地占有制的更替

134—136. 无此类情况。

137. 所有农民的土地都是归村社占有的。

138. 没有农民拥有分段的土地。

139. 每次要全款缴纳赋税，没有农民拥有分段的土地。

140. 无。

141—142. 所有村社里没有从土地村社占有到土地农户占有的农民。

备注：

回答问题 91。

公社农民需支付以下费用：人头税、国家税、土地税、地方自治税、公路税和公社税，支付给公社的金额如下：

尼佐夫村社有 39 人，人头税（包括国家税）88 卢布 53 戈比；土地税 1 卢布 56 戈比；地方自治税 6 卢布 17.5 戈比；公路税 5 卢布 85 戈比；公社税 14 卢布 4 戈比，总计 116 卢布 15.5 戈比。人均 2 卢布 48 戈比，每俄亩可耕地要缴纳 2.5 戈比。

罗加切夫村社有 14 人。人头税（包括国家税）38 卢布 59 戈比；土地税 56 戈比；地方自治税 2 卢布 93 戈比；公路税 2 卢布 45 戈比；公社税 6 卢布 12 戈比，总计 49 卢布 80 戈比。人均 2 卢布 78 戈比，每俄亩可耕地要缴纳 4 戈比。

库拉波夫村社共 321 人，人头税共计 728 卢布 64 戈比；土地税 12 卢布 84 戈比；地方自治税 32 卢布 10.5 戈比；公路税 48 卢布 15 戈比；公社税 118 卢布 98 戈比，共 934 卢布 22 戈比，其中每人支付 2 卢布 80 戈比，每俄亩可耕地要缴纳 2.5 戈比。国有农民需缴纳下列款项：国家人头税、代役租、土地税、附加代役租、森林税、道路和集体地方自治税。支付给村社的费用如下：

尼佐夫村社共708人。人头税和国家税为1607卢布16戈比；代役租2212卢布91戈比；土地税31卢布42戈比；附加代役租262卢布28戈比；森林税328卢布41.5戈比；地方自治税94卢布49.5戈比；道路税106卢布20戈比；公社税254卢布88戈比。共计4897卢布76戈比。每人6卢布73戈比，每俄亩可耕地要缴纳21.5戈比。

兹维亚金村社共506人。人头税和国家税为1148卢布62戈比；代役租1580卢布65戈比；土地税16卢布75戈比；附加代役租187卢布76戈比；地方自治税102卢布74.5戈比；道路税75卢布75戈比；公社税182卢布38戈比，共计3294卢布65.75戈比。每人6卢布68.75戈比，每俄亩可耕地要缴纳1.25戈比。

罗加切夫村社。人头税和国家税为1214卢布45戈比；代役租1668卢布29戈比；土地税14卢布49戈比；附加代役租74卢布79戈比；地方自治税42卢布34.5戈比；道路税77卢布70戈比；公社税186卢布48戈比，共计3248卢布84.5戈比。每人6卢布22戈比，每俄亩可耕地要缴纳3.25戈比。

库拉波夫村社共88人。人头税和国家税为199卢布76戈比；代役租275卢布44戈比；土地税18卢布49戈比；附加代役租14卢布84戈比；道路税13卢布20戈比；公社税33卢布44戈比，共计560卢布32戈比。每人6卢布10戈比，每俄亩可耕地要缴纳1.25戈比。这是1878年的税费。

乡长多加达耶夫
乡文书 ＊＊＊

（苏联国立历史档案局宗91，目录2，案卷号781，第138—163页）

拉缅乡的村社

日期不详

沃洛格达省格里亚佐韦茨县拉缅乡的村社

编者：乡长、乡文书格里比温诺夫

一　村社构成

1. 沃洛格达省格里亚佐韦茨县拉缅乡的村社包括：拉缅村社、格里金村社、韦尔赫涅普斯滕村社、沃江科夫村社、苏杰金村社、巴斯卡科夫村社、尼科利村社、斯坦诺夫村社、奥尔洛夫村社、普季洛夫村社、卡缅村社和雷索夫村社。

2. 拥有国有土地的国有农民有 4483 人；临时雇用的农民 348 人；没有国有土地的个体农民有 99 人。

3. 国有农民的土地来自分社分配。

雇用农民的土地由地主划拨。

私有农民的土地是自有的。

4. 个体农民村庄包括：韦尔霍维耶村庄、夫拉索沃村庄、萨韦洛沃村庄、多尔基村庄、列普恩赫切科村庄、普龙宁诺村庄、安尼西莫沃村庄、切尔尼耶夫村庄，这些村庄是由若干村社组成的。

5. 没有由若干村庄组成的村社。

6. 村社土地属于国有农民、临时雇用农民和个体农民。

7. 上述村社中共有 4930 人。

8. 上述所有村社占有村庄的面积为 38096 俄亩 706 俄丈。村庄之间的距离为 40 俄里。

9. 它们属于村社占有土地的一部分，但以下土地不属于个体农民：宅院地、耕地、狩猎场和林地。以上土地的面积：宅院地 503 俄亩 55 俄丈；耕地 7246 俄亩 1200 俄丈；狩猎场 61207 俄亩 1800 俄丈；林地 28294 俄亩 51 俄丈。其中宅院地中有 503 俄亩 55 俄丈是宅院地、菜地、花园、大麻田、甘蓝菜地。

二　村社土地使用方法

A. 占有方法

第 10—13 问题所描述的"占有—使用"土地办法不存在于该乡。

B. 村社土地重新分配

宅院地

14. 宅院地不可继承，通过人口调查进行重新分配。宅院地可继承。

15. 无。从耕地中划分出新的宅院地。

16. 宅院地的类型：菜地和大麻田、甘蓝菜地。

17. 分配宅院地与分配田地同时进行。

耕地

18. 通过新的人口普查对耕地进行重新分配，即人口增加的家庭增加土地，人口减少的家庭减少土地。

19. 根据人口调查和农民需要进行土地分配，在人口减少或增加之时，土地的分界会发生变化，最后两次土地分配是在 1850 年和 1858 年，正值人口调查的年份。

20. 土地不是每年都进行重新分配。

21. 在人口调查时农户主间重新分配条形田，劳动人员的去留是根据农户主双方的协议而实现的。

22. 为各村庄的农民分配份地，将土地划分成小块条形田。

23. 不将土地划分为小块份地、楔形田和鬃岗。由于土地数量不同，因此将土地划分为小条形田。

24. 在1858年人口调查后进行土地分配，之后就没有进行过重新分配。

25. 分割条形田的地界不能供推车或犁车行驶。

26. 将纳税人数作为分配条形田的单位。

27. 没有发生改变。

28. 按照地区均匀分配条形田。

29. 土地分界。

30. 无。

31. 没有离村庄很远的耕地区。

32. 即使条形田已经上过肥了，也可能再次对其进行分配，由村社共同分配，没有固定的规则。

33—34. 无。

草场

35. 经常按照人口调查来分配草地，继续使用到下次人口调查之时，通常每年都会进行一次重新分配。

36. 每年都要对草场进行划分，划分出来的区域被称为"条形田"或"柱状田"。

37. 在每年划分草场时，每次都要划分新的条形田和柱状田，农户主们会通过抓阄获得这些份地。

38. 按照地区划分条形田和柱状田，其宽度相同。

39. 无。

40. 重新分配，但不割草。

林地

41. 森林虽然属于村社，但也由国家财产管理部门负责，农户主可以根据国家财产管理办法砍伐树木，根据村会的决议平均分配给农户主一定的采伐量，根据家庭人口数量，农户主可砍伐远处的树木。村庄不会砍伐树木。

牧场和其他农用地

42. 每个村庄都有单独的牧场或草场，允许放牧大群或小群的牲畜，这些牧场大多靠近田地。

43. 村社没有单独的牧场和草场。

44. 村社的每个村庄都有牧场，那里可以放养所有农民的牲畜，没有单独的幼畜牧场，所有牲畜都在一起放牧。

45. 可以放牧所有的牲畜。

46. 虽然他们没有这项权利，但经邻村同意，也可以去邻村牧场放牧。

47. 无。

三 土地重分方法

48. 林地不进行分配，根据国家财产管理条例，每年在集会上向居民分发木材。

49. 必要情况下，在林地中可求助于国家财产管理部门或林业部门。

50. 只有农户主能够参与，其他人不得参加。

51. 不允许。

52. 成年男性、孩子可出席，但妻子不得出席。

53. 集会必须有一半的人出席，必须有 2/3 的农户主出席。

54. 必须征得多于一半的农户主的同意。

55. 村长和乡绅不会对集会产生任何影响。

56. 没有专门的分地员，经所有农户主同意才可进行重新分配。

57. 没有专门的丈量员。

58. 用杆和绳索测量。

59. 不使用杆和绳索以及数百个单位名称。土地不是通过作物数量来衡量的。

60. 首先分配牧场、田地和草场，然后根据人数分配条形田，根据双方约定在新一轮人口调查之前这些细节是未知的。

61. 每个纳税人都会分到村社的土地。

62. 不会留给他们份地，而会在村社分配时将份地划分出去。

63. 无。

64. 划分土地时，通过抓阄来分配每块条形田。

65. 挖坑或立碑为记。

66. 所有成员对土地的划分感到满意。

67. 如果有争议，则可通过村民集会解决。

68. 在村社中，有一份份地的农户 276 户，有两份份地的农户 406 户，有三份份地的农户 840 户，有四份份地的农户 415 户。它们称为人均份地。

69. 没有特殊方法。

四　村社经济事务制度

70. 在村庄里无人看守大小牲畜，他们雇用一个单独的牧人，费用和草料是按照公牛和种畜以及幼畜量分配的。

71. 由村会选出的专门警卫保护。

72. 村社没有公共的围栏，每个农户主根据各户的人数自行设围栏，没有制造围栏的强制规定。牲畜的主人为牲畜破坏田地造成的损失负责。

73. 雇人管理，或者农户主亲自来管理。

74. 公社工作不包括：挖沟、清理灌木、翻地。

75. 无。

76. 缴纳代役租，磨坊出租给集市，租金当作农民税交给村社。

77. 村社收取地方自治部门的代役租，草场的租金按人头平均分配。

78. 公社没有从别处获得土地。

79—80. 无。

五　村社土地耕作与产品分配

第 81—84 所描述的土地耕作与分配情况与该乡情况不符。

六　村社耕种情况

85.（没有这样的农民）。

耕作制度为大田三区轮作制。耕作制度没有变化过。村社没有实行牧草轮作制，田间施粪肥，每两年原地重新施肥。村社没有引进设备和机器。

86—87. 无。

88. 经济没有衰落。

89—90. 无。

91. 在划分好的土地上。

七　村社赋税与徭役

92. 每年支付：村社国家税 29349 卢布 18 戈比；地方自治税 4701 卢布 67 戈比；公社税 1968 卢布 50 戈比，共计 36019 卢布 35 戈比。每俄亩可耕地要缴纳 94.75 戈比。

93. 村社每年都会重新分配赋税，但土地是根据每次人口调查来进行重新分配的，直至下一次人口调查都保持不变。

94. 人口调查和土地分配同时进行。

95. 将纳税人视为分配单位。

96. 根据他们拥有土地的人数给农户主分配赋税，而不是根据其劳动力和富有程度。

97. 不免税。

98. 没有遇到过。

99. 如果原土地所有者有亏损，则会收回其部分土地，并将土地移交给有足够劳动力和能力支付税款并值得信赖的农户主。任何情况下都不储备土地。

100. 无。

101. 人民选举的村长、社长和乡长等享有所有实物赋税和公社税的优惠。这些税款由村社支付。

102. 根据村社人数进行分配。

不采取措施。

103. 欠款者需出售私人财产，或者将其份地收回，转移给值得信赖的人。

104. 根据集会决议，由村政府决定。

105. 没有。

106. 通过决议把土地移交给村社中值得信赖的成员。

八　村社成员法律关系

108. 只在人口调查期间对土地进行分配，没有村社同意，村庄不许自由分配土地，没有权利出租土地。

109. 不存在占有—使用土地的方式。

110. 村社根据人口调查重新分配土地，1）每个农户主有权在下次调查之前使用分配到的土地；2）无权围围栏；3）无权退出现有的体系；4）没有期限，没有集会；5）农户主自行决定是否施肥；6）若有必要，仅可以为自己的条形田施肥；7）可以独立拥有自己的牲畜。

111. 未经村社同意，无权使用、抵押、转让和继承土地。

112. 每个男性家庭成员获得仅供养活自己的土地，未经村社同意无权转让土地。

113. 未经村社同意，个人不得转让分配得到的土地和村庄。

114. 公社土地的继承制度尚未建立，村社个人成员有权通过人口调查获得土地，未经村社同意，不得由妇女和未成年人继承。

115. 无。

116. 没有村社允许的家庭分产，虽然有时会发生，但是是自作主张的。

117. 享受缴纳人头税的优惠，寡妇和孤儿不享受这些优惠。

118. 没有农民拥有宅院地。

119. 各种事故和工作疏忽引发的后果。

120. 被剥夺土地是很罕见的，如果发生，那也是在极端情况下，并且在某一段时间内将土地转交给村社中值得信赖的成员，永久性剥夺所有土地的案例没有发生过。

121. 不是每个农民都有单独的份地，有些人有林地的份地。没有渔场和其他农用地。

122. 不继承。

123. 养子女和弃子从以前的家庭获得土地，在人口调查之前，他们使用收养他们的家庭的土地。

124. 新接纳成员进公社，条件是他们与公社其他成员一样，要为分得的土地缴纳等额的税款，除了公社商店发放的粮食贷款，购置日常用具没有优惠。

125. 离开公社后土地属于公社。

126. 不能单独购买土地。

127. 有些农民购买土地作为他们的个人财产，他们拥有私人土地和公共土地，并用于耕作。

128. 所有公社成员都有权参与村会干部和乡、村领导的选举。

129. 有义务做彼此的见证人、担保人等。

130. 无。

九　村社对外来人员的规定

131. 不属于公社的人不得使用公社的土地。

132. 没有这种惯例。

133. 外来人员不需要缴纳税款。

十　村社间关系

134. 没有过多个村社共同拥有农用地的情况。

十一　村社土地占有制与农户土地占有制的更替

135—143. 所描述的所有制更变情况在该乡不存在。

乡长 ＊＊＊

乡文书格里比温诺夫

（苏联国立历史档案局宗 91，目录 2，案卷号 784，第 164—190 页）

谢缅措夫乡社

日期不详

沃洛格达省格里亚佐韦茨县谢缅措夫乡的村社

编者：乡长耶尔曼诺夫、乡文书韦切斯拉沃夫

一　村社构成

1. 谢缅措夫公社隶属于沃洛格达省格里亚佐韦茨县谢缅措夫乡。
2. 临时雇用的农民应支付给领主代役租。
3. 所描述的公社（村社）由 5 个完整的村庄和 2 个村庄的部分组成。
4. 一些村庄由数个公社（村社）组成，是因为农奴制期间一个村内有多个土地领主。
5. 一个拥有多个村庄的公社（村社）包括 3 个大村和 4 个小村，不包括村庄、新定居点、小院、小村落等。村社是在现土地领主与原土地领主一起制定法定文书时形成的。
6. 不属于。
7. 该村社中共有 262 人，村庄和新定居点不包括在内。
8. 村社面积为 1286.5 俄亩，村社中村庄之间的距离为 1 俄里到 5 俄里。（1 俄亩 = 2400 平方俄丈）
9. 各类农用地属于村社土地的一部分，包括：宅院地 1200 俄丈，包括打谷场，没有菜地、花园、啤酒花种植田、大麻田和甘蓝菜地。有 2 俄里的牧场，牲畜圈 8 俄丈宽，耕地 1 俄里，草场和林地 2 俄里，没有采石场和捕鱼场。

二　村社土地使用方法

A. 占有方法

10. 不存在占有—使用土地的方式。
11. 不是所有村社成员的份地都需重新分配。
12. 无。
13. 没有免费使用的土地。

B. 村社土地重新分配

宅院地

14. 个人所有的宅院地可以继承，所有其他土地都要进行重新分配。
15. 没有重新分配宅院地的案例，根据村庄的决议，从紧挨着村社的耕地中划分出新的宅院地。
16. 重新分配打谷场和菜地。
17. 重新分配宅院地，例如：打谷场、菜地和其他地方与土地同时进行重新分配。

耕地

18. 有时也需重新分配耕地，目的是平衡农户主们增加或减少的土地。
19. 根据需要，可根据减少的人数重新分配耕地。最近一次耕地重新分配是在1877年（去年）和1878年（今年）。
20. 通过简单的抓阄来进行边界无变化的土地转让，每年进行一次，但不是在整个村社内，而是在有土地争议的农户主间进行抓阄。
21. 按照劳动力人数和土地的增减情况，农户主们每年都重新分配条形田。如果农户主的劳工人数减少，就会收回其所分土地，转交给劳工人数增加却没分到土地的农户主。
22. 为了方便将每块土地分为几个部分，每个部分再划分成较小的条形田分给农户主，一块田地一般划分为5个条形田，每个农户主分到一块条形田。
23. 将土地划分为柱状田、块状地、鬃岗等，由于土地不平坦土地的数量也不相同。
24. 将土地划分成不同部分的规定从旧时就开始存在，至今未发生改变。
25. 柱状地、块状地、鬃岗等由道路和界标划分开，但是整片田地有自己单独的道路和界标，每个农民都可以通过田间小路到自己的条形田。根据需要，小路和界标的宽度一般为1俄尺到3俄尺。
26. 在将土地划分为条形田时，以人口为单位划分，即按人头分土地。
27. 没有改变。
28. 每人分配到的条形田是不同的，一般宽为4—8俄尺，长为20—1000俄丈。
29. 条形田之间用地桩和地界划分。
30. 没有剩余。
31. 不排除。
32. 闲置地的使用面积约为120俄亩，大多是林地。在公社同意的情况下，公社成员可以使用这些闲置地，但须指明土地的尺寸和地点。

33. 若要开垦荒地，需平整森林、沼泽地。这些份地分配给清理土地者，如果在分配期间重新分配了村社的土地，清理土地者可以保留自己的份地。清理土地的农民有权在履行村社土地义务期间得到重新分配的土地。

草场

34. 每年都重新分配草场。

35. 根据草场的质量，将草地划分为几个部分，就像耕地分为柱状田一样的习俗，这些地方大多称为"条状田"，有流动的溪流或河流的地方就叫河流和河岸。

36. 每次都要根据草场的质量重新分配草地，重新分配新的份地，但同时还可以用抓阄的方式消除争议，比如谁在哪个区域分到自己的条形田，还有轮流交换份地等问题。

37. 条形田草场称为"条形草场"，条形草场最窄处只有3俄尺宽。

38. 没有由不参与分配的农民单独清理草场的案例。

39. 公社不在草场割草并收集干草。

林地

40. 在公社同意的情况下农民可以使用林木或灌木，并按照耕地的规则分成条状。

牧场和其他农用地

41. 有单独的牧场供放牧牲畜。

42. 在现有的牧场上放牧牲畜没有限制。

43. 放牧的地方称为牧场，在特定的份地内被指定用于放牧和围牧。

44. 每个农户主都有权放牧自己的牲畜，不限于已上报的牲畜头数。

45. 无地农民与有地农户主一样，每头牛，包括小牛和绵羊在内，需支付1卢布。

三 土地重分方法

46. 农户主从其他农户主手中接受小块土地，因此农户主的条形田被分成分散的小部分，这种情况下农户主可以提出重新分配的请求，以便分配到集中的条形田。

47. 农户主一般向村社提出重新分配的请求，在极端情况下则求助于村长。

48. 有地农户主参加村社关于土地重新分配的集会，无地农民不能参加。

49. 履行土地义务的妇女可以参与关于土地重新分配、税务分配等问题的集会。

50. 只有在上一条的情况下，农户主的妻子可以代替缺席的农户主开会，而在公社的其他事务中，缺席的农户主只能委托其他农户主参会。

51. 根据规定举行的集会中必须有2/3的农户主出席。但并非在所有的情况下。

52. 起草决议需要得到2/3的农户主的同意。

53. 村长和乡绅不能影响公社集会的决议。

54. 不选举专门人员来划分土地，村会亲自进行土地分配。

55. 不选举专门人员来分割条形田。

56. 耕地和草地上条形田的测量方式：耕地是杆和俄丈，草地是镰刀和步，每个名称的意思是：一杆就是一根长杆，俄丈是3俄尺，镰刀是一挥镰刀，一步就是一般人的一步长。

57. 农民一般采取杆测土地的测量方法，就是长桩或长杆。测量所有土地，而不是测量耕种的区域或者粮食产量。

58. 将条形田分配给所有公社成员，每个村的农民都能分到份地，份地为"半俄亩"，"半俄亩"包括8份人均份地，庭院和其他地方不连接。在公社土地重新分配之前，份地保持不变。

59. 公社土地分配给每个年满16岁的农民，不论已婚或未婚。

60. 分给未成年人或老年人的土地是人均土地的一半，有时是四分之一。

61. 每年没有特定的日期进行土地重新分配。重新分配是通过抓阄的方式进行的，抽到最长的小棍为第一，以此类推。

62. 那些自己的条形田散布在田地各处的农户参加抓阄。

63. 农民得到的条形田用桩子标记出来。

64. 没有未经主人同意擅自耕种别人土地的案例。

65. 对于毁坏土地边界的行为可以向村社和村长申诉。

66. 有一份土地的农户有6户，有两份土地的有38户，有三份土地的有31户，有四份土地的有18户；他们称为一份土地者、两份土地者、三份土地者等。

67. 与耕地的重新分配规则相比，草场、林地和其他农用地的再分配规则没有特殊规定。

四　村社经济事务制度

68. 农民的马群几乎无人看守，它们白天无人看管，晚上被带到庭院过夜。而村社会出资雇用单独的牧人放牧牛羊一段时间。农民要根据自家牲畜的头数轮流为牧人提供伙食，即自家有多少放牧的牲畜，轮到自家时就供牧羊人多少天的伙食。公社没有公牛和其他种畜，一些农户主家有公牛公羊等种畜，但是每一次配种需要向农户主支付一定的费用。

69. 在村庄周围和田地周围有围栏，围栏根据农民土地数量进行分配，公社强制设围栏是为了不让牲畜进入菜地，用围栏的高度限制牲畜。而牲畜造成的损失由受损害菜地的主人承担，但如果证实确实是牧人监管牲畜不力，责任则由牧人承担。

70. 公社建筑物的维护和管理秩序如下：商店通过集资，建造或修整桥梁、沟渠、建筑物和农户主的水井。

71. 公社不单独做改善土地的工作。不会挖沟渠排干田地围栏里沼泽的水。会清理灌木、拔除树桩以及开垦荒地，但不是由整个公社来做，而是由某些农户主来做。

72—73. 无。

74. 整个公社占用一户的土地，按照农民拥有的土地或分得的土地数量分配费用。使用牧场时，根据产出的幼畜头数分配费用。

75. 整个公社都没有购买土地的案例，公社给每个村庄分配的土地都是无偿的，土地被划分为每户相同的份地。

76. 无。

77. 没有几个农户联合生产的案例。

五　村社土地耕作与产品分配

78. 不重新分配土地，且不存在整个公社共同耕作土地的情况。

79—80. 无。

81. 没有几个农户联合生产的案例。

六　村社耕种情况

82. 公社采用大田三区轮作制，没有改进耕种制度，未实行牧草栽培制。对作物逐一施加粪肥，两年后在原地重新施肥。生产机器，例如犁、脱粒机、风车等工具没有进行改进。

83. 在生产方式上，个别农民不可改变村庄的传统生产方式。

84. 没有过。

85. 村社中没有哪个农民的生产水平落后于村社平均水平，同时公社也没有采取任何措施来帮助弱势群体或懒惰的农户主提高其落后的生产水平。

86. 该村社在以下工作中提供帮助：播种谷物、播种牧草和收割谷物。无偿帮助，只需要提供伙食。

87. 只有无地农民将粪肥出售给有土地的农户主。

88. 保护森林得当的农民可分得家庭用地。

七　村社赋税与徭役

89. 村社缴纳赋税情况如下：土地所有税 2250 卢布；国家税 521 卢布；地方自治税 153 卢布；公社税 3159 卢布。平均每人交 12 卢布 6 戈比。250 块份地的代役租每人交 9 卢布；国家税每人 1 卢布 99 戈比；地方自治税 85 戈比；公社税 90 戈比。每俄亩可耕地要缴纳 2 卢布 45.5 戈比。

90. 分配赋税与分配土地不同时进行，而是每年进行两次，即上半年和下半年各一次，但是今年没有进行过土地分配。

91. 先分配土地，然后再分配税款。

92. 以承担土地义务的劳动力为单位缴纳赋税。

93. 根据农户主从村社分得的土地数量，分配赋税。

94. 不予免税，需缴纳人头税。

95. 没有遇到。

96. 公社为流失的人口和空置的农户缴清赋税，还会为由于不同原因减产亏损的农民缴纳部分赋税，但不予免。流失的人所分得的份地和份地的税款都转移给更富裕的农民。死亡的人、失踪或暂离的人，还有整个家空了的农户叫作"流失人口，空置的农户"。

97. 无。

98. 享受下列优惠：有公社分配的公社税和实物赋税时，实物赋税由该村社分摊，村社官员属于农户主一列。

99. 军官在服役期间，其应付的费用和税款由公社分摊。

101. 村长和村社人员对不按时交税的农民实施强制措施，在缴纳税款之前，未经许可，不得擅自转让任何财产。

102. 对未按时缴纳赋税的违约者需采取措施：即查抄和出售违约者的财产。

103. 通过村社集会并按照决议进行。

104. 如公社追缴违约者偿款的措施失败，则所有公社成员平摊这部分费用。

105. 违约者如果不出面，他的土地将以出租的方式临时出租给另一农户主。

八 村社成员法律关系

106. 每个村庄都可以使用分配到的土地。没有公社的同意农户主不能擅自出租分得的土地，必须要通过村社的同意和决议。

107. 在村社中没有占有—使用土地的方式。

108. 每个农户主都能使用分配给他的土地，若征得村社的同意，可以将土地转让给其他农户主。

不能。

不能。

村会没有设定开始工作的期限，每位农户主都可以按他的意愿开始劳作。每个农户主都有义务为自己的条形田施肥，因为没有粪肥谷物长得差。

没有农户出售自家粪肥的情况，因为每个农户主都需要粪肥为自家土地施肥。

如果农民没有公然的品德败坏和腐化行为就可以售卖粪肥，但若有上述行为则不允许出售。

109. 农民分配到的土地可用来出租。没有公社的同意不得抵押、调换、出售土地以及以遗产的形式将土地传给后代。

110. 如果农户主想要转让土地，则需要征得其家庭成员的同意。否则家庭成员可向公社提出申诉。

111. 每个农民处置自家宅院地的权利都是受村社限制的。要将土地转让给同一村社的成员或外地人时需要征得公社的同意。

112. 村社一般不参与继承事务，但如果一个寡妇希望给未成年的孩子留下份地，村社不会阻拦。

113. 公社无权因农户主死亡或衰老疾病等对布尔什维克党的选举和撤换进行干预。公社撤换玩忽职守的农户主的案例时有发生：如果家庭成员向公社投递诉状，或者发现农户主有不道德行为，公社就会撤换他。

114. 只有在分产人求助于公社时，公社才会参与家庭分产。如果各方同意分产，则尽量自愿分割财产；如果出现分歧，则由公社来分割财产。分产原因是公社承认家庭分歧有一定的合理性。近三年中没有家庭分产的案例。

115. 退伍或无限期休假的男兵、女兵、寡妇和孤儿与农民农户主享有同样的土地权利，但享有人头税优惠和承担公社义务的退伍士兵除外。

116. 不能。

117. 农民农户主不缴纳赋税有以下原因：收成不足、缺少粪肥、农民由于缺乏饲料和各种原因而无法养活牲畜导致畜量减少。

118. 有剥夺不交税者土地的案例，但比较罕见。如果农户主无法支付所需款项，公社随时可以将土地从他手中收回。公社根据村民集会的决议，将土地从一个农户主那里重新分配给其他农户。没有村社永远剥夺村社成员的土地权利的案例。

119. 村社分配给个体农民的林地仅限于他个人使用，农民没有售卖权。没有捕鱼场、狩猎场、采石场和其他农用地。

120. 可以继承，继承的规则是无人继承的财产收归国有。

121. 从家庭中分离出来的成员从原来的家庭中获得土地。如果能够证明收留他们的家庭经济能力不足，养子和弃子可从村社获得土地。

122. 根据村社的决议，可接纳新成员进村社，并允许他们使用已故社员的土地。进入公社的成员不为公社劳动，不缴纳税款。村社对新社员土地分配的规则和对其他农户主的土地分配规则相同，除了公社商店发放的种子贷款之外，新社员不享有其他赋税的优惠。

123. 退出村社的社员向农户主支付应付金额，赎买他们的土地。公社出租这些土地。

124. 根据赎买条款第165条，当份地所有者一次性缴纳全部费用赎回土地时，可应他的请求赎回该份地，如果没有分出独户田，则重新分配时需排除这块份地。

125. 共有25个农民购买土地作为个人财产。除了购买的土地，农民还可以保留村社分配的土地。除务农以外，农民还可以打短工。

126. 一部分公社土地的使用是为了能够加入集会、乡法院及村法院，并且必须能够参与乡长和集会者的选举。

127. 除了公社土地所有外，公社成员之间不存在共同的义务。

128. 无。

九 村社对外来人员的规定

129. 非本村社的人不得使用未投入分配的土地。

130. 没有免费提供木材给死人做棺材的习俗。

131. 征得村社的同意可参会，村社允许他们参加与征税有关的村社集会。

十 村社间关系

132. 无关系。

十一 村社土地占有制与农户土地占有制的更替

133. 整个村社没有从村社占有过渡到农户占有以及从农户占有过渡到村社占有的案例。

134. 无。

135. 没有向农户占有过渡的案例。

136. 按户分配给农民的份地不适用这种过渡形式。

137. 不存在农户占有的土地。

138. 如果农民没有向农户占有的土地过渡，则无需重算费用和税款。

乡长伊尔曼诺夫
乡文书 ＊＊＊

（苏联国立历史档案局宗91，目录2，案卷号784，第227—270页）

新尼科利村社

日期不详
编者：乡长朱可夫、乡文书杰姆丘克

一 村社构成

1. 沃洛格达省格里亚佐韦茨县新尼科利乡的新尼科利村社。
2. 国有农民，个体农民和暂时雇用农民。
3. 由8个公社和53个村庄组成。
4. 分配原地主的财产。
5. 在该乡没有涉及到这个问题的村庄。
6. 不同的村社和村庄。
7. 该村社共有2232人。
8. 该村社中共有9040俄亩土地，村庄之间的距离为1—15俄里。
9. 该村社中有：耕地、草场、牧场、宅院地、宅院地、打谷场、菜地、大麻田、甘蓝菜地、啤酒花田、垂钓园，各部分的占地空间不能确定。

二 村社土地使用方法

A. 占有方法

10—13. 该乡没有此种使用和分配土地的方式。

B. 村社土地重新分配

宅院地

14. 通过村会的决议，将宅院地分配给国有农民和临时雇用农民，个体农民不参与分配。
15. 在所述村社中没有重新分配宅院地的案例，将从田地中划分出新的宅院地。
16. 除个体农民的私有土地之外的所有类型的宅院地都要重新分配。
17. 根据村会的决议，宅院地与其他类型农用地同时重新分配。

耕地

18. 根据村会决议按照家庭人数重新分配耕地。
19. 会重新分配，但是不会改变土地的界标。
20. 根据村会决议按照需求进行分配。
21. 按照人数进行分配，但不重新分配条形田，由人口多的家庭自行分配。
22. 将每块田地划分为更大的条形田，并且农民分得的条形田不在一处，分得的条形田与人数成正比。
23. 在划分条形田时，会考虑到土地位置的便利与否，以及土地与村庄的距离远近。
24. 最后一次土地划分是在第 10 次人口普查时进行的。
25. 用小道和地界划分份地，农民可以沿着小道、地界借助手推车和犁自由地抵达自己的份地。
26. 根据人口调查划分条形田，但也可以根据劳动力人数和村会的决议对其进行调整。
27. 没有改变。
28. 划分的份地长度为 10—100 俄丈，宽度为 1—2 俄丈。
29. 界标。
30. 无剩余。
31. 不管理。
32. 不排除。
33. 虽然森林中有闲置地，但并没有分配给任何人：这些闲置地是归公社使用的。
34. 只有国有农民可以凭许可获得森林闲置地 40 年的使用权限。

草场

35. 不重新分配，但是若纳税人去世，则可通过村会的判决重新分配人均份地。
36. 有重新分配草地并将其划分成条状的习俗。
37. 通过抓阄进行划分。
38. 柱状田和湖泊，每人分得宽度 1—2 俄丈。
39. 有草场，但只有国有农民通过票据才能获得。
40. 没有这种情况。

林地

41. 国有农民缴纳林地税便可以使用森林，但不分配给临时雇用农民和个人农民林地，如果需要使用森林，则需向林业部门申请，缴纳一定的费用。

牧场和其他农用地

42. 每个村庄或每几个村庄都有单独的牧场。

43. 在牧场里。

44. 牧场位于每个村庄或每几个村庄的田地后面。

45. 每个农户主都有权在牧场放养他的牲畜。

46. 公社中没有类似的牧场。

47. 可在集市上出租渔场，其他的公社中没有渔场。

三　土地重分方法

48. 家庭人口多，人均分得的土地就少。

49. 由村长确定村会的决议。

50. 只有农户主有权在村会上投票。

51. 不允许。

52. 家庭男性成员。

53. 关于土地重新分配的集会要求 2/3 的农户主必须到场。

54. 要求必须有 2/3 的农户主进行投票。

55. 必须得到参会 2/3 的人数的投票。

56. 没有单独分配土地的人员。土地由公社统一分配。

57. 无。

58. 用俄丈、镰刀等单位丈量，不用犁头丈量，还可用脚丈量。

59. 丈量土地的单位名称为俄丈，其他的单位名称在公社中不予使用。

60. 公社将土地划分为十人份或者五人份，具体分得土地数量根据人数而定。只有在人口调查期间才可对其进行调整。

61. 家庭成员的年龄不定，按照一定的比例。

62. 无。

63. 公社仅通过抓阄的方式分配草场。

64. 只有在分配草场时，农户主们才挨个抓阄。

65. 每人按照自己的意愿标记自己的土地，有的做绳结，有的在不同的份地上刻下由姓名和父称的首字母组成的字母图案。

66. 在村社中没有发生过这种情况。

67. 没有过。

68. 每个农户主都有按人数分得的土地。

69. 无。

四 村社经济事务制度

70. 在牧场附近放马无需看守，而牛和羊则需在每个村庄雇用的牧人的监督下放牧，根据每个农户主所拥有的牲畜头数缴纳给牧人一定费用。

71. 在村会中选出护林人，专门保护森林。

72. 根据人数设立围栏，围栏的高度没有限制。因牲畜踩踏造成的损失由牲畜的主人承担。

73. 由村社养活。

74—75. 没有这种情况。

76. 交公，收入由村会分配。

77—78. 村社中没有这种情况。

79. 无。

80. 村社中没有这种案例。

五 村社土地耕作与产品分配

81—84. 没有这种情况。

六 村社耕种情况

85. 采用三田轮作的耕种制度，在每隔两年的第三年需要重新施肥，村社没有实行牧草轮作制，没有公社的耕种用具。

86—88. 公社里没有这样的情况。

89. 若农户主没有能力自己完成工作，也可以请别人来帮忙。

90. 无。

91. 公社所有的林地保护得更好。

七 村社赋税与徭役

92. 费用如下：国家税 9596 卢布 5.75 戈比、地方自治税 1164 卢布 29 戈比、土地税 8398 卢布、公社税 896 卢布 6 戈比，总计 20054 卢布 40.75 戈比。由于规定不同，无法确定人均缴纳的赋税额。

93. 没有类似的分配情况。

94. 根据家庭人数分配土地和赋税。

95. 个人被视为分配税款的单位。

96. 根据人数分配税款。

97. 所有无地农户主必须支付所有税款。

98. 分配赋税时没有遇到特殊情况。

99. 村社中没有这样的土地分配情况。

100. 村社没有免费的份地。

101. 所有公职人员，像乡长和村长一样，除了免除实物赋税之外，与其他人一样要缴纳其他赋税。

102. 由分得份地的家庭成员缴纳赋税。

103. 村社内有连环保。

104. 没有延期交税的现象。

105. 村政府和乡政府有连带责任。

106—107. 村社中没有这种情况。

八　村社成员法律关系

108. 自第 10 次人口调查以来各村庄就没有再分配过土地，也没有土地出租的情况。

109. 整个村社不存在占有—使用土地。

110. 村社土地不存在重新分配。
村社农民无权给所分得的条形田设围栏，也无权不采用村社采用的生产制度。农户主有权变卖掉所有牲畜。

111. 农户主有权临时出租自己的份地，但无权抵押、变卖。且出租时不需要征得公社的同意。

112. 如果家庭成员有任何错误行为，作为最高级的家庭成员，农户主有全权向公社提出申诉。

113. 在征得公社同意的前提下，每个村社成员都能将自己的份地归还给自己的村社。

114. 因为妇女和未成年人没有能力缴纳公社的税款，所以他们免交人头税。

115. 如果有年长的家庭成员向公社提出诉讼，根据他们的诉讼公社可以撤除不认真工作、玩忽职守的农户主的地位。

116. 村社只在极个别条件下参与家庭分产，且大多是在农户主的请求之下。3 年内，村社家庭分产的例子有 30 起，且都是在村社参与下完成的。

117. 服兵役后重返村社的成员可以使用他所分得的份地，并缴纳相应税款。女兵、寡妇和孤儿不使用人均分配的份地，也免除所有税款。

118. 未经村社成员同意，不得使用牧场、草场和林地。

119. 家庭情况、事故，有时还有农户主的不检点行为。

120. 没有因拖欠交税而剥夺土地的案例。通过村会决议可以随时从农户主手中收回土地。没有过从村社成员手中永久性剥夺土地的案例。

121. 村社中没有这样的情况。

122. 因缺少继承人或某些其他情况，可通过村会决议继承无人继承的财产。

123. 新分离出去的家庭成员从原来的家庭中获得土地，公社不予分配。村社中没有养子女和弃儿。

124. 通过村会的决议接受新成员加入村社，村社不给予他们在缴纳赋税方面的任何优惠。

125. 根据村会的决议，将离开村社的成员的土地分配给最有需求的成员。

126. 村社中有两起案例：一个成员缴纳赎金赎回自己的份地，其他的成员则无权赎回自己的份地。

127. 村社内没有这类成员。

128. 需要这样做，在好的情况下，在没有审判、调查和申斥的情况下更需要这样做。

129. 村社内所有成员有连带责任。

130. 除了上一问题的陈述外，没有其他连带责任。

九 村社对外来人员的规定

131. 不允许。

132. 所有村社成员都必须这样做。

133. 不参与，也不允许。

十 村社间关系

134. 每个村庄都各自管理，但隶属于一个村社，土地是村社统筹管理的。

十一 村社土地占有制与农户土地占有制的更替

135—137. 村社没有类似的案例。

138. 村社没有按户分配的分段份地。

139—143. 没有这种情况。

乡长朱可夫
乡文书杰姆丘克

（苏联国立历史档案局宗91，目录2，案卷号784，第271—290页）

加夫里利采夫乡的村社（1）

日期不详
编者：乡长尼坎诺罗夫、乡文书＊＊＊

一 村社构成

1. 沃洛格达省格里亚佐韦茨县加夫里利采夫乡的村社：

编号	村社名称	村社成员	村社组成	登记人口	土地面积	土地使用	建制方式
1	第二米哈列夫村社	国有农民	若干村庄组成	436 人	1743 俄亩 947 俄丈	所有农用地都由农民使用	村社基于大型或小型的村庄组建
2	博洛托夫村社	临时雇佣农民		268 人	1218 俄亩 1153 俄丈		
3	第一马尔科夫村社	个体农民		238 人	988 俄亩 1868 俄丈		
4	切尔诺古博村社			224 人	711 俄亩		
5	安特罗波夫村社			80 人	302 俄亩 771 俄丈		
6	卡尔采夫村社	临时雇佣农民		203 人	862 俄亩 883 俄丈		
7	基奇金村社		单一村庄组成	36 人	144 俄亩 124 俄丈		
8	科斯科夫村社			31 人	84 俄亩 124 俄丈		
9	库兹涅佐夫村社	个体农民	若干村庄组成	85 人	321 俄亩 1922 俄丈	村社直接管辖土地	基于新居民点成立村社
10	马利金村社			160 人	704 俄亩 1157 俄丈		
11	莫谢科夫村社	临时雇佣农民		143 人	495 俄亩 1195 俄丈		
12	伊瓦什科夫村社	个体农民		83 人	373 俄亩 1200 俄丈		
13	克尼莫金宁村社			89 人	402 俄亩 1200 俄丈		
14	巴林采夫村社			46 人	202 俄亩 1200 俄丈		
15	科普采夫村社	临时雇佣农民	单一村庄组成	23 人	58 俄亩 1200 俄丈		
16	第一卡通宁村社			26 人	93 俄亩 2230 俄丈		
17	第二卡通宁村社			22 人	66 俄亩	土地根据需求重新分配	尚不清楚这些村社何时以及如何形成
18	第一米哈列夫村社	个体农民		39 人	267 俄亩 1370 俄丈		
19	夫罗洛夫村社	临时雇佣农民		97 人	983 俄亩 918 俄丈		
20	多洛托夫村社	个体农民		46 人	207 俄亩		
21	奥加尔科夫村社			118 人	524 俄亩 118 俄丈		
22	加夫里利采夫村社	临时雇佣农民		131 人	529 俄亩 1567 俄丈		
23	米龙诺西茨基村社			133 人	529 俄亩		
24	第一马尔科夫村社			76 人	240 俄亩 1200 俄丈		
25	尼奥温尼科夫村社	个体农民		50 人	214 俄亩 1950 俄丈	无	无
26	帕尔金村社			26 人	119 俄亩 1940 俄丈		
27	波戈列洛夫村社	临时雇佣农民		76 人	217 俄亩 1160 俄丈		
28	马特韦耶夫村社			42 人	172 俄亩 1146 俄丈		

二 村社土地使用方法

A. 占有方法

10—13. 无。

B. 村社土地重新分配

宅院地

14. 以前没有重新分配过宅院地，现在也不重新分配。宅院地属于农户可继承财产的范畴内。

15. 没有重新分配过宅院地。从宅院地中划分出来新的宅院地，如果不够，根据集会决议从耕地中划分出新的宅院地。

16—17. 无。

耕地

18. 自第 10 次人口普查后就没有重新分配过耕地，现在也没有重新分配。

19—24. 无。

25. 用垄沟给份地分界，农民可以借助犁具通过垄沟。

26. 将纳税人视为分配条形田的单位。

27. 无。

28. 地方不同，条形田的宽度和长度也不尽相同。

29. 用标志标明。

30—34. 无。

草场

35—37. 无。

38. 条形草场被称为一人份，二人份或三人份"条形草场"。由于位置不同，条形草场的宽度也不同。

39—40. 无。

林地

41. 农民可使用自己分配到的林地。小片的灌木林由村社共同使用，砍伐的树木用于供暖。因为每户有单独的供暖锅炉。

牧场和其他农用地

42. 所描述的农民拥有牧场，列入所分份地。

43. 除草场外还有牛犊圈，它比草场更小，离宅院地更近。

44. 每个农户主都有权在牧场上放养自己的牲畜。

45. 无地农民无权在牧场上放养自己的牲畜。必须要征得所有农户主的同意，或者支付一定的费用。

46. 无。

三　土地重分方法

47—68. 不存在土地重分。

注解：

如果家庭成员去世，村社可以通过决议将该成员的土地转交给其他需要土地的农民。但这不属于土地重新分配的范畴，后面会详细说明。

四　村社经济事务制度

69. 农民的马无人看管，因为他们在村庄附近的牧场吃草。村社的公牛由地方自治会购买并饲养。没有其他种畜。

70. 没有轮班的守卫保护村社的林地，也没有守夜人，所有农民共同监督林地。

71. 在村庄和田地周围都有村社的围栏，围栏按土地数量分配。围围栏没有特殊的规定。牲畜的主人承担牲畜撞坏围栏造成的损失。

72. 公社的建筑物：

1）商店由农民维护和经营。

2）学校由地方自治会维护。

3）没有磨坊。

其他建筑物：

桥由地方自治局维护。

没有小路、水坝、水井、沟渠。

73—79. 无。

五　村社土地耕作与产品分配

80—83. 无。

六　村社耕种情况

84. 该村社采用大田三区轮作制，这一制度没有改进过，没有种植车轴草、巢菜和梯牧草，每两年后的第三年在原地再次施肥。工具和设备也没有改进。

85—89. 无。

90. 分给各家庭的林地被保护得更好。

七　村社赋税与徭役

村社	1	2	3	4	5	6	7
	第二米哈列夫村社	博洛托夫村社	第一马尔科夫村社	切尔诺古博村社	安特罗波夫村社	卡尔采夫村社	基奇金村社

续表

	8	9	10	11	12	13	14
赋税	2736 卢布 97 戈比	1699 卢布 46 戈比	1398 卢布 47 戈比	1399 卢布 98 戈比	885 卢布 84 戈比	2341 卢布 10 戈比	414 卢布 18 戈比
村社	科斯科夫村社	库兹涅佐夫村社	马利金村社	莫谢科夫村社	伊瓦什科夫村社	克尼亚金宁村社	巴林采夫村社
赋税	103 卢布 91 戈比	817 卢布 13 戈比	1611 卢布 2 戈比	1423 卢布 15 戈比	828 卢布 88 戈比	89 卢布 34 戈比	132 卢布 84 戈比
	15	16	17	18	19	20	21
村社	科普采夫村社	第一卡通宁村社	第二卡通宁村社	第一米哈列夫村社	夫罗洛夫村社	多洛托夫村社	奥加尔科夫村社
赋税	197 卢布 93 戈比	285 卢布 56 戈比	259 卢布 6 戈比	266 卢布 45 戈比	1091 卢布 69 戈比	365 卢布 16 戈比	1157 卢布 1 戈比
	22	23	24	25	26	27	28
村社	加夫里利采夫村社	米龙诺西茨基村社	第一马尔科夫村社	尼奥温尼科夫村社	帕尔金村社	波戈列洛夫村社	马特韦耶夫村社
赋税	1338 卢布 59 戈比	1591 卢布 85 戈比	662 卢布 32 戈比	496 卢布 96 戈比	266 卢布 81 戈比	865 卢布 44 戈比	490 卢布 35 戈比

91. 不重新分配土地,在支付之前能收齐所有税款,那时再分配赋税。

92. 不重新分配土地,分配赋税如上所述。

93—94. 以个人作为分配赋税的单位。

95. 不免税。

96. 由于不重新分配土地,所有赋税的分配规则不发生改变。

97—99. 无。

100. 如果服役军官的家庭成员不想使用他的份地,那么土地税款由使用该份地的人缴纳。

101. 无。

102. 查封并售卖不按时付款人的财产。

103. 根据村会的决议执行。

104—105. 无。

八 村社成员法律关系

106—107. 无。

108. 不。

109. 不规定期限。

110—113. 无。

114. 村社历来阻止分家，但是对于生活在一起并拥有同一份家业的多个兄弟分家，村社表示支持。过去三年没有分家的案例。

115. 在第10次人口调查后服役的士兵，退伍或无限期休假后，与农民一样使用分配的份地，士兵的遗孀和遗子与农民的遗孀和遗子享有相等权利。但是在第10次人口调查之前服役的士兵，以及他们的遗孀和遗子都不会分得土地。

116. 无。

117. 公社对欠款者的财产进行查封和出售，没收其土地，出租收租金。

118. 在该条中提出的问题没有发生过。

119. 无。

120. 没有过这种案例，但按照往常的规则，只能继承无人继承的财产。

121. 新从村社中分离出的成员从原家庭得到份地，村社没有养子和弃子。

122. 无。

123. 将离开村社的成员的土地转交给更需要土地的成员。

124—125. 无。

126. 必须。

127—128. 无。

九　村社对外来人员的规定

129—131. 无。

乡长尼坎诺罗夫

乡文书＊＊＊

（苏联国立历史档案局宗91，目录2，案卷号784，第322—350页）

加夫里利采夫乡的村社（2）

日期不详

编者：乡长斯梅洛夫

乡代表舍韦列夫

乡文书斯米尔诺夫

一　村社构成

1. 奥加尔科夫村社共2425人，10842俄亩369俄丈的土地。

1）斯洛博茨村 91 人（个体农民），409 俄亩 1200 俄丈土地。
2）舍维亚科夫村 120 人（个体农民），540 俄亩土地。
3）格里金村 192 人（个体农民），838 俄亩 2113 俄丈。
4）图凡诺夫村 33 人（个体农民），135 俄亩。
   22 人（临时雇佣农民），83 俄亩 1041 俄丈。
  5）巴尔达科夫村 43 人（个体农民），193 俄亩 1200 俄丈＝个体农民。
      27 人（临时雇佣农民），95 俄亩＝临时雇佣农民。
6）第二克鲁捷茨基村 15 人（个体农民），67 俄亩 1200 俄丈土地。
7）第二杰维亚季伊兹宾村 33 人（个体农民），148 俄亩 1200 俄丈。
8）梅德韦杰夫村 33 人（个体农民），148 俄亩 1200 俄丈。
9）切尔纳夫村 205 人（个体农民），895 俄亩 2164 俄丈。
10）沙夫罗夫村 26 人（个体农民），117 俄亩。
11）第一克鲁捷茨基村 57 人（个体农民），256 俄亩 1200 俄丈。
12）第一杰维亚季伊兹宾村 26 人（个体农民），117 俄亩。
    12 人（临时雇佣农民），54 俄亩。
13）帕尔金村 486 人（临时雇佣农民），2169 俄亩 1632 俄丈。
14）谢利丰诺夫村 521 人（临时雇佣农民），2544 俄亩 1200 俄丈。
15）第二图法科夫村 31 人（临时雇佣农民），139 俄亩 1200 俄丈。
16）夫拉索夫村 105 人（临时雇佣农民），473 俄亩 1200 俄丈。
17）第一坚尼西耶夫村 37 人（临时雇佣农民），166 俄亩 1200 俄丈。
18）第二坚尼西耶夫村 22 人（临时雇佣农民），99 俄亩。
19）布舒耶韦克村社 121 人（临时雇佣农民），402 俄亩 1488 俄丈。
20）谢库季耶夫村 54 人（临时雇佣农民），243 俄亩。
21）达罗夫村 20 人（临时雇佣农民），90 俄亩。
22）克利昆诺夫村 38 人（临时雇佣农民），171 俄亩。
23）科萨罗夫村 54 人（国有农民），243 俄亩＝国有农民。

2. 社区土地管理情况见第 1 条。
3. 组成公社的每个村社都包含若干村庄。
4. 有一些全部是临时雇佣农民的村庄，虽然也有单独的临时雇佣农民村社，这存在于编制法定文书的时期。
5. 根据这一点没有这种村社。
6. 有 23 个单独的村社。
7. 所描述的村社人数详见第一条。
8. 10842 俄亩 369 俄丈的土地，来自 23 个村社的 86 个村庄。它们之间（几乎是连着的）紧挨着。

二 村社土地使用方法

A. 占有方法
9—12. 无。

B. 村社土地重新分配
宅院地
13. 宅院地是整个村庄公共使用的土地，仅在火灾后会重新分配。
14. 除上述说明外，宅院地也不进行重新分配。
15. 没重新分配过。
16. 在收到法定文书时重新分配过宅院地，但此后再没有重新分配过。

耕地
17. 根据村会的决议重新分配耕地，如果有家庭内家庭成员增多，就将土地移交给这一家庭。
18. 没有重新分配过。
19. 从收到法定文书至今，一直没有重新分配过。
20. 根据村社区的决议或个人提出的条件，通常会重新分配，没有一个固定的时间。
21. 按照地方规定，将田地划分成条状。
22. 将所有田地划分成条形，如果地方允许，则划分为大块条形田，其他则分成小条形田，按比例将条形田分给各农户主。
23. 在第10次人口调查之后或在收到法定文书之后至今没有对土地划分情况进行过调整。
24. 条形田由垄沟划分开来，垄沟由原木划分，宽度为5俄寸，推车和犁根本无法通过。农民们在土地里开辟了十字形的小道以便通向自己的条形田。
25. 目前，根据人数划分条形田，如果有的家庭成员减少，那么根据村会的决议，将相应的一部分土地收回，再转移给其他人口增多的家庭。
26. 除上述情况外，到现在没有进行过重新分配。
27. 根据人数分配的条形田的宽度最小每人3—5俄尺，长度10—100俄丈。
28. 由小垄沟和小田界分割开。
29. 无。
30. 无。
31. 如果由于死亡或其他原因一个家庭一个成员也不剩，那么他的耕地将转交给人数增加的家庭中的一个或多个农民，这需要通过村会的决议，除此之外没有其他再分配的案例。
32. 无。

草场
33. 每年只有草场的草地重新分配，荒地从来没有重新分配过。
34. 由于地形的便利，将草地分为柱状，每年通过抓阄重新分配。

35. 每年重新分配草场，通过抓阄分配草地。
36. 只划分成条状或框状草地。
37. 没有。
38. 没有发生过。

林地

39. 每个村庄的森林按照农民人数划分成条形，每个人都在他分得的条形林上任意砍伐树木，也有些人保护和购买森林。

牧场和其他农用地

40. 有长有灌木丛的单独牧场，供农民放牧。
41. 在每个村庄，不论大小，都有单独的牧场。
42. 这些特殊的地方叫作牧场，没有其他名称。
43. 每个农户主都可以任意将他的牲畜赶到牧场去，有多少就可以在牧场放多少，无需遵守当地规定。
44. 虽然有很多的无地农民分到该乡，但他们几乎都没有牲畜，所以没有机会行使这一权利。
45. 没有这种公社。

三　土地重分方法

46. 没有遇到过这种情况。
47. 到现在没发生过这种情况。
48. 只有农户主能参加村会，他们有权在集会上投票。妇女和无地农民不参加村会。
49. 根据当地习俗女人、寡妇不得参加村会。
50. 根据《总则》第51条显示超过2/3的农户主投票才能行使权利，缺席的农户主没有权利。
51. 当地规定，出席集会的农户主不少于农户主总数的2/3。
52. 在这种情况下，根据当地规定，必须得到不少于2/3的农户主的同意。
所有村长的决议必须符合标准，符合审查结果。
53. 由各村社在集会上完成土地分配。
54. 无。
55. 采取措施：耕作数俄丈土地，而大部分割草场用于割草。
56. 没有采取该措施。
57. 耕地由一个村庄的村社首先分配成四份，然后再分成小份，各部分的大小不一，农户的庭院不归入村社田地，而只是在另外四份中，农民可以共用一份土地，当地习俗从前就是这样，现在亦是如此，未曾改变。
58. 只按纳税人数分配，由一个人转移给另一个人（主要是已经成家的人）。
59—60. 无。
61. 不是根据农户的数量分配土地，而是按纳税人数分配，按男性的数量，并且现在没有划分土地的抓阄形式。

62. 由于从第 10 次人口调查起,农户主所有的土地并未发生变化,因此农民没有做任何标记,而是直接耕种自己的那份土地。

63. 没有遇到这种情况。

64. 不曾遇到这种情况。

65. 一个农户,两农户,四个农户,五个——……农户的土地,统称为份地。

66. 这里没有遇到这种情况。

四 村社经济事务制度

67. 农民的马无人放牧,而是雇用牧人来放牛,根据家畜活动范围的不同,牧人的工资也不等,家畜越多、放牧地的面积越大,工资越高,公牛是整个村庄一起买的,村社没有购买其他种畜,因为农民有自己的种畜。

68. 只有个人监督。

69. 大部分村社的土地和林地旁边都有围栏,围栏的高度为 2 俄尺。这是根据以往的农村习俗来制作的围栏,牧人应承担牲畜闯入围栏所造成的损失,但如果牧人没有此义务,那么就由围栏的主人来承担损失。

70. 需向乡政府缴纳村社税费,而商店以实物抵税,再无其他。

71. 各村庄只需在湿地排干和牧场围栏的地方挖沟,其他无需做什么。

72. 农民自己不从事这项工作,而是雇人按每俄丈 4 戈比来结算工资。

73—75. 无。

五 村社土地耕作与产品分配

76—79. 无。

六 村社耕种情况

80. 1)村社实行三区轮作制;
    2)无;
    3)无;
    4)每块田地每隔两年施肥一次;
    5)每年春天将粪肥运至土地;
    6)无。

83—87. 未有过这种情况。

88. 这里没有建筑用材,而灌木和其他木材按人头分配并由各农户主保存。

七 村社赋税与徭役

89. 临时雇佣农民,每人 12 卢布,个体农民每人 10 卢布,国有农民每人每年 10 卢布。

90. 整个公社仅分配公社税。

91. 除了分配公社税之外，农民没有更好的分配方式，其他的税费都按省税务局和地方自治执行机关的税额通知单进行分配。

92. 在这里，只以纳税人或者所分配的份地为计算单位，而无地农民只按人头税和公社税计算。

93. 按土地数量分配支付金额。

94. 尽管没有份地，但每人都需自己缴纳被省税务局纳入税收范畴的人头税。

95. 未曾遇到这种情况。

96. 1) 从未有过由村社集体缴纳税费的情况。2) 未曾有过这种情况。

97. 无。

98. 享受赋税优惠的人群：乡长、村长和乡级法官，每年只需支付 31 戈比的公社税，并缴纳个人的其他实物赋税。

99. 村社分配税款、人头税和土地税，对土地领主征收代役租。

100. 未曾遇到这种情况。

101—110. 无。

111—113. 还未遇到这种情况。

114. 这种监督还未曾有过。

八　村社成员法律关系

115. 村社有其自身的意义，每个村庄都是独立的，如需重新分配土地，则由村会来决定。

116. 无。

117. 1) 至今还未曾遇到过这种情况。

2) 农民不能将其份地围起来，因为整个村庄拥有共同所有权。

3) 在春播地不能播种秋播作物。

4) 每个农户主都有义务同其他农民一起开始和完成劳作。

5) 每个农户主都有义务给其份地施肥，因为这里的传统即是如此，如果进行人口核查，未施肥的土地将交给持续给自己份地施肥的农户主。

118. 可以暂时出租土地，不过根据村会的决议，任何人无权抵押、变更、"出售"土地，无权不经村社同意而将其作为遗产转让给村社成员（尤其是村社外来成员）。

119. 这里没有遇到过这种情况。

120. 农民可暂时转让宅院地，但只能转让给村社成员，需征得村社同意才能将宅院地转让给外来成员。

121. 村社的继承事务与维持经营及未成年人的教育相关。

122. 在每个农民（已故）之后，村社派遣承包人为其每年进行一次核算，如果该承包人管理不善，则村社再选派另一个更为勤勉的人代替他，更多的问题在这里还未曾涉及。

123. 1) 曾遇到这种情况。

2) 过去三年中曾有过 21 起分家的案例，但村社未参与其中。

124. 在第 10 次人口调查之前服役、现已退役的士兵不使用土地，经法定章程批准而获得土地的无限期休假士兵，可与其他农民同等使用土地。

125. 只有在不限制分配的情况下使用土地的农民才能参与，而其他农民则不能参与。

126. 这里不会遇到这种情况。

127. 从未有过这种情况。

128. 还未曾遇到过这种情况。

129. 1) 新分家的家庭成员可获得在第 10 次国家人口普查中划分的土地。

2) 养子和弃儿可获得经村社认证的闲置地。

130. 这里没有重新列入村社的土地。

131. 在脱离村社后，土地仍由村社支配，村社可自行决定将土地转让给另一成员。

132. 在完全赎回土地的情况下，整个资本化代役租的全额费用在一些地方并不是单独发放的，因此不会被排除在重新分配之外。

133. 购买土地为个人所有的 9 个农户不放弃其以前的土地，他们的村社份地使用权被保留，并且这些份地仅用于耕种。

134. 因此没有必要使用村社土地。

135. 根据前文所述的当地习俗，本条款中的情况确有发生。

136. 除本条款中的连带责任外，不存在其他的连带责任。

九　村社对外来人员的规定

137. 根据村社的决议，只有一些退役士兵在与其他农民同等履行所有赋税义务的前提下，才允许其使用土地。

137. 未曾遇到这种情况。

138. 不参与且不征收。

十　村社间关系

139. 无关系。

十一　村社土地占有制与农户土地占有制的更替

140—141. 无。

142. 从未发生过这种情况。

143. 农民的土地归村社共有，并无按户分配的土地。

144—147. 这里未曾有过这种情况。

乡长斯梅洛夫
乡陪审员舍维列夫
乡文书斯米尔诺夫

（苏联国立历史档案局宗 91，目录 2，案卷号 784，第 351—369 页）

特罗伊茨村社

日期不详
编者：乡陪审员诺里岑、乡文书沙雷波夫

一 村社构成

1. 沃洛格达省乌斯秋格县乌斯季阿列克谢耶夫乡的特罗伊茨村社。
2. 在国家赋税的法令下，该村社的农民——即原国有农民——拥有土地。
3. 该村社由15个村庄组成，农户为1到24不等。
4. 没有一个村庄内有若干村社的情况。
5. 一个拥有15个村庄的公社，其中没有大村和新村，而这些村庄是何时以及如何形成的，无从知晓。此外，自1866年国有农民公共管理改革以来，它被视为村社。
6. 该村社的土地属于全乡，包括叶列梅耶夫大村镇奥尔洛夫乡、瓦尔任乡、沙尔金乡、沙斯基乡的消暑农舍占地及村庄，在1783年的土地测量中被划为同一区。
7. 在该村社的人口调查中，男性538名，女性584名，共计1122人。
8. 在该村社共有约2590俄亩1720俄丈土地，因为该村社的村庄与整个乌斯季阿列克谢耶夫乡的剩余村庄被划定在同一个区，因此关于每个村庄农民所拥有的土地数量，没有确切的数据。所以，根据当地传统，将土地占有面积等同于工资。如果可能，所有村庄所分配的土地和收入金额均等。
9. 村社的农用地类型包括：宅院地、宅院地、打谷场和耕地共1175俄亩714俄丈，草场320俄亩□□俄丈，牧场和林地1094俄亩2246俄丈，河流、湖泊、沼泽和道路用地……俄亩……俄丈，共计2590俄亩1720俄丈。

二 村社土地使用方法

A. 占有方法

10. 该村社不存在占有—使用方式。
11. 该村社没有利用闲置地的情况。
12. 没有人利用闲置地。
13. 关于此项没有确立任何普适规则。

B. 村社土地重新分配

宅院地

14. 任何种类的宅院地都不按户通过遗产方式继承，如有需要，可以重分宅院地。
15. 没有重新分配宅院地，主要在牧场用地上划分出新的宅院地，牧场靠近村庄，但并没有离村庄很近，而是临近耕地或菜地。

16. 该村社农民从未重新分配过其他类型的宅院地，如菜地、大麻田、菜园、打谷场等。

17. 尚未重新分配过宅院地，管理部门认为宅院地的重分可与土地重分同时进行。

耕地

18. 没有对该村社的耕地进行官方重分。如果一个农户的人口数量增加，而另一个农户的人口数量减少，那么将从后者的耕地中划出半人份地、一人份地等等，然后转交给前者。如果这种耕地无法归入其原有耕地或者其邻居不同意交换，那么可将其单独耕作，这样才不会破坏原有的地界。

19. 重分耕地时，不重新划分条形田。

20. 但在重分耕地时，会调整条形田的地界。例如，一位农户主的耕地过多，而另一位农户主的耕地不足，那就从前者那里分出一部分土地给后者。

21. 几乎每年，村社一些村庄的农户主之间都会进行耕地分配，也就是说那些增加了人口数量的农户，要多得到些半人份地、一人份地、两人份地。反过来，那些人口减少的农户要相应减少土地。

22. 很久以来，每块田地都用各种框或界标加以区分，在其上划分条形田，并根据农户所支付的税款分配耕地。

23. 会考虑考虑不同地段的地形、土地质量差异。比如，村庄附近的耕地也更好，而村后的土地质量较差。将土地划分为不同地块时，会据此划分和标界，使得每个农户既分到一些较肥沃的耕地，也分到一些中等和贫瘠的耕地。土地划分充分考虑了平等原则，不伤及彼此合理利益。

24. 过去的这种划片和标界的做法是何人何时所做，我们无从知晓，但至今仍然保持不变。

25. 耕地或界标被道路和宽阔的田界分开，犁具可以通过这些道路和田界。

26. 以纳税人为单位，根据纳税人口数量对土地进行划分。

27. 自农民改革以来划分单位未曾改变过。

28. 条形田的份地不同，标界不同，大小不同，即宽度为1俄丈到5俄丈、长度为20俄丈至200俄丈。

29. 通过狭窄的田界将这些条形田彼此分开，并在一些地方还竖有木桩以作标记。

30. 在土地重分时不会为村社的未成年成员预留储备土地。

31. 村社中不存在储备份地。

32. 没有任何耕地被排除在再分配之外，一般而言，如果需要，所有耕地都在同一基础上进行重分。

33. 该村社没有空地，除了位于未被国家测定标界的林场中的森林；农民使用柴用材和建筑用材，使用量由村会决定，砍伐柴用林、木杆和木桩以供家用，征收一半的税费，即农民根据定额税支付的林业税。

34. 开荒、伐林开荒和排干湿地需要获得森林管理部门的许可，根据该许可，开荒、伐林开荒和排干湿地的特别使用年限为40年，伐林开荒的人拥有参与他所居住的以及参与人口调查的村庄中其他森林的一般再分配的权利。

草场

35. 如果没有特殊需要，不会重新分配草场，只有当村社里的人口量增加和村社迎来新成员时才会进行重分。

36. 如耕地一样，草场也被分为几个部分，划分的依据为干草的收成质量，它们被称为乌金和草堆。

37. 草场用地的边界很少会有所改变，大部分农民会轮流交换地段，这被称为交替。

38. 草场用地大多被称为乌金、次耕地和交替地，其中最窄的约为3俄丈。

39. 有一部分草场是由过去的一些农民自己开垦出来的，这部分草场在12年内都不会进行重分。

40. 有一部分草场，不是在农户之间分配，而是以整个村庄为单位，然后根据支付的会费数额将干草本身分成堆或垛，并且用这种方法，根据干草垛的大小，为每个人划拨一俄尺或一俄丈的土地。在这种草场上割草要经过所有村民的一致同意，每个村民都会根据割草范围的大小从家中派出一两个人。

林地

41. 林地和灌木丛被农民根据人口数量而分成不同的几块土地、谷地来使用，并通过播种干草彼此完全独立地使用这些土地，在它们之间挖坑作为田界，插一根长杆和从老树及树桩上砍下来的树枝做成十字形的标记。

牧场及其他农用地

42. 在每个村庄，农民都有专门的牧场或有围栏的放牧地，用于夏天饲养牲畜。

43. 该村社中到处都有这种专用的牧场。

44. 专门用于放养牲畜的地方就称为牧场，不细分为牧场或是牛犊圈。

45. 每个农户都有权将他的所有家畜赶向牧场。

46. 在该村居住的无地农民也经常将他们的家畜赶到牧场上，尽管他们没有权利这样做。

47. 除了以上所述，该村社农民再无其他村社用地。

三 土地重分方法

48. 每个需要重新分配土地的农户都可以申请重分。

49. 农民可以向当地村长提出重分土地的申请。

50. 农户主参加共商土地重分事宜的村会，无地的孤身贫农不允许参会。

51. 允许寡妇提交申请，但她们在村会上无投票权。

52. 在农户主缺席的情况下，其已达法定年龄的长子可代而赴会，而妇女在任何情况下都不能参加村会。

53. 根据当地传统，商讨重分土地时农户主们必须全员参加村会；（起码）不少于总人数的三分之二。

54. 为了起草重分土地的决议，需要与会者中有超过半数的赞成票，如果反对与赞成

55. 村长或乡绅都不能左右村会决议。

56. 村会并不会授权和委托代办土地分配的相关事宜，而是由村会集体做出自己的决议。

57. 划分土地时村会不求助任何的专业测量员、绳索专家或土地测定员。

58. 大多数耕地和草地通过 10 根一俄丈长的绳子和沙绳被划分为几块，因此按这种形式划分的土地被称为单人份地和两人份地等。

59. 农民所采用的土地度量单位一般只有 10 俄丈长的绳子和沙绳，这些也可以用于测量份地。

60. 村社综合考虑各村农户主的便利性，并基于此给每个村分别划地，这些份地永远保持不变。

61. 年满 18 岁的农民即可获得村社土地，未婚并不会对其造成影响，且人至年迈仍可以继续使用土地，直至其去世。

62. 没有针对未成年人和老人的小额份地。

63. 村社不存在每年重分土地的情况。

64. 农户之间分配土地时不会通过抽签的形式，而是通过农民基于土壤质量考量的共同约定。

65. 农民没有用任何特殊标志标记所分得的土地，只是为它们统一命名，例如，独院土地、大块土地、小块土地、后侧土地、拐角处土地等。

66. 有时会发生农民根本不能容忍的情况——越过田界而耕犁别人的土地，不过这种情况是极少的。

67. 当遇到侵犯田界的情况时，可向唯一的乡法院提起诉讼，乡法院依据罪责程度实行惩罚，或逮捕，或罚做社会劳动 21 天至 7 天，或用树枝鞭打 20 下。

68. 村社共有 203 个农户。土地并非按户分配，而是根据人口调查数据进行分配，因此每块份地都没有专用名。

69. 草场的重分、林地和其他用地的分配方法没有任何田地重分方法的特点。

四 村社经济事务制度

70. 农民的马无人看管，因为夏季马和牛都在被专门的栅栏围起来的牧场（草地）上。该村社没有公共公牛和其他种畜。

71. 当地居民选出的任期三年的护林员和消防责任人来负责保护村社的林地，其任职经过林业部门领导的批准，但没有任何报酬或工资。

72. 在田地、草地和牧场等整个村社地区都设有围栏，牧场分布的依据是农民所拥有的土地而非家畜，围栏必须有足够的高度，以保证马无法越过围栏，否则农民要为其围栏高度不达标而致使马匹冲出围栏而负责。

73. 村社的粮食储备仓库由村社支持与安排，由从分配到该店服务期三年的农民中选出的商店主管进行监督，乡村道路上的桥梁、沼泽地上用木头铺的路和其他设施在村长监督下由农民修建，该村社中没有关于其他公共建筑的描述。

74. 村社不采取任何改善土壤的特殊措施。
75. 整个村社在此方面都没有做任何工作。
76. 公社不允许租赁或租借土地和其他村社财产。
77. 不可将村社土地出租。
78. 整个村社未曾有过买卖土地的案例。
79. 村社占有成员都受雇于同一工作的情况尚未出现过。
80. 该村社农民不一起耕地，也从未有过类似情况。

五　村社土地耕作与产品分配

81. 完全不重分田地，不存在所有村社成员共同耕作的情况。
82. 村社没有农具、牲畜等生产设施。
83. 无。
84. 一些个别农户也不会联合起来经营类似的生产设施。

六　村社耕种情况

85. 村社的耕作制度为三区轮作制，整个村社没有对耕作制度做出改善，没有引进牧草栽培，每年在整个冬末的休耕地施家畜粪肥，第三年在原地重新施肥，整个村社没有对工具和器械进行任何改进。
86. 同样，与整个村庄相比，农民在作物轮作、施肥和耕作方法上，也没有任何改进。
87. 从未引进过改良措施。
88. 村社中有一些农民家道中落，大多是因为懒惰和酗酒，村长会向乡法院提出对这些懒散农户主进行惩罚，除此之外村社不会采取任何其他措施。
89. 该村社中经常会有农民之间相互帮忙将牲畜粪便从院子里运送到田间的情景，再或是帮忙收割青草和干草、庄稼茬和亚麻。帮助方式如下：需要帮助的农民，可提前一天向周围的村庄寻求一些男工或女工前来帮忙，应其召唤，第二天早上帮工们集合起来为其劳作一整天，傍晚时分共同参加农户主的答谢宴，农户主为帮工们准备了一顿丰盛的晚餐，还会请他们喝伏特加酒，可能还有啤酒，就这样几乎狂欢一整晚，载歌载舞，还有各种娱乐游戏，从来不会向帮工们支付工资，一顿答谢宴就足够了。
90. 使用村社土地的农民售卖自家的粪肥的事例未曾有过。
91. 农村森林中保存得更好的是那些以家庭或人口为单位进行分配的地段。

七　村社赋税与徭役

92. 国家、地方、村社所需缴纳的赋税如下：国家税 6 卢布 7 戈比；地方税 1 卢布 9.5 戈比；公社税 62.75 戈比；总计：每个男性纳税人每年 7 卢布 79.25 戈比，538 名纳税人的国家税费共计 3265 卢布 66 戈比；地方税共计 589 卢布 11 戈比；公社税 337 卢布 59.5 戈比，每俄亩共计缴纳税费 4192 卢布 36.5 戈比：

（a）国家税 1 卢布 26 戈比。
（b）地方税 22.75 戈比。
（c）公社税 13 戈比

93. 分配赋税与分配土地同时进行，且每年进行一次，每年在分配赋税时都是由一个农户主将土地转移给另一个农户主。

94. 最初，在村会上分配土地，然后根据每个农户主一年内所留下的土地数量，制定税收的分配。

95. 以人口为单位来分配赋税。

96. 农民之间根据份地数量来分配赋税，不根据劳动力和富裕程度来分配赋税。

97. 无地者完全免税，纳税的是使用土地的人。

98. 与分配土地相比，分配赋税实际上没有任何特点。

99. 村社支付税费，包括那些人口减少和门户荒芜的农户的税费，这些农户由于各种不幸而暂时衰落，税费根据村社中男性数量的均等分配。

100. 没有为老人、寡妇、孤儿等人提供的免费土地。

101. 乡长、村长等公职人员不享有纳税的优惠。

102. 军官在服役期间应纳的税费由其土地实际使用者缴纳。

103. 收税员、村长和乡长对那些有可能不缴税以及不履行纳税义务的农民往往比较纵容。

104. 村社对未按时缴纳税款的欠税人采取以下措施：将不属于欠税人日常生活所需的财产出售，从欠税人的土地中获取收入以缴税，最后，欠税人本人或其家人为村社免费劳作以抵税。

105. 在村会的许可和指示或决议前提下，上述两项措施由村级机关实施。

106. 如果处罚措施不成功，那么根据村会的特别决议，村社按照纳税人的数量将欠款平均分摊给每位成员。

107. 村社会以下列方式处置欠税人的土地：起初将从份地中拿走部分土地，然后若仍拖欠税款，则将其全部份地转让给其他有能力支付税款的人。

八　村社成员法律关系

108. 村社的村庄之间永远不会进行土地重分，也不允许土地租赁。

109. 该村社的土地不进行重分，可以圈地，也可以在春播地上播种秋播作物，以及在秋播地上播种春播作物。村社不规定田间劳作的时限，每个人都有权随时开始劳作。

每个农户主均有义务为其份地施肥。

不允许出售自家的粪肥。

可以将自己所有的家畜卖给拥有村社份地的农户主。

110. 无。

111. 农民无权将分配给他的土地出租、平分、抵押、交换、出售和作为遗产转交他人。

112. 未经村会知情和同意，不允许任何人转让土地。

113. 农民也不能未经村会知情和同意就擅自处置其宅院地。

114. 村社土地无论何时都不能作为遗产转交他人，而应继续受村社支配。

115. 在农户主去世后，或者当他因衰老和疾病而需要选接班人时，村社不会对当家人的选择施加任何影响，但只有当农户主缴纳税款不力时，村社才会采取这些措施。

116. 村社不参与任何家庭分产，所以近三年来在村会参与下的农民间自行分产的情况一次都没有发生过，该村社的这种自行分配三年间一共也不超过 150 次。

117. 属于村社的退役士兵和无限期休假的士兵以及士兵的妻子、寡妇和孤儿享有与农民相同的土地权。

118. 没有耕地但有庄园的农民可以免费使用放牧地、牧场和林地，租用房屋且被划入村社的农民则无权使用，尽管如此这些农民仍然毫不羞愧地将他们的家畜放养在其免费居住的村庄的牧场上。

119. 农户未给其所在村社的份地缴纳税款可能会产生这样的后果，即起初将从份地中拿走部分土地，然后若仍拖欠税款，则将其全部份地转让给其他有能力支付税款的人。

120. 几乎每年都有某个农户因拖欠税款而在来年年初被剥夺部分土地或全部份地的情况，在转让这些土地时做出规定：接收这些土地的人应承担为其缴纳国家税、地方税和公社税的义务，并且要缴纳其在村社的相应实物赋税，从来没有出现过村社剥夺土地权利的情况。

121. 对于村社分配的林地，个别的农民拥有如下权利：可以任意使用森林以满足其家庭需要，但无权将森林或林地卖给他人，该村社没有渔场、野蜂牧场、苔藓和采石场。

122. 村社不会继承其成员的任何财产，如果村社成员去世后没有任何仍在世的血缘亲属，那么他去世后剩余的财产将归其教区教堂的公库所有。

123. 新分离出来的家庭成员从他们原来的家庭那里获得份地，养子也会从收养他们的家庭那里获得土地。

124. 村社只在下列情况下接收新成员：如果在某个村庄有无主空地，新成员除了为土地缴纳税款外，无需向村社缴纳任何其他费用，同时村社也不会向他们提供任何援助或优惠。

125. 离开村社的农民可在一年中的任何时候将土地移交给亲戚或村社，村社同时将其转交给村里其他有意向为其支付税款的农民。

126. 该村社中有 4 名农民购买土地作为私产，他们并没有放弃村社土地中所分配的份地，也就是说，除了购买的土地之外还保留他们的村社份地，这些土地是农耕专用地。

127. 无。

128. 参加村会和乡法院，以及竞选村长、收税员等职位，不以是否使用村社土地为前提条件。

129. 村社成员之间不存在任何互相的义务。

130. 连环保制度仅用于纳税和向粮仓支付粮食贷款。

九　村社对外来人员的规定

131. 无论如何都不允许村社外来人员且没有资格参与土地重分的人使用土地。
132. 可为任何在村社中去世的人免费提供棺材料，包括村社外来人员。
133. 生活在村社中的村社外来人员无需履行村社义务，也不得参加村会。

十　村社间关系

134. 一些个别村社没有任何农用地。

十一　村社土地占有制与农户土地占有制的更替

135. 整个村社没有从村社占有到农户占有以及从农户占有到村社占有的过渡，因此以下几项：136、137、138、139、140、141、142、143 在该村社不适用。

乡长舒利金
乡陪审员诺里岑
乡文书沙雷波夫

（苏联国立历史档案局宗91，目录2，案卷号784，第219—226页）

附注[1]

第5卷刊出的调查资料是在 1877—1880 年帝俄村社土地制度和乡村人口调查中完成的，是关于沃洛格达省的调查资料。随着第5卷的出版，我们也完成了对欧俄及北部地区调查资料的系统整理。

在这里我们提醒一下那些不熟悉本系列1—4卷的读者，该调查的组织者是当时两个主要科学协会——俄国自由经济学会、俄国地理学社——的科学家，希望以此回应律师、统计学家、地理学家和民族志学者等专家，回应其对农奴制废除之后俄罗斯农业转型时期的村社制度地位和作用所展开的政治讨论。俄罗斯仍然是欧洲大国中唯一一个积极运作村社制度的国家。这个国家的深刻改革约始于1860年，旨在将俄罗斯经济提升至西欧国家的发展水平，这并没有触及俄罗斯农村世代流行的村社制度。村社作为一个地方最基层的农村管理制度被纳入行政区划管理。因此，俄罗斯和西欧国家的当代人不可避免地面临着一个问题：作为国家行政机构一环的村社制度是否在立法中确立下来。在关于这个问题的讨论中，所有新闻机构以及追求发展进步的报刊机构，无一例外地，直接评价19世纪60

---

[1] 资料来源：库楚莫娃 Л. И.，安菲莫夫 А. М.，利特瓦克 Б. Г.（编）：《农民公社历史资料（1861—1880）》，莫斯科：苏联科学院苏联历史学院1991年版，卷5。附注由此卷编写者——库楚莫娃博士等人所写。

年代的土地改革为背离了国家现代化的紧迫任务。但俄罗斯社会的另一派代表对此却有不同的看法，即：使国家现代化以保持其独特性和社会财产，这在西欧国家也得到了积极的赞赏，没有出现无产阶级和革命的动荡也表明了这一点。关于村社作用（革命运动的缓冲）的这种观念，在19世纪40年代由威斯特伐利亚男爵 A. Ф. 加克斯特高津内在西方首次提出，于1860—1870年在俄罗斯受到欢迎。这种观念在俄罗斯拥有广泛的社会保障，并引起了西欧国家的关注，主要是社会学家、研究欧洲内部进程及特定国家在其中的作用的政治家。在保护村社制度中，他们发现了俄罗斯一条特殊历史道路的客观规律，在此基础上形成了一种欧洲内部的发展类型。

在俄罗斯，加速国家现代化的支持者反对保护村社制，他们在村里看到了经济复兴的自然潜力，批评这个制度首先是因为村社某种程度上剥夺了农民自由选择住在哪里和做什么的权利以及在国内外自由行动的权利。但最重要的是，村社将该国自由劳动力市场的形成与以资本主义方式重建地主经济的过程联系起来，村社还阻碍了城市基础设施的发展。村社也被视为移民计划的一个阻碍性因素，政府和经济学家本打算以此计划缓解欧俄中部地区的社会紧张局势。农业国家现代化预测的乌托邦，特别是其实施的速度，在政治家和部分经济学家中引发了对各种农民传统不可遏制的批评，掀起了反对城市生活"社会价值"浪潮。

学者们通过一个自由经济学会（ВЭО）第三分支机构联合起来，他们采取不同的方法来研究俄罗斯村社。研究的中心是人，即住在村社且为村里劳作的不同阶层的农民。侧重点的调整完全改变了研究目标。俄罗斯农村人口和村社土地研究纲领的作者兼调查者，在调查地点记录了公社村庄的日常生活，但没有选择某个特定的方面。科学协会（自由经济学会 & 俄国地理学会）得到的信息反映了农村居民生活中的许多（尽管不是决定性的）方面，这使得这些文件在20世纪八九十年代的现代背景下极具价值。即使是在19世纪70年代末，人们也对调查结果表示高度赞赏，学界对1878年自由经济学会的调研纲领（第一版）、1879年的调研纲领（联手俄国地理学会）、1970—1980年结集出版的调查报告的大量理论评价，就可证实这一点。自由经济学会下属委员会的学者们对理论研究饱含兴趣，他们将自己的研究心得用于制定地方层面（省及县以下）农民及村庄调查实践的指导纲领上。俄罗斯地方统计局也以1879年科学协会（自由经济学会 & 俄国地理学会）的调查纲领为参考基础。

关于科学协会（自由经济学会 & 俄国地理学会）研究纲领的重要性在《农民公社历史资料（1861—1880）》（1—4卷）中已进行阐述。在这里，我们强调它的另一个特征。它不仅包括监测村社土地结构及经济机制的实证研究，而且包括俄罗斯国务会议、新闻和社会政治期刊中提出的所有具有社会意义的、争议性的问题。从这个问题的各个层面看，村社被视为土地和农业经济组织。这也在自由经济学会 & 俄国地理学会的研究纲领得到体现。当代研究人员的任务是：鉴别这些自由经济学会 & 俄国地理学会的村社调查纲领是否体现了其作者的真正观点，抑或是作者利用关于该国的政治讨论材料，揭示他们与俄罗斯真实进程的联系，而不受个人观点的影响。但以下是绝对清楚的：如果政治家以"贵族衰落"的预测和主观诠释的偶然事件为由，武断阻碍了村社的运行，那么自由经济学会 &

俄国地理学会的学者们的另类政治观点，极大地扩展了当代人对于村社制度的认知范围。重要的是，根据自由经济学会＆俄国地理学会的调查研究纲领，日常农民关系中确立起许多有悖于19世纪60年代改革所引入的民事立法的做法，同时不断加强和发展受村社保护的既定规则，也是人民的倡议。自由经济学会＆俄国地理学会的学者们的研究方法提供了一系列令人信服的信息，这些信息有助于重新审视村社的官方论述，即将村社仅仅视为在乡村落实政府政策的"工具"。这些信息也有助于重新审视一些政客的观点，如认为废除农奴制后俄罗斯村社制度得以保留仅是由于"从上而下"的干预。根据自由经济学会＆俄国地理学会收到的调查资料，村社以一个自发组织的农民机构而出现，其功能最初是由人民的倡议发展而来的。基于自由经济学会＆俄国地理学会的研究，我们清晰地发现，农民经验是一个复杂的、难以一言概之的现象，不能够在国家政治计划中继续忽视它。

1877—1880年的村社调查拟定在全俄范围进行，而非仅在非某乡或某村镇。1877—1878年农奴制废除后的首次土地占有登记就涉及了村社问题，该全国调查是在彼得·彼得罗维奇·谢苗诺夫—天尚斯基的领导下，由内务部中央统计局推动的。这与自由经济学会的村社调查任务有所不同。首先是方法上的不同，自由经济学会的调查将扩展和补充有关俄罗斯村社土地所有权状况的统计信息。除了统计，信息便只能通过直接在现场询问调查国内各阶层人士以及有别于内务部中央统计局计划的方式来获取。自由经济学会＆俄国地理学会学者的这种研究工作也得到了自由经济学会管理部门的支持，特别是政治经济学和农业统计学第三部门领导 Э. P. 费列坚的支持，他主持的这一工作方向是对内务部中央统计局活动的补充。然而，在调查的准备过程中，我们逐渐弄清，不能将这一问题局限在一个狭隘的学术研究内，不应忽视它所有的现代政治尖锐性。因此，在即将开展的工作背景下，自由经济学会委员会成员强调了在村社的调解下研究村庄管理机制、国家权力与农民之间关系的任务。还有第三个研究计划，自由经济学会委员会的成员试图找出构成区域村社类型的村庄发展的（与政治因素并列的）自然地理因素。在此基础上，学者们计划进一步研究内部村社制度的类型学。

但是，我们知道这项工作无法完成。原因有很多，最重要的是自由经济学会和俄国地理学会缺少资金，这促使他们在第二阶段联手进行调查。但最重要的是，1881年3月沙皇亚历山大二世去世后，接踵而至的是上层权力的重大变化。那些鼓励支持对俄罗斯村社进行客观研究的、保护其不受政府政策影响的政客退出了政治舞台。在此情况下，不可能建成1877—1880年村社调查的档案。本文基于已查明的文件——作者搜集到了参与者和调查组织者的信件和日记，使得这些已查明的文件十分完整。在自由经济学会委员会成员 A. B. 波洛韦茨、Ф. Л. 巴雷科夫、П. П. 谢苗诺夫—天尚斯基等人的个人档案馆中，发现了这些文件，在俄罗斯学者和外国学者的往来书信中也发现了一些信息。

第5卷关于沃洛格达省社的调查结果根据俄罗斯两个主要档案馆（苏联国家历史档案馆和沃洛格达州地方档案馆）的文件进行了整理。其他信息摘自19世纪70年代末至19世纪80年代早期的新闻和杂志。

苏联国家历史档案馆保留了一系列描述1870年末送往自由经济学会委员会的村社资料。这是沃洛格达省村社土地占有制和农村人口调查的结果。目前，其中15个概述文件可供研究。这些都是自由经济学会收录的概述文件。如果说，如上所述，调查档案不是在调查结束时形成的，那么这些文件保存的完善性可以被认为是令人满意的。在自由经济学会的该档案卷宗中，没有任何其他类型的文件可以为沃洛格达省的调查过程提供一些线索，具体的执行者没有把搜集的信息保留下来，或者说，没有从沃洛格达省流传到自由经济学会的调查委员会。目前，没有关于村社的这 15 个概述的附函，当然，本应将这些概述录入自由经济学会。

沃洛格达州的国家档案馆（ГАВО）制定了两个具有重要意义的档案卷宗。首个计划为省统计委员会的第 17 号档案卷宗。我们开始搜索反映沃洛格达省村社调查进程的材料和文件。这个档案卷宗并非偶然：省统计委员会是自由经济学会学者正式邀请来支持这项调查的第一个国家机构。自由经济学会首次邀请外援支持这项调查。事实上，沃洛格达省统计委员会的成员是第一批加入自由经济学会实验的人。自由经济学会学者委员会的一位成员 А. В. 波洛韦茨在 1878 年的委员会活动报告中提到了这件事，该报告由自由经济学会管理部门在定期刊物《自由经济学会成果集》中发表。然而，在第 17 号档案卷宗中，没有找到沃洛格达国家统计委员会作为该省村社调查协调者的实际证据。目前，没有关于 18 世纪 70 年代后期沃洛格达统计委员会与自由经济学会之间有任何联系的直接或间接信息。村社调查和统计委员会会议期刊中都没有提及国家统计委员会的参与。没有提及任何关于国家统计委员会成员在调查中，以及在沃洛格达统计委员会秘书 Ф. А. 阿尔谢尼耶夫年度报告中的作用。

第 34 号档案卷宗——沃洛格达地方管理局也应该代表了某种利益。这个假设得到了证实。它包含一个调查参与者的信息——格里亚佐韦茨县潘菲洛夫乡安德罗诺沃村社概述的作者——瓦西里耶夫。这是瓦西里耶夫在沃洛格达省的工作履历簿。他于 1893 年被介绍到沃洛格达省地方管理局。在该档案卷宗中未发现其他任何信息。

因此，村社概述仍是关于沃洛格达省村社土地占有制和农村人口调查的主要信息文件。

由此可见，该省调查工作的协调员终究还是省统计委员会。由于以下原因，省统计委员会在沃洛格达省组织活动并未引起怀疑：首先是村社信息收集者的成员。优势是他们都是村及县政府公职人员。毕竟，根据自由经济学会 & 俄国地理学会计划，1877—1880 年的村社调查是一次非正式活动。各种专业和具有各种技能的爱好者以及雇来完成此项工作的村及县政府公职人员都可以参与其中。省统计委员会只能依靠村和乡管委会的支持，实际上这也是大部分概述的主要来源。

其次，收集村社概述的体系即是对沃洛格达统计委员会的组织活动的确认。它在国家统计委员会得以集中、开始及结束。行政机关的乡级调查参与者显然知道，每一个这样的概述都是"某个整体"的组成部分，即统计委员会即将进行的调查结果的一般系统化。否则，国家统计委员会中的部分概述没有按照统一体例来写（即无标题）的原因便不明确。许多概述都没有编写日期。来自村政府和乡管委会的一些概述中没有明确的作者身份。特别是在一些概述中，直接执笔人（乡长和文书）的姓名仅用"简写名"标记。很有可能，当时这些村社概述夹在某署名的一套调查报告中，统一发给了自由经济学会下属的村社土地占有制和农村人口调查委员。现在这些姓名信息已经无法恢复。

沃洛格达省的村社调查国家统计委员会—协调员的职能在研究领域的地理范围内既表现在深度上也表现在广度上。四个县级委员会的工作人员参与了调查：韦利斯克、沃洛格达、格里亚佐韦茨和乌斯秋日纳委员会。这些县的自然气候特点、经济特点、人口特点等是什么样的？沃洛格达省明确划分为三个自然经济区。第一个区域包括沃洛格达县、格里亚佐韦茨县、卡德尼科夫县。其中的大部分土地是肥沃的耕地。到19世纪70年代末，该地区的森林几乎被砍光。沃洛格达县、格里亚佐韦茨县和卡德尼科夫县是该省的粮仓。自产的粮食不仅能供应当地人口，而且当地谷物还是成功发展起来的酿酒业的原料基础。粮食买卖盛行。除了县内的耕地外，足够数量的草地是奶牛养殖和奶酪制作的基础。其奶酪和黄油的生产在沃洛格达区排名第一。

第二个区域是手工业—农业。它包括的县有：韦利斯克县、尼科利斯克县、托季马县、乌斯秋日纳县。他们的总领土相当于1013296俄亩土地。在大多数情况下，其覆盖森林的面积占84%。只有4%的土地用作耕地，5%为草地和牧场。贫瘠土地约为7%。沃洛格达省的第一个自然经济区主要为三区轮作制，而第二个自然经济区主要为休耕制。休耕制下的耕地基本上只能有一年收成在伐林烧荒地或灌木丛烧荒地，第一年播种亚麻、小麦或大麦。第二年，土地基本上已经衰竭，因此在这里播种梯牧草种子。在第三年或第四年，开始使用伐林开荒地。在这种情况下，当地居民的新职业就是从事各种手工业。其每年的经济效益约为385000卢布。与手工业同时发展的还有奶牛养殖和奶酪制作业，主要集中在托季马县。

第三个自然经济区——索尔维切格县、乌斯季瑟索利县、亚连县，是该省最不利于经济发展的东北边区。人口稀少但面积巨大——23940534俄亩，气候恶劣，土壤贫瘠。在19世纪70年代，这些县曾几乎被稠密的森林覆盖，占三个县总面积的92.7%。耕地面积占0.6%，草地占1.2%。此外，非林地主要集中在索尔维切格县。贫瘠土地占5.5%。最不适合人类生活的是乌斯季瑟索利县。按经济定位，这个区域以手工业为主。耕作只能在高地进行。因为地势较低的地段甚至在7月份都有可能遭遇霜冻。

在沃洛格达省的三个自然气候带条件下，沃洛格达、韦利斯克县、格里亚佐韦茨县，乌斯秋格县四个县的地理位置紧凑，是进行村社土地调查的最佳自然经济区。在该区域，调查的分布并不平衡。概述主要关于两个县：沃洛格达县和格里亚佐韦茨县（总共12个调查报告），自然是直接来自发达农业区。总体上研究了16个乡级单位，有相邻的，也有彼此相距很远的。共描述了将近80个村社。但概述中涉及的总居住面积更为广阔，超过一百个居民点。值得注意的是，俄罗斯欧洲部分的北部地区，村社的构成特点为多村庄。

对村社的调查比较"深入"——同样，深入的乡镇研究也在发达农业区进行，即格里亚佐韦茨县的加夫里利采夫乡。信息收集者所收集到的信息包括对村社领土及其经济管理机制的总体概述、对细致到每个居民点的各种村社关系的研究、村社内各村镇间的关系。

四个县的紧凑领土从沃洛格达省划分的十个行政区单位中分离出来可能是由于其他因素，例如人口因素。在1877—1880年的村社土地占有制和农村人口调查期间，沃洛格达省的整体人口状况、人口的社会构成如下：该省1881年的人口共有1151627人。各县的人口密度不同。人口最多的是沃洛格达农业县——根据 1885 年的数据，每平方俄里有人口约为 29.2 人。该省的大部分居民是我们感兴趣的农村人口。城市人口仅与之相等，并分布在该省的 13 个城市。城市人口的密度明显低于农村人口，每平方俄里人口约为 3.5 人。沃洛格达省人口的社会构成中有两个重要特征，使该省与俄罗斯帝国的其他省区别开来。首先，该省有各种主要类型的农村人口居住：原领主、原国有农民、原领地农民。其次，省内居住的还有对分制佃农，即根据合同使用租赁土地的无地农民。合同期限——从 6 年到 20 年不等。对分制佃农在这片土地上的劳作只能获取一半收益。在俄罗斯欧洲部分的北部地区，从 14 世纪就已开始流行对分制，后来得到广泛传播。但是在 1861 年后，这类农村人口只存在于沃洛格达省。1882 年，对分制佃农共计 1472 个。

沃洛格达省村社的大多数被调查人口属于大俄罗斯民族绝非偶然。例如，该省从 14 世纪开始，有大量泽梁人的定居点。在研究期间，这些定居点的数量已有所减少，但该省东郊仍然有很多。然而，该地区未包括在村社调查区域内。

按照宗教信仰，农村人口被认为是东正教徒。但同时在该省还有其他教派的教堂：1 个罗马天主教教堂、1 个路德教教堂、1 个犹太教堂。大部分俄罗斯居民被认为是分裂派教徒。他们主要分布在格里亚佐韦茨县，而对该县村社的研究也最为深入。

因此，现在所形成的紧凑区域由四个县组成：韦利斯克县、沃洛格达县、格里亚佐韦茨县、乌斯秋格县——与沃洛格达省的环境相比该区域具有所有必要的优势，可以从中获得自由经济学会 & 俄国地理学会调查计划和任务中所需要的与村社相关的全方位信息。这就是为什么会建议，在沃洛格达省建立这样一个村社调查的紧凑领域，即上述四县，他们不是自发形成的，而是在省统计委员会监管下形成的。农村和乡村政府作为村社的新闻收集者，其行动以自由经济学会 & 俄国地理学会计划中规定的任务为直接目标。

对沃洛格达省的村社调查是在很短的时间内进行的。但目前尚无法确定调查的初始日期和终止日期。调查显示是在 1879 年春夏将拟好的村社概述递交给自由经济学会和省统计委员会的。概述中可见的最后一个日期出现在 1879 年。当时省统计委员会的计划工作已经收尾，显然，调查也已经基本结束。毕竟，沃洛格达省 1879 年出版（发布于 7 月）的自由经济学会 & 俄国地理学会计划的第二次修订版并没有普及。无论是苏联国家历史档案馆，还是沃洛格达州国家档案馆，都没有保存根据 1879 年自由经济学会 & 俄国地理学会计划而编订的任何概述材料。在国家统计委员会的官方报告和出版刊物中都没有提及这一事实。

与农村和乡村政府同时参与村社调查的还有各县负责农民事务的公职人员。韦利斯克县和沃洛格达县的一些常驻人员参与调查工作中，他们所提供的村社概述无论是从内容还是从形式上——都是独立的、完整的文件。这种方式与自由经济学会 & 俄国地理学会的调查问卷是不同的。

村级和乡级、然后是县级和省级的行政部门。对于自由经济学会来说，省统计委员会不是唯一一个提供村社信息的渠道。另一个渠道是当地村社研究人员与自由经济学会的直接联系。然而，在沃洛格达省，这样的渠道是非常狭窄的。自由经济学会中收录有关于该村社的唯一一个概述材料，这份概述没有省级统计委员会的审查，概述的作者是一位小地

主 В. М. 瓦西里耶夫。

事实上，地方调查人员的均一组成、省统计委员会对农村和乡级行政部门的依赖预先确定了每份具体文件的内容。对待"上方"、俄罗斯帝国的首都、自由经济学会这样的中央机构所委托的案件，省统计委员会的工作人员通常是敷衍的态度。当时，调查问卷写满了答案，大多接近"法律字面上的意思"，而农民间关系的日常实践可能完全是另外一种情况。自由经济学会中来自阿尔汉格尔斯克省的农民调查材料中显示出这种差异，而且差异非常大。恰恰是根据当地村社信息搜集者的观察，自由经济学会的村社土地占有制和农村人口研究委员会的成员最终完成了1878年自由经济学会&俄国地理学会的调查计划。在阿尔汉格尔斯克省，通过农村和乡级机构调整调查方法、调整自由经济学会&俄国地理学会调查计划的内容和地点，都是由阿尔汉格尔斯克市村会秘书 Л. С. 利奇科夫进行的，同时他也是自由经济学会的成员。在沃洛格达省的材料中没有找到任何关于改进研究村社方法的价值，或对村社描述内容的批评态度。

一般而言，自由经济学会收到的来自沃洛格达省村社的信息数量和质量都低于阿尔汉格尔斯克省发送的文件中读者所获悉的信息。这该如何解释？

当然，当地缺乏经过专门培训的调查人员难辞其咎。但这是这类调查中的一个通病。毕竟，当时在革命前的俄罗斯，社会学服务正处于形成阶段。在这种情况下，省统计委员会工作人员与乡管委会的密切联系非常重要，这些乡管委会是在阿尔汉格尔斯克省以及沃洛格达省建立的。

但并非所有村社概述的筹备工作都是由直接执行者——各地的信息收集者决定的。当然，概述的质量对调查计划本身具有决定性的影响。如上所述，沃洛格达省的村社调查是根据1878年的计划进行的。它还包含许多不准确、含糊不清的内容。自由经济学会计划的编者理解这一点，因此在1879年准备了更完善准确的第二版。阿尔汉格尔斯克统计委员会主席助理 Г. 米涅科正视了这个问题。作为一名经验丰富的从业者，他在19世纪80年代早期对村社进行了三次省级调查，并预先提醒自由经济学会的学者们，出现各种不准确和错误是不可避免的。这绝不是由于"执行者"——即农村和乡管委会的工作人员的粗心大意，而是由于作者的计划不够完善。

在来自沃洛格达省的村概述中，除了描述性信息外，还有各种各样的地图、计划、示意图、表格、图纸。这并非偶然。自由经济学会关于收集此类信息的想法不是立即出现的，而是仅在第二版1879年调查计划的筹备期间。在筹备期间，自由经济学会委员会成员直接号召各省统计委员会不仅要准备各种计划或地图，而且还要准备受农村管理机构的影响而直接产生于农村环境中的文件副本：各种农民间的合同文件。

对于沃洛格达省1877—1880年的调查结果，自由经济学会调查委员会的成员作何评价？首先，省统计委员会发出倡议，是最早一批加入调查、并最早开始实施调研计划的。问卷调查页边空白处和村社概述文本中的铅笔标记可以证明这一点。然而，一个悬而未决的问题是，这些标记出自谁之手——是省统计委员会成员还是自由经济学会村社土地占有制和农村人口调查委员会成员？页边空白处的标记只不过是对村社概述的内容评论，其中用感叹词表达道："如此！"，这证明了校订者所研究问题和提交材料的观点吻合。

我们认为，自由经济学会委员会成员低估了沃洛格达省的村社信息。这些描述都没有列入自由经济学会委员会成员编写、并于1880年出版的《农村土地公社研究材料汇编》中。所收集信息的特点应该与其他历史资料一起研究。首先，应该引入1877—1887年土地持有量普查的结果。这些调查被认为是互补的。我们将在"注解"部分进一步尝试用土地普查的统计数据来披露村社概述的具体内容。

出版说明

第5卷是基于原始资料整理，是首次出版。

第1卷《序言》中提出的一般出版原则适用于后续出版。然而，本次出版的经验表明，按字母顺序排列各省调查报告的系统原则应予以修订，应当考虑使用类似于1877—1887年全俄土地持有人口普查材料排列顺序，即根据俄罗斯欧洲部分的乡和村庄的重要程度来排序。这样，读者的注意力将集中在俄罗斯欧洲部分。此外，自由经济学会和俄国地理学会还保存着对俄罗斯西部地区、新罗斯、西伯利亚各省份的村社调查报告。

资料的考古处理是按照《历史文件出版规则》，将词末未写完的字母"и"，"ы"等补充完整。编者在文件文本中加入的词语和字母时，加以方括号做区别，作者的注释或补充内容括在圆括号中。

资料标注日期一般是编写日期，但一些资料概述标注的却是其他日期，例如，省统计委员会将资料发给自由经济学会和俄国地理学会的日期，或者是标注学会接收的日期。沃洛格达省的许多村社概述都完全没有写明日期。其编著的时间是估计得出的。在本出版刊物中，自由经济学会 & 俄国地理学会调查计划的第一版或第二版是标注概述日期的必要基础。

以前在胶印出版物中不可避免地会出现与用大开纸问卷编写的村社概述记录簿之间的偏差，在本系列及其后续版本中，保留了这种差异。这些文件主要由农村和乡级管理委员会提交给自由经济学会村社调查委员会，那里的村文书、乡长使用的是手写的问卷副本。它们分为两部分。左侧记录的是自由经济学会计划的一些问题，右侧是调查人员给出的答案、农民民意调查的结果。由于胶印出版物的技术特征，不可能再现这些文件的格式。本出版物再现了问卷的右侧，即村社调查的结果。

第5卷《农民公社历史资料（1861—1880）》内涵术语表，其信息基于1878—1879年出版的《村社信息收集纲要》制定。术语表总结了自由经济学会 & 俄国地理学会对农奴制度废除后村社农民的劳动经验、村社规定、合作习俗等的研究成果。

安德罗诺沃村社

本概述的作者——B. M. 瓦西里耶夫是格里亚佐韦茨县的一个小资产阶级者，他在格里亚佐韦茨县的潘菲洛夫乡有一片299俄亩的自置地产。

沃洛格达州档案中保存有 B. M. 瓦西里耶夫关于地方自治执行机关服务的正式名单，该名单于1893年5月省评估委员会选举前夕起草。由此可知，B. M. 瓦西里耶夫著作的主要应用范围为县级和省级的地方自治局、县级教育系统和潘菲洛夫乡的村庄，1878年他在这些地方进行了土地测量。瓦西里耶夫在地方自治局（格里亚佐韦茨县地方自治会的议员）担任职位的最初阶段恰逢自由经济学会 & 俄国地理学会开始计划中关于调查村社土地占有制和农村人口的活动。同时在 1878—1879 年，B. M. 瓦西里耶夫曾担任过两个职位：格里亚佐韦茨县沃斯克列先斯科—扎博洛茨基学校的督学，并当选为沃斯克列先斯科—扎博洛茨基教堂的教会和教堂教区督学。自 1882 年起瓦西里耶夫成为该县学校理事会的成员。

参与 1877—1880 年的村社调查对于 B. M. 瓦西里耶夫来说并非偶然。对曾经的农奴以及俄罗斯村社的状况感兴趣，主要是由于瓦西里耶夫与农村环境的长期业务联系。俄罗斯地方自治工作者关于农奴制废除后农业经济前景问题的讨论，也发挥了一定的作用，这种做法在 1861 年改革二十周年前夕引发了批评政府政策的狂澜。俄罗斯的地方自治局比其他社会机构更真实地代表了土地领主对农业经济和村社土地短缺加剧的压力。B. M. 瓦西里耶夫在本概述中提到了这些问题。

B. M. 瓦西里耶夫的观察对象为安德罗诺沃农村公社，典型的俄罗斯欧洲部分土地结构（两个定居点）、人口密度和所实行的经济机制。这个概述主要针对的是俄罗斯小村庄、小型定居点的情况。关于安德罗诺沃（"村头"）或莫申尼科瓦这样的村庄的信息没有囊括在统计学出版物中。在 1877—1887 年调查的俄罗斯欧洲部分土地占有制和人口聚居区的统计数据中也没有这样的信息。与此同时，小村庄的命运问题绝不是可以公式化的。地方自治工作者在 19 世纪 70 年代下半叶首次谈到了这些问题，在俄罗斯欧洲部分境内非黑土带形成了许多不宜耕种的大块土地，这些是农村的"灾区"。废弃村庄形成的原因——农民土地短缺，无力承担自然资源的税负。小村庄经受了最严重的没落。到 19 世纪 70 年代末，农业问题已成为社会和政治问题。农民家庭连最低生活保障都无法满足，导致小村庄土崩瓦解。男人只能靠收废品挣点钱，谋求在城市和工业中心的一个立足之地。因此，在这种条件下俄罗斯小规模定居点的前景在一百多年前就已经注定了。

由 B. M. 瓦西里耶夫筹备的村社概述是一篇完整独立的概要，其中不仅有作者在保护农民方面的社会立场，而且还思考了国家应为农业经济提供什么样的条件，以使其创造盈收并成为国家福利的基础。

乌斯特韦利村社

根据 1878 年的自由经济学会调查计划，由韦利斯克县农民事务所的工作人员编写的乌斯季韦利村社概述中，介绍了具体村社的内部生活。乌斯季韦利村社涵盖了方圆 10 俄里内的定居点，对其土地和定居结构的相关信息有详细说明，包括列归村社的人口概况。但作者的主要关注点当然是在村社的运行机制上，特别重要的是揭示村社间经济联系和村社中每个居民点的"自由和缺乏自由"程度，作为表达独立经济利益的单一经济有机体。当然，这种居住自由是有的，但是，从本概述中可以看出，这种自由是有一定限制的。如果是单一的村社份地、村社的自然资源问题，每个居民点都只保留使用权，但绝无支配权。因此，无法向市场提供这些资源。但如果是关于外部的，例如，村社间的联系或同第三方的单独居住，就像一些居民点在与市政当局（各村社广泛实行租赁城市土地的做法）

的单独居住租赁协议中常出现的那样，迁居后表决权依然保留。

　　本概述的作者并未表达对村社相关情况的个人观点。在概述中，没有其他邻近村社对该村社的看法，也未显示出村社的行政地位。

　　乌斯季韦利农村公社是构成乌斯季韦利乡的 7 个村社之一。其中的每个土地公社同时也是一个行政和经济单位。该乡共有 103 个不同的居民点，从新拓小村到大型居民点。该乡人口 2977 人。因此，从人口密度看，乌斯季韦利村社是该乡有机体的第七部分。然而，正是这个村社而非另一个，引起了作者的关注。显然，这是因为在该村社的一个村庄——久科夫，为当时的乡管委会所在。距离该村一俄里的地方是韦利斯克县城。邻近村社穆拉维耶夫（农民称其为戈尔卡），为二区警察局局长的公寓所在。乌斯季韦利乡毗邻阿尔汉格尔斯克省。

　　作者没有按类别分析村社人口构成问题。同时，这是一个重要的问题，因为所划分的农民类别在取消农奴制后，可保证其分得村社土地的最低额度。只有在概述的末尾处，才对第 80 号自由经济学会计划的问题答复中指出，乌斯季韦利村社和乌斯季韦利乡总体上都属于领地办事处。

　　该村社共涵盖 14 个村庄。但是，作者几乎没有提供有关某些具体村庄的信息。当然，现代读者很难从这些描述中还原农民的村社生活或揭示村社在人口社会空间组织中的作用。因此，考虑到村社中的土地重分影响了所有或大多数村镇的利益，作者没有提供这些居民点的名称。在这种情况下，如果我们利用 1877—1978 年土地占有制的普查资料，就可以将其还原。我们尝试以村社中几个最重要的居民点为例来还原各居民点之间及乡内部的相互联系。

　　上文曾提到的久科夫村依托韦利河形成，该河最终汇入可通航的瓦加—北德维纳的左支流。该村共有 154 名居民记录在册。共有 23 家农户。村里有一所乡村学校。在距离村庄 8 俄里处有两个工厂：沥青和松节油工厂。2 俄里处有两个教堂教区，地方邮局和乌斯季库洛伊斯科—布拉戈维申斯克教堂教区。

　　乌斯季韦利村社另一个最大的居民点是穆拉维耶夫村（农民称其为戈尔卡），直接依托瓦加河而形成。该村有 157 名村民，22 家农户。村内有 2 个驿舍。

　　第三个是菲利亚耶夫村（农民称其为洛德金）也位于瓦加河畔，距离久科夫村 4 俄里、穆拉维耶夫村 2 俄里的地方。它由 15 家农户、100 名记录在册的人口组成。村里经营一家驿舍。

　　因此，这个村社内没有大型村庄。但在该乡内是有的。例如，曾经的领地农民的村庄——丘尔加河畔的尤尔舍夫斯基新拓小村（农民称其为波德戈里），就有一个教堂区和托尔若克。也有在行政地位上比乌斯季韦利村社的村庄更高一级的一些村庄。因此，在瓦加河—索尔达河之间是拥有 217 位居民的波伊绍夫斯基村。共有 31 家农户。该村有 4 家驿舍，3 个地方邮局。还有 4 个小教堂。

热尔诺科夫乡的村社

　　根据中央统计委员会收集的 1877—1887 年欧洲部分俄罗斯土地占有制和人口聚居区

的统计数据，在格里亚佐韦茨县的热尔诺科夫乡，有 12 个包含在二级行政经济单位——农村公社中的土地公社。在该乡有 4893 人，有 2297 家农户。自由经济学会委员会进行的 1877—1880 年村社土地占有制和农村人口调查首先确定了记录在册的人口数（4904 人），其次是居民点的数量。在 1878 年至 1895 年底，统计数据显示，有 94 处地产。因此，农村人口的流动、村社的领土结构不断发生着变化。与此同时，各村的国家行政管理体制得到了重建，并在乡级进行了行政区域划分。农民是如何应对村社和各乡的定居组成变化的？如果他们不破坏现有的农村通信，则如何应对便无从谈起。在本概述中记录了类似情况。据罗斯蒂洛夫乡管委会表示，从邻近的罗斯蒂洛夫乡转移到大扎米申村社的热尔诺科夫乡，是农民的一致意愿。

从本概述中可以看出，在该乡，行政经济单位——农村公社和土地公社最终没有合并。库夫托列沃居民点包括四个土地公社，但只有三个农村公社。从本质上讲，乡管委会没有限制的可能性。它没有记录在官方文件中。实质上，如果官方文件中没有记载领土统一前提下新土地公社的成立，那么乡管委会就不会限制在农村公社统一地域中建立新土地公社作为子公社的可能性。

赫尔诺科夫斯基乡参与调查的几个村社的人口被划分为不同的类别，分别为国有农民、临时雇用农民和个体农民。因此，那些在村社外购买土地为私产的农民的地位值得探究：他们与村社成员的关系将如何进一步发展？毕竟，无地农民也生活在村社中。

热尔诺科夫乡公社的特点是，如本概述所示，土地的彻底重分仅在全国人口普查期间进行，因此自 19 世纪 50 年代末以来没有得以恢复。本概述的作者乡长库兹涅佐夫强调，在公社中实际上是以户为单位使用土地。

有趣的是公社间的合作形式。基于共享土地使用权的合作随处可见。在国有农村，一种典型的经济合作形式是由几个公社向国家租赁森林或草地。

耶利扎罗夫村社

根据 1877—1878 年欧洲部分俄罗斯关于土地财产和人口聚居区的统计数据，沃洛格达地区的斯帕斯基乡包括 19 个农村公司，50 个土地公社。该乡有 66 个村庄、874 家农户、2149 人。因此，在本概述中研究的是一个小公社。其人口为 37 人。不过，它被划为一个独立的行政经济单位——农村公社。

罗斯季洛夫乡社

根据俄罗斯欧洲部分关于土地财产和人口聚居区的统计数据，格里亚佐韦茨县的罗斯季洛沃乡有 10 个行政经济单位——农村公社、13 个土地公社和 91 个居民点。包括有 4728 人和 2196 个农户。

事实上，概述的多位作者并没有对其所研究的乡公社做出定义。在 19 世纪下半叶的科学文献中，乡公社的定义被简化为土地使用形式。人们通常认为，在乡公社的村庄资源配置中，某种自然资源应该是不可分割的。显然，罗斯季洛沃乡公社没有这样的土地，也没有任何类型的社会工作可以由整个公社或一般技术设备共同执行。

根据 1877—1878 年的统计调查数据以及本概述中所展示的对所谓乡公社的居民点构成对比，也可以得出结论，这指的不是乡公社，因为数量指标显著不同。显然，1878 年的自由经济学会计划而编写的概述对整个公社进行了全面的介绍。

根据 1877—1887 年土地财产和人口聚居区的统计数据，我们填补了有关罗斯季洛沃乡公社概述中所遗漏的具体居民点的信息。其人口并不稠密，特别是乡行政中心，乡管委会的常驻地。这是位于努尔姆河附近的原国有农民居住的罗斯季洛沃村。它由 27 家农户、132 名居民组成。该村距离县城 9 俄里。村里有一所学校，一家店铺。距离该村 3 俄里的地方有科尔尼利耶夫—科尔涅利斯基修道院、四个教堂教区、两个小教堂、一所学校、一家店铺。在 6 俄里的地方有圣尼古拉和圣库斯托夫两个墓区（古代一种行政区划单位），一个教堂教区。在 8 俄里的地方有帕夫洛—奥布诺尔斯基修道院、五个教堂教区、两个教堂。在 10 俄里的地方有斯帕索—努罗姆斯基波格斯特（古代一种行政区划单位）、一个教堂教区、四家店铺。与此同时，每年有两次集市：8 月 1 日和冬季。在 13 俄里的地方有叶利尼基波格斯特（古代一种行政区划单位）、一个教堂教区，集市在每年的 2 月和 5 月。

罗斯季洛沃乡居民点的领土空间相当平均。我们以一些典型居民点的信息为例，这些居民点也在本概述中有所提及，概述提交至自由经济学会的公社土地占有制和农村人口调查委员会。

位于努尔梅河畔的巴尔萨金纳村有 39 家农户，共计 195 名居民。村里有一家店铺。这种院户性是欧洲部分俄罗斯农业区中型村庄的典型特点。

下一种类型的居民点是塔利察河畔的尼科利斯科耶村。

它有 44 个农户、登记人口 224 人。村里有一个教堂教区和一个店铺。

拥有更多农户的是波波夫金村庄——52 个农户，登记人口 260 人。村内有三家店铺。如果可以利用其他历史资料，研究人员将能够继续披露本概述中包含的信息。

韦尔霍拉利村社

本概述研究了乌斯秋格县采利亚科夫乡的 7 个公社之一。

根据 1877—1878 年欧洲部分的俄罗斯土地占有制和人口聚居区的统计数据，采利亚科夫乡包括 5 个行政经济单位——农村公社，共计 155 个村镇、875 家农户、2465 人。

潘菲洛夫村社

根据欧洲部分俄罗斯的土地财产和人口聚居区统计数据，格里亚佐韦茨县的潘菲洛夫乡有 26 个农村公社和 59 个土地公社。该乡有 77 个居民点、1124 家农户、2513 人。

斯捷普林乡的村社

在本概述中包括格里亚佐韦茨县斯捷普林乡 16 个农村公社中的 14 个调查结果。根据 1877—1887 年欧洲部分俄罗斯土地占有制和人口聚居区的统计数据，14 个行政经济单位——农村公社被划归斯捷普林乡。共 70 个居民点，其中大多数都会在本概述中进行研究。该乡共登记人口 3112 人。本概述中所调查及显示的数据为 3053 人。根据 1877—1878

年土地财产统计数据，该乡有 1422 家农户。在本概述中，未显示所调查的农户数量。

与潘菲洛夫乡公社（78 号文件）的概述不同，本概述中，作者指出了每个所研究公社的居民点构成，这使得有关具体居民点的信息更加系统化。

该乡的行政中心是斯捷普林村，原国有农民在此居住。该村为县管委会所在地。村庄距离县城 12 俄里。村里有 30 家农户，登记人口 165 名。在 2 俄里处为基督圣诞节斯捷普林波格斯特（古代一种行政区划单位）、两个教堂教区。5 俄里处有奶酪工厂、一个店铺和一个小教堂。6 俄里处为尼科利普斯滕斯基修道院、教堂教区。20 俄里处是鲍里索格列布斯克卡拉加奇波格斯特（古代一种行政区划单位）、一个教堂教区。

兹维亚金村社的中心村庄是兹维亚金村。这里有 110 名原国有农民的登记人口。有 20 个农户。村里有一家店铺。

切尔涅茨科耶村社的中心村庄是切尔涅茨科耶村，居住着原国有农民，登记人口为 302 名。该村位于秋文格河畔，拥有 58 个农户。有一个教堂教区，一个地方邮局。

第三个波克罗夫斯科耶村社的中心村庄是前领主居住的波克罗夫斯科耶村。它位于菲利波夫卡河畔。村内有 33 个农户，登记人口为 192 人。村里有一个教堂教区，有一家店铺。

瓦休科夫社区村社的中心定居点是原国有农民居住的瓦休科夫村，登记人口有 276 名。村里有 50 个农户，两个小教堂。

韦杰尔科夫乡的村社

根据 1877—1887 年欧洲部分俄罗斯土地占有制和人口聚居区的统计数据，格里亚佐韦茨县韦杰尔科夫乡有 4 个行政经济单位——农村公社，其中包括 44 个村庄。该乡共有 866 个农户、1860 个登记人口。根据家庭名单，有 2112 名男性和 2369 名女性。

自由经济学会在 1879 年调查了韦杰尔科夫乡，当时其村庄构成发生了变化。在上述四个农村公社的领土上，已有 64 个定居点。农民—领主在远离主要村庄的赎回份地上建立了 20 个村庄。但是，并没有脱离农村公社的行政分配，因为领主的村庄人口较少。但这只是废除农村公社行政领土边界的原因之一。事实上，不废除边界可能完全出于不同的原因，查明这些原因需要单独研究。

拉缅乡的村社

根据 1877—1887 年欧洲部分俄罗斯土地占有制和人口聚居区的统计数据，格里亚佐韦茨县的拉缅乡有 12 个农村公社。因此，本概述是各乡情况观察。在该乡有 27 个土地公社、99 个村庄，2245 个农户。该乡登记人口共 4727 人，根据家庭名单，男性 5750 名，女性 6236 名。

谢缅措夫乡的村社

根据 1877—1887 年俄罗斯欧洲部分土地占有制和人口聚居区的统计数据，格里亚佐韦茨县的谢缅措夫乡有 30 个农村公社、43 个村社、56 个村镇、986 个农户。根据家庭名单，人口普查中该乡人口为 5112 人，其中男性 3595 人，女性 4043 人。

本概述研究了一个行政经济单位——农村公社。其中，中心村庄是谢缅措夫村，位于达尔马特卡河沿岸的原领主村。它包含 28 个农户、168 个居民。距离该村 27 俄里处为乡管委会所在地。谢缅措夫村公社属于一区。

它周围有几个波格斯特（古代一种行政区划单位）和一所教堂教区学校。每星期四人们聚集在集市上。村里有一个小饭馆。

新尼科利村社

在格里亚佐韦茨县的新尼科利乡中，根据 1877—1887 年俄罗斯欧洲部分土地占有制和人口聚居区的统计数据，共有 7 个行政经济单位——农村公社、10 个土地公社、53 村镇，其中有 921 个农户。根据人口普查，有 2128 名居民，但根据家庭名单，有 2499 名男性和 2524 名女性。

本概述是对土地公社状况的乡级评论。作者调查了该乡的所有 53 个居民点。然而，本概述的文本展示出 8 个行政经济单位——农村公社，而在官方统计中只有 7 个。

1877—1887 年土地占有制和人口聚居区的统计数据记录了该乡 6 个最大的居民点。

旧尼科利（农民称其为旧村），原领主居住地。它位于斯杰林诺什卡河和巴巴什卡河畔。村里有 104 个农户、570 名登记人口。该村为乡管委会所在地。它与县城的距离是 47 俄里。有一个教堂教区学校。每年 7 月 20 日，在村里举行一次交易会。距离村庄 1 俄里处有圣母升天波德博洛茨基波格斯特（古代一种行政区划单位）、教堂教区。

在布金村居住的是原国有农民，该村位于桑巴尔河畔，有 28 家农户、登记人口 156 人。村里有一个小教堂。冬季每逢周二有集市，村内有一家店铺、两家小饭馆。

奥斯特列措夫村也位于桑巴尔河畔。居民为原国有农民。它由 33 家农户组成，登记人口 214 名。有一个小饭馆。

片耶夫村原为领主居住村，位于白申戈尔河畔，有 20 家农户、登记人口 116 名。村里有一家店铺。

波德列斯基村为原领主居住地，位于诺济马河畔。它包含 19 个农户、80 名登记人口。村里有两家制革厂、一家店铺、一个小教堂。

谢缅科夫村为原领主居住地，位于小波良卡河畔。村里有 33 个农户、登记人口 191 名、一个制革厂、一个胶水工厂、一个小教堂。

加夫里利采夫乡的村社（1）

根据 1877—1878 年欧洲部分俄罗斯土地占有制和人口聚居区的统计数据，格里亚佐韦茨县加夫里利采夫乡有 28 个行政经济单位——农村公社、83 个土地公社、100 个居民点。总共有 1312 个农户。加夫里利采夫乡的人口约为 1014 人。根据家庭名单有 3366 名男性、3565 名女性。该乡属于一区。

该乡的大多数土地公社都是人口聚居区。然而，本期出版的加夫里利采夫乡村社概述的作者没有扩大自由经济学会 & 俄国地理学会调查计划的内容，因此没有提供有关村社居民点数量的具体信息。其他信息也没有。通过引用 1877 年至 1878 年人口聚居区的统计数据，可以部分填补这一空白。

乡管委会位于前领地农民居住的新尼科利。该村有 17 个农户、85 个登记人口。该村距离县城 41 俄里。村内有一个教堂教区，3 俄里处为米哈伊洛—阿尔汉格尔斯克利赫塔什斯基波格斯特（古代一种行政区划单位）、教堂教区。基于当地的原材料，村内有一家奶酪工厂。6 俄里处为主显—洛斯坚斯基波格斯特（古代一种行政区划单位）、教堂教区。在 8 俄里处有圣三一斯曼诺夫斯基波格斯特（行政区划单位）。

第一个马尔可夫公社（官方名称，民间名称也得以保留，土地领主的姓——罗索欣）的中心村庄是前领主农民的罗索欣村。它位于奥列霍夫卡河畔。共有 33 个农户、172 名居民。村里有两家店铺。

在 1877 年至 1887 年的俄罗斯欧洲部分的土地占有制和人口聚居区的统计资料中，展示了前领主居住的卡通宁村。它属于两个公社之一——第一个或第二个卡通宁公社。不过，该村有可能是领主间划分两个公社的领土基础。废除农奴制后对公社领土结构的这种修改很普遍。在卡通宁村有 10 个农户，65 个登记人口。村里有一家染厂。

米龙诺西察公社的中心村庄是前领主居住的米龙诺西察村。它位于洛斯特河畔。村里有 6 个农户，有登记人口。村里有一个教堂教区。

加夫里利采夫乡的村舍（2）

本概述是省统计委员会对格里亚佐韦茨县加夫里利采夫乡公社调查工作的延续。在 84 号第五期中发表的概述的作者，描述了该乡整体的公社情况。为此做了广泛的调查。在本概述中，继续对公社进行深入研究。其作者调查了 23 个农村公社的行政经济单位——农村公社。每个农村公社都有单独的土地分配和相应的登记人口数量。在农村公社中居住的主要是前领主农民。

如本概述所示，参与调查的农村公社是由 86 个村镇和村庄组成。因此，每个农村公社都包括几个居民点，但概述中没有显示其具体构成。根据 1877—1887 年土地占有制和人口聚居区的统计数据，可以部分填补关于克鲁捷茨第二农村公社的信息空白。它的中心村庄是位于克鲁托夫卡河畔的克鲁捷茨村。村内有一家店铺。然而，克鲁捷茨第二农村公社的土地基础并不是这个村庄的所有领土。因为它由 17 个农户和 92 个登记人口组成。在奥加尔科夫村社概述中，显示属于所有者的 15 个人口被划归到克鲁捷茨第二农村公社。

特罗伊茨村社

本概述已是第二次提交给乌斯秋格县的自由经济学会村社土地占有制和农村人口调查委员会。其中涵盖 15 个乡。本概述根据在乌斯季阿列克谢耶夫乡收集的数据编写而成。

欧洲部分俄罗斯土地占有制和人口聚居区的统计资料显示，在乌斯季阿列克谢耶夫乡有 8 个行政经济单位——农村公社、8 个土地公社、2042 个农户。根据人口普查，该乡共有 5565 人。根据现存的家庭清单，共有 6538 名男性和 6943 名女性。

乡管委会位于乌斯季阿列克谢耶夫乡。乌斯季阿列克谢耶夫村散落在沃尔扎河畔。它距县城 32 俄里。村里有 17 个农户、112 个登记人口，即原国有农民。村里有一个地方邮局和一所学校，距离该村 50 俄里的地方为瓦尔热姆斯科—约翰波格斯特（行政区划单位）、一个教堂教区、19 个店铺和 3 个交易会。8 俄里处是特罗伊茨—奥尔洛夫波格斯特（行政区划单位）和教堂教区学校。

在 15 俄里处是圣乔治沙登波格斯特（行政区划单位）和教堂教区。有两个店铺和两个交易会。米哈伊洛夫交易会从 11 月 3 日到 10 日，夫罗洛夫交易会从 6 月 3 日到 10 日。

本概述只描述了特罗伊茨村社的情况。由于特罗伊茨村社本身靠近特罗伊茨—奥廖尔波格斯特（行政区划单位），因此该村到乌斯季阿列克谢耶夫村和乡管委会的距离大概是 8 俄里。

特罗伊茨村社有 15 个村庄，但也没有关于它们的具体信息。通过比较 1877 年至 1887 年欧洲部分俄罗斯土地占有制和人口聚居地的统计数据以及本概述的内容，可以确定包含在叶列梅耶沃的村社中。

第一个叶列梅耶是一个原国有农民居住的村庄，位于南河河畔。它有 17 个农户、112 个登记人口。村里有两家店铺。第二个叶列梅耶村，也是原国有农民居住的村庄。它位于亚戈德纳亚河畔，由 14 个农户组成，登记人口 92 个，村内有教堂教区和一家店铺。

沃洛格达省地方用语表

用语	术语解释/同义词	术语适用地区分布
庭院		
无人继承的财产	无在世继承人	格里亚佐韦茨县罗斯季洛沃、潘菲洛夫乡
荒芜的庭院	所有的成员都已搬走或去世	韦利斯克县乌斯季韦利乡、格里亚佐韦茨县罗斯季洛沃乡、乌斯秋格县乌斯季阿列克谢耶夫乡
人口		
附加人口	将去世者的一人份地分给另一个健在的农户主	格里亚佐韦茨县谢缅措夫乡
空人口	去世的（人，全家人都已不在世）	格里亚佐韦茨县谢缅措夫乡
除名人口	划入另一村社或乡的人口 曾使用过村社份地的已逝（纳税人） 除名家庭——家庭成员全部去世或搬到其他地区居住的地区	韦利斯克县乌斯季韦利乡 格里亚佐韦茨县热尔诺科夫乡、潘菲洛夫乡、罗斯季洛沃乡、乌斯秋格县采利亚科夫乡 格里亚佐韦茨县韦杰尔科夫乡

续表

用语	术语解释/同义词	术语适用地区分布
农业用地		
筐	土地划分单位，相当于粮食播种量＝俄斗	格里亚佐韦茨县热尔诺科夫乡
条形田	农户主之间的村社耕地划分单位，实际上是农民家庭的土地份额	乌斯秋格县采利亚科夫乡
斜坡	农户之间进行村社土地分配时最大的耕地划分单位。它仅适用于土壤的农业特征相同的地方。将村社耕地划分为"斜坡"的特点是，每个农户主都在一个地方为所有家庭成员获得其紧凑的份地。在一个斜坡附近是一人份、两人份、三人份和更多份额的所有者。这种划分土地的技术减少了耕地交错现象	格里亚佐韦茨县潘菲洛夫乡
框（或者"柱"）	农户主之间公社土地划分的一个单位。这种土地划分体系适用于具有不同土质的村社	乌斯秋格县采利亚科夫乡、乌斯季阿列克谢耶夫乡
家庭公社	一群农民农户主，通过协议联合起来，在村社中实现紧凑的土地划分。"家庭公社"是公社土地划分的最大单位（即"斜坡"）的组成部分	乌斯秋格县采利亚科夫乡
收割过的草地	大小不同的割草场，由村社成员共同收割	乌斯秋格县采利亚科夫乡
割草区	割草场地带——按户分配的结果，地段大小不一，包括切尔尼亚季、烧荒地、藻西奇布、支架下、交替、垛、波德波洛斯卡，最窄的为3俄丈。 最狭窄的割草场地带为2俄尺。割草刀同时是一种测量割草场的工具，等同于镰刀的手柄	格里亚佐韦茨县潘菲洛夫乡、乌斯秋格县采利亚科夫乡、乌斯季阿列克谢耶夫乡、格里亚佐韦茨县斯捷普林斯克乡

续表

用语	术语解释/同义词	术语适用地区分布
草耙	村社农户主的干草分配单位，共同割的草，相当于一捆	格里亚佐韦茨县热尔诺科夫乡
四分之一	根据草的质量来分配草地的计算单位	韦利斯克县乌斯季韦利乡
森林		
圈	根据草的质量来分配草地的计算单位	格里亚佐韦茨县加夫里利采夫乡
框	主轴、山谷、带状——村社中按户分配的林地划分单位	乌斯秋格县乌斯季阿列克谢耶夫乡、采利亚科夫乡
牧场		
牧场	牧场——放牧的地方，距离村庄最远，规模最大	格里亚佐韦茨县潘菲洛夫乡
农村附近有栅栏的牧场	牧场，牲畜活动地——放牧牲畜的特殊地方，周围有栅栏	乌斯秋格县乌斯季阿列克谢耶夫乡
牛犊圈	放牧的地方，距离村庄最近，规模不大	

维亚茨基省

斯洛博达县斯图洛沃乡国有农民土地占有概况[1]

斯图洛沃乡的居民中，男女共有9385名国有农民，皆为俄罗斯族，信仰东正教。全乡包括6个农村公社和166个纳税村落，其中还有三处独立而不上税的新村。土地所有权的登记记录还未公布，但根据乡公所提供的数据可知：农民们以代役租、缴纳国家土地税和地方自治税的方式共占有11905俄亩（1俄亩等于2400平方俄丈或1.09公顷）的可直接用地。

这些地均摊到3627位男性税丁上，每位纳税人所拥有的土地不超过3俄亩。

每个村落和新村所占土地可结成一个独立的村社。按此方式斯图洛沃乡共结成了169个村社，每有新税丁时村社中的耕地则被重新划分。在此之后只有当纳税人人数增加或减少时，也就是说有新入或者脱离村落的税丁时，才会重新划分耕地。

根据同一块田地里土地的土质和位置将耕地划分为不同的等级区域，就是所谓的：地面土区，属第一等；黏土区，属第二等；沙土区，属第三等；高地丘陵区，属第四等；低洼潮湿区，属最后一等。但是如果同一块田地里土地土质一致、地面平整，则在此情况下就将耕地分为两块，田地中央以道路隔开，这样就将一块称作上部田，另一块为下部田。每份区域都按照村落中税丁数目分条，同时应注意：每个农户主都须获得父辈祖辈曾经耕种过的土地。每个农户主在对每条地耕种时会按耕地长度将其分为两份、三份或者四份，这被称作"一趟或者一来回"，每趟取25俄丈到30俄丈不等。同一条土地内则用界标相隔，但这样的界标并不便于行人过路。对土地进行每人平均分配只能根据所谓的划条划带方式进行，但通常在这时候还要算上可供人通过的道路；区域不同，每条或者是每份地的宽度会是不等的，一份地有时候会有2俄尺宽，但常见的还是1俄丈宽，鲜少可以看到一个税丁分到6俄丈宽的。而在讨论划分土地时每条地的长度是无法在各家各户之间进行丈量的，只能计量每条地的宽度，而这一条地会有多长就要看每家有多走运了。

在有农民退出、离开村社的时候，土地要在之后第一年进行重新划分，也就是说如果一份区域的土地被划分为10份地，那么有一个税丁退出，这份区域就得被分为9条；在农民离开退出后给留下来的这条或者这份地被称为机动地。在新增税丁时就要对每条地进

---

[1] 资料来源：班尼科夫 M.：《斯图洛沃乡国有农民土地占有》，维亚茨基省公报，1879（15—16）。

行整体划分：这样10份地就被分为了11份或者12份，如此一来界标就会因为每户土地尺寸变小而移位。在有新增税丁时村落里专门预备的远一些的土地就会被分出去。

居民们把再有加入村落的住户称为"新户"，作为村落一员，会给其匀出与其余各户均等的宅院地。

对宅院地和打谷场不再进行重新划分，而同一户经常使用的园地，则在其去世后作为遗产由在同一个院子里住的孩子或者兄弟们继承。最近地方自治局对村落布局进行调配时，按照针对性的决定村落又开始了对宅院地的重新分配。划分庄园时不依据每户税丁的人数，而是按户进行，每户所分庄园大小一致。

割草季节前有几个村落已经以结成村社的方式生产，这时候所有的村落会投入现有所有村社的力量一起收割，之后再根据干草垛数或者所装干草车数进行分配；但是现在每个村社都留有单独的草场，在新入税丁的时候按数划分出去，之后加入的税丁这份则从其所入村落，而非整个公社匀出，因为所有的割草场也和耕地一样，是在各村落之间划分好的。对草场测量时使用一条长约20俄丈的绳索或者测杆进行。在村社成员间划分时将草场划分为条，每户一条分配，而不按耕地分配的那样将每条耕地再分给各个税丁下去，各条割草场间会用长出的低矮灌木丛做界标。每次对割草场重新划分时各村落和各户所占区段都会得到更变，而且各段和各份的范围也会完全不同，而被清理过的割草场除外，这些草场不会划入整个划分范围并依然会留给原有用户。这些草场就被称为"新清草场"。根据割草场的大小和税丁的人头数，每条割草场或者收割过的草地的宽会是1俄丈到30俄丈不等、长为不到100俄丈。孤儿们有时候会使用收割的草代替赋税，但多半这些草都是从其亲戚那里匀来且多来自新清理割草场。

在对耕地和草场进行重新划分时不会有专门的测量工在场，而是由各户轮番自己上场。

土地在耕作方式上有三种，实际上与其他乡类似的农业生产方式并无不同，有秋播地：种植黑麦；有春播地：种植燕麦；还有休耕地：休闲。农民们为了改善田地和割草地的耕作方式，业已开始进行了一些努力，这方面的第一个例子就是小扎瓦里欣（瓦赫鲁舍夫）村的农民，这个村住有分别有自己土地的四个亲兄弟，他们用从自己皮革厂弄回来的浸灰给自己的耕地施肥。这种灰是由石灰、灰烬、碳酸钾成分构成，用来浸渍湿皮革的。把这种皮革生产中用来给皮革浸灰的边角废料弄到田里，这样的施肥方式可以让庄稼的收成比用厩肥施肥的田里多出一倍。看到他们这样，其他有自己小型皮革厂的农民们也开始纷纷效仿起来。

过去大多土地开荒通常都是用索哈犁和带有将近4俄寸（1俄寸为44.5毫米）长耙齿的耙子进行，方式都又粗又笨。这样的耙子很少能够耙碎残留的干土块儿，因此等到了黏土地里打碎土块儿就只能用斧背了。最近有三个农民发明了一种带有叫作犁铲（犁铲价格为4卢布50戈比，产于亚兰斯克县；这些犁铲曾被斯洛博达县商人们从农民那儿拿走过一阵子，用来在割草场上对比这些小分禾器尖并为此交纳了5卢布的轧制费）的新构件的索哈犁，用它去翻犁原来的粗糙的土地十分轻便，且不会再留下需要用斧背或者榔头打碎的土块。

庄稼下种则按照以往惯例进行：农民们一边沿着条田走，一边用手将种子撒到前面离自己有一俄丈远的地方，但是这时候不会下种的人就可能会把黑麦种得很稠密，造成麦子死亡或者相反，把燕麦种得很稀。

尽管农民们都清楚，庄稼长得好不好取决于地里的土壤，取决于施肥，取决于气候条件，但是他们还是认为需要用一些习俗来让庄稼长得更好：到了圣诞节和复活节，神甫带着生气勃勃的十字架和圣母像在他们家里祷告的时候，他们就会在圣像下面立上黑麦种、大麦种和燕麦种，并且这些种子会被用作地里下种的开播种。之后会在6月份时到春播地，或者八九月份时到秋播地再祈祷一番。此外，到了主显节那天，所有的农民会带着粥、葡萄和啤酒到春播地去，在那儿所有的农户们会相互招待请吃一番。在圣诞节前夜的夜里，也就是拂晓前，老人们会按照自己的年龄大小，依序把黑麦禾捆轻轻插在覆盖在地里的雪上面，盖上粪肥并念着判词："禾捆捆得越紧，地里的庄稼就会长得越密"。

亚麻和大麻会被种到春播地和高一点儿的秋播地。亚麻地等到下种完就完全交给女人们来打理。她们会收割长好的亚麻和种子，卖掉后拿钱用作自己的个人支出和买衣服钱，而丈夫或者父亲是没有权利索要这笔钱的。女人们会拿亚麻制成麻布、花粗布，用它们来缝补父亲、丈夫和兄弟们的衬衣和其他物品。

为了亚麻种植业的更好发展，斯洛博达县于1878年自普斯科夫订购了一批种子并将其以低于订购价的价格转卖给了农民们。在一些村落，作为经验，会先把这些种子下种，然后针对当地的总体需求，种出原来两倍的种子和亚麻，把样品作为半成品搁到地方自治大会上，就会作为经济作物被认可，再订购出近60普特亚麻。

在斯图洛沃乡，蔬菜种植业并不是特别发达。菜园里的蔬菜仅作为当地人的家用需求品，卖给村里的居民们且只有距斯洛博达县县城比较近的才会卖到城里的市场上。从事蔬菜栽培的清一色都是妇女，会在菜园里种这些蔬菜：葱、白萝卜、胡萝卜、土豆、甜菜以及大量的白菜。

斯图洛夫乡在收割草和干草时会全家都上阵，收割时用短把镰刀，不过近来农民们开始用起了一种长把镰刀，而且事实证明：用长把镰刀收割比起短把镰刀来会更轻便高效。但是在那些多沼泽和丘陵的乡里就只能使用后者了。

每个村社都有自己林木矮小、生长不到一年的林子，作木柴、木杆和桩子用。每户都会使用那些长到条田里、阻碍对田地耕种的林木且所有人都知道自己作为家用的林区所在。总体上，整个乡要使用的都是那些常年生长，可用来建房子用的林木，但是林子里却没有那种生长多年的建筑用原木。而那些建房所需的林木农民们会到斯洛博达的集市上或者从木材商那里去买从别的乡甚至是沃洛格达省水运过来的。同时，农民们还要为取得使用建筑用木材的权利缴纳木材税。

喀山省

维金—斯霍多达村社[1]

村社构成

（根据俄国自由经济学会纲要的第1—8条编写）。
维金—斯霍多达村位于斯维亚日县尤玛托夫乡。
该村由下列村社组成。

村社名称	农民种类	人口数量 男性	人口数量 女性
①舍列梅捷夫村社	原地主农民中的私有农民	37	54
②科洛索夫村社	赎回的私有农民	33	51
③季诺维也夫村社	来自小地方的私有农民	20	24
④捷连宁村社	赎回的私有农民	18	16
⑤别斯图热夫村社	赎回的私有农民	55	56
总计		163	201

维金—斯霍多达村由一些村社组成，农奴制存在时形成这些村社是由于村庄当时归不同的人所有，但由于五个公社中土地的使用方法及土地的重新划分方式是完全一致的，就可以将整个村庄看作是一个整体的土地公社，尽管每个公社都有单独的土地。

维金—斯霍多达村中五个村社的农用地构成如下（该纲要的第九条）。

---

[1] 资料来源：维切斯拉夫 H. H.：《喀山省乡村土地公社资料》，喀山：喀山省印刷部，1879年。

村社名称	土地数量							
	村社总土地数量	宅院地	打谷场	菜地、花园	牧场	耕地	草地	森林
(1) 舍列梅捷夫村社	28 俄亩	1600 俄丈	—	800 俄丈	—	27 俄亩	—	—
(2) 科洛索夫村社	105 俄亩	1800 俄丈	1200 俄丈	1800 俄丈	—	72 俄亩	23 俄亩	8 俄亩
(3) 季诺维也夫村社	73 俄亩	1 俄亩 400 俄丈	1 俄亩 600 俄丈	1400 俄丈	—	50 俄亩	12 俄亩	8 俄亩
(4) 捷连宁村社	15 俄亩	800 俄丈	400 俄丈	1200 俄丈	—	9 俄亩	5 俄亩	—
(5) 别斯图热夫村社	149 俄亩	2 俄亩 400 俄丈	1 俄亩 600 俄丈	2000 俄丈	4 俄亩 1200 俄丈	140 俄亩	—	600 俄丈
总计	370 俄亩	5 俄亩 200 俄丈	3 俄亩 400 俄丈	3 俄亩	4 俄亩 1200 俄丈	298 俄亩	40 俄亩	16 俄亩 600 俄丈

从该表格中可以看出，维金—斯霍多达村的土地包括：宅院地、打谷场、菜地、花园、卷心菜地。

土地使用

村社土地的重新分配

（a）该村五个村社的宅院地（该纲要第 14—第 17 条）都是按户继承的，不需要进行重新分配。在别斯图热夫村社曾发生过这样的情况，在户主去世后，妻子改嫁给其他村子的农民，庭院被卖掉并归其他户主所有。在维金—斯霍多达村没有发生过划分新宅院地的情况。

注：尤玛托夫州的尤玛托沃村社（尤玛托沃村）和萨维纳村社（萨维纳村）的大麻田和菜地有时会重新分配，农民说，由于人口数量的增加或者减少，会在住宅旁边增划土地或切割土地，但不会改变其位置，所以宅院地只会在自己的空间范围内有所增减。若有需要，通常是在 4 月末对土地进行增划或切割。

（b）耕地（该纲要第 18—第 32 条）。该村所有的村社重新分配耕地仅仅是由于人口数量的增多或者减少，从而重新分配户主间的条形田。由此可见，并不存在重新划分土地的固定期限，只是取决于居民人数的增多或者减少。最近一次耕地的重新分配是在 1878 年 4 月末。彻底式重新分配通常一直伴随着人口调查。每块土地按照土地质量的优、良、差分为三段，首先将每段土地要分成四分之一俄亩（条形田），其宽度为人均 5 俄丈，因此三个人的条形田的宽度就是 15 俄丈。所有户主根据家里的人数在一个地方的每段土地上都能够得到自己的份地。土地上没有地界，是用犁耕出来的垄沟将每户的条形田同其他户的条形田区分开来，这种垄沟比普通的土地更深更宽一些，只有步行或者是骑马才能够通过这些垄沟。要经过播种地才能够到达通往道路上的条形田，尽管最后的播种地是属于其他户主的，但是在这种情况下也没有发生过争吵。按照现有的人口数量将土地分成条形田，条形田的长度和宽度不一，首先取决于份地本身的长度，其次根据土地所分配给的人口数量。不为村社的新生成员留有储存地。如有需要，也要重新分配施厩肥的土地。

（c）草场（该纲要的第35—第40条）。在维金—斯霍多达村舍列梅捷夫村社和别斯图热夫村社内没有草场，其余的村社每年按照现有的人口数量进行土地重新分配，草场的质量都是相同的，而如果某个户主得到的是优质草场，而其他户主得到的是劣质草场，那么就要根据草场的质量，补充给后者一半或四分之一的用于测量牧场的缰绳。缰绳的长度为4俄丈到6俄丈。根据人口数量分配到每户的土地被称为份地，长度和缰绳长度相等（为4—6俄丈），宽度不少于2俄尺。在重新分配草场时，不划分新份地，而是农民每年通过抽签的形式来进行重新分配。

（d）林地（纲要的第41条）。在维金—斯霍多达村有林地的公社中，根据每户现有的人口数量，将林地划分成段。每户可以自行处理所分得的地段，可以砍伐森林，或完整保留森林。

（e）牧场（纲要的第42—47条）。只有维金—斯霍多达村的别斯图热夫村社拥有可供该村社农民共同放牧的牧场，其他村社没有牧场，牲畜放牧到倾斜的草地上和收割完的田地上，在农闲期也会把牲畜放牧到山上、灌木丛中。每户都有权将自己的所有牲畜赶进畜群，无地农民经有地农民的允许，支付一部分雇用牧人及整理牧场的费用，也可以放牧。

土地重分

（根据纲要第48—67条编写）

家里有少年的老户主向召集村集会的村长表示必须要重新分配土地。只有户主、无土地农民以及无地的孤身贫苦农民可以参加村集会，女性禁止参会。一些户主的长子代替户主参会。三分之二的户主需要参加村集会，制定重新分配土地的决议需要三分之二的选票，否则不具备资格召开村集会。村社在集会上分配土地。在可耕地上用杆子来测量条形田，用缰绳来测量草地，长度为4俄丈到6俄丈。维金—斯霍多达村所有村社农民的土地单位都是俄亩（等于2400平方俄丈）。年满16周岁才能够使用公共土地，已婚或单身在使用土地方面没有差异。满60周岁收回土地，如果户主下属没有其他的工作人员，份地也不会增补给少年并且可以不从老人那里收回土地。一年中没有重新分配土地的固定日期，通过友好协商的方式在村社内进行分配，无需进行抽签（上述说到的草场除外）。每户应得的条形田用犁耕出不同的标记标出。存在误种他人条形田的情况，可向村长提交关于这一情况的申诉书，并交由乡法院审理，会没收过错方的庄稼，不过会把种子还给他。

维金—斯霍多达村五个村社中的土地份数，即人均土地份数和农户数量的关系如下（纲要的第68条）。

村社名称	每个村社的农户数量	按份地数量分配的农户数量			
		拥有1块份地	拥有2块份地	拥有3块份地	拥有4块份地
舍列梅捷夫村社	13	7	6	—	
科洛索夫村社	14	7	5	1	1
季诺维也夫村社	7	4	2	1	—
捷连宁村社	4	2	1	1	—
别斯图热夫村社	19		8	3	2
共计	57	20	22	6	3

村社经济事务制度

（根据纲要第70—80条编写）

专门雇用牧人来放牧农民的牲畜，所有村社平摊费用，每个村社一年60卢布，放牧人自己聘请放牧助手，放牧助手数量取决于牲畜的数量。放牧人的饮食由各村社负责，由每个农户轮流负责。上面提到的费用（60卢布）包括：放牧1匹马、1头母牛或公牛或8只羊。维金—斯霍多达村的所有村社里只有一个庄园居住区，宅院地周围设有围栏，围栏根据人口数量进行分配。围栏的高度应该在2俄尺左右。为租用学校场地需花费掉全部的收入。

村社耕种情况

（根据纲要第85—91条编写）

维金—斯霍多达村的所有村社采用大田三区轮作制。每年只会给距村子距离不大于2俄里的土地施肥，剩下的土地就不施肥。在耕地、割草以及收割庄稼时会给予一些帮助，但只有一顿免费的酒宴。

赋税与徭役

（根据纲要第92—107条编写）

维金—斯霍多达村的村社承担下列费用。

村社名称	男性人口数量	所有土地数量	年税费														
			人头税和代役租		国家土地税		社会税		偿还费用		地方自治税		公社支出税		共计		人均税费		什一税	
			卢布	戈比	卢布	戈比	卢布	戈比	卢布	戈比	卢布	戈比	卢布	戈比	卢布	戈比	卢布	戈比	卢布	戈比
舍列梅捷夫村社	37	28	84	60	—	96	—	—	—	—	6	19	23	40	115	15	3	11	4	11

续表

村社名称	男性人口数量	所有土地数量	人头税和代役租		国家土地税		社会税		偿还费用		地方自治税		公社支出税		共计		人均税费		什一税	
			卢布	戈比	卢布	戈比	卢布	戈比	卢布	戈比	卢布	戈比	卢布	戈比	卢布	戈比	卢布	戈比	卢布	戈比
科洛索夫村社	33	105	72	85	3	25	—	—	216	—	21	61	20	15	333	86	10	112	4	18
季诺维也夫村社	20	73	94	25	2	36	7	60	—	—	16	88	13	—	134	9	6	701	1	833
捷连宁村社	18	15	30	55	—	53	—	—	42	25	4	32	8	45	86	10	4	81	5	4
别斯图热夫村社	55	140	94	—	4	95	—	—	288	—	34	75	26	—	447	70	8	14	3	1

按人头来缴纳赋税和所有税款，而不是按赋役额，根据户主现有的土地数量来分配人头税。村社不为退出村社的人口偿还任何赋税，而是让更加富裕的或者是拥有更多工作人员的户主来承担这笔费用。对于经济状况不好的农民，会将他们的份地收回并转移给其他的户主直到份地的原所有者经济状况变好。不收回老人、寡妇、孤儿的免费份地。工长、村长和其他的官员可免除大车官差、警戒义务和房租。军人官员在职期间需缴纳的赋税由村社支付。在维金—斯霍多达村不存在缴纳赋税出现问题的情况。

村社成员法律关系

（根据纲要第108—130条编写）

维金—斯霍多达村中的每个村社都要按照同一个方式来单独使用自己的土地。其中每个户主都不能够在秋播田上种春播作物，或者反过来说，就是完全不能不遵守已有的作物制度。没有规定开始农耕的时间，给土地施肥也不是户主必须的义务，而是取决于其个人意愿。每个户主都可自愿将厩肥和牲畜出售给他人。退休士兵、永久休假士兵以及士兵妻子可以免费使用宅院地。没有耕地但只有一个庄园的农民可以免费使用牧场（本文上面提到过牧场）。户主在使用林地时仅有权砍伐自己所有的森林部分（本文上面提到过林地）。维金—斯霍多达村中不存在无人继承庄园的情况。从家庭中独立出来的成员再次从原有家庭的土地中分得份地，在该村没有发生过接受新公社成员的情况。退出公社的农民要将自己的土地交还给公社，公社再把土地转给想要这份土地的人，但条件是需缴纳土地的赋税。在维金—斯霍多达村中没有发生过农民单独赎回份地的情况。这个村子里的8个户主拥有他们买来的私人份地，同时他们也使用公社份地，除了务农之外，他们不从事其他的行业。在偿还贷款储蓄银行债务时农民间有连带责任，每人5卢布到50卢布。

奇普丘吉村社[1]

奇普丘吉村位于喀山县奇普丘吉乡，居住着过去大俄罗斯部落的领地农民，在奇普丘吉村的基础上，组建了农村土地公社"奇普丘吉村社"。这个村社不包括其他的村庄。这个村庄除了宅院地外的土地都归公社所有，宅院地按户继承使用，无须重新分配。彻底式土地重分要一直伴随着人口调查，草地也是每年都要重新分配。

所有三块田地上耕地的数量是2678俄亩，将其分为30个四分之一俄亩的土地，每个四分之一俄亩的土地分给22个人，因此在两块土地的四分之一俄亩地上平均有22块条形田，在第三块土地上平均有25块条形田。这些条形田按照每户的人口数量进行分配。在土壤和土地位置相同的条件下，每四分之一俄亩上条形田的宽度为1俄丈，长度为60—85俄丈，少数情况下能达到100俄丈。条形田的长度不一，一方面来说是由于100多年来形成的习惯；另一方面是由于土地界线的位置，特别是当土地以锐角的形式进入他人领地时，或者是土地形状是梯形时。每块土地上通常会划分出一块条形田（1俄丈），但是在份地土壤有差异时，条形田可能会变大或变小。由于人口数量的增加或减少需重新分配土地，若某一农户的家庭成员死亡或者数量发生变化，则应将原来属于他们的条形田转移给其他家中人口增多的户主。每年都要在村集会的允许下进行这样的分配，并且以每户年满18周岁的工作人员实际数量作为分配的依据。若分家的话，则也要将家庭的部分份地分给独立出去的成员。所有户主都无权在春播田上种秋播作物，或者在秋播地上种春播作物，就是完全不能不遵守公社中已有的作物制度。所有农民共同使用休耕地来放牧牲畜。每个户主自行决定开始耕作的时间，村集会决定开始割草的时间。在奇普丘吉公社不存在分配向日葵、甜菜根等植物的情况并且只有大麻田占据小部分的可耕地，不超过70俄丈。随着农奴制的取消，整个公社不再对土地进行加工并且不再一起进行劳作。

草地和可耕地相似，划分成30个四分之一俄亩，同样也是分成22个条形田，称作份地，因此人均一块份地。割草场划分成四分之一俄亩，其长度为一度，根据草地的质量通过抽签的形式来分配草地。根据草地上的空间来确定草地上的条形田，宽度为1俄尺到1俄丈之间。

奇普丘吉村的农民没有自己的林地，但每年他们使用封地的17.5俄亩林地，他们有义务保护该部分森林并且每年要为此支付539卢布。奇普丘吉公社没有牧地，在野外草地上放牧，农闲时期在靠近休耕地的草地上放牧，还为此专门留出一些平地。宅院地包括宅院地和菜地。宅院地是按户继承的领地，永远不用重新分配，大麻地也占据可耕地的一部分。从耕地中分出新的宅院地。

公社经济事务。奇普丘吉村社要自己雇用牧人，轮流支付费用，费用为30到50戈比。包括放牧母牛或公牛，猪和6头羊。不将土地圈起来，而是用栅栏将村子入口处的一

---

[1] 资料来源：维切斯拉夫 H. H.：《喀山省乡村土地公社资料》，喀山：喀山省印刷部，1879。

个寨墙围起来。按照四分之一俄亩来划分土地，根据要求修直道路的程度，其中的每条道路都在10—15人的份地之中得以修正。在耕地、割麦以及运送木材用以建房子的时候农民会得到帮助，尽管没有任何金钱的帮助，但是会安排一次宴请。村长会组织召开集会，所有户主都应该参加，也就是说，每户要有一个人参加。村集会上讨论的事宜是要大多数人表决同意才能通过。在奇普丘吉村社只有一个户主赎回了自己的份地，家里有4口人，土地数量为19俄亩13俄尺。自1861年起出现过两次公社招收新成员的情况，他们与其他的农民拥有同等的土地使用权。自1861年起的这段时间，有5个人退出了公社，所有退出公社的人去了市里并且开始做小本生意。有40个无马农户，他们雇人来加工土地或者是把土地租出去。根据人数（现有人口数量）分配赋税并且农民间分配赋税与农民间分配土地密切相关，因为大部分份地都归富裕农民所有。公社根据现有人口数量平摊由于人口减少造成的费用。只有应召入伍的男性士兵可以使用免费的土地，公社为其缴纳赋税，赋税额根据现有人口数量平摊。选举出的官员只有在缴纳实物赋税时享有优惠。在未缴纳赋税的情况下，公社收回欠款者的土地并将土地转移给其他的户主。自1861年起这种情况发生过6次。实物贡赋中包括民宅供军队宿营的义务（驻扎义务），每年要提供3000个住宅；大车官差；道路义务600人，警戒义务3000人。虽然所有的这些贡赋都是自然执行的并且按照人均份地的数量来进行分配，但大约的费用总计：住宅费用180卢布；大车官差300卢布；道路费用65卢布；警戒费用180卢布；新兵装备的费用达20卢布；根据现有人口数量进行分配。无连带责任。

奇普丘吉村位于卡赞卡河下，有242个农户，17个单独的用于居住的木房，居住建筑共305个。该村的居民数量为：按照法定文书记录男性为660人；按照家庭名单记录男性有730人，女性有831人。劳动年龄（17岁到55岁）的男性为360人。共有242个家庭，其中大家庭（人口为5—6人）有15个；中等家庭（人口为3—4人）有115个；小家庭（人口为1—2人）有112个。奇普丘吉村的农民在封建制度以前属于信仰东正教的大罗斯部落。该村社的大部分土壤是灰色沙黏土。采用大田三区轮作制。播种的庄稼主要是：黑麦、燕麦、荞麦。农作物栽培体系并未得到优化且并没有引进播种新的作物，在农耕时使用的是最简单、普通的工具。该村没有放牧场，在农闲期在靠近休耕地的草地上放牧，专门为此留出了一些平地。

庄稼的平均产量足以满足村庄居民的需要，收成好的时候还会余出近1600普特的粮食，可出售，在收成不好的时候无法满意居民的需求，对人口多的农户来说能维持5个月，对于中等农户来说能维持7个月，对于人口少的农户来说能够维持9个月。在1861到1878这18年期间，尤其是1877年，完全歉收。1869年、1872年、1876年收成不好，而1879年、1875年及1878年收成好，剩下的11年收成一般。在奇普丘吉公社的土地上有一个酒馆，酒馆归整个公社所有，每年支付1000卢布。公社没有代役租和其他方面的条款。歉年时收割庄稼的数量和从酒馆中所得的盈利收入无论是在粮食这一方面还是在偿还赋税这一方面都无法满足居民的需求。于是要用地方手工业和打零工的收入来填补这一空缺。首先有十个户主经营大车店（奇普丘吉村位于大西伯利亚运输线上）其次就是零工（主要是在喀山运输石头或柴火）；小型代理，即需要寻找不同种类商品的买主和卖主；雇工；还有绉绸业和纺车业。为了最后一个目标（发展绉绸业和纺车业），8 个农户家的 25 个农民每年 9 月份都会去喀山、萨马拉和萨马拉省的梅列克斯工厂，3 月份回来。每年每个户主能得到 50—70 卢布的大车店盈利额，喀山的零活能带来净利，除了养活自己和喂马的费用之外，每天还能赚上 50 戈比到 1 卢布，带着很少的钱去工作每月能剩下 10 到 15 卢布。9 月到次年 3 月期间，绉绸业和纺车业能够为每个人带来 30 到 40 卢布的利润。1861 年以前，奇普丘吉村的农民没有任何的收入，最后一次收入是为酒馆包收房税。一年收入为 1000 卢布。奇普丘吉村的农民不租用邻村的土地，10 个户主从同村人那里租用村社份地，总土地数量达到 20 块人均份地，除了支付赎金之外（每人 3 卢布）每人还需缴纳赋税（每人 7 卢布）。租用公社土地的经济制度和份地用地的制度是完全相同的。近三年（1876 年、1877 年、1878 年）以来外出寻找临时工作的人数如下：

		男	女
按照其他凭证：	单月短工	90	—
按照护照：	季度短工	60	30
	半年短工	210	42
	整年短工	18	6
	总计	378	78
			456

大部分男性去喀山是为了找到打零工的工作（运输石头和柴火），并去其他的地方工作（雇农），并且还为了发展绉绸业和纺车业来到喀山、萨马拉和梅列克斯工厂。女性主要去做雇农或者去当侍者。近三年以来（1876—1878 年）虽然奇普丘吉村没有发生疫病，但牲畜的数量减少了一半，而且 1876 年庄稼收成不好，1877 年歉收。现在的牲畜包括 217 匹马、230 头牛、520 只羊。储备商店没有粮食，因为粮食已经卖完了并且卖来的钱用做农业粮食基金，一定是没有用做公社基金。根据奇普丘吉农村公社 1878 年的税额，赋税和其他强制税费的数额如下：

收入额	全村	人均
国家税	1718 卢布 54 戈比	2 卢布 64.5 戈比
地方税	2033 卢布 80 戈比	3 卢布 13 戈比
乡镇税	396 卢布 50 戈比	61 戈比
农村税	478 卢布 50 戈比	75 戈比
赎金	1948 卢布 75 戈比	3 戈比
共计	6585 卢布 9 戈比	10 卢布 13.5 戈比

1877 年奇普丘吉村社歉收，欠缴的税款如下：

人头税	1430 卢布 29 戈比
土地税	15 卢布 74 戈比
地方税	455 卢布 65 戈比
保险费	525 卢布 77 戈比
农村粮食资金	325 卢布
共计	2742 卢布 45 戈比

自 1861 年起奇普丘吉农民出售财产用于偿还欠款的情况出现过 20 次，公社自己也进行售卖，并且还出售粮食和牲畜。该农村公社 242 农户的组成如下：
1. 富有农户　20 户
2. 小康农户　40 户
3. 中等农户　132 户
4. 贫困农户　35 户
5. 贫苦农户　15 户

下列数据对这五个种类中每个种类的农户进行详细的描述。

1）奇普丘吉农村公社的农户

1861 年前所有的农户，按照其不同的种类，人口数量如下。

现有人口数量	1. 富有农户 男	女	2. 小康农户 男	女	3. 中等农户 男	女	4. 贫困农户 男	女	5. 贫苦农户 男	女
小于 12 岁	—	—	1	—	1	—	2	1	1	1
12 岁到 17 岁	1	—	—	—	—	—	—	—	—	—
17 岁到 55 岁	2	3	1	1	3	3	1	1	1	1
大于 55 岁	1	—	—	—	—	—	—	—	—	—
总计	4	3	2	1	5	3	3	2	2	2
包括： 劳动者	2	3	1	1	3	3	1	1	1	1
无劳动能力者	2	—	1	—	2	—	2	1	1	1

这五类农户中每类农户都拥有完整的人均份地，份地数量近三年来没有发生变化，数量为：

第一类农户	3 块份地
第二类农户	4 块份地
第三类农户	4 块份地
第四类农户	2 块份地
第五类农户	2 块份地

上述每类农户近三年的总赋税额也没有发生变化，数量为：

第一类三口人的农户	30 卢布 40.5 戈比
第二类二口人的农户	20 卢布 27 戈比
第三类四口人的农户	40 卢布 54 戈比
第四类二口人的农户	20 卢布 28 戈比
第五类二口人的农户	20 卢布 27 戈比

没有一个农户的户主有私人土地，准确来说这些农户也不租用公社的份地及邻近的土地，同样也不将自己的份地向外租赁。

下列农户的家庭成员有人去当雇用工人。

第三类农户。有两人去当制糖饼生产的工人，为期6个月，每月工资达5卢布。

第四类农户。有一人去做了雇农，每月工资达3卢布。

第五类农户。有一人受雇，每月工资为10到15卢布。

第一类农户的户主经常做小本生意，在自己的房子下面有小店铺，年交易额能够达到700卢布；第二类农户的户口用驿马拉脚，年收入约600卢布；除此之外，农户里还有养蜂场，每年的收入达到60卢布。第一类农户有一个雇农，第二类农户有两个雇农。

第一类农户及第二类农户无欠缴额，而其他农户的欠缴额如下。

第三类农户	50 卢布
第四类农户	50 卢布
第五类农户	70 卢布

1871年为第五类农户为偿还欠税，把马卖给了村社。

穆利马村社[1]

村社构成

穆利马村社位于喀山县穆利马乡，是由穆利马村和与该村相邻的穆利马新开屯构成。两个村子都位于谢尔金克河河岸并且居住着信仰伊斯兰教的鞑靼人。穆利马新开屯是85多年前出现的，从尼加梅季乌尔拉苏布汉库洛弗毛拉村的居民迁居至此，才有了穆利马新开屯。该公社的农民属于国家私有者且他们的土地归公社所有。该公社的人数为：根据法定文书记录300名男性，根据家庭名单记录有347名男性及362名女性。其中劳动适龄人口（17岁到55岁）157名男性，共有134个家庭，其中：

大家庭（5到6人）	7户
中等家庭（3到4人）	36户
小家庭（1到2人）	91户

归穆利马村社所有的土地共计1536俄亩，其中包括宅院地21俄亩（其中宅院地7俄亩；打谷场4俄亩；菜地3俄亩；大麻田7俄亩）；可耕地1293俄亩；森林90俄亩；草地51俄亩，共计1455俄亩。

土地使用及重分

宅院地是按户世袭所有，除了在每次人口调查时大麻田要重新分配之外，其他的宅院地无须重新分配。从耕地中划分出新的宅院地。

可耕地需要一直伴随人口调查进行彻底式土地重分，不存在抽签式土地重分以及计划式土地重分，因此在进行人口调查分配时，分给农民的条形田一直归农民使用直到进行新一轮的人口调查。可耕地分为三块土地，其中两块分成17个份地，一块分成18个份地。这些份地没有特殊的名称，根据土壤的差异、地势（山地、山坡、低地）、距村子的距离（附近土地、远处土地）来将土地划分成份地。每份土地再根据纳税人数量划分成条形田，因此每个农民所分得的土地都位于不同的地方：在其中两块土地上，平均是17个条形田；在第三块土地上，平均是18个条形田。条形田的宽度为1到3俄丈，长度为50到80俄丈。一些份地被道路分隔开，其他的份地被界标分割开，可以借助犁甚至大车驶过界标。还用更深的垄沟将条形田彼此间分割开。

草地每年都要重新分配并且按照割草场的质量将其划分成6部分，每部分也没有特殊

---

[1] 资料来源：维切斯拉夫 H. H.：《喀山省乡村土地公社资料》，喀山：喀山省印刷部1879年。

的名称。在进行重新分配时不将新份地切割开来,每年农民都是通过抽签来获得份地。这6部分中的每部分要再按照人口数量划分成条形地,其中最窄的条形地宽为1俄丈,长为40到60俄丈。

按照纳税人数量划分林地,可根据需要砍伐森林,每人平均可砍伐1车的树木。

无牧场。牲畜在野外的坡地及收割过的庄稼地上放牧,而在农闲时期,在峡谷和休耕地上放牧。每个户主完全有权将自己的牲畜赶进畜群。

村社经济事务制度

穆利马村社的农民只在晚上轮流看守自己的马,从春天到冬天雇用放牧人来放牧其他的牲畜,每月工资5卢布,牧人还需要有自己的放牧助手。放牧人的饮食费用按下列方式计算:有一头牛的户主一定要管牧人一天的饭;有两头牛的户主就要管牧人两天的饭等。公社里没有共有的牛,如有需要农民可以使用其他村子的牛,前提是要支付双方协商确定的报酬。警卫轮流保护村社的林地。穆利马村社不出租自己的土地,同样也不租其他村子的土地,村社没有代役租的相关条款。

村社耕种情况

该村社的大部分土地土壤为深褐色黏土。村社采用大田三区轮作制,在农作物栽培这一方面没有任何优化,在轮种制中没有推行牧草栽培。只给距村子不到1俄里的土地施肥。使用最简单的耕作工具。农作物主要包括黑麦、燕麦、荞麦,还有一部分小麦、大麦和双粒小麦。亚麻和大麻种植数量不多。块根植物中种植土豆。

村社赋税与徭役(1878年)

穆利马村社的税费税如下:

人头税	700 卢布 30 戈比
代役税	777 卢布 26 戈比
国家土地税	86 卢布 11 戈比
森林税	47 卢布 5 戈比
社会税	113 卢布 24 戈比
地方自治税	213 卢布 84 戈比
农村粮食资金	74 卢布 50 戈比
公社税	132 卢布 18 戈比
共计	2144 卢布 48 戈比

所有这些税费都是按人头分配,每人7卢布20.75戈比,什一税为1卢布47.25戈比。

在每年的 1 月份按照税额通知单对赋税进行分配。以纳税人作为分配赋税的单位。村长和选举出的官员只有在缴纳实物赋税时才能够享受优惠。军事官员在任期间及其下任任期的一年内其所承担的赋税额由公社成员平摊。由于存在连带关系，所以欠缴的税款由整个公社的所有纳税人平摊，公社也会将拖欠者的土地转给更加认真工作的户主。

实物赋税包括大车官差（1877 年有 90 辆大车），道路赋税（1877 年为了修路派出了 120 名工人）和警卫赋税（1877 年为此派出了 596 人）。所有这些赋税都是轮流按照纳税人的数量平摊。新兵装备的费用为 17 卢布。只有在缴纳赋税方面存在连带责任。

村社成员法律关系

任何一个户主都无权不遵守村社规定的作物栽培制度，不能够在春播地上种植秋播作物，反之，也不能在秋播地上种植春播作物。没有规定开始农耕的时间，给土地施肥也不是户主必须的义务，而是取决于个人意愿。每个户主都可自愿将厩肥和牲畜出售给他人。户主只能够将自己的份地出租，但无权将其出售或抵押出去。退休士兵、永久休假士兵以及士兵妻子及寡妇和其他村社成员同等拥有这些土地权利。

附录

（A）穆利马公社

	庭院	独立的居住木房	总居住建筑
穆利马村	131	4	146
穆利马新开屯	3	—	5
总计	134	4	151

庄稼的平均产量足以满足村庄居民的粮食需求，收成好的时候还会余出近 1000 普特的黑麦和近 500 普特的燕麦，可出售，在收成不好的时候无法满意居民的粮食需求，对中等农户来说能维持 4 个月，对于人口少的农户来说能维持 6 个月。该公社没有贸易企业和工业企业，也没有公社代役租的条款，准确地说，1861 年以前从未出现过任何的地方手工社，农民通过打零工贴补家用，特别是在喀山市打零工除去生活花销之外，还能剩下 3 到 3.5 卢布。近三年（1866—1868 年）每年都有人去外地打短工。

按照其他凭证	月工	90 名男性
按照护照	半年工	50 名男性

穆利马村社近三年（1866—1868）的牲畜数量有所减少，尤其是：马的数量减少了 30 匹；牛减少了 70 头；绵羊和山羊减少了 200 只。这期间该村社内并未出现过疫病，牲

畜数量的减少是由于 1876 年和 1877 年庄稼歉收,将牲畜卖出去了。现在村社的牲畜数量为:马 96 匹;牛 110 头;山羊和绵羊 525 头。村社没有储备粮食的商店,自 1874 年起,储备粮食的资金取代了粮食税,每人 25 戈比用作农村粮食资金。公社粮食资金为 27 卢布 50 戈比。穆利马公社的欠缴税款如下(1878 年):

人头税	540 卢布 1 戈比
社会税	112 卢布 86 戈比
代役租	777 卢布 26 戈比
森林税	47 卢布 5 戈比
地方自治税	213 卢布 84 戈比
农村粮食资金税	74 卢布 50 戈比
共计	1765 卢布 52 戈比

1877 年有拖欠额是由于 1876 年庄稼收成不好且 1877 年完全歉收而造成的。自 1861 年起在穆利马村社就没有出现过为了偿还欠款而变卖财产的情况。

(B) 穆利马村社农户

分为三个农户类型:①富有农户;②中等农户;③贫困农户。
1861 年的现有人数如下。

按照实际人数的年龄段	1)富有农户		2)中等农户		3)贫苦农户	
	男	女	男	女	男	女
小于 12 岁	—	—	1	1	1	1
12 岁到 17 岁	1	2	1	—	—	—
17 岁到 55 岁	1	1	2	3	1	1
大于 55 岁	—	—	—	—	—	—
总计 包括	2	3	4	4	2	2
劳动者	2	3	3	3	1	1
无劳动能力者	—	—	1	1	1	1

上述农户中每个农户所有的人均份地为:富有农户 4 块份地;中等农户 2 块份地;贫苦农户 1 块份地。上面提到过纳税人的纳税额(每人 7 卢布 20 戈比),这里必须指出的是,富有农户支付 4 个纳税人的赋税,中等农户支付 2 个纳税人的赋税,贫困农户支付 1 个纳税人的赋税。上述每类农户中的牲畜现有数量如下:

	马	牛	羊
富有农户	3	4	10
中等农户	4	3	5
贫困农户	1	—	2

没有一个农户有从自己的同村人及邻居那里买来或租来的土地。这些农户的家庭成员不去打短工也不去做雇农，同样他们也不雇佣其他的工作者。上述每类农户的欠款额为：富有农户 24 卢布 87 戈比；中等农户 12 卢布 43 戈比；贫困农户 6 卢布 22 戈比。这些农户中没有过变卖财产来偿还欠款的情况。

休克耶沃村社[1]

村社构成

休克耶沃村社位于捷秋希县休克耶沃乡，由克利亚里河的休克耶沃村构成。该村居民属于信仰东正教的大俄罗斯部落，只有少数的村民处于宗教分裂运动之中。该村社的农民属于国有农民之中的私有者类型且按照公社法拥有土地。休克耶沃村的人数为：按照现有记载，1255 名男性；按照家庭名单 1312 名男性及 1519 名女性。其中包括 876 名男性工作人员（年龄在 17 到 55 岁）。一共有 649 个家庭，其中：大家庭（人数为 8 到 9 人）有 48 个；中等家庭（人数为 4 到 5 人）286 个；小家庭（人数为 1 到 2 人）315 个。归休克耶沃村社所有的土地共计 6020 俄亩，其中可耕地 4471 俄亩；林地 439 俄亩；草地 70 俄亩；无牧地。

土地使用和重分

只有可耕地、草地、林地要进行重新分配，宅院地是按户世袭所有，所有种类的宅院地都无需重新分配。从耕地中划分出新的宅院地。可耕地需要一直伴随人口调查进行彻底式土地重分，最近一次彻底式土地重分是在 1875 年，由于人口数量的增多而制定了 9 年期间不再重新分配土地的决议。最近一次分配是按照下列形式根据现有人口数量（1464 年）而进行的，每块土地——秋播地、春播地及休耕地，按照土壤的质量和土地的位置将土地分成 9 份（份地）。每块份地（每份）分成 12 个签，因此每块土地就有 108 个签。每个签都是土地上的 9 个位置，而签是按照人口数量分为 122 个小块，人均宽度为 3 俄丈，因此根据份数每小块耕地也能在土地上得到 9 个位置。

为了更加直观的表达，附上下列的大概规划。

---

[1] 资料来源：维切斯拉夫 H. H.：《喀山省乡村土地公社资料》，喀山：喀山省印刷部 1879 年。

	1 份	2 份	3 份	等等
第一张签	每个签上 122 个小块耕地			
第二张签	1 个位置	2 个位置	3 个位置	等等

*）两个签构成一份地。

**）共有 122 人参与抽签。

***）一块土地上将有 13176 个小块耕地。

****）在该规划中粗线代表份地；细线一签；点一小块耕地。用宽度为 6 俄里的垄沟隔开，用更窄的垄沟将小块耕地区分开来。只有在庄稼刚刚发芽的时候才能够使用犁通过小块耕地。分给户主们的小块耕地不在同一地方，而是根据土壤的质量和土地的位置分配在不同的地方（上面提到的 9 个地方）。不给新生公社成员留存土地。最后一次分配时也分配了施过厩肥的土地。

每年根据人口数量对草地进行重新分配。

森林和灌木丛分成份，所以每年要按照现有人数对每一份进行重分，第一年分这块份地；明年分另一块等。

没有用于放牧牲畜的牧场及专门区域，从春天到 8 月份将牲畜放牧到休耕地上，然后，收割完粮食之后，首先放牧到黑麦田上，然后再放牧到到春播田上，除此之外，还把牲畜放牧到峡谷和靠近灌木丛且没有耕地的地方。

休克耶沃村社的花场发展得很好，所以每个农户都有花园，只有 3 个花园是户主独立拥有的，位于森林中占地 3 俄亩。户主要为这些花园向公社缴纳租金。

除了上述方向外，村社还打鱼、造石，且需要开采硫磺和石油。

村社经济事务制度

公社雇用牧人放牧，轮流支付费用，放牧的牲畜包括一匹马或两匹小马；母牛、公牛或牛犊；六头羊；一头猪或两头小猪。费用如下：放牧一匹马或六头羊平均是 20 戈比；一头母牛或者公牛 25 戈比；一头猪 30 戈比。为了保护公社的森林，每年轮流派出 6 个护林员，没有报酬。道路和桥是自然修复的。在耕地、割草以及运出流放木材时会给予一些帮助，但只有一顿免费的酒宴。公社不参与家庭分产，且只有宅院地是独立出来的。

村社耕种情况

休克耶沃村社的土地土壤主要是灰黏土或砂质黏土。耕作制度是三田轮作制。种植的作物包括黑麦、燕麦、荞麦、双粒小麦、亚麻。农作物栽培并未得到优化，并未引进牧草栽培制以及优质的工具。只给离村子近的土地施厩肥。只有在休耕地上有牧场，有给牲畜的牧草。

村社赋税与徭役（1878 年）

除了地方自治税和保险费之外，休克耶沃村社的所有国家税和公社税为 8995 卢布 24 戈比，其中包括：

	总计	人均
农民（1436 人）	8888 卢布 84 戈比	6 卢布 19 戈比
士兵（28 人）	106 卢布 40 戈比	3 卢布 80 戈比

上面提到的地方自治税和保险费用不是按人口数量平摊的，而是根据院内土地的空间大小以及在公社中建筑的数量来分配费用，地方自治税为 1300 卢布 4 戈比，保险费用为 966 卢布 59 戈比。由此可以得出，金钱赋税的分配是按照这样的方式进行：一部分是按照现有人口数量分配，并一部分是根据宅院地的空间以及房子和建筑的评估按照农户数量来分配。第一类型的费用分配与土地的计划式分配有着密切的关系，第二类型的费用分配取决于土地重分。公社不为增多的人口缴纳赋税，而是要由人口减少的家庭来缴纳这部分赋税。没有任何人可以借任何不幸的理由而免除赋税和徭役。老人、寡妇、孤儿也没有免费的土地。选举出的官员只有在缴纳实物贡赋时才能够享受优惠。军事官员在任期间，其应缴纳的赋税由其所在的家庭来承担。在村社中没有发生过不缴纳赋税的情况。实物赋税包括警卫赋税和道路赋税。警卫赋税大约为 635 卢布且涵括了看守人从农户中所得到的大部分费用，这部分费用是每户平摊的，还有在耕作时给看守人的部分费用，平均是 5 俄磅的黑面粉，由每个男性来平摊。修路和修桥由 6 个人进行，每年的费用大约为 60 卢布。在缴纳赋税方面不存在连带责任。

村社成员法律关系

村长召开村集会商讨村社的土地事务。所有户主都参加村集会，只有年满 21 岁的户主有表决权，不允许女性参会，会上的决议要由大多数人同意才能通过。没有开始农耕（耕地）的固定时间，村社在圣彼得节（6 月 29 日）前后召开了村集会以确定割草和分配草地的时间。不存在买卖份地的情况。1861 年之后出现过两次农民离开公社成为小市民的情况，他们的份地就归公社所有。有 5 个无土地农民了无音信长期离开。有 20 个无马农户，他们雇人加工土地。每个户主都有出售自家牲畜的权利，只有在雇用时户主才能管理自己的份地。

附录

在休克耶沃村共有 649 个庭院；独立的居住木房 653 个。根据富裕程度，农户分为下列几个种类：富有农户 140 个；中等农户 300 个；贫困农户 209 个。在丰收年（收成好的时候）庄稼不仅能够满足粮食的需要，还有余粮可以出售：黑麦能达到 1715 个四分之一的俄丈，春播作物（燕麦、荞麦和亚麻籽）能达到 7820 个四分之一俄丈。只有贫困农户的庄稼无法满足粮食的需要：收成不好的时候能维持 2 个月，收成一般的时候 5 个月。种植亚麻和大麻有很大的利润，该公社有 136 俄亩可耕地来种植亚麻和大麻。几乎每个农户都有花园。虽然也有养蜂场不过大部分只是在庄园里有。整个村社要从喀山济兰托夫修道院那里租水磨机，每年的费用为 1120 卢布；一个大剥树皮机每年 150 卢布；四个铁匠炉

200卢布；酒馆房子270卢布；四个羊皮作坊200卢布。休克耶沃村的手工业有两种类型：a）地方手工业，该手工业是拆毁伏尔加河沿岸山上的雪花石膏和块石，每年的收入大约为500卢布；b）零工手工业——从科兹莫杰米扬斯基码头往辛比尔斯克市运木材，每年的收入大约为700卢布。1861年前存在这些手工业以及代役租的条款，1861年之后再次形成了一个代役租条款——采石、开采硫磺和石油。只有一个农民长期租用7俄亩的可耕地；有30人逐年租用20俄亩的耕地；140人逐年租用280俄亩的草地。每俄亩的租金为：耕地为8到12卢布；草地为4到7卢布。每俄亩土地能得到的利润为：耕地10卢布；草地3卢布。近三年来（1876—1878年）外出打短工的人数为：1047名男性、80名女性，共计1127人，因此每年平均有376人外出打工。其中包括：

按照其他凭证：单月工	869人
双月工	47人
按照护照：半年工	128人
一年工	83人

大部分的农民还是短期去科兹莫杰米扬斯克市运送木材及去喀山市做临时工，农民们一般长期居住在不同的地方，做不同的事。近三年来，牲畜的数量没有明显增多也没有明显减少，现在的数量为：马833匹；牛815头；羊5070头。发生过三次农民离开公社的情况：1866年一个农民改编入斯帕斯基县博尔加里村村民；1868年一个农民成为喀山的市民；1871年2名男性1名女性成为了莱舍沃的市民。公社接收原强制兵中的新成员，并给予其份地，人数如下：

	男性	女性
1864年	2人	2人
1868年	2	—
1872年	1	—
1874年	3	—
1876年	4	—
共计	12	2

商店的粮食通过出售变成农村粮食资金，总计6897卢布，村社的这一资金总计为1749卢布14戈比。休克耶沃村社没有欠款。

（B）休克耶沃村社农户

农户分三种类型：①富有农户；②中等农户；③贫穷农户。

据当地村民表示，下面描述的农户属于老住户，即 1861 年之前出现的农户。下面为每个农户的现有人数。

现有人口数量	富有农户		中等农户		贫困农户	
	男	女	男	女	男	女
小于 12 岁	—	1	—	—	1	1
12 岁到 17 岁	—	—	—	—	1	1
17 岁到 55 岁	2	2	2	2	2	1
大于 55 岁	1	1	1	1	—	—
共计	3	4	3	3	4	3
包括						
劳动者	2	2	2	2	2	1
无劳动能力者	1	2	1	1	2	2

这些农户的人均份地数量为：富有农户 6 块；中等农户和贫困农户平均 3 块。近三年这些份地的数量没有发生变化。上述每个类型的农户应承担的赋税额如下：有 6 块人均份地的富有农户 37 卢布 47 戈比，每户的地方自治税 2 卢布 63 戈比，每户的保险费用 2 卢布 88 戈比，共计 42 卢布 98 戈比；有 3 块人均份地的中等农户 18 卢布 73.5 戈比，每户的地方自治税 1 卢布 87 戈比，每户的保险费用 1 卢布 95 戈比，共计 22 卢布 55.5 戈比；有 3 块人均份地的贫困农户 18 卢布 73.5 戈比，每户的地方自治税 1 卢布 80 戈比，保险费用 88 戈比，共计 21 卢布 41 戈比，但贫困农户为了偿还赋税（金额为 12 卢布 49 戈比）将两块人均份地租出，再减去地方自治税和保险费用就仅仅剩下 8 卢布 92 戈比。从份地内收割来的庄稼不仅能够满足富有农户的粮食需求，还有余粮：近 120 普特的黑麦、30 普特的荞麦、20 普特的亚麻籽，余粮可以出售，对于中等农户来说，庄稼只能够满足粮食的需求，对于贫困农户来说无法满足粮食的需求：收成不好的时候能够维持 2 个月，收成好的时候能够维持近 5 个月。这些农户牲畜的数量如下：

	马	牛	羊
富有农户	6	4	40
中等农户	3	1	7
贫困农户	1	—	2

上述农户中没有一个农户的土地是买为私人所有的，农户租用土地：富有农户向自己的同村人租用三块人均可耕地份地，需要为每块份地缴纳国家税和公社税，每块份地平均为 6 卢布 24.5 戈比，还租用隔壁村子 4 俄亩的草地，租金为 20 卢布；中等农户也租用隔

壁村子1.5俄亩的草地，费用为7卢布50戈比；贫困农户租用隔壁村子0.25俄亩的草地，费用为37戈比。只有贫困农户将两块人均份地出租给他人以偿还需缴纳的国家税和公社税，数量为12卢布49戈比。只有富有农户家庭的一个成员外出打短工，做木工，每年工作时间大概不超过1到2个月，得到的净收入为30卢布；在贫困农户中有两个家庭成员受雇放牧自己村子的牲畜，他们的工资为28卢布50戈比。在所有三种农户中没有人从事贸易工作。只有富有农户雇用工作者，雇用一名男性，期限为一年；三名女性，临时工，用于收割庄稼。富有农户有农业作坊——1个风磨机，每年的收入为90卢布；1个养蜂场（120个蜂箱），收入为150卢布；1个花园，每年的收入为30卢布；中等农户中有1个花园，每年的收入为15卢布；贫困农户也有一个花园，每年的收入为7卢布。在上述农户中没有拖欠税款的现象。

博戈罗茨克村社[1]

村社构成

博戈罗茨克村社位于捷秋希县博戈罗茨克乡。博戈罗茨克村社由博戈罗茨克村和库连新村（博戈罗茨克轮船码头）构成。库连新村只有在通航期才会出现居民。博戈罗茨克村位于伏尔加河沿岸，靠近卡马河的入河口。该村的居民属于信仰东正教的大罗斯部落，只有6个农户支持宗教分裂运动。该村社的农民属于国家私有者且他们的土地归村社所有。博戈罗茨克村社的人数为：按照现有记载719名男性，按照家庭名单753名男性及875名女性。其中男性劳动适龄人口（17岁到55岁）383人，共有272个家庭，其中：大家庭（8—9人）22个；中等家庭（4—5人）143个；小家庭（1—2人）107个。归博戈罗茨克村社所有的土地共计2982俄亩，其中可耕地占2328俄亩，林地占416俄亩，草场为30俄亩。

土地使用方法及重新分配

一般只有耕地和草地进行重新分配，公社共同使用的牧场不分配，宅院地属于按户世袭的土地，不需要进行重新分配。

彻底式重新分配耕地通常自始至终都要进行人口调查，最后一次经公社同意由于人口数量增多而重新分配土地是在1875年，并通过决议每6年重新分配一次。在最后一次重分时，所有的耕地都按照现有人数（720人）进行分配，首先将土地按人头分配。将三类土地中（秋播地、春播地、休耕地）的每类土地份成10个八分之一份，再将这八分之一份分为6个十分之一份，再将每个十分之一份分为12个部分，称为耕作区。为了更加直观的表达，附上土地的大概规划。

---

[1] 资料来源：维切斯拉夫 Н. Н.：《喀山省乡村土地公社资料》，喀山：喀山省印刷部1879年。

	第一个八分之一	第二个八分之一	第三个八分之一	其他
第一个十分之一	作业区 每个十分之一里有 12 个耕作区			
第二个十分之一				
其他				

* 12 个人分每个十分之一土地。

** 在该规划中粗线代表八分之一土地；细线代表十分之一土地；点代表耕作区。

耕作区的长度和宽度取决于土地界线的位置，特别是当耕作区位于拐角处时，耕作区的长度在 40 到 80 俄丈之间，而宽度在 0.5 到 1.5 俄丈之间，根据土地位置、土壤质量以及与村子间的距离远近而在不同位置划分出每人的耕作区。用地界将八分之一土地分隔开，可以使用犁甚至借助车辆来通过地界，十分之一土地和耕作区用垄沟隔开，十分之一土地的垄沟比耕作区的垄沟更深更宽一些。不为村社新生成员留有备存份地。通常留有施厩肥的土地供为土地施肥的户主使用。

每年根据现有的人数对草场进行重新分配，将草场分为八分之一土地、十分之一土地和一份土地，和耕地的分配方式类似。份地的宽度为 0.5 到 1.5 俄丈，长度为 30 到 100 俄丈。由于割草场限界的位置、草地的位置及质量不同，份地的长度和宽度也有所不同。

若有需要，按照户主的意愿可以砍伐公社共同使用的森林，在加工树皮时每人可制作一百双树皮鞋。

只有在农闲时期牧场可以用于放牧牲畜，其他的时间牲畜都在野外和收割过的庄稼地上放牧。每个户主都可以将自己的所有牲畜赶进畜群，无土地农民也享有这些权利，村社外来人员也可以将自己的牲畜在共同的畜群中放牧，前提条件时要经过公社同意且需向牧人支付一定费用。

除了上述土地之外，属于博戈罗茨克村社的捕鱼地出租给了社外人，每年 110 卢布。

村社经济事务制度

博戈罗茨克村社的农民晚上轮流看守自己的马，公社雇佣牧人看守其他的牲畜，轮流承担费用，人均 25 戈比。牲畜包括母牛或公牛、猪、两头小牛和 6 头羊。雇用专门的看守人来保护村社的森林，每年的费用为 100 卢布。

村社作物栽培情况

博戈罗茨克村社的大部分土地是灰色黏土，部分土地是多石土壤。耕作制度为三田轮作制。种植的庄稼中主要包括黑麦、燕麦、荞麦，还有一部分双粒小麦、小扁豆、亚麻和豌豆。农作物栽培并未得到优化，并未引进牧草栽培制。使用最简单的工具工作。按照户主的意愿给土地施厩肥且通常只给离村子近的土地施厩肥。在休耕地上有牧场，在休耕地上农民的主要目的就是放牧牲畜。村社内并未出现过出售厩肥的情况。

村社赋税与徭役（1878 年）

无论是金钱赋税还是实物赋税，跟分配土地类似也是按照人口数量（720）进行分配，保险费用除外，保险费用根据对住房和建筑的评估进行分配。博戈罗茨克村社 1878 年所承担的所有国家税、地方自治税及公社税共为 6157 卢布 97 戈比，因此按照份额每人需要承担 8 卢布 55 戈比。除了从各户收来的保险费之外，公社还需承担 709 卢布 14 戈比。什一税为 2 卢布 30 戈比。由此可见，分配除保险费用外的赋税与分配土地有着密切的联系。村社不为新增人口缴纳赋税，而是要由人口减少的家庭来缴纳这部分赋税。没有任何人可以借任何不幸的理由而免缴赋税。老人、寡妇、孤儿也没有免费的土地。选举出的官员只有在缴纳实物赋税时才能够享受优惠。军事官员在任期间，其应缴纳的赋税由其所在的家庭来承担。在村社中没有发生过由于不偿还欠款而收回土地的情况。实物赋税包括警卫赋税和道路赋税。警卫赋税为 220 卢布且涵括了看守人从农户那里所得到的费用，这部分费用是每户平摊的，每年修路的费用大约为 45 卢布。新兵装备的费用约为 15 卢布。在支付赋税方面不存在连带责任。

村社成员法律关系

每个有需求的户主向村长提出申请解决土地事务。村长召开村集会，所有户主都应参加，若户主缺席，则应由家庭成员中的成年人参加，不允许女性参加村集会。会上的决议要由大多数人同意才能通过。任何一个户主都无权不遵守公社中规定的作物栽培制度，不能够在春播地上种植秋播作物，反之，也不能在秋播地上种植春播作物。村集会规定进行农耕的期限只是为了复耕休耕地（第一次耕地）和割草期，任何一个户主无权早于规定的时间开始进行农耕。户主可出租自己的份地出租，但无权将其出售或抵押出去。

附录

（A） 博戈罗茨克村社

该村社包括：

	庭院	独立居住木房	所有居住建筑
博戈罗茨克村	272	75	347
库连新村	—	16	16
总计	272	91	363

庄稼的收成一般能够满足居民的粮食需求，在收成好的时候还会有余粮：秋播作物 2682 俄石，春播作物 1370 俄石，可以出售，春播作物中大部分出售的是燕麦、荞麦、亚麻籽。在歉收年粮食无法满足居民的粮食需求：中等农户能够维持 3 个月，贫困农户 5 个月。在博戈罗茨克村社种植亚麻和大麻的耕地数量为 125 俄亩。几乎每个农户都有花园。大部分庄园

里有养蜂场，村社内也有一些单独的蜂房。属于整个村社的商铺有集市和一个小店，集市的收入每年6卢布，小店的收入每年3卢布。该村社还有：14个风磨机，每年的收入为570卢布；1个铁匠炉，每年的收入为20卢布；印染作坊，每年的收入为25卢布；4个小店，每年的收入为30卢布；博戈罗茨克码头有8个草棚，年收入为80卢布。公社的代役租条款包括出租捕鱼的地方，每年的收入为100卢布；在轮船码头划分出的地方存储木材，年收入为250卢布。手工业包括：a) 地方手工业，该手工业是开采伏尔加河沿岸山上的雪花石膏，在博戈罗茨克别墅内手工业活动是在形成浅滩时，从船上卸下商品，所有手工业每年的收入总计大概为450卢布。b) 零工手工业——从科兹莫杰米扬斯基码头和莱舍夫斯基码头往辛比尔斯克市运木材，每年的收入大约为750卢布。1861年前存在提到过的打短工以及收入条款，之后并未形成新的条款。农民不长期租用土地，一般按年租：20个农民租用15俄亩的可耕地；90人租用180俄亩的草地。每俄亩的租金为：黑麦地8到10卢布；春播地7到9卢布；草地4到6卢布。得到的利润为：耕地为6到8卢布；草地2到4卢布。近三年来（1876—1878年）根据护照和其他凭证显示外出打短工的人数为：933名男性；66名女性，共计999人，因此每年平均有333人外出打工。其中包括：

按照其他凭证：单月工	768人
双月工	35人
按照护照：半年工	136人
一年工	60人

大部分的男性短期去科兹莫杰米扬斯克市和莱舍夫市沿伏尔加河向下往辛比尔斯克市运木材，而女性一般去萨马拉省收割；农民们一般长期居住在不同的城市，做不同的事。近三年来，牲畜的数量没有增多也没有减少，现有牲畜数量为：马487匹；牛460头；羊3392只。博戈罗茨克村的无马农户有50个。他们也有自己的份地，但是他们不耕种，而是租出去，这些家庭的成员们做小生意、零工手工业及受雇做农活。没有发生过成员离开公社的情况，公社接收拥有份地的退役军人为新成员，人数如下：

	男性	女性
1860年	1人	2人
1870年	1	1
1871年	1	2
1872年	2	3
共计	5	8

储存商店没有粮食，粮食卖掉后将所得的收入转入农村粮食资金之中，资金金额为

1237 卢布，公社的这一资金共有 1435 卢布 10 戈比。公社有 1105 卢布 15 戈比的欠款。所有的欠款是由于 1876 年和 1877 年庄稼歉收造成的，存在连带责任。

(B) 博戈罗茨克公社农户

三种类型的农户：①富有农户；②中等农户；③贫穷农户。

所描述的三类农户都属于老住户，下面为每个农户的现有人数。

现有人口数量	富有农户 男	富有农户 女	中等农户 男	中等农户 女	贫困农户 男	贫困农户 女
小于 12 岁	—	—	1	1	1	1
12 岁到 17 岁	1	—	—	—	—	—
17 岁到 55 岁	2	3	2	3	2	1
大于 55 岁	1	1	—	—	—	—
共计	4	4	3	4	3	2
包括 劳动者	2	3	2	3	2	1
无劳动能力者	2	1	1	1	1	1

这些农户的人均份地数量为：富有农户 4 块；中等农户和贫困农户平均 3 块。上述所有农户中每个类型农户应承担的赋税额如下：富有农户 34 卢布 20 戈比，此外还有保险费 5 卢布 94 戈比，共计 40 卢布 14 戈比；中等农户 25 卢布 66 戈比，此外保险费 3 卢布 8 戈比，共计 28 卢布 74 戈比；贫困农户 17 卢布 10 戈比，此外保险费 2 卢布 48 戈比，共计 19 卢布 58 戈比。富有农户从份地内收割来的庄稼不仅能够满足粮食需求，还能够有余粮——80 普特的黑麦、15 普特的亚麻籽，余粮可出售，在丰收年中等农户的庄稼足以满足粮食的需求，贫困农户则无法满足粮食的需求：收成一般的时候能够维持 2 个月，收成不好的时候可以维持 5 个月。农户现有牲畜的数量如下：

	马	牛	羊
富有农户	4	3	30
中等农户	2	1	12
贫困农户	2	—	3

上述农户中没有一个农户的土地是私人所有的。富有农户租用隔壁村子的 4 份草地，费用为 25 卢布；中等农户也在隔壁村子租用 1.5 份的土地，费用为 15 卢布；贫困农户将一块可耕地份地租出以偿还需缴纳的赋税。富有农户和中等农户的家庭成员不外出打工，

贫困农户家庭的一个成员外出打短工，农闲时期，去伏尔加河附近做日工，在这段时间收入能达到 14 卢布。富有农户的户主冬天自己也卖水果，收入为 50 卢布，富有农户雇用工作者，期限一年，雇用一名男性、五名女性，用于收割庄稼。富有农户有风磨机，收入为 25 卢布；3 个花园，收入为 85 卢布；1 个酒馆，和其他人合伙，该类农户的收入额为 120 卢布。在中等农户和贫困农户只有一个花园，中等农户每年的收入为 30 卢布；贫困农户每年的收入为 15 卢布。在上述三类农户中没有拖欠税款的现象。

调查后记[1]

1878 年俄国自由经济学会为统计委员会提供了若干册纲要用以收集村社资料。与此同时，俄国地理学会也亲自找我请求研究这一对象，并且提供了该学会为研究这一课题制定的纲要以指导研究。实际上这两份纲要成文的基础相同，区别仅仅在于第一个学会要求研究者要对他们所得土地公社资料的整体状况进行研究，该学会认为，这种整体状况了解越多，每个公社的个别特点就越明显，而第二个学会在描述个别公社时，希望能够同时了解到公社存在和活动的环境，即不仅要描述公社个别单位（农户）的情况，也要描述整个乡或镇的情况。

我们不去深入研究某一纲要的优点，我按照俄国自由经济学会的纲要从农民那里收集了一些公社的材料，而同样也按照俄罗斯皇家地理学会的纲要从农民那里收集了其他公社的资料。在收集同一研究对象的数据时能得到两份资料也是当时的环境所致。本人并非研究上述问题的专家，必要时，我应该同等对待这两个纲要，但是为了判断这个问题对我们来说有多么重要，我要列举出俄罗斯土地公社专业研究人员 A. B. 波洛弗采弗所说的几句话。他在自己的文章中说道："在实际研究农村公社的初期，去年 1878 年 6 月在出版物上几乎同时刊登了三个纲要，从而简化了对我们农村土地公社这一非常重要问题的研究。"虽然纲要是完全独立编写的，但同时出现了三个纲要并非偶然。这说明大家早已经感觉到了该研究的迫切需求。文学层面上早就从各个方面开始分析公社相关的问题了，但几乎都是停留在理论上，如今应该进入新的阶段。所有研究者都感觉到，我们实际上缺少研究所需的资料，在现有资料的基础上我们只能够得出一些满意的理论。在两个学会的庄严声明中也体现出，我们的研究材料十分匮乏，而且我们几乎对农村土地公社的问题一无所知。

有必要在声明中做出补充，1879 年俄国自由经济学会又提供了研究农村公社问题纲要的第二版，地理协会也认可并使用了这一纲要，并且这一最后版本对将来收集村社资料起了一定的指导作用。

本文介绍喀山省若干土地公社的信息，如果说这是研究这一重要问题不太成熟的第一步，那么应该吸引其他人对这方面的研究产生共鸣并合作研究，本书中难免有疏忽不足之处，还请大家指正。想得到纲要的人可以去统计委员会或者去圣彼得堡俄国自由经济学会领取。

---

[1] 资料来源：维切斯拉夫 H. H.：《喀山省乡村土地公社资料》，喀山：喀山省印刷部 1879 年。

科斯特罗马省

波戈列洛夫村社[1]

村社构成

波戈列洛夫村社位于科斯特罗马省基涅什马县结赞乡，与茨比克村共同组建了茨比克"乡村协会"。也就是说，该"乡村协会"由两个完全不同的村社组成。两个村社的成员都是同一地主的临时雇用农民。

第10次国家人口普查数据显示，波戈列洛夫村社共有26名男性。

村社登记在案的土地有79俄亩1190平方俄丈，其中宅院地为1俄亩430平方俄丈，牧场为30俄亩，割草场为19俄亩80平方俄丈，阔叶林为27俄亩2228平方俄丈。其中适于耕作的土地有78俄亩688平方俄丈，不适于耕作的土地有1俄亩402平方俄丈。

农庄用地在农户中分为前菜园、谷仓和后菜园。村社需要详细分配这些区域各占多大面积，甚至还要规划牧场面积，因为农民不能自行划分。

村社土地重分

宅院地

宅院地和位于宅院街道对面的菜园都按户继承。无论农户的人数增加或减少，菜园面积都不会发生变化，这样做是为了使菜园能够位于所属人家的正对面。

位于宅院后面的菜园按照赋税额的多少进行分配。当农户成员有所增减时，菜园的面积也会重新分配。当有的农户人口减少时，就会从他的菜园中裁出一块，重分给人口增加的农户。谷仓也是根据农户人口的增减进行分配。重分菜园和谷仓后，就会出现农民拥有的地块交错分布。

除此之外，波戈列洛夫村社的农民还有宅院储备地，储备地只缴纳一半赋税，村社全体成员共同对其进行割草并平分干草。

---

[1] 资料来源：巴雷科夫 О. Л.，波洛夫佐夫 А. В.，索科洛夫斯基 П. А.（编）：《乡村土地公社资料汇编》，圣彼得堡：俄国自由经济学社、俄国地理学社1880年。

耕地

波戈列洛夫村社的 26 个农民每人分得 2 俄亩 765 平方俄丈土地。如今村社共有 11 个农户主或 13 个纳税人，根据赋税名额将所有村社土地分为 13 份。只在 1864 年进行了一次彻底式土地重分。

在该村庄有两种土地重分类型，但两者之间联系过于紧密以至于不能一一道之。在以下条件下会进行彻底式土地重分土地：村社根据赋税额进行土地分配，有的农户所缴纳的赋税增多，而有的农户所缴纳的赋税减少，则需要进行土地重分。于是一些农户在其原有地块的基础上又新增了其他地块，但新地块与旧地块并不相邻。如果这种情况过多，为了使大家新分得的地块与原地块相邻，大家便开始考虑重分土地。村社举行集会并进行土地重分，改变原有的土地边界，重新划分地块，农户主们可以通过抽签来选择新地块。

农民们并不喜欢这样重分土地，原因如下：原本每个农户主地块之间都用犁沟来分割，土地重分后，就会用新的犁沟来分割土地，这些犁沟必然不会与旧犁沟重合，甚至有些横亘在平整的土地上，这样一来新分出地块的边缘就有很深的犁沟，一年两年内不可能被填平。土地不平整会导致粮食收成不好，这样多次密集的土地重分，完全没有考虑到对收成的影响。重分土地对收成不利这一观念扎根在农民的观念中，所以他们采取了种种措施减少土地重分的次数，例如一个临近的村社就做出了 15 年内不进行彻底式土地重分的决议。

农户有需要才会进行土地重分。土地重分的原因在于，土地所有者缴纳一定赋税才能使用这块土地。当农户人口有所增减时，所缴纳的赋税也会随之变化，于是能够支配的土地也会发生变化。1871 年进行最近一次土地重分的原因在于，一个农民的一半赋税转给了另一个农民。

在波戈列洛夫村庄里有三种类型的土地，每种土地都会被划分成几块田地，被称为"丘陵地"，农民从中获得份地。

秋播地（1878 年）分为十块丘陵地，每块均为一个条形田，这些条形田的名称如下：1. 粗糙地块；2. 林间地块；3. 磨坊地块；4. 洛夫科维条形地；5. 扎奥温尼条形地；6. 大科西亚基；7. 克里武沙地；8. 特沃利里尼科西亚基地；9. 大地块；10. 扎普列特涅维科西亚基。

春播地分为 11 个块地，每一块地为一个条形田。它们的名称如下：1. 大地块；2. 短地块；3. 扎卢日科维条形地；4. 科尔西基地；5. 狭长地块；6. 特沃利里尼地；7. 沙西基地；8. 斯普洛夫尼条形地；9. 波罗加科地；10. 比利加日尼地；11. 灌木地。

休耕地分为 7 个部分：1. 灌木地；2. 戈尔普果内（这部分地抽签选取，分为两个签）；3. 大地块（只有一块土地）；4. 普利斯洛尼条形地；5. 特沃利利尼地；6. 塔拉索夫斯基条形地；7. 岩石地带（分为两次抽签）。

在把土地划分为份地时，有的地块面积大，有的地块面积小，这取决于土地类型和土地质量，每一块土地的质量都各不相同。这种分配方式很久之前就已经形成了。

很多相邻的山岭都是用深深的犁沟作为地界划分，只有这样农民才能分清自己的地块（若有专门的划分制度，就不必采取上述方法）。

在划分土地时需遵循每一课税单位分配一部分土地的原则，而且这一原则有两种内涵。地带的宽度不同，总面积可达9—12俄亩。需要注意的是，农民把"地带"理解为一块地域空间，与"丘陵"是一体的。地带横着的几个狭窄的部分为作业区，作业区由农民所支配。作业区的宽度为4—4.5俄尺。

在科斯特罗马省尤里耶韦茨县的一个村庄里，笔者有幸见到以下几种分配土地的方式。在村社中每个山岭被分为几部分，每一部分包含15个地带，按照赋税额进行划分。每部分间有足够宽的边界，而农户份地之间的间隙就比较窄。在重分土地时，大部分的边界不会被抹除，而小的边界会被抹除。优先分配需要重分的土地，这是毋庸置疑的，因为只有一个固有的边界会引起邻里之间关于耕地无休无止的争吵，而这些争吵多数是土地重分导致的。

我们所谓的附加土地一般靠近林地或建筑物，因为这些地带上的雪久久不融化，粮食就会有受冻的危险。农民在处理褶皱部分的附加土地时，需要翻转犁具来进行耕作。

一般情况下，褶皱地带的农民等到周边的土地都耕作完了，才开始耕作自己的土地。

在土地不足的情况下，村社不会为新兴成员预留储备地，也不会为其预留其他份地。

草场

每年在割草期对草场进行重分，并且每年随着农户成员的增加会分割新的地块。值得一提的是，分配草场不像分配其他类型的土地那样一劳永逸，它是随着割草进程逐渐进行的。因为全村农民在分地者划分地块时进行割草，这一时间与割草的时间是统一的。将割草称为"罗夏尼科"，是因为在不太炎热清晨的4点到8点和晚上7点到9点进行割草。在农民来到草场之前，分地员就开始根据土地的长宽为大家分地，划分出一个个窄的长方形地块使分地过程更为简便。地块被分为一个个长方形，并标记好做成签子，放在一个帽子里混合以备抽签。第一个被抽出的签被称作"勒普兹维"，农民获得第一块提前划分好的土地。然后抽出第二个、第三个，以此类推。分配地块后，根据每一块地的大小缴纳相应的赋税。

笔者有幸见识到了克里格村的土地分配方式，它可作为相似情况下多人口村庄进行土地分配的典型。村庄居民在使用村社土地时将其分为7个部分，每一部分为8个课税单位大小。村民们来到草场上并开始抽签。签子由带标记的短圆木棍做成（标记有一个十字、圆圈、两个十字等），每个固定符号的签子代表一块地。把签子放在帽子里打乱，然后村里的老人开始组织抽签。谁抽到了一号签，谁就获得第一块地，谁抽到2号签，谁就获得第二块地，以此类推。在抽签后开始分土地，割草者测量出一定面积的土地，然后分给各个农户主，他们分得自己的土地后举起铲子，以表明这块地被占用了。

割草的地带被称作割草带，对地块进行测量划分，同时每个或每两个科西亚土地通常宽度为2.5俄尺。我们发现，土地的宽度在2.5—5俄尺间浮动。不过，地块大小的变化取决于草地的大小，取决于草的特性和不同的区域。

林地

在上述村社中一年进行两次林地划分，分别在农活结束后的晚秋和农作前的春天。林地按以下方式划分，用木桩划分出一定长宽的长方形林地。按赋税额多少将长方形林地分为几个小部分（在长度上进行划分），地块的边界标记在树上的刻痕旁。村民们抽签划分地块。

牧场

由于村民十分缺少放牧地，于是大部分农民都在收割过的庄稼地和闲地上放牧，有些农民从附近地主那里租了 4 俄亩的牧地。除了要支付租金，农民们还要为地主做一些工作：收割 3 俄亩的草地和收割 5 俄亩耕地上的庄稼。

无地农民有权将牲畜赶到村社的畜群中，按牲畜的头数向村社支付一定的费用。每个村社成员都有权把自己的全部牲畜赶到村社的畜群中。

土地重分方法

由于各农户的成员数量有所增减，村社开始重分土地，但农民们会由于与邻居分得的份地不均等而向村社提出申诉，并在村集会上向村中的长者申诉。女人不能参加村集会，但寡妇除外。在户主缺席时，其妻子和家中的劳动者也可代为参会。参会的户主人数必须达到所有户主人数的三分之二，征得四分之三与会成员的同意后才能做出决议。

年满 18 岁的村社村民可以分得土地，但无论是否成家都只需要缴纳一半的赋税。年满 20 岁的农民无论是否成家都要缴纳全额赋税。当年满 60 岁的成员自己提出不想再进行耕作或村社需要征用土地时，村社才会终止其土地使用权。

为彻底式土地重分所制定的规则如下：用木桩来测量各个丘陵地的宽度，用总距离除以纳税人数，得出每个纳税人能分得几个桩距的土地。然后开始进行抽签，签子由一个带自己主人记号的小木棍制成，把所有的签子放在一个帽子里，村里的老人一个个抽签，第一个抽到的人分得第一块地，最后一个抽到的人分得最后一块地。当规则制定好之后，每个人都分得了份地，也要缴纳相应的份地赋税。如何对一块丘陵地进行重分，那么剩下的丘陵地也都要按照这种方式进行重分。由此可见，抽一次签就能划分出所有丘陵地上的条形田。

另一种土地重分的方式更为简易，当有的农户中有人员有所减少，而有的农户中有人员有所增加，就从人员减少的农户中拨出土地给人员增加的农户，在双方同意的基础上进行这种土地转让。例如原本拥有 2.5 份土地的农民，其土地数量增加到了 3 份，而分给他土地的农民只剩下 2.5 份土地。

所有农民用与签子上一样的图案来标记自己的地块。这些记号用犁具画在地块的前部。当人口减少的农户想要把自己的土地转给人口增加的农户时，双方都要在五月初提出申请，并且只能转移春播地和休耕地，自己留用秋播地直至收割黑麦之时，同时接收土地的一方需缴纳这块土地半年的赋税。

波戈列洛夫村社的条形田直接在成员间分配。在拥有更多人口的村社中土地被分成了几份，一份土地可以分给一定数量的成员。在这种分配方式下，土地重分时，首先分出大份地，然后在一定数量成员之间分配这种大份地。

由于地块之间只有犁沟将其隔开，所以擅自耕作他人土地的情况很常见。由于耕地被他人耕作，所以农民们经常提出申诉。正是这种频频耕作周围土地的现象导致必须重分耕地。如果一两个户主提出申诉，则可以按以下方式解决：首先测量申诉者和有过错者的土地，若情况属实，则重新等分他们的地块，然后对有过错一方处以罚款。但当多个户主提出申诉时，则需进行土地重分以解决纠纷。

在村社中，有9个农户主拥有一个课税单位土地，也有2个农户主拥有两个课税单位的土地。

村社经济事务制度

在农闲时期，农民的马匹白天在畜群中放牧，夜晚在夜间栖息地休息。马匹的夜间栖息地一般位于休耕地，直至这块休耕地被复耕。一部分原因是牧场都用来放牧牲畜，没有专门的地方留给马匹；另一部分原因是休耕地上正好堆放着干草，可以饲养马匹。农民雇用放牧人，佣金按畜群来结算。畜群包括所有大型牲畜，例如牛和马，4头小牛犊、4只绵羊也可以组成一个畜群，2头小牛犊以上便可以组成半个畜群。在放牧人为农户放牧的这些天里，每个农户主必须为放牧人提供与其放牧牲畜数量相符的伙食，直到放牧人离开。

如果按照牲畜数量，农户主需要为放牧人提供两天半的伙食，就当放牧人轮完所有农户家又回到这家时，再为他提供剩余那半天的伙食。在波戈列洛夫村，一个放牧人一夏天放牧38个畜群赚了35卢布。

为购买公牛村社中每个农户需要按家中母牛的数量支付一些费用。若公牛被出售，则所得收入交由各农户分配。若公牛交由一个村社成员饲养，也要按照家中母牛的数量由各农户承担费用。

村社的森林由成员们共同护卫，不指定专门护林员。

只在打谷场和菜园周围围栅栏。每个农户都会在自家宅院对面的菜园周围围上栅栏，每个农户也必须要把谷仓周围围上栅栏。

村社成员分摊维修和修补谷仓的工作。如果修补谷仓需要干草填充，则为此所需的干草量也按照赋税额在户主间进行分配。

一般在村社的林地中需要进行更大型的修缮工作。因为茨比格夫村庄和波戈列洛夫村庄共用一个仓库，森林的修缮需要两个村庄的成员按照所缴赋税额的多少提供资金。村庄的仓库中储存每个纳税人上交的黑麦和燕麦。村里的老人看管谷仓，一年的薪水为3卢布。

村社农耕制度

村社实行三区轮作制，种植黑麦、大麦和燕麦。在6月中旬农民开始为休耕地施肥，然后开始种植黑麦。农民尽量给全部土地施肥，但由于牲畜较少肥料不充足，土地施肥状况不容乐观。总而言之，拥有更多牲畜和劳动力的农户，他们的庄稼长势更好。

笔者有幸见识到了其他村庄卖肥料的方式。不种地的农民将肥料卖给同村社的成员，只有在周围人都不需要肥料时，才会将肥料运到村社外销售。一般情况下，一车肥料价值25戈比。

没有任何人对轮作制度及其他方面提出改良措施。

在每份土地上播种5袋半黑麦（两袋为1俄石）、三袋燕麦和四袋半大麦，全村共播种36俄石黑麦、19.5俄石燕麦和29俄石大麦，共计84.5俄石种粮。共收获144俄石黑麦、97俄石燕麦、145俄石大麦。这个村社的耕作工具和机器没有得到改进。但我有幸听闻在距离上述村庄很远的几个村里，已经开始使用村社出资购买的自动化耕作机器了。波戈列洛夫村社的农民联合其他三个相邻村庄的农民，购置了价格为70卢布的消防车。上述村社的成员们在很多工作上都会互相帮助。

赋税与徭役

村社成员需要缴纳国家税、地主税、地方自治税和公社税。很难区分这几种赋税的两点原因是，其一波戈列洛夫村社的赋税是和茨比科夫村社一起缴纳的，其二农民知道一共交了多少税，却不知道哪部分税分别为多少，因此国家税和地方自治税都被称为人头税。这种人头税包含国家税和地方管制税，村社中的每个纳税人每年缴纳6卢布，共13个纳税人故一年共缴纳78卢布。每个纳税人需缴纳16卢布的地租，共计208卢布；每个纳税人需缴纳1卢布80戈比的乡税，共计23卢布40戈比，而所有纳税人一共需缴纳2卢布60戈比的村税。每个纳税人每年一共缴纳24卢布，13人共计312卢布。每俄亩土地需缴纳3卢布72戈比。重分赋税与重分土地同时进行，赋税额以及相应的土地额则为分配单位。无土地的农民也不能免缴人头税，他要缴税直至60岁。

免费分给寡妇、孤儿和老人的小块土地一般离村庄较远，供他们建小木屋和小菜园。乡长和村长也需要缴税，但他们有薪金。有乡里提供的薪水，还有村社提供的薪水。每个人要为村长的薪金出10戈比。在役士兵的赋税一般由父母承担了一大部分。对欠税者的通用惩罚措施如下：村长将未缴足税款的人上报给乡里机关，根据乡里法庭的判决处罚。进一步追缴税款的措施是出售该人的牲畜以补足税款。村社不会包庇拖欠税款的人，也没有出现过收回欠税人土地的情况，抑或是也没有人愿意接受多余的土地并承担土地赋税。

村社成员法律关系

农户主无权围起自己的份地，并且一定要遵守村社制定的轮作规则，在规定的期限前开始耕作。他可以不给自己的土地施肥，如有意愿或在不得已的情况下可以卖掉自己的牲畜。

村民可以把自己的土地对分，自由地租给同村社成员。但只有经村社同意，才能把土地租给村社外来成员。在将土地交由外人使用时，哪怕是交付给同村社成员，也要征求其他家庭成员的同意。如果家中晚辈发现长辈出让土地时损害了家庭的利益，则有权申诉以禁止出让土地。

出让宅院地与出让耕地需遵循的规则相同。每个农户主有权让他人在自己的场院里有偿割草。当没人愿意有偿割草，可以将其出让给同村社成员。可以把自己的房子租给同村社成员。在征得村社同意后，也可以租给村社外来人员。农民也基于这种规则进行林地的买卖。

在该村社中，也居住着从其他村社转入的退伍老兵和无地农民。他们无权免费使用耕地、森林和其他类型的土地。

由于家庭壮大、家庭成员不和、年轻一辈看不惯老一辈的懒怠和顽固不化，家庭会分家。村社不会妨碍农民分家。分家后自立门户的成员从原家庭那里分得份地。

想要加入村社的成员向村集会提出申请，在会上会讨论新加入成员的问题。当村社的土地不足时，新加入的成员不享有任何土地权。新成员也无须缴税或劳作。没有人因土地不足而退出村社。

村社里有农民用现金从地主那里购买私人土地，同时也保留了自己的份地。

由于村社实行土地村社所有制，且村社成员共同居住，所以互为见证人、担保人，在发生火灾时彼此帮助是他们的责任。

П. 巴拉基列夫

诺夫哥罗德省

扎欧杰尔村社[1]

村社构成

扎欧杰尔村社位于诺夫哥罗德省克列斯捷茨县扎欧杰尔乡，包含一个村。扎欧杰尔村社距彼得堡 220 俄里，尼古拉铁路大面积地横穿扎欧杰尔的土地。奥库洛夫卡站距扎欧杰尔村社 10 俄里，整座小城建在车站的四周：宾馆、旅店、出售各种各样货物的小卖部。临近乡村的农民、地主需要本地人售卖的商品，而夏天来避暑的人也需要这些商品。扎欧杰尔与克列斯捷茨县城的距离为 47 俄里。

扎欧杰尔位于面积广大的扎欧杰尔湖，它将 4 个村庄连接在一起：多里谢村庄、别廖佐维克村庄、科雷基普诺村庄和斯帕列沃村庄。丘陵地区（瓦尔代高地）遍布树林与沼泽；高地地区——尤其是高地地区森林中的空地——覆盖着苔藓、帚石南，布满碎石子。最主要的植被类型是松树和云杉，没有白桦树。土壤肥力不足：灰壤埋藏在并不是很深的地方。这里种植黑麦、燕麦、大麦、荞麦、亚麻，有的地方种植大麻，这里最适合种植黑麦和燕麦。草地面积辽阔且干草质量好。

当地农民并不知道我研究的"村社"是什么意思，他们以为村社就是"乡村协会"。"米尔"是村社或乡村农户主的总称，例如，距扎欧杰尔 9 俄里外，是由 3 个村社组成的博罗克村。之前这个村子归 3 个地主管理。"米尔"即指代每个村社的所有农户，也指代整个村庄的农户主，但也存在着差别：村社的米尔只决定自己土地上的事务，而整个乡村的米尔则负责三个村社的相关事务，这三个村社由一个"乡村协会"统一管理。这样一来，当地没有与"村社"意思完全相符的名词。因此可以思考一下，我研究的"村社"究竟是什么，为什么农民口中的"乡村协会"与一个独立的村社刚好相符。

农民将我研究的村社称为"经济村社"，将它与"国家村社"混为一谈。在古代，领主将农民赠予诺夫哥罗德的瓦尔拉姆修道院，后来在诺夫哥罗德就成立了——就像他们所说的——"经济"管理者，这也是"经济"一词的来源。土地管理是记录在案的。

---

[1] 资料来源：巴雷科夫 O. Л.，波洛夫佐夫 A. B.，索科洛夫斯基 П. A.（编）：《乡村土地公社资料汇编》，圣彼得堡：俄国自由经济学社、俄国地理学社 1880 年。

很明显，村社是在农民和农村解放前组建的：扎欧杰尔、多里谢、扎博洛奇耶、纳沃洛克、涅兹德里诺、拉树普特诺、科尔扎瓦、梅和诺维奇、拔伊瓦等等，形成一个扎布罗茨基乡村管理机构。扎布罗茨基和其他的一些乡村管理机构成利亚霍夫乡（利亚霍夫约200人）。每个乡村管理机构有一个乡长，几个乡有一个"领导"，忠于职守，拥有其他权利。这个领导住在利亚霍夫，着正装。在农奴解放的背景下，政府组建了"乡村协会"，扎欧杰尔成立了"扎欧杰尔乡村协会"，名称就是这样得来的。正如我们所见，农民坚守住阵地。当农民解放了，政府将上述农民团结在一起（数量还不多），组成了3个乡：扎欧杰尔之前属于这里，这里原先有三个乡，1867年之前就存在了。后来这三个乡为了减少开支，根据其他几个管理机构的意见，把三个乡并为一个乡，并将乡管理机构设在扎欧杰尔。地主和农民都不记得这种行政机构上的改变：我们的先辈们怎么生活，我们也怎么生活，没有打破老规矩，我们最好什么也不做，只希望生活得更加自由。

那个叫作"欧别奇基"的地方指出了这个村社在古代时期是如何诞生的：相传，在克拉比文斯基湖附近有一个村庄，后来被立陶宛人毁掉了，农民们再一次搬迁到扎欧杰尔湖附近。据一些人说，这件事情发生在卫国战争时期，另一些人认为是在更久远的时候。

我研究的村社由扎欧杰尔村构成，这里住着53个农户以及没有土地的农民。农村现有人口207人，其中16岁以上的有129人，16岁以下的有78人，这里面包括有家庭的寡妇，社员中只有105人在16岁以上，64人还是儿童。

在农民解放的情况下，将土地划分给111个人，平均每人分得所有类型的农用地为5.5俄亩，因为份地数量很少，他们拒绝了分给他们的地。劝告或是严厉的措施都不能镇压农民，他们坚守这个观点：如果不把他们原有的土地分给他们，就要戒严。这件事大概拖到了1870年，最终，农民的愿望实现了：从农民中选出一些受委托者，根据命令他们将1426俄亩土地分给111个人，也就是每个人分到近13俄亩地。土地分为两部分：①村庄及其近旁的1225俄亩。②距离村庄6俄里的荒地，共200俄亩。

农民小木房四周的土地上，建有院子、菜园和谷仓。没有单独的啤酒花种植园、大麻园和白菜园，但是菜园里种着啤酒花、大麦和白菜。没有指定的捕鱼地点，所有人都可以去湖里自由捕鱼。

需要注意的是，这里说的院子是一片空地，而不是与街道隔开的那种院子，盖房子的时候，与邻居家的房子留出一定的间隙，大概6俄丈远，在这片空地上通常建一个院子，堆着散碎的生产工具，偶尔可见牲畜的粪便。

这里的谷场被称作"伊佐罗德"，建在后院，大小不一。

村社的土地重分

所有没有建筑物的宅院地——也就是说，谷仓和菜园——在进行人口调查时要进行重新分配。此外，对于每个户主来说，如果他们家里的劳动力减少了，应当将一定份额的土地上交给村社，村社再把土地分给别的户主。每年这类宅院地都会进行面积调整。

建筑通常是通过继承所有；栅栏除外，栅栏是属于村社的。

将建有木屋的宅院地重新分配给居住进来的成员，这块地位于村子的一边，另一个地方相应的份地也分给这个户主。

重新分配本地的土地时,每个农户有概率能分到离房子近的菜园,如果想要的土地数量不够,那么就额外分给他另一个地方的土地,重分谷仓也是用同样的方式。重分本地土地时,要进行人口调查,后来正如我们下面看到的那样,许多户主分得了不同地方的菜园,有的离他们近,或是像他们说的,"分布在各个角落"。

分布在各处的菜园地质量都是相同的,因此不用在分地的时候衡量其土质。户主把菜园和谷仓安置在一个地方,在重新分配时,只要扩大或是缩小土地的面积就可以了。

耕地

所有的可耕地分为两种类型:①熟地,即农民自古以来就使用的土地,通常用畜粪做肥料;②犁过的田地,每年邻近秋天分给户主;地势不是很高,覆盖着树林,但没有沼泽,总的来说适合耕种,被称为伐开地。到了秋天砍下树木,体积大的用来做建筑材料,体积小的当燃料。把剩下粗一点的树枝摊开后烧掉,将烧焦的树枝留在原处。这些烧焦的土地开垦后被称为"用树枝犁过的地"。在土地上最先种植黑麦,整理伐开地的第三年收割;接下来的一年种燕麦和荞麦,都是春天播种,燕麦占大多数;下一个春天还种大麦,年复一年,直到土地仍具备耕种能力。这样一来,在耕地上一年收割黑麦,3—4年收割大麦,也就是农民耕地 4—5 年,后来的 2 年割草,然后让地空着。长满草的地被称为"庄稼地"或是"临时的割草场";通常情况下庄稼地里的干草质量都很差。

耕地分为 3 种:秋播地、春播地和休耕地。每种地都是先辈通过抽签方式划分的,一劳永逸,一些圈地的大小形状都不同。影响土地划分的因素有哪些,是土壤的好坏,还是某些其他的因素,我也不知道。

每种土地(秋播地、春播地和休耕地)分为 4 种签:每种签对应的不是一块地,而是由散落在各个地方的好几块地组成,这几块地算是一个"签"。这些土地被分为两个部分。一块(A)地单独分布一处,其他三块地(B/C/D)相互连接,紧挨着铁路。第一块地(A)分为四个签(4 个条形田):马秋欣(1)国尔洛察诺夫斯基(2)格拉比杰里斯基(3)梅尔卡泡梅斯内(4)。第二块地(B)分为三个签:马秋欣(1)国尔洛察诺夫斯基(2)格拉比杰里斯基(3)。第三块地(C)只有梅尔卡泡梅斯内(4)。第四部分(D)分为六个签:两个马秋欣(1)1 个梅尔卡泡梅斯内(4)2 个国尔洛察诺夫斯基(2)以及一个格拉比杰里斯基(3)。这些签(条形田)的土地面积大小并不相同,质量也参差不齐:如果一块土地质量不好,面积也很小,那么另一块同一个地方的土地就会大一些,质量也会更好;有的时候,会用土地的面积补偿质量缺陷,反之亦然,例如,马秋欣(1)的土地面积最大,质量最好,因此相应地,B 那块地面积最小,地势最低,庄稼几乎每年都受涝等。由此可见,4 个抽签地就是这么组成的。为了避免混淆,我会将每块条形田都用不同的标签来命名。每组土地分成 4 块,以后都不会改变了。抽签地的数量不同,但是最终的生产力都是一样的。

草地上抽签所得的条形田被宽度为 0.5 俄尺以上的界线分开。

抽签地的一端或两端通常在道路或是草原上,因此每个户主可以自由地骑马到自己的那块地上去。

土地人口是分配土地、赋税的单位，这个单位永远都不会改变，至少农民不会记得曾发生过改变。

所有的可耕地，即草地和耕地，都会以两种形式分配。农民被分为 4 组，称为"签"，为了更清楚地说明，下文我将把它称为"人均签"，与我提到过的"抽签地"不同。

第一种土地分配的方式——在进行人口普查时进行彻底式土地重分，后面再详细描述。第二种土地分配由几部分构成：每年，一些户主把自己的土地转给别人，有时是通过相互商定，有的时候是将土地给村社，村社已经选好了自己想要的那块土地，如果没有找到这样的土地，那么就经过考虑后将土地给别人。每年都会有这种重分土地的情况。

如上所述，只有在人口调查时才会进行彻底式重分，最后一次彻底式土地重分是在 1870 年进行的。一些特殊原因致使未如期进行：第一，扎欧杰尔地区农民获得解放时，又有 10 个新成员注册；第二，秩序混乱，直到 1870 年还有一些不知归属的份地。我不知道为什么要在进行人口调查时彻底重分土地，与此同时，土地并没有按照纳税人数量来分配。看来，人口调查作为当时一项巨大的社会事实，在分配土地时被整个国家接受。

农民对两次土地分配的时间间隔很满意。农民说："需要从土地中谋取自己的利益，如果明天就把土地给别人，今天我还有必要用心呵护这块土地吗？"

如上所述，每年都会重新分配农用地，主要是因为下列情况分地，比如，由于家庭成员死亡、去充军、或者是发生某种不幸，导致家庭成员减少；当短工暂时离开，户主们不能耕完土地等，这时村社的土地会分配给那些有需要的户主。从前没有发生过强行收回一些人的土地，并将其分给贫穷农民的情况。在重新分配土地时，有时会将放弃的土地称为"流浪地"。

每个农户应得的份地大小和数量是不同的，但所有拥有一个签的户主使用的土地数量相同；两个拥有不同签的户主，土地数量可能差距较大。下面会进一步描述。

每个户主人均条形田的形状取决于抽签地的形状，大多数的土地形状接近于直角三角形，有的接近于梯形。如果一块地，比如小湖泊地区的土地——可耕的三角形土地，那么户主把湖边的土地分成小块，但是不仅把"三角形"土地分成小块，而总的来说零星的小块土地位于土地边缘，不用直线隔开，因此边缘地区的土地一般是四边形。

一个户主所得的人均条田如果位于同一个抽签地中，就划到同一个地方。土地被划分为不同大小的几块：在 3 俄尺宽的土地旁边有一块 15 俄尺宽的土地，前者是一个人的土地，后者是四个人的土地；在半人份土地旁边可能会是三人份的土地等。每块地都属于一个户主。

土地通常用垄沟隔开，在其末端钉上木钉作为特殊的标记。从一方面说，木钉是一个户主的标记；从另一方面来说，则是相邻两块土地的标记。如果相邻的两块土地非常宽，比如，宽为三个人到四个人的距离，那么经共同协商后，户主用一截圆木做标记，作为界线。

在 4—5 年间，当土地没有完全丧失耕种能力的情况下，户主会清扫伐开地或者是堆满树枝的耕地。当然在这种情况下不进行彻底式重分。

草场

首先介绍该村社的割草场类型，因为土地使用与分配方法都是随着草场的质量而改变的，甚至一片草地今年是这样使用，而明年就用另一种方式来使用。

割草场有以下几种类型：

（1）草原的休耕地，即在这样的草原上每年都能长出高质量的草，在霍林科湖沿岸有一片广阔的草原，春汛时极易被淹没，在霍林科河和热烈兹尼亚克也是一样，大部分地带为草地，也就是说土地、森林和沼泽周围是面积不大的草地。

（2）不能常年长出高质量草的割草场，这些草场没有特殊的名称，而是根据所在地点来命名，例如什利亚普卡、博多希诺夫卡和谢乔诺姆地区的休耕地。我把这些割草场称为非固定草地的草场。

（3）大面积的休耕地位于南部，村子的西南部，实际上休耕地的面积并不是很大。一块地的两个部分情况不同，虽然春天时湖水会溢出来，除了草原高度不等外，草场上的庄稼长得也极不匀称，所以即使是在相同的地方，春汛时湖水也深浅不一。

（4）关于非固定的割草场或者是庄稼地，我们在前面已经了解过了。

草原上的休耕地，就像"草原上的土地"一样，只会对其进行彻底式重分：休耕地、非固定草场和大面积休耕地是每年都进行重分的。每种草场，就像草地一样，分为4种签，或多或少由大量的抽签地构成，这些土地被散落在各处。

在休耕地或非固定草场上，抽签地的构成是永远不会发生变化的，在分配时，已知的4组户主只是将它们相互交换，每个抽签地都是由新的人均份地组成的。在大面积的休耕地和田地上每次更换抽签地的界线（相应土地的主要界线），由此可知人均份地的大小。

割草场上的条形地没有特殊的名称，一般用镰柄测量它的大小。没有被清理过的草场、庄稼地就是荒废地上的草地。人均条形草场的宽度不是很大。

林地

村社中有很多林地，几乎全都是休耕地，上面覆盖着牧场。

在最后一次进行彻底式土地重分时（1870—1871年），农民商定好不立刻划分土地，而是在有需要的时候再去划分，农户每年都会分到伐开地，有的时候新的伐开地没有清理，而农户就会分得沼泽地（牧场的林地）。

如果分得沼泽地，那么户主不会开凿自己的那块地，但他没有失去土地权，将每块伐开地伐尽以保证它们不妨碍庄稼的生长。

牧场及其他农用地

没有专门的牧场，人们就在临近草原和森林的地带放牧，这个地方被称为农林用地。把经常放牧的草场称为牧场，即长着草和黑麦茬的休耕地。

从春天到割草时节，即7月中旬之前，在休耕地上放牧，然后农闲时期在草地和林地上轮流放牧，8月初到9月份在黑麦茬地放牧，然后在春播地上放牧。

如果有人不能在收割期前收割完粮食，那么地里的庄稼可能会被拿去喂养牲畜，或者户主亲自看管。

户主一般在放牧时把自己所有的牲畜跟村社的一群牲畜赶在一起，因此在支付税款时应把公共放牧地的费用加进去。

与户主相比，无地的孤身穷苦农民放牧的条件有所不同，即对于无土地的户主，放牧母牛的费用为2卢布，一头或两头小牲畜可免费放牧。每人缴纳的税款有所不同：即使这样，还是有多少牲畜，放牧的薪酬就有多少。

村社的四口井分布在不同地点，它们是由全村社的人一起挖的，大家也一起负责清扫，水是免费的，也就是说无论是地主、户主还是无地的孤身贫苦农民，都可以自由地在这四口井里取水。

这里有人捕鱼，但没有形一个行业，而是为了满足农民家里的生活需要。小一点的鱼自己吃，大一点的卖给邻居等。钓鱼的时间地点都很随意。

土地重分方法

由于彻底式土地重分的时间是提前确定的，所以不会再说明进行重分的必要性，比如在1879年的夏天，国尔诺巴诺夫的一个户主起得很早，发现天气晴朗，而一块地里的草还没有割，于是提议其他的户主分配这块地，他们一致同意，然后分工，草在中午前就割完了。如果通过村社进行分配，比如伐开地或是大面积地的荒地，那么户主们在彼此商量之后告诉村长，村长吩咐甲长把人聚到一起，讨论土地分配问题。村会成员仅由拥有土地的农户主组成，且只有农户主才有发言权——他们通常是"农户里最年长的人"。如果村会是为了讨论土地分配而召开的，那么允许有土地的寡妇参加会议（这个情况同样适用于彻底土地重分）。总的来说，在村社事务中女人是没有独立权的。

所有的户主都应参加村会，村社会尽可能选择大家都方便的时间。如果户主缺席会议，也是应该有一些合理的理由，如生病、家人去世以及要离开村里一段时间。户主可以委托别人在研究讨论时传达自己的想法，不过在投票时，被委托人的意见是不被考虑在内的，妻子和儿子都不能代替户主参会。

大多数人出席村会是为了制定决议。在长时间争论的情况下，无法达成一致意见，村长就会根据大家的需要进行投票，一部分人往右站，另一部分人往左站，村长代表12票，然后选择自己支持的那一方，于是得出最后结果。在解决问题的过程中，村长往往不起特别的作用。任何情况下，村长都不可以在村会上表达自己的意见，只能维持会议秩序。

村里没有富农剥削者。

所有村社成员被分成4组（签），再将4组对半分。每组户主的数量不是很重要，但是土地人口一定是相同的。村社的土地也应当被分成4份，如果有些土地没有分配下去，那么一定会把这个土地硬性地分到某个人头上。现在共有92口人，意味着每组有23口人，继续划分，一半是11口人，另一半是12口人。

通常签都会以比较出名的户主名字来命名。第一个签取名为马秋欣，这是以7个户主中一位叫马切伊·叶戈罗夫的小名命名的。这位农民曾被任命负责扎欧杰尔的土地分配管理工作，是村子里最富有的人，当时50岁，出生在草原，富有经验，有能力掌管所在组的事务。

下面是马秋欣小组农户主的名单：

第一半：户主名字　　　　　　　人口数量
(1) 马切伊·叶戈罗夫　　　　　5 人
(2) 米哈伊尔·米罗诺夫　　　　3.5 人
(3) 德米特里·扎哈罗夫　　　　3.5 人

第二半：
(4) 彼得·尼基京　　　　　　　2 人
(5) 尼基塔·谢苗诺夫　　　　　3 人
(6) 帕维尔·康斯坦丁诺夫　　　3 人
(7) 基里拉·巴甫洛夫　　　　　3 人
共计　　　　　　　　　　　　　23 人

第二组被称为果尔洛巴诺夫斯基，由 9 位户主组成：所有人都大嗓门，言谈风趣幽默，其中有三个都是文化人，所有人的生活都比较富裕。

第一半：
(1) 捷连季·雅科夫列夫·库兹涅佐夫　　3 人
(2) 塔拉斯·瓦西里耶夫　　　　3 人
(3) 德米特里·瓦西里耶夫　　　2.5 人
(4) 伊万·瓦西里耶夫　　　　　2.5 人

第二半：
(5) 叶夫列姆·德米特里耶夫　　3 人
(6) 马克西姆·巴普洛夫　　　　3 人
(7) 德米特里·尼基福罗夫　　　2 人
(8) 斯捷潘·米哈伊洛夫　　　　2 人
(9) 纳斯塔西亚·斯捷潘诺娃　　2 人

第三组被称为格拉比杰尔斯基，所有的户主相处得不太和谐，常因小事发生口角。

第一半：
(1) 瓦西里·尼基京　　　　　　3 人
(2) 阿列克谢·谢苗诺夫　　　　3 人
(3) 尼基塔·马克西莫夫　　　　2 人
(4) 阿法纳西·米宁　　　　　　2 人
(5) 阿法纳西·巴甫洛夫　　　　2 人

第二半：
(6) 菲奥多尔·马拉费耶夫　　　3 人
(7) 瓦西里·德米特里耶夫　　　2 人
(8) 雅科夫·瓦西里耶夫　　　　2 人
(9) 卢卡·瓦西里耶夫　　　　　2 人
(10) 德米特里·瓦西里耶夫　　　2 人

第四组是梅尔卡泡梅斯内，这组人性格温顺。
第一半：
（1）季莫费·雅科夫列夫　　　　　　　　4.5 人
（2）阿法纳西·普罗科菲耶夫　　　　　　4.5 人
（3）列昂季·马尔科夫　　　　　　　　　3 人
第二半：
（4）乌斯京·阿尼西莫夫　　　　　　　　2 人
（5）瓦西里·尼古拉耶夫　　　　　　　　3 人
（6）雅科夫·亚历山德罗夫　　　　　　　3 人
（7）米哈伊洛·马克西莫夫　　　　　　　2 人
（8）叶连娜·普罗科菲耶娃　　　　　　　1 人

组别一旦确定，那么在下次土地彻底重分之前，成员是不变动的。

户主们能够分到一个组里，并不是彼此约定好的，而是在土地彻底分配期间进行抽签的结果。具体是这样的：每个户主告诉村社，他想要多少土地，这样的话土地分配的总数就已知了，之后把土地分成4组。最后，通过抽签的方式划分组别。慢慢地这些小组就有了自己的名字，并转变为地签。在最后一次的彻底分配之前，这些签有了自己的绰号：①瓦辛；②帕什科夫；③谢明；④列瓦绍夫。

各个地区户主抽签分得的条形田早已经设置好了，没人能记得清土地是否有所变化。

只有在两种情况下才会选出测量员：分配伐开地和人均分配大面积荒地的时候。他们并没有报酬。他们还承担了村社的部分劳役（运送病人等社会工作）。

可耕地、伐开地还有草原是用测杆来丈量的，有时用草鞋，也就是脚长来测量。为区别土地，在槽的两端（到一端是2俄尺）钉入4—6俄尺高，直径为0.5—2英尺的木钉。每个户主都有祖传的、异于他人的标记，木钉钉在草原或草地里，年复一年。如果丢了，则必须重新做标记。如果抓阄地恰好在草原上，就像在伐开地上一样，没有明显的界线，则在伐开地里用两棵树作为标记。公用的标记如下：首先是木钉，然后是在平面上用斧子凿出的标记。标记图形包括：①横线；②斜线；③十字叉；④爪形；⑤横线+十字叉；⑥折叠形。这些标记有不同的组合形式：十字形与横线、两个横线、三个横线等。还很多有其他的符号。

顺便说一句，我们注意到，这些符号只是用来辨别土地的一种家庭传统徽章。一般没有什么特别的土地单位；通常会说，一口人的条形田、两口人的条形田等等。有时也以绳子作为土地测量单位，通常绳子的长度是10—12俄丈，绳子上面会有俄丈刻度标记。

按照下面的方法进行农用地的彻底分配。我们以1870年的土地分配为例。这年春天，人们首先应该对菜园和谷场进行重分，但并没有马上重分，而是推迟到了第二年，5月初分配了种植黑麦茬的春耕地，6月初，分配了已经施过肥的土地。

由于7月份的后半个月多雨，所以在8月初划分"庄稼地"以及分布不均匀的草地；在临近秋季的时候划分谷地或沼泽地（为了获取木材）。1871年初春对宅院地进行了重分；五月初重分了"去年的黑麦茬地"，6月12日重分了"今年的黑麦茬地"的荒地部分，在七月中下旬重分了剩余的草地。由此可见，村社通常是在某块农用地开始耕种之前直接对其重分，未规定土地重分的时间。

重分耕地和犁过的田地

自 1879 年 1 月初农民们就开始谈及重分土地的重要性，数年的土地纠纷使所有人厌烦至极。为了不进行"再分配"，也就是不耕种附加的土地，每个农户主都计算了自家耕地的劳动力人数，因为如果进行再分配则会带来不便：耕地的分布将会过于分散。农户按下列方案对土地进行分配：如果妻子务工，有三个未成年的儿子，那么该户可以获得三人份的土地，包括一些割草场、菜园地、谷地等。在头 2—3 年，户主与其妻子两人一起耕种会很困难，当儿子长大后，两人一起耕种土地将会变得容易一些。大儿子需要去服役，二儿子将会料理家务，成为家里的帮手，如此一来，预计没有任何减少或者增加土地耕种量的必要性，但也不能进行大量耕种：因为只有两口人务农。农户主需要考虑如何能够不耕种附加的田地，同时不得不在村社的领导面前苦苦哀求。

在拟订初步方案的最后阶段以及谈判结束时，村社会提前告知每户需要务农的人口数量。

村长在五月初命令甲长召开集会，所有人在集会上对是否有意愿耕种土地进行表决，其中有两个农户主是寡妇。委派与会者中的一人去剪白桦树上未成熟的细枝（通常是白桦树或者柳树，但不会是杨树，因为杨树是不吉利的树。剪未成熟的树枝是因为剪起来比较方便）。修剪同等粗度的树枝，一人将树枝削剪成抽签用的签，另一人在树枝上做记号，修剪的树枝长度近 1/2 英寸，树枝截面直径近 1/4 英寸，需要剪下几根树枝，因为只用一根树枝不能够截成 30—40 根粗度相同的签，其次是修剪等重等长的树枝，并且树枝上应没有小枝杈：带小枝杈的签更结实而且比其他签更重，抽签就像用树桩辨认土地一样，但与后者没有任何联系。

按照农户主的数量切割成同等数量带有不同标记的签，在准备好签并刻好标记之后抽签分配农户，有一些农民建议以小组的形式进行抽签，但大多数人对此表示反对，因为这样可能会把富农分为一组、贫农分成一组或者把一些不安分的农民分为一组，该提议由更为忠厚老实的农民提出，但还是有个别爱吵架的农户主参与了抽签。

村长对与会者的耕地劳动力数量进行了统计，共有 92 人，如果统计结果不是 92 人而是 93 人的话，那么就加 3，使其达到 96，从而能被 4 整除。与会者中有一个人会带一个木碗，通常是用来喝水、格瓦斯和啤酒的碗。为了公平起见，每个人都会预先检查一下签，然后把签放到木碗中，且抽签的木碗不应有裂痕以及其他影响抽签的东西，也可以把签放到不起褶皱的帽子当中，比如羊羔毛帽子，但绝不能将其放到带檐儿的帽子中。当把签放好后，某一人将木碗举过头顶并晃动几次，之后大家进行抽签，记住签上的标记并把签放回木碗，接着再次晃动木碗直到木碗中的某一个签掉落出来（如果从中掉出来多个签，那么就把它们放回木碗里），某人把签举起来并且问："这是谁的签？"该签的所有者会告诉大家其家中耕地劳动力的人数，取走自己的签并走到一旁。之后按照这种方式继续摇动木碗，直到耕地劳动力人数之和达到 18，然后询问 5 口之家的农户是否有谁不想参与？如果没有 5 口之家的农户，那么就再次进行抽签，掉出来签的所有者有 4.5 个耕地劳动力，也就是说目前已经有 22.5 人，但半个人是不存在的，所以要把此签放回去，之后投出来的签的所有者有 2 个耕地劳动力，该农户离开了，目前已经达到了 20 人，此时有人问，3 口之家的农户中有谁愿意参加，最终有 7 位户主表示同意。谁同意谁就抽签，有 7 个人抽签，所以摇出来的签数和放回去的签数只能是 7，然后 7 人分别抽签，记住自己的签，并把签放回碗里，继续摇签，第一个掉出来的签的所有者为该组的最后一个农户主，最终使该组的耕地劳动力人数达到 23 人。如果 3 口之家的农户中无人自愿参与耕地，那么这些人就按照指定的顺序抽签。这样就分好了一组。接下来按照同样的方式分第二组、第三组，剩下的农户组成第四组。抽签结束后得出了我们所熟知的四个组名：马秋欣、戈尔洛帕诺夫斯基、梅尔科波梅斯特内和格拉比捷利斯基。

当签制定好之后，村社进行协商，"一会儿谈这个位置，一会儿讲那个区域"，这里指的是抽签所分到的区域，即决定奥泽尔科的边缘地带及"沿直线区域"的划分问题。

"开始在各组间进行抽签"，划分为 4 部分，每组中每次出来一人抽签，一共有 4 人，把自己的签放到木碗中（直到开始抽签），预先检查一下签，查看是否存在欺骗行为或违反了公平的原则，然后开始抽签。规定掉出来的第一个签为"科森尼卡"，4 个代表当中，抽到"科森尼卡"的人发表讲话，之后带领自己的小组站到一侧，抽第二个签的一组站到下一排，抽到第三个签的一组站到第三排，抽到"列热尼"的一组站到最后一排，即第四排（"列热尼"即木碗中最后剩下的签）。这样一来，以排为单位，通过抽签把各排的人分配在奥泽尔科的第一块田地 A 处。接下来每个农户主都可以知道自己的春播作物地位于奥泽尔科的哪个区域。马秋欣小组所负责的区域，在其平面图上用数字 1 做标记，戈尔洛帕诺夫斯基小组则用数字 2 作标记等。以抽签的方式对小组进行分配，涉及所有的农用田，即比如有……马秋欣小组令从前的"瓦辛"感到满意，所以其所有的土地（除了菜园）都归马秋欣小组负责，包括草场、庄稼地、犁过的田地……上述情况均发生在农村。现在这四组去检查他们得到的土地，效仿其中的一组，比如，效仿戈尔洛帕诺夫斯基小组，按照检查第一块地的方式去检查其余的三块地。为了让大家更清楚，在此我将根据土地的布局和土壤的质量研究该组每户人家的土地划分情况。

（1）土地划分的区域结构为矩形（如下图），并且各区域土质相同，均为优质的土壤。检查完土地之后，开始按"半"分配农户。戈尔洛帕诺夫斯基组中的 9 个农户主包括 4 个拥有 3 个耕地劳动力的农户主、2 个拥有 2.5 个耕地劳动力的农户主、3 个具有 2 个耕地劳动力的农户主，共 23 名耕地劳动力。其中一半土地由 12 人耕种，另一半土地由 11 人耕种。我们这样对农户主进行命名：拥有 3 名耕地劳动力的农户主用 a_1、a_2、a_3、a_4 表示；拥有 2.5 名耕地劳动力的农户主用 b_1、b_2 表示；而拥有 2 名耕地劳动力的农户主用 c_1、c_2、c_3 表示。

通过抽签决定谁耕种哪部分土地，谁与谁搭伙耕种土地，按"半"划分土地，完全就像对村社进行分组分配一样。由 2 个拥有 3 名耕地劳动力的农户主（a_1 和 a_2）和 2 个拥有 2.5 个耕地劳动力的农户主（b_1 和 b_2）耕种一半的土地，共 11 人，做出标记。另一半土地划分给 3 个拥有 2 名耕地劳动力的农户主和 2 个拥有 3 耕地劳动力的农户主（c_1、c_2、c_3 和 a_3、a_4），共 12 人。农民接着进行抽签，即开始在地界附近进行划分（AD 和 BC），然后在线段 EF 附近进行划分，划分出 12 人的土地，或者再次进行抽签，有时用握棍的方式抽签，就是通常所说的"比试"；如果需要抽签的话，会提前约定好 a_1 或者 a_2 部分，当用握棍的方式进行抽签时也是同样的步骤。

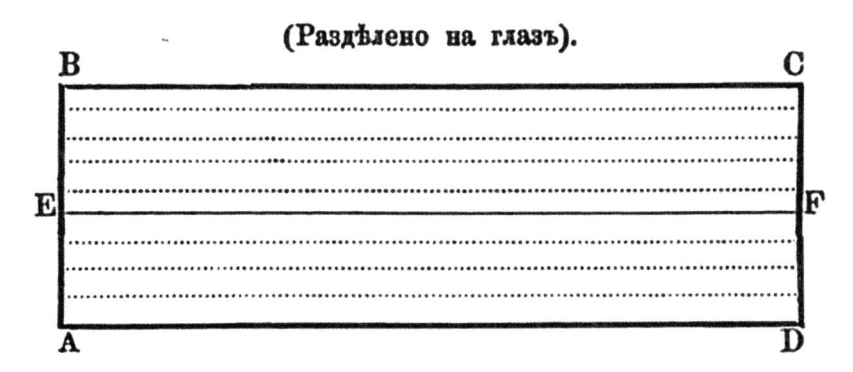

Рис. 3-ій.
(Раздѣлено на глазъ).

最终分配如下：首先是 a_1 部分，接着是 b_1 部分，然后是 b_2 和 a_2 部分。这样大家就知道"谁的旁边是谁了"。另一半的农户也按照同样的方法做，即农民逐一进行抽签，然后削剪四根测杆，使其长度两两相等。两个人沿着线段 AB，将等长的测杆分别置于 A 和 B 处，两个人面对面，同时另外两个农户沿着线段 CD 分别放置测杆。我们选取一段比 AB 更长的线段。一名测量员从 B 处开始分别放置 12 根测杆。（约定好这 12 名农民和剩下的 11 名农民分别在哪里开始，或者进行抽签），另一个测量员从 A 处开始分布放置 11 根测杆，接着进行观察，从 B 方向截取 4 根测杆，从 A 方向截取 3 个 2/3 的测杆（目测是 2/3），剩下的 ab 区域用脚来测量：其中一名测量员从 a 处走 11 步，从 b 处走 12 步，如果行不通就再分别走 4 步和 2/3 步，剩下的部分通过目测进行划分，少于 1/3 测杆的土地不耕种，因为耕种起来不方便，大家也算不出该如何耕种。通过这些已知的信息可以推测，如果 B 处分别放置 20 个、15 个、14 个测杆，则 A 处应该放置的测杆数量为多少，但农民们对这种计算方法持怀疑的态度，他们更愿意用脚步测量，即便中间的间隔相当大。让一个人用脚进行测量，因为两个人的脚有可能长度不同。这样找到 E 点，在这里钉入木桩，同时找到 F 点另一端的点，也钉入木桩，也就是将整个区域划分为面积不等的两部分，农民将其称作"一半"。现在这些表达就能够让人理解了："过边"表示从 A 和 B 附近开始测量，"一半"就是在线段 EF 附近。接着用测杆测量 BE 段，如果得到的正好是整数就再好不过了，如果不是整数，而是复杂的分数，那么就用脚来测量，AE 段也以相同的方式进行测量，得到的数值差为一人所种耕地的宽度，如果这个差值大于测杆的长，那么通常会选取另一根测杆，使 BE 和 AE 等长。

当一切都弄清楚后，接下来便是衡量标准的问题。a_1 3 人家庭，也就是家里有 3 口人。所以在 A 区放入 3 个测杆，由农户主钉入带有自己标识的木桩。接下来是 b_1 2.5 口人，相应的也就是 2.5 个测杆等，在 BE 和 CD 区域也同样如此，在耕种时以木桩划分。

随机在另一端与点 E 相对应的地方打桩，在该区域不呈矩形时，DC 端的单人划分区宽度不等于 AB 端，在这种情况下，需要测出另一端的单人划分区宽度，也就是 CF 和 DF

的差值。在总区域内农户主的划分顺序保持不变,其中高罗帕诺夫斯基地区既包括田野也包括宽谷地带。在现有情况下,所有的人口分配区相互平行且整体区域呈矩形。将高罗帕诺夫斯基地区随机划分为小的湖泊和田地区域 A 区,各区域几乎呈矩形平行,完全适用于所陈述的划分人口耕种区的方法。在马秋欣地区预先把 A 区划分为两个楔形区域,左侧远离道路,右侧贯穿田野。会分给农户主第一个地块上相邻的区域,因为其他道路会穿过邻近的平行区域并影响播种。另一个地块是分散区,如果田野不是笔直分布就会被划分成分散区(为了更清晰地展示,这些分散区将以几个大区域的形式绘制出来,标注其大小,其最大宽度不超过 1.5 俄尺)。另一种复杂的情况便是耕种区为非直线分布,这就会使土地的质量不一。这里研究的田地 1873 年首次播种,1878 年将其改为黑麦和燕麦耕种区。我选取此处田地是为了展示它随着不同布局而改变的人口划分区。此外,很明显,"一半"区域的构成总是保持不变,而其中分布的农户主(也就是根据标准划分和来自这"一半"区域的人)是在变化的。因为该田地不属于农业地,因此有必要将土地随机重新分配。

需要指出的是这一划分情况并未发生在彻底式土地重分时期,当时划分的不是耕种好的土地而是为了耕种清理出来的低湿林地。首先要观察高罗帕诺夫斯基地区,目测划分出"主要"地区,在图纸上以罗马数字 I 标注出来。(土壤分布的边界用虚线表示,土质更差的小区域在下方标记)随后绘制分散区。主要区域用 II 表示,构成梯形图。在主要区域内划分归农户主所有的分散区 b,其在主要区的所占比例较低,土地质量较差。找到已知的点 E 和 F(两者都是必要的),确定单人划分区宽度,随机决定"按标准"和"一半区域"的农户主。并目测量出主要地区的分散区 b,将其划分给四口人家庭的农户主。

考虑到还有一种情况,即在小湖泊区域和 D 田地区,第一个划分区域和平行道路属于马秋欣地区。在这种情况下,同样要划分主要区 B,因为 C 区为丘陵地形,a、b 分散区为混合带条纹重叠地形:分散区 a 区与 e 区褶皱重叠,分散区 b 接近 f 区。

于是,就这样对春播地进行了划分,5 月底以类似的方式划分休耕地。

7 月划分草地。

重分宽谷

宽谷地区与田野地区划分方式相同。

这一地区的划分比较容易,因为大家都知道谁在哪个区域。剩下的就是按人头分配土地,用木杆或其他工具测量,然后用脚度量钉桩划分。

田地的划分和宽谷的划分顺序是完全不同的。

重分田地

为了进行田地分配,首先,为制定抽签,要组织所有的农户主召开集会。接下来估算出当年可以在苔藓、变形牛肝菌、皱叶剪夏罗和其他地方划分出来的田地。在集会上决定在哪个地方进行第一次划分。以此种方式假设在苔藓区进行一次随机划分,随后在变形牛肝菌区、皱叶剪夏罗区和其他地方再进行四次划分决定各组所获得的田地。划分区根据草地特点目测划分成 10 个 2 人份地和 1 个 3 人份地。

选取之前的农户主编号,三口人的农户为 a_1、a_2、a_3、a_4 和 2.5 口人的农户:b_1、b_2,二口人的农户为 c_1、c_2、c_3。

首先选取一组三口人的农户，随机决定他们的编号，例如假定为 a_4，他们将不会参加接下来的划分。接下来其余的三口人家庭的农户主和2.5口人家庭的农户主共同商议谁和谁共同参加地区的随机划分（这里的随机一词有着新的含义）。这里 a_1 可以和 a_2 或 a_3 结合，假设与 a_2 结合，那么接下来 a_3 与 b_1、b_2 结合参与划分。其余的 c_1、c_2、c_3 不结合。然后从总的结合组合中抽取任意二组进行第一轮划分和第二轮划分，第一轮8组，第二轮5组。进行划分时需要商定好从哪里开始划分，从河流处还是道路处开始。假定从道路处开始划分，c_3 也就是两口人家庭，获得第一处土地。然后 a_1 获得第二处土地，但 a_1 是三口人家庭，再和 a_2 进行地区划分，第一轮地区划分共8个区域。第三区域由 c_1 获得。b_1 获得第四区域，但 b_1 为2.5口人家庭，所以还需要在第二轮土地划分时与 a_3 和 b_2 商议结合。然后 c_2 获得第六区域，这意味着所有的两口人家庭都获得了自己的对应区域。随后 b_2 获得第七区域，b_2 还有的人要归在第二轮进行土地划分。a_2 获得第九区域，还有1人归在第一轮进行土地划分。最后 a_3 获得第十区域，并有1人归在第二轮进行土地划分。接下来：在第一轮土地划分中 a_1 和 a_3 平分第八区域，再以握木棍竞赛方式决定谁分得具体的哪一部分（有时需要摘掉手套，看谁先放下向上的大拇指）。第二轮地区划分在 a_3、b_1、b_2 中进行，三个农户主平分第五区域，然后 a_3 随机划分二分之一，b_1 从 b_2 再次随机划分第二部分的一半。以此种方式所有人都可获得与人口数相对应的土地。如果有一个1人户的农户主，这种情况下11个二人户和1个一人户划分土地是处于优势地位的。应该将这一区域分给一人户，他才不会有亏损，而接下来的分配将会有序进行。

要尽快地将田地（目测）划分给二口人家庭，因为那的草地质量较差，这样才不会引起争议。此外，在大部分地区划分是随意的，例如地区划分。上述的田地划分每年都进行，一年2、3次，然后会放弃此处土地，因为草地会停止生长不适宜耕种，但同时又会出现新的田地。按照此种方式年复一年地进行划分。

重分草场

将带有不同草地的割草区进行划分。此处与田地和宽谷区等区域的划分方法相似，测量出新的人均条形田，通过抽签进行划分（不再用木桩，而用绳结进行区分和割草）。这一过程每年都要进行。也就是说划分区域是总地块的一部分，例如高罗帕诺夫斯基地区，他们的土地所有权持续到下一次人口调查之时。众所周知，在进行彻底式土地重分时，每年在田地、宽谷区都会对农户的人均份地进行新一轮的人口调查。

重分大宽谷

每年在村社内重分牧场，即这里的划分不仅涉及高罗帕诺夫斯基地区，还涉及全部四个地区。

共有8个"负责人"。每次随机分成2人组，将整个宽谷根据高度和质量划分为不同的条形田。例如，1879年他们将草场划分为6块圈地，每块圈地再划分为4个大小相同的条形田，所以划分后共有24个条形田。完成后，负责人发出村社草场已划分完毕的通知。村社再决定条形田的归属问题。在这种情况下，要进行每轮划分（每次划分要进行6次），结合这种划分方式，首先决定从6块圈地里的哪一块条形田开始分配，假定从靠近湖泊的条形田开始，那么接下来再决定从它的4个条形田里的哪个条形田再开始分配，在靠近湖泊的其他圈地结束分配。假设已经完成第一个圈地的边界划分，即第一轮划分已经结束，还剩 5 个圈地待划分，第二轮在下一个圈地进行，最后每个圈地都会被分配。最后每个农户主按序分得 6 个圈地内带有不同草地的牧场。人均份地很窄，例如 3 口人家庭只能分到 2—3 个割草场。

重分低湿林地和沼泽地

每块抽签地的 2 个负责人需要出发寻找适合耕种的低湿林地。要找到一个足够大的地方，例如为了划分出 4 块抽签地，就需要 2—3 个低湿林地。需要仔细观察并砍伐标记，然后划分出四块份地（抽签地），以大声"呼喊"判断边界，也就是一个接着一个在尽头处呼喊，另一个在对面的人根据声音来的方向砍倒树木进行划分。如果这条线的尽头还有树木的话，则钉入一人高的木桩用来区分。接下来负责人组织 4 次抽签决定谁挨着谁，然后通知抽签地的负责人，谁的条形田位于哪里。村社派人到此处，在树上砍出记号，用原木划分各农户的主圈地，然后进行划分。然后是清理圈地，进行耕种，直至放弃该土地后，则土地归为村社所有。每个农户主必须砍伐清理自己的区域，以免与他人发生争执，例如树木阴影或雪水对农作物生长的影响，甚至是燃烧树枝等情况。

如上所述，很少对沼泽地（树林里的沼泽地）进行划分。沼泽地的划分形式与低湿林地类似，不同之处就在于集会负责人的任命期限（6—7 年），此期间树林应该被伐尽。如果到期前谁没有伐净树木，那么他的土地便归村社所有。例如最后一个沼泽地负责人的任期是 6 年，在 1878 年已满 5 年任期，但他的大部分农户主没有伐净森林，所以需要交一年的税。

重分菜地

1871 年春天对菜地进行了重分。首先统计出所有拥有菜地的家庭数量（更准确地说，这并不是每次划分都需要做的，因为在分配前有多少俄丈都是已经测定好的），然后计算出人均份地的大小。在最后的彻底式重分时决定如何分配 10 俄丈，即从后院到木屋一个绳子的距离（10 俄丈），环形长度的横长为 12 俄丈（街边的每一个环形是 12 俄丈）。为了方便测量，很多农户主可分得 12 俄丈，但在这种情况下如果菜地不够分，村社就需要划割出一部分田地。如果不划割出一部分田地，则需要将人均份地减至 10 俄丈。这样划分的菜地面积为 120 平方俄丈。接下来测量木屋附近的绳子数量，例如三口人为 3 根绳子（宽度为 12 俄丈）。如果木屋附近不够一个绳子的长度，则在其他区域测量出不足的地方，不得占用他人的绳子划分范围，同时要尽可能靠近木屋（这就恰好解释了为什么会有不靠近木屋的小块菜地）。在新一轮重分时，菜地的尺寸可能会扩大或者缩小，绝不会保持不变。所以要在扩大或缩小的情况下重新划分。农户主将篱笆设置在菜地靠近田野的一侧，剩下的区域和邻居共同围上篱笆。

通常不会划分圈起的打谷场，因为这里空闲区域很多而每个菜园都需要一定的场地。当然，要在无争议的情况下重分菜地。通常所建的建筑物并不多，因为建筑费用大且易失火。例如，仓房需要 45 个农户主共同建造，所以整个村子里的仓房不超过 10 个。

如上所述，村社会划分出来 4 块抽签地，每块地的人数相同，而农户主的数量不是定值。为了为每个人更好的划分土地，每轮土地划分按序分为两半。这里可得出农户主的数量。在两次人口调查期间，抽签地以及半份地都不会发生变化：可由一个抽签地过渡到另一个抽签地，但不可以直接从抽签地的一半过渡到另一半。设置边界、记号（坑穴、砍树标记、灌木等），在草地以及带有不同草地的草场划分好的条形田永远不变动，而且不改变条形田的大小和它在四部分中的组成。（接下来可以看到，条形田的数量呈增长趋势）四组在田野区和宽谷区的位置、它们的一半在每次划分时的位置和农户主在一半中的划分顺序只有在进行人口调查时才会发生变化。而带有不同草地的草场区也只在人口调查时才会有所改动。但在一半区域和在每块条形田中，农户主的所属位置每年都会变化，这里的草场与带有不同草地的草场不同。每年都对大宽谷区进行重分，每年都划分出新的抽签地，这种新的抽签地是之前的三种农用地里没有过的。也就是说这里的抽签地大小发生了变化，各组的地点和农户主在一半田地中的划分顺序也改变了。低湿林地和大宽谷地区一样每年都进行划分。也按照类似的方式来划分沼泽地，但不是每年都进行划分而是视情况而定。每年都对田地进行划分：划分新的抽签地，四组的农户主每年更换位置，而在每个抽签份地进行划分的方式与其他抽签份地又完全不同，这里完全没有半人份地。只在进行人口调查时对宅院地进行重分，并且不采取抽签的形式。最后如果对耕地进行核查，需要重分，则重分方式与田地的重分方式相同。

  如上所属，田野中抽签地的构成是不会发生变化的，即四块抽签地的划分也是不变的，所以只能给每块抽签地增加相同数量的条形田。实际上就会出现两种情况：某天一个来自四口人家庭组中的农户主没有像往常一样在消耗完土地后放弃自己的耕地，相反地，仔细施肥，耕耘土地；因为放弃该片土地就可惜了，所以继续耕种土地是更好的选择。那么对此一些农户主会对是否获得新的低湿林地和田地产生争议，最后结果是不再对他们进行任何限制，在下次进行彻底式土地重分时由四个抽签地共同划分上述耕地。这种方式给每个抽签地增添了一块新的田地，其他增添田地的情况为：在建造由博罗维奇路构成的铁路时，为职工建设医务所等。给居住区附近的土地施肥，村社在四组中进行区域划分：首先根据特点划分出不同的地块（圈地），四组在每一个地块中获得一定的份地。采用上述的方案和方式对大宽谷进行划分，且必须得到一致同意，在划分时按照土质划分出不同的农用地种类。由于表土的不匀称明显体现了土质多样化，虽然农民们不相信，但是大多数条形田的土质估测也都得到了证实。

  我们认为所有类型的农用地都要同时重新划分。

  众所周知，每年都在进行平均分配，其中一些希望减少劳作的农户主将自己的份地上交给了村社或其他农户主。例如：

  （1）马秋欣地区的基里拉·巴甫洛夫。他的劳动人口包括自己、妻子、两个成年儿子。一个儿子在1878年参军，所以减少了一人份的土地，自愿让米哈伊尔·马克西莫夫来接手，这就是"调整劳作"。（2）高罗帕诺夫斯基地区的德米特里·瓦西里耶夫。他的劳动人口包括母亲、姐妹、兄弟。兄弟参军，所以减少了0.5份的土地，村社给这部分土地转给了德米特里·扎哈罗夫（马秋欣地区）；他有3.5个劳作人口：自己和妻子、儿子及其妻子、22岁的女儿；一个消费人口：养女。（3）小领地的安娜纳西·普罗科菲耶夫。有4.5个劳动人口：自己和妻子、兄弟，另一个兄弟在1879年去世，所以他减少了0.5份的土地。村社将这部分土地转给了米哈伊尔·米罗诺夫（马秋欣地区）：他的劳动人口：自己、妻子、18—19岁的儿子、3个分别15、13、10岁的助手儿子——3.5个人口。人口出现0.5的原因通常是有家庭成员参军。综上所述，人口的数量经常会发生变化。

其他土地上的这种耕地情况很少见：这种耕地被视为是占有他人的普通财产。当然，整个村庄很快就会发现这种类似的违规行为。农户主试图劝说争执者而不是使情况更复杂。如果没有讲和，那么受害者向长者阐述此事并要求召开集会（长者不能拒绝）。在集会上双方阐述此事，村社倾听并前往耕地查看情况，确定大概的耕地数量。在集会上公布结果，判处被告支付给原告一定的费用。如果他人的耕地区被播种，那么它的所有收成都属于土地所有者，准确地说，也包括割过界的干草和挤压的庄稼。如果类似的情况更严重的话，则需要到县法院解决。

拥有一份土地的农户主：寡妇伊琳娜·普罗科菲耶夫有两个岁数小的儿子。

拥有二份土地的农户主：13人。包括：

(1) 尼基塔·马克西莫夫；劳动人口：自己、妻子、岳母。消费人口：一个养女。（靠近湖后地区，在顶部地区有一个单独的孤儿院，孩子们可以加入周边村子的农民家庭。未满12岁的孩子每年支付30卢布，12岁到16岁的孩子4卢布）

(2) 阿法纳西亚·米宁；劳动人口：自己、妻子、母亲；消费人口：没有子女，两个养子。

(3) 阿法纳西亚·巴甫洛夫；劳动人口：自己和妻子；消费人口：小孙女。

(4) 瓦西里·德米特里耶夫；劳动人口：自己、妻子和两个女儿（双胞胎—18岁）；消费人口：小女儿。

(5) 雅各布·瓦西里耶夫；劳动人口：自己和妻子；消费人口：四个孩子。

(6) 卢卡·瓦西里耶夫；劳动人口：自己和妻子；消费人口：两个孩子和一个养女。

(7) 德米特里·巴西里耶夫；劳动人口：自己、妻子、女儿（18岁）；消费人口：小女儿和养女。

(8) 彼得·尼基京；劳动人口：自己、妻子、女儿（16岁）；消费人口：两个孩子。

(9) 乌斯京·阿尼西莫夫；劳动人口：自己和妻子；消费人口：四个孩子。

(10) 米哈伊尔·马克西莫夫；劳动人口：自己和妻子；消费人口：两个孩子。

(11) 德米特里·尼基福罗夫；劳动人口：自己和妻子。

(12) 斯捷潘·米哈伊尔洛夫；劳动人口：自己和妻子。

(1)3 纳斯塔西娅·斯捷潘诺娃；自己和助手儿子14—15岁。

拥有2.5份土地的农户主：2人。

(1) 德米特里·瓦西里耶夫；劳动人口：自己、姐妹和母亲。

(2) 伊万·瓦西里耶夫；劳动人口：自己、妻子、儿子（18岁）；消费人口：4个孩子。

拥有3份土地的农户主：13人。

(1) 瓦西里·尼基京；劳动人口：自己、妻子、儿子（19岁）、女儿（18岁）；消费人口：3个孩子。

（2）阿列克谢·谢苗诺夫；劳动人口：自己、妻子、姐妹、母亲；消费人口：孤儿院的两个孩子。

（3）费奥多尔·马拉费耶夫；劳动人口：自己、妻子和儿子（17岁）；消费人口：5个孩子。

（4）尼基塔·谢苗诺夫；劳动人口：自己、妻子和姐妹；消费人口：4个孩子和弟弟，1个失明老人。

（5）鲍威尔·康斯坦丁诺夫；劳动人口：自己、妻子、3个姐妹和母亲。

（6）基里尔·巴甫洛夫；劳动人口：自己、妻子和儿子（23岁）。

（7）列昂季·马尔科夫；劳动人口：自己、姐妹和母亲；消费人口：带着孩子打工的妻子。

（8）瓦西里·尼古拉耶夫；劳动人口：自己、妻子、母亲和兄弟。

（9）雅科夫·亚历山德罗夫；劳动人口：自己、妻子和母亲。

（10）捷连季·雅科夫列夫；劳动人口：自己、妻子和助手儿子（14岁）；消费人口：两个孩子。

（11）塔拉斯·瓦西里耶夫；劳动人口：自己和妻子；消费人口：4个孩子。

（12）叶菲姆·德米特里耶夫；劳动人口：自己。妻子和女儿（20岁）；消费人口：4个孩子。

（13）马克西姆·巴甫洛夫；劳动人口：自己、妻子、父亲和母亲；消费人口：姨妈、3个孩子。

拥有3.5份土地的农户主：2人。

（1）米哈伊尔·米罗诺夫；劳动人口：自己、妻子和儿子（18岁）、还有3个儿子：10、12和14岁。

（2）德米特里·扎哈罗夫；劳动人口：自己、妻子、儿子及其妻子和女儿（21岁）；消费人口：一个养女。

拥有4份土地的农户主：无。

拥有4.5份土地的农户主：2人。

（1）季莫费·雅科夫列夫；劳动人口：自己、妻子、父亲和兄弟；消费人口：两个小孩。

（2）阿法纳西亚·普罗费耶夫；劳动人口：自己、妻子和兄弟。

拥有5份土地的农户主：1人。

马特维·叶戈罗夫；劳动人口：自己、妻子、儿子及其妻子、女儿（22岁）和单身儿子；消费人口：带着一个孩子的儿子。

拥有不同数量土地份额的农户没有特殊名称。

一组里面的所有农户主在划分区域内按照固定的分配方式获得自己的地块。所以可以看出，除了已知的分散区和散地块，农户主不会因缺少或者获得质量差的份地而添加土地。而且，若邻近道路的地块妨碍了线路，要增添"土岗"，即不大的、干燥的、适宜耕地的地点，分布在沼泽地或森林周围。有时在四组中分配低湿林地时，如果某个地块比剩余三块差，则需要增加土岗。在这种情况下，添加土岗必须征得整个村社的同意。

村社经济事务制度

在帕里宁区以及相邻的草地和林地放马。与此同时霍林克河附近的宽谷区开始进行割草。为了不让马吃到干草、大的圆锥形草垛和长方形的草垛，将它们用一定的空间隔开。因为整天都无人看马，所以它们被狼掠食的情况屡见不鲜，尤其是在秋天。为了保护家畜，村社雇用牧人，并给他们提供村子里的助手，根据村社的决定，一天负责放牧2或3头母牛。为了保护羊，农村雇佣牧羊人，但不提供助手。曾经很多人养猪，但在第三年村社决定不再养猪，因为很多猪有问题，所以现在不可以自由养猪。牧人在夏天可以获得12—18卢布，牧羊人为3—6卢布。秋天放牧结束后，按照一头母牛、两头小母牛、四只羊来计算，村社决定牧人应从每户获得的报酬为多少。每个农户主轮流供牧人和牧羊人吃穿，具体取决于他们拥有的家畜数量。农户主需整天供牧人和牧羊人吃穿。

除此之外，牧人也有住处：在叶格里耶夫日，在田野的牧场里，每个农户主给牧人带些东西：鸡蛋、奶渣馅饼或者是简单的面包。牧人和牧羊人自己划分住所。在彼得罗夫日牧人都单独出去，在每个农户那里获得黄油、奶渣、鸡蛋或者面包。住所的分配不是按顺序的，而是简单的随意分配。最后，秋天放牧结束后，每个农户主必须给牧人一些俄磅的牛肉、面粉和一些羊毛。

用村社的钱买牛（除了乡里有资金，公社也有几百卢布的村社资金），有时这些钱是从农户主手中获得的，而且每个人的收取标准一样，所以农户主可能没有公牛，但应该交买牛的钱。最后一种买牛的情况十分少见。在秋天前卖掉老牛，获得的钱交给村社。冬天时在其他农户主手中获得幼小的牛喂养，由村社交付买牛钱。如果冬天有人想在分散区养牛，那么他应该提前给村社提供燕麦并在该处饲养牛。村子里没有其他种畜。

在最后的彻底式重分时，村社决议规定不对林地进行重分：如上所属，对于农户和一些小建筑来说低湿林地和一些沼泽地每年都进行重新划分。建造建筑需要更大的地方，农户主可从村社购买林地。每个农户主在得到村社的允许后可在公共森林区域砍伐木桩和木杆做篱笆。如果村社得知，这些材料被用于盖庭院或售卖，那么将处以3卢布以上的罚款：以数量计算，擅自砍伐一车的树木，则每棵大树木2卢布，罚金归入村社资金。森林里没有岗哨，所以每一个村社成员必须看管并通知村社采伐森林的情况。

篱笆主要设置在以下几个位置：（1）在村社土地周围，即与邻村或国家土地的边界处。(2)在铁路两侧。(3)在田野间：黑麦茬地、春播地和其他土地。4) 在菜地和打谷场周围。整个村社要在所有土地边界处和铁路旁边设置篱笆，农户主必须在土地划分时从每四个人中派出2个劳动人口进行劳作，包括修理篱笆。每年需要数十人进行工作。三个田地中一处田地的篱笆是用来划分村子和湖泊的，称为湖泊区篱笆，与其他两处不同。

这三处篱笆都由村子开始围起。在划分时用绳子丈量出10俄丈的长度，因为除了湖泊区的篱笆，其他篱笆总保持在同一个位置，并且长度也是固定的。每个篱笆划分出的俄丈数是由人口数决定的，即跟每个农户主相对应。随后4个人通过抽签来决定：谁在哪处围上土地，即由村子的什么位置开始设置第一处篱笆。第一个农户主按照人口数量围上自己的土地。接下来农户主按顺序确定自己的木屋，包括考虑到阳光的照射方向。因此，每个农户主都有自己必须修理的篱笆。

农户主以段来计算自己地块的长度，10 段、15 段等。这样的篱笆顺序持续到下一次重新分配之时。在平均分配时，家庭人口减少的农户主交还相应的篱笆部分，由持有者进行修理。

湖泊区的篱笆会被冰破坏，所以每年都需要重新修理。该处篱笆由四组按顺序围起：在分配时每组抽一人，抽签决定谁的篱笆在谁的后面。第一个抽签的人在当年春天进行划分时开始围篱笆。第二个人在第二年开始，最后于第四年结束。随后重复之前的顺序。没有针对篱笆的特殊规则：高度一般约为 2 俄尺。若篱笆被家畜破坏，如果破损严重由篱笆农户主负责；如果不严重则由家畜的农户主负责，牧人不承担责任。两年前围栏曾遭到牛的破坏，损失由村社负责。如果村社的家畜破坏了其他人的田地，那么村社则立即给予赔偿。之后拥有该家畜的农户主应补上村社的支出，并且根据家畜的数量确定每一个农户主应支付的金额。

村社中没有商店。在扎布罗迪有乡镇商店，村社里每人运送 0.5 俄斗的黑麦和 1 俄斗的燕麦到乡镇商店。但 5 年前，不是上交粮食，而是每人需要缴纳 30 戈比，当时领导层还没有指定的资金（资金规模我并不了解），由此获得的利息要用来缴纳赋税。现在没有学校。曾经有过，但在 1878 年由管理局下令关闭：学生数量很少，教师质量差，因为教师是来自村子的军人。村社在牧师的倡导下建立了学校，但一些人认为，农民应根据自己的意愿，自己选择教学工作者。现在学校房子的窗户已经被封上了。

大家有序修理桥梁、道路和水渠。村子里有村社建的小礼堂。礼堂雇工人修理，按照人口数量向农户主征收费用。

为了改善土地村社采取了措施。60 年前在"布尼基"草地上为排水挖建了水渠。在农户主间根据人头分配雇用工人的费用。

如果农户主去某地打工（通常是圣彼得堡或诺夫哥罗德），则所有土地上交给村社。村社将土地转给想要土地的人或分配给其他人。有时会将菜地出租给单身女性或男性，所得的收入归入村社资金。菜地也是通过抽签进行重分，所得者可以把他的地块出租获得收入，但这种情况很少见。在铁路附近，由村子至小湖泊的村道相交处，有休耕的一小部分土地可由邻近的土地所有者租用，用于建设铁路的仓库，价格为每年 115 卢布。签订书面协议，租金纳入村社资金。村子里的小酒馆也要支付运营费用。需要指出的是，通过村社财产产生的收入也归入村社资金。

在扎欧杰尔村社附近有近 12 俄亩的牧场，属于邻近的土地所有者（曾经的名称为穆欣—普希金）。不希望分割该地块的农民 8 年前租赁了此地，每年进行 17 天的割草期和收割期，也就是 17 个人在一起工作。农户主按序进行工作，写下应履行的村社义务。当上述的牧场邻近黑麦茬地或春播地时，则要进行割草。事实上，这 12 俄亩是春汛时会被淹没的较浅的土地，四处没有适宜的森林，草地的长势并不好：在丰收年可割 4—6 平方俄丈的干草。因为附近的水渠渗水，篱笆会逐渐被水冲坏，所以为了不设置篱笆，该处牧场整体出租。

我将指出农民用来消除村社所有制弊端的一些方法。

为解决条形田过窄的问题,户主会将两块地合并。比如说,一块两人份的土地和一块三人份的土地,把两块地纵向的垄沟(储水沟)铺平,按这种方式来重新划分(用木杆彼此头首相接的方式测量)横向的垄台。从哪一端开始量出最大面积的份地是事先商量好的,以 2∶3 的比例划分;如果其中一个是四人份的土地,另一个是两人份的土地,则以 1∶2 的比例划分。以此类推,即按照其中一个户主家中的耕地劳动力人数与另一家劳动力人数的比例进行划分;因此,如果人口数相等,那么条形地的宽度就是之前的两倍。但这种情况相对来说很少见,只有当两家农户主的人口数都为整数且条形田的形状是矩形时才会出现这种情况,经常会发生互换条形田的情况,例如,如果两位户主的混合地在大小和土质上相同,并且抓阄田数量都为偶数时,通过互换,其中一方可以得到该抓阄条形田的二分之一,另一方得到另一半,每人得到的数量减少了一倍,相应地条形田的宽度也增加了一倍,混合地块的土壤质量可能有所差异,但无论如何都可以综合利用这些土地,以至于不会有失公允。除此之外,还发现了另一种交换方法:在经过双方协商后进行整体交换:任何一个农户主,比如说一个三口之家的农户主将自己 0.5 人份地交换给另一方拥有 2.5 人份地的户主,而拥有 2.5 人份土地的户主得到三口之家户主 0.5 人份的土地(当然,不交换菜地)。农民已经习惯了土地村社所有制带来的不便,并已经完全忽视了这些不便。

使用农业用具与使用土地具有相同的体系。整个村社和单独的村社成员都没有引进新农具,也没有对农具进行改进。

现如今,没有收成不佳的农民。假若有这类农民,村社也不会采取任何特别的措施来提高他们的富裕程度,村社只会对其进行强制征税。如果说农户主的家中发生了不幸:如火灾,村社会为其提供免费的木材建造新的房子;如果有人生病,村社会无偿地承担他的农活如收庄稼、割干草等,所有人都要去干活,不想去的可以委托村长去干。他们经常会互相帮助,如帮助喂养牲畜等。往往在田里劳作时以及建造房屋时,会经常互相帮助。

村社赋税与徭役

通常在每年年初分配赋税。

赋税的分配单位为耕地劳动力人数,即按人均份地计算。有时会由村会自行分配赋税,有时则由乡管理委员会来进行分配,而村会只负责检查其分配结果。

那些加入扎奥焦尔斯基村社无地的孤身贫苦农民都会获得用于建造房屋和菜园的材料。并且可在村社林地里砍伐所需的木材,可以在公用水井里打所需要的水,为此需要按有 1.5 个耕地劳动力的农户主的标准支付税款。即使是没有使用上述土地,也同样需要缴纳税款,比如说外出打短工。这些无地的孤身贫苦农民无须在村社中进行任何劳动。不想再种地的农户主如果上缴 1.5 人的税款,那么其所有家庭成员就也可以像无地的贫农一样不受约束。亡故的户主和流放犯的土地最终所有者负责替其缴纳税款和履行义务劳动。如果在其死后或流放后并没有人继承他的土地,那么土地则归村社所有;如果继承人尚且年少,需要为他指定监护人来替他做决定。如果没有继承人,那么他在去世之前可以将他的动产和房屋作为遗产赠予他希望赠送的人,有时其财产也归入村社名下。

亡故的、流放的和财产被没收（因未偿清所欠税款）的人，被称为"被除名者"，而附属于他们的家庭成员被称为"附属者"。缴纳税款和义务劳动是农户主无论如何都无法摆脱的，在个别情况下只可能给予最长为一年的延期作为宽限（在发生火灾、家畜大量死亡，但劳动者数量并没有减少的情况下），所有村社成员的欠缴额都计算在内。如果一年之后仍旧没有缴足欠额的话，村社会尝试采用树条抽打等强制措施，并收回其所有土地。但是这种情况还没有发生过：一般情况下，如果无法承担赋税，农户主会主动上交自己所有的土地。

老人和寡妇没有免费的土地。农村有两类老人：一类是卖掉自己的房子以乞讨为生的老人；另一类是住在小木屋里并把菜地出租出去的老人。当然，所有老人都不必缴纳任何的赋税或承担任何的义务劳动。

乡长、村长、消防队长和警务甲长（每十户的首领称为甲长）每三年选举一次，他们的职责很明确。随后又出现了两种甲长："年甲长"和"周甲长"。每一位农户都有义务担任这两个职位，每人担任"年甲长"四周，每人担任"周甲长"两天。年甲长的职务是把各位农户主聚集到一起召开村会（村会在室外召开，如果天气不好则在室内召开）。周甲长的职责是"掌管博托格"和"记录赋税"：存放在管理处的一根很长的杆子叫作"博托格"，被分为三十四节（按照农户主的数量）且上边有环形凹槽的长杆被称为"戈洛米亚"。每一位农户主都有自己的"戈洛米亚"并用刀刻出不同的符号，以表示他缴纳了多少赋税（我们需要注意的是，分配赋税的公正性不像划分土地和费用那样严格）。

在缴纳赋税时"俄里"是唯一的计量单位。如果农户主的土地满5俄里，那么就给他做一个记号，即用刀子尾部深深刻一下。如果他的土地为10俄里，则切得更深一些，做一个更深的记号，两个更深的记号即为20俄里，100俄里就做一个"十字形"的记号。这些都由周甲长进行记录，他按照农户主家中的人口数和刻在"博托格"上的俄里数进行计算。各种各样的村社工作都算入义务劳动之内，由此一来周甲长负责记录，而具体写多少俄里则由村社决定。

乡长无须缴纳所有的公社税，他的年薪约为200卢布。村长的年薪为20卢布，并免除一人的赋税（实际上，他根本没有缴纳赋税）。他们不享有其他任何优惠，其他相对于上述二者而言职务更低的人与其他的农户主并无区别。

参军者、亡故者和被流放者后续的土地分配以及费用分配的形式相同。

如果农民纵酒作乐，那么就存在着不能按时支付地租的风险，对此村社会采取一些预防措施：劝说和阻挠其变卖家产；但如果缴税期限已过，村社就会想尽所有办法强制欠税人缴纳税款，包括用白桦树条抽打，甚至剥夺土地强制其付出劳动，为了补充欠款额，他们会卖掉男人和女人的所有财产，只留下一匹马和一头牛。我们需要注意的是，近几年并未采取过这样极端的措施。有人在四年前欠下了"乡村协会"320卢布的税款，但很快用村社的钱偿清了税款，自那时起就再也没有出现过农民欠款的情况了。

管理会指出，采取上述惩罚措施来解决税款的欠缴问题是为了改变农户主懈怠的工作态度，在万不得已时会将屡教不改的农民转送至乡会。近期村社曾为欠款人缴纳过税款：有一个从彼得堡打工归来的村民没有缴纳1878年上半年的税款，村社决定对其进行鞭打，而他的欠款从村社的账上支出。他承诺会改过自新，并被放了回去（村社资金与乡会资金彼此独立没有关联，后者被称为"钱柜"；借给农民的贷款要按利息偿还，村社的资金供整个村社使用以备不时之需，但无论如何都不会单独贷款给某个村社成员）。

从欠款人那里收回的村社土地会转交到那些更需要耕种的农户主手中，如果没有需要的人，那么村社就会将其转交给耕种能力更强的农户。

村社成员法律关系

在条形田边上不允许建造围栏：这是为了在收割粮食时可以让牲畜自由放牧，从中我们也可以看出农户主不能够违反公认的轮作顺序。农耕劳作的开始时间可能是由村社决定，或者按照农户主个人的意愿。如此一来，在大面积的休耕地上割草就需要耗费大量时间，例如哈伦卡河附近的田地，由乡会指定劳作时间，并且所有人同时开始劳作，这是为了不践踏到他人的土地，除此之外，在不同的时间开始割草，割草时间由拥有同一块地的两三个农户主决定。一个小组的农户主在同一时间开始割草，因为每年都会重分条形田，所以农户主必须全部在场。每一位农户主都可以自由决定劳作的起始时间，只要符合土地村社所有制的一般条件即可。

村社不责成农户主给等级田和犁过的田地施肥，只要求不要让等级田变成荒地，所以农户主经常荒废部分土地，尤其是家中有"被除名者"的家庭，2—3年后必须犁地，因为土地上将长满石南花和灌木。

如果有人想购买粪肥、农具、粮食甚至是未成熟的粮食或者所有家畜，农户主都可以将自家的卖出。但如果农户主无法缴纳税款，则村社将阻止此种买卖。

农户主有出租、使用、交换土地的权利。通常，类似的交易会在自己的村社内部进行（因为一小部分可耕地供附近村庄的农民使用，村社对此非常介意："在外边找着了个富人"）。他事先说明，拒绝任何人继承，即使是同一个村庄的人也没有权利继承。一般而言，村社成员可以自由地处置分配给他的土地，前提是既不会对村社造成物质方面的损害，也不会侵犯村社的土地所有权。

村社有权将土地强制分给村社成员，与此同时，农户主有义务翻耕土地的堆积地段（哪怕是在2—3年内翻耕一次）以免其荒草丛生，成为可以弃耕的荒地或草场。与此同时该地段应缴的赋税将转移到使用该土地的农户主身上。这是为了不减少土地的总数，因为村社在任何时候都可能需要"流动地"，将土地划分给新成立的农户，因为分家后会成立新家庭，或者有新成员加入村社等。

在1879年一些农户主有"流动地"，目的就是为了不使这些土地荒废，会时不时地对其进行开垦。农户主需要经过家庭成员同意才能将其留下，否则家庭成员很可能会向村社提起申诉。

农户主在管理庄园方面，享有与其他类型土地相同的权利，即除了土地属于村社外，其余的财产，比如说房子、谷仓等都归农户主个人所有，他可以将这些房屋出租、抵押或出售，每个人都可以尽可能多地建造房屋，但并不总是能够自己决定建造房屋的位置，与此同时，考虑到可能会发生火灾，村社不允许过于密集地建造房屋，尤其是诸如"仓房"

等秸秆棚或干草棚。如果一个农户主将他菜园的部分土地用于建造房屋，那么在下一次分配土地时，其所占用的面积将被算列入即将分配的土地面积之中，即房子占据的那部分菜园地的面积不会再多丈量给他。

村社土地的继承没有任何特点。丧偶的妇女可以留下属于她自己的院子，可以留下所有的土地，也可以留下其中的一部分土地，其余的则留给村社，对于年纪较小的孩子，可以在村社的村民中选出其监护人，为其监护的家庭缴纳赋税，村社成员在道德上有义务监督监护人的决定，以免孤儿吃亏。

村社有干涉其成员家庭事务的权利，比如说，村社可以指定家庭中的当家人，可以撤掉懈怠劳作的农户主并委托家中更勤奋的家庭成员担任农户主。这种情况可能是由于村社发现了个别农户主工作不认真，也可能是由于家庭成员向村社提起了申诉。然而，在家庭财产的分配问题上也同样是怨声连连，村社对此从不干涉。除非是在当事人的请求之下，否则即使是由于分配问题而发生了争议，村社也会置之不理。为此，通常指定一名村长和2—3名受爱戴的农户主作为公证人，当着村社的面分配财产。在过去的3—4年中，有两次分家的情况：第一次的情况是，已婚男子与父亲分家单过，原因是房屋过于狭小；第二次的情况是，寡妇与她有家眷的侄子分开，侄子有6个孩子，这种情况下村社参与了其财产分配的问题，她得到了1/7的动产，并用其在村社免费分给她的土地上建造了新的房屋。村社还分给了她一小块菜地，与另外4个寡妇一起在同一个地方耕种，每人的菜地面积约为20平方俄丈，他们有义务遵守教会的命令耕种菜地、打扫礼拜堂和墓地旁的教堂。寡妇可以永久免费使用房屋旁边的土地，包括村后的土地。其他所有类型的土地（菜地、木柴地、牲畜放牧场等）他们必须缴纳一定额度的赋税才能使用。

退役和长期休假的士兵与其他农户主相同，村里有1个长期休假的士兵和2个退役士兵，每人都有两人份的土地。士兵的妻子和孤儿没有土地。

每一个加入扎欧杰尔村社的男性都有义务支付1.5人份的税款，且只有权使用菜地和木柴地。

村社有权随时从不缴纳赋税的户主手中收回土地，从未出现过剥夺村社成员土地使用权的情况。如果由于某种原因，土地从一个农户主手中转移到另一个农户主手中，那么相应的赋税额也会随之转移。

农户主通过分家获得的树林，无论是在林地还是在沼泽地带都必须砍伐下来——其中林地的树木要立刻砍伐，而在沼泽地的树木由村社指定时间进行砍伐。户主可以完全凭个人意愿处置砍下的木材：可用于砍制木柴、搭建房屋或售卖给他人等。只有当遗嘱中没有提到任何继承人的姓名时，村社才可以继承村社成员的财产，村社会将这部分财产上交给教堂。

只有在无血缘亲属的情况下，才会将其视为"无人继承的财产"。土地只能转交到和他生活在一起的家庭成员或没有自己生活住所的亲属手中，如果他们在另一个村社，则必须要改编到该村社。

因此，一个拥有自己的产业或入赘的儿子没有继承房产的权利。而是必须要拆除所获得的房屋，否则应向村社支付房屋租金或将一块与该房屋所占面积相同的菜地划分出来。

分家另过的家庭成员可以获得自己的份地,也可以从家庭的土地里获取份地,如果村社有流动地的话也可以得到流动地。而对于养子和弃婴来说,则完全取决于养育他的家庭的想法,并且他们享有与普通家庭成员完全相同的土地使用权。

村社的新成员需向村社提交原所在村社的退社裁决书,村社在乡会上决定是否接受新成员,通常村社都会体面地招待新成员,如果村庄旁有小屋舍或闲置的院子的话,村社就会将其分给新社员住,将流动地分给他,作为他的份地。如果没有的话,就必须要等他人腾出弃之不种的份地,除了农民会提供日常帮助以及可以晚一年缴纳赋税之外,村社新成员不享有其他的优待。

想退出村社的农民要提前向村社报备,通常在春季上交自己的土地。

没有发生过农民赎买自己份地的情况。

村社中有一位有私有土地的农民,他有92俄亩的荒地,拥有一个距离扎奥焦尔内15俄里的带草场的森林,这些都是他从父亲那里继承的遗产,草地通常供邻村的农民使用,他也不拒绝村社分配的份地,一般来说与其他的土地所有者没有差别。

必须要使用自己的耕地、草地和其他农用地以参加涉及土地问题的村会、乡级法庭和村级法庭,以及选举担任乡长、村长和村里的其他职务。因此,无地的贫农就失去了担任上述职务的机会。通常会从较富裕的农户中选出村长,如此一来,如果有盗用村社资金的行为,那他们的财富就会成为一种最好的保障。

村社有责任参与村社成员的生活,例如当发生可能会影响整个村社富裕情况的事故时,如发生火灾、农户主患了传染病、谁家的牛得了疫病等(村社会找一个远离村庄的单独畜栏隔离有传染病的牲畜)。所有人(包括无地的贫农)都有义务向村社警示附近村庄的危险事件,即使它并没有明显威胁到村社,所有的农户主也会帮助附近的村庄灭火,不情愿提供帮助的人可能会被逮捕。而生孩子和老人丧礼等方面的帮助往往是由村社个别成员之间的关系决定的,一般来说不存在提供做棺材的木板的习俗,只有一些信仰宗教的农户主认为提供这种帮助是他们的责任,尽管死者是一个与自己毫不相干的人。

村社外来人员的相关情况

村社外来人员中有一个带着两个女儿的女人,她经营着一家"小酒馆",开酒馆的小木屋是她以每月2.5卢布的价格从农民手中租来的。她们只能免费使用水,且无须缴纳任何赋税。

教师有权获得工资、住所、供暖和照明,如果教师家里有牲畜,则也需支付牧场费用。

A. M. 米哈连沃

普斯科夫省

波罗克村社[1]

村社构成

我们接下来要描述的这个村社位于普斯科夫省波洛霍夫县别廖扎乡，是一个存在已久的波罗克独立农庄。该村社的农民曾是农奴，现在是暂时雇用农民，生活在自1864年赎买的土地上。

波罗克村的成立过程如下。大约在30年前，距离现在的波罗克3俄里的奥斯特里西村的地主马尔季亚诺夫去世了。以下是当时生活在奥斯特里西村农民的一些相关数据。每个纳税人所负担的赋税约为3卢布，每一纳税单位需要每周3天为地主履行劳役。通常每个家庭都有两个课税单位，即两个劳动者，每人每周都必须服三天劳役，他们会派家庭成员中的一人去服役一周，正如农民们所说"他去地主那住了"，而家庭的另一个劳动者就可以一整周都待在家里。在每30俄亩（等于2400平方俄丈或1.09公顷）的耕地中，农民为地主种植20俄亩的耕地，剩下的10俄亩是为自己耕种，牧场和草场也是如此。总的来说，份地的大小和现在差不多（约为5俄亩）。农民与地主拥有的地是插花地。地主从距离奥斯特里西庄园90到100俄里的卢日兹基区（彼得堡省卢日兹基县）将农民建造房屋所需的木材分配给他们。经过地主允许获取木材建造房屋的农民必须前往卢日兹基庄园，并在那里指定的地方砍下指定数量的木材，然后将它们运回施工现场。从奥斯特里西的林场中分配用于房屋修缮的树木（不超过10—15棵）。每个纳税单位一年可以得到1到1.5立方俄丈用于烧火的劈柴。

马尔季亚诺夫有三个儿子。每个儿子都想组成自己的家庭。他们把土地和农民分成了三部分。其中一部分农民留在原地（在奥斯特里西村）。另一部分农民搬到了距离奥斯特里西村0.5俄里的地方，即地主以二儿子名字阿列克山德拉命名的阿列克山德拉村。剩下那部分农民搬到了距离奥斯特里西村1俄里的另一个地方，由谢缅诺夫卡建立了一个村子。在阿列克山德拉村和奥斯特里西村的所有者去世后，大约于1856—1857年他们的土

---

[1] 资料来源：巴雷科夫 О. Л.，波洛夫佐夫 А. В.，索科洛夫斯基 П. А.（编）：《乡村土地公社资料汇编》，圣彼得堡：俄国自由经济学社、俄国地理学社1880年。

地和农民再次回到了谢缅诺夫卡那里。之前归属阿列克山德拉的农民和奥斯特里西的农民一部分被安置到谢缅诺夫卡,另一部分在距离谢缅诺夫卡半俄里的波罗克形成了一个新村庄。也有一些人在这段时间从谢缅诺夫卡搬到了波罗克村。农户搬到了由谢缅诺夫卡掌管的舍隆斯克庄园。随着农奴制改革的进行,波罗克村最终有7户农户,共23人;谢缅诺夫卡村有9户农户,共27人。波罗克村和谢缅诺夫卡村合并为了一个"乡村协会",共同分割约230俄亩的土地。两个村子是这样划分土地的:由于谢缅诺夫卡的土地优于波罗克村的土地,所以波罗克村分得130俄亩,包括每人分得5俄亩(23人)、无法分配和余下除不尽土地15俄亩(无须缴纳税款,由地主捐赠)。谢缅诺夫卡村(27人)获得约100俄亩,即每人可以获得3.25俄亩的份地,余下12俄亩土地无法分配,除不尽。波罗克和谢缅诺夫卡是两个独立的土地公社,也是属于同一个"乡村协会"。村社的连环保制度已经在几年前被废除。尽管如此,两个村庄仍然是两个完全独立的土地公社,但如果发生一些涉及村社土地关系的事情,甚至仅在其中一方的村社成员间出现问题,都应由村长和两个村庄的共同村会出面处理和解决(目前村长从谢缅诺夫卡的农民中选出)。

村会需要共同讨论一些事务,例如,其中一方村社的条形田重分问题、需要村社成员增加或减少菜园地面积、增加新成员等。

最新的人口普查显示,波罗克村有23人(谢缅诺夫卡27人);而实际上,波罗克村有32人(谢缅诺夫卡38人)。这23名登记在册的纳税人和实际的32人的土地分布情况如下表所示:

周围的耕地	70俄亩
草地	40俄亩
河岸边的爆竹柳灌木丛	5俄亩
长满青苔的沼泽地	15俄亩
共计	130俄亩

村社土地重分

宅院地

宅院地按户继承,不参与重分。

如果村社成员中有谁的宅院地面积大于规定值的话(面积超过200平方俄丈,20×10俄丈),就是我们所谓的"货币仪式",即要按每平方俄丈2戈比的价格补交多余土地的钱数。尽管有一些村社成员曾向村会提出取消"货币仪式",且农民也表示愿意缴纳切分后的菜地税款,因为菜地的土质不错,但村社仍没有取消"货币仪式"。从这些菜地中获得的钱用来买伏特加(葡萄酒,由农民决定)在庆祝节日时饮用,用来宴请整个村子的人及来庆祝节日(有喜事时)的宾客们。新宅院地在村边划分出,面积为200平方俄丈左右。

增加宅院地的面积、在原有菜地的基础上在同一地方多丈量一块地的情况只在1878年时发生过一次。有意愿增加宅院地的农户只要给村社两桶伏特加,村会就会决定将他菜地后的耕地划分给他作为菜地使用。如果因此某人的条形田面积有所消减，他也不会得到任何补偿。

没有发生过在火灾后重分宅院地的情况；大火过后本应需要重新划分，但是没有发生过大型火灾。如果发生火灾的只有一两座房子，那么农户主会在原来的地方建造新的房子。

宅院地总是被划分在同一个地方。菜地通常被划分在这两个地方：在院子附近或者布利亚尼察村田地里单独的一块菜地。布利亚尼察村位于一座小山丘上（距离波罗克村2俄里），农户房屋周围坐落着"山上的菜地"。在山脚下的那片更加潮湿肥沃的田地里，几乎每人都有一块自己的菜地，每一块菜地周围都被围栏围起来，即"山下菜地"。菜地坐落在两类地方：位于相对干燥的山上和相对潮湿的山脚下——在一定程度上可以保证蔬菜的收成，使其不受干旱年或涝年的影响。如果夏季干旱则种在山下较好，如果夏季潮湿多雨则种在山上比较利于丰收。

由于土壤质量不同，在划分菜地时遵循以下一般规则：分配到质量较差的土地的人会得到更多的土地。至于应该多给这类人多少土地，则由当地的村会视情形而定。

耕地

所有耕地被分为三种类型，分别为：

（a）秋播地

（b）春播地

（c）休闲地

不会根据土壤的质量将其划分为份地。

每一片田地都是由尺寸、形状大小各不相同的地块组成，它们之间用树丛、小溪、草地（用于割草）、沼泽等隔开。显然，无论出于何种原因，那些曾经被犁过的土地都很便于耕种（土地质量更好或草少一些，而且地势很高，被很好地犁过，小灌木丛很细，可以连根切断）。由于这些地块的最初来源是多种多样的，从不同类型的地变为耕地，这也就导致在两个不同的地方，两块耕地的土壤质量和其他条件完全相同；而在另一个地方，地块的土壤、土地的坡度、水分和其他因素各不相同。

每块单独的耕地都会被划分成圈地和条形田，并且不考虑其各个部分不同位置的地理条件。通常划分圈地和条形田的过程如下：从这块犁地两侧中的一侧测量出23俄丈，然后从第23俄丈的末端沿着垄沟垂直本侧到另一侧，这样就划分出了圈地，尺寸是一侧为23俄寸，另一边垄的尺寸由曾经整块犁地的长度决定。上述的垄沟也是圈地的边界。在农耕时节，农民会把草皮、青草、草根等堆积到这条垄沟上。因此，过了一段时间这个地方就形成了一个长满青草的小垄。

各个农户主的条形田由平行于圈地的犁沟分开。每个田地的单独地块都（几乎）保持不变，尽管由于上述原因它没有特殊的含义。

最后一次划分圈地是在农奴制改革期间进行的，当时过浅的圈地被重新犁垄。

随着农奴制改革的进行，土地渐渐地转移到了农民手中。曾实行农奴制的波罗克村也同样如此；他们立即改变了以往村社成员之间的土地分配情况。在此之前，圈地非常狭窄，有时 1 人的条形田只有 2 条垄，而之后每人的条形田甚至有 1 俄丈那么宽。

相邻的圈地之间会用垄沟隔开，即 3—6 俄寸宽的条形草皮带，在它们周围的耕地上方稍微隆起，并且长满各种杂草。杂草、草根、草皮和石块等垃圾被倾倒在条形田边上。

纳税人是划分土地的单位。农奴制改革前按照纳税人口数划分（纳税人口由男性成年劳动力和女性成年劳动力组成）。1861 年 2 月 19 号按照协调人的意见改变了划分单位。在一片田地中，属于农户的所有圈地都被称为条形田。1 人的条形田有时也被称为"小条形地"，在农奴制改革期间进行了彻底式土地重分，尽管一些村社成员一再强调重新分配的必要性，但从那时起就再没有进行过重分，村社不想在人口调查之前进行重分。多出来三人份的土地，即三个家庭会使用多出其家庭人口（去世的）的份地；还有九个人的份地不足，他们还没有登记入册，但已经是成年劳动者（18—19 岁）。

没有规定进行重分的期限，但基于按照纳税人数分配土地的原则，只有在每次进行新一轮的人口普查之后才能进行重分。没有进行过抓阄式土地重分以及全新式土地重分。可以说，相当大的一部分条形地（指所有家庭成员拥有的圈地）都不窄于 1 俄丈（一人份的土地），不宽于 4 俄丈（4 人份的土地）。不存在拥有超过四人份土地的家庭，土地长度在很大的区间内波动：在 2—3 俄丈到 60、70、80 俄丈之间波动（当分割完已知数量的圈地后划分剩下的"楔形地"时）。如果有人获得了土质不好的田地，那么他将不用缴纳税款，有时得到劣质土地的农民会通过在其犁过的地带附近耕作草地来帮助自己。

通常矩形条形田比梯形条形田更常见。各个农户之间的条形田由犁过两次的垄沟分开，这些垄沟只是相对更深一些。

波罗克村拥有的土地中，有 15 俄亩覆盖着苔藓（泥炭）的沼泽地，但那里很少生长爆炸柳（黄柳，藤蔓）的灌木丛。这个地方的沼泽地有形成不久的泥炭矿层（深 3—12 俄寸），不足年，不适合做燃料。村社不使用沼泽地，一般来说，即使是种植最适宜的作物，想从中获取任何利益也基本是不可能的。因为相对来说开垦土地需要的费用往往比能获得的收益要多得多。除了沼泽地之外，波罗克村还有另外一处空地，就在距离舍罗尼河岸边 5 俄亩附近，那片空地是覆盖着爆竹柳的灌木（柳丛）。这种灌木是波罗克村居民唯一的燃料来源。波罗克村的年轻人们还它把作为编织篮子的材料，每年可以为村子赚 15—20 卢布。使用灌木无须遵从任何特定的顺序。正如农民们说的："无论是谁砍下来的，带着走就对了。"如果农民们有共同使用草场的需要，这片灌木丛就会被割下，即每个农户主都把他自己条形田对面的灌木丛割下。然而，有些农户不去条形田对面，他们通常会以三卢布的价格将其卖给村社成员。村社成员没有将灌木丛开垦为耕地的想法。而无论如何，在未经村社允许的情况下，村社成员无权耕种或开垦这片空地。然而，有些案例表明，有些人在条形田对面灌木丛的附近耕种了几俄亩的土地，但却没有人注意到开垦出的这一小块耕地。

草场

除了沼泽地（15 俄亩）和河岸边的灌木丛（5 俄亩）之外，波罗克村的土地还包括一些不太好的割草场，这些割草场上面零散地分布着一块块耕地，使得割草地在耕地间延伸，时而扩展形成单独的庄稼地、草地、伐林地，时而在狭窄地带收缩，时而再次扩展，然后完全消失，两块独立的耕地被小溪或垄沟隔开。

我认为，正是由于草地是这样分布的，并没有大面积的圆形草地，所以除一些沿海地区以外，割草场的整体质量都很差，这也是需要进行草地重分的主要原因。

分配方式为：每个农户主都会割自己条形耕地田对面的一些草地，遇自然界限（如树林、小溪、河流等）才会停止。如果草场地段两边都与条形耕地相接，便在草场地段中间设立木桩，将草场一分为二，条形田的户主分别从两边开始割草，遇到木桩即停止。

为什么农民会坚持这种不平均的草场分配方式？农民通常会回答说："一个地方的条形田差一些，而另一个地方的条形田好一些，所以如果条形田土质不好，面积就应当会大一些。"

显然，割草地的宽度取决于耕地的宽度，但长度各不相同，从几俄丈到30—40俄丈不等，有时会更长。割草地同样也被称为条形田，但没有特殊的名称来指称"割草条形田"。一些河岸上的田地一块块完全长满灌木，不在村社成员之间进行划分，而是通过分红出售，当有新成员加入村会时或者即将迎来节日时，他们都可以得到伏特加酒。

还有一块大小为0.5俄亩的撂荒地（已荒废的地）没有进行重分，已经超过20多年没有在此处耕种过，自1877年开始重新开垦，并对外出租。通常会租给村社中的某一个人。租金是每年5卢布。

林地、牧场及其他农用地

除爆竹柳灌木丛之外，波罗克村没有森林。灌木丛的高度不超过2—3俄尺，粗细不超过一俄寸，通常在一个或两个手指之间。

波罗克村的农民没有自己的牧场。大多数情况下，农民在休耕地里放牧牲畜，春播之前可在春播地放牧。他们有时也会按照以下方式租用牧场：为了能够利用再生草放牧，村社会对租用的牧场进行折算：1匹马、1头牛和2只羊（小牛和羊羔可免费放牧，不允许在购买的草地上放猪）算作1天。假设按这样的方式计算，得出20天，且租来的牧场将在30天内收割完毕。30天除以20天得到1.5，因此，最终决定将1匹马、1头牛和2只羊算作1.5天。

如果没有租买牧场，则通常以这种方式放牧：(1)春季在播种前的春播地上放牧（4月23日至5月初）；(2)八月初在休耕地上放牧；(3)8月初，收获黑麦后，将牲畜驱赶到黑麦田；(4)春耕地收割后（约8月中旬），也在春耕地放牧。8月6日至10日会在休耕地播种；在这之前，有时甚至更早（7月底之前），农民将牲畜赶到收割完的黑麦田上。因此，总是有一片空闲的田地可供牲畜放牧。

只有得到村社的许可，才允许无地农民在公共牧场上放牧。无地农民通常是通过购买伏特加宴请村社才获得此种许可。

除上述公共土地外，波罗克村还拥有：一段河流、泡麻池和水井：(a) 可以使用河流来钓鱼、饮水、洗衣服等，不对任何人使用河流设限，且任何人都不享有任何特权。(b) 没有公用的泡麻池，只有个别家庭挖出的私人泡麻池。他们可自己使用，抑或以一定的租金出租给他人。(c) 波罗克村有6口井，这些井同样也是由一些农户主自己挖的。所有参与水井修理及日常维护的人都可以不受限制地使用水井。那些不想参与修井和日常维护的人，要支付一卢布左右的费用,之后也可以不受限制地使用水井,且不必担心修理的问题。

土地重分方法

虽然村社的一些成员在会议上发表了有关土地重分必要性的声明,但1861年以后,波罗克村没有对村社土地进行过重新分配。1861年由于贫农的坚持进行了土地重分。

想要重分土地的人向波罗克村和谢缅诺夫卡村的联合村会提交了他们的申请书,但只有谢缅诺夫卡村的部分成员和波罗克村的少数成员支持他们。由于波罗克村的大多数村民、村长和谢缅诺夫卡村的一部分村民都反对,土地重分没能进行。这些村民反对重分(尤其是全新式土地重分)的原因之一在于,虽然他们现在没有充分的理由(按照人口数量)去拥有额外土地,但尽管如此也是缴纳了相应的税款(土地赎金)的,因此从他们那里拿走这些份地是不公平的。

正如我们此前所提到的,尽管这两个村社拥有各自的土地,但在需要重分土地的情况下,两个村庄(波罗克村和谢缅诺夫卡村)的村民——都要出席村会、共同商议。那些希望向村会提出土地重分要求的人,要么等待下一次村会召开时采取行动,要么向村长提出申请以便后者通知大家集合开会。村长会宣布召开村会的原因,然后希望重分土地的人会陈述自己的想法,接着是长老讲话(长老——家里年长者、农户主、"聪明人"、经验丰富的农民),随后可以自由发言,直到最后他们会得出自己的结论。等到该作出决定的时候,那些赞成重分的人站在一边,反对的站在另一边。如果两边都没有占多数的话,那么将再次进行讨论、商议。若最后村会还没有得出最终的决议(一致决议),或者意见没有分歧但依旧无法做出决定,那么这一问题就被推迟到在下一次的村会上进行讨论。

然而,在决定那些不像重分村社土地这般重要的事情时,可以按照少数服从多数的方式,甚至可以由一人决定的简单方式来解决。村会只由户主组成(拥有土地的农户主,通常村会成员中没有无地农民)。当家庭成员不在场或死亡的情况下,他的妻子(寡妇)或母亲如果在家里还能做主,且孩子还未成年,则可代替户主成为村会的一员。如果丈夫缺席,则由妻子代为出席,但她不能够发言,只是听会并将会议内容转达给丈夫。另一种情况是,女当家人(当一个女人独立当家)拥有和男人一样的言论权。

所有的户主都必须出席涉及重分土地事宜的村会,如果有人不能来,那么必须有人替他投票:亲戚或妻子等。如上所述,解决重分问题几乎要征集所有人或绝大多数人的意见,否则,就会推迟到下一次村会再做决定。如果一直没有达成一致意见,那就等到大多数人意见一致,否则会连续推迟到下一次村会。富农经常会影响村会的决定——但这里不是指土地重分,而是村社的其他问题如增划菜地等。自1861年以来就再未进行重分,因此不存在富农影响土地重分的现象。富农经常会花钱请乡会成员喝成桶的伏特加以及葡萄酒,于是事情可能就会按对他有利的方式解决。

条形田在村社成员之间直接分配,不再细分为面积更小的土地。

每个农户都要为他所负责的圈地条形田进行抽签,抽签结果对于其他的圈地也有效,即针对所有圈地只抓一次阄。所有属于该农户的土地都位于一个地方。抓的阄是在戈比上画上符号:十字花、一条线、洞。摘下任何一个农户的帽子将阄放入,然后随便找一个老人将戈比打乱，摇晃帽子。1861 年进行分配时，他们通过握棍决定次序。[1]

村社自行决定农田调整，以俄丈（国家法定计量单位，等于 3 俄尺）为单位测量条形田。农户主的条形田通常没有用符号做标记，但有时在一些农民的田地里可以看到一些标记：一个圈、一个十字、一条线等。如果某位农民的份地被其他村庄的人购买了，那么就会做出上述标记，以此来区分出已经卖出的土地。农民以俄亩为单位来测量他们的土地，但如果是出租或购买土地，他们会以官方俄亩为单位来测量土地。当你问一个农民有多少（村社）土地时，他会回答：要看播种多少黑麦（一俄亩地可以播种 7—8 俄斗的黑麦），播种 7 俄斗黑麦的是上等土地，而播种 8 俄斗黑麦的土地要相对差一些。如果农民购买或租用一块没有标注尺寸的土地，那么他们也会用黑麦的播种量来衡量土地大小。同样，如果农民购买（租赁）未经测量的草场，则他们会通过收割某一地块牧草所需的天数或所得干草的装车数量来衡量草场大小："2—3 天"或 5—6 辆干草车。只有当田地里没有播种作物时，才会对每块田地进行（彻底式）重分。早春时节，在没有进行播种时重新分配春播地，休耕地也是在早春时节进行重分，秋天在收完粮食之后重分秋播地。按照下列方式分配赋税：条形田里的粮食是谁的，谁就承担这一年的赋税。相应地，春耕地和休耕地的税款也由本年新分得该土地的农户缴纳。而秋播地的赋税在分配后第二年的 1 月 1 日开始由分得该土地的农户缴纳（秋天分配秋播地）。

关于 1861 年当时的重分过程，农民描述如下："他们将我们所有人召集在一起，中间人询问到：您怎么认为：您是希望按原来的方式拥有土地，还是以新的方式？"拥有多块份地的人说："按照原来的方式"，但是我们这些份地少的会说："不。"我们会说"这样哪行！对于你们这些份地多的肯定是好了，那我们呢，对于我们这些条形田少的人来说，也就能得到两垄地，所以这样肯定是不行！"于是他们决定要进行重分，一大早，村长就挨家挨户地敲门，在道上喊，所以我们所有人都从屋里出来了，来到地里开始分地。首先，从地边开始测量出 23 俄丈，横向犁一下。之后开始抓阄，按照抓到的棍子分地，谁抓到了上边的木棍就分给他第一块条形田；第二个木棍第二块条形田等（握棍决定次序），当所有的垄沟都分完时，再测量出 23 俄丈，这是第二块圈地。以此类推，测量出第三块圈地。分到最后，还剩下楔形地。休耕地再次以俄丈为单位进行划分，又剩下一块楔形地，再次根据俄丈来划分，将第三块楔形地划分为 23 块份地，由于有必要从一侧分成 23 块地，从另一侧（对面那侧）再分成 23 块，于是从第一个记号起沿着一个方向，再沿着另一个方向往第一个记号犁地，然后以此类推。这样一来，所有田地就划分完了。

有时也会出现耕作他人条形田的情况。通常是由于耕地时会在相邻的条形田间犁一条垄沟，垄沟不是笔直的而是弯曲的，弯向相邻条形田凸起的地方。一般来说，错耕他人田地的情况几乎不会发生，因为大家都非常清楚地知道自己田地的位置，故意耕错并不会带来任何好处，因为村会对此必然会罚一大笔款，甚至连自己的劳动也都白白付出了，因为条形田由其实际所有者使用。

---

〔1〕 译者注：数人轮流用手从棍或绳的一端依次握下去，最后握到另一端者得以首先开始游戏，开始做某项工作等。

如果出现误耕他人土地的情况,那么当事人会与误耕者进行交涉。如果事情没有和平解决的话,通常是在经过一番争吵后,争议方去找村长请求将大家聚集到一起,即召开村会。村会上村长会说明召开村会的原因,然后错耕者向当事人叙述自己的诉求,然后长者在弄清楚整件事的来龙去脉后发表讲话。此后,大家开始投票:支持错耕者的站在左面,支持当事人的站在右边。他们的周围均是自己的支持者,如此一来,人们就分为两个部分,那么就会将两边的人都数一下,并认为人数多的一方获胜。

如果支持当事人的占大多数,那么将对错耕者处以与耕地数量成比例的罚款。当事人很少会缴纳罚款。当事人通常都是村会的成员。

波罗克村的农户

1 人份的土地	6 户	6 块人均份地
2 人份的土地	2 户	4 块人均份地
3 人份的土地	3 户	9 块人均份地
4 人份的土地	1 户	4 块人均份地
总计	12 户	23 块人均份地

不同大小的块地没有特殊的名字。所有农户都会得到圈地里的份地。不会划分给他们其他地方的土地,也没有其他地方的土地可以划分——所有耕地都被划分为圈地并且参与重分。不保留储备份地。

农户主在得知自家的条形田数量比其他农户少、条形田的土质也比其他农户的差,那么他会在临近条形田外的草地上(草相对少的地方)选取一部分,以延长自己的条形田。如此一来,自己条形田边上的草地面积也计算在内了。若草地上有灌木丛,通常会将其割掉,将比较好的带回家,其他不好的原地烧毁。

村社不会给分到劣质田的农户任何补充地(增划地)。农民们说"无论分到什么样的地,只要有地,就都是幸运的"。

村社经济事务制度

农民们的马白天由牧人看管,会同畜群一起放养,晚上无人看管(夏天和秋天不会把马放到田里,以防狼和小偷)。村社雇佣牧人的条件如下(村会由来自波罗克村的农民组成):

首先,夏天牧人的报酬约为 24 卢布。其次,他在有牲畜的农户家中轮流吃住(轮流制)。

按照牲畜的数量分摊支付给牧人的工资:一匹马或者一头牛或者两只羊为一"天"(有时也叫"夜");小牛、羊羔和猪不计算在内。牧人在农户家中居住的天数(吃住)由该农户主的"天数"决定,然后再到下一个农户主家中,以此类推,直到轮遍村里的所有农户。然后再从一个农户主轮起,等等。如果有人必须让牧人照看牲畜一天半的话,那么放牧员第一次在他家中住一天,第二次住两天。每个农户主需要支付多少卢布按下列方式计算:总的钱数除以"天"的数量,得出每一天的钱数,之后就得出每一个农户主按照他拥有的"天"数计算出应承担的费用。

除了交钱和轮流制外,牧人通常称自己为佩特罗夫和扎波里希卡人,这是因为在佩特罗夫,秋天牧人将牲畜锁在院子里之后,会去村子的每个农户那里拜访,到佩特罗夫村去取奶渣和油,到扎波里希卡村取面包和肉。有时牧人甚至会取走一普特(俄国旧重量单位,等于 16.38 公斤)重量的肉和几麻袋烤好了的面包。牧人会将大部分物品出售,在同一村庄或者邻村贩卖。

牧人独自一人放牧,没有放牧助手(牧童)。村子畜群里的配种公牛有的属于村社,有的属于个人。如果村社成员中谁家有配种公牛,且放在公共畜群中放养时,若发生了牲畜毁坏庄稼的情况,只要他的牛一直放在公共畜群里,他就不需要缴纳罚款。如果村社所有成员都没有配种公牛,那么村社则会购买配种公牛,每个成员都需要按牲畜数量("天")交钱。通常,到了秋季村社会将这些配种公牛全数卖出,得到的钱按"天"数平分。

每户自己建造菜地外围的围栏,如果围栏是两块相邻菜地的交界处,那么两家邻居一人一半通过双方协商来建造围栏。分隔田地的围栏是由村社的所有成员共同完成的。这些围栏由三排或四排(层)的横栏和木桩子组成,或者是由柳树编成的一个半俄尺高的篱笆墙。很少有围栏需要村社所有人同时建造。其中一大部分的劳动都会进行划分,其中划分围栏建造工作的主要过程如下:从围栏末尾处开始测量 23 俄丈(根据纳税人数),然后用做上记号的戈比或者用小木棍抓阄的方式决定谁围哪一段,围多少俄丈,每一个分得工作的人直接在自己分得的地段上做上记号(一个圆形、椭圆形或十字形的小坑、插入一个钉子、放一块鹅卵石,插一根树枝等),这样就划分完了。应该做出补充说明:每个农户主(12 块抓阄地——按照农户数)不是按照一俄丈进行划分,而是根据家庭中的纳税人数对该圈地上围栏的所有俄丈数(23 俄丈)进行划分。当发现这种方式更公平时,有时村社也会一起建造围栏。的确,划分围栏工作时,分到沼泽地带的围栏就会感觉很吃亏,除此之外,同样在这种情况下,如果沼泽地有 23 俄丈长,那么所有人都必须分得一块沼泽地,围围栏这项工作要由村社共同完成,无论是沼泽地区还是干燥地区的围栏,所有人都要参与到工作之中。

围栏应比较高且非常结实,以免牲畜越过围栏进入菜地。如果牲畜损坏了围栏但没有损害庄稼的话,属于谁的地段,谁就要再把它重新围上。有时会得到牲畜主人送来的酒食:1.5 俄升或 2 俄升的葡萄酒。如果事情没有和平解决,田地被毁坏的农民会像村会申诉,那么村会就会对其处以罚款:最多会对围栏主人处以 3 卢布的罚款,最多会对牲畜主人处以 1 卢布的罚款。除围围栏外(这种情况也很少),村社不会共同开展其他的工作。

建造和维修面包店使用的是村社资金,同时按照纳税人数分配税额。学校距村庄 15 俄里,位于乡里(别列扎村),乡里的每个人征收 5 戈比(约有 2500 人)。一些地方的桥梁是必不可少的,捷列别什卡小河将波罗克村与邻村谢缅诺夫卡村的土地分割开,尽管邻村的庄园持有者提议可以无偿提供在捷列别什卡小河上建造桥梁的木材,波罗克村只负责建就可以了,但两个村社到目前为止都没有任何要建桥的打算。夏天,捷列别什卡小河不方便通行,秋天和春天,河水没过桥,想过去也几乎不可能了。

波罗克村的村社只有一个租赁的项目,即一块 20 年没有耕种的休耕地,现在已经重新犁过，并以每年5—6卢布的价格对外出租，这块休耕地能播种"7俄斗"的黑麦，即面积相当于一俄亩。他们从租地者那里收取的费用会在节日里喝酒花掉，因为租金不是现金支付，而是以一定数量的伏特加支付，租地者有义务在节日时送去伏特加，或者好几个节日都要送伏特加，所以租地者（通常被农民称为"买家"，分为两类：永久买家，短期买家，租用一年或两年等）欠村社的不是多少多少卢布，而是多少桶伏特加酒。

村社耕种情况

田间作物栽培体系是三区轮作制，即所有耕地分为三种：

（1）秋播地上几乎全部播种黑麦，这就是为什么它也被称为黑麦田。除了黑麦，秋播地上有时还播种：亚麻、燕麦、大麦、小麦（很少）、春播作物、秋播作物。

（2）春播地上播种：燕麦、大麦（谷物）、春黑麦、春小麦、荞麦。

（3）休耕地—撂荒地。秋天从秋播地上收割小麦，使其成为休闲地。次年夏天，6月份开始往上面撒粪肥，粪肥的数量（每俄亩）和质量截然不同，这取决于：1）牲畜的数量、质量以及品种；2）干草的数量及质量；3）饲料的数量及质量。最后，还取决于牲畜圈里设施的好坏。通常运送的都是牧场里的牲畜粪便。这是因为所有村社成员都同意一起运畜粪（粪肥），一开始所有村社成员聚集到一个农户主家都把粪肥运到他家，然后轮到下一个农户主家等等。他们带着妻子和孩子（不小于六七岁）。每户提供马和马车。男性村民负责用二齿叉把大块的粪肥装到马车里，七八个人同时装粪。孩子们骑在马上，把粪肥运到田里，女性村民在田地里用叉子往下撒肥，并且马车一直往前走，所以小块的粪肥就会遍布整片田地，当马车上所有粪肥都卸下后，孩子们再返回家中装满粪肥，而在这段时间里，女性村民会从其他马车往下卸粪肥或者将成块的粪肥尽可能均匀地拍碎在田里。

热闹的劳作会持续半天，之后所有人都会聚集到本次运肥的农户家去，准备宴席。他们会吃很多的馅饼、薄饼、牛肉汤或者胡瓜鱼（农民们在日常生活中不易吃到），倒上格瓦斯，然后休息一会后继续工作。虽然在牧场铲粪的工作很累，味道也不是那么让人愉快，但是对在牧场工作的所有劳动者来说，这还是一个特别的节日，尤其是对孩子们和年轻人来说。除此之外，每当大家一起做农活时总是心情愉悦的，尽管劳动繁重，但总是充满欢声笑语，大家会开玩笑、说俏皮话等。

我们刚刚说到的这种互助类型实际上在波罗克村很少发生。除此之外，在很多其他村子基本上都是以这种方法往田里运粪肥。

总的来说，波罗克村社的规模不是很大，也能够明显看到其集体精神的衰退，而小商贩、富农等个人主动精神、个人进取精神、个人主义精神正在发展。

波罗克村社的农业状况并不是十分乐观：土地耕种不良、粪肥量不足，总之，土地贫瘠，收成不好是因为没有彻底地收割和耕种粮食作物；牲畜不好是因为没有按时喂养饲料，尽管牲畜不怎么需要喂养，因为牛和马冬天大部分时间都是以黑麦秸秆为食，而到了春天，大部分的干草都用来换取更有价值的东西，如购买面包、缴纳税款、购买其他需要的东西等等。我无法详细对比这个村社以及其周边地区的农业状况。若想要分析完整准确，有必要对当地经济进行长时间的仔细研究，因此，我只能以这些显而易见的能够显示当地农业不完善的一般性指数来作为参考。

（1）耕地时犁地犁得较浅，最深为 1.5—2 俄寸。通常使用犁来耕地。

（2）往地里撒的肥料都是牲畜粪便（粪肥），在大多数情况下粪肥都不够用。粪肥的质量也是各不相同，通常粪肥质量都不是很好。粪肥质量取决于以下因素：

（a）牲畜的饲料主要是黑麦秸秆：一部分干草会卖掉，而一部分用来喂马，所以其他牲畜很少能吃到干草。如果春季秸秆没有同干草一起被卖掉用来缴纳税款，或者当冬天粮食不足时，黑麦秸秆就成了主要饲料。于是，喂牲畜是用黑麦秸秆，垫在在地上的也是黑麦秸秆，相应地，产生的粪便中也含有黑麦秸秆的茎，因此肥力肯定不足。除此之外，在某种程度上可以通过以下物品进行补充：炉子里的灰烬、人的排泄物以及剩余的食物等等。

（b）牲畜圈盖得也不是特别完善。下大雨时，大量雨水滴落到粪便上，部分粪便会被浸透（达三分之一）。这些混合的泥浆要么会随着牛出圈时掉落到院子里，要么直接在牛身上干了。但是基本上会沾在牛身上或者落在院子里，那么就会有另一种糟糕的情况发生：这些浸透着水的粪便，很快就会导致地下垫的干草不足（通常夏天需要更频繁的垫干草）。地上十分泥泞且脏，到了夜里牛不得不选择一个相对不那么泥泞的地方肚子贴地趴下。这会影响粪肥的正常分解：形成有害的有机酸，高价氧化物会变成有害的低价氧化物，粪肥会变成酸性。

（c）往地里扬肥通常是在 6 月进行，选择干燥炎热的一天扬肥。把粪肥运出去需要一定的时间，有时需要相当长的时间。粪肥在地上逐渐干燥，其中的氨化合物就失去了挥发性。之后，假如说在干燥的土壤上耕种（那时的上层土壤为 1—1.5—2 俄寸），所施的肥是干燥的上层土壤混合粪肥。则粪肥分解的并不好，需要很长时间且分解得不充分。

这就是我们地区农业中存在的一些问题，也是粪肥质量不够理想的原因。施肥量与施肥面积的数量关系主要是由牲畜数量决定的。1 人份地中每年为 1 俄亩休闲地施肥（5 俄亩的份地包括 1 俄亩休闲地、1 俄亩春耕地、1 俄亩秋耕地和 2 俄亩草地），次年为曾经播种春播作物的 1 俄亩（休闲地）施肥；第三年为曾经播种秋播作物的 1 俄亩休闲地施肥。第三年这三块田都要依次进行施肥，那么将再次从第一个开始。这样一来，1 人的份地每年就施肥 1 俄亩（共有 3 俄亩耕地）。每一俄亩地施的肥都是从上一年 6 月开始积累的。每块 1 人份地所用的粪肥通常由一匹马（当农户家有 2—3 个份地）、一头母牛和小牛或者一只羊产生，这些牲畜产生的粪便大约有 600—700 普特，最多为 800 普特，这只是每年 1 俄亩的耕地所需的粪便量，因此，如果正常的施肥量为 2400 普特（三区轮作制），每年仍需 1600—1800 普特的粪肥。施肥数量少于正常的两倍！

（3）应该注意的是，施肥量不足致使我们的田里长满亚麻，几乎每个农民每年都会在春播地里清除亚麻，有时连秋播地里也长满了亚麻。亚麻差点就成了田里的主要农作物。

当在得知亚麻会使土壤变得贫瘠之后，人们就不难理解田地的肥力为什么会下降得如此之快了。根据省管理局的报告，普斯科夫省的平均产量为 3 成，这对判断该省的平均肥力来说是个相当重要的指标。许多农民也明白了肥力不足带来的不利，在当前的条件下，亚麻肆意蔓延，几乎成了播种的主要作物，尽管亚麻也给农民带来了很多利润，他们用亚麻取代黑麦和其他粮食作物。"播种亚麻确实是有利可图，但如果过了一年，等时间长没有粮食吃之后，到那时你再看看。"许多种植黑麦或燕麦的谨慎农户如此说道。然而，许多人找到了摆脱这种情况的方法，因他们从邻村的地主那里租赁一年到两年的土地（生荒地和耕地）用来播种亚麻，而在他们的村社土地上播种其他粮食作物。

亚麻田的价格最差的为每俄亩10—12卢布，最好的为每俄亩40—50卢布。最好的亚麻田是自家菜地旁边的亚麻田。

播种亚麻事关粮食收成，因此存在一定的危险性。谨慎的农户主总是会尽量既在荒地上播种亚麻，也会在耕地、公园等潮湿的地方播种亚麻，因为一年的亚麻会在荒地上生长很好，另一年又会在耕地上生长很好，一年夏天种植在潮湿的土地上，另一年夏天种植在山上，当在不同的地方播种时：无论是在山上、潮湿的地方、荒地或耕地上，亚麻都会生长的很好。

最近一段时间来，随着一种叫作Plusia gamma的蝶类大量出现，播种亚麻的风险大大增加，其幼虫对我们种植亚麻的田地造成了极大的破坏。

如果在这种蝶类出现之前，亚麻已经长成了，则幼虫会吞食亚麻叶、花甚至是果实。Plusia gamma幼虫的破坏范围极大：在它出现的季节（六七月份），无论你走到哪里都能看到，大块的亚麻茎上密密麻麻的蠕虫在还没有被啃光的植物上爬来爬去，之后亚麻茎旁边的各种杂草附着大量的蛹——这种画面就发生在亚麻田中出现许多这种幼虫的那一年。1878年发生了如此不幸的虫灾，当时Plusia gamma吃掉了150万的亚麻。幼虫吃掉的亚麻剩下的亚麻纤维几乎没有半点用处，同时最终能长成的也很少。

（4）经常可以看到一些粮食和干草收割不及时的现象。很少有农民不需要帮助：那些租赁别人土地进行耕种的人被邻村地主雇用来作雇农，他们分工从事不同的农活：割草、收割、开垦（荒地）等，而且大多数人必须偿还在冬天挨饿期间所欠下的债务直到他们缴清税款。当然，地主、商贩、富农，简而言之即所有那些农民必须为其工作的人们，都监视着农民是否及时完成他们安排的工作，所以农民几乎总要先做别人家的农活，然后才能去做自己田里的活。正如上文所述，往往最终自己不能按时收割粮食和干草。

（5）当地农民特别钟爱镰刀。哪怕作物只有3—4俄寸那么高，无论作物多稀疏，也要使用镰刀，正如他们所说，"麦穗啊麦穗——都听不见姑娘的呼唤。"他们一定会一直弯腰割草而不是站着刈草，用镰刀等都收割不下来的情况除外。只有豌豆是割下来的，其他的粮食作物，如黑麦、小麦、燕麦这些谷物都是刈割下来的，亚麻和大麻是靠用手拔的方式收割的。大家可以想象在收获植株低、稀疏的燕麦或大麦时，这需要多大的劳动量。

（6）从田里向外运送粮食使用的是一种套马的车，车的两侧有辐条（带辐条的推车）。这种推车的底部（向后倾斜）由几块木板拼成，它们之间留有很大的间隙，因此，任何在运输时掉到地上的谷穗都被糟蹋了，每天运送粮食时都会掉落一些，如此一来，到运送完所有粮食就要掉落1到1.5个八分之一俄石的粮食。

（7）粮食从无到有开始堆放成小粮垛（圆形）和大粮垛（长方形），直接把粮垛放在地上，在其上放置一些新鲜的、被当场切碎的草，因此，老鼠很容易进去，粮食也很容易发霉，此外，大粮垛上面经常会没有秸秆遮盖——只放一摞捆得更密实的粮食，很难防止大粮垛变潮，黑麦的底部总是被浸湿，顶部也很容易腐烂。在潮湿的秋天，雨水常常会浸透在黑麦中，或者浸透在小粮垛底部，谷物会在小粮垛中发芽。那老鼠呢？挪开大粮垛的时候，有许多受到惊吓的老鼠噌噌噌地都蹿了出来，然后立马藏到雪地里。在任意一堆稻草或旁边的小粮垛下也可以看到这种现象。总而言之，在所有能躲藏的地方都有老鼠。在大粮垛被拆开之后，在堆放粮食的位置上总能够看到一堆被老鼠咬成碎渣的秸秆、谷物皮和稻穗。

（8）秋冬季节，农民会逐渐将粮食从大粮垛和小粮垛中取出，放到干燥棚里让其干燥，然后在打谷场用连枷给粮食脱粒。脱粒的方法着实不多，唯一一个显而易见的缺点就是，在村庄里很少能见到铺砌而成（用厚木板、短圆木）的打谷场。几乎每个打谷场的地都为黑土地、黏土地。在这样的地上给谷物脱粒，粮食里会混有大量的泥土、沙子、黏土块、黑土块等。

所有这些杂质，包括杂草的草籽，即使通过后续操作——用风分离，也很难将它们分离出去，因此所得到的谷物要比其本身的质量差得多。

然而，当地农民以及俄罗斯其他地方的许多农民都产生了一种奇怪的想法，即播种时种子的质量对下一季作物收成没有影响，因此他们几乎是将最差的谷粒用来作种粮，如此一来，首先，农民每年在自己的田地里种下了许多杂草种子；其次，品质差的种子也导致了粮食质量的下降。

（9）每当春天，雪即将消融的时候，牛都会被放到春播地里，一直将它们放在那里吃草，直到（5月10日—20日）开始种植作物为止，在这段时间里，牛会吃掉长出来的草，还会践踏掉几乎看不见的小草使其无法生长出来，并破坏刚刚开始干燥的土壤。这样会导致草的生长速度放缓且草质变差，于是只需8月到田间除草即可，有时会在9月份。虽然可以在7月下旬或8月初这段时间除草，但大多数情况下会在8月后半月之后或在9月份进行除草，因为在7月底—8月初根本没有割草的时间：这时候需要收割黑麦和春播地，甚至会被雇佣或为了偿还债务给他人收割作物。

因此，当春播地里的草已经萎蔫、结了籽之后才会去除草，那时草已经失去了大部分的营养价值，几乎完全变成了一种由纤维组成的木材。

（10）在林地，特别是幼林里放牧，对植物的损害很大：饥饿的牲畜会大量啃食那些还未长成的植物和老树枝。这样的情况在森林牧场中屡见不鲜。在博罗夫斯基，由于农民们没有林地可以放牧，所以晚秋时节在草地里放牧。在草地放牧对草地的损害极大，这个时节的草地早已被雨水浸透，牲畜的蹄子会把草地踩成坑洼和沟壑。总而言之，放牧后的草地显得非常狼狈，由于种种原因，草的质量下降，地上长满青苔，水质也大不如前，割草会更加困难，收成也由好转坏。

农民在农业方面没有做出任何改善。整个村庄都用在房顶上放置了四五年的干草来饲养牲畜。可是天晓得，他们自己和家人有没有足够的粮食。1879年莫斯科的人类学展览上展出的来自俄罗斯各地区的粮食，就是最好的证明。

下面从农业技术方面对农业的不完善性进行简要说明。其中列举了几条农业本质上固有的不足。造成这些不足的原因可能不是土地村社所有制，而且，还要观察邻近土地所有者的情况，以免失去改善农民种植情况的最后机会。村社的问题不在于存在这些不足，而是在于有机会改善这些不足，但他们却没有付诸行动。当然，实行村社所有制无法改善导致出现不足的经济条件。

接下来是地主的农业情况。

从农业技术方面来看，他们设备的差异只是大小不同。地主们大多使用扬谷机，少数地主使用脱谷机，几乎不使用其他农业机器。

因此农民和地主之间几乎没有技术差距，但经济差距巨大。

在我们地区，小型、中型以及很多大型地主农业系统的经济基础在于把土地交给农民耕种。农民们负责耕地，地主们按约定好的每俄亩费用付给农民，这些农民被称为耕种者。他们的任务有：（1）修理蒸汽机、运送粪便、播种秋播作物；（2）春播作物的播种、收割和脱粒；（3）秋播作物的收割和脱粒；（4）收割四俄亩土地的草，晒干并运送干草。这些工作做完可以赚得 25 到 30 卢布，在少数像波尔霍夫这样非常富裕的城市，薪酬可以达到 35 卢布，如果地主按上述的每项工作分别雇用农民，那么一俄亩土地一共要支付 50 到 60 卢布。确定比率为：50—25/25 = 100%；50—30/30 = 66%。正常费用和耕地费用的差额比例为 66%—100%。所以，雇人耕地时，农民们会减少 1/2 到 1/3 的正常收入，而这部分钱就落到了雇主的口袋里。

那农民们为什么会同意这种对他们不利的条件呢？是由于冬天饥饿、需要缴纳赋税还是有其他原因？快到冬天时，村子里会有一批农民去敲地主家的门，为了让地主雇佣他们耕地。地主们当然不会放过这个可以砍价的机会。因为农民们没考虑到这一点，地主们会对他们说：这个机会你不抓住可就没钱赚了，你是个酒鬼，或者你耕地耕得很好等这些话来砍价。经过长途跋涉的农民本就疲惫不堪，又经历了地主们漫长的讲价，只好签了 25 卢布工资的合同。在合同中，指出了农民们需要完成的各项工作，在任务下面还有一些条件：如果在下面签名的这些农民没有及时来工作，地主们有权以任何价格雇用其他人来完成工作。合同签订后，雇主会先给农民们约 10 卢布，工作期间再给 10 卢布，剩下的在工作全部完成后再付给农民。因为雇主们保留着农民们的一部分工资，所以合同里的条件很容易达成。合同中还规定，农民们互为担保人，如果有人的工作完成得不好，大家要共同帮助其完成。

上述雇佣的这些农民可以让地主们整个夏天、秋天和冬天都过得很舒适，所有地里的工作农民都可以完成，地主们只需要在工作开始前盼咐一声，最后统计一下收成。农民们自己会担心工作的质量和速度，因为如果工作不合格，他们就要全部返工，重新耕种，重新收割黑麦等（以前曾有过这种情况）。遇到这种情况，农民们都不会等不合格的人，而是继续运草，给黑麦脱粒。

这是地主的主要经济基础，而非农民的。对地主来说，这样的管理模式极为有利，其经济状况仍然遥遥领先。土地的自然资源没有被开采，而雇用来的农民们则被更充分利用起来。比例已经达到了 100%，远高于从前。

村社的地主并不屈服于禁锢：他们提倡自由，不制约农业发展，但他们的农业形式也和农民的一样陈旧不合理。

对于贫穷的农民，他们会给予帮助：如果农民的房子着火了，他们会为农民们提供木材，有时还会帮着一起建造小木屋。如果粮食颗粒无收，农民们每个月会得到一捆或两捆的粮食救济。如果农民生病了，他们的土地也会有人处理。

总体来说，这种帮助的形式在村里发展得并不好，有的人得到过一次帮助，有的人则一次都没有，穷人也会寻求一部分帮助，而这基本没有固定的规则。

农民们如果遭遇了灾祸，例如，火灾、粮食无收、牲畜病死等，通常会向邻近的地主或富农寻求帮助，以将来的劳动为抵押借钱或粮食。村里提供的帮助主要是实物、运送木材或建造小木屋等。

在某种程度上村社的帮助是很必要的，有时村社的成员需要利用村社的力量为自己做一些事情，他们会把邻居叫到家里来吃一顿饭，然后一起做事。可以这么说，这种帮助是非官方的，不是必需的。但如果有人不帮助穷人，他就会被谴责被数落，谁想帮助穷人就去提供帮助，当然也有那种不提供帮助的人，那么当他们需要帮助时，也没有人会帮他们。寻求帮助非常简单：选一个休息日，快到这天的时候逐一地或一次性（如果有聚会）向村社成员发出邀请："请兄弟们星期二到我家来帮我运点木材，之后我们喝点酒。"到了约好的那天，主人先准备好酒食，邻居们聚到一起把工作做完，中间休息一两次，好好享受主人准备的食物。关于帮助其实并没有什么俏皮话或者歌曲，但如果村里有爱说俏皮话爱开玩笑的人，当大家一起工作时，他们就会开一些小玩笑或者讲有趣的故事，这会让大家都感到开心。

赋税与徭役

每个纳税人需要缴纳的总赋税额为 11 卢布 10 戈比（11 卢布 60 戈比）：

地租	7 卢布 20 戈比
人头税	2 卢布 20 戈比
土地税	60 戈比
业务税	55 戈比
养老税	30 戈比
国家税	15 戈比
医疗税	5 戈比
教育税	5 戈比
小计	11 卢布 10 戈比
有时还需缴纳新兵税	约 50 戈比
共计	11 卢布 60 戈比

据说在波罗克村的农民人头税交 2/3，而在其他地方只交 1/3，是 1 卢布 10 戈比。我并不理解这个三分之一的意义。农民们也不明白为什么一个地方付 2/3，其他地方付 1/3。此外，交税还有期限的差异，交 1/3 税款的人需立即支付，而交 2/3 税款的人交税期限是

其他人的两倍。

每年要在专门的会议上分配赋税。

根据纳税人口进行分配（如有 23 人），如果其中有 5 人去世了，纳税人口就从 23 变成 18，但是他们的子孙或兄弟也要一起缴纳他们的赋税，以此保证与之前的税款额相同。税款与分配的土地数量成正比，因为税款和份地都是以纳税人口为单位进行分配的，有钱的人家根本不在意税款的分配形式。

无地农民需缴纳 1 卢布 50 戈比的赋税。在波罗克村一个单身女人没有土地，但她可以拥有宅院和菜园。对于去世的纳税人，就由家庭成员中的一个人，可以是兄弟、子女等替他缴税，他的土地也归其所有。

贫农也要缴税，如果欠缴税款，村社会采取强制措施，但不会收回土地。寡妇、孤儿、老人拥有土地，但不享有优待，领薪水的官员（村长一年能领 12 卢布的薪水）也同样要缴税。当兵的人，如果他们是纳税人，那么在他们服役期间，就由他们的妻子或兄弟交税，总之，谁留在家里谁交税。有些军人好几年没有交全税款，他们在服役期间只交了地租，而剩下的税就先欠着，村社也不会给他们交。如果村社担心他们不交税，就会采取一些预防措施，例如不还给他们护照，监督这些人的食品售卖情况，并从中拿取一部分钱交税或从他们的工资中抽取税款。

如果临近交税日期，这些人还没有缴清税款，那么村社就会采取更强硬的措施，例如：(1) 抽取边缘的五块（小于等于）好土地，把粮食收集起来用来交税；有时如果这些地卖给了村社的成员，那么村社就不需要自己出劳动力来收割粮食。(2) 变卖剩余资产，除了最必需的东西，例如木屋、棚子、仓库等不能卖，其他的都可以卖，如马、母牛、一定数量的饲料、自己的衣服，尤其女士在节日穿的华丽裙子是变卖的首选。我们要注意一点，这种变卖，特别是变卖女性的资产，只针对拖欠村社债务的情况，拖欠私人债务则很少这样做，村社也不允许他们这样做。

现在这些措施正在逐步实施（村长领头），这些措施解决了很多问题，例如销售问题，举行拍卖会进行买卖现在已经很普遍。村社成员不会替别人交税，因为这些措施要避免的就是这点。通常村社成员不会让村社对他们采取严厉措施，这些措施一般是针对农民的，农民们会向邻近的地主或富农借钱，用等量的工作作为抵押，他们更愿意用这种方式来还钱，因为家不会被立刻破坏。

警方的处罚只针对私人债务，而上述针对村社债务的措施是大会共同决定的。

村社不会由于成员欠缴税款而收回土地。我们经常会听到这样的话："怎么能把土地收回呢？农民们没有了土地要怎么生活？坚决不可以这么做。"

村社成员法律关系

在两次土地重分的间隔期间村社成员可以使用土地，可以种地、收粮食，也可以割草、收集灌木枝。

只有土地是独立的一部分或在边缘时，土地所有者才能建围栏把土地圈起来。否则即使你已经播种了（如在秋播地上种春播作物），也不能把土地单独圈起来。人们总会尽可能早的在秋播地里播种春播作物，以便能和秋播作物一起成熟，不被牲畜破坏。

违反三区轮作制的现象包括在秋播地上种植春播作物，或者地里什么都没有。暂未发现其他违反三区轮作制的现象。

每个村社成员都自己决定什么时候开始工作。然而，所有人基本都同一时间开始劳作，6月份才开始运送粪便。而有些人是在7月底播种秋播作物的前两周开始劳作。每个人都会或多或少的给土地施肥，这取决于有多少只牲畜。

在灾荒年代，只能看见地里一条条不明显的条纹，这往往都是没犁过或没播种的土地。这只是灾难的一种，除此他们还会遇到病死、火灾、为了债务而变卖资产。

出售粪肥是完全不可行的，农户需要自己清理院子、给土地施肥，但所有者可以卖掉自己的牲畜，这种情况在饥荒时期常常发生。当然这样他的地也会形成不明显的条纹。

村社的成员可以把土地分成几个区域，按对分制租出去，以此获收。土地所有者应该首先和同村的人签订上述合同，之后如果没有人想签或者提出了不利的条件，那就找谁签合同都可以。

村社成员内部之间可以交换条形田。

如果同村社的两个人土地挨着，那么他们可以交换等量的条形田。还可以用下面的方法交换土地：将两块相邻的土地重新横着分为两块，这样就得到两块地，一块比原来短了一倍，另一块比原来宽了一倍，然后抽签选地。伊万有一块地在村子另一端彼得的院子附近，彼得有一块地在伊万菜园旁边。如果伊万想要和他交换土地，他们可以免费交换，或者如果有一方的土地面积较大（如彼得的土地大一些），另一方则补上相应的钱数。

纳税人去世后土地的继承问题：兄弟或儿子，谁年长谁继承死者的土地。份地的移交要遵循遗嘱或死者临终前的口头遗嘱进行，不允许为了个人利益而移交份地。

没有发生过村社强行把土地分给自己成员的情况。相反，有人要求村社减少他们的土地，但村社没有同意。

可以根据自己的意愿继承土地，即如果继承人继承土地后发现不合理之处、或对自己不利的情况，可以找村社说明。如果说法合理公正，就可以不再继续继承。没有亲属的人，生前可以变卖自己的宅院和资产。由于他们生前或死后都没有人可以继承他们的财产，则可根据遗嘱人和两名见证人签署的遗嘱或在几个人见证下立的口头遗嘱保留资产，赠给他选的继承人。

现在的继承人（根据农民的说法）是他们没离开家的子孙，他们没有兄弟或其他男性亲属来取代他继承他的资产。离开家的子孙无法从父亲那里继承任何东西，包括土地、宅院等。但如果没有其他继承人，则由他们继承。

即使土地数量与纳税人口数量不符，死者的所有土地也都归继承人所有（可能会有这样的情况，4个兄弟2块份地，一个母亲和一个儿子3块份地）。这样一直持续到进行新一轮的人口调查之前，即农民想要进行重新分配之时。

如果继承者年幼，母亲尚在，那就按顺序继承。如果继承者是孤儿，那么任何一个村社成员都可以管理他们的土地，收割粮食，抚养他们，替他们交税，直到他们自己可以掌管土地。如果没有男性继承者，就由女性继承；如果女性继承者出嫁了，她的丈夫如果搬到了这个村子，那就由她丈夫继承。

在任何时候村社对家庭当家人的选择都有影响，有时甚至儿子比父亲先当上当家人。村社对家庭类似的干预还体现在当家庭成员对当家人的各种疏漏抱怨时，和对他们不好时（虽然有时我们会听到例如父亲玩忽职守，但现在这种情况很少见了）。有时在不满意的情况下，也可以任命其他人为当家人来负责处理大部分事务。

如果村社允许，也会发生这样的情况。农民可以向大会提出自己的要求：（东正教）我想和父亲分家。村社听取双方的想法，然后做出决定，父亲要按照基督教徒的形式与儿子分家，给他一个小木屋、一匹马、一头母牛、一块份地等。如果父亲把儿子赶出家门，却什么都没给他，儿子有权向大会提出申诉，大会会强制父亲给儿子这些东西。也会发生兄弟分家不平等，有人不满意的情况。村社会公正地解决问题。通常申请人会请村会中一半以上的人喝酒。

分家的原因大部分是儿子和父亲意见不合，兄弟、妯娌之间吵架，或房子太小等。近三年大致有两个原因：（1）父亲和小儿子不和（大儿子已经独立出去了）；（2）也是父亲和儿子不和，但是是由于父亲自己不合群，把已婚的儿子赶出去，并且什么都没给他，儿子向村社投诉。村社强制父亲把该给儿子的都给他，包括份地、小木屋、母牛和马等。除了一些留下的需要共享的东西（棚子、干燥棚等），分家后他们所有的财产关系都解除。

退伍军人也和其他村社成员一样，在同一基础上无限期地使用土地。军人、寡妇和孤儿如果缴税，那就和其他人一样使用土地，如果不缴税（除了军人，村社还没决定在这种情况下要不要分给他们土地），那土地就会被收回，房屋会留给他们居住，直到房子倒塌为止，这期间不可以修缮房子。从孤儿那收回的土地，会交还给村社，然后把这些地分给那些帮助其他孤儿并给这些地缴税的村社成员。当孤儿们长大以后，这些土地会还给他们。

有一部分在村社登记入册的农民不使用村社的土地，使用村社的牧场赚钱用于宴请村会成员（1—1.5卢布）。

波罗克村没有森林，只有灌木丛可以使用。如果农民们没来得及在村社灌木丛里获取干树枝，或者在冬天想要使用比湿柳枝质量更好的燃料，他们就从邻近地主那里偷，或购买（很少见）。偷别人森林里的东西是很常见的。它不完全合法，但在当地却被当作普遍的权利，那么就不会有惩罚。由于自家没有，几乎所有人都会选择去别人家的森林里偷，当然，只有很少的一部分人会选择买。

本村社或邻近村社的人都可以随便打鱼、挖青苔或捡石头。

村社会收回无人继承的财产。如果死者有亲属，那么他的个人财产就由亲属继承，如果亲属搬到了他的份地上，那么份地也由该亲属继承，否则村社会收回份地（类似的情况还未发生过）。如果死者没有亲属，在死前立有遗嘱或在几个见证人面前立下了口头遗嘱，那么村社就不会收回他的资产（个人财产和房屋），而是交给他想赠予的人。

分家的家庭成员从原生家庭的土地中获得份地。养子女或弃儿从领养他们的家庭中获得份地。

自1861年起这样的情况就再没出现过。有一位退伍军人三次向大会申请想要加入村社，但村社没有同意。

村社成员经过村社的许可才能退出村社，而且要退出的人一定要从其他成员中找一人接管自己的土地。当找到一人之后，村社就会同意其退出村社，这样事情才结束。有时村社会自行找人接管土地或将土地租出去。

不曾有过赎买土地的情况。

必须要使用村社土地才能参加村会、州法院、长老法庭的选举，以谋求职位。

四年前取消了缴纳赋税方面的连环保制度。

在葬礼上帮忙是每个人的义务，但这取决于逝者是村社成员还是村社外来成员。一些人提供木板，另一些人做棺材，还有人给死者提供洁净的衣服。如果死者是外来的人，就没有这些互助措施。

波罗克村社没有外来人员。

农民没有自己的土地，他们也从没想过把土地划分开，也未考虑是否拥有了自己的土地会更好。向他们询问土地所有权问题时，我们得到的只是一个微笑，甚至是嘲笑。"有的地方有 5 俄亩肥沃的土地、20 俄亩贫瘠的土地，那把贫瘠的土地分给谁？假如分给你的土地中，贫瘠的比肥沃的多。即使给你两倍土地，你也不会高兴。在肥沃的土地上工作一天，大约能收 1 俄石或者 7 俄斗的粮食，而在贫瘠的土地上工作一周也什么都得不到。是的，兄弟……"男人说完又笑了，用同情又宽容的目光看看他，他觉得这对这个人不公平。

П. 齐诺维耶夫

梁赞省

穆拉耶文乡的村社[1]

通过查阅相关文献，我们发现，有关俄罗斯大规模推广村社土地占有制利弊的激烈争论已持续多年。目前从这些争论中足以发现，俄罗斯不同地区的村社土地占有制的形式和制度是不同的，随着当地条件的变化而变，但这方面的调查还远远不够。同时，不得不承认研究村社土地占有制地区差异的重要性。俄国40%以上的耕地归村社集体所有，自古以来的连保征税制度与村社土地占有制有着密切联系。

1877年冬末至1878年春初，俄国自由经济学社、俄国地理学社开始着手收集村社信息，在研究俄罗斯村社土地占有制上迈出了非常重要的一步。任何从事那些鲜为人知的科学调查的人都知道，调查问题设定越正确，调查纲要的合理性就越强，那么调查工作就已完成一半了。两个学社各自选出的委员会在首都筹集了足够解决各类问题的大量资金，分别制定了村社调查纲要，光荣地完成了任务。

在夏季来临之前，由于时间不够充裕，两个学社并没有将他们的纲要合并到一起。如果可以合并，将会为完成两个学社的既定目标带来极大便利。但幸运的是，两个纲要的内容在很大程度上是契合的，两个学社委员会成员间相互交流，并很快将各成员所重视的一切问题都纳入了各自的纲要之中。因此，这两个纲要都很完整。事实上，它们的优势不仅在于两个纲要的内容几乎完全相同，还在于概述内容和问题的组合顺序也几乎一样。对于纲要编写者所做的深入工作，我们只有尽快回答他们提出的问题，才能向他们表达最好的敬意。

1878年的整个夏天，我都在做这件事，其实我所负责的任务并不轻松。我的有利条件是，我可以在一个很大的区域内做研究（该乡有20个村社）；我对所调查乡的村社及其内部生活已有30多年的认识经验，并且有机会逐步观察发生在村社内部及其经济生活上的变化。1861年至1863年，农民可依法分得份地，后来乡里所有村社都逐渐由义务劳动转向了自由劳动。1877年夏天，我终于有机会亲自走访乡里的所有农户（共800多户），并完成每户的户册收集编纂工作。在编写户册时，我以了解当地每个农户的经济状况为目

---

[1] 资料来源：巴雷科夫 О. Л.，波洛夫佐夫 А. В.，索科洛夫斯基 П. А.（编）：《乡村土地公社资料汇编》，圣彼得堡：俄国自由经济学社、俄国地理学社1880年。

的，同时要求自己按照即将进行的全国人口普查方式，尽可能详细记录农户信息。最终，1878年夏天的契机，为我完成村社调查报告提供了便利。作为军人家庭和所有需要救助家庭的担保人，我能够向20个村社的200多位农民询问俄国自由经济学社和俄国地理学社纲要中的问题，首先询问了农村管理层人员，然后是我认识的那些农户主——他们可能是我发现的享有农户经济福利的典型代表，最后询问那些暂时或永久需要乡慈善救济机关帮助的人。然后，我仔细查阅了所有的章程、家庭登记表、收支簿、税额通知书、合同书、乡法院和村会近些年的决议。此外，我在一些农户那里进行了实地考察，走遍了所有由份地组成的宅院地和田地。

这正是我认为我有责任留在这里的原因，在这个前提下，我会特别注意我的调查方式和实践方法，我认为那些在俄罗斯其他地区做类似研究的人和纲要的制定者都会对这些方法感兴趣。对这些纲要进行解释，不仅有利于批判性地评估我和其他人收集的材料，也对纲要的重新修订与合并有益。

鉴于纲要中要求所有地方研究必须优先考虑实际材料，只有比较俄罗斯不同地区的情况，才能对所研究的现象做出全方位的评估。我不仅放弃了此前在调查中那种先入为主的想法，也不再坚持对俄罗斯村社土地占有制优缺点的主观看法，并向自己保证，整个调查都是客观的，都是基于对民间口述仔细反复的推敲与批判。在调查中我尽量保持谨慎。让俄罗斯农民提供完全真实口述的前提条件有两个：一是他完全信任面前的询问者；二是在非正式、非官方的场合进行调查。我是一个值得信任的调查员，特别重视调查环境的选择。如果是在十分正式的环境下询问农民，例如在办公室，你坐在写字桌后面，手里拿着笔，桌上放着墨水瓶和笔记本，这不利于让农民说实话，也不会让他畅所欲言。乡管理委员会办公环境不会让农民说出实话：经过多年的历练，农民学会了区分官样文章和实际事实，清楚地知道这两类事实并不完全一致，只是部分一致。官方事实往往只是相对真实、有条件的真实。

因此我总是事先思考如何提问，并掌握纲要中的某一类问题。在和农民见面的时候——或者是我去农户家里，或者农户来拜访我时，我会或多或少地说一些无关紧要的话，策略性地把提问内容引出来。调查总是在室外或农户的院子里进行；任何情况下，都不会在农民感到陌生的办公室里进行调查，也很少在农民熟悉的乡管理委员会进行。调查就像普通谈话一样，而且我尽量避免在农民面前做记录，因为把他们的话直接记录下来，会使他们变得不够坦率——俄罗斯有句谚语："并不是每一句话都应该被记录下来。"当然，一些基础数字标记除外，他们也非常理解做这类笔记的必要性。我用铅笔将这些数字记在小纸片上，尽可能表现出随手而写的轻松状态。谈话结束后，我会立即将农民的回复记录下来，若不迅速记录，无论记忆力如何超强，记录者也无法完全保证能够避免自己无意歪曲事实或主观臆断。我的调查笔记是以问答的形式记录的，每个村社的调查也都是分开的；这样每次谈话后，都能得到一个章节或一个村社的系列完整答案。通过和其他村社成员见面，我逐渐完成了所有20个村社的调查。此外，我会将一些村社成员可疑的或含糊不清的证词与村社其他成员的证词进行比对。

发问方式和谈话语气对农民能否作出准确回答会造成不小的影响，应该用简单、清晰但个性化的口语来提问。（调查者）与当地农民谈话时态度虚伪或不真诚，会让农民反感，因为他们本能地会在这种虚假的氛围中感到不适。他们也会认为，提问的态度不真诚，是对农民的不尊重。如果农民不理解所提出的问题，则必须要解释清楚，或换一种说法把问题解释明白，直到农民完全理解这个问题为止。一般来说，提问时应该专心：针对具体的问题要善于举一些例子，并作出必要的解释。只有调查者把问题解释清楚，才能得到一个明确的答案。当调查者注意力分散的时候，农民无法理解所提出的问题。甚至更糟的是，带着个人偏见的、主观性过强的调查人员很容易误导农民，将调查员潜意识里早已形成的答案"传导"给农民。

为了不让受访者感到疲惫和厌倦，不能马上抛出大量的问题。例如，必须要将自由经济学社纲要中所涉及的系列问题划分成若干个小问题。为了保证前文中我提到的调查客观性，我会把纲要中的问题设定得更加合理，使问题更加清晰且明确。

因此，如果我在当地进行某一个村社的研究工作，毫无疑问，我会遵循自由经济学社纲要的内容，同时会把俄国皇家地理学社纲要的一些问题融合在一起，以便开展我对该地区的研究工作，这对于我的个人研究来说具有重要意义。

但有时我也必须要脱离自由经济学社的纲要，利用自己的主观能动性开展调查研究。这是因为，根据我进行的具体调查研究来看，不同村社的具体研究思路未必符合上述两个学社的研究框架。同时，若只针对某个地区进行个性化研究，则无法评估，研究发现是具有普遍意义，还是仅体现了该地的特殊风情。我的研究成果可能只是针对该村社或同一地区的几个村社。无论你多努力地为一个地区选择一个典型村社，它都不可能在各方各面都是最典型的，即使在大多数方面它代表着当地普遍存在的现象，但仍会在另一些方面，展现了当地罕见的独特情况。若想要解释现象的形成原因、这些现象与当地普遍条件的相关性，只对一个村社进行研究，不会得出关键性的结论。只有通过仔细比较各类村社制度和观察同一地区相邻村社的日常现象，才能揭示这些特殊性背后的原因。

我尽量广泛探讨实际案例。在人口密集的俄罗斯中部黑土地带（不包括草原地带）[1]，在同样的土壤和气候条件下，该地区村社的经济状况、日常生活条件、村社制度大体上是有其稳定的特点。特别是在穆拉耶文乡20个彼此相邻的村社里，气候/地形/土壤条件、村社与工业/商业中心/火车站的距离、土地产量以及农产品的价格等都非常一致，地方的风俗传统、居民的生活习惯几乎完全相同。无一例外，所有村社的农民都是同一社会阶层——原领地农民。1861年之前，他们几乎全部务农、不识字。

然而，尽管大体环境相同，乡镇内村社的经济状况却有各自的特殊性。在20个村社里，两个村社在解除农奴制之前实行代役制，并且全部村民都有世袭土地的使用权。另有三个村社因耕地不足曾实行混合赋税制，也正是因为可耕作的份地不足，村社早在农奴制时期就购置了其他土地，这也得到土地领主的支持。即使是在农奴制时期，上述五个村社在村社治理方面完全自由，没有受到土地领主的干涉。其余15个村社则完全实行劳役制

---

[1] 当然，如果这一地区无法完整地囊括数个省份，那也应当是由这些省份的乡县构成。

[1]，随着服役者的频繁更替，温柔慈祥、充满关怀的父权制地主逐渐变得具有压迫性、剥削性甚至掠夺性。不言而喻，在这种情况下，地主或管理者按照自己的想法和利益所推行的经济制度深深地贯彻到村社的经济、社会、生活环境中，且沿用至今。公文规定，从1861年2月19日开始，村社实行自由经济制度，但在此之前实行的原始制度与现在的制度有很大的不同。8个村社根据公文获得了当地面积最大的份地（一个村社多分得一块份地，两个村社基于自由协商在原有份地的基础上被增拨了部分土地）；10个村社的份地量不变，其人均份地几乎都是2—2.75俄亩；2个村社人均获得1俄亩份地，被称为"孤儿份地"。值得指出的是，这些村社的规模大小不一（纳税人口从12—589人不等，农户从3户到110户不等）。1861年之前，20个村社的农民在耕地方面多多少少会受到地主的影响，这不足为奇，而自1861年以来，村社在耕地方面已完全自由且呈现出了相互独立的状态（但仍然受到整个地区整体经济环境、生活条件和每个村社里私人土地使用制度的直接影响，且该制度是符合法定文书规定的），总体而言，村社制度在大的方面是趋于一致的，但是在具体的条例上又有所不同，通过对比研究，我们还需要进一步深入剖析村社制度中本质的、不可动摇的因素，这些共性的本质因素同样也适用于各地其他村社。

调查20个村社是一项艰巨的任务。自由经济学社纲要在村社对比研究的阐述中有大量重复性的内容，并要求对所观察到的事实的产生原因进行解释。因此，我把我的研究成果汇总到一起进行说明。在对村社具体问题的回答上，也与自由经济学社纲要有所不同。

乡概述

据1877年的人口普查结果，该地区记录在册的人口总数为5387人，还有100多个乡内常住居民未记录在册。如果再加上这些人，那么该地区总人数将超过5500人。也就是说，中部耕种区黑土耕种带的人口密度是每平方俄里59人。梁赞省隶属该地区，其居民主要是信奉东正教的大俄罗斯游牧民族。乡内所有居民在1861年前曾附属于16个地主。登记的人口不是村社人口，而是整个乡的人口。整个乡共登记了143名男孩，其中大部分是以前用人家的，只有一小部分是士兵的孩子及私生子。乡里登记的人口里，有近一半的人生活在这个地区，其他的人生活在别的地区。

乡里的村民多半从事农耕业，还有一部分村民从事捕鱼业，具体的情况将在下文中提到。完全不从事农耕的农民很少，大部分农户家中都存在土地剩余劳动力，这些劳动力从事地方捕鱼业。一些家里只有一两个劳动力的农户，其家庭成员除了从事农耕外，在农耕时节以外的时间段从事捕鱼业。

如果不算从乡里除名的两个家庭，自1861年起没有搬进或搬出乡里的村民。但是从奥利霍村社、巴德里霍夫村社、扎巴洛茨村社等土地较匮乏的村社迁出的农奴已经在废除农奴制后去顿河流域谋生（尤其是乌留皮诺站），他们中的一些人已十分习惯那里的生活，暂时不想回自己的村社，把整个家搬到乌留皮诺地区，几乎中断了和自己亲戚的联系。毫无疑问，从法律上来讲，这些家庭在第一次人口登记时已经脱离了自己的村社。一些来自

---

[1] 编者注：在本卷中，劳役制与徭役制为同一概念。

穆拉耶文乡两个村社的农民作为工人或职员经常居住在煤矿区斯加宾县。近期他们将自己的份地交还给了村社并搬到了煤矿区。在一定程度上与自己所在村社解除联系的农户在整个乡里大约有 20 户。

耕地直接归乡里成员所有,包括过去农民所耕种的地主土地,乡里所有农民进行生产经营的耕地面积总和为 12000 俄亩,即 115 平方俄里或者 2333 平方旧俄里。根据土地占用情况,可以将土地分为以下类型:

20 个村社	4797 俄亩份地
3 个村社	299 俄亩宅园用地
1 个村社	30 俄亩从村社所有转为家户所有的土地
村社土地共计:5276 俄亩	
14 个贵族私人所有者	6089 俄亩土地
12 个农民私人所有者	326 俄亩土地
2 个商人私人所有者	227 俄亩土地
1 个神父私人所有者	13 俄亩土地
私人所有者拥有土地总计 6655 俄亩	
两个乡村教堂	78 俄亩土地
共计:12009 俄亩	

在这些土地中,林地共计 424 俄亩(土地总量的 3%),地主拥有 400 俄亩林地、农民拥有 24 俄亩林地。1861 年调查区域的林地面积曾超过 500 俄亩,如今减少了 15%,森林在建筑使用、烧柴使用以及灌木林使用之间的分配是不利的,具体情况如下表所示:

	1861 年	1878 年
建筑使用	180	70
烧柴使用	180	237
林地	113	84
园子	27	33
总计	500	424 俄亩

在多沼泽的拉诺瓦河沿岸地区奥利西,大部分是阔叶林木如橡树、白桦和山杨。只有在园子中才能看到针叶树。没有湖泊。在拉诺瓦河山谷拥有优质泥炭田的沼泽地达 100 俄亩。该地区十分不便,除了一些峡谷什么也没有。总的来说,土壤都是黑色的黏质土壤,只有峡谷沿岸的斜坡以及拉诺瓦河的左岸春天时会被雨水侵蚀,从而可以看到少量肥沃的

黏质土壤。在河流左岸的斜坡可以看到露出的沙土以及黑土中的沙子杂质。

乡共计 16 个"乡村协会"、20 个村社、14 个村庄。

按照农户数量将村庄分为以下类型：超过 100 户的村庄有 3 个；30 户到 50 户的村庄有 4 个；20 户到 30 户的村庄有 3 个；10 户到 20 户的村庄有 4 个。

从 1861 年起就没有再出现新村，相反，根据 1862 年所制定法定文书，废除了一个有 12 个农户的村庄。该村庄从距离峡谷上游很远的地方搬回河谷旁，被并入了河谷旁的村庄。10 年前，这个有着 12 户农民的村庄曾是河谷旁村庄的一部分，由于地主修建农场，被迁到无人居住的地方。搬迁是由于此前居住的地方生活不便、没有井水，冬天暴风雪较多，距离教堂、学校以及当地集市都较远（大约 5 俄里）。值得一提的是，后来组成新村的农民愿意以损失自身的经济利益且严格限制自己的庄园定居地为代价接受自己的同村人回归，他们这么做的原因在于他们知道自己的同村人在农庄里生活有许多不便。

地主用于居住的庄园有 8 个，用于开展经济活动的庄园有 6 个。从 1861 年起，失去了两个地主庄园，都是由于家道中落而将他们的土地出售给临近的贵族或地主，他们拥有更好的私人庄园。此外，一个贵族的庄园从土地占有制转变为归农民所有，但仍由贵族来维持。另一个贵族的庄园在搬迁后同样归农民所有，因为在新的地区分配了农业用地，而且地主建造了一个更加豪华的庄园。其余的 3 个庄园完全提升了建造格局，剩下的庄园没有发生明显的变化。再次出现了两个贵族经营的农庄。总之，地主的庄园不仅没有衰落，反而经营得更好了。

整个乡都实行三区轮作制，只有一位地主实行三区轮作与多区轮作相结合的耕作制度。

秋播地主要播种黑麦，偶尔也播种冬小麦，冬小麦占地主以及租户秋播播种比例的 15%—20%，而在最富裕的农民间其播种比例不超过 1%。春播的主要作物燕麦、荞麦在 1861 年前占播种物的 30%，如今仅占 5%—10%，黍占 10%，只有农民播种亚麻，其播种比例不超过农作物的 5%。没有特殊的作物。荒地上先种植瓜类，随后是黍子、罂粟，然后再种植亚麻或小麦。在 1861 年前地主和农民的种植活动中，广泛应用田地施肥的技术。农民仅在份地以及距离较近的土地上使用粪肥，地主们则尽可能在所有田地里轮作播种。

下列数字反映了乡畜牧业的发展。12 个户主拥有 3500 俄亩耕地、195 匹马（耕种 170—700 俄亩的田地需要 7—30 匹马）、325 头有角家畜（所需家畜为 4—110 头）、345 只羊、15 头猪。

20 个村社拥有 4320 俄亩耕地以及租用的 1800 俄亩耕地、1233 匹马、1099 头有角家畜、3810 只羊、383 头猪。如果所有的家畜按头来计算，每 10 只羊或 5 头猪算成一大头，那么地主的每一大头家畜要分担 2 俄亩的休耕地，最好的情况下一大头家畜要分担 1 俄亩的休耕地。村社里每头家畜分担半俄亩休耕地。总的来说，地主拥有的马匹数量自 1861 年起有所增加，大型有角家畜数量翻倍。很遗憾无法收集到村社农民家畜数量的数据资料，但可以根据部分资料推断，农民拥有的马匹数量总体下降了 10%—15%。许多马匹落到了地主手中。农民拥有的大型有角家畜和羊的数量没有明显减少，施肥量自 1861 年起明显增加，因为地主拥有的牲畜数量翻倍，牲畜的质量也有所提升，而农民没有剩余的耕地。过去除了给自己的代役领地施肥之外，人们不会给自己位置偏远的土地施肥，且由于要服劳役也没有时间去施肥。

草地和牧地的缺乏阻碍了畜牧业尤其是农村畜牧业的发展。所有地主拥有的已收割的牧地不超过270俄亩，农民拥有的牧地不超过230俄亩，也就是说不超过全部土地的4%。仅有一位地主实施牧草栽培制，除了种植一小部分土豆外，没有其他家用的块根植物。

乡内农民份地的大小如下。根据1861年2月19日的规定，20个村社中有8个村社拥有最大的份地（559俄亩以上），即平均每人2.75俄亩；有2个村社的人均份地为2.5—2.75俄亩；有3个村社共计136户的人均份地为2.25—2.5俄亩；有4个村社的人均份地为2—2.25俄亩；有3个村社的人均份地为1俄亩；17个村社的平均份地大小都不小于1俄亩，为2.4俄亩。在17年间由于人口的增长，份地大小缩减至每位成年男性拥有2俄亩土地。

在这样的份地规模下，农民的粮食生产情况可从如下统计中得知。1861年乡里在籍男性数量为2350人，人口总数为4700人。为了养活这么多人口，平均每人需要1.5俄石黑麦，那么一共需要7000多俄石黑麦，农民份地上黑麦的种植面积超过1400俄亩。10年间每俄亩土地平均生产5俄石粮食，整个农民份地的粮食产出量为7000俄石，这正好是养活所有农民所需的粮食数量。如果将农民的自有土地也考虑在内，其产出量是700俄石黑麦，那么农民土地所生产的粮食数量就超出了所需要的数量，且有余量。但如果3个村社的农民，每人平均得到1俄亩的份地（共426人），那么他们所需的粮食数量为1280俄石，而份地只能提供600俄石，也就是说少于所需粮食的一半。

1861—1878年这17年间，乡里的人口数量显著增长，这极大地改变了所引用的数据。乡里的人口数量从4700人增长为5400人，因此所需粮食为8100俄石。由于农民份地的粮食产量为7000俄石，所以农民们必须租赁一些地主的土地来补足缺少的粮食产量。他们租了1500多俄亩土地，还需要430俄亩农民自己的耕地。这些土地的黑麦产量达到了4500俄石，农户的总产量增至11500俄石，超出需求量3300俄石。农民们从春播地上收获了充足的粮食，其中少部分粮食用来满足自己的生活需求，大部分粮食对外出售。

按照国家标准，每俄亩秋播地的租金为10—12卢布，每俄亩春播地的租金为8—10卢布。农民们经常现金支付一半的租金，另一半租金则是以帮地主种地、除草、收割、运送粮食的方式来偿还。农民们把土地分成几个部分，根据家庭人数来分配土地，分配条件不是由一个村社决定的，而是几个村社共同决定的。农民在所有的土地都种上粮食，但是不给租来的土地施肥。

有5个劳动力和5匹马的大家庭所使用的土地不能超过10俄亩。有2个劳动力和2匹马的中等家庭可以使用4俄亩土地。有1个劳动力和1匹马的小家庭可使用的土地不超过2俄亩。在地里还有一定数量的干草和栅栏。

农民们生活需要的费用以及需要付的租金和缴纳的税款要多于在个人土地和份地以及租来的土地上种地所得来的收入，所以他们不得不找一些其他行业的临时工作。农民们的收入主要源于2300俄亩土地上农作物的收入。在农场雇佣农民工作有四种方式：长工

(一年期)，年工资为 35—40 卢布。住房和月津贴由地主提供或者用马来耕地，马队将粮食从耕地运到谷仓一般是 6—7 卢布。综上所述，农民们每天的收入与工作时间、工作量成正比，因此收入不同，30 戈比到 1 卢布不等。

为农民提供工作和福利的行业还有很多，包括以下行业：

(1) 采泥炭业：在我们所考虑的两个地主的土地范围内，有一条拉诺瓦河，沿着拉诺瓦河有一个商人的房子和一个公共农舍，在那地下有优质泥炭。1863 年到 1870 年这个矿层掀起了该乡泥炭行业的发展浪潮。距该州 30 俄里的一个酿酒厂厂主和其代理人在当时就成为了泥炭开采的企业家。每俄里土地需支付给土地所有者 200 卢布，才能开采他的泥炭田。纳雷什金村社花了 600 卢布用来开采泥炭，赚得的钱能偿还一部分土地租金。农民在泥炭田工作，这块泥炭田最多能容纳 50 人。随着煤炭行业的发展，泥炭行业在 1871 年渐渐走向了衰败。

(2) 采煤业：煤炭开采兴起于 1868 年，当时在一个地主的夏季居所发现了煤炭，这个地方如今归古鲍尼纳公司所有。最初，矿上工作的工人最多 50 人，主要是图拉省马列夫矿场的矿工，因为穆拉耶文乡农民们完全不熟悉采矿工作，但两年过后，他们都成了技术成熟的矿工，完全取代了外地人。在煤炭开采发展最好的时候，一个乡的矿工数量从 200 人增长到了 400 人，该乡的劳动力从 17% 增至 33%。现在煤炭开采业逐渐衰落，矿工减少到 60 人，但由于开采煤炭的工资高，所以 40—60 个人离家去 30 俄里外的斯加宾县当矿工；而 100—120 人选择了回去种地。现在普通矿工一天能赚 70 戈比（在行业发展最好的时候，他们一天能赚 1 卢布—1 卢布 50 戈比），一年工作不超过 200 天（在粮食收获时节，需要回去收粮），一年可挣得 140 卢布。扣除饭钱，大概有 80—100 卢布。工长一个月能得到 20—30 卢布，除了工人的粮食供应，煤炭开采行业还给所有工人们 1 万卢布作为奖励；在行业发展繁荣的时期，能给工人们 3 万到 5 万卢布的奖励。拥有四五个成年劳动力的农户每年能赚 500—800 卢布，所以农民们自然就会放弃务农，转向采矿行业。采矿业对两个穆拉耶文村社影响很大，对于较近的四个小村舍——红斯洛博特村社、纳雷什金村社、车尔尼雪夫村、格列米亚钦村舍——影响相对较小，对其他的 14 个村社没有直接影响，因为这些村社的劳动力都有所增加。

(3) 制砖业：纳雷什金村社几乎所有的农户都制砖，两个穆拉耶文村社也有 6—10 个农户制砖，因为这些村社有制砖所需的优质黏土层。纳雷什金村社的黏土矿区被划分成数个区域，每个农户都会得到和人均份地面积相同的矿区。所有农户都可以制作半成品砖，但是只有五六家富裕的农户能烧制成品砖，半成品砖的价格为每 1000 块 3.5—4 卢布。烧砖工烧制砖是用旧农舍和老森林的木头做燃料。烧砖时不需要煤、泥炭和干草。穆拉耶文村社的农户付给村社很少的固定费用就可以开采黏土。有时纳雷什金村社和穆拉耶文村社富裕的农户会和烧砖工一起劳动赚钱。1000—1250 块成品砖可以卖 8—10 卢布，而余下的部分 250 块可以卖 1—1.5 卢布。农户里的烧砖工在空闲时间工作，烧制 2 万到 5 万块砖（这通常是一家工厂的烧砖量）的总收入可达到 200—500 卢布，纯收入（扣除人工开销）能得到 150—300 卢布，因此，制砖行业可以使该乡的农户（一共 12—15 个农户）获得 2500—3000 卢布的纯收入。制砖业兴起于 1863 年，大约从这一年起，人们开始建造砖房。

全乡用砖建造了 130 栋房子，是所有农户房子的 16%。自 1863 年起，村庄建房至少消耗 120 万块砖、地主宅院消耗 80 万块砖、教堂和两所学校的围墙消耗 40 多万块、采矿建筑物消耗 60 万块，总造价（含相应数量的石灰）共计 3 万卢布，农民制砖行业提供了其中的 80%。制砖业在近 10 年没有衰落的迹象，因为每年的砖房数量都在增加。一直以来，虽然数量不固定，但是每年都会建造很多的地主宅院和公共建筑。

（4）采石业：只有穆拉耶文—费奥多罗夫村社有采石场，可以提供建造地基和冷建筑（家畜棚和储藏室）的建材。该村社有近 20 个农户（通常拥有较多数量的劳动力）从事采石工作。他们每开采一平方俄丈的大理石，需支付给村社 1 卢布 10 戈比，大理石的卖出价为一平方俄丈 4 卢布 60 戈比。在冬季，每家农户可开采出 30 平方俄丈的石头，净赚 100 多卢布。采石业和农业一样从 1863 年兴起，随着石制房子数量的增加而逐渐发展壮大。1863 年起，建造农舍和公共建筑需要 450 平方俄丈的石头，建造地主建宅要 350 平方俄丈，建造公司需要 500 多平方俄丈，一共要 1300 平方俄丈。可能还有双倍数量的石头要用于煅烧石灰。因此农民采石的总收入会超过 1.5 万卢布。采石业不仅没有衰落，反而发展得越来越好。

（5）五金零件行业：该乡有 6 家农户从事该行业。这些农户家里没有土地和马匹，但每人一年能赚 300 多卢布，足够维持生活。虽然 1861 年之前就已经有铁匠了，但现在也只有一半的人还在从事铁匠的工作。尽管如此，1870 年以来，五金零件行业还是得到了极大的发展。所以现在的铁匠和钳工在制作建筑所需的五金制品上有良好的技术，在农业用具、金属部件等工具的修理方面多多少少也有些好用的工具。

（6）砌筑石头房子：该乡只有不到 5 个人能砌筑石头房子，这些人的技术没有附近南边的县里的瓦泥工技术好，因为南边的县石头建造业发展得非常迅速。

（7）木匠：该乡有很大一部分人做木匠。不少被火灾损毁的房屋需要修建，所以他们做木匠的收入足够养活自己。现在木匠的数量已经增加到了 50 人。17 年内，当地的木匠去地主的森林里伐木了四次（200 俄里内的树木已被砍光了），建造了大量的木房子，在石头房屋的基础上继续加盖，并以此谋生。这 17 年间，该乡出现了很多木匠，木制房子的数量也增加到了 600 多栋，该乡的大多数农舍也是用木头建造的。

（8）打谷：一个农舍需要一个工人和两匹马，利用手提式脱谷机进行打谷。打谷的收入一年大约为 200 到 300 卢布。这个行业几年前就已经存在了。

（9）磨面：该乡的地主有四台粉碎机，租给工人用来磨面，几十个农民一起工作。穆拉耶文—费奥多罗夫村社的三个农户有私人的碾谷机，价值 800 卢布，年收入大约为 200 卢布。有 6 家农户（扎巴洛茨村社三家、奥利霍村社 2 家、捷尔卡尔村社 1 家）有风力碾谷机，价值 800 到 1500 卢布，年收入可达到 250 到 300 卢布。

（10）榨油：该乡有 8 家农户从事榨油工作（穆拉耶文—费奥多罗夫村社 1 家、纳雷什金村社 3 家、车尔尼雪夫村社 3 家、奥利霍村社 1 家、扎巴洛茨村社 1 家），有用马牵引的磨石。需自带大麻和亚麻的种子，但他们将农民榨油所剩的残渣留给自家喂猪。

（11）养蜂业：乡里有 12 家农户从事养蜂业。这个行业存在于 1861 年前，至今不但没有发展，且在一定程度上有所衰落。毫无疑问，这是因为草地、森林面积减少。也有可能是因为以前种植面积很广的荞麦彻底消失了。

（12）家禽饲养业：这是本乡典型的产业，至少从本世纪初就有了。农民们不仅要繁殖、喂养家禽，还要去邻村邻乡甚至邻省或更远的省——包括沃罗涅日省和顿河战区——购买鸡、鹅、鸭、火鸡和小猪。农民的解放和铁路的铺设不仅没有使这个产业消失，反而还扩大了其地域范围，改变了其经济形态。也就是说，将它从一个地方产业变为了（农民在农闲时到外地谋生的）营生手段，因为采购的大部分货物并没有运回乡里，而是在宰杀后或者直接活运到火车站。全乡有50家富裕的农户从事家禽养殖；其中有一户非常突出，交易规模很大。据可靠消息，他每年购进和卖出的鸡达到10万只，鸭和鹅1.2万只，仔猪6000头（参阅附录：农户类型——富农）。近十年这个农户大规模发展家禽养殖业，使这个在1860年似乎走向衰落的产业得到了进一步的发展。例如除了乡里那些冒着风险用自己的钱经营产业的企业主之外，出现了一些根本算不上资本家的小业主。他们从大企业主手里拿到一小笔钱（如40—100卢布），为他在当地和邻省的村子里买家禽，按照事先约定的价格把它们交给大企业主，买入和卖出的差价就是他们的利润。农民在农闲时每年跑这么一趟，除去花销，能剩下15—40卢布的净利润。有些农民一年能跑两趟。大企业主在沃罗涅日省、莫斯科省都有由自家人组成的代理机构。

（13）熟羊皮加工制造业：乡里有一个农户（穆拉耶文村社）从事熟羊皮加工制造业，制作的农用羊皮数量达到1500件，每件收取8—14戈比。他们每年从事这个行业所获得的利润为150—200卢布。

（14）毛呢纺织业：很多富裕农户纺织简单的毛呢。他们冬天编制毛呢，缩绒用磨盘来擀制。虽然在1861年之前就有毛呢制品了，但现在的生产规模明显扩大，质量也有所提高。

（15）粗麻布纺织业：许多农户从事粗麻布纺织业。人们在1861年以前就纺织粗麻布，与现在相比，数量更少，但质量好很多。

（16）制衣业和制鞋业：制衣业和制鞋业由乡里一些人经营：除5个农民裁缝外，还有2个农民缝鞋、制鞋。这些行业——尤其是制鞋业——利润相当高，在1861年后发展为专业化行业。

（17）编织业：乡里有两个女人进行简单的花边编织，但是很少有农民可以编织五颜六色的地毯、缝制羊毛料的农用连衣裙。

（18）乡里有三个人从事染蓝、染色和碳酸钾制品制造行业。他们是从外地来的，不是本乡人，但也雇用了本地工人，不过人数很少。

（19）6个人经营小铺生意、卖酒，他们之中只有2个人是该乡农民，但是所有的伙计和店员都是乡里的农民。

（20）夏季乡里大多数姑娘（几乎所有的姑娘）和许多妇女采集浆果蘑菇，并在庄园里出售，根据个人情况，整个夏天能赚3—5卢布。

（21）多数农民每年都会打短工赚钱。乡里发放的通行证（护照）总数如下：

	一年	一个月	总计
1876 年	111	302	770
1877 年	176	397	927

外出打短工是在1861年后才开始出现的，从那时起，外出打短工的人每年都在增加。农民通常去莫斯科、亚速海附近的草原地区和一些修建铁路的省份工作，通过铁路可以抵达彼尔姆省和斯塔夫罗波尔省。农民打短工的地点和类型主要有：在草原省份进行田间劳动（他们十分喜欢）、做矿工或在煤矿工作、在修铁路处挖土、在莫斯科附近采泥炭、做马车夫（主要用马车运货）。很少有人去工厂工作，且基本上不从事专业性的制造工作，工作总体上比较粗糙；农民也不做载人马车夫。打短工的农民基本都是多人结伴，至少两人一起去。除了养鸡外，女主人很少去打短工。

一般来说，家庭成员打短工，每年能交给户主15—40卢布，很少达到60卢布。通常是女工能获得最多的工资，在首都做善于交际的女厨师和洗碗女工，精打细算地为家里存钱。

上述行业的收入在农民的家庭收入中占了很大比重，但在个别农户之间的收入分配极为不平衡；与农耕获得的利润相比，则显得更加不平衡。某些个别农户能过上富足、殷实的生活正是因为这些行业带来了可观的收入。如果其财富收入完全依赖于种植业和农业，那么就不会有多余的周转资金用于推动行业再发展了。

无论如何，1861年之前，除了养蜂业、养鸡业和纺织业外，其他的行业都不存在，却在后来得到了巨大发展，而短工不久以前才出现。促进本地行业和短工发展的原因是：首先，劳动力彻底解放不仅让农民可以完全自由地管理时间，而且他们可以自由到各个地方去工作赚钱；其次，在自由雇佣劳动的基础上，区分了农民和地主、农民和雇主之间的关系，并且这些短工可从事农耕机械和农耕设施的修理。当地相对富裕的农民群体也出现了分化。首先，当地的富农已经积攒了大量的积蓄和流动资金，他们将在农奴制改革以前建造的老房子进行重建。近20年间，石制建筑开始逐渐得到推广。村庄基础设施建设的兴起进一步促进农村劳力的分化。铁路基建也给就近地区的农民创造了新的工作机会，开采矿物燃料也给煤矿行业提供了新的就业机会。

总纲要单独提出一章对农民的赋税额、欠缴额、缴税流程进行专门的阐述。下一章将以个别村社为范例对农民的富裕程度、他们的农耕收入和从事其他行业的收入之间的比例关系进行描述。

乡里的农民完全没有村社资金。

经相关条例章程批准，乡里创办了贷款储蓄银行，资金由煤矿管理机构捐赠的少量资金和一些农民的存款组成。起初银行发展得相当不错，尽管业务额度小，并不能满足当地的需求。同时那些有能力储蓄存款的农民可以享受贷款业务，也就是说那些农民比较富有，有一些存款。而条件不好的农民，他们更需要贷款，却不能享受银行的服务。现在的贷款储蓄银行面临着各种各样不利条件，走向衰落，与它成立之时相比，越来越难以满足居民贷款的需求量。乡里的私人贷款具有双重性：在遭遇灾害时或贫困时提供援助或高利贷。

不仅富农经常使用第一种借贷方式，工人、乡里的居民、当地的地主和地方自治局也会使用。农民经常把一些东西借给同乡人，如面粉和稻草等。在这种情况下，他们不仅不收取利息，还会受到损失：东西值钱的时候被借出去，掉价的时候再收回来。的确，这样的借贷发生在关系很好的熟人之间，比如兄弟和朋友。但还有一种情况，会在大范围内使用这种借贷方式，也就是发生意外时，如火灾和饥荒。冬天，达夫列季"乡村协会"的富农好几次将遭遇火灾的人收留在自己的小房子里，受灾人一般来自附近的村庄。富农会借给他们面粉和必需的生活用品。等到收成好的时候，他们再把这些用品还给富农，当然不需要还利息。一位当地的磨坊主常常在农民收成不好的时候把面粉借给他们；等收成好了，农民再如数奉还。农民之间很少发生没有利息的借贷，多半是借给朋友或者极个别的情况，一般都是借贷粮食。1877—1878年战争时期，当地的地主组建了慈善救济所，在发生大规模的灾害（歉收、雹灾和火灾）时，向农民们伸出援助之手，借给他们必需品。一个地主借给两个村社的农民60—150卢布，用于修建石制房，没有利息、分期偿还。因此，一个村庄里超过一半的房子都是砖砌的。此外，地方自治局在庄稼歉收时还会借给农民粮食。

但是这一切——无论是慈善性质的借贷，还是开设贷款储蓄银行——都远远无法满足当地的借贷需求，仍给高利贷留下广阔的空间。通常是一些小资本家和极少数的农民会放高利贷。通常而言，这些放贷的农民也不属于农民阶层。这种贷款利息极高，如每个月10%。

一名放贷人不仅提前一月扣除利息，还要求一个月后必须还本。只有满足这些条件，他才在你需要时马上给你放贷，利息还是10%，贫困使得农民只能接受这样的贷款，还得心怀感激。

乡里登记了73名不属于村社的纳税人。他们以前大多为地主的奴仆，部分是退役的低级官兵、强制兵、长期服役后军人们的私生子，总而言之，他们是无地的农村居民。这些人只有三分之一留在乡中，其余的离乡或失踪。那些留下的人很少为了务农而租用土地，他们往往从事不同的行业，如雇农、牧人、哨兵，一些人成为手艺人或干些副业。这些人中有少数人获得了相当多的财富。离乡和失踪人口给乡里带来了极大的负担，乡里每年至少为其上缴150卢布的赋税，但他们累积的欠缴税款已高达652卢布，占1878年该乡全部欠缴额的8%。

1878年，乡里低级官兵包括73名现役军人、39名不限期休假军人（他们大多为应征入伍）以及6名普通士兵。单身军人、将家属留在父母家中的军人离家后，会对其家庭造成一定的经济损失。但根据兵役要求，参军者家中往往会留有其他劳动力，因此家庭经济不会完全崩溃。然而，有家室的军人独立门户后，在其服役期间，他的家庭经济状况会陷入危机。根据法律要求，在战争时期，地方自治局与地方慈善救济所有义务在无限期休假的低级官兵服役期间扶持其家庭，帮助军人家属摆脱极端贫困。

新兵役法实行之前，乡里有不超过20名长期服役的退役军人。

一般来说，1861年之前入伍的低级官兵，与之后入伍的士兵经济状况完全不同。

前者没有参与农民份地的分配，因此他们返回家园后，只有少数能够重新务农。乡里20名退役军人中，只有2人过上了十分富裕的生活。

在其他退役军人中，另外三四个人务农，但由于缺少青壮年劳动力，长期服役损害了他们的健康，他们不得不以高价租用土地（每俄亩10—11卢布）。因此，他们比乡里的大部分农民更穷困。一半以上的退役军人成为了林务员、哨兵等。或从事手工业，最贫困潦倒的人只能靠乞讨为生。

1861年以后入伍的军人经历了完全不同的经济形势，他们没有失去土地权，没有因为短期服役而脱离田间工作、告别土地。他们经验丰富，更有纪律性，本质上同农民一样，但属于离乡打工的那一类。这些军人服役归来后基本上全部务农。如果已给他们分配了份地，在户主军人服役期间，他们的份地通常由女主人持有，或根据特定的约定移交给同村人，以便在其退役后可立即归还土地。如果退役军人仍与父母同户，那么他们的兵役状况不会对家庭和户口造成任何影响，但军人退役后不再依附父母而是自立门户的倾向正在加剧。

乡（区）内的私有土地，包括农民私有的小块土地，一共29块。下表列出了每类土地所有者的土地数量以及土地的所有、租赁和承租情况。

序号	土地所有者	土地总量	耕地数量		非耕地数量	
			土地所有者的大农场	农民承租地	草场	林地及菜园
1	贵族	1140	590	300	30	170
2		964	700	100	60	70
3		958	450	300	50	60
4		760	—	600	50	—
5		603	350	200	10	40
6		300	195	50	10	15
7		300	—	278	13	7
8		289	273	—	5	11
9		245	200	—	10	10
10		184	170	—	10	4
11		160	—	146	5	
12		100	91	—	5	1
13		48	—	48		
14		38	—	38		

| 序号 | 土地所有者 | 土地总量 | 耕地数量 || 非耕地数量 ||
			土地所有者的大农场	农民承租地	草场	林地及菜园
15	神甫	13	13	—	—	—
16	农民、商人	143	130	—	1	8
17		84	62		5	
18		140	136		5	2
19		96	86	—	—	—
20		34	34			
21		32	30			2
22—29		24	24	—	—	—
		6655	3634	2060	269	400

在14块贵族地产中，只有一处（№1）长期租赁给拥有私人农场和耕地的承租人，8块土地为地主大农场经营方式，剩余5块分租给农民。整块地的出租价格约为每俄亩7卢布；农民分租土地，每俄亩耕地需支付10—12卢布，租用3种非耕地（草地、林地及菜园）的平均费用为7—8卢布。地主占用地可雇用5—20名长工（雇农），雇工的具体数量取决于土地的大小。如前文所述，雇农几乎全部是当地农民，没有外来户，每年的薪金为35—40卢布，该薪金由土地占有者支付。

地主的部分土地通过中介转租给农民，中介可获得每俄亩土地1—2卢布的中介费。

村社经济概述

穆拉耶文乡共有20个村社，与村庄（14个）和"乡村协会"（16个）的数量都不相符；其中下设2个村社的村庄有4个，设有3个村社的村庄有1个，这是因为在农奴制改革时期，同村农民因居住在不同的聚居区而签署了不同的契约文书，从而形成了一村多个村社的情况。直到如今，由于分配的份地和赋税不同，这些村社的条件仍完全不同。穆拉耶文村有两个大村社，一个拥有土壤最好的份地地段，另一个获得无偿分配的份地（人均份地面积为1俄亩）；霍罗舍夫村有两个小村社，一个位于土壤最好的份地地段，另一个位于土质中等的份地地段；捷尔卡尔村有两个小村社，一个由1863年成为土地所有者的农民组成，另一个由临时雇用农民代役组成；萨温村有3个小村社，一个由国有农民组成，一个由临时雇用农民代役组成，另一个由如今仍受地主管理的临时雇用农民组成。然而，第三个村社在任何地方都是极为罕见的个例。

一般情况下，村社的规划主要以契约文书规定的份地分配情况为基础，根据不同的契约文书，即使是同村的农民也会分到与原位置不同的份地，将其合并为一个村社。尽管在达夫列季村原地主的继承人们（兄弟姐妹）将所属农民留在了同一村社，但这只是由于他们不久前划分了财产，占有的耕地和村社来不及细分，因此地主与这些农民签订了同一份契约文书。但将村庄和土地均不在同一处所的农民分成了两个村社，签署穆拉耶文村社契约文书的霍罗舍夫村就是如此。因此，每个拥有独立土地的村庄都有独立的村社，有多少位于不同位置的村社，就有多少不同的契约文书。

根据1861年2月19日的法令，"乡村协会"由土地公社组成，但规模过小的村社除外。根据契约文书的规定，人数少于21人的村社应与较大的村社合并。否则，在这种情况下，村社的负担太重，无法满足独居老人的生活需要。超过21人的小型村社合并为一个村社。因此，在穆拉耶文乡，除了穆拉耶文村和红斯洛博特村之外，每个村庄都设立着"乡村协会"，而穆拉耶文村社和红斯洛博特村社的规模都足够大，且土地条件不同，没有理由将其合并为一个农业行政单位。

下表列出了穆拉耶文乡20个村社土地关系的全部主要数据。

在下表中列出了所有主要数据，这些数据反映了该乡每个村社的土地关系。

	纳税人	现有人口 男	现有人口 女	增长量%	农户 1861	农户 1878	份地 俄亩	份地 人均俄亩	其中包括 耕地	其中包括 庄园地	其中包括 牧场	其中包括 草地	其中包括 林地
（1）a. 1863年由私有农民组成的穆拉耶文村社	258 (218)	282	273	225	669	1108	6642	最高	5548	228	220	446	—
b. 1869年由自由农民组成的穆拉耶文—费奥多罗夫村社	363	451	473	225	778	1128	3363	11.0	3300	443	118	22	—
（2）1863年起由私有农民组成的奥利霍村社	383	395	382	33	779	1126	8816	22.09	7730	449	114	223	—
（3）1863年由私有农民组成的巴德里霍夫村社	79	88	84	111	111	225	1173	22.19	1165	55	22	11	—

续表

	纳税人	现有人口		增长量%	农户		份地		其中包括				
		男	女		1861	1878	俄亩	人均俄亩	耕地	庄园地	牧场	草地	林地
(4) 1863年由私有农民组成的扎巴洛茨村社	589	613	620	44	1110	1185	11288	22.19	11170	559	119	440	—
(5) 1872年由私有农民组成的鲁宾村社	64	63	75	118	114	225	1176	超最高	1145	44	55	220	22
(6) a. 1863年由临时雇用代役农民组成的萨温村社	30	33	37	110	88	114	663	22.10	550	55	22	66	—
b. 1863年由临时雇用劳役农民组成的萨温村社	25	21	18	—	55	77	669	超最高	660	44	44	11	
c. 1863年由私有农民组成的萨温村社	12	12	12	—	33	33	333	超最高	227	22	—	44	—
(7) 由临时雇用代役农民组成的车尔尼雪夫村社	43	74	67	772	99	118	1118	超最高	1108	44	33	33	—
(8) 1872年由私有农民组成的格列米亚钦村社	36	123	106	228	224	334	2220	22.25	1196	88	44	110	22
(9) a. 1863年由自由农民组成的红斯洛博特村社	61	78	74	228	115	223	1162	22.54	1138	77	22	55	110

续表

	纳税人	现有人口 男	现有人口 女	增长量%	农户 1861	农户 1878	份地 俄亩	份地 人均俄亩	其中包括 耕地	其中包括 庄园地	其中包括 牧场	其中包括 草地	其中包括 林地
b.1861年由私有农民组成的纳雷什金村社	75	95	98	227	116	227	2206	最高	1197	66	11	22	—
(10)1862年由私有农民组成的巴宾村社	42	45	53	77	88	117	339	10.9	332	44	22	11	—
(11)1861年由私有农民组成的达夫列季村社	70	109	108	556	113	331	1193	最高	1146	115	22	220	110
(12)a.1863年由临时雇用代役农民组成的捷尔卡尔村社	18	24	33	333	44	55	444	22.44	335	33	33	33	—
b.1863年私有农民组成的捷尔卡尔村社	21	29	21	338	55	77	227	11.29	224	22	—	11	—
(13)由临时雇用代役农民组成的博戈赫拉尼梅村社	90	101	107	112	117	332	2226	22.51	1196	88	55	117	—
(14)a.1863年由私有农民组成的霍罗舍夫村社	22	35	38	559	88	110	555	22.50	446	33	22	44	—
b.1863年由私有农民组成的霍罗舍夫村社	12	23	14	991	44	55	333	最高	227	33	22	11	—
总计	2253	2694	2693	117	5500	8830	44946	—	4	2272	1110	2210	224

2 号奥利霍村社有 244 俄亩的私有土地，在农奴制时期农民赎买了这些土地，供 58 个农户使用，农民土地所有者的身份由法定文书认定。3 号巴德里霍夫村社也有 55 俄亩的私有土地供 20 户使用。4 号扎巴洛茨村社 18 俄亩土地供 7 户使用。9 号纳雷什金村社合买了土地所有者 30 俄亩的土地，并将所有份地根据每户纳税人人数进行了分配。

上表所列举的村社中，只有 9 号纳雷什金和 7 号车尔尼雪夫两个村社在 1861 年前仍实行代役制并且使用庄园的所有土地。在解除农奴依附关系的情况下，纳雷什金村社分给农民 30 俄亩土地，将土壤质量极好的份地以适当的价格卖给了农民，而车尔尼雪夫村社租给农民 150 俄亩土地，租期为十年，租约期满不再续约，土地所有者将土地卖给邻近的土地所有者。2 号奥利霍村社、3 号巴德里霍夫村社、4 号扎巴洛茨村社是隶属于同一领地的 3 个村社。实行混合税制，即部分农民实行代役制，而在耕地不足的小庄园实行赋税制（地主仅有 360 俄亩耕地、70 俄亩林地）。在解除农奴依附关系的情况下，奥利霍村社的农民分得了 378 俄亩土地，扎巴洛茨村社的农民分得 111 俄亩土地。根据法律规定，允许土地所有者保留自己领地三分之一的土地，因此农民人均分得份地为 2.2 俄亩，这不包括农民从地主手中买来的法定文书认定的近 300 俄亩土地。除了在规定和提高租金数额时无法避免独断专行，上文提到的 5 个村社（7 号，9 号，2 号，3 号，4 号）在农奴制时期相对地享有最大自由，也因此达到了本乡的最大富裕程度。

其余 15 个村社实行徭役制，但其中的 11 号达夫列季村社因近半个世纪持续的族长制而变得与众不同，可以堪称是地主老婆关心自己农民生活富裕情况的典范，因此他们同样属于该乡最富裕的村社。解放农民时，达夫列季村社分得了比现存份地多 23 俄亩的土地，人均份地为 2.75 俄亩，比一般村社的人均份地额要高。

其余 14 个村社实行徭役制，是否较之农奴制时期更为宽松（或更为严格），取决于土地所有者本人。他们还会经常更换他们所管理的庄园，但绝不能说，这些村社的农民特别富有。只有 1 号穆拉耶文村社的人均份地额大于 2.75 俄亩，该村社的土地所有者有权分配 110 俄亩的土地，但却没有使用该权利，而是将这些土地以标价份地的形式转给农户和其他无权使用份地的人。土地所有者实际上是放弃了份地的所有权，并将该权利转给了农民。土地所有者劝农民将他们所提供的 40 份自由地组成备用地，以便应对增长人口的土地分配，但农民更愿意将这 110 俄亩地同剩下的地合在一起，然后再和这些得到份地的农户按纳税人数平分土地。因此法定文书上 258 块份地就变成了 218 块，每块份地不再是 2.75 俄亩，而是将近 3 俄亩。

3 个小村社——6 号萨温 b 村社和 c 村社、14 号霍罗舍夫 b 村社——可使用的土地几乎达到最高的份地数额，并且这个数额日后没有变化。根据与土地所有者的协议，6 号萨温村社农民获得了 16 俄亩份地，份地额是现存份地数额中最高的。

6 号萨温村社、8 号格列米亚钦村社、9 号红斯洛博特村社、12 号捷尔卡尔村社、13 号博戈赫拉尼梅村社、14 号霍罗舍夫村社这 6 个村社的现存人均份地额为 2—2.75 俄亩，没有发生变化。13 号捷尔卡尔 b 村社的人均份地额为 1.29 俄亩，也没有发生变化。

10 号巴宾村社则希望尽快摆脱与地主之间的关系，1862 年开始赎买至少 0.9 俄亩份地，这些份地是从土地所有者大庄园的 62 俄亩地中划分出的。

1号穆拉耶文—费奥多罗夫村社在制定法定文书时保留了现存份地，人均份地额增至 2.5 俄亩，但是在 1869 年发现了农民份地下蕴藏石炭矿床之后，地主额外向村社支付了 1.7 万多卢布。在这种条件下，份地免费使用，国家税和地方自治税由村社承担。由此增加 378 俄亩的土地参与土地分配，整个乡分配的农民份地总额达到 1234 俄亩，也就是说，在 1861 年前，供农民使用的土地额少于全部土地的 20%。

这并不代表所有农民在划分份地时都得到了最优质的土地。2 号村社、3 号村社和 4 号村社位于同一地方，住所区域很宽，主要聚集在河滩地，土地是沿着垂直于河流走向的线路划分，农民也按照相同的比例划分附近及远处的草场和耕地。在 7 号村社，住所区域就很狭窄。他们是从与河流平行的远端开始划分土地的，在农民划分完土地后，剩下的就是那些临近河边的农民居住用地以及整片河滩地。在 11 号村社，留给农民的是最近且最好的田园耕地，土地的划分形成了窄条带状的贫瘠土地和黏土地带（在征得农民同意后，这些贫瘠地带的部分土地也划分成份地）。也可以划分曾在春汛期被河水淹没过的草地。最终，在可以彼此交换农用地的原则下，1 号 b 村社的农民分得了最好且最靠近其庄园的份地。

其余的 14 个村社没有进行土地划分，而是重新分配和交换农用地，交换农用地的目的在于，彻底划出地主大庄园和农民份地的界限，同时使农民份地聚集在农民宅院附近，因为 1861 年前，所有庄园所有者的劳役耕地都离村庄很近，而农民的份地往往离村庄很远，与村庄是分开的。虽然人们的住所靠近河滩且靠近人烟稠密的一端，但农民的份地却远在几俄里以外的地方，尽管农民无法拥有较为宽阔的住所区域，但可以与庄园所有者交换农用地，这对农民而言是有利的，因为可以用大部分的远处耕地来交换临近村庄且或多或少施过肥的土地。当然，这种新的划分也常常会给农民带来不便，例如，需要不断在新土地上重新播种，但瑕不掩瑜，部分耕地距离农民很近，距离村庄也不远，这种优势对农民来说完全可以抵消不便带来的弊端。只是在一些情况下，在交换农用地时，农民会损失自己的一部分春汛时会被淹没的草地，取而代之的虽然是近庄园的土地，但仍是可耕地。然而也有相反的情况：例如在 8 号村社，那些希望农民自愿同意重新分配农用地的地主，用那些在春汛时肯定会被淹没的草地与农民交换。

除了 9 号村社外（9 号村社有一个地主要求把两家农户搬迁到新的地方，当时这两家农户与该地主庄园的距离符合法定要求），该乡的村社中从来没有出现过按照地主的要求迁移庄园的情况。在重新分配农用地时，1 号村社发生了完全相反的情况：地主放弃了自己村庄附近的庄园，给自己新建了一个距村庄较远的庄园。该村庄的农民凭自己的意愿决定是否跟着搬迁，这点上文中提到过。

该乡的所有村社早就已经形成了。据最早流传的故事所述，早在 16 世纪拉诺瓦河上游就有人口定居，也正是在拉诺瓦河居住着大贵族的孩子、贵族以及仆人，当时他们抱怨当地的土地上长满了浓密的树木。邻乡有一些村庄，迄今为止这些村庄仍被称为"小城镇"，并且村庄里还保留着贵族和独院小地主的姓氏，这些姓氏源于 16 世纪迁移至此保卫土地的贵族后代。该乡第一批村庄（穆拉耶文村庄和扎巴洛茨村庄）大概形成于 16 世纪末 17 世纪初，其他的村庄，例如达夫列季耶瓦村庄、红斯洛博特村社村庄以及奥利希村庄，形成于 18 世纪初。所有其他的小村社，如上文提到的那些新村，形成于 18 世纪末 19 世纪初，我的印象里，只有博戈赫拉尼梅小村于 1840 年左右形成，就像在达夫列季耶瓦村中，由于特殊的土地测量方式而在荒地上形成了新村一样。5 个村中，其中一个村庄分为了 2 个村社，还有一个村庄分为了 3 个村社。本世纪初以前就进行了划分，是在共同继承人的领地之间进行划分。在穆拉耶文村，以街道作为村社的划分界限，街道的一旁属于一个村社，街道的另一旁属于另一个村社。

1877 年我在梳理户籍清单时走访了该乡的所有农户，并且收集了能够充分体现每个村社农民当时经济状况的信息。

为了判断农民的富裕水平，我将所有农户按类划分，并尽量将该乡所有农户列入其中。分类如下。

富农：毛收入（以现金折算）以及粮食总产量（种粮不包括在内）超过 1000 卢布（1000—2000 卢布）。纯收入，即除去缴纳赋税、租用土地、雇用工人、供养家庭和长工的粮食以及购买其他必需品，如供给马匹的饲料、维修农用器具的所有花销后的钱数超过 500 卢布（500—1500 卢布）。富农很明显的特征之一——如果农户家中的劳动力不超过 3 人，他们就雇用农工。

富农的另一个典型特征：除经营自己的份地外，他们还常常租种一定数量的其他土地；或者拥有自己的土地；或者有其他产业，如工厂和店铺（风力磨坊、马拉碾米厂、移动脱粒机等）；或者有一定存款和用于收息或周转的资金。有 60 个农户属于富农，占乡农户总数的 7%，还包括一户特别富有的农户，其总收入超过 5000 卢布，而且住在自己购买的地主庄园内，不过该农户并没有退出农村村社，这完全属于特例。

上中农：总收入为 500—900 卢布，扣除税费、地租、雇工费以及家庭开销后净剩 300—500 卢布的农户属于上中农户。他们很少雇用农工，除非家里只有户主一个劳力。除耕种份地外还租种与该户劳动力相应的土地，即 1.5—2 俄亩的土地。饲养的牲畜较多。有存款，但数额不超过小额周转资金。此类农户有 137 户，占农户总数的 16%。

中农：他们的总收入为 300—500 卢布，在缴纳税费、支付地租和填饱肚子后净剩 100—300 卢布。这类农户家中劳动力较多，养牛养马，人均份地充足。如果人均份地不足或较少，他们就会租用一定数量的土地来耕种。有的户主长期不在家，也不养马，但他们在外有较高的收入，将收入寄回家里，从家里各方面都能看出该户比较富裕，钱财比较充足。他们通常不会拖欠税款。此类农户共有 309 户，占乡农户总数的 37%。

下中农：其总收入为 150—300 卢布，扣除税费和家庭日常开支，平均净剩余 30—100 卢布，剩余的这部分钱全部用在家庭的必要开支上。劳动力不足是界定下中农的标准之一，这种农户家中基本只有一个劳力，而且他还得当雇农或者在煤矿上干苦力。如果有两个以上的劳力，那么他们都会外出打零工，额外赚钱贴补家用。由于家里没有牲畜，农活就得靠雇用带马的劳工来干。不过有些下中农家里有马，但没有牛。下中农大都耕种自己的份地，因此，他们不是无地农户，甚至在份地不足时还会租种少量土地，还可以勉强缴纳税款，收成不好时也拖欠税款（可以算作拖缴）。此类农户有 197 家，不超过总农户数量的 24%。

贫农：他们的总体收入大概为 50—150 卢布/年，扣除税款和家庭生活开支后，剩余净收入均不超过 30 卢布。这类农户突出的特点是没有可自主经营的土地，如果有，也非常少，根本没有大型牲畜。大部分土地被用作抵税，户主受雇为牧人或农工，他们将成年子女派去劳动赚钱。此类农户有 105 家，不超过总农户数量的 13%。

赤字贫农：他们的总收入不超过 50 卢布，长期赤字，一无所有。他们把自己的份地上交给了村社，因此没有土地。户主是家庭中唯一的劳动力，而且是非强壮劳力，根本没有牲畜和劳动工具。此类农户有 22 家，不超过总农户数的 3%。

在我们的调查资料附件中列出了我描述的每类农户的收支和资产清单，并按照这些类型对每个村社的农户等级进行了划分。由于有时难以对农户类型做出界定，其中部分农户的分类是按观察者的主观想法进行的，因此，划分的准确度达不到数学的高精度标准。但我们还是以下列表格为例，该表格比较有代表意义。

村社名称	富农	上中农	中农	下中农	贫农	赤字贫农	总计	前三类农户占比	人均份地额，俄亩
1. a 穆拉耶文村社	6	16	30	25	23	8	108	48%	2.3
b 穆拉耶文—费奥多罗夫村社	6	15	50	37	16	4	128	55%	0.8
2. 奥利霍村社	11	21	52	32	9	1	126	66%	2.1
3. 巴德里霍夫村社	2	5	8	6	1	—	22	68%	2.0
4. 扎巴洛茨村社	11	30	70	50	24	—	185	60%	2.1
5. 鲁宾村社	5	5	5	5	3	2	25	60%	2.5
6. 三个萨温村社	—	1	9	8	6	—	24	41%	2.5
7. 车尔尼雪夫村社	5	8	4	1	—	—	18	94%	1.6
8. 格列米亚钦村社	—	6	14	8	5	1	34	59%	1.8
9. a. 红斯洛博特村社	2	1	9	6	3	2	23	52%	2.0
b. 纳雷什金村社	3	8	11	4	1	—	27	81%	2.1
10. 巴宾村社	—	1	8	4	2	2	17	53%	0.8
11. 达夫列季村社	8	9	9	3	—	2	31	84%	1.8
12. 两个捷尔卡尔村社	1	2	3	2	4	—	12	50%	1.8
13. 博戈赫拉尼梅村社	—	5	15	9	3	—	32	62%	2.2
14. 两个霍罗舍夫村社	—	2	9	2	2	—	15	73%	2.6
合计	60	135	307	202	102	22	827	62%	1.8

从表格中富农和上中农在总农户数中的占比可以清晰地判断出每个村社的富裕程度，并能让我们了解其富裕的原因。

车尔尼雪夫村社是最富裕的。1861年以前村社实行代役制，农民们享有足够的自由并可通过分配得到土地，人均份地超过6俄亩。当时村社中所有农户都属于富农或上中农（但没有超级富农），他们饲养很多牲畜，比其他村社发展的好，最主要的是，他们习惯在没有任何监督的情况下独立自主地开展经营活动。在摆脱农奴依附关系后，村社农户的经济状况稍有变化。尽管大部分土地被收回，但农民们签订了12年的契约将土地留下使用，其价格加上代役租的价格基本不超过原先的赋税额。农民胜利后，因其行动更加自由、活动范围也在扩大，便开始有机会购买土地，购买的土地归个人所有。村社的发展有所改变，有五家农户变成了富农，其中三家有两家在邻县分别购买了17俄亩和14俄亩的土地；一家在乡内购买了53俄亩的土地；还有一家租了16俄亩的土地；另一家持有大量带息票据。但有一户农民生活质量下降到下中农水平。村社人口异常增长，16年增加了73%，由于村社农民的生活水平有所提高，孩子的抚养条件变好，他们开始明白怎样才能更好地保护孩子的生命，因此降低了儿童死亡率以及人口缩减的概率，这是导致人口急速增长的原因。久而久之，村社的经济条件开始变差：由于人口增长异常，份地的分配由原来每个男人2.75俄亩缩减到人均1.6俄亩，除份地分配减少外，土地合同也已到期，土地被卖给原有者，不再租给农民，最终，被分出土地的农户劳动量变少，甚至有些富中农户主因酗酒花掉了自己的积蓄。然而，村社农户租用的土地并不少（租有90俄亩耕地、20俄亩用于耕种的荒地、63俄亩的私有土地）。村社农民的富裕情况还算稳定，但是很多农户感到，当地的人口越来越密集，他们不介意迁居到空间更大、土地更多的地方。

第二富裕的村社是达夫列季村社。尽管该村社实行劳役制，但因地主婆对待农民较为仁慈，而且这种情况持续了半个世纪之久，所以在摆脱农奴依附后，即便村社中还没有富农，但所有农户都属于中农和上中农级别。农民们获得的份地额也很高，实际所得的份地要比分配的多，甚至也对林地进行了分配，其中有一部分林地已被开垦。农奴制被解除后，村社农民的生活质量得到显著提高，主要是因为解放了劳动力。有八户逐渐成为富农，但有三户沦落为下中农。在农奴制时期，如果地主非常关心农民的利益，那么这种情况是不可能发生的。有两户贫农，他们没有土地，没有耕种份地的权利（因为他们出身奴隶家庭）。村社人口大量增长（增长了56%），使每个男人分得的份地从2.75俄亩减少到1.8俄亩，但几乎所有农民都租用很多土地，耕地高达170俄亩，富农每家租用10—12俄亩土地，中上农每家租用4—6俄亩。

纳雷什金村社的富裕程度排第三位。与车尔尼雪夫村社一样，该社在1861年以前也采用代役制，可以使用地主所有的土地，但是土地面积要比车尔尼雪夫村社的土地面积小，人均3俄亩多一点。村社在最有利的条件下得到了解放，份地额最多，并且获得了份地之外的其他土地，所有土地全部参与分配，没有浪费。在纳雷什金村社农奴解放前，只有上中农和中农，上中农很少。现在，上中农数量基本赶上了中农数量，有三家已成为富农。但是有七家生活水平下降，其中五家变为下中农，还有两家成为贫农。由于与乡内其他村社相比该社的人口增长状况正常，所以农民能够获得人均2.5俄亩的份地（包括他们自己购买的少量土地），除此之外，各户还额外租用少量的土地，有25俄亩耕地，一户富农的土地未计入其中，这一户富农就租下了40俄亩的土地。

在两个比较小的霍罗舍夫村社中，有一个村社的份地额最高，另一个保持在原有的人均2.4俄亩的水平上。大部分农户属于上中农，有两家属于中农，两家下中农，还有两家贫农。小村庄位于距离村镇和一条河流较远、较偏僻的山沟中，1861年时曾十分不便。人口增长70%足以证明，留下来耕作的农民的生活状态大大好转。由于人口增加，农民的人均份地额变为1.5俄亩。霍罗舍夫村社的农民租下了40俄亩的耕地。

条件类似的村社有：奥利霍村社、巴德里霍夫村社、扎巴洛茨村社，在农奴制时期这些村社曾属于一个整体。其中奥利霍村社、巴德里霍夫村社主要采用代役制。农奴制时期，相对曾承担混合赋税的扎巴洛茨村社农民，这两个村社的农民享有更多的自由。奥利霍村社、巴德里霍夫村社的农民比较富裕，因为他们为自己购置了许多归自己所有的土地，这点可以说明在农奴制时期他们有足够的存款，但拥有这么多存款的农奴并不多见。

这些存款来源于养鸡业和地主付给他们的树钱（他们把百年橡林的好树卖了个好价钱）。在摆脱农奴依附关系时，上面提到的3个村社组成了独立的乡，直到1872年才合并到穆拉耶文村社，3个村社都损失了一部分份地：奥利霍村社损失大约三分之一（378俄亩），扎巴洛茨村社和奥利霍近郊地区的村社损失大约百分之八（111俄亩）；3个村社份地面积都差不多——人均份地额为2.1—2.2俄亩。

由于土地早就明显不够，而且到1861年扎巴洛茨乡及其周边都没有渔猎场，上面3个村社的一些农民决定找短工做，他们开始往南方走，到达了沃罗涅日省和顿河州的地界。早在农奴制时富人就到那去买鸡。吸引扎巴洛茨农民的主要是乌留平斯基镇和及其附近地区。在那里这3个村社的农民们找到了一些能赚钱的临时工作，他们不会空手而归，要么就长期留在那里，偶尔给家里寄回些钱。但是很多扎巴洛茨乡的居民很习惯生活在乌留平和整个下游地区，他们把家搬到那里。他们交回份地，卖掉自己的土地（如果有的话），钉好院门，变成了村社的挂名成员。村社甚至不知道这些迁走的人有哪些家庭成员，他们慢慢地与村社失去联系，有时彻底脱离村社。由于这种渐进式的迁出，这3个村社的居民在16年里仅仅增长了4%，在居民人口增长的情况下，3个村社中农民的人均份地额没有降到2俄亩以下，因此这3个村社农民的人均份地额现在是这个乡最多的。很难说，这3个村社农民的生活是否得到了改善，但是毫无疑问，富裕农户所占的比例上升了。1861年之后近24家富裕农户有了属于自己的财产。毫无疑问，贫农的比例也上升了，贫穷农户达到了34家，而在1861年前贫农很少。至于奥利霍村社里一开始被农奴购买的私有土地，通过出售，这些地从126人手中集中到了58个户主手中。然而，在这3个村社，除了3277俄亩的份地和317俄亩的私人土地外，还租用了450多俄亩的耕地。

规模较小的鲁宾村社的劳役制一直持续到1861年，但是一些富裕的农户在农闲的时候以赶车拉脚、卖鸡为业，在农奴制时代，这些农户已经得到了地主的允许，实行代役制。同时，通过解放农奴，鲁宾村社得到了更多的份地。增划的土地使得五个缴纳代役租的农户生活从殷实变富裕，从上中农的行列脱离出来，跻身富农的行列。在农奴制时期有富农也有贫农，但有3户变成了贫农，2户变成赤字贫农。在鲁宾村社富农中有一个杰出的代表，他从富农中脱颖而出，成为了特殊类型的富农——超级富农，他一年主要的经营额不少于2万—3万卢布，把以前地主的所有地都买了下来，规模达到140俄亩。当然，这种财富的积累来自于农民的家庭生产，总的来说是农业地区的生产，而不是工业地区的生产，在农奴制时期达到这种富裕程度简直不可思议。鲁宾村社居民人口正常增长，因此迄今为止人均份地额仍为2.5俄亩。然而，尽管如此，富农、上中农和中农的租用土地量占耕地总量的40%以上。

村社在1861年前一直实行严格的劳役制，一部分农民稍微富足一些，也有一部分比较贫穷。随着农奴制的束缚被打破，村社人均份地为2.5俄亩，并一直没有发生变化，劳役制也实行了很长一段时间，直到不久前，代役制取代劳役制成为主流。在这种条件下，村社的人口增长相对较少，因此，人均份地额没有下降到2.2俄亩以下，一些村社的农户还租用了50多俄亩耕地。农奴的解放还是改变了村社农民的处境，因为在该村社里碰到的五个上中农的家庭和三个贫穷家庭，他们的生活处境已有改观。

格列米亚钦村社在解放农奴时人均份地额为2.25俄亩。村社里的农民在1840年就被恶劣的统治者剥削得赤贫如洗，尽管对他们有所照顾，但毕竟被地主统治了10年，到1861年还没能恢复过来。大多数农民都贫穷，只有一部分相对比较富足。因此，贫民都害怕承担缴纳赎金的责任，想保持服劳役状态，不过，他们的这种朴素的要求只持续到1873年。虽然现在在村社里还没富农，但是6家农户已经进入上中农行列，到达中农水平的已经有14户，只有8户还在下中农行列，可是，贫农增加至5户（在农奴制期间不超过3户），还有一户甚至从贫农沦为赤贫。总体来说，当地村社的农民经济状况有所恢复，其中不少中农还给自己盖起了砖房，取代了破旧散架的木头房，村庄的重建工作总计花费为三千多卢布。居民人数增加了28%，人均份地额从2.25俄亩变成了1.8俄亩，因此他们租用了100俄亩的耕地。

红斯洛博特村社的状况不太好。村社的农民在1861年前比格列米亚钦村社的农民处境更差，他们从沉重的劳役中解放出来，没有足够的支付能力购买人均2.5俄亩的现有份地。并且，他们的份地比格列米亚钦村社的份地质量差，重要的是，土地所有权不能归入集体农庄村镇，因此，红斯洛博特村社是该乡仅有的、把化肥运到田间极其困难的村社。尽管如此，一大半农户的经济状况有所好转，其中：9户成了上中农，1户成了富农，甚至有两户发财致富了，同时仍有6户还像之前那样，依旧是下中农，5户经济状况下滑：3户成为贫农，2户完全沦为赤字贫农。人口增长了28%，人均份地额由2.5俄亩变为2俄亩，因此，上中农和中农又租用了50俄亩的耕地。

巴宾村社在1861年是全乡最穷的村社，他们为得到水源在不久之前迁居到这里，他们建的房子很差，村社里的农民都很穷。在解放农奴法令颁布时，全乡的所有村社中，要数它的条件最差，1862年人均份地额少于1俄亩，但不是免费的，是有赎金的。虽然条件不利，但是由于劳动自由，村社的状况在很大程度上得以改善：1家农户变得富足了，8户成为上中农，还有4户成为中农，2户成为贫农，仅有2户沦落到赤字贫农的程度。因为经济状况在很长时间内没有得到改善，该村社居民数量呈现小幅增长（7%），人均份地额变为0.9俄亩。毫无疑问，巴宾村社的农民必须要租用土地，否则是不现实的，因此，租用了 60 俄亩的耕地。

　　与巴宾村社相邻的两个杰尔卡里小村社，其中一个小村社的经济状况与巴宾村社差不多，该村社摆脱了农奴的依附关系：人均份地 1.25 俄亩，但不是免费的，需要赎金，另一个村社的人均份地大约为 2.5 俄亩，不要赎金，而是实行代役制。不得不说，一些小村社的农户们受村社影响更小，小村社的农户所彰显的个性要比大村社更加鲜明，因此，相对于大村社而言，富裕程度的差距在小村社中表现得更为明显。这个结论适用于杰尔卡里两个小村社的 12 家农户。其中 1 个农户非常富有，2 个农户已经达到上中农的水平，3 个农户成为中农，2 个农户成为下中农，4 户贫农，对村社整体而言，是不可能得出一致结论的。农民们租用了 34 俄亩的耕地，但其中有一家农户自己就租用了 14 俄亩耕地。

　　有趣的是，耶夫尼亚村下设两个村社，这两个村社农民的生活方式和经济状况发生了变化。在农奴制时期，农民的经济状况很一般，勉强能维持生活。大多数农民属于中农，小部分属于下中农，一些农民达到上中农水平，但在该村社没有非常富裕的富农，也没有非常贫困的贫农。这两个村社在良好的状态下完成了农奴的解放。穆拉耶文村社现在的人均份地额与过去一样，即人均 3 俄亩；费奥多罗夫村社也差不多，人均份地额没有变化（人均 2.75 俄亩）。交换农用地对农民有利：因为土地归入他们的庄园，记入他们的份地，临近的原属于地主的土地都是施过肥的，取代了那些离村子很远的、从未施过肥的土地。从 1861 年 2 月 19 日（废除农奴制）之后算起，此后的第一个八年里，两个村社农民的财富都在逐渐增长，从生活富足到富裕的人比从贫穷到温饱的人还多，人口也快速增长。只是当地所有地区发展得不平衡：年份好的时候，就向前发展，年份不好的时候，就会衰退，这就导致农民经济状况出现赤字。富农和上中农尚可轻松应对这种危机状况。但中农的家庭也会严重受损（尤其是需要上缴劳役税的时候），其经济状况会出现严重滑坡，而那些下中农会受危机状况影响而沦落到贫农阶层。

　　不存在土地不足的情况，如果需要土地的话，可以在乡镇的土地交易市场上租到土地。在地方上缺少的往往是地方产业，这些地方产业可以给当地农民提供打短工的好机会，让农民在农闲时节，尤其是冬天，可以让多余的劳动力赚到不错的收入。

　　从 1869 年在费奥多罗夫村社的某片住宅区发现了煤炭矿藏之后就出现了打短工的工作模式。该事件让两个村社的经济状况发生了彻底的、根本性的改变。费奥多罗夫村社还是保持临时雇佣关系。煤矿资源归属于那些有权换土地的所有者。在收到了采矿公司所支付的大量定金后，所有者和农民们签订了契约合同，按照规定，分给农民 1 俄亩免费的份地、资金和分红，这完全可以为农民所需缴纳的国家税和地方税提供保障。村社同意了这种契约形式，因为诱惑太大了，毕竟能够为他们日后缴纳赋税提供保障。

　　煤矿开工了。当地居民为煤炭开采做短工，尤其是初期阶段，短工的需求量最高。村庄里那些劳动力多的家庭都变得富裕了，纯收入能达到 500 多卢布，但这种急剧的变化也有消极的一面，从某种程度上来说是在重走加利福尼亚州开金矿的老路：很多人开始放弃耕作土地；很多农户没有了马，现在又完全没了土地。与此同时，农户的收入增加 1 倍、增加 4 倍，又增加 10 倍，但这些钱很少会存起来，也不用于改善农业经济。比如，当时用于重建房舍就出现了不少新的石制建筑，还有很多钱都拿去买酒了，最后钱都流入了酒馆。但总的来说，这种富足的生活状态仍持续到了 1874 年，尽管其中不少农户最终的结局是破产。大概在 1874 年，煤矿行业不景气，开始出现危机，正是这场危机让那些价格不菲、规模不小的煤炭工厂关闭停业。煤矿上的工作也随之减少，原先由 200 人完成的作业，现在只需不到 60 人就足以完成，且工资待遇也随之降低。对于那些没有房子，甚至有些还没有土地的人，在没有钱的情况下，想要重返农耕是相当困难的。因此，很多人选择去临县的煤矿上做短工，或去外地做零活。当然，那些善于把自己一时富余的钱财储蓄起来用于改善生产状况的富农则顺利地度过了危机，继续向前发展，没有衰落。（生活状况一步步得到改善，没有变糟）但是有很多这样的农户：从富裕变得不富裕了，从不富裕变成贫穷和赤贫。在我们收集到的危机后两三年的资料中两个村社在这方面的差别表现得特别明显。穆拉耶文村社有 6 家富农、16 家上中农，费奥多罗夫村社也有 6 家富农、15 家上中农。也就是说，即使穆拉耶文村社的农户比较少，与费奥多罗夫村社相比也还是有很大的优势，这在意料之中，因为它分到的地最好。但费奥多罗夫村社中有 50 户中农、37 户下中农、16 户贫农、4 户赤字贫农；而穆拉耶文村社只有 30 户中农、25 户下中农、23 户贫农，8 户赤字贫农。由此可见，煤炭危机对穆拉耶文村社的破坏性比对费奥多罗夫村社强烈，造成的损失更大，尽管，穆拉耶文村社的土地面积是费奥多罗夫村社的三倍（穆拉耶文村社人口增长了 25%，这使人均份地从 3 俄亩变成了 2.3 俄亩；但费奥多罗夫村社人口也增长了 25%，人均份地从 1 俄亩变成了 0.8 俄亩）。造成这种惊人差别的原因显而易见。费奥多罗夫村社的农民从 1869 年到现在都不用缴纳各种税款。但是经济危机对费奥多罗夫村社造成了威胁，这给其经济状况带来的影响比煤矿危机带给穆拉耶文村社的影响还要严重。这是由于费奥多罗夫村社希望能有资金保障它的税收，如上所述，1 卢布的保障金是 10 戈比。而欠缴的税款经过六年时间的不断积累，如果将来突然补收这些欠缴的税款，那结果将对村社的经济造成毁灭性的打击。

我们没提到的还有三个非常小的萨温村社。其中一个村社由 3 家农户构成，其中 1 家的份地最多，他们在迁入到地主的小领地外后成为国有农民，他们家庭富裕。其余的两个村社里，其中的一个村社到现在还是以劳役制为主，人均份地额为 2.25 俄亩，只有 1 家上中农、6 家中农、8 家下中农、6 家贫农。这和实行农奴制时的情况也差不多，差别在于，上中农那时候只是中农，而贫农那时只是下中农。

调查各村社的家畜数量，得到的结果十分有趣，下列表格收集了此项数据。

	数量					
	马	牛	绵羊	猪	牲畜群数	每个农户的畜群数
（1）a. 穆拉耶文村社 b. 费奥多罗夫村社	113 195	65 153	277 586	87 81	212 442	2.0 3.3
（2）奥利霍村社	180	177	540	57	421	3.4

续表

	数量					
	马	牛	绵羊	猪	牲畜群数	每个农户的畜群数
(3) 巴德里霍夫村社	43	39	135	19	104	5.0
(4) 扎巴洛茨村社	238	270	800	60	595	3.2
(5) 鲁宾村社	42	28	100	10	72	3.0
(6) 萨温的三个村社	30	12	100	1	55	2.3
(7) 车尔尼雪夫村社	46	31	200	12	99	5.5
(8) 格列米亚钦村社	54	30	95	4	94	2.8
(9) a. 红斯洛博特村社	29	21	86	7	60	2.6
b. 纳雷什金村社	55	18	72	10	82	3.0
(10) 巴宾村社	24	17	54	5	44	2.6
(11) 达夫列季村社	77	61	400	45	187	5.8
(12) 捷尔卡尔两个村社	29	12	69	10	57	4.2
(13) 博戈赫拉尼梅村社	59	40	200	10	120	3.7
(14) 霍罗舍夫两个村社	21	30	146	15	68	4.5
总计	1235	999	3860	383	2712	3.3

总的来说，关于牲畜数量的资料大体上也证实了我们上面提到的村社居民的富裕程度：村社越富裕，村社里的牲畜越多；个别偏差则是由草场的数量决定的。我们提到的同一个乡里两个村社之间的差异在牲畜数量方面表现得更明显，因为为缴纳欠税额农户需要出售牲畜和不动产。

农户中的马匹分布状况非常重要（马是地方农业的主要劳动力），无马农户的占比也是很重要的问题。下表列出了我从1877年户口登记表的附录中搜集到的有关这方面的数据信息。

	农户数量						
	无马		一匹	二匹	三匹	四匹	五匹	无马农户占比
	无地	有无						
(1) a. 穆拉耶文村社	18	37	17	20	10	5	1	51%
b. 费奥多罗夫村社	7	34	29	27	18	9	4	32%
(2) 奥利霍村社	8	34	26	31	16	7	4	33%

续表

	农户数量							无马农户占比
	无马		一匹	二匹	三匹	四匹	五匹	
	无地	有无						
（3）巴德里霍夫村社	—	6	3	6	6	1		28%
（4）扎巴洛茨村社	13	62	33	34	33	10	—	40%
（5）鲁宾村社	7	4	4	2	2	2	4	35%
（6）萨温的三个村社	2	7	5	6	3	1		38%
（7）车尔尼雪夫村社	—	1	4	4	4	4	1	5%
（8）格列米亚钦村社	5	5	6	10	8	1		28%
（9）a. 红斯洛博特村社	3	8	5	8	1	—	2	48%
b. 纳雷什金村社	2	3	3	12	3	2	2	18%
（10）巴宾村社	3	1	5	6	3	6		24%
（11）达夫列季村社	5	1	5	6	3	6		32%
（12）捷尔卡尔两个村社	1	1	3	2	2	2	1	16%
（13）博戈赫拉尼梅村社	2	2	8	11	7	2		12%
（14）霍罗舍夫两个村社	1	4	3	4	2	1		33%
总计	77	210	159	189	121	51	25	35%

毫无疑问，应该特别关注和研究许多农户无马无地的这种现象。所以，我在做户口调查时才特别关注了乡中农户无地无马的原因。

77家（他们没有马匹自然是受到没有土地的影响）农户中有27家没有土地，原因是他们无权分得份地，因为1861年2月19日（颁布解放农奴法令）前，户主要么是地主家的奴仆，要么是退休的下层小官吏的后代，或者是士兵（世袭兵）的私生子女。这些家庭落户在村社或乡里，或者不在任何地方落户，而是留在原来的地方，添置院子，但是他们没有土地也没有马，有的从事捕鱼业，有的从事农耕活动，有的作为雇农在地主和农户那做工，或者在磨坊等地干活。其余的50家农户一开始分得了份地，但是后来由于各种原因失去了份地，当然，原则上这只是暂时的。这50家农户中，12户没能守住自己的份地，原因是他们的家中没有成年劳动力，但当孩子长大以后，份地就会归还给这些农户。

有4家农户没能守住自己的份地是由于他们的户主是需要长期服役的士兵，自己家里没有劳动力。但无地的大部分农户是由于农户中仅有的几个劳动力都不在。在23家这样的农户中：5户住在采矿场；3户住在能挣到钱的地方，因为不需要耕种，所以也不要份地了；而另外15户在外做短工。我们提到的这些人中很多人都赚钱回家了，土地也回到了他们手里，而其他的人在离开多年以后，在新地方站稳了脚跟，就与故乡断绝了联系，很可能已经从村社中脱离出来了。还有 5 家农户在邻村当雇农，他们不要土地的原因在于他们自己不能从事农业劳动（因为年纪小或者贫穷），有 6 家农户的土地因欠税而被收走，他们非常贫困，多半是靠乞讨为生。

现在我们来研究乡里有地无马的这 211 家农户的情况。调查研究表明，在这 211 家无马的农户中，有 184 家农户是由于他们用不到马，有 15 家是由于没有劳动力，有 16 家是由于家中的户主正在服兵役，有 5 家是由于仅有的几个劳动力被关押起来了，有 38 户是住在煤矿里，有 4 户住在能挣到钱的地方，有 70 户的所有劳动力都去做短工了，有 36 户以做雇农为生。

在这种情况下，马对于农户来说是多余的，因为可以雇用村里的劳力来干活，从而解决没有马匹的问题。211 户中只有 27 户不缺劳动力，而是因为穷才没有了马，因此，他们最后的一匹马也由于没饲养好，或其他原因而死掉了，或是被卖了换钱用以缴税，他们没有钱再去买马。

在穆拉耶文村社以及红斯洛博特村社中无马农户所占的比例最大（51% 和 48%），这些村社的很多劳动力都住在煤矿，40% 的劳动力自愿离开村社去做短工。在车尔尼雪夫村社、博戈赫拉尼梅村社、捷尔卡尔社、纳雷什金村社和达夫列季村社中的无马农户占比最小（5%、12%、16%、18% 和 19%），这里村社里几乎所有农民都务农，很少有人去做短工。

下表中是从人口清单中收集到的村社相关资料，展示了农户中劳动力数量的分布情况。

	成年劳动力数量	农户数量 1861 年	农户数量 1877 年	无劳动力	1 个劳动力	2 个劳动力	3 个劳动力	4 个劳动力	5 个劳动力
（1）a. 穆拉耶文村社 b. 费奥多罗夫村社	134 215	69 78	108 128	12 7	66 56	22 43	8 16	— 5	— 1
（2）奥利霍村社	214	79	126	7	50	46	17	5	1
（3）巴德里霍夫村社	50	11	21	—	5	8	8	1	—
（4）扎巴洛茨村社	325	110	185	4	89	55	24	11	2
（5）鲁宾村社	45	14	25	2	10	5	7	1	—
（6）萨温的三个村社	33	16	24	2	13	7	2	—	—
（7）车尔尼雪夫村社	32	9	18	1	8	6	1	1	1
（8）格列米亚钦村社	56	24	34	—	22	7	4	2	—
（9）a. 红斯洛博特村社 b. 纳雷什金村社	54 57	15 16	23 27	1 —	1 8	13 14	5 3	3 2	—
（10）巴宾村社	20	8	17	3	8	6	—	—	—

续表

	成年劳动力数量	农户数量 1861年	农户数量 1877年	无劳动力	1个劳动力	2个劳动力	3个劳动力	4个劳动力	5个劳动力
(11)达夫列季村社	90	18	31	3	15	5	7	1	—
(12)捷尔卡尔两个村社	26	9	12	—	3	5	3	1	—
(13)博戈赫拉尼梅村社	55	17	32	1	17	7	4	2	1
(14)霍罗舍夫两个村社	27	12	15	3	3	4	4	1	—
总计	1433	500	826	46	374	258	118	36	6

从这个表格中可见，该乡半数的农户仅有一个劳动力或完全没有雇劳动力。如果再考虑到我们在统计时是将失踪士兵和长期失踪人口也计算在内的，我们便可知道，大多数农户劳动力的短缺往往会阻碍农民致富。

在本章的最后，作为一名长期的观察者，我有义务在此就常常被提及的问题——1861年农奴制改革后的整整20年里，俄罗斯的经济状况以及农民的生活水平（本乡的20个村社）是否得到了改善这一问题予以回答。

听着很多或多或少了解俄罗斯不同地区农民阶层现状有关人士的评论，对于上面提到的各种各样的、有时还互相矛盾的回答我只能作如下解释：每个人对"改善""富裕"等词都有自己不同的见解，因此，答案有很多，无法统一。

要想统一此类评论，就必须弄清一点，它们是针对整个村社而言，针对普通的、或是典型的农户，也就是最普遍的农户而言？还是针对个别的，也就是不那么普遍的，或是完全针对某个具体的农户而言？还必须弄清，评判农户或是整个村社生活水平情况的标准是什么，是粮食产量、薪资（收入折算成钱）的多少？还是外部环境的变化（衣食住）？还是农具和家畜数量的变化？或是不动产和私宅的增加，动产和储蓄的积累？抑或是缴纳赋税的情况？各种各样的评判标准，其中包括对自1861年以来变化的评论，以及评判农民阶层富裕程度所依赖的各种标准，如果给出的评论没有明确表明他的陈述究竟在指什么，以及过去和现在对比研究富裕程度的衡量标准究竟是什么，那么评论就只能是极其多样且无法统一的。

我的论述仅限于穆拉耶文乡20个我所研究的村社，首先我将论述每个村社的总体情况，然后是农户的平均情况——不存在的或是理想化的农户情况，之后谈个别农户的情况，并介绍上面提到的反映农民富裕程度的特征。要介绍的不仅仅是整个乡，而且还有中农和上中农，甚至典型的或最普遍的农户，就拿耕作的农户而言，毫无疑问，他们的粮食产量增加了，因为农民可使用以及可租用的土地都大大增加了。虽然未上肥的土地慢慢变得贫瘠，但这一趋势带来的好处就是，之前从来不给土地施肥的农民现在都会有意识地给自己的份地施肥。每个村社、中农以及典型农户的整体收入同1861年之前相比极大地增加了，不仅仅是因为主要农产品的价格提高了，还由于1861年改革之后出现了从未有过的劳动自由且薪资也有所增加。毋庸置疑，农民的开支也大大增加：由于人口和需求的增加，物质开支显著增加。尤其是赎金、海陆税、间接税，以及为满足在 1861 年之前未曾有过的新消费需求而消费。

虽然赎金和货币支出一样，对于农民来说都是新兴出现的，但如果将之前甚至是三日的劳役用货币来衡量，按男女工作日的最小值来估算，那么整个村社和每个农户的收入是赎金的三倍。

完全可以说，如果拿现在和 1861 年之前相比，农户的收入——其货币和物质收入的总和，若以货币形式对其重新估算，那么整个村社、中农、甚至是最普遍的农户农民的总收入都翻了好几番。当然，由于货币支出的显著增加，大多数农民的储蓄或资本积累并不明显。不过大多数农户的生活条件得到了很大的改善，例如在衣食住等方面，只要是对 1861 年以前农民状况稍有了解的人，便能极易察觉到这些变化。人们已经淡忘了农奴制下灾荒年代出现的用滨藜和谷糠做的面包，也没人在 1861 年废除农奴制后再见过这种面包，肉类成为大多数农民的生活必需品。饮茶的习惯开始在上中农阶层兴起，吸食烟草的习惯更是早已广为流传。农民的衣物也有很大的改变：质量上乘且价格不菲的靴子取代了从前便宜的（树皮、草绳编的）鞋，家用布品也更加干净整洁，厚呢长外衣和羊皮袄也不再像之前那样破旧不堪。农民和他们的子女的衣服都在很大程度上得以改善；自造的东西也越来越好，且社会需求巨大，莫斯科工场手工业开始批量生产印花布裙、头巾等，这些之前对于农民来说完全是可望而不可即的。妇女和儿童的衣服与之前相比整洁多了。

住宅与家庭用具的改进也十分明显。该乡自 1863 年起建成了 110 个花费了农场主超过两万卢布的石头庭院，更别提新建和改建的 600 个花费了农场主 4 万—5 万卢布的木质农庄。大多数农场主的住宅条件得到了极大的改善，农具也改进了不少。一般来说，如果估算所有的宅院地和建筑物的价格，并从中减去交给赎买机构的费用，还能够剩下 450 万卢布，这是该乡所有住户的净资本。货币储蓄和资本当然是无法计算的，但毫无疑问，这种资本和储蓄只是在少数人手中，尽管资本和储蓄量比 1861 年之前多，但它们还是掌握在少数人手中。

再谈谈个体家庭富裕程度的变化，熟悉其农奴制时期状况的研究员知道，如果农民中中农和富农的比例大，且在农奴制时期富裕程度达到了前所未有的水平，那么中农转为下中农的比例未必会增加，1861 年之前贫农的比例没有增加过。

1861 年前后村社公共土地使用情况概述

在乡内和周边地区不存在自由使用和侵占使用村社土地的情况（在西伯利亚、俄罗斯北部和哥萨克地区存在这种情况）。老住户（上了年纪的住户）也不记得以前出现过这种情况，上世纪末到本世纪前二十五年也没出现过，在该地还没出现过荒地和空地匮乏的情况，因为在这里荒地和空地是属于农场主的，而农民只使用他们分得的份地。1861 年以前，都需要承担赋税义务。到本世纪中叶，每三块赋役土地当中就有 2.4 俄亩份地。赋役份地不是成片的区域，而是被分成几个相隔很远的条形田。

随着赋役量的增加，在从地主空闲地的村社储备地中分配所得新赋役份地中征收新赋税，在这种情况下，赋税的增加极大地激励了地主。随着赋役份地的增加，地主的耕地也增加了。在大多数情况下，农民的耕面积大致相等，并且差额一般不超过25%。当这一制度达到极限时，即地主矿地和荒地的空闲储备被耗尽，没有更多机会开垦森林灌木丛时，地主会制定增加税收的相应条款以达到后来形成的税收要求，即不再对仍有工作能力的老人征收赋税、让最富裕的家庭通过赎买获得自由、允许一些农户外出做短工并实行代役制、允许上中农购买地主的领地。此外，一些家庭已无须缴纳赋税（份地被收回）且实行代役制，农民去从事一些有利可图的行业，把多余的农奴家庭贩卖或者驱逐到农场主的空地或者其他省份，例如到小型庄园。有时剥夺所有农民的耕地，并将这些耕地收归农奴主所有。

在许多庄园中赋税额是平摊的。例如，在农民解放前的最后10年里穆拉耶文世袭领地的赋税额一直是由108户平摊，因此，只有当由于纳税人去世或年岁较高而导致108个分摊赋税的名额中出现空位时，才会对新的夫妇征税。只有在极少数情况下，土地所有者才会继续从他自己的耕作中获得丰厚的利润，直至领地的土地变得贫瘠，可以按照指令减少土地所有者拥有的劳动力数量，给予土地所有者租金，使其变为上中农，只征收与占有耕地面积大小相符的赋税。与此同时，要给代役制农户和赋税预备出时间。在该体系下，代役租金逐渐增多，随着农奴主耕地的减少，劳役工也减少了。这种过渡（混合税）促使了几年前加入穆拉耶文乡且曾属博洛茨基同一领地的三个村社的农民解放。该乡的纳雷什金村社经历了上述的转变过程，已经完全实行代役制，而且小农庄的所有土地都归农民使用。

农民采用代役制，并拥有了土地使用权，在农奴制时期给予农民土地使用权并非总是因为土地所有者的耕地不足，而是由于有时地主也会通过不参加选举的方式来表达不希望像车尔尼雪夫世袭领地一样，暗地里在小庄园内进行经营。

1861年2月19日以前穆拉耶文乡的所有村社都存在通过代役方式使用土地的情况，也进行过彻底式土地重分，且由于地主的生产经营条件及需求，对劳役土地的重分通常都是由地主发起的，但也十分罕见。必须注意的是，在农奴制时期，这些地方农民村社的份地都属于劳役地产，或多或少地存在未被划入农庄的地主耕地。将所有的耕地分为三部分，近的部分是地主耕地，远的是农民自用地。如前文所述，如果土地所有者还有储备的撂荒地，那么不直接从撂荒地中征收增加的赋税，而是从地主耕地与农用地之间的界线计算，在那些撂荒地的位置开垦新的空地，用来代替地主失去的土地。由于这种新空地土壤贫瘠，为了避免出现耕地交错现象，地主将贫瘠的荒地与离他较近的农民份地交换，让村社重新划分份地。总而言之，农奴制时期重分老住户劳役土地的原因主要有以下几点：1) 地主出于某些原因将一个的农民份地与其他农民的份地进行交换（替换农用地）；2) 为减少份地赋税总额，在个别情况下，按照个人的意愿，通过购买或继承地主土地的方式，重新获得土地使用权；3) 由地主建立的新村或生产经营农庄一直伴有贵族与农民土地的交换；4) 地主及农民专门测量不连续的土地边界。

根据地主的间接指令，在这些情况下进行边界不连续的彻底式土地重分，而地主总是进行全新式土地重分或重新划分村社的土地。村社一般在地方独立进行土地重分，采用平均分配小块土地的方法，这种方法的实质在于，将每块田地分成几个地块（地段或抽签分配的土地），每个纳税人都通过抽签的形式得到一块土地。

劳役土地也一样由村社进行重分。新增的纳税人接收从地主土地中划出的份地，每个新增纳税人获得的都是整块的大面积土地，大部分土质很好，并且距离村庄很近，这些土地的位置比其他的要好，而其他人分得的土地质量不一，距离村庄也更远。

在积累了一些新的村社劳役土地后，拥有旧土地的村社成员认为他们没有分到新课劳役土地是不公平的，因此要求进行土地重分，并得到了地主的同意。当然，对村社来说，每次重分都是一项繁重的工作，但我们无法想象，农奴制时期进行重分有多么不方便，农民的土地几乎都离村庄很远，村社的劳役土地都不曾施过肥，我们的地主耕地50年施一次肥。

穆拉耶文乡只有两个村社（车尔尼雪夫和纳雷什金村社）实行劳役制，奥利霍村社实行半劳役制，即混合役制。在这些村社里，土地关系完全不受地主的干扰，在1861年之前重分劳役土地的方式由村社决定，频繁进行重分。每次出现新的劳役土地，旧劳役土地未废除，农民就会进行不连续边界的彻底式土地重分，若户主失去了施过肥的耕地，也得不到任何补偿。车尔尼雪夫村社在村庄尽头的所有三种土地上成功划出了一整块备用劳役土地，在废除旧劳役土地或重新分配之前，作为临时增加的劳役土地来使用，因此农民大多对土地重分比较满意。

这就是根据《1861年2月19日法令》制定的法定文书实行后，穆拉耶文乡村社的土地使用情况。众所周知，法定文书规定，在以下三种情况下可改变份地数量：份地超出法令规定的最大面积（旦科夫县为人均2.75俄亩）；地主剩余直接使用的土地少于其总量的三分之一；在地主同意的前提下，农民自愿得到面积更少的份地。穆拉耶文乡在实行《1861年2月19日法令》的时期，即1861年至1863年，在以下村社发生过上述三种情况的份地数量变更：有一个村社发生过第一种情况——车尔尼雪夫村社；有三个村社发生过第二种情况——扎波洛茨基村社、奥利霍村社、巴德里霍夫村社；有一个村社发生过第三种情况——巴宾村社。除了纳雷什金村社的所有土地都归农民所有，在所有其他村社，法定文书的实行要求需重新划分农用地，并将新农民份地安排在他们的农庄处。这些行为导致的必然结果是，所有村社都会进行彻底式土地重分。在《1861年2月19日法令》和法定文书中，最高等级份地的计算方法和按照人数而非劳役土地计算赋税和实物贡赋的方法是所有村社都适用，且不受其他条件影响的统一方法，这种统一的方法取代了以份地为单位进行划分的方式，而是按照每户的纳税人数进行分配。虽然《1861年2月19日法令》并未禁止农民自行分配自用份地，但实际上也没有人不让农民保留原有的劳役份地，所以邻乡村社的农民也会保留原有的份地。

第一次出现人均份地让农民感觉到，它相较于劳役土地更加符合农民对公平和平均分配份地的期望，因为这样每户应得的份地数量与家中生产者的数量相同，同时按人数计算也与消费者的数量相符合，对拥有未成年儿女、缺少成年劳动力的家庭来说十分有利，但对拥有成年儿女的家庭则没有太明显的影响。

彻底式土地重分的方法，更确切地说就是第一次按照家庭人口的数量永久的划分村社土地，详细情况将在下文中介绍，对不同类型土地（宅院地、耕地、草地）的分配方法都进行了描述。我们认为，在此只列举几个村社的情况比较好，这几个村社在此之前最初的分配是按照法定文书来进行的，1861 年后，只对所有的耕地和菜地进行过唯一一次彻底式土地重分。

户主村会按照人数和农户数量重分菜地和耕地，家中的其他男性或女主人不参与重分。若重分事宜涉及分给无地农民土地，即宅院地，则允许无土地农民参加村会。所有户主都应参加村会，在特殊情况下可由家中年长者代替出席。在平常的村会中也只允许那些完全不在乡里居住的户主缺席，平常很少出现偶然缺席的情况。1861 年刚刚选举出的村长在村会中没有特别大的影响力，一般来说，由于各村社未征得所有村社的同意就得出与土地分配有关的村会结果，只有在村会结果中包括可以区分出每个村社土地分配条件差异的方案时，才可以认为那些追求个人利益的人没有给村会带来明显的影响。即使完全不受实行法定文书的中间人的偏见影响，尽管农民对他有信心，但土地划分也是受限的。例如，村长建议穆拉耶文村社从农民手中将剩余的 100 俄亩土地划拨出来归村社支配，作为日后分配给新增居民的村社备用地。但是农民不接受这个建议，仍将分给他们的剩余土地连带其他土地在村社的所有农户间进行平均分配，因此村社农民的纳税人均份地不是 2.75 俄亩，而是近 3 俄亩。

为选出专门负责土地分配的人员，所以土地由村社进行分配。村社成员对土地进行测量和划分，他们知道进行这项工作不会得到任何酬劳，但当出现需求或有人质疑测量的准确性时，则由村社出资请来土地测量员。耕地和菜地的划分以俄丈为单位测量，乡中的几位农民有测量工具。

穆拉耶文乡的农民将俄亩作为度量单位，土地所有者对全部土地进行准确划分还是在农奴制时期。在一些村社土地按官方俄亩（30）进行划分，另一些村社则按经济俄亩（40）划分。划分后的土地归农民所有。从未对农民播种庄稼的土地进行过测量。农民熟悉半俄亩、四分之一俄亩的划分方法，他们适应了不完全准确的土地边界形状，所以能准确地划分俄亩，甚至擅长将长度不一致的地块划成等长的。许多村社为了便于划分，预先将土地划成十个单位、八个单位甚至十五个单位俄亩。农户间按照约定组成小组，为了避免一家农户被分到两个不同的小组，因此将其划分为完整的十个单位或完整的八个单位。这样当在该地区不进行重新分配时，这些小组也一定不会发生变化。

一般来说，自法定文书施行以来，穆拉耶文乡的任何一个村社都没有进行过共同重新分配：不论是变更地界的彻底式土地重分、共同周期性的或非周期性的抓阄式土地重分，还是由于家庭成员改变而进行的重分。1869 年穆拉耶文村社、费奥多罗夫村社重新分配了位于新位置的份地，因为开辟的份地位于煤矿矿床，征得土地所有者的同意后，人均最高份地额（人均 2.75 俄亩）有所减少（人均 1 俄亩），与 1862 年最初的份地一样按相同的规定程序再次划分到新位置。甚至 17 年间在穆拉耶文乡的一个村社中，只发生过一次部分（地方/局部）重新分配，由于最初的份地分配对所有的村社成员来说都不方便，因此将三块田地之一的一部分进行了重新分配。我们在下文中会再提到这个情况。

在尼科尔乡附近的阿尔玛索夫村社也出现过对部分土地（同一块田中的地块或劳役地）和部分宅院地进行重分的类似情况，原因如下：村庄内的部分建筑因失火而被烧毁，地方自治会迫使农民根据建设条令重新规划村庄,这意味着要划分新的宅院地,转移建筑并重新划分村社的部分宅院地,而且三块田地之一的部分耕地因重新规划农庄居住点而被占用。因而,村社决定对农庄附近的宅院地进行彻底式重分,将条形田彼此划分开来,并改变条形田的宽度。

由于没有进行土地重分,已故农民的土地使用权仍然得以保留,后成年的农民,不论是单身还是已婚,都无法获得相应的村社土地。总之,农户使用的土地就是按照最初纳税人的数量分得的土地。农户之间不会再进行重新分配。

两户或更多的农户可协商交换地块。最初分配土地时就是这样,现在仍然如此。农户们会把这些地块全部利用起来,因此,有些农户就把五块地变成了两块地。

穆拉耶文乡的村民从来都不给自己的土地做标记,而是牢牢地记在心中。在穆拉耶文乡的任何村庄内都从没有发生过擅自翻耕他人土地或破坏他人土地的现象,同一村社的各成员也从未因土地到期而产生官司或争执,关于在建地段和各自院落附属土地(建造新的农家院落导致宅院地变小)以及划分土地边界问题的矛盾除外。

尽管在多年考察中经过长期仔细的询问,但1861年以来我从来都没有碰到过土地再分配的情况,只1879年我在邻乡的一个村社发现了这样一个典型的现象,即在这里几乎就没有进行过土地重分。这是个有趣的问题,因为我们了解到了当地农民对土地再分配的看法。

村社在制定法定文书时决定不按照人数,而是按照实际赋役额来分配土地。这一规定将土地分为人均份地和条形田,但是由于人均份地量是赋税额的整整两倍,所以每户缴纳两块人均份地的赋税。这样一来,两个农户(每户包括6个纳税人)平均得到六块人均份地,如果村社遵循人均分配制度,一户4个赋税点,另一户则是2个赋税点,第一户得到8块人均份地,第二户则是4块。

18年过去了,尽管现在的赋税制完全改变了,但村社农户仍不重新分配自己的份地,仍旧是第一户使用8块份地,第二户4块。但是后者认为分配份地比分配赋税更有利可图,希望从村社得到6块地,而不是4块。村社拒绝了这一要求,因为满足他的要求就需要完全按照人均分配原则来分配土地。农民向乡法庭提出诉讼,然后又向县法庭控诉农民事务。这一私人控诉引起了后来的误会。在当地实践中经常会遇到以下情况:农户有时会拒绝把人均分配的部分土地(个人院落在用土地)转交到村社管理。鉴于我们的土地具有极高的价值,村社一向都愿意接受这些土地,并很负责地管理这些土地。希望能够租用到这些土地的人非常多,管理土地租赁事务的人从中为村社谋取了很多利益,有时也为自己谋私利。但村社认为,这种土地租赁是暂时的,当农户要求返还他们的土地时,管理者就会还给他们,尽管总是会有所延迟,这是根据租户租用土地时间长短而定的。延迟归还土地的时间导致出现了沉重的赋税,这将由乡法庭负责解决,如果乡法庭的法官无法解决,将移交至县法院。

在这种情况下,乡法庭根据经办过的类似案例,判了原告赢,但是因为村社没有执行法庭的决议,所以该案件被移交至县法院,该机关将案件归为普通赋税范畴,并批准了乡法庭的判决。

村社农民组织集会。由于没有重新平均分配共同的土地和赋税，县法院在农民事务上的判决就无法落实，因为所有的农户都和原告面临同样的问题（按照人数分配比按照赋税分配所获得的土地多），他们希望判决结果对他们有利。对此一直存在着争论。村社的绝大多数人都不同意进行土地再分配，决定将案件再次移交至县法院，除非村社不再进行再分配，但不是按照现有人数，而是按照纳税人数。但是很难说，在这种情况下进行新的人口普查是否会使原纳税人消失？村社还是否会共同分配土地？

我有机会了解到了众多农民对该问题的看法，并且得出了结论，就这一问题他们并没有形成统一的观点。毫无疑问，他们在等待问题的解决——在新的人口普查后每个农户仍占有原来的土地，还是按照新普查的人口情况，重新由政府机关划分土地。但如果政府坚持让每个村社自行决定和解决土地重新划分的问题，那么农民自己也无法预言，是否进行土地的重新划分。他们谨慎地表示，这一问题在很大程度上由政府税务部门决定，这些问题中最重要的是，是按照新普查的人口数量来征收人头税，还是说由农民承担相应的义务。同时，去年农民就知道将要废除人头税，但仍然完全不了解用以取代人头税的新赋税制度，希望能够尽快解决该问题，这是影响村社农民使用份地的实质性问题。

宅院地的使用制度

宅院地使用制度与村庄的分布和规划紧密相关，要想了解宅院地使用制度，首先就要了解村落的布局。

当地居民喜欢沿河聚居，由于河流匮乏，至少是在河流未干的年份沿河而居。春汛时河水会沿河床流入，因此每个村庄可以在此修建水坝拦水，形成一个或若干个类似于河流的水塘。居民不喜欢在两河间的旱地居住，如果无法自由选择居住地，则会在谷地定居，在谷地可以挖池塘，或者至少可以挖稍浅的井。最近在我们当地很少能见到这种井，因为河间空地在河谷以上很高的地方，河谷有充沛的泉水和纯净水源，因此河间空地的水层在地表深处。

穆拉耶文乡的14个村庄中有10个位于拉诺瓦河河谷，只有4个位于该河谷之外的谷地。这4个村庄是拉诺瓦河的新村，部分是受19世纪40年代当地专业的土地测量影响而形成的。

在专业土地测量前，户主的别墅超出了土地占用范围，这对地主和农民等农户都产生了不良影响。专业的土地测量旨在把户主的别墅归到村庄里，因此必须根据当地情况将别墅划分为或多或少的几部分，别墅的一端与村庄相连并通向河流，另一端向河间延伸几俄里。但是这些别墅划分带的宽度必须足够进行三区轮作作业，由于不能在土地所有者之间划分土地，就将一些小农户和他们的村庄一起迁到远离河流的地方，形成新的农庄，或者将较大农户的部分土地改造成农庄（最好称作"大村落中的新村"）。

穆拉耶文乡的村庄规划与当地所有村庄一样单调。除了大型村庄，基本所有的村庄都沿着平行于河谷的线路进行延伸，但有几个村庄远离河谷和池塘。院落也沿着这条线路成排布局，形成了平行于河流的街道。值得注意的是，这样布局的一排院落由几个紧挨的院子构成，另一排则由被宽阔空间分隔开的院子构成：很明显，第二排是由第一排院落里的居民点形成的，如果村社不能将院子安置在村庄的另一端，第一排的院落就会被迫转移到街道对面。

因此，多数情况下村子里的庭院都建在平行于河谷不宽的地段。这一地段与河谷之间的空隙如果足够宽的话，会被其他的宅院地占用，比如打谷场、菜园、卷心菜园、部分木材花卉种植园和蜂房。当宅院地穿过街道或者该地段与河之间的间隔不够宽时，则宅院地上面有时会分布着实为菜园的宅院地，还好在这种情况下，上游的菜园不属于其他的农户，但是每户都会参与种植上下游的菜园。过去农奴制时代和现在都是这样。

穆拉耶文村和扎巴洛茨村所属的较大村落位于穆拉耶文乡。这里的院落成排或沿街布局，就像村社从广阔地带向四周散开一样，那里有寺庙和古墓（以前作为乡村墓地，现在是集市广场）。广场之间分离出的地方被称为"尽头"（他们有时具有区别于集体村落的特殊名字），它们互相不邻近，也没有直接联系。除了这些"尽头"，有时还会遇到个别组合（最好称为宅院地带），也被称为"小屯子"；它们被一些间隔地带从村落中分离出来，比如地主庄园、花园、宽阔峡谷、墓地或是荒地。如果把较大村镇里的每一个尽头或每一个小屯子，都看成一个的小村庄，它们与其他小村庄也没有什么不同。宅院地要么分布在一列，要么分布在街道的两边，而菜园则为宽带状，或沿河一线或宅院地街道两侧分布。同个别村庄的不同之处在于，新村不总是和河床平行的，有时沿着汇入村庄凹地的方向延伸，而有时与河流相垂直，沿着远处旱地盆地的斜坡、河与路相交成直角。与河流的两侧街道相垂直，或多或少的同时建起了接连不断的院落。

在农奴解放前，村庄就已如此分布，而且是由地主或地主替代者斟酌商定的，大部分是在规章制度出台之前形成的，规章制度出台之后，人们就不太严格遵守其要求了。在此情况下，当然无法测定农户院落所占街道的长度与农户能力之间的相互关系，农户能力指的缴税能力，除此之外，缴税能力是动态变化的，而街道长度是不变的。

新兴宅院通常是沿宅院地或沿街排成一纵列，一路延伸，直到出现天然障碍处。在遇到天然的障碍之后，如果宅院排成了一列，按当地话来说，形成一个队列，那么，就开辟一条新的街道，建立起第二个队列。在街道被排满后，在无法继续延伸的情况下，会建造一个新的居民点或小屯子。按照赋役额度，菜地分布在宅院地后侧到河流的区域，以条形状平行排列，菜地的上游部分延伸到边界，牧场以及田地限制了上游的菜园。这样一来，就如上文提到的，每个农户都既有上游的菜地，又有下游的菜地，这完全符合农民对土地划分平均主义概念的理解，因为我们认为菜地比靠近河滩的土地更有价值。地主是几乎不干涉农民菜地的，村社农民可完全自由地开拓和使用菜地。

在这种情况下，据老居民回忆，在农奴制时期，从未对宅院地进行过整体性的土地重分，地主想要彻底重新规划整个村庄的情况除外。

将菜地划分为赋税条形田，它的面积几乎是不变的，而且和农民的赋税额成正比：当赋税减少时，空余的赋税条形田就会将新赋税转给另一个农户；当全村的赋税整体增多时，若有可能，则通常是多丈量一块新地段作为菜地，至于是否有过因无法增加条形田而对宅院地进行整体性重分的情况，我不清楚。

1861 年农奴解放时，穆拉耶文乡的庄园区几乎没有任何变化，除了上文提到的，根据红斯洛博特村社地主的要求，两个农户迁移至鲁宾新村有8个农户（后来变为9个农户）的格列米亚钦村社庄园区。

在推行法定文书时，对菜地（菜园、马场、卷心菜园、采伐带以及森林植被地带）进行了彻底式的重分，即将人数而不是将劳役地作为划分单位。新菜地分配制度如下。测量了整个菜园的长度并计算了垂直于菜地的每块份地的宽度后，菜地的一段位于村社庄园区附近，另一段位于河床或者漫滩上。然后按照宽度为每位农户划分菜地。一个接一个的按户划分菜地，如果村庄由一条街组成，也就是说，由两列房屋组成，那么远离河流或凹地的农户就搬迁至他们对面的房屋之中。若一个村庄由一列房屋或一条街组成，则在整个村社中进行菜地分配，但大多数村庄（如穆拉耶文村和扎博洛茨村）是由单独的居民点和小屯子组成的，菜地的分配也就是在每个居民点或小屯子中分别进行。由于这样的分配制度，中部村庄庭院的长度不总是等同于划分给这位农户的菜地的宽度，因此，如果划给偏远地区农户的菜地总是位于庭院对面，那位中部地区农户的菜地较之自己的庭院会偏右或偏左，不过不会特别不便。

《1861年2月19日法令》颁布后就再也没有对菜地和宅院地进行过彻底重分，而且农民自己也不再提及重分的问题了，相反地，在这种情况下他们认为不重分宅院地是正确的，并严格遵守同乡人之间的私人买卖契约条款，契约不是法律所单独承认的，但符合普通法的规定。因此希望扩充自己规模的农户和富裕起来的农户经常从没落的农户那里购买宅院地，为的是扩大自己的领地。在穆拉耶文村社有一个从自己父亲的农户中分离出来的农民，保留着父亲的宅院地，但发现房屋实在是太过拥挤，所以就在河后边村庄的另一头购买了3人份的土地，并且在那里定居了。纳雷什金村社的退役的士兵，即无耕地者从地主那里买来地主已不再需要的宅院地及菜地。后来，宅院地相邻户主间的关系变得越来越复杂，而且户主用于宅院地建筑、植被、树木及其他的主要开支也越来越多，随着砖石建筑的迅速普及，个人住所变得更坚固，特别是居住在半定居处的农民也就不需要迁往别处了。如果认真阅读了以前的建筑章程，甚至是立法者也不会认为半定居处是劳动人口的简易住所，劳动人口的简易住所是在土地所有者或者国家的地上用土地所有者和国家的建筑材料建成的，因此很方便，可移动可拆卸。

在推行法定文书后，仅有一次对重分宅院地这一问题进行了讨论，那是因为发生了一场火灾，几乎把该村庄的相当大一部分都烧毁了，在这种情况下，国土安全机构、土地管理代表、行政管理人员发挥了主要作用，这些部门及相关人员希望农民在翻新村庄时可以遵守建设章程。

收集关于农民对重分土地这类问题态度的相关信息也十分有趣，并且我对收集这些消息很有把握。

1867年整个泽尔卡洛村被烧毁。当时地方自治局、行政机关都没有要求村民遵守建筑章程条例，并且村庄两个村社的农民在自己的领地定居了下来，没有对宅院地和菜地进行重分。

无论发生什么样的火灾，即使火灾吞噬了2—4个村庄，村民们也不愿意进行重分。

1876年，费多罗夫—穆拉耶文村社17个农户的一整列房屋都被烧毁。在这种情况下，国土安全机构对重分宅院地这一问题进行了讨论，他们的目的是让小巷也实行这种农户制度。由于村庄垂直于河岸分布，所以村庄的一端可延伸，另一端为牧场，且常被占用。为了遵守整体秩序，不能对宅院地进行整体性重分，因为只有三个带草房盖儿的砖木房被烧毁，但天花板和砖墙不仅完好地保留了下来，而且保护了木屋中的家具，村社同意对除三个石砌院落的宅院地进行重分。对从正面延伸至可重新划分的整条线进行测量，除去石砌院落占用的部分，用与按户等分地带相符的线路宽度计算出小巷的宽度，甚至用抓阄的方式决定到底以何种新顺序安排14个农户的重分。但是抓阄重分土地有一些不便之处：按纳税人计算出给每个农户的宽度不总是与农户真正的需求相符；无法按抓阄的顺序在保留下来的石砌院落与规划的巷子的间隙中建立一定数量的院落，因为这些间隙对于按抓阄顺序的院落来说要么太宽要么太窄，而在间隙未被填满的情况下，整条线延长至更远的边界，一些保留下来的仓房和菜园离自己的庭院太远，户主无论如何也不同意重新划分菜地，因为每个人都不愿同自己肥沃的土地分离，有时这些土地还种植森林，再者说，土质是不同的，通过抓阄新划分的土地引起了户主们极大的不满和异议，因此村社不得不撤销重分土地的决议，而户主们也都重新搬回老宅居住。

1878年和1879年在穆拉耶文乡发生了一系列火灾。在扎博洛茨村、波多利霍沃村发生了6场火灾，接连烧了半个村庄的8—14个院落。当时国土机构以及行政机关关于按建筑章程重新规划及重建受灾地区的提议十分坚定。在两种情形下，农民会同意部分农户以抓阄的方式搬迁至差强人意的河流外地带，但还是有抱怨、反抗和不满，我了解其中一种情况，一位遭受火灾的农民不得不按抓阄结果迁至新地区，他给得到他土地的同乡人90卢布的保险金，为的是交换宅院地以便留居在祖传土地上。其余的农户按抓阄的方式决定是否能留在之前的领地上，并且再次按法定文书中的人数重新划分菜地。同样也是按人数对宅院地进行重分。对遭受火灾者的宅院地进行单独的重分没有引起整个村社对宅院地进行整体性划分。

1879年在穆拉耶文乡增划的居民点一端被火烧尽，包括9户（9所院落）。地方自治会及行政机关强烈要求在遭受火灾者间进行宅院地的重分，并且从中强制迁出3—4个的农户。但这一行为遭到了受灾者的强烈反对。最终，受灾者都不同意从自己的宅院地中迁出，村社也认为迫使农户迁出不公平。他们都留在了自己原有的领地上，并根据形成的惯例稍稍向前开拓，从庄园正面进行按户等分地带线路的测量。但总会发生强烈的冲突，一位得到他人部分宅院地的户主，打算拆毁邻居被火烧毁的水泥篱笆地基。那位邻居警告他，若是胆敢动自己的篱笆，就会打死这位户主，事件以获得篱笆下土地的户主不行使自己的权利而告终，在这个情况下仍保留原有的地界。之后也没有发生过重分宅院地的情况。

划分宅院地时经常会划分庭院。在划分新的庭院时村社遵循下列秩序：尽量使划分出的庭院在其宅院地附近，尽可能将庭院安置在村庄院落行列中。若实在不行，就安置在自己院落的对面，如果不是以街道构成，而只是排列而成，那么划分出的庭院就构成了村庄对面尚未形成的街道。最后，当无法在对街安置时，就将划分的庭院安置在后边的巷子中，这样一来往往就将庭院的后面同打谷场及菜地分隔开了。如果能够继承土地的话，则很少将新兴农户安置在村庄的中间地带和无人继承地块的小巷中，或是在已毁坏的宅院地及村庄的尽头。

菜地的划分就简单多了。比如说，一个农户中有 5 个纳税人，分成 2 个农户，其中一个农户中有 3 个纳税人，另一个有 2 个纳税人，而菜地有 25 俄丈宽（人均 5 俄丈），那么第一个农户分得 15 俄丈宽的菜地，而第二个分得 10 俄丈。

耕地的使用制度

穆拉耶文乡 20 个村社的耕地分为秋播田、春播田和休耕田三类。20 个村社中只有 2 个村社（纳雷什金村社和车尔尼雪夫村社）的耕地仍同农奴制时期相同：在纳雷什金村社，按照法定文书以及额外的契约文件，农民得到了土地所有者的全部地产，而在车尔尼雪夫村社是由于之前的份地被横向切割，远离宅院地，垂直贯穿了 3 块田地，因此土地变动就没有再平均地将农民份地分为三块田地的必要。在其余的 18 个村社进行了新的土地重分，农民获得了包含这三类田地的份地。农民向来就有将密草作为隔离户与户田地界标的习惯，耕地的官方标准：80 俄丈长，30 俄丈宽；而其他的农用地：80 俄丈长，40 俄丈宽，所以农民不对现有划分地做任何改动，而是将自己的所有耕地分为 3 块，这是为了使每块田都能归入到庄园之中，以便牲畜行走。只有一个村社（格列米亚切恩村社），每三个农民的份地位于不相邻的两块土地上，因为农民的份地被分为了两块不相邻的区域，其中一块临近村庄，而另一块在距村庄 5 俄里远的鲁宾斯克。所有村庄中的三块地大小都几乎相同，但有时为了方便划分，会出现比其他两块地多或少两三俄亩的情况。1861—1863 年在划分三块田地时，农民不得不将自己的份地从一块地迁移到另一块地来维持现状，有时不断播种，但自那以后无论是在哪一个村社中，田地的界线再未发生改变。只有费奥多罗夫村社于 1869 年，随着份地的缩小，在新的地区又进行了新份地划分。

在所有 20 个村庄中每块田地都被划分成份地，或按当地习俗划分成抓阄地（我们也称之为份地）。这种划分方法的目的是尽量为农民平均的分配土地，即使每个户主都能分得近处土地、中部土地及远处土地，以及让每个农户都能分得不同土质的份地。

农民份地中优质黑土地份额相同，它们的轮廓是大部分土地从宅院地以极窄的带状延伸至远处的旱地。还有一种方案，即通过抓阄的方式来划分土地，关于农民庄园的近田与远田的划分方案在农民收获庄稼以及运送肥料等农业活动中意义重大。

因此，如果田地的土质完全相同，那么就通过抓阄的方式划分给农民土地，管理或多或少的近宅院地，并采取一系列简易的算术组合来确定圈地的面积（俄亩数量）。在此举例说明这些算数组合是如何将下列村社的土地进行划分的。在格列米亚切恩村社中有 96 人，96 与 8 整除，所以每块等分地块长为 80 俄丈。因此，8 个人分得 1 经济俄亩，则 96 人能分得 12 经济俄亩（经济俄亩是指 40×60 俄丈）。这种面积用抓阄的方式来划分就很方便。一块圈地是离庄园最近的 12 经济俄亩的土地，而另一块是更远一点的 12 经济俄亩的土地，第三块是离庄园最远的 12 经济俄亩的土地。格列米亚切恩村社农民的圈地面积为 50 经济俄亩，其中 34 经济俄亩在主要住宅区，16 经济俄亩在荒地。

农民自然会分出一块近的一块远的圈地（都为12俄亩），它们的土质都是相同的，即使是最远的一块荒地圈地的土质也是相同的。我们将这三块大小相同的圈地称之为"主圈地"。但在格列米亚切恩住宅区还剩8俄亩土地，在鲁宾斯克还剩下4俄亩，这些都需要划分成更小的圈地。鲁宾荒地处处是同等质地的优质土壤，剩下的4俄亩只需要划分成一个额外圈地。由于格列米亚切恩住宅区特定的条件，剩下的8俄亩不止需要划分成一个额外圈地。这样，两个与牧场相邻的地组成一块不太大的额外圈地，这些土地尽量避免牲畜踩踏，若因踩踏而造成损失则应由户主承担。因此，每个户主都分得一块条形田，条形田一定是从牧场开始并垂直于牧场和田地的边界。另一个额外圈地是由靠近丛林密布的峡谷的土地组成的，属黏质土壤，相对而言不那么肥沃。第三个圈地是由剩余地构成的，但也有在剩余地分散的地块间，在某个角落里，土地并不呈长方形而是不规则几何形图形，其面积超过1俄亩。由于很难将不规则图形划分成人均份地，所以就将其作为单独的份地。最终两块田地均有8块圈地。之后在鲁宾斯克荒地上，沿着浅而缓的谷地出现了新的处女地。头五年荒地由村社的一些富农租用，之后，邻近荒地的土地又组成了一块额外圈地。

塔夫季耶夫村社有70人。70除以10无余数，10个人均条形田为长为80俄丈的1俄亩土地。因此，每个圈地为7俄亩。因为农民有35俄亩（官方标准）的耕地，土地就被划分成5块圈地。不过只对同质土地进行这样的划分。但是每两块剩下的土地都有小块贫瘠土地，农民开垦的处女地就在这些土地中。这样一来村社的这两块地划分为不超过4块圈地，并划分出三块额外（补充）圈地，一块是贫瘠地，另一块处女地，还有一块是剩余零散地，最终将一块地划分为5块圈地，后两块地各7块圈地。

穆拉耶文村社232人，232与8整除无余数，8个人均条形田为1俄亩很好划分。因此主圈地为232除8，即29俄亩。因为村社农村的土地为188俄亩（官方俄亩）（30×80俄丈），那么剩下两块地均6块主圈地，174俄亩，剩下的14俄亩为1块额外（补充）的圈地。但第三块地是贫瘠地，因此也作为一块额外的圈地，还有一块土地划分而来的额外圈地，因此在这块地上就已有两个额外圈地，最终，两块地各7个圈地，另一块8个圈地。

纳雷什金村社75人。75与5整除得25无余数，25个人均条形田为1俄亩很好划分，因此主圈地大小为75×2再÷25，即每块圈地为6俄亩。由于纳雷什金村社一块田地60俄亩，另一块66俄亩，还有一块73俄亩。第一块地正好可以划分为10个主圈地，第二块11个，第三块地是贫瘠土地，所以有两个额外圈地，还有一块剩余地作为额外圈地。最终，第三块地11个主圈地，3个额外圈地，总共14个圈地。在每块田地上，农民获得的多于份地的私有土地又组成一个圈地。

车尔尼雪夫村社43人，43与任何数都不整除，因此没有任何方便的计算组合。而且，农民的田地（官方俄亩）远离牧场和宅院地。每块地36俄亩，因为是成对排列，所以单独一块为18俄亩，80俄丈长则为18×80=1440平方俄丈。村社决定横向划分1—2俄亩的份地，人均条形田为5俄丈，这样每个人均条形田宽5俄丈，长60俄丈（因为长度横跨两俄亩（30×80俄丈）。按照住所的长度来衡量，43个人需要43×5=215平方俄丈，这样就形成了第一块主圈地，第二块及之后的圈地都是按照这个尺寸来划分。1440平方俄丈包括几个215平方俄丈，就形成几个主圈地，即6个。剩下的面积则形成第七个额外圈地。但是有一块田地的土壤质量差，作为特殊的额外圈地使用，因此在整块土地上共有8个圈地。后来由于开垦土地，邻近庄园的部分地段被占用。根据惯例，村社将荒地移交给同乡的租户收取租金，随后形成特殊的圈地。

因此，在穆拉耶文乡的很多村社里，每一大块田地通常包括5—15块圈地，但人均份地不到1俄亩的村社例外。份地通常都临近庄园，农民将份地划分为两块圈地，一块为主圈地，不存在算数组合，另一块额外圈地是剩下的部分土地。而且只有当土地里有质量不好的地块时，才能从中划分出额外圈地。因此，在费奥多罗夫村社的两块土地上每块有两块圈地，第三块土地上有三块圈地，而在巴宾村社的一块土地上有两块圈地，另外两块土地上每块有三块圈地。

列举的事实足以让我们理解农民在划分自己土地时所持的观点，观点如下：

（1）距离宅院地的远近使得每个农户的户主都有根据距离划分土地种类的平等参与权。

（2）算数组合简化了划分每户应得人均份地的程序。

（3）根据土地质量划分为优质和劣质土地（相对于剩余土地而言）。

（4）遭到破坏的土地被划为特殊圈地，由于不断地遭到破坏，不得不从被破坏的边界开始划分人均份地。

（5）一些土地的形状不规则（不是矩形），农民只能把这些零散地划为特殊圈地。

（6）一些份地与其他土地距离较远。将这些远离其他耕地的单独土地划分为独立圈地。

（7）农民对他们的人均份地有着特殊的态度。例如，在纳累什基村社，农民在份地外购买的土地都会形成特殊圈地；在车尔尼雪夫村社、红斯洛博特村社等地区，开垦的丛林地形成独立圈地。

至于这些圈地的形状，由于他们是由一定数量的俄亩地组成，很少由一俄亩地的矩形部分构成。所以他们的轮廓总是很规则，和矩形比较相似，只有一些额外的圈地由于受直线地界的限制，导致形状不规则。

上面已经提到过，在推行法定文书时，该乡的19个村社将土地划分成了圈地。据我所知，从那时起只有一个村社内发生过变更圈地的情况，那就是格列米亚切恩村社，在这里的三块土地中有一块土地的质量相似，并且位于距农民庄园很近的三角形区域。一开始农民将这块土地分为若干部分，而不是三块，早在18世纪70年代初期就这样实行了，根据村社的决议，在村社的三分之一份地里，只有一块是乡里重分的。下面将谈到这个问题。

土地和圈地总是按照我们当地的地界来划分，当时仍然按照农奴制时期的办法，将土地和圈地划分成俄亩，一些地区是划分成经济俄亩（60×40俄丈），另一些地区是划分成官方俄亩（80×30俄丈）。农民从来不更改这些地界，在将土地划分为圈地时，他们总会记得什么样的地界是圈地的界线。很少会发生这种情况，例如，在车尔尼雪夫村社圈地的界限与单独的俄亩地地界不相符，农民又不划出新的地界，只是借助一些鬃冈来区分同一块土地上自己的宅院地。

划分两块土地之间的地界很宽，足以通过四轮运货车和马车，而划分俄亩地的地界足以通过犁车，虽然能通过四轮货运车，但还是有点窄，每个农民从主地界到自己的条形田时都是沿着土地走，不能从鬃冈通行。

为了补充农户间最初进行土地重分时的情况，在推行法定文书时，我们还需要说明，实际上，每户应得的份地已经按照纳税人数量划分出来了。

当然，要根据每块土地上单独划分出来的每块圈地来确定划分给每户的人均条形田数量，换句话说，每个农户都一定会得到自己的人均条形田，同时圈地就会被整体划分，是划分成排，而不是将其拆开，也不位于其他农户的人均份地之间。

由于每块圈地中每一块俄亩地或每两块俄亩地都会被划分为一定数量的人均份地，因此每一块俄亩地或每两块俄亩地也会对应有一定数量的农户，这样，每个农户就会按照总人口数量得到相应数量的人均份地，这些人均份地是由一块俄亩地或两块俄亩地分出来的，户主再通过抽签的方式得到人均份地。抽签决定哪个户主得到第八俄亩，哪个得到第二俄亩等，或者哪个得到第一块两俄亩地，哪个得到第二块。然后抽签或投票决定这些户主的前后顺序，凭抽签或投票顺序根据所测得的土地宽度和人口数量分配人均份地。例如在穆拉耶文村社，三个农户分得一官方俄亩土地，三个农户中第一个农户家里有 4 口人，第二户家里有 3 口人，第三户家里有 1 口人。第一户的人均份地宽 40 俄丈，第二户人均份地宽 30 俄丈，第三户人均份地宽 10 俄丈。在纳雷什金村社 8 个农户分得两俄亩土地，其中一户有五口人，四口之家和三口之家各两户，两口之家有三户。五口之家有 32 平方俄丈的人均份地，四口之家为 25.6 平方俄丈，三口之家为 19.2 平方俄丈，两口之家为 12.8 平方俄丈。在这些情况下，将每块土地都划分为圈地，村社内不存在土地俄亩数量和人口的比例关系，例如，在车尔尼雪夫村社不会提前划分圈地，这些圈地是由提前确定宽度的人均份地（该村社人均份地宽度为 5 俄丈）组成的，这些人均份地横跨整片田地，或者一户挨着一户抽签，根据每户的人口分配人均份地，比如，三口之家分得 15 平方俄丈，七口之家分得 21 平方俄丈。由于给所有的农户都分配份地，如果圈地没有了，就开始新一轮的抽签，这就是为什么当地将圈地称为"抓阄地"。这样就有了主圈地。在额外的土地区域必须测量形成圈地的矩形长度，将长度按人口数量平分，这样就能确定圈地内人均份地的宽度，然后按照这个标准分配份地。

因此，乡里所有的村社每户都能得到签上分得的人均份地，也就是 3—14 块人均份地，那么三整块土地就是 9—42 块人均份地。这些人均份地主要是横着俄亩地进行划分，有这样一些个人观点，如顺着俄亩地划分人均份地是不合适的，因为这样划分出的人均份地太窄。

官方俄亩的人均份地长为 30 俄丈，经济俄亩的人均份地长为 40 俄丈。车尔尼雪夫村社人均份地横着两俄亩地划分，即长为 60 俄丈，宽为 5—10 俄丈，在额外圈地宽度会小一些，有时会减少到两俄丈甚至更少，大多数情况下，每户有两块或两块以上的人均份地。每户的人均份地由狭窄的界线隔开，这些狭窄地段是开垦和耕翻时留出的。这些界限很窄，四轮货运车和犁都无法通过，因此农民有时沿着纵向田界到达自己的份地（这些田界划分三块田地，且田界很宽），有时沿着俄亩地间的普通界限走（这些界线非常窄，但是可以直接穿过整个田地），由于农民们总是能在同一时间干完农活，所以沿着普通界线通行也很方便。

要搞清楚乡里是否进行过土地重分，必须先弄清土地重分的含义、存在的形式以及可能存在的形式。

土地划分的单位数量是村社土地分配的根本基础。土地划分的单位数量决定每个单位地块的大小。如果村社决定根据村社决议改变最初划分的土地单位数量，那么同时不可避免地也会改变相应土地单位的大小，会对村社的所有土地进行彻底式土地重分。1861年以前在我们当地推行赋税土地分配制度，如果这一制度延续下来，则必须要进行彻底式重分。在赋税额大于村社个别成员纳税额（根据劳动热情和能力）的年份会发生这种情况，在人口正常增长的年份几乎每年都会发生这种情况，在农奴制时期这种情况不常见，因为地主从自己的储备地中划分新增土地，或者从自己的庄园中划出新土地。

乡里的所有村社都实行按纳税人数分配土地的制度，在我们当地农民无须再进行土地重分，因为人头税是自始至终固有的制度。这些土地只能被注销或登记，被注销的土地由村社支配，登记的土地也类似于没有归属的土地，因为没有这些土地，则村社也不想吸纳新成员，在俄罗斯大多数的黑土地村社里，土地租金高于赎金。

只有在这种情况下才按照人均分配制度对土地进行彻底式重分：如果村社决定同时或定期将纳税人数转变成现有人数或者将人口单位转变成赋税单位，即成年劳动力数量。第一种情况下村社需要农户现有人口的准确名单。

不论是在穆拉耶文乡，还是在我们当地，这两种情况都没有发生过：不论是纳税人数向现有人数转变，还是人口单位向成年劳动力数量转变，任何一个村社都没有与之相关的决议。个人普查无须进行这样的转变，在推行法定文书时人均分配份地的大小没有发生过任何变化，总之，我们所谓的彻底式土地重分在每块圈地上都需进行划分新人均份地的复杂操作，从在推行法定文书时进行的彻底式土地重分开始在当地没有发生过大部分圈地的界限和规模都发生改变的情况，但是我绝不否定未来可能会进行这种土地重分，穆拉耶文乡的村社，尤其是在新的人口普查之后会对村社的彻底式土地重分产生不置可否的影响。

第二种土地重分类型——村社将自己的土地划分为一样的单位数量并每人分配一块人均份地，在使用期满后或长期或短期使用后根据抽签进行土地变更。我们将这样的土地重分形式称为"统一抓阄式重分"，后面我们可以看出，在我们当地确实经常采用这种方式来重分牧地，但不论是在乡里还是在周边地区都没有采用过这样的方式来重分耕地，而且我问过的农民都认为这种土地重分方式在当地是不可思议的，肥料在当地的农耕中发挥着重要的作用。

第三种重分方式与农民的土地无关：它只取决于农民人均份地（一块土地的一部分）的抽签结果，最多也就是圈地的大部分土地，甚至是一整块土地。上文已经列举了我所知道的唯一例子，从1861年开始乡里是这样重分土地的，如格列米亚切恩村社将三块土地和三块圈地的三分之一划为一块，然后再次抽签，按照之前分给每户的数量重新分配人均份地，因此每户都没有失去归自己所有的土地，只是获得另一个地区的份地。在邻乡的一个村社也有类似的土地重分案例。那里的农民在火灾之后占用一部分土地来扩大自己的庄园。因此靠近庄园的一块圈地必须重新划分，但据我所知，农民不会重分临近的圈地。在我们当地很可能发生过我所说的这种情况，甚至有一些事情农民已经不记得了，因为如果调查者没有追问农户为什么类似的土地重分是值得纪念的，那么调查员就会忽略掉这个问题。总的来说，农民很少并且会小心谨慎地谈及这种土地重分，只有在当地进行这种土地重分的好处和必要性突显出来的时候他们才会这么做，当然，这种土地重分对那些已经给自己的土地施了很多肥的农民来说是不公平的，也是可恨的。

最后，我提一下第四种土地重分方式，因为这种方式在纲要里有所说明，即对农户的份地进行部分重分，而不是彻底重分（在我们当地还没有进行过这种重分，但这种情况是早晚有可能发生的），人口增加则增划份地，人口减少则削减份地。

在穆拉耶文乡当然经常会发生这种情况，在推行法定文书时，农户有一定数量的人均份地，一部分份地会被收回归村社支配。在我个人看来，土地转交给村社的原因在于农户，而不在于村社，原因如下：

（1）农户本身拒绝将自己所有或部分土地划分为一定数量的人均份地（1人份、2人份、3人份），并且自愿将自己的土地转交给村社。当农户由于自己的经济条件或其他原因不再经营土地，或者由于自家劳动力减少无法管理自己所有的人均份地时，这种情况经常发生。这种情况是自愿的，很多农户不会将土地转交给村社，而是根据私人交易转让给同乡的其他人，在这种情况下，村社绝不会破坏这样的交易。

（2）经常拖欠税款。在这种拖欠税款的情况下，村社或同意农户的要求，或收回农户的全部土地，或管理其部分人均份地。但是乡里的村社面临这种情况时，在情况发生改变即归还土地时，村社承认农民有权收回人均份地，哪怕农户没有继承人。

（3）家里缺乏成年劳动力。在这种情况下，如果农户家中没有青年人，即没有继承人，则村社最终会收回人均份地，因为人均份地归村社所有，不能成为个人财产，即使是最近才从去世的农户那里继承下来的。如果农户家中有青年人，哪怕是女孩（如果没有男性），那么村社也会将土地支配权交由监护人。如果在缺乏劳动力的情况下，农户自己能够管理土地直到儿子达到劳动年龄，如果没有儿子的话，则是直到女儿达到出嫁年龄，收养的儿子或是女婿永远都可以成为农户的一分子，这样村社就不会收回人均份地。如果农户不能很好地管理土地，那么土地会被暂时收回，但必须等儿子或者女婿达到劳动年龄后才能再次得到土地，成为自己的财产。

村社自行支配交由村社管理的土地，但情况总是不同的，下面将谈到这一点。

无论如何都很难将土地重分看作是人均份地从一户向另一户的转移，总之这种转让在有无村社作为中介的情况下都可以进行，因为这种类型的转让无法满足希望得到额外份地的农户的需要（农户份地的数量与家里现有人口数量不相符）。总之我没有见过这样的例子，如村社为满足一户的类似需求而收回另一户的土地（该农户人口有所减少）。

我根据农户清单列出以下表格，从表格中可以得出，每个村社有多少户人家，每户现有人口多少，占有多少人均份地。

村社	拥有相应人均份地数量的农户数量									
	人数减少			不变	人数增加						
	8人	2人	1人		1人	2人	3人	4人	5人	6及以上
（1）a. 穆拉耶文村社	—	1	15	34	27	12	4	2	1	—
b. 费奥多罗夫村社	—	2	13	26	34	27	12	4	2	1
（2）奥利霍村社	—	2	11	24	33	27	13	6	2	2
（3）巴德里霍夫村社	—	—	1	9	7	5	—	—	—	—
（4）扎巴洛茨村社	1	1	21	55	53	30	11	4	3	—
（5）鲁宾村社	—	—	1	8	4	8	1	2	—	—
（6）萨温的三个村社	—	3	4	3	8	4	1	—	—	—
（7）车尔尼雪夫村社	—	—	2	2	5	4	1	2	1	1
（8）格列米亚钦村社	1	—	2	5	14	7	2	1	—	—
（9）a. 红斯洛博特村社	—	—	—	6	8	10	2	—	—	—
b. 纳雷什金村社	—	1	1	4	6	5	8	1	—	—
（10）巴宾村社	—	—	—	1	4	—	2	—	—	—
（11）达夫列季村社	—	—	2	5	8	6	2	—	—	1
（12）捷尔卡尔两个村社	—	1	—	2	3	3	—	1	1	—
（13）博戈赫拉尼梅村社	—	1	1	6	5	2	—	—	—	—
（14）霍罗舍夫两个村社	—	1	6	8	6	9	—	—	—	—
总计	2	13	80	197	210	157	54	23	10	5

经过对20个村社农民的调查，从这个表格中可以得出：

（1）从推行法定文书开始，每户的人均份地数量与现有人口数量不相符。

（2）人口数量多于人均份地数的农户是人口数量少于人均份地数的农户的五倍多，在这方面乡里所有村社的比例都严重失调。

（3）村社从来不会提出在农户间进行人均份地重分，即强制收回人口减少的农户的土地，转移给人口增多的农户，因为每户减少一块份地可以满足八个人的需求（可以收回112块份地），但是无法满足现有875个人的需求，村社不知道这其中谁能得到好处。

以下是能证明这种情况的最好例子。小哈拉罗夫村社有三个农户。其中一个农户家里减少了一口人，另外两户中，一户增加了五口人，另一户增加了两口人。增加五口人的农户要求人口减少的农户转交出土地，但是余下的两个农户都反对。因为一个不想让出自己的土地，另一个想得到土地但又得不到。总之，在任何村社，有权得到无人继承的土地但又得不到的农户永远都支持那些想要收回土地的人，大多数人都得不到土地转让的好处。村社只能为农户留下他们正在使用的土地或者根据现有人口进行土地重分。

毫无疑问，只有在这种情况下村社才会同意部分土地重分：如果农户的减少人数与新增人数正好相等，但这几乎是不可能的，或者在赋税体制下使用土地时，村社使相应的土地重分办法更有实行力，并再废除旧制度之后，建立新的赋税制度。在统一改变赋税土地数量前遵循一定的顺序使得部分土地重分制度变为可能。在我们当地不存在类似的情况。

根据以上情况，村社管理土地或是村社将土地归还给农户时，都是认可土地重分的，尽管这是局部的、不可能的、不正确的。

根据达成的协议，在村社最初进行土地划分时村社农户之间交换人均份地是毫无障碍的，现在也是没有阻碍的。类似的交换行为现在不经常发生，这是按农户的意愿进行的，他们会在没有村社参与的情况下进行私人交易。

除了交换人均份地，我还在另一个村社发现了一个有趣的现象，即一个村社所有的农户出售条形田甚至所有的人均份地。上面已经提到，村社向地主买了30俄亩土地，根据情况将这些土地划分为最高等级的份地。在划分这30俄亩土地时按照每户的人头将其划分为特殊的抓阄地。但是有两次这样的情况：一个农户将所有的人均份地卖给了另一农户，即包括私人购买的土地及私人份地。第一次人均份地买卖使人感到惊讶，这次能卖到50—60卢布，在我们当地私有土地买卖价格在90—120卢布之间。此外，一些观点表明这是可以理解的，因为土地来源不详，也就是说，需要为这片土地缴纳赋税（赎金和人头税），每俄亩3卢布60戈，就是60卢布，加上已缴纳金额共110—120卢布，即为当前土地价格。毫无疑问，购买土地的农户清楚知道当地农民对使用土地所持的观点，对土地重分既不期望，也不害怕。购买所有人均份地的买主将份地作为私有财产（从地主那里购买），既无须付赎金，也无须缴纳人头税，每俄亩120卢布。

继续探讨土地重分问题，我们发现土地重分其实非常简单，没有任何困难可以作为借口。比如，如果一户人家有七个纳税人，分为两户，一户四口人，另一户三口人。每块人均份地都是这样划分的，一户有相应的四块人均份地，另一户有三块。如果能够确定过世者是哪户的，那么也不会造成困难。例如，有两个兄弟，过世的是其中一个兄弟的儿子；或者叔叔和外甥，过世的是外甥的父亲。这种情况下毫无疑问可以确定其归属。有两个兄弟，第三个兄弟过世了，如果过世者有遗孀和小孩，那么他的土地应属于遗孀和孩子所再在的农户。但是如果过世者孤身一人（如过世的兄弟、叔叔没有留下妻子和孩子），那么他的土地应该平分给户主。我们来举例说明。纳雷什金村社的一户人家有四口人——三个兄弟和一个叔叔。叔叔和其中两个兄弟过世了。弟弟和哥哥的遗孀（只有女儿）分割土地。遗孀得到了丈夫和二兄弟的土地，因为兄弟的遗孀只有一个女儿。只身一人的叔叔过世后，他的人均土地没有分成三个部分，而是分给了侄儿家，平分给两个农户。至于宅院地、动产和建筑，这些都分成三部分，弟弟只能得到三分之一。

只能由村社按计划分配这些未缴纳税款的土地，村社认为自己的是这些土地的完全主人。不缴税的情况很少见，村社处理这种土地的经验也不多。在穆拉耶文村社和其他一些村社，根据当地说法，由村社管理的土地可以出售，也就是说，可以按照村社的意愿将土地以当地市场价格出售给社员一定年份。但是由于买主可能会罢工，所以通常以不高于赋税的价格出售，即每俄亩地 5 卢布，周围地段 3 卢布 33 戈比；虽然这一数额包括了将来一段时间这些土地需缴纳的赋税，但是并没有支付土地未缴纳税款，这些税款将由村社来缴纳。认为村社管理未缴纳税款土地很有利的农民被村社选为村长，并按照村长的意愿和三位选出的长老的意见管理村社名下的土地。新村长将土地转让给村里的富农，平均每俄亩 11 卢布，周围地段 7 卢布 30 戈比，使得村社可以不受未缴纳税款土地的影响。土地一旦交由村社管理，基本不会归还给农户，至少不会在转让期满之前交还，但也有例外，如果情况有所改变，即能够保证补交之前未缴纳的土地税款，这样就会将土地归还给农户。

总之，在我们当地，每俄亩土地都需缴纳赎金、人头税、地方自治税、公社税，数额不等，分为 3 卢布 50 戈比、4 卢布、6 卢布三个级别。周围地段平均 8 卢布，村社通过放弃一些成员的土地，不会受到严重阻碍，当然，贫困对于一些生活困难的家庭可能会有致命的后果，但对整个村社来说绝不是这样。

总结关于土地使用情况的信息我们可以得出，土地使用者都来自同一个村社，尤其是，从来不会发生破坏他人土地使用权的情况，例如，在重分土地划分界线时，不会破坏、偷窃别人的庄稼，没有认为土地重分不均等，甚至没有任何争执，村社所有成员清楚地知道自己使用土地的权利和义务。只是距离宅院地很近的地段没有足够的空间划分庭院，农户之间从来不会产生争端，也不会违背村社的决议。

草地、割草场、林地、牧场和其他农用地的使用制度

草地和割草场所占的比例很小，共占所有农用地的 5%，人均只有 230 平方俄丈，即不到十分之一俄亩。

因此，乡里任何村社都不会将割草场划分为固定的份地，要么在每年收割时节分配，要么就在共同收割完之后分配。

村社的割草场每年都按照如下形式进行分配。村社成员都分为八人组（穆拉耶文村社）或十人组（其他村社），也就是说，村社的农户群体有八个或十个纳税人。然后用绳子和丈尺将草地从耕地到河流横向划分成带状。分配数量与纳税人数（八人或十人）相符。然后进行抽签。这八人或十人共同割草，用打结的绳子将其划分出来。每个农户都会得到相应数量的干草。

划分份地时不划分没有干草的份地，无法让每块份地干草的质量和数量都相同，这些份地的大小相同，但数量不同。来年也是一样按照之前的方法划分，只有在草地状况发生变化时，划分方式才会相应地有所改变。例如，部分沙土减少，草地的划分就会发生变化，但无论如何每年都会有新的抽签方法。

其他村社的农民们共同割草，然后堆草垛，互相平等分工，用绳子划分界线，根据每户人口数量进行分配，但是在另一个村社（车尔尼雪夫村社）需要根据家畜数量花钱租用草地。

不论选用什么方法，都要根据草地的特点来使用草地。如果草地面积不大，质量不

一，大家共同割草；如果草地面积大，质量统一，则进行分配。

许多农民支持按照分配耕地的方法来分配草地，认为现在使用草地的方式是不恰当的，因为村社根本不会为改善草地做出任何努力。不挖沟渠排水，就不能排空河流淤塞，不采取措施抑制这种情况，就无法播种禾苗，因为类似的工作不能对所分配干草的数量和质量产生直接的影响。但是，由于划分的空间有限，所分配的草地质量不可能完全不同，人均份地和宅院地的草地分配均衡，因为在17年内使用草地的制度不会发生改变。

在穆拉耶文州当地，农民没有进行过林地的分配，然而在达沃列耶夫村社农民可以分到5俄亩林地，而在格列米切夫村社可以分到3俄亩拉诺瓦河深处的赤杨林，一些村社（格列米切夫村社、达沃列耶夫村社等）在谷地上有少量的树林。慢坡谷地适合树木生长，就像耕地适合种植粮食一样。在不适合种植粮食的土地上种着小树林，而且管理得很好（格列米切夫村社3俄亩赤杨、达沃列耶夫村社5俄亩赤杨、红斯洛博特村社6俄亩灌木）。只在红斯洛博特村社、达沃列耶夫村社砍伐小树林，在达沃列耶夫村社和格列米切夫村社种植灌木，砍伐树林。村社共同伐木，然后清点分类砍伐的树木，根据每户人头进行分配。整个格列米切夫村社都整理在荒年间砍伐的木材，当农民没有燃料的时候，就分配给他们砍伐的树木和干树枝。

穆拉耶文乡的所有村社都有牧场，都位于村庄前面，即与宅院地邻接。但这些牧场一点都不大，一般会优先在休耕地放牧，即收割过的庄稼地和再生草地。相对于收割过的庄稼地，不适合在农田里放牧，因为农田不宽阔，而且通常都很窄，如果住宅区窄到三块田地都无法和庄园连接在一起，则是由于缺乏衔接的侧巷。穆拉耶文乡所有村社的农民都使用地主的休耕地和收割完的庄稼地。农闲期在牧场和再生草地放牧，农民有权放牧自己的畜群，无地农民和其他农民一起放牧。

在穆拉耶文—费多罗夫村社里有归村社所有的采石场，同样纳雷什金村社里也有适合煅烧泥土砖的地方。

村社所有农民都可以使用采石场，允许村民破石以满足个人需要或出售，只是每俄丈石头需要支付1卢布10戈比，若对外出售的话，则需支付4卢布60戈比。

使用黏土的数量需要通过抽签决定，所有农户按照人均份地进行分配。几乎所有村社成员都在自己的份地上挖黏土，然后做成砖。但其他人无法煅烧砖块，只是将其卖给那些能够煅烧的人，很少有农户只将自己的份地用作耕地，不挖掘黏土。

村社经济事务制度

乡里所有村社的农民都不会雇专人来看守马匹，而是农民轮流值班站岗（白班和夜班），因为人们没有时间，且大部分马都在农户手里，当田里的活结束后轮班的看守者还没有上岗前，人们自愿到田地或休耕地去站岗，这样就出现了盗马事件，近年来几乎每年都会发生这样的事。所有的村社都有放牧其他牲畜的人。夏天雇放牧人的工资通常是25—30卢布，如果需要的话还需要雇放牧人助手。根据牲畜的数量由村社支付佣金。

村社里没有公共的公牛，但是在所有的村社，一些富裕的农户都有良种公牛，如果牧场被租用，公牛又不在放牧人管辖内，则村社会使用这些公牛，并给它们提供免费的牧场。如果村社成员都没有这样的公牛，就会去邻村租用。

三个村社中没有一个村社雇专人去看守村社的森林。我们当地耕地旁边没有围栏，但在庄园的菜地周围有简陋的围栏，由沟渠、土墙和种着白柳的稻草地组成。如果某处的这一围栏遭到破坏，村社会将它修复成以前的样子，所有的村社工作都会重新开始，也就是说，会平均分配工人，村社给予他们劳作物资。村社无法决定修建什么样的围栏以及围栏的高度，这都是按照惯例来的。若牲畜穿过了这些围栏，则放牧人需为牲畜失踪负责。

除了乡政府和每个村社的储物商店以外，村社没有任何其他建筑。乡长在所有村社的支持下管理乡政府，商店永远都是空荡荡的，得不到任何支持，只是徒有其表。

至于修桥、修路、水坝等都可以得到村社的支持，而且最近地主会为修建桥梁和道路提供物资，由农民进行修建工作。

没有一个村社会采取措施改善土地，每个人都只在自己的土地上努力工作。如果需要在村社的土地上连根掘出树墩，开垦新土地，有时甚至需要清理灌木丛，那么就需要村社的同乡人和村社外来人员一起工作，并租用几年新土地。车尔尼雪夫村社、格列米亚切恩村社和达沃列其耶夫村社都出租自己的新地（前3俄亩牧场出租给村社外来人员平均每年费用为20卢布，后7俄亩清理完灌木的新土地出租给村社的5个农户平均每年10卢布）。租金归村社，用来缴纳赋税。纳雷什金村社将3俄亩泥煤地出租了数年（到开采泥煤为止），平均每俄亩200卢布，这些钱用来偿还地主购买村社土地的债务。

经常会有村社出租所有土地的情况。车尔尼雪夫村社12年内出租了150俄亩耕地（土地所有者的份地）。土地和租金（作为人均份地）在村社成员之间分配，也就是说，12年之内都根据纳税人数和农户数量进行分配，没有出现土地重分的现象。而且村社出租了20俄亩草地，根据牲畜数量和农户租金共同分配割草任务。

在乡里存在购买村社所有土地的情况，即纳雷什金村社的30俄亩人均份地。土地租金在农民之间进行人均分配（完全按照人均份地分配）。而且制定了进行土地重分的特殊方式，在迫不得已的情况下，这片土地的份地可以在村社成员之间自由买卖。

奥利霍村社的260俄亩土地和巴德里霍夫村社的55俄亩土地，是农民在农奴制时期购买的，在人均分配体制下交由地主管理。起初这些土地被划分成各农户的地块，归这些农户管理；现在情况发生了改变，部分土地被出售，甚至有10俄亩土地被卖给了穆拉耶文村社的富农。

无论怎样，经常会有承包村社所有土地的情况：为使用所有者的土地，很多村社的农民都主动将粪肥运往地主的土地。

从1861年开始，在乡里20个村社中没有发生过共同耕地的情况。但在农奴制时期格列米切夫村社有过一次共同耕地的情况。地主厌倦了向农民收取土地租金的做法（残酷剥削农民），实行共同耕种，在三块土地上划分出36经济俄亩的份地，即每块土地为12经济俄亩。1俄亩的黑麦地每年能产出不少于5俄斗的粮食，当时的价格为12卢布50戈比，而一俄亩的燕麦地能产出不少于8俄斗的粮食，当时的价格为12卢布，因此耕地的总收入（294卢布）可够缴纳村社剩余的人均赋税。16年共同耕地的经验以彻底失败而告终。

耕作土地不认真，对管理者的工作缺乏监督，换句话说，当时村长将自己看成地主，感觉自己与村社和村社选出的长老们毫无关系。农民抱怨道，他们不得不承担两份劳役。

当然，在农奴制时期，共同耕种的经验对共同耕种的问题没有任何说服力，当地活动家借助这种方式去了解农民的生活习惯。例如，县法院常任官员和县土地管理局企业家是实行共同耕种的旁观者。这些人由于未及时征收农民未缴纳税款而没有获得经济利益，将实行共同耕种制度看作是避免征收农民未缴纳税款所带来的毁坏性后果的唯一途径。

从农民调查中可以得出，共同耕种对他们来说没有实用性，他们甚至仇视这一制度，任何一个村社在共同耕种方面都没有自由的决议，共同耕种的收入多于农民的所有赋税额。

为了说明共同耕种这一问题，必须列举下列数据：哪部分农民份地适合耕种，所得收入能够保证缴纳村社所有的赋税（和赎金）。

穆拉耶文州村社共100人，赋税额为1000卢布，份地额为174俄亩耕地，即每块土地为58俄亩。每俄亩秋播作物收入20卢布，而春播作物收入16卢布，因此，为了凑够1000卢布，每块土地需要有28俄亩共同耕种，换句话说，必须选出一半的农民份地作为共同耕地。但是有的村社，例如巴宾村社的人均份地是最少的。村社42个人需缴纳300卢布的赋税，为缴纳赋税需要 $8\frac{1}{3}$ 俄亩的耕地，或者说，共同耕地占据所有农民份地的3/4。

但是这还不够。耕地平均收入无法保证缴纳所有的赋税，由于荒年间没有钱缴纳赋税。因此，必须要保证平均收入和保险费。

尽管耕地需要农民必须的劳动，但是只有当某些人领导农民劳动时才能获得成功，若缺乏有力的领导，这些必要的劳动就不会产生任何结果。选出来的村长薪水为15卢布，但他不能决定共同耕地的田间劳作、收割庄稼和及时出售粮食等事宜，会为使用共同耕地而组建一个联合会，这个联合会要负责村社新支出，否则就无法保证能充分使用土地。

乡内的任何一个村社中都不存在共同耕作然后分配产品的情况。第二章曾对村社经营状态进行了阐述。

在这里我认为可以谈论一下所谓的"帮手"。

在当地的风俗习惯有同村的"帮手"，即同一个村社农户的"帮手"。只有当一个农户显然不能处理他所必须面临的问题时，才会向所谓的"帮手"寻求帮助。在建筑工地运送建筑材料时经常有"帮手"一起工作，以便短时间内完成工作。当然，农民自身不认为这种帮助是必需的，但他们内心能意识到这种帮助的必要性，因此通常不会拒绝帮助。为了获得所需要的帮助，农民会向村会求助，因为村会可以做出决议。但有时由于村社人员不能集合或者不方便集合，农民会略过自己的同乡人，去邀请愿意帮助自己的人。愿意帮忙的人很多，因为帮助别人会有回报，而且每个农民都觉得，他们将来也同样需要帮助。

村社赋税与徭役

1878年穆拉耶文乡各村社需缴纳的国家税、赎金、地方自治税、公社税见下表：

	人口数量	土地数量	国家税 人头税	国家税 国家税	赎金和代役租 赎金	赎金和代役租 代役租	土地款项 地方自治税	土地款项 保险费	村社 乡	村社 村社	赋税总额	人均份地（卢布）	欠缴额	每俄亩（卢布）
1. a. 穆拉耶文村社	265	642	607	58	1701	—	180	155	153	80	2934	11.37	1921	4.57
b. 费奥多罗夫村社	364	363	833	85	—		101	182	210	50	1461	4.02	2003	4.03
2. 奥利霍村社	388	816	889	73	2200		228	168	223	80	3861	10.08	339	4.73
3. 巴德里霍夫村社	79	173	181	16	467		48	29	45	15	801	10.14	178	4.59
4. 扎巴洛茨村社	592	1288	1356	132	3484		361	263	331	70	5997	10.20	1683	4.60
5. 鲁宾村社	65	176	149	16	461		49	36	37	10	758	11.60	260	4.20
6. 萨温村社三个村社	28	63	96	6	—	196	18	17	16	5	354	11.83	32	5.63
	25	69	57	6	—	225	19	9	15	5	336	13.44	92	4.86
	12	33	27	3	29	—		4	7	5	84	7.00	—	2.55
7. 车尔尼雪夫村社	43	118	98	11	—	357	33	33	24	15	571	13.28	12	4.84
8. 格列米亚钦村社	97	220	222	20	585		61	35	54	15	992	10.33	331	4.51
9. a. 红斯洛博特村社	60	162	137	15	407	—	45	37	34	10	685	11.23	280	4.23
b. 纳雷什金村社	76	236	174	21	540		63	40	43	15	899	12.00	457	3.85
10. 巴宾村社	44	39	101	3	116		11	20	24	10	285	6.34	73	7.41
11. 达夫列季村社	74	193	170	17	504		54	70	43	10	868	12.40	191	4.49
12. 捷尔卡尔村社	18	44	41	4	—	144	12	7	12	5	225	12.50	22	5.11
	23	27	53	5	80		7	9	15	5	174	7.66	120	6.50
13. 博戈赫拉尼梅村社	92	226	211	20	—	766	63	41	51	15	1167	13.00	17	5.18
14. 霍罗舍夫村社	24	55	55	5	147	—	16	14	15	6	258	11.78	—	4.69
	13	33	30	3	86		9	7	7	5	146	12.7	48	4.42
总计	2382	4976	5497	519	10807	1688	1420	1186	1360	430	22907 167 23074	9.78	8059 652 8711	4.61

* 欠缴的税款不是农民的，而是土地所有者的，因为农民的赋税是按照土地所有者的合同缴纳的，尽管欠缴税款应由村社缴纳，但当农民起诉土地所有者时，村社就停止偿还欠税款了。

** 其中包括两所学校，租金为275卢布。

从此表格可见，从全乡所有村社农民即2382个纳税人共需缴纳23000卢布的赋税，由此得出，每俄亩份地的赋税为4卢布61戈比，每个纳税人平均缴纳的赋税为9卢布78戈比，每个成年劳动力平均缴纳的赋税为13卢布24戈比，每个农户平均缴纳29卢布5戈比。在所有的赋税中，土地赎买金和代役税占54%，人头税占23%，国家税占2%，地方自治税占 6%，保险费占 5%，公社税占 8%。

当然，各村社的赋税额并不相同。获得免费份地的农民只需缴纳为按人口分配的份地缴纳的最低赋役额 4 卢布；为免费的份地缴纳赎金的农民需缴纳 6—7 卢布 50 戈比；分得中等份地的农民需缴纳 10 卢布；分得最优份地的农民需缴纳 11—12 卢布；不进行土地赎买而选择缴纳土地代役金的农民需为份地缴纳 13 卢布以上。

如果按俄亩来计算征收赋税，那么赋税额是等同的，一般来说每俄亩土地征收 4—5 卢布，很少有低于 4 卢布或者高于 5 卢布的情况。土地租金一般为每俄亩 7 卢布，而两块土地的租金为 11—12 卢布，三块土地的租金为 8 卢布，这样一来，土地租金比农民赋税高出 50%—70%。

在这种税收条件下，在村社内分配赋税与分配份地密不可分。只有占全部赋税 5% 的保险费是直接按户征收的，征收的额度依照保险价值而定。而其余需缴纳的赋税：土地赎买金、代役税金、国家税和地方自治税都需要在开具法定文书的情况下，挨户按纳税人人头收取，而有些地方不完全这样收税，因为并非农户中的所有纳税人都拥有份地。于是，一些村社按土地份数征收乡里的赋税和村社的赋税，而另一些村社按人头来征收。

这一收税方式后来并没有引起什么实质性的改变。并未分得份地的农户在收到法定文书后，依然需要按人头纳税，甚至有时不仅交了乡里的赋税还交了村社的赋税。如果有一些农户自己拥有土地，拒绝接受按人头分配的份地或者说村社收回了这份土地，则土地的暂时使用者需缴纳土地的赋税。无人继承的农户和户主，以及家人行踪不明的农户，就变成了荒空农户。这两种情况在村社中都出现过，但十分罕见。如果农户家里仅仅是成年劳动力和男人去世了，不能把该农户认定为荒空农户。带着孩子的寡妇，甚至是父母双亡的孤儿，只要他们愿意守住自己的份地，并缴纳赋税，村社对此并不加以阻挠。行踪不明的人们也会委托亲人守住土地，并在他们回来前缴纳应缴赋税。正因如此，村社很少为荒空农户缴纳赋税的问题操心。也存在这种情况，即不少农民不愿意或不能够再继续务农，而把土地交由村社管理。

村社根本不为管理这些被重新移交的土地而发愁，这些土地很快就会被租出去，且租金比原来高出 20%—100%，并且随着土地的转移，土地的赋税也由他人所承担。

穆拉耶文乡的村社中只存在两种情况能使村社承担的赋役比平时高。其一，在解放农民时，过去的无土地农户被收归国有或行迹不明。在此情况下该农户所需缴纳的人头税由全体村社承担。不过，农民们没有积极响应这种分配方式，甚至尽可能地逃避缴纳税款，因为他们认为这很不公平，于是由于少量无地农户的消失，全村社欠缴税款 632 卢布。其二，这一情况基于义务兵役制条例的规定，根据该规定，正在服役的士兵免于缴纳人头税。尽管存在着这项规定，但由于地方政权多次施压，战争期间，村社依旧向服役士兵征税，农民不得不继续为服役士兵缴纳人头税。如今，随着长期休假士兵的回归，这种税收被削减且不会再恢复，因为从 1879 年起服役士兵不再是纳税人，为了继续向长期休假士兵征收人头税，这一税收方式很有可能转化为其他税种。

一些附加的税收方式不因这些原因而改变，一直向农户们按照份地大小来征收赋税。如果发生了自然灾害，农民们不能因此而免于缴纳赋税，村社也不会因此提供补偿，如果农民实在不能缴齐税款，只能拖欠税款至无法再拖。当村社向其追缴税款时，农户主就要补齐税款，如果实在无法补齐，那么只能收回他的份地。不存在免费的份地。乡长和村长只有在缴纳实物贡赋时享有优惠，而在缴纳金钱赋税时无优惠，他们只从村社中获得薪资和一笔用于公务出差的款项，例如到城里办事。

村社在缴税期限将至之前，并不会采取任何强制性措施，村长只会走访未缴税者，并提醒他们缴税期限。

村社赋税的责任体系是最复杂的。只有农户主需要承担村社和选出的领导（村长）的赋税。如果没有按期缴税，村社容许延期缴税，并用村社财产进行少量的垫付，为此村长抽出已交税农户主的时间，来帮助未缴税者完成税务。如果这行不通的话，那么全体村社成员会给未缴税者施压，让他变卖自己部分财产补足税款。事情很少发展到像在穆拉耶文乡村社发生的那样，不得不变卖村社财产以补全税款的程度。如果有牲畜的话，一般只变卖牲畜，或者变卖土地上的收成，直至可以补足税款，一般不会变卖干草棚、女人的衣服和女人的财产。无论如何在穆拉耶文乡的任何一个村社，这类事件都没有上升为司法拍卖，只是在村社内部进行买卖。

若变卖财产并没有补齐税款，则如果拖欠税款两年或两年以上，并收到了地方警察局紧急的追缴通知，在这种极端情况下，会采取扣押村长的方式，村社会收回欠缴税款的份地，并非常轻易地把它租出去。村社不希望会发生欠缴税款以及一些税收高出了村社原来制定的税额清单的情况。因为用村社分摊的收税方式很难补齐所欠税款。如果非要采取分摊方式，无非是按份地大小来分摊赋税税收。

村社成员法律关系

尽管穆拉耶文乡中的所有村社都会进行土地重分，但一些农户主在处置自己的份地时，还是有些限制的，这些限制参见第121个问题。

农户主不能将自己的份地围起来，因为如果用栅栏将土地围起来，不仅会对在空闲地放牧造成影响，还会阻碍其他村社成员用车运送收割的庄稼。

穆拉耶文乡村社中的农户主必须采用三区轮作制，为了不缩减放牧用地，他们不在空闲地上耕种作物，而今年耕作过的土地，便可随意播种，例如可以在春播土地上播种秋播作物，或者在秋播土地上播种春播作物，甚至可以播种亚麻等一切合适的作物。但在播种时也要考虑一些客观条件，晚熟的作物不可以占满整个地块，要留出空间使运送成熟庄稼的车可以通行。

村社并不指定进行农作的时间，每个村社成员可以自己选择农作的时间，但不可以比其他成员收割的时间晚，因为不能妨碍其他成员收割庄稼。

农户主不一定要给自己的份地施肥，他可以把厩肥出售给没有饲养牲畜的农户，也正因如此，乡内的每一个村社里都有那种没有牲畜的农户。

穆拉耶文乡村社的户主享有广泛的土地管理权。农户主可以把自己的份地对半分租出去，休耕土地把收成抵押出去，并且村社成员内部可以交换土地，无须征得村会的同意。村社成员、农户中的继承人，以及从农户中分家出来单过的人都可以继承土地，但都一定要经过村社的同意。在纳雷什金村社有少数把份地卖给村社成员的例子。在买卖土地时，农户主不必询问其他家庭成员的意见，尽管有其他成员向村社表示了对买卖土地的不满，村社也不会考虑他们的反对意见。

村社外来成员无权继承耕地和宅院地，而在分割农户财产时，经村会同意可以将在街上新建的建筑物转让给他人。如果为经营手工业或其他工业项目而建造的建筑物会给村庄带来潜在危险或诸多不便，则需征得村社同意后方能建造。

穆拉耶文乡的村社无需对农民土地严加管制，实际上也没有对土地进行严格监管。

村社会或多或少地参与农民们的财产分割问题。当儿子从父亲那里分家出去之后，村社只会监督让儿子名头下需纳税的耕地和菜地都转让给父亲，但绝不允许在儿子分家后，完全不承认儿子在建筑物和动产上所享有的继承权。如果没有相关继承人向村社寻求帮助，村社一般不参与未从农户中分家的兄弟们间的财产分配；当有人申诉时，村社会主持财产分配问题。村社没有针对妇女和儿童财产分割的任何法律，一般依照地方习惯法的规定来解决财产纠纷问题。根据该法，当有儿子作为继承人时，女儿什么也继承不到，如果出嫁了也就成为农户主，而育有儿童的女人如果丈夫健在，那么她享有夫妻共同财产的继承权，而如果丈夫去世了，她便享有农户主的所有权利，但如果与丈夫分家了，没有孩子的妇女什么也继承不到。如果农户中的男主人去世了，或者寡妇自立门户，带着孩子的寡妇可以使新丈夫加入原有农户中来，她不会丧失原有的耕地和宅院地。如果寡妇无法管理好自己的份地，在她缴清赋税后，由村社来管理这块土地，当寡妇的儿子达到了劳动年龄且管理期限已满，儿子有权向村社申请要回这块土地。

村社对选举户主没有决定性影响，事实上农户也不会进行私下里的选举。随着当家父亲的衰老，他的权利也逐渐过渡到未分家的长子身上，而这一切并不用走什么书面程序。年迈的父亲无力耕作，而儿子成为农户中的主心骨，这一现象在村社中屡见不鲜。村社不先知会父亲，便会三番五次在集会上对年迈父亲说："虽然父亲参加了这个集会，但也一定要有儿子跟随。"在穆拉耶文乡不会进行更加程式化的农户主授职仪式。如果父亲不在了，农户里剩下几个兄弟，毫无疑问最年长的一个就成为农户主。也有少量长子不适合做农户主的特例，如长子由于残疾、身体状况不佳、头脑糊涂而不能胜任；抑或长子在农闲时外出做工、打短工、入伍了；以及其余兄弟在物质能力上更能胜任农户主。村社不强制要求进行将农户主从父亲转移给儿子的授职程序。乡里的户主不会发生变化，且不会出现关于户主权利的纠纷，因为分家就是解决兄弟间纠纷的办法。

村社对待分家的态度也十分简单。村社不鼓励分家，但也不会为其设置任何障碍，村社清楚地知道，不能用死规定来维系家庭关系，如果那样也就失去了分家的亲情内涵。

20年内乡里分家的案例已超过300起，也正是在这一时期人口增长了20%，农户数量增长了60%。关于新组成家庭的信息列于文末表中。

1861年前退伍的士兵和永久休假士兵不享有这些土地权，因为他们没有参与人均份地的分配；而在1861年后入伍的士兵，作为纳税人参与人均份地的分配，拥有与其他村社成员相同的土地权，且在农户中也与其他家庭成员享有一样的权利，也包括寡妇和儿童。

列入村社但没有土地的农民不能参与割草和采伐森林，但在放牧时与其他村社成员享有相同的权利，在放牧费用（按牲畜头数收取）及租赁土地的使用权上都与他人无异。

当针对未缴纳赋税的土地所有者已经用尽了所有追缴方式后，村社只会收回他的土地。经过村社的决议，有时是通过村社里一些老人的帮助，有时通过竞价的方式，或者是经由村社的经济手段把土地转让给本村社成员或其他村社成员一段时间，期限根据村社内决议而定。村社首先考虑的是这块土地要多少钱租出去，其次这个价钱必须高于土地赋税额。租用时没有正式的程序，因为乡里没有土地所有者，故村社也认为自己无权这样做。

农民没有单独的林地。但可以自由进行钓鱼活动。乡内没有苔藓地，所以更多的规定都是关于石地采伐的。

穆拉耶文乡的村社从来不从死去的村社成员那里继承财产。若成员家中有尚存者，财产就不会由村社继承，若脱离农户的成员去世了，则因贫困无任何可继承财产。此时农民所拥有的份地，无论是耕地还是宅院地都会被村社收回。当土地成为如上所述的无人继承地时，村社有权处置这块土地。

村社不会把土地分给已分家的人、养子或其他人。

若新成员与原村社成员有亲属关系或在村社内长期居住，村社不会妨碍他们的加入。除了要为村社做贡献，村社对新加入的成员别无他求，而他们什么也不会得到，也不享有任何的土地权。只有当新村社成员要在村社土地上自己建造房舍之时，村社才会给予他土地用以建造宅院，但在绝大多数情况下，不会分给他主干用地，只会分给他一块旁侧用地。村社不会给予新成员任何帮助或优惠待遇。

在穆拉耶文乡整个农户都要退出村社的情况是非常罕见的，但也出现过几个农户主与村社断绝了一切联系并脱离村社的情况，他们迁移到了扎巴罗茨村社、顿河畔军事用地，或去斯科平区的矿场做工。想必在下一次的人口普查中，他们就已脱离了原村社。村社把这些人的土地收归自己管理。个人脱离村社的行为并不会给土地所有关系带来任何影响，因为离开村社的人和去世的人所有的土地，会交由他们的原属农户使用和处置。

基于赎买法第 165 条，乡里未曾进行过份地的个人赎买。

乡内有一些农民购买了私人土地，且保留了村社份地。

只有耕作土地的人才能参加讨论土地事宜的村会，无地农民只参与讨论与土地无关的问题，只有拥有土地使用权的人才可能被选为村社内的负责人员。

笔者没有提及任何基于村社所有土地制的村社和农民之间的相互义务。在扑灭火灾时，不管是哪个村社的人都会来帮忙。有时农民们所表现出来的援助精神是慷慨无私的，而非出于村社成员的义务。

在穆拉耶文乡除了缴纳赋税之外，不存在连带责任。

周边村社的成员不能使用本村社土地，但在纳雷什金村社，一个加入村社的退伍士兵在没有从村社那里获得大份地的情况下，经村社和乡管理委员会批准，从其他两家农户那里购置了两块份地，生活逐渐富足了起来。

由于村社中没有适宜的木材，村社不仅不向外来人员提供棺木，也不向本村社成员提供。

如果村社外来人员有意加入村社，他们需要缴纳一些村社的赋税才能参加有关赋税和讨论一些经济问题的村会。

附录

农民的财产清单和个人收支

A. 常见类型

1. （a）上中农类型

有一家农户（伊万农户）需要缴纳2.5个纳税人和人均份地。他于1862年与兄弟分家并自立农户，开始只有1.5个纳税人，实际人口有5人（3男2女）。在这种情况下按每户的纳税人数量分配份地（1份或2份）。刚过世的父亲的份地被对半平分了。这样分地是因为伊万当选了村长，而他的兄弟成了大家庭中唯一的劳动力，生活困苦，充满烦恼，于是在分家之后，他就有理由拒绝担任官职了。在分家时，这家农户并不富足，而在辛勤、冷静又细心的户主的努力下，凭借退伍老兵叔叔的一些积蓄，加上成年劳动力的帮助，生活才越来越富足。

村社构成（现有人口）

	男	女
12岁以下	1	—
12至17岁	—	—
17至55岁	3	2
55岁以上	1	1
总计	5	3

财产清单

5.75俄亩土地（份地）	690卢布
庭院（石制房和木房）	350卢布
杂用建筑物（仓房和其他建筑物）	100卢布
牲畜（3匹马120卢布、3头母牛90卢布、12只羊36卢布、猪和小猪15卢布、禽类）	270卢布
养蜂场	120卢布
耕作的器具	100卢布
衣服	70卢布
总计	1700卢布
存款	300卢布

梁赞省 469

收入	
份地收入（1.7 俄亩的土地）	
黑麦平均收成 5 俄石，每俄亩 8.5 俄石	36 卢布
燕麦 12 俄石	26 卢布
大麻籽 12 俄石	18 卢布
总计	80 卢布
租赁土地的收入（5 俄亩秋播地、5 俄亩春播地、1.5 俄亩处女地、5 俄亩地产、25 俄石黑麦）	100 卢布
半俄亩亚麻籽	60 卢布
燕麦	70 卢布
一俄亩半的黍米	50 卢布
总计	280 卢布
畜牧业收入（两头母牛的油 15 卢布、12 只羊的羊毛 8 卢布、6 张小羊皮 9 卢布、小猪 8 卢布）	40 卢布
养蜂场	50 卢布
马车运输	50 卢布
总计	140 卢布
每 3 经济俄亩的农耕收入	48 卢布
木匠做工所得收入	120 卢布
儿子冬季打短工所得收入	10 卢布
家庭成员做零工所得收入	12 卢布
总计	190 卢布
总收入	690 卢布
支出	
赋税（人头税和国家税 6 卢布 32 戈比、赎金 15 卢布 25 戈比、地区自治税 1 卢布 58 戈比、保险费 1 卢布 44 戈比、公社税 1 卢布 80 戈比）	26 卢布
土地租金（8 经济俄亩）	92 卢布

续表

1.5俄亩处女地的租金	15卢布
牧场租金	8卢布
牲口棚	3卢布
总计	144卢布
家用面粉	80卢布
食品佐料	40卢布
总计	120卢布
修理农作用具、给马钉掌、润滑车轮等	30卢布
马的粮草	30卢布
总计	60卢布
家庭成员的鞋子	25卢布
衣服	25卢布
总计	50卢布
总支出	374卢布

1874年，农户没有进行贷款用积蓄建造了价值200卢布的石屋，如今打算动用300卢布的积蓄建一个有地下室的石屋，用于养蜂。两个儿子都受到了文化教育。

1.（b）上中农类型

卡尔·H.A农户家有4个纳税人。1861年农户已经很富足了。从那时起，这家农户一直没有分家且非常富裕。

农户构成

	男	女
12岁以下	2	3
12岁至17岁	1	—
17岁至55岁	2	4
无工作能力者（失去腿的52岁成员）	1	—
总计	6	7

财产清单

9俄亩土地	1080卢布
庭院及院内建筑（石制房、木制房）	800卢布
杂用建筑物	100卢布
牲畜（3匹马130卢布、1头母牛和3头公牛90卢布、6只羊68卢布、2头猪30卢布、禽类）	270卢布
耕作的器具	100卢布
衣服	70卢布
总计	2420卢布

收入

份地收入（2.75俄亩土地）	
10俄石黑麦	40卢布
4俄石小麦	32卢布
19俄石燕麦	40卢布
大麻地的收成	28卢布
总计	140卢布

租赁土地的收入（3.75俄亩土地）	
19俄石黑麦	76卢布
19俄石燕麦	40卢布
半俄亩亚麻籽	60卢布
荞麦	10卢布
黍米	50卢布
总计	236卢布

畜牧业收入	40卢布
运输业收入	50卢布
卖鸡	50卢布
总计	140卢布

6俄亩的农耕收入	36卢布

续表

户主的退休金	60 卢布
做裁缝活	20 卢布
开采石头	30 卢布
家庭成员做零工所得收入	50 卢布
总计	196 卢布
总收入	712 卢布

支出

赋税	41 卢布
土地租金（6 俄亩）	69 卢布
处女地租金	15 卢布
牧场租金	8 卢布
牲口棚	1 卢布
总计	134 卢布
面粉	120 卢布
米、盐	60 卢布
总计	180 卢布
修理农作用具等	40 卢布
马的粮草	30 卢布
总计	70 卢布
家庭成员的鞋子	35 卢布
衣服	25 卢布
总计	60 卢布
总支出	444 卢布

全体农户成员用自己的积蓄和向房主为期一年的 30 卢布贷款，于 1872 年至 1873 年间建起了双层石制房。所有成员都接受了文化教育。

2. 中农类型

在此农户中有 3 个纳税人分别是费奥多洛夫、列昂特和安娜。在 1861 年农奴制改革时农户没有分家，于是还保留着改革前等量的牲畜，而收入和财产却减少了。

农户构成

	男	女
12 岁以下	1	2
12 岁至 17 岁	1	—
17 岁至 55 岁	3	3
总计	5	5

财产清单

6.9 俄亩土地（份地）	830 卢布
庭院（石制房、木制房）	250 卢布
杂用建筑物	30 卢布
牲畜（2 匹马 60 卢布、1 头母牛 25 卢布、7 只羊 20 卢布、猪和小猪 15 卢布、禽类）	125 卢布
耕作的器具	50 卢布
衣服	50 卢布
总计	1335 卢布

收入

份地收入（2 俄亩土地）

黑麦	40 卢布
14 俄石燕麦	30 卢布
大麻地的收成	20 卢布
总计	90 卢布

租赁土地的收入（1.25 俄亩土地）

6.25 俄石黑麦	32 卢布
亚麻籽	20 卢布
8 俄石燕麦	18 卢布
总计	70 卢布

续表

畜牧业收入	20 卢布
农耕收入	12 卢布
两个儿子去当雇农的收入	82 卢布
家庭供给	40 卢布
家庭成员做零工的收入	26 卢布
总计	180 卢布
总收入	340 卢布

支出	
赋税	31 卢布
土地租金	23 卢布
处女地租金	15 卢布
牲口棚	1 卢布
总计	55 卢布
修理农作用具等	20 卢布
马的粮草	10 卢布
总计	30 卢布
雇农佣金	40 卢布
面粉	64 卢布
米、盐	20 卢布
总计	124 卢布
家庭成员的鞋子	40 卢布
衣服	40 卢布
总计	80 卢布
总支出	289 卢布

农户用自己的积蓄和1876年向地主贷款的100卢布建造了价值250卢布的石制房，该贷款已偿还。该农户主的儿子们没有接受文化教育。

3. 下中农类型

（a）该农户于 1861 年组建，有 6 个纳税人，曾经是中农水平，而该农户家庭于 1869 年时，叔叔和侄子分了家，侄子家的 2 个纳税人从原家庭分离出来，并带走了三分之一的财产。然后 1872 年原留存农户中的长子带着自己的份地分家而出，且没有任何附属物品。1876 年，二儿子由于忍受不了妻子爱吵闹而想离婚。该农户户主为人正直，心思缜密，能吃苦耐劳。

农户构成

	男	女
12 岁以下	1	1
12 岁至 17 岁	—	—
17 岁至 55 岁	1	1
总计	2	2

财产清单

2.33 俄亩土地	280 卢布
石制房	200 卢布
杂用建筑物	10 卢布
牲畜（母牛 25 卢布、三只羊和小羊羔、禽类）	40 卢布
器具和衣服	30 卢布
总计	560 卢布

收入

份地收入（三分之二俄亩的土地）	
3.5 俄石黑麦	14 卢布
黍米	8 卢布
燕麦	4 卢布
麻籽	4 卢布
租赁土地的收入（1.25 俄亩的秋播地）	
6.25 俄石黑麦	32 卢布
畜牧业收入	8 卢布
当雇农的收入	38 卢布
奖金	5 卢布

续表

所赚生活费	20 卢布
女主人工资	10 卢布
总收入	143 卢布

支出	
赋税	10 卢布
土地租金	11 卢布
耕地费用（所有的租地和份地）	10 卢布
雇用牧人	1 卢布
户主生活费	20 卢布
家用面粉	20 卢布
其他食物	10 卢布
鞋子	15 卢布
衣服	15 卢布
总支付	112 卢布

农户用自己的积蓄和 1878 年向地主贷款的 70 卢布建造了价值 200 卢布的石制房。

（b）该农户家庭是由两个纳税人构成，从 1861 年起，就未分过家。下中农水平是由于家庭人数较少。

农户构成

	男	女
12 岁以下	2	1
12 岁至 17 岁	—	1
17 岁至 55 岁	1	1
总计	3	3

财产清单

$4\frac{2}{3}$ 俄亩土地	560 卢布
石制房	200 卢布
杂用建筑物	30 卢布

牲畜（马 30 卢布、母牛 20 卢布、5 只羊 15 卢布）	65 卢布
器具和衣服	30 卢布
总计	855 卢布

收入	
份地收入（1.33 俄亩的土地）	
7 俄石黑麦	28 卢布
黍米	16 卢布
燕麦	8 卢布
麻籽	14 卢布
租赁土地的收入（1.25 俄亩的土地）	
黑麦	32 卢布
燕麦	20 卢布
畜牧业	12 卢布
户主工资	12 卢布
男女主人的零工收入	30 卢布
总收入	172 卢布

支出	
赋税	21 卢布
土地租金	23 卢布
雇用牧人	1 卢布
面粉	48 卢布
其他食物	20 卢布
鞋子	15 卢布
衣服	12 卢布
工具修理费	10 卢布
总支出	150 卢布

4. 贫农类型

在 Ep. Г. 农户家里有 3 个纳税人，1861 还是富足的，1869 年开始分家，现在绝户了。主人没有本领，能力不足，是农户变穷的原因。

农户构成

	男	女
12 岁以下	2	2
12 岁至 17 岁	1	—
17 岁至 55 岁	1	1
55 岁以上	1	1
总计	5	4

(27 岁的去做短工了，不在家)

财产清单

6.9 俄亩土地（份地）	830 卢布
木制房	70 卢布
家禽（没有牲畜）	5 卢布
衣服	15 卢布
器具和劳动工具	15 卢布
总计	935 卢布

收入

份地收入（1.33 俄亩的土地）	
4 俄亩耕地（份地）的租金	40 卢布
大麻籽	20 卢布
户主和放牧男孩的薪水	26 卢布
儿子从仲斯克乡寄回来的工钱	25 卢布
女人、户主和男孩做零活的工资	14 卢布
总收入	125 卢布

支出

赋税	31 卢布
家用面粉	64 卢布
米和其他食物	20 卢布
鞋子和衣服	15 卢布
总支出	125 卢布

B. 特殊类型
5. 赤字贫农类型

在 Ив. У. 家曾有 2 人份的份地，户主虽然善良诚实，但是痴傻且不能劳作，就不要份地了。1861 年，这家农户非常穷，并且在农奴制改革时土地被收回，在解放农奴时他曾尝试留住土地，但没成功。这个家庭是由丈夫、妻子以及第一段婚姻留下的两个孩子组成的。

农户构成

	男	女
12 岁至 17 岁	1	1
17 岁至 55 岁	1	1
总计	2	2

财产清单

无土地	
木制房	30 卢布
所有器具和衣服	10 卢布
家禽（没有牲畜）	3 卢布
总计	43 卢布

收入

男孩的工资	10 卢布
户主的临时收入	10 卢布
总收入	20 卢布

支出

供暖	10 卢布
粮食	30 卢布
盐和其他家庭支出	10 卢布
总支出	50 卢布

靠人周济弥补亏空。

1876 年，这家的木屋彻底散架倒塌了，这家的主人和他的妻子住在租的房子里，但是由于妻子患病，饱受梅毒摧残，几乎没有人愿意接纳他们。但是，人们并没有从道德品质的角度对他们有所歧视。木屋的残骸卖了 15 卢布,虽然家里很穷,但主人还是把这笔钱存了下来。慈善救济机构提供金钱补助帮助其重建房屋。

6. 富农类型

(乡里 5% 的农户属于此类型)

(a)退伍士兵 И. Л. Б. 1861 年是没有土地的。户主为自己购买了庄园、份地以及私人土地,总计 6 俄亩;他当兵期间节衣缩食,带回来的钱(他是非战斗人员)成为他致富的第一桶金,他的财富快速增长。

农户构成

	男	女
小于 12 岁	1	1
12 岁至 17 岁	1	1
55 岁以上	1	1
总计	3	3

(冬季两个雇农,夏季三个雇农)

财产清单

土地(6 俄亩)	720 卢布
石制房及庭院	1000 卢布
杂用建筑物	180 卢布
养蜂场	250 卢布
牲畜(5 匹马 250 卢布、3 头牛 120 卢布、30 只羊 90 卢布、猪和小猪 25 卢布、家禽 15 卢布)	490 卢布
劳动工具和器具	200 卢布
衣服及其他	200 卢布
总计	3040 卢布
流动资金	3000 卢布
总资产	6040 卢布

收入

10 俄亩耕地	
10 俄石小麦	80 卢布
40 俄石黑麦	160 卢布

续表

20 俄石亚麻籽	200 卢布
56 俄石燕麦	120 卢布
处女地的 25 俄石黍米（2 俄亩）	100 卢布
大麻田	48 卢布
总计	708 卢布

农民的 11 俄亩耕地	121 卢布
割草场	160 卢布
牧场	75 卢布
总计	356 卢布

养蜂业	100 卢布
畜牧业	20 卢布
马车运输业	150 卢布
总计	270 卢布

农民尚未收割的庄稼，共 20 俄亩，平均每俄亩 6 卢布	120 卢布
总收入	1446 卢布

支出	
赋税	24 卢布
60 俄亩地的租金	420 卢布
夏天雇用两个雇农的费用	100 卢布
总计	544 卢布

家用面粉及雇农面粉供给（21 俄石）	84 卢布
其他食物	80 卢布
总计	164 卢布

劳动工具修理费	80 卢布
喂马的燕麦	80 卢布
总计	160 卢布

鞋子	30 卢布
衣服	70 卢布
总计	100 卢布
总支出	968 卢布

1876 年农户用自己的继续建造石制房，购买土地，农户的资金迅速流动。

（b）农户 A. T. M. 家有 5 块份地，从 1861 年起，就没再分过家：那时候生活水平可以达到上中农的程度，但并不算特别富裕。

农户构成

	男	女
小于 12 岁	5	6
12 岁至 17 岁	1	1
17 岁至 55 岁	3	4
55 岁以上	1	1
总计	10	12

财产清单

土地	1440 卢布
石制房及庭院	1500 卢布
杂用建筑物	160 卢布
养蜂场	250 卢布
风磨	1500 卢布
可移动脱谷机	600 卢布
牲畜（7 匹马 350 卢布、4 头牛 120 卢布、50 只羊 150 卢布、3 头猪 36 卢布）	656 卢布
劳动工具机器具	200 卢布
衣服及其他	300 卢布
总计	6600 卢布
流动资金（大约）	1000 卢布
总资产	7600 卢布

梁赞省 483

收入	
10 俄亩耕地（3 俄亩份地，7 俄亩租地）	540 卢布
大麻田	40 卢布
总计	580 卢布

养蜂业	100 卢布
畜牧业	70 卢布
马车运输业	150 卢布
总计	320 卢布
牧场	75 卢布
总计	356 卢布

风磨	300 卢布
可移动脱谷机	300 卢布
村长的薪资和收入	30 卢布
总计	630 卢布
总收入	1530 卢布

支出	
赋税	62 卢布
雇农	30 卢布
土地租金	154 卢布
总计	246 卢布

家用面粉及雇农面粉供给（52 俄石）	208 卢布
盐，黍米和其他食物	160 卢布
总计	368 卢布

劳动工具修理费	120 卢布
割草场的租金	24 卢布
喂马的燕麦及其他	120 卢布
总计	264 卢布

续表

鞋子	50 卢布
衣服	150 卢布
总计	200 卢布
总支出	1068 卢布

农户用自己的积蓄于 1871 年建成石制房及庭院，1876 年有了磨坊，1877 年有了可移动脱谷机。

(c) 车尔尼雪夫村社的 A. И. C. 农户家中有两口人，从 1861 年起没分过家。

农户构成

	男	女
55 岁以上	1	1

(一名雇农)

财产清单

石制房及庭院	600 卢布
杂用建筑物	100 卢布
牲畜（4 匹马 160 卢布、母牛和小牛 50 卢布、30 只羊 90 卢布、家禽 10 卢布）	310 卢布
劳动工具和器具	200 卢布
衣服	100 卢布
总计	1310 卢布
放贷资金（大约）	5000 卢布
流动资金（大约）	3000 卢布
总计	9310 卢布

收入

9 俄亩耕地（35 俄石黑麦 140 卢布、10 俄石小麦 80 卢布、20 俄石亚麻籽 220 卢布、50 俄石燕麦 150 卢布）	590 卢布
大麻田	20 卢布
总计	610 卢布

续表

畜牧业	50 卢布
马车运输业	50 卢布
总计	100 卢布
从农民手里买青苗而获得的收入，每俄亩 8 卢布（20 俄亩）	160 卢布
放贷收入	250 卢布
总收入	1120 卢布

支出	
赋税、保险费	17 卢布
18 俄亩土地的租金	198 卢布
草地	12 卢布
总计	227 卢布
家用面粉及雇农面粉供给（9 俄石）	36 卢布
其他食物	50 卢布
总计	196 卢布
雇农费用	30 卢布
农民额外工作的费用	15 卢布
总计	45 卢布
劳动工具修理费	30 卢布
喂马的燕麦	60 卢布
总计	90 卢布
衣服和鞋子	30 卢布
总支出	588 卢布

石制房建于 1877 年。资金从 1861 年快速增长。份地未被买断。

（d）车尔尼雪夫村社的农户 Ив. 和 Игн. К. Ш. 兄弟俩 1873 年分家，但一起干活，经营家业。

农户构成

	男	女
小于 12 岁	1	2
12 岁至 17 岁	1	1
17 岁至 55 岁	3	3
55 岁以上	—	1
总计	5	7

财产清单

33 俄亩私人土地	3630 卢布
2 座带庭院的石制房	400 卢布
杂用建筑物	100 卢布
牲畜（5 匹马 400 卢布、7 头牛 180 卢布、60 只羊 120 卢布、5 头猪 75 卢布、家禽 15 卢布）	780 卢布
劳动工具及器具	250 卢布
衣服	200 卢布
总计	5470 卢布

收入

22 俄亩耕地（15 俄石小麦 120 卢布、100 俄石黑麦 400 卢布、亚麻油 400 卢布、126 俄石燕麦 280 卢布）	1240 卢布
大麻田	50 卢布
3 俄亩处女地的黍米	200 卢布
总计	1490 卢布

畜牧业和养猪业	200 卢布
马车运输业	300 卢布
总计	500 卢布
总收入	1990 卢布

支出	
处女地租金	60 卢布
赋税	81 卢布
牧场租金	35 卢布
总计	176 卢布
2 个雇农的费用	36 卢布
其他食物	50 卢布
总计	196 卢布
雇农费用	60 卢布
供给家庭和雇农的 35 俄石黑麦	140 卢布
盐、米、肉及其他	140 卢布
总计	340 卢布
劳动工具修理费	100 卢布
喂马的燕麦	150 卢布
总计	250 卢布
衣服和鞋子	150 卢布
寄给士兵的东西	30 卢布
总支出	940 卢布

1873 年分家并建成了院子，土地是在 1878 年用积蓄购买的。

7. 超级富农（全乡仅此一家）

农户 C. 在 1861 年时，就已经比上中农还要富裕一些。他从 1858 年就缴代役租，有 10 匹马，从事马车运输业。

财产清单	
5 口人的份地（13 俄亩）	1640 卢布
106 俄亩土地（地产）	15000 卢布
宅院和菜园	3000 卢布
牲畜	780 卢布

续表

养蜂场	600 卢布
劳动工具及器具	600 卢布
衣服	300 卢布
流动资金（大约）	20000 卢布
总计	417400 卢布
扣除保证金	7000 卢布
总资产	34740 卢布

收入	
15 俄亩土地、农民养蜂及其他	1500 卢布
卖 100000 只鸡的收入	5000 卢布
卖 6000 只小猪、12 只鸭子和鹅等的收入	1000 卢布
总收入	7500 卢布

支出难以确定。

计算依据

十年收成的总和：

1 经济俄亩，6 俄石黑麦（带种粮），价格 4 卢布，每俄亩总收入 20 卢布。

1 经济俄亩，6 俄石小麦（带种粮），价格 8.5 卢布，每俄亩总收入 42.5 卢布。

1 经济俄亩，86 俄石燕麦（带种粮），价格 2.25 卢布，每俄亩总收入 15.75 卢布。

1 经济俄亩，64 俄石荞麦，价格 4 卢布，每俄亩总收入 12 卢布。

穆拉耶文乡的村社农民现有人口男女数量分布

村社＼男女（对）	2 对	3 对	4 对	5 对	6 对	7 对	8 对	9 对	10 对	11 对	12 对	13 对	14 对	15 对及以上
1. a. 穆拉耶文村社	11	16	20	18	18	10	5	3	4	2	1	—	—	—
b. 费奥多罗夫村社	6	11	9	16	14	21	13	13	10	7	2	3	1	2
2. 奥利霍村社	5	9	11	11	15	27	14	10	10	4	4	—	1	5
3. 巴德里霍夫村社	—	1	—	3	3	2	3	2	3	1	8	—	—	1
4. 扎巴洛茨村社	2	16	24	33	22	20	19	11	5	12	7	8	8	8
5. 鲁宾村社	1	3	—	8	3	2	4	—	1	1	—	1	—	1

续表

村社＼男女（对）	2对	3对	4对	5对	6对	7对	8对	9对	10对	11对	12对	13对	14对	15对及以上
6. 萨温村社三个村社	2	1	3	6	5	3	1	2	1	—	—	—	—	—
7. 车尔尼雪夫村社	1	1	3	3	1	1	1	1	1	—	3	—	1	1
8. 格列米亚钦村社	1	—	6	7	7	2	2	3	1	1	2	1	—	1
9. a. 红斯洛博特村社	1	—	1	4	4	6	1	2	2	—	1	—	—	1
b. 纳雷什金村社	—	1	1	3	8	4	2	1	2	1	1	—	1	2
10. 巴宾村社	2	1	2	5	2	2	—	2	—	—	—	—	—	—
11. 达夫列季村社	1	2	4	4	2	1	2	4	2	—	—	—	2	3
12. 捷尔卡尔村社	—	—	—	1	1	1	—	—	—	—	—	—	—	1
13. 博戈赫拉尼梅村社	3	—	4	7	5	1	4	3	—	—	1	2	—	2
14. 霍罗舍夫村社	1	2	1	2	1	1	3	—	—	—	1	—	—	1
总计	37	64	89	127	119	105	77	54	49	31	26	11	9	29

乡里农户现有人口数量和劳动力数量分布

男女（对）＼劳动力	无劳动力	1个劳动力	2个	3个	4个	5个及以上	总计
2对	20	17	—	—	—	—	37
3对	14	46	4	—	—	—	64
4对	4	70	15	—	—	—	89
5对	4	86	33	4	—	—	127
6对	1	65	46	7	—	—	119
7对	2	44	46	12	1	—	106
8对	1	26	29	20	1	—	77
9对	—	8	26	17	8	—	54
10对	—	5	25	16	2	1	49
11对	—	4	16	10	1	—	31
12对	—	1	7	12	5	1	26
13对	—	1	4	4	2	—	11

续表

男女（对） \ 劳动力	无劳动力	1个劳动力	2个	3个	4个	5个及以上	总计
14 对	—	—	2	3	3	1	9
15 对及以上	—	—		8	18	3	29

П. 谢苗诺夫

普斯滕村社[1]

村社构成

普斯滕村社是由梁赞省梁赞县索罗钦乡的普斯滕村（距省城 12 俄里）组成的。这里的土地公社是具备行政功能的村社，即普斯滕"乡村社会"。农民们把自己的公社称为村社。

普斯滕村很久以前属于河边的修道院，这个修道院被废除了，但农民没被列入经济农奴之列，他们有权拥有修道院和其他地方的土地，如距村庄 40 俄里的土地。现在他们都是国有农民，享有私有农民的土地权，但还没赎回自己的份地。

该村社有 400 家农户。据上次人口调查显示，共有 1050 口人。或许农民不知道自己有多少土地（没人知道俄亩的准确定义以及土地登记在册的依据什么）或者隐瞒不说，我询问普斯滕村的一名农民时，他回答说："年轻人，我该怎么对你说呢，现在的谎话太多了：你所能见得到的，就比如那块土地，就是我们的，还没有分割出去的。"这种认识在普斯滕村的农民心中，乃至我在弗拉基米尔省观察到的其他村社的农民心中，都已经根深蒂固，因为在土地分配时，普斯滕村农民的份地是通过废除修道院而获得的，而其他村社农民的林地面积被削减了。因此，村社土地的数量应该根据官方资料来查对。普斯滕村社人均草地和耕地约 3.25 俄亩。

村社土地重分

该村社已经成立很长时间了，一直以来都不乏村社土地或公共用地。土地使用主要体现出"均等"的原则，在分配土地时，村社成员都遵循这一原则。这一原则主要表现在重分村社土地上，土地的重新分配以下列方式进行。

主要是对耕地和草地进行重新分配，只有部分宅院地重新分配，且不设期限，宅院地

---

[1] 资料来源：巴雷科夫 О. Л.，波洛夫佐夫 А. В.，索科洛夫斯基 П. А.（编）：《乡村土地公社资料汇编》，圣彼得堡：俄国自由经济学社、俄国地理学社 1880 年。

不进行分配。如果分家，那么宅院地就会被划给从家里分出去的人。除了宅院地和谷仓之外，其他类型的宅院地会根据需要在不定期限内（如四五年）进行重新分配，这正是体现了"均等"的原则。一些户主开垦了一些沼泽草地作菜园，所以他们将会再继续使用近几年开垦出来的这些土地，所有这种开垦出来的土地都归村社所有，村社将对其进行重分（以后都会被均分）。

对土地进行彻底重分时首先要进行人口普查，但在农奴解放后，由于推行了新的农民制度，所以土地重分期间又出现了混乱。因此，最近一次的土地重分是在最近一次人口普查之后进行的。现在正在等待人口普查，但由于普查迟迟没有进行，所以打算在1879年重新划分土地，暂时按照以前的人数来划分。进行人口普查后，会按照实际人口数量再重新分配。

不存在抓阄式土地重分和全新式土地重分，无论劳动者数量增加还是减少，最后分配到什么就是什么。但因此出现了"剩余人口"的土地重分现象。如果村社中有剩余人口，即过世的人留下的土地或是放弃土地的人留下的土地，根据村社的决议，这些土地会分给那些拥有很多劳动力而土地不足的农户。

同时，村社成员之间可以按照自己的意愿交换抓阄地。

耕地的分配方式如下：

（1）三块土地中，每一块土地都根据土地的质量和位置分为优质地和劣质地、山地或者低洼地。在弗拉基米尔省的科纽什尼亚村，这种划分出来的土地叫作"份地"。

（2）用绳子对每一块被划分的土地进行测量，且将其分为10等份，再将村社的1050口人进行分组，所以每105人分1份地。然后抓阄分配每一份地。

（3）将每份地分为4个部分，即4组（每一组平均26个人）。这4组再进行抓阄。

（4）每一组人对半分，分成"8小组"，每个小组平均13人。这8小组再进行抓阄。

（5）最后，将这"8小组"按人口数量分为若干个条形田。

条形田的宽度用绳子（10—12俄丈）测量，份地也是用这种绳子来测量，只是绳子被分割成了几部分。也有人将绳子分割成草鞋或脚掌的尺寸来进行测量。这种方式很精确，每人所获得的条形田的宽度都精确到一个"耙"的宽度，也就大概相当于两三个草鞋或脚掌的长度（测量时，脚后跟仅仅贴着脚尖。为了达到最大限度的公平，就必须要有这样的精确度）。为了方便耕种土地，需要把几个人聚集到一起，他们几个人抓一个阄，即分同一块地。抓阄之后，他们之间可以通过以一块地换另一块地的方式，再自行分配土地。

正如我们所说，这样复杂的土地重分是希望尽量使土地均等，所有人分得的土地质量和位置都符合分地的原则。如果某块地的条形田质量与其他土地相差很远的话，就会从其他土地那里，丈量些边角地增拨给他们，这些边角地是在测量土地时形成的，因为划分的土地形状不会总是正好合适的。

通过这种方式，土地被划分为一列列纵横的条形田，但为了方便把犁沟的水排出来，这些土地都朝着下坡，条形田总是沿着道路或者地界。因此，它们的走向又长又窄，而不是又宽又短。

村社将纳税人作为土地分配的单位。这并不是最公平的土地分配办法。为解决这个问题，村社允许成员之间互换抓到的阄，但每年仅可一次。这样一来，纳税人口多而劳力数量不足的家庭可以少要一些土地，而他们余出的土地可转给劳动能力更强、劳动力较多的家庭。

草场

每年都对草场进行重新分配，分配草场的方法与分配耕地的方法完全一样。划分出的地块是用绳子测量的。村子附近的小树林和灌木丛以及为数不多的建材类树木距村子大约15俄里，村社享有这些林木的使用权。林地被分成了若干份，整片林地，除去那些害了病的林木，其余的都按人均分配，共同采伐。每人能够按照份地划分的比例使用木材，每人平均能分到3—4棵建筑用树、3车柴用树。

牧场和养殖场不够用，所以村社向邻近的村社租割过的草场。在村镇附近有几个牛犊圈——不太大的牧场，只有在牧人的看管下，才能放牧这些为数不多的牲畜。

土地重分制度

在该村社进行土地重分的流程是这样的。近几年，重分的期限（人口普查的年份）改变了，所以，由于长时间没对土地进行重新分配，对不恰当的土地分配感到不满的人大大增多了，村长早已引起了老人们的不满，最近有人向村长提意见了。为此召开了村会，拥有份地的人参会，没有住所的和无地的孤身贫苦农民不干预此事，虽然如果有意愿的话，他们也可以给出合理的建议。若户主缺席，则妻子、寡妇和所有女继承人可以参加集会，但是这些女性的影响力很小，很少有人听她们的意见（因为女性是被遗忘的群体）。通常，如果户主暂时不在的话，邻居家随便出一个人，根据他的请求替他投票。重分土地决议需要绝大多数人同意才能通过，尽一切可能让决议一致通过。如果两三个或十个人不同意，那他们也没法反对四百人的决议，必须少数服从多数。达成一致决议，在集会结束时，所有人跪下祷告，然后签订文件，集会结束。每年在重新分配草地时也要祷告。

关于富农和村长对土地重分决议的影响，农民是这样回应的："这没什么可怕的。将要发生的这件事是大家的事，在任何方面都没人会向他人让步。抓阄会决定一切。"在村会上难免会有这种现象，因为富人永远都会战胜穷人。

我们上面已经说了，按照份地进行土地重分，村社本身会分成若干个份地和若干个四分之一份土地。农户们会按照固定的流程，沿街而立，在这些份地处集合。在两次人口普查之间，人们都会在自己原来的份地处。如果在新的人查普查后，那么，那些搬迁到离村庄很远的地方的人家，就会被分配在另一块份地中。

村会结束后，在重分土地之前，会选择分配土地的负责人：份地的负责人——组长，四分之一份土地的负责人——地方官。所有这些被任命的负责人，在分地期间会得到报酬，通常是1卢布。

根据组长和地方官的指示在村社成员之间重新划分土地。组长和地方官从来也没受到过信任，因为，首先，分配土地时分配不均的现象会立刻显现出来，其次，是因为选出来的每个丈量员都会维护自己的利益。

分配份地、四分之一份土地和条形田时，通常都使用绳子（10—12俄丈）、杆子（长3俄丈，没有进行任何的登记记录，每个人都是自己记住后面是谁（因此，为了方便，整个村庄被划分份地、四分之一份土地和八分之一份土地）。分地时用的阄，通常是带标记的五戈比硬币，把它们放在帽子里，之后进行抽签。

如果条形田不是特别分散，那就按人头来抓阄，而不是按户，这样的话一家农户分得的土地会在不同的地方，但仍在同一份地和四分之一份土地之内。

重分土地时农民用特殊记号标记他们分得的土地：通常往地里放有记号的手捻绳，三条直的一条斜的，之后用刮刀在地上做记号，以防手捻绳被抽出。有人名标记，比如彼得用字母 П。所有的记号都标记在地头。发生过由于失误而多占土地的情况。如果只有一次，则不用太过在意，只不过是多占了自己相应的土地。但是如果发现谁把多占土地这件事当作营生，那就要把他送到乡里的审判会，他会被处以罚款或拘留。总之，这种情况很少。只有纳税人能使用村社的部分土地。但土地的使用情况要永远与家庭的支付能力和劳动能力相符。比如，如果一个家庭里，一个父亲有5—6个小孩，那么，他可以不要那些无力耕种的剩余土地，他的土地会被家里有女仆、有更多劳动力的人租走。使用土地没有明确的年龄限制，但是没有家的人或者老人自己会放弃土地，这种情况下，这些土地作为剩余土地归于村社。

村社经济事务制度

马以及其他牲畜被分成四群；每群属于村社四分之一的农户们（约100户），这样，每100户构成"群居团体"，所以村庄被分为4个部分，将每部分的牲畜赶到离它们最近的牧场。在复活节前的礼拜天或复活节的头几天，会召唤村里愿意受雇的牧人来（因为畜牧业是这个地区素来就有的产业。每年都有很多牧人从这里去其他邻省。每个家庭几乎都有孩子去做牧人助手。后来他们就完全不种地了，因为土地资源不足）。每个群居团体分别雇用一个牧人和一个牧人助手，夏天支付他们60卢布（其中包括给牧人助手的10卢布），牧人自己有食物和衣服，但除工资外，牧人还在圣诞节时讨要面包。风俗是这样的：牧人取一把燕麦撒到木屋里的地上，边开门边说："主人过上好日子，主人大丰收！节日快乐！"户主会给大约半个烤面包。这是晨祷前要做的事。之后在圣灵圣神降临节，讨要薄饼（不超过3个），还在圣母日讨要黑麦馅饼（大约3俄磅）。之后每家送给牧人一碗（碗的大小取决于主人家牲畜的数量）黑米或是黍米，或是荞麦米，偶尔有面包，拿2个或3个生鸡蛋。所有这些都放在牧人安置在草场并用粮秣袋盖住的四轮大车上。牧人助手会得到这其中的一半或三分之一，这取决于雇他的牧人的情况：助手得到的钱越多，那他得到的面包就越少。这些仅涉及放牛的牧人。羊群由牧人管理，为此需雇牧人助手。牧人在其他时间放牧不会得到面包和收入，只有夏天时每人会获得70卢布，有助手的话俩人共计能得到大约100卢布。当母牛只在白天活动的时候，牧人晚上就会到波克罗夫去放牧，这种情况下他的工资会更高。在雇牧人的时候，所有的主人拍打牧人的手臂，喝人情酒（牧人提供半桶，主人们添上半桶），之后向上帝祷告。建堂节的时候，牧人去祝贺节日，会给牧人递上一杯水。按照牲口的数量和种类计算每户支付给牧人的工资：一头母牛

30 戈比，一只羊 7 戈比，不包括猪和牛犊，猪和牛犊在河边的牛犊圈里吃草，无人照看。

村社没有自己的公牛，但是，例如夏天时 5 头公牛跑到畜群里，其中一头牛的主人会问村社放牧管理员："喜不喜欢他的公牛？"如果喜欢的话，则可把它作为公用的牛放到畜群里，公牛的主人一个夏天的收入为 5 卢布。如果该公牛被选去给村社的母牛配种，那么公牛的主人每次会得到 20 戈比的收入。

雇用护林人来看守树林，每年 20 卢布。

用木栅栏将土地圈起来，按照参与抓阄的人数来分配围栏。通过抓阄的方式来确定谁在哪个区域围栅栏，由于总是避免不了潮湿泥泞的地方，所以每个人都是"凭良心做事"，这样对大家而言都是公平的。至于谁来承担牲畜破坏庄稼所造成的损失，则需要根据牧人的具体情况而定。如果他的收入微薄，则无需赔偿。如果收入丰厚（具备赔偿能力），就应给予赔偿。有一个牧人说："如果我的收入只有 50 卢布，扣除每次需要赔偿的部分，把我的全部家当算上都不够。"如果牲畜祸害了其他村庄的土地，则由整个村庄负责赔偿。如果牲畜是由于栅栏破损而冲出圈养地，村社会惩罚安置栅栏的人。但有时损失是十分巨大的，如果让一个人去赔偿这笔损失，那么很可能会导致这个人破产，因此，为避免这种情况，村社会对赔偿制定限额。

村社有以下生产工具：共有近 40 口水井，每 10 户人家共用一口水井，这口井由这 10 户人家共同挖凿。使用水井的情况有以下几种：例如，有个农民曾说，当三个兄弟挖井的时候，挖井已经分配完毕了，但其中一个兄弟很快搬家了，搬到村头较远的地方。这意味着，这位村民将会使用共用井的井水，但他却没有参与挖井。在得到允许的情况下他才可以使用这口井，并支付给这 10 户村民 1 卢布或者 2 卢布，只有这样他才能在今后以股东的合法身份享有该井的使用权。

村社也有 4 座能够容纳 400 户人家的小教堂。教堂就建在街上。每 100 户人家负责一座教堂的整修，大家一起照看自己负责的教堂。在自愿的基础上进行教堂修理工作人员的招募：村社有时会派一个老妇人去 100 户人家挨个募集物资，而有时则会去 400 户人家收集必要的物资。每户人家都会尽最大努力提供钱或者粗麻布。

村社木屋是村社召开村会的公共场所，是以每年 40 卢布的价格从一位农民那租来的。村社木屋几年一更换。有时房屋主一家人会住在这，有时谁都不会在这住。房子后面有一个标语："阿格拉费娜普斯滕村会。"标语的背景是一只鹰。据说，之所以叫作阿格拉费娜大会，是因为 60 年前农民们所加入的女修道院最后一任修道院院长的名字叫作阿格拉费娜。

花费 40 卢布修建的村社消防棚是由村社集中掌管的，消防棚里面有救火用的水桶、水管和钩竿。村社会雇用一名农民来担任押解犯看管员，他的基本职责就是负责押送流窜于城乡之间的囚犯，并将他们带去梁赞市，还要根据村社工作需要，负责派送邮件及送村长。看管员还要在发生火灾时，负责灭火和安置马匹的工作。

如果在火灾初期，看管员没能及时往马上套上水管，其他人早一步将水管套在了马上，这个看管员会被处以 5 卢布的罚款，而这笔钱将用于奖励早一步将水管套在马上的那位公民。

看管员年薪为90卢布。在村社作业中，长2俄里、宽2俄尺、深1俄尺的排水渠有十分重要的作用，借助排水渠能够把干草沼泽地的水排干。早期，人们不仅无法在此割草，甚至连牲畜也无法通过沼泽地，而现在这片沼泽地已经变成完美的割草场了。

村社代役租制有以下条款：距离村庄40俄里有一片占地260俄亩的耕地及草地。这片土地以2500卢布的价格出售。一般承租人会向村社表达想要租赁土地的意愿。在征得同意的条件下，会从村社中选出三名代表，并派他们与买家一起进城签订合同（或者在村会的木屋内签订合同）。土地租期为9年，若想续期，则承租人每年需为每块份地支付一桶俄国白酒，也就说每年10桶。租金以地租形式上交，村社会为承租人支付的金额开收据。

村社里还有小酒馆和小饭馆。经营酒馆和饭馆需每年向村社支付600卢布。这笔钱作为村社的经费使用，例如，从邻村购买再生草（每20俄亩40多卢布）；向没有剃头发的应募兵发放1卢布50戈比，向剃完头发的应募兵发放4卢布。（1874年以前，俄国在征新兵时，把合格的壮丁前半部头发剃光——译者注）由于这种措施已经表明了，所有这一切都像以前一样，"我们"那些按照旧制度将孩子送去当兵的人常说："为你们的儿子付钱吧。难道如今的条件比过去还要糟糕吗？"这笔资金还会用于消防和雇用看管员。小酒馆老板有义务每年为每块份地支付一桶俄国白酒，每年10桶。酒馆和饭馆位于私人住宅内并由农民经营。

村社成员从邻村业主那租买再生草，自己承担租赁费用。

村社劳动

通常，在租用草地时，会将2、3、10户农户联合在一起。大家一起割草，并将干草分成剁或者装上车。首先将干草分成优质干草（干草垛的顶端部分）和劣质干草。然后将干草垛的顶部单独划分并分出一垛优质干草。这种处理方式有双重便利。第一种分配方法是由于户主在将干草全部出租给一个人时会对租金做出让步；第二种分配方法是因为一个承租人很难支付全部租款，单独雇佣和养活工人也是很困难的，因此承租人会以同样的要求，从自己的村子里寻找伙伴。

村社农耕体系

村社的作物栽培体系是三区轮作制。没有比三区轮作制更好的栽培体系。土地都是施过肥的。每年只能在秋播之后，也就是土地空闲时施粪肥。根据农户家畜总量，将粪便立即运送到所有土地里。要在两年后即第三年时在原地进行重新施肥。

耕作方法没有什么特殊的改进。就是一个农民给几匹马套上设备来进行耕作。这个农民是铁匠，也不是什么富人，这个设备是他自己手工制作的，如果设备损坏，他自己也能制造需要的零件，且造价便宜。

村社会对遭遇不幸的成员提供帮助。例如，火灾发生后，或是在建造新建筑需要运送木材和砖瓦时，周围的邻居都会提供帮助。庭院被烧毁了的农户，经村社允许可以在村社林地里折下干树枝来做篱笆（所有庭院的大部分都是篱笆做的）。为了表示回报，人们通常可根据自身情况,邀请邻居们喝水、吃午饭、喝茶或吃晚饭。在收获、收割和清理干草时也会出现这类的帮助,但牧师不会帮忙。

弗拉基米尔省一位生病的寡妇,在农忙时的一个星期天,依然帮助了马厩员。尽管没有酬劳,她也帮助马厩员收割了黑麦。

粪肥一般不对外出售,但若有人有多余的粪肥,例如,有家畜而无地的农户,会将自家的粪肥以每车 5 戈比的价格出售。

关于村社的森林所有权,普斯滕村社的农民说道:"想将林地划分为家庭份地,这种假设在 3 到 4 年内也不会实现,因为每个人都想将林地作为个人财产管理:就可以决定在哪采伐、在哪出售、在哪翻耕。于是偷窃和诬陷发生的就更频繁。相反,如果共同使用森林,那么任何人都没有单独支配和使用木材的权利,只能根据村社决议来使用森林。在村社森林里不可能发生盗窃。"

赋税与徭役

除了保险费和放牧费用以外,村民应缴纳的赋税还包括国家税、地方自治税及公社税,人均每年需缴纳 12 卢布,1050 人总税款约 12600 卢布。其中国家税 3 卢布 10 戈比,地方自治税和乡税 7 卢布 44 戈比,剩下的部分则为公社税。

按照耕种的土地数量来分配赋税,例如,如果起初某人拥有 3 人份的土地,后来又得到了 1 人份的土地,那么他需要支付 4 个人的赋税。无地农民无需缴纳赋税。由此可见,人口是赋税的分配单位,且需根据户主的土地份额来缴纳税款。我们已经说过,无地农户无需纳税,也无需为拥有土地的人缴纳赋税,因为土地归村社管理,而村社将土地分配下去了。如果无地农户育有儿女,当儿女成年需要土地时,村社应当为无地儿女分配土地。

所有因灾害而导致短期经济状况不好的农户可以在经济状况恢复之前暂时免除缴税,由村社承担其人均赋税。这种优待会根据农户的受灾程度暂时实施,但一般不会超过一年。当债务还清时,村社会将这笔钱与收到的租金一起使用,但不会分配到人头上,因为每个人只需要 1 戈比。

关于这笔钱,农民们这样反驳道:"今天你不付这笔钱,明天他就会和基督的家人一起在窗户下面问你:人难道不需要吃饭吗?因为生活中常有弹尽粮绝的时候。"

此前我们提过,放弃份地的人被称作"多余人口";例如,我拥有 3 人份的土地,但由于经营困难,放弃了 1 人份的土地,那么这部分土地就是闲置土地。这部分土地现在由村社掌管,因为村社也需要土地。(闲置土地的转让方法详见下文。)总的来说,村社里土地问题是自由的,人人都可以放弃土地,因为村社总会寻找到另一个愿意缴纳赋税、承包土地的人。现在有 10 个人放弃土地。通常这类人都喜欢酗酒和放牧。村社有这样的习俗:如果放弃土地的人希望再次承包土地,那么他需要支付一半的地租。因为没有马也没有牛,农户常常醉酒,拒绝纳税,忍受了一年又一年后,或者是他自己放弃土地,又或者是村社收回了土地。当他开始请求再次拥有土地,而村社又无法立即给他分配土地时,只有像上面所说的那样,如果他能够以他的人品作担保,就支付一半的地租。到时,即使村社没有闲置地,也会为他从拥有份地的纳税人中争取到土地。

士兵无须支付的只有3卢布的国家税，在他们服兵役期间和土地被划分给他们并归到自家（家庭中）后，其余税款都需要缴纳。士兵向村社缴纳的款项是统一规定的，即将所需缴纳的税款整合，然后再重新划分。

村社按下列方式征收赋税。在缴税最后期限前的一段时间未缴税者会收到两次大会通知。然后村长会挨家走访，最后去向经常采取极端严厉措施的上级长官那里寻求帮助。如果仍然不缴纳欠税款，村社就会开始出售他仅剩的东西。有的人会卖掉大门来支付保险费。面对这种道德败坏的行为，农民会义无反顾地站出来维护村社日常管理制度。

村社成员法律关系

我们搜集到了以下问题的答案：

（a）农主能给自己的条形田筑围墙吗？答案是不能，因为他们只在自己的田里放牧。为什么我的家畜会去别人的地里吃草，而别人的家畜不会来我的地里吃草？同时，牲畜需要自由穿过田地。而除此之外，在不同地区同一片土地的一个农户有多达30匹小公马，想要将每个分区都筑上围墙是不可能的。

（b）农主能否在春播地上种植冬秋播作物或者在秋播地上种植春播作物呢？这个问题的答案关键在于以下这个问题的答案：村会是否会规定开始田间劳作的时间？

是的，由村会规定期限，确定黑麦是否成熟和开始收割的时间。如果有人没赶上村社规定收割的时间，且作物很久未被收割，那么则由造成这种情况的原因而定：若户主发生不测，则村社帮助他收割作物；若户主不在，则应当雇工收割；若是因为玩忽职守——村社则不理会，并放牲畜去吃残茬；为按期收割及不妨碍村社放牧而规定开始收割和共同劳作的期限。

在进行重分之后可以按需割草，除此之外未规定割草期，虽然如此，但第一种情况，所有人为了工作和睦而在同一时间去割草；第二种情况，所有草场的重分不会一次完成，下一块草场的重分在第一次割草后完成。第一种情况是为了维持和睦劳作，将人们的劳作进度大概维持一致；第二种情况则是因为历来如此，主要是为清理牧场所需的再生草。若不这样的话，在草场的某个地段先割草，然后在另一地段割草，那么到时第一块地段就又长出了新草，这样一来，牲畜就长时间不能到草场上去了。

不对收割春播作物和其他劳作设定固定期限，因为春播作物不在同一时期成熟。在山地和低谷处，受气温影响，不同农户播种的春播作物也不同，有的种燕麦，有的种亚麻。

（c）户主是否应当为自己的劳役地施肥？每个人应当管理好自己的土地：施肥越少，收成就越少。

（d）村社成员能否卖掉自己所有的牲畜？只有在有迫切需要且自己做好准备时才能卖掉所有牲畜。没有人决定是否禁止或谴责这种行为。如果没有需要，谁会想这么做呢？

村社成员对通过抽签方式所获得份地的使用权如下。农民可以租借、平分、交换、将土地卖出一年，但不能将土地当作遗产继承，不能永久出售土地，也不能将其当作自己的财产随意处置。在土地所有者去世后，只能根据村社的决议将土地转交给他人。签订契约无须征得村社的同意，但每次发生这种情况时，需要得到村社的默认，如果村社因为某些原因不喜欢外来租户，可能会不允许签订契约，或者毁约。

在弗拉基米尔省波多尔乡邻近科钮什纳村的地方，出现过这样的情况：一个市民租用了一间农民的木屋并在此处居住，还租了旁边的磨坊，但不知为何这个村子里的人很不喜欢他。尽管人们向他和木屋主人提了很多次，但市民不离开，主人也不赶他走。之后人们用木板将木屋的窗户钉死了。市民向村社申诉，但村社实行自我管理，市民当然得不到公正的判决，只能离开。

签订契约也需征得其他家庭成员的同意，他们拥有向村社申诉的权利，但这需要考虑家庭成员间的关系状态。举个例子，如果家中母亲当家，儿子未征得母亲同意想要出租土地。母亲向村社提出申诉，村社尊重她的想法，因此儿子应当"按规矩行事"，所以村社可以禁止他出租土地。

村社限制农民对庄园的管理。例如，未经允许不得私开酒馆和旅店。只能在上文提到的情况下将庄园转让给外人。

在弗拉基米尔省波多尔乡的一个村子发生了火灾，烧了4户人家。火灾是由寡妇家被惯坏的孩子们引起的。他们不是第一次拿火柴玩，只不过之前及时发现，防止了火灾的发生。村社和寡妇谈了很多次，让她看好孩子，别让他们接触到火柴。但显而易见，寡妇没有看好孩子。火灾发生后，村社考虑到安全因素，并出于对她的惩罚，不让她在原来的位置建房子，而是让她在离村子50俄丈外的地方居住。

关于村社对成员的财产继承和其他家庭事务的干涉遵循以下几条惯例：若丧夫的寡妇想自己承担份地，那么在她完全缴清赋税、完成劳役之前，村社不会拒绝她的请求，也不会将份地收回。丧父的子女也是一样。在这种情况下，父亲死后，儿子或女儿是否成为继承人是没有影响的。母亲可以认外地人做女婿，如果他登记成为了村社成员，那么这份土地也可以留给他。这样做是出于道义，为了不让他们受委屈。村社里的一个女人有几个幼年的孩子，家庭也富足，没什么能破坏她的生活。但村社随时可以收回她的土地。这种情况目前在村社出现过3次。

村社很少干预家庭事务，从不会改变农户的当家人。当家人按惯例一般是家中的长辈，或是全家默认个人品质最好的人，因此，农妇（非正式法律要求的官方含义）、伯母或母亲可以成为当家人。选举当家人的情况不曾出现过。家里人不会信任懒散的当家人，他们会分家或转而信任其他的家庭成员。

如果决定分家，则必须召集长者（10—20人），可能会通过友好协商的方式分家，也可能会为此而争吵不断。长者们既是估价者，又是见证人。他们为每样东西估价，分置价值相等的财物（如农舍的大概价值与一片林地、一些钱或牲畜相同），然后买来伏特加款待长者。也有为分家起草书面协议的，请来有文化的人记录：某年某月召集长者（列举其姓名），经友好协商进行分家等。这种协议没有特殊价值，只为了在遗忘时拿出来看看，当时什么零碎的东西被分给谁了。

起初长者被召来时通常会说，兄弟们一起生活不是更好吗？以后你们每个人怎样生活？……但是他们通常回答道，他们已经打算好了，不是第一个分家的，也不会是最后一个。因此，村社对分家也就没有意见了。如果分家对缴纳赋税有好的影响，村社则不会干预，因为村社永远都有一种手段——如果兄弟们愿意的话，可以随时将土地从不交税者手上收回，转交给其他兄弟。

至于分家后的家庭成员关系，农民有这样的看法：自己人总是能找到自己人，"不是不吵架，而是不得不当朋友"。

前文已对士兵和寡妇的土地权利，以及村社对他们的态度进行了说明。村社对父母双亡的孤儿也是一样的态度，村社的孩子就是最好的例子。

如果某户的孩子父母双亡，没有近亲，那么村社将"轮番"养育他。在1877年至1878年冬天，村社养育了3个9岁到12岁的孩子。

每户轮着照顾他们，每家照看一整天。一户人家养育一个孩子，尽心竭力给他们吃穿，有时村社也替他们支付开销。如果他们继承了财产，集会则替他们保管。保管人不会得到任何酬劳。这三个孤儿有一间农舍和板棚。如果他们想上学，就送他们去学校。我在弗拉基米尔省克拉斯诺谢尔斯卡亚乡的米哈伊洛夫卡村见到了这些"村社的孩子"。有一次，我给自己熟悉的农妇的孩子们带了蜜糖饼干，农妇照看五六岁的小男孩和小女孩。她对我说："你别忘记带蜜糖饼干来给他们。""他们是谁的孩子？""这是我们村的孤儿，村社的孩子。他们的父亲不久前去世了，他喝大酒喝的厉害，不知去了哪里，之后再也没回来。他们有自己的农舍，现在我们轮番照顾他们。这不，今天在我家，明天他们去邻居那儿。他们的土地被村社收走了，长大后再还给他们。"

没有耕地的农民能否无偿使用牧场和养殖场取决于村社："不想要的就不给，想要的就拿走。"林地不能转让，因为是按份地数量划分的，且面积也很小。

村社从成员手中收回土地转给别人的方法如下：因为欠税而收回土地的情况每年会有两三起，通常发生在复活节大斋结束后。每年复活节前会召开村会，村社所有成员都参加。人到齐后，长者会问："谁想放弃多余的人均份地？谁想拥有多余的人均份地？"如果供大于求（由于死亡或疾病，有的人无力承担多出的份地），则让份地相对较少的农户承担多出的份地。村会同时决定从哪个欠税者手中收回份地，这些欠税者通常没有牲畜，也没有其他建筑（除住屋外的蓄栅、外屋等）。他们一收到土地，随之而来就还有村社和国家的各种赋税。没有发生过永久收回土地的情况。如果欠税偿清，村社愿意重新分给他土地。

分家的家庭成员从家庭份地中划分土地，如果分到的土地很少，则在有多余土地时再分给他们一些。养子及养女在登记入籍后，拥有和其他村社成员相同的土地权利。在科钮什纳村，如果养子养女不到10岁，可以视为亲生子女自由登记入籍；但超过10岁的养子养女，一般则不能入籍。一般来说登记入籍很难，而且花费较多，因为土地较少，村社更希望将土地留给自己的孩子。从村社出籍也非常困难。

除了僧侣和牧师，村社外来人员的牲畜同村社的牲畜在相同条件下一起使用牧场的情况是不存在的。

村长、乡村警察和甲长由选举产生且享有薪水。村长每届任期3年，薪水为60卢；乡村警察和甲长每届任期1年，是征收者，薪水为80卢。

轮流担任守卫：每个人在夜里巡逻4户人家的所有区域。

普斯滕村的村社生活通过枯燥零星的画面描述展现出来，我们通过它能够想象出，大多数村社的生活也是如此。即使通过如此缩略的画面描述，人们也肯定会注意到，日复一日，村社中都会发生某种奇怪的、艰难的情况，两个激进的对立潮流之间存在着无声的斗争：一方面是深入地、几乎无意识地追求团结、"平均"和利益一致；另一方面又有着道德败坏的蛮横专断和经济压迫。显而易见，这场斗争是不易的。我们再次体会到，俄罗斯村社强大无比的生命力和顽强精神，它在村社生活的漫长斗争中保护了农民。这场斗争对普斯滕斯卡亚村社的成员来说也很艰难：15年前萨马尔斯卡亚省的村社尝试迁出。至今迁出了约40户人家。农民的村社共同生活传统较为牢固，习惯了同社的成员们，可以看出，移居者常常有意探望"自己的老村社"，和他们讲讲自己的新生活。尽管承受着村社土地和制度的压力，农民仍旧坚持着村社传统，并质疑土地农户占有制的优点："村社更好，因为纠葛更少。要是土地所有者都离开，免不了会造成混乱，人们将会争吵、打架、发生纠葛，每个人都把自己的土地和别人的划清。将不能在土地上自由通行，人们也会因为一点琐事吵得不可开交。最主要的是，村社也不会再这样协调一致。"

H. 兹拉托夫拉茨基

辛比尔斯克省

温多尔村社[1]

村社构成

在距辛比尔斯克 35 俄里的地方，有一个大村庄，这个村庄坐落在伏尔加到捷秋希的道路间，叫作温多尔。在离温多尔不到一俄里的伏尔加河畔，有一个新的村庄——小温多尔。这个村子有一个巨大的粮食码头。没有人知道是谁建造了温多尔村，而谁又是第一个殖民者。传说，温多尔村出现在 17 世纪下半叶，那里住着各种各样的人。这个村的农民是过去的农奴，现在是村社的主人且拥有土地。温多尔村社由温多尔村和小温多尔村组成，位于辛比尔斯克县温多尔乡。

温多尔村一共有 1700 多人，这里的农民都拥有土地，有 712 个纳税人、不到 70 个小市民。这些小市民大部分是之前地主家的奴仆。住在这两个村里的人一部分靠宅院地的租金为生。大部分人从事粮食和木材贸易，或是在制呢厂工作。根据赎买协议，农民们获得了 2362 俄亩 375 平方俄丈的土地，其中包括 1345 俄亩 1597 平方俄丈的耕地、125 俄亩的放牧牧场、40 俄亩 1300 平方俄丈的牧区、伏尔加河后面的 497 俄亩 505 平方俄丈草地（春汛时易被淹没）、186 俄亩的林地（可做烧柴）和灌木丛、88 俄亩 1773 平方俄丈的湖泊、10 俄亩的宅院地、15 俄亩的谷仓、8 俄亩的菜地、7 俄亩的花园和 39 俄亩的大麻田。

村社土地使用方法

温多尔村社，或者按他们自己的称呼——村社，按照下列方式使用村社土地：宅院地按户继承使用，不参与重分，而草地和耕地每年都要以抽签的方式重分。

村社的宅院地、菜地、花园、大麻田和谷仓划分成 90 俄丈宽的条形田分给户主。每个户主都只能得到自己院子对面的宅院地，每块地被划分为 8 俄丈宽，不论他家有几个人，他都能得到 8 俄丈宽、90 俄丈长的土地。户主每年都要给土地施肥。为了防止土地被牲畜踩坏，要用篱笆把地围起来。紧挨着院子后面有一块长 15 俄丈、宽 8 俄丈的土地，

---

[1] 资料来源：巴雷科夫 О. Л.，波洛夫佐夫 А. В.，索科洛夫斯基 П. А.（编）：《乡村土地公社资料汇编》，圣彼得堡：俄国自由经济学社、俄国地理学社 1880 年。

通常用作菜园，户主一般会种白菜、黄瓜、萝卜和土豆，有的人会种几棵苹果树把菜隔开。菜园旁边是大麻田，长50俄丈，剩下的长20俄丈、宽8俄丈的地是谷仓。

由于不会对宅院地进行重分，所以当有新成员加入时，一般会在村尾靠近牧场和耕地的地方，在村长和老人的见证下给新成员划分土地。

在辛比尔斯克县的奇尔科夫村和克里乌沙村也有类似的宅院地使用情况。近期克里乌沙的农民提出，这种不均衡的宅院地使用方式并不公平，他们说："我们中有人家里只有一个人，他分得的宅院地和家里有四个人分得的宅院地一样大，但就耕地而言，我们每个人都得到了同样大小的份地。"他们讨论了怎么做才能不让任何人吃亏，也不让任何人占便宜（应该注意到，克里乌沙的土地很大一部分都当作了花园，这些园艺很重要，是农民的收入来源）。最终村社决定，不重分宅院地，但为了使宅院地的分配更公平，每个人应当拥有400平方俄丈的宅院地。某农户人均宅院地超过这一面积，就要割出2倍于超出面积的耕地让给那些宅院地低于人均面积的农户。

十年前，同温多尔村社一样，辛比尔斯克县阿尔布佐夫克村的宅院地仅按户划分且不重分。现在，只有宅院地按户继承，且不参与重分，而每年都要按照人口数量分配宅院地、菜地、谷仓和大麻田。

为了更清楚地描述阿尔布佐夫克村宅院地的划分情况，关于村庄的位置需要多说几句。阿尔布佐夫克村位于斯维亚加河的左岸。河边上下两排的院子中间形成了一条路。宅院地一直延伸到这两排院子后面。下面那排宅院地和院子的距离不到75俄丈，上面那排和院子的距离不到150俄丈。以前这两排院子的户主只有他们院子后面的地。分地之后，上面那排院子的户主的土地数量是下排户主的2倍，因此下排户主不同意这种划分方式。为了更公平地分配土地，阿尔布佐夫克村社决定用以下的方式进行分配：院子还按原来的使用，但上排人家的菜地面积减少一半。为了把每块菜地都划分成40平方俄丈，在宅院地里犁出一条条沟槽，作为菜地的边界。每家每户的菜地都是用这种方式划分的。例如，这家院子是15俄丈宽，20俄丈长，那么他的菜地也是同样大小，如果这家院子是10俄丈宽，15俄丈长，那么他家的菜地就是10俄丈宽，25俄丈长。即使这户人家的人口减少了，菜地也不再重分。菜地都在院子后面。在菜地的后面再分出60平方俄丈的土地作为大麻田，同样以沟槽为界。上排人家挨家挨户都划出60平方俄丈的土地。划出宽5俄丈、长60俄丈的土地作为大麻田，每1.5个纳税人为一个课税单位。尽量把大麻田划在院子对面，划分的大麻田都挨着，也属于庭院的一部分。下排的人家也用同样的方式分配大麻田。

每年四月都按人口重新分配人均条形田和大麻田。一般是按照下列方式进行：比如从边上数第三家有人去世了，而第六家有一个满18岁的孩子，分土地时要把去世的人也加上一起分，每个人分得大麻田3俄丈、1俄尺，而第三家要把去世的这个人的土地份额分给这个孩子。大麻田的分配本质上是以转移的方式进行。比如，第三家如果有人去世了，那就要从挨着第四家的地方划出3俄丈、1俄尺的大麻田给人数增加的第四家；如果第四家人数不变，那第四家在收下第三家划给的大麻田之后，再划出3俄丈、1俄尺给第五家；如果第五家人数也不变，那就以同样的方式划分大麻田给第六家，直到把土地分给人数增加的第六家。第七家如果人数不变,那么土地不动。第八家如果人数增加了,就从第九家划来一块地。按照这种方法进行下去,直到大麻田公平地按人口分配完毕。之后再根据大麻田面积的变动改变谷仓的面积。下排人家的谷仓一般是在菜园后面,院子对面,宽度不超过院子宽度。上排人家谷仓在大麻田后面,也是在院子对面。村社没有规定谷仓的长度,每家根据自己的需要来确定长度。因此,富裕人家的谷仓基本和院子一样宽,长度是20至25俄丈。而不太富裕的人家谷仓一般也和院子一样宽,长度却只有10俄丈。这些打谷场是按户划分的,从未进行过重分。从克里乌什村社和阿尔布佐夫村社里一些使用宅院地的例子中可以看出:占有宅院地的农民更关注村社成员间宅院地分配不均的问题,从而根据实际情况,制定出更公平的宅院地使用方法。

在温多尔村社里所有耕地被分成三类,被称为"休闲地",因每年耕作的作物不同而得名。比如,这块土地第一年种秋播作物,第二年种春播作物,第三年则为休耕期,停止耕作。为了区分这些"休闲地",农民通常称它们为:黑麦地、春播作物地、休耕地。每块地被分成几块长条形的土地,被称为柱形地。这些柱形地占据整个田地,从村社的边缘处一直延伸到村子里,宽60俄丈,长度则是取决于土地的长度。这些柱形地为长、宽均为60俄亩的正方形,被称为"经济俄亩"(18世纪初土地面积单位的一种)。

除了柱形耕地之外,每块土地和"休闲地"都按照土壤质量划分成圈地或抓阄地。由于每块土地质量不一样,圈地和抓阄地的名称也是不同的。肥沃的抓阄地被称为"优质地",贫瘠的抓阄地则被称为"劣质地",还有一些楔形地被称为切边地。每年在进行抽签式重分的前一周,由独立当选人将土地划分为抓阄地(圈地),这些独立当选人被称为"分派者"。抽签分地前一周,这些分派者在村长的陪同下,沿着将要抽签的田地测量面积,并且在征得所有分派者的同意之后,确定将多少俄亩土地划分为优质地,多少俄亩土地划分为劣质地,以及哪块楔形地属于切边地,以此统计每次分地的总面积,然后用村长的手杖做标记。抽签分地的签子上注明土地质量、耕耘程度:劣质地或者耕作的不细致,即指荒芜的和长满杂草的劣质地的面积、优质地和不荒芜土地的面积、楔形地和被沟划开的切边地的面积。

古代温多尔村由地主划分的柱形地面积即使是在现代社会也没有改变。这个结论由以下情况得知:从农奴制到农奴解放的许多年间,这个村庄的所有土地都被划分为柱形地,面积以俄亩计算。在这个村社里地主耕地,农民交替使用耕地,也就说土地属于地主,在另一个村社也是如此,后来地主拒绝给农民土地,想自己留着。解放农奴之后,村社赎买地主的土地,将其划分为份地。因此,这个村社的耕地划分被保留下来,到现在也是柱形、以俄亩计算,正如地主时期的划分一样。

研究其他村社的情况发现,这些村社划分耕地的情况也与此相似,也是沿用了地主时期的划分方法。例如,阿尔布佐夫卡村的土地被划分为80俄丈宽的柱形,而这些柱形是长宽均为80俄丈的正方形,这样的土地被称为"无列式",后来阿尔布佐夫卡村社也保留了相似的土地划分方式。在辛比尔斯克县斯达拉姆阿列金村,农奴主的土地被划分为长宽均为60俄丈的正方形,在斯达拉姆阿列金村社也是这样划分的。在辛比尔斯克县契尔科夫村,农奴制时期,地主土地被划分为30个长80俄丈,宽40俄丈的柱形,契尔科夫村社直到现在都一直沿用这种划分方法。上述例子足以证实这个猜想：古代农奴所得的土地是地主划分的，而且村社在划分份地时，也会按土壤质量来划分抓阄地和圈地，这种划分方式保留至今。

村社里相邻的柱形地由界桩分隔开，每个界桩3—4俄尺宽，农民可根据界桩找到自己的耕地，而每俄亩土地也是由界桩分隔开，宽不超过一俄尺。因为条形耕地以俄亩来计算，与界桩平行，边界延伸至界桩，因此在耕地的时候，到边角处方便转弯。如果村社农民耕种自己的土地，那么就有权利把自己的犁拴在界桩上，弄干净犁上的土，用耙除尽地里的草。

村社中的地边线按照不同的用途有不同的名字，比如，区分不同地主土地的分界线叫作"边缘线"；分隔村社森林和外面森林的界线叫作"林间通道"；分隔草场和农业耕地的分界线叫作"地沟"；分隔临近柱形地的叫作"界桩"；俄亩之间的分界线叫作"小界桩"。

以劳动力或劳动人数为单位将土地划分为条形田，而且2个纳税人相当于一个劳动力。从18岁成年开始，劳动人口开始占有村社土地的份额，而当达到60岁时，则不再享有村社的土地。16岁的少年和55岁的老人享有一半的土地份额。那些声明承担纳税人义务的士兵同样享有一半的土地份额。

温多尔村社进行的耕地重分，就是一年一度的户主之间的抓阄式重分和全新式重分。

条形田宽1.5—20俄丈宽，长60俄丈或稍短一些（如楔形耕地），分配给劳动人口的条形田中，宽15俄丈、长60俄丈的耕地占多数。农民所得条形田的大小取决于抽签结果，比如，在优质地和劣质地的抽签中，条形地指的是狭窄的带状地，而切边地指的是楔形地。所有签子里的条形地和柱形地是在同一个方向，并且以不同边界为起点连接柱形地的地边。或者更准确地说，户主在每次抽签中获得的全部土地都要划分到一起，并且以犁沟为分界线分隔其他户主的土地，犁沟通常要挖深些。重分储备份地时，村社也不会落下新加入的村社成员，因为每年抽签分地的同时，村社会将户主之间的土地进行重分，劳动人口增加的家庭增加相应的土地，而劳动人口减少的家庭减少相应的土地。村社不给土地施肥，因此村社里没有施过肥的土地，也没有闲置的土地。村社的草地同耕地一样，需要每年进行重新分配，按人口分配草地。

温多尔村社的所有草地很早之前就划分成了22个部分，每一部分被称为"份地"。每块草地用柱子做标记与土地相连，并且任何时候都不得改变。很多草地并不采取同一种方式割草，因此会形成不规则的形状，例如，最大的一块纯草地面积为30俄亩平方1074俄丈，而最小的草地面积为8俄亩1000平方俄丈。为了区分草地，村社给不同的草地取了不同的名字或绰号，比如有一些绰号是：村社区草地、列金草地、卡斯久宁草地、执事草地、较平整以及较不平整的草地、伊舍耶夫卡楔形草地、球形草地、曲折形草地等。草地的名字取决于草场的形状、高度、地理位置、草丛的生长情况、第一任户主的绰号和其他偶然的原因，比如，曲折形草地以其形状得名，较平整以及较不平整草地是因为光滑的地表和地理位置；球形草地主要是因为生长着枇杷；村社区草地得名于这个区或者它的位置，村社的农民在这里停下休息，当划分草场时，农民在这里将马套上车、煮粥；列金草地、伊舍耶夫卡楔形草地、卡斯久宁草地、执事草地得名于之前的户主绰号。在辛比尔斯克省土地总划分之前，恰恰是1798年以前的地主时期，这里不止一个环形边界线，而是大面积草地被分成几小块儿。列金草地属于辛比尔斯克县的农民老阿列金，他从温多尔村迁出去的时候被称为托尔斯泰班长；伊舍耶夫卡草地属于辛比尔斯克县伊舍耶夫卡村的农民；卡斯久宁草地来源于一个卡斯久宁的名字，他是古代温多尔村的一个大农民家庭的一员；执事草地曾经属于温多尔村教区教堂的神职人员，任职于执事。用于抽签的每一块草地都被划分为"份地"，长度和宽度取决于草地的形状和大小。以劳动人口为单位将土地划分为份地。用10俄丈长的绳子来测量份地，份地之前用小道儿隔开。

除了将草地划分为份地之外，还应将草地划分为两部分或两块抓阄地，放到好帽子里和坏帽子里，比如，1879年用来抽签的草地中有一些草地质量不好，即放进坏帽子的那一部分：试金石草地、下库尔干草地、上库尔干草地、小牛草地、球形草地、胖子草地、霍霍尔草地、第二伊舍耶夫卡楔形草地、近似试金石草地、卡斯久宁草地、第一块伊舍耶夫卡楔形草地；在这些草地中，草场质量比较好的是：村社区草地、曲折形草地、中部草地、高水罐草地、列金草地、执事草地、旧草地、高草地、较不平整的草地、较为平整的草地和货运源头草地。

村社内没有农民自己单独除草。

温多尔村社有一片新长成的森林，长满了白桦树、橡树、山杨树和灌木丛。村社的阔叶林在过去4—5年间被砍光了，灌木丛也是每5年清理一次。当阔叶林长得足够高大时，森林里就会积累很多木桩和木杆，当灌木丛长得足够高时，就适合用来编篱笆。这个时候村长会召开集会，向村社说明：森林里出现了很多木杆和木桩，灌木也适合编篱笆。村长的意思是，秋天的时候就可以去伐木了。老人们对村长的意见进行全面讨论，在征求村长的同意后确定伐木的日期，如果老人们认为森林尚未长成，就会将原定的伐木日期延长到下一年。伐木持续整个夏天，一直到田里的农活结束为止。整个村社合力将木杆和木桩砍掉，绑成几捆搬到旁边的旷地上，将树枝和小枝杈就地收集到一起。森林里的木桩和木杆变稀疏之后，村社便不会再砍伐，剩下来的树木留到下一次伐木期。橡树被砍后只留下木桩，而山杨树和白桦树被砍成木杆。砍光所有的木桩和木杆之后，分派员计算木杆、木桩和成捆的树枝的数量，按参与劳动的人口数量摊派。摊派结束后，看看每个劳动人口分到多少木杆、木桩和多少捆树枝。老人在帽子里放上签，签上标记了某个地方的成捆木桩、木杆和树枝，把签子打乱后让大家抽签：抽到第一个签子的人要数出木杆、木桩和成捆树枝的数量，统计参与劳动的人口数量，或者还要看他家有多少劳动力。第一个抽签的人分完之后再抽第二个，以此类推。

村社不会砍伐有柳条、河柳和杂草的灌木丛，会把它们留到下一次伐木期，并且按照参与劳动的人口进行划分。为了按照劳动人口划分灌木丛，分派员绕着灌木丛四周测量面积并计算所需劳动人口，抽签后，抽到第一个签的人要去测量部分面积，并且计算所需劳动人口。如果抽签的户主家有两个劳动人口，那么他要测量两块相邻地的面积。将第一个签上标注的部分灌木丛划出，从第二个签开始标记，直到全部灌木丛按劳动人口划分完毕。不同户主的灌木丛用不同的标记：在分界线上编花环，在树皮上刻痕，在树皮上刻十字痕、砍痕、小圆圈等。相邻的草地用刻痕彼此区分。户主们按照划分的灌木丛进行砍伐，而运输木材通常会推迟到冬天。来年春天，村社将被砍伐的森林列为禁伐区，禁伐期会一直持续好几年。

村社有自己的草场、牧场和养殖场用来放牧牲畜。草地收割过后，喂养牲畜的那片草地被称为养殖场，闲置的仅用于喂养牲畜的草地被称为草场和牧场。草场和牧场的区别在于距村庄的距离和名称的不同。只有休息日才能在草场上牧马，因为从4月1日到除草期草场上要筑篱笆，而牧场在离村庄很远的地方，且仅仅只是在农闲时供村社的牲畜放牧。温多尔村社不允许在外面的牧场上放牧自家牲畜，只能在自己的草地上放牧自家牲畜，从春天开始到6月中旬在休闲地放牧，初耕之后到7月中旬在牧场放牧，7月末收割黑麦地，还要让牲畜翻耕黑麦茬地，这里可以放牧牲畜直到收割春播作物，9月份收割春播作物，农民的牲畜在春播地上翻耕、放牧一直到村社伊洛夫日，即11月7日，在此之后，停止放牧，农民们的孩子们驱赶着牲畜，沿着被雪掩盖的草地跑到秋播地上。占据那里的农用地来放牧牲畜，一直是取决于村社内播种和收割粮食的顺序，也取决于三区轮作用具不同的改变，这些改变是大部分村社成员造成的，而非个别户主。比如，在温多尔村社的春播地上播种燕麦、荞麦和黍米，也播种亚麻、大麻和马铃薯。所有这些作物中，黍米、大麻和马铃薯的收割要晚于其他春播作物。因此，作物成熟之前，村社无权将自己的牲畜赶到春播地上，否则，黍米、大麻、马铃薯将无法收割。偶尔也会有几年恰逢暖冬，秋播地从秋天就开始发霉腐烂，地势高的地方腐烂比较慢，地势低的地方腐烂比较快。暖冬这几年一些户主的所有秋播地都腐烂了（因此无任何收割希望），以至于土地白白闲置一整年，也无法播种春播作物。这几年，村社也无法在收割完所有的春播作物之前，将牲畜赶到黑麦茬地。与此相反的是，在丰收年间，一些户主想在秋播地播种春播作物，因此这些作物会妨碍牲口道，而这些牲口道是为了将牲畜赶到收割后的黑麦地的通道，所以为了防止牲畜踏坏作物，这些户主就会在收割前给自己的土地筑起栅栏，在这种情况下，村社不等收割完春播作物便会将牲畜赶到黑麦茬地。

每个户主以及无地农民有权利，甚至有义务将自己的牲畜不限数的赶到村社的畜群里。村社不允许村社成员拒绝将牲畜放牧到村社的牧场上且占用村社牧人，因为放牧牲畜是村社成员的工作，个别畜群占用村社的牧人，这损害了村社的利益：越多的牲畜汇入村社的畜群，买入原料就会越便宜，并且按顺序分配，相反，越少的牲畜汇入村社的畜群，买入原料就越贵，因为正如农民所说，村社的牧人不是轮班制，而是工作一整个夏天。当村社农民按自己的顺序付钱时，村社不会解释为什么不允许农民自己在单独的牧场放牧牲畜，因为这完全是另一回事。即使出现村社允许农民用专门的牧人来放牧牲畜或者在外面的牧场放牧的情况，也是例外。这种例外情况仅仅适用于小牛犊和小马崽，并且在此情况下，农民也要证明自己到外面的牧场放牧没有别的想法，只是为了避免年幼的牲畜过早交配，而这在公共畜群中是无法避免的。

除了上述农用地之外，村社还能使用用来捕鱼的冻湖、用来进行粮食酒贸易的宅院地和公共的饮牲口的地方。村社可以将用于捕鱼的湖和用于卖酒的宅院地对外出租，所得收入将按照村社的判定，公平地为每一个劳动者缴纳赋税。村社将饮牲口的地方安排在蓄水池，没有参与蓄水的人不能在蓄水池饮牲口，除非支付相应的费用。

村社里没有公共的水井、泡大麻的水池和椴树内皮。水井和泡麻池是由几个家庭或者几个农民挖出来的。只有参与挖掘的户主能够使用这些水井和泡麻池，其他人要想使用必须要征得所有参与挖掘的人的同意。除此之外，户主必须承诺不弄塌水井或者将泡麻池据为己有。在修整水井和泡麻池时，新加入村社的户主和之前的农民一样有发言权。若干农户使用澡堂时也必须遵循类似的规则。

土地重分方法

没有一个农民记得在温多尔村社进行过彻底式土地重分，也许根本从未进行过彻底式重分。这种设想有可能存在，更何况很久之前村社土地就是按照劳动人口进行划分的，因此，新加入村社的成员在没有通过重分来满足供给之前，一直没有办法确定他们的劳动权利。

解除农奴制的前几年，村社一直通过在户主间进行抓阄式重分和全新式重分来使用土地。这两种划分方法经常交替使用，所以农民们不太能够区分二者之间的差别。村社每年进行两次抓阄式耕地重分：4 月初重分春播地，雪刚化完，土地稍稍变干；从 6 月 1 日开始重分休闲地。抽签日不是村社指定的，而是在集会上由村长宣布的，集会的目的也就在于此。除了为抽签日命名，还要检查户口名单，上面记载了按户分地的信息，一旦发现错误就要立刻改正。集会上也会出现一些带着几个孩子的寡妇，她们请求能分到一些免费的土地来养活孩子。听了寡妇们的请求，老人们会核实寡妇们的生活状况和孩子们的年龄，再决定是分给她们土地还是驳回请求。集会上大家讨论抓阄式重分和全新式重分的相关事宜，集会允许在户主缺席的情况下，妻子可代其参与土地分配。集会要求出席的户主不少于总户主人数的 2/3，必须征得在场所有户主的同意才能做出决议。虽然村长和富农对集会上的决议有一定影响力，但偶尔也会出现特例，即集会的决议和富农的意愿背道相驰。

富有的农民被称为富农，他们已经忘记了自己曾经过的贫困日子，富裕起来后一味地剥削压榨村社里其他贫穷的成员，比如，贫穷的农民去地主那里找工作，让富农为他们作担保；或者，到另一个地方找工作时，贫农请求村社在乡理事会上给他们开离职证明，这个时候富农就会同意为他们作担保；又或者，让他们以半桶伏特加来换离职证明。富农拥有更多的权利，他们管理村社的事务。给村社的地主割草、向村社出租代役租项目、在村子周围雇更夫，还有放牧村社的畜群，这都是富农的工作。这种情况下，他们不会放过向租赁人和承租人索取一两桶伏特加作为酬金的机会。显而易见，这些酒都被村社里有能力、有影响力的富农享用了。面对一些富农的不合理安排，贫农既不赞成，也不会反对，因为他们惧怕富农，对他们敢怒不敢言。贫农在下列情况下是非常惧怕富农的：贫农进入服役期、贫农开始借粮食，或者当贫农去贷款处借钱时有人为他们作担保而担保人又不是富农。尽管没有对贫农的剥削就不会有进款和帮助，但穷人们依旧珍惜这一切。

为进行抓阄式土地重分，村社划分了一些小组，这些小组被称为"十人组"。十人组由 8 个纳税人和 4 个劳动力组成，小组以数字区分：一号"十人组"、二号"十人组"等。一个十人组中户主的数量多一些少一些都是无所谓的，户主按户口顺序纳入"十人组"，所以一个户主的土地、草地只能划分到一个"十人组"里。为了遵守这个规则，可以将独户者统计到多人口家庭里来形成"十人组"，尽管他们中间隔了好几户人家。

没有一个农民记得什么时候开始划分"十人组"以及这种划分是否改变过。为了偿清赋役和使用土地，村社划分了很多小组，迄今为止省档案室和统计委员会保存的大量资料都证实了这一点，只是不知道为什么一手资料很少。如果省统计委员会时不时地将这些信息刊登在省公报或某些学术杂志上，那么会给村社历史的研究提供丰富的材料。1614年，格涅瓦时·纳拉沃写了一本关于向参加自由集会的人员征税的书。我们由此了解到，村庄，也就是古代村社，是从17世纪初开始分组的，这些组被称为"股"。1624—1627年，税吏德米特里·尤里耶维奇·布舍齐尼果夫记录了一本征税登记簿，上面记载了村庄里有多少户、每户有多少股或哪一部分、多少空户、耕地面积、休闲地面积、熟荒地面积和未开发的土地面积、干草垛、天然界线区、粮食产量，还有古代的户口名册、土地使用情况和已偿清赋役的农户数、谷物的耕地面积、草场，即干草堆、干草垛的数量。1668年，阿拉特里市税吏叶梅利安·别斯特里果夫记录了一本征税登记簿，上面记载了分"股"时期有多少人口，还有莫尔多瓦的斯芙蕾耶夫村的信息"21户，25人（纳税人），5.5人份的赋税"。此外，还有一些新的资料，如1710年，亚历山大·安德烈耶维奇·包火福公爵所写的登记册，我们从中了解到俄罗斯果农偿清赋役和使用土地的情况，这种赋税被称为"亚萨克税"；亚萨克税中记录了5户家庭，在一个两性健全的家庭里，有两个人大于15岁，代役制也是从亚萨克税时期确定的。现在的辛比尔斯克村社也有"股"和亚萨克税的划分。辛比尔斯克县的舒莫夫村社迄今都是每250个人划分一"股"；在辛比尔斯克县的潘斯卡亚斯洛博达村、克里乌什村、克列缅卡村也分了组，被称为"亚萨克"，每个亚萨克有12个人。对比上个世纪亚萨克的人数，不难发现，现在的亚萨克人数比去年多了2人。没一个农民能够回答为什么现在的亚萨克发生了这些变化。

为进行抽签式重分和全新式重分，村社每年都选出50个分派员，这些人不会收取村社任何报酬。以俄丈为单位用草鞋测量耕地，用长度不超过10俄丈的缰绳测量林间草地。农民用草鞋测量的仅仅是少于两俄丈的耕地。为了用草鞋测量耕地，农民会穿上草鞋，将一只草鞋的鞋尖紧贴另一只草鞋的鞋跟，一个脚掌接一个脚掌地移动测量，一直测量到地沟或边界线。温多尔村社的土地面积为60俄亩。

如上所属，温多尔村社每年都会进行抓阄式重分和全新式重分，现在我将尽力解释清楚他们是用什么方式完成每一种重分的。

长者们在1月份的集会上完成每年一次的重分。所有年满60岁的老人要在集会上作出声明，解除自身人口税，因为他们已经没有能力耕地了。村社会讨论解除这些村社成员的人口税并将其摊派到年满18周岁的年轻人身上，同时，村社也会对年满55周岁和年满16周岁的人的赋税情况作出相应调整。区别在于，55岁的人减少一个人口税，保留一个人口税，而60岁的人上缴村社去年的人口税，而16岁的少年不承担人头税，需要上缴村社人口税，而18岁的村社成员本身已经承担人头税，还需要上缴第二个人口税。也就是说，60岁的成员需要上缴去年的人口税，还需随之解除自己所占据的半个劳动人口的权利和义务。55岁的成员上缴村社第一个人口税之后，解除劳动义务，享有半个劳动人口的权利；16 岁的少年上缴第一个人口税之后，享有半个劳动人口的权利；而 18 岁的成员上缴第二个人口税之后就会得到完整的劳动权利。村社里的土地使用和货币结算方法分为以下两种：

1. 转交份地时，如果没有注意到这些份地的一部分已被之前的户主赎买，而这些户主为了偿清主要债务动用了赎金，如果出现这种情况，赎地期限就从交赎金之日起延 13 年。

2. 为了缴纳赋役和使用土地，则不得不考虑到土地分配时间，例如，如果在 1878 年的 1 月份进行分配，那么 1878 年上半年户主应该缴纳全部赋税及人口税，因为 1878 年这一年他已经使用了这些份地：春播地、休闲地和草场，这一年代替之前的户主在黑麦地上种黑麦，因为他在 1878 年的下半年就已缴清休闲地的赋税了，并且今年也不会有收成了。6 月份进行分配，有时也会出现户主死亡的情况，分配的这一年，户主服完役，他可以占用一块空闲地，并且只需承担下半年的赋税。分派结束之后，一旦发生改变，就要对户口册作出相应变更。

还有另一种重分方式是"抓阄式重分"，主要形式为：在抽签当天，所有户主和村长及分派员一起查看田地。他们走到离村子最近的地里，每个十人组做两个签，分别放在两个不同的袋子里。装着好签的袋子叫"好袋子"，装着坏签子的袋子叫"坏袋子"。这些签子是由长度一致的小木条做成的，上面做了不同的标记：一两个刻痕、十字痕、小坑等。当签子做好放进袋子里时，检查数量必须是 10 个。然后所有人聚集在地边，站成一排，把袋子里的签打乱，提前问分配员：哪块地或哪个签表示这一俄亩或者那一俄亩地，然后打乱这些签子。如果这一俄亩地被划分为优质地，那么签子就要放进"好袋"，如果这一俄亩地被划分成劣质地，那么签子就要放进"坏袋"。偶尔也会出现一俄亩地有沼泽或者草地的情况，那么就要测量其面积，并且考虑将其和哪一块切边地划分到一起。当袋子里的签都抽完时就要统计还剩下多少优质地和劣质地，还有村社里十人组所拥有的土地面积，如果发现每一列土地是十分之一俄亩，那么就要将签放回袋子里再抽。有时也会出现某一列没有耕地，而另一列耕地比较少的情况，因此将一俄亩划分成十份是不可取的，可以将几块地划分成一俄亩或者一块，因此，十块地可以划分成一个签。优质地和劣质地的抽签结束后，就开始切边地的抽签了。为此，分派员要去查清切边地的面积，将几块楔形地加到一俄亩，还要考虑：是否将一俄亩划分成十份，还是将几十块地划分成一俄亩。经过等量换算后，袋子里的每个签也都标注了十份地，将签子混合打乱。抽签的切边地质量是不能保证的，因为面积太小，只有几只草鞋的距离。如果一个签子上标注了一两俄亩的土地，那么这片土地绝不可能给村社里最穷的寡妇耕种。以 10 为单位进行抽签结束后，每十份地的户主会再抽一次签：谁站在谁的旁边呢。抽到第一个签的户主，只需测量该签所表示的土地面积，这只签可能是任何人的，而抽到另一支签的户主也只需测量那一块的面积，以此类推。给所有农民划分应得的土地。户主们用各种方式给自己的土地做标记：立杆子、放石头、用棍子在地上画记号、画圈、画一两条线等标记。耕地的时候这些临时的标记就会被农民自己特殊的标记所取代：十字形、圆圈形、十字加圆圈形、"8"字图案、还有用犁划出的标记。可以这么说，每户人家都有自己继承的特殊标志。分家的时候，分出去的家在原有氏族标志基础上就会加入一些特殊的标记，这些标记与之前那些标志不一样。由于通过抽签来划分土地，所以户主们在每块土地上能占有3—4块。

通过消除耕地质量分布不均衡的现象使耕地更加便于管理，所以农民们在抽签分地之后会彼此交换耕地，就是将土壤质量一样的土地调换到一起。如果不统计那些面积小的切边地的话，每个劳动人口在每一块地所占据的土地是60俄丈长，45俄丈宽，而纳税人的土地则是少两倍，因为村社的劳动人口占据的土地是纳税人的两倍。

农民珍视自己的土地，迫切地想要每一块土地，便侵犯了其他成员的土地权利，农民们将每一小块土地都视作一块面包，然后擅自翻耕他人的土地，如此一来，就会破坏了不同土地之间的界线，这可是前所未有的情况。显而易见的是，虽然富农们在村社事务中有重要影响力，但是对于抓阄式重分和全新式重分却不起任何作用。

对草地进行抓阄式重分则是按照另一种方式进行的。分配草地通常也是在集会上进行，将村社分成小组或者十人组。十人组是由35个劳动人口或者70个纳税人组成，村社共有712人，可以划分成10个完整的十人组，剩余12人不足十人组。为了十人组里的所有户主都能分到耕地，十人组的户主按照户口顺序进行划分。当所有户主划分完毕时，这次划分结果要记录在统计出席人数的户口名单中。按照名单来划分草地，每个十人组里要抽出两人。选好的人在伊林节（7月20日）这一天在村长的陪同下，丈量草场，查看每一块地的青草质量，最终确定草场面积，及哪一块划分为"优质地"，哪一块划分为"劣质地"。按照青草质量将每一块地划分成两部分，必须遵照的前提是：每一列土地的数量是一致的。为了遵守这个规则，将村社的草场划分为22块，最小的一块交由不足十人组的农民用来种舌唇兰，然后另外两块比较小的划分成一块，因此整个草场划分成了20块，这些草地按青草质量分成优质地和劣质地两部分。划分结束之后，选定的人就摘下两个帽子，每个帽子里各放10个签，一个签代表十份土地，然后打乱签子。由于采用这种划分方式，所以每个十人组分到的是一块优质草地和一块劣质草地。采用以下方式将土地划分成份地或者人均耕地：在选定割草这一天（黑麦茬地清理完开始种秋播作物或第二次拯救面包日，基督登山变容节，即播种黑麦之后），十人组里的户主穿过草场，找到分配给自己的草地，计算每一块地的纯草地面积，及劳动人口所划分的面积，然后将每一块都按照劳动人口数量划分成份地，份地间用小地沟隔开。当一块既有好草也有坏草的土地被划分为份地之后，一个十人组里的户主就在好袋子和坏袋子放同一个签，晃动一下，而且，那些承担一个人口税的户主们会将两块地放到一个签上。户主们按照抽签结果及自己所拥有的劳动人口数量分得土地。承担一个人口税的户主，得到的土地既有优质地也有劣质地，因为这两块地是放到一个签子上的。最后一些人丁单薄的户主，很少能够通过抽签来均分土地，大部分的草都会被整理成一个干草垛，冬天的时候再由大车拉走。独身者更喜欢在将份地分成两部分的时候收拾干草，因为他们认为这个时候收拾干草比较快，相对于小草垛，干草在大草垛下更容易保存。

根据土地的面积和青草质量来看，一个劳动人口所得的优质地和劣质地中纯草地面积是四分之一俄顷到半俄亩不等。

村社里拥有1人份土地或者1个纳税人的农户有24家，拥有2人份土地的农户有198

家，3 人份土地 21 家，4 人份土地 47 家，5 人份土地 7 家，8 人份土地 1 家。这些数字非常能体现温多尔村社农民分家的强烈意愿。这种意愿产生的原因是这些农户的家庭组成不同，有独身农户、有两口之家、有多口之家。独身农户占有一个纳税人的份地和二分之一的劳动权利。单独居住的人被称为"独居者"，这表明了这些农户的主人或者是那些年满 55 岁没有子女的农民，或者是回到家乡的退伍军人，他们都是依靠按人头所分配的份地生存。享有充分劳动权利的两口之家会按人头分得 2 份份地，在村社被称为劳动土地。两口之家的农户是由 30—50 岁之间的女性村民以及未满 16 岁的孩子组成，或者由 25—30 岁之间从父亲家分出去的年轻女性村民组成，或是由成年甚至已经成家的兄长，小兄弟刚满 16 岁的孤儿组成。三口、四口、五口以及八口之家被称作"家族"，因为它们是由 35—50 岁之间年龄较大的村民组成，他们的儿子已经年满 16 岁，或者是由 40—50 岁之间年龄大的村民组成，这些村民的大儿子已经成年甚至结婚，其他的儿子还未满 16 岁；或是由大儿子已经成年，其他儿子刚满 16 岁的 40—50 岁之间的农民组成；最后是由将近 50 岁，三个儿子都已成年结婚的农民组成。

村社经济事务制度

夏季大部分的牧草饲料都用来喂养温多尔村社农民的马匹，只有在春播以及休整休耕地等困难紧急的时候，才会喂给马匹们一些干草和饲料（黑麦秸、咸黑麦面粉）。从早春开始，只要是不用干活的时候，马儿们就会被赶到别的地方吃草，这样做是为了在圣尼古拉斯节之后，那时田野里刚刚长出了嫩草，每到晚上的时候马群们就可以在这吃草。在开始耕种以后，没有专门的地方进行放牧，因此农民们很珍惜这些放牧的场所。在夜间放牧时村民一夜换三次班。除了夜间牧场外，一般整个冬天马群们都会被放养在苹果岛上。该岛位于小温多尔新村对面，伏尔加河支流附近。该岛被温多尔新村一个富有的居民以每年 500 卢布的价格承包了，他还会雇用牧人来负责放养所有赶到这个岛上的马。在牧场放牧是根据放牧时间来支付工资报酬的，比如说从春天到整个夏天在牧场进行放牧，承租人需要支付 3 卢布，在庄稼收割以后使用牧场的费用会越来越低。拥有两个牧场的富裕农民整个夏天都会让其多余的工人在该岛上工作，每周周日休息。这样一来，富裕的农民多亏这个牧场才有机会在干草和饲料储存不足的情况下进行劳作，马儿们每周干完活后，便会在牧场吃着多汁的牧草，只拥有一匹马用来耕作的农民只在田间劳作的空隙时段在该牧场进行放牧，比如在节日、空闲时期以及结束田间劳作的秋季。

为了放牧有角家畜、绵羊和猪，村社从牧人助手那里招聘了很多牧人。招募的放牧人在整个夏天都有自己专门的衣服和伙食。所有农村的家畜被分为三群：大型和小型有角家畜分为一类，绵羊分为一类，猪分为一类。就像农民所说的那样，牧人的工资是按照牲畜数量进行分配。畜群是由一头牛或者一只猪组成，两头或两头以上小牛、四头小牦牛、两只小猪和四只绵羊也可以组成一个畜群，种畜如公牛、骟猪、公羊等为了自己的族群不会打架，因此村子里许多村民家的种畜都会保持和平状态。这些种畜不属于族群成员，因此不收取放牧的工资。

1878 年，温多尔村社的数据显示，该村社可用于劳作的马匹有 402 匹，有角家畜有

450 头，绵羊有 1200 只，猪有 100 头。放牧费用是每畜群 85 戈比。

村子四周都是村社的围栏。建造围栏每家都得提供手头有的材料，有人有树枝和木桩，那就用木桩和竹竿建造围栏。围栏应该足够高，使得牲畜不能翻越出来，如果主人把围栏建得很低，那么牲畜就会越过围栏跳出来从而造成损坏，主人就得赔偿损失，如果牲畜绕着大门或者其他地方的围栏，那么主人就不必赔偿损失，牲畜所造成的损失视具体情况而定。建造围栏是按照劳动力和劳动人数进行平均分配。

村社建筑和其他建筑、桥、警备建筑一样，为了修建建筑应为工作人员提供一定的酬金。修理村社建筑以及其他建筑的费用不是按照劳动力来分摊，而是用村社收入资金来支付。村子里的老年人对村社建筑的修复工作进行监督。村社章程中规定了所有管理村社建筑和其他建筑的规则。1877 年 4 月 22 日，下面写道，我们西伯利亚县温多尔村的 250 名村民组成了村会，其中 179 人出席了村会，村长维克多·奥西波夫也出席了会议，根据我们的意愿制定了规章制度，我们决定从村社经费中拿出 100 卢布给有意负责这项工作的人，让其在 3 年之内修复桥梁建筑，并且需要委托村子里能担此重任的长者对承包项目者进行监督。

村社没有为优化土地而共同开展特殊的工作，因为村社里没有一处沼泽地可以排水，没有一处矿床可被抬起。

村社将酒馆旁边的宅院地以及西边湖上的捕渔区对外出租。出租得到的收入归村社所有，用来支付各种琐碎的和不可预知的开支（修复村社被烧建筑的费用），剩下的用来缴纳赋税。

整个村社都没有租用土地和产业，同时整个村社内也没有发生过买卖土地的情况。没有发生过村社所有成员受雇共同完成劳作的情况。经彼此同意，进行合伙经营或者开办合作社。

这些合作社的出现是为了短期内完成某项工作，之后合作社的工作就会改变。合作社分为以下几种类型：听说一些来自农村村社的地主完成诸如此类的工作，例如，把木材从伏尔加河运送到地主的庄园里，地主为其支付商定好的工资，劳作者承诺在一定时间内把木材运送到家。这个农民回到村子以后告诉自己的一个同村人他所做的工作，并且估算如期把工作完成后大概多久他可以拿到工资，他希望村社里的村民来共同完成此项工作。给地主做此项工作的农民，也就自然而然没有选择地成了承包人，除了有责任和其他同伴完成该项工作以外，还有责任接收和送出需要运送的货物，并且和雇主清点核算账目。完成该工作的同事之间互相担保。承包人与其他人相比，没有任何其他的利益，因为最终完成该工作所得的报酬大家会平均分配。在完成该项工作，和承包人结算完工资以后，合作社就变成了往常的样子，他们会为了完成其他工作再次寻找新的成员。

村社耕种情况

温多尔村社的作物栽培制度为三区轮作制。尽管农业经营是按照祖先以前的生产经营模式，用木犁和耙等犁地，就像一百年前那样，土地耕作制度没有改变，不施化肥，但至少通过观察可以发现，温多尔村社的农村经济情况并不是特别糟糕。村社的土地仍旧很肥沃，不施肥也可以顺利得到很好的收成。每年有 630 头有角家畜、1375 只绵羊以及 100 头猪为 2700 块耕地提供粪肥（据 1876 年温多尔村社管理会消息称），使用粪肥做肥料有利于农作物的生长。

由于土壤肥沃，每年重新分配土地并没有造成太大的影响。

温多尔村社管理委员会提供的温多尔村社近十年的土地肥力与收成关系一览表中的数据表明，1870—1879 年这十年间黑麦的平均收成为 81 俄斗，每俄亩土地 2 俄斗或 103 普特 15 磅；燕麦收成为 99 俄斗，每俄亩土地 4 俄斗；春麦收成为 90 俄斗；双粒小麦为 54 俄斗；荞麦为 81 俄斗；黍子为 45 俄斗；豌豆为 63 俄斗；土豆为 68 俄斗。

如果把温多尔村社的农业经济和相邻地主的经济情况相比的话，我们就会发现，村社农业经济的总水平一点也不比地主的水平低。比如地主也实行三区轮作制，和村社的农业经济活动一样；土地没有施肥，尽管一部分土地使用改良过的农具耕种，但是毕竟应用范围有限，所以对增加经济收入并没有多大影响，地主的大部分土地都是按俄亩计算，靠雇用的农民耕种，与农民的经营活动一样，畜牧业在地主的经济活动中的发展并不乐观。任何人任何时候都想提高饲养技术，夏天耕种后在休闲地以及其他土地上进行饲养，冬天黑麦和春播作物的麦秆可以作为牲畜的饲料。总的来说，地主的经济活动和温多尔村社的农民经济一样，都处在停滞时期。农民经济活动停滞不仅是由于实行土地村社占有制，还有其他的原因。所有原因中有两个主要原因：无知和分家。

无知阻碍了农民理解促进农业经济发展的好处，促进农业发展不仅可以改善土壤的肥力，更重要的是可以促进农业经济体系发生变化。

分家使得整个家族的劳动力以及流动财产分为几部分，导致家庭成员工作生产效率低下。一个大家庭能够胜任的事情，凭单独的一己之力是无法做到的。库兹涅佐夫说过，与小家庭相比，大家庭的优势就在于自己的农业经济。家庭的各个成员对农业生产收入都有着重要的影响。比如说一个家庭中有 6 个劳动力（3 个男人、3 个女人），满足需求所需的财富数量不会比第一个例子里的三倍还要多，而是要比哪个少，因为除了前两项的花销要多一些之外，剩余的花销都要少一些。这种家庭全年的收入比由两个工作的人和两个不工作的人组成的家庭全年的收入多三倍，因为在农忙时期，如果家庭成员少，那么所有人都得去地里干活，相反，如果家里人口多，那么闲着的人就可以给别人当帮手来赚外快。此外，人口多的家庭，不去地里干活的人可以全年都在外面打工，这个时候小家庭的唯一男性就无法外出打工，因为男性是家里主要的劳动力。一个农民不可能盖成一所木房，建成一个粮仓，但是大家庭的成员做起这些都很容易。此外，大家庭拥有更多的资源，家畜更容易长成肉畜，小家庭就不可能做到这些，因为需要马、牛奶和黄油，因此小家庭只能喂养小家畜，农民不能亏本，也无法拥有大家庭里的那些资源。因此农民应该花费大量金钱购买成年家畜。大家庭的幸福来源于家庭成员的和睦相处以及听从家中长者的意见，但是一旦家中发生不愉快，成员们就会分家。

这就是为什么分家阻碍农业经济发展的原因。近年来我们的农民已经在尽力减轻分家所造成的危害，因此形成了临时的合作社。每个从事农业活动的人都可能不止一次地遇到过这些在一定时期内计划完成某项工作甚至拥有自己事业的临时合作社。这些合作社在西伯利亚县规模很大，比如我经常遇见在农忙过后的短时期内准备从事其他工作的村民，像锯工、瓦工、挖土工人、脱粒工、割草者以及车夫。这些合作社的所有成员都享有一种权利，在任何时候合作社都会为每个有意愿的人提供一条出路。某个成员不喜欢合作社的这种形式，并且认为合作社对他而言没有利益，那么他就可以离开这个合作社去别的合作社。遗憾的是这种临时的组合对农业活动的影响非常小。西穆比尔斯基省布印斯基县的霍姆布斯吧得列娃村很有名，在克利诺夫、希尔达以及伊布连锡村民为了耕种土地组建了联合家庭。该地区是黏质土壤，使用木犁耕种是不可能的，因此使用二轮犁耕种土地。二轮犁需要由不少于4—5匹马牵拉，但是大部分村民只有不到两匹马，所以就需要几户家庭合到一起耕作。该村社的土地在地主手中，有可能重新分配给所有村社农民。为了耕种土地，没有剩余土地的家庭成员先联合其他成员给一个家庭耕种，然后合作社的所有人再耕种其他家庭的土地，每个家庭单独在自己的土地上收割庄稼。如果一个家庭的当家人是合作社成员，那么耕种土地对他来说是不利的，因为他的马匹比合作社里其他人的马匹强壮得多，因而他就会离开这个合作社去和那些与他马匹力气相当的合作社进行联合。顺便说一句，这样工作速度相当快，因此份地会降价。在这种临时合作社里分家的危害不会那么明显，因为人们联合起来就会完成超过两倍的工作，和工作的人相比，每份工作都是独一无二的。因此临时合作社就像大家庭一样，可以提高农业生产活动的效率。遗憾的是，很多年过后，合作社的原则将不会应用到许多农村经济活动当中。

无知和分家这两类促使村社经济活动停滞的原因，同时也是阻碍土地私人所有制下农村经济发展的障碍，土地私人所有制即农民完全享有这些土地的所有权。土地村社占有制带来的后果是：私人重新划分的土地很狭窄，并且强制要求重新轮作，所有工作的开头和结尾都很复杂，从表面上看农村土地村社占有制发展得很缓慢，所以可以说，它们没有想象的那么伟大和重要，或者弊大于利。

近年来村社占有制所带来的弊端并不是村社所有这一本质所造成的，而是因为农村经济活动的秩序本身有待改进。由于农民教育程度的提高，尤其是目前村社土地所有制的缺陷反而促进了农业经济的发展这一说法的流传，大家认为村社土地所有制只会给村民带来利益，没有弊端。为了证明这一点，应该弄明白反对村社土地所有制的原因，搞清楚为了消除弊端农民通常采取的措施。从重新划分土地开始。

在土地村社占有制下重分土地可能是有利的，也有可能给农业经济活动带来损失，一切都取决于当地的条件，和农业生产活动的方式方法密切相关。重分土地的好处在于可以使得各个家庭拥有的份地数量相等，并且保证穷苦独居的农民免受剥削者的侵害。因此在一定程度上快速重新划分土地与分地所造成的持续的时间间隔相比会给农业活动带来更多的利益。如果说土地重分始终要伴随着人口普查来进行，那么得到土地的四口之家怎么办呢？几年以后家庭成员变成原来的一半甚至只剩下一个人，他们该怎么办呢？在分地以后这些农民首先会缴纳赋税，因为他们会自己耕种土地，当他们的家庭成员减少，劳动力变少时，农民就不可能自己耕种土地，需要雇人帮忙，那时候在别人的帮助下那些剥削者就会变成贫农，他们会为了满足需要以较低的价格出租自己剩余的土地，因为土地越多，他们需要缴纳的赋税就越多。这样做的后果就是欠缴的税款越来越多，穷人的土地被富人占领，最终使得穷人完全破产。

近期以来农民发现时间间隔较大的土地重分对他们来说是不利的，随着人口普查的进行，逐渐出现了缩减重分期限的决议。比如在温多尔乡的别兹诺索夫村，直到现在还是在人口普查期间进行土地重分，当家庭成员减少，欠缴的税款越来越多时，别兹诺索夫村的村民听从乡里长者的建议，决定每年重新划分自己的所有土地。尽管农民认为在人口普查期间进行重分对他们来说很不方便，但他们很少在短期内进行分地。原因主要是：第一，在人口普查期间进行重分没有给富有的农民带来损失，而是带来更多的利益，因为富有的村民自己家人或者雇用工人耕种土地，因此会从很多土地中得到巨大的利润，他们竭尽全力让农民在更短的时间内重新分配土地，第二，直到现在农民仍误认为，如果他们在人口普查期间进行土地重分，则新一轮人口普查之后的新增人口也会分得村社的份地，于是他们认为在进行人口调查之后出生的无土地农民只是暂时没有土地，等进行新一轮人口普查时，就会分给他们土地。在和村民谈论重分事宜的相关问题后，我发现土地重分存在不公，因为许多没有列入人口普查的无土地农民也参与重分，而多余的土地会给其他人造成负担，但也不会进行短期的重分，因为他们不知道自己有没有做主的权利，即是否只有大部分村民同意进行短期土地重分时，才能够进行重分。有时候，农民需要向村子里学识渊博的长者请教解决问题的方法，但是他们本身害怕承担方法不正确所导致的后果，所以建议村民保持原有的管理模式，不要改变重分期限。

首先，如上所述，经常分地如果造成土地贫瘠，就会给农业生产活动带来危害。经常重分土地，比如每年分配一次，则农民耕种土地的时候就会不用心，不给土地施肥，因为他们认为明年重新分配土地，这片土地就不属于他了，而是属于其他人，这个人和他相比可能更粗心大意。因此为了减少经常分地所带来的不利影响，防止自己的农业经济衰落，农民们开始采取相同的措施，这些措施所带来的效果取决于农民对于这件事情的态度，比如在西姆比尔县的拉斯托克村、尤尔罗夫克村等，农民经常给重新划分的一部分土地施肥；在杰列朔夫克村，农民延长了决议规定的重分期限，即少于3.6年或10年不进行重分；在老伊兹马洛夫村，农民为了使经常重分土地不造成损害，每三年重新划分一次土地，所有村民每年把自家粪肥运送到田地里，要是有人没有在分地期间把自家粪肥运送到地里，那么在重分时就会得到最贫瘠的土地。最贫困且没有粪肥的农民除外，由于他们没有牲畜，所以这些贫困村民得到的土地和村社其他人一样。

窄条状耕地有许多不便，由于拥有最狭窄耕地的农民无法进行横向的二次播种，因此农民需要花费更多的时间来仔细地竖向播种。但窄条状耕地不仅仅是村社土地所有制的产物，它在私人土地所有制中也存在。此外，动用私人财力将窄条状耕地联合并拓宽并不是一件容易的事。

这样的例子随处可见：例如，想把小块耕地联合成大块耕地，并把他们分别拨划分给每个户主，为此在西伯利亚省卡尔松茨基县穆尔村需要10年的协商期。而这个村庄仅仅有17个户主。如果穆尔村不仅仅有17名户主，而是像其他村庄一样有许多村社社员，那么要多久才能达成协议呢？我认为，那时要让穆尔村的所有户主同意该决议，需要的就不是 10 年，而是 20 年甚至是更多。在村社土地所有制下，农民能轻易迅速地将窄耕地拓宽。例如，在西伯利亚县的舒马夫科村，为了得到更宽的耕地，所有的可耕地以及整个村社被分割为 4 部分。每一部分拥有自己的土地，使用公认的方法将土地在成员间划分开。也就是说，把自己的份地按照土壤质量划分成不同的区域，再将区域划分成俄亩地或条形田。舒马夫科村的村民按照这种划分方法获得的条形田要比按照土壤质量划分获得的条形田宽 4 倍，因为按后一种方法所划分的圈地更多。在卡尔松茨基县老季诺维也夫村，村民们为了得到更宽的土地，将自己的耕地分为两部分。为了实行三轮区作制，他们向自己曾经的地主租用第三块地。在西伯利亚省的翁达洛夫斯卡亚村社、新阿列金斯卡亚村社、罗斯托金斯卡亚村社以及阿尔布佐夫斯基村社，为减少耕地狭窄所带来的不便，村民通过抓阄的方式来获得土地。在这些村社中，也会出现一些户主花钱租用其他户主的相邻耕地的情况。

在没有广泛施肥的条件下，跨耕地给农业活动带来的不是坏处，而是好处。因为跨耕地使农民的耕地均等化，除了位置以及距居住地距离的均等化，也是土地质量的平等化。如果没有跨耕地，那么有的农民能获得优质地，有的农民只能获得劣质地。劣质地与优质地相比，需要巨额的加工费用和肥料费用。由于农民的体力和财力都不同，因此他们不愿用土地的数量来补充土地的质量。在划分土地时，通过抽签得到劣质地的贫穷农民能做些什么呢？他们没有钱来施肥，不给土地施肥也是行不通的，因为这样无法收回给土地加工的成本。贫穷农民只能放弃这一份劣质地，寻求其他谋生手段。由此可见，在现行的农业条件下，跨耕地使农民得到均等的份地，使贫农有机会像富农一样从事农业活动。所以说，跨耕地在现行的条件下，给农业活动带来的只有好处。

在跨耕地条件下，从一块耕地走到另一块耕地花费的时间很少，土地主人对此并不在意。

为了在播种和收获时不穿过别的户主的土地，以及使用农具时不触及别人的土地，农民事先把自己的耕地划分为长条状，沿着公用地竖起桩子。随后用这些桩子把土地按照质量划分为多个区域，区域划分为圈地、俄亩地等，最终将圈地、俄亩地等划分为条形田。所有的条形田都逆着桩子，朝着一个方向，其终点为紧挨着桩子的界标。这些界标有 3—4 俄尺宽，被农民当作前往自己耕地的通道和用于运输耕种份地时的农具。这种土地划分方式在整个西伯利亚县推行。为什么要竖立这么多界标，白白浪费土地呢？我认为，在区分土地所有制下界标所使用的土地，要比在跨耕地制度下使用的土地多，特别是在跨耕地下推行这样的土地划分方式。想象一下，西伯利亚县的农民本没打算像今天划分土地一样把村社土地划分成垄，而是想划分成小块土地，然后为每个农民划分出一块单独的土地，以地界将土地限定下来，划分这种地界是为了避免在田间耕作时耕地工具破坏别人的土地，这就要求土地的宽度不小于 4 俄尺，除了将单独农户的土地限定地界外，还必须准备出一条可以穿行土地间的小路，以免影响必要的田间作业，因为如果没有这条小路就要穿越旁边的土地才能耕作。按照为每位农户划分的土地、地界和小路，只要测量和计算出土地和小路的占地面积，就可以验证我的观点的正确性。

强制共同轮作和同时开展与结束田间作业不是村社土地所有制所要求的，是由于农民土地未能正确划分以及需要将牲畜放牧到休耕地、留茬地和斜茬地上。例如，如果在西伯利亚县土地划分准确，就不能强迫要求农民同时开始和结束田间作业，即所有人在同一天工作。在西伯利亚县我曾多次看到过农民不同时进行田间作业的情况。是什么阻碍农民不在同一天开始进行田间作业呢？这片地区土地的划分导致农民在经过自己的土地时必须穿越其他农户的土地，在土地作业时农民可以不占用其他人的土地，而在用柱子划分的地界处将自己的耕地用具掉头。要知道只有一致的个人利益才会让农民们遵循这句俄罗斯谚语："播种要及时。"

在如今的经济条件下，农民不会觉得进行共同轮作是麻烦的；相反，认为这样降低了家畜的饲养成本，因为共同轮作模式下农民可以使用自己的土地作为牧场。此外，只有在共同轮作的情况下才能防止会将黑土地弄糟的杂草生长，给一部分土地施肥，在村社土地上就可以长出最好的作物。如果没有肥料和这种破旧的农具，现在普遍接受过广泛作物培育知识的农民会怎么做呢？如果不采用共同轮作制，农民使用的犁和耙又会是什么样的呢？必须从村社常用作牧场的土地里划分出一块单独用于放牧的土地，而因此大大减少每户农户拥有的土地数量使农户感到不满。如今不施加肥料的耕地也因频繁播种粮食作物导致土壤贫瘠，由于一部分农具将无法开垦土地，因此杂草在破坏了耕地的同时，也会更严重破坏过量吸收牲畜粪便的土壤。因此，如果不采用共同轮作制，农民不仅失去了他们必须从常用放牧场分割出去用于放牧的土地，还不能有好收成。

当农民打算改变经营制度，普遍给土地施肥时完全就是另一回事了，为了逃避强制轮作，农民不会在地里放牧，而是单独圈出一个牧场；新的经营制度将这片土地划出一块作为放牧场，这种做法不像现在要用很多粮食来补偿失地那样让人很在意。由此可见由于土地的年度重分，耕地交错现象、狭窄土地和强制土地耕作只不过是我们三区轮作制的产物和低水平农业作物的标志，提高作物生产水平，消除村社土地所有制的种种不便要靠自己。

居民点密集除了受村社土地所有制的限制外，还由于人口空间关系、通信方式情况、国家的地形气候条件及其他原因。熟悉俄罗斯居民情况的人知道，在春秋季的泥泞道路和冬季结冰期间，很难从一片空地中划分出几条可以将村庄隔开的通行道路，最终，了解到俄罗斯的大部分是由高原和贯穿于河谷的山脉组成，因缺水或水质不好而无法在此设立居民点的人不会反对这种观点。

此外，村庄农民人口变得稠密是基于生命安全、财产安全、牲畜安全得以实现，以及在缺水地区可以采水，这使得人们去教堂、学校和服务于农业需求的工商机构更加方便，在生病、火灾和其他意外事故发生时能够得到更加及时的救助，放牧成本降低，田地防火措施更加方便，并且不需要建造过多的围栏，最后，随着村庄人口的密集，各种技术生产更有可能在共同经营的基础上发展，例如，帮助农业生产的集体合办干酪厂、榨油厂、打铁厂以及麦芽厂。总之，随着村庄人口的逐渐密集，会有很多这样的便利设施，这些设施有利于农民定居在村子里。

通过对所有反对村社土地所有制观点的分析，可以看出，村社土地所有制并不是在公共土地上发展农业的制约因素；反之，它给农民带来了土地私有制无法带来的好处，因为村社土地所有制使得无地无家的雇农数量减少，村社占有制下农民不得在村社的土地上出售自己的份地，因此这种土地所有制形式对贫农经济更为有利，因为在农业发展艰难的年份，在农作物歉收、牲畜死亡的年份，这种土地所有制形式作为一种保障，消除了破产农民成为无地、无家雇农的风险。在以份地的形式保留财产时，农民不仅减少了对资本的依赖，也减少了对资本的损耗，而且，它或多或少地会在一定程度上使工资接近于满足农民需求和习惯的标准。

说完村社土地所有制并不妨碍农民农业的发展，又回到了我的话题上。之前我提到过，温多尔村社农民的耕作方式和他们的祖辈父辈一样。到目前为止，较之农村的一般农业而言，目前还没有一个农民试图在自己的农业上引进任何改良方式。这证明了温多尔村社的农民仍然如此无知，他们认为自己的经济状况良好，因此没有必要去改变它。

在温多尔村社的农民中，有一些农民家的农业与总体水平不同，处于低水平。村社总是对这些农民采取各种措施，或是对遭遇不幸的人提供帮助，或是强制懒人劳动，不管究竟是什么原因导致他们经济衰落的。村社会以各种形式给遭遇不幸的村社成员提供帮助。例如，如果一个农民因火灾而破产，那么村社会帮助他重建烧毁的房屋建筑，有的人提供运输木材和砖块的工具，会做木匠活的人帮助遭遇火灾的人建造农舍。村社还允许灾民去自己的森林里捡一些干树枝做篱笆，村民们的妻子和女儿们会为灾民提供面包、粗布和穿的衣服，还没等灾民去祈求他们，他们就自愿把这些全部都给灾民带来。当村社有多余的公共资金时，可以允许遭遇火灾者贷款，直到他们得到土地的保险金。如果经济衰退是长期生病造成的，村社会将还款时间推迟一年，如果农民的马倒下了，村社通常会为其提供马以帮助农民耕地，并且免除农民的实物贡赋。为改善懒农的经济状况，村社会根据其家庭成员的投诉采取措施，首先，村社会谴责懒惰的当家人，教导他改过自新，不再懒惰。如果村社的谴责无济于事，或他的不满使农民的经济更加衰落，村社会根据其家庭成员的二次投诉采取更加严厉的措施，即采取阻断措施，如果仍然无济于事，就要换掉懒惰的当家人，选择比较年长的家庭成员来作当家人，如果实施这些措施后当家人仍然没有改过自新，那么就会给他一小部分财产，让他分家出去。

温多尔村社的农民不是特别富裕，因此所有的农活都是他们自己干，只有在家中只有一个劳动力，农活紧急，短时间内需要更多人手的情况下，才会找人帮忙和雇工。

在温多尔村社，所有户主想要尽快完成农活，都可以找人帮忙。例如，一个农民买了一间农舍，想把水桶放进去，他可以请求自己的邻居帮忙抬进去，放好。有时，由于持续干旱，春播谷类作物会和黑麦一起成熟，这时家庭成员少的农民无法同时收割两片谷物，于是，为了收割所有谷物，他们会请邻居们来帮忙。他们也会请妇女们来互相帮忙（纺线、做饭等），尽快完成一些需要大量人手的女工。例如，采摘大麻、雄麻、亚麻，捣碎麻屑，纺麻线、毛线，切白菜等工作。农民们很愿意去帮忙，因为他们觉得自己也会需要别人的帮忙。温多尔村社的农民将帮助别人看作祖辈留下来的习俗，目的在于在一些紧急的工作上互相帮忙。一个农民去帮助自己的邻居，这对邻居来说是一种恩惠，为了感谢邻居们来帮主人完成开始或计划中的工作，主人会请邻居们吃午餐，喝伏特加。帮忙干活通常从大清早开始，到午后结束，然后帮忙的人去主人家吃饭。吃完饭后，主人会认为这次招待是为了感谢邻居们的劳动,因此并不觉得他们欠了自己什么。如果农民没有请帮工的人吃饭,那么为了感谢邻居们的帮助,他应该第一个被请去帮助那些帮助过他的邻居,在这种情况下,帮工是有义务的。大部分农民都会彼此帮助。他们请自己的邻居或"沙布罗夫"帮忙,不给他们提供饭和酒,因为这种帮工会持续一整天。互相帮忙的习俗起源较早,这一习俗始于个人雇用之前。目前,在温多尔村社仍然还有很多老人记得当时很少有个人雇工,因为所有需要紧急完成的工作都是由帮工完成的。所有这些都表明,在工作中互相帮忙是村社的习俗。或许,以前请人帮忙会说一些俏皮话,和一些符合情景的俗语,可能过去有一些专门歌颂互帮互助的歌曲,但现在所有这些都被我们的农民遗忘了,甚至连在工作上互相帮忙这一习俗都正在一点点地被私人雇用所取代。对物价上涨和帮工工作效率低的普遍抱怨就证实了这一点。

在土地村社占有制下,所有土地,例如,按户划分为份地的草地和森林都保存的更好,因为农民们很清楚,为砍伐森林或践踏草地需要对村社负的责任要比对单个村社成员更大,因此,土地村社占有制下的农民森林从不会遭到任何砍伐,而按户划分的森林却总是遭到砍伐。每个农民都知道,如果他在村社的森林里任意砍伐木头或其他木材,那么在划分村社林地时,村社要么完全不给肆意伐木的人分配林地,要么分给他质量最差的林地。砍伐按户分的森林所负的责任要小得多,有时根本就不会发生这种情况,因为农民害怕被拘留,害怕相互烦扰,因此大部分对伐木者的惩罚都仅限于收回他所砍伐的木材。

赋税与徭役

温多尔村社的所有赋税分为货币赋税及实物贡赋。货币赋税包括人头税、赎金、国家土地税、地方自治税、乡管理维持费、学校维持费和公社税。实物贡赋包括大车官差、住房义务和例行警戒义务,这些实物贡赋由农民自己承担。

村社的每一项支出,个人税额、工人税额、每俄亩土地的税额,以及所有赋税额的总和,如下表所示:

货币赋税名称	村社为每个税类所缴纳的赋税		每个纳税人缴纳的赋税		每个劳动力或劳作者缴纳的赋税		每俄亩份地缴纳的赋税	
	卢布	戈比	卢布	戈比	卢布	戈比	卢布	戈比
人头税	1628	36	2	28	5	56	—	—
租金	4236	40	5	95	11	90	—	—
国家土地税	256	32	—	36	—	72	—	—
地方自治税	327	52	—	46	—	92	—	—
乡管理维持费	327	52	—	46	—	92	—	—

续表

货币赋税名称	村社为每个税类所缴纳的赋税		每个纳税人缴纳的赋税		每个劳动力或劳作者缴纳的赋税		每俄亩份地缴纳的赋税	
	卢布	戈比	卢布	戈比	卢布	戈比	卢布	戈比
公社税								
给村长和村文书的薪水 132 卢布								
给警务人员的薪水 15 卢布								
给牧师和两个守卫的薪水 70 卢布								
雇佣看守人的费用 409 卢布 56 戈比	626	56	—	88	1	76	—	—
总赋税额	7488	12	10	51	21	2	3	16

在1月份的村会上同时分配土地和赋税，先从分配土地开始。每个人为一个分配单位。按照农户间每人分配所得的土地量来分配赋税，因此，谁得到1人份的土地，谁就缴纳两个人的税，得到0.5人份的土地，谁就缴纳一个人的税，无地农民无须缴纳地税，他们只需缴纳与村社其他农民相同的人头税、公社税、实物贡赋。

在村会上分配赋税的方式如下：村社选的分配人应在一年内向村社支付所有税款，把所有税款加在一起再除以总人头数，就得到了每个人的纳税额，即个人税额。在村会上分配人向所有在场的老人宣读分配结果，之后村社会采用以下决议批准：1879年1月18日，我们这些签署人都是辛比尔县温多尔村250户人家组成的村社中的自耕农，以前在农村村社成员大会上这一数字为136人，在大会上，听完宣读给我们的1879年国家义务税和村社税等税款的分配结果后，每个人应根据分配结果纳税，每个获得份地的纳税人应缴纳10卢布51戈比，我们认为分配结果是正确的，之后会再次确认该结果，但是，我们必须相信我们选出的收税人，我们的安东·叶戈罗夫·沃尔科夫，他一年后会向村社提交一份公正的税收报告，我们要在上面签名。根据此决议，温多尔村的百人长维克多·奥西波夫因不识字用印章代替签名，这种情况很普遍，有136人这样做。为了收税，村社会选择一个人作为收税员，这个人会在一定期限内走遍整个村庄，征收税款。村社每年收两次税：分别在春季和秋季。在秋季收税时，所有农民都能轻松缴纳税款，因为在这个时候每个人都有钱支付，有的人忙着卖掉额外的燕麦，有的人卖掉额外的黑麦，有的人卖掉额外的母牛和牛犊等用于纳税。总之，每年的这个时候，每个农民都会有一些额外的东西，这些东西会被匆忙地卖掉以便上缴秋季税。由于秋季收税毫不费力，税款在短时间内收齐，并迅速纳入国库。春季并不是每个农民都能按期缴税，因此春季收税会有一些拖延。春季农民没什么东西可卖。贫穷的农民通过在秋季卖掉那些额外的谷物和牲畜攒下的钱，在漫长的冬季里被一点点地花掉：有的用于家庭日常需要，有的花在了房子上，所以到了春天，大多数人实际上已经没有钱了。这时很少有农民用自己冬季的工资交税，因为工资很少，只能够维持农民家庭所需，大多数贫农为了缴纳春季税会向邻近的地主借钱，以后去他们的田里干活作为偿还，或者向富农借钱，需要偿还利息。

温多尔村社的农民努力凑钱交税，村社总会给那些由于火灾、牲畜死亡或其他不幸导致经济落后的农民喘息的机会。例如，有很多例子表明，村社会根据他在不幸中遭受的损失，暂时免除他们的部分或全部赋税，并用村社自己的资金为他们纳税。这时不会收回他们的份地，随着灾民的经济落后状况逐渐改善，村社会向他们追缴延期缴纳的税款，这样一来，村社的资金也会一点点地得到补充。如果一年内有的村社成员死亡或被流放，那么在他们所在的家庭得到新一轮的份地前，这些死亡或被流放的人将继续纳税，因为在新一轮土地分配之前，这些离开的人的土地不会被收回。

我听说过很多次，温多尔村社的土地分配单位和赋税分配单位一样，一般都是按人口进行分配。因为在温多尔村社的经济中人口是用来确定当时居民数量的，即人口数量、男性数量、劳动力数量以及其他人口数量，根据农民定义人口的行为或条件，人口有不同的名称。例如，纳税人口、劳动力、新生人口、离开人口、现有人口、空闲人口和附加人口。纳税人口是用来确定纳税居民数量的；劳动力是用来确定村社中有工作能力的农民数量的；离开人口是用来确定因某种原因，如年老、死亡、服兵役、流放或其他原因离开村社的农民数量；新生人口是用来确定村社中新来人口的数量的；现有人口是用来确定村社中现存其他农民的数量的；空闲人口是用来确定村社没有亲人的死亡农民的数量的，这种人口有时被称为绝户人口；最后，附加人口即离去人口数和空闲人口数加上现存人口数。

这里不妨研究一下农民所谓的赋役。改革前温多尔村社的赋役由一位成熟能干的农民和他的妻子完成，改革后两位男性纳税人开始承担赋役。

村社的官员如：乡长、村长、百人长等只缴纳货币赋税，不承担实物贡赋。村社中的农民按照每户的劳动力数量依次承担实物贡赋，除了这些农户外的乡长、村长和百人长无需承担实物贡赋。由于村社在纳税前和纳税后会对不可信赖的人和欠税人采取严厉的措施，村社从来没有为这些人缴纳过赋税。村社在欠税人缴清税款前对其采取的措施如下：监督他们出售自己的产品获得额外的工资，扣留他们的证件直至他们缴清赋税。如果在采取这些措施之后，不可信赖的农民依然没有按期缴纳税款，这时村社会以村长、选出来的百人长为代表，在乡长的参与下，查抄欠税人的财产，然后，经过几次训斥之后，如果欠税人仍然没有补交所欠税额，他的部分财产将被出售，如果没有财产，他们就要上缴一半种有谷物庄稼的份地。但在村社内很少实施这些惩罚措施（通常三年会有一次出售欠税人财产的情况），大多数情况是欠税人会在被查抄财产后尽快缴纳所欠税款。

村社成员法律关系

我在村社土地的使用方法一章中说过，温多尔村社的耕地每年会在所有村社成员之间进行重分，在本章中，我想弄清楚每个家庭在使用和管理分配给他们的土地上的所有权利。在温多尔村社，只要不影响到村社其他成员的利益，每个家庭都有权使用和管理分配给他们的土地。因此户主没有权利把自己的份地围起来，也没有权利违反村社公认的经济制度，因为这两种做法会阻碍村社的牲畜在割过的庄稼地和村社的休闲地里放牧。农户也无权将自己的土地转让给外来人员或其他村社成员，因为在温多尔村社土地只供农户使用和管理一年，一年后这些土地将重新分配给其他农户使用。拥有村社土地的农户在出售牲畜时，上交一半土地，抵押、交换或"出售"土地时，农户应征得村社的同意，因为牲畜和土地是村社分给他使用管理的，是村社对农户正常纳税的保障。若未经村社同意，出售全部牲畜或将土地转让给他人使用，农户将失去村社对其的保障。总之，温多尔村社的农户管理和使用土地时，所有行为，哪怕是有一点点涉及村社的利益，都应该征得村社的同意；反之，如果农户管理和使用土地不影响村社的利益，则无须征得村社同意。因此，农户在为分配给他们的土地施肥、种地和收割庄稼时，无须征得村社同意。

村社农户之间交换土地和农户上交一半土地给村社的情况经常发生，但是"出售"土地的情况，即在一定期限内出租村社土地的情况从未发生过。这里的农民非常珍惜自己的土地，每个人都努力耕种自己的土地，没有马的农民通过雇工或别人的帮忙来耕种土地，其中最贫穷的农民会上交一半土地。尽管村社有权强加土地给农民，即强加给那些满18周岁的村社成员，但是村社中没有一个农民记得，村社把土地强加给谁过，迄今为止，所有满18周岁的农民都是自愿获得份地的，因为农民的土地收入往往能超过他们需要缴纳的总税款额。

如果农户使用村社的土地，则在使用期间内其全部生活都将受到村社监督，这是因为村社的利益与家庭内部生活密切相关。因此村社会参与到成员的财产继承和分家过程中，弄清楚产生争吵和纠纷的原因，根据当地习俗，在成员以及他们的家庭之间做出判断和惩治，对破坏村子名誉的人予以惩罚，保护村社成员免受他们的"诽谤"，给遭受不幸的成员提供一些帮助，给予他们改善这种状况的机会。例如，农户出让自己的宅院地时需要获得村社的同意。在管理自己的庄园时，村社限制了农民的权利，只允许他们把宅院地出让本村社的成员。

在出让土地时农户需征得其他家庭成员的同意，否则他们有权向村社提出申诉。

村社参与村社成员的遗产继承事务是为了确定未成年孤儿的监护人以及解决村社成员及其家庭之间的遗产纠纷。对于未成年的孤儿，村社将从直系亲属中确立他们的监护人，监护人将完全代替他们的父亲，抚养和管理他们。有时候会发生这种情况，未成年人没有亲属，或者即使有亲属，但他们的品行不良，这时村社将卖掉他们的所有财产，这些钱在孤儿未成年之前转交给县政府保管，未成年的孤儿则由村社照顾。村社负责抚养他们，给他们衣服穿并教他们从事农业工作，为此孤儿会依次从一个农户家转到另一个农户家。孤儿在农户家做几个星期的工，每个农户就要照顾他、喂养他，给他衣服穿几个星期，之后孤儿会转到下一户人家。

村社会根据当地习俗，在村会上解决死者家属和其他人之间的财产纠纷问题。按照温多尔村社继承财产的习俗，死者的财产归与死者共同挣得财产的人所有，血缘关系并不重要。因此，丈夫死后，所有财产归妻子所有，因为所有财产都是妻子和丈夫多年来挣得的，这种情况下，遗孀成了彻底的当家人，如果孩子们以后想要分家，那么给孩子们的"奖励"完全取决于她，在丈夫去世的那一年她有权保留所有人口，包括丈夫在内的村社土地使用权，并缴纳所有人应付的税款，如果她负担不起全部土地，可以保留部分土地。如果在死者财产积累的过程中，除了妻子，他的孩子们也参与了，这时死者的遗产将由妻子和孩子们平分。有时候，妻子和丈夫没生活多久，也没有帮他攒下任何东西，这种情况下，她会从丈夫那里分得很少一部分财产，剩余所有财产都将由死者年轻时供他饮食的人或帮助死者攒下这笔财产的人继承。妻子死后丈夫无法继承妻子的遗产，因为在农民生活中，丈夫不帮助妻子积攒财产，这笔遗产将由死者女儿继承，若无女儿，就由给她这笔财产或帮她积攒财产的人继承。继父亲的遗孀之后，遗产将由曾经帮助过他的儿子继承，如果儿子像农民们所说的一样，没有帮助过父亲，而是"在边上喝酒"，那么他将无法继承遗产。如果一个养子或外人在家中工作多年，没有得到任何报酬，那么在主人死后，他将和他的儿子们共同继承遗产。父亲不能剥夺儿子的继承权，如果儿子帮他积攒了这笔财产，若父亲剥夺了儿子的继承权，村社将反对父亲的意愿，恢复儿子的继承权。

除了解决遗产的纠纷问题，村社也会在当家人死后参与选出新的当家人。如果当家人出现一些问题，或家庭成员抱怨其治家混乱，村社就会换掉粗心大意、有问题的当家人。同样，如果有人对年老多病的当家人提出申诉，村社也会换掉年老多病的当家人。

分家时，村社参与审查分家的家庭成员间的案件，如果村社认为分家理由正当，则会允许农民和其他家庭成员分开，并帮他获得他应得的那部分财产，如果没有正当的分家理由，家庭也不想自愿与请求分家的成员分离，这时村社会努力阻止分家。然而，村社最近很容易解决分家问题，因为没有任何拒绝分家的情况发生，村社总是认为分家的原因是合理的，因为其中一个家庭成员勤劳能干，盖了房子，而另一个家庭成员是个懒汉、酒鬼，家里什么都没攒下，甚至家庭经济情况还不太乐观。最近三年温多尔村社已有五个家庭分家。分完家的家庭成员之间没有任何财产关系。如果更仔细地分析分家原因，并深入了解农民的内部生活，我们就会发现，分家的所有原因都源于农民家庭中男女之间的民事关系和经济关系。

在温多尔村社的每个农民家庭中，不论由几口人组成，都有户主，在村社中称为当家人。当家人可以是祖父，即有了孩子的已婚儿子的父亲，可以是叔叔或哥哥，也可以是远房亲戚，最后，如果家里没有合适的成年男子做当家人，也可以由女人做家里的当家人。女当家人通常是丈夫的妻子或母亲。但是在农民家庭中并不总是年长的人做当家人，有时，村社会选择更加适合这一称呼的一个儿子代替年迈的父亲做当家人。当家人是家里的头儿和一把手，其他所有家庭成员都应该在公平的范围内，根据当地习俗服从于他。因此他可以命令家庭成员在家里工作，让他们做工人，派他们出去赚钱，并管理所有家庭财产，如村社分给家庭的土地、土地收成、马、牲畜、家里的房屋和通过卖农产品以及其他男性家庭成员在外打工挣的所有钱。当家人有义务缴纳所有税款，养活所有家庭成员，为他们缝制外衣，购买所有家庭必需品；作为家庭代表，他应按时纳税，完成合同规定的工作与义务。妇女有责任为每个家庭成员提供内穿衣物和呢子长袍，因此当家人为了获得羊毛而养羊，为了获得麻线在一定空间内种植亚麻和花麻。

当家人从农业中获得的麻屑和羊毛不会出售，而是留给妇女们，她们将所有东西进行分类，并用这些东西纺织粗布和呢子。家里只有妇女拥有私人财产权，她们从当家人那里得到的生活费、动物毛皮、所有其他衣物和饰品，不包括女儿的嫁妆，都归自己所有。因此，所有妇女们织出来的多余粗布或呢子，以及她们卖掉多余的粗布挣的钱或打零工赚的钱都归她们所有，她们把所有这些财产都保存在一个特殊的盒子里。

此外，允许妇女在家里养自己的鸡和羊，这些与当家人养的牲畜不同，它们被称为"私有财产"，并完全归妇女所有，任何人无权使用。

那时，妇女在家庭中拥有私人财产权，但对于男性来说，他们就没有这项权利。除了自己的衣服，男性不能拥有任何流动的私人财产，他只能把衣服称为自己的财产。男性通过自己的劳动获得的所有东西，以及他赚来的钱都是整个家庭，即所有家庭成员的财产，它们全部由当家人管理，并由当家人决定是否分财产给赚钱者以及他的妻子、孩子们。

这种村社家庭关系使当家人有责任公平地对待所有家庭成员。如果当家人是祖父，那么在孙子们和其他家庭成员之间就会形成良好密切的关系，由于他没有私人财产和单独的家庭，所以他和孙子们的关系平等，这种友好的关系不会使家庭分家。如果当家人是叔叔或兄弟之一，那么他会优先考虑自己的家庭，而且他无法保持公正，因为他自己的妻子和孩子比兄弟们或侄子们的孩子更贴近他的心。当家人这种有失公正的做法会引发仇恨，彼此厌恶，造成妯娌、岳母、兄弟和其他家庭成员之间的纠纷，是造成分家的主要原因，由于当家人违反这些村社家庭的基本原则，一些家庭成员自然希望摆脱养育别人孩子的责任，因此总会造成分家。

说完一些分家的原因，我要回到自己的话题上。

村社中的所有退休士兵和永久休假士兵及其家庭都能无偿使用村社的土地、牧场和养殖场，而且如果他们愿意，可以和其他村社成员一样，保留村社土地的使用权，同时，在家庭的所有劳动力中，将免除1人的人头税。村社的寡妇和孤儿也有权无偿使用土地和牧场，如果他们愿意，可以和其他村社成员一样，在当家人去世后的那一年保留耕地的使用权，并应缴纳家中所有人口应交的税款。

村社中没有耕地、只租到一个庄园或一间房屋的农民，不能使用森林，但能免费使用村社的牧场和养殖场。若当家人拖欠应缴纳给村社的土地税款，会导致耕地被暂时收回。不过，因欠税而暂时收回土地的情况在温多尔村社很少见。村社中哪个富农为欠税人交税，村社就会将从欠税人那里收回的土地给那个富农使用一年。欠税人的土地一年只被收回一次。剥夺当家人土地权的情况在村社中从未发生过。村社赋予农民的森林权在于农民有权根据自己的意愿管理森林，甚至可以把它卖给别人。捕鱼区、苔藓和其他农用地可以由个别农民使用，直到村社将这些农用地出租出去。

村社成员去世后，村社只继承被人废弃的宅院地。宅院地由那些始终生活在这片土地上的家庭成员继承。如果生活在宅院地上的家庭搬到了另一个村子或搬到了另一个院子居住，无论是哪种情况，此时这片宅院地就会被认为是废弃的土地，则由村社管理。曾经住在废弃土地上的家庭的亲属，如果他们有自己的居所，那么他们就无法继承这片土地，因为没有必要再给他们第二处居所，村社会把这片土地重新分配给村社的其他成员，并把这些土地划分出来作为居民点。尽管无人继承的财产应由村社继承,但目前为止在村社内还没有发现任何无人继承的财产。农民们只有在没有任何血缘亲戚的情况下,才会认为财产是无人继承的。重新分家的家庭成员可从原来的家庭获得土地。那些注册加入村社的成员除了出于礼貌请村长喝两三桶酒外,不向村社交任何钱,也不为村社工作。和其他村社成员一样,应为自己分得的条形田缴纳相应的土地税。而获得从邻近的牧场或村庄附近的空地中划拨出来的一块宅院地的农民,免缴土地赋税,只需缴纳公社税和人头税。村社不会给重新接纳的成员任何赋税方面的优待,甚至是在购置生产用具时也不会提供给他们任何帮助。

农民每年只有一次退社的机会,即在 1 月初开始分配土地和赋税之前。离开村社的农民会将他们的土地交还给村社,在土地分配期间,村社会将这些土地转给一位村社新生成员。

在该村社中,没有赎买份地、甚至是购买土地作为私人财产的农民。必须使用村社土地来参加村会、乡级法庭或村级法庭职务的选举。村社成员之间存在许多共同义务,这些义务源于村社土地占有的实际情况或社会生活的要求。例如,在同村社成员之间以及在许多不同的其他事务上签订各种合同,农民是见证者;在村社成员中的某人借款时,以及在其他情况下,例如,在生活困难的情况下帮助同村社的人(无偿帮助村社工作以及延长缴纳部分或全部赋税的期限);在家乡(婴儿互相洗礼);婚礼(婚礼花销由亲戚来提供);葬礼(埋葬最贫穷的村社成员的花销都由村社来承担);在扑灭大火和发洪水时;此外,村社为登记在册的寡妇和孤儿提供帮助,免费划拨给他们一块宅院地以及重新分配时留下的土地,并在耕种这片土地时为他们提供无偿的帮助。

除缴纳税款外,当整个村社停止某项工作或是对村社外来人员和机构承担任何义务时也存在连环保制度,例如,在 1877 年,当最贫穷的农民们从土地管理局贷款买粮食时村社承诺以连环保制度作出回应;去年,村社从之前的农场主那里租下了牧场用于田间劳作,并承诺遵循村社全体成员的连环保制度完成田间劳作。

村社外来人员的情况

不属于村社成员但在村社供职的外来者,例如村庄的神职人员、人民教师和村庄的文员,都可免费使用宅院地和牧场,但不允许使用村社林地。居住在村社中的其余所有外来人员,如工匠、不属于村社的退伍士兵,以及其他人员可以分得宅院地,而使用村社牧场则必须要支付一定的费用,这一费用的金额是根据村社和外来者的双边协议来确定的。但尽管如此,每年每户的费用都不会超过 3 卢布。

虽然村社内没有将木材免费给村社中的任何人,甚至是村社外来人员做棺材的习俗,但在村社中还存在一类情况,即在极端情况下,村社会免费将木材发放给最贫困的居民做棺材。生活在村社内的外来人员仅承担部分村社赋役,即使用农村警卫、扫烟囱工人和消防工具的费用。村社会向其征收赋税,但不会赋予他们参与分配赋税的村会的权利。

温多尔村社各户户主清单
1879 年，为对草场进行抓阄式重分将户主们划分为数十户

十户名称	户主名字	纳税人数量	好帽份地名称	坏帽份地名称
No 4.	费奥多尔·纳乌莫夫	2	村社份地	奥谢洛克份地
	伊万·博尔多夫	2		
	瓦西里·斯皮里多诺夫	4		
	安德烈·普罗科菲耶夫	2		
	伊万·米龙诺夫	2		
	基里尔·斯多布诺夫	2		
	安德烈·叶尔莫拉耶夫	2		
	安东·布洛汉	2		
	叶梅利扬·费奥多罗夫	2		
	季特·叶夫谢耶夫	2		
	伊万·弗拉索夫	2		
	阿基姆·格卢什涅夫	3		
	尼基塔·安东诺夫	2		
	马克西姆·巴托尔缅	3		
	格里戈里·斯多布诺夫	5		
	伊万·萨佐诺夫	2		
	米龙·叶戈罗夫	1		
	瓦西里·斯捷潘诺夫	2		
	伊万·斯捷潘诺夫	4		
	斯捷潘·格卢什涅夫	2		
	阿列克谢·布尔甘诺夫	2		
	尼基塔·里博夫	4		
	米哈伊尔·沃尔科夫	2		
	杰米德·伊万诺夫	2		
	库兹马·安德烈耶夫	2		
	塔夫里洛·纳莫夫	4		
	费奥克蒂斯特·安德烈耶夫	2		
	瓦西里·卡尔哈列夫	2		
	普罗霍尔·加夫里洛夫	2		
No 3.	帕维尔·伊万诺夫	3	科里文基份地	下库尔干份地
	安德烈·扬尼科诺夫	1		
	洛金·费奥多罗夫	2		
	亚历山大·瓦西里耶夫	2		

续表

十户名称	户主名字	纳税人数量	好帽份地名称	坏帽份地名称
No 3.	伊翁·安德烈耶夫	4	科里文基份地	下库尔干份地
	伊万·科恩德拉蒂耶夫	2		
	德米特里·达里伊恩	2		
	格拉细木·洛吉诺夫	4		
	格里戈里·弗罗洛夫	4		
	彼得·尼基京	4		
	瓦西里·尼基京	2		
	阿列克谢·格拉西莫夫	2		
	伊里亚·费奥多罗夫	2		
	德米特里·伊万诺夫	2		
	雅科夫·里博夫	2		
	谢苗·叶菲莫夫	2		
	格里戈里·布尔兰诺夫	2		
	帕维尔·希尔金	2	弯曲份地	低山岗份地
	安德烈·泽姆斯科夫	4		
	雅科夫·达里伊恩	4		
	彼得·布尔甘诺夫	2		
	叶戈尔·菲利波夫	4		
	谢苗·巴兰采夫	4		
	米哈伊尔·菲利波夫	4		
	费奥多罗夫·卡图舍夫	4		
No 7.	伊万·卡斯秋欣	2	笔直份地	高山岗份地
	叶戈尔·乌萨切夫	2		
	伊格帕蒂·弗罗洛夫	2		
	基里尔·沙巴舍夫	2		
	伊万·扎伊采夫	2		
	斯捷潘·马格达里耶夫	2		
	彼得·伊万诺夫	2		
	叶菲姆·达里伊恩	2		
	阿尔杰米·戈尔巴乔夫	2		

续表

十户名称	户主名字	每户纳税人数量	好帽 抽签获得的份地	坏帽 抽签获得的份地
No 7.	谢苗·阿布拉莫夫	2	笔直份地	高山岗份地
	吉洪·瓦西里耶夫	2		
	彼得·希什金	2		
	安德烈扬·多克托罗夫	4		
	彼得·弗罗洛夫	2		
	格里戈里·斯捷潘诺夫	4		
	尼基塔·瓦西里耶夫	2		
	格里戈里·舍帕科夫	4		
	士兵 尼基塔·舍帕科夫	1		
	亚历山大·罗季奥诺夫	2		
	哈里顿·米龙诺夫	1		
	瓦西里·彼得罗夫	2		
	奥西普·福明	2		
	扎哈尔·贝哈耶夫	1		
	德米特里·戈尔巴乔夫	2		
	安东·叶列梅耶夫	1		
	库兹马·亚历山德罗夫	4		
	安德烈·布舒耶夫	2		
	彼得·安德烈亚诺夫	2		
	马尔克尔·叶尔莫拉耶夫	2		
	亚历山大·列昂季耶夫	2		
	安德烈·普罗尼切夫	2		
	伊里亚·马尔克洛夫	2		
	阿法纳西·菲利波夫	2		
No 2.	雅科夫·穆尔扎耶夫	4	村社份地	欧谢洛克份地
	基里尔·费金	2		
	弗拉基米尔·阿布拉莫夫	4		
	斯捷潘·菲利波夫	2		
	叶梅利扬·阿布罗西姆	2		
	扎哈尔·西梅昂波夫	2		
	斯捷潘·库兹明	5		
	普罗科菲·马特维夫	2		
	士兵 亚历山大·马特维耶夫	1		
	吉洪·尼基京	4		

续表

十户名称	户主名字	每户纳税人数量	好帽抽签获得的份地	坏帽抽签获得的份地
No 2.	瓦西里·里博夫 罗曼·索科洛夫 亚历山大·罗曼诺夫 安德烈·卡斯秋宁 伊万·杰明 伊万·叶梅利亚诺夫 伊万·德米特里耶夫 费奥多罗夫·尼基京 马克西姆·波尔菲罗夫 亚历山大·伊万诺夫 伊万·雅科夫列夫 彼得·伊万诺夫 季莫费·齐甘诺夫 雅科夫·波伊莫夫	2 2 2 4 2 3 2 4 2 4 2 2 4 2	罐子份地	牛犊份地
No 1.	奥西普·安德烈扬诺夫 费奥多罗夫·米龙诺夫 叶菲姆·伊万诺夫 阿法纳西·尼基福罗夫 安德烈·伊拉里奥诺夫 瓦西里·安德烈耶夫 帕维尔·阿诺莫夫 雅科夫·舒瓦洛夫 士兵 格里戈里·波塔波夫 菲利普·舒瓦洛夫 伊万·福明 安德烈·别里亚耶夫 叶夫谢伊·菲利波夫 尼古拉·伊拉利奥诺夫 罗季翁·马特维耶夫 费奥多罗夫·米龙诺夫 格里戈里·齐甘诺夫 伊万·马罗辛斯基 彼得·米龙诺夫 士兵 雅科夫·伊万诺夫 彼得·彼得罗夫 伊万·米哈伊洛夫 阿列克谢·格鲁申	2 2 2 4 4 2 2 2 3 3 2 2 2 2 4 2 2 3 4 1 2 4 2	列金斯基份地	希什基份地

续表

十户名称	户主名字	每户纳税人数量	好帽抽签获得的份地	坏帽抽签获得的份地
No 1.	尼古拉·季托夫	2	列金斯基份地	希什基份地
	季莫费·菲利波夫	2		
	涅斯捷尔·泽姆斯科夫	2		
	安德烈扬·伊翁诺夫	2		
	马克西姆·瓦西里耶夫	4		
No 6.	季莫费·别里亚耶夫	4	执事份地	普赞份地
	士兵 加夫里洛·叶菲莫夫	2		
	阿尔捷米·伊万诺夫	1		
	尼基塔·维诺库罗夫	1		
	弗拉斯·瓦西里耶夫	1		
	谢苗·多克托罗夫	3		
	彼得·里博夫	3		
	安德烈·特罗菲莫夫	3		
	叶戈尔·瑙莫夫	2		
	马特维·舒瓦洛夫	2		
	雅科夫·格鲁沙诺夫	2		
	谢苗·费奥多罗夫	2		
	格里戈里·库连科夫	2		
	彼得·加夫里洛夫	2		
	瓦西里·季托夫	2		
	亚历山大·索科洛夫	2		
	瓦尔福洛苗·伊万诺夫	2		
	亚历山大·叶戈罗夫	4		
	德米特里·斯捷潘诺夫	2		
	米哈伊洛·普罗霍洛夫	2		
	弗罗尔·安德烈耶夫	2		
	伊万·科兹洛夫	4		
	亚历山大·伊万诺夫	2		
	伊利亚·伊万诺夫	2		
	伊万·卡里金	3		
	米哈伊洛·格鲁舍夫	2		
	伊格纳季·马斯利尼齐	1		
	谢苗·列翁蒂耶夫	3		
	菲利普·格鲁什涅夫	3		
	伊万·格鲁什涅夫	2		
	谢尔盖·马克西莫夫	1		
	叶戈尔·瓦西里耶夫	1		
	弗罗尔·雅科夫列夫	1		

续表

十户名称	户主名字	每户纳税人数量	好帽 抽签获得的份地	坏帽 抽签获得的份地
No.5.	加夫里洛·斯捷潘诺夫	2	斯塔里奇份地	霍赫雷份地
	雅科夫·尼基京	2		
	安德烈·西多罗夫	2		
	叶戈尔·雅科夫列夫和奥西普·安德烈扬诺维	5 3		
	格拉西姆·叶戈罗夫·科鲁舍夫	2		
	安东·叶戈罗夫	2		
	斯捷潘·彼得罗夫·格鲁申	2		
	小德米特里·维利钦	2		
	阿列克谢·梅利尼科夫	2		
	尼基福尔·维利钦	2		
	大德米特里·维利钦	2		
	格拉西姆·彼得罗夫·科鲁舍夫	2		
	费奥多罗夫·瓦西里耶夫	2		
	伊万·叶戈罗夫	5		
	列昂季·伊格纳蒂耶夫	2		
	士兵　彼得·马姆贾科夫	1		
	斯捷潘·彼得罗夫·维诺库尔	2		
	士兵　瓦西里·斯村社诺夫	1		
	瓦西里·维诺库尔	2		
	尼古拉·切奇涅夫	2		
	士兵　瓦西里·多克托罗夫	1		
	士兵　基里尔·格鲁什涅夫	1		
	马拉拉金	2		
	费奥多罗夫·切奇涅夫	2		
	德米特里·丹尼洛夫	1		
	彼得·扎哈罗夫	2		
	瓦西里·叶夫杰耶夫	2		
	安德烈·库里欣	2		
	季莫费·巴卡耶夫	2		
	福马·叶戈罗夫	2		
	费奥多罗夫·巴卡耶夫	4		
	尼古拉·安东诺夫	2		
	费奥多罗夫·梅尔库洛夫	2		

续表

十户名称	户主名字	每户纳税人数量	好帽抽签获得的份地	坏帽抽签获得的份地
No 9.	彼得·多姆宁	3	最高份地	圈地第二份地
	加夫里洛夫·齐甘诺夫	4		
	尼基塔·维诺库罗夫	1		
	叶戈尔·维诺库罗夫	2		
	伊万·维诺库罗夫	2		
	伊万·安德烈扬诺夫	2		
	德米特里·莫罗佐夫	2		
	库兹马·斯捷潘诺夫	2		
	鲍里斯·叶尔莫拉耶夫	2		
	弗罗尔·依林	2		
	叶戈尔·克雷辛	2		
	安东·安东诺夫	2		
	尼基塔·普罗霍洛夫	2		
	瓦西里·茹尔科夫	2		
	伊拉里翁·坎达耶夫	2		
	谢尔盖·阿布拉莫夫	2		
	安德烈扬·斯库奇林	2		
	米哈伊尔·伊万诺夫	4		
	安德烈·扎尔宁	2		
	米哈伊尔·齐鲁林	2		
	叶戈尔·戈尔巴乔夫	4		
	安德烈·彼得罗夫	5		
	尼基福尔·阿尔捷米耶夫	3		
	安德烈·杰尼索夫	2		
	米哈伊尔·安德烈耶夫	2		
	叶菲姆·弗罗洛夫	2		
	马克西姆·丹尼洛夫	2		
	安德烈·尼古拉耶夫	2		
	叶戈尔·伊万诺夫	4		

辛比尔斯克省　533

续表

十户名称	户主名字	每户纳税人数量	好帽抽签获得的份地	坏帽抽签获得的份地
No 10.	斯捷潘·米哈伊洛夫	2	最低份地	卡斯秋宁份地
	彼得·瓦西里耶夫	2		
	德米特里·米哈伊洛夫	2		
	叶夫多基姆·米哈伊洛夫	2		
	谢苗·马卡罗夫	2		
	梅尔库尔·伊拉里奥诺夫	2		
	鲍里斯·德米特里耶夫	2		
	瓦西里·菲利波夫	4		
	伊万·肖洛霍夫	2		
	罗曼·肖洛霍夫	2		
	伊拉里翁·丹尼洛夫	2		
	米哈伊尔·季托夫	2		
	安德烈·费奥多罗夫	2		
	尼基塔·谢梅诺夫	2		
	马克西姆·德米特里耶夫	2		
	斯捷潘·斯多布涅夫	2		
	斯捷潘·切尔卡索夫	3		
	伊万·伊拉里奥诺夫	5		
	阿列克谢·巴加特金	2		
	谢尔盖·瓦西里耶夫	2		
	彼得·奥西波夫	4		
	格里戈里·索菲因	2		
	马格达里·费奥多罗夫	4		
	叶夫列姆·费奥多罗夫	2		
	彼得·拉扎列夫	2		
	帕维尔·尼古拉耶夫	2		
	福利普·加加林	2		
	安德烈·谢苗诺夫	2		
	阿列克谢·伊万诺夫	2		
	瓦西里·斯捷潘诺夫	3		
	伊万·格里戈里耶夫	1		

续表

十户名称	户主名字	每户纳税人数量	好帽抽签获得的份地	坏帽抽签获得的份地
No 8.	彼得·斯捷潘诺夫	2	最高份地	楔形地份地
	法杰伊·叶梅利亚诺夫	2		
	库兹马·彼得罗夫	3		
	格里戈里·波塔宁	2		
	士兵 莫伊谢耶夫	1		
	伊万·瓦西里耶夫	4		
	费奥多罗夫·伊万诺夫	4		
	彼得·瓦西里耶夫	3		
	斯捷潘·叶戈罗夫	2		
	雅科夫·伊翁诺夫	3		
	伊万·叶菲莫夫	4		
	尼基塔·叶利谢耶夫	2		
	尼基塔·库尔扎诺夫	2		
	亚历山大·雷托夫	2		
	彼得·斯捷潘诺夫	2		
	叶戈尔·加尔金	2		
	伊万·斯捷申	2		
	弗罗尔·奥西波夫	2		
	伊万·费奥多罗夫	2		
	维克托尔·奥西波夫	2		
	谢尔盖·伊万诺夫	2		
	士兵 马克西姆·奥列菲耶夫	2		
	尼卡诺尔·瓦西里耶夫	2		
	马特维·伊万诺夫	4		
	伊万·戈尔诺斯塔耶夫	3		
	菲利普·布利欣和士兵	5		
	安德烈·马卡罗夫	3		
	扎哈尔·伊万诺夫	2		
	瓦西里·叶夫杰耶夫	2	顺着运货地的绳索	
	伊万·彼得罗夫	2		
	扎哈尔·叶尔莫拉耶夫	4		
	伊万·杜博夫	2		
	尼基塔·切加索夫	2		

B. 克拉索夫斯基

特维尔省

布拉兹诺夫村社[1]

村社构成

布拉兹诺夫村社位于特维尔省奥斯塔什科夫县萨姆什乡，由 5 个村庄 174 个成员组成（根据第 10 次人口普查），共有 890 俄亩土地（每人平均 5 俄亩土地，除此之外，还有免费给予一个村庄的 20 俄亩土地）。所有的私有农民原来都是农奴。在制定法定文书时，布拉兹诺夫村社曾与临近的德米霍夫村社联合在一起，但 2—3 年前已与其脱离。

每个村庄的份地都是分开管理的，一些年份的放牧地除外，因为有时一个村庄放牧的休耕地在另一个村庄的休耕地旁边。除此之外，5 个村庄没有任何土地关系或基于土地的税收关系，因此笔者认为，应该把这 5 个村庄看作独立的村社。但由于 5 个村庄的农作情况和土地关系基本相同，于是我一起叙述了这 5 个村社的情况，并从 5 个村社中选取例证进行解释说明。关于各个村社的人口、土地重分、农户分家、宅院地面积的情况，笔者列了一个表格来比较。

普鲁克村社有 66 口人，330 俄亩土地，而其余的村社较少：布拉兹诺夫村社有 48 口人、240 俄亩土地，格罗沃特村社有 27 口人 135 俄亩，萨姆什基那村社只有 14 口人、90 俄亩土地，巴洛夫尼克村社有 14 口人、90 俄亩土地，但有时一个村社的人口迁移到另一个地区的痕迹都不尽可寻。每个村社不以书面决议来解决土地和税收问题；如果村长在村会中不扮演主要角色，那么他只充当收税人角色。

村社土地使用方法

5 个村社都遵守下列规则。每年 1 月初，村社召集大家分配赋税：农户中的谁需要缴多少税。为描述分配税收的情况，我们拿最小的村社来举例。根据巴洛夫尼克村社的名单，1877 年村中纳税人口有 14 人，共收税 152 卢布 88 戈比。1878 年冬天，弟弟库普里扬·西蒙诺夫从瓦西里·弗罗洛夫农户中分家而出。他是士兵，力气小，耕作能力差，为

---

[1] 资料来源：巴雷科夫 О. Л.，波洛夫佐夫 А. В.，索科洛夫斯基 П. А.（编）：《乡村土地公社资料汇编》，圣彼得堡：俄国自由经济学社、俄国地理学社 1880 年。

土地施肥少，牲畜也少，故申请削减其人头税。1878年初村社最初决定，让库普里扬·西蒙诺夫少缴1.5个人头税，而瓦西里·弗罗洛夫农户多缴0.5个人头税；因此，库普里扬·西蒙诺夫缴2个人头税，瓦西里·弗罗洛夫缴纳1.5个人头税。剩下的1个人头税，伊万·叶夫斯塔菲和阿列克谢·西蒙诺夫各承担一半。在作出这样的赋税分配之后，相应的也在秋播地送厩肥期前对春播地进行了重分。

在距离这些村庄15俄里外的热拉—穆斯托夫村，则认为这样分配税赋的方式违反了老规矩也并不公平。事实上，在1月分配税赋时，去年已经耕种了4人份的秋播地，如果明年农户增加到5个人，就需要缴5个人头税，于是缴纳4个人头的秋播地赋税和5个人头的春播地赋税。在热拉—穆斯托夫村，未来一年的赋税分配与土地分配同时在6月送厩肥期前进行。这时农民手中的土地便已耕种了两种作物。

该村社划分土地的一个显著特点是地块的界线是固定的。

历来都会将3块田中的每一块划分成圈地。所谓的土地评定，其核心思想不仅仅在于土壤质量，同时还包括距庄园的远近和份地的形状。可以简单采用农民的几何方法对地块的形状进行测定，并将其划分为均等的条形田。在这里我会举出位于布拉兹诺夫村三块田中的所有条形田的名称。

在第一块田里，从宅院地开始：（1）"红色山丘"地（А），这个名称的产生是由于这块地有些高，早在福尼努星期日前，"红色山丘"地早已干涸；（2）和（3）两个莫科利茨地：近的（Б）和远的（В）；（4）和（5）两个"宽尾形"即梯形地（Г、Д）；（6）"豌豆地"（Е），有时首先要种植豌豆；（7）"索科洛夫灌木丛"（Ж），灌木丛被连根拔起或更准确地说是被烧毁。为什么该地被称为索科洛夫，农民并不记得；（8）和（9）"牧场"（З、И），现在正在耕种；（10）"窄条田"（К）；（11）"宽条田"（Л、М），名称一目了然；（12）"赫梅列夫卡"（Н），名称起源不明；（13）"块田"指小块的、非常窄的条形田；（14）—（18）5个扎卢切尼圈地（П、Р、С、Т、У）。

在第二块田里：（1）和（2）温泉附近的波瓦利什尼圈地，"沸水"；（3）和（4）"两块大圈地"（每块平均6俄亩）；（5）和（6）"边角地"；（7）和（8）"沼泽地"；（9）、（10）、（11）"三块旱地"。

在第三块地里：（1）"宅院地"；（2）和（3）"橡树下的地或后院地"；（4）和（5）两个莫科利茨；（6）和（9）"卡季希基块地"，在卡季谢村附近。

有时圈地边界会堆满石头，还会长满云杉树和桧树，无法从圈地边界通行。一般来说，边界非常狭窄，有时为一个宽垄沟的宽度，但不超过1/3俄尺。所有的圈地都被划分成条形田，以便道路穿过或是留足通道。从布拉兹诺夫村社的第一块田地可以看出，道路上是没有圈地的。在这种情况下，赫梅列夫卡的伊兹沃德那亚条形田应当便于木犁转弯和通行到圈地，因此会将其放宽1—2俄尺，为木犁的转弯提供"标记""参照物"和"附加物"，它必须在所有圈地之后进行耕地和播种。其余条形田的位置对共同耕地、播种或收割没有影响。两块条田之间的界线是一个普通的深沟，其中铺上了一些在土地重分时，从原来的边界处拾来的土块和石头。

圈地数量过多对单个农户的条田宽度造成了影响：一人份的条田通常宽3俄尺，长5

俄丈。面积不大。最重要的是，这种宽度无法横向耕种，农民也认可，尽管非常不方便，但由于十分均等他们便不计较了。进行这种均等分配时，质量和位置完全不同的土地都会被分配。这些都是他们的意见，我将补充说明，从土地测量工艺的角度来看，划出另一块圈地只是为了更加方便分配。如果圈地的 4 个边都不平行，那么划分会很困难，人们便会将此类形状的田地分成 2 个圈地。

有时有两块并排的圈地，它们的土壤质量几乎相同，为便于统一划分圈地，人们本可以顺势将它们连接成一块地，使条形田的宽度加倍。但是，在所研究的任何一个村社里都不会发生这样的变动："圈地的边界是不容侵犯的"。

在邻近村社，例如，杰米霍夫村社的 3 个村庄里，在我看来，圈地边界发生变化是由于受到以下这种情况的影响：在划分这些村庄时，农民原来使用的部分土地被切分了，因此他们不得不改变自己圈地的划分情况。一旦出于需要打破了古老的秩序，那么便会继续不停地改变它。雅克希纳村的一位农民不想再遵守古老的原则。他指责我说，布拉兹诺夫村的人（5 个村庄里的所有人）之所以没破坏自己的圈地，是因为圈地的边界被堆得很满，移动它们需要进行大量的工作。但这一观点并不准确：许多圈地只是被垄沟隔开，类似于两块条形田之间的边界，也仍然没发生过改变。

土地划分的第二个特点是，这里圈地的顺序或次序具有稳定性。在一块地里，所有圈地户主的条形田都是一块接着一块的。当然，与此同时，目前在土地重分时，仍不进行抽签。值得注意的是，不同田地的圈地顺序也不同。例如，在 1 号田里第一块条形田（圈地）是特罗菲姆·彼得罗夫的，第二块是伊万·尼基京的，以此类推，那么这块田地每年都会保留这样的次序，而另一块 2 号田地也始终保留着完全不同的一种顺序，以此类推。我可以解释一下，当村里的农户很少时，每个人都想使用最方便的圈地或伊兹沃德那亚地（第一块或最后一块）。谁是一块田地的管理者，谁就应当将另一块田的管理权让给其他人。大多数的农户里只有 6 户享有这项权利。

我会更详细讲述一下条形田的划分情况。

正如我上面所说，赋税的分配单位是村社人头（纳税人），而根据谚语："谁得到了土地，谁就要纳税。"赋税单位就变成了条形份地的分配单位。在土地关系中纳税人数为多少，就用几个"测量杆"来测量土地。假设说，阿列克谢·西蒙诺夫农户 1877 年算 4 口人，而 1878 年为 4 口半人，那么 1877 年他会用 4 个测量杆来测量土地，而在 1878 年则用 4 个半测量杆。

下面我们来说说重分的细节。如上所述，测量杆的长度是每个独立圈地的宽度除以村社人数所得的。在巴洛夫尼克村社，这一除数为 14；在布拉兹诺瓦村社为 48 等（参见农户清单）。在实际进行这一计算时，发现测量杆太长，因此在圈地被测量的那侧，测量杆的长度不是 14 的倍数。人们把测量杆缩短，如果能够符合要求，那么就能准确计算出商数，并将其应用于单块条田的测量之中。如果测量杆被截去了太多，那么就会将剩余的部分用小棍分成 14 个相等的部分。这根小棍被称为"零头""科维列克"。在用测量杆测量条田时，每次都添加一个"科维列克"。年轻的农户手里拿着测量杆来进行测量，"他的双手和双脚都要更加敏捷"，但在整个村社的监督下，不会总让一个人来担任测量员，这个人是随机指定的。

我把条形田的改变称为重分，但根据《纲要》程序分类来看，这仅仅只是重新调整，因为土地所有者、纳税单位的数量（测量杆的数量）仍然没有改变，仅仅只是每户增加了一个测量杆（或是一些测量杆，又或是测量杆的一部分），还都是从其他农户退回的土地。

虽然几乎每年都会进行这种重新排列，但由于在其他年份不进行抽签重分，田地的这种改变便微不足道，因此个别农户不会改变整块条形田（圈地中的条形田），而只是改变其中的一部分，其余农户则完全不进行改变。这样对于圈地（第一块条形田）和撂荒地（最后一块条形田）是十分有利的。

为了表示更直观，我将拿人数不多的巴洛夫尼克村社举例，并将1877年和1878年这连续两年用图表的方式对比任何一块圈地中所有户主的条形田（见下表）。

1877年	阿列克谢·西蒙诺夫 4人（测量杆）	伊万·叶夫斯塔菲耶夫 1.5人	叶戈尔·阿加福诺夫 2人	瓦西里·弗罗洛夫（哥哥） 3人	库普里扬·西蒙诺夫 1.5人	阿列克谢·拉里奥诺夫 2人
1878—1879年	阿列克谢·西蒙诺夫 4.5人（测量杆）	伊万·叶夫斯塔菲耶夫 2人	叶戈尔·阿加福诺夫 2人	瓦西里·弗罗洛夫（哥哥） 1.5人	瓦西里·弗罗洛夫（弟弟） 2人	阿列克谢·拉里奥诺夫 2人

虽然没有按劳动力对土地进行划分，但仍然存在一个普遍的规则，即18岁的小伙子，无论是已婚还是未婚，都有权或者更确切地说是有义务（因为按人头划分出的土地块数并不能完全被分配出去）得到2个测量杆并缴纳2个人头的赋税。同样，一个60岁的老头也可以放弃土地，不过不征得他的同意是不可以把土地收回的。但这只是一条基本的规则，事实上，一切都是通过村社的协定来实现的。以格罗沃特村的瓦维洛夫一家为例，1877年，他们一家由65岁左右的叔叔列昂·瓦维洛夫和他的侄子们共同组成，包括已经结婚很久的马克西姆·杰缅蒂耶夫，同样也已经结婚了的谢梅纳和今年结婚的德米特里。他们承担6个人的赋税，每个劳动力平均承担2个人的赋税。1878年，德米特里开始要求分家，因为他想要"住在自己家里"，并且觉得"受叔叔的管教会觉得屈辱"。在这种情况下他的妻子几乎不会去劝说分家的。他们争论、叹气，犹豫了一阵便作出妥协，为米特留赫建造了一间木屋，给了他一匹马、一匹3岁左右的小马驹、一头奶牛、一头2岁左右的小母牛、4只绵羊、一些家什（包括爬犁和手推车等），且自1878年开始还留下4个人，还从自家地里分出来两块条形田给了德米特里。当时，马克西姆家有个叫费奥多尔的小伙子，大约17岁，因为他家多增了半测量杆的土地（半个人头），开始缴纳4.5个人头税。1879年，费奥多尔·马克西莫维奇被许婚，1880年初便结了婚，因此家中又多了一

位女工。也就是说在分摊 6 个人头税的情况下，获得了 6 个测量杆的土地。

从这个例子中可以明显看出，此类重新分配应该是每年进行一次，只是偶尔有时在小村社里，在原先的田地周围可以 2—3 年不进行重分（例如 1878 年和 1879 年的巴洛夫尼克村社）。

靠近村庄的大部分圈地都会被施上厩肥。1 俄亩地最多可施 300 车厩肥。通常，根据村社的决议，夏天便会从奥努夫里那运输厩肥，因为送厩肥的车会占用牧场和"农林用地"（见下文）。贫穷的农户无法给闲地的所有条形田都施肥，而富裕的农户会租进一块从林地中开垦出来的耕地（这是聪明的户主最关心的事），从这里收获的秸秆，会以厩肥的形式用于份地之上。有这样一个问题：如果农户施过肥的田地在明年有可能转交给其他农户，他是否会停止施肥？笔者从他们那得到以下答案：若上帝保佑，我就会有好的收成，那里便让其他未能给土地施肥的人使用吧。在帮助邻地人时农民们也看到了乡社管理对于重新分配的益处。某人的牲畜数量减少，并因此完全没有剩下厩肥或是厩肥很少，那么先由更富裕的农户来管理他的田地会对他有很大的帮助，他的经济状况会稍微有所恢复并能够购买牲畜。

如果其中某一户十分贫穷，根本没有牲畜和厩肥，并且很久都没给自己的田地施肥了，那么就会从又小又偏远的地方给他划拨出一整块田。

有时会将荒地、没施过肥的土地和偏远的土地出租给某一农户，租期为一年，同时会根据相邻的土地所有者出具的价格来收取租金。租户会清理土地，伐去灌木丛，并在期满后将土地归还，但荒地是不会进行分配的，为了休养生息还会闲置出"荒地"。然后会有人接收它。

草场

笔者无法确定割草场的数量，但根据法定文书中规定的每俄亩用来割草的面积和放牧面积的比例，每俄亩土地的五分之一用来割草，而其余的五分之四用来放牧。

条形田对面的低地一般由临时的土地所有者来割草。其余的按法定程序划分为几块圈地，每年在正式割草前进行划分。有些圈地用来割草，有些用来放牧，不通过抽签来划分这些土地。一般将很小的份地划分给 1—3 个农户。

将割过草的土地作为空地搁置一年，一年后再对其进行分配。农民们之间的份地用镰刀刨出的犁沟隔开。

如果迫不得已要在被分配到别的区域的条田上同时进行开垦、播种和其他农作，那么在把收割后的庄稼地用作农活用地时同时进行割草也有着其他方面的考虑。因为每个人都想去狭窄边缘的浅滩除草，除草之后可能会捞得好处，另外，也会扩展自己的条田。一般用镰柄或直接用脚长来测量条田大小。

牧场

从早春开始，除了马匹和猪，其他牲畜都在休耕地里放牧，在圣尼古拉斯节之前都在休耕地上的割草场里放牧。不过一些干草不会用来喂牲畜。在奥努夫里日后（6 月 20 日），休耕地被施肥了，此时只有一部分的休耕地、较远的荒地以及以前地主向农民收取赎金的地带可用于放牧。这些地段一般出租一年或多年，没有给它们好好施肥，只是被草草地割过草，甚至其中还有沼泽地。农民为防备他人一般把这种地段围上木栅栏。戈拉沃加村为这些放牧的地段支付了 81 卢布，就像分配土地一样分摊这些费用，每人缴纳 3 卢布（共 27 人）。农民参与牧场租赁并参与农耕、除草，牧场租赁事务一般由村社决定。

如上文所述，毗邻两个的村庄有相连的休耕地，栅栏没有将土地划分开来，而是在这块地上一起放牧，但是由两个人放牧。

如果我们在了解了西欧的地役权，即相对于过去的地主而言，农民的土地所享有的地役权，了解地主在农民的土地上放牧或放羊的规定，那么在这 5 个村社就会有某些相反的事情发生了。地主不会用栅栏将分得的土地划分出来，而是共同放牧，因为地主的牲畜数量相对于土地数量而言，比例较小。在经过长期的交涉后，最主要的是，在用 4 块田地置换 3 块田地后，地主终于成功说服承租人（农民）放弃公共放牧，并让农民搭建栅栏。暂时只有两个村子同意了这个建议，而第三个村子始终反对。

无土地农民、单身汉和士兵们不需要缴纳赋税，他们拥有一项特权：除去雇用牧人放牛的工资外，要求牧场支付给他们 1 卢布的工资。

当畜群被驱赶到很远的地带（城里人在庄园附近有面积不大的用篱笆圈起来的地方）放牧时，才开始放牧小牛犊、患病或怀胎的奶牛。在圣尼古拉斯节前，在自己家里放马或是用绳子拴在春播和秋播的割草场上，然后，在空地上或者类似这样的地方放马。

如上文所述，每个农户饲养的牲畜数量是没有限制的，甚至牲畜数量多了，就能保证土壤的肥力，村社会很高兴。"别的都不重要，而我能得到最肥沃的土地比什么都强！"一般不太富裕的人都会这样想，而那些富人本身就拥有很多肥沃的土地，也不会再去争取了。

雇用牧人需要给他一个夏天的薪金，或者是派给他一个帮手。薪水非常低，因为工作很轻松。用栅栏把土地隔开，早上把牲畜赶到牧场上，快到正午时，饮牲口喝水，晚上再把它们赶回去。牧人总是回家吃午饭，换句话说，他有时间在家里工作一会儿，或者睡一会儿。户主按照牲畜的数量分摊薪金，4 只绵羊或者 2 头牛犊所需支付的费用相当于一头奶牛。分配的单位被称作一堆，而一只绵羊被称为一条腿。牧人的薪金是 8 卢布 40 戈比，每堆 14 戈比。在普鲁多克有 90 堆，牧人和他的助手能得到 22 卢布，每堆 25 戈比，这里的薪金要比第一个村子高，因为放牧工作量更繁重。就像前文说的，没有用栅栏将地主的地分开，也不允许放牧。除了放牧所赚到的薪水，牧人还能得到一笔费用，即从所有农户那里按照顺序得到这笔费用。例如，在布拉兹诺瓦约放牧 160 天，提前三天领取费用，同样的情况下，在普鲁多克差不多是提前两天能领取费用。而从邻家的租户或地主那里借用公牛，也是需要付费的。

如果告诉地主每块地的价格或是固定的工作量，那么就会按户或按人头安排工作，例如，从村里花费 70 卢布并派出 12 名割草者和 12 名割麦者。为了方便，一般不按人口算，而按户算，比如，冬天搬粮食等。与此同时，在进行某项工作时，更希望总工作量能被农户数量整除。例如，在雅吉什诺村有 9 个农户，他们争论了许久，不同意提供 40 辆运货马车，了解情况后，我提出建议，可以提供 36 辆运货马车（$9 \times 4 = 36$），事情一下子就谈妥了。

在俄罗斯南部则没有地方放牧。

没有归私人所有的林地，只有长着一些灌木（云杉和赤杨）的荒地。

宅院地

按照法定文书的规定，每个村社拥有以下数量的宅院地：普鲁多克村社 9 俄亩 1767 平方俄丈；布拉兹诺瓦村社 4 俄亩 276 平方俄丈；果洛瓦特卡村社 3 俄亩 1467 平方俄丈；萨蒙尼那村社 2 俄亩 1332 平方俄丈；婆洛温尼卡村社 1 俄亩 1380 平方俄丈。不对宅院地中的宅院地和菜地进行重分，但也有极少数的例外情况，具体如下：在很大程度上少分给某个户主耕地，有的时候临时划给他一些菜地。相反情况下，如果某个农户分得的宅院地和菜地面积相对较小，且缴纳的赋税额较少，那么应户主的要求，应从就近的圈地中多划给他一部分菜地。

发生火灾后，为遵守建筑规章，按照上级要求，在宅院地圈地处划出一部分菜地。除上文中提到的例外情况外，不会重分菜地且会将菜地固定在原来的地方。

在相邻的马克西莫夫村社（也是乡）里，卷心菜园位于低洼处，沿岸有小溪流过，距宅院地较远，是单独的一块地，像牧场一样被划分出来，划分年限与牧场也相同。

除耕地、割草场和带有菜园的宅院地外，村社中没有其他类型的农用地。

村社经济事务制度

牧场上的每块地都是被隔开的，这减轻了牧人的负担。用一个又一个篱笆把三块地分隔开来，一个村子的土地与邻近的土地没有分开，因为牧场是共有的。

户主们按照分摊的方式维修和保养栅栏，每块地有六个栅栏。如果因为栅栏没有修好导致牲畜闯入种满庄稼的地里，则需进行赔偿。例如，刚好有农户的牲畜闯入隔壁地主家的土地里，即使是由于地主土地的栅栏损坏了，但这种情况下，农民也要为造成的损失缴纳一半的罚款。即使牧人承认自己有错，也不会向牧人索要罚款，通常农民在夏天用 8—15 卢布雇用牧人。事实上，农民对此没有抱怨，而认为这是很公平的。因为猪养得少，就不把它们放到牧场上，而只把它们从农户的猪圈中放出来，如果猪跑出来弄坏栅栏，糟蹋菜园，那么也要处以罚款。

由于在奥斯塔什科夫县不存在实物道路贡赋，所以农民们必须为自己的村社修路和架桥。铺设弯曲的道路和桥梁的工作量大小，以及开展工作的次序，则通过抽签决定。

每个村子、每个村社都有自己的备用粮店，但是粮店看守员一般都是选择住在粮店附近的穷人和老人，每年给他们几卢布，比如布拉兹诺瓦村为看守员支付 4 卢布的工资。商店管理是轮流进行的，选出商店管理员后，任期 3 年，没有工资。

村会

除了上文所述之外，还有一些村会的规定和习俗。一般来说，在分配赋税时，任职于村社管理委员会的户主在场，通常是在乡管理委员会，因为该委员会正设在 5 个村子中间。主要负责乡里文件的乡文书也在场，他帮助村文书整理记录中字迹潦草的部分。例如，1877 年，有人漏缴 5 俄亩地的税款，金额为 1 卢布 11 戈比，而且当有人欠缴税款时，每个户主的账都有出入。

因为这些事务不涉及无土地的农户,所以他们不用缴纳任何赋税,那么显然,他们也不在村会里担任任何职务,也没有人会去询问他们的意见,他们只能参与养殖场相关事务的讨论。由于户主经常缺席村会,有时一年缺席一次,有时一年缺席两次,他们忙着赚钱,忙着工作:耕地、播种及其他工作。所以有时妻子代替他们去参加村会,而"女人的话比男人多"。由于某种原因,寡妇、部分或整个份地的持有者(未成年人),或是刚刚成年的儿子与男户主的权利相同。当出现问题而无法达成一致意见时,问题是这样解决的:赞成的一方向右站,反对的一方向左站,之后简单地计算一下人数,哪一方占多数,一目了然。

村社经营情况、赋税与徭役

临近的圈地采用三区轮作制,远处的撂荒地很少种植。对外出租的都是伐开地。从来没有特别的改良方式。本地生产主要的肥力是粪肥,具体如下:扩大牲畜养殖数量,为此地主应对自家的割草场或者土地进行为期一年的清理。但必不可少又不受限制的工作,是耕地和播种、割干草。这些做法并没有促进畜牧业的发展,但是不这么做,就无法优化畜牧业以及实施下一步。只有发展亚麻种植业,才能帮助这个贫穷的边疆区农民提高经济水平。尽管欠缴税款很少,不必实行连环保制度,而村社(更准确地说是根据村社负责人的命令)变卖那些迁出本村社的人以及那些不种地的人的财产,以缓解本村社贫困地区的压力。

雇主工作不认真主要体现在以下几个方面:首先是漏缴税款额并没有减少,其次是肥料质量不佳;如果分配给他较远的地,即使租金便宜,他也会把地还给村社;不自己耕地,从城里邮寄税款。

我在乡管理委员会中见到过实例,即这些缺席的村社农民制定村社的规定。在规定中,如果在个人需要缴纳21卢布84戈比赋税的基础上,每年支付14卢布(2个人)的税款,村社必须将相关文件寄给他,其中包括寄钱的票据和证明。村社使用这个人的份地来抵消欠缴的7卢布84戈比(今年是这些钱数,数目可能会改变)。这个规定施行6年。

另一个例子是评估土地,布拉兹诺瓦村社的农民叶菲姆·马尔滕诺夫列入第十次人口调查中,他需要缴纳部分赋税,大约是14卢布84戈比,剩下没交够的7卢布用自家的耕地相抵。并且,农民每年花费3卢布用于伐开地,工作量很大,但是他们并不这么认为。与施过中等肥料的土地相比,不用肥料收成更好。除此之外,开垦土地时产生的燃料可供一家人取暖一年。

如此一来,这里和俄罗斯北部大部分地区一样,村社必须要求社员耕地、缴纳人头税,与价格高昂的黑土地相反,黑土地的赋税高出很多,也必须缴纳人头税。

如果在这些不利条件下,漏缴税额量较少,相对来说,在实行连环保制度的情况下,是不会去催缴尾款的,那么我把这个问题归咎于分配土地时的认真程度,相应地还有农户的现金支付能力与劳动能力,农户的主要工资来源是养蜂,农民每年大约能赚70卢布。其中的35卢布用于缴纳赋税(2人的)以及其他款项,剩下的35卢布用于农户的必要开支。2人的赋税包括:

5俄亩人均份地的赎买金（每人7卢布20戈比），2人	14卢布40戈比
个人税，2人	3卢布86戈比
10俄亩地的国家土地税（每人11戈比），2人	22戈比
5俄亩地的地方自治税、县税、省税（1卢布7戈比），10俄亩	2卢布14戈比
5俄亩地的公社税—54戈比（原来是59戈比），10俄亩	1卢布6戈比
支付给乡文书的费用—8戈比（1876年为4戈比），2人	16戈比
共计	21卢布84戈比
牧场税每人3卢布，3人	9卢布
每俄亩地伐开地的税	9卢布
每块牧场的税为22戈比，3块	66戈比
共计	33卢布84戈比

我们注意到，份地旁边剩下的土地，在某种程度上和林地一起出售，每俄亩不到9卢布，当赎回这块地时则需要25卢布（不包括林地）。

除了养蜂，他们的收入来源是冬季上山砍柴和向河边流放木材，从树林里运送的木材可以用来搭建小屋。但这个工作赚钱不是很多。春天流放木材至伏尔加河后，将木材排放到一起流放至特维尔，但是对于村社来说，利润不太大，因为工作不是很多。

个别户主账目中有一些记录，里面缺少关于漏税的解释，税款数目巨大，从中可以看出，那时候，通常等农民挣钱回来后，从工资中扣除赋税。

2月25日——2卢布
6月12日——15卢布（归还）
10月4日——2卢布
11月12日——9卢布（归还）
11月27日——1卢布33戈比
12月18日——3卢布16戈比
共计：32卢布49戈比

村社成员们在很多方面间接地相互帮助，但直接性帮助很少。有时会帮助孤身一人在家的妇女或是寡妇收割庄稼。当然了，人家来帮忙，必须要管饭。与此同时，附近很多农户家的妇女都会来帮忙切菜、做饭。发生火灾后，人们也会帮助受灾者运输原木等。

但是这些帮助都是带有利己主义性质的，大概除了收割庄稼，很少有人会帮助非常贫穷的人。

正如遭火灾的阿尼西姆·伊萨克夫抱怨，当自己有困难的时候，他能白白地帮人做三次饭，但是没有人去帮助他运原木。因为我是穷人，我家的饭菜也不怎么样，根本拿不出伏特加来款待别人。

分配土地及分配赋税是没有任何优惠的。这对纳税人很不利，或是农户劳动力变少，土地少了，赋税自然就少了。总的来说，如果我在研究时忽略了村社社员的某种关系，要是始终都能信守这个公共准则"谁缴了税，地就归谁（免费的宅院地除外）"，那么读者永远都不会理解错。

如果农民售卖干草或减少牲畜数量以缴纳赋税，那么同村社人就会可怜他而怪罪自己，因为粪肥少了，这种变卖的结果会影响附近的一些人，但也就只能可怜可怜他，不能不让他这样做，也不能帮他。

只有在农户不能按期缴税的情况下，村社才会干预其家庭事务。如果户主因喝酒而耽误了缴税，村社会对家庭成员申诉；如果户主如期缴税，那么就算是进行申诉调查，"他们闹不出什么名堂"。

在遗产事务中存在共同的规律：如果他们住在同一个村里，儿子、女儿或是寡妇继承农户里的所有财产和宅院地。如果不在同一个村里，可以搬走木框或是剩下的东西，但是按照规定，菜园和庄园归村社。

问及某些农民土地村社所有与土地分段所有相比而言有何优势时，他们的回答并不明确，但几乎是一致的。如果不是用规范的语言，而是用简单的话问他们，他们的回答如下：

（1）虽然有时工作繁重，不过这种情况不太多，但是，他们的工作可以使土地得以平均分配。

（2）大家的份地几乎达到了种类平均。

（3）根据沙皇的命令，允许将土地按户划分，在这种情况下，有许多人委曲求全以满足别人的利益，因为公平分配是不可能的，过了 20—25 年这些份地还是这样，现在面积不大的村子也是这样分配条形田的。这种模式很久以前就形成了。

（4）每个农户拥有不参与重分的条形田。根据 10 次人口调查得出的人数，以及针对村社与每个独立公社研究而得出的意见汇总，他们认为，不能因为某种原因而让我们的生活变得"杂乱无章"。"还有，尽管过去国有农民做的事情很多，但他们只需要支付很少的赎金，而我们不能"，农民这样说道。他们指出了农户的份地与现有农户劳动力之间的错误关系，与国有农民的关系相比甚至是更严重，而且存在不缴税的情况，在实行连环保制度前也存在这种情况。为了能够了解得更加清楚，应当记住，每俄亩地要交 3 卢布的税，独立的农民交 1 卢布，如果要开垦土地（伐去树木以备耕种之地）的话就交 3 卢布。

（5）如果完全没有区分度的话，就不会更好。现在，例如，寡妇玛利亚·马特维耶娃连续 6 年一点税也没有交，而与儿子住在一起，菜园和养奶牛挣 1 卢布，瓦西里长大（17 岁）后，就需要缴纳赋税，在未来的 2 年里，他需要从事农业生产，否则倘若妇人很早就把家当卖掉了，她拿什么来交税？

（6）农民说，"划分"是一种悲剧，如果说农户在进行农业种植，那么村社什么都没有做，妇人常常会犯错，户主总是害怕儿子或者侄子结婚后就变成了甩手掌柜，孩子们什么都不愿意做，只希望能娶到一个贤惠善良的媳妇。

通过户主名单能直观看出分配的情况：

5 个村社的农户主名单

户主姓名	圈地顺序	宅院地按序	标记	纳税人数 1877	1878	1879
布拉兹诺夫村社						
瓦西里·达维多夫	—	1	得到了不用施肥的特殊土地	2	2	2
伊万·尼基金	2	2		1?	2	2
帕尔芬·伊万诺夫	7	3		5	5?	5
帕维尔·伊万诺夫士兵	6	4		?	—	—
基里拉·伊林	12	5	1878 年—1879 年	—	—	—
他的儿子尼基塔·基里洛夫	—	—	1879 年	3	2	2
谢苗·基里洛夫 1878 年搬到 11 号边疆区	13	5	在该庭院里另一个农舍按照 1878 年的分配	2	—	—
尼基塔·瓦西里耶维奇	17	6	1878 年去世	2	—	—
1879 年他的遗孀费多西娅·安德烈耶娃	—	—		—	2	2
瓦西里·阿列克谢耶夫	10	6	1878 年分配	6	6?	2
康斯坦丁·阿列克谢耶夫	11	7	一户有 2 个农舍	—	—	—
特罗菲姆·彼得	1	8		3	3	3
1977 年，1978 年马丁·帕特里克耶夫	15	9	交给了士兵	2	2	—
1979 年尼古拉·帕特里克耶夫	—	—		—	—	—
库兹马·帕特里克耶夫	3	10		2?	—	3
3 个没有土地的单身汉	—	13	没有赋税	—	—	—
尼古拉·阿列克谢耶夫士兵	16	15		2?	2?	2?
来自 5 号的谢苗·基里洛夫	—	11		—	2	2

续表

户主姓名	圈地顺序	宅院地按序	标记	纳税人数 1877	1878	1879
儿子瓦西里·叶戈罗夫	18	16	没有份地	—	—	1
寡妇玛利亚·马特维耶瓦	—	—		—	—	—
阿尼西姆·伊萨科夫	20	17		2	2	2
季莫费·斯皮里多诺夫	14	8		$1\frac{1}{2}$	$1\frac{1}{2}$	$1\frac{1}{2}$
格拉西姆·费杜洛夫	4	19	1876年 No20	2	2	2
格里高利·费杜洛夫	5	20		—	1?	2
1873年寡妇多姆娜·伊莉娜	—	21		1?	—	—
西多尔·菲利波夫	9	—	脱离No20	2	2?	2
尼吉福尔·菲利波夫	8	22		2?	2?	2
德米特里·帕特里克耶夫	19	23		2	2	2
叶菲姆·马丁诺夫	—	—	没有房子；用7卢布收回土地	2	2	2
总计				48	48	48

户主姓名	宅院地按序	标记	纳税人数 1877	1878	1879
普鲁克村社					
安德烈·菲利波夫	1	按照1878年的分配搬到边疆区No24	6	6	6
谢苗·达维多夫从5号分配	2	1878年分配	—	—	—
瓦西里·西林	3		$1\frac{1}{2}$	$1\frac{1}{2}$	$1\frac{1}{2}$
叶戈尔·西林	4		2	2	2
达维德·阿布拉莫夫	5	No2	—	—	—

续表

户主姓名	宅院地按序	标记	纳税人数 1877	纳税人数 1878	纳税人数 1879
谢尔盖·叶夫谢耶夫	6	从№7父亲家分家,但从1879年末都生活在家族里,从1880年起共用土地	—	—	—
叶夫谢伊·杰缅季耶夫	7	№6	5	5	5
法杰伊·雅科夫列夫	8		1	1?	?
雅科夫·德米特里耶夫	9		2	2	2
基里尔·费奥多罗夫 18岁	10	从1880年1月12日起根据分配结果获得份地,2人份	—	—	—
阿列克谢·尼基京	11		2	2	2
伊利亚·伊万诺夫	12		2	2	2
叶夫多基姆·伊林	13	1878年起不再拥有条形田,缴纳部分赋税	2	—	—
季莫费·奥西莫夫	14		3	3	3
阿列克谢·谢苗诺夫	15		2	2	2
安德烈·拉比奥珀	16		1?	2	2
尼古拉·费奥多罗夫	17		2	—	2
伊万·阿列克谢耶夫家失火烧掉住处和财产,分配之前都与弟弟住在一个院里		发生火灾之后从№26搬到№18	3	3	3
安德烈·叶戈罗夫	18		2	2	2
倪琳·尼科诺罗夫	19		2	2	2
伊万·哈里托诺夫	20		2	2	2
谢尔盖·萨姆索诺夫	21		2	2	2
谢尔盖·塔普特基普	22				
斯捷潘·菲利波夫	24	1号	—	—	2
谢尔盖·伊万诺夫	23		1?	2	2
马捷伊·特罗费莫夫	25		4	4	4
阿列克谢·阿纳尼耶夫	26	18号1877年火灾后承担少量税款	2?	3	2
弗罗尔·叶夫特罗波夫	27		—	—	—

续表

户主姓名	宅院地按序	标记	纳税人数 1877	纳税人数 1878	纳税人数 1879
叶列阿扎尔·科诺诺夫	28	1877年，划分为28、29两块宅院地	—	2	2
季·科诺诺夫	29	28号	4	2	2
马克西姆·尼古拉耶夫	30		$2\frac{1}{2}$	3	2
库兹马·尼古拉耶夫	31		3	$3\frac{1}{2}$	2
光棍的士兵	32		—	—	—
两个光棍	33		—	—	—
	34		—	—	—
士兵 谢苗·伊万诺夫	35		—	—	—
总计			67	67	67

巴洛夫尼克村社

户主姓名	宅院地按序	标记	1877	1878	1879
阿列克谢·西蒙诺夫	1		4	$4\frac{1}{2}$	$4\frac{1}{2}$
伊万·叶夫斯塔菲耶夫	2		$1\frac{1}{2}$	2	2
叶戈尔·阿加福诺夫	3		2	2	2
大瓦西里·弗罗洛夫	4	见No7	3	$1\frac{1}{2}$	$1\frac{1}{2}$
小瓦西里·弗罗洛夫	7	1877年从No4宅院地地中分出	—	2	2
库普里扬·西蒙诺夫士兵	6		$1\frac{1}{2}$	—	—
亚历山大·拉里奥诺夫	5		2	2	2
总计			14	14	14

格罗沃特村社

户主姓名	宅院地按序	标记	1877	1878	1879
伊万·阿尔捷米耶夫	1		3	3	3
库兹马·德米特里耶夫	2		2	2	2
瓦西里·伊凡诺夫	3		2	3	$3\frac{1}{2}$
谢尔盖·格里高利耶夫	4		2	2	2
格里高利·格里高利耶夫	5		$1\frac{1}{2}$	$1\frac{1}{2}$	$1\frac{1}{2}$
米哈伊尔·帕尔菲科夫	6		3	3	3
瓦西里·伊格纳季耶夫	7		$1\frac{1}{2}$	$1\frac{1}{2}$	$1\frac{1}{2}$
格拉西姆·米哈伊洛夫	8		2	2	2
列昂·瓦维洛夫	9	见No12	6	4	$4\frac{1}{2}$

续表

户主姓名	宅院地按序	标记	纳税人数 1877	1878	1879
伊凡·帕霍莫夫	10		2	2	2
阿基姆·萨夫罗诺夫	11		2	1	1
德米特里·杰缅季耶夫	12	1878年从№9宅院地地中分出	—	2	2
总计			27	27	27
萨姆什基那村社					
伊戈尔·菲林波夫	1	每次重分土地仅限于调整三块份地，其余份地仍在原处	2	2	2
马尔季扬·西蒙诺夫	2				
拉戈尔·西蒙诺夫	3				
潘克拉特·皮缅诺夫	4		2	2	2
谢苗·米哈伊洛夫	5		2	2	2
阿布拉姆·伊格纳托夫	6		2	$1\frac{1}{2}$	$1\frac{1}{2}$
叶戈尔·阿菲诺格诺夫	7				
寡妇 塔齐娅娜·伊万诺娃	8		1	$1\frac{1}{2}$	$1\frac{1}{2}$
皮缅·康德拉杰夫	9				
尼基塔·安德烈耶夫	10				
士兵 卡夫林·安季波夫	11		1	1	1
			19	19	19

图拉省

托尔霍沃村社[1]

村社构成

本章研究的托尔霍沃村社位于图拉省图拉县的托尔霍沃乡，距离图拉市 17 俄里。

组成村社的是 10 年前由临时雇用农民转变而成的私有农民。托尔霍沃村社很久之前就已成立，因此这里的老农户也不记得它是如何成立的，村社由托尔霍沃村的村民构成。

托尔霍沃村登记的所有土地都属于托尔霍沃村社，此村社没有另成立的新居民点。托尔霍沃村社的纳税人共有 174 名男性、127 名女性。

村社土地绵延 7—8 俄里，分为 3 个地段：第一个面积为 132 俄亩 480 平方俄丈，第二个面积为 163 俄亩 120 平方俄丈，第三个面积为 149 俄亩 2028 平方俄丈。村社共有 445 俄亩 228 平方俄丈土地。根据农民的计算和描述，实际土地比村社按规划所赎买的土地少了 14 俄亩 400 平方俄丈。人均份地为 2.75 俄亩。

村社用地无法按规划进行分配，因为没有土地用途一览表，但据农民口述，各类农用地面积大约如下：

耕地	172 俄亩
不会被淹没的草甸	202 俄亩
宅院地、菜园地、土豆园、谷仓、大麻田和街道	51 俄亩
牧场及不肥沃的土地	20 俄亩 228 平方俄丈
总计	445 俄亩 228 平方俄丈

---

[1] 资料来源：巴雷科夫 O. Л.，波洛夫佐夫 A. B.，索科洛夫斯基 П. A.（编）：《乡村土地公社资料汇编》，圣彼得堡：俄国自由经济学社、俄国地理学社 1880 年。

村社土地使用方法

宅院地

宅院地中，只有宅院和建筑用地不会被重新分配，而大麻田、土豆园、谷仓和卷心菜园等其他土地都可重新分配。如果出现分家的情况，那么一部分的人住在原来的农舍，另一部分人则去村社划出的新地方安家，但要想在新地方建房子必须征得乡长的允许："他们来查看土地，如果能和邻近的农户之间保持必要的间距，那么就可以建房子。"

新的宅院地通常选在现有的宅院地旁，从牧场用地中划出。宅院地长10俄丈，宽5俄丈，面积为50平方俄丈。但每户的面积都不一样，有多有少。那些很久以前就建了庄园的农户，至今仍占有那片土地，面积未发生变化。现在的宅院划地标准为50平方俄丈。

托尔霍沃村18年前曾发生过火灾，全村都烧毁了，在原来的位置重建庄园，宅院之间留出间距。火灾后保留了其他类型的庄园用地，仍规划在以前的地方。

托尔霍沃村的宅院地位于山上的小路旁，庭院前的小路向河边延伸，山下小溪旁是卷心菜园，卷心菜园前面的土地荒置，因为这片土地不方便使用。如果有新建庭院的需要，只会从这片空地中划出宅院地。庭院后边是大麻地，大麻地后面距庭院54俄丈的地方是谷仓、干燥棚和板棚，板棚几乎每家都有。谷仓后面是道路和土豆园，再往后就是耕地了。

卷心菜园、大麻地和土豆园不是按土质划分，而是分成86块，每块是2人的份地，如果需要分割，则将其对半分成单人份地。

卷心菜园每块（2人份）的长和宽分别是15—17俄丈、2俄丈，每俄丈分成4—5垄。每垄宽0.5俄尺，长不设垄，每垄种40颗卷心菜。

大麻田（2人份）的形状为矩形，宽4俄丈，长54俄丈。在大麻田上可以建板棚、仓库等建筑，但若这块份地需要被收回，其主人要么将建筑拆除，要么向即将得到这些份地的人划拨出等面积的土豆地或大麻地。这种划拨形式必须经过两家户主协商同意。1人份的大麻田面积为108平方俄丈，种植0.5俄升大麻。

土豆园每两块份地的宽3.5俄丈，长10俄丈。土豆园地的一边紧靠道路，所以想去哪一份块都很方便。最边上靠道路的份地比其他的宽1俄丈，即宽4.5俄丈，长10俄丈。2人份的土豆园为面积达350平方俄丈的矩形，边上的土豆园面积为450平方俄丈，种植4—5俄斗的土豆。

谷仓地位于大麻田尽头，2人份的谷仓地宽3.5俄丈、长13俄丈，所有谷仓都已建成。如果某人的份地被收回，他也会相应失去谷仓的使用权，"没有了谷仓，他的粮食只能凑合着和别人的粮食放在一起"，但若最终获得这块份地的同意，可用相同面积的土豆园、大麻地或卷心菜园来抵换。

宅院地同耕地一起进行重分。最近的一次抓阄式重分于4年前进行，当时每个农户的大麻地和卷心菜园地都划分在其宅院旁边，但现在由于每年的土地调整，并非所有农户的宅院地都在其宅院旁边。一些农户的宅院地散落在各处，这是因为村社从某些农户手中收回庄园份地，将其重新分配给他人。

耕地

所有耕地分为3种地：秋播地、春播地和休闲地。每片地划为数量不等的块地，其中一种地划分为5块。通常是根据耕地到庄园的距离来划分，划分出来的地块叫作抽签地。秋播地划分为5块，春播地划分为4块（4块抽签地），休闲地只划出了3块（3块抽签地）。

秋播地我们仔细实地探查了，第一块抽签地紧挨着土豆园，长约半俄里；坐落在其后方的是第二块抽签地，同样长约半俄里；再往后就是第三块抽签地，距离庄园已有1.5俄里。最后两块抽签地距离庄园4.5俄里，位于农民称为平整地上。这片地也同样分为三块，因为该村社实行三区轮作制。离庄园越远，土壤就越不好，因为距离越远，就越难施粪肥，而且粪肥本来就很少，大多施在了方便到达的大麻田处。最远的两个地段由于从未施过肥，所以土质最差。

这些地被称作抽签地，是因为一片地上有几块抽签地，在土地重分时就抽几次签。托尔霍沃乡共有12块抽签地，划分成21.5个阄地，每块阄地分为8个份地，因此托尔霍沃村社共有172块份地。

每片抽签地的形状为矩形，两边都有道路，因此，在划分为阄地时，每块阄地的一边都沿着道路，人们去每块阄地都非常方便。标准的阄地长80俄丈，但有的较短，为75、76、78俄丈，较长的有90、100甚至110俄丈长的。为了保持面积相等，村社会进行测量，长度较短的宽就相对更长，长度长的宽度就较短。但是让21.5块阄地面积完全相等是非常难的，没有真正达到过这一目标，每块阄地的面积都或多或少有些出入。

阄地之间被约1俄尺宽的地界隔开。有的农户能将地界犁起，最终地界渐渐变成了分隔阄地的垄沟。有的农户家的马不是很有力气，他们不想犁地界，所以分隔的地界仍约1俄尺宽。

标准的阄地面积约为四分之一俄亩（1600平方俄丈），宽20俄丈，长80俄丈，但经过测量，实际上几乎所有的阄地都偏离了标准。最靠近农庄的阄地长78俄丈，宽19俄丈，占地1482平方俄丈。这块阄地属于三家，第一家有5块份地，宽11俄丈，面积为913平方俄丈；第二家有2块份地，宽2俄丈，面积为109.5平方俄丈。所有8块份地的面积总和为1412平方俄丈，地界和垄沟占用了69.5平方俄丈。这个地段的另一块阄地长80俄丈、宽20俄丈，面积为1600平方俄丈，平均分给了两家农户，每家各有4块份地，地宽10俄丈，长80俄丈，面积为800平方俄丈。

我们在第二片抽签地里测量了一块阄地，宽19俄丈，长90俄丈，面积为1710平方俄丈。这块土地由3家占用，其中两家各有2块份地，另一家有4块份地，前两家的土地长90俄丈，宽4.75俄丈，面积各为427.5平方俄丈；第三家的土地宽9.5俄丈，长90俄丈，面积为855平方俄丈。

第三块抽签地中我们测量的阄地长90俄丈，宽18俄丈，面积为1653平方俄丈。这块阄地被3家占用，前两家的土地宽4.6俄丈，面积各为415平方俄丈，第三家的土地宽9.4俄丈，面积为830平方俄丈。

在离庄园很远的两块抽签地也各测量了一块阄地。第一块阄地宽19.7俄丈，长80俄丈，面积为 1676 平方俄丈；第二块宽 19.3 俄丈，长 80 俄丈，面积为 1644 平方俄丈。

最后测量的一块抽签地上还有今年的春播作物，宽 17.25 俄丈、长 110 俄丈，面积为 1897 平方俄丈。根据农民的计算，所有 12 个抽签地的阄地每块大概为 24 个奥西米[1]，每奥西米等于三分之一官制俄亩（800 平方俄丈），因此阄地面积为 8 俄亩。由此计算出人均份地面积应当为 1 官制俄亩。但实际上人均份地的面积不等：第一块地宽 12.5 俄丈，第二块宽 10 俄丈，第三块宽 7.5 俄丈，共宽 30 俄丈；长度为 80 俄丈。一块份地的规定面积为 1 官方俄丈，但每块阄地的长度不一，所以并非所有人均份地的面积都是 1 俄亩，有些份地或多或少差了几平方俄丈。但这些偏差可以忽略不计，农民们对托尔霍沃村社尽量给成员们划分等面积份地的做法十分满意。

农奴制改革后，村社一获得份地，就很快对其进行彻底式重分，改革前村社的土地位置分散，改革后到现在抽签地和份地的位置仍未变。换句话说，20 年间托尔霍沃村社未进行过彻底式土地重分。抽签地之间无明显地界，但它们两旁都有道路，所以能够自由通行。

劳动力是土地划分的基准。劳动者从 17 岁开始可得到一块份地，19 岁后可得到两块份地。

在农奴制改革之前，按赋税额划分土地。1 份税额由两个劳动者和两个女人承担：每个劳动者承担四分之一赋税，男子及妻子承担二分之一赋税。1 份税额可划分 2 俄亩土地，半份税额可划分 1 俄亩土地。由于这种划分方式非常不便，最终被废除了。得到份地并不需要娶妻。

劳动者在 60 岁之前必须承担份地，但 60 岁后可以不再种地，农民一般都会这样做。青少年和老人没有任何小份土地，所有土地都进行重分。在托尔霍沃乡的其他几个村社，例如，博尔舍—拜季科夫村社的农民从 12 岁开始就分有固定份地。这是因为该村社大量的成年社员都去了彼得堡当车夫，很多人客死他乡，因而村社女人也种地。由于成年劳动力不足，拥有固定份地的年龄限制就会提前。农民不愿意接受那些含黏土的贫瘠土地，尤其是离村庄比较远的土地，因为这样的土地收成少，农民从土地中获得的收入不够用于缴纳赋税。托尔霍沃村社的农民说，"如果土地能够距离村庄近一些，仅相距 2 俄里，而不是 7 俄里，那么所有人就都有能力缴纳赋税了"。人口无增长的村社都做好拒绝接受土地的准备，并尽可能将参与分配份地的年龄提前；在人口有所增长的村社里，村社尽可能保住份地，并提高获得份地的年龄门槛。

没有固定年限进行彻底式土地重分的规定。该乡希林村社的农民制定了村会决议书，决议书记载，1878 年土地重分的结果将保持 15 年不变。改革后托尔霍沃村社立即进行了彻底式土地重分，至今只发生过一次，且没有再次重分的必要。约 4 年之前，他们进行过阄地重分。那时他们想摆脱连环保，且不再实行村社土地占有制，转而实行农户土地占有制，但最后没有付诸行动，因为份地太长，有 7 俄里，不可能平分土地面积。一面的土地更接近庄园，另一面的土地贫瘠、路途远，拥有贫瘠土地的农户则没有能力缴纳每块份地

---

[1] 奥西米（осминник）：土地赋税单位。——译者注

的赋税。托尔霍沃村社进行过多次抓阄式土地重分，但没有固定的间隔年限。每年重分的时间不同，这是由于每个人土地的施肥程度不同。那些给自己份地施肥的人会尽力争取不换土地；只有基于村会的正式决定，他们才考虑将这块土地让给别人。托尔霍沃村社进行土地重分的程序与赫鲁晓夫村社完全不同，赫鲁晓夫村社每年都会进行抓阄式重分。这是因为赫鲁晓夫村社施肥非常方便，每家都有牲畜，粪肥充足，施肥也很方便。赫鲁晓夫村社每年的抓阄式重分进行得几乎都很顺利。托尔霍沃村社的土地重分也是一年一次，份地按农户主人数平均分配。村社收回老人和死去劳动者的份地，将其分给刚成年的劳动者。每年按照村社决议进行重分，决议一旦达成，则立即执行。

从劳动者手中收回的地块最宽有17.5俄丈，最窄有2.5俄丈，长至少80俄丈。最宽的地块有1块，最窄的有2块，其他有16块。所有的土地，无论是肥沃还是贫瘠，都需要进行重分。

庄园附近有一片空闲的多石区域。农民挖石头用于个人使用，需要多少就挖多少，不为了售卖而采石。其实不可以挖掘这里的石头，因为这片区域距离庄园很近，岩层一直延伸到庄园下面，如果岩层断裂，会导致庄园倒塌。闲置地上蔓延生长的雄麻每年按农户人数平分。

草场

每年在彼得洛夫日（饯春日）之前对草场进行重分。不按照单独地块的土质重分，村社所有的割草场都要重分，通过目测按区域划分草场。根据草的数量和质量，规定出每个区域每侧阄地的数量。草越浓密的地方分出的阄地越多，草越稀疏的地方划分的阄地越少。割草场的阄地总数同耕地一样，都是21.5份，每块阄地分成8块份地。割草场的重分没有特殊规定，每年视情况而定，将阄地分到同样或不同的区域。按规定，确定在某个区域草场上抓几次阄，就将这块地分为几块阄地，然后测量此区域的宽度，从而确定每块阄地的大小。划分割草场区域后按阄地数量进行抽签。签上标有某种记号：条纹、十字架、双十字架等。将签放在帽子里进行抽签，并事先约定好从哪个方向来收割第一只签的牧场。割草场区域的阄地宽27、28俄丈，长75俄丈，每块阄地使用镰刀单独割草，用长约1俄丈的杆子对割草场地块进行测量。

每块阄地按份地数量进行划分，将阄地划分给8人使用是较为容易的，但较少出现一块阄地被划成8块份地的情况，一般都是2块或3块，因为仅拥有1块份地的农户只有两家。使用同一阄地的成员自行划分土地界线。阄地划分成份地后，每家单独进行割草。一般每块份地能收割2大车干草，收成好的话一年3车，收成差时1车。

农民自己清理割草场和空地上的草，所有割草场都进行重分。

林地、牧场及其他农用地

托尔霍沃村社使用的柳树林和草地在国家禁区附近，距村庄7俄里。这片森林中的桦树林和山杨树林在10年前农民将其赎回后就被全部订购了，未指定订购期限。人们只砍伐森林中用来做篱笆的柳树，捡拾它的枯枝做柴烧。砍下的柳树按每户人数和份地数量分配，所有人一起砍树，将砍下的树堆成堆，或者和麻秆放在一起，麻秆是分配好的，在（8人份）阄地上放4堆或5堆。每堆树或麻秆有2车，每块份地能分到1车或多一点的干树枝。

被订购的桦树和山杨树用作建筑材料。订购交易顺利，虽出现过私伐树木的现象，但很少："我们互相监督，如果有人私伐树木，我们就会骂他一阵，事情也就这么过去了。"订购木材没有什么手续。

牧场位于森林附近，也在山谷的最上面，距村庄约3—4俄里，这里由于多石而成为了牧场，草长得不好。牧场总面积约20俄亩。春天牲畜在这里吃草，一般在圣灵降临节，即5月15日和25日起，草地就会被订出去，人们将牲畜赶到休闲地吃草，直至休闲地开始耕种。6月20日起开始在休闲地上垛干草，那时牲畜再回到牧场，牧场开始割草之前牲畜一直在牧场上吃草。牧场上的草非常不好，牲畜们挨饿。收割干草后，将牲畜赶到草地上，粮食收割完之后，再将它们赶到田间吃残茬。

小牛犊不单独放牧，它们在农舍附近或者村子的路上吃草。放牧数量没有限制，每个人能放几只就放几只。无土地的户主不放牧，在托尔霍沃村社只有一家农户没有牲畜。

托尔霍沃村社没有其他类型的农用地。

土地重分方法

通常情况下，需要请村社收回自己份地的户主向村长提出重新进行抽签分配的请求，村社和村长决定将收回的份地分给谁。4年前进行的抓阄式重分由那些非常贫困的人提起，他们无法给自己的土地施肥。但关键不在于是否施肥，而是这些农民严重破坏了份地。当份地从某人手中收回，分给另一人时，假如得到份地者有3份份地，虽然他只有权拥有12块阄地上的份地，但实际上他的份地可能位于36处，而不是12处三区轮作的抽签地。分散占有极窄的地块非常不便，这样的户主也要求进行抓阄式重分，如此一来他们占用的份地就有可能从36处改为12处。村社里要求进行抓阄式重分的农民十分贫穷，不是因为不好好劳作。他们辛勤劳动，也不喝酒，他们贫穷是因为份地不好所以收成差。想进行抓阄式重分的村社成员去找村长，村长通知农民，召开村会，提出决议。村会由占用土地的户主组成；商议分配土地的村会召开时，所有户主都应到场，如果份地由女人占用，或者家中没有男人，则女人可出席村会。做出重分土地的决议需要征得所有户主的同意，一个村民告诉我们："每个人大喊一声：是的，同意。"最后一个村社成员说："我想没有更多的人了。"有时乡村的土豪也参加集会，但他们对村会决议的影响甚微。

土地不在农民间直接分配，而是先分成21.5块阄地，再将每块阄地分成8块份地。同一阄地的户主通过联合、协商或抽签的方式确定份地的具体位置。

按组（阄地）进行抓阄，抓阄前先说明从哪个方向划分地块。抽到第一个签的组从预先指定的方向按每组8人占用土地。抽到第二个签的土地挨着第一组，按顺序后延，以此类推。所有田地都分成三个区域，再将每个区域分成抽签地，分配每个抽签地时都进行抽签。如果重分前占用后面土地的人抽到了第一块抽签地，则按预先指定的方向占用第一块土地，其他组根据抽签结果，依次占用后面的土地，第一组占用第一块，第二组占用第二块，第三组占用第三块，以此类推。

托尔霍沃村社不选出负责土地重分的专门人员，而是由村社自行抽签进行重分（每组

8人）。村社成员自行将阄地划分为份地，并占有。

用3俄尺（1俄丈）长的杆子测量土地。通常不对地界做标记，人们能够分清哪里是自己的土地，"因为看得出来，要么从边上开始，要么从上面开始"。若份地靠近路旁，其拥有者用木犁做标记，防止份地被毁坏。这些标记形式各异：有的是与道路方向垂直的小沟，有的多少有些倾斜，有的是一个十字架或者棱角形状的假人等。

一位村社成员向我们讲述了4年前托尔霍沃村社最后一次进行抓阄式重分的情况："一开始有人向村长抱怨，村长自己也知道，农民们将份地破坏得很严重。有农民说自己的份地在3个不同的地方，一位户主说道，为什么我们要忍受如此的不便：土地都在不同的地方。他向乡政府提起了申诉，乡政府命令村长召开村会，重分土地。于是村会召开了：人们争论不休，争论土地施肥的情况，最后同意重分。村社成员便去田里划分土地，他们测算阄地的面地，确定每个地段人均应该拥有四分之一俄亩，并认定根据1官方俄亩的标准来划分所有的12个地块（抽签地）；之后将抽签地按俄丈分为21.5块阄地（应得的份地），测定8人份地的长宽，然后用木犁划出分界。21.5块阄地全部划完后进行抽签，谁抽到第一个签，就占用第一块土地，然后是第二个，以此类推。签是木制的，每个签上都做了特殊标记：有的是刻痕，有的是十字，有的是条纹，还有两道刻痕等。把签放在帽子里，在帽子里抽签。就这样抽3次签分配土地。据推断，最后一次抽签的结果持续了10年左右或更长。"

托尔霍沃村社中拥有1块份地的有2户，拥有2块份地的有8户，拥有3块份地的有10户，拥有3.5块份地的有4户，拥有4块份地的有16户，拥有5块份地的有3户，拥有6块份地的有4户，拥有7块份地的有1户，还有3户没有土地。这3户里有2户连宅院都没有。

村社经济事务制度

每户在白天和夜里轮流守马。白天一个人守马，晚上需要2人或3人。如果有农户晚上人手不够，那么按约定，两户或三户这样的农户联合起来在晚上守马。雇用两个放牧人，付给一人28卢布，另一人23卢布。大家一起为他们提供伙食。放牧人按顺序挨家吃饭，每家有几头牛，就在这家吃几天饭。公牛是从邻近的地主家租来的，送给他3俄亩土地产的粮食以偿还租金。每俄亩收的粮食约价值3卢布，所以换算下来每年租用公牛花费9卢布。

放牧人在每户吃饭的天数这样计算：1头奶牛等于1天的伙食，10头羊也等于1天。1岁的小牛等于2头羊，2岁的小牛等于3头羊，再大一点的就按10头羊计算，如果小牛的数量相当于10头羊，那么应当为放牧人提供1天的伙食。

没有专门的守林人看守村社林地，村子里的人轮流看守。除庄园外，别处没有任何栅栏。每家都认为应该在庄园周围设栅栏。村社只雇了两名看守人，一个晚上在村庄里值守，工资为17卢布，另一个在教堂里值守，工资为26卢布60戈比，村社不为这两人提供伙食。

有一次村社曾雇人割草，面积为所有草地的一半，但是并不成功。现在出于顾虑，村社不雇用任何人割草了。不过，村社在村子磨坊附近租用了邻近土地所有者的一小片草地，大概6—7俄亩，租金为105卢，但不是为了收割干草——那里并没有多少干草，而是为了增加农用地，以防牲畜祸害禾苗。

村社耕种情况

托尔霍沃村社的生产体系为三区轮作制。秋播田种黑麦，春播田种燕麦、荞麦和亚麻，亚麻种植数量很少。春播作物播种后复耕施肥田，未施肥的土地翻耕一次，有的人用耙翻地，有的人一开始不用耙，然后再单独用耙翻地。在这之后播种黑麦，用木犁和耙掩土。一般从春天开始播种春播地，很少有人秋天耕种春播田，但也有人这样做。从秋天开始播种秋播地，在春天复耕，播种后用耙和木犁耕地。自秋天以来没有播种的土地在春天播种和耕种。除此之外，春播有时还会遭到破坏。亚麻地、菜园和大麻地一直都耕两次，在第三次耕田时播种。

每四分之一俄亩的黑麦地播种4—5俄斗种粮，1经济俄亩的黑麦地播种12—15俄斗种粮。每四分之一俄亩的燕麦地播种8俄斗种粮，每经济俄亩的燕麦地播种24俄斗种粮。

近年来作物长得不好，以前每四分之一俄亩可以收割20垛燕麦，现在收成好时能收割7—8垛燕麦，有时甚至只能收3、4垛燕麦。肥力大的土地可以收割10—12垛，每垛的净粮量约为5—7俄斗。

每四分之一俄亩可收割1—5垛黑麦，每垛的净粮量约为3—6俄斗。

1879年，托尔霍沃村社大丰收：每四分之一俄亩土地收割了4垛黑麦，每垛净粮量为4俄斗，共16俄斗。按每俄亩2400平方俄丈计算为6俄石，按每俄亩3200平方俄丈计算，每俄亩产粮量为8俄石，这样的收成很好。平均每四分之一俄亩收割6垛燕麦，每垛净粮量为1俄石，按第一种计算方式每俄亩产粮量为18俄石，按第二种则为24俄石，收成也非常好。收成最差的是荞麦，每四分之一俄亩的净粮量只有1俄石，每俄亩只有3到4俄石。

对于农民来说，村社土地占有制有几个不便之处，其中之一就是施肥。因为有时农民将自己的土地好好施肥后，土地经抽签重分，分到了不为土地施肥的人手上，但这种情况并不经常发生。基本上每个户主都会给自己的土地施肥，如果不施肥也不是因为不想施肥，而是因为太过贫穷，牲畜很少，没有粪肥。很多农民抱怨份地太长，对难以给距村庄较远的荒地施肥也有不满。他们知道，最大的障碍就是距离："土地如果能在村子周围，哪怕离村子两俄里也行，我们就不会再奢求其他的了。我们就有能力缴纳赋税。而不是像现在这样：恨不得逃离自己的土地。"托尔霍沃村社没有农民尝试优化自己的农业生产，村社也是一样。村社生产状况衰落时，村社不会采取任何措施来提高生产。托尔霍沃村社不曾为农民提供帮助。

赋税与徭役

托尔霍沃村社的赋税包括：
（1）每年赎买土地的费用——1202卢布40戈比

(2) 人头税——422 卢布 82 戈比
(3) 保险费——57 卢布 80 戈比
(4) 地方自治税——38 卢布 80 戈比
(5) 国家税——32 卢布 15 戈比
(6) 乡税——113 卢布 10 戈比
(7) 公社税（村税）——160 卢布 77 戈比
(8) 实物道路贡赋——44 卢布 62 戈比
托尔霍沃村社赋税额共计——2072 卢布 46 戈比

村社赋税具体包括以下款项：村长薪金 45 卢布、2 个放牧人薪金 51 卢布、2 名看守人薪金 43 卢布 60 戈比、公共祷告费用 5 卢布 25 戈比、每人支付修路费用 8 戈比，共 174 人，道路费用共 15 卢布 92 戈比，所有款项共计 160 卢布 77 戈比。实物道路贡赋可以这样计算：1879 年 255 名女性修乡间土路，每人 3 天。女人们工作一天按 15—20 戈比计算，平均为 17.5 戈比，实物道路贡赋共计 44 卢布 62 戈比。

总之，托尔霍沃村社的所有费用每年共计 2072 卢布 46 戈比，按 172 块份地平均计算，每块份地需承担 12 卢布的赋税；按 174 名纳税人计算，人均缴纳 11 卢布 98 戈比赋税。托尔霍沃村社登记在册的居民中有 191 名男性，不满 17 岁、没有份地的青年有 95 人，17 岁至 60 岁的劳动者有 90 人，超过 60 岁的老人有 9 人。若按照村社拥有土地的劳动力数量平分赋税，则每人为 21 卢布 50 戈比。托尔霍沃村社共有 455 俄亩土地。所以每俄亩土地平摊的赋税为 4 卢布 55.5 戈比。

重分赋税与重分土地一起进行。先将土地分配给各个户主，然后再分配赋税。在彼得洛夫日之前，使用土地播种黑麦和春播作物的人，缴纳所有份地上半年的赋税；下半年的赋税由播种秋播作物的户主缴纳。以占用土地的劳动者为单位平摊赋税，无土地者无需缴纳任何赋税。虽然上文我们按 174 名登记在册的纳税人进行计算，但实际应当按照拥有土地的 172 名纳税人计算。托尔霍沃村社有两人没有土地，他们无须支付任何费用。贫困或暂时破产的户主不必凑钱缴纳赋税；有土地者应当替他们缴税。如果村社成员死亡——或当兵牺牲，或全家死亡，他们的份地会转给其他人使用，实际使用者替他们缴纳赋税。如果农户中有人服兵役，并拒绝承担这些人的份地，村社则尊重他们的决定，将 1 人份或 2 人份的份地收回，转给其他人，替他们补交所有赋税。如果一户中有人去服兵役，剩下的人承担所有份地，那么则由剩下的人缴纳赋税。村长和其他职务人员同大家一样缴纳赋税。很少有人欠缴税款，欠缴税款的人担惊受怕，在苦寒中也坚持种田劳作，但这种情况也很少见。

1879 年 6 月 26 日上半年的税款全部缴清。村长监督缴纳费用和税款，如果有人拖欠太久，就通知乡长，乡内会对不按时缴税的人进行惩罚。托尔霍沃村社从不为欠缴税款者垫付，但会为住院治疗的人付款，尤其是女性。根据村会的决议，在类似的不测发生时，均摊治病费用。

在托尔霍沃村社没有发生过因为不交税费而收回土地的情况。

村社成员法律关系

托尔霍沃村社不允许在个人地块围栅栏，也不允许改变大田耕作的方式。这两种情况都为了自己而限制了其他人在休闲地和残茬地放牧。

村会未规定开始劳作的期限：所有人在想开始的时候进行劳作，但割草和收获期几乎是同时开始的。

土地施肥没有强制规定，户主可以自由售卖粪肥，但基本每家的粪肥都会用在自家土地上。

户主可以售卖全部的有角牲畜、绵羊和猪，但如果他拥有份地，则无权卖掉所有的马，因为在村社需要借助马力来承担实物贡赋时，这样是不公平的。条件好的农户每两块份地应有2匹马，4、5只羊和2头猪。这些牲畜每年能提供75车粪肥，可供大麻地和三分之一俄亩的田地施肥，这些土地每年必须施肥。但不是每家都有这么多牲畜，一般2块份地只有1匹马就够了。

托尔霍沃村社没有人将份地出租，所有人自己种田。有许多户主拒绝承担份地，"拒绝大概是因为需要缴税"，一个村社成员说：有人有合适的劳动者，村社按和其他占用土地的户主相同的条件，将土地分给他们。拒绝的原因是土质不好、耕种困难、多黏土，以及土地过长："要是土地更近点就好了，除此之外别无所求。"

如果一户中只剩下幼年的继承人，村社则负责监护他，并替他保管财产。村社不干涉成员的家事。户主去世后，家中的大人不会选出谁当户主，一般来说，父亲去世后，户主由长子接任。

分家在村社中时常发生，村社并不禁止分家。1878年有两户分家，变成了4户。

农民非常希望退役士兵和无限期休假士兵留在村社。村社照顾他们，将他们安置在最好的农庄，分给他们最显眼位置的土地。但士兵们并不想留在村社，退役的士兵得到两块份地，使用了两年，按时缴税，但是你看看，他却把门锁上去了图拉，份地又归村社管上，可惜了农舍的好位置，应该分给他们差一点的地方住，村社这样想：为什么士兵不永远留在村子里？在村社里一切都好，还给他们好地方住。

村社为分家的成员指定庄园位置，按劳动者数量分配耕地和其他种类的农用地。

农户招进女婿就相当于多了一个儿子，他将成为村社的新成员。他不必承担任何费用，也不必在村社劳动。村社愿意接受新成员，因为他们能像旧成员一样以同样的条件接受份地。

除缴纳赋税外，如果村社租用了其他土地所有者的土地，村社成员还需承担连带责任。

V. 鲍里索夫

斯塔鲁欣村社[1]

村社构成

斯塔鲁欣村位于图拉省切尔县布列季欣乡。斯塔鲁欣村的居民组成了两个村社,因为土地属于两个不同的所有者。两个村社的国家税、地方自治税和赎金分开缴纳,分别处理土地问题。当一个村社对于土地重分未达成一致意见时,村会则会请来另一个村社来协调。其他的村社事务,如村长选举、租用当地土地所有者的土地等,都由村会自行做出决议。两个村社合属于一个村庄,第一个村社有38人,第二个村社有7人。第一个村社有118俄亩1740平分俄丈土地,其中有3.5俄亩的土地被铁路占用,位于份地后面。第二个村社有21俄亩土地,其中3俄亩被铁路占用。第一个村社的宅院地包括谷仓、菜园、大麻地和牧场,共占地5俄亩(不计6俄丈宽的道路)。第二个村社有谷仓、菜园、大麻地,共计四十分之一俄亩,没有牧场。第一个村社的农民让第二个村社的农民无偿使用他们的牧场。第一个村社有91俄亩1.275俄丈的耕地、20俄亩475俄丈的草地,草地上有2俄亩的灌木丛。第二个村社除了二分之一俄亩的草地和四十分之一俄亩的宅院地外,其他的全是耕地。

农民们不知道斯塔鲁欣村社的建立时间,但根据以前土地所有者的一些文件(契约书)可以推测,这个村庄已经存在了几个世纪。

村社土地使用方法

宅院地

宅院地不参与重分,也不转给其他家庭。第二个村社曾出现过这样的情况,一个没有孩子的农民去世后,村社将他所有私人使用的建筑、牲畜的售卖权给了妻子,而且砍下死者种在庄园里的树,在居住在庄园内的成员间分配。和死者分开生活的侄子向村社投诉,认为应该将宅院地给他。此处遗产法不适用,侄子之前和叔叔一起居住,一起劳动,并给叔叔提供生活费和赎买宅院地的费用。

如果宅院地面积很大,那么分家之后,在家庭成员间再次分配,也可以在划分出来的地块单独建农舍。但如果宅院地面积较小(根据法定文书规定,具体按照每户人数来确定宅院地的不同面积),则村社就将村庄附近的作业区作为宅院地使用。这片作业区宽1.5俄丈,长80俄丈,在改革时对其进行人均划分。将离村子最边上的农户最近的作业区划分出来,不管土地属于在本地安家落户的人家还是外来人家。当建筑占有土地时,之前的主人不要求补偿,如果移居者想占用整块作业区和建筑,则需要征得作业区主人的同意,

---

[1] 资料来源:巴雷科夫 О. Л.、波洛夫佐夫 А. В.、索科洛夫斯基 П. А.(编):《乡村土地公社资料汇编》,圣彼得堡:俄国自由经济学社、俄国地理学社1880年。

不需要村会的干涉，即可和自己的作业区或者相同面积的耕地进行交换。

村子建在道路两旁，每户的宅院地占用一个位置，后面是庭院。现在有的位置改变了，因为有的农民不想单独划分出新菜园，在放牧区留出了很久以前就施过肥且围上了栅栏的旧菜园。

耕地

耕地被分成3块田地或楔形田。划分地段时计算它与宅院地间的距离、坡度、最低处和最高处。按土质分为3类：优质地、中等地和劣质地。分配土地时要考虑到所有这些条件，按人数将每一类份地分给各户。按地块形状将土地分成长条或者框形，将其称为作业区。

租用土地的划分方法与之相同，但不破坏土地，即不划出俄亩地界，如果按俄亩划分，则用窄垄沟进行标记。

耕地分为3块田地：秋播地、春播地和休闲地，并将其划分成作业区。

自法定文书颁布以来，没有对土地进行过重分，人们用一车宽的界线隔开它们。作业区间用窄地界隔开。

土地依照改革时得到份地的人数划分，划分时幼儿的数量也计算在内。1879年8月在两个村社进行了重分，这次考虑到了未得到份地的人。在第一个村社，一个农民有3块3俄亩的土地，家中有两个男人、一个女人，他们的份地被划分给登记入籍的强制兵，士兵原本没有土地。村社认为，和强制兵住在一起的弟弟有一块份地和自己的家庭，不能养活强制兵、他的妻子和3个女儿。第二个村社中，村社先将一位没有孩子的农民去世后留下的份地平分给了所有户主，但在1879年，两个村社一起召开村会决定将这块土地转给第二个村社的一个农民，他有两个年幼的儿子，根据法定文书规定得到了一块份地。

重分租用土地时，每过2年对第三种土地进行简单的抽签。

自改革以来只出现过一次拒绝份地的情况。村社将土地分给了村社外来人员，但10年后以前的主人要求返还自己的土地，因为乡里不知道村社的决议，上级部门认为决议无效，应将土地还给以前的主人。

农民将租用土地按份额抽签划分，每家根据劳力和意愿租用四分之一份到3份的土地，虽然也考虑一些其他的原因，例如占用份地的数量，但主要还是考虑到家中劳动力的数量。

改革前土地按课税单位划分，人均分配被认为是最公平的方式。

最宽的地块或作业区宽1.5俄丈，除村子寨墙周围的土地外，最窄的土地有6俄丈宽。每户占用的作业区数量相同，但作业区有宽有窄，按每户承担份地的人数进行分配。

重分时如果交还土地者与土地接收者的建议不一致，则为了土地接收者的利益，可划分出部分施肥作业区供其使用。

租用土地施肥的部分在整个租用期（6年）内使用。第一个村社为11.5俄亩的农民土地施肥，第二个村社为1.5俄亩的土地施肥，两个村社一共为7俄亩租用土地施肥。

村社没有空闲地和备用地。

草场和牧场

割草场不进行划分：村社成员一同割草，用抽签的方式决定谁将干草分成垛。每个户主参与所有草地的割草任务。一块草地上有一小块草长得不好，那样的干草最先堆成垛，然后分置在所有垛上，以便将不同质量的干草平均分配。根据收成多少，将干草堆成高2.5—3俄丈的垛，底下的长度约有五六俄丈。第一种尺寸的干草垛重量约为20普特，第二种约为25普特。用绳子测量干草垛。

使用带有标记的短棍进行抽签，将签放进帽子里，谁的签最先被抽出来，就得到第一垛，第二个抽出的就得到第二垛，以此类推。最后抽出的得到最后一垛。第一个村社有2俄亩灌木丛，每个村社成员都可以砍伐，需要多少就砍多少，但不能烧柴用，而是用来修补建筑。

农民在自己的土地、租用土地和土地所有者的林地上放牧。5月9日之前在草地和休闲地上放牧，之后在林地或休闲地上放牧，小部分休闲地在割草期之前尽量不开垦，因为割草后牲畜再次回到草地吃草。有时在割草场草质不太好的地方放牧，收割后则在残茬地放牧。每个人想放牧几头牲畜，就有权放牧几头。不对在公共区域放牧设限。以前搬到旁边宅院地的旧农户在征得农民同意后，即使没有个人土地（有的人和农民一起租用同一人的土地），也可以在公共牧场免费放牧。

第一个村社有采石场，但现在已经停止开采了。

根据法定文书，第一个村社的农民将土地所有者的池塘用作牲畜饮水的地方。第二个村社的人虽然没有使用该池塘的法律权利，但也使用它。因此两个村社都修理水坝。村社有一口水井，是两个村社一起出钱挖的，但水量不够，于是农民使用土地所有者的水井，如果需要修理，则由地主提供材料，而农民无偿提供劳动进行修理，虽然关于水井的使用和修理，没有任何书面和口头的预先条件。

土地重分方法

土地重分由得到较少份地的人提出，申请者请求村长召开村会，如果村长拒绝，则有权向村社提出申请。

如果为了重分土地而召开村会，则只有拥有土地权利的户主可参会。户主不在时，成年的儿子、妻子或其他家庭成员可以代替他参加。至少需要三分之二的户主参加村会，但当商议非常重要的问题时，例如土地划分、分家争议等，每位户主或他们的代替人都必须参会。很少有人不认同村会的决议，但这也不影响决议的执行。只有特别重要的情况才颁布书面决议，比如划分土地、接收新的村社成员等。

斯塔鲁欣村社中没有富农，外来人对村社也没有影响。如果两边的投票数量相同，那么由长老投票决定。但他们对村会没有特殊的影响。

在村社所有成员间分配土地。

租用土地的重分决议由村社在大会上做出：选出两个测量人到田地里进行测量，村社的所有人监督他们，以俄丈为单位测量地块的所有边线，有时按平方计量。

户主不对自己的作业区做任何标记，如果在土地上画出十字，则是出于信仰，而不是在做标记,因为他们所有的东西都是一样的。对于这里的农民来说,做标记是非常奇怪的事。他们说,经常耕地,是能够区分出来土地的。

农民土地的测量单位是俄丈,租用土地的单位是官方俄亩和四分之一俄亩。

春播地在早春进行重分,秋天播种的休闲地在6月初重分。如果划分出来的土地已经翻耕完了,那么获得土地的人应当支付一定的劳动费用。但如果田地已经播种了,则作物归原主人所有。

抽签重分的方法与分干草时抽签的方式相同。

村社中拥有1块份地的有4户,拥有2块份地的有10户,拥有3块份地的有4户,拥有5块份地的有1户。

如果有人的土地和其他人土地的面积或土质不同,则划分给他单独的一小片地,这片地没有单独的名称。

村社没有备用地。

村社经济事务制度

白天每户派小孩(六七岁的小男孩)看守自家的马,基本上一直都是几个男孩一起看马。夜里除了每户的孩子,还派两个农民轮流看守。从开始长草到寒冬来临都需要在夜里看守。村社雇用放牧人并提供伙食,每户按牲畜数量支付费用。10只羊的费用等于1头牛,2岁的小牛犊等于2只羊,3岁的小牛等于3只羊,猪的计算方式与羊相同,羔羊和乳猪忽略不算,每只小牛付10戈比。放牧人在所有人家轮流吃饭。有1头牛,就在这家吃1天饭,10只羊相当于1头牛等,计算方法和上文一样。如果计算出放牧人应在某家待几天半,那么剩下的半天先不算,当放牧人按顺序待遍所有人家以后,再回到这家。

两个村社共同管理村社商店,免费让农户在地主的学校上学,免费修理水坝和水井,共同租用土地,按照每户租用的土地数量支付费用。

村社土地耕作与产品分配

全村社共同割草。几户一起用机器打谷,不区分彼此是否是同一村社的成员,每户能派几个人几匹马,就派多少,但按照协议规定,每个人不需要一直参与劳动,户主要参与打谷。为谁家打谷,这家就应该为所有劳动者准备好早餐,并将大家带到劳动地点。中午打谷者回到该家吃午餐。

一些租用土地不便划分,两名户主一同耕作,将收成分成捆,或者分出种粮。在这种协同劳作中没有施肥的土地。

斯塔鲁欣村社种了相当多的土豆,几户谈妥后一起将土豆运送到附近的工厂,先送第一家的,再送第二家的,以此类推。

村社耕种情况

村社的耕作体系为三区轮作制。生产经营状况虽然没有特别的改进措施,但同附近村子相比算是好的。租用土地时,农民能养更多的牲畜,从租地获得收入。不曾出现过邻村农民因欠缴赋税而进行义务劳动的情况（在我们那里，一般在3月份，大地主借钱给农民，用来支付春天的税款。农民用劳动偿还债务，耕种春播地和秋播地按每俄亩5卢布计算，农民应当先完成债务工作，因此农民的个人生产会受到影响）。

农民了解窄地块和耕地交错的缺点，但他们通过交换地块避免了这一不足，地块狭窄的主要原因不在于村社土地占有制，而是在于每人应得的土地面积太小，因为在村社土地占有制下，农户得到的几块份地足够宽，方便进行横向耕种。

农民没有意识到，村社土地占有制的发展不够精细，并成为粗放经营的原因。相反，他们更关注村社对成员的道德控制。每个人都努力跟上其他人的工作进度，以免被同村人当成懒汉。考虑到共同利益，农民们欣赏并且尊重那些虽然贫穷但很能干的人。在村社土地占有制下，农民了解避免失去土地唯一的方法。在农户土地占有制下，没有单独牧场的农民不能拥有足够数量的牲畜。在他们看来，在大村庄聚居的优点有以下几条，这使他们能够：（1）拥有公共水井、池塘和牧场；（2）互助劳作；（3）暴风雪来临时清理院子里的冰碛；（4）在生病或农忙时总能得到邻居的帮助。

在农户土地占有制下，每户所占用的土地数量有时与人数不同。这导致了同村人的财产差异，在许多农民看来，这对贫穷的人造成了经济上和心理上的影响。如果穷人需要用钱，有时是为了补贴家用，那么富人在借钱时往往会附加一些难以完成的条件，这使穷人难以完成自己的生产活动，因为富人以低价收走他的土地使用几年，大多数情况下土壤的肥力会被耗尽。一旦沦落到这种贫穷的境地，穷人只是名义上拥有自己的土地。在村社所有制下几乎不可能出现这样的状况。村社不允许耗尽土壤的肥力：首先是由于随着时间推移，土地在村社成员之间转移。其次是在共同责任下，破坏土地对每个同村人来说都是不利的。在农户土地占有制下，穷人受到的道德侮辱更加严重，富农与穷人缔结不平等契约，却认为自己是他们的恩人，百般侮辱穷人。进行选举和其他公共事务时，穷人必须支持借他钱的富人，不敢表达自己的真实想法。富人不但不顾及穷人的自尊心，反而很享受对他们的欺凌。穷人忍受着持续的羞辱，往往失去动力，不能正常从事公共和生产活动。村社考虑到共同利益和每个成员的关系，不能任由自己的成员沦落到这种境地，会一直努力帮助他们。

斯塔鲁欣村的村民认为，他们的生产经营比邻村的独院小地主和国有农民的经营方式更加合理，并觉得他们是懒散的坏主人。农民认为，自己生产经营的不足不在于村社土地占有制，而是在于没有足够的钱来改善生产状况，由于份地不足，导致没有单独播种牧草的土地或者牧场，因此无法饲养大量的牲畜。

村社帮助成员建造房屋：运送木材，苫上屋顶，那些有马的无土地户主也来帮忙。如果农民有正当的理由不能及时完成某种田间工作，那么邻居帮他完成，他应当为此款待邻居们。

村社认为，将独居病人的土地收回用于耕种田地和为建筑运送木材都是道德义务。偶尔会出现同村人以马匹不够为托词，拒绝帮助别人的情况，村社不会对此进行惩罚，但公众会斥责他。很少有人故意和村社对着干。

赋税与徭役

第一个村社登记在籍的人（47人）上缴的国家税款包括：人头税111卢布39戈比、土地税9卢布99戈比、赎地费用252卢布66戈比。依照《小型地产条例》的规定来计算，第二个村社有7名国有农民，需缴纳19卢布32戈比的人头税、21卢布81戈比的代役租和1卢布62戈比的土地税。第一个村社根据省、县的要求，上缴土地税15卢布82戈比、土地保险19卢布12戈比。第二个村社上缴土地税2卢布19戈比、土地保险3卢布20戈比。在切尔县必须缴纳土地保险费。两个村社每人交30戈比作为村长的薪金，再拿30戈比上交给乡里。赋税按每户分到份地量计算。无土地的农户每年上交2卢布作为宅院地和赋税的费用，无须缴纳土地税。

改革时有两个老人拒绝承担份地，村社收回了他们的土地，分配给其他成员，因此现在每个人都替他们缴纳部分赋税。农奴制改革后，继续承担逝者份地的农户需替逝者缴纳赋税。

士兵在离家服役期间应缴的赋税，除人头税外，由使用其份地的农户上缴。人头税由村社缴纳。两个村社都能按时上缴税费，村社不替欠税者缴税。

村社成员法律关系

对于农民来说，秋天在春播地播种，或者春天在秋播地播种很不方便，因为作物会被牲畜踩坏。

没有固定的开工期，但一般情况下农民彼此约定同时开始劳作。每一户都应该给自己占用的土地施肥，不允许售卖粪肥。

没有发生过主人将所有牲畜全部卖掉的情况，农民认为村社有权阻止这种情况的发生。

斯塔鲁欣村社无权售卖土地。村社认为，农民若想将土地出租，则应当租给同村社的成员，但未遵循这个规则也不会追究其责任。只能在村社成员间转让土地，不能与村社意见相左。不能不顾农民意愿强迫其承担土地。不曾发生过征用农户耕地或宅院地的情况。

户主去世后，由最年长者接替他成为新户主。如果家中只剩下幼年儿童，那么由母亲承担亡夫的份地，成为一家之主，缴纳所有赋税，直到孩子成年。如果孩子的父母双亡，则由亲戚承担他们的份地，照顾孤儿。但分家时应当将土地归还给他们。

如果农民和其他家人一起居住，那么在他死后，他的妻子继续留在家中，直到改嫁。改嫁后，她不能接受逝者的任何财产。寡妇嫁到别村后，若她年幼的儿子未登记进入其他村社，则有权在成年后回来接受他父亲的份地。若寡妇在丈夫生前与他一同居住，并且没有孩子，那么由她继承丈夫的所有动产。她有权售卖牲畜、建筑，砍伐宅院地里的树木。如果没有孩子的寡妇想承担丈夫的份地，那么村社会将土地分给她，但她需要经过村社同意才能改嫁。如果承担份地，并完成了所有义务的寡妇有了私生子，那么私生子就是寡妇的继承人，有权继承村社给她的份地。如果有孩子的寡妇改嫁并住在原来的地方，那么改嫁后生下的孩子有权继承第一个丈夫留下的一半财产，包括农舍和他的份地。

家中最年长的人视为户主,当户主生病或年老时,将管理权交给弟弟,没有弟弟就交给儿子,村社承认其为新的当家人。

村社只在家庭成员间出现分歧时参与分家。考虑到一人独户的经济状况非常不好,村社建议人少的农户不要分家,但当家庭内部持续出现争吵时,那么分家也是在所难免。如果在农奴制改革时无限期休假和退役的士兵得到了份地,则可以使用土地。

在该村社登记的农民,如果只有宅院地没有耕地,则可以免费使用牧场。

该村社的所有户主都按时缴税,不必采取任何强制措施。

土地在村社成员间移交的情况几乎全部发生在春秋两季,在这段时间缴纳所接受土地的赋税,并完成劳役。在斯塔鲁欣村社,没有人被村社剥夺土地。

无人继承的财产由村社继承。从村社中除名的近亲无权使用村社土地。

没有孩子的农民去世后,如果他的妻子移居别处,他的宅院地则由同村社的亲戚继承,尽管他们未和逝者一同居住。

分家的成员从以前家庭的份地中获得土地。登记入籍的养子养女拥有与家中儿子相同的权利(没有儿子的家庭中,女儿享有份地权利,女婿入户后,成为村社的成员,由他接受妻子的份地)。未登记入籍的养子无权继承财产。但有过这样的先例,成年的养子要求成为继承人,或与养父争吵后要求支付这些年的工钱,村社根据法律规定,同意了养子的要求。

单独赎买的地块在同一位置进行分配。

第一个村社中两个农民购买了私有土地,但仍然使用村社份地。这两个农民除耕作外,一个从事木材贸易,另一个从事粮食贸易。

只有使用村社土地,才有资格参加村会、乡级法庭或村级法庭职务的选举。

租用土地合同确定了共同责任义务。第一个村社按共同责任制上缴税款,第二个村社虽然未确定共同责任,但成员们一同缴付。

伊丽莎白·亚库什金娜

哈尔科夫省

莫拉霍夫"乡村协会"[1]

村社构成

莫拉霍夫"乡村协会"位于哈尔科夫省库皮扬县下杜万乡，由两个土地公社组成：一个设在莫拉霍夫村（又名叶利谢耶夫卡村），另一个设在托里农庄（又名萨维诺夫卡村）。两个公社的土地均在村子附近，被利多申科地主的地隔开。

两个村社的农民向国家支付赎金后，获得土地私有者的权利。莫拉霍夫村社和托里村社的农民分别隶属于不同的地主。农奴制改革后他们被合并到一个"乡村协会"。

莫拉霍夫村社共有244人（男女总数），托里村社有129人。根据1858年人口普查结果，莫拉霍夫村社有65名纳税人，而托里村社有52名。此外，还有在莫拉霍夫村社登记、但未分得村社土地的16名纳税人。

莫拉霍夫村社占有165俄亩2037平方俄丈的土地，托里村社有114俄亩的土地。两个村社大约相隔4俄里。莫拉霍夫"乡村协会"的土地构成如下：

	莫拉霍夫村	托里村
(a) 耕地	140俄亩200平方俄丈	104俄亩
(b) 宅院地、菜园、牧场和大麻田	16俄亩1000平方俄丈	7俄亩
(c) 不可耕土地	3俄亩837平方俄丈	
(d) 灌木林地	6俄亩	3俄亩

村社土地使用方法

虽然两个村社没有因耕地不足而允许"占有—使用"土地，但农民清楚地明白，他们向地主按对分制租地时就会实行"占有—使用"方式。有时，地主只是告知农民哪片地可

---

[1] 资料来源：巴雷科夫 О. Л.，波洛夫佐夫 А. В.，索科洛夫斯基 П. А.（编）：《乡村土地公社资料汇编》，圣彼得堡：俄国自由经济学社、俄国地理学社1880年。

以开垦、以什么价格出租，并不会指定具体哪块地给谁；农民自己带着犁去占地，他们在田里犁出一条或两条田埂来标记出自己要占的土地。只要看到田埂，即使这些被田埂分隔出来的地块长期无人开垦，也不会被其他任何人占用。通过这种方式占有的地块被称之为"圈地"。

宅院地

宅院地被重新分成大麻田、宅院地、菜地、甘蓝菜园和谷仓（或打谷场），按户继承使用。

不重分宅院地。如果父子分家，那么父亲从草场中为儿子划出一块地作为新的宅院地，该地尺寸为沿道路方向宽 10 俄丈，垂直方向长 40—104 俄丈不等（该数值取决于菜地的宽度）。父亲去世后，子女分家，父母的宅院地（出生地）留给末子，按照上述规定为其他弟兄从牧场中划出新的宅院地，很少有多划或少划的情况。

邻村——瑙戈列夫村社的国有农民占有大片宅院地，宅院地占地极其不规则。有很多农民拥有 5 块宅院地，都是从邻居那买来的，而邻居拿卖地的钱置办村社其他地界的土地。

莫拉霍夫村社的大麻田分布在一块楔形地上，被重新划分成长 30 俄丈、宽 4 俄丈的条形田，每个纳税人分得一块条形田。托里村社的大麻田被分成两块楔形地：一块是优质地，一块是劣质地，每个地块再被分为条形田，每个纳税人分得长均为 40 俄丈，宽度分别为 2.5 俄丈和 3 俄丈大小的条形田。大麻田按照村社社员在乡集会上表达的意愿分配，有时会与大田总体分配相一致，有时则不一致。

耕地

两个村社都会定期对耕地进行重分，并且是彻底式重分，分配时要考虑因农户换地而使条形田数量变化这一情况。如果有些农户婉拒了分给他的部分份地或要求获得更多份地，那么每次重分后，他们的条形田位置、数量和大小都会发生变化。

莫拉霍夫村社的土地没有确切的重分年限，通常是隔两年、四年或四年以上进行再分配。最后一次分配是在 1874 年进行的，倒数第二次是在 1872 年。其中一部分大田有 10 多年没再进行分配，而且各农户仍然按照以前的划分情况使用自己分得的条形田。托里村社是每隔两年（在第三年）进行土地重分，只分配曾休耕的那部分地，所以每个分得条形田的农户用地期限为两年。该村社最后一次重分土地是在 1877 年，倒数第二次在 1875 年。

通常不会采用普通的抽签方式分配土地。不存在为了平均各农户的土地量和劳动人数，而强制调配条形田的情况。每户占有的份地量，是按照该户登记的纳税人数分配的。如果村社有闲置的土地，有农户愿意分得更多的地并且有能力支付相应税款，那么，他们就可以得到这些地。

莫拉霍夫村社的全部耕地被分为七个不等的地块，它们被称为份地；其中，第七块地呈楔形状，因而被称之为楔形地。此外，还有另外一块楔形地，这块地曾作过草场，也被重新分配过，而现在被租出去了。把大田分成 8 块一直保持不变，但每个地块都要进行土地重分；按照农户数量将每块地分成等份的条形田，因此每个农户在这 8 块地中都占有条形田。1878年春，莫拉霍夫村社的农民决定开垦一部分草场作为瓜田。这块地也被分成与农户数相同的条形田，每个纳税人分得长40俄丈、宽3.5俄丈的土地。托里村社的所有耕地被分成12个类似的重分地块。每户在这些地块上都分得了自己的条形田。

莫拉霍夫村社将大田分成不同地块的原因如下：1号地位于切尔涅奇谷地后面的高地处，这里的地是劣质地；2号地的位置偏下，是优质地；3号地位置特殊，是从庄园后面的公有地块中分出来的；4号地属于劣质地，因为它邻近道边，很容易遭到（牲畜）破坏；5号地位于林地缓坡上，不容易被践踏，所以算是优质地。多尔根庄园后的大田被分成6号和7号地，因地块呈楔形，只能分成两块地，才能使村社社员分得均等的土地；最后是8号地，呈楔形、曾被用作草场，是从公有土地中划分出的。

农奴制改革后，农民立刻将大田分成了份地，从那时起一直就没有变过。各份地之间用较窄（宽度不超过1.5俄尺）的田埂（被称为小道）分隔开来。有时农车可以在田埂上通过，有时禁止通行；不能通行时，车辆就直接从庄稼中穿过。

村社根据最新（1857年）的纳税人口调查结果分配土地。莫拉霍夫村社每个纳税人分得2.5俄亩的份地，托里村社人均2.25俄亩。

这种土地分配基准在农奴制改革后一直没有改变。

莫拉霍夫村社七块大田上的条形田面积分别为：

(1)	宽	4	俄丈	长	约100	俄丈
(2)	宽	5	俄丈	长	100	俄丈
(3)	宽	3.5	俄丈	长	100	俄丈
(4)	宽	7.5	俄丈	长	80	俄丈
(5)	宽	15	俄丈	长	120	俄丈
(6)	宽为3俄丈或3俄丈以上不等，长不超过40俄丈					
(7)	宽为5俄丈，长为100俄丈					

表中列出的条田地面积是一个纳税人在7块田地上分别占有的条形田或一份份地的面积，每块地应被分成65份条形田，但实际划分的数量要小于65份，是按照持有份地的农户数量分成32份（见农户名单）。

托里村社的耕地被分成12个地段或地块（也称为份地），一方面是因为土质不同，另一方面原因是：如果不这样划分，就无法将土地平均分配给村社社员。按照持有份地的农户数量把12块地都分成18份条形田，每个纳税人在各地块上分得的条形田宽度通常在4俄尺到10俄丈之间，长度的波动范围大于莫拉霍夫村社的条形田。

每块地上条形田的宽度和长度如下：

	宽	长		宽	长
（1）	1 俄丈	20 俄丈	（7）	10 俄丈	80 俄丈
（2）	1.5 俄丈	70 俄丈	（8）	10 俄丈	80 俄丈
（3）	约 1.33 俄丈	60 俄丈	（9）	3.5 俄丈	120 俄丈
（4）	2.5 俄丈	40 俄丈	（10）	10 俄丈	80 俄丈
（5）	5 俄丈	80 俄丈	（11）	10 俄丈	80 俄丈
（6）	10 俄丈	80 俄丈	（12）	5 俄丈	80 俄丈

前三块田没有定期进行重分，一次重分后（10余年之前）就再没有变过。其中一块地有一阶段种过马铃薯，这片地位于一个圆丘附近，属于盐碱地，没有其他用处。其余9块地被分成两组，每隔两年交替重分一次。1877年秋季进行了最后一次分配，当时重分了4、5、6、7、8号地；下一次重分应该在1879年秋季，对9、10、11、12号地进行重新分配，但1878年这些地成了撂荒地，除了蓟草，其他什么都没长。为此，托里村的农民不得不租用16俄亩草地作牧场。

各条形田用较深的田埂分开。由于土地匮乏，所以没有多余的预留地分给村社新成年的社员。如果村社有人去世或离开，那么会将空出来的份地立刻分给村社的其他成员。所有的耕地都要重新分配。两个村社都没有空闲地。

草场

莫拉霍夫村社有一块面积约为3俄亩的楔形地，村社耕种这块地主要是为满足公社商店的需要，后来这块地就作为草场使用。草场也被分成若干条形田，各农户在自己分得的条形田里收割干草。托里村社就没有这类草场，草场的条形田也没有特殊名字。由于地块呈楔形，条形地宽度在1.5俄尺到3俄丈之间不等。

林地

莫拉霍夫村社的林地还是在1861年间被划分成条形地的，按照使用份地的农户数量划分，条形地的面积与农户登记的纳税人数有关。如果一户登记在册3个纳税人，那么该户就比仅登记了1个纳税人的农户多获得两倍宽的条形地。有一条沟壑横穿过这些条形地。每块地都以"户主名字+地块"命名，例如，科茹什卡地块、谢廖热尼卡地块。每户可以自由支配自己的那块林地及其上植被。目前这片森林几乎被砍伐殆尽，只剩下些许灌木丛，夏季，养蜂人在自己的"地块"中放养蜜蜂。分配期间，一部分林地里什么都没长，所以未被再分配。现在常有人说要重新分配这块林地。托里村社的林地为村社共用。目前林地的树木已经被伐光，此前大家共同伐用灌木，每个纳税人都分得了一丛等量的灌木。

牧场及其他农用地

莫拉霍夫村社的牛、马、牛犊和猪都在牧场、休耕地和收过的庄稼地里放牧；母牛、半大牛和绵羊有偿在地主利托申科家的地里放牧（每头母牛2卢布50戈比、每头半大牛1卢布50戈比、每头羊35戈比）。托里村的农民也在牧场和休耕地上放牧，但当牧草不足时，他们要向邻村借用牧场。1878 年他们便从利托申科村那里租用了 16 俄亩的草场，租用条件是收割这 16 俄亩地里的小麦并将其打成捆。每个农户都有权在牧场或休耕地里放牧，可放牧牲畜的数目按照他们持有的份地计算：每持有一份份地，就可在牧场上放养一头半的牛或马（托里村按照每份地两头算）、五到六只猪。每超出一头就要按照当时牧场的租用价格向村社缴纳一定费用。无地且未分到村社份地的农户，在公共牧场上放牧应按照时价付费。

除上述用地外，莫拉霍夫村社再无其他农业用地。虽然托里村附近有一片长势良好的草甸，但是连沤麻坑都找不到，更别说渔业或者其他用地了。

土地重分方法

每个人都可以提出重新分配土地的请求，但往往只有影响力较大的人能得到想要的结果，穷人的意见是不会被采纳的。通常在村会上说明重新分配的必要性。除了持有份地的户主可以出席土地重分大会外，无地农户也可到场，但没有话语权。持有份地的妇女，如寡妇，也可出席大会，她们享有与男人一样的决定权。户主不到场时，可以由其儿子、委托人，或者妻子代替他出席。出席重分大会的户主不得少于总户主人数的三分之二，否则不能召开会议。通常按照出席村会的大多数人的意见起草重分决议，但有时候也会听取少数影响力较大的人和一些比较能鼓吹的人的意见。

村长不能左右村会的决议，他只负责村会决议的执行。以上两个村社都没有奴役其他社员的人，狭义上讲，是指没有剥削者。在莫拉霍夫村发现一个有类似倾向的人（见名单中 23 号），他曾是酒馆老板，不持有份地，因此他对村社的决议几乎产生不了任何影响。对乡会决议影响较大的是富农和比较聪明的户主，还有他们的兄弟，即便他们已分家，但他们总是持一致观点。

村社自行在村会上对土地进行分配。划分条形田的工作也由整个村社负责。他们指派比较年轻力壮的人去量地，年长者跟随其后进行监督。在测量条形田时采用国家法定计量单位——俄丈，用 3 俄尺为一俄丈的细木棒测量。托里村用链条进行测量，用国家法定测量单位俄亩为计量单位，1 俄亩等于 2400 平方俄丈。农户们不会使用其他的土地测量单位。测量长度时，视 80 俄丈为一趟，常说的"过一趟"就代表经过 80 俄丈。

条形田直接在户主之间进行分配。每个家庭可使用的份地量是按照该家庭登记在册的纳税人数（取决于家庭成员的年龄）分配的，这个数量会有所增减。如果不是这个家庭自愿将自己的份地转让给村社其他成员，或没能力耕种，又或该家庭不接手因某种原因闲置而后分给他的份地，那么这个家庭的份地数量保持不变。没有专门为老人和少年准备的小份条形田。

重新分配的方式如下：全村社农民聚集到田间，每个有权获得份地的户主用一小根木棍为自己做一个抓阄用的木签，在木签上标记特殊的符号（十字形、圆圈、螺纹或自己能认出的数字），然后把这些签放在帽子里，由一个小女孩或小男孩，有时会请一位备受大家信任和尊敬的长者依次从帽子里将其取出。第一个抽出谁的签，就马上从地边儿开始向地里给他家划条形田，家里有几个纳税人，就分得几份，在最后一份条形田田埂上挖出一个小坑作为地界。下一个被抽中的农户的条形田,紧挨着上个抽中的农户条形田划地界,就这样依次往下。每块地都采用这个分法。抽一次签只划分一块田地或楔形地,一家农户应得的所有条形田以及每个楔形地上属于一户的所有条形田都被划在一起。

农民不给条形田做标记,而是记住自家的地与谁家的地相邻("我的地与谁家的地挨着")。

通常不会有农户故意耕种他人的土地,人们认为这样会引起个人恩怨,或容易被人控诉到乡会。有人会在地界上播种,不过车辆沿地界通行时,很容易碾压上面的庄稼。

破坏条形田地界的纠纷先在村会上解决。如果在村会上不能和解,那么就将其提交到乡镇法庭,同时,乡长要带着见证人去田里核实情况,有过错的一方将被处罚,用伏特加酒作为罚款。

莫拉霍夫村社里,拥有1人份土地的农户有8户,拥有2人份土地的有15户,拥有3人份土地的有8户、拥有4人份土地的有1户。托里村社拥有1人份土地的农户有5户,拥有2人份土地的有6户,拥有3人份土地的有3户,拥有4人份土地的有3户,拥有5人份土地的有1户,拥有6人份土地的有1户。这类土地没有特殊的名称。

林地、大麻田和瓜田的重分方式与耕地的重分方式相同。

村社经济事务制度

村社的马匹不用人看守,在村庄附近的牧场上放牧,晚上就地拴在铁桩上。各家负责放牧自家的耕地牛,由于大部分农户家里只有两头耕地牛,一个耕犁至少需要三对牛带,所以三户共用一个犁,分摊到每户翻耕的耕地数量是相同的,人们把这称为"搭伙",每天晚上由一户农民负责牧放耕牛,搭伙户分别轮班牧放。猪则雇人喂养,每头按25戈比计算。有的雇工自己解决饮食,有的在农户家吃,要看雇用合同如何规定。托里村的农民雇小男孩或派自己家孩子放牧,没有公共草场,各自负责牧养自家的牲畜。没有公用的耕地牛或者其他干活的牲畜。

村社的林地不受保护。

村社内完全见不到栅栏。由于村社的树木早已被伐尽,树木匮乏,购买木材又非常贵,所以,大部分菜地和宅院完全不建围栏。

莫拉霍夫村社有一处公有房产——粮店,但已空置了几年,一方面是由于粮食歉收,另一方面是由于村社不想继续添置东西。村社没有学校,即使大家有学习的欲望,也没有办学。莫拉霍夫村全村人共用一口井,这口井距离村子大概有0.5俄里。村旁有一个水池,池坝由大家共同修缮。在与村社协商后,村长指定某一天派全村人带着斧头去地主家的林地砍树枝(免费使用),或者编织篱笆网,或者拉运一些泥土、黏土或粪土来修复池坝。托里村没有类似的村社公共事务。

莫拉霍夫村社把3俄亩的土地租给了该社一个没有份地的农户(23号),这3俄亩地曾经是一片草场。租金是5卢布/俄亩,这些钱用于补充村社的开支,如用于水井祝圣,出现干旱或发生疫情等情况时,用来组织求雨祈福和圣水祭祀活动。

四年前,莫拉霍夫村社从邻村的地主那里租了15俄亩的土地用作临时牧场,以收割

30 俄亩庄稼地为租用条件。托里村社也从邻村地主那儿租用了一些土地用作临时牧场，租用条件是收割一定数量的庄稼地（费用不固定）。收庄稼时，算出每放牧一头牲畜（不分公牛母牛、马匹和半大牛）需要收割多少庄稼地，然后各自收割自己分摊的那部分地。每户出一个男劳力和一个女劳力共同收地。由于每户分摊的工作量相同，但牲畜数量不同，牲畜少的农户用地需求就少，所以牲畜数量多的农户要按照时价支付给牲畜较少的农户一些钱作为劳动补偿。最终结算时计算到戈比，整个村社的工作进展非常顺利且迅速。

没有整个村社去购买土地的情况。

有一次整个村社雇用莫拉霍夫村的农民为佃户科钦收割了 30 俄亩的麦田，每俄亩向农民支付 2 卢布。共有 35 人（男人和女人共计）出工。视大家劳动量相同，按人头结算工钱，价格采用实时价格。

莫拉霍夫村的农民曾有 3 俄亩的公共土地，但目前已被租出去。这块耕地以前由本村村民耕种用来供给粮店。每户出一男一女两个劳力参与耕作。由于有一次庄稼严重歉收，大家再也没有共同耕种过该地块。有了这次不成功的经历，农户认为按农户纳税人口比例向粮店供给现成的粮食要比耕种公有耕地更方便。

在周围的纳乌格列夫斯克村社，每年都耕种公有耕地来供应粮店，同样每户派一个农民参与劳动，但他们按现有的人口需求从粮店中获取粮食。

村社耕种情况

两个村社都采用三区轮作制，但值得注意的是，由于农民的土地贫瘠，所以严格来讲他们没有秋播田。农民向地主有偿租借（按粮垛租的形式）秋播地，向其交付五分之二或三分之一的粮食或每俄亩地一个粮垛作为租金。农民通常在自家的农田里耕种小麦、大麦、荞麦、燕麦等作物，有时也种黑麦。向地主租的地用来播种黍米和黑麦，同样也种瓜和小麦。无论整个村社还是农民个人都没有对田间耕作制度采取过任何改良措施（甚至邻村拥有大量土地的土地所有者都没有想过）。他们不种草。只给一些大麻田施肥，其他任何田地都不施肥。土地重分期限短且时间不确定多少对此有所影响，农民们说，最好能够减少土地重分的次数并且定期进行土地重分，以便让大家提前知道他们所占有的地块的使用期限。由于贫困，农民们不了解耕作机器的任何好处，所以村社里没有置办任何改良工具或机器。

村社不会向变穷的农户提供任何帮助，如果没有借贷来源，他们几乎不可能翻身富起来。不过，今年夏天发生过这样一件事：为了放牧，整个村社雇用了托里村的农民给 N 地主家收割小麦。邻近的莫拉霍夫村有一户农民因得了热病，身体刚刚康复不久，而妻子又因患上该病病死，麦子割完后没有人扎捆，所以这户人家收麦遇到了困难。在 N 地主的建议下，大家结束了手头上的工作，无论男女都来帮忙，毫无怨言地帮他家收了所有麦子并扎好了捆。

大家时常互相帮忙。恰逢年节时，接受帮助的农户会用伏特加和小吃款待大家。谁有空闲时间谁愿意去，谁就去帮忙。通常需要帮着干的活儿有冬天在野外拉运夏季在地主那儿收割的干草草垛，又比如农舍或围栏塌了（发生这种情况时，将几辆车连成一排，把用干树枝编织成的整片围栏放在上面,让几对老牛或马把它们拉走)。

由于木柴匮乏,粪料基本上是唯一的燃料,因此农民们不仅不向外出售粪料,而且还要往家里买,或者在地主那儿打工赚得(从他那儿分得1/3,或者整个长10俄尺的牲畜棚收的粪料,每俄丈支付2卢布)。

由于村社周边地区没有那种按户占有小型地块的户主,因此无法将村社实行的土地经营方式与之进行对比,同时也不能将它与大中型地主的经营模式进行比较,因为这些地主采用的是与村社成员相同的耕作制度,而且大部分土地是按照对分制由村社成员耕种的,地主的条件好在:有车可以开、有条件养殖牲畜和羊群等,能与村社成员比较的只是他们持有的地多,而不是经营方式。不过,莫拉霍夫村社附近有一个住着小俄罗斯人(对乌克兰人的蔑称)的地方,那里有一些俄罗斯农民大户,他们占有从地主那儿购买来的300俄亩土地。这些人自己耕地,但农忙时节雇短工为自己干活,他们的经营方式很好,比村社成员甚至比大地主的经营方式都要好很多。但无法让村社成员去效仿他们,原因在于:这些人富有,是因为出身就是富农,而且他们本身就是靠剥削发财的。上述两个村社的农民经济情况令人不满的主要原因应该是:相对土地需缴纳的大量赋税,份地量过少;还有一个原因是土地重分的时间不固定。

赋税与徭役

莫拉霍夫村社只用货币缴税,不实行实物贡赋。税款分为以下几个类型:a)国家税。其中包括:1)赎地金;2)人头税;3)国家地税;b)地方自治税,包括:4)省县规税;5)保险费(强制保险);c)公社税,包括:6)乡镇规费和7)为下级军官支付的退税。1878年各村社各类税费缴纳如下:

	莫拉霍夫村(81人)	托里村(52人)
(1)赎地金	319卢布28戈比	230卢布9戈比
(2)人头税	205卢布74戈比	126卢布88戈比
(3)土地税	10卢布8戈比	6卢布46戈比
(4)地方归税—省县归税	23卢布8戈比	18卢布46戈比
(5)保险费	23卢布78戈比	10卢布65戈比
(6)公社税	36卢布7戈比	19卢布50戈比
(7)为下级军官支付的退税	13卢布	26卢布
总计	631卢布3戈比	438卢布4戈比

1878年莫拉霍夫村社持有份地的人口有117人,无地人口16人,一共缴纳了1069卢布的赋税。

1878年持有份地的农民每人缴纳的税费如下:

	莫拉霍夫村（持有份地人口为65人）	托里村（持有份地人口为52人）
（1）赎地金	4卢布91.25戈比	4卢布42.5戈比
（2）人头税	2卢布54戈比	2卢布44戈比
（3）土地税	15.5戈比	12.5戈比
（4）地方归税—省县归税	35.5戈比	35.5戈比
（5）村社（乡镇）税	46.23戈比	37.5戈比
（6）为下级军官支付的退税	16.25戈比	50戈比
总计	8卢布58.75戈比	8卢布22戈比

1878年两个村社无地农户（雇农）每人缴纳税费如下：

（1）人头税	2卢布54戈比
（2）村社税费	37.5戈比
（3）为下级军官支付的退税	16.25戈比（托里村社为50戈比）
总计	3卢布7.75戈比（托里村社为3卢布41.5戈比）

莫拉霍夫村社133名纳税人每人平均需缴纳的赋税额为8卢布4戈比。如果按照现有居民总数计算，两个村社男女共373人，则每人缴纳3卢布23戈比。如果按照男劳力人数91人（其中包括入伍士兵人数）计算，则每个男劳力缴纳11卢布75戈比。

共有244俄亩耕地（莫拉霍夫村社140俄亩、托里村社104俄亩），每俄亩土地的赋税额平均为4卢布25戈比（由于莫拉霍夫村社分得的份地面积较大，所以每俄亩土地分摊的赋税额稍少些，为4卢布18戈比）。

每年都要重分赋税，即使在没有进行土地重分的年份也要进行赋税分配。1857年人口普查的纳税人数为分配单位。赋税按照农户持有份地的比例分摊，不考虑他们的劳动能力或支付能力如何。但人头税例外，死者的人头税由其户口所在的农户为其缴付，他名下的份地由他人使用时也由该户缴纳这份税款。持他人份地的农户只需为其支付赎地金和地税即可。

即使农户没有土地，也需缴纳自己的那份人头税。

分配赋税大会的召开程序与分配土地大会的召开程序非常相似，唯一的区别是无地户有发言权。

村社人口减少的原因有两个：居民死亡和搬迁（搬到多恩和阿南）。这些人的份地转让给他们的近亲。如果亲属拒绝接受份地，则交由村社处理，村社会把地租给本村社愿意接手的成员，接收土地的成员要支付赎金和地税。不管怎样，人头税都是由死者亲属来缴纳。如果死者无亲属，则由村里的所有农户来分摊这项税费。

没有专门分给老人、寡妇等人的免费土地。

村长、百人长、甲长和征税员在缴纳赋税时不享有任何优惠。

原来军官服役期间应缴的赋税由其近亲来缴纳。从1874年开始由村社的全体成员，不管有无份地都要分摊支付给下级军官亲属的那部分退税，莫拉霍夫村所有纳税人均摊后每缴纳16.25戈比，而托里村社每个纳税人缴纳50戈比。这项税费只征收了四年，缴费的这4年距离给其亲属退税的时间还差很久，但从1879年开始就不再征收此项税费了，改为缴纳军官的人头税了，将人头税分摊到村社占有成员头上（按照农户登记的纳税人数量计算），而军官可以永久免缴。

对于那些很有可能拖欠税款的农民，村社成员有时会采取精神上的激励措施，让他明白将来会因此感到愧疚或采取警告措施。

莫拉霍夫村社没有欠税者，但是会有逾期缴税的情况，村长和征税员每日都上门催缴，欠款人想尽办法也凑不够钱时，无奈之下，只能靠出卖自己廉价的劳动来抵换。由于这种办法比较有效，因此没必要再采用其他更为严厉的措施。最多是警告欠款人，告诉他，如果不缴费就将他送进乡镇的监押室，但却从来没有实施过，也没有出现过因欠缴税款而对自己的村社成员进行体罚的情况。

除了村长和征税员外，其余未按时缴纳赋税的人，在召开乡会时强制其缴纳。

莫拉霍夫村社内没有替村社欠税人偿还欠款的情况，但按照农民的说法，如果未能成功追缴税款，则应由村社占有的成员平摊。

只有欠款人没有能力经营自家份地时才可以将土地转让给他人，转让条件是支付他欠下的税款。

村社成员法律关系

农户不可以把自家的条形田圈起来。允许他们耕种任何作物，无论是春播作物还是秋播作物都可以。乡会不规定开始耕作的日期，由农户自己选择日期开始耕作。不强制大家给条形田施肥。农户可以将自家粪肥对外出售，也可以卖掉所有牲畜。

农民可以按收租或者对分制的方式向外出租自家的地块，出租全部土地还是只出租一部分视情况而定。可以直接出售自家条形田里生长的庄稼，也可以与同村社农民商量互换条形田，但是不能售卖地块（这里的"卖"是指"永久售出"，而把临时出售称为向外出租，即便常年出租也是临时的）。可以把土地转给自己有血缘关系的亲属（父亲的土地留给儿子，传给孙子或者兄弟）。也可以将土地转给其他人，但必须是本村社成员，而且还要征得村社的同意。不可以转给其他村社的成员。

家庭成员可以反对户主转让自己的土地，并且可以为此向村社提出诉讼，村社会拥护家庭整体利益，反对户主个人专权。

未经村社同意，村民不可随意处置自己的庄园，即不可将其出售给村社成员或村社外来人员，但可以和同村社的成员交换宅院地。

村社不参与村社成员间的任何遗产事务。家中父亲去世后由其妻子和孩子（儿童也算）继承死者的份地。没有妻子和孩子时，如果与死者有血缘关系的亲属同意继承并支付使用份地应缴纳的税费，则由他们继承，否则该地交由村社管理。

村社不会干涉本社成员间的任何家庭及日常事务。

村社处理农户分家事务比较简单。农户只需向村集会提出申请即可，而且理由可以很简单就是"过不到一起去"。近3年内莫拉霍夫村发生过3次分家的情况（8号和9号、1号和15号、26号和28号，见表格）。近三年内托里村有2户分家。每户的家庭成员都同意分家。分家成员间终止任何财产关系，只保持道德上的联系，会时常互相帮助彼此，这种联系基于他们的血缘关系或另有原因。

退役士兵和永久休假士兵、士兵遗孀、寡妇和孤儿获得份地的条件如下：经核查证实他们或他们已故亲属的身份真实有效，并且这些人有支付份地应缴税款的能力，否则他们就得不到份地。

村社的无地成员，即使拥有庄园，也不能免费使用草牧场和林地，要按照时价支付使用费。

这两个村社里都没有出现过农户不缴纳赋税的情况，但一旦出现这种情况，欠款人的份地就会被租给那些承诺将按时缴纳份地赋税的人。

村社中没有出现过因欠缴赋税而收回农户土地的情况。只有在他们没有能力经营土地或拒缴赋税时，才可以将土地从农户手中收回。村社永久取消农民土地使用资格的情况没有发生过。

农民可自由支配所得林地，砍伐或出售都可以，但不可以售卖地皮。

村社成员去世后，如果他没有任何有血缘关系的亲属或者有但他们拒绝接手他的份地时，份地则交由村社管理。死者亲属在其生前加入其他组织、其他家庭或分家单过，只要他们同意缴纳使用份地应缴的税款，他们就可以继承该份份地。

分家单过的家庭成员只能从原来所在的家庭中分得份地。只有在村社有闲置份地时，他们才能另外获得一些份地。养子只能使用收养他的家庭的土地，村社不向其提供任何土地。

想成为村社的新成员，只要送上一些伏特加就可以得到乡会的批准，不需要其他特殊的手段，但要就分得的宅院地向村社支付一定的费用。然而费用征收并不是很严格，有些后来的新成员占用宅院地已有几年，但没有缴纳任何费用。可以这样说，只有给他们施加些压力，他们才能缴付费用。村社不会给新农户提供任何优惠政策。

村社成员即使离开村社搬到别处，也要继续缴纳人头税，或者由他的近亲代其缴付。如果他的亲戚不愿接手他的土地，则由村社负责接管，由于要支付用地税款，因此村社会把地租出去。

在村社中还未出现过赎地条例第165条中列出的情况。

以上两个村社中都没有农民在别处购买土地后归私人所有的情况。

必须要持有村社的份地，才能当选村长、征税员或审判员，但百人长和甲长则由所有的成年成员轮流担任，无地成员也不例外。

在举行葬礼或者发生火灾等情况时，村社的成员应当互为彼此的证明人和担保人，互相帮助。在发生以上情况时,如果有人拒绝提供援助,那么他将受到强烈的谴责,甚至可能会强制他履行这方面的义务。

除缴纳税款外,不存在其他连带责任。

村社对外来人员的规定

没有村社外来人员及未在莫拉霍夫村社登记的人员在两个村居住。根据村社农户的观点,如果有这类人出现,那么他们可能会与无地农户享有同等的权利,即他们有租地权,但要向村社支付租金;按照当地的价格付费放牧;若他们与其他村社成员缴纳相同的公社税,则在涉及分配赋税问题的集会上他们就有发言权。

有为死去的穷人提供林地的习俗,谁有能力谁提供,不是必需的。

村社土地占有制与农户土地占有制的更替

上述村社和附近其他的村社都没有将土地由村社占有转变为农户占有。农民们认为这种想法非常的不友好,说这会使大家的关系彻底决裂。几年前在邻近的国家农民村社(瑙戈列夫村社和波克罗夫村社)就发生过非常令人悲痛的混乱事件,该事件引起了军事力量的介入,原因就是农民不愿意将土地由村社占有转变为农户占有。

附录

莫拉霍夫村和托里村居民、牲畜等各项清单,按户列出:

(a) 莫拉霍夫村

户号	户主名字、姓和绰号	居民数量						牲畜、蜂箱和份地的数量(*)						
		成年人		儿童										
		男	女	7到18岁男孩	7到16岁女孩	7岁以下男孩	7岁以下女孩	公牛	马(包括马驹)	母牛	小牛和半大牛	羊	猪	蜜蜂	份地
1.	阿尔捷蒙·莫尔恰诺夫(巴甫连科)	1	2	2	1	—	2	2	—	2	5	—	—	14	1
2.	菲拉列特·谢列达	2	2	1	1	3	—	—	—	—	—	1	1	1
3.	季莫费·谢列达	2	1	1	—	—	—	2	—	—	—	—	—	—	1
4.	阿尔捷蒙·科茹什科(孔德拉坚科)	1	—	2	1	2	2	—	1	1	—	—	—	—	1
5.	尼基福尔·科茹什科	1	1	—	1	2	—	—	3	1	1	—	1	—	1

哈尔科夫省　579

续表

户号	户主名字、姓和绰号	居民数量					牲畜、蜂箱和份地的数量（*）						
		成年人		儿童										
		男	女	7到18岁男孩	7到16岁女孩	7岁以下男孩	7岁以下女孩	公牛	马（包括马驹）	母牛	小牛和半大牛	羊	猪	蜜蜂	份地
6.	丹尼洛·莫尔恰诺夫（巴甫连科）	2	2	—	—	2	—	2	2	1	3	3	3	14	2
7.	阿基姆·托尔斯特赫	2	2	—	1	—	1	2	—	3	5	3	—	20	2
8.	瓦西里·科茹什科	1	3	1	1	1	1	2	—	1	1	—	—	15	2
9.	米特罗凡·科茹什科	1	1	—	—	1	2	2	—	1	1	—	—	—	2
10.	德米特里·皮斯库诺夫（基里琴科）	1	1	1	—	—	2	—	—	—	—	—	—	—	—
11.	伊万·科楚尔	3	2	—	1	1	3	2	—	1	1	2	—	3	3
12.	伊格纳特·科楚尔	3	2	2	—	1	1	4	—	2	2	1	—	20	2
13.	罗季翁·科茹什科（孔德拉坚科）	3	2	2	1	1	2	2	1	3	2	—	—	15	3
14.	奥克萨娜·科瓦利科	3	2	1	1	2	—	2	—	—	—	—	—	—	2
15.	彼得罗·莫尔恰诺夫（巴甫连科）	2	3	1	1	2	1	4	—	3	3	2	5	18	3
16.															
17.	菲利普·莫尔恰诺夫（彼得连科）	3*	3	1	1	1	2	4	1	2	3	—	6	4
18.	普罗科普·库罗奇卡	2	2	2	—	1	—	—	1	1	5	—	—	2
19.	费多尔·库罗奇卡	1	1	—	—	—	4	—	—	—	—	—	—	1
20.	斯特凡·科茹什科	2	3	—	—	—	1	2	—	2	4	7	—	2
21.	斯特凡·马里诺夫（谢廖任卡）	1	3	—	2	—	2	2	4	2	2	2	—	3

续表

户号	户主名字、姓和绰号	居民数量						牲畜、蜂箱和份地的数量（*）						
			成年人		儿童									
			男	女	7到18岁男孩	7到16岁女孩	7岁以下男孩	7岁以下女孩	公牛	马（包括马驹）	母牛	小牛和半大牛	羊	猪	蜜蜂	份地
22.	费多尔·马里诺夫（谢廖任卡）	2	2	—	1	2	1	4	1	2	3	—	—	13	3
23.	塔拉斯·莫尔恰诺夫（彼得连科）	2	2	1	—	4	—	4	—	3	2	13	—	25	—
24.	扎哈尔·科茹什科（基留什金）	3	3	—	—	1	—	2	2	2	3	—	—	—	2
25.	瓦西里·米金图什金	1	3	—	1	—	—	—	1	—	1	—	—	—	2
26.	尼古拉·莫尔恰诺夫（米特连科）	1	1	2	—	1	2	—	2	1	1	—	—	—	2
27.	乌里扬娜·马里诺娃	1	1	—	—	—	—	—	—	—	—	—	—	—	1
28.	米哈伊尔·莫尔恰诺夫（米特连科）	2	1	3	—	1	—	2	—	1	2	—	—	—	3
29.	亚历山大·莫尔恰诺夫（巴甫连科）	1	1	1	1	—	1	2	—	1	1	—	—	7	2.5
30.	拉扎尔·科茹什科（基留什金）	2	1	—	1	2	—	—	2	1	1	—	—	—	1.5
31.	斯特凡·科沃奇卡	3*	3	1	1	—	3	2	—	1	1	2	—	—	3
32.	科尔涅伊·舍斯托帕尔	4	1	1	—.	2	3	2	—	1	2	—	—	—	2
33.	帕夫洛（叶菲姆恰津）·申卡连科	1	2	—	—	2	1	2	—	1	—	—	—	—	2
34.	瓦西里·谢列达	1	1	—	—	2	—	—	—	—	—	—	—	—	1
35.	彼得罗·申卡连科（叶菲姆恰津）	1	1	1	—	2	—	2	1	3	—	—	—	1	2

续表

户号	户主名字、姓和绰号	居民数量					牲畜、蜂箱和份地的数量（*）								
		成年人		儿童				公牛	马（包括马驹）	母牛	小牛和半大牛	羊	猪	蜜蜂	份地
		男	女	7到18岁男孩	7到16岁女孩	7岁以下男孩	7岁以下女孩							
|| 62	61	27	18	39	37	52	23	38	54	45	约50	约172	65

莫拉霍夫村共计有244人，其中男性128人，女性116人。60岁以上的有8人，4男4女；小于18岁的有：处于学龄阶段（7—18岁）的有45人；7岁以下的76人，共计121名儿童。有8个老年人和115名工人，其中包括2名士兵。1857年有65名纳税人。

（b）托里村

	户主名字和姓	成年人		儿童				份地数量
		男	女	7到18岁男孩	7到18岁女孩	7岁以下男孩	7岁以下女孩	
1.	安德烈·加尔昆	1	2	—	1	1	1	2
2.	斯皮里东·库奇连科	1	2	2	1	3	1	2
3.	谢尔盖·巴甫连科	2	1	—	1	—		2
4.	伊万·巴甫连科	2*	1	—	—	1	1	1
5.	费多尔·加尔昆	1	1				1	1
6.	娜斯佳·舍卢季科夫	1	1		1	2		1
7.	列昂季·扎巴什塔	1	1					1
8.	费多尔·布加科	2	4	1	—	—	2	4
9.	亚历山大·加尔昆	1	1			1	1	3
10.	米哈伊尔·加尔昆	5**	3	—		1	6	6
11.	阿夫拉姆·加尔昆	2	2			2		2
12.	科尔涅伊·加尔昆	1	1	1		3	2	2
13.	伊万·格列比尼琴科	2	2	3		1		2
14.	雅科夫·多尔干	3	4	2	—	1		3
15.	伊万·格列别纽克	4**	3	—		1		4

续表

	户主名字和姓	成年人 男	成年人 女	儿童 7到18岁男孩	儿童 7到18岁女孩	儿童 7岁以下男孩	儿童 7岁以下女孩	份地数量
16.	米特罗凡·加尔昆	3＊＊	3	1	—	2	1	4
17.	库普里扬·加尔昆	1	1	3	1	1	—	1
18.	谢苗·谢尔吉延科	2	2	—	—	1	1	3
19.	格里戈里·科列斯尼克	1	1	1	—	—	—	—
		36	36	14	5	21	17	44

托里村共计129人，71名男性，58名女性。其中60岁以上的有3男1女；18岁以下的学龄（7—18岁）儿童19人，7岁以下的有38人，共计57名儿童；有4个老年人和68名工人，其中包括7名士兵。除此之外，还有一个名叫达尼洛—佩列杰里耶夫的农民在本村社登记，但在下杜万村生活，在托里村社占有5份份地。8号农户已搬到多恩，他们把土地租给了村社的其他农户。本村社共有52名纳税人。

后记：1877—1878 村社调查概况

农村公社实地研究的初期[1]

1878年（去年）6月报刊上几乎同时出现了三个《纲要》，这三个《纲要》是为了简化研究同一个十分重要的问题——农村土地公社相关的问题。有一个《纲要》是由叶菲缅科市的个人制定的，另外两个《纲要》是由俄罗斯地理学会和自由经济学社制定的。

尽管这三个《纲要》是完全独立的，但同时间内针对同一问题出现了三个《纲要》也绝非偶然。这也体现了研究这一问题的迫切需求。公社相关的问题在文学领域已经从多方面进行了探讨，但是几乎所有的探讨都停留在理论层面上，因此现在必须要在新的基础上对公社进行研究。所有的研究者都逐渐地感觉到，现在面临的问题是，完全缺少能够总结出合格理论的实际材料。最后，在两个完全不了解农村土地公社的学会的庄严声明中也表示出，他们已经意识到了我们缺少这方面的材料。问题出现了，我们就要解决。建立了两个委员会，委员会制定了两个公开《纲要》，就这样奠定了研究的基础。虽然谚语说："好的开始是成功的一半。"但遗憾的是，我们很多初创事业一开始就受到了限制，实际上也很容易打破这种限制，但我们一半的初创事业在一开始就夭折了。我们害怕对公社问题的研究也会遭遇这样的命运。幸运的是，并非如此。但至今为止读者们还是不了解这一研究事业是如何发展起来的，是如何达到今天这种状态的。在去年11月4日自由经济学社政治经济分部的会议上，我做了《农村土地公社实际研究的初步成果》的报道，但报刊上还没有任何关于研究过程的报道资料。现在，距这一《纲要》发表已经过去了半年，我认为，现在有必要回头看看，并分析一下：我们至今为止取得了哪些成果，我们未来还将会取得哪些进步。

在大多数情况下，我们都可以说，通过不断细致的收集实际数据，我们取得了一定的研究成果，只是耗时较长，因为是在两三年之后我们才得到对研究需求的反馈，有的时候甚至更晚。例如，曾经关于法律民间习俗的研究也经过了这样的发展历程。对公社的研究则稍有不同。在《纲要》出现两三个月后我们就得到了反馈，这也是因为在社会中关于农村土地公社的问题激发了人民的兴趣。自然而然的，就要来进行实际的总结，现在已经允

---

[1] 资料来源：普罗尔措夫 A. H.：《实证调查村社的初期》，《俄国自由经济学社学刊》1879年第4期，第521—542页。

许研究这一问题了，不再是只能把这个问题往后推，仅仅在遥远的将来才能对其进行思考。但现在仍然有必要关注社会如何响应科学号召，并关注目前已有观察结果中的一些事实。这两个问题对研究事业未来的顺利发展都极为重要。

自由经济学社政治经济分部特殊委员会制定的《收集农村土地公社资料的纲要》于1878年5月22日确定通过。有意者可以在《纲要》的引言中以及第856期《新时代》（1878年7月18日）内《关于公社的现实问题》一文的详细介绍中了解出现和制定该《纲要》的历史。该《纲要》于1878年7月在自由经济学社《劳动》一书中出版，并单独印刷了1200册。开始认为这一印发量第一年已足够满足需求，但后来发现第一年的印刷量也无法满足需求。

采用下列方法来推广《纲要》。将该《纲要》分发到各省的统计委员会（每个委员会10本）、中央统计委员会（25本）、经济和农业协会（每个协会10本）、报社和杂志社的编辑部（每个编辑部2本），然后又分发给了许多了解公社并对其感兴趣的个人。在报纸上刊登了许多关于该《纲要》问世的公告，刚才我也提到了，所有有意者都可以在协会办事处得到这本书。由此一来，刚刚公布该《纲要》已出版的消息，就有相当多想得到《纲要》的人来到协会办事处。来到协会办事处或者找到个别协会成员以口头形式表示想要这本《纲要》的具体人数未知，书面申请已经收到了56封，现在我们也还在陆续地收到这类申请。这些书面申请不全是来自后来我们进行调研的地方，也经常有人请求往莫斯科邮寄《纲要》，例如，后来，有人建议我们去国内的某个城市，然后在那里进行观察。因此，不可能准确的按照不同的省来分配《纲要》，这样做也没有任何意义。

申请需要《纲要》的都是各行各业的人：地主、法院侦查员、大学生、乡村教师等等。甚至还有两个商人、一个村书记、一个农民也提交了申请。口头申请比书面申请要多得多，但还是要特别关注书面申请，因为毕竟能让比较懒惰的俄罗斯人动笔也不是件容易事。如果俄罗斯人动笔写了申请，那就意味着他对这件事特别感兴趣。在今年1月份之前书面申请获得《纲要》的人中，已经有5人寄出了回复，其中还包括一个地主。由于需求量很大，印发的份数不够，因此只好拒绝后面的申请了（从10月开始）并援引刊登该《纲要》的《著作》。

9月份公社收到诺夫哥罗德省地方自治管理局的申请，说需要300册《纲要》。当时协会的库存已经不多了，只好一共寄过去了10本。后来，诺夫哥罗德管理局又重申了一遍自己的请求，并解释道，在收集农村土地公社的资料时，想尽可能地让更多的人参与到这项工作之中，所以管理局申请需要《纲要》，付钱也可以。但遗憾的是，《纲要》已经没有了，没有东西可以寄给他们了。

为了让其他地区也出现和诺夫哥罗德省自治局那样组织农村公社研究的意愿，在今年夏天需要二次出版《纲要》才能让其他的地方自治局也能对其进行模仿。但尽管如此也需要注意下列问题。如果很多地方自治局，哪怕是一半的地方自治局都想像诺夫哥罗德自治局那样需要很多册的《纲要》，那么很明显，自由经济学社就无法满足所有人的需求了。在这种情况下，地方自治统计委员会解决了这个问题，该委员会翻印了该《纲要》然后把《纲要》分发给了公社的中间人，中间人再把《纲要》给了乡镇管理部门。沃洛格达省统计委员会也想要通过中间人收集到信息，但是该委员会却没有翻印《纲要》，而是去协会办事处要本来数量就不足的《纲要》。那时候协会里已经一本《纲要》都没有了，所以只能拒绝。

在其中两封书面申请中（一封来自斯摩棱斯克省，另一封来自萨拉托夫省，分别是医学院的学生和技术学校的老师所写），寄信人表示他们除了希望能够从自由经济学社得到《纲要》之外，还希望能够得到可以证明已授权该人员收集农村公社信息的书面材料。这样一来就能够消除农村政府和县级警局对材料收集者的误会，起初并不能满足上述两个请求，因为原来这个问题不是由协会负责，但在11月4日的会议上提到了这个问题并且向内务部部长提出需要解决《纲要》印发册数的问题，希望地方政府能够给予材料收集者一定的帮助。

综上所述，我们的民众对促进研究农村公社相关重要问题的号召作出了十分积极的回应。《纲要》很快就一扫而光，甚至印发的册数都没能够满足所有有意者的需要。

媒体支持《纲要》的出现并十分理解。在大部分的报纸和杂志上出现了一些文章，文章中表明研究事业的意愿是有益的，但只有《星期》（1878年第36期）中切尔尼戈申茨的文章《用于研究公社的三个纲要》对《纲要》进行更为详尽的批判性评价。通过对比三个《纲要》，作者表示更喜欢叶菲缅科《纲要》中的一些细节，而自由经济学社的《纲要》更具系统性、研究可行性，对一些最重要的问题有明确的表述，例如，重新分配问题。除此之外，十分重要的是，切尔尼戈申茨认为，自由经济学社的《纲要》并没有向信息收集者提出共性的问题，所提出的问题都是那些他们不能够准确回答出来的问题，并且不断地提醒研究者，我们需要的仅仅是该公社所需的数据，需要明确的划分出对其他公社也适用的信息。

《纲要》流传得很快，刊物对《纲要》的评价也是有共鸣的。现在就需要等待最主要的，也就是调查回复。不需要等很久；8月末我们就收到了第一封回复。此后的6个月期间一直到3月初，我们陆续收到了许多回复，我们先将这些回复按照来源的地区分类，然后再将这些回复按照内容分类。

从下列省份每省中收到了一封回复：科斯特罗马省、辛比尔斯克省、萨马拉省、库尔斯克省、切尔尼戈夫省、哈尔科夫省、弗拉基米尔省、托木斯克省；从图拉省收到了两封回复；从沃洛格达省、诺夫哥罗德省、梁赞省每省收到了三封回复。除此之外，从沃洛格达省还收到了各乡乡长通过省统计委员会发来的12封回复（其中两封来自乌斯秋格县、十封来自格里亚佐韦茨县）。从维连省收到的回复最多，该省曾将《纲要》分发给各公社中间人和乡镇管理局。在来自维连省的回复中：9封回复来自维连县、3封来自维列省、10封来自利兹县、1封来自特罗克县、3封来自斯文齐亚恩县、3封来自奥什米亚白县。共有29封回复。再加上从其他省份收到的回复（31份），一共收到了60封回复。还应该指出的是，在两个梁赞省的回复之中包含对个别公社的25个观察结果汇编，因此这样算的话一共是收到了83封回复。

毫无疑问，来自维连省回复的数量很多一定要归功于维连省统计委员会对《纲要》进行了积极的宣传。上面也指出了，维连统计委员会翻印了《纲要》。但应该说明一下，根据印刷的版本（在大开的页面上有位置书写回复）只从维连县一个地区的公社中间人那里得到了回复（8封回复）。《纲要》的翻印版本对于推广这一《纲要》来说无疑是非常有益的，但是尽管如此也希望是将整本进行翻印的，没有任何遗漏，小号字对于解释很多问题来说也是非常重要的。在维连县乡镇管理局翻印的版本中，只留下了《纲要》里的问题，删掉了所有解释性的文字（《纲要》用小字号标出），因此，一些非常实质性的问题——比如说重新分配——表述的还是不够清楚。总之，来自维连省的回复数量是最多的，但遗憾的是，乡长和村书记给出的回复太短了，不合乎要求。除了少部分回复以外，大部分的回复涉及的只是关于赋税以及公社成员法律关系等对于公社土地和区段土地来说具有同等意义的问题，而关于最有实质性的公社土地相关问题（如重新分配这一问题）并没有得到回复，也就是说维连省大部分地区是没有公社土地的。沃洛格达省乡长们的回复中虽然涉及了所有的问题，但大部分还是有些简短和模糊。如果统计委员会不是从乡长或村书记那里收集信息，而是从乡村教师或牧师等人那里收集信息的话，就会达到最好的效果。

来自不同省份的其他回复也是十分重要且有意义的，因为这些回复都是由对研究对象十分感兴趣且愿意为此奉献自己力量的人提出的。的确，一些回复有些简短，因此其他的实质性问题并未阐述清楚，但是大部分的回复并非如此。根据回复的形式可以将其分为三个类型。第一类：或多或少的对《纲要》的每个问题作出简短回复，且有时研究者会在一个词上做文章，例如，有、存在。其中个别的回复在叙述上没有共同的联系。第二类：整个回复都在叙述该公社的整体情况，并且收集者严格遵循《纲要》问题的顺序，完整的回复所有提出的问题。同时收集者对某一个公社进行详细的描述，在必要情况下有关其他类似公社的信息会在相应位置上明确的标出它属于哪一地区。第三类：只有一个回复属于这一类，但这也是篇幅最大的一个回复。这类回复并不是对个别公社及其相邻公社的一些不同之处或相似之处进行描述，而是对整个乡（20个公社）观察结果的汇编，以带有《纲要》相应部分章节的专著形式呈现。这部非常有趣的著作是由中央统计委员会会长П. П.谢苗诺夫完成，对梁赞省旦科夫县穆拉耶文乡的公社进行描述。这一著作不仅使当地居民更加了解该地区，还使他们更加了解过去人民的生活。但尽管这一著作有许多优点，我们认为它无法成为所有收集者的范本。因为《纲要》一直以来的目的都是收集准确、详细、原始的材料。在谢苗诺夫的研究中，除了材料之外，我们还得出了一系列的结论，但如果这些结论是在准确但数量不足的观察基础上得出的，那就是十分危险的。我们认为其他有经验的研究者手上资料的这种类似危险性会比谢苗诺夫的少一些，因此，第二类就应该属于是正常类型的回复。

研究农村公社最重要问题之一就是土地重分，即村社社员间划分土地的问题。了解农民的土地规划，对于更好的理解这一复杂的问题来说十分重要。以前我们完全不关心类似规划的制定和收集，因为有关公社的争论还仅仅是停留在理论层面上。大概是在波斯尼科夫《公社土地》第二卷中首次出现这类规划的。其规划给出了明确的概念，其中包括按照土地的优势将农民的土地划分成一些大地块和条形田的目的，还有公社土地分配的一些特点，但只是大概的划分出条形田且没能够确定条形田的宽度和其他的特点。在对《纲要》

的回复之中包括三个类似的规划：分别来自科斯特罗马省的巴拉基列维先生、诺夫哥罗德省的格奥尔吉耶夫斯基先生、哈尔科夫省的利托申科先生。规划大部分是手写的，但还是极大地促进了人们对将农民土地划分为大地块的了解，所以收集者最好能够草拟出类似的规划哪怕是关于三块农民土地其中的一块，并且将规划附在回复上。除了上述的规划之外，还有两个由卡韦林内教授提出的库尔斯克省两个公社的大规划。规划由土地测量员奥尔洛维制定并执行（他完成这项工作仅仅是出于对这项事业的热爱，没有任何的报酬）。在这些规划中不仅包括土地的大规模分配情况，还包括所有单个户主的条形田分配情况。遗憾的是，由于这些条形田过多，因此在规划中显示的非常零散。除此之外，在规划中暂时还没有详细的解释，这会导致规划失去很多价值。

从科学角度来看只有唯一一个公社的规划是完全符合要求的，我去年夏天在雅罗斯拉夫市的 Е. И. 亚库什金那里曾看过那个规划。该规划是雅罗斯拉夫统计委员会下令对一个打算进行重新分配的公社的土地而制定的。在重新分配之后，还会制定新规划，两个这样的规划对重新分配一词所指的复杂程序进行了详尽的说明。遗憾的是，农民们改变了主意，认为不必制定第二个规划。但第一个规划本身就是非常好的。不仅明确的划分出了户主的条形田，还会明确的标出每个条形田是分配给多少人的，并公布户主的名字等等。针对规划有详细的注释，且注释部分也会出版。制定详细且带有注释的规划绝非易事，但在很大程度上来说这是十分有益的。如果有人能够对针对同一个公社重新分配前和重新分配后的土地制定两个规划，那么毫不夸张地说，会为我们的公社研究事业带来非常宝贵的价值。

协会收到的回复预计从今年秋天开始印刷并且从中为农村公社的研究制定专门的《材料集》。我们逐渐地积累了一定数量的资料，大概能够在这些资料的基础之上作出关于我们公社的最新准确总结。当然，现在所有的总结尚是为时过早。所以我们只允许自己传达一些关于在研究公社日常生活中遇到的三个实质性问题，即划分土地份地、重新分配的类型、连环保的问题。

将土地或多或少的分成大份地在村社的生活中具有十分重要的意义。如果没有这样的划分，农民就会在同一个地方得到土地，那么可能有的人会得到优质土地，而有的人则会分得劣质土地。将土地正确划分成若干份并进行有意识的管理，由此一来每个农民就都能得到自己的份地。看来，由于存在共同的社会现象才会出现这种土地分配方式。在对《纲要》的所有回复里也都指出了这一点。在《纲要》的第23个问题中指出了分配土地的三个原因：(1)土地质量不同；(2)地区分配不均匀；(3)土地距离村庄或远或近。这三个原因的确是共性的问题且几乎在任何发来回复的地区都在重复出现。但除此之外，谢苗诺夫在自己对穆拉耶文乡的描述中指出形成这种特殊的份地或地段还有下列原因：(1)十分可能会被牲畜践踏的份地，例如靠近牧场的份地经常会单拿出来进行抓阄，并且在这块份地中牧场是条形田的开端，所以每个户主都一样会遇到土地被牲畜踏坏的情况，为了每个人的利益，为了避免损失需要将公社的土地圈起来。(2)公社对于自己份地的态度，穆拉耶文公社就是典型的例子（22个有权得到份地的农民拒绝分到份地，他们不希望也不可能成为庄稼人。然而，在分配土地的时候也要将他们计算在内，换句话说，他们同意得到份地是为了之后马上将份地转移出去。公社将该土地列入各户间共同的人均分配范畴之中，但从中按照特殊的抓阄方式在三块土地的每块土地末端划分出特殊份地）。(3) 对没有分割成俄亩的某些份地描述不正确。"农民刚刚在自己的规划以及实际情况中发现这种土地分配方式，这种土地分配方式并不是对土地的正常描述，而是不太正确的描述，所以不能够为了将这片土地列入大抓阄的范畴之中而去测量土地的面积，他们根据这种并不准确的面积而划分出特别的份地，制定特殊的抓阄方式。"同时应该指出在梁赞省（根据谢苗诺夫的研究以及自己在斯科平县的观察）农民仍然将土地分成个人俄亩，或者就是说划分成宽为40俄丈的俄亩（宽40俄丈，长80俄丈），在分配土地时总是要按照这个数量来进行，但当时在其他的地区完全不注意这一问题。谢苗诺夫还补充了一个形成单独份地的原因，就是：在纳税人数和俄亩数量间可能会存在比例关系。他用下列例子十分含混不清的对其作出了解释。"格列米亚琴斯基公社共有96人。这一数字除以8没有余数。8这个数字在分配长度为80俄丈的土地时是非常方便的。所以将宽为40俄丈的俄亩的土地划分为8个人均份地，也就是96除以8，每人12俄亩，这一数额用来抓阄十分方便。"

  这里必须要补充说明一下。"抓阄"一词在梁赞省使用时有三种意义：第一种是通用的意义；第二种情况，抓阄表示分别由6、8、10、16人组成的公社来抓阄决定拥有哪块份地。在这种抓阄方式中户主的数量是无关紧要的；例如，如果公社中有6个人参与抓阄，那么三户每户两个人或者两户每户三个人，或者六户每户一个人，或者一户六个人一反正都是属于同一种抓阄方式，能够划分出土地的一个份地—例如划分出俄亩。假如在抓阄时每个公社里有6个人，那么一共有60人，一共有10个阄。当时每十俄亩要重新由第一个人来进行抓阄。这就是整个10俄亩的（我们假定的）总和，10个阄正好是10俄亩的土地，这也就再一次体现了抓阄的第三种意义，且谢苗诺夫使用该词的这一意义可以将其视为是份地的同义词，也就是说，指的就是通过抓阄按照一定的顺序来分配所有公社成员的份地。经常会出现这种情况，在进行彻底式土地重分时在每个份地抓阄后马上还需要再抓一次阄（这里是该词的基本意义），从而确定某个某一份地（总人数）的位置。但在斯科平县伊斯梅洛沃乡斯帕斯基村我发现了一种不一样的方式。该村一开始第一次抓阄确定份地时会确定分布份地的顺序，然后在其余的抓阄过程中就按照这个顺序进行。在斯帕斯基村这种方式被称为是：普遍抓阄。农民赋予了"抓阄"一词许多不一样的意义，毫无疑问，这在初期也对研究者造成了困扰，很奇怪的是，尽管俄罗斯人自己的语言是很丰富的，但仍然在这种情况下是词穷的。还要指出的是，在研究抓阄划分土地及分配土地的过程中，术语的混淆实际上是最小的障碍。但与此同时这也对抓阄程序的准确研究具有很大的意义，应该尽可能详细的对其进行描述。

  然后我们回到谢苗诺夫的例子上。他表示："由于12俄亩是最方便抓阄的数额（这里的抓阄指的是上述的第三种意义），在第一次抓阄时在每块土地上分出最近的12俄亩，第二次抓阄再分出12俄亩，第三次抓阄再分出12俄亩。由于每块土地上农民能够平均分得55份四十俄丈的俄亩，那么就可以再制定第四次抓阄然后还会剩下7俄亩土地来进行第五次的不完整抓阄。但是让每个签里面都有每块土地里超过两个或三个质量和位置相同的份地是不太方便的，而且在确定了第一批抓阄的签之后，剩下的土地（19—31俄亩）就会被拿来进行更为细化的抓阄，所以在每块土地上都会有 7 到 8 个签。穆拉耶文公社里有 232 人，也按照原来的分配方式除以 8，将俄亩分成 8 个人均份地，抓阄就是 232 除以 8，也就是每人能分到 29 俄亩的土地。"

在谢苗诺夫举的例子里好像的确存在纳税人数和俄亩数量间的比例关系。但是我认为这只是偶然。我的推测是基于在梁赞省我遇到了按照份地和俄亩进行抓阄分配土地的方式，但没有出现这种比例关系。只有在一种情况下（波克罗夫斯克村）有 378 人，除以抓阄份地的数量 6 等于 63 俄亩没有余数。在其他情况下这种比例关系和农民的习俗并不吻合。下面的这些情况：斯帕斯基村（伊兹迈尔乡）452 人，抓阄份地数—8，每签份地—56.5 俄亩；博博雷金诺村（库尔巴托夫斯基乡），95 人，抓阄份地数—10 人，每签份地—9.5 俄亩；米洛斯拉夫斯基村（伊兹迈尔乡）157 人，抓阄份地—16 俄亩。我不知道农民在选择抓阄份地的大小是 8、10、16 等等时遵循的是什么以及人数究竟是多少。农民自己也无法解释，看来出于方便很久前就已经确定了抓阄份地的大小。

得到某一俄亩的户主就要参与到抓阄分配份地的形式之中并且他们之间也要抓阄确定谁是第一个，谁是第二个等。谢苗诺夫必须要观察户主间如何横向划分土地，我在斯克平县也经常看见纵向分配土地的情况（四十俄丈的俄亩）。例如，在米洛斯拉夫斯基村由 16 个人进行份地抓阄，于是每个人分到的份地就是 40 除以 16 也就是宽度 2.5 俄丈，长度 80 俄丈的土地。3 户参与到同一个份地的抓阄中。第一户有 7 口人，第二户有 5 口人，第三户有 4 口人。第三户从左边开始进行第一次抓阄，一共有 4 份土地分给 4 个人，这些份土地是在同一个栅栏里彼此相邻的，所以能够得到的土地就是 4 乘以 2.5 即宽 10 俄亩，长 80 俄丈的土地。家里有 5 口人的户主得到的是宽为 12.5 俄丈的份地，剩下的一户得到的是宽为 17.5 俄丈的份地。在一个村子里（博雷金诺村）根据家里人口的数量，某一户主的所占份地具有单独的界线。这样一来，份地抓阄时有 10 个人，若是其中有三户每户三人，而有一户是一人，那么就一定会从土地边上开始给最后一户分配土地；一人户和其他的三户从左边抓阄选择土地位置，从而确定是从左边还是从右边开始给一人户分配土地，然后其他的三户再抓阄。如果三户里面有一户是 5 人。而其他两户是 3 人和 2 人，那么 5 人户就可以自己选择土地的位置了。

还应该指出的是，如果份地抓阄是由固定数量的人口组成的（10、8、16 等），那也并不意味着一定是这些人来分所有的土地，这仅仅意味着在大多数份地抓阄时是这些人来分土地。在其他的地区，特别是在土地有一定特点的地区，抑或是土地状态非常好，抑或是土地状态非常不好的地区，有时（当份地抓阄时有 10 人时）会有 15、20 或更多的人来分土地。

在梁赞省，斯克平县除了划分份地和抓阄之外，还有另一种分配方式，是不能够和其他分配方式混为一谈的，是将土地分为大宽条形田或者可以说分成长度不定宽度为 80 俄丈的土地，也就是所谓的柱形田。这些柱形田会划分成四十俄丈的俄亩同时会按照土地或者抓阄份地的质量将其划分成份地，关于这点我们上面已经提到过了。柱形田的两端或者有道路，或者有通往条形田末端的宽地界。在将土地划分为抓阄份地时，我发现斯克平县（伊兹迈尔乡）还有这样的特点。如果在优质土地的条形田上意外出现了哪怕是 1 俄亩或是 2 俄亩的劣质土地,那么也要绕开这片土地然后按照份地抓阄的顺序给下一户分配最近的优质土地。农民心里认为,劣质土地也属于同等质量抓阄份地的一部分,且在分配劣质土地时也会进行抓阄。

也是来自梁赞省(梁赞县索罗钦斯基乡普斯滕村)的兹拉托夫拉茨基在自己对《纲要》的回复中,提到了下列关于土地分配的信息:在弗拉基米尔省按照土地的质量和位置(在弗拉基米尔省这种分配方式称为按类划分)将三块土地中的每块土地都分为优质土地和劣质土地;山地和低地。每块份地都要用绳子来测量并分成 10 个等同的部分,分为 10 份,一共有 1050 个公社人员来分这十块份地,也就是说,105 个人一份。每份还要抓阄。每块份地要分为 4 部分,4 俄斗,(每 26 个人分到其中一部分)。这 4 俄斗还要进行抓阄。每俄斗要一分为二分为十六分之一俄石(即每 13 个人能分到十六分之一俄石)。接着再进行抓阄,最终再把最后这部分分成每个人所得的条形田。为了避免土地过于分散,把几个人聚集在一起,一起进行一次抓阄并将条形田划分到同一地方,然后他们自己再"平分"或者用一块土地的条形田来交换另一块土地的条形田或者再进行抓阄。如果在抓阄时有人分到了相对于其他人的土地来说是劣质的份地,那么为了最大限度的对等,会增加其份地的数量,在分配份地时从其他的份地里多分给他一些余地(地边)(因为土地不是永远都那么规整的)。

根据份地的位置、份地的形状或者其他偶然的因素常常单独的份地也有自己的名称。在巴拉基廖夫的回复中(来自科斯特罗马省基涅什马县结赞乡波戈列洛夫公社),我们发现了下列地区份地的名称。巴拉基廖夫表示,在波戈列洛夫村首先将每块土地划分成若干部分,我们称之为处女地。农民从其中的每部分都能得到条形田(该公社一共有 26 人,不划分俄亩)秋播田被分为十块份地,每个里面都平均有 1 块条形田,条形田的名称如下:黑色斜田、平地斜田、磨坊条形田、优质条形田、短窄条形田、大斜田、大条形田等。春播田也分为 10 块:大条形田、短斜田、草地条形田、窄条形田、低地条形田、柱状条形田、路边斜田、灌木条形田。休闲地分为 7 块:灌木条形田、山上条形田、大条形田、镶嵌条形田、低地斜田、塔拉索夫斯基条形田及多石条形田。在划分土地时主要的问题就是要按照条形田的方向来计算这些土地的不同斜度,同时甚至在一片田野中土地质量的差异也有一定的意义。这种划分很早就存在了。

几乎在每个回复里都重复提到了土地划分成份地的这一问题。由于一些偶然的原因将不久前的份地划分成新的地块。在来自沃洛格达省(维利斯基县)的一封回复中说到,在乌斯特韦利乡的乌斯特韦利公社,最后一次将土地分成新的份地是在 1857 年。由于汛期时瓦加河对土壤的冲刷及积砂,以及雨水冲刷不太肥沃的土壤层而造成山丘土壤的衰竭,这一份地必须要进行划分。

如上所述,划分土地(在梁赞省)是除了将土地划分为更大的份地之外,还或多或少的要将其划分成正确的形状,我们称之为柱形田。在来自辛比尔斯克县(温多尔乡阿列金公社)克拉索夫斯基的回复中出现了这种划分方式。克拉索夫斯基表示,为了更加方便的重新划分耕地,要将每块土地划分成柱形田,再将柱形田分成"方形田",再将每个方形田分为 8 个条形田。除此之外,还要按照土壤质量将每块土地划分为若干部分。柱形田的宽度为 80 俄丈，长度不同，取决于柱形田在公共土地上是横向还是纵向设置的。临近的柱形田彼此划分的间隔界为 3 到 4 俄尺宽并且能够使农民通过这一地界到达自己的条形田。"方形田"的长宽均为 80 俄丈，彼此划分的间隔界宽度不超过 1 俄尺。划分出的条形田宽度为 10 俄丈、长度为 80 俄丈且彼此间用稍微深一些的沟壑隔开。这就是划分成"方形田"十分有趣的原因。在许多地方（我在斯克平县见到过）农民称宽度为 10 俄丈、长度为 80 俄丈即四分之一的四十俄丈的俄亩为"四分之一俄亩"。农民自己也无法向我解释出为什么会出现这个奇怪的名称。同时，如果认为俄亩是单位，那么很明显我们本可以只说四分之一这个词并且推测实际原来存在这种大单位，只是后来人们就忘记了。在辛比尔斯克省存在将土地划分成"方形田"的现象似乎就能够证实这一推测，因为四分之一俄亩（10 俄丈）正好就是"方形田"八分之一。

分配土地与将其划分为柱形田是非常相似的，正如在格奥尔吉耶斯基的回复中所看到的那样，在诺夫哥罗德县格鲁津诺村，将一块土地划分成 4 个长椭圆形的条形田，农民称其为长椭圆形田，其大小也不相同。每个长椭圆形田要横向划分成地块，其数量取决于土壤的质量及土地的位置。地块的大小无法一致。在第一块土地上每 1—2 个长椭圆形田划分成 4 个地块，而 3—4 个长椭圆形田划分成 3 个地块。这样一来就有 14 个地块，每户能够从这些地块中得到条形田。第二块土地里有 3 个长椭圆形田。其中第一个是由两个非正常形状的断裂部分组成，第二个平分成 4 个地块，而第三个分成 3 个地块。这样一共有 11 个地块，3 块土地划分成 3 个长椭圆形田同时还划分成 5 个地块，每户的条形田都经过所有的土地，虽然是由两条道路将彼此分割开的 3 部分组成（每个长椭圆形田上的一部分）。

这里还要顺便提一下在诺夫哥罗德省其他县——乌斯秋日恩县的土地划分情况，该县直接把土地划分成地块。在这种情况下主要有两个地区名称是令人好奇的。来自乌斯秋日恩县切连斯科—热勒诺弗乡卢金村的沃龙诺夫在自己的回复中表示：靠近村落的第一部分称为第一靠近住宅的份地，有优质土壤的下一部分称为第二靠近住宅的份地，然后从第三个大部分开始称作大份地，其中最后的且远离村庄的那部分，带有少化肥、厚的、潮湿土壤的那部分土地被称作贫瘠土地。而该土地上的条形田称为贫瘠条形田。

对语文学没有深入的了解，我们不能够将"抓阄"和"抽签"这两个用于表示分配地块的有趣词汇进行对比。这两个词是否有同一个来源，源自民间习俗，源自将地块划分为更小部分的程序，晃晃帽子（钱包、袋子），然后从中取出签。并且对于每个新地块都要进行重新摇签，然后才会开始新一轮的抓阄。"贫瘠的"这一词也十分有趣，该词在乌斯秋日恩县用来确定最不好的袋子，而正如卡拉基夫所说，在科斯特罗马省基涅什马县当从帽子里取出签的时候，第一个签叫作"机灵的"，而第二个签叫作"贫瘠的"。

最后我们还要指出一种分配土地的独特方式，来自尤季诺村（库尔斯克省德米特罗夫县格拉马兹金乡）的利特温诺瓦女士在自己的回复中提到了这种分配土地的方式。她说："每块土地划分成俄亩，每块土地或更换地上每 3 俄亩为一份土地。这里的俄亩指的不是日常或者官方所说的俄亩，而是将土地等同划分出来的地段，每个地段包括 2114 平方俄丈，（宽约 26 俄丈）。在每块土地上有 78 个这样的份地，则在所有的三块土地上一共有 234 个份地。村庄特殊公社的其他土地中，在每块土地上，18 俄亩就有 54 块每一课税单位所耕作的土地，在三块土地上就共有 162 块（应指出的是，在该地区，完整的课税单位所耕作的土地应该由 2 个具备劳动能力的男性和 2 个具备劳动能力的女性来耕作）。"

从列举的事实之中可以看出，土地分配形式是如此的多种多样，且有时很难将农民的土地划分为大大小小的份地。在观察期间积累的东西越多，对这一复杂程序各种方案的解释就会越明了，但是信息收集者对于该事业十分热爱，不忽视任何小细节并且努力去弄清所有模糊复杂的东西是非常重要的。有时候这真的不是一件容易的事。庄稼汉自己也很明白这件事，他们也认为，深入了解情况且"有学识"的地主应该对这些情况更加了解。因此在回答问题时，他们规避了很多似乎完全不清楚的东西。常常要以 10—20 种不同的方式来问同一个问题，最后在许多的回复中才能够弄清楚事情的实质。在询问关于划分土地的问题时，一定要到土地里去，确认各种细节问题，绕着土地走一圈，去询问，谁的条形田在哪，然后再进行测量等。在这个过程中工作的兴趣会极大提高，而所有的劳动和疲倦都是可以换来利润的，并且之后还会有一定的价值，即能够在可靠事实的基础上得到准确的研究结果。

需要十分细致的研究重新分配这一问题。这是公社土地所有制中最重要并且最复杂的问题。上面在切尔尼戈申茨的文章中已经提到了这一观点，重新分配这一问题从没有像在自由经济学社《纲要》的第 18 卷中解释的这样清楚明了。的确，迄今为止，重新分配一词仍然是不明确的。在《纲要》中尝试指出重新分配的三种类型：1）打破田界的彻底土地重分；2）抓阄式土地重分；3）计划式土地重分。去年夏天在梁赞省和科斯特罗马省研究公社土地所有制时在实践中检验了这一《纲要》，可以说，总体来看，这一分类是正确的。只是不应该把"打破田界"认为是彻底式土地重分的特性。打破田界，也就是形成新的垄沟或田界，或是销毁旧的垄沟或田界，这种操作在三种土地重分的类型中都是存在的，尤其是在计划式土地重分中更为常见。而且如果彻底式土地重分不具有这一特性，那么彻底式土地重分实际上就是要按照新的人数，新的条形田数量进行重新分配，并且条形田的宽度也发生了变化，这种土地重分的方式是非常清楚明了的。

现在出现这样的问题：俄罗斯的不同地区多久进行一次某种土地重分呢？如何进行呢？土地重分对农民的福利有什么影响呢？当然，只有收集到了来自俄罗斯各地的许多回复之后，才能够回答这三个问题。现在我们只能够列举一些事实。

在一份《纲要》的回复之中，不止一次的提到一个定论，即在俄罗斯的黑土地上多久进行一次土地重分。谢苗诺夫基于自己对穆拉耶文乡（梁赞省）的研究而确定，所有周边地区（原地主农民）在解放之后没有进行过一次彻底式土地重分、抓阄式土地重分以及计划式土地重分。我认为这一观点的理由是不充分的。我并不怀疑在穆拉耶文乡没有进行过彻底式土地重分，但这一事实未必是具有普遍性的。例如，也是在梁赞省的斯克平县（伊兹梅洛夫乡），我就观察到过下列现象。在我所参观的 5 个公社之中，的确在解放之后没有进行过土地重分，但是在一个公社（斯帕斯基村，国有农民公社）1877 年按照现有的人数进行了一次彻底式土地重分，而在波克罗夫村的另一个公社（原贵族农民公社），计划在今年即 1879 年彻底重分土地，因为这里的农民每 12 年重新分配一次土地，今年刚好是第 12 年。

但也应该指出下列事实。的确经常能够遇到这种情况，解放之后村子里就没有再彻底重分土地了。研究者首先应该自己弄清楚这一问题，然后在确认这一事实时去询问解放后很快参与过最后一次彻底土地重分的农民。如果在这个公社里不久前进行过土地重分，那么就更好，研究者是幸运的，因为农民还能记着某些细节，但即便是很久前进行过重新分配，在大多数情况下他们也会清楚地记得所发生的一切。

在我所研究的斯克平县的公社中没有发现户主间普遍交换条形田的抓阄式土地重分方式，因此这一点无法对谢苗诺夫的观点提出异议。但毫无疑问的是，在其他地区经常出现这种形式的重新分配且经常重复出现。在其中一个《纲要》回复中可以看到，在诺夫哥罗德省、诺夫哥罗德县、图拉省、图拉县、德米特罗夫县、库尔斯克省以及辛比尔斯克都出现过抓阄式土地重分这种方式。

第三种土地重分方式即在自由经济学社《纲要》中提到的计划式土地重分，这种重分方式在于缩减家中人口以及公社工作人员数量减少的农户的条形田数量，转分配给家中人口以及公社工作人员数量增加的农户。谢苗诺夫认为在他所研究的地区不存在这种计划式重新分配，并且认为这是所有黑土地上的共性现象。他说："公社如何管理那些无主土地是一个非常重要并且有趣的问题。土地无主的原因是：1）农户一家全部死掉；2）在农户中没有劳动适龄男性；3）户主或者唯一的劳动者由于生病、痴呆、不再耕种等原因最终不需要土地；4）公社抽中的份地拖欠赋税。除了第一种及最后一种情况之外，公社不再拥有份地，将份地还给户主，户主通过和其他公社成员的私下交易将土地转移出去，当然还要获得社长的同意，其中一个必要条件就是公社及时缴纳了该土地的赋税。只有在土地无人继承或者自愿将土地返还给公社户主或者最终土地累计的拖欠赋税需要公社来平摊时，公社才认为土地完全归自己所有。"

谢苗诺夫认为，公社很少干涉无主土地的管理问题。相反我认为，如果相关人士去公社寻求帮助的话，公社每一次都会决定无主土地该何去何从。我的观点以我在梁赞省斯克平县的观察为基础，我们收到的许多《纲要》回复也证实了这一观点。从回复中可以看出，诺夫哥罗德省、诺夫哥罗德县、梁赞省、梁赞县、格里亚佐韦茨县和沃洛格达县、沃洛格达省、图拉省、图拉县、科斯特罗马省基涅什马县、辛比尔斯克省以及辛比尔斯克县在公社的指挥或者统一之下户主间进行了计划式土地重分。

斯克平县的计划式土地重分主要是按照以下形式进行。如果某农户家中减少了一口人或几口人，另一个农户家中多了人口，且暂无土地，那么该农户就向公社索要减少人口的农户的多余土地。公社一般讨论一下后会同意。如果有一些人想要得到无主土地，那么他们就要抓阄。6月我还见到了一次计划式土地重分的情况。例如，当时并不是把伊万（家里人口减少）的全部土地都给了彼得（家里人口增多）。而是立刻把休闲地和秋播地都给了彼得，暂时留给伊万的就只有要收获粮食的播种地并且这块地明年春天也要给彼得。种上春播作物的土地在收获庄稼之前也暂时留给伊万，只是从明年秋天起这块土地就归彼得所有。按照规定，彼得并不是马上就要来支付土地的费用，只有其中一部分需要彼得支付。在转交土地时，要从伊万应缴税的条形田中划分出一人份的条形田给彼得，这一条形田应该是有更深的垄沟将其与其他地段隔开的。伊万转给彼得的菜地和大麻田部分要用不同的方式分隔开，所以有可能会发生这样的情况：伊万住在村子的一头，那里有他的菜地，而由于人口增加重新获得的菜地在村子的另一头。

正如我们从《纲要》回复中，在其他进行计划式土地重分的地区所见，这种方式大体上是存在的。来自格里亚佐韦茨基县的瓦西里耶夫在自己的回复中提及计划式土地重分时，还提到了金钱结算的问题："在所有义务转让或自愿转让的过程中，没有人指望也没有人注意任何的金钱结算问题，转让的份地已经是由第一任主人赎回来的土地，支付了10年的赎金，并偿还了部分债务。在转让土地时关注的仅仅是土地转让的期限，如果是在春天转让的，那么要支付春播地和干草费用的三分之二，而原来的土地所有者也要处理掉播种的黑麦来支付剩下的三分之一的费用。"

我还在斯克平县伊斯梅洛沃乡的决议中摘抄了两个农民关于计划式土地重分的决议。第一个决议是关于个别的计划式土地重分："1878 年 6 月 18 日，我们签订了下述决议。斯克平县伊斯梅洛沃乡米洛斯拉夫辛纳村的村长萨韦列·伊万诺维将临时被雇佣的农民召集到一起开村集会，所有的户主都出席了村集会，在会议上拉弗连季·佩特罗夫向公社提出请求分给他一人份的土地，于是村集会将去世的安德烈·加夫里洛夫的土地分给了彼特罗夫，彼特罗夫需要缴纳所有的赋税。"

另一个决议关于一系列计划式土地重新分配的问题："1876 年 1 月 30 日，我们签订了下述决议，梁赞省斯克平县伊斯梅洛沃乡米洛斯拉夫辛纳村的村长谢缅·基里洛维将临时被雇佣的农民召集到一起开村集会讨论社会需求的问题，会上根据 51 篇我们份地共同位置的条款讨论了土地重分的问题，从有人口死亡的农户中划分出土地，按照土地法定文书根据农户的数量将土地重新分配给家里有新生儿的农户，且该农户有义务缴纳自己土地的公社税、国家税及代役租费用，这就是决议的内容。"

最后我还要指出一个在个别情况下应该认真研究的重要问题，我了解公社对待连环保的态度。在每个所描述的村庄中都应该详细的询问，农民是如何看待连环保的，重要的是，要询问实际上是否存在这种现象。在斯克平县，伊斯梅洛沃乡我了解的 5 个公社中只有一个公社有连环保，并且不完全是连环保，在艰难期有人为他们偿还债务但现在比较富有的公社人员为欠税人偿还赋税。在其他上面提到的公社中，完全没有出现过连环保。欠税人要自己承担公社的罚款，并且从来不会让公社的全部成员或者是一些富有的人为他们分担债务。谢苗诺夫指出梁赞省也是不存在连环保的，在来自科斯特罗马省、图拉省等的回复中也提到了这一点。

现在自由经济学社的第二版《纲要》正在制定之中，根据回复中的实际情况和说明对其进行了大量的补充和修改。还是希望俄罗斯社会能够继续的支持这项工作，让研究能够尽可能的更加细致、详尽，只有这样日后才能够得出富有成效的结论。

附录 1

俄国地名表（省、县、乡、村/村社）

县 （уезд）	乡 （волость）	村/村社/"乡村协会" （деревня，община，сельское общество）
	Архангельская 阿尔汉格尔斯克省	
Архангельский 阿尔汉格尔斯克县	—	Кехотская 克赫特村社 Патракьевская 巴特拉克耶夫村社
Кемский 克姆县	Ковдская 科夫茨基乡	Кандалакская 坎达拉克村社 Ковдская 科夫茨基村社 Княжегубская 克纳热古布村社
	Лапинская 拉平乡	Лапинская 拉平村社 Эндогубская 恩多古布村社 Сумъ—островское 苏姆奥斯特洛夫"乡村协会"
	Нюхотская 钮霍茨基乡	Нюхотская 钮霍茨基村社
	Сороцкая 萨罗茨乡	Виремская 韦列姆村社
Мезенский 梅津县	Юромский 尤拉姆乡	Полугская 波卢格村社 Тигляевская 季格利亚村社 Великодворская 大德沃尔村社 Кесломская 克斯拉姆村社 Большенисорская 大尼索尔村社
	Погорельская 波戈列利乡	Погорельская 波戈列利村社
	Дорогорская 多罗戈尔乡	Попираловская 波皮拉洛夫村社

续表

县 （уезд）	乡 （волость）	村/村社/"乡村协会" （деревня, община, сельское общество）
Мезенский 梅津县	Лешуконская 列舒孔乡	Верхнеберезницкая 上别列兹尼茨基村社 Верхнеконская 上孔村社 Нижнеконская 下村社 Устьважская 乌斯季瓦日村社 Лешуконская 列舒孔村社 Селищенская 谢利申村社 Пилемская 皮列姆村社
	Койнасская 科伊纳乡	Койнасская 科伊纳村社
	Кедвавомская 克德瓦沃姆乡	Кедвавомская 克德瓦沃姆村社
	—	Пысская 佩斯村社
	—	Красноборская 克拉斯诺博尔村社
Онежский 奥涅加县	Кокоринская 科科林乡	Порожская 波罗日村社
	Кяндская 基扬茨乡	Кяндская 基扬茨村社
	Посадная 巴萨特乡	Мелеевская 梅列耶夫村社
Пинежский 平涅日县	Труфаногорская 特鲁凡奥戈尔乡	Труфаногорская 特鲁凡奥戈尔村社
	Леуновская 列温诺夫乡	Кузонемское 库宗涅姆"乡村协会" Леуновская 列温诺夫村社
	Подборская 波德博尔乡	Вонгское 温格斯克"乡村协会" Великодворское 大德沃尔"乡村协会" Холмовская 霍尔莫夫村社 Крестногорская 克拉斯诺戈尔村社
	Сурско—Сергеевская 苏尔—谢尔盖乡	Погоскогорская 波戈斯科戈尔村社

续表

县 (уезд)	乡 (волость)	村/村社/"乡村协会" (деревня, община, сельское общество)
Пинежский 平涅日县	Никитинская 尼基京乡	Карпогорская 卡尔波戈尔村社
	Михайловская 米哈伊尔乡	Пиринемская 皮利涅姆村社
	Совпольская 索夫波里乡	Кулойская 库洛伊斯基村社
Шенкурский 申库尔斯克县	Великониколаевская 维利科尼古拉乡	Никольская 尼科利村社
	Устьпаденская 乌斯季帕杰恩乡	Шелашская 舍拉什村社
Холмогорский 霍尔莫戈雷县	Великодворская 维利科德沃尔乡	Кривецкая 克里维茨村社 Ракульское 拉古利"乡村协会" Ступино—Кривецкое 斯图皮诺—克里维茨"乡村协会"
	Емецкая 叶梅茨乡	Семужинская 谢穆任村 Карголицкая 卡尔戈利茨基村 Исабунинская 伊撒布宁村 Заборская 扎博尔村 Новомишковская 诺沃米什科夫村 Бельковская 别利科夫村 Филинская 菲林村 Ивачевская 伊瓦切夫村
	Зачачьевская 扎恰奇耶夫乡	Зачачьевская 扎恰奇耶夫村社
	Селецкая 谢列茨基乡	Селецкая 谢列茨基土地村社
	—	Борецкая 博列茨基村社 Пукшенская 普克申村社 Котловская 克特罗夫村社 Тактеевская 塔克捷耶夫村社

续表

县 （уезд）	乡 （волость）	村/村社/"乡村协会" （деревня，община，сельское общество）
—	Устьцилемская 乌斯季齐列姆乡	Устьцилемская 乌斯季齐列姆村社 Замежная 扎梅日内村社 Нерицкая 涅利茨村社 Кривомежная 克里瓦梅日村社
—	Юшкозерская 尤什湖乡	Юшкозерская 尤什湖村社
Владимирская 弗拉基米尔省		
Шуйский 舒伊斯县	Ивановская 伊万诺夫乡	Рылиха 雷利赫村
Вологодская 沃洛格达省		
Вельский 维利斯基县	Уствельская 乌斯特韦利乡	Уствельская 乌斯特韦利村社
Вологодский 沃洛格达县	Спасская 斯帕斯基乡	Елизаровская 耶利扎罗夫村社
Грязовецкий 格里亚佐韦茨县	Ведерковская 韦杰尔科夫乡	Низовское 尼佐夫村社 Звягинское 兹维亚金村社 Кураповское 库拉波夫村社 Рогачевское 罗加切夫村社
	Ново—Никольская 新尼科利乡	Ново—Никольская 新尼科利村社
Грязовецкий 格里亚佐韦茨县	Гаврильцевская 加夫里利采夫乡	1—я Марковская 第一马尔科夫村社 2—я Михалевская 第二米哈列夫村社 Болотовская 博洛托夫村社 Черногубовская 切尔诺古博夫村社 Антроповская 安特罗波夫村社 Карцевская 卡尔采夫村社 Кичигинская 基奇金村社 Косковская 科斯科夫村社

续表

县 (уезд)	乡 (волость)	村/村社/"乡村协会" (деревня, община, сельское общество)
Грязовецкий 格里亚佐韦茨县	Гаврильцевская 加夫里利采夫乡	Кузнецовская 库兹涅佐夫村社 Мальгинская 马利金村社 Мосейковская 莫谢科夫村社 Ивашковская 伊瓦什科夫村社 Княгининская 克尼亚金宁村社 Баринцевская 巴林采夫村社 Копцевская 科普采夫村社 1—я Катунинская 第一卡通宁村社 2—я Катунинская 第二卡通宁村社 1—я Михалевская 第一米哈列夫村社 Фроловская 夫罗洛夫村社 Долотовская 多洛托夫村社 Огарковская 奥加尔科夫村社 Гаврильцевская 加夫里利采夫村社 Мироносицкая 米龙诺西茨基村社 1—я Марковская 第一马尔科夫村社 Невинниковская 尼奥温尼科夫村社 Палкинская 帕尔金村社 Погореловская 波戈列洛夫村社 Матвеевская 马特韦耶夫村社
	Панфиловская 潘菲洛夫乡	Андроновская 安德罗诺沃村社 Панфиловская 潘菲洛夫村社
	Раменская 拉缅乡	"乡村协会" Раменское 拉缅 Гридинское 格里金 Верхнепустынское 韦尔赫涅普斯滕 Водянковское 沃江科夫 Судейкинское 苏杰金 Баскаковское 巴斯卡科夫 Никольское 尼科利 Становское 斯坦诺夫 Орловское 奥尔洛夫 Путиловское 普季洛夫 Каменское 卡缅 Лысовское 雷索夫

续表

县 (уезд)	乡 (волость)	村/村社/"乡村协会" (деревня, община, сельское общество)
Грязовецкий 格里亚佐韦茨县	Ростиловская 罗斯季洛夫乡	Лапшинская 拉普申村社 Обнорская 奥布诺尔村社 Бобровская 博布罗夫村社 Никольская 尼科利村社 "乡村协会": Барсагинское 巴尔萨金 Запрудновское 扎普鲁德诺夫 Пироговское 皮罗戈夫 Крохинское 克罗欣 Сопелкинское 索佩尔金 Бодровское 博布罗夫 Скалинское 斯卡林 Подмонастрыно—Слободское 修道院旁的修道院旁的斯洛博茨 Новоселковское 诺沃谢尔科夫 Волосатовское 沃洛萨托夫
	Семенцовская 谢缅措夫乡	Семенцовское 谢缅措夫乡村公社
	Степуринская 斯捷普林乡	Степуринская 斯捷普林村社 Звягинская 兹维亚金村社 Чернецкая 切勒涅茨村社 Кобяковская 科比亚科夫村社 Клокуновская 克洛昆诺夫村社 2—я Покровская 第二波克罗夫村社 3—я Покровская 第三波克罗夫村社 Васюковская 瓦修果夫村社 Мясниковская 缅斯尼科夫村社 Кобринская 科布林村社 Нетининская 涅京宁村社 Нечаянная 涅恰扬村社 Криводинская 克里沃金村社 Незаровская 涅扎罗夫村社

续表

县 (уезд)	乡 (волость)	村/村社/"乡村协会" (деревня, община, сельское общество)
Грязовецкий 格里亚佐韦茨县	Жерноковская 热尔诺科夫乡	Левинская 列温村社 Бобровская 博布罗夫村社 Большезаймищенская 大扎米申村社 Мигинская 米金村社 Слудовская 斯卢多夫村社 Куфторевская 库夫托列沃村社 Дировитовская 季罗维托夫村社 Каневская 坎涅夫村社 Мищутинская 米舒金村社
Сольвычегодский 索尔维切格县	—	—
Тотемский 托季马县	—	—
Устюжский 乌斯秋格县	Целяковская 采利亚科夫乡	Верхолальская 韦尔霍拉利村社 Устьалексеевская 乌斯季阿列克谢耶夫乡
	Троицкая 特罗伊茨村社	Городищенская 戈罗季谢乡
Вятская 维亚茨基省		
Слободский 斯洛博茨科伊县	Стуловская 斯图洛沃乡	—
Казанская 喀山省		
Казанский 喀山县	Чипчуговский 奇普丘吉乡	Село Чипчуги 奇普丘吉村
	Мульминская 穆利马乡	Деревня Мульма 穆利马村
Тетюшский 捷秋希县	Сюкеевская 休克耶沃乡	Село Секеево 休克耶沃村
	Богородская 博戈罗茨克乡	Село Богородское 博戈罗茨克村

续表

县 (уезд)	乡 (волость)	村/村社/"乡村协会" (деревня, община, сельское общество)
Свияжский 斯维亚日县	Юматовская 尤玛托夫乡	Село Введенская Схобода 维金—斯霍多达村 Шереметевское 舍列梅捷夫村社 Колосовское 科洛索夫村社 Зиновьевское 季诺维也夫村社 Теренинское 捷连宁村社 Бестужевское 别斯图热夫村社
Костромская 科斯特罗马省		
Кинешемский 基涅什马县	Тезинская 结赞乡	Погореловская 波戈列洛夫村社 Цибики 茨比克村
Костромский 科斯特罗马县	Белореченская 别洛列琴乡	Артемьевское 阿尔捷姆米村社
Юрьевецкий 尤里耶韦茨县	—	—
Новгородская 诺夫哥罗德省		
Крестецкий 克列斯捷茨县	Заозерская 扎欧杰尔乡	Заозерская 扎欧杰尔村社 Дорище 多里谢村 Березовикъ 别廖佐维克村 Корытьпно 科雷基普诺村 Спарево 斯帕列沃村
Олонецкая 奥洛涅茨省		
Лодеи？нопольский 洛杰伊诺耶波列县	—	Юкавсвое 尤卡夫"乡村协会"
Орловская 奥廖尔省		
Орловский 奥廖尔县	Баклановская 巴克拉诺夫乡	—
Кромский 克罗梅县	—	—
Пермская 彼尔姆省		
Шадринский 沙德林县	—	—

续表

县 （уезд）	乡 （волость）	村/村社/"乡村协会" （деревня, община, сельское общество）
Соликамский 萨利卡姆县	Дмитриевсвая 德米特里乡	—
Пермский 彼尔姆县	Усть—Гаревская 乌斯特—哈雷夫乡	—
\multicolumn{3}{c}{Псковская 普斯科夫省}
Порховский 波洛霍夫县	Березская 别廖扎乡	Борокская 波罗克村社
\multicolumn{3}{c}{Рязанская 梁赞省}
Данковский 旦科夫县	Мураевенская 穆拉耶文乡	Ольховская 奥利霍村社 Бодольховская 巴德里霍夫村社 Заболотская 扎巴洛茨村社 Нарышкинская 纳雷什金村社 Краснослободская 红斯洛博特村社 Чернышевская 车尔尼雪夫村社 Гремяченская 格列米亚钦村社 Мураевенская 穆拉耶文村社 Мураевенская Федоровская 穆拉耶文—费奥多罗夫村社 Ольховская 奥利霍村社 Зеркальная 捷尔卡尔村社 Давлетьевская 达夫列季村社 Хорошев 霍罗舍夫村社 Савиискaя 萨温村社 Лубянская 鲁宾村社 Бабинская 巴宾村社 Богохранимая 博戈赫拉尼梅村社
Рязанский 梁赞县	Солочинская 索罗钦斯基乡	Пустынская 普斯滕村社
Скопинский 斯加宾县	—	—
\multicolumn{3}{c}{Саратовская 萨拉托夫省}
Кузнецкий 库滋涅茨克县	Пендельская 边杰尔乡	Аряшенская 阿梁申村社

续表

县 (уезд)	乡 (волость)	村/村社/"乡村协会" (деревня, община, сельское общество)
Петровский 彼得罗夫县	—	Вырынаевское общество 维雷巴耶夫村社
—	—	Троицкомъ—Вырынаев 特罗亚茨—维雷巴耶夫村
Симбирская 辛比尔斯克省		
Симбирский 辛比尔斯克县	Ундоровская 温多尔乡	Ундоровская 温多尔村社
Тверская 特维尔省		
Осташковский 奥斯塔什科夫县	Самушинская 萨姆什乡	Блазновская 布拉兹诺夫村社 Прудки 普鲁克村社 Ороватка 格罗沃特村社 Самушкина 萨姆什基那村社 Половинники 巴洛夫尼克村社
Тульская 图拉省		
Тульский 图拉县	Торховская 托尔霍沃乡	Торховская 托尔霍沃村社 Больше—Байдиковская 博尔舍—拜季科夫村社 Ширинская 希林村社 Хрущевская 赫鲁晓夫村社
Чернский 切尔县	Бредихинская 布列季欣乡	Старухинская 斯塔鲁欣村社
Харьковская 哈尔科夫省		
Купянский 库皮扬县	Нижне—Дуванская 下杜万乡	Мораховская 莫拉霍夫村社 Доль Хутор 托里村 Науголевская община 瑙戈列夫村社
Черниговская 切尔尼戈夫省		
—	—	Грековка 格列科夫卡村

续表

县 (уезд)	乡 (волость)	村/村社/"乡村协会" (деревня, община, сельское общество)
Ярославская 雅罗斯拉夫省		
Рыбипский 雷比普县	Нниколокормская 尼古拉科尔姆乡 Погорельская 波戈列里乡 Копрнская 科普里奥乡	—
Ростовский 罗斯托夫县	Угодичская 乌格基乡	—
省不明		
Аткарский 阿特卡尔县	Колокольцевская 科洛科尔切夫乡	—
С.—Пет. 圣彼得堡县	Парголовская 巴勒卡洛夫乡	—

附录 2

本卷村社调查报告文献

阿利金 С. К. 农村土地公社研究材料：《弗拉基米尔省工厂村落公社土地占有制的概况》，《俄罗斯财富》1879（1）：2 – 16. Альдин С. К. Материалы для изучения сельской поземельной общины: Факты мирского землевладения в фабричных селениях Владимирской губернии // Русское богатство. – 1879. – №1. – С. 2 – 16.

巴雷科夫 О. Л.，波洛夫佐夫 А. В.，索科洛夫斯基 П. А. （编）：《乡村土地公社资料汇编》，圣彼得堡：俄国自由经济学社、俄国地理学社 1880 年。Барыков Ф. Л., Половцов А. В., Соколовский П. А. Сборник материалов для изучения сельской поземельной общины. – Санкт—Петербург: Имп. Вольное экон., и Рус. геогр. о—ва, 1880. – Т. 1. – XI, 395, 65 с.

班尼科夫 М. 斯图洛沃乡：《国有农民土地占有》，《维亚茨基省公报》1879（15 – 16）。Баников М. Описание землевладения государственных крестьян стуловской волости // Вятские губернские ведомости. – 1879. – № 15 – 16. – 3 с.

库楚莫娃 Л. И.，安菲莫夫 А. М.，利特瓦克 Б. Г. （编）：《农民公社历史资料（1861—1880）》，莫斯科：苏联科学院苏联历史学院 1991 年，卷 5。Кучумова Л. И., Анфимов А. М., Литвах Б. Г. Документы по истории крестьянской общины. – Москва: институт истории СССР АН СССР, 1991. – Вып. 5. – 222 с.

米涅卡 Г.：《阿尔汉格尔斯克省乡村土地公社农民公社历史资料》，阿尔汉格尔斯克省印刷厂，1882—1886，卷 1—3。Минейко Г. Сельская поземельная община в Архангельской губернии, по описаниям, представленным в статистический комитет. – Архангельск: 1882 – 1886. – Вып. 1 – 3.

普罗尔措夫 А. Н.：《实证调查村社的初期》，《俄国自由经济学社学刊》1879（04），第 521—542 页。Прорвцов Ан. Первые шаги на пути фактического исследования сельской общины // Трудны ВЭО. – 1879. – Т. 1. – В. 4. – С. 521 – 542.

维切斯拉夫 Н. Н.：《喀山省乡村土地公社资料》，喀山：喀山省印刷部，1879 年。Вечеслав Н. Н. Сведения о сельских поземельных общинах Казанской губернии. – Казань: 1879. – 61 с.

兹纳缅斯基 И. Ф.：《平涅日县农村土地公社》，阿尔汉格尔斯克省印刷厂，1895。Знаменский И. Ф. Сельские поземельные общины в Пинежском уезде. – Архангел-ьск: Губ. тип., 1895. – 63 с.

兹纳缅斯基 И. Ф.：《阿尔汉格尔斯克省乡村土地公社农民公社历史资料》，阿尔汉格尔斯克省印刷厂，1889，卷 4。Знаменский И. Ф. Сельская поземельная община в Архангельской губернии, по описаниям, представленным в статистический комитет. – Архангельск: 1889. – Вып. 4.